指引办案思路的新型工具书

# 1

# 刑事典型疑难问题适用指导与参考

## 总则卷

主编／赵路　副主编／米铁男

◎ 疑难问题汇总
◎ 典型案例参考
◎ 办案依据集成

中国检察出版社

> 图书在版编目（CIP）数据
>
> 刑事典型疑难问题适用指导与参考．总则卷/赵路主编．—北京：中国检察出版社，2013.2
> ISBN 978-7-5102-0824-9
>
> Ⅰ．①刑… Ⅱ．①赵… Ⅲ．①刑法-总则-研究-中国 Ⅳ．①D924.04
>
> 中国版本图书馆CIP数据核字（2013）第010252号

## 刑事典型疑难问题适用指导与参考
### 总 则 卷

主编/赵路　　副主编/米铁男

| | |
|---|---|
| 出版发行： | 中国检察出版社 |
| 社　　址： | 北京市石景山区鲁谷东街5号（100040） |
| 网　　址： | 中国检察出版社（www.zgjccbs.com） |
| 电　　话： | （010）68630385（编辑）　68650015（发行）　68636518（门市） |
| 经　　销： | 新华书店 |
| 印　　刷： | 河北省三河市燕山印刷有限公司 |
| 开　　本： | 720 mm×960 mm　16开 |
| 印　　张： | 54印张 |
| 字　　数： | 994千字 |
| 版　　次： | 2013年2月第一版　2013年2月第一次印刷 |
| 书　　号： | ISBN 978-7-5102-0824-9 |
| 定　　价： | 108.00元 |

检察版图书，版权所有，侵权必究
如遇图书印装质量问题本社负责调换

# 出版说明

近十余年来，在刑事领域的司法实践中，出现了很多新情况、新问题，其中不乏具有典型性、疑难性的法律适用问题，针对这些问题，急需进行归纳总结，并得出具有参考和借鉴价值的处理和认定思路。基于上述现实需求，我们倾力组织法学专家、资深法官、检察官及律师等编撰并推出《刑事典型疑难问题适用指导与参考丛书》。

本丛书分为总则卷，危害国家安全罪、危害公共安全罪卷，破坏社会主义市场经济秩序罪卷，侵犯公民人身权利、民主权利罪卷，侵犯财产罪卷，妨害社会管理秩序罪卷，贪污贿赂罪卷，渎职罪卷共八卷。各卷紧密结合各地司法实践，归纳提炼出百余个司法典型疑难问题并作出精准解析，同时附以具有权威性的指导、参考案例对同类案件的案情、诉辩情况、裁判结果、裁判理由等核心要素加以介绍，以帮助读者寻求破解疑难问题的办案思路、标准和尺度。各卷还提供了各类型犯罪全面、准确的办案依据。《刑事典型疑难问题适用指导与参考丛书》所提炼的问题凸显典型性、疑难性，解答思路具有很强的指导、参考和专业性，参考案例具有真实性、权威性，办案依据提供了便捷查询的通道，特别适合公检法人员、律师等法律专业人士使用。

受时间和能力所限，丛书在编撰过程中难免出现不足或错漏，敬请读者批评指正，以便我们在再版时予以修订。

编　者

2013 年 1 月

#  目 录

## 第一章 刑法的任务、基本原则和适用范围

一、立法目的 …………………………………………………………（ 1 ）
   1. 刑事立法目的在审判实践中如何得以实现？……………………（ 1 ）
   2. 在具体案件中如何进行形式推理与实质推理？…………………（ 1 ）
   3. 刑事立法目的在具体案件中对量刑如何发挥作用？……………（ 7 ）
   4. 行为人通过计算机网络实施的行为是否可以运用立法目的加以考量？……………………………………………………………（ 11 ）

二、刑法的任务 ………………………………………………………（ 12 ）
   5. 刑法任务中所谓的法益保护，能否适用于网络虚拟世界？……（ 12 ）
   6. 法益侵害程度对定罪量刑具有重要意义，审判实践中如何确定法益的侵害程度？………………………………………（ 13 ）
   7. 对具体案件如何运用刑法任务进行评价？………………………（ 19 ）

三、罪刑法定原则 ……………………………………………………（ 22 ）
   8. 罪刑法定原则在审判实践中如何体现？…………………………（ 22 ）
   9. 罪刑法定原则中的"法"是指什么法？……………………………（ 23 ）
   10. 在罪刑法定原则的前提下，刑法解释在具体操作上需要注意什么？……………………………………………………………（ 31 ）
   11. 罪刑法定原则如何协调主观解释与客观解释的关系？…………（ 33 ）
   12. 审判实践中如何具体运用刑法解释来解决问题？………………（ 36 ）
   13. 如何理解"犯罪分子"？…………………………………………（ 36 ）

14. 国际条约的内容是否可以成为我国刑事判决的依据？是否违背罪刑法定原则？……………………………………（40）
15. 无罪推定原则在具体案件中如何运用？………………（44）

四、法律面前人人平等…………………………………………（49）
16. 在司法实践中如何践行"法律面前人人平等原则"？……（49）

五、罪责刑相适应………………………………………………（55）
17. 在司法实践中如何具体把握罪责刑相适应原则？………（55）

六、管辖…………………………………………………………（57）
18. 属地管辖原则在司法实践中如何适用？…………………（57）
19. 如何确定跨国案件的刑事管辖权？………………………（60）
20. 具有刑事管辖权是否就意味着能够行使刑事管辖权？…（60）
21. 如何处理刑事管辖权冲突的问题？………………………（60）
22. 刑事管辖原则是否适用于网络虚拟环境？………………（63）
23. 虚拟环境中的网络犯罪如何确定属地管辖原则的适用？…（63）

七、溯及力………………………………………………………（73）
24. 审判实践中如何具体适用从旧兼从轻原则？……………（73）
25. 哪些法律或规范性文件适用从旧兼从轻原则？…………（73）
26. 犯罪时司法解释尚未公布实施，但在作出判决前司法解释公布实施了，那么该司法解释的效力是否及于该犯罪行为？……………………………………………………（75）
27. 被判处刑罚之前曾受到过劳动教养，劳动教养的时间是否可以折抵刑期？…………………………………………（75）
28. 司法解释的时间效力如何判断？…………………………（81）
29. 对于同一个具体应用法律问题，最高人民法院和最高人民检察院先后分别作出了两个司法解释，或者最高人民法院先后作出两个司法解释，或者最高人民检察院先后作出两个司法解释，是否适用从旧兼从轻原则？……（81）

30. 不作为犯罪跨越旧法与新法时,如何选择适用法律? ……（86）

31. 过失犯罪跨越旧法与新法时,如何选择适用法律? ………（86）

📚 办案依据集成 ………………………………………………（91）

## 第二章　犯罪和刑事责任

一、犯罪 ……………………………………………………（104）

　（一）犯罪概念 ……………………………………………（104）

　　32. 在审判实践中,如何认定犯罪概念所要求的达到应受刑罚处罚程度的危害社会的行为? ………………（104）

　　33. 网络犯罪中对社会危害性的判断与传统犯罪有何不同? …（104）

　　34. 我国刑法中的犯罪概念是如何诠释犯罪行为的社会危害性的? ………………………………………………（110）

　　35. 在司法实践中如何把握但书规定中的"情节显著轻微"? ……（113）

　（二）犯罪构成 ……………………………………………（115）

　　36. 是否需要行为人对自己行为的危害后果具有认识或虽未认识但具有认识的能力,才能认定其行为与结果之间具有因果关系? ……………………………………………（115）

　　37. 判断行为与结果之间是否存在刑法上因果关系的一般原则是什么? ………………………………………………（120）

　　38. 如何在司法实践中辨别必然因果关系和偶然因果关系? …（122）

　　39. 如何在司法实践中运用条件说来解决因果关系问题? ……（124）

　　40. 相当因果关系说与必然偶然因果关系说在实践中运用有何不同? ………………………………………………（127）

　　41. 司法实践中如何判断行为人的犯罪故意? ……………（129）

　　42. 如何认定刑事被害人的过错? ………………………（130）

43. 行为人明知自己的先行行为会造成致人损害的危险后果却不加以防止的行为是否构成故意伤害罪？……………（132）

44. 司法实践中如何掌握间接故意和过于自信的过失之间的界限？………………………………………………………（135）

45. 司法实践中如何认定运输毒品案中被告人主观上的"明知"？…………………………………………………………（137）

46. 如何综合判断被告人主观上的"明知"？……………（139）

47. 被告人以托运方式运输毒品的，应该如何确定其主观上的"明知"？…………………………………………………（141）

48. 司法实践中如何判断犯罪嫌疑人的认识错误？………（143）

49. 因果关系的认识错误对犯罪故意有何影响？…………（145）

50. 司法实践中如何区分疏忽大意的过失和意外事件？…（147）

51. 如何在审判实践中把握过失犯罪中行为人的注意义务和注意能力？……………………………………………………（148）

52. 如何在实践中区分故意伤害致死与过失致人死亡？…（151）

53. 审判实践中如何对不作为与作为作出相同的价值评价，从而共用犯罪构成？………………………………………（154）

54. 如何在司法实践中把握结果加重犯的认定标准？……（156）

55. 司法实践中如何认定所谓的"证据不足"？……………（159）

56. 如何在司法实践中掌握证据确实、充分的证明标准？…（161）

57. 没有被告人口供，也没有其他证人证言，如何处理定罪问题？……………………………………………………（164）

58. 司法实践中运用间接证据应遵循什么原则？…………（164）

59. 刑事案件审理中如何适用推定规则？…………………（165）

60. 司法实践中如何正确处理"两罪存疑"案件？…………（166）

二、数罪 ……………………………………………………（168）

61. 法条竞合的法律适用原则如何？………………………（168）

62. 在共同犯罪中，一人的犯罪发生转化，另一人是否也必然发生转化？……………………………………………（169）

63. 如何判断具体案件中是否存在法条竞合关系？………（171）

64. 司法实践中如何处理想象竞合犯？……………………（173）

65. 盗割正在使用中的光铝线的行为应该如何认定？……（174）

66. 司法实践中如何确定想象竞合中的"重罪"？…………（175）

67. 如何在司法实践中把握吸收犯的标准？………………（177）

68. 审判实践中如何处理牵连犯？…………………………（180）

69. 重大劳动安全事故罪与重大责任事故罪的竞合一般有何表现？……………………………………………………（183）

70. 司法实践中应如何处理重大劳动安全事故罪与重大责任事故罪的竞合问题？…………………………………（183）

71. 刑法修正案中采取"某某条后增加一条，作为第某某条之一的方式"的，对于增加的法条如何适用罪名？………（187）

## 三、不可抗力与意外事件……………………………………（189）

72. 如何认定刑事案件中的不可抗力？……………………（189）

73. 刑法中的意外事件对追究行为人的责任有何影响？…（191）

74. 如何处理特异体质被害人的案件？……………………（191）

## 四、刑事责任年龄……………………………………………（194）

75. 《刑法》第17条第2款中所列8种犯罪，是指8种罪名还是8种犯罪行为？………………………………………（194）

76. 司法实践中，现有证据对行为人刑事责任年龄无法确认的，应如何处理？…………………………………………（196）

77. 司法实践中如何理解未成年人免于刑事处罚的具体标准？……………………………………………………………（199）

78. 限制民事行为能力人或无民事行为能力人如何参加附带民事诉讼？…………………………………………………（202）

79. 限制民事行为能力人或无民事行为能力人是刑事附带民事诉讼中的被告人时，其监护人是否应该被列为附带民事诉讼的共同被告人？………………………………………………(202)

五、特殊人员的刑事责任……………………………………(204)

80. 行为人有精神病的事实对其承担刑事责任有何影响？……(204)

81. 审判实践中如何确定行为人患有影响刑事责任的精神病？………………………………………………………(207)

82. 当存在多个精神病鉴定意见时，法官应如何处理？………(208)

83. 醉酒或者吸毒状态下实施了犯罪行为，是否应承担刑事责任？………………………………………………………(211)

84. 如何认定行为人是否符合《刑法》中关于"盲人"的条件，并予以从轻、减轻或者免除处罚？………………(214)

85. 如何掌握聋哑人的刑事责任？………………………………(216)

六、正当防卫……………………………………………………(218)

86. 正当防卫的构成要件是什么？实践中如何判定正当防卫？………………………………………………………(218)

87. 司法实践中常见的缺乏防卫意图的情形有哪些？…………(218)

88. 不法侵害人无刑事责任能力是否影响正当防卫的成立？……(221)

89. 正当防卫针对的侵害行为是否存在侵权类型上的限制？……(222)

90. 如何把握防卫过当中所谓的重大损害？……………………(222)

91. 关于事前设置防卫设施，造成损害后果的行为可否认定为正当防卫？……………………………………………(224)

92. 如何在实践中把握正当防卫中"正在进行的不法侵害"？……(224)

93. 犯罪嫌疑人投案后，如实供述自己的罪行，但与部分证据没有形成完全一致的印证关系，是否影响自首的成立？……(224)

94. 审判实践中对"必要限度"如何确定？……………………(227)

95. 司法实践中如何认定无限防卫权的问题？…………………(229)

96. 审判实践中如何掌握特殊防卫的条件和"行凶"的含义? ………………………………………………………………（233）

97. 不法侵害是否需要达到一定的严重程度才可以对其进行正当防卫? ……………………………………………………（236）

98. 见义勇为行为是否承担法律责任? ………………………（238）

### 七、紧急避险 ………………………………………………………（241）

99. 审判实践中判定紧急避险需要注意什么? ………………（241）

100. 司法实践中应如何处理紧急避险的后续义务违反问题? ……（245）

### 八、其他排除犯罪性的事由 ………………………………………（246）

101. 审判实践中适用被害人承诺有何限制? ………………（246）

102. 出于犯罪目的而承诺对自己进行伤害，那么加害人是否还要承担刑事责任及民事赔偿责任? ………………………（248）

103. 出于犯罪目的的承诺人与伤害自己的加害人是否应当共同承担加害行为的刑事责任? ……………………………（248）

104. 司法实践中如何判定自救行为? ………………………（252）

105. 如何妥善处理上访人在信访过程中出现的过激行为? ……（254）

106. 司法实践中如何认定排除犯罪性事由的范围? ………（256）

107. 行政部门的错误行政行为能否成为阻却违法的事由? ……（257）

办案依据集成 ………………………………………………（262）

## 第三章 犯罪停止形态

### 一、犯罪预备 ………………………………………………………（288）

108. 如何区分犯罪预备与犯意表示? ………………………（288）

109. 同一个行为，能否被两个犯罪构成同时评价? ………（288）

### 二、犯罪未遂 ………………………………………………………（290）

110. 行为犯、结果犯和危险犯对于认定犯罪未遂有何意义? ……（290）

111. 如何判断犯罪未遂中的"已经着手"？……………………（290）

112. 如何理解犯罪未遂的"未得逞"？……………………（291）

113. 司法实践中如何区分犯罪未遂与犯罪中止？……………（292）

### 三、犯罪中止……………………………………………………（294）

114. 犯罪分子虽然成立犯罪中止，危害结果没有发生，但仍然造成了其他损失，应如何处理？……………………（294）

115. 行为人自动放弃可重复侵害行为是因为外界因素迫使的结果，那么能否认定犯罪中止？……………………（295）

📖 办案依据集成 ………………………………………………（298）

## 第四章 共同犯罪

### 一、共同犯罪……………………………………………………（299）

116. 数个行为人具有针对同一个犯罪对象的犯罪故意，但没有意思联络，是否是共同故意？是否构成共同犯罪？……（299）

117. 在司法实践中如何正确区分共犯与同时犯？……………（300）

118. 共同过失的行为能否成立共同犯罪？……………………（302）

119. 犯罪嫌疑人用欺骗手段诱使他人产生犯意，并且制造犯罪条件的，是否构成共同犯罪？……………………（303）

120. 共同犯罪中的共同故意在内容方面有什么要求？………（306）

121. 对欠缺犯意联络，或者欠缺协同行为的同时犯，如何处理？……………………………………………………（309）

122. 雇凶者与受雇者是否构成共同犯罪？……………………（312）

123. 雇凶者与受雇者在共同犯罪中的地位与作用应如何确定？……………………………………………………（312）

124. 司法实践中有哪些常见的间接正犯情形？………………（314）

125. 不作为是否能够与作为成立共同犯罪？…………………（316）

126. 在共同犯罪情况下，个别共犯是否可以单独成立犯罪中止或者犯罪未遂？ …………………………………………（320）
127. 单位与自然人之间能否构成共同犯罪？ ………………………（324）
128. 如何认定共同犯罪中帮助犯的条件？ …………………………（329）
129. 如何处理实行犯过限？ …………………………………………（332）
130. 在多人参与的违法犯罪活动中，对其他实行犯隐瞒情况而单独实行其他犯罪行为的，是否属于实行犯过限？ ……（332）
131. 附带民事诉讼原告人是否可以仅与部分共同犯罪被告人达成调解协议？ ……………………………………………（335）

二、主犯、从犯、胁从犯和教唆犯 ……………………………………（337）
132. 司法实践中通常如何划分共同犯罪的类型？ …………………（337）
133. 被教唆人的犯罪行为突破了教唆人的教唆范围时，如何认定教唆人的刑事责任？ ………………………………………（337）
134. 如何划分共同犯罪中的主犯与从犯？ …………………………（339）
135. 事前明知，并且事后包庇的行为，是否构成共同犯罪？ ……（342）
136. 共同包庇犯罪案件中的共犯可否划分主从犯？ ………………（342）
137. 司法实践中有哪些常见的教唆种类？ …………………………（344）
138. 如何处理司法实践中的概然性教唆问题？ ……………………（344）
139. 暴力强迫他人犯罪的行为如何认定？ …………………………（347）
140. 被暴力强迫实施犯罪的人应该如何处理？ ……………………（347）
141. 强迫他人实施数个犯罪行为的，如何认定？ …………………（347）
142. 在运输毒品的过程中起的作用大小对共犯的认定有何意义？对量刑有何影响？ …………………………………………（350）
143. 从犯是否需要实施了实行行为？ ………………………………（352）
144. 审判实践中如何判断行为人是从犯还是不构成犯罪？ ……（353）

办案依据集成 ………………………………………………（356）

# 第五章 单位犯罪

一、单位负刑事责任的范围 …………………………………………（360）

　　145. 以单位名义实施犯罪，但现有证据只能证实少量违法所得用于单位的经营活动，绝大部分违法所得不知去向，那么应该认定为单位犯罪还是自然人犯罪? ………（360）

　　146. 审判实践中对单位犯罪的主体条件应如何理解? ………（370）

　　147. 以被吊销营业执照的单位的名义实施的犯罪行为是否构成单位犯罪? ……………………………………………（370）

　　148. 一人公司是构成单位犯罪还是个人犯罪，如何处理? ……（372）

　　149. 在司法实践中如何确定单位犯罪直接负责的主管人员? ……（373）

　　150. 未参与策划、组织、实施单位犯罪行为的单位法定代表人，能否因单位犯罪追究其刑事责任? …………………（374）

　　151. 在单位犯罪中应当负刑事责任的人员，又以自然人身份实施了与单位犯罪所触犯的罪名相同的犯罪，应如何处理? …（376）

　　152. 自然人根据单位的意志实施犯罪行为，但该犯罪行为根据《刑法》规定不构成单位犯罪，那么对该自然人能否定罪处罚? …………………………………………………（381）

　　153. 非法成立的单位可否成为单位犯罪的主体? ……………（388）

　　154. 以实施犯罪为主要目的而设立单位或者单位设立后以实施犯罪为主要活动的，是否成立单位犯罪? ………………（388）

二、单位犯罪的处罚原则 ………………………………………………（390）

　　155. 被告人未与单位签订劳动合同，能否认定为单位犯罪中的其他直接责任人员? …………………………………………（390）

　　156. 如何区分单位犯罪中的主、从犯? ………………………（391）

　　157. 在单位犯罪中，主要责任人员的自首情节是否适用于单位? …………………………………………………………（393）

158. 法人或其他组织的工作人员在执行职务中致人伤害的，应该如何确定民事责任的承担主体？……………………（395）

159. 单位与自然人构成共同犯罪的，检察机关只起诉自然人而未起诉单位的，应该如何处理？…………………（398）

　　办案依据集成 ……………………………………（400）

## 第六章　刑　罚

一、死刑适用 …………………………………………（403）

160. 如何正确理解"审判时怀孕的妇女"？……………（403）

161. 被告人在羁押期间人工流产后脱逃，多年后被抓获审判的能否适用死刑？……………………………（403）

162. 因工作关系、生活关系、邻里关系等引发纠纷而导致的故意杀人行为，在死刑适用上应如何考虑？…（406）

163. 在死刑案件中，被告人家属积极赔偿，取得被害方谅解，能否作为应当型从轻处罚情节？……………（408）

164. 死缓考验期间没有故意犯罪是否一定会导致减刑？…（410）

165. 如何理解"不是必须立即执行死刑"的条件？……（411）

166. 死刑缓期执行期间发现漏罪被判决后仍决定执行死刑缓期2年执行的，应如何处理？……………………（413）

167. 新的死刑缓期执行期间如何计算？…………………（413）

168. 对于原判认定事实清楚，量刑适当，但定罪不准的，最高人民法院在复核时应如何处理？…………………（415）

二、罚金刑的适用 ……………………………………（417）

169. 罚金刑的执行有何变通事由？………………………（417）

170. 司法实践中如何认定罚金减免的条件？……………（418）

### 三、剥夺政治权利的适用 ………………………………………（419）

171. 罪犯在假释考验期限内犯新罪的，则已经执行的剥夺政治权利期限在实行并罚时是否应予扣除？………………（419）

172. 剥夺政治权利执行期间重新犯罪的，如何计算未执行完毕的剥夺政治权利的刑期？……………………………（421）

### 四、驱逐出境的适用 ……………………………………………（423）

173. 判处外国人刑罚是否应当附加驱逐出境？……………（423）

174. 对于与监护人长期居住在中国的外国未成年人能否适用驱逐出境？……………………………………………（427）

### 五、赔偿经济损失与民事优先原则 ……………………………（429）

175. 被告人在被判处财产刑的同时，还负有民事赔偿责任的，应该如何确定缴纳顺序？…………………………（429）

176. 如何确定刑事附带民事诉讼案件中的赔偿数额？应遵循什么样的原则？………………………………………（431）

177. 审理被害人因犯罪行为致死的附带民事诉讼案件，是否应判处死亡赔偿金？……………………………………（433）

📖 办案依据集成 ………………………………………（437）

## 第七章　刑罚的具体运用

### 一、量刑 …………………………………………………………（486）

178. 审判实践中如何把握"犯罪情节轻微不需要判处刑罚"的标准？……………………………………………………（486）

179. 尊亲属关系对定罪量刑有何影响？……………………（489）

180. 对尊亲属故意伤害甚至致死的如何量刑？……………（489）

181. 父母为教育子女将子女殴打致死的行为应当如何量刑？……（491）

182. 因恋爱矛盾激化引发的故意杀人案件应如何处理？………（493）

183. 前罪刑罚没有执行完毕，又犯新罪的，应如何处理？ …… （494）

184. 刑罚尚未执行完毕，又犯新罪的，具体犯罪规定中有关于再犯量刑从重的特别规定能否适用？ ………… （495）

185. 行为人醉酒的原因是否对其量刑产生影响？ ………… （497）

186. 审判实践中，应如何在量刑中考虑醉酒状态的影响？ …… （499）

187. 什么是前科、劣迹？其对量刑有何影响？ …………… （501）

188. 在存在特情介入因素的情况下，具体应如何考虑量刑？
  …………………………………………………………… （502）

189. 特情介入因素的存在是否意味着一定存在数量引诱？ …… （505）

190. 对有重大立功表现但罪行极其严重的犯罪分子，应如何量刑？ ………………………………………………… （507）

191. 案件中被害人具有过错，能否从轻或减轻处罚？ ………… （511）

192. 减轻处罚中应否适用减轻幅度的附加刑？ ……………… （513）

193. 实施正当行为时处置不当导致犯罪，但又不构成防卫过当、紧急避险的，如何量刑？ ……………………… （514）

194. 审判实践中如何把握共犯的具体量刑尺度？ …………… （521）

195. 在共同犯罪的量刑过程中应注意什么？ ………………… （522）

196. 在共同犯罪中，对多个主犯如何区别量刑？ …………… （524）

197. 在二审期间，上级检察院提出与下级检察院（原公诉方）不同的意见时，审理法院应该如何处理？ ………… （524）

198. 共同犯罪中只有部分犯罪人在案，而在逃人员能否归案将决定在案人员在共同犯罪中的地位和作用，在这种情况下应如何处理？ …………………………………… （528）

199. 共同犯罪中存在不同的停止形态，对量刑有何影响？ …… （530）

200. 共同故意伤害致人死亡案件中，被告人如实供认公安机关尚未掌握的其致人死亡的关键情节的，应如何量刑？ …… （532）

201. 实践中如何处理量刑情节的竞合问题？ ………………… （533）

202. 共同犯罪中的多名被告人具有多种量刑情节时，如何进行量刑？……………………………………………………（535）

203. 家庭成员参与共同犯罪，依法均可判处死刑的，应如何处理？……………………………………………………（536）

204. 在具体案件审理过程中，犯罪结果对量刑如何发生影响？………………………………………………………（542）

205. 犯罪数额对定罪量刑有何影响？………………………（545）

206. 对于行政机关超越职权范围"以罚代刑"处置的非法经营数额，是否应作为未经处理的犯罪数额予以累计计算？……（545）

207. 以感情投资的名义多次给予被告人巨额财物，最后被告人接受其请托为其谋利的，应如何计算受贿数额？………（550）

208. 以房产交易形式收受贿赂的，其受贿数额如何认定？……（550）

209. 被告人实际非法占有的犯罪数额与被害人的损失数额不一致的，如何认定犯罪数额？……………………………（554）

210. 如何在司法实践中把握特殊减轻处罚的"特殊情况"？……（557）

211. 适用在法定刑以下判处刑罚的"特殊情况"应受到什么具体限制？…………………………………………………（561）

212. 犯罪动机、犯罪结果、认罪态度和悔罪表现等因素对"特殊减刑"有何意义？……………………………………（563）

213. 犯罪行为实施完毕以后，自动放弃可以继续的犯罪状态的，应如何处理？………………………………………（565）

214. 毒品犯罪是否可以适用"特殊减刑"？…………………（567）

215. 毒品犯罪的数量计算与毒品的纯度有何关系？…………（567）

216. 犯罪动机等一些附随情况如何对量刑产生影响？………（569）

217. 毒品犯罪中纯度对量刑有何影响？………………………（572）

218. 毒品数量已经接近判处死刑的数量标准，同时具有法定或酌定从重处罚情节的，应如何处理？………………………（574）

219. 对于毒品共同犯罪中罪责相对较小但系毒品再犯的主犯，量刑时如何考虑？ ……………………………………（576）

220. 如何在司法实践中适用"禁止令"？ ……………………（579）

## 二、累犯 ……………………………………………………（580）

221. 关于累犯要件之"再犯应当判处有期徒刑以上刑罚之罪"，应作何种理解？是否受到追诉时效的影响？ ………（580）

222. 累犯成立要件中所谓的"刑罚执行完毕"，是指主刑还是附加刑执行完毕？ ……………………………………（581）

223. 因故意犯罪被判处有期徒刑缓刑的犯罪分子，缓刑考验期满5年内又犯应判处有期徒刑以上刑罚之故意犯罪的，是否构成累犯？ ………………………………………（583）

224. 保外就医期间再犯毒品犯罪的是否属于毒品再犯？ ……（585）

## 三、自首 ……………………………………………………（587）

225. 犯罪嫌疑人在如实供述自己罪行的同时对其中事实部分的辩解是否影响自首的成立？ ……………………………（587）

226. 司法实践中如何把握自动投案的时间？ …………………（590）

227. 犯罪嫌疑人在协助抓捕其他罪犯过程中脱逃，此后又再次到司法机关投案的，能否认定为自首？ ………………（590）

228. 如何理解自首条件中"自动投案"的自动性？ …………（594）

229. 被公安机关口头或者电话传唤到案，能否认定为自动投案？ ……………………………………………………（594）

230. 犯罪嫌疑人被公安机关传唤到案后，如实供述自己的罪行的，能否认定为自首？ ……………………………（594）

231. 行为人故意犯罪后主动投案的动机和目的是否影响其构成刑法意义上的"自首"？ ……………………………（595）

232. 亲属提供线索抓获犯罪嫌疑人的能否认定自首？ ………（599）

233. 在共同犯罪中，如实供述的罪行范围如何？ ……………（601）

234. 一人在犯有数罪的情况下，若要成立自首，其供述的罪行范围应如何把握？……………………………………（604）

235. 行为人如实供述司法机关尚未掌握的罪行，与司法机关已经掌握的罪行属同种罪行的，能否以自首论？…………（604）

236. 行为人在公安机关发现其犯罪证据之后，如实交代了全部罪行，其行为是否构成主动投案或自首？……………（606）

237. 行为人作案后潜逃，在潜逃途中给在公安机关的亲友打电话，亲友劝其投案自首，行为人未置可否，可否认定其成立自动投案？……………………………………（608）

238. 行为人涉嫌犯罪被公安机关侦查期间，因违法行为被处以行政拘留期间，行为人交代犯罪事实的行为是否构成刑法意义上的"自首"情节？……………………………（612）

239. 行为人向被害人承认作案的行为是否能够认定为自首？……（614）

240. 被告人报警后又继续实施犯罪行为的，是否构成自首？……（616）

241. 犯罪嫌疑人被抓获后声称正准备去投案自首，如何处理？……………………………………………………（618）

242. 司法实践中如何认定"经查实确已准备去投案"的自首？……………………………………………………（618）

243. 被告人虽然具备自首条件，但其亲属阻碍抓捕的是否影响被告人自首的成立？……………………………………（621）

244. 司法实践中如何理解和认定现场待捕型的自首？…………（623）

245. 实施犯罪行为后电话报警并留在犯罪现场，但报警内容并未涉及犯罪内容，直到警方讯问后才如实供述主要犯罪事实的，是否成立自首？………………………………（624）

246. 在被告人意识不清暂时丧失行动能力的情况下，其亲友报案后带领公安人员将其抓获的，被告人是否构成自动投案？………………………………………………………（626）

247. 被告人电话报警的行为是否可以认定为自首？……………（628）

### 四、立功 ································································ (630)

- 248. 带领公安人员抓捕同案犯未果后,电话劝说同案犯自首的,能否认定为有立功表现? ···································· (630)
- 249. 行为人犯罪归案后,其家属代为立功的,能否据此对行为人从轻处罚? ·········································· (632)
- 250. 行为人协助司法机关稳住已经被实施了监控的其他犯罪嫌疑人的行为是否属于立功表现? ·························· (637)
- 251. 被告人提供其他犯罪嫌疑人藏匿地点,但公安机关并未在该地点抓获犯罪嫌疑人的,能否认为被告人成立立功? ···· (640)
- 252. 没有根据被告人提供的线索,被告人亲属协助公安机关抓获其他犯罪嫌疑人的,能否认定被告人立功? ··············· (640)
- 253. 由于犯罪嫌疑人担任容易获取破案线索的职务,那么其获得的案件线索是否影响立功的成立? ······················ (643)
- 254. 犯罪嫌疑人协助抓获同案犯,该同案犯却因其他更严重的罪名被判处死缓,犯罪嫌疑人的协助行为能否从立功升级为重大立功? ······················································ (645)
- 255. 阻止他人犯罪活动,他人因未达刑事责任年龄而未被追究刑事责任的,行为人的阻止行为是否成立立功? ········· (647)
- 256. 在揭发型立功中如何理解"他人犯罪行为"? ·············· (650)
- 257. 被告人协助公安机关抓获同案犯是否就一定成立立功? ······ (652)
- 258. 在协助抓捕型的立功中,被告人需要发挥多大作用才能成立立功? ···························································· (653)
- 259. 存在重大立功的量刑情节,对死刑立即执行判决有何影响? ···························································· (656)
- 260. 有重大立功表现,是否就要从轻处罚? ···················· (661)

### 五、数罪并罚 ···························································· (663)

- 261. 审判实践中如何具体运用综合原则来解决数罪并罚问题? ···························································· (663)

262. 在数罪并罚中如何具体适用限制加重原则? ……………（663）

263. 保外就医期间又犯新罪的,在进行数罪并罚时如何计算前罪尚未执行的刑罚? ……………（667）

264. 发现漏罪时如何并罚? ……………（669）

265. 再犯新罪时如何并罚? ……………（669）

266. 缓刑考验期内犯新罪的,如何数罪并罚? ……………（669）

267. 被裁定减刑后发现原判决宣告之前有漏判之罪的,是与减刑之前原判决所判处的刑罚合并处罚,还是与原判决经减刑之后所确定的刑罚合并处罚? ……………（671）

### 六、缓刑 ……………（675）

268. 司法实践中如何理解撤销缓刑的法定条件之一"严重违法"? ……………（675）

269. 法院在作出宣判以前,发现被告人先前已经被宣告数个缓刑,而且都处在缓刑考验期内,法院应当如何处理?审理新罪的法院是否有权撤销前两次缓刑? ……………（676）

### 七、减刑 ……………（678）

270. 司法实践中具体的减刑标准如何把握? ……………（678）

271. 对民间矛盾激化引发的故意杀人案件如何适用死缓限制减刑? ……………（679）

272. 对判处死刑缓期执行的被告人决定限制减刑,应当遵循哪些原则? ……………（682）

273. 在共同侵害致人死亡的案件中,如何适用限制减刑制度? ……………（682）

### 八、时效 ……………（686）

274. 何种情况下犯罪不受追诉时效的限制? ……………（686）

275. 如何在具体案件中适用从旧兼从轻原则? ……………（686）

276. 审判实践中如何根据犯罪类型计算追诉时效? ……………（689）

277. 犯罪类型对于刑法溯及力有何影响？……………………（689）

278. 在审理刑事附带民事诉讼的案件中，附带民事诉讼部分的时效应当遵从刑事诉讼的诉讼时效还是独立适用民事诉讼的诉讼时效？……………………………………（690）

📖 办案依据集成 ……………………………………………（693）

# 第八章 总则其他规定

一、公共财产与公民个人财产……………………………………（749）

　　279. 司法实践中如何判定财产归属？……………………（749）

　　280. 审判实践中认定财产公共属性的标准是什么？……（752）

　　281. 非法性的"乱收费"能否成为刑法保护的公共财产？…（752）

　　282. 国有单位违法收取的费用是否属于国有资产？……（756）

　　283. 国债能否成为挪用公款罪的犯罪对象？……………（760）

二、虚拟财产……………………………………………………（768）

　　284. 对于计算机网络数据信息的财产属性应如何认定？…（768）

　　285. 网络游戏中的虚拟装备是否可以解释成"财产"？能否成为刑法保护的对象？能否成为财产类犯罪的犯罪对象？……………………………………………（770）

三、国家工作人员…………………………………………………（775）

　　286. 如何理解国家工作人员身份？………………………（775）

　　287. 如何在司法实践中理解适用贪污贿赂犯罪的客体？…（780）

　　288. 对于在国家机关中从事公务的非正式在编人员，能否认定为国家工作人员？……………………………（780）

　　289. 国有事业单位聘用的合同制管理人员，即非在编人员是否属于国家工作人员？…………………………（782）

　　290. 如何区分国家工作人员收受贿赂与收取合理劳务报酬的界限？………………………………………………（782）

291. 经国家机关的党委研究决定任命为集体所有制企业的经营管理人员能否认定为国家机关委派到非国有企业中从事公务的人员? …………………………………………………………（785）

292. 国有公司长期聘用人员利用职务便利挪用国有资金归个人使用的如何定性? ………………………………………（788）

293. 如何理解受委派从事公务中的"受委派"? …………（790）

294. 如何理解受委派从事公务中的"从事公务"? ………（791）

295. 本案中被告人由国有公司负责人口头提名,非国有公司聘任的管理人员,是否可以认定为国家工作人员? ……（791）

296. 租赁国有企业的人员是否属于国家工作人员? ………（794）

297. 司法实践中如何判定农村基层组织人员是否具有国家工作人员身份? ……………………………………………（796）

298. 司法实践中如何认定村民小组长是否属于"其他依照法律从事公务的人员"? ………………………………（797）

299. 国有媒体的记者是否具有从事公务活动的身份?能否成为受贿罪的主体? ………………………………………（800）

300. 已办理退休手续的国家工作人员仍然在从事公务的,能否继续被认定为国家工作人员? …………………………（802）

301. 国有公司的性质前后发生了变化,对其工作人员构成职务犯罪有何影响? ……………………………………（806）

302. 司法实践中如何确定企业的国有性质? ………………（806）

303. 如果国有企业的出资存在瑕疵,是否会影响企业的国有性质? …………………………………………………（806）

304. 审判实践中如何确定国有企业改制过程中原企业中的国家工作人员的主体身份? …………………………………（814）

四、司法工作人员 ……………………………………………（817）

305. 在定罪方面和量刑方面,司法工作人员是否都可以成为渎职犯罪中适格的犯罪主体? ………………………（817）

306. 审判实践中，司法工作人员没有直接利用自己的职权徇私枉法，是否会影响其成为渎职犯罪主体？……………（822）

五、首要分子 …………………………………………………………（824）

307. 审判实践中如何正确理解聚众犯罪中的"首要分子"？……（824）

308. 聚众斗殴犯罪中，如何把握积极参与者的认定标准？……（824）

309. 首要分子、积极参与者、一般参与者在行为转化上如何操作？………………………………………………………（827）

📚 办案依据集成 ……………………………………………（831）

# 第一章 刑法的任务、基本原则和适用范围

## 一、立法目的

### 1. 刑事立法目的在审判实践中如何得以实现？

法官裁判案件的过程，是一个根据查明的法律事实从制定法中寻找法律的过程。如果法律条款的规定是明确的，那么法官可直接援引可资适用的该法律理由作出裁判，这种情形称为"法律形式推理"；如果法律规定不甚明确或者存在两个以上可适用的法律规定但相互之间又是矛盾的，则需要法官根据法律原则、立法目的、社会效益以及社会公平正义与良知观念等选择法律理由作出裁判，体现了适用法律的价值取向，这种情形则称为"法律实质推理"。判断某种危害行为在《刑法》中有无明文规定，不能单从形式或者直观上看与某一法条所表述的罪状或者罪名是否相符，而必须立足于实质的立场，完整地运用犯罪构成要件来进行评价。由此说明，刑法更加注重法律实质推理规则的运用，追求实质合理主义是其基本立场。

### 2. 在具体案件中如何进行形式推理与实质推理？

法律规定本身具有概括性和抽象性，在法律适用过程中，纯粹的形式推理是很少的，往往要对法律条文进行解释，并与行为事实进行对比，从而确认其间的联系。例如本案中确认行为人是否有犯罪的故意，罪名本身要求行为人有犯罪故意，这是法律的规定，但现实中的主观因素一般是需要进行分析判断的，无法依

> 据法条直接予以确定,分析判断的过程就是实质推理的过程,需要根据行为时的具体情况做出合理的结论。

## 典型疑难案件参考

### 张吴建贪污、偷税案

**基本案情**

1. 主体身份事实

通州市全发彩色印刷厂（以下简称全发厂）系国有事业单位,由江苏省通州高级中学（以下简称通州高中）于1997年投资开办,经济性质为国有企业。被告人张吴建于1999年9月至2002年4月任该厂法定代表人。2002年1月31日,通州高中与被告人张吴建订立风险抵押承包经营合同一份,约定的主要内容有：全发厂由被告人张吴建承包经营,承包期为3年（自2002年1月1日至2004年12月31日）；被告人张吴建在全发厂资产保值的基础上每年向学校上缴利润10万元；承包前后的债权债务均由被告人张吴建负责。2002年4月11日因企业改制的需要,被告人张吴建与通州高中共同商定,以2001年12月31日为评估基准日,委托通州中天会计师事务所有限公司对该厂进行资产评估。经该会计师事务所评估,全发厂净资产总额为人民币604470.44元,并业经通州市财政局审核。2002年4月16日,经通州市体改委批准,通州高中与被告人张吴建签订资产内部转让协议1份。该协议约定：全发厂全部资产（不含土地）60.44万元按有关规定优惠10%后,以54.44万元转让给被告人张吴建；原风险抵押承包经营合同自签订本转让协议之日起终止履行。同日,被告人张吴建以所受让的资产作价60万元与其妻邱云芳投入的90万元资金共同成立通州市全发彩印有限公司（以下简称彩印公司）,由邱云芳任董事长,被告人张吴建任经理。

2. 贪污事实

被告人张吴建按以往的惯例,违规隐瞒全发厂2001年12月31日前销售给11家业务单位的经营收入计人民币307018.57元,而转入下年度开票收取,直至2002年4月全发厂改制时,仍未按规定要求将该部分经营收入列入资产登记和评估范围。至被告人张吴建于2002年4月16日签订改制合同后,以其夫妻共同投资设立的彩印公司名义从四家业务单位共实际收取应收款人民币157804.81元,剔除其中应当缴纳的税款及应当支付业务员的业务费等费用共计人民币 76448.43 元，被告人张吴建实际贪污人民币 81356.37 元。案发后，检察机关扣押被告人张吴建人民币 20 万元。

3. 偷税事实

被告人张吴建于 1999 年至 2001 年 12 月担任全发厂法定代表人期间，其为了全发厂的利益，将销售和加工等应纳税收入共计人民币 422069.03 元不记入财务账簿申报纳税，却列为该厂小金库收入，致该厂在 3 年中偷逃增值税数额共计人民币 68318.97 元，偷税数额占同期应纳税额的 19.96%。其中 1999 年偷税 21036.78 元，偷税数额占全年应纳税额的 15.81%；2000 年偷税 24936.63 元，偷税数额占全年应纳税额的 24.14%；2001 年偷税 22345.56 元，偷税数额占全年应纳税额的 21.09%。

### 一审诉辩情况

1. 江苏省通州市人民检察院的指控

被告人张吴建于 1999 年 5 月至 2001 年 12 月担任全发厂厂长期间，将经营收入人民币 422069.03 元私设为小金库，3 年偷逃增值税人民币 68318.97 元，偷税数额占同期应纳税额的 19.96%。

2002 年 4 月，被告人张吴建利用职务之便，乘产权改制之际，将改制前销售给业务单位的 11 笔应收款人民币 307018.57 元故意隐瞒不报，使其在改制后占为己有；2002 年 2 月被告人张吴建从该厂私设的小金库用白条付出人民币 32000 元占为己有，两项共计人民币 339018.57 元，扣除税款、费用等，张吴建实得人民币 231112.30 元。

被告人张吴建的行为已分别构成偷税罪、贪污罪。提请依法判处。

2. 被告人的答辩及其辩护人的辩护意见

被告人张吴建对其犯偷税的事实不持异议，对指控其犯贪污罪的事实予以否认，认为名为国企，实未投资，且在改制时其没有隐瞒资产的行为。

其辩护人提出：被指控的资产应归被告人张吴建所有，其既无占为己有的事实，也无非法占有的故意。

### 一审裁判结果

江苏省通州市人民法院依照《刑法》第 201 条第 1 款、第 3 款、第 211 条、第 382 条第 1 款、第 383 条第 1 款第 2 项、第 69 条、第 64 条之规定，判决如下：

一、被告人张吴建犯偷税罪，判处有期徒刑 1 年，并处罚金人民币 13 万元；犯贪污罪，判处有期徒刑 6 年，并处没收财产 8 万元，决定执行有期徒刑

6年，并处罚金人民币13万元、没收财产人民币8万元。

二、赃款81356.37元，上缴国库。

### ▶ 一审裁判理由

江苏省通州市人民法院认为：全发厂违反税收法规，采取在账簿上少列收入、将应纳税收入列为小金库收入的手段，偷逃增值税款共计人民币68318.97元，偷税数额占同期应纳税额的19.96%，其行为已构成偷税罪。被告人张吴建作为全发厂直接负责的主管人员亦构成偷税罪，应依法惩处。被告人张吴建在全发厂企业改制时隐匿2001年12月31日前属全发厂的应收款人民币157804.80元，而以改制后的彩印公司名义收取，扣除相关费用人民币76448.43元，应认定被告人张吴建非法占有国有资产人民币81356.37元，该行为已构成贪污罪。被告人一人犯数罪，应数罪并罚。通州高中与被告人张吴建于2002年1月31日订立风险抵押承包经营合同并不违反法律、行政法规的强制性规定，在双方约定终止履行前的合同行为依法应受到法律的保护，其在此期间处置全发厂财产的行为无贪污的主观故意。故对指控被告人张吴建隐匿销售收入人民币307018.57元中，除其中的81356.37元认定为贪污犯罪外，对其余部分以及在风险承包期内以"学校捐资费"的名义，从该厂小金库中付出人民币32000元亦指控为贪污犯罪不予认定。张吴建非法占有全发厂的应收款在形式上虽然属于新成立的彩印公司，但由于财产所有权事实上已经发生了转移，受到了实质性的侵犯，且新公司股东只有张吴建夫妇二人，仍处于被告人的控制之下，因而不影响贪污性质的认定。辩护人关于张吴建未实际占有的辩护意见不能成立；张吴建关于国有资金未实际投资的辩解与事实不符，均不予采信。

### ▶ 二审诉辩情况

上诉人（原审被告人）张吴建诉称：（1）漏审的30多万元资产其只是在企业改制合同签订以后才知道，故其主观上没有贪污此款的犯罪故意。（2）漏审的资产由改制后的彩印公司占有，但彩印公司并不等同于上诉人，它是按照规范现代企业制度的《公司法》设立的有限责任公司，是独立的民事主体，故原审认定漏审的资产被上诉人控制，并以贪污定性错误，该事实宜以徇私舞弊低价折股、出售国有资产定性才较为合理。（3）全发厂在审计基准日前销售但未开具发票的债权，在张吴建承包期间入账部分应归张所有，不属张非法占有。（4）原审漏剔应付职工工资、福利、奖金和其承包期间已经支付、改制后多付的管理费等费用近人民币11万元。（5）所犯偷税罪属单位犯罪，但对其个人处以罚金人民币13万元，量刑过重。

辩护人提出如下两点辩护意见：（1）全发厂从成立到2002年改制前，其会计记账的习惯做法是待产品销售款到账以后必须开具发票，该销售收入才能在财务上体现。因此全发厂在每年年度例行审计时，对审计前形成销售但尚未开票的，在审计报告中不能体现，自然过渡到下年度。全发厂经2001年年度审计后，由上诉人个人风险承包，按合同约定承包前的债权债务由上诉人负责，故全发厂2001年销售未开票的债权也就成了可以由上诉人个人支配的资产。（2）漏审的国有资产系被改制后的彩印公司非法占有，而非被上诉人张吴建非法占有，上诉人的行为只能构成徇私舞弊低价折股、出售国有资产罪。

### ▶ 二审裁判结果

江苏省南通市中级人民法院依照《刑事诉讼法》第189条第1项之规定，裁定如下：驳回上诉，维持原判。

### ▶ 二审裁判理由

江苏省南通市中级人民法院认为：

本案争议的焦点之一，是上诉人（原审被告人）张吴建主观上有无隐匿国有资产从中贪污的故意。经查：上诉人张吴建于侦查阶段曾多次供认在全发厂改制工作结束前，会计王淑萍已告知其有30多万元的应收款未列入审计和评估报告中，其以企业改制由其受让后负担较重为由，让王会计不要声张，从而隐匿了该资产。该有罪供述，与证人王淑萍的相关证言吻合，足以证明其主观上具有隐匿国有资产的故意。故上诉人称其在改制合同签订前不明知漏审了国有资产的上诉理由不能成立。

本案争议的焦点之二，是隐匿的国有资产究竟是被彩印公司非法占有，还是被上诉人非法占有，以判明上诉人隐匿国有资产的行为是构成贪污罪，还是构成徇私舞弊低价折股、出售国有资产罪。经查：首先，徇私舞弊低价折股、出售国有资产罪与贪污罪最主要的区别在于前者的行为人是将国有资产低价折股、出售给他人，由他人占有；后者的行为人是将公款（包括国有资产）化公为私，由自己占有。其次，从改制合同的内容上看，受让主体是上诉人张吴建，即全发厂是由上诉人个人购买，虽然此后上诉人再让其妻入股，夫妻共同出资设立了彩印公司，但依我国《婚姻法》关于夫妻财产界定的规定，彩印公司的财产就等于是其夫妻共同所有的财产。由此说明，被上诉人隐匿的国有资产，从表面形式上看是由彩印公司非法占有，但实质上是由上诉人非法占有。故上诉人及其辩护人关于漏审的国有资产系彩印公司非法占有，而非上诉人个人非法占有，本案宜定徇私舞弊低价折股、出售国有资产罪的上诉理由、辩护意见不能成立。

本案争议的焦点之三，是上诉人张吴建与校方签订风险抵押承包合同的效力，以及上诉人在风险抵押承包经营全发厂期间收回的债权究竟能否归属上诉人张吴建个人。经查：该风险抵押承包合同第7条约定上诉人对承包全发厂前后的债权和债务由其负责，但就"负责"二字而言，其字面的含义应为债权由上诉人经手收取、债务由上诉人经手支付的意思。案发后，即便合同双方就缔约时的本意作出了债权归上诉人所有、债务由上诉人负担的补充解释，但由于该承包合同是建立在隐瞒全发厂还有30多万元应收款的基础之上，不能反映发包方（校方）的真实意思，且明显损害国家利益，故该承包合同无效，该债权仍属校方。因此，原审法院认定该承包合同并不违反法律、行政法规的强制性规定，并认为上诉人在承包合同履行期内收取全发厂于2001年年底前发生的应收款149213.76元归其所有，显然与法相悖，二审不予支持。上诉人及其辩护人主张上诉人在承包期间的债权归上诉人所有的上诉理由、辩护意见不能成立。

本案争议的焦点之四，是如何认定上诉人张吴建的贪污数额。经查：原检察机关指控上诉人张吴建的贪污数额以其隐匿的307018.57元及以白条支出32000元为基数，再剔除其中相关的费用，认定上诉人贪污实得人民币231112.30元。根据现有证据，认定上诉人具有非法占有改制基准日以前全发厂国有资产的主观故意产生于签订改制合同之时，依主客观相一致的犯罪构成原则，只能认定上诉人在改制合同签订后以彩印公司名义收取的157804.80元为其贪污基数。另外近半数的应收款系上诉人在承包全发厂期间收取，虽然该承包合同依法应确认无效，但认定上诉人主观上具有贪污故意的证据不足，故原审从认定贪污犯罪的角度，将上诉人因履行承包合同的授权而收取的相关应收款及处置资产的行为，从原检察机关指控的贪污数额中剔除是正确的。在157804.80元的贪污基数中，应当剔除的只能是与此款有必然联系并且应当由上诉人缴纳税款和支付业务员的业务费，余额部分才是其实际贪污所得。现上诉人提出还要剔除应付职工工资、福利、奖金和其承包期间已经支付及改制后多付的管理费等费用近人民币11万元，因该主张与本案无涉，属于民事法律关系调整的范围，本院不予支持。

本案争议的焦点之五，是原判对上诉人张吴建所犯偷税罪判处罚金人民币13万元是否符合法律规定。经查：根据《刑法》第201条、第211条的规定，对单位犯偷税罪的直接负责的主管人员适用刑罚时，除了应当判处自由刑之外，还应当并处偷税数额1倍以上5倍以下的罚金。本案中，全发厂偷逃增值税数额为人民币68318.97元，原判以此为据对上诉人张吴建并处罚金人民币13万元，不足偷税数额的2倍，量刑适当。故上诉人认为原审对其所犯偷税罪并处13万元罚金量刑过重的上诉理由不能成立。

综上，上诉人张吴建及其辩护人的上诉理由、辩护意见均不能成立，本院不予采纳。原审判决认定上诉人犯贪污罪、偷税罪事实的证据确实、充分，定性准确，审判程序合法，量刑适当，予以支持。

### 3. 刑事立法目的在具体案件中对量刑如何发挥作用？

刑法的立法目的是惩罚犯罪和保护人民，因此，在具体案件的量刑过程中就应考虑是否符合这样的目的，量刑结果能否达到惩罚犯罪、预防犯罪，进而为人民提供安全社会环境的目的，考虑的依据是犯罪的具体情节。例如，毒品类犯罪在我国属于较为严重的犯罪行为，处刑一般较高。本案中贩毒数量虽然较大，但毒品含量很低，定性时虽不以纯度计算，但量刑时应该酌情考虑，包括行为本身的危害性、犯罪危害后果的程度等，掺假之后的毒品数量才达到判处死刑标准的，一般也不判处死刑立即执行。

## 典型疑难案件参考

### 张玉梅、刘玉堂、李永生贩卖毒品案

**基本案情**

2003年12月30日，被告人张玉梅与孙玉超（同案被告人，已判刑）从安徽省蚌埠市到临泉县，找被告人刘玉堂联系购买海洛因，并商定次日在阜阳市进行交易，随后，刘玉堂给被告人李永生打电话，通知李永生准备好海洛因。次日上午，张勇（同案被告人，已判刑）将16.6万元人民币送到阜阳市交给张玉梅。刘玉堂邀约刘玉春（另案处理）从临泉县赶到阜阳市李永生的租住房处，刘玉堂与李永生将130克海洛因掺入配料后压成三个圆块状。随后，刘玉堂携带两小包海洛因样品到阜阳市碧春茶楼张玉梅、孙玉超所在的房间内，让张玉梅、孙玉超验货。张玉梅用锡箔纸烤试后同意要货。刘玉堂返回李永生的租住处，将加工好的海洛因连同没有用完的配料装入一只红色纸袋中，带到碧春茶楼交给张玉梅、孙玉超，张玉梅将6.88万元人民币交给刘玉

堂。之后，张玉梅携带装有海洛因的红色纸袋来到新世纪广场，将纸袋交给张勇准备带回蚌埠市时，被公安人员抓获。当场缴获海洛因657克及配料103.5克。随后，公安机关将刘玉堂、李永生、孙玉超、刘玉春抓获归案。

另查明，2000年下半年至2001年年初，被告人张玉梅以每克人民币300元的价格，先后两次通过殷玉红贩卖给吸毒人员顾彪海洛因8克。

### ▰一审诉辩情况▰

检察机关认为：被告人张玉梅、刘玉堂、李永生贩卖海洛因600余克的行为已构成贩卖毒品罪，提请依法追究三被告人刑事责任。

被告人张玉梅对起诉书指控其贩卖毒品的事实供认不讳。但辩称：购买毒品是给其儿子吸食，目的是为了帮助儿子戒毒；毒品含量不对，要求重新鉴定。其辩护人提出了与张玉梅相同的辩护意见。

被告人刘玉堂对起诉书指控其贩卖毒品的事实供认不讳。但辩称：查获的毒品中掺入了配料，海洛因的实际重量只有100多克；自己既没有买毒品也没有卖毒品，毒资也不是自己的，不构成贩卖毒品罪。其辩护人提出了与刘玉堂基本相同的辩护意见，并建议对刘玉堂从轻处罚。

被告人李永生对起诉书指控其贩卖毒品的事实供认不讳。但辩称：毒品是刘玉堂、刘玉春带去的，自己只提供了掺入毒品中的配料。其辩护人对起诉书指控的罪名不持异议，但提出指控李永生提供毒品货源并实施加工证据不足；毒品鉴定从形式到程序存在严重问题，请求重新鉴定。

### ▰一审裁判结果▰

蚌埠市中级人民法院依照《刑法》第347条第2款的规定，判决如下：被告人张玉梅、刘玉堂、李永生犯贩卖毒品罪，分别判处死刑，剥夺政治权利终身，并处没收个人全部财产。

### ▰一审裁判理由▰

蚌埠市中级人民法院认为：被告人张玉梅、刘玉堂、李永生等人，共同贩卖海洛因657克，其行为均构成贩卖毒品罪。在共同犯罪中，张玉梅起意贩毒，主动联系刘玉堂，要其胞弟张勇用出租车运送巨资购买海洛因，行为积极主动，系主犯，应依法惩处。其辩称购买毒品是给其儿子吸食，目的是为了帮助儿子戒毒的理由不能成立。此外，张玉梅还向他人贩卖8克海洛因，其贩卖海洛因的总数应认定为665克。被告人刘玉堂在贩卖毒品的共同犯罪中，行为积极主动，系主犯，应依法惩处。其辩护人提出的本案所涉毒品的数量是大量掺假后的数量的辩护意见不予采信。被告人李永生在共同犯罪中提供掺配加工毒品的配料，掺配加工毒品，利用他人拎送毒品，行为积极主动，系主犯，其辩护人提出，毒品含量的鉴定真实性存在问题的意见不予采信。

### 二审诉辩情况

一审宣判后，张玉梅、刘玉堂、李永生不服，均向安徽省高级人民法院提出上诉。

被告人张玉梅上诉提出：（1）购买毒品是给其儿子吸食，目的是为了帮助儿子戒毒，不是为了贩卖毒品；（2）购买毒品的数量应为130克，查获的657克毒品是掺了配料的重量；（3）没有通过殷玉红向顾彪贩卖8克海洛因；（4）南京市公安局对毒品含量的鉴定不客观。其辩护人除提出与张玉梅上诉理由相同的辩护意见外，还提出：张玉梅购买海洛因的行为应是非法持有毒品；毒品含量的鉴定应以二审期间委托上海市毒品检验中心的鉴定为准；张玉梅有检举他人盗窃经查证属实的立功行为，要求对张玉梅从轻处罚。

被告人刘玉堂上诉提出：其在共同犯罪中处于次要地位，系从犯，要求从轻处罚。其辩护人除提出与刘玉堂上诉理由相同的辩护意见外，还提出：根据上海市毒品检验中心的鉴定，刘玉堂参与贩卖的毒品大量掺假，且犯罪后能如实供述其犯罪事实，要求对刘玉堂予以改判。

李永生上诉提出：毒品是刘玉堂和刘玉春带来的，其只提供了掺假的配料，在共同犯罪中是从犯，且查获的毒品数量是大量掺假后的数量，毒品未流入社会，要求对其从轻处罚。其辩护人除提出与李永生上诉理由相同的辩护意见外，还提出：认定李永生提供毒品并加工的证据不足，要求对李永生从轻处罚。

### 二审裁判结果

安徽省高级人民法院依照《刑事诉讼法》第189条第1项的规定，于2005年7月25日裁定如下：驳回三被告人上诉，维持原判。

安徽省高级人民法院依法将此案报请最高人民法院核准。

### 二审裁判理由

安徽省高级人民法院经审理查明：一审判决认定的事实清楚，证据确实、充分，予以确认。

对张玉梅的上诉理由及其辩护人的辩护意见，经查，张玉梅为贩卖而购买毒品一节，有同案上诉人刘玉堂供述证明张玉梅购买毒品想挣点钱；证人殷玉红、顾彪、宫世峰、胡家萍证明张玉梅多次贩毒，其辩称购买毒品是为了其儿子戒毒无证据证明，不予采信。公安人员抓获张玉梅、张勇时查获毒品海洛因

657克,应予认定,其辩称只购买130克海洛因一节不予采信。关于张玉梅通过殷玉红向吸毒人员顾彪贩卖8克海洛因一节,有殷玉红、顾彪的证言证实,且能相互印证,应予认定。关于其提出南京市公安局对毒品含量鉴定不客观的理由,二审审理期间,上海市毒品检验中心对该毒品的含量重新鉴定,鉴定结论经二审庭审质证,其辩护人提出的毒品含量的鉴定应以上海市毒品检验中心的鉴定结论为准的辩护意见应予采纳,但该鉴定的毒品含量均不属于"毒品含量极少"的情形,且毒品的数量不以纯度折算,不能因此减轻其罪责。张玉梅检举他人盗窃2辆电动车虽经查证属实,但不属于重大立功,不足以减轻其罪责,故对张玉梅上诉及其辩护人要求对张玉梅从轻处罚的意见不予采纳。

对刘玉堂上诉理由及其辩护人提出的辩护意见,经查,刘玉堂在共同犯罪中和张玉梅商谈毒品买卖事宜,联系李永生共同贩卖海洛因,将毒品的样品和大量毒品分次交由张玉梅,收取资金,其行为积极主动,应为主犯,其辩称是从犯的理由不能成立。根据上海市毒品检验中心的鉴定结论,刘玉堂参与贩卖的毒品不属于"毒品含量极少"的情形,不足以影响对刘玉堂的量刑,其犯罪后如实供述犯罪事实一节,亦不能因此减轻其罪责,故对刘玉堂上诉及其辩护人要求对刘玉堂予以改判的意见不予采纳。

对李永生上诉理由及其辩护人提出的辩护意见,经查,李永生辩称毒品是刘玉堂、刘玉春带来的一节无事实依据,不予采信。李永生在共同犯罪中提供毒品并进行加工一节,有刘玉堂的供述予以证实,且李永生亦作过与刘玉堂的供述相互印证的供述,应予认定,其在共同犯罪中的行为积极主动,系主犯,其辩称是从犯的理由不予采纳。虽然查获的毒品的数量是掺假后的数量,根据法律规定毒品的数量不以纯度计算,毒品未流入社会一节不足以减轻其罪责,故对李永生及其辩护人要求对李永生从轻处罚的理由不予采纳。

安徽省高级人民法院经审理认为:被告人张玉梅、刘玉堂、李永生贩卖海洛因的行为,均已构成贩卖毒品罪,且贩卖毒品数量大,在共同犯罪中,张玉梅、刘玉堂、李永生系主犯,均应从重处罚。一审判决认定的事实清楚,证据确实充分,定罪准确,量刑适当。审判程序合法。

### 复核结果

最高人民法院依照《刑事诉讼法》第199条和最高人民法院《关于执行〈中华人民共和国刑事诉讼法〉若干问题的解释》第285条第3项、《刑法》第347条第2款第1项、第48条第1款、第57条第1款的规定,判决如下:

一、撤销蚌埠市中级人民法院〔2004〕蚌刑初字第65号和安徽省高级人民法院〔2005〕皖刑终字第170号刑事判决中对被告人张玉梅、刘玉堂、李永生的量刑部分。

二、被告人张玉梅犯贩卖毒品罪，判处死刑，缓期2年执行，剥夺政治权利终身，并处没收个人全部财产。

三、被告人刘玉堂犯贩卖毒品罪，判处死刑，缓期2年执行，剥夺政治权利终身，并处没收个人全部财产。

四、被告人李永生犯贩卖毒品罪，判处死刑，缓期2年执行，剥夺政治权利终身，并处没收个人全部财产。

**复核理由**

最高人民法院认为：被告人张玉梅、刘玉堂、李永生贩卖海洛因的行为，均已构成贩卖毒品罪。贩卖毒品数量大，应依法惩处。一审判决和二审判决认定的事实清楚，证据确实、充分，定罪准确，审判程序合法。鉴于本案的具体情况，对张玉梅、刘玉堂、李永生判处死刑，可不立即执行。

### 4. 行为人通过计算机网络实施的行为是否可以运用立法目的加以考量？

网络犯罪是随着计算机网络技术的进步而产生的新型犯罪，网络犯罪具有诸多不同于传统犯罪的特点，在评价网络犯罪的时候应关注这些特点，同时也不能脱离刑法的基本立场，亦即对网络犯罪的评价也要结合社会形势考察其危害性，注重办案的社会效果。因此，刑事立法目的对于法律专门规定的计算机网络犯罪，以及运用计算机网络实施的传统犯罪具有实质评价的意义。

**典型疑难案件参考**

冯庆钊传授犯罪方法案

**基本案情**

被告人冯庆钊在家中自行收集涉及炸药制造的信息，经整理形成一个电子文档，命名为《恐怖分子手册》，并于2009年11月26日、2010年4月19日先后两次使用"但它"的用户名，在百度网文库栏目中发布《恐怖分子手册》电子文档（一）至（十），内容包括各种炸药、燃烧剂、汽油弹、炸弹、燃烧弹等配方及制作方法，其中穿插了一些涉及恐怖组织活动的字眼和语句，例如,"同学们,伟大主席奥马尔说:胜利属于团结的塔利班人民"。"同学们,双手沾满了恐怖分子鲜血的沙龙曾说:如果我是巴勒斯坦人,我也会做自杀爆炸者,而且我要用C4"……文档中所涉及的各种炸药知识、制法等均具有一定的科学性、可行性,但其内容不涉密,通过正常渠道如专业图书、网络等均可进行查询。两个文档在网络上共被浏览2065次,下载116次。被告人冯庆钊于2010年5月20日被抓获归案,公安机关起获硬盘1块。

**诉辩情况**

北京市朝阳区人民检察院指控:被告人冯庆钊的行为触犯了《刑法》第295条之规定,已构成传授犯罪方法罪,提请法院依法惩处。

被告人冯庆钊对指控其犯罪事实无异议。

**裁判结果**

北京市朝阳区人民法院依照《刑法》第295条、第61条、第64条之规定判决:

一、被告人冯庆钊犯传授犯罪方法罪,判处拘役6个月。

二、在案的电脑硬盘1块,予以没收。

**裁判理由**

北京市朝阳区人民法院经审理认为:被告人冯庆钊法制观念淡薄,将涉及炸药制造方法的内容与涉及恐怖活动的文字相结合,以《恐怖分子手册》的名称在互联网上公然发布,向他人传授犯罪方法,其行为妨害了社会管理秩序,构成传授犯罪方法罪,依法应予惩处。被告人冯庆钊当庭自愿认罪,有悔罪表现,故对其所犯罪行酌予从轻处罚。

## 二、刑法的任务

**5. 刑法任务中所谓的法益保护,能否适用于网络虚拟世界?**

根据《刑法》第2条的规定,刑法保护的是现实世界中的法益。但如果行为人通过网络实施的虚拟行为对现实生活中刑法所保护的客体造成危害并构成犯罪,则理应受到刑法调整。即无论法益是被现实手段还是虚拟方法所侵害,只要是现实世界中的法益受到侵害的，就属于刑法任务中保护的法益，当然其前提是符合罪刑法定原则。因此，根据《刑法》第2条关于刑法任务的规定，网络虚拟行为侵害现实法益构成犯罪的，也是刑法规制的对象，应当受刑罚惩罚。

**6. 法益侵害程度对定罪量刑具有重要意义，审判实践中如何确定法益的侵害程度？**

法益侵害程度可以从受到侵害的法益性质及其数量来认定。具体来说，法益的性质就是法律保护的权利类型，如人身权、财产权等；数量就是对侵害严重性的量化指标，如侵害健康权达到的伤情等级，侵犯财产权达到的数额等。本案中就是根据对网络数据信息进行财产属性认定，完成了对法益类型的确定，通过对数据信息市场的交易情况考察确定了法益的侵害数量，从而达到了确认法益侵害程度的目的。

## 典型疑难案件参考

孟动、何立康网络盗窃案（《最高人民法院公报》2006年第11期）

**基本案情**

被害单位上海茂立实业有限公司（以下简称茂立公司）通过与腾讯科技（北京）有限公司（以下简称腾讯公司）、广州网易计算机系统有限公司（以下简称网易公司）签订合同，成为腾讯在线Q币以及网易一卡通在上海地区网上销售的代理商。

2005年6—7月间，被告人孟动通过互联网，在广州市利用黑客程序窃得茂立公司登录腾讯、网易在线充值系统使用的账号和密码。同年7月22日下午，孟动通过网上聊天方式与被告人何立康取得联系，向何立康提供了上述所窃账号和密码，二人预谋入侵茂立公司的在线充值系统，窃取Q币和游戏点卡后在网上低价抛售。

2005年7月22日18时许，被告人孟动先让被告人何立康为自己的QQ号试充1个Q币。确认试充成功后，孟动即在找到买家并谈妥价格后，通知何立康为买家的QQ号充入Q币，要求买家向其中国工商银行牡丹灵通卡（卡号9558823602001916770，以下简称770号牡丹卡）内划款。自2005年7月22日18时32分至次日10时52分，何立康陆续从茂立公司的账户内窃取价值人民币24869.46元的Q币32298个，除按照孟动的指令为买家充入Q币外，还先后为自己及朋友的QQ号充入数量不等的Q币。自2005年7月23日0时25分至4时07分，何立康还陆续从茂立公司的账户内窃取价值人民币1079.5元的游戏点卡50点134张、100点60张。以上二被告人盗窃的Q币、游戏点卡，共计价值人民币25948.96元。

被害单位茂立公司发现被盗后，立即通过腾讯公司在网上追回被盗的Q币15019个。茂立公司实际损失Q币17279个，价值人民币13304.83元。连同被盗的游戏点卡，茂立公司合计损失价值人民币14384.33元。

被告人孟动、何立康到案后，家属分别帮助交付人民币8000元和2.6万元以抵顶赃款。侦查机关将其中的14384.33元发还给茂立公司，多余款项退还交款人。

### 诉辩情况

上海市黄浦区人民检察院以被告人孟动、何立康犯盗窃罪，向上海市黄浦区人民法院提起公诉。

起诉书指控：被告人孟动窃取被害单位茂立公司的账号和密码后，提供给被告人何立康，二人密谋由孟动通过网上银行向买家收款，何立康入侵茂立公司的在线充值系统窃取Q币，然后为孟动通知的买家QQ号进行Q币充值。从2005年7月22日18时32分至次日10时52分，何立康从茂立公司的账户内共窃取价值人民币24869.46元的Q币32298个，窃取价值人民币1079.5元的游戏点卡50点134张、100点60张。孟动、何立康以非法占有为目的，通过网络系统共同秘密窃取他人总计价值人民币25948.96元的财物，盗窃数额巨大，其行为已触犯《刑法》第264条规定，构成盗窃罪，请依法追究二被告人的刑事责任。案发后，二被告人的家属已帮助退赔了全部赃款，何立康有自首和立功情节，依法可从轻处罚。

被告人孟动、何立康对起诉指控的事实不持异议。二被告人的辩护人认为：第一，起诉书指控的秘密窃取，是发生在网络环境中的虚拟行为。众所周知，在很多网民参与的网络游戏中，充斥着大量的、虚拟的凶杀、暴力情节。如果网络环境中虚拟实施的秘密窃取行为应当被打击，那么虚拟实施的凶杀、暴力行为是否也应该被当作故意杀人、故意伤害犯罪去追究刑事责任？答案是否定的。因为虚拟行为不是刑法要追究的刑事犯罪行为，虚拟行为不会在现实生活中造成危害结果。Q币和游戏点卡都是网络游戏中的虚拟财产，并非刑法要保护的国有财产、劳动群众集体所有的财产以及公民私人所有的财产，因此二被告人秘密窃取虚拟财产的行为是否属于刑法要打击的犯罪行为，有待在理论上探讨。第二，《刑事诉讼法》第46条规定："对一切案件的判处都要重证据，重调查研究，不轻信口供。只有被告人供述，没有其他证据的，不能认定被告人有罪和处以刑罚；没有被告人供述，证据充分确实的，可以认定被告人有罪和处以刑罚。"本案虽然既有被告人供述也有其他证据，但其他证据多系电子文件。电子文件与传统意义上的文字原件不同，电子文件有易被复制、修改和删除的特性，不具有证据所需的唯一性、客观性，不能充分反映客观事实，不应该作为有效证据使用。如果将这些电子文件扣除，本案的证据并不充分确实。另外，电子文件虽然能反映出其来自哪一台电脑终端机，但是电脑终端机与使用该终端机的用户不能直接划等号，因此这些电子文件无法证明是在二被告人的操作下形成的，无法排除其他用户偶然使用该终端机形成这些电子文件的情形，不可能形成排他性结论。第三，未经权威机构鉴定，Q币和游戏点卡在现实生活中的价值为多少，是不确定的。认定二被告人的行为给被害单位造成的损失巨大，没有根据。即使二被告人的行为构成犯罪，由于被害单位和网络服务商发现及时，已经追回了一部分Q币，因此这部分犯罪处于未遂状态。案发后，二被告人的家属帮助退赔了赃款，故二被告人的社会危害性较轻，被告人何立康还有自首、立功情节。因此，建议对二被告人减轻处罚并适用缓刑。

### 裁判结果

上海市黄浦区人民法院于2006年6月26日判决：

一、被告人孟动犯盗窃罪，判处有期徒刑3年，缓刑3年，并处罚金人民币3000元；

二、被告人何立康犯盗窃罪，判处有期徒刑1年6个月，缓刑1年6个月，并处罚金人民币2000元；

三、扣押在案的被告人孟动犯罪所用的电脑硬盘两块和770号牡丹卡，予以没收。

### 裁判理由

上海市黄浦区人民法院认为：

1.《刑事诉讼法》第42条第1款规定："证明案件真实情况的一切事实，

都是证据。"电子文件与传统的文字原件不同,有易被复制、修改和删除的特性,因此不具有靠其内容独立发挥证明作用的功能。但是,电子文件如果与案件关联,在与其他证据印证后能够客观地反映案件的真实情况,且该电子文件是合法取得的,依法也可以成为刑事诉讼中的证据。

判断某一电子文件能否作为刑事诉讼中的证据使用,首先应审查其来源是否属实、合法。本案用以证明案件事实的电子文件主要有:关于IP地址202.97.144.230的电脑用户登录了腾讯在线销售平台mlsoft账户的证明,关于QQ聊天的记录,从电脑硬盘中检出的文件和网页截图。审查这些电子证据,IP地址是腾讯公司受被害单位茂立公司的委托查询得来,这个地址得到了公安机关的确认,其用户是被告人何立康当时的工作单位;QQ聊天记录是公安机关按照被告人孟动的QQ号码从消息管理器中导出;黑客程序和载有被害单位账号、密码的文件,也是公安机关从孟动工作地和其女友处扣押的孟动使用过的硬盘中检出;特定时间段的网页截图,由茂立公司、网易公司和腾讯公司分别提供。所有这些电子证据,都由司法机关依照法定程序收集。审查这些电子证据证明的内容,黑客程序和载有被害单位账号、密码的文件以及QQ聊天记录,证明了相应账号、密码由孟动盗取,孟动将账号、密码告知何立康,二人密谋盗卖茂立公司的Q币和游戏点卡;由茂立公司、网易公司和腾讯公司分别提供且能相互印证的网页截图,证明了特定时间段内茂立公司的财产受损;IP地址证明了登录行窃的用户终端,何立康在这个特定时间段内是这个终端单位的网管,有重大作案嫌疑。而知道茂立公司mlsoft账号和密码,并能用IP地址为202.97.144.230用户终端机登录行窃的,则只能是何立康,不再需要排除他人。这些电子证据虽然都不能单独证明案件事实,但将其与相关的证人证言、孟动770号牡丹卡进出账情况等证据相印证,就可以得出排他性结论。电子文件在排除了合理怀疑并与其他证据印证后,可以纳入证据链中,作为证明案件事实的证据。

2. Q币和游戏点卡是腾讯公司、网易公司在网上发行的虚拟货币和票证,是网络环境中的虚拟财产。用户以支付真实货币的方式购买Q币和游戏点卡后,就能得到发行Q币和游戏点卡的网络公司提供的等值网上服务,因此Q币和游戏点卡体现着网络公司提供网络服务的劳动价值。被害单位茂立公司是Q币和游戏点卡的代理销售商,按照合同约定的折扣,通过支付真实货币,从腾讯公司、网易公司得到Q币和游戏点卡。茂立公司付出对价后得到的Q币和游戏点卡,不仅是网络环境中的虚拟财产,也代表着茂立公司在现实生活中实际享有的财产,应当受刑法保护。

3. 《刑法》第2条规定："中华人民共和国刑法的任务，是用刑罚同一切犯罪行为作斗争，以保卫国家安全，保卫人民民主专政的政权和社会主义制度，保护国有财产和劳动群众集体所有的财产，保护公民私人所有的财产，保护公民的人身权利、民主权利和其他权利，维护社会秩序、经济秩序，保障社会主义建设事业的顺利进行。"刑法所指的犯罪行为，是发生在现实生活中的行为，刑法所要保护的财产，也是现实生活中的财产。网络环境是对现实生活的虚拟，网络中充斥着大量凶杀、打斗、抢劫、盗窃等在现实生活中被法律禁止的虚拟行为。如果网络环境中的虚拟行为没有危害现实生活中刑法所保护的客体，则不是需要刑法来规范的行为。但是，如果虚拟行为对现实生活中刑法所保护的客体造成危害构成犯罪，就应当受刑罚惩罚。《刑法》第264条规定："盗窃公私财物，数额较大或者多次盗窃的，处三年以下有期徒刑、拘役或者管制，并处或者单处罚金；数额巨大或者有其他严重情节的，处三年以上十年以下有期徒刑，并处罚金；数额特别巨大或者有其他特别严重情节的，处十年以上有期徒刑或者无期徒刑，并处罚金或者没收财产；有下列情形之一的，处无期徒刑或者死刑，并处没收财产：（一）盗窃金融机构，数额特别巨大的；（二）盗窃珍贵文物，情节严重的。"被告人孟动、何立康以非法占有为目的，在网上实施侵入茂立公司账户并秘密窃取Q币和游戏点卡的行为，这个行为侵犯了茂立公司在现实生活中受刑法保护的财产权利，当然构成盗窃罪，应该受刑罚惩罚。

4. 数额是盗窃罪定罪量刑的关键情节。如何计算网上秘密窃取Q币和游戏点卡的盗窃数额，目前没有明确规定。

网络用户取得Q币和游戏点卡的方式，除了支付现实货币购买外，还可以通过网络游戏中的不断"修炼"而获得。这后一取得方式使Q币和游戏点卡的价格变得模糊。前已述及，网络公司在网上发行Q币和游戏点卡，目的是回收网络用户对其提供的网上服务支付的报酬，Q币和游戏点卡体现着网络公司提供网络服务的劳动价值。因此，Q币和游戏点卡在现实生活中对应的财产数额，可以通过其在现实生活中的实际交易价格来确定。至于网络用户在网络游戏中通过不断"修炼"而获得的Q币和游戏点卡，只是网络公司吸引客户用的一种手段。这部分Q币和游戏点卡由于不参加网络公司与网络用户之间的交换，因此不影响Q币和游戏点卡的交易价格。

Q币和游戏点卡在现实生活中的交易价格有多种：（1）网络公司在网上标出的销售价格；（2）网络用户在网外互相交易形成的价格；（3）网络公司与代理商之间交易的价格；等等。具体到本案，应当以网络公司与代理商之间的实际交易价格来确定被盗 Q 币和游戏点卡在现实生活中对应的财产数额。因为行为人实施盗窃行为，被害人的财产一般就会受到相应的损失，盗窃数额与被害人受到的财产损失密切相关。毕竟只有现实生活中受犯罪行为侵害的公私财产，才是刑法要保护的客体。本案中，用被害单位茂立公司与腾讯公司、网易公司在合同中约定的交换价格来计算被盗 Q 币和游戏点卡在现实生活中代表的财产数额，能准确反映茂立公司遭受的财产损失。在目前对 Q 币和游戏点卡的盗窃数额如何计算没有明确规定的情形下，起诉书没有按网上公认的 Q 币和游戏点卡销价计算，而是按照茂立公司购进时实际支付的价格认定盗窃数额，不仅有其合理性，而且也有充分的证据，应予认定。对本案被盗 Q 币和游戏点卡在现实生活中对应的财产数额，无须经权威机构作价格鉴定。①

5. 被告人孟动、何立康通过互联网窃取被害单位茂立公司的 Q 币，茂立公司发现后及时通知了 Q 币的发行单位腾讯公司，腾讯公司在网上通过封存方式，帮助茂立公司追回 15019 个 Q 币。对追回的这部分 Q 币，辩护人认为是犯罪未遂，依法可减轻处罚。

《刑法》第 23 条规定："已经着手实行犯罪，由于犯罪分子意志以外的原因而未得逞的，是犯罪未遂。"盗窃罪未遂的认定标准，理论界历来有接触说、转移说、藏匿说、损失说、失控说、控制说等多种观点。这是因为盗窃罪的犯罪对象是种类繁多的公私财物，盗窃公私财物的种类不同，认定盗窃既遂、未遂的方法就会不同。审判实践中，具体盗窃案件不存在唯一的盗窃未遂认定标准，只能根据法律规定的"着手实行犯罪"、"犯罪未得逞"、"犯罪未得逞是由于犯罪分子意志以外的原因"等三个条件，结合盗窃财物种类，认定犯罪既遂或者未遂。

被害单位茂立公司控制的 Q 币，对应着该公司在现实生活中享有的财产。被告人孟动、何立康通过互联网窃取茂立公司的 Q 币，是想非法占有这部分 Q 币所对应的茂立公司在现实生活中享有的财产。本案事实证明，何立康着手实施秘密窃取行为后，Q 币瞬间即脱离了茂立公司的控制，到了孟动指定的买家账户，孟动在 770 号牡丹卡上收到了买家汇款。此时二人的盗窃行为已经完成，实施该行为要达到的非法占有目的也已经达到，理当认定犯罪既遂。至于何立康将一部分 Q 币转往自己与朋友的账户内，是二人对赃物的处理问题；

---

① 注：根据最高人民法院《关于审理盗窃案件具体应用法律若干问题的解释》第 5 条第 1 项第 1 目的规定，盗窃传统流通领域里的商品，按市场零售价的中等价格计算盗窃数额。

腾讯公司通过封存方式在网上追回 15019 个 Q 币，是被害单位挽回财产损失的一种手段，均与二人的犯罪形态无关。

综上所述，被害单位茂立公司作为腾讯公司、网易公司的代销商，其账户内的 Q 币和游戏点卡对应着其在现实生活中享有的财产，一旦失窃便意味着所有人丧失了对这些财产的占有、使用、收益和处分的全部财产权利。被告人孟动、何立康以非法占有为目的，通过互联网共同窃取茂立公司价值人民币 25948.96 元的 Q 币和游戏点卡，侵犯了茂立公司的财产权利，构成盗窃罪，且盗窃数额巨大。检察机关指控孟动、何立康犯盗窃罪的事实清楚，证据确凿、充分，罪名成立，依法应当对孟动、何立康予以刑事处罚。孟动、何立康是初犯、偶犯，到案后能如实坦白自己的犯罪事实，在家属帮助下退赔了茂立公司的全部损失，且何立康还有自首、立功表现，依法均可从轻处罚。辩护人关于二被告人犯罪情节较轻、确有认罪悔罪表现、依法可适用缓刑的辩护意见，应予采纳。

### 7. 对具体案件如何运用刑法任务进行评价？

通过对具体行为的分析，确定其是否存在足够严重程度的社会危害性，如侵害的权利类型、程度等。如果确实存在足够严重的社会危害性，则一般认为应该受到刑法评价。如本案中，行为人通过侵入他人账户操纵股票买卖，虽未有占有之意，但却旨在扰乱其账户交易，导致其财产损失。具有足够的危害性，应受刑法评价，至此刑法任务的先行评价功能发挥完毕。应受刑法评价并不意味着构成犯罪，还应根据犯罪构成予以确认，但这已不是刑法任务的作用了。判决作出后，可以根据刑法基本任务看看其是否确实存在足够严重的法益侵害，刑罚是否能达到恢复法益和预防法益侵害的效果等。被刑法评价并不必然意味着构成犯罪，同时也不能违背罪刑法定原则。

#### 典型疑难案件参考

朱建勇故意毁坏财物案（《最高人民法院公报》2004 年第 4 期）

**基本案情**

2002 年 4 月 29 日至 5 月 10 日，被告人朱建勇利用事先获悉的账号和密码，侵入被害人陆正辉、赵佩花夫妇在证券营业部开设的股票交易账户，然后篡改了密码，并使用陆、赵夫妇的资金和股票，采取高进低出的方法进行股票交易。5月16日，朱建勇再次作案时被当场发现。按照股票成交平均价计算，用首次作案时该账户内的股票与资金余额，减去案发时留有的股票与资金余额，朱建勇共给陆、赵夫妇的账户造成资金损失19.7万余元。朱建勇被发现后，立即如实供认了全部事实，并赔偿了陆、赵夫妇的经济损失。

### 诉辩情况

上海市静安区人民检察院以被告人朱建勇犯故意毁坏财物罪，向上海市静安区人民法院提起公诉。

起诉书指控：被告人朱建勇为泄私愤，侵入他人的股票委托交易账户并篡改密码，在他人账户内高价买进股票然后低价卖出，造成他人账户内的资金损失19万余元。案发后，朱建勇赔偿了给他人造成的全部损失。朱建勇的行为触犯了《刑法》第275条的规定，构成故意毁坏财物罪。朱建勇犯罪后有自首情节，依照《刑法》第67条的规定，应从轻处罚。请依法追究朱建勇的刑事责任。

为证明上述指控事实，公诉人向法庭提交了被害人陈述、证人证言、作案现场示意图、证券客户信息、证券交易成交报告单、损失情况汇总表等证据。

被告人朱建勇及其辩护人对起诉书指控的事实无异议。辩护人认为：(1) 股票行情千变万化，在股票炒作中，不存在故意追求损失便会减少价值的情况。从账面看，当初的买进或者抛出可能是损失的，但随着以后行情变化，可能会赢利，或者会认为幸亏及时抛出，否则将遭受更大损失。这个特点，决定了买进或抛出他人的股票，社会危害性不明显、不确定。这种行为缺乏社会危害性这一显著特征，不能依犯罪处理。朱建勇买进或抛出他人的股票，确实有可能损害他人的财产，是对他人财产权益的侵犯。朱建勇与被侵权人之间的侵权损害赔偿关系，应当用民法来调整。(2)《刑法》第275条规定的故意毁坏财物罪，是指故意毁坏公私财物，数额较大或者情节严重的行为。此罪侵犯的对象，应当是具备一定固体形态，看得见、摸得着的物，无形财产或者财产权利不是本罪对象。股票是股份有限公司发行的有价证券，是财产权利凭证，不能成为故意毁坏财物罪的犯罪对象。(3) 股票不同于一般财物，其价格呈不断波动状态，有即时行情、当日最高价、当日最低价、平均价、成交价、收盘价等。如果将股票作为故意毁坏财物罪的犯罪对象，那么犯罪数额如何计算，法律和司法解释没有规定，将是定罪的一个难题。(4) 即使朱建勇的行为构成犯罪，因其是初犯，且有自首情节，并赔偿了被害人的全部经济损失，社会危害性不大，依法应给予减轻处罚。

**裁判结果**

上海市静安区人民法院于2002年10月24日判决：被告人朱建勇犯故意毁坏财物罪，判处有期徒刑1年6个月，宣告缓刑2年。

**裁判理由**

1. 关于对被告人朱建勇的行为能否用刑法评价的问题。

《刑法》第2条规定："中华人民共和国刑法的任务，是用刑罚同一切犯罪行为作斗争，以保卫国家安全，保卫人民民主专政的政权和社会主义制度，保护国有财产和劳动群众集体所有的财产，保护公民私人所有的财产，保护公民的人身权利、民主权利和其他权利，维护社会秩序、经济秩序，保障社会主义建设事业的顺利进行。"第13条规定："一切危害国家主权、领土完整和安全，分裂国家、颠覆人民民主专政的政权和推翻社会主义制度，破坏社会秩序和经济秩序，侵犯国有财产或者劳动群众集体所有的财产，侵犯公民私人所有的财产，侵犯公民的人身权利、民主权利和其他权利，以及其他危害社会的行为，依照法律应当受刑罚处罚的，都是犯罪，但是情节显著轻微危害不大的，不认为是犯罪。"第275条规定："故意毁坏公私财物，数额较大或者有其他严重情节的，处三年以下有期徒刑、拘役或者罚金；数额巨大或者有其他特别严重情节的，处三年以上七年以下有期徒刑。"被告人朱建勇为泄私愤，秘密侵入他人的账户操纵他人股票的进出，短短十余日间，已故意造成他人账户内的资金损失19.7万余元。这种行为，侵犯公民的私人财产所有权，扰乱社会经济秩序，社会危害性是明显的，依照《刑法》第275条的规定，已构成故意毁坏财物罪，应当受刑罚处罚。

2. 关于股票所代表的财产权利能否作为故意毁坏财物罪的犯罪对象问题。

故意毁坏财物罪，是指故意毁灭或者损坏公私财物，数额较大或者有其他情节严重的行为。法律规定故意毁坏财物罪，旨在通过保护公私财物，进而保护该财物权利主体的权益。刑法意义上的财物，既包括有体物，也包括无体物，只要它具有一定经济价值，能成为权利主体依法享有的权益，就可以成为故意毁坏财物罪的犯罪对象。电力、煤气等无形财产，已经被刑法分则和相关的司法解释明确规定为盗窃罪的犯罪对象。股票所代表的财产权利，也可以成为故意毁坏财物罪的犯罪对象。

3. 关于犯罪数额的计算问题。

故意毁坏财物是否构成犯罪,数额多少是一个要件。股票不同于一般财物,既有即时行情、当日最高价、当日最低价,也有平均价、成交价、收盘价,等等,而且其价格呈不断波动状态。对以股票为犯罪对象的故意毁坏他人财物行为,如何计算损失数额,目前法律和司法解释都未明确规定。最高人民法院在《关于审理盗窃案件具体应用法律若干问题的解释》第5条规定,盗窃股票的,数额"按被盗当日证券交易所公布的该种股票成交的平均价格计算。"故意毁坏财物罪与盗窃罪同为侵犯财产类的犯罪,因此应参照上述司法解释计算本案的犯罪数额。

4. 关于量刑问题。

《刑法》第67条第1款规定:"犯罪以后自动投案,如实供述自己的罪行的,是自首。对于自首的犯罪分子,可以从轻或者减轻处罚。其中,犯罪较轻的,可以免除处罚。"被告人朱建勇的行为虽已构成故意毁坏财物罪,但在被证券交易所工作人员发现后,朱建勇立即坦白并赔偿了被害人的全部经济损失,之后又随证券交易所工作人员归案,有自首情节,依法予以减轻处罚。根据朱建勇的犯罪情节和悔罪表现,依照《刑法》第72条第1款的规定,对其适用缓刑也确实不致再危害社会。

综上所述,起诉书指控被告人朱建勇犯故意毁坏财物罪,事实清楚,证据确凿,指控成立。辩护人提出的部分辩护意见,符合事实和法律,应予采纳。

## 三、罪刑法定原则

### 8. 罪刑法定原则在审判实践中如何体现?

罪刑法定原则的基本含义是法无明文规定不为罪、法无明文规定不处罚。具体来说,就是在判断某个行为是否构成犯罪,必须严格按照法律规定的条件和标准,不符合法律规定的条件和标准的,不能任意解释或类推为有罪,在罪名的认定上也要按照法律的规定,不能判定超出罪名范围以外的罪名。对于刑罚来说,也要根据确定的罪名按照法定的刑种和量刑幅度进行裁量。

### 9. 罪刑法定原则中的"法"是指什么法？

罪刑法定原则中的法是指《刑法》，只有《刑法》有明文规定的，才能定罪处罚。包括中国在内的多数大陆法系国家中，一般情况下，犯罪只能由《刑法》加以规定，因此，罪刑法定原则中的法就是指《刑法》。但在有些特殊情况下，《刑法》中的规定具有指引性，对《刑法》规定的理解需要援引其他法律法规或国家指导性文件，这样的援引解释并不违反罪刑法定原则，而是司法实践中落实该原则的办法之一。

### 典型疑难案件参考

谢杰威、梁雁玲走私制毒物品案（《最高人民法院公报》2007年第9期）

**基本案情**

2001年11月底，被告人谢杰威在越南国开办越南海皇责任有限公司（以下简称海皇公司），从事加工生产虾壳糠、虾壳素。因生产需用大量盐酸，谢杰威便与澳门旅游娱乐有限公司保安经理黄耀源商议购船从国内运送盐酸、烧碱到越南，再从越南运送虾壳糠回国内销售。黄耀源当即表示同意投资。谢杰威、黄耀源分别委托侯庆及黄耀明（黄耀源的弟弟）在海南省海口市设立海皇公司办事处，负责虾壳糠的销售业务。

2002年1月8日，被告人谢杰威以年租价2.2万元向朱远雁租赁了一艘名为"粤湛江0002号"的机动船，准备用该船运送盐酸、烧碱到越南，再从越南运虾壳糠回国销售。2002年3月，谢杰威取得了越南国同意进口22000吨盐酸的批文。

2002年5月5日，被告人谢杰威经广东省茂名市茂东大型汽车运输有限公司业务员林德兴介绍，由广东省新会市会城光正物资有限公司经理黄炎兴从南宁化工股份有限公司购得盐酸55.76吨（货款为8101.88元）。林德兴安排茂名市茂东大型汽车运输有限公司的车牌号为"粤A04557"的油罐车将该批盐酸运到广西北海市铁山港。谢杰威在该批盐酸未办理任何合法出口手续的情况下，组织、指挥将该批盐酸装上"粤湛江0002号"船。谢杰威将"华鑫03号"船牌及船舶证书交给船长陈冠英，并指使陈冠英在国内使用"粤湛江0002"号船牌，在越南国使用"华鑫03号"船牌。同年5月12日，陈冠英指挥陈木及船员杨伟锦、黄伟桂、黎勇驾驶"粤湛江0002号"船运载该批盐酸前往越南国芽庄港，途中因避风于 5 月 14 日停泊在海南省八所港。谢杰威指示侯庆、黄耀明前往八所港为该船补给油费和生活费 6800 元。5 月 18 日该船到达越南国芽庄港，谢杰威组织人员将该批盐酸卸载上岸。同年 6 月 4 日"粤湛江 0002 号"船从芽庄港起航返回广东省电白县博贺港。

2002 年 6 月 28 日，被告人谢杰威又通过林德兴联系，再由黄炎兴从南宁化工股份有限公司购得盐酸 52.12 吨（货款为 7572.99 元）。林德兴安排茂名市茂东大型汽车运输有限公司的车牌号为"粤 K03885"的油罐车将该批盐酸运到广西北海市铁山港，由被告人梁雁玲组织将该批盐酸装上"粤湛江 0002 号"船。在未办理任何合法出口手续的情况下，谢杰威、梁雁玲又指使陈冠英、陈木及船员杨伟锦、黄伟桂、黎勇、杨流于次日将该批盐酸运往越南岘港。6 月 30 日因避风及船舶机器故障等缘故，暂泊海南省洋浦港。7 月 1 日上午 10 时许被洋浦边防派出所干警查获。

2002 年 7 月 13 日，被告人谢杰威指使被告人梁雁玲通过林德兴介绍从广东省肇庆市诚德化工有限公司购得盐酸 52.3 吨（货款为 7599.15 元）。林德兴安排茂名市茂东大型汽车运输有限公司的"粤 D03885"油罐车将该批盐酸运到广西北海市铁山港，将该批盐酸装上"合机运 386 号"船准备运往越南，因无合法出口手续，被该船船长及船员拒运。后被公安机关查获。

### 一审诉辩情况

海南省洋浦经济开发区初级检察院以被告人谢杰威、梁雁玲犯走私制毒物品罪，于 2003 年 9 月 25 日向海南省洋浦经济开发区人民法院提起公诉。

起诉书指控：2001 年 12 月底，被告人谢杰威在越南国开办越南海皇责任有限公司（以下简称海皇公司），从事加工生产虾壳糠、虾壳素。因生产需用大量盐酸，谢杰威便与澳门旅游娱乐有限公司保安经理黄耀源商议购船从国内运送盐酸、烧碱到越南，再从越南运送虾壳糠回国内销售。黄耀源当即表示同意投资。谢杰威、黄耀源分别委托侯庆及黄耀明（黄耀源的弟弟）在海南省海口市设立海皇公司办事处，负责虾壳糠的销售业务。2002 年 1 月 8 日，谢杰威以年租价 2.2 万元向朱远雁租赁了一艘名为"粤湛江 0002 号"的机动船，准备用该船运送盐酸、烧碱到越南，再从越南运虾壳糠回国销售。2002 年 3 月，谢杰威取得了越南国同意进口 22000 吨盐酸的批文。此后，谢杰威、梁雁玲先后于 2002 年 5 月 5 日、2002 年 6 月 28 日、2002 年 7 月 13 日分三批从国内购得盐酸 55.76 吨（货款为 8101.88 元）、52.12 吨（货款为 7572.99 元）、52.3 吨（货款为 7599.15 元），在未办理任何合法出口手续的情况下，组织、指挥他人将上述盐酸走私运往越南。其中第一批盐酸运到越南，第二、三批盐酸在走私过程中被我公安机关查获。

被告人谢杰威、梁雁玲在没有办理合法出境手续的情况下，非法走私易制毒物品盐酸，且数量大，其行为已触犯《刑法》第350条的规定，构成走私制毒物品罪。二被告人在共同犯罪中均起主要作用，均是本案主犯。提请依法惩处。

被告人谢杰威辩称：本人于2001年11月依照国际投资法，经所在国政府批准，在越南国庆和省溪油工业开发区注册成立海皇公司，主要经营范围是收购当地废弃虾壳、蟹壳，用盐酸和烧碱清洗后，加工生产成虾壳素或壳粉，在当地销售或者出口。由于越南国生产盐酸的厂家数量极少，供不应求，且价格很高。为了方便生产，降低产品成本，解决越南本地盐酸、烧碱原料不足及产品出口等问题，海皇公司向越南国政府有关部门申请进口盐酸和烧碱原料，并已经获得了批准进口22000吨盐酸的批文。海皇公司购进盐酸主要用于浸泡、清洗虾壳和蟹壳。此后，海皇公司委托广东茂名市茂东大型汽车运输有限公司向广西南宁化工股份有限公司购买盐酸，并负责办理出口越南的手续及具体运输事宜。当广东茂名市茂东大型汽车运输有限公司联系好盐酸后，因海皇公司对越南国政府的海关及联检部门的协调存有怀疑，所以决定先从中国进口小批量盐酸，暂不办理相关手续，以试运的办法操作，待以后协调好各种关系后，再大批量从中国进口，这样还可以享受中国有关出口退税等优惠政策。基于上述考虑，2002年5月份从广西南宁化工股份有限公司两次购买盐酸55.17吨和52.16吨，价格为每吨人民币220元。第一批55.17吨盐酸没有办理出口手续，没有报关，没有交纳关税，但按国际正常贸易惯例办理了进口手续。货运到越南国后，海皇公司顺利收货，将该批盐酸用于虾壳素生产。第二批52.16吨盐酸仍按上述方法从广西运往越南，途经海南省洋浦时，因船出了些小故障，同时越南船务代理公司未为海皇公司办理入境手续，所以运输该批盐酸的船停泊在洋浦港，一边修船一边等待越南方面办理入境手续，期间被洋浦干冲边防派出所将船查扣。海皇公司在越南办厂生产加工虾壳、蟹壳是事实，该项生产确实需要使用盐酸，海皇公司购买盐酸完全是为了生产需要。盐酸在我国生产厂家多，生产数量多，市场供过于求，价格便宜，在国内市场允许自由买卖，也应当允许出口。我国《刑法》也没有规定买卖、运输盐酸的行为构成犯罪。海皇公司进口盐酸已经获得越南国政府批准，之所以在中国没有报关，主要是对越南有关部门的协调持有怀疑，担心因协调不顺而影响生产，这种做法是错误的，愿意接受行政或经济处罚。但本人确实不知道盐酸是制毒物品，不应按走私制毒物品罪定罪处罚。

被告人谢杰威的辩护人对于检察机关指控谢杰威于2002年5月从南宁化

工股份有限公司购买盐酸55.76吨运到越南的事实无异议,但认为:2002年6月谢杰威再次从南宁化工股份有限公司购买盐酸52.12吨,在停泊于海南洋浦港时被查获,故此次走私行为应认定为未遂;谢杰威于2002年7月13日在广东肇庆市诚德化工股份有限公司购买盐酸52.3吨,该批盐酸装船后正在办理海关报批手续,尚未启运就被扣押,故此次行为不应以走私论处。辩护人认为,根据本案事实,谢杰威的行为不构成犯罪。首先,谢杰威走私盐酸的行为不具有社会危害性。谢杰威在越南投资创办海皇公司,从事虾壳糠、虾壳素的生产,生产过程中确实需用大量的盐酸。因我国与越南国盐酸价格相差较大,为降低生产成本,所以从我国进口盐酸。海皇公司生产的产品不是毒品,走私盐酸与制造毒品没有任何关系。我国盐酸出口为零关税,如果正常报关还可享受出口退税等优惠政策。故谢杰威的行为没有给海关税收造成任何损失。相反,越南国政府已于2002年3月批准海皇公司从我国进口22000吨盐酸,就此可增加我国的外贸出口额,有利于我国企业的生产经营和工人就业,可以带来很大的经济利益和社会利益。当然,违反海关监管法规走私盐酸是不可提倡和支持的,但谢杰威的行为不应以犯罪论处。其次,谢杰威走私盐酸的行为不具有刑事违法性。《刑法》、全国人大常委会颁布的《关于禁毒的决定》以及最高人民法院的有关司法解释中均未规定盐酸是制毒物品。虽然1999年国家对外贸易经济合作部为履行《1988年联合国禁止非法贩运麻醉药品和精神药物公约》的义务而颁布的《易制毒化学品进出口管理规定》的附件中列有盐酸,但2000年11月21日国家经济贸易委员会、公安部、国家工商行政管理局联合下发的《关于加强易制毒化学品生产经营管理的通知》和2002年6月1日国家外经贸部和公安部发布的《易制毒化学品进出口国际核查管理规定》中没有将盐酸列为制毒物品。同时,我国海关也是将盐酸作为普通货物监管。我国法律有明确规定的不能直接适用国际公约。因此,依据我国现行法律、法规的规定,不能认定盐酸属于制毒物品。另外,即使盐酸属于制毒物品,也不能认定谢杰威具有走私制毒物品的犯罪故意。谢杰威并不了解盐酸是否属于制毒物品,其购买的都是浓度在30度以下的副产盐酸,属民用化学品。谢杰威走私盐酸的目的是为了其开办的海皇公司加工生产虾壳糠、虾壳素的需要,其生产的产品与毒品无任何关联,海皇公司生产每天需用盐酸几十吨,故谢杰威购买的盐酸不可能另外用于制造毒品。其走私动机是为了省钱省事,如果正常报关其行为也不会受到任何阻碍。据此,不能认定谢杰威走私盐酸的行为构成走私制毒物品罪。同时,因其走私盐酸可以认定的货值仅为人民币15000元左右,而且我国盐酸出口是零关税,所以其走私盐酸的行为也不构成走私普通货物罪。综上,谢杰威走私盐酸的行为虽然违反海关监管规定,但不应作为犯罪论处。

被告人梁雁玲辩称：被告人谢杰威在越南国开办海皇公司需要大量盐酸做原料，海皇公司从事生产虾壳素，不是制毒，而且海皇公司购买的都是浓度很低的副产盐酸。本人不知盐酸能制毒，也没有走私制毒物品的犯罪目的。本人是一个家庭妇女，只是有时帮助丈夫谢杰威做些付款等辅助工作，并没有参与走私。起诉书指控的2002年5月5日第一批走私盐酸的事实本人根本不知道；同年6月28日的第二批盐酸虽然是本人付的货款，但没有参与指挥，也不知道该批盐酸是否办理合法出口证件；同年7月13日那批盐酸不是本人定购的，而是销售的人打电话过来后，本人电话通知谢杰威，谢杰威说先收下来，等办好手续再运货。

被告人梁雁玲的辩护人认为：检察机关关于梁雁玲犯走私制毒物品罪的指控不成立。梁雁玲是家庭妇女，帮其丈夫谢杰威开办的海皇公司购买货物并代付部分货款和工资是很正常的事情。盐酸不属我国禁止买卖的物品，我国《刑法》并不禁止盐酸买卖。本案走私的是浓度很低的副产盐酸，这些盐酸均用于海皇公司生产虾壳糠、虾壳素，并非用于制造毒品，而且该公司已在越南国取得22000吨盐酸的进口批文。综上，梁雁玲主观上不存在走私制毒物品的犯罪故意，其行为也不具有社会危害性和危险性，不构成犯罪。

### 一审裁判结果

洋浦经济开发区人民法院依照《刑事诉讼法》第162条第2项的规定，于2004年8月13日判决：被告人谢杰威、梁雁玲无罪。

### 一审裁判理由

洋浦经济开发区人民法院一审认为：根据《刑法》第350条的规定，走私制毒物品罪是指违反国家规定，非法运输、携带、邮寄醋酸酐、乙醚、三氯甲烷或者其他用于制造毒品的原料或者配剂进出国（边）境的行为。该罪主体为一般主体；所侵害的客体是国家对于醋酸酐、乙醚、三氯甲烷或者其他可用于制造毒品的特殊化学品的进出口管理秩序；主观方面必须具有走私制毒物品的犯罪故意，即行为人明知是国家管制的、可用于制毒的特殊化学品而实施走私行为；客观方面表现为行为人违反国家规定，实施了非法运输、携带、邮寄醋酸酐、乙醚、三氯甲烷或者其他用于制造毒品的原料或者配剂进出国（边）境的行为。综观本案案情，被告人谢杰威、梁雁玲的行为不构成走私制毒物品罪。

1. 根据我国现行法律、法规的规定，不能认定盐酸属于易制毒物品。

《刑法》、全国人大常委会《关于禁毒的决定》以及最高人民法院有关司法解释都没有明确规定盐酸属制毒物品。为履行《1988年联合国禁止非法贩运麻醉药品和精神药物公约》的义务，我国对外经济贸易合作部于1999年以第4号令颁布了《易制毒化学品进出口管理规定》，其中附录所列的22种易制毒化学品名称中包括了盐酸。但是，国家经济贸易委员会、公安部、国家工商行政管理总局于2000年11月21日联合下发了《关于加强易制毒化学品生产经营管理的通知》，其中的附录没有将盐酸列入易制毒化学品。此后，外经贸部和公安部又于2002年发布了《易制毒化学品进出口国际核查管理规定》，该规定也是为履行《1988年联合国禁止非法贩运麻醉药品和精神药物公约》而制定的，其中也没有将盐酸列入易制毒化学品。上述行政规章关于盐酸是否为制毒化学品的规定虽然存在矛盾，但依据新规定优于旧规定的原则，应以新规定为准。综上，我国现行法律未将盐酸列为制毒化学品，最新相关行政法规、规章也没有规定盐酸属制毒化学品，因此不能认定盐酸属制毒物品。

2. 根据本案事实，不能认定被告人谢杰威、梁雁玲具有走私制毒物品的犯罪故意。

首先，如前所述，根据我国现行法律、法规的规定，不能认定盐酸属于制毒物品，被告人谢杰威、梁雁玲走私盐酸的行为当然就不具有走私制毒物品的犯罪故意。

其次，即使盐酸属于制毒物品，被告人谢杰威、梁雁玲走私盐酸的行为也并不当然具有走私制毒物品的犯罪故意。根据本案事实，谢杰威在越南开办海皇公司，从事虾壳素、虾壳糠的生产，需要使用盐酸、烧碱等化学原料。因越南当地的盐酸价格高于中国，为降低生产成本，提高经营利益，谢杰威、梁雁玲实施了从国内购买盐酸，然后走私运到越南的用于生产的行为，其行为具有走私的故意，也具有非法牟利的目的。但是，谢杰威、梁雁玲并不了解盐酸是否属于制毒物品，且所走私的盐酸系浓度在30%以下的副产盐酸。谢杰威、梁雁玲走私盐酸的目的是为了海皇公司加工生产虾壳素、虾壳糠，并非运到越南进行非法交易，更不是为了制造毒品。为此，海皇公司经过申报，在越南取得了进口22000吨盐酸的批文。构成走私制毒物品罪必须在主观上具有明知是制毒物品而走私的犯罪故意，谢杰威、梁雁玲显然不具有这样的犯罪故意。

综上，检察机关指控被告人谢杰威、梁雁玲走私盐酸的基本事实清楚，但指控谢杰威、梁雁玲犯走私制毒物品罪不成立。谢杰威、梁雁玲及其辩护人关于二被告人的行为不构成走私制毒物品罪的辩护理由成立，予以采纳。

▶ 二审诉辩情况 ▶

洋浦经济开发区初级检察院不服一审判决，向洋浦经济开发区中级人民法院提起抗诉。其主要理由是：(1) 一审认定事实部分不清。原审被告人梁雁玲参与了 2002 年 5 月 5 日实施的走私盐酸活动，但一审未作认定。(2) 一审判决认定原审被告人谢杰威、梁雁玲不具有明知是制毒物品而进行走私的犯罪故意是错误的。只要行为人主观上明知是在走私盐酸，就可以认定具有走私制毒物品的犯罪故意，至于行为人是否知道盐酸是易制毒物品，不能作为认定其是否具有走私制毒物品的主观故意的依据。(3) 一审判决适用法律不正确。一审以盐酸不属于国家管制的易制毒化学品而认定检察机关指控的罪名不成立是错误的。提请二审法院依法改判，对二原审被告人以走私制毒物品罪定罪处刑。

原审被告人谢杰威辩称：本人确实不知道盐酸是易制毒化学品，一审判决正确，请求二审法院维持原判。其辩护人认为：原审认定事实清楚，适用法律正确。检察院抗诉认为盐酸属于易制毒物品的观点不成立。谢杰威的行为不符合走私制毒物品罪的构成要件。请求二审法院依法驳回抗诉，维持原判。

原审被告人梁雁玲辩称：本人只是一个家庭主妇，根本不知道盐酸是否属于制毒物品。一审判决认定事实清楚，适用法律正确，请求二审法院依法驳回抗诉，维持原判。其辩护人认为：第一，行政规章可以作为行政处罚的依据，但不能作为刑罚处罚的依据。第二，在国内刑事审判中，本国法律没有明文规定的，不能直接引用国际公约对国内公民的行为定罪处罚。第三，假设原审被告人谢杰威的行为构成走私制毒物品罪，则只有第一、二船走私盐酸的行为可以犯罪论处，第三船盐酸当时停泊在广西铁山港口，处于合法状态，不应当以犯罪论处。第四，假设谢杰威的行为是犯罪行为，也不能认定梁雁玲的行为构成犯罪，因为并无证据证明两被告人有共同的犯罪故意。第五，梁雁玲并不知道盐酸是易制毒物品，故不仅没有共同犯罪故意外，也没有个人犯罪的主观故意。总之，我国法律没有规定盐酸属于易制毒物品，外经贸部的规定不能作为刑法上认定盐酸是易制毒物品的法律依据。尽管盐酸事实上可以制毒，但二原审被告人的行为不构成走私制毒物品罪。请求二审法院驳回抗诉，维持原判。

### 二审裁判结果

洋浦经济开发区中级人民法院依照《刑事诉讼法》第 189 条第 1 项之规定，于 2005 年 2 月 17 日裁定：驳回抗诉，维持原判。

### 二审裁判理由

洋浦经济开发区中级人民法院经二审，认为根据本案证人陈木、林作权的证言和原审被告人谢杰威的供述，可以认定原审被告人梁雁玲参与了 2002 年

5月5日实施的走私盐酸活动。检察机关就此提出的抗诉有理,原判未认定上述事实不当,应予纠正。二审确认了原判认定的其他事实。

洋浦经济开发区中级人民法院二审认为:

首先,根据我国现行法律、行政法规的相关规定,不能认定盐酸属易制毒物品。

根据《刑法》第350条的规定,走私制毒物品罪是指违反国家规定,非法运输、携带、邮寄醋酸酐、乙醚、三氯甲烷或者其他用于制造毒品的原料或者配剂进出国(边)境的行为。据此,确定某种物品是否属于制毒物品,应当依据相关国家规定。《刑法》第96条规定:"本法所称违反国家规定,是指违反全国人民代表大会及其常务委员会制定的法律和决定,国务院制定的行政法规、规定的行政措施、发布的决定和命令。"我国《刑法》、全国人大常委会《关于禁毒的决定》、最高人民法院有关司法解释以及国务院颁布的相关行政法规都没有明确规定盐酸属制毒物品。尽管对外经济贸易合作部于1999年以第4号令颁布的《易制毒化学品进出口管理规定》附录所列的22种易制毒化学品名称中包括了盐酸,但该规定属于部门规章,不能作为刑事审判的依据。况且在该规定之后,国家经济贸易委员会、公安部、国家工商行政管理总局于2000年11月21日联合下发了《关于加强易制毒化学品生产经营管理的通知》,外经贸部和公安部又于2002年联合发布了《易制毒化学品进出口国际核查管理规定》,均没有将盐酸列入易制毒化学品。依据新规定优于旧规定的原则,应以新规定为准,即依照最新部门规章,亦不能认定盐酸属于制毒物品。综上,不能认定盐酸属制毒物品,亦即不能认定原审被告人谢杰威、梁雁玲走私盐酸的行为构成走私制毒物品罪。

其次,依据本案事实,即使盐酸可用于制造毒品,也不能认定原审被告人谢杰威、梁雁玲具有走私制毒物品的犯罪故意。

经查,原审被告人谢杰威在越南开办海皇公司,从事虾壳素、虾壳糠的生产属实,该项生产需要使用盐酸、烧碱等化学原料也是事实。因越南当地的盐酸价格高于中国,为降低生产成本,提高经营利益,谢杰威、梁雁玲实施了从国内购买盐酸,然后走私运到越南的用于生产的行为,其行为虽然具有走私的故意,也具有非法牟利的目的,但谢杰威、梁雁玲并不了解盐酸是否属于制毒物品,是否可以用来制造毒品,且所走私的盐酸系浓度在30%以下的副产盐酸。谢杰威、梁雁玲走私盐酸的目的是为了海皇公司加工生产虾壳素、虾壳糠,并非运到越南进行非法交易,更不是为了制造毒品。为此,海皇公司经过申报,在越南取得了进口22000吨盐酸的批文。根据《刑法》的规定,构成走私制毒物品罪必须在主观上具有明知是制毒物品而走私的犯罪故意,检察机关关于"只要行为人主观上明知是在走私盐酸，就可以认定具有走私制毒物品的犯罪故意，至于行为人是否知道盐酸是易制毒物品不能作为认定其是否具有走私制毒物品的主观故意的依据"的抗诉理由不能成立。综上，不能认定谢杰威、梁雁玲具有走私制毒物品的犯罪故意。

综上，原判虽然关于部分事实的认定不清，但认定盐酸不属国家管制的制毒化学品，原审被告人谢杰威、梁雁玲不具有明知是制毒物品而进行走私的犯罪故意，其走私盐酸的行为不构成走私制毒物品罪正确，检察机关的抗诉理由不能成立。虽然谢杰威、梁雁玲实施了走私盐酸的行为，但因其走私货值仅为人民币15000元左右，偷逃税款不足5万元，故该行为依法不构成走私普通货物、物品罪。

**10. 在罪刑法定原则的前提下，刑法解释在具体操作上需要注意什么？**

罪刑法定原则要求定罪处罚依据《刑法》的明文规定，行为类型、犯罪客体等均应以法律明确规定为准，这样就决定了刑法解释的封闭性，而不是类似民法的开放性。

### 典型疑难案件参考

曾智峰、杨医男盗卖QQ号码侵犯通信自由案

**基本案情**

被害人腾讯公司于1999年2月推出即时通信软件——腾讯QQ软件。腾讯QQ软件能够为注册用户提供文字语音通讯、传送文件、视音频交流、电子邮箱、网络硬盘、网络游戏等功能。用户向腾讯公司提出申请，在接受由腾讯公司拟定的有关协议后，由腾讯公司向用户派发QQ号，并由用户自设密码，用户凭QQ号获得本人对QQ软件的使用权。依据该协议，腾讯QQ号的使用权仅属于初始申请注册人，并禁止转让、继受、售卖；用户若有违反协议或长期不使用QQ号码，腾讯公司有权无条件将号码回收。

被告人曾智峰于2004年5月31日受聘于腾讯公司，后被安排到公司安全中心负责系统监控工作。2005年3月初，被告人曾智峰通过购买QQ号在淘宝网上与被告人杨医男互相认识，二被告人遂合谋通过窃取他人QQ号出售获利。2005年3月至7月间，由被告人杨医男将随机选定的他人的QQ号（主要

为 5、6 位数的号码）通过互联网发给被告人曾智峰。被告人曾智峰本人并无查询 QQ 用户密码保护资料的权限，便私下破解了腾讯公司离职员工柳某使用过但尚未注销的"ioioliu"账号的密码（该账号拥有查看 QQ 用户原始注册信息，包括证件号码、邮箱等信息的权限）。被告人曾智峰利用该账号进入本公司的计算机后台系统，根据被告人杨医男提供的 QQ 号查询该号码的密码保护资料，即证件号码和邮箱，然后将查询到的资料发回给被告人杨医男，由被告人杨医男将 QQ 号密码保护问题答案破解，并将 QQ 号的原密码更改后将 QQ 号出售给他人，造成 QQ 用户无法使用原注册的 QQ 号。经查，二被告人共计修改密码并卖出 QQ 号约 130 个，获利 61650 元，其中，被告人曾智峰分得 39100 元，被告人杨医男分得 22550 元。

### 诉辩情况

深圳市南山区人民检察院以被告人曾智峰、杨医男犯盗窃罪向深圳市南山区人民法院提起公诉。

### 裁判结果

深圳市南山区人民法院依照《刑法》第 252 条、第 64 条、全国人民代表大会常务委员会《关于维护互联网安全的决定》第 4 条第 2 项及最高人民法院《关于执行〈中华人民共和国刑事诉讼法〉若干问题的解释》第 176 条第 2 项之规定，作出如下判决：

一、被告人曾智峰犯侵犯通信自由罪，判处拘役 6 个月。

二、被告人杨医男犯侵犯通信自由罪，判处拘役 6 个月。

三、追缴被告人曾智峰的违法所得 39100 元、被告人杨医男的违法所得 22550 元，予以没收，上缴国库。

### 裁判理由

深圳市南山区人民法院经公开开庭审理认为：被告人曾智峰、杨医男采用篡改他人电子数据资料的方法，侵犯公民通信自由，情节严重，其行为构成侵犯通信自由罪，且系共同犯罪。检察机关指控的犯罪事实清楚，证据确实充分，但指控罪名不当，依据最高人民法院《关于执行〈中华人民共和国刑事诉讼法〉若干问题的解释》第 176 条第 2 项之规定，起诉指控的事实清楚，证据确实、充分，指控的罪名与人民法院审理认定的罪名不一致的，应当作出有罪判决。本院对检察机关指控的罪名予以纠正。辩护人所提不构成盗窃罪的辩护意见，予以采纳，但认为不构成犯罪的意见不符合法律规定，不予采纳。在共同犯罪中，二被告人通过内外勾结实施犯罪行为，各有分工，作用相当，故不区分主从犯。二被告人销赃获利 6 万余元的行为虽不足以构成盗窃罪，但作为侵犯通信自由罪的量刑情节进行评价，并属违法所得，依法应予追缴。二被告人在庭审中均承认自己的行为错误，有一定的悔过表现，本院量刑时亦酌情考虑。

> **11. 罪刑法定原则如何协调主观解释与客观解释的关系？**
>
> 罪刑法定原则要求对刑法进行严格解释，不能超越立法原意进行任意的客观解释，也不能抛却立法精神而拘泥于狭隘的立法原意。在不僭越刑事立法权的前提下，刑法的严格解释，可以适当引申出有利于被告人解释的原则；不囿于立法原意，应在立法精神所允许的范围内，使刑法解释起到阐明立法精神，补救立法不足的效果。

### 典型疑难案件参考

#### 李宁组织卖淫案

**基本案情**

2003 年 1 月至 8 月，被告人李宁以营利为目的，先后伙同刘超、冷成宝等人预谋，采取张贴广告、登报的方式招聘"公关先生"，制定管理制度，指使刘超、冷成宝对"公关先生"进行管理，在其经营的"金麒麟"、"廊桥"及"正麒"酒吧内将"公关先生"介绍给同性嫖客，由同性嫖客带至南京市"新富城"大酒店等处从事同性卖淫活动。

1. 2003 年 7 月中旬的一天，被告人李宁组织赵某某（另行处理）在本市"新富城"大酒店一楼桑拿浴室包间内，以人民币 200 元的价格与顾客李某某进行同性卖淫活动。

2. 2003 年 7 月 30 日，冷成宝组织骆某某（另行处理）在本市"新富城"大酒店一楼桑拿浴室包间内，以人民币 200 元的价格与顾客李某某进行同性卖淫活动。

3. 2003 年 8 月 10 日凌晨，冷成宝组织赵某某（另行处理）在本市"新富城"大酒店一楼桑拿包间内，以人民币 200 元的价格与顾客李某某进行同性卖淫活动。

4.2003年8月9日晚，冷成宝组织孙某某（另行处理）在本市"新富城"大酒店二楼桑拿包间内，以人民币200元的价格与顾客郯某某进行同性卖淫活动。

5.2003年8月15日，冷成宝组织蒋某某（另行处理）在本市华阳佳园华彩苑6号701室，以人民币300元的价格与顾客戴某进行同性卖淫活动。

6.2003年8月16日凌晨，冷成宝组织赵某某（另行处理）在本市"新富城"大酒店一楼桑拿包间内，以人民币200元的价格与顾客郯某某进行同性卖淫活动。

7.2003年8月17日凌晨，冷成宝组织赵某某（另行处理）在本市"新富城"大酒店二楼桑拿包间内，以人民币200元的价格与顾客嵇某某进行同性卖淫活动。

### 一审诉辩情况

2004年1月2日，江苏省南京市秦淮区人民检察院以被告人李宁犯组织卖淫罪向南京市秦淮区人民法院提起公诉。

被告人李宁及其辩护人辩称：起诉书指控的七起犯罪事实不清；《刑法》、相关司法解释及有关辞典对同性之间的性与金钱的交易是否构成卖淫无明文规定，且该行为并不危害社会秩序和良好的社会风尚，故其行为不构成犯罪。

### 一审裁判结果

南京市秦淮区人民法院依照《刑法》第358条第1款、第64条的规定，判决如下：

一、被告人李宁犯组织卖淫罪，判处有期徒刑8年，罚金人民币6万元。

二、被告人李宁违法所得1500元予以追缴。

### 一审裁判理由

南京市秦淮区人民法院经审理认为：被告人李宁以营利为目的，招募、控制多人从事卖淫活动，其行为已构成组织卖淫罪，依法应予惩处。检察机关指控被告人李宁犯组织卖淫罪的事实清楚，证据确实、充分，指控的罪名成立，予以采纳。被告人李宁拒不认罪并提出"起诉书指控的七起犯罪事实不清"的辩解意见及辩护人提出"起诉书指控的第一起至第七起犯罪事实与被告人李宁无关"的辩护意见，经查，被告人李宁在侦查阶段所作多份有罪供述及亲笔所写悔过书，均证实了其以营利为目的，伙同刘超、冷成宝经预谋，采取登报等方式招聘"公关先生"，制定公关人员管理制度，并在其经营的酒吧内将"公关先生"介绍给同性嫖客从事同性卖淫活动的犯罪事实，供述稳定且前后一致，并与证人冷成宝、沈莉瑶、林涛、沈飞、沈武等人的证言相印证，被告人李宁作为组织者应当对自己以及冷成宝等人所组织的同性卖淫行为承担刑事责任，现被告人李宁当庭翻供又未能作出合理解释，故对该辩解意见及辩护意见不予采纳。辩护人提出"被告人李宁的行为不构成犯罪，况且《刑法》及相关司法解释对同性之间的性交易是否构成卖淫无明文规定，而且本案并不危害社会公共秩序和良好的社会风尚"的辩护意见，根据我国《刑法》规定，组织卖淫罪，是指以招募、雇佣、引诱、容留等手段，控制多人从事卖淫的行为，组织他人卖淫中的"他人"主要指女性，也包括男性。本案被告人李宁以营利为目的，经预谋以登报等方式招募"公关先生"，并组织"公关先生"从事钱与性的交易活动。虽然该交易在同性之间进行，但该行为亦为卖淫行为，被告人李宁作为组织者其行为侵害了社会治安管理秩序和良好的社会风尚，符合组织卖淫罪的构成要件，故对该辩护意见不予采纳。被告人李宁认为自己有检举揭发他人犯罪的立功表现，本院已将其所提供的检举材料交检察机关，目前尚未查实。本院为维护社会治安管理秩序和良好的社会风尚，依法应对被告人李宁作出刑罚处罚。

### 二审诉辩情况

一审宣判后，李宁不服，提出上诉。

上诉人李宁上诉称：其组织同性卖淫不构成犯罪，原审判决量刑过重。其辩护人辩护称，李宁不应对本案的犯罪事实承担全部刑事责任，且社会危害性较小、归案后认罪态度好，愿意交纳罚金，请求二审法院从轻判处。

### 二审裁判结果

南京市中级人民法院依照《刑事诉讼法》第189条第1项之规定，裁定如下：驳回上诉，维持原判。

### 二审裁判理由

南京市中级人民法院经审理认为：上诉人李宁以营利为目的，通过招募的手段，控制多人从事卖淫活动，其行为已构成组织卖淫罪，依法应予惩处。原审判决认定上诉人李宁的犯罪事实清楚，证据确实、充分，适用法律正确。上诉人李宁上诉提出"组织同性卖淫不构成犯罪及量刑过重"的上诉理由及辩护人提出的"社会危害性较小、归案后认罪态度好，愿意交纳罚金，请求二审法院对其从轻判处"的辩护意见，经查，上诉人李宁组织同性卖淫的行为符合组织卖淫罪的犯罪构成要件，且原审法院根据李宁的犯罪事实及情节对其在法定量刑幅度内处刑并无不当，故上诉人李宁的上诉理由及辩护人提出的上述辩护意见不予采纳。其辩护人提出"李宁不应对本案的犯罪事实承担全部刑事责任"的辩护意见,经查,上诉人李宁指使刘超、冷成宝对"公关先生"进行管理,将"公关先生"介绍给同性嫖客进行卖淫活动并收取费用的事实,有上诉人李宁的供述、证人冷成宝、沈莉瑶、林涛、沈飞等证人证言以及相关的书证予以证实,其应对全部犯罪事实承担刑事责任,故辩护人的上述辩护意见亦不予采纳。

### 12. 审判实践中如何具体运用刑法解释来解决问题?

在审判实践中应遵循刑法解释的基本原则,即严格解释原则,所谓严格解释是指对刑法有疑问时应当作有利于被告人的解释,这是刑法人权保障机能的体现。当然,这个原则是指刑法存在疑问的时候,如果根据法律法规能够较好地解释刑法,则即使不利于被告,也不应认为是违背了该原则。

### 13. 如何理解"犯罪分子"?

通常,犯罪分子并不仅指经过法院宣判以后确定有罪的人,根据《刑法》总则条文中的用语,可以确定,行为人被司法机关立案查处,进入了实质性的刑事追究程序,即可称之为犯罪分子。

## 典型疑难案件参考

潘楠博帮助犯罪分子逃避处罚、受贿案

**基本案情**

2001年3月至2002年8月期间,被告人潘楠博任上海市公安局黄浦分局治安支队治安管理中队民警,负责辖区内三星级以上宾馆及其附属娱乐场所的治安管理工作。上海市南新雅大酒店马球会俱乐部亦属其管辖。

2001年9月,南新雅大酒店马球会俱乐部承租经营人李敏华(已另案处理)得知潘楠博系负责该俱乐部治安管理工作的民警,即于当月某日经人介绍在本市银树酒家请潘吃饭而与潘结识。当天潘楠博还收受了李给予的价值人民币2000元的华联商厦电子消费卡。此后，潘楠博在工作中，明知南新雅大酒店马球会俱乐部内有"三陪"等色情违法活动，不仅不依据职责予以查处，还在执行治安检查任务前，数次将检查的信息泄露给李敏华，便于李敏华应对检查。在此期间，被告人潘楠博又在马球会俱乐部等处，先后收受李敏华给予的现金人民币共计1万元，收受李敏华通过该俱乐部大堂经理陶文龙给予的人民币500元。潘楠博收受贿赂共计人民币1.25万元。

2002年5月21日，上海市公安局黄浦分局掌握了马球会俱乐部内有涉嫌卖淫嫖娼等违法活动，并决定当晚对该俱乐部予以查禁并取缔。当晚20时许，分局治安支队领导召集有关民警开会，向包括潘楠博在内的与会人员简要通报案情，告知：发现马球会俱乐部有小姐出台卖淫现象，今晚会同董家渡警署对该俱乐部查禁取缔，并布置了进行查禁取缔行动的分工等工作安排。潘楠博在会议结束后，即在其办公室内通过分局总机电话将公安机关要对马球会俱乐部进行检查的信息泄露给了李敏华。当晚21时许，上海市公安局黄浦分局的民警采取取缔行动，将李敏华以及马球会俱乐部的其他涉案人员一并带至公安机关查处。

被告人潘楠博于2002年8月21日到案后，其家属帮助退缴了全部非法所得。

### 一审诉辩情况

上海市黄浦区人民检察院以潘楠博犯帮助犯罪分子逃避处罚罪、受贿罪，向上海市黄浦区人民法院提起公诉。

被告人潘楠对检察机关指控其收受李敏华贿赂的基本事实、证据和罪名均无异议，但辩称：自己收受李敏华钱款并没有为李谋取利益，数额应为1.25万元，且自己在被公安机关关禁闭时就主动交代了收受2000元电子消费卡和500元的事实，应属自首。对指控其犯有帮助犯罪分子逃避处罚罪予以否认。

被告人潘楠博的辩护人提出：现有证据不能证明被告人实施了向犯罪分子通风报信的行为，亦未证明潘知道俱乐部内有犯罪活动，而本罪的主观要件是"故意"，故对被告人犯有帮助犯罪分子逃避处罚罪的指控不能成立。对检察机关指控被告人犯受贿罪，辩护人不持异议，但认为应根据被告人的供述就低认定为1.25万元。且被告人系因涉嫌帮助犯罪分子逃避处罚被采取强制措施，其主动交代受贿犯罪事实，应认定为自首。被告人过去一向表现良好，多次立功、接受嘉奖，案发后积极退赃。故请求法庭对被告人予以减轻处罚并适用缓刑。

### 一审裁判结果

上海市黄浦区人民法院依照《刑法》第385条第1款、第386条、第383

条第1款第3项、第2款、第64条之规定,判决如下:
一、被告人潘楠博犯受贿罪,判处有期徒刑2年。
二、被告人潘楠博违法所得予以没收。

### 一审裁判理由

上海市黄浦区人民法院认为:被告人潘楠博作为国家机关工作人员,利用职务便利,非法收受他人钱财,为他人谋取利益,其行为已构成受贿罪。检察机关指控的基本犯罪事实清楚,证据确实充分,指控的罪名成立,应予确认,依法应对被告人予以刑事处罚。但由于证人李敏华所指证的1.65万元的数额,未得到其他证据的印证,潘楠博到案后亦始终供称不超过1.25万元,故法院采纳辩护人关于潘楠博受贿数额宜就低认定为1.25万元的辩护意见。关于潘楠博所提没有为李谋取利益的辩解,与李敏华、陶文龙、顾剑英等证人证明的有关潘在治安检查中对马球会俱乐部给予"关照"等事实不符。况且,受贿者是否实际为行贿人谋取了利益,并不影响受贿罪的认定。故潘楠博的此节辩解法院不予采信。

关于潘楠博及其辩护人所提潘具备自首情节的辩解和辩护意见。经查,潘楠博虽然在2002年8月20日检察机关尚未立案前,对自己收受李敏华2000元电子消费卡和陶文龙500元人民币的事实(未达受贿犯罪立案的数额标准)有过交代,但其并未主动、如实地交代自己受贿的主要犯罪事实。而其在被采取强制措施后所交代的受贿犯罪事实亦非"司法机关尚未掌握的罪行"。故潘楠博到案后坦白交代已被检察机关掌握的受贿犯罪事实,只是酌情从轻的情节,不具备认定自首的条件。

被告人潘楠博是否构成帮助犯罪分子逃避处罚罪,是控辩双方争议的焦点。被告人否认在当天晚上8时25分打电话通风报信;辩护人认为,被告人即使打过这个电话,也非法律所规定的通风报信的行为;公诉人认为,现有证据足以证明8时25分这个电话系被告人所打,尽管电话内容未明确告知李敏华此次行动的具体安排,但其在特殊的时间、环境所打的这个电话,应属通风报信的行为,且李敏华现已被证实犯罪,故被告人身为负有查禁犯罪活动职责的国家机关工作人员,向犯罪分子通风报信,尽管犯罪分子未能逃脱处罚,但被告人已构成帮助犯罪分子逃避处罚罪,应予惩处。

李敏华指证被告人潘楠博在2002年5月21日晚8时许打李号码为13501959568的移动电话机与其联系,得到了有关电信记录的印证。潘否认此电话由其所打,但未提供足以推翻检察机关指控的有效证据,故其辩解无法予以采信。公诉人根据被告人与李敏华之间的交往情况,认定其在特殊的时间、特殊的环境所打的这个电话属通风报信行为的理由亦可成立。但是，根据法律规定，本罪帮助对象是犯罪分子，并没有包括违法分子。林晨、严立新等证人的证言证明，公安机关主要是针对马球会俱乐部有卖淫嫖娼活动而于5月21日晚对其采取查禁行动，行动前的部署亦未将李敏华或俱乐部的有关人员列为犯罪嫌疑人抓捕。检察机关提供的其他证据亦未证明被告潘楠博明知李或俱乐部内有犯罪活动，故不能认定潘楠博系为帮助犯罪分子逃避处罚而实施了打电话给李敏华的通风报信行为。由于被告人潘楠博的行为不符合刑法所规定的帮助犯罪分子逃避处罚罪的犯罪构成要件，检察机关指控被告人潘楠博犯有帮助犯罪分子逃避处罚罪的罪名不能成立，法院不予认定。

根据被告人潘楠博受贿犯罪的情节，辩护人所提对被告人减轻处罚并适用缓刑的辩护意见，法院不予采纳。

### 二审诉辩情况

一审宣判后，潘楠博不服，向上海市第二中级人民法院提出上诉。

潘楠博上诉否认5月21日事先将公安机关要查禁马球会俱乐部的消息通知李敏华。并辩解：虽然一审没有认定他构成帮助犯罪分子逃避处罚罪，但量刑时将未定罪的事实作为量刑情节，量刑过重，且其被羁押后主动交代了受贿的事实，有自首情节。其辩护人认为：在司法机关立案前潘楠博交代了受贿的事实，检察机关以帮助犯罪分子逃避处罚罪名对其刑事拘留的当天，潘楠博主动、如实、全部交代了不同罪名的受贿事实，应当认定潘有自首情节，且被告人系初犯，认罪态度好，退出赃款，请求二审对被告人从轻处罚并适用缓刑。

上海市人民检察院第二分院出庭支持公诉认为：潘楠博不具有自首情节，其受贿数额较大，应处1年以上7年以下有期徒刑，原判对其判处有期徒刑2年并无不当，建议驳回上诉，维持原判。

### 二审裁判结果

上海市第二中级人民法院依照《刑事诉讼法》第189条第1项之规定，裁定：驳回上诉，维持原判。

### 二审裁判理由

上海市第二中级人民法院经审理查明的事实、证据与一审相同。关于上诉人及其辩护人提出的自首问题，经查，检察机关根据李敏华的检举向被告人调查时，潘仅交代了受贿2000元电子消费卡、500元现金的事实。被采取强制措施后潘楠博才供述了全部受贿事实。被告人既未自动投案，也没有在刑事拘留前主动交代主要犯罪事实，刑事拘留后供述的内容系检察机关已掌握的犯罪事实,故不符合认定自首的要件。关于量刑问题,被告人受贿人民币1.25万元,依法应处1年以上7年以下有期徒刑,一审在法定量刑幅度内判处潘楠博有期徒刑2年,并无不当。综上,潘楠博的上诉理由、辩护人的辩护意见均不予采纳。

上海市第二中级人民法院认为:潘楠博身为国家机关工作人员,利用职务便利收受他人钱财,为他人谋取利益,其行为已构成受贿罪,依法应予处罚。原审法院根据被告人犯罪的事实、交代态度及社会危害性等情节,所作的判决并无不当,且审判程序合法。辩护人请求二审从轻处罚上诉人并适用缓刑,不予准许。上海市人民检察院第二分院建议驳回上诉、维持原判的意见予以采纳。

## 14. 国际条约的内容是否可以成为我国刑事判决的依据?是否违背罪刑法定原则?

国际条约是指我国作为国际法主体同外国缔结的双边、多边的协议和其他具有条约性质的文件,它对我国具有当然的法律约束力,因此,是我国法律的渊源之一,但是国际条约在国内的适用原则却并不统一。有的国内法明确规定了国际条约的内容优先适用,可以直接援引采纳,有的国内法则没有明确规定,国际条约需要转化为国内法方能适用。《刑法》本身不可直接援引国际条约,需要援引国内相关的保护立法,而该保护立法则可援引国际条约,而不是刑法直接以国际条约为其渊源,故此,并不违背罪刑法定原则。

### 典型疑难案件参考

马胜受贿、徇私枉法、巨额财产来源不明、诈骗案

#### 基本案情

1. 关于受贿罪的指控

2000年6月,时任云南省森林公安局局长的被告人马胜在云南省森林公安局查处西山区碧鸡建筑公司(以下简称碧鸡公司)在观音寺苗圃林中道路施工过程的违法问题中,要求该公司项目经理陈春伦为其个人开办的昆明天马实业公司(以下简称天马公司)院内回填土方,陈春伦按马胜的意见安排其亲属蒲志勇为天马公司院内填土,并为此支付了工程款人民币3.5万元,马胜

没有支付工程款。

2003年至2004年期间，时任云南省森林公安局局长的马胜向昆明市森林公安局索要了罚没的9棵树木栽种于其个人所有的天马公司院内。

2004年，时任省森林公安局局长的被告人马胜向临沧市森林公安局索要了价值人民币3.2万元的柚木地板，用于装修自己位于天马公司土地上的别墅。

2003年至2005年期间，在时任省森林公安局局长的被告人马胜的要求和干预下，云南省森林公安局、德宏州森林公安局将罚没的穿山甲片、亚洲象皮、坡鹿角处理给杨丙鋆倒卖牟取暴利，在此期间，被告人马胜先后三次分别在本市春城花园酒店、西苑宾馆、长城宾馆收受杨丙鋆所送的人民币共15万元。

2. 关于巨额财产来源不明罪的指控

被告人马胜作为国家工作人员，经司法机关查实，马胜的个人支出和现有财物为：天马公司租用、征用土地，支付人民币149.55万元，其地面上的建筑物及其附属工程，工程造价为人民币197.51万元；购日产阳光汽车一辆，支付人民币29.8万元，个人支出和财产共计人民币376.86万元。其中，有30240261元是马胜的正常收入余额；有10168685元经证实是马胜受贿以及其他所得，其余336451054元，被告人马胜不能说明其来源是合法的。

3. 关于徇私枉法罪的指控

2001年年底，被告人马胜与浙江人管丙华相识后，两人关系密切。2004年3月，时任云南省森林公安局局长的马胜在省森林公安局查处管丙华、管丙钗走私14.04吨黄草案中，多方协调、安排，力争此案的管辖权后，不仅不对管丙华实施抓捕，还安排干警将被扣押的赃物14.04吨黄草以5万元的价格低价处理给管丙华。现除管丙钗被抓获外，管丙华依然在逃。

4. 关于诈骗罪的指控

1998年，被告人马胜谎称省、市有关部门正在调查时任官渡区建设局局长龚应的问题，要求龚应为负责调查此事的其好朋友省检察院副检察长垫付购房款以摆平此事。龚应相信后，安排官渡区市政建设经营公司（以下简称市政公司）转账支付了马胜提供的金星小区金利园904幢1单元402号房款人民币265609.05元。此后，马胜以其母付秀兰、女儿马婧秋的名义办理了产权手续并自行居住。

5. 关于贪污罪的指控

（1）1997年12月，时任云南省林业公安处处长的马胜将公安部分配给本单位的一辆公安业务专用（蓝鸟）车指标，用于个人所有的天马公司购车，并安排干警到广州接车后，批准干警在单位报销了接车差旅费用1960元。1999年，马胜将该蓝鸟车出售，获利人民币49686.85元。

（2）2004年3月底，马胜安排云南省森林公安局四名干警与其一道陪同护理其母亲付秀兰到青岛治疗眼睛并游玩了山东省烟台、威海、蓬莱等地，共开支各种费用32028.70元。事后，马胜安排干警虚列名目在本单位予以了报销。

（3）2005年1月，马胜得知有关部门调查其违法违纪问题后，为了串供并逃避侦查，安排干警用公款人民币5980元购买了小灵通电话9部供他与本单位部分干警使用。

### ▶一审诉辩情况

**1. 检察机关的指控**

被告人马胜于2000年至2005年担任云南省森林公安局局长期间，利用职务上的便利，向碧鸡公司项目经理陈春伦、昆明市森林公安局、朱永祥等单位和个人索取价值人民币12.85万元的财物及收受杨丙銮贿赂人民币15万元，并为其谋取利益。

被告人马胜于1997年至2005年担任云南省林业公安处处长、云南省森林公安局局长期间，利用职务上的便利，以侵占公车指标、虚列名目公款报销去青岛为母治病并游玩以及购买9部小灵通的费用的手段，非法占有本单位的公共财物共计89655.55元。

侦查机关从马胜处查获的所有财物为：天马实业公司租用、征用两块土地共31.55亩，支付人民币149.55万元；在两块土地上建盖的三幢建筑物及其附属工程，共计1741.28m2，工程造价为人民币197.51万元；日产阳光汽车一辆，车价为人民币29.8万元，共计人民币376.86万元。其中，有30291261元是马胜的正常收入余额；有10168685元经证实是马胜受贿、贪污所得，其余33640006元与被告人马胜正常收入差额巨大，其本人不能说明其来源是合法的。

2004年，时任云南省森林公安局局长的马胜，在省森林公安局立案查处管丙华、管丙钗走私珍稀植物14.04吨黄草一案中，马胜明知管丙华系在逃需抓捕人员，不对其实施抓捕，致使其脱逃，使其不能受到追诉。

1998年，被告人马胜虚构事实骗取时任官渡区建设局局长的龚应安排下属企业市政公司为马胜个人购买的金星小区金利园904幢1单元402号房屋支付房款人民币265609.05元。

被告人马胜身为国家工作人员以及司法工作人员，其行为分别构成受贿罪、贪污罪、巨额财产来源不明罪、徇私枉法罪、诈骗罪，依法应予惩处。

**2. 被告人的答辩及其辩护人的辩护意见**

庭审中，被告人马胜辩解及其辩护人认为：检察机关所有指控均事实不清、证据不足、适用法律不当、指控不能成立，请求宣判无罪。

### 一审裁判结果

昆明市中级人民法院依照《刑法》第 385 条第 1 款、第 386 条、第 383 条第 1 款第 1 项、第 2 款、第 266 条、第 399 条第 1 款、第 395 条第 1 款、第 69 条、第 64 条、第 45 条、第 47 条、第 52 条、第 53 条、第 59 之规定，作出如下判决：

一、被告人马胜犯受贿罪，判处有期徒刑 12 年，并处没收财产人民币 10 万元；犯诈骗罪，判处有期徒刑 12 年，并处没收财产人民币 10 万元；犯徇私枉法罪，判处有期徒刑 5 年；犯巨额财产来源不明罪，判处有期徒刑 3 年。决定执行有期徒刑 20 年，并处没收财产人民币 20 万元。

二、对被告人马胜受贿所得人民币 24.6 万元财物以及九棵树木、来源不明的天马公司所属的土地及地面上的房屋、诈骗所得人民币 265609.05 元财物予以追缴。

### 一审裁判理由

昆明市中级人民法院根据上述事实和证据认为：被告人马胜身为国家机关工作人员，利用职务上的便利，非法收受他人财物，其行为已构成受贿罪；其财产和支出明显超过合法收入，差额巨大，其本人又不能说明合法来源，构成巨额财产来源不明罪；身为司法工作人员，对明知是有罪的人而故意包庇不使他受追诉，其行为构成徇私枉法罪；虚构事实，骗取他人财物，数额特别巨大，其行为还构成诈骗罪；上述行为依法均应惩处，并数罪并罚。检察机关指控的事实清楚，证据确实充分，指控被告人马胜犯受贿、徇私枉法、诈骗、巨额财产来源不明的罪名成立，但关于贪污罪指控不能成立；被告人马胜及其辩护人关于被告人马胜的行为不构成贪污罪的意见成立，本院予以采纳，其余辩护意见与事实不符，不予采纳。

### 二审诉辩情况

上诉人（原审被告人）马胜及其辩护人上诉称：（1）原判程序违法，庭审时未让马胜充分辩护；（2）原判认定马胜犯索贿罪事实不清；（3）原判认定马胜犯巨额财产来源不明罪事实不清、证据不足；（4）原判认定马胜犯徇私枉法罪的事实不实，缺乏证据；（5）原判认定马胜犯诈骗罪的事实不能成立，马胜已付清了房款。请求改判无罪。

### 二审裁判结果

云南省高级人民法院依照《刑事诉讼法》第 189 条第 1 项之规定，作出如下裁定：驳回上诉，维持原判。

> **二审裁判理由**

云南省高级人民法院认为：上诉人上诉理由均不能成立，一审法院定罪正确、量刑适当，审判程序合法。

### 15. 无罪推定原则在具体案件中如何运用？

无罪推定原则就是指任何人在未经证实和判决有罪之前，应视其无罪。我国《刑事诉讼法》中"未经人民法院依法判决，对任何人都不得确定有罪"的规定就是对无罪推定原则的反映。该原则要求在审判实践中贯彻疑罪从无和不得强迫自证其罪原则。公诉人负有提出证据证明被告人有罪的责任，被告人不承担证明自己有罪或无罪的义务，当公诉人不能提出确实充分地证据证实被告人的罪行，或者法庭经过庭审和补充性调查也不能查明被告人有罪的事实时，就只能判定被告人无罪。当然，根据无罪推定原则的立法精神，证据法中应遵循非法证据排除规则，要求法庭所采用的证据严格符合证据的客观性、关联性与合法性。

#### 典型疑难案件参考

**王书豪玩忽职守、受贿案**

> **基本案情**

2001年10月，昌江县委根据海南省人民政府关于中央财政补助海南省处置积压普通住宅专项资金管理办法的规定，决定以昌江县经济实用房开发中心（以下简称开发中心）为申报对象，向上级财政部门申请处置积压商品房专项补助资金。时任昌江县财政局局长的王书豪明知申报项目明显不符合条件而同意签批上报上级财政部门，套取中央专项资金1041万元。专项资金到位后同意将人民币841万元从昌江县国库股拨入中心的共管账户，不认真对银行的预留印鉴进行监督检查，造成财政局对该笔专项资金失去监控，导致人民币346万元转入海南宏盛永业实业投资有限公司（以下简称宏盛公司），无法追回。因王书豪在审批开发中心申报材料过程中帮过忙，按照何书典（宏盛公司副总）的安排，2002年8月17日陈雪丽（开发中心副总）从海口市建设银行取出人民币 10 万元，于 2002 年 8 月中旬某日在昌江县财政局宿舍前送给王书豪。

### ▶一审诉辩情况◀

海南省儋州市人民检察院认为：王书豪的行为构成玩忽职守罪和受贿罪。

被告人王书豪辩称：其审批昌江县处置积压房地产项目是执行县委、县政府的决定，按照县委、县政府的意见办理，其行为不构成玩忽职守罪；其从没有收受陈雪丽的贿赂。

被告人王书豪辩护人辩称：检察机关办理本案时，严重违反诉讼程序，非法限制了诉讼代理人和犯罪嫌疑人应有的权利，影响证据可信性，被告人王书豪的行为不构成玩忽职守罪；检察机关指控王书豪涉嫌受贿，证据不足，应宣告无罪。

### ▶一审裁判结果◀

儋州市人民法院依照《刑法》第 397 条第 1 款、第 72 条第 1 款、第 73 条第 2 款、第 3 款之规定，判决如下：被告人王书豪犯玩忽职守罪，判处有期徒刑 1 年，缓刑 2 年。

### ▶一审裁判理由◀

儋州市人民法院一审查明：检察机关指控王书豪犯玩忽职守罪的事实清楚，证据确实、充分，但指控王书豪犯受贿罪的证据不足。

儋州市人民法院认为：王书豪身为财政局长，明知材料虚假而签批向上级财政部门申请专项资金，资金到位后不认真对银行的预留印鉴进行监督检查，导致人民币 346 万元无法追回，主观上出于过失，客观上造成了重大损失，其行为构成玩忽职守罪。检察机关指控王书豪犯受贿罪的事实，虽有王书豪的原有供述、证人陈雪丽、何书典的证言，但王书豪当庭予以否认，何书典的证言也未能证实陈雪丽确已送钱给王书豪，因此，控方指控王书豪受贿罪的证据不足，不予认定。

### ▶二审诉辩情况◀

一审宣判后，儋州市人民检察院提出抗诉，认为：王书豪收受 10 万元的事实，有其本人的多次供述，且有证人陈雪丽、何书典的证言佐证，事实清楚，证据充分，足以认定，原判适用法律不当，请二审依法判处。

被告人王书豪提出上诉辩称：审批昌江县处置积压房地产项目是执行县委、县政府的决定，按照县委、县政府的意见办理，其行为不构成玩忽职守罪。

### 二审裁判结果

海南省海南中级人民法院作出终审裁定：驳回抗诉、上诉，维持原判。

### 二审裁判理由

海南省海南中级人民法院认为：检察机关抗诉认为王书豪构成受贿犯罪的事实，虽然有王书豪、何书典的原有供述，但二人均已翻供，而证人陈雪丽的证言，尤其在送钱的时间、地点上前后说法不一，与王书豪的原有供述也存在矛盾。如陈雪丽称，其8月17日在海口取钱，于8月中旬的某天晚上8点左右送给王书豪，并非是取钱的当晚送给王书豪。但辩护人当庭提供的昌江县财政局派车单、燃油销售发票、飞机票以及证人林书法（王书豪司机）的证言等证据，证实王书豪于8月18日早晨到十月田镇至晚上9点，8月19日至8月26日前往海口、北京等地，辩方提供的证据与证言相矛盾；证人何书典原有供述虽证实陈雪丽向其要钱送县里领导，但并不能证实陈雪丽送给王书豪，且何书典翻供后称王书豪从中作梗，使他们应得的钱得不到，非常恨他，根本不可能送钱给王书豪。综观全案，除陈雪丽这一有反复的证言外，没有足够的证据予以印证。因此，根据"疑罪从无"的原则，不认定王书豪构成受贿罪。检察机关抗诉理由不能成立，不予支持。但一审认定王书豪玩忽职守的犯罪事实清楚，证据确实、充分，定罪准确，量刑适当。

### 再审诉辩情况

二审宣判后，海南省人民检察院依据审判监督程序向海南省高级人民法院提起抗诉。抗诉理由为：（1）王书豪在侦查阶段曾多次供述，与证人陈雪丽交代的送钱时间、地点、面额等相一致，与证人何书典证言、取款凭条相印证，足以认定。虽然王书豪与陈雪丽对一些细节有不同说法，但不足以否定王书豪受贿事实。（2）侦查机关讯问地点虽然违反《人民检察院刑事诉讼规则》规定，但办案单位出具《情况说明》证实讯问时没有逼供、诱供。根据最高人民检察院《关于在审查逮捕和审查起诉工作中加强证据审查的若干意见》"对没有严格遵守法律规定，讯问犯罪嫌疑人、询问证人的时间和地点不符合要求的情况下获取的证据……如不影响证据的客观性、关联性，可以在向侦查机关提出纠正违法意见的同时，作为指控犯罪的依据"的规定，因此，即便审讯地点违反规定也不能必然排除王书豪、何书典的原有供述。（3）何书典与陈雪丽商量给有关人员送钱的目的清楚。

检察机关提供新证据：证人陈雪丽等人的证言证实2006年12月30日一审制作的调查笔录不合法；办案机关《情况说明》证实没有刑讯逼供；串供

信证明王书豪告诉陈雪丽没有承认80万元是行贿款。

原审上诉人王书豪及其辩护人答辩称：二审根据"疑罪从无"的原则，不认定王书豪犯受贿罪正确。理由：（1）王书豪有罪供述、何书典原证言是侦查机关刑讯逼供取得，二审裁定不予采信正确。检察院侦查卷显示：2006年5月25日，王书豪被羁押在儋州市第二看守所期间没有供述受贿，2006年6月2日至10日，王书豪被押至海口市龙华区检察院讯问室，一连9天的连续审讯，王书豪供述受贿。从龙华区检察院回到看守所以后直到法院二审，王书豪否认受贿，并辩称在龙华区检察院受到刑讯逼供。根据检察院的审讯《情况说明》，何书典被连续关押在龙华区检察院将近1个月后供述行贿，从龙华区检察院出来后，何书典即否认行贿。对王书豪、何书典关押在龙华区检察院时的供述，儋州市人民法院在何书典单位行贿案的刑事判决中认定："对检察机关向法庭提供的被告人（何书典）于2006年4月11、12、14日所作的供述及王书豪于2006年6月6日所作的供述，被告人及辩护人均提出异议，且控方未能提供该证据的来源合法，该证据存疑，不予采信"。（2）陈雪丽的证言前后矛盾，与事实不符，与常理相悖。（3）王书豪审批申报项目是执行县委决定，专项资金到位后，第一个也是唯一站出来想方设法设置关卡，防止资金流失，并要求昌江县委采取措施追回被骗资金，阻止了何书典等人企图骗取1041万元全部专项资金的目的，故王书豪不可能收受何书典的贿赂，陈雪丽是栽赃陷害。

▶ 再审裁判结果

经海南省高级人民法院审判委员会讨论决定，依照《刑事诉讼法》第206条、最高人民法院《关于执行〈中华人民共和国刑事诉讼法〉若干问题的解释》第312条第1项的规定，裁定如下：维持原海南省海南中级人民法院〔2007〕海南刑终字第87号刑事裁定和海南省儋州市人民法院〔2006〕儋刑初字第226号刑事判决。

▶ 再审裁判理由

海南省高级人民法院再审查明的事实与一、二审相同，评判如下：

1. 客观上原审上诉人王书豪不存在利用职务上的便利为陈雪丽、何书典谋取利益，王书豪受贿的动机存在疑问。

按开发中心与宏盛公司签订的协议约定，开发中心负责提供合法的申报材料，申办有关批文，与政府协调关系，故要求王书豪签批申报材料不是宏盛公司何书典的合同义务。昌江县委决定，申报材料由政府提供，县房改办负责，开发中心具体操作,专项补助资金到位后30%归县政府,故王书豪履行签批手续是执行县委的决定。为便于监管专项资金,王书豪提出由县财政局与开发中心设立共管账户,王书豪在审核共管账户印鉴时发现何书典不是开发中心的工作人员,即交代撤销何书典的印鉴。当王书豪得知专项资金346万元被陈雪丽非法转出后,即当面责骂陈雪丽,并及时向银行交涉停止支付,同时向县领导汇报,且在县委书记办公会议上建议立即采取措施冻结专项资金。上述事实表明,何书典虽是专项资金346万元的实际获利人,但王书豪并没有利用职务上的便利为陈雪丽、何书典谋取利益。即使陈雪丽有行贿动机,但客观上王书豪是积极采取措施防止资金流失,其与陈雪丽、何书典是对立的,因此,王书豪收受利害关系人何书典、陈雪丽的贿赂必然存在风险,也不符合常理。故检察机关认定"陈雪丽、何书典为感谢王书豪在审批申报材料过程中的帮助"是王书豪受贿的动机,理由不充分。

2. 行贿、受贿的时间、地点等细节有不确定性,原审上诉人王书豪受贿的时间、地点等情节存在疑问。

陈雪丽虽始终多次证实其向王书豪行贿,但其证言前后矛盾且不稳定,陈雪丽的证言与王书豪有罪供述关于行、受贿时间、地点、当时的天气、王书豪使用的车辆以及王书豪受贿时有无拒贿表示等情节,两人说法不一,而在2002年8月17、18日王书豪是否有受贿条件事实不清。故检察机关关于"王书豪受贿的时间、地点不存在矛盾"的抗诉理由与事实不符,不能成立。

3. 原审上诉人王书豪的有罪供述、证人何书典的原证言是否合法取得存在疑问,该供述的真实性存疑。

本案进入起诉阶段以后,王书豪、何书典均称原供述是侦查机关刑讯逼供、诱供取得,审讯人员不让其休息连续多日审讯,审讯笔录是办案人员写好后逼迫签字的;讯问笔录和《情况说明》证实,何书典、王书豪被羁押在看守所期间均没有供述行贿、受贿事实,后专案组将二人押至海口市龙华区检察院审讯室审讯后交代了犯罪事实。根据《中华人民共和国看守所条例实施办法(试行)》第23条"提讯人犯,除人民法院开庭审理或者宣判外,一般应当在看守所讯问室",《人民检察院刑事诉讼规则》第139条"提讯在押的犯罪嫌疑人,应当填写提讯证,在看守所进行讯问。因侦查工作需要,需要提押犯罪嫌疑人出所辨认罪犯、罪证或者追缴犯罪有关财物的,可以提押犯罪嫌疑人到人民检察院接受讯问"的规定,办案人员将何书典、王书豪提至检察院连续审讯违反了上述规定。检察机关虽出示《情况说明》自述办案人员在审讯过程中没有逼供、诱供,但没有相关证据佐证,故《情况说明》并不能证明何书典、王书豪在龙华区检察院作的有罪供述是合法取得。根据"两高三部"《关于办理刑事案件排除非法证据若干问题的规定》第11条"对被告人审判前供述的合法性,公诉人不提供证据加以证明,或者已提供的证据不够确实、充分的,该供述不能作为定案的根据"的规定,王书豪、何书典在龙华区检察院的有罪供述不能作为定案的依据。检察机关关于"王书豪的有罪供述、何书典的原证言来源合法,应予采信"的抗诉理由不充分,不予支持。

4. 检察机关当庭出示的新证据并不能直接证实王书豪收受了陈雪丽所送的10万元。

何书典的串供信虽证实何书典告诉陈雪丽其没有承认80万元是行贿款,但并不能证实陈雪丽已经送10万元给王书豪。

海南省高级人民法院再审认为:检察机关指控王书豪收受贿赂的事实,主要依据侦查初期王书豪的有罪供述、何书典的原有证言和陈雪丽的证言。而陈雪丽的证言不稳定,且在细节上与王书豪有罪供述不相吻合;何书典原有证言也无法确认陈雪丽向王书豪行贿的事实。且王书豪、何书典进入起诉阶段以后翻供称原有供述是刑讯逼供所致,而检察机关又不能提供足够的证据证实取证来源合法。综观全案,除了陈雪丽的证言外,没有其他经查属实的证据予以印证,显属证据不足。故检察机关抗诉理由不能成立,不予支持。一审判决、二审裁定适用法律正确。

### 四、法律面前人人平等

**16. 在司法实践中如何践行"法律面前人人平等原则"?**

在刑事案件的审理中,不仅要关注被害方合法权益的保护,同时更应注重对被告人依法享有的诉讼权利的保护。因为与强大的国家机关相比,被告人明显处于弱势,一旦发生刑事案件,侦查机关的侦查力量和刑事强制措施将远远胜过犯罪嫌疑人和被告人的防御、保护能力,例如要充分保障被告人的辩护权等。

**典型疑难案件参考**

马加爵故意杀人被判死刑案

**基本案情**

被告人马加爵因与同学唐学李、邵瑞杰、杨开红等人为琐事积怨,马加爵认为邵瑞杰、杨开红等人说自己为人差、性格古怪等，并认为自己在学校的名声受到了他们的诋毁，原因都是邵瑞杰、杨开红、龚博等人所致，感到绝望，于是决意杀人，因担心同宿舍的唐学李妨碍其作案，所以决定将4人一起杀害。

犯意确定后，被告人马加爵到本市张官营旧货市场购买了铁锤；并制作了假身份证；到昆明火车站购买了火车票，以便作案后逃跑。被告人马加爵还特意对宿舍进行了布置，以便作案。

2004年2月13日23时许至2月15日19时许，连续3天被告人马加爵在317宿舍内，采用铁锤打击受害人头部的同一犯罪手段，先后将唐学李、邵瑞杰、杨开红、龚博杀害，并将尸体分别藏匿于317宿舍柜子内，清洗、打扫现场后潜逃。经公安部通缉，被告人马加爵于2004年3月15日19时许在海南省三亚市被公安人员抓获。

被告人马加爵被捕后一再坚持不接受律师为其辩护的情况，一审法院承办法官多次耐心地向其宣讲法律，说明律师为被告人辩护是对被告人诉讼权利的保护。在取得马加爵同意的情况下，法院依法为其指定了辩护律师，使得马加爵的诉讼权利得到了较为全面的保护。在接到指定律师提出"马加爵可能患有精神病，应对其精神状态进行司法精神病鉴定"的请求后，一审法院本着对事实和法律负责的态度，依法委托了具有鉴定资质的机构，严格按照法律程序，对马加爵的精神状态进行了司法精神病鉴定，最终客观地确认被告人马加爵具有刑事责任能力，应对其行为后果承担刑事责任。

▶ **一审诉辩情况**

1. 云南省昆明市人民检察院的指控

2004年2月上旬，被告人马加爵在本市云南大学鼎鑫学生公寓与其同学唐学李、邵瑞杰、杨开红等人在打牌过程中发生冲突，于是产生了杀害唐学李、邵瑞杰、杨开红、龚博4人的念头。尔后，被告人马加爵为实施犯罪积极进行准备，其在昆明市张官营旧货市场160号以20元购买木柄铁锤一把，藏匿于鼎鑫公寓6幢317室自己的衣柜内，又在北站附近办理了一张姓名为陈芬良的假身份证，并到昆明火车站先后购买了昆明至广州、昆明至南宁的火车票。

2. 一审被告人辩解及辩护人的辩护意见

被告人马加爵当庭对检察机关指控的事实供述称：检察机关指控的犯罪事实属实，是自己实施了杀害唐学李、邵瑞杰、杨开红、龚博4位同学的犯罪行为。

被告人马加爵的辩护人提出如下辩护意见：（1）对检察机关指控被告人

马加爵的犯罪事实不持异议；（2）不同意检察机关指控马加爵因为打牌就杀死四位同学的说法，该说法不符合逻辑，该案的动机尚无法确定，检察机关指控的动机不可信；（3）在犯罪现场发现了马加爵的血迹，虽然不影响对马加爵的定罪，但马加爵是否受了伤应予查清；（4）被告人马加爵的精神状态存在问题；（5）被告人马加爵在三亚市被抓获后，如实供述了全部犯罪事实，应认定为自首；（6）被告人马加爵认罪态度好，真诚悔罪，犯罪前无前科，请求法庭应当考虑给予失足青年悔过自新的机会，请求法庭对被告人马加爵慎重处刑。

3. 被害人的诉讼代理人的代理意见

各被害人的诉讼代理人对检察机关指控的犯罪事实均不持异议。

被害人唐学李的诉讼代理人发表意见认为：检察机关指控的犯罪事实清楚，证据确实、充分。被害人唐学李被杀害是十分无辜的；被告人马加爵视他人生命如草芥，作案手段残忍，对其应处以相应刑罚。

被害人邵瑞杰的诉讼代理人发表意见认为：相信法庭对马加爵一定会作出一个公正的判决；被告人马加爵的行为已经造成了包括他家庭在内的5个家庭的痛苦，但比制裁马加爵更重要的是如何避免类似悲剧的发生。希望通过本案的审判而使整个社会更加关注青年一代的心理健康。

被害人杨开红的诉讼代理人发表意见认为：检察机关出示的证据足以证明马加爵杀害了杨开红，证据充分，定性准确，马加爵应承担相应的刑事责任，恳请法庭作出理性判决。

被害人龚博的诉讼代理人发表意见认为：被告人马加爵犯意坚决、作案步骤分明，其准备作案、实施犯罪、出逃等环节均富有逻辑性。被告人马加爵对他人的生命权利麻木、漠视，连续3天之内充满杀机，主观恶性极大；其杀人手段极其残忍，对各被害人均反复打击，对被害人亲属造成极大伤害，被告人马加爵没有任何从轻、减轻处罚的情节，应处以极刑。

4. 附带民事诉讼原告人及代理人所提诉讼请求和被告人及诉讼代理人所作答辩

附带民事诉讼原告人李文杨、唐先和提出诉讼请求：（1）请求依据刑法规定追究被告人的刑事责任；（2）请求法院判令被告人向原告公开赔礼道歉；（3）请求法院判令被告人赔偿因故意杀人给原告造成的经济损失计人民币160343.35元。其中：误工费309.45元、丧葬费6214.50元、死亡赔偿金152871.40元、交通费768元、住宿费180元。

附带民事诉讼原告人邵渭清、黄爕梅提出诉讼请求：（1）请求以故意杀人罪追究被告人的法律责任；（2）请求法院判令被告人向原告人支付邵瑞杰的死亡赔偿金 152880 元、丧葬费 1600 元、交通、住宿费共 1063 元、误工费 1200 元、精神赔偿损失费 200000 元，以上共计人民币 356743 元。

附带民事诉讼原告人杨绍权、马存英提出诉讼请求：（1）请求依据《刑法》规定追究被告人的刑事责任；（2）请求法院判令被告人向原告公开赔礼道歉；（3）请求法院判令被告人赔偿因故意杀人给原告造成的经济损失计人民币 310217.30 元。其中：丧葬费 6214.50 元、误工费 309.40 元、死亡赔偿金 152871.4 元、交通费 552 元、住宿费 270 元、精神抚慰金 150000 元。

附带民事诉讼原告人李文杨、唐先和的诉讼代理人提出：原告人所提诉讼请求，实现的机会为零，之所以提出，其象征意义大于实际意义，目的是要被告人知道，他不仅要承担刑事责任，同时还要承担相应的民事赔偿责任，请求法庭予以支持其诉讼请求的代理意见。

附带民事诉讼原告人邵渭清、黄燮梅的诉讼代理人提出：原告人的家庭已经因为被告人的犯罪行为造成了严重的经济损失，虽然原告人也清楚赔偿可能得不到，但仍希望法庭能伸张正义，予以公正判处的代理意见。

附带民事诉讼原告人杨绍权、马存英的诉讼代理人提出：原告人向被告人要求赔偿经济损失于法有据，虽然被告人不具有赔偿能力，提出的诉讼请求不可能得到执行，但之所以提出是为了让被告人知道他不仅要承担刑事责任，也要承担相应的民事责任。

被告人马加爵对各附带民事诉讼原告人所提诉讼请求表示：应该赔偿，但没有个人财产可供赔偿。

被告人的诉讼代理人提出：附带民事诉讼原告人所提"精神抚慰金及公开赔礼道歉"的诉讼请求与刑事附带民事的受理范围相悖，法庭不应支持。原告人的诉讼请求，有的不符合法律规定，有的超出受理范围，有的符合规定但计算数额上存在问题，希望法庭核实，作出公正判决的代理意见。

### 一审裁判结果

云南省昆明市中级人民法院依据庭审查明的事实及证据，依照《刑法》第 232 条、第 57 条第 1 款、第 64 条、第 36 条第 1 款及《民法通则》第 119 条之规定，判决如下：

一、被告人马加爵犯故意杀人罪，判处死刑，剥夺政治权利终身；

二、被告人马加爵赔偿附带民事诉讼原告人李文杨、唐先和人民币 20000 元；

三、被告人马加爵赔偿附带民事诉讼原告人邵渭清、黄燮梅人民币 20000 元；

四、被告人马加爵赔偿附带民事诉讼原告人杨绍权、马存英人民币20000元；

五、作案凶器铁锤一把予以没收。

> 一审裁判理由

云南省昆明市中级人民法院认为：被告人马加爵因不能正确处理同学间的人际关系，因琐事与被害人积怨，即产生报复杀人的恶念，为实施犯罪，被告人购买了作案凶器；为逃避罪责被告人制作了假身份证并购买了作案后逃往异地的火车票，经周密策划和准备，先后将4名同学杀害。被告人马加爵为了报复杀人而进行了一系列周密而细致的准备，积极实施犯罪，残忍地致4人死亡；其主观上具有非法剥夺他人生命的故意，客观上实施了非法剥夺他人生命的行为，已触犯国家刑律，构成故意杀人罪。检察机关指控被告人马加爵的犯罪事实清楚，证据确实充分，指控罪名成立，依法予以确认。各被害人的诉讼代理人提出的代理意见，法院已经充分注意并予以采纳。

针对附带民事诉讼原告人提出的诉讼请求，法院认为：《刑事诉讼法》第77条规定"被害人由于被告人的犯罪行为而遭受物质损失的，在刑事诉讼过程中，有权提起附带民事诉讼"；最高人民法院《关于刑事附带民事诉讼范围问题的规定》第1条规定"因人身权利受到犯罪侵犯而遭受物质损失或者财物被犯罪分子毁坏而遭受物质损失的，可以提起附带民事诉讼。对于被害人因犯罪行为遭受精神损失而提起附带民事诉讼的，人民法院不予受理"；第2条规定"被害人因犯罪行为遭受的物质损失，是指被害人因犯罪行为已经遭受的实际损失和必然遭受的损失"。故附带民事诉讼原告人提出的精神损失赔偿要求以及要求判令被告人赔礼道歉的附带民事诉讼请求，依照法律规定，不属于附带民事诉讼的受理范围。附带民事诉讼原告人提出要求被告人马加爵赔偿丧葬费、误工费、交通费、住宿费等诉讼请求，有事实和法律依据，法院依法予以支持，并判令被告人马加爵承担民事赔偿责任。被告人马加爵的诉讼代理人所提此节代理意见，法院予以采纳。

对被告人马加爵的辩护人提出的申请法庭对被告人的精神状态重新进行司法精神病鉴定，法院认为：辩护人在接受指定提出申请后，已由法院依法委托鉴定机构，组织了具有专门知识的人员，在严格按照鉴定程序的前提下作出鉴定结论，就该鉴定的合法性、真实性，辩护人并未提出事实和法律依据予以否定，对无充分理由和证据支持而对鉴定结论存疑的臆断，法院不能支持。辩护人还提出被告人的作案动机仅因打牌纠纷而产生有悖常理，法院认为：被告人马加爵具有其独立的意识、独立的个体特征，被告人马加爵当庭并未否认其曾经供述的作案动机，且经司法精神病学鉴定，存疑的法定因素已经排除，故被告人马加爵供述的作案动机有其自身基于生活、环境所形成的现实基础和个体特性，法院应予确认。关于辩护人提出的被告人马加爵"自首"的辩护意见，法院认为，被告人马加爵当庭陈述其在潜逃过程中主观上并不想自首；在客观上被告人马加爵也无主动投案的事实；被告人马加爵在三亚市被抓获系因为在公安机关掌握大量相关证据后，确认其为重大犯罪嫌疑人，并由公安部向全国发布A级通缉令后，人民群众发现其行踪，向公安机关举报，公安机关据此抓获被告人马加爵。基于以上三个方面的事实和理由，被告人马加爵的行为不构成自首，对辩护人的该辩护意见，法院不予采纳。其他辩护意见，法院已经注意。

在本案中，被告人马加爵仅因同学之间的琐事发生纠纷，即产生杀害同学的犯罪故意，并积极准备、实施、完成了整个犯罪过程，凶残地杀害了与其共同生活、学习、住宿3年有余的4名同学，被告人马加爵声称"要毁灭自己也要毁灭他们"，并且连续、残忍地杀害多人，非法剥夺他人生命权利，在整个犯罪过程中杀人犯意坚决，作案时手段残忍；在犯罪行为完成后畏罪潜逃。其犯罪行为具有严重的社会危害性，犯罪情节特别恶劣，犯罪后果特别严重。虽然被告人马加爵被抓获后如实供述了自己的罪行，但我国法律对公民的一切合法的权利给予了充分的保护，而公民的生命权利是一切权利的基础，《刑法》将公民生命权利的保护置于《刑法》的重要位置。《刑法》第232条规定对"故意杀人的，处死刑、无期徒刑或者10年以上有期徒刑"，体现了法律对公民生命权利的保护，法律所体现的是我们所生存的社会对人的生命权利的珍视，任何无视他人生命权利的犯罪行为，必将受到法律的严厉制裁。

### 复核情况

一审宣判以后，云南省昆明市中级人民法院依法将本案报送云南省高级人民法院核准。

复核中，复核指定辩护人提出：被告人马加爵认罪态度好，有悔罪表现，请求从轻处罚。

### 复核结果

云南省高级人民法院依照最高人民法院《关于授权高级人民法院和解放军军事法院核准部分死刑案件的通知》的规定及《刑法》第232条、第57条第1款、第48条第1款之规定，裁定如下：核准云南省昆明市中级人民法院〔2004〕昆刑一初字第107号以故意杀人罪判处被告人马加爵死刑，剥夺政治权利终身的刑事判决。

**复核理由**

云南省高级人民法院认为：本案事实清楚，证据确实、充分，足以认定。被告人马加爵无视国家法律，因不能正确处理人际关系，为琐事与同学积怨，即产生报复杀人的恶念，经周密策划和准备，先后将4名同学残忍杀害。被告人马加爵主观上具有非法剥夺他人生命的故意，客观上实施了非法剥夺他人生命的行为，其行为已构成故意杀人罪。在整个犯罪过程中，被告人马加爵杀人犯意坚决，作案手段残忍；杀人后藏匿被害人尸体并畏罪潜逃，其犯罪行为社会危害性极大，情节特别恶劣，后果特别严重，应依法严惩。被告人马加爵的指定辩护人关于马加爵认罪态度好，有悔罪表现的辩护意见虽然符合事实，但被告人马加爵的罪行极其严重，对其不予从轻处罚。原审判决定罪准确，量刑适当，审判程序合法。

## 五、罪责刑相适应

**17. 在司法实践中如何具体把握罪责刑相适应原则？**

罪责刑相适应原则要求刑罚给予的处罚不仅要和犯罪行为的危害程度相适应，而且还要与行为人的刑事责任相适应，即结合行为人的主观恶性和人身危险性的大小，把握罪行和罪犯各个方面的因素，如行为手段、因果关系、动机、年龄、损害后果、犯罪对象、累犯等具体情况，确定刑事责任的程度，适用轻重相应的刑罚。

### 典型疑难案件参考

郭某某故意杀人案

**基本案情**

2008年2月21日13时许，被告人郭某某在本市丰台区首科花园小区（亦称华源三里小区）2号楼地下室二层女卫生间内，产下一名男婴，因担心婴儿啼哭被人发现，遂用手闷堵婴儿的口鼻，并采用木棍捅、脚踩的方法，欲将婴儿冲入便池。后被告人郭某某将婴儿丢弃至垃圾筐内，即离开现场。14时许，保洁员在清理垃圾时，发现该死亡男婴。后被告人郭某某被查获。经法医鉴定，该名男婴的生物学父母亲分别为康某某、郭某某，符合被他人闷堵口鼻，用钝性外力作用于头部，导致机械性窒息合并颅脑损伤死亡。

### 一审诉辩情况

北京市丰台区人民检察院指控称：2008年2月21日，被告人郭某某在本市丰台区华源三里2号楼地下室二层女卫生间内产下一婴儿，因担心婴儿啼哭被他人发现，遂用双手闷堵婴儿口鼻并用棍棒打击婴儿头部，致该婴儿机械性窒息合并颅脑损伤死亡。被告人郭某某的行为已构成故意杀人罪，因被告人郭某某属未成年人，依法可减轻判处。

被告人及其法定代理人、辩护人对检察机关指控的事实未提出异议。

### 一审裁判结果

北京市丰台区人民法院依照《刑法》第232条，第17条第1、3款，第64条及第61条之规定，判决如下：被告人郭某某犯故意杀人罪，判处有期徒刑4年。

### 一审裁判理由

北京市丰台区人民法院认为：被告人郭某某无视国法，故意非法剥夺他人生命，情节较轻，其行为已构成故意杀人罪，应予定罪处罚。鉴于被告人郭某某犯罪时尚未成年，认罪态度较好，依法对其予以从轻处罚。

### 二审诉辩情况

一审宣判后，上诉人（原审被告人）郭某某不服，以一审判决量刑过重，应对其适用缓刑为由提出上诉。

辩护人的辩护意见是：本案不同于一般的故意杀人，与损害国家、社会、他人利益的犯罪有显著差异，应充分考虑未成年人的特殊性；郭某某生下孩子是她无奈的选择，其犯罪不是因为主观恶性，而是她怕被别人发现的心理恐惧，她对社会也不存在危害性，其再犯的可能性是零；郭某某认罪态度较好，请求对其减轻处罚。

### 二审裁判结果

北京市第二中级人民法院依照《刑事诉讼法》第189条第2项、《刑法》第232条、第17条第1款、第3款、第64条、第61条之规定，判决如下：

一、撤销北京市丰台区人民法院〔2008〕丰刑初字第1503号刑事判决，即：被告人郭某某犯故意杀人罪，判处有期徒刑4年。

二、郭某某犯故意杀人罪，判处有期徒刑1年。

> **二审裁判理由**

北京市第二中级人民法院经审理认为：上诉人郭某某故意非法剥夺新生儿生命，其行为已构成故意杀人罪，依法应予惩处。鉴于郭某某犯罪时尚未成年，犯罪情节较轻，认罪态度较好，其主观恶性、人身危险性、社会危害性均较小，可依法对其减轻处罚。原判虽认定其犯罪情节较轻，但对未成年犯罪及本案的特殊性考虑不充分，量刑仍显偏重，本院依法改判。上诉人郭某某及其法定代理人请求对其判处缓刑的意见，经查，由于郭某某在本市无固定住所，缺乏监管条件，故此节意见不予采纳；郭某某所提原判量刑过重及其辩护人所提对其减轻处罚的意见，本院予以采纳。

## 六、管辖

**18. 属地管辖原则在司法实践中如何适用？**

属地管辖是以地域为标准来确定管辖范围的原则。这里的地域是做广义理解，包括一国的领土、领水、领空等，自然延伸到使领馆、船舶和航空器等浮动领土。

属地原则的适用主要取决于对"犯罪地"的理解。对于本案中这种隔地犯（或跨地犯），我国实行的是犯罪行为实施地与犯罪结果发生地相结合的原则，根据我国《刑法》第6条第3款的规定，只要犯罪行为或者犯罪结果有一项发生在我国领域内的，就认为是在我国领域内犯罪，而适用我国《刑法》。

### 典型疑难案件参考

项建华绑架案

> **基本案情**

项建华和同乡陈某某（另处）为勒索钱财，于2002年2月下旬在南斯拉夫贝尔格莱德市共谋绑架当地的中国商人沈虹，并商定找南斯拉夫人冒充警察，再纠集几名中国人共同绑架沈虹，向其家属索要赎金人民币800万元，项建华则让他人在中国的招商银行冒名开设账户收取赎金。同年3月7日中午12时许，沈虹在贝尔格莱德市革命大街229号住处附近的停车场，被两名冒充警察的南斯拉夫人绑架。在关押期间，沈虹遭到参与绑架的中国人殴打，致左第九肋骨骨折错位,又被迫打电话让其妻张小华筹集赎金人民币800万元,准备汇入绑架者指定的银行账户。张随后通知在上海市的沈父沈培德,又与绑架者商定赎金减为人民币200万元。之后,项建华按分工先后打电话给在中国的朋友黄蓉、项东廷,指使两人冒用他人身份在浙江省温州市、北京市的招商银行开设账户。同年3月8日、11日,黄蓉和项东廷按项建华的要求,在上述两地的招商银行分别开设了账户。

同年3月9日至12日,沈培德根据绑架者的指令,分三次将赎金人民币200万元,通过上海市招商银行兰溪支行汇入黄蓉、项东廷开设的账户内。之后,项建华又指使黄蓉、项东廷将上述赎金转账或提现转移。其中,项建华将人民币30万余元给其亲属及用于个人还债等,将人民币2万元作为路费支付给项东廷;将人民币40万元作为陈某某支付他人的货款或向他人兑换外币的钱款支付给陈的朋友范伟珍等人,另有人民币96万元被转入其他账户;案发时尚有人民币31万余元留在黄蓉等人的账户中。同年3月12日,沈虹被绑架者释放,其伤势经鉴定构成轻伤。案发后,公安机关追缴发还赃款人民币40.9万元、欧元32445元;冻结银行账户内的赃款人民币64万余元。

▶ 一审诉辩情况

检察机关认为:应当以绑架罪追究被告人项建华的刑事责任。

被告人项建华当庭否认与陈官平预谋绑架沈虹,并辩解其在被捕前不知沈虹遭绑架。

其辩护人提出:指控项建华参与绑架预谋的证据不足;项建华在本案中仅实施了开立银行账户的行为,属于从犯。

▶ 一审裁判结果

上海市第二中级人民法院依照《刑法》第7条第1款、第239条第1款、第56条第1款、第55条第1款、第64条之规定:判决如下:

一、被告人项建华犯绑架罪,判处有期徒刑14年,剥夺政治权利4年,并处罚金人民币30万元。

二、违法所得予以追缴。

▶ 一审裁判理由

上海市第二中级人民法院认为:被告人项建华以勒索钱财为目的,与陈某某共谋绑架,并按分工指使他人冒名开立银行账户,收取赎金,转移赃款,其行为已经构成绑架罪,检察机关指控的罪名成立。关于项建华参与绑架的事实,其到案后作过多次有罪供述,其中有关预谋找两名南斯拉夫人冒充警察绑架沈虹索要赎金开价800万元人民币以及在沈虹被绑架后听陈某某讲沈虹有哮喘等细节,均与被害人陈述的相关细节完全一致。此外,证人胡荣彬、范伟珍的证言也间接印证项建华与陈某某参与了绑架,故对项建华否认其与陈某某预谋绑架及关于其是在被抓后才知沈虹遭绑架的辩解不予采信,对辩护人的相关辩护意见不予采纳。项建华在共同犯罪中实施了委托他人开立银行账户、收取赎金及转移赃款等行为,故对辩护人关于项建华系从犯的辩护意见不予采纳。

### 二审诉辩情况

被告人项建华上诉称:其帮助陈某某在国内开立账户及转账,是为了让陈某某向其归还钱款,之前未与陈某某共谋绑架沈虹,其到案后所作的有罪供述均系编造。

上海市人民检察院认为:原判认定被告人项建华参与绑架的犯罪事实清楚,证据确实充分,定罪量刑均无不当,审判程序合法,建议二审法院驳回上诉,维持原判。

### 二审裁判结果

上海市高级人民法院依照《刑事诉讼法》第189条第1项和《刑法》第6条第3款、第7条第1款、第239条第1款、第56条第1款之规定,裁定如下:驳回上诉,维持原判。

### 二审裁判理由

上海市高级人民法院经审理后认为:项建华到案后,对自己事先与陈某某共谋绑架沈虹,并负责在国内冒名开设账户,收取、转移赎金的事实共作过8次供述,另有1份亲笔供词。其中,项建华关于沈虹被绑架后,其从陈某某处得知有两名南斯拉夫人冒充警察参与绑架、沈有哮喘病等细节的供述,与被害人沈虹的陈述相吻合。而且证人范伟珍、胡荣彬的证词亦证实项建华参与绑架沈虹。项建华关于邱某某、季某某等人参与绑架的供述,得到证人胡荣彬的证词的印证。项建华否认参与绑架,辩称自己的有罪供述均系编造的上诉理由,缺乏事实依据。项建华以勒索财物为目的,伙同他人共谋绑架,并按分工指使他人冒名开设银行账户,收取、转移赎金,其行为已构成绑架罪,依法应予惩处。项建华否认犯罪的上诉理由不能成立。上海市人民检察院建议驳回上诉,维持原判的意见正确,应予采纳。原判认定项建华参与绑架的事实清楚,证据确实、充分,定罪量刑均无不当,审判程序合法。

### 19. 如何确定跨国案件的刑事管辖权？

根据属地原则、属人原则、保护管辖和普遍管辖原则可以确定我国是否对某个跨国案件有管辖权。首先考虑属地原则，考察犯罪行为地、结果地是否在中国境内，如果不存在属地管辖的事由，则考察行为人的国籍，如果也没有属人管辖的事由，则看该行为是否对中国国家或个人的犯罪行为，如果仍然没有管辖事由，则根据普遍管辖亦可追究责任。

### 20. 具有刑事管辖权是否就意味着能够行使刑事管辖权？

具有刑事管辖权并不意味着就可以实际行使刑事管辖权，因为管辖权行使的前提是犯罪嫌疑人或被告人已经被我国司法机关实际控制。

### 21. 如何处理刑事管辖权冲突的问题？

由于各国对管辖权的规定并不统一，而且具体犯罪涉及的犯罪人、犯罪行为地、犯罪结果地、受害人等涉案因素非常复杂，很容易出现多个国家均有管辖权的情况。在遵循上述原则的基础上，还应考虑方便诉讼、利于取证、侦查和改造犯罪分子的目的，同时要考虑最先受理以及对犯罪嫌疑人实际控制的事实情况，如果存在管辖权争议，应根据国际公约平等协商来解决。

## 典型疑难案件参考

### 邵春天制造毒品案

**基本案情**

2004年上半年，被告人邵春天与"阿览"（在逃）预谋在菲律宾合伙制造甲基苯丙胺，约定由邵春天负责制毒技术、采购制毒化学配剂及设备，"阿览"负责在菲律宾租赁厂房及购买麻黄素。同年3、4月间，邵春天从中国境内购买了旋转蒸发器等制毒设备以及4吨三氯甲烷、3吨丙酮、4吨无水乙醇等制毒化学配剂,并采用伪报、混装方式通关运抵菲律宾。11、12月间,邵春天在菲律宾纳卯市和马尼拉市筹备好两处制毒厂房及制毒原料麻黄素后,回到中国境内纠集同案被告人吴传响、邵展望(均已判刑)及邵文曲(已死亡)等人先后前往菲律宾参与制造毒品。当年12月31日,菲律宾警方查获纳卯市的制毒厂房,击毙了邵文曲等数人,并当场缴获129.994千克甲基苯丙胺和270千克麻黄素。

2006年间,被告人邵春天又在菲律宾马尼拉市与"大股"(在逃)预谋合伙制造甲基苯丙胺,约定由邵春天负责购买制毒化学配剂及设备、召集工人及提供制毒技术,"大股"负责提供麻黄素、选定厂址以及毒品销售。同年1月至8月间,邵春天先后在中国境内购买制毒设备以及9吨三氯甲烷、8吨丙酮、10吨乙醇、800千克吡啶、1600千克氯化亚砜等制毒化学配剂,采用伪报方式通关运抵菲律宾。后邵春天和"大股"商定在菲律宾武六千省马卡图尔路343号设厂制毒,邵春天另授意同案被告人黄清渠(已判刑)招募工人前往菲律宾制毒,并将制毒技术传授给吴传响,让吴参与制毒技术指导。12月5日,所建制毒工厂开始加工生产甲基苯丙胺。当月19日,中菲两国警方联合行动查获了该工厂,当场缴获甲基苯丙胺30千克、液态甲基苯丙胺200升。后邵春天在我国境内被抓获。

### 一审诉辩情况

福建省泉州市人民检察院以被告人邵春天犯制造毒品罪,向泉州市中级人民法院提起公诉。

被告人邵春天辩称:没有参与指控的前四起制造毒品行为;第五起即2006年这起事实,其是受他人雇用购买设备、化学配剂,指使黄清渠招集制毒人员的,后再未实施其他犯罪活动,请求从轻判处。其辩护人还提出:第五起制毒行为发生在菲律宾,该国《刑法》并无死刑规定;毒品已被缴获销毁,没有造成具体危害后果;毒品重量及性质均由菲律宾警方鉴定,其结论的真实性和科学性未经有资质的国际机构认证,应慎重采用并在量刑时酌情从轻处罚。

### 一审裁判结果

泉州市中级人民法院依照《刑法》第347条第1款、第2款第1项、第7款,第48条第1款,第25条第1款,第26条第1款、第4款,第57条第7款,第64条之规定,以制造毒品罪判处被告人邵春天死刑,缓期2年执行,剥夺政治权利终身,并处没收个人全部财产。

### 一审裁判理由

泉州市中级人民法院认为:被告人邵春天结伙非法制造甲基苯丙胺数量

大,其行为构成制造毒品罪。邵春天在制毒共同犯罪中起组织、领导作用,系主犯。鉴于大部分毒品尚未流入社会即被扣缴,危害后果相对较小,对邵春天判处死刑,可不立即执行。

### 二审诉辩情况

一审宣判后,被告人邵春天提出上诉,泉州市人民检察院提起抗诉。

被告人邵春天上诉称:(1)本案证据只能证明其在马尼拉设工厂,不能认定其实施了制毒行为及已制造甲基苯丙胺;(2)没有证据证实制毒系由其发起、出资与选址,认定其为主犯没有事实依据。

其辩护人提出:(1)认定邵春天2004年在马尼拉制毒的事实不清,证据不充分;(2)邵春天的制毒行为发生在菲律宾,该国无死刑规定;(3)制成的甲基苯丙胺30千克、液态甲基苯丙胺200千克已被缴获销毁,没有造成具体的危害后果;(4)毒品重量及性质均由菲警方鉴定,其结论的真实性和科学性未经有资格的国际机构认证,应慎重采用并在量刑时酌情从轻处罚;(5)2004年在菲律宾纳卯市以及2006年制造的毒品均被缴获,不存在获利问题,判决没收个人全部财产不当,请求改判没收个人部分财产。

泉州市人民检察院抗诉称:(1)应认定第二节制毒犯罪事实,一审仅因邵春天在庭审时翻供而不认定邵春天在马尼拉制毒厂制造100千克甲基苯丙胺属明显错误;(2)本案系跨国有组织制毒案件,邵春天多次组织多人到菲律宾,制造甲基苯丙胺数量大并从中获利,社会危害性极大,主观恶性深,且造成严重的国际影响,罪行极其严重;(3)邵春天归案后认罪态度不好,没有悔罪表现,也没有任何法定或酌定从轻处罚情节,依法应判处死刑立即执行。

### 二审裁判结果

福建省高级人民法院依照《刑事诉讼法》第189条第2项、第190条和《刑法》第347条第1款、第2款第1项、第7款,第48条第1款,第25条第1款,第26条第1款、第4款,第57条第1款,第64条之规定,以制造毒品罪改判被告人邵春天死刑,剥夺政治权利终身,并处没收个人全部财产,并依法报请最高人民法院核准。

### 二审裁判理由

福建省高级人民法院经审理认为:被告人邵春天使用麻黄素加工生产甲基苯丙胺,其行为构成制造毒品罪。邵春天在共同犯罪中起组织、指挥作用,系主犯,应对其组织、指挥实施的全部制毒犯罪承担责任。检察机关所提邵春天制造毒品数量大并从中获利,社会危害性极大,主观恶性深,且造成严重的国际影响，罪行极其严重，依法应判处死刑立即执行的抗诉理由，予以采纳。

**复核结果**

最高人民法院依照《刑事诉讼法》第199条和最高人民法院《关于复核死刑案件若干问题的规定》第2条第1款之规定，裁定：核准福建省高级人民法院对被告人邵春天以制造毒品罪判处死刑，剥夺政治权利终身，并处没收个人全部财产的刑事判决。

**复核理由**

最高人民法院经复核认为：被告人邵春天组织、指挥他人使用麻黄素加工制造甲基苯丙胺的行为构成制造毒品罪。邵春天两次有组织实施跨国制毒犯罪，制造毒品数量大，在共同犯罪中起组织、指挥作用，系主犯，主观恶性深，罪行极其严重，应依法严惩。第一、二审判决认定的事实清楚，证据确实、充分，定罪准确，审判程序合法，第二审判决量刑适当。

## 22. 刑事管辖原则是否适用于网络虚拟环境？

我国《刑法》所规定的网络犯罪或利用网络的犯罪，在刑法的空间效力规定上并没有特别的规定，网络空间中犯罪的刑事管辖权，适用于传统刑事管辖权的管辖权体系，绝大多数案件的刑事管辖权可以用传统的刑事管辖理论和规则予以解决，例如通过属地管辖原则的扩张来适用网络虚拟空间。

## 23. 虚拟环境中的网络犯罪如何确定属地管辖原则的适用？

属地管辖原则在网络空间的确定可以通过如下连接因素来实现：一是网络犯罪的终端设备地，或者服务器设备地；二是网络犯罪侵入的计算机信息系统局域网或终端的设备所在地。关于网络犯罪的属地管辖也可以参照《网络犯罪公约》（即《布达佩斯公约》）中关于管辖的规定来处理。

## 典型疑难案件参考

罗某传播淫秽物品牟利、黄某等传播淫秽物品案

### 基本案情

1. 被告人罗某传播淫秽物品牟利的犯罪事实

被告人罗某由于被淫秽网站"采花堂"将其账号删除,心中不服,决定自己另外创建淫秽网站对抗"采花堂",便在网上搜索了一个免费服务器,建立"风月神州"淫秽网站,由于该网站经常受到DOS攻击导致网页无法打开,被告人罗某于2006年8月通过网络聊天工具MSN与网名ETING(另处)的男子取得联系,商定由ETING在美国租用了一个付费服务器,罗某负责网站管理、宣传和人员聘用,ETING负责后台维护。2007年3月,"风月神州"网站再次受到DOS攻击导致网页无法打开,ETING便重新租用了一个更高级的服务器,使网站可以受到攻击亦能正常运行。2006年4月20日至2007年7月期间,被告人罗某先后聘用被告人黄某、程某、王某、许某、魏某、邹某、刘某、朱某、李辉(另处)、袁雄军(另处)、张鑫(另处)、周阳(另处)、王琰(另处)、陆晓峰(另处)等人担任"风月神州"网站管理员、超级版主、版主等职务,对"风月神州"网站进行管理。截至2007年7月22日,南通市公安局网监处通过技术手段对该网站发帖内容进行截图取证,共截得淫秽图片20593副,淫秽文章3788篇。在开办网站期间,被告人罗某还伙同ETING通过发展VIP会员、增加会员积分、代理广告等方式进行收费,共计牟利人民币20000余元。

2. 被告人黄某、程某、王某、许某、魏某、邹某、刘某、朱某传播淫秽物品的犯罪事实

被告人黄某、程某、王某、许某、魏某、邹某、刘某、朱某明知"风月神州"网站存在大量淫秽电子信息,仍然接受被告人罗某的聘用,通过QQ、MSN等方式相互联系,分工合作,对该网站的会员、版块进行管理维护,造成淫秽色情信息大量传播的直接后果。具体犯罪事实分述如下:

(1) 2006年9月至2007年7月22日,被告人王某担任"风月神州"网站中山东、上海、浙江三版块版主,并对版块进行管理维护,截至2007年7月22日,经对该网站发帖内容进行截图取证,在上述版块中共截得淫秽文章814篇,淫秽文章点击量为252142次。

(2) 2006年4月底至2007年7月22日,被告人程某担任"风月神州"网站中风月龙虎豹、风月司法局等版块的超级版主对网站进行管理维护,截至

2007年7月22日，经对该网站发帖内容进行截图取证，在上述版块中共截得淫秽文章680篇，淫秽文章点击量为221516次。

（3）2006年4月底至2007年7月22日，被告人黄某担任"风月神州"网站中新兵训练营、风月龙虎豹、风月元老院、风月焦尾分舵等版块的超级版主，对网站进行管理维护，截至2007年7月22日，经对该网站发帖内容进行截图取证，在上述版块中共截得淫秽文章638篇，淫秽文章点击量为157126次。

（4）2007年5月至2007年7月22日，被告人许某担任"风月神州"网站中新兵训练营及北京版块版主，并对版块进行管理维护，截至2007年7月22日，经对该网站发帖内容进行截图取证，在上述版块中共截得淫秽文章773篇，淫秽文章点击量为107686次。

（5）2007年3月至2007年7月22日，被告人魏某担任"风月神州"网站中新兵训练营及湖北湖南版块版主，并对版块进行管理维护，截至2007年7月22日，经对该网站发帖内容进行截图取证，在上述版块中共截得淫秽文章250篇，淫秽文章点击量为56785次。

（6）2006年9月至2007年7月22日，被告人邹某担任"风月神州"网站中内务分舵超级版主及海南版块版主，对版块进行管理维护，截至2007年7月22日，经对该网站发帖内容进行截图取证，在上述版块中共截得淫秽文章203篇，淫秽文章点击量为44829次。

（7）2007年3月至2007年7月22日，被告人刘某担任"风月神州"网站风月焦尾分舵中一夜佳人版块版主，对版块进行管理维护，截至2007年7月22日，经对该网站发帖内容进行截图取证，在上述版块中共截得淫秽文章126篇，淫秽文章点击量为37371次。

（8）2006年9月至2007年7月22日，被告人朱某担任"风月神州"网站天津版块版主，对版块进行管理维护，截至2007年7月22日，经对该网站发帖内容进行截图取证，在上述版块中共截得淫秽文章126篇，淫秽文章点击量为25449次。

另查明，被告人程某在归案后，协助公安机关抓获同案犯1名。被告人朱某在案发后，主动到公安机关投案，并如实供述了自己的犯罪事实。

▶ **一审诉辩情况** ◀

1. 江苏省南通市崇川区人民检察院的指控

被告人罗某于2006年4月建立"风月神州"网站，并与网名ETING的男子联系，由被告人罗某负责网站管理、宣传和人员聘用，ETING负责后台维护，两人商定通过 VIP 会员、会员积分、代理广告等收入进行牟利。2006 年 4 月 20 日至 2007 年 7 月期间，被告人罗某先后聘用被告人黄某、程某、王某、许某、魏某、邹某、刘某、朱某以及李辉、袁雄军、张鑫、周阳、王琰、陆晓峰等人担任"风月神州"网站管理员、超级版主、版主等职务对网站进行管理。上述人员明知该网站存在大量淫秽电子信息，仍然加入该网站的管理维护，造成淫秽色情信息大量传播的直接后果。

被告人罗某的行为已构成传播淫秽物品牟利罪，被告人黄某、程某、王某、许某、魏某、邹某、刘某、朱某的行为已构成传播淫秽物品罪，被告人程某有立功表现，被告人朱某系自首，提请法院依法判处。

2. 被告人的答辩及其辩护人的辩护意见

（1）被告人罗某辩称：其没有以牟利为目的传播淫秽物品；其传播淫秽图片的数量没有 20593 张。其辩护人辩称：指控被告人罗某犯传播淫秽物品牟利罪缺乏事实依据；指控被告人罗某传播淫秽图片 20593 张证据不足；被告人罗某犯罪情节一般，犯罪后果不严重；被告人罗某系犯罪中止。

（2）被告人黄某在庭审中对检察机关指控的犯罪事实供认不讳，未作辩解。其辩护人辩称：被告人黄某认罪态度较好，系初犯、无前科劣迹，请求对被告人黄某从轻处罚，同时建议对被告人黄某适用缓刑。

（3）被告人程某辩称：其传播淫秽文章的数量没有 680 篇。其辩护人辩称：指控被告人程某传播淫秽文章 680 篇缺乏证据；被告人程某有立功表现，可以从轻处罚；被告人程某认罪态度较好，系初犯、无前科劣迹，请求对被告人程某从轻处罚，同时建议适用缓刑。

（4）被告人王某在庭审中对检察机关指控的犯罪事实供认不讳，未作辩解。其辩护人辩称：被告人王某属从犯；被告人王某认罪态度较好，系初犯、无前科劣迹，请求对被告人王某从轻处罚，同时建议适用缓刑。

（5）被告人许某在庭审中对检察机关指控的犯罪事实供认不讳，未作辩解。其辩护人辩称：被告人许某认罪态度较好，系初犯、无前科劣迹，请求对被告人许某从轻处罚的辩护意见，同时建议适用缓刑。

（6）被告人魏某在庭审中对检察机关指控的犯罪事实供认不讳，未作辩解。其辩护人辩称：被告人魏某认罪态度较好，系初犯、无前科劣迹，请求对被告人魏某从轻处罚的辩护意见，同时建议适用缓刑。

（7）被告人邹某在庭审中对检察机关指控的犯罪事实供认不讳，未作辩解。

（8）被告人刘某在庭审中对检察机关指控的犯罪事实供认不讳。其辩护人辩称：被告人刘某系自首；将"风月神州"网站风月焦尾分舵一夜佳人版块中，其他人所发的淫秽帖子计算在被告刘某名下，法律依据不足。

（9）被告朱某在庭审中对检察机关指控的犯罪事实供认不讳，未作辩解。

### 一审裁判结果

江苏省南通市崇川区人民法院依照《刑法》第363条、第364条、第67条、第68条、第25条第1款、第64条、最高人民法院、最高人民检察院《关于办理利用互联网、移动通讯终端、声讯台制作、复制、出版、贩卖、传播淫秽电子信息刑事案件具体应用法律若干问题的解释》第1条、第2条、第3条之规定，判决如下：

一、被告人罗某犯传播淫秽物品牟利罪，判处有期徒刑10年，并处罚金人民币1万元。

被告人黄某犯传播淫秽物品罪，判处有期徒刑9个月。
被告人王某犯传播淫秽物品罪，判处有期徒刑9个月。
被告人许某犯传播淫秽物品罪，判处有期徒刑9个月。
被告人魏某犯传播淫秽物品罪，判处有期徒刑9个月。
被告人邹某犯传播淫秽物品罪，判处有期徒刑9个月。
被告人刘某犯传播淫秽物品罪，判处有期徒刑9个月。
被告人程某犯传播淫秽物品罪，判处有期徒刑7个月。
被告人朱某犯传播淫秽物品罪，判处有期徒刑7个月。

二、被告人黄某的作案工具白色兼容台式电脑主机1台、被告人程某的作案工具白色台式电脑主机1台、被告人王某的作案工具惠普牌黑色电脑主机1台、被告人许某的作案工具Dell610笔记本电脑1台、被告人邹某的作案工具联想牌电脑主机1台、被告人魏某的作案工具台式电脑主机1台、被告人刘某的作案工具台式电脑主机2台予以没收，上缴国库。

### 一审裁判理由

江苏省南通市崇川区人民法院认为：被告人罗某以牟利为目的，利用互联网传播淫秽电子信息，其行为已构成传播淫秽物品牟利罪，且情节特别严重，应当判处10年以上有期徒刑，并处罚金。被告人黄某、程某、王某、许某、魏某、邹某、刘某、朱某利用互联网传播淫秽电子信息，情节严重，其行为均已构成传播淫秽物品罪，且系共同犯罪，在共同犯罪中，上述被告人作用相当，不分主从，均应判处2年以下有期徒刑。被告人程某协助公安机关抓获同案犯，有立功表现，可以从轻处罚；被告人朱某主动到公安机关投案，并如实供述自己的犯罪事实，系自首，可以从轻处罚。被告人罗某、黄某、程某、王某、许某、魏某、邹某、刘某、朱某在庭审中认罪态度较好,可以酌情从轻处罚。检察机关指控被告人罗某犯传播淫秽物品牟利罪,被告人黄某、程某、王某、许某、魏某、邹某、刘某、朱某犯传播淫秽物品罪的事实清楚,证据确实充分,提请依法判处的理由正确,指控的罪名成立,法院予以采纳。

被告人及其辩护人提出的辩解和辩护意见,法院综合评判如下:

1. 关于被告人罗某及其辩护人提出的指控被告人罗某犯传播淫秽物品牟利罪缺乏事实依据的辩解及辩护意见,法院认为,以牟利为目的主要表现为被告人的主观心理状态,只要被告人在网站中提供了可供点击收看的含有淫秽内容又收取费用的物品,即可以认定其主观上具有牟利的目的,至于获利多少、获利的用途均不影响本罪的构成。对于被告人罗某及其辩护人的该点辩解及辩护意见,法院不予采信。

2. 关于被告人罗某及其辩护人提出的指控被告人罗某传播淫秽图片20593张证据不足的辩解及辩护意见,经查:指控被告人罗某传播淫秽图片20593张的证据有南通市公安局通公网监勘〔2007〕第36号远程勘验记录、南通市公安局崇川分局崇公鉴字〔2007〕第1号淫秽物品审查鉴定书和被告人罗某的供述在卷佐证,足以认定。公安机关截取图片的时间为2007年6月2日9时30分至2007年6月4日20时05分,共截取图片46988幅,2007年6月5日送检,经鉴定淫秽图片20593张。截至2007年7月22日,公安机关不仅截取到上述淫秽图片,同时还截取到该网站上的淫秽文章。对于被告人罗某及其辩护人的该点辩解及辩护意见,法院不予采信。

3. 关于被告人罗某的辩护人提出的被告人罗某犯罪情节一般,犯罪后果不严重的辩护意见,法院认为,被告人罗某自己创建淫秽网站,在1年多的时间内,传播淫秽图片20593幅,淫秽文章3788篇,情节特别严重,辩护人的该点辩护意见无法律依据,法院不予采纳。

4. 关于被告人罗某的辩护人提出的被告人罗某系犯罪中止的辩护意见,法院认为,被告人罗某创建淫秽网站,传播淫秽物品,其犯罪已经既遂,辩护人的该点辩护意见无事实和法律依据,法院不予采纳。

5. 关于被告人程某及其辩护人提出的指控被告人程某传播淫秽文章680篇缺乏证据的辩解和辩护意见,经查:指控被告人程某传播淫秽文章680篇的证据有公安机关的远程勘验记录、江苏省新闻出版局的淫秽出版物鉴定书和被告人程某的供述在卷佐证,足以认定。被告人程某明知"风月神州"网站存在大量淫秽电子信息,仍然接受被告人罗某的聘用,对该网站中"风月龙虎豹"、"风月司法局"等版块进行维护管理,其应对自己维护管理的板块中的淫秽物品承担责任。辩护人的该点辩护意见无事实和法律依据,法院不予采纳。

6. 被告人程某的辩护人提出的被告人程某有立功表现，可以从轻处罚的辩护意见，经查属实，法院已予采纳。

7. 被告人王某的辩护人提出的被告人王某属从犯的辩护意见，法院认为，被告人王某明知"风月神州"网站存在大量淫秽电子信息，仍然接受被告人罗某的聘用，与其他被告人相互联系，分工合作，对该网站的会员、版块进行管理维护，其与其他被告人作用相当，辩护人的该点辩护意见无事实和法律依据，法院不予采纳。

8. 关于被告人刘某的辩护人提出被告人刘某系自首的辩护意见，经查：被告人刘某是被公安机关抓捕归案，其归案不具有自动性，辩护人的该点辩护意见无事实和法律依据，法院不予采纳。

9. 关于被告人刘某的辩护人提出的将"风月神州"网站风月焦尾分舵"一夜佳人"板块中，其他人所发的淫秽帖子计算在被告人刘某名下，法律依据不足的辩护意见，法院认为，被告人刘某明知"风月神州"网站存在大量淫秽电子信息，仍然接受被告人罗某的聘用，对"风月神州"网站风月焦尾分舵"一夜佳人"板块进行维护管理，其对该板块中的淫秽物品的传播是积极追求和放任的，故其应对自己维护管理的板块中的全部淫秽物品承担责任。辩护人的该点辩护意见无事实和法律依据，法院不予采纳。

10. 被告人黄某的辩护人、程某的辩护人、王某的辩护人、许某的辩护人、魏某的辩护人提出的对被告人黄某、程某、王某、许某、魏某适用缓刑的建议，法院认为，根据上述被告人的犯罪情节和性质，以及社会危害性，不符合我国刑法缓刑适用的条件，故辩护人的建议法院不予采纳。

11. 被告人罗某的辩护人、黄某的辩护人、程某的辩护人、王某的辩护人、许某的辩护人、魏某的辩护人提出的上述被告人认罪态度较好，系初犯、无前科劣迹，请求从轻处罚的辩护意见，经查属实，法院予以采纳。

### 二审诉辩情况

上诉人（原审被告人）罗某上诉称：（1）原审法院认定上诉人犯传播淫秽物品牟利罪定性不当，上诉人主观上没有牟利目的和意图；（2）原审法院认定上诉人传播淫秽图片20593幅、淫秽文章3788篇的证据不足，所依据的证据不能反映所截图片或文章来源的真实性以及取证程序的合法性，而且与公安机关的《发破案经过》互相矛盾。综上所述，原审判决认定其犯传播淫秽物品牟利罪证据不足、定性不当，请求二审法院查清事实，依法予以改判。

其辩护人辩护称：（1）上诉人罗某不具有"以牟利为目的"的主观心态，原审判决仅根据"风月神州"网站有收费项目，就简单认定上诉人具有牟利的主观意图，系客观归罪，违背了我国刑法定罪主客观相统一的原则；（2）上诉人罗某与其他被告人之间系共同犯罪，实施共同的犯罪行为，因此所触犯罪名也应是同一的，原审判决对其他被告人以传播淫秽物品罪定罪量刑，而对上诉人却以传播淫秽物品牟利罪定罪量刑，违背共同犯罪原理，属定性不当，上诉人的犯罪行为也应认定为传播淫秽物品罪；（3）原审判决认定传播淫秽图片20593幅、淫秽文章3788篇的犯罪事实证据不足，崇公鉴字〔2007〕01号《淫秽物品审查鉴定书》与起诉书认定"截图取证2007年7月22日为止"以及公安机关同年8月10日出具的《发破案经过》中所反映的时间、内容等方面存在冲突，证据不具有证明力；（4）原审判决认定上诉人曾获得ETING汇来的200美元，仅有上诉人一人口供，无其他证据予以佐证，系孤证，不能作为定案依据；（5）上诉人的犯罪情节一般，犯罪后果并不严重，犯罪行为的实施发生在国外，仅部分犯罪后果发生在国内，简单以图片的数量和点击量衡量上诉人犯罪情节的轻重不科学，应结合上诉人的犯罪起因、犯罪手段、主观恶性、时间地点、环境等因素进行综合评判。

**二审裁判结果**

江苏省南通市中级人民法院依照《刑事诉讼法》第189条第1项之规定，裁定如下：驳回上诉，维持原判。

**二审裁判理由**

二审法院江苏省南通市中级人民法院认为：上诉人罗某伙同他人以牟利为目的，利用互联网传播淫秽电子信息，通过收取会员费、广告收入等方式获利，其行为已构成传播淫秽物品牟利罪，且情节特别严重，应当判处10年以上有期徒刑，并处罚金。原审被告人黄某、程某、王某、许某、魏某、邹某、刘某、朱某明知上诉人罗某开办的"风月神州"网站系淫秽色情网站、传播淫秽色情信息，仍注册为会员、接受上诉人邀请、任用，担任网站的管理员、版主、超级版主等职务，利用互联网传播淫秽电子信息，情节严重，其行为均已构成传播淫秽物品罪，且系共同犯罪。在共同犯罪中，上述原审被告人作用相当，均应判处2年以下有期徒刑。归案后，原审被告人程某协助公安机关抓获同案犯，有立功表现，可以从轻处罚；原审被告人朱某主动到公安机关投案，并如实供述自己的犯罪事实，系自首，可以从轻处罚。归案后，上诉人罗某、原审被告人黄某、程某、王某、许某、魏某、邹某、刘某、朱某等人认罪态度较好，可以酌情从轻处罚。

关于上诉人罗某及其辩护人提出原判认定上诉人构成传播淫秽物品牟利罪定性不当、上诉人无牟利的主观意图的上诉理由和辩护意见，法院认为，判断行为人的主观心态，除审查行为人的供述外，更重要的标准是应结合案件中行为人的行为表现、证人证言、书证等相关证据进行综合评判，经查：上诉人罗某多次供述，为继续开办"风月神州"网站，其与一网名ETING（另处）的男子联系，二人共同商定由其负责网站管理、宣传和人员聘用，ET—ING负责在美国租用付费服务器和后台维护，并对网站的收费进行结算分配，ETING还向其提议用梁文彬的名义注册开设账号，所得款项在支付一些成本后二人平分，根据商定，其在."风月神州"网站中开设、提供了可供点击收看的含有淫秽内容又收取费用的物品、广告代理以及VIP会员等收费设置，并在云网、支付宝网等网站以梁文彬名义注册开设账号，用于费用的结算，后ETING汇给其200美元，该供述得到原审被告人程某、刘某等人的供述，证人江潇（支付宝网络公司安全部主管）、耿婷（支付宝网络公司安全部安全员）、郭麒麟（北京云网技术有限公司商务拓展经理）、冯维达（北京云网技术有限公司员工）的证言，北京云网无限网络技术有限公司提供的上诉人罗某在该网上所开设的注册信息和财务账户信息、浙江支付宝网络科技有限公司提供的罗某以梁文彬名义开设的个人详细资料以及财务账户信息等证据的印证，足以认定上诉人罗某不但主观上具有以牟利为目的，而且积极实施了传播淫秽物品牟利的行为，至于获利多少、获利的用途均不影响本罪的构成。故上诉人罗某及其辩护人该点上诉理由及辩护意见不能成立，法院不予采纳。

关于上诉人及其辩护人提出的认定传播淫秽图片20593幅、淫秽文章3788篇的证据不足、证据不具有证明力的上诉理由和辩护意见，经查：南通市公安局崇川分局崇公鉴字〔2007〕01号《淫秽物品审查鉴定书》、江苏省新闻出版局苏新出鉴字〔2007〕第41—56号淫秽出版物鉴定书以及公安机关《发破案经过》等经侦查机关依法取得，来源合法，并经原审法院庭审举证、质证，具有证明力，虽然证据"南通市公安局通公网监勘〔2007〕第36号远程勘验记录"，即2007年6月5日公安机关制作相关远程勘验记录，因公安机关电脑排版的错误，将该日的远程勘验记录正确文号"33号"误打印为"36号"，导致该证据出现形式瑕疵，原审法院在审理过程未能及时发现，将该证据表述为通公网监勘〔2007〕第36号不当，法院予以纠正。鉴于该证据，即南通市公安局通公网监勘〔2007〕第33号远程勘验记录的实质内容已经原审法院举证、质证，故该形式瑕疵并不足以影响该证据的证据效力。综上，原审法院认定上诉人传播淫秽图片 20593 幅、淫秽文章 3788 篇的证据确实、充分，并经庭审举证、质证，证据间能相互印证，具有证明力，应予确认。故上诉人及其辩护人认为证据不足上诉理由及辩护意见亦不能成立，法院不予支持。

关于辩护人提出的上诉人罗某与其他原审被告人之间系共同犯罪，所触犯罪名也应是同一的，对上诉人亦应以传播淫秽物品罪定罪量刑的辩护意见，经查：上诉人罗某与原审被告人黄某、程某等人并非完全同一犯意下的共同犯罪，而系部分共同犯罪，依法分别构成传播淫秽物品牟利罪、传播淫秽物品罪。在共同犯罪中，虽原审被告人黄某、程某等人基于个人不良爱好、兴趣，接受上诉人罗某的任用、指令担任网站的管理员、版主、超级版主等职务，通过 QQ、MSN、站内信息留言等方式相互联系，分工合作，对"风月神州"网站的会员、相关版块的帖子、图片、版块等电子信息进行编辑、上传、维护管理，实施了利用互联网传播淫秽物品的犯罪行为，具有共同的犯罪行为，但现有证据并不能证明原审被告人黄某、程某等人系"以牟利为目的"实施犯罪。故辩护人该辩护意见无事实和法律依据，法院不予采纳。

关于辩护人提出仅有上诉人一人口供，系孤证，不能认定上诉人曾获得 ETING 汇来的 200 美元的辩护意见，经查：上诉人罗某多次稳定供述，其在加拿大曾获得 ETING 汇来的 200 美元，该供述得到上诉人罗某的其他供述内容、证人江潇、耿婷等人的证言，浙江支付宝网络科技有限公司提供的罗某以梁文彬名义开设的个人详细资料以及财务账户信息等证据的印证、佐证，足以认定。故辩护人该辩护意见不能成立，法院不予采纳。

关于辩护人提出的上诉人犯罪行为的实施发生在国外，仅部分犯罪后果发生在国内，犯罪情节一般，犯罪后果并不严重的辩护意见，经查：我国刑法适用采取的是以属地原则为主，兼采属人原则和保护原则及普遍管辖原则的有条件的适用。《刑法》第 7 条第 1 款规定："中华人民共和国公民在中华人民共和国领域外犯本法规定之罪的，适用本法，但是按本法规定的最高刑为三年以下有期徒刑的，可以不予追究。"上诉人罗某，作为中华人民共和国公民，在留学加拿大期间，创建、管理"风月神州"中文淫秽色情网站达 1 年多的时间，伙同他人利用互联网传播淫秽电子信息牟利，其犯罪的行为和犯罪后果均有发生在中华人民共和国领域内，故其行为已触犯我国刑律，且社会影响极其恶劣。经鉴定传播图片 20593 幅，淫秽文章 3788 篇，其中仅"网月神州"网站中由原审被告人王某担任版主、管理的山东、上海、浙江等三版块，其淫秽文章的点击量就多达 252142 次。根据最高人民法院、最高人民检察院《关于办理利用互联网、移动通讯终端、声讯台制作、复制、出版、贩卖、传播淫秽电子信息刑事案件具体应用法律若干问题的解释》第1条第1款第3、4项，第2条的规定，上诉人罗某犯罪行为属情节特别严重，应当追究其刑事责任，依法应处10年以上有期徒刑或者无期徒刑，并处罚金或者没收财产。原审法院在综合考虑上诉人犯罪动机、时间以及认罪态度等情节，对上诉人罗某判处有期徒刑10年，并处罚金1万元，并无不当。故辩护人认为上诉人犯罪情节一般、犯罪后果并不严重的辩护意见无事实和法律依据，法院亦不予采纳。

## 七、溯及力

### 24. 审判实践中如何具体适用从旧兼从轻原则？

原则上一般是优先遵循从旧，当新法不认为是犯罪，或者处罚较轻时，则作为例外情况从新法。从旧兼从轻原则既应体现在定罪上，也应体现在量刑上；既应体现在主刑上，也应体现在附加刑上。

### 25. 哪些法律或规范性文件适用从旧兼从轻原则？

一般情况下，在确定新旧刑法溯及力的时候应适用从旧兼从轻原则。此外，司法解释之间、法律与司法解释之间也应适用该原则。既要比较前后立法中相关罪名与量刑的轻重，也要比较立法与司法解释在罪名与量刑上的轻重。也就是说，从旧兼从轻原则均适用于立法与司法解释。

### 典型疑难案件参考

#### 肖连洪、肖洪富拐卖妇女案

**基本案情**

1992年农历6月间，被告人肖洪富以外出打工为名，邀同村女子胡××外出，胡××同意后，被告人肖洪富即告知被告人肖连洪，二人商量将胡××带到山东省出卖。二被告人将胡××带到山东省聊城市。2004年2月，被害人胡××向金堂县公安机关报案，公安机关分别于2004年8月17日、9月6日将被告人肖连洪、肖洪富抓获归案。

### 诉辩情况

四川省金堂县人民检察院指控称：1992年农历6月间，被告人肖连洪、肖洪富以外出打工为名，将家住金堂县官仓镇的胡××骗至山东省聊城市，并以3000元人民币将胡××卖与山东省聊城市东昌府区赵×亮为妻。2004年2月，胡××回到金堂县后向警方报案。被告人肖连洪、肖洪富以出卖为目的，拐骗妇女，均已构成拐卖妇女罪，应当依照《刑法》第12条、《全国人民代表大会常务委员会关于严惩拐卖妇女、儿童的犯罪分子的规定》第1条之规定予以判处。

被告人肖连洪对被控拐卖妇女的事实无异议，仅辩解称：当时自己不懂法，不知是犯罪，之后再没有做过违法犯罪的事，在当地表现很好，已担任了几年的组长职务，请求从轻处罚。其辩护人认为：被告人肖连洪不是主犯，肖连洪只是起到了协助、配合的作用；事发10多年来，肖连洪一直在家，表现很好，还担任组长，受到好评，证明其有悔罪表现；本案发生于1992年，而被害人直至2004年才报案，依照《刑法》规定已过追诉期限，不应再追究被告人的刑事责任。

被告人肖洪富辩称：说价、收钱自己均不在场，自己得的钱是说媒的"红钱"；系初犯；请求从轻处罚。

### 裁判结果

四川省金堂县人民法院根据《刑法》第12条、第64条，《全国人民代表大会常务委员会关于严惩拐卖、绑架妇女、儿童的犯罪分子的规定》第1条之规定，判决如下：

一、被告人肖连洪犯拐卖妇女罪，判处有期徒刑5年10个月，并处罚金3000元；

二、被告人肖洪富犯拐卖妇女罪，判处有期徒刑6年，并处罚金3000元；

三、被告人肖连洪、肖洪富所得赃款予以追缴。

### 裁判理由

四川省金堂县人民法院认为：被告人肖连洪、肖洪富以外出打工为名将胡××骗至山东省，卖与赵×亮为妻，其行为已构成拐卖妇女罪。本案的追诉时效期是15年，被害人胡××在被拐卖12年后报案，并未超过追诉期，二被告人应当受到刑罚处罚。二被告人在拐卖胡××过程中的不同阶段分别起着重要作用，均不属于仅起次要、辅助作用之人，因此二人都是本案的正犯。鉴于本案的犯罪行为发生在12年以前，之后尚未发现二被告人尚有其他违法犯罪行为,且归案后被告人肖连洪认罪态度较好,能主动退出赃款 400 元,有悔罪表现;被告人肖洪富能认罪,故采纳二被告人以及肖连洪的辩护人以此为由请求从轻处罚的辩解、辩护意见。

### 26. 犯罪时司法解释尚未公布实施,但在作出判决前司法解释公布实施了,那么该司法解释的效力是否及于该犯罪行为?

根据"两高"《关于适用刑事司法解释时间效力问题的规定》,司法解释自发布或者规定之日起施行,效力适用于法律的施行期间。也就是说,虽然犯罪时没有相关的司法解释,但却已经存在相关的法律规定,那么在判决作出之前,针对该法律规定而颁行的司法解释应适用于该犯罪行为。

### 27. 被判处刑罚之前曾受到过劳动教养,劳动教养的时间是否可以折抵刑期?

如果被判处刑罚的犯罪行为与被劳动教养的行为是同一个行为,则劳动教养的日期能够折抵刑期,否则不可以折抵。

## 典型疑难案件参考

朱香海、左正红等非法买卖枪支、贪污案

**基本案情**

1991 年 6 月,湖北省当阳市水产供销公司(以下简称当阳水产公司)经有关部门的批准,取得经营猎枪及其弹药的营业执照,系《中华人民共和国枪支管理法》实施前的湖北省猎枪定点销售单位。《中华人民共和国枪支管理法》于 1996 年 10 月 1 日实施后,当阳水产公司虽向有关部门提出申请,但未取得继续经营猎枪的资格。

1994 年 5 月,当阳水产公司收到山西省临汾地区农业生产资料公司 63 万元的购买猎枪款,被告人朱香海以需给他人回扣为由,将其中的 5 万元在账外核销予以侵吞。

1995年5月，被告人朱香海随同当阳市人民法院工作人员执行本公司与内蒙古满洲里市供销合作公司购销合同纠纷一案时，被执行人共支付现金5万元，朱香海在公司报账4.5万元，侵吞5000元。

　　1998年，当阳水产公司保卫科职工王作明在当阳市公安局乘工作人员不备，窃取了盖有公章但已作废的"枪支、弹药运输许可证"及"射击运动枪、猎枪、注射枪购买证"各一份。同年9月，被告人朱香海从王作明处要走上述购枪手续，准备做猎枪生意。

　　1998年9月29日至1999年12月14日，被告人朱香海持"射击运动枪、猎枪、注射枪购买证"，以当阳水产公司的名义，先后11次到湖南资江机械厂（当阳水产公司原业务关系单位）购买猎枪166支。除在运输途中被湖北省松滋市公安局查获14支外，均通过当阳水产公司渔猎用品商店卖给被告人左正红和胡梗生（已死亡）等人。

　　1998年到1999年间，被告人左正红多次到当阳水产公司渔猎用品商店非法购买猎枪共计22支后非法销售。其中，卖给被告人李元平6支，卖给被告人邰清忠6支，卖给被告人李国富1支，卖给罗开慧（另案处理）1支，卖给李志刚（已判刑）8支。同时，左正红还卖给朱延辉（另案处理）自制左轮手枪1支。

　　1999年5月，被告人邰清忠经人介绍，从左正红处购买了1支五连发猎枪和5支猎枪，先后出售给郑昌国1支，刘铁链（已判刑）2支，赵从才（已判刑）2支。

　　1998年9月，被告人张少波找被告人李前勇帮忙购买1支猎枪。李前勇找被告人李国富帮忙购买，李国富遂联系被告人左正红。谈定价格后，李国富即通知李前勇，李前勇将钱交给李国富，李国富又将钱交给左正红，购得五连发猎枪1支。而后，李国富将枪交给了被告人李前勇，李前勇又交给被告人张少波。

　　另查明，被告人朱香海。因涉嫌贪污犯罪，于2000年1月8日被逮捕。

　　被告人左正红。1990年11月12日老河口市人民法院以其犯流氓罪判处有期徒刑四年，1994年2月6日释放。因涉嫌非法买卖枪支犯罪，于2000年1月29日被丹江口市公安局抓获，次日被刑事拘留，同年3月7日被逮捕。2000年6月8日释放，移交襄樊市公安局樊城区分局侦查，襄樊市公安局樊城区分局以其涉嫌非法买卖枪支犯罪，于同月12日将其刑事拘留，同年8月22日将其执行逮捕。

　　被告人邰清忠。因涉嫌非法买卖枪支犯罪，于2000年8月12日被逮捕。

　　被告人张少波。1991年4月29日保康县人民法院以其犯抢劫罪判处有期徒刑4年，1994年11月8日释放。因涉嫌非法买卖枪支犯罪，于1999年3月

1 日被抓获羁押，后于 1999 年 5 月 19 日被老河口市人民政府决定劳动教养 3 年，又因涉嫌非法买卖枪支犯罪，于 2001 年 3 月 1 日被逮捕。

被告人李国富。因涉嫌非法买卖枪支犯罪，于 1999 年 9 月 20 日被老河口市公安局刑事拘留，同年 12 月 6 日被释放。又因涉嫌非法买卖枪支犯罪，2000 年 8 月 29 日被襄樊市公安局樊城区分局抓获，后于同年 9 月 1 日被襄樊市公安局樊城区分局刑事拘留，2001 年 1 月 12 日被监视居住，同月 22 日被逮捕。

被告人李前勇。因涉嫌非法买卖枪支犯罪，于 1999 年 9 月 20 日被老河口市公安局刑事拘留，同年 10 月 10 日被释放。又因涉嫌非法买卖枪支犯罪，于 2000 年 8 月 23 日被襄樊市公安局樊城区分局抓获，同月 25 日被襄樊市公安局樊城区分局刑事拘留，2001 年 1 月 12 日被监视居住，同月 22 日被逮捕。

### 一审诉辩情况

湖北省襄樊市人民检察院以被告人朱香海犯非法买卖枪支罪、贪污罪，被告人左正红、邰清忠、张少波、李国富、李前勇犯非法买卖枪支罪，向襄樊市中级人民法院提起公诉。

被告人朱香海的辩护人提出：朱香海非法买卖枪支的行为属职务行为，对其应当适用《刑法》第 126 条的规定定罪量刑；指控朱香海贪污购枪利润 5 万元不当，因该款是经领导决定给朱香海的奖金，不应计算为贪污数额。

被告人左正红的辩护人提出：起诉书指控左正红非法买卖枪支的数量过多；指控左正红构成累犯的证据不足，不能认定；对左正红应当适用最高人民法院在 1995 年 9 月 20 日颁布的《关于办理非法制造、买卖、运输非军用枪支、弹药刑事案件适用法律问题的解释》量刑。

被告人邰清忠的辩护人提出：起诉书指控邰清忠非法买卖枪支的数量过多；对邰清忠应当适用最高人民法院在 1995 年 9 月 20 日颁布的《关于办理非法制造、买卖、运输非军用枪支、弹药刑事案件适用法律问题的解释》量刑。

被告人张少波辩解称：其因该案已被劳动教养，应当折抵刑期，且其不构成累犯。

被告人李国富辩解称：其因该案已被处理过，且有立功表现，应当从轻或减轻处罚。其辩护人提出：李国富有立功表现，且依照最高人民法院在 1995 年 9 月 20 日颁布的《关于办理非法制造、买卖、运输非军用枪支、弹药刑事案件适用法律问题的解释》中的数量规定，李国富的行为不构成犯罪。

被告人李前勇辩解称：其有自首情节，应当从轻处罚。其辩护人提出，李前勇有自首情节，且依照最高人民法院在 1995 年 9 月 20 日颁布的《关于办理非法制造、买卖、运输非军用枪支、弹药刑事案件适用法律问题的解释》中的数量规定，李前勇的行为不构成犯罪。

### 一审裁判结果

2002年10月25日，襄樊市中级人民法院依照《刑法》第125条第1款、第382条第1款、第383条第1款第2项、第48条第1款、第57条第1款、第56条第1款、第55条第1款、第65条第1款、第69条的规定，判决如下：

一、被告人朱香海犯非法买卖枪支罪，判处死刑，剥夺政治权利终身；犯贪污罪，判处有期徒刑5年。决定执行死刑，剥夺政治权利终身。

二、被告人左正红犯非法买卖枪支罪，判处死刑，缓期2年执行，剥夺政治权利终身。

三、被告人邰清忠犯非法买卖枪支罪，判处有期徒刑12年，剥夺政治权利2年。

四、被告人张少波犯非法买卖枪支罪，判处有期徒刑4年。

五、被告人李前勇犯非法买卖枪支罪，判处有期徒刑3年。

六、被告人李国富犯非法买卖枪支罪，判处有期徒刑2年零6个月。

### 一审裁判理由

襄樊市中级人民法院认为：

被告人朱香海、左正红、邰清忠、张少波、李国富、李前勇违反枪支管理规定买卖枪支，严重危害了公共安全，其行为均已构成非法买卖枪支罪。被告人朱香海身为国家工作人员，利用职务之便贪污公款，其行为还构成贪污罪。检察机关指控被告人朱香海、左正红、邰清忠、张少波、李国富、李前勇犯非法买卖枪支罪及朱香海还犯贪污罪的罪名成立。

被告人朱香海非法买卖枪支166支，被告人左正红非法买卖枪支23支，被告人邰清忠非法买卖枪支6支，根据最高人民法院《关于审理非法制造、买卖、运输枪支、弹药、爆炸物等刑事案件具体应用法律若干问题的解释》第2条第1项的规定，均属情节严重。

被告人左正红、张少波在刑满释放后5年内重新犯罪，系累犯，应当从重处罚。

被告人李国富揭发他人犯罪行为，有立功表现，可以减轻处罚。

被告人朱香海的辩护人提出被告人朱香海非法买卖枪支的行为属职务行为，对其应当适用《刑法》第126条的规定定罪量刑。经查，1996年4月29日以后，被告人朱香海所在单位已没有经销枪支的资格，同时，被告人朱香海非法买卖枪支的行为未经集体讨论决定，其也未将非法买卖枪支所得利润上交单位，属被告人朱香海为谋取私利的个人行为，应当依照《刑法》第125条第1款的规定定罪量刑，故该辩护意见不能成立，不予采纳。

被告人左正红的辩护人提出起诉书指控被告人左正红构成累犯的证据不足，不能认定。经查，1990年11月12日老河口市人民法院以被告人左正红犯流氓罪判处其有期徒刑4年，1994年2月6日被告人左正红被释放后，从1998年9月起，多次从被告人朱香海处非法购买猎枪，并转卖给被告人李元平，足以认定被告人左正红是累犯，故该辩护意见不能成立，不予采纳。

被告人左正红、邰清忠、李国富、李前勇的辩护人均提出对左正红、李元平、邰清忠、李国富、李前勇应当适用最高人民法院在1995年9月20日颁布的《关于办理非法制造、买卖、运输非军用枪支、弹药刑事案件适用法律问题的解释》中的数量规定处罚。根据最高人民法院、最高人民检察院在2001年12月17日颁布实施的《关于适用刑事司法解释时间效力问题的规定》第1条、第2条的规定，对被告人左正红、邰清忠、李国富、李前勇均应当适用最高人民法院在2001年5月10日公布实施的《关于审理非法制造、买卖、运输枪支、弹药、爆炸物等刑事案件具体应用法律若干问题的解释》中的数量规定处罚，故上述辩护人的辩护意见均不能成立，不予采纳。

被告人张少波辩解称自己因该案已被劳动教养，应当折抵刑期。经查属实，该辩解意见本院予以采纳。被告人张少波还辩解称其不构成累犯。经查，1991年4月29日保康县人民法院以被告人张少波犯抢劫罪判处有期徒刑四年，1994年11月8日被释放，其涉嫌非法买卖枪支的时间为1998年9月，足以认定被告人张少波是累犯，故该辩解意见不能成立，不予采纳。

被告人李国富辩解称自己因该案已被处理过，且有立功表现，应当从轻或减轻处罚，经查属实，予以采纳。

被告人李前勇辩解称自己有自首情节，应当从轻处罚。经查，李前勇非法买卖枪支的行为已被公安机关掌握，且李前勇在明知公安人员找他后，未能主动、直接向公安机关或司法机关投案，直至被公安人员抓获，其行为不符合自首的条件。故该辩解不能成立，不予采纳，但被告人李前勇在归案后认罪态度尚好，可以酌情从轻处罚。

### 二审诉辩情况

一审判决宣告后，朱香海、左正红、邰清忠、李前勇不服，上诉于湖北省高级人民法院。

朱香海上诉称：经营猎枪是为本公司创收，并非为个人牟利，其违法经营枪支的行为应属单位犯罪；原判量刑过重。

左正红上诉提出：其不构成累犯，原判量刑过重。

邰清忠上诉提出：原判量刑过重。

李前勇上诉称：其不构成非法买卖枪支罪。

### 二审裁判结果

湖北省高级人民法院依照《刑事诉讼法》第189条第1、2项和《刑法》第125条第1、3款、第382条、第383条第1款第2项、第48条第1款、第57条第1款、第56条第1款、第55条第1款、第65条第1款、第69条的规定，判决如下：

一、维持湖北省襄樊市中级人民法院刑事判决中对上诉人左正红、邰清忠、李前勇和原审被告人张少波、李国富犯非法买卖枪支罪以及上诉人朱香海犯贪污罪的判决。

二、撤销湖北省襄樊市中级人民法院刑事判决中对上诉人朱香海犯非法买卖枪支罪的判决。

三、上诉人朱香海犯非法买卖枪支罪，判处死刑，缓期2年执行，剥夺政治权利终身；犯贪污罪，判处有期徒刑5年。决定执行死刑，缓期2年执行，剥夺政治权利终身。

### 二审裁判理由

湖北省高级人民法院经审理认为：

上诉人朱香海所在单位曾合法经营猎枪，在《中华人民共和国枪支管理法》实施后，朱香海曾就经营猎枪一事向其主管上级汇报请求过，这一事实有时任当阳市水产局局长阮心泉的证言证明：1998年年初，朱香海曾向他口头汇报想经销猎枪，他基本上是同意的，只是要求朱香海要把公安部门的审批手续办全后才能经营。朱香海经营猎枪虽无合法手续，但其凭此手续确实从湖南资江机械厂购买了枪支，且从湖南资江机械厂提取的猎枪销售备查登记表、猎枪销售管理登记表、猎枪销售发票等书证均可证明朱香海是以当阳水产公司的名义购买的。朱香海向外卖枪的地点为当阳水产公司渔猎用品商店，其对外公开营业，且在卖枪过程中也不止朱香海一个人经手，这一事实有当阳水产公司副经理兼会计郑耀凤证明。关于经营猎枪的账目问题，郑耀凤证明，朱香海在1998年和1999年经营猎枪时，公司虽没有有关枪支经营的账目，但有往来账，大体可以反映出枪支经营的款项。现有证据不能证明朱香海将犯罪所得据为己有。故朱香海上诉提出其非法买卖枪支的行为是单位犯罪的理由成立，予以确认。

上诉人朱香海、左正红、邰清忠、李前勇和原审被告人张少波、李国富违反枪支管理规定非法买卖枪支，严重危害了公共安全，其行为均已构成非法买卖枪支罪。上诉人朱香海系当阳水产公司非法买卖枪支犯罪的直接负责的主管人员，依法应承担刑事责任。上诉人朱香海身为国家工作人员，利用职务之便贪污公款，其行为还构成贪污罪。上诉人左正红和原审被告人张少波在刑满后5年内重新犯罪，均系累犯，依法应当从重处罚。原审被告人李国富检举揭发他人犯罪行为，并经查证属实，有立功表现，依法可以从轻或者减轻处罚。上诉人左正红、李元平、邰清忠上诉提出原判量刑过重的上诉理由和上诉人李前勇上诉提出其不构成非法买卖枪支罪的上诉理由均不能成立。原判决定罪准确，对上诉人左正红、邰清忠、李前勇和原审被告人张少波、李国富量刑适当。审判程序合法。

### 28. 司法解释的时间效力如何判断？

一般来说，司法解释没有自己独立的时间效力，司法解释并没有改变原法律中的罪名和犯罪构成要件，只是对原法律的解释。司法解释的时间效力应该与其所解释的法律相一致，司法解释都是在法律颁行以后作出的，但其效力却可以延伸到法律颁行之时。

### 29. 对于同一个具体应用法律问题，最高人民法院和最高人民检察院先后分别作出了两个司法解释，或者最高人民法院先后作出两个司法解释，或者最高人民检察院先后作出两个司法解释，是否适用从旧兼从轻原则？

对于新的司法解释实施前发生的行为，行为时已有相关司法解释的，应当适用从旧兼从轻原则，依照行为时的司法解释办理，但适用新的司法解释对犯罪嫌疑人或被告人有利的，应适用新的司法解释，不必考虑两个司法解释分别是谁作出的。

**典型疑难案件参考**

谭慧渊、蒋菊香侵犯著作权案

**基本案情**

2000年下半年，国家税务总局为配合税务系统机构改革，提高税务系统公务员学历，与湖南大学协商开展税务系统远程学历教育。2001年1月2日，湖南大学发文成立湖南大学财税远程教育中心（以下简称财税远程教育中心），隶属于湖南大学现代教育技术中心（又称湖南大学多媒体信息教育学院，2002年后更名为湖南大学网络学院）管理。2001年1月19日，湖南大学向湖南省教育厅申请办理财税远程教育中心的备案手续。财税远程教育中心在湖南省质量技术监督局取得组织机构代码证，机构类型为"其他机构"。湖南大学现代教育技术中心批复财税远程教育中心，"在国家税务总局教育中心、湖南大学指导下相对独立地开展教育教学工作，按企业化管理模式运作"。

2001年3月6日，国家税务总局教育中心与湖南大学签订《关于合作开展税务系统远程学历教育协议书》，双方就所开设的专业、教学形式、生源组织、教学管理、学历及学位证书发放、课程设置、教育计划及教材选用、教学软件开发、学费标准、负责人的产生及聘任等问题进行了约定。2001年3月22日，经国家税务总局教育中心委托、湖南省国税局推荐，被告人谭慧渊被湖南大学聘任为财税远程教育中心主任。2001年4月，被告人蒋菊香被谭慧渊聘请到财税远程教育中心资源办任主任。

2001年4月15日和9月5日，湖南大学现代教育技术中心先后与财税远程教育中心签订了《关于湖南大学财税远程教育中心管理合同书》和《补充协议书》，约定了办学层次及专业，教学管理，教学资源的使用及建设，收费、收入的分配、奖励等方面事项。

财税中心在办学过程中，向学员收取教育资源费，发放教科书和光盘给学员。办学之初，财税中心向湖南大学现代教育技术中心教学资源指定供应单位湖南大学信息技术有限公司共计支付250.542万元，购买了部分的教材和教学光盘发放给学员使用。

2001年9、10月间，财税远程教育中心开学在即，急需教材，被告人谭慧渊认为根据与湖南大学现代教育技术中心签订的管理合同书，财税远程教育中心可以使用湖南大学的教材，遂要求资源办翻印教材。时任资源办负责人的符某将从湖南大学现代教育技术中心取回的《邓小平理论概论》、《大学英语预备级1》、《INTERNET基础》3本样书及《现代远程教育基础》的印刷胶片交给被告人蒋菊香要其翻印。蒋菊香经请示谭慧渊同意后，在没有征得著作权人许可和专有出版权人同意，也没有向印刷厂提供印刷证明的情况下，找人联系印刷厂家翻印，共印刷了《邓小平理论概论》3万册、《大学英语预备级1》3万册、《现代远程教育基础》3万册、《INTERNET基础》1万册。财税远程教育中心支付印刷费48.1793万元。

其中，《邓小平理论概论》是中共湖南省委高等学校工作委员会、湖南省教育厅组编，吴鸣主编的高等学校通用教材，由湖南大学出版社出版。该课程系财税远程教育中心学员必修课程。财税远程教育中心共翻印该书3万册，该书定价11.50元/册，发放给学员29187册，免费配发给各教学点759册，库存54册，非法经营额为34.5万元。

《INTERNET基础》是由北方交通大学出版社出版的现代远程教材，由王子荣（湖南大学现代教育技术中心网络部主任）主编，胡峰松（湖南大学现代教育技术中心教务部主任）副主编，杨贯中（湖南大学现代教育技术中心负责人）主审。财税远程教育中心共翻印该书1万册，该书定价为19元/册，其中发放给学员9249册，免费配发给各教学点751册，非法经营额为19万元。

《大学英语预备级1》系董亚芬主编的高等学校教材，上海外语教育出版社享有专有出版权。该书没有列为财税远程教育中心的教学计划。财税远程教育中心翻印3万册，定价11.1元，非法经营额为33.3万元。全部免费发放给学员。

《现代远程教育基础》是李震声主编的湖南大学多媒体信息教育学院的内部教材，没有公开出版。该书编辑了远程教育方面的文件和相关论文。该书的印刷胶片由编者之一胡峰松提供。财税远程教育中心翻印3万册。该书没有定价。

湖南省金雷司法鉴定所出具的《司法鉴定技术报告书》证实，财税远程教育中心非法复制《邓小平理论概论》、《INTERNET基础》，共获利28万余元。

▶ 一审诉辩情况

湖南省长沙市人民检察院以被告单位财税远程教育中心、被告人谭慧渊、蒋菊香犯侵犯著作权罪，向长沙市中级人民法院提起公诉。

被告单位的诉讼代表人辩称：不能将财税远程教育中心简单地认定为湖南大学的内设三级机构，财税远程教育中心是以国家税务总局教育中心与湖南大学的协议为基础，由湖南大学发文设立，依据合同相对独立地开展工作的教育机构，其性质属于其他组织。

被告单位和被告人谭慧渊、蒋菊香及辩护人均提出：检察机关指控财税远程教育中心翻印教材、复制光盘非法所得数额和非法经营额的计算方法均有误，不能作为定案依据。且《大学英语预备级1》不属于教学计划课程，系免费发放，不具有营利目的。《现代远程教育基础》的著作权由编者李震声、胡峰松享有，湖南大学有权在业务范围内优先使用。财税远程教育中心从属于湖南大学,其复制发行该书用于教学活动,不构成侵权。

### 一审裁判结果

长沙市中级人民法院依照《刑法》第 217 条、第 220 条、第 30 条、第 31 条、第 72 条、第 73 条第 2、3 款的规定,于 2004 年 7 月 28 日判决如下:

一、被告单位财税远程教育中心犯侵犯著作权罪,判处罚金 400 万元。

二、被告人谭慧渊犯侵犯著作权罪,判处有期徒刑 1 年,并处罚金 5 万元。

三、被告人蒋菊香犯侵犯著作权罪,判处有期徒刑 1 年,宣告缓刑 2 年,并处罚金 5 万元。

四、追缴被告单位财税远程教育中心违法所得 256.29324 万元。

### 一审裁判理由

长沙市中级人民法院认为:被告单位财税远程教育中心为节约成本、谋取利益,未经著作权人许可和享有专有出版权的出版社同意,非法复制发行《邓小平理论概论》和《INTERNET 基础》,获取违法所得 28 万余元,其行为构成侵犯著作权罪。被告人谭慧渊作为财税远程教育中心负责人、被告人蒋菊香作为财税远程教育中心直接责任人员应当承担刑事责任。根据被告人蒋菊香犯侵犯著作权罪的犯罪情节,对其适用缓刑确实不致再危害社会,可以宣告缓刑。财税中心复制光盘、翻印《大学英语预备级 1》和《现代远程教育基础》两书虽不能认定为犯罪,但系违法行为,所得利润应予追缴。

### 二审诉辩情况

一审宣判后,被告单位财税远程教育中心和被告人谭慧渊、蒋菊香均不服,提出上诉。

财税远程教育中心上诉提出:(1)一审对上诉人判处罚金 400 万元,达到了其所认定的犯罪所得额 14 倍多,量刑畸重;(2)上诉人所复制的书籍,用于发放给学员作为学习资料,与一般的商业营利活动不同,量刑时应作为重要的情节因素予以考虑;(3)上诉人收取的经费来源于学生,收费较低,并用于财税教育,量刑时应予考虑。其辩护人提出:(1)本案不应以"所得数额"作为认定是否达到刑事责任起点的标准,而应按照非法经营额的标准,按此标准被告单位湖南大学财税远程教育中心不构成犯罪。(2)即使采用"合理估算收入,扣除直接成本"的方式估算"所得数额",两本书的"所得数额"也未达到 20 万元的刑事责任标准,其行为亦不构成犯罪。

被告人谭慧渊上诉及其辩护人辩护提出:财税远程教育中心翻印两书的行

为不构成侵犯著作权罪，属于一般的违法行为，本案所获取的利益没有达到侵犯著作权所要求必须达到的法定构罪标准，从而不能追究谭慧渊的刑事责任。

被告人蒋菊香上诉及其辩护人辩护提出：（1）财税远程教育中心翻印两本书的行为，主观上没有营利的目的，客观上没有营利的事实，数额上也没有达到犯罪的标准，财税远程教育中心的行为不构成侵犯著作权罪。（2）其本人不是直接责任人，不应追究刑事责任。

**二审裁判结果**

湖南省高级人民法院依照《刑法》第3条、第12条，最高人民法院《关于审理非法出版物刑事案件具体应用法律若干问题的解释》第2条第2项及《刑事诉讼法》第162条第2项、第189条第2项之规定，于2005年10月11日判决如下：

一、撤销长沙市中级人民法院〔2004〕长中刑二初宇第9号刑事判决。

二、被告单位财税远程教育中心和被告人谭慧渊、蒋菊香无罪。

**二审裁判理由**

湖南省高级人民法院经审理认为：上诉人财税远程教育中心为节约成本，未经著作权人许可和享有专有出版权的出版社同意，非法复制发行《邓小平理论概论》、《INTEBNET基础》两本书，系侵犯著作权的行为。财税中心非法复制《邓小平理论概论》一书，因案发而未实际获利，没有违法所得；财税远程教育中心非法复制《INTERNET基础》一书，虽实际获利，但由于复制成本费无法查清，折扣率无法确定，不能准确确定其违法所得。一审认定财税中心非法复制上述两本书，非法获利28万余元的证据不足。由于财税远程教育中心侵犯著作权的违法所得数额无法准确认定，本案应当以非法经营额来评判是否构罪。而本案财税远程教育中心非法复制上述两本书的非法经营额能准确认定为53.5万元，没有达到100万元的犯罪标准，故财税远程教育中心非法复制上述两本书的行为，不构成侵犯著作权罪。谭慧渊作为该单位主管人员，蒋菊香作为直接责任人员依法不应追究刑事责任。故财税远程教育中心及其辩护人，谭慧渊及其辩护人、蒋菊香及其辩护人上诉和辩护提出的"财税远程教育中心虽有为节约成本，未经著作权人许可和享有专有出版权的出版社同意，翻印、复制《邓小平理论概论》、《INTERNET基础》两本书的侵权行为，违法所得、非法经营额均未达到构罪标准，其行为不构成犯罪"的理由部分成立，予以采纳。原审判决认定的主要事实清楚，证据确实、充分，审判程序合法，但适用法律不当。

## 30. 不作为犯罪跨越旧法与新法时，如何选择适用法律？

不作为犯罪的成立是危害结果发生之时，在危害结果发生之前，行为人的不作为一直处于持续状态，应视为犯罪行为一直处于持续状态，应该适用犯罪行为时的法律。另外，犯罪结果发生之时也就是犯罪行为持续的最后时间节点，因此也可以适用犯罪结果发生时的法律。对于不作为犯罪而言，适用行为时法律与结果时法律是完全一致的。

## 31. 过失犯罪跨越旧法与新法时，如何选择适用法律？

过失犯罪属于典型的结果犯，也就是说当损害结果出现之时，过失犯罪才成立，因此对于过失犯罪应该适用结果发生时的法律，即新法。

### 典型疑难案件参考

林世元等受贿、玩忽职守案

**基本案情**

1994年8月，綦江县人民政府决定在綦河上架设一座人行桥，由綦江县城乡建设管理委员会（以下简称城建委）负责组织实施。时任城建委主任的被告人林世元邀约重庆市市政勘察设计研究院的段浩（另案处理）设计方案。段找到本单位的退休工程师赵国勋（另案处理）等人设计出两套方案，经城建委研究，选定中承式钢管混凝土提篮式人行拱桥（以下简称虹桥）方案。同年9月，綦江县人民政府决定成立县城重点工程指挥部，下设重点建设工程办公室（以下简称重点办），由时任副县长、分管城建委工作的被告人贺际慎任指挥长，林世元任常务副指挥长兼重点办主任。虹桥工程被列为县重点工程，由指挥部和重点办直接管理。

林世元作为该工程的具体负责人，在虹桥建设初期，违反国家有关建设法规，对虹桥工程建设项目没有办理立项、报建手续，不审查设计、施工单位的资质，在未进行招投标的情况下，先后与不具备承包虹桥资质的重庆华庆设计工程公司（以下简称华庆公司）和华庆公司富华分公司签订了设计、施工总承包合同书。随后，段浩找到本单位的刘某等人进行勘察测量，并以华庆公司的名义与挂靠重庆市桥梁总公司川东南经理部的李孟泽、费上利（均另案处理）签订了虹桥工程施工分包合同书。时任城建委副主任的被告人张基碧明知虹桥工程未进行立项，未办理报建手续，未审查和选择设计、施工单位的资质，未进行招投标，未发放施工许可证等，而不予监督。

1994年11月，李孟泽、费上利组织不具备施工员资质和技工资质的施工队伍进场施工后，林世元安排重点办工作人员赵晓国到施工现场进行监督。1995年3月，林世元将赵晓国调离虹桥工地后，未再安排其他人负责质量监督工作，致使虹桥工程施工中存在的质量问题得不到及时发现和纠正。1996年2月15日，已升任綦江县副县长、分管城建委工作和负责县城重点工程的林世元在虹桥工程尚未竣工验收的情况下，指派时任城建委副主任的张基碧和时任城建委主任助理的孙立与费上利等人办理虹桥接收手续并随即将虹桥交付使用。尔后，林世元又授意孙立代表城建委与费上利进行工程结算。贺际慎对虹桥工程未办理立项、报建手续，未审查设计、施工单位资质，未进行招投标等违规建设问题严重失察；明知虹桥系违规接收、使用及结算，而不管不问。

1996年6月19日上午11时许，虹桥突然发生异响。中共綦江县委、綦江县政府主要领导召集林世元、贺际慎等人到虹桥现场查看，研究虹桥能否继续使用。林世元、贺际慎明知虹桥尚未进行质量等级评定和验收，系违规接收并交付使用，在未经有关技术人员对虹桥作出技术检查、分析的情况下，均草率表态虹桥可以继续使用。同月25日，林世元召集张基碧和虹桥工程设计方的赵国勋、施工方的李孟泽等人分析虹桥发生异响原因。赵、李二人认为响声系虹桥应力重新调整引起，属正常现象，但建议尽快对虹桥进行荷载试验和全面检查、验收。事后，林世元虽安排孙立负责联系对虹桥进行荷载试验，但在孙立联系未果后，未采取有效措施。1996年8月15日，綦江县开展建筑市场整顿活动并成立整顿领导小组。林世元担任整顿领导小组组长、张基碧担任整顿领导小组办公室主任，负责对全县所有在建工程和1995年1月以来竣工的工程是否符合建设项目审批程序进行查处。虹桥本属重点查处的工程，但林、张却未提出任何整顿查处意见，终未能排除虹桥工程安全隐患。

1994年年底，被告人林世元应虹桥施工承包人费上利的要求，未通过总承包方华庆公司富华分公司，安排重点办工作人员李华荣将虹桥工程款直接划给费上利，直接与费上利进行工程结算。费上利为感谢林世元在虹桥建设过程中划款、结算等方面给予的关照，并希望在虹桥工程中继续得到关照及在綦江县继续承接其他工程，于1995年8月至1997年8月先后四次为林世元女儿支付入学、赴美夏令营、转学等费用共计人民币111675.09元。

1999年1月4日18时50分，虹桥突然发生整体垮塌，造成40人死亡，14人受伤，直接经济损失628万余元。

### ▶一审诉辩情况

重庆市人民检察院第一分院以被告人林世元犯受贿罪、玩忽职守罪，被告人张基碧、孙立、贺际慎犯玩忽职守罪，向重庆市第一中级人民法院提起公诉。

### ▶一审裁判结果

重庆市第一中级人民法院依照《刑法》第12条第1款、第385条第1款、第386条、第383条第1款第1项和第2款、第57条第1款、第64条、第397条第1款和第2款、第69条第1款和第2款、第52条、第53条的规定，于1999年4月3日判决如下：

一、被告人林世元犯受贿罪，判处死刑，剥夺政治权利终身，并处没收财产5万元，追缴犯罪所得赃款11.167509万元及违法所得23490万元；犯玩忽职守罪，判处有期徒刑10年，决定执行死刑，剥夺政治权利终身，并处没收财产5万元，追缴犯罪所得赃款11.167509万元及违法所得23490元；

二、被告人张基碧犯玩忽职守罪，判处有期徒刑6年；

三、被告人孙立犯玩忽职守罪，判处有期徒刑5年；

四、被告人贺际慎犯玩忽职守罪，判处有期徒刑3年。

### ▶一审裁判理由

重庆市第一中级人民法院认为：被告人林世元身为国家机关工作人员，在担任城建委主任、县城重点工程指挥部常务副指挥长兼重点办主任、副县长等职务期间，不履行或者不正确履行职责，对虹桥工程违规发包、接收、结算；在虹桥工程施工中长期不派员进行质量监督；虹桥发生异响后又草率表态可以继续使用，不督促落实荷载试验工作；在建筑市场整顿中，对虹桥工程不提出整顿查处意见，放弃对虹桥工程的质量监督管理；其间，又徇私舞弊，在虹桥工程中放任费上利等人降低工程质量，对虹桥垮塌的严重后果负有重要的直接责任和主要的领导责任，其行为已构成玩忽职守罪，情节特别严重，应依法从重处罚。其利用职务上的便利，在负责虹桥工程建设期间，收受虹桥工程承包人费上利11万余元的贿赂，为费谋取利益，直接影响了工程质量，为虹桥垮塌留下巨大隐患，其行为已构成受贿罪。情节特别严重，应依法从重处罚。被告人张基碧在担任城建委副主任、主任期间，违反国家建设法规，在虹桥工程的建设、接收、结算和投入使用过程中，未履行应尽的监督管理职责，对虹桥的垮塌负有重要的直接责任和一定的管理责任，其行为已构成玩忽职守罪。犯罪情节特别严重，本应依法从重处罚，鉴于其确有认罪、悔罪表现，可酌情从轻处罚。被告人孙立在担任城建委主任助理和副主任期间，违反国家建设法规，在虹桥工程施工、接收、结算过程中和发生异响后，不履行和不正确履行监督管理职责，对虹桥垮塌负有重要的直接责任和一定的管理责任，其行为已构成玩忽职守罪。犯罪情节特别严重，本应依法从重处罚，鉴于其尚能认罪，可酌情从轻处罚。被告人贺际慎在担任分管城建委工作的副县长并兼任县城重点建设工程指挥部指挥长期间，对虹桥工程的违规建设问题，严重失察；虹桥发生异响后，轻率表态可以继续使用，对虹桥的垮塌负有一定的直接责任和管理责任，其行为已构成玩忽职守罪。犯罪情节特别严重，本应依法从重处罚，鉴于其犯罪情节相对较轻，可酌情从轻处罚。

▶ 二审诉辩情况 ◀

一审宣判后，被告人孙立服判；被告人林世元、张基碧、贺际慎不服，向重庆市高级人民法院提出上诉。

林世元及其辩护人提出：原审判决认定林犯玩忽职守罪成立，但认定其有"徇私舞弊"情节不当，不应适用《刑法》第397条第2款；费上利为林的女儿支付的入学、赴美夏令营、转学费用系垫付款，绝大部分已经归还，未归还的32000元亦属垫付款，其行为不构成受贿罪。

张基碧及其辩护人提出：原审判决认定张犯玩忽职守罪成立，但量刑过重。

贺际慎上诉称：原审判决对其判处实刑，量刑过重，请求从轻处罚。其辩护人提出：一审认定贺犯玩忽职守罪不当。

▶ 二审裁判结果 ◀

重庆市高级人民法院依照《刑事诉讼法》第189条第1、2项、《刑法》第385条第1款、第386条、第383条第1款第1项、第397条、第137条、第68条、第48条第1款、第57条第1款、第69条、第53条、第64条的规定，于1999年12月12日判决如下：

一、维持重庆市第一中级人民法院刑事判决第二项、第三项、第四项，即被告人张基碧、孙立、贺际慎犯玩忽职守罪，分别判处有期徒刑6年、5年、3年；

二、上诉人林世元犯受贿罪，判处死刑，缓期2年执行，剥夺政治权利终身，没收财产5万元，追缴犯罪所得赃款11.67509万元；犯玩忽职守罪，判处有期徒刑10年，决定执行死刑，缓期2年执行，剥夺政治权利终身，没收财产5万元，追缴犯罪所得赃款11.67509万元。

### 二审裁判理由

重庆市高级人民法院经审理认为：原审判决认定的事实清楚，证据确实、充分，定罪准确，量刑适当，审判程序合法。上诉人林世元、张基碧、贺际慎的上诉理由及他们的辩护人的辩护意见均不能成立。但一审判决认定林世元违法所得23490元证据不足，应予撤销；林世元受贿11万余元，犯罪情节特别严重，论罪应当判处死刑，但鉴于其在二审期间，检举揭发原中共綦江县县委书记张开科受贿31万余元的犯罪线索，经查证属实，构成重大立功，依法可予以从轻处罚，对其判处死刑，可不立即执行。

## 刑法的任务、基本原则和适用范围
## 办案依据集成

### 刑法条文

**第一条【刑法的目的及制定依据】** 为了惩罚犯罪，保护人民，根据宪法，结合我国同犯罪作斗争的具体经验及实际情况，制定本法。

**第二条【刑法的任务】** 中华人民共和国刑法的任务，是用刑罚同一切犯罪行为作斗争，以保卫国家安全，保卫人民民主专政的政权和社会主义制度，保护国有财产和劳动群众集体所有的财产，保护公民私人所有的财产，保护公民的人身权利、民主权利和其他权利，维护社会秩序、经济秩序，保障社会主义建设事业的顺利进行。

**第三条【罪刑法定】** 法律明文规定为犯罪行为的，依照法律定罪处刑；法律没有明文规定为犯罪行为的，不得定罪处刑。

**第四条【法律面前人人平等】** 对任何人犯罪，在适用法律上一律平等。不允许任何人有超越法律的特权。

**第五条【罪刑相适应】** 刑罚的轻重，应当与犯罪分子所犯罪行和承担的刑事责任相适应。

**第六条【属地管辖权】** 凡在中华人民共和国领域内犯罪的，除法律有特别规定的以外，都适用本法。

凡在中华人民共和国船舶或者航空器内犯罪的，也适用本法。

犯罪的行为或者结果有一项发生在中华人民共和国领域内的，就认为是在中华人民共和国领域内犯罪。

**第七条【属人管辖权】** 中华人民共和国公民在中华人民共和国领域外犯本法规定之罪的，适用本法，但是按本法规定的最高刑为三年以下有期徒刑的，可以不予追究。

中华人民共和国国家工作人员和军人在中华人民共和国领域外犯本法规定之罪的，适用本法。

**第八条【保护管辖权】** 外国人在中华人民共和国领域外对中华人民共和国国家或者公民犯罪，而按本法规定的最低刑为三年以上有期徒刑的，可以适用本法，但是按照犯罪地的法律不受处罚的除外。

**第九条【普遍管辖权】** 对于中华人民共和国缔结或者参加的国际条约所规定的罪行，中华人民共和国在所承担条约义务的范围内行使刑事管辖权的，适用本法。

**第十条【外国刑事判决的效力】** 凡在中华人民共和国领域外犯罪，依照本法应当负刑事责任的，虽然经过外国审判，仍可以依照本法追究，但是在外国已经受过刑罚处罚的，可以免除或者减轻处罚。

**第十一条【外交豁免】** 享有外交特权和豁免权的外国人的刑事责任，通过外交途径解决。

**第十二条【刑法的时间效力】** 中华人民共和国成立以后本法施行以前的行为,如果当时的法律不认为是犯罪的,适用当时的法律;如果当时的法律认为是犯罪的,依照本法总则第四章第八节的规定应当追诉的,按照当时的法律追究刑事责任,但是如果本法不认为是犯罪或者处刑较轻的,适用本法。

本法施行以前,依照当时的法律已经作出的生效判决,继续有效。

▶ 司法解释

**1. 最高人民检察院《关于对服刑罪犯暂予监外执行期间在异地又犯罪应由何地检察院受理审查起诉问题的批复》**(1998年11月26日　高检发释字〔1998〕5号)

四川省人民检察院:

你院川检发研〔1998〕12号《关于服刑罪犯暂予监外执行期间在异地又犯罪应由何地检察院受理审查起诉的问题的请示》收悉。经研究,批复如下:

对罪犯在暂予监外执行期间在异地犯罪,如果罪行是在犯罪地被发现、罪犯是在犯罪地被捕获的,由犯罪地人民检察院审查起诉;如果案件由罪犯暂予监外执行地人民法院审判更为适宜的,也可以由罪犯暂予监外执行地的人民检察院审查起诉;如果罪行是在暂予监外执行的情形消失,罪犯被继续收监执行剩余刑期期间发现的,由罪犯服刑地的人民检察院审查起诉。

**2. 最高人民法院《关于新疆生产建设兵团人民法院案件管辖权问题的若干规定》**(2005年6月6日　法释〔2005〕4号)(节录)

**第一条** 新疆生产建设兵团基层人民法院和中级人民法院分别行使地方基层人民法院和中级人民法院的案件管辖权,管辖兵团范围内的各类案件。

新疆维吾尔自治区高级人民法院生产建设兵团分院管辖原应当由高级人民法院管辖的兵团范围内的第一审案件、上诉案件和其他案件,其判决和裁定是新疆维吾尔自治区高级人民法院的判决和裁定。但兵团各中级人民法院判处死刑(含死缓)的案件的上诉案件以及死刑复核案件由新疆维吾尔自治区高级人民法院管辖。

**第二条** 兵团人民检察院提起公诉的第一审刑事案件,由兵团人民法院管辖。

兵团人民法院对第一审刑事自诉案件、第二审刑事案件以及再审刑事案件的管辖,适用刑事诉讼法的有关规定。

**第五条** 兵团人民法院管辖兵团范围内发生的涉外案件。新疆维吾尔自治区高级人民法院生产建设兵团分院根据最高人民法院的有关规定确定管辖涉外案件的兵团法院。

**第六条** 兵团各级人民法院与新疆维吾尔自治区地方各级人民法院之间因管辖权发生争议的,由争议双方协商解决;协商不成的,报请新疆维吾尔自治区高级人民法院决定管辖。

**第七条** 新疆维吾尔自治区高级人民法院生产建设兵团分院所管辖第一审案件的上诉

法院是最高人民法院。

第八条 对于新疆维吾尔自治区高级人民法院生产建设兵团分院审理再审案件所作出的判决、裁定，新疆维吾尔自治区高级人民法院不再进行再审。

**3. 最高人民法院《关于适用刑法时间效力规定若干问题的解释》**（1997年9月25日 法释〔1997〕5号）

为正确适用刑法，现就人民法院1997年10月1日以后审理的刑事案件，具体适用修订前的刑法或者修订后的刑法的有关问题规定如下：

第一条 对于行为人1997年9月30日以前实施的犯罪行为，在人民检察院、公安机关、国家安全机关立案侦查或者在人民法院受理案件以后，行为人逃避侦查或者审判，超过追诉期限或者被害人在追诉期限内提出控告，人民法院、人民检察院、公安机关应当立案而不予立案，超过追诉期限的，是否追究行为人的刑事责任，适用修订前的刑法第七十七条的规定。

第二条 犯罪分子1997年9月30日以前犯罪，不具有法定减轻处罚情节，但是根据案件的具体情况需要在法定刑以下判处刑罚的，适用修订前的刑法第五十九条第二款的规定。

第三条 前罪判处的刑罚已经执行完毕或者赦免，在1997年9月30日以前又犯应当判处有期徒刑以上刑罚之罪，是否构成累犯，适用修订前的刑法第六十一条的规定；1997年10月1日以后又犯应当判处有期徒刑以上刑罚之罪的，是否构成累犯，适用刑法第六十五条的规定。

第四条 1997年9月30日以前被采取强制措施的犯罪嫌疑人、被告人或者1997年9月30日以前犯罪，1997年10月1日以后仍在服刑的罪犯，如实供述司法机关还未掌握的本人其他罪行的，适用刑法第六十七条第二款的规定。

第五条 1997年9月30日以前犯罪的犯罪分子，有揭发他人犯罪行为，或者提供重要线索，从而得以侦破其他案件等立功表现的，适用刑法第六十八条的规定。

第六条 1997年9月30日以前犯罪被宣告缓刑的犯罪分子，在1997年10月1日以后的缓刑考验期间又犯新罪、被发现漏罪或者违反法律、行政法规或者国务院公安部门有关缓刑的监督管理规定，情节严重的，适用刑法第七十七条的规定，撤销缓刑。

第七条 1997年9月30日以前犯罪，1997年10月1日以后仍在服刑的犯罪分子，因特殊情况，需要不受执行刑期限制假释的，适用刑法第八十一条第一款的规定，报经最高人民法院核准。

第八条 1997年9月30日以前犯罪，1997年10月1日以后仍在服刑的累犯以及因杀人、爆炸、抢劫、强奸、绑架等暴力性犯罪被判处十年以上有期徒刑、无期徒刑的犯罪分子，适用修订前的刑法第七十三条的规定，可以假释。

第九条 1997年9月30日以前被假释的犯罪分子，在1997年10月1日以后的假释考验期内，又犯新罪、被发现漏罪或者违反法律、行政法规或者国务院公安部门有关假释的监督管理规定的，适用刑法第八十六条的规定，撤销假释。

第十条 按照审判监督程序重新审判的案件,适用行为时的法律。

**4. 最高人民法院《关于适用刑法第十二条几个问题的解释》**(1998年1月13日 法释〔1997〕12号)

修订后的《中华人民共和国刑法》1997年10月1日施行以来,一些地方法院就刑法第十二条适用中的几个具体问题向我院请示。现解释如下:

第一条 刑法第十二条规定的"处刑较轻",是指刑法对某种犯罪规定的刑罚即法定刑比修订前刑法轻。法定刑较轻是指法定最高刑较轻;如果法定最高刑相同,则指法定最低刑较轻。

第二条 如果刑法规定的某一犯罪只有一个法定刑幅度,法定最高刑或者最低刑是指该法定刑幅度的最高刑或者最低刑;如果刑法规定的某一犯罪有两个以上的法定刑幅度,法定最高刑或最高低刑是指具体犯罪行为应当适用的法定刑幅度的最高刑或者最低刑。

第三条 1997年10月1日以后审理1997年9月30日以前发生的刑事案件,如果刑法规定的定罪处刑标准、法定刑与修订前刑法相同的,应当适用修订前的刑法。

**5. 最高人民检察院《关于对跨越修订刑法施行日期的继续犯罪、连续犯罪以及其他同种数罪应如何具体适用刑法问题的批复》**(1998年12月2日 高检发释字〔1998〕6号)

四川省人民检察院:

你院川检发研〔1998〕10号《关于对连续犯罪、继续犯罪如何具体适用刑法第十二条的有关问题的请示》收悉,经研究,批复如下:

对于开始于1997年9月30日以前,继续或者连续到1997年10月1日以后的行为,以及在1997年10月1日前后分别实施的同种类数罪,如果原刑法和修订刑法都认为是犯罪并且应当追诉,按照下列原则决定如何适用法律:

一、对于开始于1997年9月30日以前,继续到1997年10月1日以后终了的继续犯罪,应当适用修订刑法一并进行追诉。

二、对于开始于1997年9月30日以前,连续到1997年10月1日以后的连续犯罪,或者在1997年10月1日前后分别实施的同种类数罪,其中罪名、构成要件、情节以及法定刑均没有变化的,应当适用修订刑法,一并进行追诉;罪名、构成要件、情节以及法定刑已经变化的,也应当适用修订刑法,一并进行追诉,但是修订刑法比原刑法所规定的构成要件和情节较为严格,或者法定刑较重的,在提起公诉时应当提出酌情从轻处理意见。

**6. 最高人民法院、最高人民检察院《关于适用刑事司法解释时间效力问题的规定》**(2001年12月17日 高检发释字〔2001〕5号)

为正确适用司法解释办理案件,现对适用刑事司法解释时间效力问题提出如下意见:

一、司法解释是最高人民法院对审判工作中具体应用法律问题和最高人民检察院对检察工作中具体应用法律问题所作的具有法律效力的解释,自发布或者规定之日起施行,效力适用于法律的施行期间。

二、对于司法解释实施前发生的行为，行为时没有相关司法解释，司法解释施行后尚未处理或者正在处理的案件，依照司法解释的规定办理。

三、对于新的司法解释实施前发生的行为，行为时已有相关司法解释，依照行为时的司法解释办理，但适用新的司法解释对犯罪嫌疑人、被告人有利的，适用新的司法解释。

四、对于在司法解释施行前已办结的案件，按照当时的法律和司法解释，认定事实和适用法律没有错误的，不再变动。

### 其他办案依据

**1.** 最高人民法院《关于依法不再核准类推案件的通知》（1997年10月1日　法发〔1997〕23号）

各省、自治区、直辖市高级人民法院，解放军军事法院：

修订后的《中华人民共和国刑法》于1997年10月1日起施行。现就1997年10月1日以后审理此前发生的适用类推案件的有关问题，通知如下：

一、1997年10月1日以后，各级人民法院一律不再适用修订前的刑法第七十九条的规定向我院报送类推案件。

二、1997年9月30日以前已经报送但在10月1日前尚未核准的类推案件，应当根据修订后的刑法第三条的规定，分别不同情况作出处理：对于按照修订前的刑法需要类推定罪，修订后的刑法没有规定为犯罪的行为，一律不得定罪判刑；对于按照修订前的刑法需要类推定罪，修订后的刑法也规定为犯罪的行为，如需追究刑事责任的，应适用修订后刑法第十二条的规定处罚。

三、1997年10月1日以前，各级人民法院审理发生在1997年9月30日以前，按照修订前的刑法需要类推定罪的案件，应当按照本通知第二条的规定办理。

**2.** 最高人民法院、最高人民检察院、公安部《关于旅客列车上发生的刑事案件管辖问题的通知》（2001年8月23日　公通字〔2001〕70号）（节录）

一、旅客列车上发生的刑事案件，由负责该车乘务的乘警队所属的铁路公安机关立案，列车乘警应及时收集案件证据，填写有关法律文书。对于已经查获犯罪嫌疑人的，列车乘警应对犯罪嫌疑人认真盘查，制作盘查笔录。对被害人、证人要进行询问，制作询问笔录，或者由被害人、证人书写被害经过、证言。取证结束后，列车乘警应当将犯罪嫌疑人及盘查笔录、被害人、证人的证明材料以及其他与案件有关证据一并移交前方停车站铁路公安机关。对于未查获犯罪嫌疑人的案件，列车乘警应当及时收集案件线索及证据，并由负责该车乘务的乘警队所属的铁路公安机关继续侦查。

二、车站铁路公安机关对于法律手续齐全并附有相关证据材料的交站处理案件应当受理。经审查和进一步侦查，认为需要逮捕犯罪嫌疑人或者移送审查起诉的，应当依法向同级铁路运输检察院提请批准逮捕或者移送审查起诉。

三、铁路运输检察院对同级公安机关提请批准逮捕或者移送审查起诉的交站处理案件应当受理。经审查符合逮捕条件的，应当依法批准逮捕；符合起诉条件的，应当依法提起公诉或者将案件移送有管辖权的铁路运输检察院审查起诉。

四、铁路运输法院对铁路运输检察院提起公诉的交站处理案件，经审查认为符合受理条件的，应当受理并依法审判。

**3. 最高人民法院研究室《关于对刑法、全国人大常委会的决定和司法解释中有关规定应如何理解问题的电话答复》**（1992年6月6日）（节录）

河北省高级人民法院：

你院冀法（研）〔1991〕2号《关于对刑法、全国人大常委会决定及司法解释中有关条文应如何理解的请示》收悉。经研究，答复如下：

一、关于刑法实施后，最高人民法院、最高人民检察院作出司法解释之前的刑事案件，现提出申诉的是否适用司法解释的问题。同意你院意见。我院在司法解释文件中，一般都规定："本解释发布后办理的案件，按本解释办理；本解释发布前，已经处理的案件，不再变动。"请照此原则办理。

**4. 最高人民法院《关于认真学习宣传贯彻修订的〈中华人民共和国刑法〉的通知》**（1997年3月25日　法发〔1997〕3号）（节录）

三、修订的刑法实施后，各级人民法院必须坚决贯彻执行。对于修订的刑法实施前发生的行为，10月1日实施后尚未处理或者正在处理的案件，依照修订的刑法第十二条的规定办理；对于修订的刑法实施前，人民法院已审结的案件，实施后人民法院按照审判监督程序重新审理的，适用原审结时的有关法律规定。

四、修订的刑法实施前，人民法院审判刑事案件仍然应当依照现行刑法和人大常委会修改、补充刑法的有关决定、补充规定及最高人民法院的有关司法解释，并应遵守中华人民共和国刑事诉讼法有关程序和期限的规定。

五、修订的刑法实施后，对已明令废止的全国人大常委会有关决定和补充规定，最高人民法院原作出的有关司法解释不再适用。但是如果修订的刑法有关条文实质内容没有变化的，人民法院在刑事审判工作中，在没有新的司法解释前，可参照执行。其他对于与修订的刑法规定相抵触的司法解释，不再适用。

**5. 最高人民检察院《关于检察工作中具体适用修订刑法第十二条若干问题的通知》**（1997年10月6日　高检发释字〔1997〕4号）

地方各级人民检察院、各级军事检察院：

根据修订刑法第十二条的规定，现对发生在1997年9月30日以前，1997年10月1日后尚未处理或者正在处理的行为如何适用法律的若干问题通知如下：

一、如果当时的法律（包括1979年刑法，中华人民共和国惩治军人违反职责罪暂行条例，全国人大常委会关于刑事法律的决定、补充规定，民事、经济、行政法律中"依照"、"比照"刑法有关条款追究刑事责任的法律条文，下同）、司法解释认为是犯罪，修订刑法不认为是犯罪的，依法不再追究刑事责任。已经立案、侦查的，撤销案件；已批准逮捕的，撤销批准逮捕决定，并建议公安机关撤销案件；审查起诉的，作出不起诉决定；已经起诉的，建议人民法院退回案件，予以撤销；已经抗诉的，撤回抗诉。

二、如果当时的法律、司法解释认为是犯罪，修订刑法也认为是犯罪的，按从旧兼从轻的原则依法追究刑事责任：

1. 罪名、构成要件、情节以及法定刑没有变化的，适用当时的法律追究刑事责任。

2. 罪名、构成要件、情节以及法定刑已经变化的，根据从轻原则，确定适用当时的法律或者修订刑法追究刑事责任。

三、如果当时的法律不认为是犯罪，修订刑法认为是犯罪的，适用当时的法律；但行为连续或者继续到1997年10月1日以后的，对10月1日以后构成犯罪的行为适用修订刑法追究刑事责任。

### 法律法规

**1.《中华人民共和国刑事诉讼法（2012年修正）》**（1980年1月1日）（节录）

第十六条 对于外国人犯罪应当追究刑事责任的，适用本法的规定。

对于享有外交特权和豁免权的外国人犯罪应当追究刑事责任的，通过外交途径解决。

第十八条 刑事案件的侦查由公安机关进行，法律另有规定的除外。

贪污贿赂犯罪，国家工作人员的渎职犯罪，国家机关工作人员利用职权实施的非法拘禁、刑讯逼供、报复陷害、非法搜查的侵犯公民人身权利的犯罪以及侵犯公民民主权利的犯罪，由人民检察院立案侦查。对于国家机关工作人员利用职权实施的其他重大的犯罪案件，需要由人民检察院直接受理的时候，经省级以上人民检察院决定，可以由人民检察院立案侦查。

自诉案件，由人民法院直接受理。

第十九条 基层人民法院管辖第一审普通刑事案件，但是依照本法由上级人民法院管辖的除外。

第二十条 中级人民法院管辖下列第一审刑事案件：

（一）危害国家安全、恐怖活动案件；

（二）可能判处无期徒刑、死刑的案件。

第二十一条 高级人民法院管辖的第一审刑事案件，是全省（自治区、直辖市）性的重大刑事案件。

第二十二条 最高人民法院管辖的第一审刑事案件，是全国性的重大刑事案件。

第二十三条 上级人民法院在必要的时候，可以审判下级人民法院管辖的第一审刑事案件；下级人民法院认为案情重大、复杂需要由上级人民法院审判的第一审刑事案件，可以请求移送上一级人民法院审判。

第二十四条 刑事案件由犯罪地的人民法院管辖。如果由被告人居住地的人民法院审判更为适宜的，可以由被告人居住地的人民法院管辖。

第二十五条 几个同级人民法院都有权管辖的案件，由最初受理的人民法院审判。在必要的时候，可以移送主要犯罪地的人民法院审判。

第二十六条 上级人民法院可以指定下级人民法院审判管辖不明的案件，也可以指定下级人民法院将案件移送其他人民法院审判。

第二十七条　专门人民法院案件的管辖另行规定。

## 2. 《中华人民共和国领海及毗连区法》（1992年2月25日）（节录）

第二条　中华人民共和国领海为邻接中华人民共和国陆地领土和内水的一带海域。

中华人民共和国的陆地领土包括中华人民共和国大陆及其沿海岛屿、台湾及其包括钓鱼岛在内的附属各岛、澎湖列岛、东沙群岛、西沙群岛、中沙群岛、南沙群岛以及其他一切属于中华人民共和国的岛屿。

中华人民共和国领海基线向陆地一侧的水域为中华人民共和国的内水。

## 3. 《中华人民共和国香港特别行政区驻军法》（1997年7月1日）（节录）

第二十条　香港驻军人员犯罪的案件由军事司法机关管辖；但是，香港驻军人员非执行职务的行为，侵犯香港居民、香港驻军以外的其他人的人身权、财产权以及其他违反香港特别行政区法律构成犯罪的案件，由香港特别行政区法院以及有关的执法机关管辖。

军事司法机关和香港特别行政区法院以及有关的执法机关对各自管辖的香港驻军人员犯罪的案件，如果认为由对方管辖更为适宜，经双方协商一致后，可以移交对方管辖。

军事司法机关管辖的香港驻军人员犯罪的案件中，涉及的被告人中的香港居民、香港驻军人员以外的其他人，由香港特别行政区法院审判。

第二十一条　香港特别行政区执法人员依法拘捕的涉嫌犯罪的人员，查明是香港驻军人员的，应当移交香港驻军羁押。被羁押的人员所涉及的案件，依照本法第二十条的规定确定管辖。

第二十二条　香港驻军人员被香港特别行政区法院判处剥夺或者限制人身自由的刑罚的，依照香港特别行政区的法律规定送交执行；但是，香港特别行政区有关执法机关与军事司法机关对执行的地点另行协商确定的除外。

第二十六条　香港驻军的国防等国家行为不受香港特别行政区法院管辖。

第二十八条　军事司法机关可以与香港特别行政区法院和有关执法机关通过协商进行司法方面的联系和相互提供协助。

## 4. 《中华人民共和国专属经济区和大陆架法》（1998年6月26日）（节录）

第二条　中华人民共和国的专属经济区，为中华人民共和国领海以外并邻接领海的区域，从测算领海宽度的基线量起延至二百海里。

中华人民共和国的大陆架，为中华人民共和国领海以外依本国陆地领土的全部自然延伸，扩展到大陆边外缘的海底区域的海床和底土；如果从测算领海宽度的基线量起至大陆边外缘的距离不足二百海里，则扩展至二百海里。

中华人民共和国与海岸相邻或者相向国家关于专属经济区和大陆架的主张重叠的，在国际法的基础上按照公平原则以协议划定界限。

第三条　中华人民共和国在专属经济区为勘查、开发、养护和管理海床上覆水域、海床及其底土的自然资源,以及进行其他经济性开发和勘查,如利用海水、海流和风力生产能等活动,行使主权权利。

中华人民共和国对专属经济区的人工岛屿、设施和结构的建造、使用和海洋科学研究、海洋环境的保护和保全,行使管辖权。

本法所称专属经济区的自然资源,包括生物资源和非生物资源。

第四条 中华人民共和国为勘查大陆架和开发大陆架的自然资源,对大陆架行使主权权利。

中华人民共和国对大陆架的人工岛屿、设施和结构的建造、使用和海洋科学研究、海洋环境的保护和保全,行使管辖权。

中华人民共和国拥有授权和管理为一切目的在大陆架上进行钻探的专属权利。

本法所称大陆架的自然资源,包括海床和底土的矿物和其他非生物资源,以及属于定居种的生物,即在可捕捞阶段在海床上或者海床下不能移动或者其躯体须与海床或者底土保持接触才能移动的生物。

### 5.《中华人民共和国澳门特别行政区驻军法》(1999年12月2日)(节录)

第二十条 澳门驻军人员犯罪的案件由军事司法机关管辖;但是,澳门驻军人员非执行职务的行为,侵犯澳门居民、澳门驻军以外的其他人的人身权、财产权以及其他违反澳门特别行政区法律构成犯罪的案件,由澳门特别行政区司法机关管辖。

军事司法机关和澳门特别行政区司法机关对各自管辖的澳门驻军人员犯罪的案件,如果认为由对方管辖更为适宜,经双方协商一致后,可以移交对方管辖。

军事司法机关管辖的澳门驻军人员犯罪的案件中,涉及的被告人中的澳门居民、澳门驻军以外的其他人,由澳门特别行政区法院审判。

第二十一条 澳门特别行政区执法人员依法拘捕的涉嫌犯罪的人员,查明是澳门驻军人员的,应当移交澳门驻军羁押。被羁押的人员所涉及的案件,依照本法第二十条的规定确定管辖。

第二十二条 澳门驻军人员被澳门特别行政区法院判处剥夺或者限制人身自由的刑罚或者保安处分的,依照澳门特别行政区的法律规定送交执行;但是,澳门特别行政区有关执法机关与军事司法机关对执行的地点另行协商确定的除外。

第二十六条 澳门驻军的国防等国家行为不受澳门特别行政区法院管辖。

第二十八条 军事司法机关可以与澳门特别行政区司法机关和有关执法机关通过协商进行司法方面的联系和相互提供协助。

### 6.《中华人民共和国国籍法》(1980年9月10日)(节录)

第三条 中华人民共和国不承认中国公民具有双重国籍。

第四条 父母双方或一方为中国公民,本人出生在中国,具有中国国籍。

第五条 父母双方或一方为中国公民,本人出生在外国,具有中国国籍;但父母双方或一方为中国公民并定居在外国，本人出生时即具有外国国籍的，不具有中国国籍。

第六条　父母无国籍或国籍不明，定居在中国，本人出生在中国，具有中国国籍。

第八条　申请加入中国国籍获得批准的，即取得中国国籍；被批准加入中国国籍的，不得再保留外国国籍。

第九条　定居外国的中国公民，自愿加入或取得外国国籍的，即自动丧失中国国籍。

第十一条　申请退出中国国籍获得批准的，即丧失中国国籍。

第十二条　国家工作人员和现役军人，不得退出中国国籍。

### 7. 全国人民代表大会常务委员会《关于对中华人民共和国缔结或者参加的国际条约所规定的罪行行使刑事管辖权的决定》（1987年6月23日）（节录）

第六届全国人民代表大会常务委员会第二十一次会议决定：对于中华人民共和国缔结或者参加的国际条约所规定的罪行，中华人民共和国在所承担条约义务的范围内，行使刑事管辖权。

附件：几个公约的有关条款

一、《关于防止和惩处侵害应受国际保护人员包括外交代表的罪行的公约》

第三条第二款：

"每一缔约国应同样采取必要措施，于嫌疑犯在本国领土内，而本国不依第八条规定将该犯引渡至本条第一款所指明的国家时，对这些罪行确定其管辖权。"

第七条：

"缔约国于嫌疑犯在其领土内时，如不予以引渡，则应毫无例外，并不得不当稽延，将案件交付主管当局，以便依照本国法律规定的程序提起刑事诉讼。"

二、《海牙公约》

第四条第二款：

"当被指称的罪犯在缔约国领土内，而该国未按第八条的规定将此人引渡给本条第一款所指的任一国家时，该缔约国应同样采取必要措施，对这种罪行实施管辖权。"

第七条：

"在其境内发现被指称的罪犯的缔约国，如不将此人引渡，则不论罪行是否在其境内发生，应无例外地将此案件提交其主管当局以便起诉。该当局按照本国法律以对待任何严重性质的普通罪行案件的同样方式作出决定。"

三、《蒙特利尔公约》

第五条第二款：

"当被指称的罪犯在缔约国领土内，而该国未按第八条的规定将此人引渡给本条第一款所指的任一国家时，该缔约国应同样采取必要措施，对第一条第一款（甲）、（乙）和（丙）项所指的罪行，以及对第一条第二款所列与这些款项有关的罪行实施管辖权。"

第七条与《海牙公约》第七条相同。

四、《核材料实体保护公约》

第八条第二款：

"每一缔约国应同样采取必要措施，以便在被控犯人在该国领土内未按第十一条规定将其引渡给第一款所述任何国家时，对这些罪行确立其管辖权。"

五、《反对劫持人质国际公约》

第五条第二款：

"每一缔约国于嫌疑犯在本国领土内，而不将该嫌疑犯引渡至本条第一款所指国家时，也应采取必要措施，对第一条所称的罪行确立其管辖权。"

第八条第一款：

"领土内发现嫌疑犯的缔约国，如不将该人引渡，应毫无例外地而且不论罪行是否在其领土内发生，通过该国法律规定的程序，将案件送交该国主管机关，以便提起公诉。此等机关应按该国法律处理任何普通严重罪行案件的方式作出判决。"

## 8.《中华人民共和国外交特权与豁免条例》（1986年9月5日）（节录）

**第十一条** 外交信使必须持有派遣国主管机关出具的信使证明书。外交信使人身不受侵犯，不受逮捕或者拘留。

临时外交信使必须持有派遣国主管机关出具的临时信使证明书，在其负责携带外交邮袋期间，享有与外交信使同等的豁免。

商业飞机机长受委托可以转递外交邮袋，但机长必须持有委托国官方证明文件，注明所携带的外交邮袋件数。机长不视为外交信使。使馆应当派使馆人员向机长接交外交邮袋。

**第十二条** 外交代表人身不受侵犯，不受逮捕或者拘留。中国有关机关应当采取适当措施，防止外交代表的人身自由和尊严受到侵犯。

**第十四条（第一款）** 外交代表享有刑事管辖豁免。

**第二十条** 与外交代表共同生活的配偶及未成年子女，如果不是中国公民，享有第十二条至第十八条所规定的特权与豁免。

使馆行政技术人员和与其共同生活的配偶及未成年子女，如果不是中国公民并且不是在中国永久居留的，享有第十二条至第十七条所规定的特权与豁免，但民事管辖豁免和行政管辖豁免，仅限于执行公务的行为。使馆行政技术人员到任后半年内运进的安家物品享有第十八条第一款所规定的免税的特权。

使馆服务人员如果不是中国公民并且不是在中国永久居留的，其执行公务的行为享有豁免，其受雇所得报酬免纳所得税。其到任后半年内运进的安家物品享有第十八条第一款所规定的免税的特权。

使馆人员的私人服务员如果不是中国公民并且不是在中国永久居留的，其受雇所得的报酬免纳所得税。

**第二十一条** 外交代表如果是中国公民或者获得在中国永久居留资格的外国人，仅就其执行公务的行为，享有管辖豁免和不受侵犯。

**第二十二条** 下列人员享有在中国过境或者逗留期间所必需的豁免和不受侵犯：

（一）途经中国的外国驻第三国的外交代表和与其共同生活的配偶及未成年子女；

（二）持有中国外交签证或者持有外交护照（仅限互免签证的国家）来中国的外国官员；

（三）经中国政府同意给予本条所规定的特权与豁免的其他来中国访问的外国人士。

对途经中国的第三国外交信使及其所携带的外交邮袋，参照第十条、第十一条的规定办理。

**第二十三条** 来中国访问的外国国家元首、政府首脑、外交部长及其他具有同等身份的官员，享有本条例所规定的特权与豁免。

**第二十四条** 来中国参加联合国及其专门机构召开的国际会议的外国代表、临时来中国的联合国及其专门机构的官员和专家、联合国及其专门机构驻中国的代表机构和人员的待遇，按中国已加入的有关国际公约和中国与有关国际组织签订的协议办理。

**第二十六条** 如果外国给予中国驻该国使馆、使馆人员以及临时去该国的有关人员的外交特权与豁免，低于中国按本条例给予该国驻中国使馆、使馆人员以及临时来中国的有关人员的外交特权与豁免，中国政府根据对等原则，可以给予该国驻中国使馆、使馆人员以及临时来中国的有关人员以相应的外交特权与豁免。

**第二十七条** 中国缔结或者参加的国际条约另有规定的，按照国际条约的规定办理，但中国声明保留的条款除外。

中国与外国签订的外交特权与豁免协议另有规定的，按照协议的规定执行。

## 9.《中华人民共和国领事特权与豁免条例》（1990年10月30日）（节录）

**第十一条** 领事信使必须是具有派遣国国籍的人，并且不得是在中国永久居留的。领事信使必须持有派遣国主管机关出具的信使证明书。领事信使人身不受侵犯，不受逮捕或者拘留。

临时领事信使必须持有派遣国主管机关出具的临时信使证明书，在其负责携带领事邮袋期间享有与领事信使同等的豁免。

商业飞机机长或者商业船舶船长受委托可以转递领事邮袋，但机长或者船长必须持有委托国官方证明文件，注明所携带的领事邮袋件数。机长或者船长不得视为领事信使。经与中国地方人民政府主管机关商定，领馆可以派领馆成员与机长或者船长接交领事邮袋。

**第十二条** 领事官员人身不受侵犯。中国有关机关应当采取适当措施，防止领事官员的人身自由和尊严受到侵犯。

领事官员不受逮捕或者拘留，但有严重犯罪情形，依照法定程序予以逮捕或者拘留的不在此限。

领事官员不受监禁，但为执行已经发生法律效力的判决的不在此限。

**第十四条（第一款）** 领事官员和领馆行政技术人员执行职务的行为享有司法和行政管辖豁免。领事官员执行职务以外的行为的管辖豁免，按照中国与外国签订的双边条约、协定或者根据对等原则办理。

**第二十一条** 与领事官员、领馆行政技术人员、领馆服务人员共同生活的配偶及未成年子女，分别享有领事官员、领馆行政技术人员、领馆服务人员根据本条例第七条、第十七条、第十八条、第十九条的规定所享有的特权与豁免，但身为中国公民或者在中国永久居留的外国人除外。

第二十二条　领事官员如果是中国公民或者在中国永久居留的外国人，仅就其执行职务的行为，享有本条例规定的特权与豁免。

领馆行政技术人员或者领馆服务人员如果是中国公民或者在中国永久居留的外国人，除没有义务就其执行职务所涉及事项作证外，不享有本条例规定的特权与豁免。

私人服务人员不享有本条例规定的特权与豁免。

第二十三条　下列人员在中国过境或者逗留期间享有所必需的豁免和不受侵犯：

（一）途经中国的外国驻第三国的领事官员和与其共同生活的配偶及未成年子女；

（二）持有中国外交签证或者持有与中国互免签证国家外交护照的外国领事官员。

第二十六条　如果外国给予中国驻该国领馆、领馆成员以及途经或者临时去该国的中国驻第三国领事官员的领事特权与豁免，不同于中国给予该国驻中国领馆、领馆成员以及途经或者临时来中国的该国驻第三国领事官员领事特权与豁免，中国政府根据对等原则，可以给予该国驻中国领馆、领馆成员以及途经或者临时来中国的该国驻第三国领事官员以相应的领事特权与豁免。

第二十七条　中国缔结或者参加的国际条约对领事特权与豁免另有规定的，按照国际条约的规定办理，但中国声明保留的条款除外。

中国与外国签订的双边条约或者协定对领事特权与豁免另有规定的，按照条约或者协定的规定执行。

# 第二章 犯罪和刑事责任

## 一、犯罪

### （一）犯罪概念

**32. 在审判实践中，如何认定犯罪概念所要求的达到应受刑罚处罚程度的危害社会的行为？**

对社会危害性的判断，应从行为的客观危害和行为人的主观恶性相统一的视角出发。具体而言，我们认为，应先根据构成要件进行判断，如果满足犯罪构成的规格，则可以认为存在社会危害性，然后再通过一系列因素来衡量社会危害性的程度，例如数额、次数、伤情、特殊时间地点等。

**33. 网络犯罪中对社会危害性的判断与传统犯罪有何不同？**

在网络犯罪中，除了要考虑影响社会危害性的一般因素以外，还需要考虑到互联网信息传播的快速性、跨域性和自由性等特点。一个通常情况下不构成犯罪的违法或仅应受道德谴责的行为在网络环境下就可能演变成具有严重社会危害性的行为。例如裸聊行为，如果只是一对一的私人活动，很可能不构成犯罪，但当具备了组织者、表演者，甚至通过收费的会员制来进行有偿服务时，其危害性已经通过网络被迅速放大，行为的社会危害性评价自然应该升级。

## 典型疑难案件参考

### 重庆访问科技有限公司、郑立等组织淫秽表演案

**基本案情**

2008年9月,被告人郑立与被告人戴泽焱商议合作建立视频聊天网站,随后两被告人找到重庆市聚乐网络有限公司法定代表人刘峻松,要求被告人刘峻松制作FLASH视频聊天软件。同年10月,被告人郑立要求本公司技术部门开发一个视频聊天网站平台,后该公司技术负责人郑迪与被告人刘峻松将FLASH视频聊天软件上传到视频聊天软件平台上,并于同年11月建立了www.27by.com、www.ud99.com视频聊天网站。2008年12月10日,被告单位重庆市聚乐网络有限公司、重庆彩蓝科技有限公司、重庆访问科技有限公司签订《视频聊天项目合作协议》,协议约定由重庆彩蓝科技有限公司、重庆访问科技有限公司合作经营视频聊天网站(收费型一对一聊天室形式),并负责视频聊天网站的日常运营及管理,重庆市聚乐网络有限公司负责视频聊天系统平台的视频聊天软件的开发以及持续维护更新。协议还约定,重庆彩蓝科技有限公司、重庆访问科技有限公司必须向重庆市聚乐网络有限公司提供推广软件以使重庆市聚乐网络有限公司建立自有推广渠道,重庆市聚乐网络有限公司有权分享自行推广全部收入的65%等内容。此后,被告人郑立、戴泽焱、刘峻松在原有www.27by.com聊天网站的基础上,又建立了www.love65.com、www.love3l.com、www.56vn.com等网站,并进行推广,上述四网站最终都指向同一个后台数据库,该数据库由被告人郑立管理。被告人何佳在视频聊天网站中负责招募专职女主播小姐,并对其管理,其管理模式为,专职女主播小姐分三组,每组9~12人,每组设组长一名,组长由何佳管理,专职女主播小姐的收入为固定工资加网民消费提成的20%~27%;何佳的收入为固定工资加专职女主播的提成或专项提成。被告人张戎系重庆访问科技有限公司总裁助理,负责联系兼职女主播代理。专职女主播小姐由重庆访问科技有限公司提供固定办公场所及上网的电脑;兼职女主播小姐在家里或其他地方上网,其收入为网民消费提成。网民在网站上注册成为会员后,必须充值2元进入聊天室与女主播聊天,而后,在网站上充值购买K币(虚拟货币1:100)进入聊天室。网民按照女主播的要求给她在网站里用K币购买虚拟礼物(如别墅、飞机等),按礼物的大小可看见女主播穿着性感、透明的衣服或者只戴胸罩、穿内裤,在视频镜头前进行的各种内衣秀、脱衣秀、丝袜秀、自摸秀或者用性玩具模拟性交动作、发出性交时的叫床声等淫秽表演。三被告单位和五被告人利用

所招募和联系的女主播、兼职女主播小姐进行淫秽表演牟利。截至2009年6月，通过上述网站注册用户记录达5703830条，进入聊天室的网民向被告人郑立、戴泽焱在网站上提供的银行账户汇款达232320笔，金额为14931089.39元。

同时查明：公安机关追缴被告单位重庆访问科技有限公司、被告人郑立、戴泽焱非法所得1947025.23元；扣押被告人郑立"奥迪"牌渝AML889、"比亚迪"牌渝AMR579轿车各一辆、戴泽焱"迈腾"牌渝AEG996轿车一辆。

另查明：2009年9月11日，被告人张戎主动到公安机关投案，并如实供述了自己的犯罪事实。

### 一审诉辩情况

1. 荆州市荆州区人民检察院指控：被告单位重庆访问科技有限公司、重庆彩蓝科技有限公司、重庆市聚乐网络有限公司通过互联网组织淫秽表演，情节严重，被告人郑立、戴泽焱、刘峻松、张戎、何佳系直接负责的主管人员和直接责任人员，其行为均已构成组织淫秽表演罪，应当依照《刑法》第365条之规定追究其刑事责任。

2. 被告单位重庆访问科技有限公司、重庆彩蓝科技有限公司的法定代表人郑立、戴泽焱对检察机关指控的事实无异议。

被告单位重庆访问科技有限公司的辩护人辩称：（1）访问公司系初犯、偶犯；（2）访问公司在犯罪中起的作用是辅助作用；（3）访问公司积极退赃，有明显悔罪表现。综上请法庭酌定考虑情节对重庆访问科技有限公司从轻处罚。

被告单位重庆彩蓝科技有限公司的辩护人辩称：（1）彩蓝公司在本案中所处的地位是从属及次要地位；（2）彩蓝公司在本案中起的作用是辅助作用。请法庭对彩蓝公司从轻判处罚金。

3. 被告单位重庆市聚乐网络有限公司的法定代表人辩称：自己只负责软件的编写，聊天网站的外观等方面不由其完成，网站不是由其建立的，自己只编写了代码，公司的初衷不是组织淫秽表演。

被告单位重庆市聚乐网络有限公司的辩护人辩称：（1）聚乐公司在提供FLASH软件时，主观上没有犯罪的故意，不应以共同犯罪论处；（2）聚乐公司在客观上没有参与策划、组织等经营活动，在聊天项目中所起作用较小，情节轻微，应不以犯罪论处。

4. 被告人郑立对检察机关指控组织淫秽表演的犯罪事实予以供认。被告人郑立的辩护人辩称：（1）主观方面郑立不是直接故意，与明知犯罪的故意为之有所区别；（2）郑立负有股东管理责任，但不负直接责任。

5. 被告人戴泽焱对检察机关指控组织淫秽表演的犯罪事实予以供认。被告人戴泽焱的辩护人辩称：（1）《刑法》第365条所指"淫秽观众"应理解为是多人而不是个别人；（2）起诉书指控的"情节严重"在法律上无明文规定，不能成立，不能适用该条款的"情节严重"予以量刑；（3）被告人所处的地位是从属地位；（4）被告人无前科，且能如实供述全部犯罪事实，认罪态度好，应当酌情从轻处罚；（5）戴泽焱所获赃款公安机关已收缴，与赃款挥霍一空应区别对待。综上请法庭对被告人戴泽焱在量刑时予以从轻或减轻处罚。

6. 被告人刘峻松辩称：其起的作用非常小，获利也非常少。被告人刘峻松的辩护人辩称：（1）被告单位重庆市聚乐有限公司不构成组织淫秽表演罪，其个人不应当定罪处罚；（2）如认定聚乐公司的推广活动为犯罪提供了帮助，以共犯论处而追究刘峻松的刑事责任，在定罪量刑时充分考虑以下情节：①刘峻松起辅助和次要作用，属从犯，依法应当从轻或减轻处罚；②刘峻松犯罪的主观恶性小，犯罪动机单纯，情节轻微，可予以从轻处罚；③刘峻松的认罪态度好，有悔罪表现，无犯罪前科，可酌情从轻处罚。请求法院对其适用缓刑。

7. 被告人张戎辩称：其起辅助作用，有自首情节。被告人张戎的辩护人辩称：（1）张戎在该案中是从犯；（2）张戎有自首情节；（3）张戎是初犯，认罪态度好，有悔罪表现；（4）检察机关指控组织淫秽表演罪"情节严重"中的"情节严重"无法律依据。建议法院量刑时予以减轻处罚并适用缓刑。

8. 被告人何佳辩称：初衷不是组织淫秽表演；在本案中是从犯。被告人何佳的辩护人辩称：（1）何佳不具备《刑法》第366条规定的主管人员和直接责任人员的资格；（2）何佳在该公司中处于从犯地位，即在该公司中只是为他人实施犯罪提供帮助，仅起到辅助作用；（3）何佳有自首情节，认罪态度好，有悔罪表现。请求法院对其应当从轻、减轻或免除处罚。

### 一审裁判结果

荆州市荆州区人民法院依照《刑法》第365条、第366条、第25条第1款、第67条第1款、第64条的规定，判决如下：

一、被告单位重庆访问科技有限公司犯组织淫秽表演罪，判处罚金100万元；

二、被告单位重庆彩蓝科技有限公司犯组织淫秽表演罪，判处罚金80万元；

三、被告单位重庆市聚乐网络有限公司犯组织淫秽表演罪，判处罚金50万元；

四、被告人郑立犯组织淫秽表演罪，判处有期徒刑6年，并处罚金50万元（刑期从判决执行之日起计算。判决执行以前先行羁押的，羁押1日折抵刑期1日，即自2009年8月29日起至2015年8月28日止）；

五、被告人戴泽焱犯组织淫秽表演罪，判处有期徒刑5年6个月，并处罚金40万元（刑期从判决执行之日起计算。判决执行以前先行羁押的，羁押1日折抵刑期1日，即自2009年8月29日起至2015年2月28日止）；

六、被告人刘峻松犯组织淫秽表演罪，判处有期徒刑5年，并处罚金35万元（刑期从判决执行之日起计算。判决执行以前先行羁押的，羁押1日折抵刑期1日，即自2009年8月28日起至2014年8月27日止）；

七、被告人张戎犯组织淫秽表演罪，判处有期徒刑2年6个月，并处罚金10万元（刑期从判决执行之日起计算。判决执行以前先行羁押的，羁押1日折抵刑期1日，即自2009年9月17日起至2012年3月16日止）；

八、被告人何佳犯组织淫秽表演罪，判处有期徒刑3年，并处罚金10万元（刑期从判决执行之日起计算。判决执行以前先行羁押的，羁押1日折抵刑期1日，即自2009年10月28日起至2012年10月27日止）；

九、追缴被告单位重庆访问科技有限公司、被告人郑立、戴泽焱的违法所得1947025.23元，追缴被告人郑立"奥迪"牌渝AML889、"比亚迪"牌渝AMR579轿车，被告人戴泽焱"迈腾"牌渝AEG996轿车，上缴国库。

### 一审裁判理由

荆州市荆州区人民法院认为：被告单位重庆访问科技有限公司、重庆彩蓝科技有限公司、重庆市聚乐网络有限公司通过《视频聊天项目合作协议》，由被告人张戎、何佳负责组织招募女主播和联系兼职女主播小姐，采取一对一收费型聊天室，在网络视频上多次组织淫秽表演活动，从中牟利，且持续时间长、观看人数多、社会影响极为恶劣，属情节严重。被告人郑立、戴泽焱、刘峻松、张戎、何佳是组织者，系直接负责的主管人员和其他直接责任人员。三被告单位及五被告人的行为均已构成组织淫秽表演罪，检察机关指控的罪名成立，应予处罚。通过本案查明的事实，结合本案的实际情况，对被告单位和被告人不易区分主从犯。被告人张戎能主动到公安机关投案，并如实供述自己的犯罪事实，是自首，对其可减轻处罚。对被告单位重庆访问科技有限公司辩护人辩称的第（1）点辩护意见、被告单位重庆市聚乐网络有限公司法定代表人刘峻松辩护的部分意见、被告人戴泽焱的辩护人辩称的第（4）点部分辩护意见、被告人刘峻松辩护人辩称的第（2）点部分辩护意见、被告人张戎辩称的部分意见及辩护人辩称的第（2）点、第（3）点辩护意见，法院已予采纳。被告单位和被告人及其辩护人辩称的其他辩护意见不能成立，法院不予采纳和采信。

### 二审诉辩情况

一审宣判后,刘峻松以原判量刑过重和认定其参与了共同犯罪的证据不充分为由;何佳以其不是直接责任人员,原判有自首情节没有认定,以及其应该属于从犯,原判量刑过重为由,分别提起上诉。

### 二审裁判结果

荆州市中级人民法院依照《刑事诉讼法》第189条第1项的规定,裁定如下:驳回上诉,维持原判。

### 二审裁判理由

荆州市中级人民法院认为:上诉人(原审被告人)刘峻松作为原审被告单位重庆市聚乐网络有限公司的法定代表人,其参与了淫秽视频聊天软件的开发、维护及网站的推广,且其推广的网站都指向由原审被告人郑立管理的后台数据库的事实,有三方单位签订的《视频聊天项目合作协议》、证人辜陶、郑迪证言、同伙郑立、戴泽焱供述以及刘峻松供述证实,足以认定上诉人刘峻松参与了共同犯罪。故上诉人刘峻松及其辩护人提出原判认定其参与共同犯罪的证据不充分的上诉理由及辩护意见不能成立。上诉人何佳在淫秽视频聊天网站中负责招募专职女主播小姐,并负责对专职女主播小姐分组进行管理,是组织淫秽表演的直接责任人员。故上诉人何佳提出自己不是直接责任人员的上诉理由不能成立。

上诉人(原审被告人)刘峻松、何佳伙同原审被告人郑立、戴泽焱、张戎及原审被告单位重庆访问科技有限公司、重庆彩蓝科技有限公司、重庆市聚乐网络有限公司组织招募女主播和联系兼职女主播小姐在网络视频上进行淫秽表演活动,从中牟利的行为已构成组织淫秽表演罪,且持续时间长、观看人数多、社会影响极为恶劣,犯罪情节严重。上诉人刘峻松等人组织淫秽表演,情节严重,依法应处3年以上10年以下有期徒刑,并处罚金。原审判处上诉人刘峻松5年有期徒刑并处罚金,属法定幅度内处刑,且处刑适当,不存在量刑过重情形。故上诉人刘峻松及其辩护人提出原判量刑过重的上诉理由及辩护意见不能成立。上诉人何佳的亲友有送何佳自首的愿望属实,但其本人既没有向公安机关表达自首的意愿,也没有自首的具体行为,不能认定其有自首情节。故上诉人何佳及其辩护人提出原判有自首情节未认定的上诉理由及辩护意见不能成立。原判根据上诉人何佳在共同犯罪中所起作用相对较小,在量刑时已区别对待。判处其3年有期徒刑,在法定幅度内已作从轻处罚,且处罚适当,不存在量刑过重的情形。

故上诉人何佳及其辩护人的上诉理由及辩护意见不能成立。原判认定事实清楚,适用法律正确,审判程序合法。

### 34. 我国刑法中的犯罪概念是如何诠释犯罪行为的社会危害性的?

我国《刑法》第13条对具有社会危害性的行为规定得比较具体,包括一切危害国家主权、领土完整和安全,分裂国家、颠覆人民民主专政的政权和推翻社会主义制度,破坏社会秩序和经济秩序,侵犯国有财产或者劳动群众集体所有的财产,侵犯公民私人所有的财产,侵犯公民的人身权利、民主权利和其他权利,以及其他危害社会的行为。这说明犯罪行为的社会危害性是具体的而非抽象的,应该是能够被人们现实感知的,而不是可能的或潜在的。

### 典型疑难案件参考

张美华伪造居民身份证案(《最高人民法院公报》2004年第12期,总第98期)

**基本案情**

被告人张美华不慎遗失居民身份证,因其户口未落实,无法向公安机关申请补办居民身份证,遂于2002年5月底,以其本人照片和真实的姓名、身份证号码和暂住地地址,出资让他人伪造了居民身份证一张。2004年3月18日,张美华在中国银行上海市普陀支行使用上述伪造的居民身份证办理正常的银行卡取款业务时,被银行工作人员发现而案发。

另查明:张美华在用伪造的身份证申领中国银行长城国际卡时,据实填写了本人信息情况及联系人的联系电话。张美华还用该身份证在上海银行申领信用卡一张,并曾多次透支消费后存款入账。

**一审诉辩情况**

上海市静安区人民检察院以被告人张美华犯伪造居民身份证罪,向上海市静安区人民法院提起公诉。

起诉书指控：被告人张美华雇佣他人伪造居民身份证一张，使用此证到银行办理透支业务时被发现。张美华的行为触犯了《刑法》第280条第3款的规定，构成伪造居民身份证罪，请依法判处。

被告人张美华对起诉书指控的事实没有异议，但辩称：与前夫离婚并将户口迁出原住址后，由于一直无常住地址，不能办理落户手续。在身份证遗失后，曾向原户籍所在地的派出所申请补办。接待人员告知，由于其已不是该辖区的常住户口，故不能补办，但没有告知可以申办临时身份证。由于认为再也无法通过合法途径补办到身份证，不得已才花钱雇人伪造了身份证。

### 一审裁判结果

上海市静安区人民法院依照《刑事诉讼法》第162条第2项的规定，于2004年4月29日判决：被告人张美华无罪。

### 一审裁判理由

上海市静安区人民法院认为：《刑法》第13条规定："一切危害国家主权、领土完整和安全，分裂国家、颠覆人民民主专政的政权和推翻社会主义制度，破坏社会秩序和经济秩序，侵犯国有财产或者劳动群众集体所有的财产，侵犯公民私人所有的财产，侵犯公民的人身权利、民主权利和其他权利，以及其他危害社会的行为，依照法律应当受刑罚处罚的，都是犯罪，但是情节显著轻微危害不大的，不认为是犯罪。"被告人张美华伪造居民身份证，其行为违反了《居民身份证条例》的规定，应承担法律责任。但从查明的事实看，张美华是在客观上无法补办身份证，又不知道可以申办临时身份证的情况下，以本人的照片和真实的姓名、身份证编码等伪造了本人的居民身份证，且本案也是因张美华持伪造的居民身份证在为自己办理正常的银行卡业务时而案发。综上，张美华伪造居民身份证的行为情节显著轻微，危害不大，不能认为是犯罪。

### 二审诉辩情况

一审宣判后，上海市静安区人民检察院提出抗诉，理由是：无论是1985年颁布的《居民身份证条例》，还是2004年开始实施的《居民身份证法》，都规定伪造居民身份证的，依照刑法处罚。《刑法》规定的伪造居民身份证罪，犯罪客体是国家对居民身份证的管理制度。行为人只要侵犯了国家对居民身份证的管理制度，就构成此罪；至于行为人主观上是否有从事违法或犯罪活动的动机，不影响犯罪构成。被告人张美华伪造的居民身份证，虽然内容是真实的，但不能改变其伪造的犯罪性质。张美华出资让他人伪造身份证，并在办理银行业务时使用这个伪造的证件，显然不属于情节显著轻微，应当受到刑法处罚。故一审对张美华作出无罪的判决，确有错误，应当纠正。

上海市人民检察院第二分院在支持抗诉时认为，张美华用伪造的身份证申领信用卡并在银行透支现金，其行为具有潜在的社会危害性，上海市静安区人民检察院的抗诉理由成立，应当支持。

### 二审裁判结果

上海市第二中级人民法院依照《刑事诉讼法》第 189 条第 1 项的规定，于 2004 年 7 月 22 日裁定：驳回抗诉，维持原判。

### 二审裁判理由

上海市第二中级人民法院认为：我国《刑法》第 13 条的规定，揭示了犯罪应当具有社会危害性、刑事违法性和应受刑罚惩罚性等基本特征，其中社会危害性是犯罪的本质特征，这是认定犯罪的基本依据。某种表面符合《刑法》分则规定的犯罪构成客观要件的行为，只要它属于《刑法》第 13 条规定的对社会危害不大不认为是犯罪的行为，则也就不具有刑事违法性和应受刑罚惩罚性。因此，把握行为的社会危害性程度，是界定罪与非罪的关键。

《居民身份证法》第 1 条规定："为了证明居住在中华人民共和国境内的公民的身份，保障公民的合法权益，便利公民进行社会活动，维护社会秩序，制定本法。"第 8 条规定："居民身份证由居民常住户口所在地的县级人民政府公安机关签发。"由此可见，居民身份证法是公民维护自己合法权益和进行社会活动时不可或缺的身份证明。张美华的户口从原址迁出后，一直无法落户。由于缺乏"常住户口所在地"这一要件，其身份证丢失后，户籍管理机关不能为其补办，使其在日常生活中遇到困难。在此情况下，张美华雇佣他人伪造一张身份证，仅将此证用于正常的个人生活。张美华使用的居民身份证虽然是伪造的，但该证上记载的姓名、住址、身份证编码等个人身份信息却是真实的，不存在因使用该证实施违法行为后无法查找违法人的可能。张美华在使用银行信用卡时虽有透支，但都能如期如数归还，且在日常生活和工作中无违法乱纪的不良记录。法庭调查证明，张美华伪造并使用伪造居民身份证的目的，是为了解决身份证遗失后无法补办，日常生活中需要不断证明自己身份的不便。张美华伪造居民身份证虽然违法，但未对社会造成严重危害，属于情节显著轻微危害不大。一审法院根据《刑法》第 13 条的规定认定张美华的行为不是犯罪，并无不当。检察机关以张美华用伪造的居民身份证申领银行信用卡并在银行透支现金，推定张美华的行为具有潜在的社会危害性，没有事实根据，其抗诉理由不充分，不予支持。

### 35. 在司法实践中如何把握但书规定中的"情节显著轻微"？

但书规定，情节显著轻微危害不大的，不认为是犯罪。对但书的把握就是确定情节是否显著轻微，社会危害性是否不大。具体应该从行为人的主观恶性和客观危害进行分析，分析损害后果的严重性如何，行为人对损害后果的心理态度如何等，总之对但书的判断标准可以准用对社会危害性的判断标准。

#### 典型疑难案件参考

**郝欣被控非法侵入住宅宣告无罪案**

**基本案情**

1992年，被告人郝欣之夫杨道忠向本单位中国华能集团公司借用本市宣武区天宁寺前街北里3号楼1门001号三居室1套，用于存放物品。1998年，中国华能集团公司职工王晋也以存放物品为由向单位提出借房申请，单位主管人员让其自行与杨道忠协商解决。后王晋和杨道忠协商，杨道忠将三居室中的大间借给王晋暂存物品。王晋在未征得单位及杨道忠同意的情况下，将此间房屋转借给男友张旭居住。2002年，杨道忠因其父母欲来京，让对方腾房，未果。2002年6月，张旭出国，同年10月17日，被告人郝欣在未通知张旭的情况下，进入张居住的此间房屋，将张旭的物品挪至客厅内，并对其中部分物品进行了处理，后让杨的父母居住在此房间内。

2002年11月13日，张旭回国后得知消息，即报警反映东西被搬，衣柜中存放的物品被盗。公安机关出警进行了调查。2003年5月之前，杨道忠将房屋交回单位，不再借用。2003年6月，公安机关以没有证据证明有盗窃案发生为由，向张旭答复不予立案。2005年1月31日，张旭以非法侵入住宅为由再次报案，2007年9月23日，公安机关立案。2008年1月31日，被告人郝欣被传唤到案。

**一审诉辩情况**

北京市宣武区人民检察院认为：被告人郝欣无视国法，非法侵入他人住宅，干扰公民正常生活，其行为触犯《刑法》第 245 条第 1 款之规定，已构成非法侵入住宅罪，提请北京市宣武区人民法院追究其刑事责任。

被告人郝欣辩称：该房屋系其借给王晋使用，后王晋让张旭住进来，因公婆来京无房居住，其让对方腾房未果，郝欣为了让公婆居住将张旭的物品搬到客厅，自己的行为不构成犯罪。

其辩护人的辩护意见为：张旭占用该房间存在权利瑕疵，不具有合法性。被告人郝欣没有强行侵入行为。被告人郝欣没有处理被害人物品的行为。本案已过追诉时效。综上，被告人郝欣的行为不构成犯罪。

▶ 一审裁判结果 ◀

北京市宣武区人民法院依照《刑法》第 13 条、《刑事诉讼法》第 162 条第 2 项，作出如下判决：郝欣无罪。

▶ 一审裁判理由 ◀

北京市宣武区人民法院经审理认为：被告人郝欣擅自进入张旭的房间，将张旭的东西挪至客厅，并让其公婆进入居住，其行为确有不当之处，但情节显著轻微，对社会的危害性不大，不应被认为是犯罪。检察机关指控被告人郝欣犯非法侵入住宅罪罪名不成立。被告人郝欣及其辩护人关于不是犯罪行为的辩护意见，予以采纳。被告人郝欣的辩护人关于本案已过追诉时效的辩护意见与事实不符，不予采纳。

▶ 二审诉辩情况 ◀

一审宣判后，北京市宣武区人民检察院抗诉称：被告人郝欣非法侵入他人住宅，并给张旭造成物质损失，严重影响了张旭的正常生活，构成非法侵入住宅罪，提出抗诉，提请北京市第一中级人民法院依法惩处。

北京市人民检察院第一分院审核后认为：北京市宣武区人民检察院对北京市宣武区人民法院关于被告人郝欣非法侵入住宅一案提出的抗诉不当，决定撤回抗诉。

▶ 二审裁判结果 ◀

北京市第一中级人民法院依照《刑事诉讼法》第 189 条第 1 项及最高人民法院《关于执行〈中华人民共和国刑事诉讼法〉若干问题的解释》第 241 条、第 244 条，作出如下裁定：准许北京市人民检察院第一分院撤回抗诉。

### 二审裁判理由

北京市第一中级人民法院经审理认为：原审被告人郝欣不能正确处理借出房屋的使用问题，擅自进入他人房间、处置他人物品，其行为确有不当之处，但情节显著轻微危害不大，不认为是犯罪。原审人民法院根据本案的事实、性质、情节作出的判决，事实清楚、证据确实、适用法律正确、审判程序合法。北京市人民检察院第一分院撤回抗诉的决定，符合法律规定。

## （二）犯罪构成

> **36. 是否需要行为人对自己行为的危害后果具有认识或虽未认识但具有认识的能力，才能认定其行为与结果之间具有因果关系？**
>
> 根据我国刑法因果关系理论的通说，刑法因果关系以自然因果关系为其最大外延边界，自然应具备客观属性，也就是说刑法因果关系的存在与否不以行为人主观上是否认识到为转移，即使主观未认识到，也不能就此认定不存在因果关系。当然，因果关系存在并不代表行为人就应该承担刑事责任，因为还需要通过归责的过程来确认责任。

### 典型疑难案件参考

包智安受贿、滥用职权案

### 基本案情

1. 受贿

1996年10月至2003年5月期间，被告人包智安利用职务上的便利，为王能辉等人谋取利益，先后22次非法收受王能辉等人财物共计人民币28.04万元。具体事实如下：

（1）1996年10月，被告人包智安利用担任南京市劳动局局长的职务便利，在审批王能辉调入南京锅炉厂的过程中，收受王能辉人民币1万元。

（2）1997年，被告人包智安利用担任南京市劳动局局长的职务便利，为南京金泰汽车零部件制造有限公司承接南京汽车制造厂部分汽车内饰业务提供帮助。1997年至2003年春节前，先后7次收受该公司经理虞剑人民币共计

4.1万元。

(3) 1997年9月至1999年4月，被告人包智安利用担任南京市劳动局局长的职务便利，为宜兴市南方建筑装饰工程公司承接南京市劳动局下属单位装修工程提供帮助，先后6次收受该公司总经理戴建祥人民币共计4.8万元。

(4) 1998年5月，被告人包智安利用担任南京市劳动局局长的职务便利，在安排本局向南京市白下区城镇开发四公司购买12套商品房后，收受该公司挂靠人郭三宝给予的"三菱"牌挂壁式空调4台，共计价值人民币2.64万元。

(5) 2002年11月，被告人包智安利用担任南京市经济委员会副主任兼南京市安全生产监督管理局局长的职务便利，为仪征市建设工程有限公司承接南京江南光电集团股份有限公司新厂区部分工程提供帮助，收受该公司经理蒋英人民币1万元。

(6) 2002年12月，被告人包智安利用担任南京市经济委员会副主任的职务便利，介绍江苏华厦电气集团南京办事处参加南汽动力厂项目竞标，收受该办事处贾余华人民币1万元。

(7) 2002年7月至2003年5月，被告人包智安利用担任南京市经济委员会副主任兼南京市安全生产监督管理局局长的职务便利，为协调解决南京金波房地产开发有限公司承建小区相关审批、交通等问题提供帮助，并在帮该公司介绍、协调收购土地期间，先后两次收受该公司总经理赵守仁人民币12万元。

(8) 2003年春节前，被告人包智安利用担任南京市安全生产监督管理局局长的职务便利，在处理南京市路桥联合总公司沧波门塌桥事故过程中，收受南京市公路管理处处长迟陆军、南京市路桥工程联合总公司总经理金国斌人民币3000元。

(9) 2003年2月，被告人包智安利用担任南京市经济委员会副主任兼南京市安全生产监督管理局局长的职务便利，为中国民生银行南京分行上海路支行从中国电子科技集团第十四研究所吸收存款人民币1000万元提供帮助，收受该支行行长黄强人民币2000元。

(10) 2003年4月，被告人包智安利用担任南京市经济委员会副主任兼南京市安全生产监督管理局局长的职务便利，允诺安排南京新苏热电有限公司总经理张荣生女儿进入政府部门工作，收受张荣生人民币1万元。

被告人包智安在被有关部门"双规"期间，主动交代了司法机关尚不掌握的全部受贿犯罪事实。案发后至一审期间，退清全部赃款。

2. 滥用职权

1997年3月至1998年1月,被告人包智安在担任南京市劳动局局长期间,未经集体研究,擅自决定以南京市劳动局的名义,为下属企业南京正大金泰企业(集团)有限公司(以下简称正大公司)出具鉴证书,致使该公司以假联营协议的形式,先后向南京计时器厂、南京钟厂、南京长乐玻璃厂借款人民币3700万元,造成3家企业共计人民币3440余万元的损失。1999年至今,经南京市人民政府协调,由南京市劳动局陆续"借"给上述3家企业共计人民币1700余万元。

▶ 一审诉辩情况

江苏省南京市人民检察院以被告人包智安犯受贿罪、滥用职权罪,向江苏省南京市中级人民法院提起公诉。

起诉书指控:1996年10月至2003年5月,被告人包智安利用职务上的便利,为王能辉等人谋取利益,先后22次非法收受王能辉等人财物共计人民币28.04万元;1997年3月至1998年1月,被告人包智安在担任南京市劳动局局长期间,未经集体研究,擅自决定以南京市劳动局名义为下属企业出具鉴证书,造成有关企业损失人民币3440余万元。被告人包智安的行为构成受贿罪、滥用职权罪,受贿罪系自首。

被告人包智安辩称:收受28万余元属实,但大部分不是受贿,滥用职权罪名不成立。其辩护人提出:被告人包智安收受虞剑、蒋英、贾余华、赵守仁、黄强财物时未利用职务上的便利;指控包智安收受虞剑、赵守仁、郭三宝、迟陆军和金国斌、张荣生贿赂证据不足;包智安受贿数额应为人民币6.04万元;包智安没有滥用职权的行为,其出具鉴证书与造成损失无因果关系,且行为大部分发生于新《刑法》实施之前,不应追诉。

▶ 一审裁判结果

江苏省南京市中级人民法院依照《刑法》第93条、第385条第1款、第386条、第383条第1款第2项、第397条第1款、第69条、第67条、第59条、第64条的规定,于2004年10月13日判决如下:

一、被告人包智安犯受贿罪,判处有期徒刑8年,没收财产人民币10万元;犯滥用职权罪,判处有期徒刑4年,决定执行有期徒刑10年,没收财产人民币10万元。

二、犯罪所得人民币28.04万元予以没收,上缴国库。

### 一审裁判理由

对于被告人包智安及其辩护人就上述事实提出的辩解、辩护意见，江苏省南京市中级人民法院经查证认为：

1. 关于收受郭三宝空调的问题。被告人包智安的供述与郭三宝及相关证人均证实该空调没有付款，现包智安的妻子朱国珍虽出庭作证称已付款，但没有相应的证人和证据（收条）证实，故对朱国珍的证言不予采纳，对包智安及其辩护人就此提出的辩解、辩护意见不予采纳。

2. 对于收受赵守仁贿赂的数额认定问题。虽然包智安第一次收受了赵守仁人民币5万元，但因是赵守仁给包智安和闫卫东两人的，应以包实际取得认定其受贿数额；包智安第二次收受赵守仁人民币10万元后，包是否分给他人属对赃款的支配，不影响受贿数额的认定，故对包智安及其辩护人就此提出的辩解、辩护意见不予采纳。

3. 对于收受虞剑贿赂是否属正常经济往来的问题。包智安在侦查阶段的供述及相关证人的证言已能明确证实其与虞剑系行受贿关系，虞剑出庭作证也仅仅证明两家有经济往来，与起诉指控的事实无关，故对包智安及其辩护人就此提出的辩解、辩护意见不予采纳。辩护人所提收受张荣生、金国斌等人贿赂事实不清的辩护意见，与查明的事实不符，亦不予采纳。

4. 对于包智安在收受虞剑等人贿赂时有无利用职务便利及是否为他人谋取利益的问题。包智安在收受相关贿赂时担任的职务是南京市劳动局局长、南京市经委副主任、安全生产监督局局长，与相关的部门和单位均有职能上的管理和制约关系，属利用职务便利收受贿赂，且均有为他人谋利的行为，应认定系受贿，故对包智安及其辩护人就此提出的辩解、辩护意见不予采纳。

5. 关于包智安行为的不法性和因果关系的问题。包智安明知国家机关不能提供担保，且企业间不允许相互拆借资金，仍擅自同意出具具有担保意义的所谓"鉴证书"，为有关企业以联营名义相互拆借资金提供条件，其行为具有不法性；正因为包智安以劳动局名义出具了"鉴证书"，使得相关企业间非法拆借资金行为得以实行，也同时产生了巨大的资金使用风险，且造成有关企业实际损失人民币3400余万元的客观后果，该后果与包智安的不法行为间具有因果关系。

6. 关于包智安部分行为的追诉时效问题。包智安滥用职权的部分行为发生在《刑法》实施之前，虽然1979年《刑法》没有滥用职权罪的罪名，但将滥用职权的行为规定为玩忽职守罪的罪名。在新、旧《刑法》均规定为犯罪的情况下，犯罪行为延续到《刑法》实施之后的，依照有关法律解释的精神，应当依照《刑法》追究其刑事责任。故被告人及其辩护人对于滥用职权罪提出的辩解、辩护意见不能成立，不予采纳。

江苏省南京市中级人民法院认为：被告人包智安身为国家工作人员，利用职务上的便利，非法收受他人财物，为他人谋取利益，其行为已构成受贿罪；包智安身为国家机关工作人员，滥用职权，致使国家和人民利益遭受重大损失，情节特别严重，其行为还构成滥用职权罪。包智安犯有两罪，应予数罪并罚。南京市人民检察院指控被告人包智安构成受贿罪、滥用职权罪的事实清楚，证据确实充分，予以采纳。包智安受贿罪系自首，且退清全部赃款，依法对其所犯受贿罪予以减轻处罚。

### 二审诉辩情况

一审宣判后，被告人包智安不服，向江苏省高级人民法院提出上诉。被告人包智安上诉理由和其辩护人的辩护意见与一审时的辩解、辩护意见相同。

### 二审裁判结果

江苏省高级人民法院依照《刑事诉讼法》第189条第1、2项的规定，于2005年4月11日判决如下：

一、维持江苏省南京市中级人民法院刑事判决第一项中关于包智安犯受贿罪的判决部分和第二项，即被告人包智安犯罪贿罪，判处有期徒刑8年，没收财产人民币10万元；犯罪所得人民币28.04万元予以没收，上缴国库。

二、撤销江苏省南京市中级人民法院刑事判决第一项关于包智安犯滥用职权罪的判决部分，即被告人包智安犯滥用职权罪，判处有期徒刑4年，数罪并罚，决定执行有期徒刑10年，没收财产人民币10万元。

### 二审裁判理由

江苏省高级人民法院经审理认为：被告人包智安身为国家工作人员，利用职务上的便利，非法收受他人财物，为他人谋取利益，其行为已构成受贿罪，应依法惩处。包智安受贿罪系自首，且退清全部赃款，依法对其所犯受贿罪予以减轻处罚。包智安违反规定同意鉴证的行为是一种超越职权行为，但尚构不成犯罪。故对包智安及其辩护人所提滥用职权罪名不成立的辩解、辩护意见予以采纳。原审判决认定包智安犯受贿罪的事实清楚，证据充分。定性准确，量刑在法律规定范围内。但认定犯滥用职权罪不当，依法应予改判。

### 37. 判断行为与结果之间是否存在刑法上因果关系的一般原则是什么？

在判断行为与结果之间是否存在刑法上的因果关系时，应以行为时客观存在的一切事实为基础，依据一般人的经验进行判断。在存在介入因素的场合下，判断介入因素是否对因果关系的成立产生阻却影响时，一般是通过是否具有"相当性"的判断标准来加以确定的。在"相当性"的具体判断中，一般可从以下三个方面来进行：（1）最早出现的实行行为导致最后结果发生的概率的高低。概率高者，因果关系存在；反之，不存在。（2）介入因素异常性的大小。介入因素过于异常的，实行行为和最后结果之间的因果关系不存在；反之，因果关系存在。（3）介入因素对结果发生的影响力。影响力大者，因果关系不存在；反之，因果关系存在。当然，如果介入行为与此前行为对于结果的发生作用相当或者互为条件时，均应视为原因行为，同时成立因果关系。

## 典型疑难案件参考

### 龚晓玩忽职守案

**基本案情**

1995年10月，被告人龚晓毕业于重庆医科大学后被分配至四川省黔江地区公安处交通警察支队工作。1996年9月，黔江地区公安处交通警察支队安排具有医学专业知识的被告人龚晓到其下属的黔江地区车辆管理所从事驾驶员体检工作，直至2000年3月。

1998年12月，黔江地区车管所下辖的彭水县村民蒋明凡持有的驾驶证有效期届满后（蒋于1994年5月申请办理准驾B型车辆的正式驾驶证），向彭水县公安局交通警察大队申请换证。彭水县公安局交通警察大队对蒋明凡的申请初审后，将其报送给黔江地区车辆管理所审验换证。1999年3月22日，时在黔江地区车辆管理所负责驾驶员体检工作的被告人龚晓收到蒋明凡的《机动车驾驶证申请表》后，在既未对蒋明凡进行体检，也未要求蒋明凡到指定的医院体检的情况下，违反规定自行在其《机动车驾驶证申请表》上的"视力"栏中填写上"5.2"，在"有无妨碍驾驶疾病及生理缺陷"栏中填上

"无",致使自 1995 年左眼视力即已失明的蒋明凡换领了准驾 B 型车辆的驾驶证。此后,在 2000 年、2001 年及 2002 年的年度审验中,蒋明凡都通过了彭水县公安局交通警察大队的年度审验。

2002 年 8 月 20 日,蒋明凡驾驶一辆中型客车违章超载 30 人(核载 19 座)从长滩乡驶向彭水县城,途中客车翻覆,造成乘客 26 人死亡、4 人受伤和车辆报废的特大交通事故,蒋明凡本人也在此次事故中死亡。事故发生后,经彭水县公安局交通警察大队调查,认定驾驶员蒋明凡违反《道路交通管理条例》第 26 条第 9 项"在患有妨碍安全行车的疾病或过度疲劳时,不得驾驶车辆"的规定和第 33 条第 1 项"不准超过行驶证上核定的载人数"的规定,对此次事故负全部责任,乘客不负事故责任。

### 一审诉辩情况

重庆市黔江区人民检察院以被告人龚晓犯玩忽职守罪,向黔江区人民法院提起公诉。

### 一审裁判结果

黔江区人民法院依照《刑事诉讼法》第 162 条第 3 项的规定,判决被告人龚晓无罪。

### 一审裁判理由

黔江区人民法院认为:被告人龚晓在蒋明凡申请换证时,未能正确履行职责,致使蒋明凡驾驶证换证手续得以办理,但其效力仅及于当年,此后年审均在彭水县交警大队办理,且现有证据不能确定发生车祸的具体原因,被告人龚晓的行为不构成玩忽职守罪。

### 二审诉辩情况

一审宣判后,黔江区人民检察院以判决认定被告人龚晓的失职行为与蒋明凡所驾车辆发生的交通事故之间没有刑法上的因果关系错误,被告人龚晓构成玩忽职守罪,向重庆市第四中级人民法院提出抗诉。

### 二审裁判结果

重庆市第四中级人民法院依照《刑事诉讼法》第 189 条第 1 项的规定,裁定:驳回抗诉,维持原判。

### 二审裁判理由

重庆市第四中级人民法院经开庭审理认为:根据《机动车驾驶证管理办

法》的规定，在对驾驶员审验时及驾驶员申请换领驾驶证时，黔江地区车辆管理所均负有对驾驶员进行体检的义务。驾驶员蒋明凡在申请换证时，被告人龚晓未履行对其身体进行检查的职责，其玩忽职守行为客观存在，但其失职行为与"8·20"特大交通事故之间不存在刑法上的因果关系，因此，不能认定被告人龚晓的玩忽职守行为已致使公共财产、国家和人民利益遭受重大损失，进而，不能认定其行为已构成玩忽职守罪。

### 38. 如何在司法实践中辨别必然因果关系和偶然因果关系？

两个必然因果关系通过一个偶然因果关系而连接起来，通过间接联系而引起某种危害结果，前一必然因果关系的原因与后一必然因果关系的结果之间就是刑法上的偶然因果关系。例如甲把乙撞倒了，恰巧开来一辆汽车将摔倒的乙撞死，甲撞乙的行为与乙倒地的结果之间是必然因果关系，汽车撞乙与乙死亡之间是必然因果关系，由于甲撞乙的行为并不会导致乙死亡，乙倒地也并不必然会有汽车开来，因此甲撞乙与乙死亡之间就是偶然因果关系。

#### 典型疑难案件参考

**陈美娟投放危险物质案**

**基本案情**

被告人陈美娟与被害人陆兰英两家东西相邻。2002年7月下旬，两人因修路及其他琐事多次发生口角并相互谩骂，陈美娟遂怀恨在心，决意报复。2002年7月25日晚9时许，陈美娟从自家水池边找来一支一次性注射器，再从家中柴房内的甲胺磷农药瓶中抽取半针筒甲胺磷农药后，潜行至陆兰英家门前丝瓜棚处，将农药打入瓜藤上所结的多条丝瓜中。次日晚，陆兰英及其外孙女黄金花食用了被注射有甲胺磷农药的丝瓜后，出现上吐下泻等中毒症状。其中，黄金花经抢救后脱险；陆兰英在被送往医院抢救后，因甲胺磷农药中毒引发糖尿病高渗性昏迷低钾血症，医院对此诊断不当，而仅以糖尿病和高血压症进行救治，陆兰英因抢救无效于次日早晨死亡。

陆兰英死后，其亲属邻里在门前瓜棚下为其办理丧事中，发现未采摘的丝瓜中有的有小黑斑，遂怀疑他人投毒，故向公安机关报案。经侦查，陈美娟被抓获。

### 诉辩情况

江苏省南通市人民检察院以被告人陈美娟犯投放危险物质罪，向南通市中级人民法院提起公诉。

被害人陆兰英的近亲属及另一被害人黄金花提起附带民事诉讼。

被告人辩称：被害人在案发的起因上有过错，且被害人自身有病，其投放甲胺磷不能必然导致死亡结果发生。

### 裁判结果

南通市中级人民法院根据《刑法修正案（三）》第 2 条、《刑法》第 115 条第 1 款、第 48 条第 1 款、第 57 条第 2 款、第 36 条第 1 款，《民法通则》第 119 条的规定，于 2002 年 12 月 24 日判决如下：

一、被告人陈美娟犯投放危险物质罪，判处死刑，缓期 2 年执行，剥夺政治权利终身。

二、被告人陈美娟赔偿附带民事诉讼原告人黄金花医药费及交通费人民币 269.20 元、被害人陆兰英抢救费及交通费人民币 1535.20 元、丧葬费人民币 3000 元，合计人民币 4804.40 元。

三、驳回附带民事诉讼原告人的其他诉讼请求。

### 裁判理由

南通市中级人民法院认为：被告人陈美娟因与被害人发生口角而心怀不满，故意在被害人所种植的丝瓜中投放甲胺磷农药，危害公共安全，造成二人中毒、其中一人死亡的严重后果，其行为已构成投放危险物质罪。陈美娟归案后，认罪态度较好，可酌情从轻处罚。陈美娟对其犯罪行为给附带民事诉讼原告人所造成的经济损失，合理的部分应予赔偿。对被告人及其辩护人关于被害人的死因并非被告人投放甲胺磷必然导致的辩解及辩护理由，经庭审查明，被害人系因有机磷中毒诱发糖尿病高渗性昏迷低钾血症，在两种因素共同作用下死亡，没有被告人的投毒行为在前，就不会有被害人死亡结果的发生，故对该辩解和辩护理由不予采纳。

### 复核情况

一审判决宣告后，被告人陈美娟及附带民事诉讼原告人没有上诉，检察机关没有抗诉。南通市中级人民法院依法将本案报送江苏省高级人民法院核准。

**复核结果**

江苏省高级人民法院根据《刑事诉讼法》第 201 条和最高人民法院《关于执行〈中华人民共和国刑事诉讼法〉若干问题的解释》第 278 条第 2 款第 1 项的规定,于 2003 年 5 月 7 日裁定如下:核准江苏省南通市中级人民法院以投放危险物质罪判处被告人陈美娟死刑,缓期 2 年执行,剥夺政治权利终身的刑事判决。

**复核理由**

江苏省高级人民法院经复核认为:被告人陈美娟与被害人陆兰英因修路等邻里琐事发生口角而心怀不满,故意在被害人所种植的丝瓜中投放甲胺磷农药,危害公共安全,其行为已构成投放危险物质罪。南通市中级人民法院对被告人陈美娟的定罪量刑正确,审判程序合法。

---

**39. 如何在司法实践中运用条件说来解决因果关系问题?**

运用条件说,需要同时具备事实原因和接近原因,也就是寻找到的原因既是事实原因又是接近原因。首先看行为人的行为是否对结果具有实质影响,再看在该行为与结果之间是否具有介入因素,从而判断行为与危害后果之间的因果关系。

---

**典型疑难案件参考**

王俊超等故意伤害案

**基本案情**

被告人王俊超和被害人秦新奎系在鲁山县看守所服刑时同室羁押而相识。2004 年 1 月 11 日,秦刑满释放即到王家暂住,第三日上午,被告人王俊超发现口袋少了 10 元钱,随之发现秦在本村小卖部消费了 10 元钱,便怀疑秦新奎偷窃,王俊超等人推打秦新奎,让其离开王家。下午 2 时许,被告人王俊超、肖召飞等人一同去王家奶牛场时,秦新奎一直在后跟着,王俊超再次要求秦离开,秦新奎未离去。当行至村南干渠桥时,被告人王俊超、肖召飞、柴孩等人对秦拳打脚踢,用皮带抽打,将秦打翻后离去。王俊超家人知道后将秦送至医院救治。

秦新奎住院18天，于2004年元月31日晚8点30分死亡。2004年2月20日，平顶山市公安局法医学检验鉴定中心出具鉴定，结论为：死者秦新奎符合饿死。其损伤程度为重伤。2006年10月19日，又补充鉴定，结论为：死者秦新奎符合钝性物体打击头部，致颅内硬膜下血肿及脑出血，全身多器官功能衰竭而死亡。

另查明，秦新奎系独子，其父秦运清，生于1940年10月6日，农民，住浚县新镇镇西双鹅头村。其母李秋凤，1961年7月11日生，汉族，农民，2001年改嫁至卫辉市李源屯镇后李庄村。

又查明，被告县医院为救治秦新奎垫付了医疗费2880元，陪护费670元，秦新奎死亡后，垫付了尸体火化费300元。

### 一审诉辩情况

鲁山县人民检察院以故意伤害罪指控王俊超、肖召飞、柴孩。

### 一审裁判结果

鲁山县人民法院判决如下：

一、被告人肖召飞犯故意伤害罪，判处有期徒刑10年。

二、被告人王俊超犯故意伤害罪，判处有期徒刑7年。

三、被告人柴孩犯故意伤害罪，判处有期徒刑4年。

四、附带民事被告王俊超、肖召飞、柴孩共同赔偿附带民事诉讼原告秦运清、李秋凤经济损失共计76933.6元（其中死亡赔偿金50663元，被抚养人生活费58242.15元，交通费1000元，总计109905.15元，计赔70%）。

五、驳回附带民事诉讼原告秦运清、李秋凤的其他诉讼请求。

### 一审裁判理由

鲁山县人民法院审理后认为：被告人王俊超、肖召飞、柴孩共同故意伤害他人身体，造成被害人秦新奎重伤，后导致死亡的严重后果，其行为均构成故意伤害（致死）罪。检察机关指控被告人的犯罪事实及罪名成立，应予确认。被告人王俊超案发后能主动投案，并如实供述犯罪事实，属自首，可对其减轻处罚。被告人柴孩作案时不满16周岁，当庭自愿认罪，亦可对其减轻处罚。鲁山县人民医院在救治被害人秦新奎过程中，是否存在不作为问题，因不属于刑事附带民事诉讼范围，原告在提起附带民事诉讼过程中，把其列为附带民事诉讼被告，系诉讼主体不适格，当另行提起民事诉讼。故原告要求县人民医院承担民事赔偿责任的请求，不应在本次诉讼活动中支持。鲁山县人民医院在救治死者秦新奎过程中所花医疗、陪护及火化费用已由该单位支出，表示不再追索，本院予以准许。被害人秦新奎被殴打受伤住院期间，其父秦运清接到派出所通知后不到医院护理，对受伤住院的儿子不尽看护义务，虽无过错，但未尽到应尽的责任；应承担部分责任，可相应减轻三被告人应承担的民事赔偿责任。

### 二审诉辩情况

一审判决后，被告人肖召飞不服，上诉称：指控其犯故意伤害罪事实不清，证据不足，罪名不能成立。请求改判无罪。

### 二审裁判结果

二审法院依照《刑事诉讼法》第189条第2项和《刑法》第234条第2款、第25条第1款、第26条第1款、第17条第1、2、3款之规定，判决：

一、维持鲁山县人民法院〔2007〕鲁刑未初字第27号刑事附带民事判决中定罪部分，即被告人王俊超、肖召飞、柴孩犯故意伤害罪。

二、撤销鲁山县人民法院〔2007〕鲁刑未初字第27号刑事附带民事判决中对上诉人肖召飞、原审被告人王俊超、柴孩的量刑部分，即被告人肖召飞犯故意伤害罪，判处有期徒刑10年；被告人王俊超犯故意伤害罪，判处有期徒刑7年；被告人柴孩犯故意伤害罪，判处有期徒刑4年。

三、被告人王俊超犯故意伤害罪，判处有期徒刑5年。

四、被告人肖召飞犯故意伤害罪，判处有期徒刑4年6个月。

五、被告柴孩犯故意伤害罪，判处有期徒刑3年。

### 二审裁判理由

二审法院审理后认为：上诉人肖召飞伙同原审被告人王俊超、柴孩共同故意伤害他人身体，造成被害人秦新奎重伤，其行为均构成故意伤害罪。原审被告人王俊超案发后能主动投案，并如实供述犯罪事实，属自首，可对其从轻处罚。原审被告人柴孩作案时不满16周岁，当庭自愿认罪，亦可对其从轻处罚。在二审期间，上诉人肖召飞、原审被告人王俊超、柴孩自愿与附带民事诉讼原告人达成附带民事调解协议，得到了被害人近亲属的谅解，据此，本院在量刑时可酌定从轻处罚。原审判决认定事实清楚、定罪准确，审判程序合法，但因二审中，当事人间就附带民事赔偿达成调解协议，取得了一定谅解，且原判对上诉人肖召飞、原审被告人王俊超、柴孩量刑确有不当，本院可予改判。

### 40. 相当因果关系说与必然偶然因果关系说在实践中运用有何不同？

折中的相当因果关系说目前是大陆法系的通说，先以社会一般人的判断作为标准，如社会一般人不能判断的，再以行为人的认识为标准，这实际上已经涵盖了归责内容，已不再是单纯的事实因果关系。需要注意的是，目前中国主要运用的还是必然和偶然因果关系理论，因果关系的认定与归责是分开进行的，即使确定了存在刑法上的因果关系，也不能就此认定归责问题。

## 典型疑难案件参考

### 洪志宁故意伤害案

**基本案情**

被告人洪志宁与曾银好均在福建省厦门市轮渡海滨公园内经营茶摊，二人因争地界曾发生过矛盾。2004年7月18日17时许，与洪志宁同居的女友刘海霞酒后故意将曾银好茶摊上的茶壶摔破，并为此与曾银好同居女友方凤萍发生争执。正在曾银好茶摊上喝茶的陈碰狮（男，48岁）上前劝阻，刘海霞认为陈碰狮有意偏袒方凤萍，遂辱骂陈碰狮，并与陈扭打起来。洪志宁闻讯赶到现场，挥拳连击陈碰狮的胸部和头部，陈碰狮被打后追撵洪志宁，追出二三步后倒地死亡。洪志宁逃离现场，后到水上派出所轮渡执勤点打探消息时，被公安人员抓获。

经鉴定，陈碰狮系在原有冠心病的基础上因吵架时情绪激动、胸部被打、剧烈运动及饮酒等多种因素影响，诱发冠心病发作，冠状动脉痉挛致心跳骤停而猝死。

**一审诉辩情况**

福建省厦门市人民检察院以被告人洪志宁犯故意伤害罪，向厦门市中级人民法院提起公诉。

**一审裁判结果**

厦门市中级人民法院依照《刑法》第234条第2款、第65条第1款的规定，判决如下：被告人洪志宁犯故意伤害罪，判处有期徒刑10年零6个月。

### 一审裁判理由

厦门市中级人民法院认为：被告人洪志宁故意伤害他人身体，致被害人死亡，其行为已构成故意伤害罪。被告人洪志宁在刑满释放后5年内再犯应当判处有期徒刑以上刑罚之罪，系累犯，应从重处罚。鉴于被告人洪志宁归案后能坦白认罪，且考虑被害人原先患有冠心病及心肌梗死的病史，其死亡原因属多因一果等情节，可以从轻处罚。

### 二审诉辩情况

一审宣判后，被告人洪志宁不服，上诉提出：其只是一般的殴打行为，原判定罪不准；被害人死亡与其只打二三拳没有关系，不应负刑事责任，请求二审给予公正裁判。

### 二审裁判结果

福建省高级人民法院撤销厦门市中级人民法院刑事判决中对被告人洪志宁的量刑部分，以洪志宁犯故意伤害罪，在法定刑以下判处有期徒刑5年，并依法报送最高人民法院核准。

### 二审裁判理由

福建省高级人民法院经审理认为：被告人洪志宁故意伤害他人身体致人死亡的行为，已构成故意伤害罪。洪志宁关于原判对其定罪量刑错误的上诉理由，经查，首先，被告人拳击行为发生在被害人与其女友刘海霞争执扭打中，洪志宁对被害人头部、胸部分别连击数拳，其主观上能够认识到其行为可能会伤害被害人的身体健康，客观上连击数拳，是被害人死亡的因素之一，因此，对被告人应当按照其所实施的行为性质以故意伤害定罪。虽然死亡后果超出其本人主观意愿，但这恰好符合故意伤害致人死亡的构成要件。故原判定罪准确，洪志宁关于定罪不准确的上诉理由不能成立。其次，被告人拳击行为与被害人死亡结果之间具有刑法上的因果关系。被告人对被害人胸部拳击数下的行为一般情况下不会产生被害人死亡的结果，但其拳击的危害性为，与被害人情绪激动、剧烈运动及饮酒等多种因素介入"诱发冠心病发作"导致了死亡结果的发生。被害人身患冠心病被告人事先并不知情，是一偶然因素，其先前拳击行为与被害人死亡结果之间属偶然因果关系，这是被告人应负刑事责任的必要条件。因此，被告人的行为与被害人死亡的结果具有刑法上的因果关系，洪志宁关于对被害人死亡不负刑事责任的上诉理由不能成立。原判认定事实清楚，证据确实、充分，定罪准确。审判程序合法。被告人洪志宁系累犯，依法应从重处罚。鉴于本案的特殊情况，原判对洪志宁的量刑过重，与其罪责明显不相适应，可在法定刑以下予以减轻处罚。

**复核结果**

最高人民法院依照《刑法》第 63 条第 2 款和最高人民法院《关于执行〈中华人民共和国刑事诉讼法〉若干问题的解释》第 270 条的规定，裁定：核准福建省高级人民法院以故意伤害罪，在法定刑以下判处被告人洪志宁有期徒刑 5 年的刑事判决。

**复核理由**

最高人民法院经复核后认为：被告人洪志宁殴打他人并致人死亡的行为，已构成故意伤害罪。洪志宁曾因犯罪被判刑，刑满释放后 5 年内又犯罪，应依法从重处罚。但被害人患有严重心脏疾病，洪志宁的伤害行为只是导致被害人心脏病发作的诱因之一。根据本案的特殊情况，对被告人洪志宁可以在法定刑以下判处刑罚。一、二审判决认定的事实清楚，证据确实、充分，定罪准确。审判程序合法。二审判决量刑适当。

### 41. 司法实践中如何判断行为人的犯罪故意？

对犯罪故意的具体判断就是在具体案件中对行为人认识因素和意志因素的判断。需要根据行为人的认识能力来确定，如年龄、社会阅历、学历、职业、专业技能以及所处环境对认识能力的影响因素等，如光线明暗、安全防卫措施等级、与被害人关系、行人多少等；对意志因素的判断比较复杂，意志因素属于人的心理层面，不够直观，因此需要根据行为人的外在表现来判断，如行为人实施犯罪行为时的犯罪对象、侵害程度、打击部位的重要性、使用工具手段、实施犯罪的难度等等都可以作为推定行为人主观心理态度的依据。总之，对犯罪故意的判断应结合具体案情综合分析。

## 42. 如何认定刑事被害人的过错？

刑事案件中被害人的过错，即由被害人作出的，与被告人所实施的犯罪行为的发生有着直接或间接关系的应受非难的行为。对刑事被害人过错的判断，应采取主客观相一致的标准。具体来说，包括四个方面的标准：第一，被害人主观上存在故意或过失；第二，被害人实施了相应的行为；第三，被害人实施的是一种违反法律或道德的行为；第四，被害人的过错是被告人实施相应犯罪的原因，即被害人的过错行为诱发被告人产生犯罪意图，或促使被告人加剧犯罪侵犯程度，则表明被害人的行为与被告人的犯罪行为存在因果关系，是被告人实施相应犯罪的原因。同时具备上述条件就可以认定被害人存在过错。

### 典型疑难案件参考

**官其明故意杀人案**

#### 基本案情

被告人官其明与东莞市桥头镇丰润酒店服务员张爱华于2003年5月确立恋爱关系。后张爱华多次向被告人官其明提出分手，官均不同意。2003年11月15日下午3时许，官其明到东莞市桥头镇桥光大道华翠旅店，以其身份证登记入住304号房间。16日凌晨2时30分许，官其明到桥头镇东方娱乐城路口接张爱华下班，后两人一起回到华翠旅店304号房间。张爱华再次提出分手，官其明不同意，两人因此发生争吵。官其明一时气愤，使用捂口鼻和双手掐脖子的方法，致张爱华窒息死亡（经法医鉴定，张爱华是被他人捂口鼻及压迫颈部致机械性窒息死亡）。随后，官其明将张爱华的尸体塞到床底下，于早上7时许退房逃离现场。同月28日，被告人官其明因形迹可疑被江西省上饶市公安局信州分局东市派出所巡防民警盘查，被告人即交代了故意杀人的事实。

#### 一审诉辩情况

广东省东莞市人民检察院以被告人官其明犯故意杀人罪，向广东省东莞市中级人民法院提起公诉。

被告人官其明辩称：捂被害人的口鼻是为了阻止被害人吵闹，并非有意杀害被害人。

其辩护人辩称：（1）被告人官其明的行为不构成故意杀人罪，而构成过失致人死亡罪。理由是，首先，被告人与被害人是恋人关系，感情很好，被告人主观方面并没有剥夺被害人生命的故意，案发时被告人捂被害人的口鼻是为了阻止被害人吵闹；其次，被告人虽然在客观上造成被害人死亡的结果，但系被告人的过失行为所致。（2）被告人官其明具有自首情节。（3）本案因恋爱纠纷引发，被害人对本案的发生存在一定的过错。（4）被告人官其明认罪悔罪态度好，无前科，系初犯、偶犯。

### 一审裁判结果

广东省东莞市中级人民法院依照《刑法》第232条、第48条第1款、第57条第1款、第67条第1款、第64条和最高人民法院《关于处理自首和立功具体应用法律若干问题的解释》第1条第1项之规定，判决如下：被告人官其明犯故意杀人罪，判处死刑，缓期2年执行，剥夺政治权利终身（死刑缓期执行的期间，从判决确定之日起计算）。

### 一审裁判理由

广东省东莞市中级人民法院认为：被告人官其明目无国家法律，因恋爱之中女方提出与其分手而心怀愤恨，采用捂口鼻和掐脖子的方法，非法剥夺被害人生命，致一人死亡，情节后果严重，其行为已构成故意杀人罪。检察机关指控被告人官其明所犯罪名成立。但被告人官其明具有自首情节，可以从轻处罚。

被告人官其明提出捂被害人的口鼻是为了阻止被害人吵闹，并非有意杀害被害人，其辩护人所提被告人官其明的行为不构成故意杀人罪，而构成过失致人死亡罪，经查，被告人用手捂被害人口鼻被被害人推开后，又将被害人翻倒在床上，并坐在被害人肚子上，用双手猛掐被害人的脖子，直至被害人死亡，被告人是具有完全刑事责任能力的成年人，知道捂口鼻、掐脖子必然会导致被害人死亡，却仍然实施该行为，积极追求被害人死亡结果的发生，反映出被告人主观上具有非法剥夺被害人生命的故意，其行为完全符合故意杀人罪的法定特征，依法构成故意杀人罪。被告人及其辩护人的此辩护意见据理不足，不予采纳。

辩护人提出被告人官其明具有自首情节，且认罪悔罪态度好，无前科，系初犯、偶犯，经查，被告人官其明在江西省上饶市的一间二手手机店出售手机时，因形迹可疑被上饶市东市派出所民警带回派出所审查，审查中被告人主动如实交代了当地公安机关尚未掌握的其杀害被害人张爱华的罪行，依法应当视为自首；被告人认罪悔罪态度好，无前科，系初犯、偶犯经查亦属实，辩护人的上述辩护意见予以采纳。

辩护人提出本案因恋爱纠纷引发，被害人对本案的发生存在一定的过错，经查，本案确属恋爱纠纷引发，但恋爱自由是法律赋予每一位公民的合法权利，被害人既享有与被告人恋爱的权利，也享有与被告人分手的自由，被害人欲与被告人终止恋爱关系而提出分手，并无明显的过错，辩护人的此辩护意见不予采纳。

### 二审裁判结果

广东省高级人民法院根据《刑事诉讼法》第189条第1项之规定，裁定如下：驳回上诉，维持原判。

根据《刑事诉讼法》第201条、最高人民法院《关于执行〈中华人民共和国刑事诉讼法〉若干问题的解释》第278条第1项的规定，本裁定即为核准以故意杀人罪判处上诉人官其明死刑，缓期2年执行，剥夺政治权利终身的刑事裁定。

### 二审裁判理由

广东省高级人民法院经审理认为：上诉人官其明无视国法，在谈恋爱的过程中，因被害人提出与其分手而心怀愤恨，采取捂口鼻和掐脖子的方法，非法剥夺被害人的生命，其行为已构成故意杀人罪。且致一人死亡，情节、后果严重，论罪应当判处死刑，立即执行，但鉴于官其明有投案自首及认罪态度较好，是初犯、偶犯等情节，判处死刑可不必立即执行。原判认定基本事实清楚，基本证据确实、充分，定罪准确，量刑恰当，审判程序合法。官其明上诉及其辩护律师辩护所提请求对官其明再次从轻处罚的辩解、辩护意见，经查均不能成立，不予采纳。

## 43. 行为人明知自己的先行行为会造成致人损害的危险后果却不加以防止的行为是否构成故意伤害罪？

由于行为人实施先行行为，使某种由法律保护的合法权益处于遭受严重损害的危险状态，该行为人产生采取积极行为阻止损害结果发生的义务，这就是由先前行为引起的义务。行为人明知自己的先行行为会造成致人损害的危险后果却不加以制止就违反了先行义务，且其明知自己的行为会造成他人身体伤害，仍放任伤害结果的发生，已经构成间接故意伤害。因此，对行为人应以故意伤害罪论处。

## 典型疑难案件参考

### 杨某故意伤害案

**基本案情**

被告人杨某因与被害人张某某谈恋爱而产生矛盾，杨某即购买两瓶硫酸倒入喝水的杯中，随身携带至其就读的洛阳市第一中学。2004年10月23日21时40分许，杨某在该校操场遇到张某某，两人因恋爱之事再次发生激烈争执，杨某手拿装有硫酸的水杯对张某某说："真想泼到你脸上"，并欲拧开水杯盖子，但未能打开。张某某认为水杯中系清水，为稳定自己情绪，接过水杯，打开杯盖，将水杯中的硫酸倒在自己的头上，致使其头、面、颈、躯干及四肢等部位被硫酸烧伤。经法医鉴定其伤情为重伤，伤残程度为一级。经鉴定，张某某先期手术治疗费用50000元左右，后续费用目前尚无法评估。其受伤后，花去医疗费43756.48元、鉴定费1270元、交通费863.5元、住宿费80元、营养费1420元、住院伙食补助费1420元、后期治疗费50000元、残疾赔偿金57411.6元、护理费103250元，共计259471.58元。案发后，杨某的亲属已先行支付给张某某医疗费16650元。审理过程中，附带民事诉讼原告人与洛阳市第一中学自行达成协议，由洛阳市第一中学一次性付给张某某人民币35000元（已执行），张某某及其法定代理人撤回对洛阳市第一中学的附带民事诉讼。

**一审诉辩情况**

河南省洛阳市涧西区人民检察院以杨某犯故意伤害罪，向涧西区人民法院提起公诉。

审理过程中，附带民事诉讼原告人张某某向法院提起附带民事诉讼，要求赔偿其因治伤而产生的经济损失。

被告人杨某对起诉书指控的犯罪事实不持异议。其辩护人提出如下辩护意见：（1）被告人的行为系不作为犯罪，又系间接故意犯罪，其主观恶性较小，社会危害性也较小；（2）被害人在本案起因上有重大过错；（3）被告人犯罪时不满18周岁，犯罪后认罪态度好，其亲属已代为先行支付附带民事诉讼原告人的部分经济损失，有悔罪表现。请求对被告人减轻处罚。

**一审裁判结果**

涧西区人民法院依照《刑法》第234条第2款、第17条第3款、第36条第1款及《民法通则》第119条、第131条、第133条的规定，判决如下：

一、被告人杨某犯故意伤害罪判处有期徒刑10年。

二、被告人杨某给附带民事诉讼原告人张某某造成经济损失259471.58元，扣除其已支付的16650元和洛阳市第一中学支付的35000元，余款207821.58元由杨某于10日内付清。

### 一审裁判理由

涧西区人民法院认为：被告人杨某明知自己的行为会造成他人身体伤害，仍放任伤害结果的发生，致他人严重残疾，其行为已构成故意伤害罪。其辩护人提出杨某犯罪时未满18周岁，犯罪后其亲属能赔偿被害人的部分经济损失的辩护理由成立，依法应当从轻处罚。其辩护人提出被害人张某某在案件起因上有重大过错的辩护理由不能成立。由于本案伤害后果极其严重，社会危害性极大，辩护人提出要对杨某减轻处罚的辩护意见不予采纳。杨某因其犯罪行为给附带民事诉讼原告人造成的经济损失，应由其法定代理人代为赔偿。洛阳市第一中学在本案中有一定过错，应承担相应的赔偿责任，鉴于双方已达成和解协议，附带民事诉讼原告人申请撤回对该校的附带民事诉讼，予以准许。附带民事诉讼原告人的合法诉讼请求，应予支持。

### 二审诉辩情况

一审宣判后，杨某不服，提起上诉。其上诉理由是：（1）其主观上只想拿硫酸吓唬被害人，无伤害故意；（2）被害人受伤后，其还追着让他赶紧去医院；（3）本案起因是违反中学生早恋规定引发，被害人在案件起因上有过错；（4）其系未成年人，原判对其量刑过重。请求二审减轻处罚。

### 二审裁判结果

河南省洛阳市中级人民法院依照《刑事诉讼法》第189条第1项之规定，裁定：驳回上诉，维持原判。

### 二审裁判理由

河南省洛阳市中级人民法院经审理认为：上诉人杨某在谈恋爱的过程中，因被害人提出分手而心怀恼恨，即购买危险品硫酸随身携带。当二人为恋爱发生争执，被害人误将上诉人预备的硫酸倒向本人身上时，上诉人明知该行为会造成被害人的人身伤害，仍放任伤害结果的发生，致被害人重伤并造成严重残疾，其行为已构成故意伤害罪，且后果严重。原审法院鉴于上诉人犯罪时未满18周岁，其行为系间接故意犯罪，主观恶性相对较小，又系初犯、偶犯，其亲属能赔偿附带民事诉讼原告人的部分经济损失等情节，对其从轻判处有期徒刑10年并无不当。原判认定事实和适用法律正确，量刑适当，审判程序合法。

上诉人杨某提出减轻处罚的上诉意见，不予采纳。

> **44. 司法实践中如何掌握间接故意和过于自信的过失之间的界限？**
>
> 在过于自信的过失中，行为人对所发生的危害后果持坚决反对的心理态度，虽然已经预见到危害后果可能发生，但根据其经验和常识认为完全可以避免危害结果的发生，这个危害结果的发生是完全违背其主观意愿的。间接故意中，其认识因素与过于自信的过失相同，也认识到了危害结果可能发生，但对这种危害结果的发生持一种放任态度，并不设法避免，该结果的发生并不违背其主观意愿。

### 典型疑难案件参考

#### 李宁、王昌兵过失致人死亡案

**基本案情**

1999年3月26日晚被告人李宁、王昌兵与吐逊江（在逃）在阿克苏市一歌舞厅饮酒时，被害人阎世平进入李、王的包间与之攀谈，其间阎提出与李、王合伙挣钱，李宁等人再三追问如何挣钱，阎称准备绑架一市长的儿子。后被告人李宁、王昌兵乘坐吐逊江驾驶的白色奥拓车将阎拉至阿克苏市团结路一茶园处，李、王等人追问绑架何人，阎世平不说，李宁、王昌兵等遂对阎拳打脚踢。期间，与被害人阎世平相识的一出租车司机上前劝阻，李、王等人停止了殴打并乘车离开，阎世平乘机躲进该茶园地下室通道处。后被告人李宁、王昌兵又返回茶园处，找到阎世平，并将其强行拉上车带至西湖后湖堤处。李宁、王昌兵等人将阎拉下车，拳打脚踢逼问其欲绑架的具体对象，并以此敲诈其钱财。后被害人阎世平为摆脱李宁、王昌兵等人的殴打，趁其不注意跳入西湖中。李宁、王昌兵等劝其上岸，并调转车头用车灯照射水面，见阎仍趟水前行不肯返回，被告人王昌兵让李宁下水拉阎一把，李称其水性也不好，三人为消除阎之顾虑促其上岸，遂开车离开湖堤。后阎世平的尸体在西湖后湖堤附近被发现，法医尸体检验报告证实，阎世平肺气肿、肺水肿，全身体表无明显损伤，结论为溺水死亡，排除暴力致死。

### 一审诉辩情况

新疆维吾尔自治区人民检察院阿克苏分院以被告人李宁、王昌兵犯故意杀人罪、寻衅滋事罪向阿克苏地区中级人民法院提起公诉。

被害人阎世平之妻童爱云在法院受理该案后，提起附带民事诉讼，要求二被告人赔偿抚养费、交通费、安葬费、尸体检验费及死亡补偿费共计67268.50元。

### 一审裁判结果

阿克苏地区中级人民法院依照《刑法》第232条、第25条第1款、第26条第1款、第69条、第70条、第57条第1款、第36条和《民法通则》第119条之规定，于2003年7月31日判决如下：

一、被告人李宁犯故意杀人罪，判处无期徒刑，剥夺政治权利终身，与2000年9月因犯抢劫罪所判有期徒刑4年（已执行完毕）并罚，决定执行无期徒刑，剥夺政治权利终身；

二、被告人王昌兵犯故意杀人罪，判处有期徒刑15年，剥夺政治权利5年；

三、被告人李宁、王昌兵共同赔偿附带民事诉讼原告人童爱云抚养费、交通费、丧葬费、尸体检验费等共计10047.50元。

### 一审裁判理由

阿克苏地区中级人民法院认为：二被告人殴打被害人，迫使其跳湖逃生，以致溺水死亡，其二人的行为构成（间接）故意杀人罪，且均系本案主犯；检察机关指控二被告人犯寻衅滋事罪不当，不予支持；被告人李宁在服刑期间不能如实坦白自己的余罪，故对其从重处罚。

### 二审诉辩情况

一审宣判后，被告人李宁、王昌兵均不服，向新疆维吾尔自治区高级人民法院提起上诉。

被告人李宁上诉称：原判认定在西湖发现的尸体是其3月26日晚殴打之人，缺乏合法有效的证据证明，该尸体未让其及证人辨认，且证人也未能证明当晚殴打阎世平的是其和王昌兵；原判定性不当，适用法律错误，被害人阎世平溺水而亡的后果超出正常人的预想之外，不存在主观上的故意和过失，认定其为累犯与《刑法》规定相悖，应宣告其无罪。

被告人王昌兵上诉称：原判认定事实错误，确定的作案时间无任何根据，现场勘查笔录也未能证实死者的死亡时间；其与李宁殴打之人与死者阎世平是否为同一人，未经辨认程序，也无其他人指认；原判定性错误，其不符合杀人罪的主观要件，也未实施杀人行为，认定其承担赔偿责任不妥。

### 二审裁判结果

新疆维吾尔自治区高级人民法院依照《刑事诉讼法》第189条第2项和《刑法》第233条、第36条第1款之规定，于2004年1月6日判决如下：

一、维持阿克苏地区中级人民法院刑事附带民事判决中的民事部分；

二、撤销阿克苏地区中级人民法院刑事附带民事判决中对上诉人李宁、王昌兵的定罪量刑部分；

三、上诉人李宁犯过失致人死亡罪，判处有期徒刑7年；上诉人王昌兵犯过失致人死亡罪，判处有期徒刑5年。

### 二审裁判理由

新疆维吾尔自治区高级人民法院经审理认为：原判认定事实清楚，证据确实、充分，但定性不准确。上诉人李宁、王昌兵出于猎奇和敲诈财物的心理殴打被害人，致使被害人为摆脱殴打和纠缠而跳入湖水中，二上诉人预见到其行为可能产生的后果，却自以为是地认为在其离开后被害人会返回上岸，最终导致被害人溺水死亡，其二人的行为构成过失致人死亡罪。二上诉人对确认被害人身份及作案时间问题提出的上诉理由，无事实依据和证据支持，予以驳回；但其提出的定性不当、适用法律错误的上诉有理，予以采纳；且原判对上诉人李宁适用数罪并罚条款不当，予以纠正。

## 45. 司法实践中如何认定运输毒品案中被告人主观上的"明知"？

运输毒品犯罪中要求行为人主观上持故意的心理态度，这就要证明其对所运输的毒品"明知"。对此不能仅凭被告人辩解，而应当依据被告人实施毒品犯罪行为的过程、方式、毒品被查获时的情形等证据，结合被告人的年龄、阅历、智力等情况，进行综合分析判断。

## 典型疑难案件参考

### 李良顺运输毒品案

**基本案情**

2007年3月30日9时15分，被告人李良顺携带毒品乘车途经木康检查站时被抓获，边防人员当场从其携带的木箱夹层内查获海洛因1388克。

**一审诉辩情况**

云南省德宏傣族景颇族自治州人民检察院以被告人李良顺犯运输毒品罪，向德宏傣族景颇族自治州中级人民法院提起公诉。

被告人李良顺辩称：不知道木箱内藏有毒品。其辩护人提出：李良顺被人利用，没有运输毒品的故意。

**一审裁判结果**

德宏傣族景颇族自治州中级人民法院依照《刑法》第347条第2款第1项、第48条第1款、第57条第1款、第64条之规定，判决如下：被告人李良顺犯运输毒品罪，判处死刑，剥夺政治权利终身，并处没收个人全部财产。

**一审裁判理由**

德宏傣族景颇族自治州中级人民法院认为：被告人李良顺为牟取非法利益，将海洛因藏匿于木箱内进行运输，其行为已构成运输毒品罪，且运输毒品数量大，应依法惩处。检察机关指控的事实及罪名成立。被告人李良顺的辩解及其辩护人的辩护意见与查明的事实不符，不予采纳。

**二审诉辩情况**

一审宣判后，被告人李良顺以其不知道木箱内藏有毒品、一审判决量刑过重为由提出上诉。

**二审裁判结果**

云南省高级人民法院依照《刑事诉讼法》第189条第1项之规定，裁定：驳回上诉，维持原判，并依法将本案报请最高人民法院核准。

**二审裁判理由**

云南省高级人民法院经二审审理认为：上诉人李良顺为牟取非法利益运输海洛因，其行为已构成运输毒品罪，且运输毒品数量大，应依法惩处。李良顺提出其不明知所携带的木箱内藏有毒品的上诉理由，与其将木箱从芒市带到保山即可获得高额报酬的事实不符，不予采信。

> **复核结果**

最高人民法院依照《刑事诉讼法》第 199 条和最高人民法院《关于复核死刑案件若干问题的规定》第 2 条第 1 款的规定，裁定如下：核准云南省高级人民法院维持第一审对被告人李良顺以运输毒品罪判处死刑，剥夺政治权利终身，并处没收个人全部财产的刑事裁定。

> **复核理由**

最高人民法院经复核认为：第一审判决、第二审裁定认定的事实清楚，证据确实、充分，定罪准确，量刑适当，审判程序合法。

## 46. 如何综合判断被告人主观上的"明知"？

关于判断运输毒品案件中的明知已经形成了一般性的共识。2008 年 12 月最高人民法院印发的《全国部分法院审理毒品犯罪案件工作座谈会纪要》列举了 9 种可推定被告人主观明知的具体情形：具有下列情形之一，被告人不能作出合理解释的，可以认定其"明知"是毒品，但有证据证明确属被蒙骗的除外：（1）执法人员在口岸、机场、车站、港口和其他检查站点检查时，要求行为人申报为他人携带的物品和其他疑似毒品物，并告知其法律责任，而行为人未如实申报，在其携带的物品中查获毒品的；（2）以伪报、藏匿、伪装等蒙蔽手段，逃避海关、边防等检查，在其携带、运输、邮寄的物品中查获毒品的；（3）执法人员检查时，有逃跑、丢弃携带物品或者逃避、抗拒检查等行为，在其携带或者丢弃的物品中查获毒品的；（4）体内或者贴身隐秘处藏匿毒品的；（5）为获取不同寻常的高额、不等值报酬为他人携带、运输物品，从中查获毒品的；（6）采用高度隐蔽的方式携带、运输物品，从中查获毒品的；（7）采用高度隐蔽的方式交接物品，明显违背合法物品惯常交接方式，从中查获毒品的；（8）行程路线故意绕开检查站点，在其携带、运输的物品中查获毒品的；（9）以虚假身份或者地址办理托运手续，在其托运的物品中查获毒品的；（10）有其他证据足以认定行为人应当知道的。

## 典型疑难案件参考

### 龙正明运输毒品案

**基本案情**

2006年5月15日,被告人龙正明将甲基苯丙胺和海洛因运至云南省昆明市,住宿于昆明市小坝湘昆招待所。当晚,王文忠(同案被告人,已判处死刑)到该招待所,从龙正明处接取了甲基苯丙胺。在王文忠离开招待所时,公安人员将其抓获。抓捕时,王文忠藏于裤兜内的自制手枪被击发,一公安人员右手被打伤。公安人员当场从王文忠携带的纸袋和背包内查获甲基苯丙胺4145.3克,从其右侧裤袋内查获自制手枪1支、子弹6发。同时,公安人员在招待所307房间将龙正明抓获,当场从房间内查获海洛因687.7克。

**一审诉辩情况**

云南省昆明市人民检察院以被告人龙正明犯运输毒品罪向昆明市中级人民法院提起公诉。

**一审裁判结果**

昆明市中级人民法院依照《刑法》第347条第2款第1项、第48条第1款、第57条第1款、第64条之规定,判决如下:被告人龙正明犯运输毒品罪,判处死刑,剥夺政治权利终身,并处没收个人全部财产。

**一审裁判理由**

昆明市中级人民法院认为:被告人龙正明运输甲基苯丙胺和海洛因,其行为构成运输毒品罪。龙正明运输毒品数量巨大,罪行极其严重,社会危害性极大,应依法惩处。

**二审诉辩情况**

一审宣判后,被告人龙正明上诉提出:不知道所带物品是毒品,一审认定其犯运输毒品罪事实不清,证据不足。

**二审裁判结果**

云南省高级人民法院依照《刑事诉讼法》第189条第1项的规定,裁定:驳回上诉,维持原判,并依法将本案报请最高人民法院核准。

### 二审裁判理由

云南省高级人民法院经审理认为：被告人龙正明的行为已构成运输毒品罪。龙正明从云南边境将海洛因 687.6 克和甲基苯丙胺 4145.3 克运至昆明，在王文忠所携带毒品包装物内层检见龙正明的指纹，公安机关出具的侦破情况以及王文忠的供述均证实龙正明的主观上明知是毒品，龙正明及其辩护人所提龙正明的主观上不明知毒品的上诉理由和辩护意见不能成立。

### 复核结果

最高人民法院依照《刑事诉讼法》第 199 条和最高人民法院《关于复核死刑案件若干问题的规定》第 2 条第 1 款的规定，裁定如下：核准云南省高级人民法院维持第一审对被告人龙正明以运输毒品罪判处死刑，剥夺政治权利终身，并处没收个人全部财产的刑事裁定。

### 复核理由

最高人民法院经复核认为：被告人龙正明明知是毒品而运输，其行为已构成运输毒品罪。龙正明同时运输海洛因和甲基苯丙胺，且数量巨大，主观恶性深，社会危害性大，罪行极其严重，应依法惩处。

---

**47. 被告人以托运方式运输毒品的，应该如何确定其主观上的"明知"？**

根据 2008 年 12 月最高人民法院印发的《全国部分法院审理毒品犯罪案件工作座谈会纪要》中第九种情形的规定：以虚假身份或者地址办理托运手续，在其托运的物品中查获毒品的，如果被告人不能对所运输之毒品做出合理解释，则可认定其主观上的"明知"。

---

### 典型疑难案件参考

周桂花运输毒品案

### 基本案情

2007 年 4 月 16 日，被告人周桂花在瑞丽市建锋物资转运站以"邵红梅"

的名字办理托运手续，将藏有毒品的四箱皮鞋运往昆明。同月19日23时15分许，木康公安边防检查站执勤人员在对运输该批货物的"云A39938"货车进行检查时，当场从该车内周桂花托运的四箱96双"金美丽"牌女式皮鞋中查获海洛因。经称量，查获的海洛因净重16095克。随后，公安机关于4月21日在昆明市建锋物资转运站将以"邹友平"的名义前来提取这四个纸箱的周桂花抓获，并将与周桂花同来提取纸箱的帕塔尔·克依木（同案被告人，已判刑）和等待接货的买买提·阿吾提（同案被告人，已判刑）抓获。

### 一审诉辩情况

云南省德宏傣族景颇族自治州人民检察院以被告人周桂花犯运输毒品罪，向德宏傣族景颇族自治州中级人民法院提起公诉。

被告人周桂花辩称：不知道鞋子内有海洛因。其辩护人提出：周桂花受人利用，认为只是一批普通鞋子而帮人发货和收货，其主观上不明知是毒品，不构成犯罪。

### 一审裁判结果

德宏傣族景颇族自治州中级人民法院依照《刑法》第347条第2款第1项、第25条第1款、第57条第1款之规定，判决如下：被告人周桂花犯运输毒品罪，判处死刑，剥夺政治权利终身，并处没收个人全部财产。

### 一审裁判理由

德宏傣族景颇族自治州中级人民法院认为：被告人周桂花等人为牟取非法利益，明知是毒品而为他人运输，其行为构成运输毒品罪，且运输毒品数量特别巨大，应依法严惩。周桂花在瑞丽以"邵红梅"的名义托运毒品后，到昆明又以"邹友平"的名义接收毒品，作用较为明显。

### 二审诉辩情况

一审宣判后，被告人周桂花以不知鞋内藏有毒品，系从犯，量刑过重等为由提出上诉。

### 二审裁判结果

云南省高级人民法院依照《刑事诉讼法》第189条第1项、第199条之规定，裁定：驳回上诉，维持原判，并依法将本案报请最高人民法院核准。

### 二审裁判理由

云南省高级人民法院经审理认为：上诉人周桂花等人明知是毒品而予以运

输，其行为构成运输毒品罪，且运输毒品数量特别巨大，所犯罪行极其严重，应依法惩处。在共同犯罪中，周桂花办理托运手续将毒品从瑞丽运往昆明，并专程由瑞丽到昆明提取毒品，起主要作用。

▶ **复核结果**

最高人民法院依照《刑事诉讼法》第199条和最高人民法院《关于复核死刑案件若干问题的规定》第2条第1款的规定，裁定如下：核准云南省高级人民法院〔2008〕云高刑终字第471号维持第一审对被告人周桂花以运输毒品罪判处死刑，剥夺政治权利终身，并处没收个人全部财产的刑事裁定。

▶ **复核理由**

最高人民法院经复核认为：被告人周桂花明知是毒品而伙同他人采用托运方式予以运输，其行为已构成运输毒品罪。周桂花将藏有毒品的物品交付托运，从瑞丽市运往昆明市，并到昆明市提取、交接毒品，在共同犯罪中起主要作用，系主犯，应按照其所参与的全部犯罪处罚。周桂花运输毒品数量特别巨大，拒不如实供认犯罪，社会危害性极大，犯罪后果和罪行极其严重，应依法惩处。第一审判决、第二审裁定认定周桂花伙同他人运输海洛因16095克的事实清楚，证据确实、充分，定罪准确，量刑适当，审判程序合法。

---

**48. 司法实践中如何判断犯罪嫌疑人的认识错误？**

在实践中，应综合考虑各方面的因素，包括行为人自身的情况，即其认识能力、认识可能性等，结合其行为前后的表现综合判断。例如结合嫌疑人的供述、知识水平、技能水平、客观环境（自然环境、行为对象特征等）对认识的影响等进行综合分析。

---

**典型疑难案件参考**

沈某某盗窃案

▶ **基本案情**

2002年12月2日晚12时许，被告人沈某某在某市高明区"皇家银海大酒店"3614房与潘某某进行完卖淫嫖娼准备离开时，乘潘不备，顺手将潘放在床头柜上的嫖资及一只"伯爵牌"18K黄金石圈满天星G2连带男装手表拿走，后藏匿于其租住的某市某区荷城甘泉街90号二楼的灶台内。次日上午，潘某某醒后发现自己的手表不见，怀疑系沈所为，便通过他人约见了沈某某。潘询问沈是否拿了他的手表，并对沈称：该表不值什么钱，但对自己的意义很大，如果沈退还，自己愿意送2000元给沈。沈某某坚决否认自己拿走了该表。潘某某报案后，公安机关遂将已收拾好行李（手表扔在灶台内，被告人未予携带或藏入行李中）准备离开某市的沈某某羁押。沈某某在被羁押期间供述了自己拿走潘手表的事实及该手表的藏匿地点，公安人员据此起获了此手表，并返还给被害人。另经查明，在讯问中，沈某某一直不能准确说出所盗手表的牌号、型号等具体特征，并认为该表只值六七百元；拿走潘的手表是因为性交易中潘行为粗暴，自己为了发泄不满。经某市某区价格认证中心鉴定：涉案手表价值人民币123879.84元。

### ▶一审诉辩情况◀

某市某区人民检察院以被告人沈某某犯盗窃罪向某市某区人民法院提起公诉。

### ▶一审裁判结果◀

某市某区人民法院依照《刑法》第264条、第37条的规定，作出如下判决：被告人沈某某犯盗窃罪，免予刑事处罚。

### ▶一审裁判理由◀

某市某区人民法院审理后认为：被告人沈某某秘密窃取他人数额较大以上的财物，其行为已构成盗窃罪。虽然被害人将手表与嫖资放在一起，但被害人并未申明手表亦是嫖资的一部分，该手表仍为被害人所有；被告人拿走嫖资同时顺手拿走手表时，被害人虽没有睡着，但被害人对此并未察觉，故被告人的行为仍然符合"秘密窃取"的特征。因此，检察机关指控被告人犯盗窃罪的罪名成立，应予支持。被告人沈某某关于其行为并非"秘密窃取"的辩解和其辩护人关于被告人沈某某不具有非法占有目的的辩护意见，均无事实根据，不予采纳。被害人将价值巨大的手表与嫖资放在一起，一方面足以使对名表缺乏起码认识的被告人产生该表价值一般（而非巨大）的错误认识；另一方面也可能让一个以卖淫为生计的被告人产生谋小利的贪念。被告人在被羁押后、知悉其所盗手表的实际价值前，一直误认为其所盗取的只是一只价值数百元的普通手表。结合被告人的出身、年龄、职业、见识、阅历等状况来看，被告人误认所盗手表的价值是真实可信的，并非被告人故意规避。此节也可以从被告人始终不能准确说出该表的牌号、型号等能体现价值巨大的特征以及在盗得手表后没有马上逃走或者将财物及时处理掉,乃至收拾好行李准备离开某市时手表仍在灶台内并未随身携带或藏入行李中得到验证。被害人在向被告人追索手表的过程中,虽表示愿意用 2000 元换回手表,但仅称该表"对自己意义重大",并未明确表明该表的实际价值,相反却明确表示该表并不太值钱。此节事实,并不足以使被告人对所盗手表的实际价值产生新的认识,相反更可能加深被告人对该表价值的误认。综上,被告人顺手拿走他人手表的行为,主观上虽有非法占有他人财物的目的,但被告人当时没有认识到其所盗手表的实际价值,其认识到的价值只是"数额较大",而非"数额特别巨大"。也就是说,被告人主观上只有非法占有他人"数额较大"财物的故意,而无非法占有"数额特别巨大"财物的故意。由于被告人对所盗物品价值存在重大误解(或者认识错误),其所认识的数额远远低于实际数额,根据主客观相统一的刑法原则,故不能让其对所不能认识的价值数额承担相应的刑事责任,而应按其盗窃时所能认识到的价值数额作为量刑标准。鉴于被告人犯罪后主动坦白其盗窃事实,且所盗手表已被追缴并退还失主,属于犯罪情节轻微。

### 二审诉辩情况

一审宣判后,某市某区人民检察院以被告人沈某某犯盗窃罪数额特别巨大,原判量刑畸轻为由,向某市中级人民法院提出抗诉。

### 二审裁判结果

由于被告人下落不明,二审中该案依法中止审理。

### 49. 因果关系的认识错误对犯罪故意有何影响?

因果关系的认识错误在犯罪构成的评价上并不重要,其属于犯罪构成范围内的事实上的认识错误,并不能阻却犯罪故意的成立。

### 典型疑难案件参考

魏建军抢劫、放火案

### 基本案情

2004 年 10 月 21 日,被告人魏建军听说同村村民刘思明代收了电费款后,遂萌生抢劫之念。次日2时许，魏建军携带农用三轮车半轴、刮脸刀片、皮手套等作案工具，翻墙进入刘思明家，发现刘正在东屋睡觉，便打开西屋窗户，用刮脸刀片划破纱窗后钻入西屋，翻找钱款未果，又至东屋寻找，刘被惊醒。魏建军持农用三轮车半轴朝刘头部猛击，见刘不动，在认为刘思明已死亡的情况下，便用刘家的钳子将写字台抽屉锁撬开将里面的3700元电费款拿走。为毁灭罪证、掩盖罪行，魏建军用随身携带的打火机点燃一纤维编织袋扔在刘所盖的被子上，又将西屋炕上的被子和床单点燃，导致刘思明颅脑损伤后吸入一氧化碳窒息死亡，价值729元的物品被烧毁。案发后，追缴赃款2000元，其余被魏挥霍。

▶ 一审诉辩情况 ◀

河北省唐山市人民检察院以被告人魏建军犯故意杀人罪、抢劫罪，向唐山市中级人民法院提起公诉。

被告人魏建军对检察机关指控的犯罪事实供认不讳，未作辩解。其辩护人认为：魏建军能够积极赔偿被害人家属的经济损失，认罪态度较好；本案只构成抢劫罪，不构成故意杀人罪。

▶ 一审裁判结果 ◀

唐山市中级人民法院依照《刑法》第263条第1项、第115条第1款、第57条第1款、第69条之规定，于2005年5月18日判决如下：被告人魏建军犯抢劫罪，判处死刑，剥夺政治权利终身，并处没收个人全部财产；犯放火罪，判处有期徒刑3年，决定执行死刑，剥夺政治权利终身，并处没收个人全部财产。

▶ 一审裁判理由 ◀

唐山市中级人民法院认为：被告人魏建军以非法占有为目的，持械入户抢劫他人财物，其行为已构成抢劫罪，且情节恶劣，后果严重；并在实施抢劫行为之后为毁灭罪证放火焚烧公民财物，危害公共安全，其行为已构成放火罪。检察机关指控魏建军抢劫犯罪的事实清楚，证据确实、充分，罪名成立，但其指控魏建军犯故意杀人罪的罪名不当，魏建军在实施放火行为之前主观上认为被害人已经死亡，其实施放火行为之时不具备杀死被害人的主观故意，对于辩护人所提魏建军的行为构成抢劫罪不构成故意杀人罪的辩护意见，予以采纳。

▶ 二审诉辩情况 ◀

一审宣判后，魏建军以量刑畸重的理由向河北省高级人民法院提出上诉。

### 二审裁判结果

河北省高级人民法院依照《刑事诉讼法》第189条第1项的规定，裁定：驳回上诉，维持原判，并依法核准对被告人魏建军的死刑判决。

> **50. 司法实践中如何区分疏忽大意的过失和意外事件？**
>
> 主要根据行为人是否应该预见损害后果。首先考察行为人是否具有预见损害后果的能力，如果有能力预见则应该预见，但因疏忽大意没有预见的，是过失。如果根本没有预见能力或者虽有预见能力但客观条件制约了这种能力，导致行为人客观上不能预见，则是意外事件。疏忽大意的过失与意外事件都是行为人没有预见到危害后果，关键区别则是是否具有预见的可能性而应否预见。

### 典型疑难案件参考

#### 朱家平过失致人死亡案

### 基本案情

被告人朱家平为了拆迁，从拆迁市场购买回来旧砖头、旧钢筋、旧楼板交给无建筑资质的于全门建两层楼房，并吩咐于全门为其节省资金。2004年5月中旬的一天，于全门带领王顶玉、王顶宝、王玉喜、王桂莲等人进行施工，在施工过程中，未采取安全防范措施。2004年5月28日下午2时许，当被告人朱家平经于全门同意将两桶烂泥浆调到二楼廊檐顶部不久，在楼板自重和施工操作等负荷作用下，导致挑梁断落，致使王顶玉被砸当场死亡；王顶宝被砸伤后抢救无效死亡；王进喜、王桂莲被砸成轻微伤。经鉴定，该房建造标准很低，泥浆强度为0，主要承重构件构造连接和整体性很差，挑梁不符合现行建筑结构设计规范的有关要求。

### 诉辩情况

淮安市淮阴区人民检察院以被告人朱家平犯过失致人死亡罪，向淮安市淮阴区人民法院提起公诉。

**裁判结果**

淮阴区人民法院依照《刑法》第 233 条、第 37 条之规定，判决如下：被告人朱家平犯过失致人死亡罪，免于刑事处罚。

**裁判理由**

淮阴区人民法院认为：被告人朱家平建设两层楼房，购买的是旧材料，为了拆迁，吩咐于全门尽量节省，其由于疏忽大意没有预见到后果发生的可能性，并且亲自用吊车将两大桶烂泥浆吊到二楼，最终导致楼房崩塌，进而致两死两伤的后果，被告人主观上具有疏忽大意的过失，客观上其行为与两死两伤的后果有因果关系，其行为符合过失致人死亡罪的法律特征。考虑到被告人朱家平在整个事故中起次要作用，其犯罪情节轻微，不需要判处刑罚，可以免除刑事处罚。

## 51. 如何在审判实践中把握过失犯罪中行为人的注意义务和注意能力？

判断行为人的注意义务和注意能力，应根据主客观相一致原则，结合行为人的身份、职业、专业技能、工作经历、生活经验、知识水平、教育程度，以及全案证据加以认定。

**典型疑难案件参考**

曲龙民等过失致人死亡案

**基本案情**

2008 年 4 月 3 日，被告人曲龙民、刘峻玮代表北京长丰康盛房地产经纪有限公司朝阳第十五分公司与郭德海（男，56 岁，北京市人）签订了房屋出租代理合同。同年 4 月 18 日该公司又与北京紫松琳房地产经纪有限公司的销售经理即被告人刘颖心签订了房屋租赁合同。后被告人曲龙民、刘峻玮明知所代理出租的郭德海所有的本区建国门外光辉南里 5 号楼 2 单元 209 室安装的燃气热水器存在安全隐患，并向郭德海承诺在出租该房屋前予以修理排除，但却在房屋未排除安全隐患的情况下将该室出租给北京紫松琳房地产经纪有限公司。被告人刘颖心作为该公司房屋租赁的负责人，在对所租赁房屋内的设备是否安全产生质疑时未坚持进行检查，且轻信被告人刘峻玮所讲租赁房屋内的设备安全完好，并违反所签协议居住3-5人的约定，即于同年4月21日安排了10名公司员工入住，24日凌晨，致使居住在该室的公司员工田甜（女，22岁，河北省人）等9人因长时间持续使用燃气热水器而致一氧化碳中毒死亡，只有一单独一人居住在该室小间卧室内的被害人王俊幸免。后被告人曲龙民、刘峻玮、刘颖心被抓获归案。

### 一审诉辩情况

1. 北京市朝阳区人民检察院认为：三被告人曲龙民、刘峻玮、刘颖心的行为触犯了《刑法》第233条的规定，均已构成过失致人死亡罪，提请法院依法惩处。

2. 被告人及其辩护人的意见

被告人曲龙民、刘峻玮对起诉书指控的内容没有异议。被告人刘颖心当庭辩解：其在主观上不能预见所租的房屋存在着安全隐患，且出租方也没有告诉其房屋存在着安全隐患。

被告人曲龙民的辩护人认为：被告人曲龙民对危害结果的发生不能预料，且被害人的公司没有按照所签订的合同去执行，却安排多名员工入住，而被害人又长时间地使用热水器等因素才造成严重后果发生，所以，被害人的公司与被害人都负有重大责任。被告人曲龙民属初犯，当庭认罪态度较好等，建议法院对其减轻处罚。

被告人刘峻玮的辩护人认为：被告人刘峻玮已尽了部分应注意的义务，且长时间地使用热水器是事故发生的主要原因，被告人刘峻玮认罪态度好，并具有自首情节，建议法院对其适用缓刑。

被告人刘颖心的辩护人认为：被告人刘颖心不存在犯罪过失，不具备能力去预见到安全隐患，同时被告人刘颖心没有对设备进行安全检查的行为并不是构成犯罪的不作为，且被害人长时间地使用热水器也是事故发生的主要原因。所以，被告人刘颖心没有安全检查与死亡结果没有因果关系，故被告人刘颖心在整个租房过程中没有过失。故建议法院对被告人刘颖心作出无罪判决。

### 一审裁判结果

北京市朝阳区人民法院依照《刑法》第233条、第61条之规定，判决如下：

一、被告人曲龙民犯过失致人死亡罪，判处有期徒刑5年；
二、被告人刘峻玮犯过失致人死亡罪，判处有期徒刑5年；

三、被告人刘颖心犯过失致人死亡罪，判处有期徒刑3年。

### ▶一审裁判理由◀

北京市朝阳区人民法院经审理后认为：被告人曲龙民、刘峻玮在与原房主签租赁房屋合同时，已知房屋热水器排气设施不安全，存在安全隐患，但在没有采取措施排除隐患的情况下将房屋出租与他人，主观上存在过失，客观上实施了相应的行为，造成了9人死亡的严重后果；另被告人刘颖心在负责承租房屋时，应对房屋是否安全负有检查责任而没有尽到，违反了租住合同的约定。且安排超出租住合同约定的人员居住，主观上亦有过失，客观上实施了行为。三被告人的行为已触犯了《刑法》，构成过失致人死亡罪，应予惩处。北京市朝阳区人民检察院指控被告人曲龙民、刘峻玮、刘颖心犯过失致人死亡罪的事实清楚，证据确实、充分，指控的罪名成立。被告人曲龙民的辩护人关于被害人的公司没有按照所签订的合同去执行，却安排多名员工入住，而被害人又长时间地使用热水器等因素才造成严重后果发生，被告人曲龙民属初犯，当庭认罪态度较好等辩护意见本院予以采纳。但认为被告人曲龙民对危害结果的发生不能预料，被害人的公司与被害人都负有重大责任，建议法院对其减轻处罚的辩护意见不能成立，本院不予采纳；被告人刘峻玮的辩护人关于被告人刘峻玮已尽了部分应注意的义务，并具有自首情节，建议法院对其适用缓刑的辩护意见本院不予采纳；被告人刘颖心关于其在主观上不能预见所租的房屋存在着安全隐患，且出租方也没有告诉其房屋存在着安全隐患的辩解及被告人刘颖心的辩护人关于被告人刘颖心无罪的辩护意见，经查：被告人刘颖心在为本公司员工租房过程中，应考虑租住房屋对员工是否安全，且应对安全情况进行检查，并应按规定居住人数合理安排，而其却轻信他人没有任何依据的承诺，未做安全检查，且违反所签合同的规定，安排多人居住，亦是造成本案多人死亡的原因之一，且被告人刘颖心在供述中也曾对热水器是否应该安装排气管有过供述，故被告人刘颖心的辩解及辩护人的辩护意见不能成立，不予采纳。

### ▶二审诉辩情况◀

一审宣判后，三被告人均不服提出上诉，曲龙民、刘峻玮的上诉理由均为原判4刑过重；刘颖心的上诉理由为：刘峻玮未告知其热水器有问题，其无法预见出租房存在安全隐患，原判量刑过重。

### ▶二审裁判结果◀

二审法院认为原判决定罪和适用法律正确，量刑适当，审判程序合法，遂裁定：驳回曲龙民、刘峻玮、刘颖心的上诉，维持原判。

**二审裁判理由**

二审法院认为：上诉人曲龙民、刘峻玮明知其代为出租的房屋内安装的热水器排气设施缺失，存在安全隐患，仍在未采取措施排除安全隐患的情况下将该房屋出租给他人；上诉人刘颖心在负责承租房屋时，明知自己负责租赁的房屋是用于本公司员工的住宿，其应当对该出租屋内各项设施的安全性进行必要的检查，以保证员工住宿的安全，但其因疏忽大意未认真履行安全检查职责。三上诉人在主观上均存在过失，且造成在该室居住的9人因燃气泄漏中毒死亡的严重后果，其行为均构成过失致人死亡罪，依法应予惩处。

### 52. 如何在实践中区分故意伤害致死与过失致人死亡？

两罪在构成要件上具有相似之处，在客观上都造成了被害人死亡的结果，在主观上都没有杀人的故意，对致人死亡的后果在主观上均属过失。但两罪在主观故意的内容上存在本质区别：故意伤害致人死亡的行为人在实施伤害行为时具有伤害他人身体健康的故意，而过失致人死亡的行为人在实施行为时既没有希望或放任他人死亡的故意，也没有伤害他人身体的故意。因此，区别两罪的关键是要查明行为人主观上有无伤害他人身体健康的主观故意。

**典型疑难案件参考**

韩宜过失致人死亡案

**基本案情**

2003年5月24日晚10时许，被害人余峰在外饮酒后，由朋友送至其住处楼下，下车后，余峰因酒后行为失常，无故殴打其妻，随即又与路过的数人拉扯、追赶并寻找刀具。之后，余峰闯进路边的发廊内拿走一把理发剪，又与多人发生拉扯、抓打。被告人韩宜见状上前看热闹时，余峰用理发剪朝韩宜挥去，将韩的手指刺伤。韩宜躲开后跑到一水果摊旁拿起一个方木凳，余峰见状即跑开，韩宜随后追赶，并用木凳向余肩、背部砸了二三下，余被砸后继续往前跑，随后倒在公路中心线附近，韩宜上前从余峰手中夺过理发剪。后余峰经医院抢救无效死亡。

2003年5月28日，湖北同济法医学司法鉴定中心对送检的余峰脏器进行了法医病理学检查，该报告分析认为死者余峰的病理变化主要为心脏肥大、灶性肺出血及陈旧性肺结核，尸检未见颅骨骨折、硬膜外和硬膜下血肿及其他明显损伤，病理学检查亦未见脏器损伤病理学改变，可以排除暴力作用直接导致死亡的可能。综合分析认为，死者余峰比较符合在心脏肥大的基础上，因身体多处损伤、饮酒及纠纷中情绪激动等多因素作用下致急性心功能衰竭而死亡。

2005年7月12日，湖北同济法医学司法鉴定中心作出了法医病理补充鉴定书，该补充鉴定书分析说明：根据本次尸检结果，未发现颅盖和颅底骨折，综合分析认为，死者余峰符合在左心脏肥大的基础上，因身体多处遭受钝性损伤，特别是头部皮肤挫裂创，加上饮酒及纠纷中剧烈奔跑等多种因素作用下致急性心功能衰竭而死亡，综合分析其头部损伤在其死亡过程中的参与度为25%－30%。结论为：死者余峰符合在左心脏肥大的基础上，因身体多处遭受钝性损伤，特别是头部皮肤挫裂创，加上饮酒及纠纷中剧烈奔跑等多种因素作用下致急性心功能衰竭而死亡，其损伤在其死亡过程中的参与度为20%－30%。

2005年4月1日，湖北省宜昌市公安局西陵区分局法医鉴定所鉴定书鉴定：死者余峰损伤集中在头面部，身体其他部位未见损伤痕，根据《人体轻微伤的鉴定》之第3.2、3.6条之规定，余峰头面部所受之伤为轻微伤。

### 一审诉辩情况

湖北省宜昌市西陵区人民检察院以被告人韩宜犯过失致人死亡罪向西陵区人民法院提起公诉。

被害人的诉讼代理人认为：被告人韩宜实施的故意伤害行为，与被害人的死亡之间存在刑法上的因果关系，其行为构成故意伤害罪。

被告人韩宜辩称：其行为不构成过失致人死亡罪。其辩护人的辩护意见是：（1）被害人的头部损伤是否系被告人韩宜所为缺乏相关证据证实；（2）韩宜的行为与被害人的死亡之间不存在刑法上的因果关系。

### 一审裁判结果

宜昌市西陵区人民法院根据《刑事诉讼法》第162条第3项的规定，判决宣告被告人韩宜无罪。

### 一审裁判理由

宜昌市西陵区人民法院认为：被害人余峰酒后行为失常，连续与多人发生纠纷。韩宜在与余峰发生纠纷的过程中，持木凳砸余峰的背部、肩部属实。余峰死亡后的法医病理检查报告有2份，第一份分析认为可以排除暴力作用直接导致死亡的可能，第二份病理补充鉴定书认为，余峰死亡的主要原因是急性心功能衰竭，头部损伤在死亡过程中的参与度为25%－30%，而宜昌市公安局西陵区分局法医鉴定，死者余峰头面部所受之伤为轻微伤。本案中，两名证人均证实看到韩宜用木凳砸了余峰的背部，韩宜在公安机关亦供述其砸了余峰的背部、肩部二三下，所有的证据均不能证明韩宜用钝器击打了余峰的头部。故韩宜的行为与余峰的死亡之间无刑法上的因果关系，检察机关指控韩宜犯过失致人死亡罪证据不足。韩宜持木凳追打余峰，并砸了余背部二三下的行为系故意伤害行为，但其给余峰身体造成的伤害后果未达到犯罪标准，故被害人的诉讼代理人认为韩宜的行为构成故意伤害罪的代理意见不予采纳。

### 二审诉辩情况

一审宣判后，检察机关提出抗诉。其抗诉理由是：（1）原审认定事实错误。原判决认定"被告人韩宜的行为与被害人余峰的死亡之间缺乏刑法意义上因果关系"是对因果关系的片面理解，韩宜的伤害行为是致被害人死亡的原因之一，符合刑法中危害行为和危害后果之间的因果关系。（2）原审采信鉴定结论不准确。鉴定结论显示余峰死亡的主要原因是急性心功能衰竭，头部损伤在其死亡过程中的参与度为25%－30%，不能由此推定其他人为因素就占其死亡原因的5%。死者余峰在与韩宜打斗中精神高度紧张、情绪激动也是致其急性心功能衰竭而死亡的诱因。

湖北省宜昌市人民检察院出庭支持抗诉，认为：从法医鉴定和死者头部照片看，余峰的头部伤是韩宜用凳子打击所致。有3名证人证实余峰与韩宜打斗前没有发现余峰身上有伤，其他证人也没有提到余峰头部有伤。余峰心脏肥大、醉酒不足以致死，韩宜追打致伤余峰是导致余峰死亡的原因之一，应该判处韩宜犯过失致人死亡罪。为支持其抗诉理由，检察机关提交了一份新证据：证人孙琳证实，余峰两次倒地爬起来后，他都没有看见余峰头部受伤流血的情况。

被害人的诉讼代理人对补充鉴定意见提出质疑，认为头部损伤在死亡过程中的参与度应该为30%－40%。并提交了一份同济医科大学秦教授的法医补充鉴定书的草稿底稿材料，用于证明补充鉴定意见有篡改现象。请求二审判决韩宜对被害人的死亡承担刑事责任。

原审被告人韩宜及其辩护人辩称：所有的证据都不能证明被害人头部伤是韩宜拿的木凳所致。请求二审维持一审判决。

▶ 二审裁判结果

宜昌市中级人民法院依照《中华人民共和国刑事诉讼法》第189条第1项的规定，裁定如下：驳回抗诉，维持原判。

▶ 二审裁判理由

湖北省宜昌市中级人民法院经公开审理查明：检察院提交的证人证言，只能证明被害人在与韩宜发生纠纷前曾经两次倒地，但不能证实被害人头部的伤系韩宜所致。被害人的诉讼代理人提交的证据材料是复印件，不能证明其来源的真实性，形式上不符合法律规定的形式要件；其证实的内容也只能证明鉴定组成人员中该教授个人观点形成意见的过程，不能证明其他鉴定成员的意见以及鉴定组最后形成的决定性意见，因此，在内容上不具有客观性。一审采信的证据和认定的事实，二审予以确认。

宜昌市中级人民法院认为：余峰酒后行为失常，连续与多人发生纠纷，韩宜在与之纠纷的过程中，持木凳砸了余峰的背部和肩部属实，但该行为与被害人余峰死亡结果的发生缺乏因果关系，且情节显著轻微，依法不认为是犯罪。证人陈怀平、望西福均证实看到被告人韩宜用木凳砸了余峰的背部，韩宜在公安机关和庭审中亦供述用木凳砸了余峰的背部、肩部，无证据表明韩宜击打过余峰的头部或面部。余峰在和韩宜发生纠纷之前，先后与多人发生过纠纷，并且几次倒地，不能排除其前额创伤是倒地所致或者被其他人殴伤的可能。被害人的诉讼代理人认为，余峰头部损伤在其死亡过程中的参与度应该为30%－40%，但因没有证据证实该头部伤系韩宜所致，故不能认定韩宜的伤害行为与被害人的死亡之间有因果关系，检察机关的抗诉理由和被害人的代理意见均不能成立，要求追究韩宜的刑事责任的意见不予采纳。

### 53. 审判实践中如何对不作为与作为作出相同的价值评价，从而共用犯罪构成？

对不作为与作为的等价判断问题是针对不纯正的不作为而言的，没有直接的法律依据，只能按照符合逻辑的法律解释来进行，可从危害后果的严重性，不作为与危害后果的因果关系、行为人主观心理态度等综合评价。

## 典型疑难案件参考

### 颜克于等故意杀人案

**基本案情**

2007年5月25日11时许，被告人颜克于、廖红军、韩应龙与何洪林（另案处理），在湖州市南浔区南浔镇方丈港村发现周家龙有盗窃自行车的嫌疑，遂尾随追赶周家龙至南浔镇的安达码头，廖红军与何洪林对周用拳头打，颜克于、韩应龙分别手持石块、扳手击打周的头部等，致使周头皮裂创流血。周家龙挣脱后，颜克于、廖红军、韩应龙分头继续追赶周家龙。周家龙从停在安达码头的长兴0009货船逃到鲁济宁0747货船，廖红军随颜克于紧跟周家龙追到鲁济宁0747货船，两人将周家龙围堵在鲁济宁0747货船船尾，周家龙被迫跳入河中。韩应龙听到廖红军喊"小偷跳河了"，随即也赶到鲁济宁0747货船上。颜克于、廖红军、韩应龙在船上看着周家龙向前游了数米后又往回游，但因体力不支而逐渐沉入水中，颜克于、廖红军、韩应龙均未对周家龙实施任何救助行为，看着周家龙在河中挣扎后沉下水去，直到看不见周家龙的身影，三被告人才下了船离开。后接警的公安人员将周家龙打捞上来时，周家龙已溺水死亡。

在审理过程中，被告人韩应龙与被害人周家龙的父母庭外达成和解，被告人韩应龙赔偿被害人周家龙的父母经济损失人民币43000元。被害人周家龙的父母请求法院对被告人韩应龙从轻处罚。

**诉辩情况**

浙江省湖州市南浔区人民检察院以被告人颜克于、廖红军、韩应龙犯故意杀人罪，向湖州市南浔区人民法院提起公诉。

三被告人对指控的犯罪事实均无异议，并自愿认罪。

**裁判结果**

湖州市南浔区人民法院依照《刑法》第232条、第25条第1款、第72条第1款、第73条第2款、第3款的规定，判决如下：

一、被告人颜克于犯故意杀人罪，判处有期徒刑3年9个月。

二、被告人廖红军犯故意杀人罪，判处有期徒刑3年3个月。

三、被告人韩应龙犯故意杀人罪，判处有期徒刑3年，缓刑4年。

**裁判理由**

湖州市南浔区人民法院认为：被告人颜克于、廖红军、韩应龙因周家龙"偷窃"自行车而殴打、追赶周家龙，从而迫使周家龙逃上货船并跳入河中，三被告人目睹周家龙在水中挣扎，明知此时周家龙有生命危险，却不采取救助措施，最终发生了周家龙溺水死亡的结果，其行为均已构成故意杀人罪，检察机关指控的罪名成立，依法应予惩处。鉴于三被告人对周家龙死亡结果的发生持放任态度，而非积极追求该结果的发生，且周家龙系自己跳入河中，又会游泳，结合本案犯罪起因，三被告人犯罪的主观恶性较小，属情节较轻。被告人颜克于、廖红军、韩应龙归案后能如实交代自己的犯罪事实，庭审中自愿认罪，分别予以酌情从轻处罚。被告人韩应龙又能赔偿周家龙家属的经济损失，取得周家龙家属的谅解，对被告人韩应龙可适用缓刑。

## 54. 如何在司法实践中把握结果加重犯的认定标准？

结果加重犯是指行为人实施了基本犯罪构成要件的行为，由于发生了《刑法》规定的基本犯罪构成要件之外的加重结果从而加重其法定刑的犯罪形态。认定结果加重犯，首先应确定行为人实施了基本犯罪构成的行为，然后看基本犯罪行为是否造成了基本犯罪构成以外的法定加重结果，且基本犯罪行为与加重结果之间存在因果关系。在主观方面，行为人对加重结果至少持过失的心理态度。

**典型疑难案件参考**

王照双强奸、盗窃案

**基本案情**

被告人王照双于2005年5月13日凌晨3时许，钻窗潜入本市西城区灵镜胡同5号楼7门301室，从客厅的皮包中窃得人民币100元及手机1部。王又进入大卧室，看到熟睡中的李某某（女，殁年39岁），遂将李唤醒，对李进行威胁并撕破李的吊带背心捆住李的双手，强行将李某某奸淫，后即钻窗逃离现场。李某某到阳台呼救时，因双手被捆，坠楼身亡。被告人王照双将上述盗窃款物挥霍。

### 一审诉辩情况

检察机关认为：被告人王照双的行为触犯了《刑法》第 236 条第 3 款第 5 项、第 264 条的规定，已构成强奸罪、盗窃罪，且系累犯，依照《刑法》第 65 条第 1 款之规定，依法应当从重处罚。

附带民事诉讼原告人王秀芬、高子安、高峰、李振萍诉称：由于被告人王照双的犯罪行为给其造成了一定的经济损失，请求依法判决被告人赔偿误工费、丧葬费、死亡赔偿金、被抚养人王秀芬、高子安生活费共计人民币 477091 元。

被告人王照双对检察机关指控其犯强奸罪、盗窃罪的事实和罪名不持异议，但辩称：被害人李某某坠楼身亡与其无关，否认其曾盗窃过一部"飞利浦"手机。

王照双的辩护人的辩护意见是：被害人李某某坠楼身亡存在偶然因素，被告人王照双归案后能够坦白交代犯罪事实，认罪态度好，请求法院对被告人王照双从轻处罚。

### 一审裁判结果

北京市第一中级人民法院依照《刑法》第 236 条第 3 款第 5 项、第 264 条、第 48 条第 1 款、第 51 条、第 57 条第 1 款、第 56 条第 1 款、第 55 条第 1 款、第 65 条第 1 款、第 61 条之规定，对王照双所犯强奸罪、盗窃罪判决如下：被告人王照双犯强奸罪，判处死刑，缓期 2 年执行，剥夺政治权利终身。犯盗窃罪，判处有期徒刑 11 年，剥夺政治权利 2 年，并处罚金 11000 元。决定执行死刑、缓期 2 年执行，剥夺政治权利终身，并处罚金 11000 元。

### 一审裁判理由

北京市第一中级人民法院认为：被告人王照双违背妇女意志，使用暴力、胁迫手段强行与妇女发生性关系，其行为已构成强奸罪，且造成被害人呼救时坠楼身亡的严重后果，王照双刑满释放后 5 年内又重新犯罪，系累犯，依法应予从重处罚。北京市人民检察院第一分院指控被告人王照双犯强奸罪、盗窃罪的事实清楚，证据确实、充分，指控的罪名成立。对于被告人王照双提出的被害人李某某坠楼死亡与己无关以及辩护人提出的被害人李某某坠楼身亡存在偶然因素，请求法院从轻处罚的辩护意见，经查，李某某到阳台呼救是其在凌晨时分遭受王照双入室强奸，孤立无援，精神处于高度惊恐状态下的必然所为，不排除其坠楼身亡存在偶然因素，但其双手被王照双捆绑是其在呼救中身体不稳定导致坠楼身亡的主要原因，辩护人所提"偶然因素"不能成为减轻王照双刑事责任的理由，故对王照双及其辩护人的此项辩护意见，不予采纳。被告人王照双所犯强奸罪性质恶劣，情节、后果严重，依法应当判处死刑，但鉴于本案的具体情况，可不必立即执行。

### ▶二审诉辩情况◀

一审宣判后，上诉人（原审被告人）王照双上诉提出：被害人的死亡不是其造成的，是坠楼身亡，与其无关，请求从轻处罚。

王照双的辩护人的辩护意见是：被害人的死亡与王照双的行为不存在直接、必然的因果关系，王照双不应对被害人的死亡承担刑事责任，请求对王照双依法改判。

### ▶二审裁判结果◀

北京市高级人民法院依照《刑事诉讼法》第189条第2项及《刑法》第236条第3款第5项、第264条、第48条第1款、第51条、第52条、第53条、第57条第1款、第56条第1款、第55条第1款、第65条第1款、第23条、第61条、第64条、第71条，最高人民法院《关于审理盗窃案件具体应用法律若干问题的解释》第6条第3项第4目，最高人民法院《关于处理自首和立功具体应用法律若干问题的解释》第4条之规定，撤销原审强奸罪部分的判决，改判上诉人王照双犯强奸罪、判处无期徒刑，剥夺政治权利终身；犯盗窃罪，判处有期徒刑11年，剥夺政治权利2年，并处罚金11000元，与前罪未执行完毕的附加刑剥夺政治权利1个月零11日并罚，决定执行无期徒刑，剥夺政治权利终身，并处罚金人民币11000元。

### ▶二审裁判理由◀

北京市高级人民法院经审理认为：上诉人王照双以非法占有为目的，多次秘密窃取他人财物，盗窃数额巨大，在盗窃过程中又违背妇女意志，使用暴力、胁迫手段强行与妇女发生性交，其行为已分别构成盗窃罪、强奸罪。其所犯盗窃罪属情节特别严重；其所犯强奸罪造成被害人呼救时，因双手被捆绑致坠楼身亡的严重后果，依法应予惩处；且系累犯，应予从重处罚。原审判决定罪正确，但考虑本案的具体情节及王照双对其强奸所致严重后果应负的罪责，对王照双所犯强奸罪量刑不当，应予改判。

### 55. 司法实践中如何认定所谓的"证据不足"?

在司法实践中定罪需要的是证明犯罪构成的证据,如果缺乏证明犯罪构成的证据,则认为是证据不足。

证据不足可以从理论和实践两个方面来把握:在理论上要求间接证据链条不完整、证据之间存在不合理的矛盾、依据所有证据不能得出唯一的排他性的结论;在实践中,证据不足一般是指根据现有证据不能完全证明何人在何时、何地,为了何种目的,采取何种方法,实施了何种犯罪行为,并导致何种后果。

## 典型疑难案件参考

### 王某故意杀人案

**基本案情**

被告人王某与父亲王某某因家庭矛盾不合,两人多次发生争吵。2003年7月25日,王某某用斧头将王某的手臂砍伤。同年8月18日晚8时许,被告人王某携带起子、木柄U形火叉潜入王某某住房楼上藏匿。当晚11时许,当到村民家看电视的王某某回家入睡后,王某悄悄下楼,用火叉叉住王某某的颈部,用起子从王某某左耳处刺入大脑,致王某某当场死亡。王某随后将此事告知其妻游某某,并要求游某某帮助转移尸体。王某与游某某将王某某的尸体装入麻袋后,携带手电筒、铁线、胶钳等工具,用竹排、木艇将王某某尸体运至峻山水库,用铁线将麻袋口扎住,并把石头捆绑在麻袋上,后将尸体沉入水库。2003年9月8日,王某某的尸体从水底浮起,被村民发现。王某得知后,于次日晚再次移动尸体,并将尸体重新沉入水库。

**一审诉辩情况**

某市人民检察院以被告人王某犯故意杀人罪、被告人游某某犯帮助毁灭证据罪,向某市中级人民法院提起公诉。

**一审裁判结果**

一审中级法院认为,鉴于本案事出有因,被告人王某认罪态度好,可对其从轻处罚。依照《刑法》第232条、第57条第1款的规定,判决如下:

一、被告人王某犯故意杀人罪,判处无期徒刑,剥夺政治权利终身。

二、被告人游某某犯帮助毁灭证据罪，判处有期徒刑2年，缓刑3年。

### ▶ 一审裁判理由

某市中级人民法院认为：被告人王某不能正确处理家庭内部矛盾，故意非法剥夺他人生命，其行为已构成故意杀人罪；游某某帮助王某毁灭证据的行为已构成帮助毁灭证据罪。检察机关指控罪名成立。被告人王某及其辩护人提出的本案证据不充分的辩护意见，经查，本案被害人王某某的尸体已被两次移尸灭迹，尸体虽未找到，但被告人王某杀死其父王某某的事实，有下列证据证实：其妻游某某证明被告人王某作案后即告诉她杀死了王某某，并当面将裹好的尸体装入麻袋，共同到水库沉尸；证人何某某证实被告人王某与被害人有矛盾及被害人失踪情况；证人周定某、孙丽某、孙万某证实看到水库中有用麻袋装的尸体；证人孙志某、周敏某证实案发当晚自己固定停靠岸边的木排和木艇被人挪动；证人黎某某的证言及荔浦县电信局提供的机房记录证实荔浦县汽车站旁的公用电话与黎某某代销店有过通话记录；现场勘查笔录、现场图照、血迹鉴定书证实王某某床板上、枕头上、被子上有血迹，并与被告人王某有亲权关系；现场指认笔录证实水库边淤泥中有游某某遗留的一双解放鞋。上述证据能够相互印证。故本案证据充分，形成一条完整锁链。

### ▶ 二审诉辩情况

一审法院宣判后，王某、游某某不服，提出上诉。

### ▶ 二审裁判结果

二审高级法院依照《刑事诉讼法》第46条、第162条第3项、最高人民法院《关于执行〈中华人民共和国刑事诉讼法〉若干问题的解释》第176条第4项的规定，判决如下：

一、撤销某市中级人民法院刑事判决；
二、王某无罪；
三、游某某无罪。

### ▶ 二审裁判理由

某高级人民法院经审理认为：鉴于王某从公安侦查、检察审查起诉至法院两次开庭审理中均作有罪供述，王某之妻也对此有供述，二人供述在一定程度上有证据佐证。但是，原判认定王某杀死其父亲后沉尸灭迹，仍属事实不清，证据不足，不能形成完整的证据链条。表现在：虽然王某、游某某曾分别供述，王某用起子杀死王某某后装入麻袋内，后用竹排和木艇运到峻山水库刀板界沉尸,证人周定某、周丽某、孙万某证实,曾在峻山水库刀板界岸边见到过一个用麻袋装着的尸体,但尸体和作案工具均未找到;孙志某、周敏某不能证实是谁移动了自己的竹排和木艇;证人周定某、周丽某、孙万某不能证实所见麻袋中的尸体就是王某某的尸体。王某虽有杀害其父亲,与其妻一起沉尸灭迹的嫌疑,但由于王某某的尸体至今未能发现,亦不能证明王某某确已死亡,更不能证明王某某的死亡原因和时间,这是本案事实不清、证据不足的关键所在。由于以上疑点无法排除,据以定案的间接证据不能形成完整的证据链条,不具有完全排他性,本案属于事实不清,证据不足,不能认定王某、游某某有罪。王某、游某某上诉和辩护理由有理,予以采纳。

### 56. 如何在司法实践中掌握证据确实、充分的证明标准?

根据《刑事诉讼法》的规定,证据确实、充分的法定标准是:定罪量刑的事实都有证据证明;据以定案的证据均经法定程序查证属实;综合全案证据,对所认定事实已排除合理怀疑。在司法实践中,判断证据是否达到这一证明标准,通常需要从以下几个方面进行证据审查:第一,审查证据能力,即收集的证据是否具备刑事案件的证据资格,是否符合证据的三性要求等;第二,审查证据的证明力,即研判证据对案件事实有无证明作用以及证明程度如何等;第三,审查证据是否达到充分的标准,即犯罪构成中的全部事实均有证据加以证实,证据之间可以形成完整的证据链条,可以相互印证,能够得出排他性的唯一结论等。

## 典型疑难案件参考

### 余华平、余后成被控故意杀人案

**基本案情**

2002年7月14日晚,被告人余华平因怀疑被害人王金伟偷他的手机,而与之发生争执,后王金伟被建帝公司值班的保安人员和余华平看管。期间,王金伟两次逃走,被保安人员和余华平、余后成发现并带回看管。7月15日凌晨5时许,王金伟趁洗澡之机再次逃脱。当日6时许,余华平、余后成在公司锅炉房内找到王金伟,合力将王按倒在地,采取用手捂嘴、用铁丝勒颈的手段,致王金伟死亡。之后,两人将王金伟的尸体抬到附近配电房侧的小巷内,由余华平伪造了跳墙摔下的假象。

### 一审诉辩情况

广东省某市人民检察院以被告人余华平、余后成犯故意杀人罪,向某市中级人民法院提起公诉。

### 一审裁判结果

某市中级人民法院依照《刑法》第232条、第48条第1款、第57条第1款之规定,判决如下:

一、被告人余华平犯故意杀人罪,判处死刑,缓期2年执行,剥夺政治权利终身。

二、被告人余后成犯故意杀人罪,判处无期徒刑,剥夺政治权利终身。

### 一审裁判理由

某市中级人民法院认为:被告人余华平、余后成因怀疑被害人王金伟盗窃财物而与王产生争执,后因王逃脱保安人员看管心生愤恨进而产生杀人恶念,结伙采取捂嘴、用铁丝勒颈的手段非法剥夺他人生命,致一人死亡,其行为已构成故意杀人罪。

### 二审诉辩情况

一审宣判后,被告人余华平、余后成不服,提出上诉。

余华平上诉提出:(1)没有杀人,是被冤枉的。没有直接证据证明他和余后成勒死被害人王金伟,仅凭口供不能定案。(2)证人证言可以证实他没有作案时间。(3)侦查阶段指认杀死被害人王金伟的现场是在警察提醒之后才知道是在大锅炉房后面,侦查阶段的有罪供述是被刑讯逼供的。其辩护人的辩护意见为:(1)被害人王金伟死亡时间是7月15日6时至7时30分,证人证言可以证实余华平没有作案时间。(2)提取的作案工具、现场勘验笔录及现场血迹的法医学DNA检验鉴定书均无法证实余华平、余后成到过现场。(3)余华平、余后成在侦查阶段的有罪供述存在矛盾和疑点,与其他证据无法印证。两人被刑事拘留后,未被依法移送看守所羁押。在讯问被告人过程中也未依法保障被告人合法的休息时间,两上诉人提出被刑讯逼供有事实依据。在非法羁押期间的口供应认定为非法证据。本案事实不清,证据不足,应改判无罪。

余后成上诉提出:(1)没有参与杀人。(2)侦查阶段的口供是被逼供的,并由警察提示下供述的。（3）证人证言可以证实他没有作案时间。其辩护人的辩护意见为：（1）本案唯一的直接证据是两人在侦查阶段的供述，两人的供述极不稳定，难以判断真伪，也无其他证据佐证。（2）两上诉人无作案时间。没有充分证据证实余华平、余后成杀害王金伟。应改判余后成无罪。

出庭检察员的出庭意见为：（1）原审判决认定的事实有相应证据支持。（2）原判在以下两个问题的查证上尚未达到"确实、充分"的程度：一是关于被告人余华平、余后成的作案时间问题，证人任小丽、苏光荣等人的证言和两被告人有罪供述之间不尽相符。二是铁丝圈认定为本案的作案工具的证据相对单薄。一审判决将侦查人员在现场勘查时提取的铁丝圈作为作案工具，此认定虽然有上诉人的现场指认等证据支持，但是，鉴于被告人供述间的矛盾未能充分排伪，这一认定仍缺乏有效佐证。因此，建议二审本着以事实为根据，以法律为准绳的原则，在充分考虑本案证据上述特点的基础上，依法作出公正裁决。

### 二审裁判结果

广东省高级人民法院依照《刑事诉讼法》第195条、第162条第3项之规定，判决如下：

一、撤销广东省某市中级人民法院〔2004〕某刑重字第8号刑事判决；

二、上诉人余华平、余后成无罪。

### 二审裁判理由

广东省高级人民法院经开庭审理认为：除上诉人余华平、余后成在侦查阶段的有罪供述外，没有其他直接证据证实两上诉人实施了杀人行为。两人的有罪供述前后之间、相互之间存在矛盾。也缺乏其他证据印证。且侦查机关获取有罪供述的程序有瑕疵。检察机关提供的诸多证人证言证实了事件大致发生、发展的过程，也能反映出两上诉人有作案的动机和重大嫌疑，但无法确证他们实施杀人作案。尤其从被害人的表妹任小丽、表姨苏光荣证言反映出来的情况看，余华平没有作案时间。本案事实不清，证据达不到确实、充分的定罪标准，不能认定被告人有罪，应予改判。上诉人余华平、余后成及其辩护人关于认定余华平、余后成实施故意杀人行为证据不足，应宣告无罪的意见成立，予以采纳。

### 57. 没有被告人口供，也没有其他证人证言，如何处理定罪问题？

一般情况下，刑事案件缺乏被告人口供和其他证人证言的，通常属于没有直接证据的刑事案件。在缺少直接证据的情况下，根据间接证据也可以定案，但要符合一定的条件。

### 58. 司法实践中运用间接证据应遵循什么原则？

任何一个间接证据都不能直接证明案件的主要事实，因此，每个间接证据必须同其他证据相结合才具有证明力。也就是说，在刑事案件审理过程中，间接证据只有得到其他证据的印证才能具有证明意义。依据间接证据定案要求所有间接证据形成完整的证据链条，并且得出排他性的唯一结论。另外，如果全案只有间接证据，那么当间接证据链条中的一个证据失去证据资格时，应对全部剩余的证据进行重新审查。

## 典型疑难案件参考

### 杨飞故意杀人案

**基本案情**

2005年9月27日16时许，被告人杨飞在北京市丰台区五里店南里27号楼2单元002号，因感情问题与李雪莲（女，殁年26岁）发生争执，杨飞持菜刀砍击李的颈部、腕部，造成李左侧颈总动脉破裂、左侧颈静脉完全离断，致李雪莲急性失血性休克死亡。杨飞自杀未遂被当场查获。

**诉辩情况**

北京市人民检察院第二分院以被告人杨飞犯故意伤害罪，向北京市第二中级人民法院提起公诉。

庭审中，杨飞辩称：李雪莲系与其一同自杀，其没有故意杀人。侦查期间，杨飞一直保持沉默，拒绝回答讯问，仅有的一次供述称：李雪莲在案发前说自己有病，经常吐血，没有钱看病，说要跟其一起死，就自己拿刀先抹脖子，然后其用菜刀砍自己脖子，又割了左手腕，后来晕倒了，醒来就在医院。其辩护人提出：没有任何直接证据证实杨飞故意杀害李雪莲，认定李雪莲系杨飞杀害的证据不足，请求法院按疑罪从轻处理。

### 裁判结果

北京市第二中级人民法院依照《刑法》第232条、第57条第1款、第48条第1款、第51条、第61条、第64条、第36条第1款之规定，以被告人杨飞犯故意杀人罪，判处死刑，缓期2年执行，剥夺政治权利终身。

### 裁判理由

北京市第二中级人民法院认为：被告人杨飞不能正确处理感情问题，持刀故意非法剥夺他人生命，致人死亡，其行为已构成故意杀人罪，且犯罪后果严重，依法应予惩处。关于杨飞所提其没有故意杀人的辩解及其辩护人所提本案认定被告人杨飞故意杀人证据不足的辩护意见，经查，本案证人证言可以证实被告人杨飞与被害人李雪莲之间存在感情纠葛，尸体检验鉴定书、专家会诊意见能证实被害人李雪莲系他杀，上述证据与现场勘查笔录、生物物证鉴定书等证据能够相互吻合、相互印证，故杨飞的辩解及辩护人的辩护意见不予采纳。

### 复核结果

北京市高级人民法院根据《刑事诉讼法》第201条之规定，裁定：核准北京市第二中级人民法院〔2006〕二中刑初字第987号判决中以故意杀人罪判处被告人杨飞死刑，缓期2年执行，剥夺政治权利终身的刑事判决。

### 复核理由

北京市高级人民法院经复核认为：北京市第二中级人民法院的判决，认定事实清楚，证据确实、充分，定罪及适用法律正确，量刑适当，审判程序合法，应予核准。

## 59. 刑事案件审理中如何适用推定规则？

首先，刑事推定属于辅助性的工具，如果有充分的证据证明案件事实，则一般不适用推定。其次，推定是允许被推翻的，推定只是对相关事实之间高度盖然性联系的一种确认，并不具有绝对性，在运用推定规则认定案件时，应当赋予被告人反驳的权利。

> 最后,进行推定的依据应具有真实性和确定性,并与推定事实之间存在因果关系的高度盖然性。

### 60. 司法实践中如何正确处理"两罪存疑"案件?

> 一般情况下,应遵循两罪存疑取其轻的原则。当行为人的行为有可能符合数个犯罪构成时,而现有证据又不能确实、充分地证明其行为已经符合其中重罪的构成,但可以充分、确实地证明其行为已符合其中轻罪的构成时,司法机关应当按照其中的轻罪,而不能按照其中的重罪追究行为人的刑事责任。需要注意的是,如果现有证据不能确实、充分地证明其行为已经符合其中任何一个犯罪构成时,也就不存在所谓"两罪存疑"的问题,而应该属于证据不足,不构成犯罪的问题。

**典型疑难案件参考**

严静收购赃物案

**基本案情**

2002年3月29日下午5时许,被告人严静驾驶一辆车牌号为A-R2882的桑塔纳2000型轿车,行至浦东新区杨高南路成山路路口时,因违章行为被民警拦阻并接受检查,验证时发现该车行驶证有伪造嫌疑,且车辆未经年审,后经网上查询,发现该车牌照属另一辆奥拓小客车,并据车架钢印查证该车系在本区南码头路1696弄49号被盗的车辆,失窃时间为2001年6月26日,民警遂将桑塔纳车扣押。当日,严静谎称该车是从其丈夫的朋友处借得,并承诺将朋友带来讲清事实。

2002年4月3日,严静至公安机关供述:该车系其私下从他人处购得。具体情况如下,2001年12月底某日下午,严静携带10万元现金至本市武宁路机动车交易市场,欲购买一辆二手桑塔纳轿车,恰逢一自称"刘峰"的中年男子向其兜售该车,双方经商讨以人民币8万元成交。因严静提出要求试车,对方答应先预收5万元押金,试车完毕后支付余款并办理过户手续,"刘峰"遂将当场书写的收条一张和车辆行驶证交与严静。后严静将车开至杨高南路一汽车修理厂,检验证实车辆性能良好。后严静曾多次打电话并前往交易市场寻找"刘峰",但均未找到,严静遂一直使用该车至案发。

庭审中,严静对检察机关指控其购买使用赃车的事实没有异议,但辩解其主观上并未"明知"。辩护人提出:严静虽有购买赃车的行为,但本案没有证据证实其有"明知"的犯意,从其购车地点和约定价格看,可推断出严静主观上不具备"明知",故严静的行为不构成收购赃物罪。

### 诉辩情况

上海市浦东新区人民检察院以被告人严静犯收购赃物罪,向浦东新区人民法院提起公诉。支持公诉的证据有:

1. 被告人的供述,严静被取保候审后,在公安机关共做过5次讯问笔录,内容基本一致,均证实该桑塔纳2000型轿车系其从他人处购得,未办理任何过户手续,且事后无法与卖车人取得联系。

2. 报案陈述及赃车照片,证实严静驾驶的该桑塔纳2000型轿车系被盗赃车。

3. 扣押物品清单,证实该桑塔纳2000型轿车系从严静处扣押。

### 裁判结果

上海市浦东新区人民法院依照《刑法》第312条、第53条之规定,判决如下:被告人严静犯收购赃物罪,判处管制1年,罚金人民币1000元。

### 裁判理由

上海市浦东新区人民法院审理后认为:本案除被告人陈述外,虽无直接证据证实"明知"的故意,但依据最高人民法院、最高人民检察院、公安部、工商行政管理局联合发布的《关于依法查处盗窃、抢劫机动车案件的规定》第17条的规定,当机动车证件手续不全或明显违反规定时,可视为被告人应当知道,据此,本案被告人主观上具备"明知"的犯意,客观上有购买赃车的行为,检察机关指控的罪名成立。辩护人提出的关于被告人主观上不"明知"的意见,与上述规定的意旨不符,不予采信。

## 二、数罪

### 61. 法条竞合的法律适用原则如何？

法条竞合的法律适用的一个总原则是对行为人只能选择适用竞合数法条中的一个法条进行定罪量刑，而不能重复适用数法条，不能实行数罪并罚。具体适用方式是：首先，《刑法》对竞合法条的法律适用已作明确规定的，应当按照《刑法》规定；其次，对《刑法》未明确规定法律适用原则的竞合法条，通常情况下应当按照特殊法优于普通法的原则选择适用法律，在例外情况下，如果按照特殊法优于普通法的原则适用法律将导致罪刑明显有失均衡，则应当按照重法优于轻法的原则选择适用法律。

**典型疑难案件参考**

梁其珍招摇撞骗案

**基本案情**

被告人梁其珍，化名梁坚辉。1997 年 2 月因犯诈骗罪被判处有期徒刑三年，1999 年 10 月减刑释放。2001 年 11 月，被告人梁其珍与王某相识，梁谎称自己是安徽省公安厅刑警队重案组组长，骗得王与其恋爱并租房同居。期间，梁又先后对王谎称自己任省公安厅厅长助理、池州市公安局副局长等职。为骗取王及其家人、亲戚的信任，梁其珍先后伪造了安徽省公安厅文件、通知、荣誉证书、审查登记表；印制了职务为池州市公安局副局长的名片和刑警执法证；购买了仿真玩具手枪等；2001 年 10 月至 2002 年 8 月，梁多次从合肥、池州等地公安机关盗取数件警服、警帽、持枪证以及相关材料；多次租用京 GD6798 号出租车，冒充是省公安厅为其配备。在骗取王某及其家人、亲戚的信任后，2002 年 4 月至 2002 年 8 月期间，梁以种种谎言骗得王家人及亲戚现金 39750 元，并挥霍。

2002 年 5 月，梁其珍又冒充安徽省公安厅刑警，骗取另一受害人张某与其恋爱并发生性关系。后以请人吃饭为由，骗取张现金 500 元。

2002 年 8 月初，梁其珍冒充池州市公安局副局长前往潜山县，骗取了该县人大、公安局有关领导的信任，陪同其游玩。

### 一审诉辩情况

安徽省合肥市包河区人民检察院以被告人梁其珍犯招摇撞骗罪向合肥市包河区人民法院提起公诉。

### 一审裁判结果

包河区人民法院依照《刑法》第279条、第64条、第65条第1款之规定，判决：

一、被告人梁其珍犯招摇撞骗罪，判处有期徒刑10年；
二、追缴被告人梁其珍违法所得人民币40250元；
三、没收作案工具玩具手枪一把及伪造的文件等。

### 一审裁判理由

包河区人民法院审理后认为：被告人梁其珍伪造公安机关的文件、印章，盗取警服、警帽，多次冒充人民警察招摇撞骗，骗取多名受害人钱款40250元，并骗取了其他非法利益，严重妨害了国家机关的正常管理活动，侵犯了公民的合法权益，情节严重，其行为已构成招摇撞骗罪。梁冒充人民警察招摇撞骗，且系累犯，依法均应从重处罚。

### 二审诉辩情况

一审宣判后，被告人梁其珍不服，提出上诉。在二审审理期间，梁其珍申请撤回上诉。

### 二审裁判结果

法院裁定予以准许。

## 62. 在共同犯罪中，一人的犯罪发生转化，另一人是否也必然发生转化？

共同犯罪，不仅要有共同的故意，还要有共同的行为，要从主观和客观方面共同来认定。一人超出了共同犯罪故意的范围实施其他犯罪的，对其他犯罪人不能认定为一同转化，只有其他犯罪人也表现出同样的犯罪故意，客观上帮助或提供便利的才认为是共同转化犯。

## 典型疑难案件参考

### 孙启胜抢劫案

**基本案情**

2008年7月6日下午1时35分许,被告人孙启胜伙同梅江林(另案处理)及一名绰号叫"老虎"的男子,在上海市中山北路235号圣裕大酒店附近,用随身携带的撬锁工具窃得被害人王君停放在此处的一辆价值人民币328元的捷安特26寸男式自行车。三人行窃时,被公安机关在监控中发现,随即追踪至中山北路185号门口对被告人孙启胜及其同伙实施抓捕。被告人孙启胜为挣脱民警周幼龙的抓捕,击打周脸部二拳,造成周下后黏膜破损(经鉴定构成轻微伤)。被告人孙启胜被当场抓获归案。

**一审诉辩情况**

上海市闸北区人民检察院以被告人孙启胜犯抢劫罪向上海市闸北区人民法院提起公诉。

**一审裁判结果**

上海市闸北区人民法院依照《刑法》之相关规定,以抢劫罪判处被告人孙启胜有期徒刑4年,并处罚金人民币4000元;缴获的作案工具依法没收。

**一审裁判理由**

上海市闸北区人民法院经审理查明:被告人孙启胜秘密窃取他人财物,在逃逸过程中为抗拒抓捕而当场使用暴力,其行为已构成抢劫罪,被告人孙启胜刑满释放5年内再犯依法应当判处有期徒刑以上刑罚之罪,是累犯,应当从重处罚。

**二审诉辩情况**

一审宣判后,被告人孙启胜不服,提出上诉。孙启胜辩称:其只有盗窃自行车的故意,在民警上前抓捕时挣扎了几下,并未挥拳猛击民警脸部,其行为的性质只是盗窃,而不是抢劫。

上海市人民检察院第二分院认为:原判认定事实清楚,证据确实、充分,建议驳回上诉,维持原判。

**二审裁判结果**

上海市第二中级人民法院裁定:驳回上诉,维持原判。

### 二审裁判理由

上海市第二中级人民法院经审理认为：上诉人孙启胜以非法占有为目的，秘密窃取他人的财物，因被民警发现，在逃逸过程中为抗拒抓捕而当场使用暴力，致人轻微伤，其行为已经构成抢劫罪，应依法惩处。对于上诉人孙启胜所提其在民警抓捕过程中未对民警实施暴力的上诉理由，经查，被害人周幼龙的陈述笔录和辨认笔录、证人金牛、梅江林等人的证言笔录和辨认笔录均证实，孙启胜在窃得自行车逃逸途中，对抓捕民警周幼龙的脸部用拳击打了两拳，这与孙启胜在公安侦查阶段的多次供述相互印证，故孙启胜的上诉理由不能成立。原判认定事实清楚，证据确实、充分，适用法律正确，量刑适当，且审判程序合法，上海市人民检察院第二分院的意见正确。

#### 63. 如何判断具体案件中是否存在法条竞合关系？

通常情况下，分则中一些犯罪的规定在行为方式上具有相似性，可以是相同的行为方式，也可以是具有包容关系的行为方式，于是就很容易形成法条竞合关系，但其前提是对同一行为的评价。本案中的虐待行为与伤害行为就存在是否属于法条竞合的争议，虐待行为与伤害行为存在交叉关系，但本案中的被告人实施的并不是一个行为，而是虐待和伤害两个单独的行为，因此不能评价为法条竞合。

### 典型疑难案件参考

#### 蔡世祥故意伤害案

### 基本案情

被告人蔡世祥与其子蔡木易（本案被害人，死亡时14岁）一起生活。因蔡木易患有先天性病毒性心肌，蔡世祥酒后经常对其进行殴打，并用烟头烫、火钩子烙身体、用钳子夹手指、冬季泼凉水等方法对其进行虐待。2004年3月8日夜，蔡世祥发现蔡木易从家中往外走，遂拳击其面部，用木棒殴打其身体。次日晨，蔡木易称腹痛不能行走，被其姑母蔡亚琴发现后送医院治疗无效，于2004年3月17日21时许死亡。经鉴定，蔡木易生前被他人以钝性致伤物（如拳脚等）伤及腹部，致十二指肠破裂，弥漫性胸、腹膜炎、感染性中毒休克死亡；蔡木易生前十二指肠破裂的伤情程度属重伤。

### 一审诉辩情况

辽宁省义县人民检察院以被告人蔡世祥犯故意伤害罪，向义县人民法院提起公诉。

被告人蔡世祥对检察机关指控的犯罪事实无异议。

### 一审裁判结果

义县人民法院根据蔡世祥的犯罪事实、性质、情节以及对社会的危害程度，依照《刑法》第260条的规定，判决如下：被告人蔡世祥犯虐待罪，判处有期徒刑7年。

### 一审裁判理由

义县人民法院认为：被告人蔡世祥长期对与其共同生活的未成年家庭成员进行殴打，致被害人伤后不及时对被害人进行诊治，造成被害人因伤死亡的严重后果，其行为已构成虐待罪，且情节特别恶劣。检察机关指控的犯罪事实清楚，证据充分。蔡世祥的行为同时也触犯了故意伤害罪罪名，由于故意伤害罪罪名涵括在虐待罪的罪名概念中，应被虐待罪吸收，二者属法条竞合关系，故蔡世祥应以虐待罪定罪，从重处罚。检察机关指控被告人犯故意伤害罪的罪名不成立。

### 二审诉辩情况

一审宣判后，义县人民检察院提起抗诉，其理由如下：（1）被告人蔡世祥的虐待行为不能吸收其实施的故意伤害行为，虐待罪与故意伤害罪之间不是法条竞合关系，原判对法律理解有误，适用法律不当，定性不准。（2）蔡世祥故意伤害他人并致人死亡，依照《刑法》第234条规定，应当对其判处十年以上有期徒刑。原判量刑不当。

锦州市人民检察院支持义县人民检察院的抗诉意见。

### 二审裁判结果

锦州市中级人民法院依照《刑事诉讼法》第189条第2项、《刑法》第234条第2款之规定，判决如下：

一、撤销义县人民法院的刑事判决。

二、原审被告人蔡世祥犯故意伤害罪，判处有期徒刑12年。

▶ 二审裁判理由

锦州市中级人民法院认为：检察机关指控原审被告人蔡世祥殴打被害人蔡木易并致蔡木易死亡的犯罪事实清楚。根据《刑法》第 234 条、第 260 条的规定，故意伤害罪与虐待罪的罪状各不相同，二罪之间并不发生法条竞合关系，一审法院以法条竞合处理原则，认定蔡世祥犯虐待罪属适用法律不当。蔡世祥用暴力手段故意伤害被害人的身体，并致其死亡，其行为已构成故意伤害罪。综上，原判定性错误，检察机关提出的第一项抗诉理由成立，予以支持。

原审被告人蔡世祥的伤害行为已造成被害人死亡的犯罪结果，根据《刑法》第 234 条之规定，应当对其判处 10 年以上有期徒刑、无期徒刑或者死刑。原判对蔡世祥判处有期徒刑 7 年的量刑不当，应予改判。检察机关提出的第二项抗诉理由成立，予以支持。

**64. 司法实践中如何处理想象竞合犯？**

想象竞合犯虽然触犯数个罪名，但毕竟只有一个行为，根据禁止重复评价原则，不应对一个行为评价两次，因此，想象竞合是实质的一罪，原则上采取从一重罪处断的原则。对于同种类的想象竞合犯并不按照数罪并罚来处理。

### 典型疑难案件参考

袁才彦编造虚假恐怖信息案

▶ 基本案情

2004 年 9 月 29 日，被告人袁才彦用名为"张锐"的假身份证在河南省工商银行信阳分行红星路支行体彩广场分理处开设了银行账户，准备用于勒索钱款。

2005 年 1 月 24 日下午 2 时 27 分，被告人袁才彦通过手机打电话给上海太平洋百货有限公司徐汇店，要求该店在 1 小时内向其指定的户名为"张锐"的银行账户内汇款人民币 5 万元，否则就要在商场内引爆炸弹自杀。警方接到店方报警后，启动防爆预案，出动大量警力，于 3 时左右对上海太平洋百货有限公司徐汇店进行人员疏散，并对该店 9 层楼面逐层清场，排查可疑爆炸物，直至下午 6 时 30 分左右，该店才恢复正常营业，计停业三个半小时，损失营业额约人民币 58 万元。

2005年1月25日上午及27日，被告人袁才彦又采用同样的方法，分别向福州市、广州市、南宁市、深圳市的百货商店以及上海铁路局春运办公室打电话，扬言爆炸威胁，勒索钱款人民币2-10万元不等，造成部分商场停业，公安部门出动大量的人力、物力，进行人员疏散。

### 一审诉辩情况

检察院以被告人袁才彦犯编造虚假恐怖信息罪向法院提起公诉。

### 一审裁判结果

一审法院依照《刑法修正案（三）》第8条和《刑法》第291条、第55条第1款、第56条第1款、第64条之规定，以编造虚假恐怖信息罪判处被告人袁才彦有期徒刑12年，剥夺政治权利3年；犯罪工具予以没收。

### 一审裁判理由

一审法院经审理后认为：被告人袁才彦采用编造爆炸威胁的方法，向数家单位勒索钱财，造成部分单位停业并遭受严重经济损失，公安部门出动大量警力，进行人员疏散，严重扰乱社会秩序，其行为已构成编造虚假恐怖信息罪，且造成严重后果。

### 二审诉辩情况

一审宣判后，被告人袁才彦不服，提出上诉。

### 二审裁判结果

二审法院依照《刑事诉讼法》第189条第1项之规定，裁定：驳回上诉，维持原判。

### 二审裁判理由

二审法院认为：原判认定袁才彦编造虚假恐怖信息的犯罪事实清楚，证据确实、充分，适用法律正确，量刑适当，审判程序合法。

## 65. 盗割正在使用中的光铝线的行为应该如何认定？

盗割正在使用中的光铝线的行为同时触犯了构成破坏电力设备罪和盗窃罪两个罪名，属于想象竞合犯，应择一重罪处之。

### 66. 司法实践中如何确定想象竞合中的"重罪"？

一般来说，有些罪名的罪刑轻重是很明显的，但也有很多罪名的罪刑轻重不十分明显，当两个罪名的量刑幅度相近时，应当结合犯罪的具体情节来考虑应该在哪一个量刑幅度内对其加以定罪量刑，即通过犯罪行为的法定最高刑来判断哪一罪名在这种情形下属于重罪。

## 典型疑难案件参考

### 冯留民破坏电力设备、盗窃案

**基本案情**

1. 被告人冯留民于 2002 年 11 月至 2003 年 2 月间，多次伙同范远飞、杨显坤、王志永（均已判刑）、王东、"羊羔子"（均另案处理）等人，雇用康德贵（已判刑）的面包车，在北京市怀柔区宰相庄、北京市顺义区板桥养殖场、北京市密云县十里堡镇王各庄村、河北省滦平县虎什哈镇马圈子等地，盗剪正在使用中的光铝线 6700 余米，造成直接经济损失 2 万余元。

2. 被告人冯留民于 2002 年 11 月至 2003 年 3 月间，多次伙同范远飞、杨显坤、刘冰、康德贵、杨宝强（均已判刑）、王东（另案处理）等人，在北京市密云县统军庄小学、东邵渠中心小学、十里堡镇清水潭村、北京市怀柔区大屯村、小罗山村、梨园庄村、张各长小学、雁栖工业开发区等地，盗窃电脑、变压器铜芯、铜板、烟花爆竹、轮胎、花生、大米、生猪等物总价值 29 万余元。

**一审诉辩情况**

北京市密云县人民检察院以被告人冯留民犯盗窃罪、破坏电力设备罪，向密云县人民法院提起公诉。

被告人冯留民在庭审中辩称：其只参与了起诉书指控的部分盗窃罪的犯罪事实，没有参与破坏电力设备的犯罪。

**一审裁判结果**

北京市密云县人民法院依照《刑法》第 118 条、第 264 条、第 52 条、第 53 条、第 55 条第 1 款、第 56 条第 1 款、第 25 条第 1 款、第 65 条第 1 款、第

69条、第64条的规定,判决如下:

一、被告人冯留民犯破坏电力设备罪,判处有期徒刑7年,剥夺政治权利1年;犯盗窃罪,判处有期徒刑13年,剥夺政治权利3年,罚金13000元,决定执行有期徒刑19年,剥夺政治权利4年,罚金13000元。

二、继续追缴被告人冯留民非法所得,发还被盗单位及个人。

### 一审裁判理由

北京市密云县人民法院认为:被告人冯留民以非法占有为目的,结伙盗窃正在使用中的电力设备,危害公共安全,其行为已构成破坏电力设备罪;被告人冯留民还以非法占有为目的,结伙秘密窃取公私财物,数额特别巨大,其行为已构成盗窃罪,应与破坏电力设备罪并罚。被告人冯留民曾因犯罪受过刑事处罚,刑罚执行完毕5年内,又犯应当判处有期徒刑以上刑罚之罪,是累犯,应当从重处罚。

### 二审诉辩情况

一审宣判后,被告人冯留民向北京市第二中级人民法院提出上诉。其上诉称:其只参与了部分盗窃事实,本案事实不清,证据不足。

### 二审裁判结果

北京市第二中级人民法院依照《刑事诉讼法》第189条第1项之规定,裁定:驳回上诉,维持原判。

### 二审裁判理由

北京市第二中级人民法院经审理认为:上诉人冯留民以非法占有为目的,结伙盗窃正在使用中的电力设备,危害了公共安全。其行为已构成破坏电力设备罪,根据最高人民法院有关司法解释,应当以破坏电力设备罪追究其刑事责任;冯留民还结伙采用秘密窃取的手段盗窃公私财物,其行为又构成盗窃罪,依法应予数罪并罚。冯留民系累犯,依法应当从重处罚。关于冯留民所提其只参与部分盗窃犯罪事实,没有参与其他犯罪的上诉意见,经查,根据多名已被判处刑罚的同案犯的供述及其他证人证言、书证,足以证实冯留民参与了破坏电力设备及其他盗窃的犯罪事实,故冯留民的上诉理由不予采纳。一审判决定罪及适用法律正确,量刑适当,审判程序合法,应予维持。

### 67. 如何在司法实践中把握吸收犯的标准？

在司法实践中，吸收犯一般表现为下述两种情形：（1）高度行为吸收低度行为；（2）实行行为吸收非实行行为。该种情形主要存在于同一罪名不同阶段的犯罪以及共同犯罪之中。

#### 典型疑难案件参考

向灵、刘永超挪用资金、职务侵占案

**基本案情**

2002年5月至12月期间，被告人向灵利用担任重庆三峡水利电力（集团）股份有限公司万州供电公司（以下简称三电集团供电公司）和重庆三峡水利电力（集团）电力工业设备安装公司（以下简称三电集团安装公司）出纳员的职务之便，先后多次擅自动用自己保管的三电集团供电公司账上资金19万元和三电集团安装公司账上资金3万元用于赌博。2002年10月28日，被告人向灵因害怕会计对账而使自己擅自挪用公司资金的事被暴露，便私自从自己保管的三电集团供电公司的"小金库"（总额为75万元）中取款5万元，用于填补挪用差款。

2002年12月中旬，被告人向灵在对公司账目进行自查时，发现自己挪用的三电集团供电公司和三电集团安装公司的账上资金，除已填补的5万元外，还差款17万元。被告人向灵认为三电集团供电公司的"小金库"管理松懈，且系违规资金，若自己私自侵吞，公司领导也不敢声张，遂产生侵吞供电公司"小金库"资金的念头。之后，被告人向灵与其夫刘永超共谋侵吞三电集团供电公司的"小金库"资金70余万元，并商议以支付报酬为条件，由被告人刘永超的朋友许某具体实施取款，之后将存折及密码予以销毁以制造存折及密码被盗的假象。

2002年12月19日和20日，被告人刘永超指使许某配戴眼镜进行伪装后，持三电集团供电公司余额为70余万元的"小金库"存折，先后12次在万州区邮政局储汇分局下属高笋塘、新城路、电报路、国本路、沙龙路、周家坝、五桥和小天鹅批发市场等八处邮政储蓄所共取款40万元。被告人刘永超因害怕频繁取款引起他人怀疑，而导致犯罪事实被败露，经取得被告人向灵同意，未再支取该存折剩余的30余万元。被告人向灵将侵占的40万元，用17万元填补了挪用的三电集团供电公司和安装公司的账上资金，其余的20万元以假名"文一"、"孙海"的名义和用被告人刘永超的牡丹卡存入银行，据为己有。嗣后，被告人向灵、刘永超共同将三电集团供电公司"小金库"存折及密码单销毁。案发后，被告人向灵、刘永超退清了全部赃款。

### 一审诉辩情况

重庆市万州区人民检察院以被告人向灵犯挪用资金罪、职务侵占罪，被告人刘永超犯职务侵占罪向重庆市万州区人民法院提起公诉。

### 一审裁判结果

重庆市万州区人民法院依照《刑法》第271条、第26条、第27条第2款、第72条之规定，判决如下：

一、被告人向灵犯职务侵占罪，判处有期徒刑8年，并处没收财产人民币2万元；

二、被告人刘永超犯职务侵占罪，判处有期徒刑3年，缓刑5年，并处没收财产人民币1万元。

### 一审裁判理由

重庆市万州区人民法院认为：被告人向灵利用职务之便，多次挪用公司资金用于赌博；为填补挪用差款，单独或伙同被告人刘永超侵占公司"小金库"资金45万元，数额巨大，其行为已构成职务侵占罪。被告人刘永超与其妻向灵相勾结，共同侵占公司资金40万元，数额巨大，其行为亦构成职务侵占罪。检察机关指控二被告人犯职务侵占罪的事实和罪名成立，但指控被告人向灵犯挪用资金罪并实行数罪并罚不当，被告人向灵虽然实施了挪用资金和职务侵占两个独立的犯罪行为，但是挪用资金行为是职务侵占行为的所经阶段，职务侵占行为是挪用资金行为的自然结局，两个犯罪行为之间具有吸收关系，按照吸收犯的定罪量刑原则，职务侵占行为的量刑幅度比挪用资金行为的量刑幅度要重，重行为吸收轻行为，故本案只定一罪，即职务侵占罪，而不实行数罪并罚。被告人向灵在共同犯罪活动中起主要作用，系主犯。被告人刘永超在共同犯罪活动中起次要作用，系从犯，依法应当从轻或减轻处罚。被告人向灵、刘永超认罪态度较好，并积极退清全部赃款，未给公司造成实际损失，可酌情从轻处罚。

### 二审诉辩情况

一审宣判后，被告人刘永超服判，未提出上诉。重庆市万州区人民检察院和被告人向灵均不服判，分别向重庆市第二中级人民法院提起抗诉和上诉。

重庆市万州区人民检察院的抗诉称：被告人向灵所实施的挪用资金犯罪行为和职务侵占犯罪行为不符合吸收犯的法律特征，应实行数罪并罚。

被告人向灵则上诉要求从轻处罚。

### 二审裁判结果

重庆市第二中级人民法院依照《刑事诉讼法》第189条第1、2项，《刑法》第271条第1款、第272条第1款、第25条第1款、第26条第1、4款、第27条、第67条、第69条、第72条之规定，判决如下：

一、维持重庆市万州区人民法院〔2003〕万刑初字第238号刑事判决的第二项，即被告人刘永超犯职务侵占罪，判处有期徒刑3年，缓刑5年，并处没收人民币1万元；

二、撤销重庆市万州区人民法院〔2003〕万刑初字第238号刑事判决的第一项，即被告人向灵犯职务侵占罪，判处有期徒刑8年，并处没收财产人民币2万元；

三、被告人向灵犯职务侵占罪，判处有期徒刑6年，并处没收财产人民币4万元，犯挪用资金罪，判处有期徒刑1年，决定执行有期徒刑6年6个月，并处没收财产人民币4万元。

### 二审裁判理由

重庆市第二中级人民法院经审理认为：被告人向灵利用职务上的便利，挪用单位资金22万元的行为完全符合挪用资金罪的构成要件，其行为已构成挪用资金罪。其后被告人向灵又单独和伙同原审被告人刘永超侵占单位资金45万元的行为与前挪用资金行为不存在密切联系，挪用资金的行为既不是职务侵占行为发展的必然阶段，职务侵占行为也非挪用资金行为发展的自然结果。因此挪用资金行为不能被职务侵占行为所吸收。故被告人向灵亦构成挪用资金罪。检察机关认为被告人向灵的行为构成挪用资金罪和职务侵占罪的理由成立，予以采纳。被告人向灵一人犯数罪，应数罪并罚。被告人刘永超伙同被告人向灵侵占资金40万元，数额巨大，其行为构成职务侵占罪。在共同犯罪中，被告人向灵起主要作用，是主犯，被告人刘永超起次要作用，是从犯，根据其在本案的具体作用，应当减轻处罚。被告人向灵将所侵占的款项及时归还，没有造成直接损失，在一审和二审审理期间认罪态度好，可对其酌情从轻处罚。原判认定事实正确，审判程序合法，对被告人刘永超定罪量刑适当，对被告人向灵适用法律不当。

### 68. 审判实践中如何处理牵连犯？

从刑法理论上来说，牵连犯实质上是数罪，但触犯的两个罪名之间具有牵连关系，可能是手段行为和目的行为，也可能是原因行为与结果行为，由于存在这样的逻辑关系，因此实践中采取从一重罪处断的原则。在我国《刑法》中，对牵连犯的处断存在一些突破理论的法律规定，因此，存在法律规定的情况下，依法从一重处断或数罪并罚，没有规定的则依刑法理论从一重处断。

**典型疑难案件参考**

宋涵峰等绑架、抢劫案

**基本案情**

1. 绑架

2006年10月下旬至11月底期间，被告人宋涵峰、陈可夏经事先预谋，先后分别纠集了被告人沈锦明、王小军、陈刚强，决定绑架嵊州市某领带公司总经理金某的家人，并以此为要挟向金某索要人民币1000万元至1500万元。被告人宋涵峰、陈可夏、沈锦明、王小军先后单独或分别结伙来嵊州踩点，了解金某的家庭情况和生活规律，寻找好安置人质的地点，准备了绑架用的案例、手机卡、面具、胶带纸、绳子、手铐、匕首等工具，并计划在劫持人质后让金某到上海莘庄立交桥交钱；被告人宋涵峰、王小军、陈可夏还到苏州劫得面包车一辆作为交通工具。上述五名被告人先后几次分别结伙在金某的住处附近、金某儿子就读的学校门口和金某妻子经常停车的地方进行跟踪、守候，伺机对金子或金妻实施绑架，均因时机不成熟而未能着手实施，后被公安机关及时抓获而未果。

2. 抢劫

为方便实施上述绑架行动，被告人宋涵峰、王小军、陈可夏经预谋，准备了电击棍、手铐、胶带纸、绳子等作案工具，于2006年11月17日从上海窜至苏州市抢劫一辆面包车。次日下午5时许，上述三名被告人以租车为名，欺骗李建忠驾驶其苏E2A735号金杯面包车至苏州市吴中区西山镇，在返回途中，被告人王小军、陈可夏用电击棍、手铐、胶带纸、绳子等对李建忠进行击打、捆绑，被告人宋涵峰驾驶该车，将李拉至吴中区藏书镇繁荣村一苗圃内并将李捆绑在树上，三人劫得该面包车及李的摩托罗拉 V220 手机一部、人民币 750 元后离去。经评估，金杯面包车价值 73960 元，摩托罗拉、V220 手机价值 679 元，被劫财物合计价值人民币 75389 元。

### 诉辩情况

1. 浙江省嵊州市人民检察院的指控

检察机关认为：被告人宋涵峰、王小军、陈可夏、沈锦明、陈刚强合伙为勒索财物而预谋绑架他人，并为实施绑架准备工具、制造条件，其行为均已构成绑架罪，属犯罪预备，依法可以比照既遂犯从轻或减轻处罚；其中，被告人陈刚强在共同犯罪中起次要作用，是从犯，应当从轻或减轻处罚。被告人宋涵峰、王小军、陈可夏又以非法占有为目的，合伙采用暴力手段劫取他人财物，数额巨大，其行为又均构成抢劫罪，应实行两罪并罚；提请本院对上述五名被告人分别依照《刑法》第 239 条、第 263 条、第 25 条第 1 款、第 27 条、第 22 条、第 69 条之规定处罚。

2. 被告人的辩解及其辩护人的辩护意见

被告人宋涵峰对起诉书指控的事实没有提出实质性异议。其辩护人提出的辩护意见是：（1）被告人宋涵峰认罪态度好，对犯罪事实供认不讳，并有深刻的悔罪表现；（2）本案的第一被告人和主犯是被告人陈可夏而不是被告人宋涵峰；（3）本案的绑架、抢劫是两个互有牵连的犯罪，应按牵连犯择一从重处罚，不适用数罪并罚。

被告人王小军对起诉书指控的绑架一节辩解其没有跟踪、守候被害人，主观上已经决定放弃绑架。其辩护人提出的辩护意见是：（1）被告人王小军之行为属牵连犯，依法不适用数罪并罚；（2）被告人王小军绑架一节属犯罪预备，可依法减轻处罚；（3）被告人王小军认罪态度较好，又系初犯。

被告人陈可夏对起诉书指控的绑架一节辩解其没有参与绑架预谋，抢劫一节辩解其是比较被动参与。其辩护人提出的辩护意见是：（1）被告人陈可夏系初犯、偶犯，又有明显的悔罪表现，请求酌情从轻处罚；（2）被告人陈可夏在抢劫一节中，没有暴力击打被害人，相对作用较小，请求从轻处罚。绑架一节属犯罪预备，请求最大限度地减轻处罚；（3）本案系牵连犯，不应数罪并罚，请求按从一重罪处罚。

被告人沈锦明辩解其是从犯。其辩护人提出的辩护意见是：（1）被告人沈锦明属预备犯，请求比照既遂犯给予减轻处罚；（2）在绑架共同犯罪中，被告人沈锦明的作用是次要的，请求认定其为从犯；（3）被告人沈锦明主观恶性相对较小，认罪态度好，悔罪表现明显，又系初犯、偶犯，请求给予最大限度地减轻处罚。

被告人陈刚强辩解其没有准备作案工具,到嵊州后才知道绑架。其辩护人提出的辩护意见是:本案的绑架属犯罪预备,被告人陈刚强是从犯,主观恶性较小,又系初犯、偶犯等为由,请求对其最大限度地减轻处罚。

### 裁判结果

浙江身嵊州市人民法院依照《刑法》第239条、第263条第4项、第25条第1款、第22条、第27条、第69条、第56条第1款、第55条第1款的规定,判决如下:

一、被告人宋涵峰犯绑架罪,判处有期徒刑7年6个月,并处罚金人民币5万元;犯抢劫罪,判处有期徒刑12年6个月,剥夺政治权利3年,并处罚金人民币5万元,决定执行有期徒刑18年,剥夺政治权利3年,并处罚金人民币10万元。

二、被告人王小军犯绑架罪,判处有期徒刑6年,并处罚金人民币3万元;犯抢劫罪,判处有期徒刑13年6个月,剥夺政治权利3年,并处罚金人民币5万元,决定执行有期徒刑17年6个月,剥夺政治权利3年,并处罚金人民币8万元。

三、被告人陈可夏犯绑架罪,判处有期徒刑6年6个月,并处罚金人民币5万元;犯抢劫罪,判处有期徒刑12年6个月,剥夺政治权利3年,并处罚金人民币5万,决定执行有期徒刑17年,剥夺政治权利3年,并处罚金人民币10万元。

四、被告人沈锦明犯绑架罪,判处有期徒刑5年6个月,并处罚金人民币3万元。

五、被告人陈刚强犯绑架罪,判处有期徒刑3年,并处罚金人民币2万元。

### 裁判理由

浙江身嵊州市人民法院认为:被告人宋涵峰、王小军、陈可夏、沈锦明合伙以勒索财物为目的而预谋绑架他人,并为实施绑架准备工具、制造条件,被告人陈刚强合伙参与作案,其行为均已构成绑架罪;被告人宋涵峰、王小军、陈可夏又以非法占有为目的,合伙采用暴力手段劫取他人财物,数额巨大,其行为均已构成抢劫罪,应依法二罪并罚。检察机关指控的罪名成立,应予支持。被告人宋涵峰、王小军、陈可夏、沈锦明、陈刚强在绑架犯罪中属犯罪预备,均依法予以减轻处罚;辩护人以此为由分别提出减轻处罚的辩护意见成立，予以采纳。被告人陈刚强在共同犯罪中起次要作用，是从犯，依法予以从轻处罚；其辩护人以此为由提出从轻处罚的辩护意见成立，予以采纳。被告人宋涵峰、王小军、陈可夏的辩护人均提出本案绑架、抢劫行为属牵连犯，不应数罪并罚的辩护意见与事实和法律不符，不予采纳；被告人宋涵峰的辩护人提出陈可夏是本案的第一被告人和主犯而不是被告人宋涵峰的辩护意见，与事实和法律不符，不予采信；被告人沈锦明提出其是从犯的辩解及其辩护人请求认定沈锦明为从犯，主观恶性相对较小的辩护意见，与事实和法律不符，不予采纳。

## 69. 重大劳动安全事故罪与重大责任事故罪的竞合一般有何表现？

（1）在客观方面，重大劳动安全事故罪中的"在安全生产设施或者安全生产条件不符合国家规定"的情况下进行生产、作业，其本身就是重大责任事故罪中的"在生产、作业中违反有关安全管理的规定"，可见在客观方面两罪是竞合的。（2）在主体范围上，重大责任事故罪的犯罪主体"包括对矿山生产、作业负有组织、指挥或者管理职责的负责人、管理人员、实际控制人、投资人等人员，以及直接从事矿山生产、作业的人员"，重大劳动安全事故罪的犯罪主体是指"对矿山安全生产设施或者安全生产条件不符合国家规定负有直接责任的矿山生产经营单位负责人、管理人员、实际控制人、投资人，以及对安全生产设施或者安全生产条件负有管理、维护职责的电工、瓦斯检查工等人员"，两者也存在竞合。

## 70. 司法实践中应如何处理重大劳动安全事故罪与重大责任事故罪的竞合问题？

司法实践中通常按照以下做法来处理两罪的竞合关系：（1）在完全是由于安全生产设施或者安全生产条件不符合国家规定的情况下进行生产、作业，因而发生重大伤亡事故或者造成其他严重后果的情况下，应当以重大劳动安全事故罪定罪量刑。（2）在安全生产设施或者安全生产条件不符合国家规定的情况下，

> 在生产、作业中又违反具体的安全管理规定,因而发生重大伤亡事故或者造成其他严重后果的,优先考虑按照事实中情节较重的罪名来处理,当两罪情节严重程度相当时,对于实际控制人、投资人、管理人等一般以重大劳动安全事故罪定罪,而将"在生产、作业中违反有关安全管理的规定"的情节作为从重处罚的情节予以考量。

## 典型疑难案件参考

### 尚知国等重大劳动安全事故案

**基本案情**

2004年4月,唐山恒源实业有限公司法定代表人朱文友购买唐山市刘官屯煤矿后,任命被告人尚知国担任矿长助理,主持煤矿全面工作,行使矿长职责,被告人李守耕担任生产副矿长兼调度室主任,被告人李启新担任技术副矿长兼安全科科长,进行矿井基建。2005年4月,朱文友任命尚知国为矿长,2005年12月2日尚知国取得矿长资格证。被告人吕学增原系唐山市刘官屯煤矿矿长,被告人朱文友购买该矿后仍担任矿长职务,同时担任该矿党支部书记兼保卫科科长,负责保卫工作,没有行使矿长职责,2005年11月其矿长资格证被注销。在矿井基建过程中,该矿违规建设,私自找没有设计资质的单位修改设计,将矿井设计年生产能力30万吨改为15万吨。在《安全专篇》未经批复的情况下,擅自施工;河北煤矿安全监察局冀东监察分局于2005年7月18日向该矿下达了停止施工的通知,但该矿拒不执行,继续施工。在基建阶段,在未竣工验收的情况下,1193落垛工作面进行生产,1193(下)工作面已经贯通开始回柱作业,从2005年3月至11月累计出煤63300吨,存在非法生产行为。该矿"一通三防"管理混乱,采掘及通风系统布置不合理,无综合防尘系统,电气设备失爆存在重大隐患,瓦斯检查等特种作业人员严重不足;在没有形成贯穿整个采区的通风系统情况下,在同一采区同一煤层中布置了7个掘进工作面和一个采煤工作面,造成重大安全生产隐患。劳动组织管理混乱,违法承包作业。无资质的承包队伍在井下施工,对各施工队伍没有进行统一监管。2005年12月7日8时,该矿负责人无视国家法律法规,拒不执行停工指令,继续安排井下9个工作面基建工作。176名工人下井作业后,担任调度员兼安全员的被告人周炳义没有按照国家有关矿井安全规章制度下井进行安全检查,只是在井上调度室值班。负责瓦斯检测的通风科科长刘文成违反安全生产规定,安排无瓦斯检测证的李金刚、郑建华在井下检测瓦斯浓度。当日15时10分许,该矿发生特别重大瓦斯煤尘爆炸事故,造成108人死亡,29人受伤,直接经济损失4870.67万元。经事故调查组调查报告认定,刘官屯煤矿"12·7"特别重大瓦斯煤尘爆炸事故是一起责任事故。事故的直接原因是:刘官屯煤矿1193(下)工作面切眼遇到断层,煤层垮落,引起瓦斯涌出量突然增加;9煤层总回风巷三、四联络巷间风门打开,风流短路,造成切眼瓦斯积聚;在切眼下部用绞车回柱作业时,产生摩擦火花引爆瓦斯,煤尘参与爆炸。事故的间接原因是:刘官屯煤矿违规建设,非法生产,拒不执行停工指令,采掘及通风系统布置不合理,无综合防尘系统,特种作业人员严重不足,无资质的承包队伍在井下施工。事故发生后,尚知国、李启新、吕学增等及时向有关部门进行了汇报,并积极组织抢救,朱文友积极配合、参与矿难的善后处理工作,对遇难矿工和受伤矿工的经济损失进行了赔偿。

### 诉辩情况

河北省唐山市开平区人民检察院以被告人尚知国、朱文友、李启新、吕学增等人犯重大劳动安全事故罪、重大责任事故罪向唐山市开平区人民法院提起公诉。

被告人尚知国对检察机关指控的事实基本供认,但辩称:《安全专篇》有批复;未按通知停止施工是因为刘官屯煤矿是基建矿井;部分事实不清。其辩护人提出:(1)尚知国犯罪的主观方面是出于过失;(2)尚知国犯罪情节比较轻;(3)事故发生后,尚知国积极组织人员实施抢救,并及时向有关部门汇报;(4)尚知国认罪态度好。

被告人朱文友对检察机关的指控未作辩解。其辩护人提出:(1)根据"从旧兼从轻"的原则,本案不应适用《刑法修正案(六)》和《关于办理危害矿山生产安全刑事案件具体应用法律若干问题的解释》。(2)依据本案现有证据,不足以认定朱文友犯有重大劳动安全事故罪:①朱文友并未参与刘官屯煤矿的经营管理,不属于本案的直接责任人员;②认定刘官屯煤矿劳动安全设施不符合国家规定,因而发生特别重大伤亡事故的证据不足;③朱文友不知悉刘官屯煤矿违规建设的情况,也不知悉煤矿安监部门提出安全隐患和下达停产通知的情况,更不知悉刘官屯煤矿未经许可继续施工的情况。

被告人李启新对检察机关指控的事实基本供认,但辩称:(1)刘官屯煤矿不存在违规建设,修改设计不违背矿井基建施工的要求;(2)《安全专篇》未经批复的情况下擅自施工与事实不符;(3)2005年7月18日对该矿下达的停工通知并不是因为该矿在施工中存在着安全隐患；（4）该矿所出的煤是基建施工过程中的工程煤，不存在非法生产的行为；（5）采煤工作面不存在安全隐患，该矿的电气设备也不存在失爆的现象。其辩护人提出：李启新具有从轻处罚情节，事故发生后积极组织抢救，如实供述，其行为符合自首的构成要件，矿难事故的直接原因是自然的，遇难矿工和受伤矿工全部得到了赔偿。

被告人吕学增对检察机关的指控未作辩解。其辩护人提出吕学增具有以下法定和酌定的减轻和从轻处罚情节：（1）积极组织营救遇难矿工；（2）如实供述自己的罪行；（3）吕学增是名义上的矿长，实际担任的是保卫科科长职务，不直接负有对煤矿生产安全管理职责，对造成本次矿难事故责任较小；（4）本次矿难事故的直接原因是自然的不可抗力造成的，而非安全生产设施或者安全生产条件不符合国家规定造成的；（5）本案遇难矿工和受伤矿工的经济损失，全部得到了赔偿，应相应减轻吕学增的刑事处罚。

### 裁判结果

唐山市开平区人民法院依照《刑法》第134条、第135条、第280条、第72条、第73条的规定，判决如下：

一、被告人尚知国犯重大劳动安全事故罪，判处有期徒刑6年。
二、被告人朱文友犯重大劳动安全事故罪，判处有期徒刑3年。
三、被告人李启新犯重大劳动安全事故罪，判处有期徒刑5年。
四、被告人吕学增犯重大劳动安全事故罪，判处有期徒刑3年。

### 裁判理由

唐山市开平区人民法院认为：唐山市刘官屯煤矿的劳动安全设施不符合国家规定，在《安全专篇》未经批复的情况下擅自施工；河北煤矿安全监察局冀东监察分局于2005年7月18日向该矿下达了停止施工的通知，但该矿拒不执行，继续施工，因而发生特别重大伤亡事故，造成108人死亡。被告人尚知国身为该矿矿长，主持该矿全面工作，被告人李启新身为技术副矿长兼安全科科长，对排除事故隐患，防止事故发生负有职责义务。上述被告人无视国家安全生产法律、法规，忽视安全生产，拒不执行停工指令，对事故的发生负有直接责任；被告人吕学增作为矿长（2004年4月至2005年11月间）未履行矿长职责，在得知煤矿安全监察部门向该矿下达了停止施工的通知后，对该矿继续施工不予阻止，对事故的发生亦负有直接责任。被告人尚知国、李启新、吕学增的行为均已构成重大劳动安全事故罪。被告人朱文友作为唐山恒源实业有限公司法定代表人、煤矿投资人，对该矿的劳动安全设施是否符合国家规定负有管理义务，对事故负有直接责任，其行为亦构成重大劳动安全事故罪。被告人尚知国、李启新提出的刘官屯煤矿不存在违规建设，《安全专篇》有批复，该矿不存在非法生产行为，电气设备不存在失爆现象的辩解，缺乏事实依据，不予采纳。对于辩护人提出本案不应适用2006年《刑法修正案（六）》和2007年《关于办理危害矿山生产安全刑事案件具体应用法律若干问题的解释》的相关规定的辩护意见，因此起事故发生在2006年《刑法修正案（六）》施行之前，根据"从旧兼从轻"的原则，辩护人的上述辩护意见成立，予以采纳。对于辩护人提出依照本案现有证据不足以认定被告人朱文友犯有重大劳动安全事故罪的辩护意见，唐山恒源实业有限公司法定代表人朱文友购买刘官屯煤矿后，该矿转变成民营企业，名称改为唐山恒源实业有限公司，工商营业执照没有注册登记，被告人朱文友作为唐山恒源实业有限公司的法定代表人及该矿的投资人对该矿的劳动安全设施是否符合国家规定负有管理义务，被告人朱文友失于管理，在2005年7月18日河北煤矿安全监察局冀东监察分局向该矿下达停止施工的通知后，该矿继续施工，因而发生特别重大伤亡事故，被告人朱文友主观上具有犯罪过失，其行为符合重大劳动安全事故罪的构成要件，辩护人的上述辩护意见不能成立，不予采纳。被告人朱文友未直接参与刘官屯煤矿的经营管理，不知悉煤矿安全监察部门向该矿下达停产通知的情况，对事故的发生其责任相对较小。对于辩护人提出李启新、吕学增具有自首情节的辩护意见，事故发生后，被告人李启新、吕学增及时向上级汇报，积极组织抢救，配合事故调查组和公安机关接受调查，系履行职责，不属于自动投案，辩护人的上述辩护意见不能成立，不予采纳。事故发生后，被告人尚知国、李启新、吕学增、刘文成、周炳义、李金刚、郑建华等及时向有关部门汇报，积极组织抢救，被告人朱文友积极配合、参与矿难的善后处理工作，对遇难矿工和受伤矿工的经济损失全部进行了赔偿，故可酌情对上述被告人从轻处罚。

## 71. 刑法修正案中采取"某某条后增加一条，作为第某某条之一的方式"的，对于增加的法条如何适用罪名？

这种情况下新增的条文放在其前面的条文之下，因为两者在行为上具有相似之处，但却不能与其前面的条文适用相同的罪名，而是应该定独立的罪名。

## 典型疑难案件参考

### 张炯、李培骏妨害信用卡管理案

**基本案情**

2004年5、6月间,被告人李培骏先后3次化名"江涛"、"张宏志"、"汪华健",将788张印有JCB、VISA、MASTER等标识及图案的伪造空白信用卡,通过上海市石门二路邮政局、曹家渡邮政局、长宁第一邮政局邮寄至日本国。同年10月,公安机关在被告人张炯的住所地,查获张写有20条他人信用卡卡号等信息资料的纸条,其中18条信息资料系VISA国际卡的卡号磁条信息。

**诉辩情况**

2005年8月1日,上海市人民检察院第二分院以被告人张炯、李培骏犯伪造金融票证罪,向上海市第二中级人民法院提起公诉。

被告人张炯、李培骏及其辩护人对检察机关指控两被告人的行为触犯《刑法》第177条及《刑法修正案(五)》的有关规定不持异议。张炯、李培骏辩称:两人并无共谋,且各自实施的行为之间没有关联。张炯、李培骏的辩护人除同意两被告人的上述辩解外,均认为:张炯、李培骏系犯罪未遂,且情节一般,请求法庭对两被告人从轻处罚。

**裁判结果**

上海市第二中级法院依据《刑法》第12条、第177条第1款第4项、《刑法修正案(五)》第1条第1款第1项、第2款的规定,于2005年10月21日判决如下:

一、被告人张炯犯妨害信用卡管理罪,判处有期徒刑1年,罚金人民币2万元。

二、被告人李培骏犯妨害信用卡管理罪,判处有期徒刑1年,罚金人民币2万元。

**裁判理由**

上海市第二中级法院认为:被告人张炯非法收集他人信用卡信息资料,被告人李培骏明知是伪造的空白信用卡而运输,数量较大,两被告人的行为均已构成妨害信用卡管理罪,依法应予处罚。检察机关指控张炯、李培骏的基本犯罪事实清楚,证据确实、充分。现有证据尚不能证明张炯、李培骏系经事先商议而后分工实施了起诉书指控的事实,故两人应对其各自实施的收集他人信用卡信息资料及运输伪造信用卡的行为分别承担刑事责任，两被告人及其辩护人关于张炯、李培骏无共谋、不构成共同犯罪的辩解、辩护意见，予以采纳。鉴于张炯收集的20条信用卡信息和李培骏运输的788张空白信用卡均未流向社会，未造成严重后果，对张炯、李培骏可酌情从轻处罚。

## 三、不可抗力与意外事件

### 72. 如何认定刑事案件中的不可抗力？

司法实践中对不可抗力的认定主要是对不能抗拒原因的判定。所谓不可抗拒的原因是指行为人不能控制或者超出其控制能力的原因。如果损害结果是由行为人的故意或者过失导致，就不属于不可抗力事件，而应按相应的故意犯罪或者过失犯罪处理。如果行为人明知存在客观上的不利因素会导致损害后果而为之，则不能认为存在不可抗力，因为他可以回避此不利因素，其不能成为不可抗力。

**典型疑难案件参考**

李龙基合同诈骗案

**基本案情**

2003年10月20日，被告人李龙基与深圳和光现代商务股份有限公司（以下简称和光公司）签订设备采购合同时，篡改合同中的付款方式，将应由东营职业学院直接支付给和光公司的货款人民币465041元，转付其管理的华迪公司。后李龙基不再与和光公司联系，并将上述货款挥霍。2005年4月13日，被告人李龙基被公安机关抓获归案。

**诉辩情况**

1. 检察机关的指控

2003年10月20日，被告人李龙基以非法占有为目的，持篡改后的设备采购合同，骗取和光公司在此合同上盖章，并诈骗该公司价值人民币465041元的数据交换机。2005年4月13日，被告人李龙基被抓获，赃款未归还。

被告人李龙基的行为触犯了《刑法》第224条之规定，构成合同诈骗罪，提请法院依法对被告人李龙基定罪处罚。

2. 被告人的答辩及其辩护人的辩护意见

被告人李龙基对检察机关指控的事实提出异议，辩称：其没有非法占有的故意，与和光公司只是合同纠纷，因为和光公司没有按期履行合同，造成其对东营职业学院违约，才没有把货款还给和光公司。

被告人李龙基的辩护人认为：（1）东营职业学院在付款时扣除的售后服务款和其他设备维修金共16万元，应从犯罪数额中扣除，李龙基的诈骗数额应为人民币30.5万元；（2）李龙基是在北京北方华迪计算机科技有限公司（以下简称华迪公司）处境艰难的情况下，为完成东营职业学院的工程项目而改动的付款方式，其主观恶性和客观危害性均较小；（3）李龙基能如实供述犯罪事实，认罪、悔罪态度较好，建议法庭对其从轻处罚。

### 裁判结果

北京市海淀区人民法院依照《刑法》第224条第5项、第53条、第64条之规定，作出如下判决：

一、被告人李龙基犯合同诈骗罪，判处有期徒刑11年，罚金人民币1万元。

二、责令被告人李龙基退赔人民币465041元，发还被害单位和光公司。

### 裁判理由

北京市海淀区人民法院认为：被告人李龙基以非法占有为目的，在签订合同过程中，篡改付款方式，占有本应由供货方收取的货款并予以挥霍，数额特别巨大，其行为已构成合同诈骗罪，应予惩处。北京市海淀区人民检察院据此指控被告人李龙基犯合同诈骗罪的事实清楚，证据确实充分，指控罪名成立。

关于被告人李龙基称没有非法占有的故意，与和光公司之间只是合同纠纷的辩解，本院认为，李龙基在和光公司明确提出直接支付货款的情况下，隐瞒与东营职业学院订立的支付条款，并篡改了和光公司持有合同的付款方式，使供货方和光公司对收款方式产生错误认识，并在收到80余万元的货款后，四天内全部提空，不向供货方支付；其虽向和光公司出具了还款计划，但不仅未能在具有履行能力时予以兑现，还出具空头支票以拖延时间，后断绝与和光公司的联系，并将上述款项私自使用挥霍，上述行为证实被告人李龙基不仅在签订合同时有造假行为，在履行合同中更有非法占有的主观故意，并实际占有了和光公司的钱款至今不能返还，其行为符合合同诈骗罪的构成要件，故本院对其辩解，不予采信。

关于东营职业学院从货款中扣除的16万元，根据证人刘成新、尹宪国证言证实系合同违约金及设备维修等费用，在三方签订的设备采购合同中，明确规定华迪公司为供货方，设备的质量亦由华迪公司负责，因此，上述款项不应计算在和光公司的设备款中，李龙基代表华迪公司已认可上述条款及扣款数额，故李龙基的辩护人认为应从犯罪数额中扣除上述款项的辩护意见，本院不予采纳。

因被告人李龙基的犯罪行为给被害人造成的经济损失，本院责令其予以退赔。

### 73. 刑法中的意外事件对追究行为人的责任有何影响？

意外事件的存在意味着行为人对客观危害后果没有预见能力，因此直接导致行为人主观方面没有罪过，自然直接排除了其刑事责任。

### 74. 如何处理特异体质被害人的案件？

在一些刑事案件中，被害人由于具有先天性或后天形成的生理性缺陷或疾病，一般人单纯从被害人的外部表现无法察觉其特殊身体特征，当被害人遭受外部暴力侵害时，即使打击程度较轻，也可能导致较为严重的危害后果。

当被害人具有特异体质时，对其暴力侵害行为是否可归责应该根据行为人主观的心理态度来认定。一般来说，行为人知道被害人是特异体质，但仍然侵害他，则主观上可能是故意或者过失的心理态度。如果行为人并不知道被害人是特异体质，则根据其行为的危害程度分成两种情况讨论：一是其侵害程度达到致使健康人受到伤害的最低限度时，则行为人仍然是故意或过失的心理态度；二是如果其侵害程度未达到致使健康人受到伤害的最低限度时，则属于意外事件，不负刑事责任。

**典型疑难案件参考**

季洪明过失致人死亡案

**基本案情**

2007年6月27日17时许，被告人季洪明发现自家少了一只鸭子，又见同组村民季洪仁（系被告人季洪明堂兄）家的鸭圈中有一只鸭子腿上的毛线系新扣的，即怀疑季洪仁偷了其鸭子，并将该只鸭子拎走，双方因此发生纠纷。在本组村民尹国秀家门前的一条土路上，被告人季洪明与季洪仁为该只鸭子的归属互相争执、纠缠。在纠缠中，被告人季洪明将季洪仁推倒在路旁的玉米秆堆上，被害人季立艾（1965年10月14日出生，系季洪仁之子）见状即上前对被告人季洪明胸部打一拳，被告人季洪明随手用所拎的鸭子向被害人季立艾的背部摔打一下，被害人季立艾当时即感身体不适，后经送本区苏嘴卫生院抢救无效，于2007年6月27日20时许死亡。同年6月29日，本区公安机关法医对被害人季立艾尸体进行检验，未发现其尸表有损伤。同年9月11日，淮安市公安机关法医作出检验鉴定，结论为：季立艾系失血性休克而死亡，并分析认为外力作用与出血之间存在因果关系，死者生前患有较严重活动性肝硬化（失代偿期）疾病，在遭受相同外力作用下较常人易发生出血。

另查明：被害人季立艾生前患有肝病多年，被告人季洪明对此事实是知晓的。

还查明：2007年7月14日，被告人季洪明的亲属代季洪明向被害人季立艾的亲属赔偿了经济损失人民币4.3万元。

### 一审诉辩情况

江苏省淮安市楚州区人民检察院指控称：被告人季洪明故意伤害他人身体，致人死亡，其行为触犯了《刑法》第234条之规定，应当以故意伤害罪追究其刑事责任。

被告人季洪明辩称：其仅是因当时出于气愤而随手打季立艾的，并不想打伤季立艾，更未想到会发生严重后果。其辩护人辩称：被告人季洪明的行为构成过失致人死亡罪。其主要理由是：（1）被害人季立艾系因内脏破裂导致失血性死亡。主要原因是其内脏自溶病变；次要原因一是其挥拳打人而造成自身处于应急状态，二是被告人季洪明用鸭子挥打的行为。（2）被告人季洪明用鸭子挥打被害人系当时气急所为，而忘记了被害人是一名重症病人，其主观上并无伤害被害人的故意。

### 一审裁判结果

江苏省淮安市楚州区人民法院依照《刑法》第233条之规定，判决如下：被告人季洪明犯过失致人死亡罪，判处有期徒刑3年。

### 一审裁判理由

江苏省淮安市楚州区人民法院经审理后认为：被告人季洪明为琐事与同组

村民季洪仁发生纠纷，当季洪明被季洪仁之子季立艾打了一拳后，其明知季立艾患有严重疾病，应当预见其击打季立艾的行为可能造成的危害后果，因其疏忽大意，用其手中所持的鸭子击打被害人季立艾背部一下，致季立艾终因失血性休克而死亡，其行为已构成过失致人死亡罪。检察机关指控被告人季洪明手持鸭子击打被害人季立艾的犯罪事实清楚，证据确实、充分，本院予以采纳；但检察机关对被告人季洪明以故意伤害罪的指控，本院予以纠正。辩护人的辩护意见正确，本院予以采纳。鉴于本案系民间纠纷引起，案发后被告人季洪明积极赔偿了被害方的经济损失，并当庭自愿认罪，本院酌情对其从轻处罚。

### 二审诉辩情况

一审法院判决后，上诉人（原审被告人）季洪明不服，提出上诉。

上诉人及其辩护人诉辩的主要理由是：（1）是在季立艾先动手打自己时"搪"了他一下；（2）案发后已积极赔偿了被害方的经济损失，请求二审予以从轻处罚。

出庭履行职务的检察人员认为：原审判决认定事实清楚，定性准确，上诉人犯罪情节较轻，犯罪后有认罪、悔罪表现，建议二审证据此考虑对其改判其缓刑。

### 二审裁判结果

江苏省淮安市中级人民法院依照《刑事诉讼法》第189条第1项之规定，裁定如下：驳回上诉，维持原判。

### 二审裁判理由

江苏省淮安市中级人民法院经公开审理后认为：上诉人（原审被告人）季洪明因琐事与被害人父子发生争执时，其明知季立艾患有严重疾病，应当预见手持鸭子击打季立艾背部的行为可能造成危害后果，却因一时气愤而没有预见和控制自己的行为，最终导致季立艾死亡结果的发生，其行为已构成过失致人死亡罪。原审判决认定事实清楚，定性准确，对上诉人季洪明在本案中的具体犯罪情节及案发后积极赔偿的情节，在量刑时已予以考虑和体现，对其所处刑罚并无不当，依法应予维持。

## 四、刑事责任年龄

**75.《刑法》第 17 条第 2 款中所列 8 种犯罪，是指 8 种罪名还是 8 种犯罪行为？**

应该指 8 种犯罪行为，而不是 8 种罪名。根据全国人大法工委《关于已满十四周岁不满十六周岁的人承担刑事责任范围问题的答复意见》，行为人实施了上述 8 种行为，应根据刑法负刑事责任，触犯什么罪名就定什么罪名。

### 典型疑难案件参考

胡某、白某、蒋某、张某故意杀人案

**基本案情**

被告人胡某意欲绑架他人勒索钱财并邀约原审被告人白某、蒋某、张某共同参与。胡某打听到什邡市雍城中学学生王博（本案被害人，男，被害时 14 岁）家庭条件较好，决定绑架王博。因王博与胡某等人相识，胡恐罪行败露，遂提出先将王博杀死再勒索钱财，白某、蒋某表示同意，张某同意绑架王博但对杀死王博持放任态度。2004 年 5 月 24 日，胡某、张某来到什邡市双盛镇石亭江大河河坝附近选定藏匿被害人王博的地点并准备了绳子、尖刀等作案工具。当日 21 时许，胡某、白某、蒋某、张某来到雍城中学附近，白某、蒋某在学校门口将王博叫住，胡某招来一出租车将王博骗上车，张某正欲上车即被其母亲叫回家，胡某、白某、蒋某将王博带到双盛河坝对王捆绑，骗得王博家中电话号码后，胡某、蒋某持刀先后对王胸、腹、头等部位刺杀，白某、胡某、蒋某又持石头砸打王头部，后三人用石头、瓦块等物将王博掩埋致王死亡。胡某将所带背包、刀和王博的书包弃于现场附近的水坑内。同月 25 日，胡某向王博家打电话索取现金 8 万元。同日，胡某、白某、蒋某、张某先后被抓获归案并带领公安人员指认藏匿王博尸体的现场。

**一审诉辩情况**

四川省德阳市人民检察院以被告人胡某、白某、蒋某、张某犯故意杀人罪，向四川省德阳市中级人民法院提起公诉。

四被告人对绑架杀死被害人王博的事实供认不讳，对检察机关的指控未提出意见。

四被告人的辩护人对检察机关指控的事实无异议,胡某、蒋某、张某的辩护人提出:被告人的犯罪行为不构成故意杀人罪,其行为属绑架性质,因被告人犯罪时未满16岁,故不负刑事责任,胡某、蒋某、张某无罪。白某的辩护人提出:检察机关指控的事实和罪名成立,建议量刑时考虑白某系从犯及认罪态度好的情节予以从轻或减轻处罚。

### 一审裁判结果

德阳市中级人民法院作出判决:被告人胡某犯故意杀人罪,判处无期徒刑,剥夺政治权利终身。被告人白某犯故意杀人罪,判处有期徒刑15年,剥夺政治权利4年。被告人蒋某犯故意杀人罪,判处有期徒刑12年,剥夺政治权利3年。被告人张某犯故意杀人罪,免予刑事处罚。

### 一审裁判理由

四川省德阳市中级人民法院认为:被告人胡某、白某、蒋某、张某共谋绑架勒索并杀害人质的犯罪事实清楚,证据充分。上述行为已触犯我国《刑法》第232条之规定,构成故意杀人罪,检察机关的指控成立,各辩护人关于不构成故意杀人罪的辩解不能成立,无罪的辩护意见不予采纳。被告人胡某在犯罪中起组织指挥作用,是本案主犯,被告人白某、蒋某积极参与实施了犯罪,处于从属地位,系从犯,可比照主犯从轻处罚,被告人张某亦参与了犯罪,系从犯,但张某的犯罪情节轻微,依法可以免予刑事处罚。

### 二审诉辩情况

一审宣判后,胡某不服,向四川省高级人民法院提起上诉。

胡某的上诉理由及其辩护人的辩护意见是:胡某不构成故意杀人罪,是绑架罪,作案时未满16周岁,依法不应追究刑事责任。

白某的辩护人提出:白某认罪、悔罪态度好,作案时未成年,是从犯,请求依法从轻、减轻处罚。

蒋某的辩护人提出:蒋某的行为应属绑架,应从轻或者减轻处罚。

张某的辩护人提出:张某的行为属绑架,且属犯罪中止。

### 二审裁判结果

四川省高级人民法院依照《刑事诉讼法》第189条第1项和《刑法》第17条第2、3、4款、第232条、第55条第1款、第56条第1款、第57条第1款、第25条第1款、第26条第1、4款、第27条、第37条之规定,裁定如下：驳回上诉，维持原判。

### 二审裁判理由

四川省高级人民法院认为：原判认定被告人胡某、白某、蒋某、张某共谋绑架并杀死被害人王博的事实清楚，证据确实、充分。胡某、白某、蒋某、张某共谋绑架被害人王博，恐罪行败露杀死被害人王博的行为，构成故意杀人罪，应予严惩。胡某、白某、蒋某、张某犯罪时已满14周岁未满16周岁，应从轻或者减轻处罚。胡某提出犯意，在共同犯罪中起组织指挥作用，系主犯，白某、蒋某、张某起次要作用，系从犯，应从轻、减轻或者免除处罚。胡某上诉以及胡某、蒋某、张某的辩护人辩护提出胡某、蒋某、张某等人的行为不构成故意杀人罪，应属绑架罪，不应承担刑事责任的理由，与查明的胡某、蒋某、张某等人共谋绑架杀害被害人王博并对其实施捆绑、刀刺、石砸、掩埋等行为致被害人死亡的事实不符，胡某、白某、蒋某、张某犯罪时已满14周岁未满16周岁，其共同故意剥夺被害人生命的行为，应当负刑事责任，上诉理由、辩护意见不能成立，要求从轻处罚的请求，不予采纳。原判认定事实和适用法律正确，量刑适当，审判程序合法。

### 76. 司法实践中，现有证据对行为人刑事责任年龄无法确认的，应如何处理？

根据司法解释和存疑有利于被告解释的精神，如果对犯罪嫌疑人犯罪时的年龄无法准确认定，且该年龄的确定将决定犯罪嫌疑人是否承担刑事责任，承担多大的刑事责任，那么应推定其未达刑事责任年龄。

### 典型疑难案件参考

郭永明等绑架案

### 基本案情

2006年8月15日，被告人郭永明、王凯合谋绑架本村村民李跃兵，因条件不成熟而绑架未得逞。同月17日下午，二被告人在与被告人郭江峰闲谈中，郭江峰告诉他们本村汾江水泥厂老板王文生最有钱，如果能绑架王文生的大孙子王江号，要人民币（以下币种均为人民币）5000万元都给。郭永明、王凯遂决定绑架王江号。同月18日，郭永明、王凯带着绳子等作案工具在村内等候王江号伺机作案时碰到郭江峰。郭永明告诉郭江峰他们准备绑架王江号，并告知事成之后不会亏待郭江峰。19日中午，郭永明告知其父被告人郭珍付，准备当晚绑架个人，勒索现金500万元，让郭珍付负责接应。当日晚上，在郭永明、王凯多方打听王江号的基本情况时，再次碰到郭江峰。郭永明提出让郭江峰去村里找王江号，郭江峰答应后即离开（实际上未去找）。后郭永明通过他人得到了王江号的手机号，并与王江号取得了联系。同日22时许，郭永明、王凯以购买蒸馏水，需要回家拿水壶为由，将在汾江水泥厂上班的王江号骗至本村东北地，持刀对其进行威逼，用郭永明事先准备好的绳子将王江号捆到附近玉米地里的电线杆上，并用棉花堵住其嘴。随后，郭永明用王江号的手机向其家人勒索现金500万元。此后，郭永明又回家拿来一根檩条，和王凯一起用檩条等物对王江号进行殴打，后由郭永明用绳子勒住王江号的脖子，王凯捂住其口鼻，致王江号当场死亡。20日凌晨，郭永明、王凯与开车接应的郭珍付会合，郭永明用郭珍付的手机（SIM卡为王江号的）多次与王江号的家人联络，继续勒索钱财。凌晨6时许，郭珍付开车与郭永明、王凯到其家里，拿出身份证，预备到银行开账户，以转移赎金。后郭永明继续与王江号家人联络，索要赎金。中午12时许，郭永明等人被抓获。

### ▶一审诉辩情况

河南省安阳市人民检察院以被告人郭永明等犯绑架罪，向安阳市中级人民法院提起公诉。

被告人郭永明对检察机关指控的基本犯罪事实和罪名无异议，但辩称其作案时年龄未满18周岁。其辩护人提出：郭永明出生于1988年9月7日（农历7月27），犯罪时未满18周岁，应按未成年人定罪量刑；且郭永明系初犯，归案后如实供述罪行，悔罪态度较好，并有检举他人重大犯罪的情节，请求对郭永明依法从轻或者减轻处罚。

### ▶一审裁判结果

安阳市中级人民法院依照《刑法》第239条第1款，第25条第1款，第26条第1款、第4款，第27条，第57条第1款，第48条第1款，第17条第1款、第3款之规定，判决如下：被告人郭永明犯绑架罪，判处死刑，剥夺政治权利终身，并处没收个人全部财产。（其他被告人的判决情况略）

### ▶一审裁判理由

安阳市中级人民法院认为：被告人郭永明、王凯以勒索财物为目的，绑架并杀害他人；被告人郭珍付、郭江峰为他人实施犯罪而提供帮助，四被告人的行为均构成绑架罪。被告人郭永明、王凯在共同犯罪中起主要作用，系主犯，应与按照其所参与的全部犯罪处罚；被告人郭珍付、郭江峰在共同犯罪中起次要或辅助作用，系从犯，应当从轻或减轻处罚。关于郭永明及其辩护人提出郭永明出生于1988年9月7日（农历7月27），作案时年龄未满18周岁的辩护意见，经查，从安阳县蒋村乡派出所出具的户籍证明及底册，以及蒋村乡石涧村委会保存的户籍底册等证据来看，郭永明出生于公历1988年7月27日日，作案时年龄已满18周岁。庭审前，本院重新调查，又对控辩双方提供的相关证据材料作了进一步的核实。从核实的证据材料看，郭永明的辩护人目前所提供的材料及本院调查的证人证言材料，尚不足以推翻检察机关认定郭永明出生于公历1988年7月27日的事实。关于辩护人辩称郭永明检举他人重大犯罪，经查不实，本院不予采信。（其他被告人的定罪量刑意见略）

### 二审诉辩情况

一审宣判后，被告人郭永明提出上诉，辩称：其出生于农历1988年7月27，犯罪时未满18周岁，原判量刑过重。其辩护人提出：郭永明犯罪时未成年，应当从轻或者减轻处罚。（其他被告人的上诉意见略）

### 二审裁判结果

河南省高级人民法院依照《刑事诉讼法》第189条第1项之规定，裁定：驳回上诉，维持原判，并依法报请最高人民法院核准。

### 二审裁判理由

河南省高级人民法院经审理认为：原判认定的事实清楚，证据确实、充分，定罪准确，量刑适当，审判程序合法。关于上诉人郭永明上诉及其辩护人辩称"郭永明犯罪时不满18周岁"的理由和意见，经查，原判认定郭永明犯罪时年满18周岁的证据有公安机关出具的户籍证明和户籍底册以及安阳县蒋村乡石涧村村委会保存的户籍底册等证据在案证实，因此该辩护意见不能成立，不予采纳。

### 复核结果

最高人民法院裁定如下：

一、不核准河南省高级人民法院〔2010〕豫法刑三终字第号刑事裁定中维持第一审对被告人郭永明以绑架罪判处死刑，剥夺政治权利终身，并处没收个人全部财产的部分。

二、撤销河南省高级人民法院〔2010〕豫法刑三终字第号刑事裁定和河南省安阳市中级人民法院〔2007〕安少刑初字第号刑事附带民事判决中对被告人郭永明以绑架罪判处死刑,剥夺政治权利终身,并处没收个人全部财产的部分。

三、发回河南省安阳市中级人民法院重新审判。

### 复核理由

最高人民法院经复核认为:被告人郭永明伙同他人以勒索财物为目的绑架并杀害被害人,其行为构成绑架罪。郭永明在共同绑架犯罪中系主犯,其作案手段残忍,犯罪后果特别严重,应依法严惩。第一审判决、第二审裁定认定郭永明犯绑架罪的事实清楚,证据确实、充分,定罪准确,审判程序合法。但第一审判决、第二审裁定认定郭永明犯罪时已满18周岁的证据不足。

### 重审裁判结果

安阳市中级人民法院依照《刑法》第239条第1款,第57条第1款,第49条,第17条第1款、第3款之规定,判决如下:被告人郭永明犯绑架罪,判处无期徒刑,剥夺政治权利终身,并处罚金人民币5万元。

### 重审裁判理由

安阳市中级人民法院经重新审理认为:被告人郭永明以勒索财物为目的,伙同他人绑架并杀害被害人。其行为构成绑架罪。关于被告人郭永明的年龄问题,经当庭质证郭永明的户籍证明、常住人口登记表、证人程新连、王宝凤、陈保琴等的证言等证据,目前尚无法排除控辩双方证据之间的矛盾,检察机关指控郭永明犯罪时已满18周岁的证据不足,根据最高人民法院《关于审理未成年人刑事案件具体应用法律若干问题的解释》第4条第1款的规定,应推定其犯罪时年龄不满18周岁,并依法从轻或减轻处罚。郭永明及其辩护人提出的该项辩解理由和辩护意见成立,本院予以采纳。

## 77. 司法实践中如何理解未成年人免于刑事处罚的具体标准?

首先,最高人民法院《关于审理未成年人刑事案件具体应用法律若干问题的解释》第17条的适用应以被告人符合《刑法》第37条为前提;其次,在适用上述司法解释第17条规定时,

> 还需要注意,其中的 3 年以下有期徒刑、拘役是指可能宣告刑而非法定刑,而且该可能宣告刑应以被告人所犯罪行及犯罪时未成年等为考量因素,另外,具有良好悔罪表现也是对未成年罪犯适用免予刑事处罚的必备条件之一。

## 典型疑难案件参考

### 李某、史某抢劫案

**▶ 基本案情**

2006 年 5 月 3 日 23 时 40 分许,被告人李某、史某结伙,在上海市闵行区莘朱路 1398 弄 69 号上海新成保温材料有限公司附近,采用扼颈、捂嘴等方法,从途经该处的被害人高某某处劫得现金人民币 1700 余元及价值人民币 100 元的迪比特手机 1 部。2006 年 5 月 8 日,被告人史某因形迹可疑受到公安机关查询时,主动交代了上述抢劫事实,并协助公安机关抓获犯罪嫌疑人李某。案发后,赃款、赃物已发还给被害人。

**▶ 一审诉辩情况**

上海市闵行区人民检察院以被告人李某、史某犯抢劫罪,向上海市闵行区人民法院提起公诉。

**▶ 一审裁判结果**

上海市闵行区人民法院依照《刑法》第 263 条、第 25 条第 1 款、第 17 条第 1 款、第 3 款、第 67 条第 1 款、第 68 条第 1 款、第 72 条、第 52 条之规定,判决如下:

一、被告人李某犯抢劫罪,判处有期徒刑 1 年,缓刑 1 年,并处罚金人民币 2000 元。

二、被告人史某犯抢劫罪,判处有期徒刑 6 个月,缓刑 1 年,并处罚金人民币 1000 元。

**▶ 一审裁判理由**

上海市闵行区人民法院认为:被告人李某、史某以非法占有为目的,采用暴力手段劫取他人财物,其行为均已构成抢劫罪。根据本案的事实、情节、性质和对社会的危害程度,结合两名被告人犯罪时未成年、史某还有自首情节和立功表现，依法对两名被告人予以减轻处罚。

### 二审诉辩情况

一审宣判后，被告人史某以量刑过重为由，向上海市第一中级人民法院提出上诉。

史某的法定代理人、辩护人提出：史某犯罪时未成年，有自首和立功情节，在共同犯罪中属从犯，又系初犯，且本案的赃款、赃物已扣押并发还给被害人，请求对史某免予刑事处罚。

上海市人民检察院第一分院检察员出庭意见为：原判认定事实清楚，证据确实、充分，定性正确，量刑适当，审判程序合法。

### 二审裁判结果

上海市第一中级人民法院依照《刑事诉讼法》第189条第2项、第263条、第25条第1款、第17条第1款、第3款、第67条第1款、第68条第1款、第72条、第52条、第37条、第64条，最高人民法院《关于处理自首和立功具体应用法律若干问题的解释》第1条、第5条，最高人民法院《关于审理未成年人刑事案件具体应用法律若干问题的解释》第17条之规定，判决如下：

一、维持上海市闵行区人民法院〔2006〕闵刑初字第1385号刑事判决的第一项，即被告人李某犯抢劫罪，判处有期徒刑1年，缓刑1年，并处罚金人民币2000元。

二、撤销上海市闵行区人民法院〔2006〕闵刑初字第1385号刑事判决的第二项，即被告人史某犯抢劫罪，判处有期徒刑6个月，缓刑1年，并处罚金人民币1000元。

三、被告人史某犯抢劫罪，免予刑事处罚。

四、扣押在案的赃款、财物发还被害人，水果刀一把予以没收。

### 二审裁判理由

上海市第一中级人民法院经审理认为：上诉人史某、原审被告人李某以非法占有为目的，采用暴力手段劫取他人财物，其行为均已构成抢劫罪。两名被告人犯罪时均未成年，其中上诉人史某还具有自首、立功情节。原判认定事实清楚，定性正确。史某、李某在共同抢劫中的地位和作用相当，并无主从之分，故辩护人提出史某属从犯的意见不能成立。但上诉人史某悔罪态度较好，且具有自首和立功情节，依法应免予刑事处罚，故对史某的法定代理人、辩护人的相关意见予以采纳。

## 78. 限制民事行为能力人或无民事行为能力人如何参加附带民事诉讼？

限制民事行为能力人和无民事行为能力人不具备独立参加附带民事诉讼的资格，应该由其监护人作为其法定代理人代其进行诉讼。

## 79. 限制民事行为能力人或无民事行为能力人是刑事附带民事诉讼中的被告人时，其监护人是否应该被列为附带民事诉讼的共同被告人？

这种情况下，其监护人也应该被列为刑事附带民事诉讼的被告人。

### 典型疑难案件参考

#### 耿万红故意伤害案

**基本案情**

尤树军曾与前妻育有一子尤健，离异后与耿万红次女耿玉再婚，育有一女尤佳璐。耿万红于2003年4月19日19时许，在北京市延庆县香营乡东白庙村家中，因家庭矛盾与尤树军（时年31岁）发生争执。耿万红先后持木棍和锹头把反复多次殴打尤身体，致尤树军全身多发广泛性皮下出血并伴有皮肤散在擦挫伤、头部挫裂伤、肋骨多发骨折，尤树军因被多次打击，肺脏、肝脏破裂致失血性休克死亡。

耿万红被抓获后，北京大学第六医院精神卫生研究所出具的司法精神病学鉴定书证明：被鉴定人耿万红由于受焦虑抑郁情绪反应的影响，并在暴怒性激情状态下产生行凶违法行为，行为当时控制能力减低，属于限定责任能力。

**一审诉辩情况**

一审检察院以被告人耿万红犯故意伤害罪，于2004年4月21日向一审法院提起公诉。

在诉讼过程中,附带民事诉讼原告人尤满武、尤健、尤佳璐向一审法院提起附带民事诉讼。

### 一审裁判结果

一审法院依照《刑法》第 234 条、第 56 条第 1 款、第 55 条第 1 款、第 18 条第 3 款、第 36 条第 1 款和《民法通则》第 119 条的规定,于 2004 年 6 月 1 日判决如下:

一、被告人耿万红犯故意伤害罪,判处有期徒刑 15 年,剥夺政治权利 3 年;

二、被告人耿万红赔偿附带民事诉讼原告人尤满武的经济损失人民币 3 万元;赔偿附带民事诉讼原告人尤健的经济损失人民币 1.1 万元;赔偿附带民事诉讼原告人尤佳璐的经济损失人民币 2.8 万元。

### 一审裁判理由

一审法院认为:被告人耿万红故意伤害他人身体,致人死亡,其行为已构成故意伤害罪,依法应予惩处。鉴于耿万红系限制刑事责任能力人,对耿万红予以从轻处罚。耿万红的犯罪行为给附带民事诉讼原告人造成的经济损失,依法应予合理赔偿。

### 二审诉辩情况

宣判后,原审附带民事诉讼原告人尤满武、尤健、尤佳璐对附带民事部分判决不服,提出上诉。

### 二审裁判结果

二审法院依照《刑事诉讼法》第 189 条第 3 项;第 191 条第 5 项的规定,于 2004 年 7 月 29 日裁定:将本案附带民事部分发回一审法院重新审判。

### 二审裁判理由

二审法院经审理认为:原审附带民事部分判决违反法定诉讼程序。

## 五、特殊人员的刑事责任

> **80. 行为人有精神病的事实对其承担刑事责任有何影响？**
>
> 精神病人在不能辨认或者控制自己行为的时候造成危害结果，经法定程序鉴定确认的，不负刑事责任。间歇性的精神病人在精神正常的时候犯罪，应当负刑事责任。尚未完全丧失辨认或者控制自己行为能力的精神病人犯罪的，应当负刑事责任，但是可以从轻或者减轻处罚。精神病的种类非常复杂，其对行为人辨认能力和控制能力的影响千差万别，法官应该根据精神病鉴定意见，结合其日常生活中的表现，来加以综合判断。

### 典型疑难案件参考

#### 吴华强放火案

**基本案情**

广东省茂名市茂南区金塘镇人民一路26号是冯强东私人自建的一栋原二层半钢筋混凝土、红砖结构的楼房，2002年2月开始加建三层半及装修，故该楼房的外面搭有竹棚架，首层为商场，经营家电、塑料制品等物品，二层以上为住房并正在装修。

2002年8月的一天晚上10时许，被告人吴华强窜到茂南区金塘镇人民一路26号住宅楼沿着外面的竹棚架爬至三楼准备入屋盗窃时，被屋主冯强东发现大喊"捉贼"，吴华强听到即往下爬想逃跑，爬至二楼时从棚架摔下，嘴部撞到一块砖头当即出血。吴华强回到家后，心想这次没偷到钱反而跌伤牙齿，便萌生放火烧该屋首层商铺的部分商品来发泄怨气的想法。于是准备一个空矿泉水瓶，倒进一半煤油后，又窜到其叔吴寿兴家（吴寿兴经营煤气生意，家里存放有很多煤气瓶），拧开其中一瓶煤气瓶开关，将瓶内残液倒在塑料桶内，再装进其带去的矿泉水瓶里。盛满后，吴华强把装有煤油和煤气瓶残液的矿泉水瓶藏在其邻居屋外的草丛里。

2002年9月7日晚6时许，吴华强吃完晚饭后，走到藏矿泉水瓶的草丛处将矿泉水瓶取出来，用两个塑料薄膜袋将该矿泉水瓶和一盒火柴包起来，藏在腰间，然后步行到金塘圩市场旁边的一座桥上乘凉。晚上9时许，吴华强离开桥步行到金塘镇人民一路 26 号住宅楼，从后门沿该楼东侧小巷走至由北往南第二个窗户时，攀上该窗台，一只脚踩在 26 号楼的窗台，另一只脚踩在 28 号楼的窗台，将该窗户的百叶打开，从腰间取出并打开矿泉水瓶盖，将瓶里装有煤油和石油气残液的混合液体全部倒洒在窗内的货架上，用 4 根火柴一起擦燃丢入窗内烧该楼首层商店，并将装混合液体的矿泉水瓶、塑料薄膜袋、剩余的火柴一并丢进窗内燃烧，然后从窗台跳下走到该 26 号楼后门一水桶处洗手后逃回家中。次日下午与堂弟吴春雨到现场观看。该火灾致 26 号楼首层"强力商店"价值 30 多万元（事主报称）的货物被烧毁。经茂名市第三人民医院对被告人吴华强进行法医精神病司法鉴定，结论为：（1）边缘精神发育迟滞；（2）完全责任能力。

另查明：被害人车惠珍于 1935 年 8 月 15 日出生，死亡时 67 岁。依照广东省道路交通事故赔偿标准，被告人吴华强应赔偿给原告人江美娟等人的经济损失是：丧葬费 4000 元、死亡补偿费 80996.3 元。由于原告人江美娟等人要求赔偿的丧葬费和死亡补偿费两项，均未超出赔偿规定，以原告人要求范围赔偿。即被告人吴华强应赔偿给原告人江美娟等人的经济损失为丧葬费 4000 元；死亡补偿费 80000 元。合计人民币 84000 元。

被害人吴锦鸿被浓烟熏昏迷后在医院医治，医疗费 135378.26 元；吴锦鸿住院期间（从 2002 年 9 月 8 日至 2004 年 4 月 1 日止，共住院 572 天）由其父母原告人吴荣、江美娟护理，按照交通事故发生地平均生活费计算，被告人吴华强还应赔偿法定代理人护理费为 $19.43 \times 572 \times 2 = 22227.92$ 元，但原告人吴志荣、江美娟只要求赔偿 6210 元，以原告人要求赔偿范围为限；要求赔偿的营养费 6210 元，因没有提供医院的意见，不予支持；另外吴锦鸿的丧葬费 4000 元、死亡补偿费 89880 元；以上合计 235468.26 元。

### 一审诉辩情况

1. 广东省茂名市人民检察院指控称

被告人的行为已触犯《刑法》的相关规定，应对其追究刑事责任。

2. 刑事附带民事诉讼原告人诉称

附带民事诉讼原告人江翠仙、江明辉、江林坤、江林芬、江林芳、江林娟、江林娇、江美清、江美娟提出：被害人车惠珍给他们造成的经济损失包括丧葬费 4000 元；死亡补偿费 80000 元，合计人民币 84000 元。

附带民事诉讼原告人吴荣、江美娟提出：因被害人吴锦鸿死亡给他们造成的经济损失共为 218082.6 元。

附带民事诉讼原告人冯强东以其"强力商店"是被被告人吴华强放为烧

毁，造成经济损失为由，要求判令被告人吴华强赔偿35万元。

3. 被告人称辩及其辩护人的辩护意见

被告人吴华强对检察机关的指控无异议。其辩护人提出：吴华强放火是为了烧强力商店的一些东西，而没有故意烧毁大量财物及烧死、烧伤人的故意，虽然产生严重后果，但这是吴华强始料不及的，考虑其作案动机，应对其适当量刑；吴华强的行为属自首；被告人吴华强精神有问题，要求对吴华强进行精神司法鉴定。请求法院对吴华强作出公正判决。

**一审裁判结果**

茂名市中级人民法院依照《刑法》第115条第1款、第55条、第56条、第36条，《民法通则》第119条，《民事诉讼法》第64条之规定，判决如下：

一、被告人吴华强犯放火罪，判处有期徒刑15年，剥夺政治权利5年。

二、被告人吴华强赔偿附带民事诉讼原告人吴荣、江美娟的经济损失人民币235468.26元；赔偿原告人江翠仙、江明辉、江林坤、江林芬、江林芳、江林娟、江林妖、江美清、江美娟的经济损失人民币84000元。

三、驳回附带民事诉讼原告人冯强东的诉讼请求。

**一审裁判理由**

广东省茂名市中级人民法院经审理认为：被告人吴华强行窃时被发现致盗窃未果，为泄愤报复故意放火焚烧他人私有财物，并致二人死亡的严重后果，足以使公共安全处于危险状态，且造成一定经济损失，其行为已构成放火罪。被告人吴华强被司法机关列为犯罪嫌疑人后，经多次盘问、教育后才供述其犯罪事实，不属主动交代自己的罪行，没有自首的主观意志，不认定其为自首，但被告人吴华强坦白认罪态度好，可依法酌情对其从轻处罚。被告人吴华强的犯罪行为致被害人车惠珍、吴锦鸿死亡，造成附带民事诉讼原告人经济损失，依法应承担民事赔偿责任。

**二审诉辩情况**

1. 广东省茂名市人民检察院抗诉称

（1）原审判决以被告人坦白认罪态度好对吴华强从轻处罚依据不足，虽然被告人归案后至重审阶段一直承认自己放火的犯罪事实，但不足以作为对吴华强从轻处罚的理由；（2）被告人吴华强犯罪的主观恶性大，情节恶劣，致二人死亡的严重后果。依法应予严惩。原审判决对被告人吴华强处以15年有期徒刑属适用刑罚明显不当，属量刑畸轻。

2. 原审被告人的答辩及其辩护人的意见

原审被告人吴华强辩称：请求从轻处理。

原审被告人吴华强的辩护人辩称：本案事实不清，证据不足，缺乏直接证据。

### 二审裁判结果

广东省高级人民法院依照《刑事诉讼法》第189条第1项以及《刑法》第115条第1款、第57条第1款之规定，裁定如下：驳回抗诉、上诉，维持原判。

### 二审裁判理由

广东省高级人民法院经审理认为：原审被告人吴华强为泄愤报复故意在居民区放火焚烧他人私有财物，并导致二人死亡，足以使公共安全处于危险状态，且造成一定经济损失和二人人身伤亡的严重后果，其行为已构成放火罪，依法应予惩处。原审被告人吴华强仅因形迹可疑被抓后就如实交代了自己的犯罪事实，应认定其具有自首情节，原判未予认定不当，应予纠正。吴华强经司法精神病鉴定属于边缘精神发育迟滞，可据此对其酌情从轻处罚。原审被告人吴华强应赔偿其犯罪行为给附带民事诉讼上诉人所造成的经济损失。原判认定本案的基本事实清楚，基本证据充分，定罪准确，量刑适当，审判程序合法。原审被告人吴华强虽然具有自首情节，鉴于本案犯罪后果极其严重，原判对其已作从轻处罚。二审不再对其从轻处罚。检察机关和吴华强的辩护人提出的意见以及附带民事诉讼上诉人的上诉理由经查均不能成立，不予支持。

## 81. 审判实践中如何确定行为人患有影响刑事责任的精神病？

应根据法律规定，到指定级别的医院进行鉴定，也就是说鉴定主体和鉴定程序均要严格符合法律规定。其他情况下的鉴定意见不能作为审判案件的依据。

### 82. 当存在多个精神病鉴定意见时，法官应如何处理？

在司法实践中如果出现多个司法精神病鉴定意见，法官应首先选择出符合法定主体资格并按照法定程序得出的意见，然后则应该对选出的意见综合考虑和比较其鉴定过程，以科学的标准评价鉴定意见，选择出可靠性更高的意见。法官在审判实践中有对司法精神病学鉴定意见进行审查、评判、取舍的权利。

## 典型疑难案件参考

### 蒙学权故意杀人案

**基本案情**

2005年7月5日9时许，被告人蒙学权携带一把锄头准备下田劳作，后因想到村里曾祥永、韦黄喜、曾正寿与其有矛盾，即产生报复之念，便持锄头走向村里。蒙学权先走进曾祥永家，见曾祥永的母亲谭芳信、女儿曾慧婷在家，持锄头分别打击谭芳信的头部和肩部、曾慧婷的头部数下，致谭芳信倒地、曾慧婷当场死亡。从曾祥永家出来后，蒙学权在巷子里遇见韦黄喜的丈夫曾道平，即持锄头打击曾道平头部、颈部等部位数下，致曾道平当场死亡。蒙学权进入韦黄喜家中，持锄头打击韦黄喜的孙女曾艳秋的头部、胸部数下，致曾艳秋倒地。蒙学权走进曾正寿家，持锄头分别打击曾正寿的父亲曾少平头部、肩部等部位，母亲林贤桂头部、胸部等部位数下，致曾少平当场死亡、林贤桂倒地。闻讯赶来的曾少军将蒙学权的锄头抢下。蒙学权回家后又持另一把锄头来到"田垌"（地名），用锄头打击正在此处打谷的曾祥永的头部，致曾祥永倒地后逃匿。谭芳信、曾艳秋、林贤桂经送医院抢救无效死亡。同日，公安机关在现场后的荒山上将被告人蒙学权抓获。经法医鉴定，被害人谭芳信、曾慧婷、曾道平、林贤桂、曾少平系因被具有宽口锄头类特征的农具致开放性颅脑损伤并失血性休克而死亡；被害人曾艳秋系因被具有宽口锄头类特征的农具致颅脑、胸部开放性损伤而死亡；被害人曾祥永致伤。

检察机关在审查起诉时，以蒙学权因琐事连续杀害六人有悖常理为由，将本案退回补充侦查，由侦查机关委托鉴定机构作司法精神病鉴定。广西龙泉山医院对蒙学权进行刑事责任能力司法精神病鉴定，结论为蒙学权患有精神分裂症，作案时处于发病期，评定为无刑事责任能力。鉴定结论告知被害人亲属后，被害人的亲属提出重新鉴定申请，侦查机关委托南宁市第五人民医院对蒙学权的刑事责任能力重新进行司法精神病鉴定，结论为蒙学权虽患有精神分裂症，案发时处于缓解期，具有完全刑事责任能力。由于广西龙泉山医院和南宁市第五人民医院作出了相互矛盾的鉴定结论。侦查机关再次委托广西龙泉山医院和南宁市第五人民医院联合作出重新鉴定，确认蒙学权虽患有精神分裂症，案发时处于缓解期，具有完全刑事责任能力。

广西壮族自治区高级人民法院受理此案后，对本案进行公开开庭审理，重点是审查司法精神病鉴定情况。二审庭审中，控辩双方对鉴定机关的资质、鉴定人的鉴定资格、鉴定是否科学、几份鉴定之间的关系进行了举证、质证。经审查，广西壮族自治区龙泉山医院和广西南宁市第五人民医院具有司法精神病鉴定资质，参与鉴定人员具有司法精神病鉴定执业资格，鉴定的聘请、重新鉴定的申请、委托、鉴定结论告知等均符合法律的规定。本院根据蒙学权作案前与人打招呼，正确回答他人的问题，神志是清醒的；作案时专门针对与自己有过矛盾的人或者亲属，作案动机是明确的，作案的对象是有选择的；持锄头砍砸被害人头、面等要害部位，清楚自己作案所要追求的目的；作案后，逃到山上躲藏，威胁抓捕人员不许靠近，被抓获后供述了作案的全过程，知道自己行为的后果。结合第一份鉴定的鉴定人员陈强的意见，应当采信蒙学权作案时有完全刑事责任能力的鉴定结论。

### 一审诉辩情况

检察机关指控罪犯蒙学权故意非法剥夺他人生命的行为，已构成故意杀人罪。其因琐事滥杀无辜，致6人死亡，且均为老人和儿童，情节特别恶劣，后果特别严重，罪行极其严重，应依法惩处。

### 一审裁判结果

广西壮族自治区南宁市中级人民法院依照《刑法》第232条、第57条第1款、第48条、第36条第1款，《民法通则》第119条，最高人民法院《关于审理人身损害赔偿案件适用法律若干问题的解释》第17条第3款、第20条、第22条、第27条、第28条、第29条之规定，判决如下：

一、被告人蒙学权犯故意杀人罪，判处死刑，剥夺政治权利终身。

二、被告人蒙学权赔偿附带民事诉讼原告人曾祥永、何佳瑛、曾正亮、曾正锦、曾正年、曾祥记经济损失共计人民币15456元。

三、被告人蒙学权赔偿附带民事诉讼原告人曾正立、罗巧凤、韦黄喜、曾正桂、曾正林、曾正文经济损失共计人民币15456元。

四、被告人蒙学权赔偿附带民事诉讼原告人曾正英、曾正莲、曾正希、曾正花、曾正寿经济损失共计人民币 15456 元。

▶ 一审裁判理由

广西壮族自治区南宁市中级人民法院经审理认为：被告人蒙学权目无国法，故意非法剥夺他人生命，致 6 人死亡的事实清楚，证据确实充分，其行为构成故意杀人罪。检察机关指控罪名成立。对被告人蒙学权的责任能力，已经有两家有鉴定资格的鉴定部门联合作出鉴定结论，证实蒙学权案发时具有完全刑事责任能力。因此，依法应当追究其刑事责任；蒙学权杀人手段残忍，情节恶劣，后果特别严重，民愤极大，依法应予以严惩。由于被告人蒙学权的犯罪行为给附带民事诉讼原告人造成的经济损失，应予赔偿。

▶ 二审诉辩情况

一审判决后，蒙学权提起上诉。上诉人（原审被告人）蒙学权的上诉理由为：其持锄头只砍死 5 人，不是 6 人。要求二审法院查清事实，依法判决。其二审辩护人的辩护意见为：一审判决认定上诉人杀害 5 人还是 6 人事实不清，对蒙学权的刑事责任能力司法精神病鉴定不科学，应委托更高一级的司法精神病鉴定机构进行鉴定。

广西壮族自治区人民检察院二审的出庭意见为：原审判决认定事实清楚，证据确实、充分，适用法律正确，审判程序合法，上诉人蒙学权的上诉理由不能成立，建议二审法院驳回上诉，维持原判。

▶ 二审裁判结果

广西壮族自治区高级人民法院依照《刑事诉讼法》第 189 条第 1 项之规定，裁定如下：驳回上诉，维持原判。

本裁定待报中华人民共和国最高人民法院核准后执行。

▶ 二审裁判理由

广西壮族自治区高级人民法院认为：对于上诉人蒙学权的刑事责任能力，依法进行了司法精神病鉴定，重新鉴定和联合鉴定均认定上诉人蒙学权虽患有精神分裂症，但案发时处于缓解期，具有完全刑事责任能力，应负刑事责任。原审法院据以定案的证据确实、充分，认定蒙学权犯罪的事实清楚，定罪准确，量刑适当，审判程序合法，予以维持。

▶ 复核结果

最高人民法院依照《刑事诉讼法》第 199 条和最高人民法院《关于复核

死刑案件若干问题的规定》第2条第1款的规定，裁定如下：核准广西壮族自治区高级人民法院〔2008〕桂刑二终字第43号维持第一审以故意杀人罪判处被告人蒙学权死刑，剥夺政治权利终身的刑事裁定。

### 复核理由

最高人民法院认为：被告有蒙学权故意非法剥夺他人生命的行为，已构成故意杀人罪。其因琐事滥杀无辜，致6人死亡，均为老人和儿童，情节特别恶劣，后果特别严重，罪行极其严重，应依法惩处。第一审判决、第二审裁定认定的事实清楚，证据确实、充分，定罪准确，量刑适当。审判程序合法。

## 83. 醉酒或者吸毒状态下实施了犯罪行为，是否应承担刑事责任？

行为人在吸毒后实施了犯罪行为的，不属于任何一种免除刑事责任的情形，应该承担刑事责任。醉酒分成病理性醉酒和生理性醉酒，病理性醉酒属于精神病的一种，阻却刑事责任，但生理性醉酒的，应当负刑事责任。

### 典型疑难案件参考

彭崧故意杀人案

### 基本案情

2005年5月5日凌晨，被告人彭崧因服食摇头丸后药性发作，在其暂住处福州市鼓楼区北江里新村6座204室内，持刀朝同室居住的被害人阮召森胸部捅刺，致阮召森抢救无效死亡。经法医鉴定，阮召森系因左胸部被单刃锐器刺中导致肝脏破裂大出血死亡。当晚9时许，彭崧到福建省宁德市公安局投案自首。

另查明，被告人彭崧的行为给刑事附带民事诉讼原告阮向金、李凤钰造成一定的经济损失，阮向金、李凤钰要求彭崧赔偿死亡赔偿金81787.6元、丧葬费7801.5元、交通费1000元的主张有事实依据，且符合相关法律规定。阮向金、李凤钰要求彭崧赔偿阮召森被扶养人生活费，但未能提供被扶养人丧失劳动能力、又无其他生活来源的证据。要求赔偿阮召森抢救费5000元，但医院出具的收费凭证载明抢救费数额为1392元。一审开庭前，彭崧家属已经给付阮召森家属11000元，开庭后又交到法院5000元。

### ▶一审诉辩情况

福建省福州市人民检察院以被告人彭崧犯故意杀人罪,向福建省福州市中级人民法院提起公诉。

被害人阮召森的父亲阮向金、母亲李凤钰作为刑事附带民事诉讼原告,向福建省福州市中级人民法院提起刑事附带民事诉讼。

刑事附带民事诉讼原告阮向金、李凤钰要求被告人、刑事附带民事诉讼被告彭崧赔偿被害人阮召森的抢救费5000元、死亡赔偿金81787.6元、丧葬费7801.5元、被扶养人生活费120608.8元,并赔偿误工费1282.2元、交通费1000元、精神损害赔偿金80000元,以上共计人民币297480.1元。同时提供了户籍证明、医疗费发票、车票等相关证据。

被告人彭崧及其辩护人辩称:彭崧的行为不构成故意杀人罪,主要理由是:(1)彭崧是在吸食摇头丸后产生的病理性动机下作案,作案时对自身行为的辨认能力和控制能力均已丧失,属于无刑事责任能力人,故不应负刑事责任;(2)即使彭崧的行为构成犯罪,也应以过失致人死亡罪定罪处罚;(3)彭崧具有投案自首情节,可从轻或者减轻处罚。

### ▶一审裁判结果

福州市中级人民法院于2006年5月10日判决:

一、被告人彭崧犯故意杀人罪,判处无期徒刑,剥夺政治权利终身;

二、被告人彭崧赔偿刑事附带民事诉讼原告阮向金、李凤钰经济损失人民币91981.1元,扣除已经给付的人民币16000元,被告人彭崧还应当给付人民币75981.1元,并于判决生效之日起3个月内付清。

### ▶一审裁判理由

被告人彭崧故意非法剥夺他人生命,并致人死亡,虽系服食摇头丸药性发作后实施杀人行为,但依法应当承担刑事责任。因此,检察机关指控的罪名成立,彭崧的行为已构成故意杀人罪。彭崧及其辩护人关于彭崧的行为不构成故意杀人罪的辩解理由不成立。彭崧作案后能够主动投案自首,可以从轻处罚。

被害人阮召森的死亡给刑事附带民事诉讼原告阮向金、李凤钰造成一定的经济损失,阮向金、李凤钰要求被告人彭崧赔偿死亡赔偿金81787.6元、丧葬费7801.5元、交通费1000元的主张有事实依据,且符合相关法律规定,应予支持;阮向金、李凤钰要求彭崧赔偿阮召森的被扶养人生活费,但未能提供被扶养人丧失劳动能力、又无其他生活来源的证据,要求赔偿误工费、精神损害赔偿金没有法律依据,均不予支持;要求赔偿阮召森抢救费5000元,但医院出具的收费凭证载明抢救费数额为1392元，故应认定抢救费数额为1392元。以上共计人民币91981.1元。一审开庭前，彭崧家属已经给付阮召森家属11000元，开庭后又交到法院5000元，该16000元应从赔偿总额中扣除，故彭崧还应给付阮向金、李凤钰人民币75981.1元。

### 二审诉辩情况

一审判决后，被告人不服，向福建省高级人民法院提出上诉，主要理由是：(1) 上诉人彭崧作案时的辨认能力和控制能力已丧失，属无刑事责任能力人，不应负刑事责任。(2) 即使认定彭崧的行为构成犯罪，也不构成故意杀人罪，只能认定构成过失致人死亡罪。且上诉人具有投案自首情节，应从轻、减轻处罚。

### 二审裁判结果

福建省高级人民法院根据《刑法》第232条、第67条第1款、第57条第1款、《刑事诉讼法》第189条第1项之规定，于2007年2月28日裁定：驳回上诉，维持原判。

### 二审裁判理由

福建省高级人民法院二审认为：上诉人彭崧应对其杀人行为承担刑事责任。

首先，根据《刑法》的有关规定，在以下几种情形下行为人对其实施的造成一定损害后果的行为不负刑事责任：(1) 行为人实施刑法规定的犯罪行为时尚未达到刑事责任年龄，即实施故意杀人、故意伤害致人重伤或者死亡、强奸、抢劫、贩卖毒品、放火、爆炸、投毒等犯罪行为时不满14周岁，实施刑法规定的其他犯罪行为时不满16周岁；(2) 精神病人在不能辨认或者不能控制自己行为的时候造成危害结果，经法定程序鉴定确认的；(3) 为了使国家、公共利益、本人或者他人的人身、财产和其他权利免受正在进行的不法侵害，而采取的制止不法侵害的正当防卫行为，对不法侵害人造成损害但没有超过必要限度的；(4) 为了使国家、公共利益、本人或者他人的人身、财产和其他权利免受正在发生的危险，不得已采取的紧急避险行为，造成损害但没有超过必要限度的。上诉人彭崧在服食摇头丸药性发作后实施杀人行为，导致被害人阮召森死亡，其行为具有严重的社会危害性，且显然不属于上述《刑法》规定的不负刑事责任的情形。

其次，上诉人彭崧并未患有任何精神病，其服食摇头丸后产生的短暂神志异常，与醉酒后的短暂神志异常在本质上是相同的。我国《刑法》第18条规定，醉酒的人犯罪，应当负刑事责任。根据该规定，因醉酒后出现短暂神志异常而犯罪的应当负刑事责任。因此，因吸毒后出现短暂神志异常而犯罪的，也应当负刑事责任。

最后，吸食包括摇头丸在内的毒品是违法行为。上诉人彭崧曾经多次服食摇头丸，并出现过服药后的幻想症状。对此彭崧自己完全清楚。案发当晚，作为一个具有正常行为能力的人，在明知自己吸食毒品后会产生短暂神志异常的情况下，彭崧仍然自愿服食摇头丸，最终导致神志异常而实施杀人行为。正是彭崧的自愿吸毒行为，使其陷于神志异常状态，并在此状态下实施犯罪行为，造成严重的危害后果。故彭崧应当对自己的行为承担刑事责任。

## 84. 如何认定行为人是否符合《刑法》中关于"盲人"的条件，并予以从轻、减轻或者免除处罚？

行为人是否符合《刑法》规定的可以从轻、减轻或者免除处罚的盲人条件，除了要具备视力上的物理特征外，还要使其犯罪行为与其"盲人"条件相关联。如果行为人虽然在视力上符合"盲人"特征，但其所实施的犯罪行为并未受到其视力的影响，也未产生实际影响，则对其不能依照《刑法》第19条规定，从轻、减轻或者免除处罚。

### 典型疑难案件参考

苏同强、王男敲诈勒索案

**基本案情**

被告人苏同强和被告人王男经预谋，决定向宾馆、酒店发送具有恐吓内容的电子邮件，以勒索财物。苏同强提供了其冒用"尹跃才"的身份在吉林市中国工商银行和中国建设银行所办理的两张银行卡作为接收敲诈所得钱款的账号。王男则使用电脑注册了户名为"boomhello@163.corn"的电子邮箱，并于2006年6月9日和16日先后通过该邮箱向北京市樱花宾馆和广东省东莞市的新城市酒店发送电子邮件，以爆炸相威胁，各勒索人民币20万元，并要求将该款汇往苏同强所开账户内。樱花宾馆和新城市酒店接到恐吓电子邮件后即向公安机关报案，二被告人于2006年6月23日被抓获归案。

### 一审诉辩情况

北京市朝阳区人民检察院以被告人苏同强、王男犯敲诈勒索罪,向北京市朝阳区人民法院提起公诉。

被告人苏同强辩称:不懂电脑,不了解王男所发送电子邮件的内容。

被告人王男辩称:从未向他人发送具有威胁内容的电子邮件,其行为不构成犯罪。

### 一审裁判结果

北京市朝阳区人民法院依照《刑法》第274条、第25条第1款、第23条之规定,判决如下:

一、被告人苏同强犯敲诈勒索罪,判处有期徒刑3年6个月。

二、被告人王男犯敲诈勒索罪,判处有期徒刑3年6个月。

### 一审裁判理由

北京市朝阳区人民法院认为:被告人苏同强、王男采用威胁、恐吓的方式向他人勒索数额巨大的财物,二被告人的行为均已构成敲诈勒索罪,依法应予惩处。鉴于二被告人犯罪未遂,依法予以从轻处罚。

### 二审诉辩情况

苏同强上诉称:原判认定事实不清,量刑过重。其双眼矫正视力分别为0.06和0.08,并持有吉林市船营区人民政府残疾人联合会颁发的视力残疾证书,可以证明其属于"盲人",依法可以从轻、减轻或者免除处罚;同时,符合《刑事诉讼法》规定的指定辩护条件,要求二审法院为其指定辩护人。其二审指定辩护人提出:苏同强在犯罪活动中所起作用较小,且属于犯罪未遂,建议对其从轻处罚。

王男上诉称:原判认定事实不清,其没有预谋敲诈勒索,2006年6月9日不在作案现场;有协助公安机关抓获同案犯的立功表现。

### 二审裁判结果

北京市第二中级人民法院依照《刑事诉讼法》第189条第1项之规定,裁定:驳回上诉,维持原判。

### 二审裁判理由

北京市第二中级人民法院经审理认为:上诉人苏同强、王男通过互联网发送以爆炸相威胁的恐吓电子邮件，向他人勒索数额巨大的财物，其行为均已构成敲诈勒索罪，依法应予惩处。苏同强所提其为盲人，可从轻、减轻或者免除处罚的意见，经查，苏同强所持的残疾人证书可证明其视力为二级低视力，但根据相关标准尚不能认定为盲人，不能适用《刑法》第19条的规定对其从轻、减轻或者免除处罚。苏同强在共同犯罪中，与王男共同预谋、共同策划、共同通过互联网发送以爆炸相威胁的恐吓电子邮件，并限期要求对方交出数额巨大的钱款，二人所起作用相当，不分主从。故对于苏同强辩护人所提苏同强在共同犯罪中所起作用较小的辩护意见不予采纳。苏同强伙同王男敲诈勒索的财物数额巨大，但因意志以外原因未得到财物，属于犯罪未遂，一审法院据此已对二人予以从轻处罚。苏同强的辩护人关于苏同强具有犯罪未遂情节的辩护意见成立。上诉人王男关于原判认定事实不清、有立功表现的上诉理由，与查明的事实不符，不予采纳。一审判决认定事实清楚，证据确实、充分，定罪准确，量刑适当，审判程序合法，应予维持。

### 85. 如何掌握聋哑人的刑事责任？

根据我国《刑法》的规定，聋哑人可以从轻、减轻或者免除处罚。可见，聋哑人构成犯罪仍然要负刑事责任，生理缺陷可以作为量刑情节予以考虑。这里需要注意两个问题：一是行为人必须是既聋又哑，而不能是只聋不哑或者只哑不聋，才可能适用从轻、减轻或者免除处罚的规定；二是聋哑并不是必然引起从轻、减轻或免除处罚的效果，还要结合案件的具体情况作出裁量，如果聋哑的功能缺陷对犯罪行为的辨认和控制能力没有实质影响，则不能作为裁量依据。

**典型疑难案件参考**

屠某等抢劫案

**基本案情**

2004年3月5日上午9时多，被害人谢来喜驾驶吉普车到本区交通银行中山南支行分理处提取现金人民币12万元，谢将钱装进塑料袋后走出银行大门，上车后将钱放在驾驶座的副手位上，准备驾车离开。此时，在一旁守候的被告人王某冲上前用身体堵紧驾驶座左侧车门，使谢无法下车；被告人屠某冲上前打开驾驶座副手位的车门，将装有人民币12万元现金的塑料袋抢走后逃跑。王某见同伙屠某得手，也随即逃跑。谢来喜下车后大声呼喊。周围群众闻讯追赶并将被告人屠某、王某抓获，后移交公安机关处理。所抢现金人民币12万元已经被迫回并发还被害人谢来喜。

汕头市中心医院对屠某、王某作医疗鉴定，结论为屠某、王某均属重度聋哑。

### 诉辩情况

汕头市澄海区人民检察院认为：两被告人的行为均已触犯《刑法》第263条第4项之规定，构成抢劫罪。两被告人均系聋哑人且抢劫未遂，被告人屠某系累犯；被告人王某年龄未满18周岁。提请汕头市澄海区人民法院依法惩处。

被告人屠某对起诉书指控的事实没有异议。其辩护人提出以下辩护意见：（1）被告人屠某系重度聋哑人，且属犯罪未遂，可以从轻或减轻处罚；（2）本案没有造成被害人的经济损失，没有给被害人的身体造成伤害。

被告人王某对起诉书指控的事实没有提出意见。其法定代理人提出以下意见：（1）被告人的行为构成抢夺罪而非抢劫罪；（2）王某是聋哑人，未成年人；（3）被告人王某是从犯；（4）王某是被拐骗而参与犯罪。其辩护人提出以下辩护意见：（1）被告人王某未满18周岁，系重度聋哑人且犯罪未遂，可从轻或减轻处罚；（2）被告人王某是受他人诱骗而参与犯罪，无前科，属初犯、偶犯，犯罪行为的危害性相对较小。

### 裁判结果

汕头市澄海区人民法院依照《刑法》第263条第4项、第19条、第23条、第65条第1款、第17条第3款之规定，作出如下判决：

一、屠某犯抢劫罪，判处有期徒刑7年，并处罚金人民币2000元。

二、王某犯抢劫罪，判处有期徒刑3年，并处罚金人民币1000元。

### 裁判理由

汕头市澄海区人民法院认为：被告人屠某、王某无视国家法律，以非法占有为目的，结伙采用限制被害人反抗的手段，当场劫取公民财物，数额巨大，其行为均已构成抢劫罪，依法应追究刑事责任。检察机关指控被告人所犯罪名成立，本院予以支持。被告人屠某、王某系聋哑人，且犯罪行为尚未能得逞，是犯罪未遂，依法予以减轻处罚。被告人屠某前因犯盗窃罪被判处有期徒刑，在刑罚执行完毕后5年内再犯应当判处有期徒刑以上刑罚之罪，是累犯，依法应从重处罚。被告人王某犯罪时年龄未满18周岁，依法予以减轻处罚。被告人王某的法定代理人及其辩护人提出的意见中，认为被告人王某的行为构成抢夺罪而非抢劫罪以及是从犯的意见，理由不能成立，不予采纳；提出被告人王某是被诱骗而参与犯罪的，依据不足，理由不能成立，不予采纳。鉴于两被告人当庭尚能交代其犯罪行为，认罪、悔罪态度较好，且尚未造成被害人的经济损失，可酌情予以从轻处罚。

## 六、正当防卫

**86. 正当防卫的构成要件是什么？实践中如何判定正当防卫？**

正当防卫需要具备以下要件：（1）防卫意图，即主观上为了使国家、他人或本人的合法权益免受不法侵害的意图；（2）防卫起因，即需要客观上存在不法侵害；（3）防卫客体，即针对不法侵害人本身（或其侵害工具）；（4）防卫时间，即不法侵害正在进行；（5）防卫限度，即在必要限度内进行。

该五个构成要件，必须都具备的时候才能认定正当防卫的成立，缺少任何一个都不成立，而可能构成犯罪。

**87. 司法实践中常见的缺乏防卫意图的情形有哪些？**

主要有三种情况：一是防卫挑拨，指故意挑逗对方对自己实施不法侵害，然后利用形式上的正当防卫对其进行人身或财产上的侵害；二是偶然防卫，是指行为人并不知道存在不法侵害，当然也就不存在防卫意图，但其实施的行为却偶然产生了防卫效果；三是互相斗殴，一般情况下，互相斗殴是相互的故意伤害，当然特殊情况也可能存在正当防卫。缺乏防卫意图不成立正当防卫，造成损害后果的，可能成立故意或过失犯罪。

## 典型疑难案件参考

### 李明故意伤害案

#### 基本案情

2002年9月17日凌晨,上诉人李明与其同事王海毅、张斌(另案处理)、孙承儒等人在北京市海淀区双泉堡环球迪厅娱乐时,遇到本单位女服务员王晓菲等人及其朋友王宗伟(另案处理)等人,王宗伟对李明等人与王晓菲等人跳舞感到不满,遂故意撞了李明一下,李明对王宗伟说:"刚才你撞到我了。"王宗伟说:"喝多了,对不起。"两人未发生进一步争执。李明供称其感觉对方怀有敌意,为防身,遂返回其住处取尖刀一把再次来到环球迪厅。其间王宗伟打电话叫来张艳龙(男,时年20岁)、董明军等三人(另案处理)帮其报复对方,三人赶到环球迪厅时李明已离去,张艳龙等人即离开迪厅。李明取刀返回迪厅后,王宗伟即打电话叫张艳龙等人返回迪厅,向张艳龙指认了李明,并指使张艳龙等人在北沙滩桥附近的过街天桥下伺机报复李明。当日凌晨1时许,李明、王海毅、张斌、孙承儒等人返回单位,当途经京昌高速公路辅路北沙滩桥附近的过街天桥时,张艳龙、董明军等人即持棍对李明等人进行殴打。孙承儒先被打倒,李明、王海毅、张斌进行反击,期间,李明持尖刀刺中张艳龙胸部、腿部数刀。张艳龙因被刺伤胸部,伤及肺脏、心脏致失血性休克死亡。孙承儒所受损伤经鉴定为轻伤。李明作案后被抓获。

#### 一审诉辩情况

北京市人民检察院第一分院以被告人李明犯故意伤害罪向北京市第一中级人民法院提起公诉。

在法庭审理中,被告人李明对检察机关指控的犯罪事实未提出异议。其辩护人认为:被害人张艳龙在本案中有重大过错;李明的行为属于正当防卫,由于其没有积极救助构成间接故意伤害罪,请求法庭对其减轻或免除处罚。

#### 一审裁判结果

北京市第一中级人民法院依照《刑法》第234条第2款、第56条、第61条之规定,于2003年5月13日判决如下:李明犯故意伤害罪,判处有期徒刑15年,剥夺政治权利3年。

#### 一审裁判理由

北京市第一中级人民法院认为:被告人李明故意伤害他人身体,致人死亡，其行为已构成故意伤害罪，犯罪后果特别严重，依法应予惩处。鉴于被害人对本案的发生负有重大过错，故依法对被告人李明予以从轻处罚。北京市人民检察院第一分院指控被告人李明犯故意伤害罪的事实清楚，证据确凿，指控罪名成立。对于被告人李明的辩护人提出的李明的行为本身是正当防卫，只是由于没有积极救治被害人导致李明承担间接故意伤害的法律后果的辩护意见，经查：正当防卫成立的要件之一即防卫行为的直接目的是制止不法侵害，不法侵害被制止后不能继续实施防卫行为，而被告人李明持刀连续刺扎被害人张艳龙要害部位胸部数刀，在被害人倒地后还对其进行殴打，故李明具有明显伤害他人的故意，其行为符合故意伤害罪的犯罪构成，辩护人的此项辩护意见不能成立，不予采纳。

### 二审诉辩情况

李明上诉称：其在遭到不法侵害时实施防卫，造成被害人死亡的结果属于防卫过当，原判对其量刑过重，请求从轻处罚。其辩护人认为：李明的行为属于正当防卫过当，原审判决认定事实错误，对李明量刑过重，请求二审法院依法改判。

### 二审裁判结果

北京市高级人民法院依照《刑事诉讼法》第189条第2项及《刑法》第234条第2款、第20条第2款、第61条之规定，于2003年8月5日判决如下：

一、撤销北京市第一中级人民法院〔2003〕一中刑初字第996号刑事判决；

二、上诉人李明犯故意伤害罪，判处有期徒刑5年。

### 二审裁判理由

北京市高级人民法院认为：上诉人李明为制止正在进行的不法侵害而故意伤害不法侵害者的身体，其行为属于正当防卫，但其防卫明显超过必要限度，造成被害人死亡的重大损害后果，其行为构成故意伤害罪，依法应予减轻处罚。李明及其辩护人所提李明的行为属于防卫过当，原判对其量刑过重的上诉理由和辩护意见成立，予以采纳。原审人民法院认定李明犯故意伤害罪正确且审判程序合法，但对本案部分情节的认定有误，适用法律不当，对李明的量刑过重，依法应予改判。

### 88. 不法侵害人无刑事责任能力是否影响正当防卫的成立？

正当防卫对不法侵害人的责任能力没有限制。也就是说，未成年人、精神病人等实施侵害行为，当然可对其实行正当防卫，但不能超过必要限度造成重大损害。

**典型疑难案件参考**

范尚秀故意伤害案

**基本案情**

被告人范尚秀与被害人范尚雨系同胞兄弟。范尚雨患精神病近10年，因不能辨认和控制自己的行为，经常无故殴打他人。2003年9月5日上午8时许，范尚雨先追打其侄女范莹辉，又手持木棒、砖头在公路上追撵其兄范尚秀。范尚秀在跑了几圈之后，因无力跑动，便停了下来，转身抓住范尚雨的头发将其按倒在地，并夺下木棒朝持砖欲起身的范尚雨头部打了两棒，致范尚雨当即倒在地上。后范尚秀把木棒、砖头捡回家。约1个小时后，范尚秀见范尚雨未回家，即到打架现场用板车将范尚雨拉到范尚雨的住处。范尚雨于上午11时许死亡。下午3时许，被告人范尚秀向村治保主任唐田富投案。

**诉辩情况**

湖北省襄樊市人民检察院以被告人范尚秀的行为构成故意伤害罪，向襄樊市中级人民法院提起公诉。

被告人范尚秀辩解称：其用木棒致死被害人不是故意的，是不得已而为之的自卫行为。

**裁判结果**

湖北省襄樊市中级人民法院依照《刑法》第234条第2款，第20条第2款，第72条之规定，于2003年12月27日判决如下：被告人范尚秀犯故意伤害罪，判处有期徒刑3年，缓刑3年。

**裁判理由**

湖北省襄樊市中级人民法院认为：被告人范尚秀为了使自己的人身权利免

受正在进行的不法侵害，而持械伤害他人身体，造成他人死亡的后果，属明显超过必要限度造成他人损害，其行为已构成故意伤害罪。检察机关指控的罪名成立。被告人作案后投案自首，依法应从轻处罚。被告人范尚秀辩解称其用木棒致死被害人不是故意的，是不得已而为之的自卫行为的理由，与庭审查明的事实相符，依法应当减轻处罚。鉴于被告人的悔罪表现，可对被告人适用缓刑。

### 89. 正当防卫针对的侵害行为是否存在侵权类型上的限制？

一般来说，对侵权类型没有限制，既包括人身权利，也包括财产权利，还包括人身权利和财产权利以外的其他合法权利。

### 90. 如何把握防卫过当中所谓的重大损害？

根据《刑法》第 20 条第 2 款的规定，实施正当防卫行为，只要未明显超过必要限度造成重大损害，则不负刑事责任。这里的重大损害并没有统一的标准，但在司法实践中一般认为，造成人身重伤或死亡的，造成财产 5 万元以上的，可认定为导致重大损害结果。

**典型疑难案件参考**

赵泉华故意伤害案

**基本案情**

被告人赵泉华与王企儿、周钢原本不相识，双方在舞厅因琐事发生过争执。事后，王企儿、周钢等人多次至赵泉华家，采用踢门等方法，找赵泉华寻衅，均因赵泉华避让而未果。2000 年 1 月 4 日晚 7 时许，王企儿、周钢再次至赵泉华家，敲门欲进赵家，赵未予开门。王、周即强行踢开赵家上锁的房门（致门锁锁舌弯曲）闯入赵家，赵为制止不法侵害，持械朝王、周挥击，致王企儿头、面部挫裂伤，经法医鉴定属轻伤；致周钢头皮裂伤、左前臂软组织挫裂伤，经法医鉴定属轻微伤。事发当时由在场的赵的同事打"110"报警电话，公安人员到现场将双方带至警署。

▶ 一审诉辩情况

上海市闸北区人民检察院对赵泉华以故意伤害罪向上海市闸北区人民法院提起公诉。

▶ 一审裁判结果

上海市闸北区人民法院依照《刑法》第234条第1款、第67条第1款和第72条的规定,判决:被告人赵泉华犯故意伤害罪,判处拘役3个月,缓刑3个月。

▶ 一审裁判理由

上海市闸北区人民法院审理后认为:被告人赵泉华故意伤害他人身体,致人轻伤,其行为构成故意伤害罪,依法应予惩处,鉴于赵泉华案发后的行为可视为投案自首,依法可以从轻处罚。

▶ 二审诉辩情况

一审宣判后,被告人赵泉华不服,提出上诉,认为其行为属正当防卫。

▶ 二审裁判结果

上海市第二中级人民法院依照《刑事诉讼法》第189条第2项、《刑法》第20条第1款的规定,判决:
一、撤销上海市闸北区人民法院〔2000〕闸刑初字第628号刑事判决;
二、上诉人(原审被告人)赵泉华无罪。

▶ 二审裁判理由

上海市第二中级人民法院经审理认为:王企儿、周钢为泄私愤曾多次上门寻衅,此次又强行踢开赵家房门闯入赵家实施不法侵害。赵泉华为使本人的人身和财产权利免受正在进行的不法侵害而采取的制止不法侵害的行为,虽造成不法侵害人轻伤,但赵的行为未明显超过必要限度造成重大损害,符合我国《刑法》关于正当防卫构成要件的规定,是正当防卫,依法不应承担刑事责任。原判决未对王企儿、周钢的不法侵害行为作出正确认定,仅根据赵泉华对王企儿造成的伤害后果,认定赵泉华的行为构成犯罪并追究刑事责任不当,应予纠正。赵泉华的上诉理由应予采纳。

**91. 关于事前设置防卫设施，造成损害后果的行为可否认定为正当防卫？**

这种情况需要具体分析，如果该设施本身违法，超出了行为人的权利范围，并由此造成了严重侵害后果，则不应认为是正当防卫，例如用电网围住菜地的行为。如果该设施没有危害到公共安全，属于行为人权利范围之内的，应认为属于防卫行为，例如在住宅内设置电网的行为。

**92. 如何在实践中把握正当防卫中"正在进行的不法侵害"？**

"正在进行"指开始后到结束前，不法侵害的开始是指不法侵害人着手实施《刑法》分则所规定的具体犯罪的实行行为，不法侵害的结束应当以不法侵害的危险是否排除为标志。这里的危险是指不法侵害行为对国家、公共利益、本人或者他人的人身和其他权利造成的现实危险性，而且通过对不法侵害人实施一定的人身或者财产的损害可以排除的危险。

**93. 犯罪嫌疑人投案后，如实供述自己的罪行，但与部分证据没有形成完全一致的印证关系，是否影响自首的成立？**

对自首的犯罪嫌疑人供述自己的罪行时，不应要求过于严苛，只要基本犯罪事实符合即可认定为自首，不必要求其供述与证据完全一致。

## 典型疑难案件参考

### 周文友故意杀人案

**基本案情**

2004年7月27日晚，被告人周文友之妹周洪为家庭琐事与其夫被害人李博发生争吵，周文友之母赵孝学出面劝解时被李博用板凳殴打。周文友回家得知此事后，即邀约安礼强一起到李博家找李博，因李博不在家，周文友即打电话质问李博，并叫李博回家把事情说清楚，为此，两人在电话里发生争执，均扬言要砍杀对方。之后，周文友打电话给南川市公安局西城派出所，派出所民警到周文友家劝解，周表示只要李博前来认错、道歉及医治，就不再与李博发生争执，随后派出所民警离开。次日凌晨1时30分许，李博邀约任毅、杨海波、吴四方等人乘坐出租车来到周文友家。周文友听见汽车声后，从厨房拿一把尖刀从后门出来绕到房屋左侧，被李博等人发现，周文友与李博均扬言要砍死对方，然后周文友与李博持刀打斗，杨海波、任毅等人用石头掷打周文友。打斗中，周文友将李博右侧胸肺、左侧腋、右侧颈部等处刺伤，致李博急性失血性休克，呼吸、循环衰竭死亡；李博持砍刀将周文友头顶部、左胸壁等处砍伤，将周文友左手腕砍断。经法医鉴定周文友的损伤程度属重伤。周文友受伤后乘坐出租车前往医院治疗，途经南川市公安局西城派出所时，向派出所报案，称其杀了人，来投案自首，现在要到医院去治伤，有事到医院找他。

另查明，被害人李博系城镇户口，因李博的死亡给上诉人李昌禄、邹启会造成的经济损失包括：丧葬费人民币6222元，死亡补偿费人民币161880元，李昌禄赡养费人民币6859元，邹启会赡养费人民币7915元，误工、交通费人民币1500元，共计人民币184374元。

### 一审诉辩情况

重庆市人民检察院第三分院以被告人周文友犯故意杀人罪向重庆市第三中级人民法院提起公诉。

审理过程中，附带民事诉讼原告人李昌禄、邹启会向法院提起附带民事诉讼。附带民事诉讼原告人李昌禄、邹启会要求被告人周文友、附带民事诉讼被告人赵孝学共同赔偿丧葬费、死亡赔偿费、被抚养人生活费、误工费、交通费等共计人民币225166.38元，精神抚慰金100000元，共计人民币325166.38元。

### 一审裁判结果

重庆市第三中级人民法院依照《刑法》第232条、第67条第1款和《民法通则》第119条、第131条的规定，于2005年1月3日判决如下：

一、被告人周文友犯故意杀人罪，判处有期徒刑8年。

二、被告人周文友赔偿附带民事诉讼原告人李昌禄、邹启会的丧葬费、死亡补偿金、交通费、误工费、赡养费共计人民币40077.60元。

三、附带民事诉讼被告人赵孝学不承担民事赔偿责任。

### 一审裁判理由

重庆市第三中级人民法院认为：被告人周文友故意非法剥夺他人生命，致一人死亡的行为，已构成故意杀人罪。鉴于被告人周文友有自首情节，且被害人李博邀约多人到被告人周文友家，并持砍刀与周文友对砍、对杀，周文友也身负重伤，故被害人李博有重大过错，可对被告人周文友减轻处罚。被告人周文友的犯罪行为给附带民事诉讼原告人李昌禄、邹启会造成的经济损失，应当赔偿。因被害人李博有重大过错，可减轻民事赔偿责任。附带民事诉讼被告人赵孝学没有参与打斗，故不承担民事赔偿责任。

### 二审诉辩情况

一审宣判后，周文友不服，向重庆市高级人民法院提起上诉称：自己没有非法剥夺被害人生命的主观意图和故意行为，其行为属正当防卫，不应承担刑事和民事责任。其辩护人认为：原判认定事实不清，证据不足；周文友是在自身安危已构成严重威胁之时的正当防卫行为，不应承担刑事和民事责任，请求宣告周文友无罪。

附带民事诉讼原告人李昌禄、邹启会上诉称：原审判决对附带民事赔偿数额处理不当，所划分责任显失公平；请求判决周文友和赵孝学赔偿因李博死亡造成的经济损失丧葬费6222元，死亡补偿费161880元，被扶养人生活费14774元，误工、交通费人民币1500元，精神抚慰金100000元，共计284376元。

### 二审裁判结果

重庆市高级人民法院依照《刑事诉讼法》第189条第1项、第2项、《刑法》第232条、第67条第1款、《民法通则》第119条、第131条的规定，于2005年5月16日判决如下：

一、维持重庆市第三中级人民法院刑事附带民事判决中对被告人周文友的定罪量刑以及附带民事诉讼被告人赵孝学不承担民事赔偿责任部分。

二、撤销重庆市第三中级人民法院刑事附带民事判决中对被告人周文友赔偿附带民事诉讼原告人李昌禄、邹启会的赔偿部分。

三、上诉人周文友赔偿上诉人（原审附带民事诉讼原告人）李昌禄、邹启会因李博的死亡造成经济损失丧葬费、死亡补偿金、交通费、误工费、赡养费共计人民币110624元。

### 二审裁判理由

重庆市高级人民法院认为：上诉人周文友在其母亲被被害人殴打后欲报复被害人，持刀与被害人打斗，打斗中不计后果，持刀猛刺被害人胸部等要害部位，致被害人死亡，其行为已构成故意杀人罪。鉴于周文友有自首情节，且被害人李博邀约多人到周文友家，并持砍刀与周文友对砍，致周文友重伤，李博有重大过错，可对周文友减轻处罚。周文友的犯罪行为给上诉人李昌禄、邹启会造成的经济损失，应当赔偿。因被害人李博有重大过错，可减轻周文友民事赔偿责任。根据过错相抵的原则，由周文友承担60%的赔偿责任。被上诉人赵孝学没有参与打斗，故不承担民事赔偿责任。故上诉人李昌禄、邹启会及其诉讼代理人所提判令赵孝学承担民事赔偿责任的上诉理由及代理意见不能成立。原判刑事部分判决认定事实和适用法律正确，量刑适当，审判程序合法，但民事部分判决认定被害人李博系农业户口错误，导致判决赔偿数额不当，应予以纠正。

---

**94. 审判实践中对"必要限度"如何确定？**

对于必要限度应根据具体案情来确定，而不应在事后从纯客观的角度予以判断。具体来说，就是应根据案件发生时的紧迫情形、不法侵害程度、危险性、防卫人的身体情况、精神状态、受威胁程度、客观环境等加以判断，设身处地考虑防卫人的立场，不应仅从不法侵害程度和防卫程度对比的角度进行判断。

---

#### 典型疑难案件参考

韩霖故意伤害案

**基本案情**

2003年8月30日19时许，被害人王某见被告人韩霖同丁某某在山东省乳山市"豪迈"网吧上网，王某认为丁某某是自己的女友，即对韩霖产生不满，纠集宋某、贾某等四人到网吧找韩霖。王某先让其中二人进网吧叫韩霖出来，因韩霖不愿出来，王某又自己到网吧中拖扯韩霖，二人发生争执，后被网吧老板拉开。王某等人到网吧外等候韩霖，当韩、丁二人走出网吧时，王某即将韩拖到一旁，并朝韩踢了一脚。韩霖挣脱后向南跑，王某在后追赶，宋某、贾某等人也随后追赶。韩霖见王某追上，即持随身携带的匕首朝王挥舞，其中一刀刺中王某左颈部，致王某左侧颈动脉、静脉断裂，急性大失血性休克死亡。案发后，韩霖于9月2日到公安机关投案自首。在案件审理中，经双方协商，韩霖的父母自愿代韩霖向被害人王某的父母赔偿经济损失人民币3万元。

### 一审诉辩情况

山东省威海市人民检察院以被告人韩霖犯故意伤害罪向威海市中级人民法院提起公诉，同时建议对其追究刑事责任时考虑其在犯罪后投案自首的情节。

被告人韩霖对被指控的犯罪事实无异议。其辩护人提出：韩霖的行为系防卫过当，且有自首情节，请求对其减轻处罚。

### 一审裁判结果

威海市中级人民法院依照《刑法》第234条第2款、第67条第1款之规定，判决如下：被告人韩霖犯故意伤害罪，判处有期徒刑11年。

### 一审裁判理由

威海市中级人民法院认为：被告人韩霖持刀伤人并致人死亡，其行为已构成故意伤害罪。检察机关指控的罪名成立。韩霖在犯罪后投案自首，依法可从轻处罚。被害人王某因嫉妒韩霖与自己喜欢的女孩交往，即纠集多人找到韩霖所在的网吧滋事，并殴打、追赶韩霖，在本案中存有明显过错。韩霖面对赤手空拳追赶其的王某等人，在尚未遭到再次殴打的情况下，手持匕首刺中王某，其行为系防卫不适时，已超出防卫的范畴，关于韩霖的行为属防卫过当的辩护意见不当，不予支持。

### 二审诉辩情况

一审宣判后，被告人韩霖以其行为系正当防卫为由提出上诉。其辩护人提出：依照《刑法》第20条第3款的规定，对正在进行行凶、杀人、抢劫、强奸、绑架以及其他严重危及人身安全的暴力犯罪，采取防卫行为，造成不法侵害人伤亡的，不属于防卫过当，韩霖的行为应认定为正当防卫。

### 二审裁判结果

山东省高级人民法院依照《刑事诉讼法》第189条第2项、第195条和第162条第2项及最高人民法院《关于执行〈中华人民共和国刑事诉讼法〉若干问题的解释》第176条第3项的规定，判决如下：

一、维持威海市中级人民法院〔2003〕威刑一初字第40号刑事判决对被

告人韩霖的定罪部分,即被告人韩霖犯故意伤害罪;

二、撤销威海市中级人民法院〔2003〕威刑一初字第40号刑事判决对被告人韩霖的量刑部分,即判处被告人韩霖有期徒刑11年;

三、上诉人(原审被告人)韩霖犯故意伤害罪,判处有期徒刑7年。

### 二审裁判理由

山东省高级人民法院经二审审理认为:原审认定的事实清楚,证据确实、充分。综观本案的全过程,应当认定被害人王某等人的不法侵害行为从围攻被告人韩霖时已经开始,且已达到有必要进行防卫的程度;王某等人追赶韩霖的行为,是不法侵害的持续而非中止,此时韩霖所面临的不法侵害的威胁并未消除或减弱,即不法侵害行为正在进行。韩霖在王某一方人多势众、执意追打,且自己又摆脱不能的情况下,为使本人的人身权利免受正在进行的不法侵害,对不法侵害人实施防卫行为是适时的、必要的。但韩霖采取持刀捅刺不法侵害人的防卫手段、强度及致不法侵害人死亡的严重后果,与不法侵害人赤手空拳殴打行为的手段、强度及通常可能造成的一般后果相比较,两者存在过于悬殊的差距,该防卫行为已明显超过了有效制止不法侵害行为的必要限度。应当认定韩霖的行为系防卫过当,且构成故意伤害罪。韩霖所提正当防卫的上诉理由不予支持。《刑法》第20条第3款是对严重危及人身安全的暴力犯罪人实施防卫所作出的特殊规定,本案被害人所实施的撕扯、脚踢等行为,尚达不到严重危及人身安全的暴力犯罪程度,只能认定系一般的不法侵害行为,不适用该条款的规定,故所提系特殊正当防卫的辩护意见不予采纳。韩霖防卫过当,且投案自首,应依法对其减轻处罚。原审判决定罪准确,审判程序合法,但未认定韩霖系防卫过当及量刑不当,应予以纠正。

### 95. 司法实践中如何认定无限防卫权的问题?

无限防卫首先要以正当防卫的成立为前提,其次也要受到防卫过当规定的限制。其对象是正在进行行凶、杀人、抢劫、强奸、绑架以及其他严重危及人身安全的暴力犯罪,所谓"行凶和其他严重危及人身安全的暴力犯罪"是指与刑法中杀人、抢劫、强奸、绑架犯罪严重程度相当的其他犯罪行。在实践中,并不要求防卫人主观上能够认识到侵害行为是否构成犯罪,对超过必要防卫限度的程度也不必过于苛求。

## 典型疑难案件参考

吴金艳故意伤害案（《最高人民法院公报》2004年第11期，总第97期）

### 基本案情

北京市海淀区北安河村农民孙金刚、李光辉曾是饭店职工。孙金刚于2003年8月离开饭店，李光辉于同年9月9日被饭店开除。9月9日晚20时许，李光辉、张金强（同系海淀区北安河村农民）将孙金刚叫到张金强家，称尹小红向饭店经理告发其三人在饭店吃饭、拿烟、洗桑拿没有付钱，以致李光辉被饭店开除；并说孙金刚追着与尹小红交朋友，尹小红非但不同意，还骂孙金刚傻。孙金刚听后很气恼，于是通过电话威胁尹小红，扬言要在尹小红身上留记号。三人当即密谋强行将尹小红带到山下旅馆关押两天。当晚23时许，三人酒后上山来到饭店敲大门，遇客人阻拦未入，便在饭店外伺机等候。次日凌晨2时许，孙金刚见饭店中无客人，尹小红等服务员已经睡觉，便踹开女工宿舍小院的木门而入，并敲打女工宿舍的房门叫尹小红出屋，遭尹小红拒绝。凌晨3时许，孙金刚、李光辉、张金强三人再次来到女工宿舍外，继续要求尹小红开门，又被尹小红拒绝后，遂强行破门而入。孙金刚直接走到尹小红床头，李光辉站在同宿舍居住的被告人吴金艳床边，张金强站在宿舍门口。孙金刚进屋后，掀开尹小红的被子，欲强行带尹小红下山，遭拒绝后，便殴打尹小红并撕扯尹小红的睡衣，致尹小红胸部裸露。吴金艳见状，下床劝阻。孙金刚转身殴打吴金艳，一把扯开吴金艳的睡衣致其胸部裸露，后又踢打吴金艳。吴金艳顺手从床头柜上摸起一把刃长14.5厘米、宽2厘米的水果刀将孙金刚的左上臂划伤。李光辉从桌上拿起一把长11厘米、宽6.5厘米、重550克的铁挂锁欲砸吴金艳，吴金艳即持刀刺向李光辉，李光辉当即倒地。吴金艳见李光辉倒地，惊悚片刻后，跑出宿舍给饭店经理拨打电话。公安机关于当日凌晨4时30分在案发地点将吴金艳抓获归案。经鉴定，李光辉左胸部有2.7厘米的刺创口，因急性失血性休克死亡。

### 一审诉辩情况

北京市海淀区人民检察院以被告人吴金艳犯故意伤害罪，向北京市海淀区人民法院提起公诉，认为：吴金艳无视国法，因琐事故意伤害公民身体健康，且致人死亡，其行为已触犯《刑法》第234条第2款的规定，构成故意伤害罪，应依法判处。

附带民事诉讼原告人李全有、张德华同时提起附带民事诉讼。

附带民事诉讼原告人李全有、张德华请求判令被告人吴金艳赔偿李光辉的死亡赔偿金、丧葬费、赡养费等共计181080元，并向法庭提交了丧葬费收据、赡养费计算依据等材料。

被告人吴金艳辩称：孙金刚殴打、欺辱并要强奸尹小红，我过去劝阻，孙金刚即又殴打、欺辱我，将我的上衣撕开，上身裸露，使我感到很屈辱。我认为孙金刚要强奸我，为了防卫才拿起刀子。这时，李光辉用铁挂锁来砸我，我才冲李光辉扎了一刀。如果孙金刚和李光辉不对我和尹小红行凶，我不会用刀扎他们。李光辉是咎由自取，应自己承担损失。吴金艳的辩护人认为：根据《刑法》第20条第3款的规定，吴金艳的行为属于正当防卫，且没有超过必要限度，不构成犯罪，也不应承担民事赔偿责任。

针对被告人的辩解和辩护人的意见，公诉人答辩如下：被害人李光辉虽然是与孙金刚一同进入女工宿舍，但没有对尹小红、吴金艳实施任何伤害行为。李光辉拿锁欲击打吴金艳，是为了制止孙金刚与吴金艳之间的争斗。吴金艳虽然受到孙金刚的攻击，但当时她有多种求助的选择。况且李光辉等人的行为没有达到严重危及吴金艳等人人身安全的程度，没有危害后果产生。故吴金艳持刀扎伤李光辉，不属于正当防卫。考虑到被害人一方的行为也属于不法行为，存在较大过错，吴金艳的认罪态度较好，可对其酌情从轻处罚。附带民事诉讼原告人李全有、张德华则要求严惩吴金艳。

### 一审裁判结果

北京市海淀区人民法院依照《刑事诉讼法》第162条第2项和《民法通则》第128条的规定，于2004年7月29日判决：

一、被告人吴金艳无罪。
二、被告人吴金艳不承担民事赔偿责任。

### 一审裁判理由

北京市海淀区人民法院认为：孙金刚、张金强是本案的两个主要证人。二人证言中虽然没有涉及李光辉如何拿铁锁砸被告人吴金艳，以及吴金艳如何刺中李光辉的情节，但这一情节在吴金艳的供述以及证人尹小红、石双荣的证言中均得到证实。张金强的证言中，提到李光辉站在门口用瓶子向屋里扔。纵观吴金艳的供述和尹小红、石双荣、张金强的证言，结合现场勘查情况，可以认定：张金强所认为的瓶子，即是李光辉从宿舍内桌子上拿起并准备砸向吴金艳的铁锁。另外，关于孙金刚、张金强和李光辉在上山前的密谋经过，公诉人最初虽未宣读，但在辩护人的提议下已经补充示证，故对这一情节也应认定。

涉案女工宿舍，是单位向女服务员提供的休息和处理个人隐私事务的住所。未经许可闯入女工宿舍，严重侵犯住宿人的合法权利。本案中，孙金刚、李光辉、张金强事前曾预谋将尹小红带到山下关押2天，要在尹小红身上留下记号；继而三人上山要求进入女工宿舍，在遭到拒绝后就破门而入图谋不轨。

《刑法》第20条第1款规定："为了使国家、公共利益、本人或者他人的人身、财产和其他权利免受正在进行的不法侵害，而采取的制止不法侵害的行为，对不法侵害人造成损害的，属于正当防卫，不负刑事责任。"第3款规定："对正在进行行凶、杀人、抢劫、强奸、绑架以及其他严重危及人身安全的暴力犯罪，采取防卫行为，造成不法侵害人伤亡的，不属于防卫过当，不负刑事责任。"

孙金刚等人在凌晨3时左右闯入女工宿舍后，动手殴打女服务员、撕扯女服务员的衣衫，这种行为足以使宿舍内的三名女服务员因感到孤立无援而产生极大的心理恐慌。在自己和他人的人身安全受到严重侵害的情况下，被告人吴金艳持顺手摸到的一把水果刀指向孙金刚，将孙金刚的左上臂划伤并逼退孙金刚。此时，防卫者是受到侵害的吴金艳，防卫对象是闯入宿舍并实施侵害的孙金刚，防卫时间是侵害行为正在实施时，该防卫行为显系正当防卫。

当孙金刚被被告人吴金艳持刀逼退后，李光辉又举起长11厘米、宽6.5厘米、重550克的铁锁欲砸吴金艳。对李光辉的行为，不应解释为是为了制止孙金刚与吴金艳之间的争斗。在进入女工宿舍后，李光辉虽然未对尹小红、吴金艳实施揪扯、殴打，但李光辉是遵照事前的密谋，与孙金刚一起于夜深人静之时闯入女工宿舍的。李光辉既不是一名旁观者，更不是一名劝架人，而是参与不法侵害的共同侵害人。李光辉举起铁锁欲砸吴金艳，是对吴金艳的继续加害。吴金艳在面临李光辉的继续加害威胁时，持刀刺向李光辉，其目的显然仍是为避免遭受更为严重的暴力侵害。无论是从防卫人、防卫目的还是从防卫对象、防卫时间看，吴金艳的防卫行为都是正当的。由于吴金艳是对严重危及人身安全的暴力行为实施防卫，故虽然造成李光辉死亡，也在《刑法》第20条第3款法律许可的幅度内，不属于防卫过当，依法不负刑事责任。

被告人吴金艳于夜深人静之时和孤立无援之地遭受了殴打和欺辱，身心处于极大的屈辱和恐慌中。此时，李光辉又举起铁锁向其砸来。面对这种情况，吴金艳使用手中的刀子进行防卫，没有超过必要的限度。要求吴金艳慎重选择其他方式制止或避免当时的不法侵害的意见，没有充分考虑侵害发生的时间、地点和具体侵害的情节等客观因素，不予采纳。

综上所述，被告人吴金艳及其辩护人关于是正当防卫，不负刑事责任亦不承担民事赔偿责任的辩解理由和辩护意见，符合法律规定，应予采纳。起诉书指控吴金艳持刀致死李光辉的事实清楚，证据确实充分，但指控的罪名不能成立。

### 二审诉辩情况

一审宣判后，北京市海淀区人民检察院提出抗诉。

附带民事诉讼原告人李全有、张德华也以原判认定的主要事实不清、吴金艳的行为不属于正当防卫为由提出上诉，请求改判吴金艳承担刑事责任和民事赔偿责任。

二审审理期间，北京市人民检察院第一分院认为：北京市海淀区人民检察院的抗诉不当，决定撤回抗诉。

### 二审裁判结果

北京市第一中级人民法院依照《刑事诉讼法》第189条第1项和最高人民法院《关于执行〈中华人民共和国刑事诉讼法〉若干问题的解释》第241条的规定，于2004年9月16日裁定：

一、驳回李全有、张德华的上诉，维持原审附带民事部分判决。

二、准许北京市人民检察院第一分院撤回抗诉。

### 二审裁判理由

北京市第一中级人民法院经审理认为：本案事实清楚，证据确凿，一审根据本案事实、证据作出的宣告吴金艳无罪并不承担民事赔偿责任的刑事附带民事判决，适用法律正确，审判程序合法，应当维持。北京市人民检察院第一分院要求撤回抗诉的决定，应予采纳。

## 96. 审判实践中如何掌握特殊防卫的条件和"行凶"的含义？

一般来说，特殊防卫中所说的"行凶"是指，具有紧迫性的已经着手实施的暴力侵害行为，而且已经达到严重危及他人重大人身安全的程度。

## 典型疑难案件参考

### 李小龙等被控故意伤害案

**基本案情**

2000年8月13日晚21时许,河南省淮阳县春蕾杂技团在甘肃省武威市下双乡文化广场进行商业演出。该乡村民徐永红、王永军、王永富等人不仅自己不买票欲强行入场,还强拉他人入场看表演,被在门口检票的被告李从民阻拦。徐永红不满,挥拳击打李从民头部,致李倒地,王永富亦持石块击打李从民。被告人李小伟闻讯赶来,扯开徐永红、王永富,双方发生厮打。其后,徐永红、王永军分别从其他地方找来木棒、钢筋,与手拿鼓架子的被告人靳国强、李凤领对打。当王永富手持菜刀再次冲进现场时,赶来的被告人李小龙见状,即持"T"型钢管座腿,朝王永富头部猛击一下,致其倒地。王永富因伤势过重被送往医院抢救无效死亡。经法医鉴定,王永富系外伤性颅脑损伤,硬脑膜外出血死亡。徐永红在厮打中被致轻伤。

**一审诉辩情况**

甘肃省人民检察院武威分院以被告人李小龙、李从民、李小伟、靳国强、李凤领犯故意伤害罪向武威地区中级人民法院提起公诉。

附带民事诉讼原告人王顺国(本案被害人王永富之父),徐永红提起附带民事诉讼,要求上述各被告人赔偿相关经济损失。

**一审裁判结果**

武威地区中级人民法院根据《刑法》第234条2款、第25条1款、第26条1款、第27条和《民法通则》第119条之规定,于2001年6月22日判决如下:

一、被告人李小龙犯故意伤害罪,判处有期徒刑14年。

二、被告人李从民犯故意伤害罪,判处有期徒刑8年。

三、被告人李小伟犯故意伤害罪,判处有期徒刑7年。

四、被告人靳国强、李凤领犯故意伤害罪,各判处有期徒刑4年。

五、李小龙等五被告人共同赔偿附带民事诉讼原告人王顺国医疗费710.2元、丧葬费1200元、死亡补偿费7000元。五被告人互负连带责任。

**一审裁判理由**

武威地区中级人民法院审理后认为:被告人李小龙、李从民、李小伟、靳国强、李凤领在遭被害人方滋扰引起厮打后，其行为不克制，持械故意伤害他人，致人死亡，后果严重。其行为均已构成故意伤害罪。检察机关指控罪名成立。被告人李小龙在共同犯罪中，行为积极主动，持械殴打致人死亡，系本案主犯，应从严惩处。被告人李从民、李小伟、靳国强、李凤领在共同犯罪中，起辅助作用，系本案从犯。考虑被害人方在本案中应负相当的过错责任，对各被告人可减轻处罚。各被告人的犯罪行为使被害人及其家庭所遭受的物质损失，应依法据实判赔。

### 二审诉辩情况

一审宣判后，上述各被告人均以其行为属于正当防卫，不应负刑事责任及民事责任为由，提出上诉。

### 二审裁判结果

甘肃省高级人民法院依照《刑事诉讼法》第189条第2项、第197条及《刑法》第20条第1、3款之规定，于2002年11月14日判决如下：

一、撤销甘肃省武威地区中级人民法院〔2001〕武中刑初字第20号刑事附带民事判决；

二、对上诉人（原审被告人）李小龙、李从民、李小伟、靳国强、李凤领宣告无罪。

### 二审裁判理由

甘肃省高级人民法院经审理后认为：在本案中，被告人一方是经政府部门批准的合法演出单位。被害人一方既不买票，又强拉他人入场看表演。被告人李从民见状要求被害人等人在原来票价一半的基础上购票观看演出，又遭拒绝，并首先遭到徐永红的击打，引发事端。双方在互殴中，被害人持木棒、钢筋等物殴打上诉人。当王永富持菜刀冲进现场行凶时，被李小龙用钢管座腿击打到头部，致其倒地。此后，李小龙等人对王永富再未施加伤害行为。王永富的死亡，系李小龙的正当防卫行为所致。徐永红的轻伤系双方互殴中所致。本案中，被害人一方首先挑起事端，在实施不法侵害行为时，使用了凶器木棒、钢筋、菜刀等物，其所实施的不法侵害行为无论强度还是情节都甚为严重；并且在整个发案过程中，被害人一方始终未停止过不法侵害行为，五上诉人也始终处于被动、防御的地位。

根据《刑法》第20条的规定，为了使国家、公共利益、本人或者他人的人身、财产和其他权利免受正在进行的不法侵害，而采取的制止不法侵害的行为，对不法侵害人造成损害的，属于正当防卫，不负刑事责任。同时，该条第

3 款规定了无过当防卫条款，即对正在进行行凶、杀人、抢劫、强奸、绑架以及其他严重危及人身安全的暴力犯罪，采取防卫行为，造成不法侵害人伤亡的，不属于防卫过当，不负刑事责任。其目的就是鼓励公民同违法犯罪行为做斗争，保护国家、公共利益、本人或者他人的人身、财产和其他合法权利不受侵害，五上诉人的行为符合上述规定，其主张正当防卫的上诉理由成立，予以采纳。

## 97. 不法侵害是否需要达到一定的严重程度才可以对其进行正当防卫？

正当防卫是针对正在进行的不法侵害行为而进行的防卫，正当防卫不必以不法侵害达到相当的严重性为前提，也不必以不法侵害构成犯罪时才能实施。防卫人所遭受的正在进行的不法侵害的强度，不是能否进行正当防卫的前提条件，而仅是正当防卫的限度条件。

### 典型疑难案件参考

#### 胡咏平故意伤害案

**基本案情**

2002 年 3 月 19 日下午 3 时许，被告人胡咏平在厦门伟嘉运动器材有限公司打工期间与同事张成兵（在逃）因搬材料问题发生口角，张成兵扬言下班后要找人殴打胡咏平，并提前离厂。胡咏平从同事处得知张成兵的扬言后即准备两根钢筋条并磨成锐器后藏在身上。当天下午 5 时许，张成兵纠集邱海华（在逃）、邱序道随身携带钢管在厦门伟嘉运动器材有限公司门口附近等候。在张成兵指认后，邱序道上前拦住正要下班的胡咏平，要把胡拉到路边，胡咏平不从，邱序道遂打了胡咏平脸部两个耳光。胡咏平遭殴打后随即掏出携带的一根钢筋条朝邱序道的左胸部刺去，并转身逃跑。张成兵、邱海华见状，一起持携带的钢管追打胡咏平。邱序道受伤后被"120"救护车送往杏林医院救治。胡咏平被殴打致伤后到曾营派出所报案，后到杏林医院就诊时，经邱序道指认，被杏林公安分局刑警抓获归案。经法医鉴定，邱序道左胸部被刺后导致休克、心包填塞、心脏破裂，损伤程度为重伤。

### 一审诉辩情况

福建省厦门市杏林区人民检察院以被告人胡咏平犯故意伤害罪,向厦门市杏林区人民法院提起公诉。

### 一审裁判结果

厦门市杏林区人民法院依照《刑法》第234条第2款、第20条第2款、第64条的规定,于2002年7月25日判决:被告人胡咏平犯故意伤害罪,判处有期徒刑1年;扣押在案的作案工具钢筋条2把予以没收。

### 一审裁判理由

厦门市杏林区人民法院认为:被告人胡咏平在下班的路上遭到被害人邱序道的不法侵害时,即掏出钢筋条刺中被害人邱序道,致其重伤,其行为已构成故意伤害罪。邱序道殴打被告人胡咏平时并未使用凶器,其侵害行为尚未达到对胡咏平生命构成威胁的程度,胡咏平却使用凶器进行还击,致使被害人重伤,其防卫行为明显超过必要限度,属防卫过当,依法应当减轻处罚。

### 二审诉辩情况

一审判决后,厦门市杏林区人民检察院以被告人胡咏平主观上具有斗殴的故意,被害人的不法侵害行为不具有伤害人身的严重性和急迫性,胡咏平的行为不属于防卫性质为由,向厦门市中级人民法院提出抗诉。

### 二审裁判结果

厦门市中级人民法院依照《刑事诉讼法》第189条第1项的规定,于2002年9月30日裁定:驳回抗诉,维持原判。

### 二审裁判理由

厦门市中级人民法院经公开开庭审理后认为:原审被告人胡咏平在下班的路上遭到被害人邱序道殴打时,为了制止正在进行的不法侵害,掏出钢筋条刺伤被害人邱序道,其行为属于防卫行为,但鉴于被害人邱序道实施不法侵害时并未使用凶器,尚未严重危及人身安全,而原审被告人胡咏平却使用锐利的钢筋条进行防卫,并致被害人邱序道重伤,其防卫行为明显超过必要限度,属于防卫过当,应当负故意伤害罪的刑事责任,但依法应当减轻处罚。原判定罪准确,量刑适当,审判程序合法。检察机关的抗诉意见缺乏法律和事实依据,不予采纳。

## 98. 见义勇为行为是否承担法律责任？

见义勇为不是一个严格的刑法概念，不具有独立的刑法意义。见义勇为的责任认定，应以《刑法》关于正当防卫、紧急避险等制度规定，故意伤害、故意杀人等个罪规定及《民法通则》关于侵权责任的规定为依据。如果公民在见义勇为当中，其行为触犯了上述法律规定，将需依法承担刑事责任和民事赔偿责任。鉴于见义勇为行为人的行为都是在紧急情况下做出的，往往来不及全面考虑和仔细斟酌，很可能出现诸如假想防卫、假想避险、防卫过当、避险过当等情形，从而损害他人不应损害的合法权益。所以，在处理此类案件时，要注意兼顾鼓励见义勇为和保护个人权益两者之间的平衡，合法合理、切合实际地界定各方责任。

### 典型疑难案件参考

### 张德军故意伤害案

**基本案情**

2004年8月14日18时许，死者胡远辉驾驶两轮摩托车搭乘自诉人罗军在四川省成都市成华区圣灯乡人民塘村11组处，趁一李姓妇女不备抢夺其佩戴的金项链后驾车逃逸。被告人张德军和现场群众刘某某、张某某等人闻讯后，立即乘坐由张德军驾驶的轿车追赶，并多次电话报警。当追至成都市三环路龙潭立交桥上时，刘某某、张某某等人责令胡远辉、罗军二人停车，但胡远辉为摆脱追赶驾驶摩托车高速蛇形行驶。当张德军驾驶的轿车与胡远辉驾驶的摩托车并行时，摩托车与右侧立交桥护栏和张德军驾驶的轿车发生碰撞后侧翻，致使罗军从摩托车上摔落桥面造成左小腿骨折等多处损伤，胡远辉摔落桥下死亡。罗军在治疗期间左小腿截肢，经法医鉴定为二级伤残。

**一审诉辩情况**

自诉人并附带民事诉讼原告人以被告人张德军犯故意伤害罪向四川省成都市成华区人民法院提起刑事诉讼并提起附带民事诉讼，请求法院追究被告人张德军的刑事责任。

附带民事诉讼原告人胡永立、陈兰珍、甘雪芳、胡清伦要求被告人张德军赔偿死亡补偿金、丧葬费、交通费、被扶养人生活费等共计人民币 216760.50 元；附带民事诉讼原告人罗军要求被告人张德军赔偿残疾补偿金、残疾辅助器具费、医疗费、误工费、护理费、交通费、住院伙食补助费、被扶养人生活费等共计人民币 352080 元。

被告人张德军辩称：事发当时听到一妇女被抢呼救后，驾车同他人追赶犯罪嫌疑人胡远辉、罗军，追赶时曾电话报警，当车辆接近胡远辉、罗军驾驶的两轮摩托车时责令对方停车，对方不但没有停车，坐在后座的罗军还拿出螺丝刀威胁。两车在保持一定距离并行时，摩托车先撞上立交桥护栏，反弹后撞到自己车上，造成罗军、胡远辉的伤亡，自己不应对此承担刑事责任和民事责任。其辩护人提出：张德军的追赶行为是为了他人的财产免受正在实施的不法侵害而采取的正当防卫行为，具有正当性、合法性，自诉人也没有证据证实张德军实施了碰撞行为，实际上是胡远辉、罗军在逃跑时慌不择路，驾车失控导致伤亡后果，应自负其责。故张德军不构成故意伤害罪，也不应承担民事赔偿责任，请求法院驳回自诉人并附带民事诉讼原告人的全部诉讼请求。

### 一审裁判结果

成华区人民法院依照《刑事诉讼法》第 162 条第 2 项、第 3 项、《民法通则》第 5 条和《民事诉讼法》第 2 条的规定，判决如下：

一、被告人张德军无罪；
二、被告人张德军不承担民事赔偿责任。

### 一审裁判理由

成华区人民法院认为：死者胡远辉和自诉人罗军实施抢夺行为以后，被告人张德军等人驾车追赶二人，只是意图将逃跑的犯罪嫌疑人扭送公安机关，从追赶过程中多次电话报警并责令对方停车的事实可以证明追赶者的这一主观心态。被告人张德军驾车追赶胡远辉、罗军的行为符合法律规定，是合法、正当行为。本案的证据不能证明被告人张德军实施了主动撞击摩托车，致胡远辉、罗军伤亡后果的行为，即不能证明被告人张德军实施了故意伤害他人身体的行为。被告人张德军既没有非法伤害他人身体的主观故意，又没有证据证明其客观上实施了伤害他人身体的具体行为。因此，自诉人指控被告人张德军犯故意伤害罪既无事实根据也无法律根据，其指控不能成立。死者胡远辉和自诉人罗军为摆脱现场群众的追赶，驾驶摩托车以危险状态高速行驶，是造成摩托车侧翻的直接原因，这一危险状态系死者胡远辉和自诉人罗军自我选择的结果。被告人张德军为了阻止犯罪嫌疑人逃逸而采取的高速追赶行为，与本案损害结果的发生没有因果关系，不应当承担民事损害赔偿责任。故附带民事诉讼原告人要求被告人张德军承担民事赔偿责任的诉讼请求，也不能成立。

### 二审诉辩情况

一审宣判后，自诉人并附带民事诉讼原告人胡永立、陈兰珍、甘雪芳、胡清伦、罗军均不服，以原判事实不清、判决不公为由向四川省成都市中级人民法院提出上诉。

### 二审裁判结果

成都市中级人民法院依照《刑事诉讼法》第189条第1项的规定，裁定：驳回上诉，维持原判。

### 二审裁判理由

成都市中级人民法院经审理认为：原审被告人张德军为制止实施抢夺行为的胡远辉和上诉人罗军，与现场群众一道打电话报警并驾车追赶，主观心态是将犯罪嫌疑人扭送公安机关，客观行为不违背法律规定，我国《刑事诉讼法》明确规定对正在实行犯罪或者在犯罪后即时被发觉的，任何公民都可以立即将其扭送公安机关、人民检察院或者人民法院处理。胡远辉和自诉人罗军在实施抢夺行为后，为占有其抢夺钱财和逃避法律责任而逃逸，驾驶摩托车以高度危险的状态疾速行驶，是造成翻车致胡远辉摔落死亡、罗军受伤的直接原因。自诉人所提原判事实不清的上诉理由，原审判决对事发当天的起因、经过和结果的认定，有证人证言、辨认笔录、现场勘查笔录、现场照片、道路交通事故现场图、尸检报告、自诉人罗军的供述、被告人张德军的供述及辩解等证据证实。原判认定事实清楚，对自诉人该上诉意见不予支持。自诉人所提原判不公的上诉理由，被告人张德军为阻止犯罪嫌疑人逃逸，将其送交公安机关而实施追赶，其主观和客观方面均不符合故意伤害罪的构成要件。附带民事诉讼中承担赔偿责任的前提条件，一是刑事方面因被告人的犯罪行为造成被害人的物质损失；二是民事方面被告人的行为和损害结果之间存在因果关系。《民事诉讼法》第64条第1款规定，"当事人对自己提出的主张，有责任提供证据"，附带民事诉讼原告人要求被告人张德军承担民事赔偿责任，但未能提供充分证据证实其主张，故应驳回自诉人要求被告人承担民事赔偿责任的诉讼请求。

## 七、紧急避险

### 99. 审判实践中判定紧急避险需要注意什么？

判定紧急避险时要考察避险的可行性条件，是指只有在不得已即没有其他方法可以避免危险时，才允许实行紧急避险。因为紧急避险是通过损害一个合法权益而保全另一合法权益，所以应对紧急避险的可行性加以严格限制，只有当紧急避险成为唯一可以免遭危险的方法时，才允许实行。

**典型疑难案件参考**

解文志交通肇事案

**基本案情**

2004年3月13日凌晨3时许，被告人解文志驾驶超载、未年检的"解放"牌货车（车牌号：冀BH1793），由西向东行驶到昌平区百葛路大洼路口以东处时，遇情况采取措施不当，驶入逆行车道，与贾树怀（男，36岁，北京市人）驾驶的斯太尔货车（车牌号：京G22829）相撞，两车起火燃烧。被告人解文志车上的装卸工韩树国（男，时年40岁，河北省人）当场烧死。昌平交通支队认定被告人解文志负此事故全部责任。经鉴定，斯太尔货车直接经济损失为338900元。

另查：附带民事诉讼被告人解文军系"解放"牌货车（车牌号：冀BH1793）的实际车主，其雇用解文志驾驶该车为其办理运输业务，双方形成雇佣关系；解文军的"解放"牌货车挂靠在附带民事诉讼被告人唐山一运集团有限公司玉田货运联合车队的分支机构彩亭桥分队。彩亭桥分队系非法人企业，其收取"解放"牌货车管理费4150元，故该车队对"解放"牌货车负有管理责任，应对本起事故承担相应民事赔偿责任。

**一审诉辩情况**

1. 北京市昌平区人民检察院指控称：被告人解文志的行为触犯了《刑法》第133条之规定，其行为已构成交通肇事罪。

2. 附带民事诉讼原告人北京君悦来旅店诉称：被告人解文志负此事故全部责任。被告人解文志在承担刑事责任的同时，应对给附带民事诉讼原告人造成的经济损失承担全部赔偿责任。附带民事诉讼被告人解文军是本案肇事车辆的车主，应承担连带赔偿责任。被告人解文志所驾肇事车辆系挂靠在附带民事诉讼被告人唐山一运集团有限公司玉田货运联合车队的分支机构彩亭桥分队，彩亭桥分队无法人资格，唐山一运集团有限公司玉田货运联合车队亦应承担连带赔偿责任。附带民事诉讼原告人北京君悦来旅店要求被告人解文志及附带民事诉讼被告人解文军、附带民事诉讼被告人唐山一运集团有限公司玉田货运联合车队赔偿车辆损失、车辆停运损失、车辆分期付款利息损失、保险损失、车辆购置税损失、养路费损失、车辆附属设施损失、车辆清理费、停车费，合计1542190.84元。附带民事诉讼原告人向法院提交了车辆相关损失证明材料等证据。

3. 被告人的答辩：

（1）被告人解文志辩称：其受雇于解文军，在雇佣过程中发生事故的责任应由雇主解文军承担，解文志不应承担责任。

（2）附带民事诉讼被告人解文军辩称：解文志驾驶解放车因突遇盘条采取紧急避险，是避险措施行为，应由引起险情发生的人承担民事责任。解放车只承担无年检、超员等次要的违章责任，不承担因避险所引起的事故责任。

（3）附带民事诉讼被告人唐山一运集团有限公司玉田货运联合车队辩称：车队不是本案侵权者，不是肇事车辆所有者，不是车辆营运利益的获得者，没有法律依据让车队承担法律责任。车队是有偿服务性的组织。

### 一审裁判结果

北京市昌平区人民法院依照《刑法》第133条、第36条第1款、《民法通则》第117条第2款、第3款，最高人民法院《关于审理人身损害赔偿案件适用法律若干问题的解释》第9条、《民事诉讼法》第64条之规定，判决如下：

一、被告人解文志犯交通肇事罪，判处有期徒刑2年。

二、被告人解文军赔偿附带民事诉讼原告人北京君悦来旅店车辆损失费、清理费及停车费等经济损失共计人民币352828元。

三、被告人解文志与附带民事诉讼被告人解文军承担连带赔偿责任。

四、附带民事诉讼被告人唐山一运集团有限公司玉田货运联合车队承担4150元的连带赔偿责任。

五、驳回附带民事诉讼原告人北京君悦来旅店其他诉讼请求。

### 一审裁判理由

北京市昌平区人民法院认为：被告人解文志违反交通运输管理法规，忽视交通安全，驾驶未年检且超载的"解放"牌货车，造成一人死亡的重大交通事故，且负事故全部责任，其行为已构成交通肇事罪，依法应予惩处。其犯罪行为给附带民事诉讼原告人北京君悦来旅店造成的经济损失，依法应予赔偿。附带民事诉讼被告人解文军系"解放"牌肇事车的实际车主，其雇佣解文志驾驶该车为其办理运输业务，亦应承担相应的民事赔偿责任。附带民事诉讼被告人唐山一运集团有限公司玉田货运联合车队的分支机构彩亭桥分队，收取了"解放"牌肇事车管理费，唐山一运集团有限公司玉田货运联合车队应承担相应的民事赔偿责任。附带民事诉讼原告人诉讼请求中的合理部分予以支持。其要求赔偿停运费，因未提供相关证据，法院不予支持；要求赔偿车辆保险费、购置附加税、附属设施加盖费及分期付款利息损失，无法律依据，法院不予支持。

### 二审诉辩情况

上诉人北京君悦来旅店及其法定代表人诉称：上诉人北京君悦来旅店的受损车辆是营运车辆，有营运损失，应当得到相应的赔偿；同样其为受损车辆所付出的车辆保险费、购置附加费、附属设施加盖费及分期付款利息损失，也应当由三原审附带民事诉讼被告人承担，请求二审人民法院判决三原审附带民事诉讼被告人对北京君悦来旅店的损失承担全部连带赔偿责任。

上诉人解文军及其诉讼代理人诉称：解放车驶入障碍路段在先，斯太尔货车在后，其对已经成就的轻微事故扩大化，有不可推卸的责任，应对本次事故负主要责任；请求二审人民法院撤销京公责字〔2004〕第0313号昌平区交通队道路交通事故责任认定书；撤销北京市昌平区人民法院〔2006〕昌刑初字第235号刑事附带民事判决书；判处盘条所有人、斯太尔车主、解放车车主分别承担事故赔偿责任。

原审附带民事诉讼被告人唐山一运集团有限公司玉田货运联合车队的诉讼代理人答辩意见：同意一审人民法院的判决，请求二审人民法院驳回上诉人的上诉，维持原判。

原审被告人解文志答辩意见：其没有能力赔偿。

### 二审裁判结果

北京市第一中级人民法院依照最高人民法院《关于执行〈中华人民共和国刑事诉讼法〉若干问题的解释》第100条、《民事诉讼法》第153条第1款的规定，裁定如下：驳回上诉人北京君悦来旅店、解文军的上诉，维持原判。

### 二审裁判理由

北京市第一中级人民法院认为：原审被告人解文志因其犯罪行为致使原审附带民事诉讼原告人北京君悦来旅店遭受经济损失的合理部分依法应予赔偿。原审附带民事诉讼被告人解文军系"解放"牌肇事车的实际车主，其雇佣解文志驾驶该车为其办理运输业务，亦应承担相应的民事赔偿责任。附带民事诉讼被告人唐山一运集团有限公司玉田货运联合车队的分支机构彩亭桥分队，收取了"解放"牌肇事车管理费，唐山一运集团有限公司玉田货运联合车队应承担相应的民事赔偿责任。一审人民法院判决被告人解文军赔偿附带民事诉讼原告人北京君悦来旅店车辆损失费、清理费及停车费等经济损失的数额正确，对原审被告人解文志与原审附带民事诉讼被告人解文军承担连带赔偿责任，原审附带民事诉讼被告人唐山一运集团有限公司玉田货运联合车队承担部分经济损失的判处亦正确。对于驳回原审附带民事诉讼原告人北京君悦来旅店的其他诉讼请求的判处亦无不当，审判程序合法，应予维持。

对于上诉人北京君悦来旅店上诉及其法定代表人赵惠君提出的北京君悦来旅店的受损车辆是营运车辆，有营运损失，应当得到相应的赔偿；同时其为受损车辆所付出的车辆保险费、购置附加费、附属设施加盖费及分期付款利息损失，也应当由三原审附带民事诉讼被告人承担，请求二审人民法院判决三原审附带民事诉讼被告人对北京君悦来旅店的损失承担全部连带赔偿责任的上诉理由及意见，经查，没有法律依据，法院不予采纳。

对于上诉人解文军上诉及其诉讼代理人提出的解放车驶入障碍路段在先，斯太尔货车在后，其对已经成就的轻微事故扩大化，有不可推卸的责任，应对本次事故负主要责任；请求二审人民法院撤销京公责字〔2004〕第0313号昌平区交通队道路交通事故责任认定书；撤销北京市昌平区人民法院〔2006〕昌刑初字第235号刑事附带民事判决书；判处盘条所有人、斯太尔车主、解放车车主分别承担事故赔偿责任的上诉理由及其代理意见，经查，均没有事实和法律依据，法院均不予采纳。

对于原审附带民事诉讼被告人唐山一运集团有限公司玉田货运联合车队的诉讼代理人的代理意见，法院予以采纳。

## 100. 司法实践中应如何处理紧急避险的后续义务违反问题？

行为人紧急避险后，应对自己避险行为造成的新危险状态负有排除义务，如不予排除则可能构成新的不作为犯罪。

### 典型疑难案件参考

#### 王仁兴破坏交通设施案

**基本案情**

位于江北区五宝镇段长江红花碛水域的"红花碛2号"航标船，标示出该处的水下深度和暗碛的概貌及船只航行的侧面界限，系国家交通部门为保障过往船只的航行安全而设置的交通设施。2003年7月28日16时许，被告人王仁兴驾驶机动渔船至该航标船附近时，见本村渔民王云等人从渔船上撒网致使"网爬子"（浮于水面的网上浮标）挂住了固定该航标船的钢缆绳，即驾船前往帮助摘取。当王仁兴驾驶的渔船靠近航标船时，其渔船的螺旋桨被该航标船的钢缆绳缠住。王仁兴为使渔船及本人摆脱困境，持刀砍钢缆绳未果，又登上该航标船将钢缆绳解开后驾船驶离现场，致使脱离钢缆绳的"红花碛2号"航标船顺江漂流至下游两公里的锦滩回水沱。17时许，重庆航道局木洞航标站接到群众报案后，巡查到漂流的航标船，并于当日18时许将航标船复位，造成直接经济损失人民币1555.50元。同年8月19日，公安机关将王仁兴捕获归案。

**一审诉辩情况**

重庆市江北区人民检察院以被告人王仁兴犯破坏交通设施罪向重庆市江北区人民法院提起公诉。

**一审裁判结果**

江北区人民法院依照《刑法》第117条的规定，判决：被告人王仁兴犯破坏交通设施罪，判处有期徒刑3年。

**一审裁判理由**

江北区人民法院认为：被告人王仁兴为自身利益，竟不顾公共航行安全，故意破坏交通设施航标船，致其漂离原定位置，其行为已构成破坏交通设施罪。检察机关指控的罪名成立。鉴于被告人认罪态度较好，未造成严重后果，可从轻处罚。

▎二审诉辩情况▶

一审宣判后，王仁兴不服，以其行为属紧急避险，不负刑事责任为由，提出上诉。

▎二审裁判结果▶

重庆市第一中级人民法院依照《刑事诉讼法》第189条第1项和《刑法》第117条、第72条、第73条的规定，于2004年4月1日判决如下：上诉人王仁兴犯破坏交通设施罪，判处有期徒刑3年，宣告缓刑3年。

▎二审裁判理由▶

重庆市第一中级人民法院经审理查明：上诉人王仁兴驾驶的机动渔船上除王外还有王的妻子胡美及帮工王仁书，王仁兴是在渔船存在翻沉危险的情况下，才解开航标船的钢缆绳。上诉人王仁兴在其渔船存在翻沉的现实危险下，不得已解开航标船钢缆绳来保护其与他人人身及渔船财产的行为，虽系紧急避险，但在危险消除后，明知航标船漂离会造成船舶发生倾覆、毁坏危险，应负有采取相应积极救济措施消除危险状态的义务，王仁兴能够履行该义务而未履行，属不作为，其行为构成了破坏交通设施罪，应负刑事责任。原判认定事实清楚，审判程序合法。鉴于本案未发生严重后果，上诉人王仁兴认罪态度较好，对其适用缓刑不致再危害社会，可适用缓刑。

## 八、其他排除犯罪性的事由

### 101. 审判实践中适用被害人承诺有何限制？

刑法理论中被害人的承诺，符合一定条件的，可阻却犯罪的成立。此属于非法定地或者说超法规地排除犯罪事由。一般来说，只有在以违反被害人意志为前提的犯罪（如强奸罪、非法侵入住宅罪等罪）中，被害人承诺才可能排除犯罪性；而在其他一些不以违反被害人意志为成立条件的犯罪（如拐卖妇女、儿童罪）中，被害人的承诺并不能排除行为人的犯罪性。

## 典型疑难案件参考

### 周某某非法行医案

**基本案情**

2002年10月,被告人周某某在未取得医生执业资格和办理医疗机构执业许可证的情况下,在某市某区私设诊所擅自从事行医活动。2002年11月2日9时许,周某某应孕妇蒋某某亲属之邀出诊为蒋接生。23时许,周某某用手触摸检查后感到胎动,认为有生产迹象,遂给蒋肌肉注射催产素1支(1毫升)。至次日凌晨,蒋仍未生产且腹部疼痛加剧并直冒冷汗,周又给蒋注射病毒灵1支,安乃静半支,蒋稍感平静。凌晨6时许,周某某用手触摸检查后告知蒋家胎儿孕妇均正常,可去医院作进一步检查并收取80元后离去。2002年11月4日上午,蒋某某去重庆市红十字会医院检查,被诊断为:胎儿已死于腹中。该院随后对蒋某某进行了引产术。某市法医验伤所法医学尸体解剖鉴定结论认定,蒋某某的胎儿系在脐带、胎盘病变的基础上,因肌肉注射催产素1毫升引起强烈宫缩,导致胎儿在宫内窒息死亡。同日,蒋某某的亲属将周某某扭送至公安机关。另查明,蒋某某住院治疗3天,共花去各项医疗费用1118余元。

**诉辩情况**

某市某区人民检察院以被告人周某某犯非法行医罪向某区人民法院提起公诉。

被害人蒋某某提起附带民事诉讼,要求周某某赔偿其医疗费等各项经济损失共计15000元。

周某某对指控事实无异议,但辩称胎儿的死亡与其无关。

**裁判结果**

某市某区人民法院依照《刑法》第336条第1款和《民法通则》第119条之规定,于2003年4月18日判决如下:

一、被告人周某某犯非法行医罪,判处有期徒刑2年6个月,并处罚金1000元。

二、被告人周某某赔偿附带民事诉讼原告人蒋某某医疗费、交通费、营养费、护理费等各项经济损失共计人民币2227.15元。

**裁判理由**

某市某区人民法院认为:被告人周某某未取得医生执业资格,擅自从事行医活动，致就诊孕妇的胎儿死亡，情节严重，其行为已构成非法行医罪。周某某对其行为造成附带民事诉讼原告人蒋某某的经济损失，应承担赔偿责任。周某某关于胎儿的死亡与其行为无关的辩解，经查与事实不符，不予采纳。

## 102. 出于犯罪目的而承诺对自己进行伤害，那么加害人是否还要承担刑事责任及民事赔偿责任？

通常情况下，在以违反被害人意志为前提的犯罪（如强奸罪、非法侵入住宅罪等罪）中，被害人承诺才可能排除犯罪性。对不是以违反被害人意志为前提的犯罪，加害人又不具有其他排除刑事责任的事由，应该承担刑事责任，自然也应该承担民事赔偿责任，但基于被害人自身的过错，加害人民事赔偿的额度应该适当减少。

## 103. 出于犯罪目的的承诺人与伤害自己的加害人是否应当共同承担加害行为的刑事责任？

除非法律有专门规定，一般情况下，法律通常不处罚自伤自残的人。出于犯罪目的（如保险诈骗）而实施的自伤行为，以所犯之罪（如保险诈骗罪）论处即可，对于共同加害行为不再单独承担刑事责任。

### 典型疑难案件参考

曾劲青、黄剑新保险诈骗、故意伤害案

**基本案情**

2003年4月间，被告人曾劲青因无力偿还炒股时向被告人黄剑新所借的10万元债务，遂产生保险诈骗的念头。被告人曾劲青于2003年4月18日在中国太平洋人寿保险股份有限公司南平中心支公司以自己为被保险人和受益人，投保了两份太平如意卡B款意外伤害保险，保额为16.4万元；于2003年4月21日在中国人寿保险公司南平分公司投保了三份人身意外伤害综合保险（中国人寿卡），保额为18.9万元；于2003年4月22日在其单位中国平安人寿保险股份有限公司南平中心支公司（以下简称平安保险南平支公司）投保了6.5万元的人身意外伤害保险。被告人曾劲青为了达到诈骗上述保险金及其单位平安保险南平支公司为在职普通员工承保的30万元人身意外伤害团体保险金的目的，找到被告人黄剑新，劝说黄剑新砍掉他的双脚，用以向上述保险公司诈骗，并承诺将所得高额保险金中的16万元用于偿还所欠黄剑新10万元债务本金及红利。被告人黄剑新在曾劲青的多次劝说下答应与曾劲青一起实施保险诈骗。之后，由被告人曾劲青确定砍脚的具体部位，由黄剑新准备砍刀、塑料袋等作案工具，在南平市辖区内寻找地点，伺机实施。2003年6月17日晚9时许，被告人曾劲青按事先与被告人黄剑新之约骑上自己的二轮摩托车到南平市滨江路盐政大厦对面，载上携带砍刀等作案工具的被告人黄剑新到南平市环城路闽江局仓库后山小路，被告人黄剑新用随身携带的砍刀将曾劲青双下肢膝盖以下脚踝以上的部位砍断，之后，被告人黄剑新将砍下的双脚装入事先准备好的塑料袋内，携带砍刀骑着曾劲青的摩托车逃离现场，在逃跑途中分别将两只断脚、砍刀及摩托车丢弃。被告人曾劲青在黄剑新离开后呼救，被周围群众发现后报警，后被接警而至的110民警送医院抢救。案发后，被告人曾劲青向公安机关、平安保险南平支公司报案谎称自己是被三名陌生男子抢劫时砍去双脚，以期获得保险赔偿。2003年8月11日，被告人曾劲青的妻子廖秋英经曾劲青同意向平安保险南平支公司提出30万元团体人身险理赔申请，后因公安机关侦破此案而未能得逞。经法医鉴定与伤残评定，被告人曾劲青的伤情属重伤，伤残评定为三级。被告人曾劲青于2003年6月17日至7月10日在中国人民解放军第九十二医院住院治疗23天，共花去医疗费10055.05元。

### 一审诉辩情况

南平市延平区人民检察院以被告人曾劲青、黄剑新犯保险诈骗罪、被告人黄剑新犯故意伤害罪，向南平市延平区人民法院提起公诉。

被告人曾劲青提起附带民事诉讼，要求被告人黄剑新赔偿经济损失50多万元。

被告人曾劲青及其辩护人的辩解及辩护意见均称：没有骗到保险金，其行为不构成保险诈骗罪。

被告人黄剑新及其辩护人的辩解及辩护意见均称：不具备保险诈骗罪的主体资格，不构成保险诈骗罪。

### 一审裁判结果

南平市延平区人民法院依照《刑法》第198条第1款第5项、第234条第2款、第3条、第22条、第23条、第65条第1款、第2款、第52条、第36

条第 1 款和《民法通则》第 119 条的规定，判决如下：

一、被告人黄剑新犯故意伤害罪，判处有期徒刑 6 年。

二、被告人曾劲青犯保险诈骗罪，判处有期徒刑 5 年 6 个月，并处罚金人民币 30000 元。

被告人曾劲青所并处的罚金应于本判决生效之日起 30 日内缴纳。

三、附带民事诉讼被告人黄剑新应赔偿附带民事诉讼原告人曾劲青经济损失共计人民币 53492.5 元。该款应于本判决生效之日起 30 日内付清。

四、驳回附带民事诉讼原告人曾劲青的其他诉讼请求。

### 一审裁判理由

南平市延平区人民法院认为：被告人曾劲青作为投保人、被保险人和受益人，伙同他人故意造成自己伤残，企图骗取数额特别巨大的保险金，其行为已构成保险诈骗罪；被告人黄剑新故意伤害他人身体，致人重伤，其行为已构成故意伤害罪。检察机关指控被告人曾劲青犯保险诈骗罪、黄剑新犯故意伤害罪罪名成立。检察机关认定被告人曾劲青为实施保险诈骗制造条件，系犯罪预备的指控不当，因被告人曾劲青通过其妻子廖秋英于 2003 年 8 月 11 日，已向平安保险南平支公司申请金额为 30 万元的人身意外伤害团险理赔，从其开始申请理赔之日起，系其着手实施了保险诈骗的行为，由于其意志以外的原因而未能骗得保险金，因此，该案犯罪形态属犯罪未遂而不是犯罪预备。检察机关指控被告人黄剑新犯保险诈骗罪不能成立，按照《刑法》第 198 条的规定，保险诈骗罪的犯罪主体属特殊主体，只有投保人、被保险人或者受益人才能构成保险诈骗罪，另外保险事故的鉴定人、证明人、财产评估人故意为保险诈骗行为人提供虚假的证明文件，为其进行保险诈骗提供条件的，以保险诈骗罪的共犯论处，这是《刑法》对保险诈骗罪的主体及其共犯构成要件的严格界定，而本案被告人黄剑新既不是投保人、被保险人或者受益人，也不是保险事故的鉴定人、证明人、财产评估人，不具有保险诈骗犯罪的主体资格和构成其共犯的主体资格，因此，被告人黄剑新的行为不构成保险诈骗罪。被告人曾劲青曾因故意犯罪被判处有期徒刑，在假释期满后 5 年以内再犯应当判处有期徒刑以上刑罚之罪，系累犯，依法应当从重处罚；但其在实施保险诈骗过程中有 30 万元因意志以外的原因而未得逞，系犯罪未遂，另 41.8 万元属犯罪预备，依法可予减轻处罚。被告人黄剑新致被害人曾劲青重伤，应承担相应的民事赔偿责任，考虑系原告人曾劲青叫被告人黄剑新砍去其双脚，原告人曾劲青自己亦有过错，故双方各自承担一半的民事责任。对于被告人黄剑新及其辩护人提出被告人黄剑新不具备保险诈骗罪的主体资格不构成保险诈骗罪的辩解和辩护意见，理由成立，予以采纳。对于被告人曾劲青及其辩护人提出被告人曾劲青未实际骗取保险金，不构成保险诈骗罪的辩解和辩护意见，因保险诈骗罪作为一种直接故意犯罪，其中必然存在未完成形态，只要行为人实施了诈骗保险金的行为，不论是否骗到保险金，即不论诈骗是否成功，情节严重的，均可以构成本罪，而本案被告人曾劲青诈骗保险金额达71.8万元，其中30万元属犯罪未遂，另41.8万元属犯罪预备，数额特别巨大，被告人曾劲青的行为构成保险诈骗罪未遂，故被告人曾劲青所提该点辩解和辩护人所提上述辩护意见，依据不足，不予采纳。

### 二审诉辩情况

一审宣判后，被告人曾劲青、黄剑新均不服，向南平市中级人民法院提出上诉。

上诉人曾劲青及其辩护人提出：保险诈骗罪只有既遂才构成，上诉人未领到保险金，且与其共同实施保险诈骗行为的黄剑新原判也未认定构成保险诈骗罪，要求改判无罪。

上诉人黄剑新及其辩护人提出：上诉人黄剑新伤害他人的行为是受曾劲青教唆和胁迫，原判对其量刑畸重。

### 二审裁判结果

南平市中级人民法院依照《刑事诉讼法》第189条第1项之规定，裁定：驳回曾劲青、黄剑新的上诉，维持原判。

### 二审裁判理由

南平市中级人民法院经审理认为：上诉人曾劲青作为投保人、被保险人和受益人，伙同他人故意造成伤残，企图骗取数额特别巨大的保险金，其行为已构成保险诈骗罪；上诉人黄剑新故意伤害他人身体，致人重伤，其行为已构成故意伤害罪。对上诉人曾劲青及其辩护人提出保险诈骗罪只有既遂才构成，其未领到保险金，且与其共同实施保险诈骗行为的黄剑新原判也未认定构成保险诈骗罪，因此要求改判上诉人曾劲青无罪的诉辩意见，根据最高人民法院《关于审理诈骗案件具体应用法律若干问题的解释》第1条第6款"诈骗未遂，情节严重的，也应定罪处罚"的规定，上诉人曾劲青已着手实施诈骗人民币30万元的保险金，虽因意志以外的原因诈骗未遂，但数额特别巨大，情节严重，应予定罪处罚。而上诉人黄剑新不具有保险诈骗犯罪的主体资格和构成共犯的主体资格，按照《刑法》第3条法无明文规定不为罪的原则，上诉人黄剑新的行为不构成保险诈骗罪。故上诉人曾劲青的上诉理由和辩护人的辩护意见均不能成立，本院不予支持。对上诉人黄剑新及其辩护人提出原判对其量刑畸重的诉辩意见，原判根据其犯罪事实和法律规定，对其处以的刑罚适当。故其上诉理由和辩护意见亦均不能成立。原判认定事实清楚，证据确凿，定罪准确，量刑适当，审判程序合法。

### 104. 司法实践中如何判定自救行为？

自救行为是指法益受到侵害的人，在通过法律程序、依靠国家机关不可能或者明显难以恢复的情况下，依靠自己的力量救济法益的行为。自救行为必须符合以下条件：（1）法益已经受到了违法侵害，不问该侵害是刚刚结束还是经过了一定时间，这是自救行为与正当防卫的关键区别。（2）通过法律程序、依靠国家机关不可能或者明显难以恢复受侵害的法益。（3）救济行为的手段具有适当性，所造成的侵害与救济的法益具有相当性。自救行为超过必要的限度构成犯罪的仍应承担刑事责任。

**典型疑难案件参考**

孙宗亮交通肇事案

**基本案情**

2006年7月30日15时左右，被告人孙宗亮驾驶牌号为鲁Q37475的桑塔纳轿车由北向南行驶至本市马涧二区附近与由南向北行驶的被害人徐兴根驾驶的载人无牌证的三轮摩托车发生碰撞，被害人徐兴根未停车，继续驾车行驶，被告人孙宗亮掉头追赶，在追至二车平行行驶时示意对方停车，被害人徐兴根加速继续行驶，被告人孙宗亮所驾车辆在马涧四区附近由东向西超越被害人徐兴根的三轮摩托车后，在其前方停车，被害人徐兴根刹车并打方向致所驾三轮摩托车侧翻倒地起火，车上乘客胡新秀当场死亡，被害人徐兴根经送医院抢救无效，于次日死亡。被告人孙宗亮肇事后驾车驶离现场。

**诉辩情况**

苏州市虎丘区人民检察院指控称：被告人孙忠亮交通肇事且逃逸并致二人死亡，情节特别恶劣，其行为已构成交通肇事罪。提请法院依法惩处。

被告人孙宗亮辩称：车辆发生碰撞是前一节事实，但后来对方三轮车侧翻与其追逐无关系，故就不存在交通肇事逃逸的事实。其辩护人辩称：本次事故发生的原因是被告人所驾车辆被三轮摩托车所撞，三轮车摩托车逃跑，后被告人去追赶的行为是民事自救行为，其没有任何过错。在三轮车侧翻事故发生时，被告人也没有明显过错，当时被告人超车既没有超过双黄线，也没有碰车事件，是符合交通法规的行为，被告人怕自己惹事上身，当时被告人也让老乡报警，其当时驶离现场的行为并不属于逃逸，本案的被害人无证载客，而且在碰撞被告人的车辆后，还驾车逃逸，不顾乘客的安全，是不负责任的行为，严重违反交通安全管理法，被告人车辆被撞后，有无权利驾车去追逃逸的车辆，法律没有规定，在追赶过程中，三轮车自己发生侧翻，追赶的车辆是否需要承担责任，法律也没有规定，故三轮摩托车侧翻是由于被害人本人行为所致，故事故责任认定书定性错误、缺乏事实依据。请求法庭作出公正判决。

### 裁判结果

苏州市虎丘区人民法院依照《刑法》第133条之规定，判决如下：被告人孙宗亮犯交通肇事罪，判处有期徒刑4年6个月。

### 裁判理由

苏州市虎丘区人民法院认为：被告人孙宗亮违反交通运输管理法规，因而发生重大事故，致二人死亡，情节特别恶劣，且负该起事故的主要责任，肇事后逃逸，其行为已构成交通肇事罪，应当处3年以上7年以下有期徒刑。检察机关指控被告人孙宗亮犯交通肇事罪的事实清楚，证据确实、充分，指控的罪名成立，虎丘区人民法院予以采纳。关于被告人孙忠亮及其辩护人提出的辩护意见，经查，《道路交通安全法》第70条规定："在道路上发生交通事故，车辆驾驶员应立即停车，保护现场。"被告人孙宗亮驾驶的汽车与被害人徐兴根正三轮摩托车发生碰撞后，被害人徐兴根未停车，而被告人孙宗亮在道路上掉头去追赶徐兴根，直接违反了上述规定。被告人孙宗亮在快速追赶并超越被害人正三轮摩托车后，证人展扬州证言证实先是想逼停，后怕被撞又向前开了一段，超越被害人驾驶的车辆至前方，证人孙宗烈证言证实了先是并排行驶20米左右，后又超车的，可见，被告人孙宗亮的行为属于拦截行为，而被害人正是因为被告人孙宗亮这一行为，恐慌而采取迅速向左打方向措施导致车辆侧翻，该事实亦得到了被害人徐兴根的陈述及被告人孙宗亮供述的印证。被告人孙宗亮的行为又违反了《道路交通安全法实施条例》第44条之规定，即变更车道不得影响该车道内车辆的正常行驶，故交通事故的发生与被告人的追逐、拦截行为之间有法律上的违法性和刑法上的因果关系。此外，被告人孙宗亮驾驶汽车追逐的危险性从《道路交通安全法实施条例》中对非机动车辆禁止互相追逐规定中可看出，汽车的追逐行为更具有高度危险性。事发后，被告人孙宗亮驾车驶离现场，迅速转让肇事车辆的行为可看出其内心明知事故与其行为的因果关系及逃避处罚的目的。被告人孙宗亮肇事后逃逸，按照《道路交通安全法实施条例》本应负事故之全部责任，鉴于被害人徐兴根的三轮摩托车系无牌证车辆，亦有过错行为，所以事故责任认定为其负事故的主要责任，并无不当。肇事后，被告人孙宗亮未对被害人徐兴根、胡新秀作出赔偿，酌情应对其从重处罚。

## 105. 如何妥善处理上访人在信访过程中出现的过激行为？

上访事件一般具有较为复杂背景，容易导致上访人出现过激行为，司法人员对这些过激行为应该仔细分析，不要轻易作为犯罪来处理，应充分考虑上访原因和我国的实际国情，对于一些确实具有严重社会危害性的行为，如严重扰乱信访秩序、侵犯他人人身权利、民主权利的行为，不以犯罪处理不足以维持信访秩序的，才应作为犯罪处理。

### 典型疑难案件参考

**夏某理等人敲诈勒索案**

**基本案情**

被告人夏某理、夏某云系姐弟关系，被告人夏某云、熊某系夫妻关系。被告人夏某理、夏某云的母亲叶某系某县经济开发区（以下简称开发区）村民。2005年4月，香港某公司与浙江某集团有限公司共同投资组建一旅游公司（以下简称旅游公司）在县开发区开发项目，其中拆迁由开发区管委会委托拆迁公司（以下简称拆迁公司）实施。2005年11月中旬，因涉及叶某家房屋拆迁和坟墓迁移，叶某与拆迁公司签订了关于房屋拆迁协议，叶某、夏某芬（叶某的二女儿）分别收到房屋拆迁补偿费人民币52565元和坟墓迁移补偿费人民币29600元。被告人夏某理、夏某云以及熊某起初虽对叶某签订了拆迁协议有过不满，但对拆迁补偿费标准并未有异议，其中夏某云还从其母亲处收到房屋补偿费计人民币42000元，夏某理从夏某云处拿到10000元。2005年12

月中旬，夏某云因家人在迁移坟墓时未通知自己到场而感到不满，与母亲叶某和叔叔潘某等亲属发生矛盾，夏某云赶至潘某家中掀翻饭桌，引起潘某家人生气并欲动手教训。夏某云自知理亏，当场下跪，向潘某家人赔礼。夏某理得知此事后，认为是开发区管委会实施拆迁而造成他们亲属不和，加上先前其大儿子在校猝死一事多次进京上访被开发区管委会带回，未能按其意愿得到处理，为此产生重新向开发区管委会等单位索取拆迁、迁坟相关损失赔偿费和儿子死亡精神损失费的想法。2005年12月底，夏某理先后起草了一份要求开发区管委会、香港某公司与浙江某集团有限公司等单位赔偿住宅和祖坟毁坏及精神损失费计61万元的索赔材料，一份举报香港某公司与浙江某集团有限公司、开发区在项目开发过程中存在违规、违法行为的举报信，交由夏某云修改打印，将索赔材料交给开发区管委会，并将举报信交给县信访局。

2006年1月13日晚，拟成立的旅游公司的执行总裁唐某某得知夏某理举报该公司开发的项目后，担心对工程进展不利，通过开发区有关人员了解到联系方式，打电话约见被告人熊某，以了解夏某理等人的意图。次日，夏某理、夏某云、熊某按约与唐某某见面，并将举报信和索赔材料交给唐某某，夏某理声称"不满足我们的要求，要举报这个项目不合法，要这个项目搞不下去"。唐某某考虑到该项目已大量投资，为不使举报行为对项目产生不利影响，答应对夏某理赔偿，并主动打电话给熊某。夏某理让夏某云陪熊某应约继续和唐某某交涉，但具体赔偿数额由夏某理决定。熊某在征得夏某理同意后，与唐某某谈妥，由唐某某方赔偿给夏某理、夏某云、熊某人民币共计25万元。1月19日，夏某理、夏某云、熊某在一份由唐某某起草的关于愿意支付人民币25万元、夏某理不再举报该项目的承诺书上分别签字后，收到唐某某首期支付的10万元。该10万元存放于夏某云处，后夏某云征得夏某理同意后取出人民币2万元偿还贷款。案发后，公安机关追回人民币8万元并已发还。

### ▶一审诉辩情况

某县人民检察院以被告人夏某理、夏某云、熊某犯敲诈勒索罪，向某县人民法院提起公诉。

三被告人及其辩护人均提出：三被告人的行为是民事行为，不构成敲诈勒索罪，请求宣告无罪的辩护意见。

### ▶一审裁判结果

某县人民法院依照《刑法》第274条、第25条第1款、第26条第1款、第27条之规定，以敲诈勒索罪，分别判处被告人夏某理有期徒刑6年，判处被告人夏某云有期徒刑4年，判处被告人熊某有期徒刑2年。

▶ 一审裁判理由

某县人民法院认为：三被告人以非法占有为目的，采用要挟手段，索取他人钱财，数额巨大，其行为均已构成敲诈勒索罪。被告人夏某理系主犯，被告人夏某云、熊某系从犯。

▶ 二审诉辩情况

一审宣判后，三被告人均不服，提出上诉。三被告人及辩护人提出：三被告人不具备非法敲诈他人财产的主观故意。其就房屋、祖坟向开发商提出赔偿是一项正常的主张自身民事权利的行为；不具备敲诈勒索的客观行为，其与开发商接触是一个民事谈判的过程，不是敲诈对方的过程，开发商支付10万元是自愿的。请求撤销原审判决，宣告被告人无罪。

▶ 二审裁判结果

某市中级人民法院依照《刑事诉讼法》第189条第2项、第162条第3项之规定，判决：撤销原判，宣告夏某理、夏某云、熊某无罪。

▶ 二审裁判理由

某市中级人民法院经二审审理认为：虽然三被告人以要挟为手段索赔，获取了巨额钱财，但被告人夏某理、夏某云的索赔是基于在房屋拆迁、坟墓搬迁中享有一定的民事权利提出的，故认定三被告人具有敲诈勒索罪构成要件中"以非法占有为目的"的主观故意，证据不足，不能认定三被告人有罪。三被告人及辩护人提出无罪的辩解和意见，予以采纳。

### 106. 司法实践中如何认定排除犯罪性事由的范围？

排除犯罪性事由在大陆法系刑法理论中常被称为违法阻却性事由。包括法定的事由，如正当防卫和紧急避险，以及超法规的事由，如法令行为、正当业务行为、被害人承诺、推定的承诺和自救行为等。

## 107. 行政部门的错误行政行为能否成为阻却违法的事由？

一般来说，其不能成为违法阻却事由。行为人利用行政机关工作失误带来的便利实施犯罪行为的，并不能否定其行为犯罪性，更不能以行政机关的错误作为自己免责的理由。

**典型疑难案件参考**

陈振国等非法收购、运输、出售国家重点保护植物案

**基本案情**

2006年11月间，被告人陈振国得知本市白琳镇高山村边坑里坪山场一株红豆杉树被台风刮倒，即联系高山村李氏家族当年族头被告人李启玲，要求购买该红豆杉树。同年11月，被告人李启玲与高山村村干部及族亲代表协商后，同意以28万元的价款卖给被告人陈振国，并约定该树的采伐审批手续及所需费用由被告人陈振国承担。事后，被告人陈振国支付了定金10万元，由被告人李启玲等五人具条收取，余款因被告人陈振国认识到自己行为的非法性而停止了支付。

2006年年底，被告人吴启何、罗开绘为了福鼎市瑞云寺雕塑佛像需要，要求被告人陈振国转让该红豆杉树。经三方协商，被告人陈振国同意以40万元予以转让，并约定其中28万元由瑞云寺直接支付给李氏宗族代表，另12万元支付给被告人陈振国。2007年1月9日，为了规避处罚，高山村李氏理事会代表与被告人吴启何签订了该红豆杉树的赠与协议。同日，被告人吴启何支付被告人陈振国10万元后，授意被告人罗开绘组织砍伐、运输。2007年2月14日，福鼎市林业局依申请向高山村民委员会颁发该株红豆杉树《福建省珍稀树木特许采伐证》。期间，被告人罗开绘用瑞云寺的资金经手向市林业局交纳育林金30000元，同时支付被告人陈振国12万元，由被告人陈振国开具收条，以赞助名义支付李氏宗族红豆杉款15万元，被告人罗开绘以3.3万元雇用李春生等人将该株红豆杉树进行砍伐后运回瑞云寺，并向李启玲付清余欠3万元价款。经鉴定该株红豆杉系国家一级保护植物，立木蓄积为8.065立方米。

案发后，被告人李启玲、罗开绘于2007年5月23日，被告人吴启何于2007年12月15日向宁德市森林公安局投案。被告人李启玲退出赃款25万元，被告人陈振国退出赃款12万元。

### 诉辩情况

福鼎市人民检察院认为：被告人陈振国的行为构成非法收购、出售国家重点保护植物罪，被告人李启玲的行为构成非法出售国家重点保护植物罪，被告人吴启何、罗开绘的行为构成非法收购、运输国家重点保护植物罪，提请法院依照《刑法》第344条之规定，分别予以惩处。

被告人陈振国辩称：其了解买卖红豆杉系非法行为后，即停止红豆杉买卖活动。事后实际交易者是吴启何、罗开绘，其参与协商只是为了追回前期已支付的费用。其辩护人的辩护意见为：（1）被告人陈振国在本案中所实施的行为系协助他人非法收购、出售国家重点保护植物行为，在共同犯罪中起辅助作用，系从犯；（2）被告人陈振国与福鼎市瑞云寺之间不形成买卖红豆杉关系，向瑞云寺收取的12万元，系用于补偿在办理木材砍伐审批等相关手续费用和赞助高山村公路修建，并非营利收入；（3）被告人陈振国系从犯、偶犯，依法应减轻处罚，且可适用缓刑。

被告人李启玲辩称：出售台风刮倒的红豆杉经村干部和家族成员同意，系家族成员共同实施的行为，不是其个人行为。其辩护人的辩护意见为：（1）鉴定结论存在较多的瑕疵，无论是形式上还是内容上，都不能作为刑事定案的依据；（2）《福建省珍稀树木特许采伐许可证》在申请人处标注"不得出售"，字迹根本无法识别，林业部门在放发采伐证并收取育林金3万元时也没有释明，导致被告人误认为可以出售；（3）被告人李启玲在事发后林业部门通知其到林业公安去时，他能如实地陈述了事情的经过事实，有法定从轻情节。

被告人吴启何对指控事实不持异议。其辩护人的辩护意见为：（1）被告人吴启何为古刹名寺的公益事业买受依法取得采伐许可证并缴纳了育林金的红豆杉，并非以营利为目的，其行为不是刑法意义上的收购行为，故不构成犯罪。（2）被告人吴启何主动投案，并如实地供述自己的行为，属自首，具有法定从、减轻情节。

被告人罗开绘辩称：其自愿接受寺庙负责人吴启何的委托参与办理有关买树、采伐、运输等事宜，没有营利的目的。其辩护人的辩护意见为：（1）被告人罗开绘参与买受已依法取得采伐许可证并缴纳了育林金购买红豆杉，是为了寺庙雕塑的菩萨的需要，并非以营利为目的，其行为不属于收购性质；（2）该红豆杉以瑞云寺的名义、资金购买，因此被告人罗开绘实施的是单位行为；（3）被告人罗开绘主动投案，并如实供述自己的罪行，属自首，具有法定的从、减轻情节。

> **裁判结果**

福建省福鼎市人民法院依照《刑法》，第344条、第246条、第25条第1款、第64条，第67条第1款、第72条、第73条第2、3款之规定，判决如下：

一、被告人陈振国犯非法收购、出售国家重点保护植物罪，判处有期徒刑3年，缓刑4年，并处罚金8万元。

二、被告人李启玲犯非法出售国家重点保护植物罪，判处有期徒刑2年6个月，缓刑3年，并处罚金6万元。

三、被告人吴启何犯非法收购、运输国家重点保护植物罪，判处有期徒刑，1年6个月，缓刑2年，并处罚金5万元。

四、被告人罗开绘犯非法收购、运输国家重点保护植物罪，判处有期徒刑1年6个月，缓刑2年，并处罚金5万元。

五、宁德市森林公安局扣押在案的李启玲出售红豆杉非法所得款25万元和陈振国收购红豆杉非法所得款12万元，予以没收，由扣押机关上缴国库。

六、宁德市森林公安局扣押的8.065立方米的红豆杉予以没收，上缴国库。

> **裁判理由**

福鼎市人民法院认为：《刑法》第344条规定的非法收购、运输、加工、出售国家重点保护植物罪，客观方面表现为行为人实施对国家重点保护植物的非法收购、运输、加工、出售行为，本罪侵害的客体是国家保护珍贵树木的管理制度。红豆杉属国家一级保护植物，《中华人民共和国野生植物保护条例》第18条规定"禁止出售、收购国家一级保护野生植物"。因此，行为人一经实施对红豆杉的收购、运输、加工、出售，即具有非法性，侵害了国家保护珍贵树木的管理制度，四被告人的行为符合本罪客观方面的构成要件。至于被告人是否具有营利或公益的目的，不是构成本罪犯罪要件的内容，不影响本案定性。被告人李启玲、陈振国、吴启何、罗开绘相互间以所有者、买受者、受让者名义进行协商约定，支付价款，运输转移，期间还以赠与协议掩饰其行为的非法性。被告人李启玲、陈振国、吴启何、罗开绘主观上明知其实施的是法律法规禁止的行为，客观上仍实施收购、运输、加工、出售行为，虽然各被告人分别具有营利或公益的主观目的，但其行为均属《刑法》第344条规定的出售、收购、运输国家重点保护植物的性质。被告人陈振国、吴启何、罗开绘及其辩护人的辩护意见没有法律依据，不予支持。

庭审中，被告人李启玲辩解认为红豆杉树的出售不是其一人决定所为。经查，并经庭审质证：被告人李启玲作为李氏宗族负责人，组织了宗族人员与他人协商议定红豆杉树的出售事宜，并具体实施出售、收取价款等行为，其在出售红豆杉的过程中起积极作用，理应承担罪责。被告人李启玲的辩护人认为，《福建省珍稀树木特许采伐证》标注的"不得出售"字迹无法识别和林业部门换发采伐证时没有释明导致被告人误认为可以出售的辩护意见，法院认为，红豆杉属国家一级保护植物，《中华人民共和国野生植物保护条例》第18条规定"禁止出售、收购国家一级保护野生植物"。法律法规对红豆杉的珍贵性和出售、收购的违法性已明确规制，有关部门释明与否，不影响被告人李启玲行为的违法性。关于被告人李启玲的辩护人认为本案鉴定结论和内容存在瑕疵，不能成为定案依据的辩护意见，经查，并庭审质证：本案的鉴定结论系由具有鉴定资质的技术人员进行现场勘测，采取科学方法进行甄别、测算而形成的结论，该鉴定结论、鉴定方法科学，内容形式合法客观。具有刑事证明能力，可以成为本案定案依据。被告人李启玲及其辩护人的上述辩护意见缺乏辩驳依据，不予采纳。

庭审中，被告人吴启何、罗开绘的辩护人认为该红豆杉以瑞云寺的名义、资金购买，被告人罗开绘实施的是单位行为的辩护意见，经查，并经庭审质证：本市瑞云寺是依法成立的宗教单位，被告人吴启何为本寺院宗教事务决定出资购买红豆杉，并以寺院的名义指派被告人罗开绘具体负责收购，该行为虽系寺院集体意志决定利用寺院资金，为寺院利益而实施，属单位行为，依法属寺院单位犯罪，但被告人吴启何、罗开绘作为直接负责的主管人员和直接责任人员应对自己的犯罪行为．承担刑事责任。被告人罗开绘的辩护人的辩护意见可予采纳。

综上，被告人陈振国、李启玲、吴启何、罗开绘违反《中华人民共和国野生植物保护条例》规定，对国家一级保护植物红豆杉进行买卖、运输，其行为均已构成犯罪，其中被告人陈振国实施非法收购、转卖行为，构成非法收购、出售国家重点保护植物罪，被告人李启玲实施非法出售行为，构成非法出售国家重点保护植物罪，被告人吴启何、罗开绘为单位利益，实施非法收购运输行为，应分别负直接负责的主管人员和直接责任人员责任，其行为均构成非法收购、运输国家重点保护植物罪。检察机关对四被告人的指控罪名成立．四被告人在共同犯罪中各自实施了收购、出售、运输的行为，所起作用相当，故不宜区分主、从犯。因此，被告人陈振国的辩护人认为被告人陈振国在本案中起辅助作用系从犯的辩护意见，不予采纳。本案四被告人非法出售、收购、运输红豆杉树蓄积量达8.065立方米，社会危害大，属情节严重，但本案红豆杉树因自然灾害无再生可能，且经有关林业部门批准采伐后予以出售、收购、运输，该行为的可罚性与典型的《刑法》规定的本罪应有所区别。被告人李启玲、吴启何、罗开绘主动投案，并如实供述自己罪行，属自首，具有从、减轻情节。综合本案的犯罪情节，决定对被告人李启玲、吴启何。罗开绘予以减轻处罚。被告人李启玲、吴启何、罗开绘有悔罪表现适用缓刑，不致再危害社会。

## 犯罪和刑事责任办案依据集成

### 刑法条文

**第十三条【犯罪的概念】** 一切危害国家主权、领土完整和安全，分裂国家、颠覆人民民主专政的政权和推翻社会主义制度，破坏社会秩序和经济秩序，侵犯国有财产或者劳动群众集体所有的财产，侵犯公民私人所有的财产，侵犯公民的人身权利、民主权利和其他权利，以及其他危害社会的行为，依照法律应当受刑罚处罚的，都是犯罪，但是情节显著轻微危害不大的，不认为是犯罪。

**第十四条【故意犯罪】** 明知自己的行为会发生危害社会的结果，并且希望或者放任这种结果发生，因而构成犯罪的，是故意犯罪。

故意犯罪，应当负刑事责任。

**第十五条【过失犯罪】** 应当预见自己的行为可能发生危害社会的结果，因为疏忽大意而没有预见，或者已经预见而轻信能够避免，以致发生这种结果的，是过失犯罪。

过失犯罪，法律有规定的才负刑事责任。

**第十六条【不可抗力及意外事件】** 行为在客观上虽然造成了损害结果，但是不是出于故意或者过失，而是由于不能抗拒或者不能预见的原因所引起的，不是犯罪。

**第十七条【完全刑事责任年龄】** 已满十六周岁的人犯罪，应当负刑事责任。

**【相对刑事责任年龄】** 已满十四周岁不满十六周岁的人，犯故意杀人、故意伤害致人重伤或者死亡、强奸、抢劫、贩卖毒品、放火、爆炸、投毒罪的，应当负刑事责任。

**【从宽刑事责任年龄】** 已满十四周岁不满十八周岁的人犯罪，应当从轻或者减轻处罚。

**【管教与教养】** 因不满十六周岁不予刑事处罚的，责令他的家长或者监护人加以管教；在必要的时候，也可以由政府收容教养。

**第十七条之一【从宽刑事责任年龄】** 已满七十五周岁的人故意犯罪的，可以从轻或者减轻处罚；过失犯罪的，应当从轻或者减轻处罚。

**第十八条【精神病人的刑事责任能力】** 精神病人在不能辨认或者不能控制自己行为的时候造成危害结果，经法定程序鉴定确认的，不负刑事责任，但是应当责令他的家属或者监护人严加看管和医疗；在必要的时候，由政府强制医疗。

间歇性的精神病人在精神正常的时候犯罪，应当负刑事责任。

尚未完全丧失辨认或者控制自己行为能力的精神病人犯罪的，应当负刑事责任，但是可以从轻或者减轻处罚。

**第十九条【聋哑人及盲人犯罪的处罚】** 又聋又哑的人或者盲人犯罪，可以从轻、减轻或者免除处罚。

**第二十条【正当防卫】** 为了使国家、公共利益、本人或者他人的人身、财产和其他权利免受正在进行的不法侵害,而采取的制止不法侵害的行为,对不法侵害人造成损害的,属于正当防卫,不负刑事责任。

【防卫过当】 正当防卫明显超过必要限度造成重大损害的,应当负刑事责任,但是应当减轻或者免除处罚。

【无限防卫】 对正在进行行凶、杀人、抢劫、强奸、绑架以及其他严重危及人身安全的暴力犯罪,采取防卫行为,造成不法侵害人伤亡的,不属于防卫过当,不负刑事责任。

第二十一条 【紧急避险】 为了使国家、公共利益、本人或者他人的人身、财产和其他权利免受正在发生的危险,不得已采取的紧急避险行为,造成损害的,不负刑事责任。

【避险过当】 紧急避险超过必要限度造成不应有的损害的,应当负刑事责任,但是应当减轻或者免除处罚。

【避险之禁例】 第一款中关于避免本人危险的规定,不适用于职务上、业务上负有特定责任的人。

> 司法解释

**1. 最高人民法院、最高人民检察院《关于办理人民法院、人民检察院共同赔偿案件若干问题的解释》**(1997年6月27日 法发〔1997〕16号高检会〔1997〕1号)

第一条 检察机关批准逮捕并提起公诉,一审人民法院判决有罪,二审人民法院改判无罪依法应当赔偿的案件,一审人民法院和批准逮捕的人民检察院为共同赔偿义务机关。批准逮捕与提起公诉的如不是同一人民检察院,共同赔偿义务机关为提起公诉的人民检察院。

第二条 赔偿请求人因在起诉、审判阶段被错误羁押而申请赔偿的,可以向共同赔偿义务机关中的任何一个机关提出申请,先收到申请的机关为赔偿案件的办理机关。

第三条 二审人民法院宣告无罪的赔偿案件,作为共同赔偿义务机关的人民法院和人民检察院各按应当赔偿金额的二分之一承担赔偿责任。

第四条 赔偿案件的办理机关收到赔偿申请后,应当将赔偿申请书副本送达另一赔偿义务机关。赔偿案件的办理机关负责审查有关法律文书证明材料后,提出决定赔偿或者不予赔偿的意见,并拟制《×××人民法院、×××人民检察院共同赔偿决定书》(样式附后)。决定赔偿的,同时开具共同赔偿金额分割单,并将上述材料送交另一赔偿义务机关认同。另一赔偿义务机关应当于十五日内予以答复。认同的,应当在《×××人民法院、×××人民检察院共同赔偿决定书》上盖章并将应当承担的赔偿金额一并送交赔偿案件的办理机关,由该机关一次给付赔偿请求人。

第五条 共同赔偿义务机关作出赔偿决定后,赔偿请求人对赔偿数额有异议的,可以在收到决定之日起三十日内向共同赔偿义务机关中人民法院的上一级人民法院赔偿委员会申请作出赔偿决定。

第六条 共同赔偿义务机关应当在赔偿案件的办理机关收到赔偿申请之日起两个月内

作出决定。逾期不能作出决定的，赔偿请求人可以向共同赔偿义务机关中人民法院的上一级人民法院赔偿委员会申请作出赔偿决定。

第七条 上级人民检察院对二审人民法院宣告无罪的判决按照审判监督程序提出抗诉的，提出抗诉的人民检察院和原二审人民法院应当及时通知下级人民检察院和一审人民法院。赔偿案件正在办理的，应中止办理，审理期限中断。经再审判有罪的，正在办理的赔偿案件应当终止办理。已作出赔偿决定的，应当由原作出赔偿决定的机关予以撤销，已支付的赔偿金应当收回。

第八条 在共同赔偿案件中赔偿请求人因生命健康权、财产权遭受侵害同时提出赔偿申请的，应当另案办理，由侵权机关负责确认和赔偿。赔偿案件的办理机关不是侵权机关的，应当告知赔偿请求人向侵权机关申请确认和赔偿。

**2. 最高人民法院《关于已满十四岁不满十六岁的人犯走私、贩卖、运输、制造毒品罪应当如何适用法律问题的批复》**（1992年5月18日　法复〔1992〕3号）

云南省高级人民法院：

你院云法研字〔1991〕第5号《关于已满十四岁不满十六岁的人犯走私毒品罪能否适用刑法第十四条第二款规定的请示报告》收悉。经研究，现答复如下：

已满十四岁不满十六岁的人走私、贩卖、运输、制造毒品，且具有《全国人民代表大会常务委员会关于禁毒的决定》（以下简称《决定》）第二条第一款和第二款规定的情形之一的，属于刑法第十四条第二款中规定的"其他严重破坏社会秩序罪"，应当负刑事责任。但是，在处理具体案件时，应当注意根据案件的不同情况，区别对待：对于被利用、教唆、胁迫、诱骗参加上述毒品犯罪活动的已满十四岁不满十六岁的人，一般可以不追究其刑事责任。对于参加上述毒品犯罪活动的已满十四岁不满十六岁的人，确有必要追究刑事责任的，依照刑法第十四条第三款的规定，应当从轻或者减轻处罚。

**3. 最高人民检察院《关于"骨龄鉴定"能否作为确定刑事责任年龄证据使用的批复》**（2000年2月21日　高检发研字〔2000〕6号）

宁夏回族自治区人民检察院：

你院《关于"骨龄鉴定"能否作为证据使用的请示》收悉，经研究批复如下：

犯罪嫌疑人不讲真实姓名、住址，年龄不明的，可以委托进行骨龄鉴定或其他科学鉴定，经审查，鉴定结论能够准确确定犯罪嫌疑人实施犯罪行为时的年龄的，可以作为判断犯罪嫌疑人年龄的证据使用。如果鉴定结论不能准确确定犯罪嫌疑人实施犯罪行为时的年龄，而且鉴定结论又表明犯罪嫌疑人年龄在刑法规定的应负刑事责任年龄上下的，应当依法慎重处理。

**4. 最高人民法院《关于审理未成年人刑事案件的若干规定》**（2001年4月12日　法释〔2001〕9号）（节录）

第二条 审理未成年人刑事案件适用《中华人民共和国刑事诉讼法》、《最高人民法院关于执行《中华人民共和国刑事诉讼法》若干问题的解释》（以下简称《解释》）。本规定有特别规定的，适用本规定。

第六条 中级人民法院和基层人民法院可以建立未成年人刑事审判庭。条件尚不具备的地方，应当在刑事审判庭内设立未成年人刑事案件合议庭或者由专人负责办理未成年人刑事案件。高级人民法院可以在刑事审判庭内设立未成年人刑事案件合议庭。

未成年人刑事审判庭和未成年人刑事案件合议庭统称少年法庭。

最高人民法院和高级人民法院设立少年法庭指导小组，指导少年法庭的工作，总结和推广未成年人刑事审判工作的经验。少年法庭指导小组应当有专人或者设立办公室负责具体指导工作。

第七条 审判第一审未成年人刑事案件的合议庭，可以由审判员或者由审判员与人民陪审员组成。依照法律规定适用简易程序的案件除外。

第八条 审判未成年人刑事案件合议庭的审判长，应当由熟悉未成年人特点，善于做未成年人思想教育工作的审判员担任，并且应当保持其工作的相对稳定性。

审判未成年人刑事案件的人民陪审员，一般由熟悉未成年人特点，热心于教育、挽救失足未成年人工作，并经过必要培训的共青团、妇联、工会、学校的干部、教师或者离退休人员、未成年人保护组织的工作人员等担任。

第十条 少年法庭受理案件的范围：

（一）被告人在实施被指控的犯罪时不满十八周岁的案件；

（二）被告人在实施被指控的犯罪时不满十八周岁，并被指控为首要分子或者主犯的共同犯罪案件。

其他共同犯罪案件有未成年被告人的，或者其他涉及未成年人的刑事案件是否由少年法庭审理，由人民法院院长根据少年法庭工作的实际情况决定。

第十一条 对在开庭审理时不满十六周岁的未成年人刑事案件，一律不公开审理。

对在开庭审理时不满十八周岁的未成年人刑事案件，一般也不公开审理。如果有必要公开审理的，必须经过本院院长批准，并且应适当限制旁听人数和范围。

第十二条 未成年人刑事案件的证人是未成年人的，除法律规定外，经人民法院准许，可以不出庭。

第十三条 未成年人刑事案件判决前，审判人员不得向外界披露未成年人的姓名、住所、照片及可能推断出该未成年人的资料。

未成年人刑事案件的诉讼案卷材料，除依法查阅、摘抄、复制以外，未经本院院长批准，不得查询和摘录，并不得公开和传播。

第十四条 未成年被告人的法定代理人在诉讼中享有申请回避、辩护、发问、提出新的证据、要求重新鉴定或者勘验、提出上诉等诉讼权利。在未成年被告人最后陈述后，经审判长许可，法定代理人可以发表意见。

第十五条 人民法院应当依法保证未成年被告人获得辩护。

开庭审理时不满十八周岁的未成年被告人没有委托辩护人的，人民法院应当指定承担法律援助义务的律师为其提供辩护。

在审判过程中，未成年被告人及其法定代理人可以拒绝辩护人为他辩护。

第十六条　对于人民检察院提起公诉的未成年人刑事案件，人民法院除依照《解释》的有关规定进行审查外，还应当查明是否附有被告人年龄的有效证明材料。对于没有附送被告人年龄的有效证明材料的，应当通知人民检察院在三日内补送。

第十七条　人民法院向未成年被告人送达起诉书副本时，应当向其讲明被指控的罪行和有关法律条款；并告知诉讼的程序及有关的诉讼权利、义务，消除未成年被告人的紧张情绪。

第十八条　人民法院在向未成年被告人的法定代理人送达起诉书副本时，应当告知其诉讼权利、义务和在开庭审判中应当注意的有关事项。

第十九条　开庭审理前，应当通知未成年被告人的法定代理人出庭。法定代理人无法出庭或者确实不适宜出庭的，应另行通知其他监护人或者其他成年近亲属出庭。经通知，其他监护人或者成年近亲属不到庭的，人民法院应当记录在卷。

第二十条　开庭审理前，审判未成年人刑事案件的审判长认为有必要的，可以安排法定代理人或者其他成年近亲属、教师等人员与未成年被告人会见。

第二十一条　开庭审理前，控辩双方可以分别就未成年被告人性格特点、家庭情况、社会交往、成长经历以及实施被指控的犯罪前后的表现等情况进行调查，并制作书面材料提交合议庭。必要时，人民法院也可以委托有关社会团体组织就上述情况进行调查或者自行进行调查。

第二十二条　人民法院应当为辩护律师查阅、摘抄、复制所指控的犯罪事实的材料，以及同在押未成年被告人会见和通信提供便利条件。经人民法院许可，其他辩护人也可以查阅、摘抄、复制上述材料，同在押的未成年被告人会见和通信。

第二十三条　少年法庭应当将开庭前的准备工作和活动记录存卷。

第二十四条　人民法院应当在辩护台靠近旁听区一侧为未成年被告人的法定代理人设置席位。

第二十五条　在法庭上不得对未成年被告人使用戒具。未成年被告人在法庭上可以坐着接受法庭调查、询问，在回答审判人员的提问、宣判时应当起立。

第二十六条　未成年被告人或者其法定代理人当庭拒绝委托的辩护人进行辩护，要求另行委托或者人民法院为其另行指定辩护人、辩护律师的，合议庭应当同意并宣布延期审理。

未成年被告人或者其法定代理人当庭拒绝由人民法院指定的辩护律师进行辩护，要求另行委托辩护人的，合议庭应当同意并宣布延期审理。未成年被告人或者其法定代理人当庭拒绝人民法院指定的辩护律师为其辩护，如确有正当理由，合议庭应当同意并宣布延期审理，人民法院应当为未成年被告人另行指定辩护律师。

重新开庭后，未成年被告人或者其法定代理人再次当庭拒绝重新委托的辩护人或者由人民法院指定的辩护律师进行辩护的，一般不予准许。如果重新开庭时被告人已满十八周岁的，应当准许，但不得再行委托或者由人民法院再行指定辩护人、辩护律师。上述情况应当记录在卷。

第二十七条　法庭审理时，审判人员应当注意未成年被告人的智力发育程度和心理状态，要态度严肃、和蔼，用语准确、通俗易懂。发现有对未成年被告人诱供、训斥、讽刺或者威胁的情形时，应当及时制止。

第二十八条　法庭调查时，审判人员应当核实未成年被告人在实施被指控的行为时的年龄。同时还应当查明未成年被告人实施被指控的行为时的主观和客观原因。

第二十九条　法庭审理时，控辩双方向法庭提出从轻判处未成年被告人管制、拘役宣告缓刑或者有期徒刑宣告缓刑、免予刑事处罚等适用刑罚建议的，应当提供有关未成年被告人能够获得监护、帮教的书面材料。

第三十条　休庭时，可以允许法定代理人或者其他成年近亲属、教师等人员会见被告人。

第三十一条　对未成年人刑事案件宣告判决应当公开进行，但不得采取召开大会等形式。

第三十二条　定期宣告判决的，合议庭应当通知公诉人、未成年被告人的法定代理人及其他诉讼参与人到庭。

法定代理人不到庭或者确实无法到庭的，也可以通知其他成年近亲属到庭，并在宣判后向其送达判决书副本。

第三十三条　人民法院判决未成年被告人有罪的，宣判后，由合议庭组织到庭的诉讼参与人对未成年被告人进行教育。如果未成年被告人的法定代理人以外的其他成年近亲属或者教师、公诉人等参加有利于教育、感化未成年被告人的，合议庭可以邀请其参加宣判后的教育。

对未成年被告人的教育可以围绕下列内容进行：
（一）犯罪行为对社会的危害和应当受刑罚处罚的必要性；
（二）导致犯罪行为发生的主观、客观原因及应当吸取的教训；
（三）正确对待人民法院的裁判。

第三十四条　开庭审理的上诉和抗诉案件，参照上述规定进行。

第三十五条　少年法庭应当根据刑事诉讼法第一百七十四条及《解释》的有关规定，确定未成年人刑事案件是否适用简易程序。

第三十六条　适用简易程序审理的案件，应当通知未成年被告人的法定代理人、辩护人出庭。

第三十七条　适用简易程序审理的案件，对未成年被告人进行法庭教育适用本《规定》第三十三条的规定。

第三十八条　对于判决、裁定已经发生法律效力并应当收监服刑的未成年罪犯，少年法庭应当填写结案登记表并附送有关未成年罪犯的调查材料及其在案件审理中的表现材料，连同起诉书副本、判决书或者裁定书副本、执行通知书，一并送达执行机关。

**第三十九条** 少年法庭可以通过多种形式与未成年犯管教所等未成年罪犯服刑场所建立联系，了解未成年罪犯的改造情况，协助做好帮教、改造工作；并可以对正在服刑的未成年罪犯进行回访考察。

**第四十条** 少年法庭认为有必要时，可以敦促被收监服刑的未成年罪犯的父母或者其他监护人及时探视，以使未成年罪犯获得家庭和社会的关怀，增强改造的信心。

**第四十一条** 对于判处管制、拘役宣告缓刑或者有期徒刑宣告缓刑、免予刑事处罚等的未成年罪犯，少年法庭可以协助公安机关同其所在学校、单位、街道、居民委员会、村民委员会、监护人等制定帮教措施。

**第四十二条** 少年法庭可以适时走访被判处管制、拘役宣告缓刑或者有期徒刑宣告缓刑、免予刑事处罚等的未成年罪犯及其家庭，了解对未成年罪犯的管理和教育情况，以引导未成年罪犯的家庭正确地承担管教责任，为未成年罪犯改过自新创造良好的环境。

**第四十三条** 对于判处管制、拘役宣告缓刑或者有期徒刑宣告缓刑、免予刑事处罚等的未成年罪犯具备就学就业条件的，人民法院可以就其安置问题向有关部门提出司法建议，并且附送必要的材料。

**第四十四条** 对于执行机关依法提出给未成年罪犯减刑或者假释的书面意见，人民法院应当及时予以审核、裁定。

## 5. 最高人民法院《关于审理未成年人刑事案件具体应用法律若干问题的解释》（2006年1月23日 法释〔2006〕1号）

为正确审理未成年人刑事案件，贯彻"教育为主，惩罚为辅"的原则，根据刑法等有关法律的规定，现就审理未成年人刑事案件具体应用法律的若干问题解释如下：

**第一条** 本解释所称未成年人刑事案件，是指被告人实施被指控的犯罪时已满十四周岁不满十八周岁的案件。

**第二条** 刑法第十七条规定的"周岁"，按照公历的年、月、日计算，从周岁生日的第二天起算。

**第三条** 审理未成年人刑事案件，应当查明被告人实施被指控的犯罪时的年龄。裁判文书中应当写明被告人出生的年、月、日。

**第四条** 对于没有充分证据证明被告人实施被指控的犯罪时已经达到法定刑事责任年龄且确实无法查明的，应当推定其没有达到相应法定刑事责任年龄。

相关证据足以证明被告人实施被指控的犯罪时已经达到法定刑事责任年龄，但是无法准确查明被告人具体出生日期的，应当认定其达到相应法定刑事责任年龄。

**第五条** 已满十四周岁不满十六周岁的人实施刑法第十七条第二款规定以外的行为，如果同时触犯了刑法第十七条第二款规定的，应当依照刑法第十七条第二款的规定确定罪名，定罪处罚。

**第六条** 已满十四周岁不满十六周岁的人偶尔与幼女发生性行为，情节轻微、未造成严重后果的，不认为是犯罪。

第七条　已满十四周岁不满十六周岁的人使用轻微暴力或者威胁，强行索要其他未成年人随身携带的生活、学习用品或者钱财数量不大，且未造成被害人轻微伤以上或者不敢正常到校学习、生活等危害后果的，不认为是犯罪。

已满十六周岁不满十八周岁的人具有前款规定情形的，一般也不认为是犯罪。

第八条　已满十六周岁不满十八周岁的人出于以大欺小、以强凌弱或者寻求精神刺激，随意殴打其他未成年人、多次对其他未成年人强拿硬要或者任意损毁公私财物，扰乱学校及其他公共场所秩序，情节严重的，以寻衅滋事罪定罪处罚。

第九条　已满十六周岁不满十八周岁的人实施盗窃行为未超过三次，盗窃数额虽已达到"数额较大"标准，但案发后能如实供述全部盗窃事实并积极退赃，且具有下列情形之一的，可以认定为"情节显著轻微危害不大"，不认为是犯罪：

（一）系又聋又哑的人或者盲人；
（二）在共同盗窃中起次要或者辅助作用，或者被胁迫；
（三）具有其他轻微情节的。

已满十六周岁不满十八周岁的人盗窃未遂或者中止的，可不认为是犯罪。

已满十六周岁不满十八周岁的人盗窃自己家庭或者近亲属财物，或者盗窃其他亲属财物但其他亲属要求不予追究的，可不按犯罪处理。

第十条　已满十四周岁不满十六周岁的人盗窃、诈骗、抢夺他人财物，为窝藏赃物、抗拒抓捕或者毁灭罪证，当场使用暴力，故意伤害致人重伤或者死亡，或者故意杀人的，应当分别以故意伤害罪或者故意杀人罪定罪处罚。

已满十六周岁不满十八周岁的人犯盗窃、诈骗、抢夺罪，为窝藏赃物、抗拒抓捕或者毁灭罪证而当场使用暴力或者以暴力相威胁的，应当依照刑法第二百六十九条的规定定罪处罚；情节轻微的，可不以抢劫罪定罪处罚。

第十一条　对未成年罪犯适用刑罚，应当充分考虑是否有利于未成年罪犯的教育和矫正。

对未成年罪犯量刑应当依照刑法第六十一条的规定，并充分考虑未成年人实施犯罪行为的动机和目的、犯罪时的年龄、是否初次犯罪、犯罪后的悔罪表现、个人成长经历和一贯表现等因素。对符合管制、缓刑、单处罚金或者免予刑事处罚适用条件的未成年罪犯，应当依法适用管制、缓刑、单处罚金或者免予刑事处罚。

第十二条　行为人在达到法定刑事责任年龄前后均实施了犯罪行为，只能依法追究其达到法定刑事责任年龄后实施的犯罪行为的刑事责任。

行为人在年满十八周岁前后实施了不同种犯罪行为，对其年满十八周岁以前实施的犯罪应当依法从轻或者减轻处罚。行为人在年满十八周岁前后实施了同种犯罪行为，在量刑时应当考虑对年满十八周岁以前实施的犯罪，适当给予从轻或者减轻处罚。

第十三条　未成年人犯罪只有罪行极其严重的，才可以适用无期徒刑。对已满十四周岁不满十六周岁的人犯罪一般不判处无期徒刑。

第十四条　除刑法规定"应当"附加剥夺政治权利外，对未成年罪犯一般不判处附加剥夺政治权利。

如果对未成年罪犯判处附加剥夺政治权利的，应当依法从轻判处。

对实施被指控犯罪时未成年、审判时已成年的罪犯判处附加剥夺政治权利，适用前款的规定。

第十五条 对未成年罪犯实施刑法规定的"并处"没收财产或者罚金的犯罪，应当依法判处相应的财产刑；对未成年罪犯实施刑法规定的"可以并处"没收财产或者罚金的犯罪，一般不判处财产刑。

对未成年罪犯判处罚金刑时，应当依法从轻或者减轻判处，并根据犯罪情节，综合考虑其缴纳罚金的能力，确定罚金数额。但罚金的最低数额不得少于五百元人民币。

对被判处罚金刑的未成年罪犯，其监护人或者其他人自愿代为垫付罚金的，人民法院应当允许。

第十六条 对未成年罪犯符合刑法第七十二条第一款规定的，可以宣告缓刑。如果同时具有下列情形之一，对其适用缓刑确实不致再危害社会的，应当宣告缓刑：

（一）初次犯罪；

（二）积极退赃或赔偿被害人经济损失；

（三）具备监护、帮教条件。

第十七条 未成年罪犯根据其所犯罪行，可能被判处拘役、三年以下有期徒刑，如果悔罪表现好，并具有下列情形之一的，应当依照刑法第三十七条的规定免予刑事处罚：

（一）系又聋又哑的人或者盲人；

（二）防卫过当或者避险过当；

（三）犯罪预备、中止或者未遂；

（四）共同犯罪中从犯、胁从犯；

（五）犯罪后自首或者有立功表现；

（六）其他犯罪情节轻微不需要判处刑罚的。

第十八条 对未成年罪犯的减刑、假释，在掌握标准上可以比照成年罪犯依法适度放宽。

未成年罪犯能认罪服法，遵守监规，积极参加学习、劳动的，即可视为"确有悔改表现"予以减刑，其减刑的幅度可以适当放宽，间隔的时间可以相应缩短。符合刑法第八十一条第一款规定的，可以假释。

未成年罪犯在服刑期间已经成年的，对其减刑、假释可以适用上述规定。

第十九条 刑事附带民事案件的未成年被告人有个人财产的，应当由本人承担民事赔偿责任，不足部分由监护人予以赔偿，但单位担任监护人的除外。

被告人对被害人物质损失的赔偿情况，可以作为量刑情节予以考虑。

第二十条 本解释自公布之日起施行。

《最高人民法院关于办理未成年人刑事案件适用法律的若干问题的解释》（法发〔1995〕9号）自本解释公布之日起不再执行。

**6. 最高人民检察院《人民检察院办理未成年人刑事案件的规定》**（2007年1月9日　高检发研字〔2007〕1号）（节录）

**第三条（第二款）**　人民检察院办理未成年人刑事案件，可以应犯罪嫌疑人家属、被害人及其家属的要求，告知其审查逮捕、审查起诉的进展情况，并对有关情况予以说明和解释。

**第四条**　人民检察院办理未成年人刑事案件，应当依法保护涉案未成年人的名誉，尊重其人格尊严，不得公开或者传播涉案未成年人的姓名、住所、照片、图像及可能推断出该未成年人的资料。

人民检察院办理刑事案件，应当依法保护未成年被害人、证人以及其他与案件有关的未成年人的合法权益。

**第五条**　人民检察院一般应当设立专门工作机构或者专门工作小组办理未成年人刑事案件，不具备条件的应当指定专人办理。

未成年人刑事案件一般应当由熟悉未成年人身心发展特点、善于做未成年人思想教育工作的检察人员承办。

**第六条**　人民检察院办理未成年人刑事案件，应当考虑未成年人的生理和心理特点，根据其平时表现、家庭情况、犯罪原因、悔罪态度等，实施针对性教育。

**第七条**　未成年人刑事案件的法律文书和工作文书，应当注明未成年人的出生年月日。

对未成年犯罪嫌疑人、被告人、未成年罪犯的有关情况和办案人员开展教育感化工作的情况，应当记录在卷，随案移送。

**第八条**　审查批准逮捕未成年犯罪嫌疑人，应当把是否已满十四、十六、十八周岁的临界年龄，作为重要事实予以查清。对难以判断犯罪嫌疑人实际年龄，影响案件认定的，应当作出不批准逮捕的决定，需要补充侦查的，同时通知公安机关。

**第九条**　审查批准逮捕未成年犯罪嫌疑人，应当注意是否有被胁迫情节，是否存在成年人教唆犯罪、传授犯罪方法或者利用未成年人实施犯罪的情况。

**第十条**　人民检察院审查批准逮捕未成年犯罪案件，应当讯问未成年犯罪嫌疑人。

讯问未成年犯罪嫌疑人，应当根据该未成年人的特点和案件情况，制定详细的讯问提纲，采取适宜该未成年人的方式进行，讯问用语应当准确易懂。

讯问未成年犯罪嫌疑人，应当告知其依法享有的诉讼权利，告知其如实供述案件事实的法律规定和意义，核实其是否有自首、立功、检举揭发等表现，听取其有罪的供述或者无罪、罪轻的辩解。

讯问未成年犯罪嫌疑人，应当通知法定代理人到场，告知法定代理人依法享有的诉讼权利和应当履行的义务。

讯问女性未成年犯罪嫌疑人，应当有女检察人员参加。

**第十一条**　讯问未成年犯罪嫌疑人一般不得使用戒具。对于确有人身危险性，必须使用戒具的，在现实危险消除后，应当立即停止使用。

第十二条　人民检察院审查批准逮捕未成年犯罪嫌疑人，应当根据未成年犯罪嫌疑人涉嫌犯罪的事实、主观恶性、有无监护与社会帮教条件等，综合衡量其社会危险性，确定是否有逮捕必要，慎用逮捕措施，可捕可不捕的不捕。

第十三条　对于罪行较轻，具备有效监护条件或者社会帮教措施，没有社会危险性或者社会危险性较小，不会妨害诉讼正常进行的未成年犯罪嫌疑人，一般不予批准逮捕。

对于罪行比较严重，但主观恶性不大，有悔罪表现，具备有效监护条件或者社会帮教措施，不具有社会危险性，不会妨害诉讼正常进行，并具有下列情形之一的未成年犯罪嫌疑人，也可以依法不予批准逮捕：

（一）初次犯罪、过失犯罪的；
（二）犯罪预备、中止、未遂的；
（三）有自首或者立功表现的；
（四）犯罪后能够如实交代罪行，认识自己行为的危害性、违法性，积极退赃，尽力减少和赔偿损失，得到被害人谅解的；
（五）不是共同犯罪的主犯或者集团犯罪中的首要分子的；
（六）属于已满十四周岁不满十六周岁的未成年人或者系在校学生的；
（七）其他没有逮捕必要的情形。

第十四条　适用本规定第十三条的规定，在作出不批准逮捕决定前，应当审查其监护情况，参考其法定代理人、学校、居住地公安派出所及居民委员会、村民委员会的意见，并在《审查逮捕意见书》中对未成年犯罪嫌疑人是否具备有效监护条件或者社会帮教措施进行具体说明。

第十五条　未成年犯罪嫌疑人及其法定代理人因经济困难等原因没有聘请律师的，人民检察院应当告知其可以申请法律援助。

第十六条　人民检察院审查起诉未成年人刑事案件，自收到移送审查起诉的案件材料之日起三日以内，应当告知该未成年犯罪嫌疑人及其法定代理人有权委托辩护人，告知被害人及其法定代理人有权委托诉讼代理人，告知附带民事诉讼的当事人及其法定代理人有权委托诉讼代理人。

对未成年犯罪嫌疑人、未成年被害人或者其法定代理人提出聘请律师意向，但因经济困难或者其他原因没有委托辩护人、诉讼代理人的，应当帮助其申请法律援助。

未成年犯罪嫌疑人被羁押的，人民检察院应当审查是否有必要继续羁押。

审查起诉未成年犯罪嫌疑人，应当听取其父母或者其他法定代理人、辩护人、未成年被害人及其法定代理人的意见。可以结合社会调查，通过学校、社区、家庭等有关组织和人员，了解未成年犯罪嫌疑人的成长经历、家庭环境、个性特点、社会活动等情况，为办案提供参考。

第十七条　人民检察院审查起诉未成年人刑事案件，应当讯问未成年犯罪嫌疑人。讯问未成年犯罪嫌疑人适用本规定第十条、第十一条的规定。

第十八条　移送审查起诉的案件具备以下条件的，检察人员可以安排在押的未成年犯罪嫌疑人与其法定代理人、近亲属等进行会见、通话：

（一）案件事实已基本查清，主要证据确实、充分，安排会见、通话不会影响诉讼活动正常进行；

（二）未成年犯罪嫌疑人有认罪、悔罪表现，或者虽尚未认罪、悔罪，但通过会见、通话有可能促使其转化，或者通过会见、通话有利于社会、家庭稳定；

（三）未成年犯罪嫌疑人的法定代理人、近亲属对其犯罪原因、社会危害性以及后果有一定的认识，并能配合公安司法机关进行教育。

第十九条 在押的未成年犯罪嫌疑人同其法定代理人、近亲属等进行会见、通话时，检察人员应当告知其会见、通话不得有串供或者其他妨碍诉讼的内容。会见、通话时检察人员可以在场。会见、通话结束后，检察人员应当将有关内容及时整理并记录在案。

第二十条 对于犯罪情节轻微，并具有下列情形之一，依照刑法规定不需要判处刑罚或者免除刑罚的未成年犯罪嫌疑人，一般应当依法作出不起诉决定：

（一）被胁迫参与犯罪的；

（二）犯罪预备、中止的；

（三）在共同犯罪中起次要或者辅助作用的；

（四）是又聋又哑的人或者盲人的；

（五）因防卫过当或者紧急避险过当构成犯罪的；

（六）有自首或者重大立功表现的；

（七）其他依照刑法规定不需要判处刑罚或者免除刑罚的情形。

第二十一条 对于未成年人实施的轻伤害案件、初次犯罪、过失犯罪、犯罪未遂的案件以及被诱骗或者被教唆实施的犯罪案件等，情节轻微，犯罪嫌疑人确有悔罪表现，当事人双方自愿就民事赔偿达成协议并切实履行，符合刑法第三十七条规定的，人民检察院可以依照刑事诉讼法第一百四十二条第二款的规定作出不起诉的决定，并可以根据案件的不同情况，予以训诫或者责令具结悔过、赔礼道歉。

第二十二条 不起诉决定书应当向被不起诉的未成年人及其法定代理人公开宣布，并阐明不起诉的理由和法律依据。

不起诉决定书应当送达被不起诉的未成年人及其法定代理人，并告知其依法享有的权利。

第二十三条 人民检察院审查未成年人与成年人共同犯罪案件，一般应当将未成年人与成年人分案起诉。但是具有下列情形之一的，可以不分案起诉：

（一）未成年人系犯罪集团的组织者或者其他共同犯罪中的主犯的；

（二）案件重大、疑难、复杂，分案起诉可能妨碍案件审理的；

（三）涉及刑事附带民事诉讼，分案起诉妨碍附带民事诉讼部分审理的；

（四）具有其他不宜分案起诉情形的。

第二十四条 对于分案起诉的未成年人与成年人共同犯罪案件，一般应当同时移送人民法院。对于需要补充侦查的，如果补充侦查事项不涉及未成年犯罪嫌疑人所参与的犯罪事实，不影响对未成年犯罪嫌疑人提起公诉的，应当对未成年犯罪嫌疑人先予提起公诉。

第二十五条 对于分案起诉的未成年人与成年人共同犯罪案件，在审查起诉过程中可以根据全案情况制作一个审结报告,起诉书以及出庭预案等应当分别制作。

第二十六条 人民检察院对未成年人与成年人共同犯罪案件分别提起公诉后,在诉讼过程中出现不宜分案起诉情形的,可以及时建议人民法院并案审理。

第二十七条 对未成年被告人提起公诉,应当将有效证明该未成年人年龄的材料作为主要证据复印件之一移送人民法院。

第二十八条 对提起公诉的未成年人刑事案件,应当认真做好下列出席法庭的准备工作:

(一)掌握未成年被告人的心理状态,并对其进行接受审判的教育,必要时,可以再次讯问被告人;

(二)与未成年被告人的辩护人交换意见,共同做好教育、感化工作;

(三)进一步熟悉案情,深入研究本案的有关法律政策问题,根据案件和未成年被告人的特点,拟定讯问提纲、询问被害人、证人、鉴定人提纲、答辩提纲、公诉意见书和针对未成年被告人进行法制教育的书面材料。

第二十九条 公诉人出席未成年人刑事审判法庭,应当遵守公诉人出庭行为规范要求,发言时应当语调温和,并注意用语文明、准确、通俗易懂。

公诉人一般不提请未成年证人、被害人出庭作证。

第三十条 在法庭审理过程中,公诉人的讯问、询问、辩论等活动,应当注意未成年人的身心特点。对于未成年被告人情绪严重不稳定,不宜继续接受审判的,公诉人可以建议法庭休庭。

第三十一条 对于具有下列情形之一,依法可能判处拘役、三年以下有期徒刑,悔罪态度较好,具备有效监护条件或者社会帮教措施、适用缓刑确实不致再危害社会的未成年被告人,人民检察院可以建议人民法院适用缓刑:

(一)犯罪情节较轻,未造成严重后果的;

(二)主观恶性不大的初犯或者胁从犯、从犯;

(三)被害人同意和解或者被害人有明显过错的;

(四)其他可以适用缓刑的情节。

人民检察院提出对未成年被告人适用缓刑建议的,应当将未成年被告人能够获得有效监护、帮教的书面材料一并于判决前移送人民法院。

第三十二条 公诉人在依法指控犯罪的同时,要剖析未成年被告人犯罪的原因、社会危害性,适时进行法制教育及人生观教育,促使其深刻反省,吸取教训。

第三十三条 对于符合适用简易程序审理条件的未成年人刑事案件,人民检察院应当向人民法院提出适用简易程序的建议。

第三十四条 适用简易程序审理的未成年人刑事案件,人民检察院可以派员出席法庭或者在开庭前通过移送对未成年被告人的社会调查材料等方式,协助人民法院进行法庭教育工作。

第三十五条 人民检察院派员出席未成年人刑事案件二审法庭适用本章的相关规定。

**第三十六条** 人民检察院审查批准逮捕、审查起诉未成年犯罪嫌疑人，应当同时审查公安机关的侦查活动是否合法，发现有下列违法行为的，应当提出纠正意见；构成犯罪的，依法追究刑事责任：

（一）违法对未成年犯罪嫌疑人采取强制措施或者采取强制措施不当的；

（二）未依法实行对未成年犯罪嫌疑人与成年犯罪嫌疑人分管、分押的；

（三）对未成年犯罪嫌疑人采取刑事拘留、逮捕措施后，在法定时限内未进行讯问，或者未通知其法定代理人或者近亲属的；

（四）对未成年犯罪嫌疑人威胁、体罚、侮辱人格、游行示众，或者刑讯逼供、指供、诱供的；

（五）利用未成年人认知能力低而故意制造冤、假、错案的；

（六）对未成年被害人、证人以诱骗等非法手段收集证据或者侵害未成年被害人、证人的人格尊严及隐私权等合法权益的；

（七）违反羁押和办案期限规定的；

（八）已作出不批准逮捕、不起诉决定，公安机关不立即释放犯罪嫌疑人的；

（九）在侦查中有其他侵害未成年人合法权益行为的。

**第三十七条** 对依法不应当公开审理的未成年人刑事案件公开审理的，人民检察院应当在开庭前提出纠正意见。

公诉人出庭支持公诉时，发现法庭审判有下列违反法律规定的诉讼程序的情形之一的，应当在休庭后及时向本院检察长报告，由人民检察院向人民法院提出纠正意见：

（一）开庭或者宣告判决时未通知未成年被告人的法定代理人到庭的；

（二）人民法院没有给聋哑或者不通晓当地通用的语言文字的未成年被告人聘请或者指定翻译人员的；

（三）未成年被告人在审判时没有辩护人的；对未成年被告人及其法定代理人依照法律规定拒绝辩护人为其辩护，合议庭未另行指定辩护律师的；

（四）法庭未告知未成年被告人及其法定代理人依法享有的申请回避、辩护、提出新的证据、申请重新鉴定或者勘验、最后陈述、提出上诉等诉讼权利的；

（五）其他违反法律规定的诉讼程序的情形。

**第三十八条** 人民检察院依法对未成年犯管教所实行驻所检察。在刑罚执行监督中，发现关押成年罪犯的监狱收押未成年罪犯的，或者对年满十八周岁后余刑在二年以上的罪犯没有转送监狱的，应当依法提出纠正意见。

**第三十九条** 人民检察院在看守所检察中，发现没有对未成年犯罪嫌疑人、被告人与成年犯罪嫌疑人、被告人分管、分押或者对未成年罪犯留所服刑的，应当依法提出纠正意见。

**第四十条** 人民检察院应当加强对未成年犯管教所、看守所监管未成年罪犯活动的监督，保障未成年罪犯的合法权益，维护监管改造秩序和教学、劳动、生活秩序。

人民检察院配合未成年犯管教所、看守所加强对未成年罪犯的政治、法律、文化教育，促进依法、科学、文明监管。

**第四十一条** 人民检察院依法对未成年犯的减刑、假释、暂予监外执行等活动实行监督。对符合减刑、假释、暂予监外执行法定条件的，应当建议执行机关向人民法院、监狱管理机关提请；发现提请或者裁定、决定不当的，应当依法提出纠正意见；对徇私舞弊减刑、假释、暂予监外执行等构成犯罪的，依法追究刑事责任。

人民检察院发现有关机关对判处管制、缓刑或者裁定、决定假释、暂予监外执行等在社会上执行的未成年罪犯脱管、漏管或者没有落实帮教措施的，应当依法提出纠正意见。

**第四十二条** 人民检察院依法受理未成年人及其法定代理人提出的刑事申诉案件和刑事赔偿案件。

人民检察院对未成年人刑事申诉案件和刑事赔偿案件，应当指定专人及时办理。

**第四十三条** 人民检察院复查未成年人刑事申诉案件，应当直接听取未成年人及其法定代理人的陈述或者辩解，认真审核、查证与案件有关的证据和线索，查清案件事实，依法作出处理。

案件复查终结作出处理决定后，应当向未成年人当面送达法律文书，做好法律宣传、说服教育工作。

**第四十四条** 对已复查纠正的未成年人刑事申诉案件，应当配合有关部门做好善后工作。

**第四十五条** 人民检察院办理未成年人刑事赔偿案件，应当充分听取未成年人及其法定代理人的意见，对于依法应当赔偿的案件，应当及时作出和执行赔偿决定。

**第四十六条** 本规定所称未成年人刑事案件，是指犯罪嫌疑人、被告人实施涉嫌犯罪行为时已满十四周岁、未满十八周岁的刑事案件，但在有关未成年人诉讼权利和体现对未成年人程序上特殊保护的条文中所称的未成年人，是指在诉讼过程中已满十四周岁、未满十八周岁的人。

**第四十七条** 实施犯罪行为的年龄，一律按公历的年、月、日计算。从周岁生日的第二天起，为已满××周岁。

**7. 最高人民检察院《关于对涉嫌盗窃的不满 16 周岁未成年人采取刑事拘留强制措施是否违法问题的批复》**（2011 年 1 月 25 日　高检发释字〔2011〕1 号）

北京市人民检察院：

你院京检字〔2010〕107 号《关于对涉嫌盗窃的不满 16 周岁未成年人采取刑事拘留强制措施是否违法的请示》收悉。经研究，批复如下：

根据刑法、刑事诉讼法、未成年人保护法等有关法律规定，对于实施犯罪时未满 16 周岁的未成年人，且未犯刑法第十七条第二款规定之罪的，公安机关查明犯罪嫌疑人实施犯罪时年龄确系未满 16 周岁依法不负刑事责任后仍予以刑事拘留的，检察机关应当及时提出纠正意见。

**8. 最高人民法院《关于麻风病患者犯罪是否负刑事责任问题的批复》**（1955 年 10 月 15 日）

青海省高级人民法院：

你院本年 7 月〔55〕高法秘字第 33 号关于麻风病患者犯罪是否负刑事责任问题的请示

收悉。此问题经与有关部门研究后，我院认为，由于麻风病人的思想意识始终是清楚的，如不同时患精神病，犯了罪应负刑事责任。至于判决后如何执行劳改问题，因麻风病是传染病，依《中华人民共和国劳动改造条例》第37条的规定，交公安机关执行劳改是有困难的，但可根据当地设有麻风病院的具体情况与公安机关和卫生机关共同协商，拟定办法，在麻风病院内辟出房间予以隔离管押。

**9. 最高人民法院、最高人民检察院、公安部、司法部、卫生部《精神疾病司法鉴定暂行规定》**（1989年8月1日　卫医字〔89〕第17号）（节录）

第二条　精神疾病的司法鉴定，根据案件事实和被鉴定人的精神状态，作出鉴定结论，为委托鉴定机关提供有关法定能力的科学证据。

第三条　为开展精神疾病的司法鉴定工作，各省、自治区、直辖市、地区、地级市，应当成立精神疾病司法鉴定委员会，负责审查、批准鉴定人，组织技术鉴定组，协调、开展鉴定工作。

第四条　鉴定委员会由人民法院、人民检察院和公安、司法、卫生机关的有关负责干部和专家若干人组成，人选由上述机关协商确定。

第五条　鉴定委员会根据需要，可以设置若干个技术鉴定组，承担具体鉴定工作，其成员由鉴定委员会聘请、指派。技术鉴定组不得少于两名成员参加鉴定。

第六条　对疑难案件，在省、自治区、直辖市内难以鉴定的，可以由委托鉴定机关重新委托其他省、自治区、直辖市鉴定委员会进行鉴定。

第七条　对可能患有精神疾病的下列人员应当进行鉴定：

（一）刑事案件的被告人、被害人。

第八条　鉴定委员会根据情况可以接受被鉴定人补充鉴定、重新鉴定、复核鉴定的要求。

第九条　刑事案件中，精神疾病司法鉴定包括：

（一）确定被鉴定人是否患有精神疾病，患何种精神疾病，实施危害行为时的精神状态，精神疾病和所实施的危害行为之间的关系，以及有无刑事责任能力。

（二）确定被鉴定人在诉讼过程中的精神状态以及有无诉讼能力。

（三）确定被鉴定人在服刑期间的精神状态以及对应当采取的法律措施的建议。

第十一条　确定各类案件的被害人等，在其人身、财产等合法权益遭受侵害时的精神状态，以及对侵犯行为有无辨认能力或者自我防卫、保护能力。

第十二条　确定案件中有关证人的精神状态，以及有无作证能力。

第十九条　刑事案件被鉴定人责任能力的评定：

被鉴定人实施危害行为时，经鉴定患有精神疾病，由于严重的精神活动障碍，致使不能辨认或者不能控制自己行为的，为无刑事责任能力。

被鉴定人实施危害行为时，经鉴定属于下列情况之一的，为具有责任能力：

1. 具有精神疾病的既往史，但实施危害行为时并无精神异常；

2. 精神疾病的间歇期，精神症状已经完全消失。

**第二十一条** 诉讼过程中有关法定能力的评定：

（一）被鉴定人为刑事案件的被告人，在诉讼过程中，经鉴定患有精神疾病，致使不能行使诉讼权利的，为无诉讼能力。

（二）被鉴定人为民事案件的当事人或者是刑事案件的自诉人，在诉讼过程中经鉴定患有精神疾病，致使不能行使诉讼权利的，为无诉讼能力。

（三）控告人、检举人、证人等提供不符合事实的证言，经鉴定患有精神疾病，致使缺乏对客观事实的理解力或判断力的，为无作证能力。

**第二十二条** 其他有关法定能力的评定：

（一）被鉴定人是女性，经鉴定患有精神疾病，在她的性不可侵犯权遭到侵害时，对自身所受的侵害或严重后果缺乏实质性理解能力的，为无自我防卫能力。

（二）被鉴定人在服刑、劳动教养或者被裁决受治安处罚中，经鉴定患有精神疾病，由于严重的精神活动障碍，致使其无辨认能力或控制能力，为无服刑、受劳动教养能力或者无受处罚能力。

## 10. 最高人民法院、最高人民检察院、公安部、国家安全部、司法部《关于人民警察执行职务中实行正当防卫的具体规定》（1983年9月14日 公发（研）〔1983〕109号）

《中华人民共和国刑法》第十七条关于对不法侵害采取正当防卫行为的规定，适用于全体公民。鉴于人民警察是武装性质的国家治安行政力量，在打击和制止犯罪、维护社会治安、保护公共利益和公民合法权益、保卫国家政权和社会主义现代化建设方面，负有特定责任，现对人民警察执行任务中实行正当防卫问题，做如下具体规定。

一、遇有下列情形之一，人民警察必须采取正当防卫行为，使正在进行不法侵害行为的人丧失侵害能力或者中止侵害行为：

（一）暴力劫持或控制飞机、船舰、火车、电车、汽车等交通工具，危害公共安全时；

（二）驾驶交通工具蓄意危害公共安全时；

（三）正在实施纵火、爆炸、凶杀、抢劫以及其他严重危害公共安全、人身安全和财产安全的行为时；

（四）人民警察保卫的特定对象、目标受到暴力侵袭或者有受到暴力侵袭的紧迫危险时；

（五）执行收容、拘留、逮捕、审讯、押解人犯和追捕逃犯，遇有以暴力抗拒、抢夺武器、行凶等非常情况时；

（六）聚众劫狱或看守所、拘役所、拘留所、监狱和劳改、劳教场所的被监管人员暴动、行凶、抢夺武器时；

（七）人民警察遭到暴力侵袭，或佩带的枪支、警械被抢夺时。

二、人民警察执行职务中实行正当防卫，可以按照1980年7月5日国务院批准的《人民警察使用武器和警械的规定》，使用警械直至开枪射击。

三、遇有下列情形之一时，应当停止防卫行为：

（一）不法侵害行为已经结束；

（二）不法侵害行为确已自动中止；

（三）不法侵害人已经被制服，或者已经丧失侵害能力。

四、人民警察在必须实行正当防卫行为的时候，放弃职守，致使公共财产、国家和人民利益遭受严重损失的，依法追究刑事责任；后果轻微的，由主管部门酌情给予行政处分。

五、人民警察采取的正当防卫行为，不负刑事责任。

防卫超过必要限度造成不应有的危害的，应当负刑事责任，但是应当酌情减轻或者免除处罚。

六、人民警察在使用武器或者其他警械实施防卫时，必须注意避免伤害其他人。

七、本规定也适用于国家审判机关、检察机关、公安机关、国家安全机关和司法行政机关其他依法执行职务的人员。

**其他办案依据**

**1. 最高人民法院、最高人民检察院《关于刑事赔偿义务机关确定问题的通知》**（2005年7月5日　高检会〔2005〕1号）（节录）

一、人民检察院批准逮捕并提起公诉，一审人民法院判决无罪，或者人民检察院撤回起诉作出不起诉决定或者撤销案件决定，依法应当赔偿的案件，批准逮捕与提起公诉的如不是同一人民检察院，赔偿义务机关为批准逮捕的人民检察院。

二、人民检察院批准逮捕并提起公诉，一审人民法院判决有罪，二审人民法院改判无罪，或者发回重审后一审人民法院改判无罪，或者人民检察院撤回起诉作出不起诉决定或者撤销案件决定，依法应当赔偿的案件，一审人民法院和批准逮捕的人民检察院为共同赔偿义务机关。批准逮捕与提起公诉的如不是同一人民检察院，共同赔偿义务机关为提起公诉的人民检察院。

三、本通知自发布之日起施行。本通知发布前，已经生效的刑事赔偿决定不再变更赔偿义务机关。

**2. 最高人民法院《关于人民法院审判严重刑事犯罪案件中具体应用法律的若干问题的答复（三）》**（1985年8月21日）（节录）

三十一、问：刑法第十四条所规定的刑事责任年龄应以日计算，还是以时计算？如果是以日计算，是到生日当天，还是到生日的前一天或者后一天，认为是满周岁？（河南）

答：刑法第十四条规定的已满十四岁，是指实足年龄，应以日计算，即过了十四周岁生日，从第二天起，才认为已满十四岁。例如，被告人1968年7月26日生，至1982年7月27日即认为已满十四岁。对已满十六岁、已满十八岁年龄的计算，亦与此相同。并且一律按公历的年、月、日计算。

**3. 最高人民法院研究室《关于已满十四岁不满十六岁的人所犯罪行特别严重的能否判处无期徒刑问题的答复》**（1991年4月17日）

吉林省高级人民法院：

你院吉高法研发〔1991〕2号《关于已满14岁不满16岁的人所犯罪行特别严重的能

否判处无期徒刑的请示》收悉。经研究答复如下：

基本同意你院的意见。根据刑法第四十四条和第十四条第二款规定的精神，已满14岁不满16岁的人所犯罪行特别严重的，最高刑可以判处无期徒刑。但是，在办理具体案件中，根据刑法第十四条第三款关于"已满14岁不满18岁的人犯罪，应当从轻或者减轻处罚"的规定和国家对未成年人罪犯实行教育、感化、挽救的方针，对于已满14岁不满16岁的人犯罪判处无期徒刑的案件，应当从严掌握。

### 4. 最高人民法院研究室《关于如何认定被告人犯罪时年龄问题的答复》
（1991年7月22日）

广东省高级人民法院：

你院粤法刑一〔1991〕9号《关于如何认定被告人犯罪时年龄问题的请示》已收阅。经研究，答复如下：

在审判中，特别是在处理死刑案件时，必须把被告人犯罪时的实际年龄作为案件的重要事实予以查清。在一般情况下，认定被告人的实际年龄应当以户口登记为基本依据，结合人口普查登记和其他有关资料，并经过认真调查核实后加以确定。对被告人实际年龄有异议或者疑义时，更应当多方查证核实。如果有足够证据认定户口登记册上记载的年龄有误，就应以查明的实际年龄来认定。如果经反复调查，确实查不清的，应当按照从宽的原则予以掌握，以留有余地。

### 5. 最高人民检察院《关于已满十四周岁不满十六周岁的人承担刑事责任范围问题的复函》（2002年8月9日 检发研字〔2002〕17号）

四川省人民检察院：

你院《关于已满十四周岁不满十六周岁的人承担刑事责任范围问题的请示》（川检发研〔2001〕13号）收悉。我们就此问题询问了全国人民代表大会常务委员会法制工作委员会，现将全国人民代表大会常务委员会法制工作委员会的答复意见转发你院，请遵照执行。

附件：全国人民代表大会常务委员会法制工作委员会《关于已满十四周岁不满十六周岁的人承担刑事责任范围问题的答复意见》（2002年7月24日 法工委复字〔2002〕12号）

最高人民检察院：

关于你单位4月8日来函收悉，经研究，现答复如下：

刑法第十七条第二款规定的八种犯罪，是指具体犯罪行为而不是具体罪名。对于刑法第十七条中规定的犯"故意杀人、故意伤害致人重伤或者死亡"，是指只要故意实施了杀人、伤害行为并且造成了致人重伤、死亡后果的，都应负刑事责任。而不是指只有犯故意杀人罪、故意伤害罪的，才负刑事责任，绑架撕票的，不负刑事责任。对司法实践中出现的已满十四周岁不满十六周岁的人绑架人质后杀害被绑架人、拐卖妇女、儿童而故意造成被拐卖妇女、儿童重伤或死亡的行为，依据刑法是应当追究其刑事责任的。

**6. 最高人民检察院法律政策研究室《关于相对刑事责任年龄的人承担刑事责任范围有关问题的答复》**（2003年4月18日　高检研发〔2003〕13号）（节录）

四川省人民检察院研究室：

你院关于相对刑事责任年龄的人承担刑事责任范围问题的请示（川检发办〔2002〕47号）收阅。经研究，答复如下：

一、相对刑事责任年龄的人实施了刑法第十七条第二款规定的行为，应当追究刑事责任的，其罪名应当根据所触犯的刑法分则具体条文认定。对于绑架后杀害被绑架人的，其罪名应认定为绑架罪。

二、相对刑事责任年龄的人实施了刑法第二百六十九条规定的行为的，应当依照刑法第二百六十三条的规定，以抢劫罪追究刑事责任。但对情节显著轻微，危害不大的，可根据刑法第十三条的规定，不予追究刑事责任。

**7. 最高人民法院研究室《关于第二审人民法院是否应当为不满18周岁的未成年被告人指定辩护律师问题的答复》**（2003年9月23日）

广西壮族自治区高级人民法院刑一庭：

你庭《二审不开庭审理是否一律要为不满18周岁的未成年被告人指定辩护律师的请示》收悉。经研究，答复如下：

《刑事诉讼法》第三十四条第二款规定："被告人是盲、聋、哑或者未成年人而没有委托辩护人的，人民法院应当指定承担法律援助义务的律师为其提供辩护。"《最高人民法院关于审理未成年人刑事案件的若干规定》第十五条规定："开庭审理时不满十八周岁的未成年被告人没有委托辩护人的，人民法院应当指定承担法律援助义务的律师为其提供辩护。"因此，不论第二审刑事案件是否开庭审理，只要案件中有未成年的被告人，人民法院均应当依法指定承担法律援助义务的律师为其提供辩护。至于第二审人民法院如何确定该被告人是否属于"开庭审理时不满18周岁的未成年人"，应当以上诉、抗诉期限届满的第2日该被告人是否已满18周岁为准。

**8. 司法部劳教局《少年教养办法（试行）》**（1999年12月1日）（节录）

第二条　少年教养人员包括少年劳动教养人员和少年收容劳动教养人员。

少年劳动教养人员是指决定劳动教养时不满十八周岁的劳动教养人员；少年收容劳动教养人员是指《中华人民共和国刑法》第十七条第四款规定的，因不满十六周岁不予刑事处罚，由政府收容教养的少年。

**9. 海关总署、公安部《海关工作人员使用武器和警械的规定（2011年修订）》**（1989年6月19日　海关总署、公安部令第7号）（节录）

第二条　海关工作人员使用的武器和警械，经当地公安机关同意后由海关总署统一配发。海关工作人员执行缉私任务时，应当依照本规定使用武器和警械。

海关工作人员使用的武器和警械包括：轻型枪支、电警棍、手铐及其他经批准列装的武器和警械。

第三条 配发给海关的武器和警械一律公用，不配发个人专用的武器和警械。

海关工作人员持枪执行缉私任务时，应当随身携带当地公安机关核发的持枪证或者持枪通行证。

第四条 海关工作人员执行缉私任务，遇有下列情形之一的，可以开枪射击：

1. 追缉逃跑的走私团伙或者遭遇武装掩护走私，非开枪不足以制服时；

2. 走私分子或者走私嫌疑人以暴力抗拒检查，抢夺武器或者警械，威胁海关工作人员生命安全，非开枪不能自卫时；

3. 走私分子或者走私嫌疑人以暴力劫夺查扣的走私货物、物品和其他证据，非开枪不能制止时。

第五条 海关工作人员执行缉私任务，遇有下列情形之一的，可以使用警械：

1. 走私分子或者走私嫌疑人以暴力抗拒检查或者逃跑时；

2. 走私分子或者走私嫌疑人以暴力抗拒扣走私货物、物品和其他证据时；

3. 执行缉私任务受到袭击需要自卫时；

4. 遇有其他需要使用警械的情形时。

第六条 海关工作人员使用武器或者警械时，应当以制服对方为限度。海关工作人员依照本规定第四条的规定开枪射击时，除特别紧迫的情况外，应当先口头警告或者鸣枪警告，对方一有畏服表现，应当立即停止射击。开枪射击造成人员伤亡的，应当保护现场，并立即向上级海关和当地公安机关报告。

## 法律法规

**1.《中华人民共和国治安管理处罚法》（2006 年 3 月 1 日）（节录）**

第二条 扰乱公共秩序，妨害公共安全，侵犯人身权利、财产权利，妨害社会管理，具有社会危害性，依照《中华人民共和国刑法》的规定构成犯罪的，依法追究刑事责任；尚不够刑事处罚的，由公安机关依照本法给予治安管理处罚。

**2.《中华人民共和国未成年人保护法（2006 年修订）》（2007 年 6 月 1 日）（节录）**

第五十一条 未成年人的合法权益受到侵害，依法向人民法院提起诉讼的，人民法院应当依法及时审理，并适应未成年人生理、心理特点和健康成长的需要，保障未成年人的合法权益。

在司法活动中对需要法律援助或者司法救助的未成年人，法律援助机构或者人民法院应当给予帮助，依法为其提供法律援助或者司法救助。

第五十四条 对违法犯罪的未成年人，实行教育、感化、挽救的方针，坚持教育为主、惩罚为辅的原则。

对违法犯罪的未成年人，应当依法从轻、减轻或者免除处罚。

第五十五条 公安机关、人民检察院、人民法院办理未成年人犯罪案件和涉及未成年人权益保护案件，应当照顾未成年人身心发展特点，尊重他们的人格尊严，保障他们的合法权益，并根据需要设立专门机构或者指定专人办理。

**第五十六条** 公安机关、人民检察院讯问未成年犯罪嫌疑人，询问未成年证人、被害人，应当通知监护人到场。

公安机关、人民检察院、人民法院办理未成年人遭受性侵害的刑事案件，应当保护被害人的名誉。

**第五十七条** 对羁押、服刑的未成年人，应当与成年人分别关押。

羁押、服刑的未成年人没有完成义务教育的，应当对其进行义务教育。

解除羁押、服刑期满的未成年人的复学、升学、就业不受歧视。

**第五十八条** 对未成年人犯罪案件，新闻报道、影视节目、公开出版物、网络等不得披露该未成年人的姓名、住所、照片、图像以及可能推断出该未成年人的资料。

**第五十九条** 对未成年人严重不良行为的矫治与犯罪行为的预防，依照预防未成年人犯罪法的规定执行。

### 3.《中华人民共和国预防未成年人犯罪法》(1999年11月1日)（节录）

**第三十七条** 未成年人有本法规定严重不良行为，构成违反治安管理行为的，由公安机关依法予以治安处罚。因不满十四周岁或者情节特别轻微免予处罚的，可以予以训诫。

**第三十八条** 未成年人因不满十六周岁不予刑事处罚的，责令他的父母或者其他监护人严加管教；在必要的时候，也可以由政府依法收容教养。

**第四十四条** 对犯罪的未成年人追究刑事责任，实行教育、感化、挽救方针，坚持教育为主、惩罚为辅的原则。

司法机关办理未成年人犯罪案件，应当保障未成年人行使其诉讼权利，保障未成年人得到法律帮助，并根据未成年人的生理、心理特点和犯罪的情况，有针对性地进行法制教育。

对于被采取刑事强制措施的未成年学生，在人民法院的判决生效以前，不得取消其学籍。

**第四十五条** 人民法院审判未成年人犯罪的刑事案件，应当由熟悉未成年人身心特点的审判员或者审判员和人民陪审员依法组成少年法庭进行。

对于已满十四周岁不满十六周岁未成年人犯罪的案件，一律不公开审理。已满十六周岁不满十八周岁未成年人犯罪的案件，一般也不公开审理。

对未成年人犯罪案件，新闻报道、影视节目、公开出版物不得披露该未成年人的姓名、住所、照片及可能推断出该未成年人的资料。

**第四十六条** 对被拘留、逮捕和执行刑罚的未成年人与成年人应当分别关押、分别管理、分别教育。未成年犯在被执行刑罚期间，执行机关应当加强对未成年犯的法制教育，对未成年犯进行职业技术教育。对没有完成义务教育的未成年犯，执行机关应当保证其继续接受义务教育。

**第四十七条** 未成年人的父母或者其他监护人和学校、城市居民委员会、农村村民委员会，对因不满十六周岁而不予刑事处罚、免予刑事处罚的未成年人，或者被判处非监禁刑罚、被判处刑罚宣告缓刑、被假释的未成年人，应当采取有效的帮教措施，协助司法机关做好对未成年人的教育、挽救工作。

城市居民委员会、农村村民委员会可以聘请思想品德优秀，作风正派，热心未成年人教育工作的离退休人员或者其他人员协助做好对前款规定的未成年人的教育、挽救工作。

第四十八条　依法免予刑事处罚、判处非监禁刑罚、判处刑罚宣告缓刑、假释或者刑罚执行完毕的未成年人，在复学、升学、就业等方面与其他未成年人享有同等权利，任何单位和个人不得歧视。

### 4.《中华人民共和国民法通则（2009年修订）》(1987年1月1日)（节录）

第一百二十八条　因正当防卫造成损害的，不承担民事责任。正当防卫超过必要的限度，造成不应有的损害的，应当承担适当的民事责任。

第一百二十九条　因紧急避险造成损害的，由引起险情发生的人承担民事责任。如果危险是由自然原因引起的，紧急避险人不承担民事责任或者承担适当的民事责任。因紧急避险采取措施不当或者超过必要的限度，造成不应有的损害的，紧急避险人应当承担适当的民事责任。

### 5.《中华人民共和国看守所条例》(1990年3月17日)（节录）

第十八条　看守人员和武警遇有下列情形之一，采取其他措施不能制止时，可以按照有关规定开枪射击：

（一）人犯越狱或者暴动的；

（二）人犯脱逃不听制止，或者在追捕中抗拒逮捕的；

（三）劫持人犯的；

（四）人犯持有管制刀具或者其他危险物，正在行凶或者破坏的；

（五）人犯暴力威胁看守人员、武警的生命安全的。

需要开枪射击时，除遇到特别紧迫的情况外，应当先鸣枪警告，人犯有畏服表示，应当立即停止射击。开枪射击后，应当保护现场，并立即报告主管公安机关和人民检察院。

### 6.《中华人民共和国军事设施保护法（2009年修正）》(1990年8月1日)（节录）

第三十条　违反本法规定，有下列情形之一的，军事设施管理单位的值勤人员应当予以制止：

（一）非法进入军事禁区的；

（二）在军事禁区或者禁区外围安全控制范围内，非法进行摄影、摄像、录音、勘察、测量、描绘和记述的；

（三）进行破坏、危害军事设施的活动的。

有前款所列情形之一，不听制止的，军事设施管理单位的值勤人员依照国家有关规定，可以采取必要的强制措施，在危及军事设施安全或者值勤人员生命安全等紧急情况下可以使用武器。

## 7.《中华人民共和国监狱法》(1994年12月29日)(节录)

**第四十六条** 人民警察和人民武装警察部队的执勤人员遇有下列情形之一,非使用武器不能制止的,按照国家有关规定,可以使用武器:

(一)罪犯聚众骚乱、暴乱的;

(二)罪犯脱逃或者拒捕的;

(三)罪犯持有凶器或者其他危险物,正在行凶或者破坏,危及他人生命、财产安全的;

(四)劫夺罪犯的;

(五)罪犯抢夺武器的。

使用武器的人员,应当按照国家有关规定报告情况。

## 8.《中华人民共和国人民警察法》(1995年2月28日)(节录)

**第十条** 遇有拒捕、暴乱、越狱、抢夺枪支或者其他暴力行为的紧急情况,公安机关的人民警察依照国家有关规定可以使用武器。

**第十一条** 为制止严重违法犯罪活动的需要,公安机关的人民警察依照国家有关规定可以使用警械。

**第十二条** 为侦查犯罪活动的需要,公安机关的人民警察可以依法执行拘留、搜查、逮捕或者其他强制措施。

**第十三条** 公安机关的人民警察因履行职责的紧急需要,经出示相应证件,可以优先乘坐公共交通工具,遇交通阻碍时,优先通行。

公安机关因侦查犯罪的需要,必要时,按照国家有关规定,可以优先使用机关、团体、企业事业组织和个人的交通工具、通信工具、场地和建筑物,用后应当及时归还,并支付适当费用;造成损失的,应当赔偿。

## 9.《人民警察使用警械和武器条例》(1996年1月16日 国务院令第191号)(节录)

**第二条** 人民警察制止违法犯罪行为,可以采取强制手段;根据需要,可以依照本条例的规定使用警械;使用警械不能制止,或者不使用武器制止,可能发生严重危害后果的,可以依照本条例的规定使用武器。

**第三条** 本条例所称警械,是指人民警察按照规定装备的警棍、催泪弹、高压水枪、特种防暴枪、手铐、脚镣、警绳等警用器械;所称武器,是指人民警察按照规定装备的枪支、弹药等致命性警用武器。

**第四条** 人民警察使用警械和武器,应当以制止违法犯罪行为,尽量减少人员伤亡、财产损失为原则。

**第七条** 人民警察遇有下列情形之一,经警告无效的,可以使用警棍、催泪弹、高压水枪、特种防暴枪等驱逐性、制服性警械:

(一)结伙斗殴、殴打他人、寻衅滋事、侮辱妇女或者进行其他流氓活动的;

(二)聚众扰乱车站、码头、民用航空站、运动场等公共场所秩序的;

（三）非法举行集会、游行、示威的；

（四）强行冲越人民警察为履行职责设置的警戒线的；

（五）以暴力方法抗拒或者阻碍人民警察依法履行职责的；

（六）袭击人民警察的；

（七）危害公共安全、社会秩序和公民人身安全的其他行为，需要当场制止的；

（八）法律、行政法规规定可以使用警械的其他情形。

人民警察依照前款规定使用警械，应当以制止违法犯罪行为为限度；当违法犯罪行为得到制止时，应当立即停止使用。

第八条　人民警察依法执行下列任务，遇有违法犯罪分子可能脱逃、行凶、自杀、自伤或者有其他危险行为的，可以使用手铐、脚镣、警绳等约束性警械：

（一）抓获违法犯罪分子或者犯罪重大嫌疑人的；

（二）执行逮捕、拘留、看押、押解、审讯、拘传、强制传唤的；

（三）法律、行政法规规定可以使用警械的其他情形。

人民警察依照前款规定使用警械，不得故意造成人身伤害。

第九条　人民警察判明有下列暴力犯罪行为的紧急情形之一，经警告无效的，可以使用武器：

（一）放火、决水、爆炸等严重危害公共安全的；

（二）劫持航空器、船舰、火车、机动车或者驾驶车、船等机动交通工具，故意危害公共安全的；

（三）抢夺、抢劫枪支弹药、爆炸、剧毒等危险物品，严重危害公共安全的；

（四）使用枪支、爆炸、剧毒等危险物品实施犯罪或者以使用枪支、爆炸、剧毒等危险物品相威胁实施犯罪的；

（五）破坏军事、通讯、交通、能源、防险等重要设施，足以对公共安全造成严重、紧迫危险的；

（六）实施凶杀、劫持人质等暴力行为，危及公民生命安全的；

（七）国家规定的警卫、守卫、警戒的对象和目标受到暴力袭击、破坏或者有受到暴力袭击、破坏的紧迫危险的；

（八）结伙抢劫或者持械抢劫公私财物的；

（九）聚众械斗、暴乱等严重破坏社会治安秩序，用其他方法不能制止的；

（十）以暴力方法抗拒或者阻碍人民警察依法履行职责或者暴力袭击人民警察，危及人民警察生命安全的；

（十一）在押人犯、罪犯聚众骚乱、暴乱、行凶或者脱逃的；

（十二）劫夺在押人犯、罪犯的；

（十三）实施放火、决水、爆炸、凶杀、抢劫或者其他严重暴力犯罪行为后拒捕、逃跑的；

（十四）犯罪分子携带枪支、爆炸、剧毒等危险物品拒捕、逃跑的；

（十五）法律、行政法规规定可以使用武器的其他情形。

人民警察依照前款规定使用武器，来不及警告或者警告后可能导致更为严重危害后果的，可以直接使用武器。

第十条　人民警察遇有下列情形之一的，不得使用武器：
（一）发现实施犯罪的人为怀孕妇女、儿童的，但是使用枪支、爆炸、剧毒等危险物品实施暴力犯罪的除外；
（二）犯罪分子处于群众聚集的场所或者存放大量易燃、易爆、剧毒、放射性等危险物品的场所的，但是不使用武器予以制止，将发生更为严重危害后果的除外。

第十一条　人民警察遇有下列情形之一的，应当立即停止使用武器：
（一）犯罪分子停止实施犯罪，服从人民警察命令的；
（二）犯罪分子失去继续实施犯罪能力的。

第十二条　人民警察使用武器造成犯罪分子或者无辜人员伤亡的，应当及时抢救受伤人员，保护现场，并立即向当地公安机关或者该人民警察所属机关报告。

当地公安机关或者该人民警察所属机关接到报告后，应当及时进行勘验、调查，并及时通知当地人民检察院。

当地公安机关或者该人民警察所属机关应当将犯罪分子或者无辜人员的伤亡情况，及时通知其家属或者其所在单位。

第十四条　人民警察违法使用警械、武器，造成不应有的人员伤亡、财产损失，构成犯罪的，依法追究刑事责任；尚不构成犯罪的，依法给予行政处分；对受到伤亡或者财产损失的人员，由该人民警察所属机关依照《中华人民共和国国家赔偿法》的有关规定给予赔偿。

第十五条　人民警察依法使用警械、武器，造成无辜人员伤亡或者财产损失的，由该人民警察所属机关参照《中华人民共和国国家赔偿法》的有关规定给予补偿。

第十六条　中国人民武装警察部队执行国家赋予的安全保卫任务时使用警械和武器，适用本条例的有关规定。

**10.《中华人民共和国戒严法》**（1996年3月1日）（节录）

第二十八条　在戒严地区遇有下列特别紧急情形之一，使用警械无法制止时，戒严执勤人员可以使用枪支等武器：
（一）公民或者戒严执勤人员的生命安全受到暴力危害时；
（二）拘留、逮捕、押解人犯，遇有暴力抗拒、行凶或者脱逃时；
（三）遇暴力抢夺武器、弹药时；
（四）警卫的重要对象、目标受到暴力袭击，或者有受到暴力袭击的紧迫危险时；
（五）在执行消防、抢险、救护作业以及其他重大紧急任务中，受到严重暴力阻挠时；
（六）法律、行政法规规定可以使用枪支等武器的其他情形。

戒严执勤人员必须严格遵守使用枪支等武器的规定。

第三十条　戒严执勤人员依法执行任务的行为受法律保护。

戒严执勤人员违反本法规定，滥用职权，侵犯和损害公民合法权益的，依法追究法律责任。

# 第三章 犯罪停止形态

## 一、犯罪预备

### 108. 如何区分犯罪预备与犯意表示？

犯意表示与犯罪预备的本质区别在于，犯罪预备是对实行犯罪起促进作用的行为，即准备犯罪工具、制造条件，也就是有实现其犯罪故意的行为；而犯意表示行为只是单纯流露犯意，不是实现犯意的具体行为，没有对法益构成现实威胁。

### 109. 同一个行为，能否被两个犯罪构成同时评价？

刑法理论上的禁止重复评价原则，是指在定罪量刑时禁止对同一犯罪构成事实予以两次或两次以上的法律评价，据此，当然包括禁止对同一行为被两个或两个以上的犯罪构成同时评价。

**典型疑难案件参考**

张某等抢劫案

**基本案情**

2006年11月初，被告人张某、张某1因经济紧张，预谋到偏僻地段对单身女性行人实施抢劫，并购买了尖刀、透明胶带等作案工具。11月6日至9日，张某、张某1每天晚上携带尖刀和透明胶带窜至安吉县递铺镇阳光工业园区附近，寻找作案目标，均因未找到合适的作案对象而未果。11月9日晚，张某、张某1在伺机作案时提出如果遇到漂亮女性，就先抢劫后强奸，并采用手机游戏定输赢的方式确定张某先实施强奸行为。11月11日晚，张某、张某1纠集被告人徐某参与抢劫作案，提出劫得的钱财三人平分，徐某同意参与抢劫作案，但表示不参与之后的强奸犯罪。张某即交给徐某一把单刃尖刀。三人商定：发现作案目标后，由张某1、徐某各持一把尖刀将被害人逼至路边，张某用胶带将其捆绑后实施抢劫。当晚，三人寻找作案目标未果。11月12日晚，张某、张某1、徐某在递铺镇铜山桥附近寻找作案目标时被公安巡逻队员抓获。

### 诉辩情况

浙江省安吉县人民检察院以被告人张某、张某1、徐某犯抢劫罪（预备）、强奸罪（预备），向安吉县人民法院提起公诉。

被告人张某、张某1均辩称：对强奸犯罪只是预备抢劫过程中作为随便说说的话题，主要目的是为了抢劫，并不是想实施强奸。

被告人徐某辩称：无强奸故意和行为，不构成强奸罪。其辩护人的辩护意见为：（1）被告人徐某加入前，其他二被告人已完成准备作案工具并已多次寻找作案目标，徐某所起作用较小，应认定为从犯；（2）徐某没有强奸故意，不能认定构成强奸罪；（3）徐某系未成年人，作为预备犯，应对其从宽处罚。

### 裁判结果

安吉县人民法院依照《刑法》第263条、第25条第1款、第27条、第22条、第17条第1、3款、第52条、第37条，最高人民法院《关于审理未成年人刑事案件具体应用法律若干问题的解释》第17条之规定，判决如下：

一、被告人张某犯抢劫罪（犯罪预备），判处有期徒刑8个月，并处罚金人民币1000元；

二、被告人张某1犯抢劫罪（犯罪预备），判处有期徒刑10个月，并处罚金人民币1000元；

三、被告人徐某犯抢劫罪（犯罪预备），免予刑事处罚。

### 裁判理由

安吉县人民法院认为：被告人张某、张某1、徐某以非法占有为目的，经事先预谋并准备工具、制造条件，预备采用持刀威胁、捆绑的暴力手段劫取他人钱财，三被告人的行为均已构成抢劫罪（犯罪预备）。检察机关指控三被告人犯抢劫罪（犯罪预备）的罪名成立。对于三被告人犯强奸罪（犯罪预备）的指控，经审理认为，张某、张某1虽在抢劫犯罪预备时产生在可能的条件下实施强奸犯罪的主观故意，但仅是强奸的犯意表示；徐某明确表示不参与强奸行为，无强奸的主观故意，三人没有强奸的具体行为，故指控犯强奸罪（犯罪预备）的罪名不能成立。三被告人系抢劫犯罪预备犯，依法可比照既遂犯从轻、减轻处罚或免除处罚。徐某犯罪时未满18周岁，且系从犯；张某在犯罪预备的开始阶段未满18周岁；三被告人归案后均能如实供述犯罪事实，认罪态度较好。鉴于三被告人的犯罪情节及现实社会危害性，对张某、张某1予以减轻处罚，对徐某免除处罚。

## 二、犯罪未遂

### 110. 行为犯、结果犯和危险犯对于认定犯罪未遂有何意义？

一般情况下，为了剖析犯罪未遂，刑法中对犯罪进行了分类：行为犯、结果犯与危险犯。犯罪为行为犯时，行为人如未实施完法定行为则成立未遂；犯罪为结果犯时，犯罪结果未出现的则成立犯罪未遂；危险犯时，行为人的行为如未产生法定危险，则成立未遂。

### 111. 如何判断犯罪未遂中的"已经着手"？

在我国刑法中，着手与否是犯罪预备与犯罪实行的分界点，也是区别犯罪预备和犯罪未遂的关键点。一般来说，着手是指实行行为的开始，实行行为就是《刑法》分则所规定的犯罪构成要件的行为。当分则罪状规定比较抽象概括时，判断实行行为着手比较困难，这种情况就需要根据分则提供的类型化的犯罪构成，同时结合具体案情分析行为人的行为是否属于实行行为。

**典型疑难案件参考**

封怀诗贩卖毒品案

**基本案情**

2002年7月10日下午4时许，被告人封怀诗在昆明市新迎小区北区，以每克人民币135元的价格贩卖毒品海洛因10.2克给吸毒人员黎某时，被公安机关现场抓获，当场从其身上缴获毒品海洛因10.2克。

**诉辩情况**

昆明市五华区人民检察院指控称：被告人封怀诗于2002年7月10日16

时许，在昆明市新迎小区北区贩卖了毒品海洛因 10.2 克给吸毒人员黎某，其行为已构成贩卖毒品罪，应依法惩处。

被告人封怀诗对检察机关的指控持有异议，辩称：其只是帮他人转交物品，事先并不知道转交的是毒品海洛因。其辩护人辩称：被告人封怀诗是在公安机关的监控下在交易过程中被抓获的，其并没有获得收益，属犯罪预备，应对其从轻或减轻处罚。

### 裁判结果

云南省昆明市五华区人民法院依照《刑法》第 347 条第 3 款之规定，判决如下：封怀诗犯贩卖毒品罪判处有期徒刑 7 年，并处罚金 7000 元。

### 裁判理由

昆明市五华区人民法院审理后认为：被告人封怀诗无视国家法律，非法贩卖毒品海洛因 10.2 克，其行为触犯了《刑法》第 347 条第 3 款的规定，已构成贩卖毒品罪，应予惩处。被告人封怀诗当庭所作其本人是帮他人转交物品，事先并不知道转交的是毒品海洛因的辩护观点及其辩护人提出的本案属犯罪预备，应对其从轻或减轻处罚的辩护观点，与庭审查明的事实不符，且无相应证据证明。故对上述观点不予采纳。被告人封怀诗贩卖毒品的行为已既遂，应以既遂犯处理。但考虑到被告所卖毒品数量刚满 10 克，仅为 10.2 克，可根据《刑法》第 347 条第 3 款之规定，酌情从轻处罚。

#### 112. 如何理解犯罪未遂的"未得逞"？

犯罪未得逞意味着犯罪没有完成，是区别犯罪既遂和犯罪未完成形态的标志。未得逞是指《刑法》分则规定的犯罪构成要件没有齐备，因此不是犯罪既遂。判断未得逞的前提是对犯罪构成要件有正确的认识，尤其要注意诸如犯罪结果这样的要件，有的构成要求具备犯罪结果，有的则不要求。

**典型疑难案件参考**

吕芸购买假币案

### 基本案情

2009 年 9 月 10 日左右，潘怀民（另案处理）在被告人吕芸在浙江省新昌县经营的饭店内就餐付账时，谎称其使用的50元面额的人民币系假币，但可当真币使用。被告人吕芸信以为真，与潘怀民互留了联系方式。后潘怀民多次电活联系被告人吕芸，使吕芸产生了购买假币的意图。被告人吕芸提出向潘怀民购买1万元数额的假币，但潘怀民坚持必须一次性购买50万元数额的假币才肯交易，后被告人吕芸表示同意，双方约定到慈溪市验货。同月13日，被告人吕芸同潘怀民至慈溪市浒山街道迪欧咖啡店内，潘怀民将六张面值为50元的人民币冒充"假币样品"交给被告人吕芸检验，后被告人吕芸在使用上述"假币样品"过程中未遇到任何障碍，其对潘怀民所言深信不疑。同月19日上午，被告人吕芸至慈溪市浒山街道彼岸咖啡店7号包厢，以人民币9万元的价格向潘怀民及潘伟、马龙飞（均另案处理）购得50万元"假币"，事后发现其购得的"假币"实系冥币、人民币复印件等。

2009年11月19日，被告人吕芸至慈溪市公安局投案自首。

### 诉辩情况

浙江省慈溪市人民检察院指控：吕芸犯购买假币罪。

### 裁判结果

浙江省慈溪市人民法院判决：被告人吕芸犯购买假币罪，判处有期徒刑3年，缓刑5年，并处罚金人民币5万元。

### 裁判理由

浙江省慈溪市人民法院认为：被告人吕芸违反金融管理秩序，购买假币，数额特别巨大，由于意志以外的原因而未得逞，其行为已构成购买假币罪。检察机关指控的罪名成立。被告人吕芸犯罪未遂，又有自首情节，依法予以减轻处罚。根据被告人吕芸的犯罪情节和悔罪表现，依法可以适用缓刑。

### 113. 司法实践中如何区分犯罪未遂与犯罪中止？

犯罪未遂是由于犯罪分子意志以外的原因；犯罪中止是指在犯罪过程中，自动放弃犯罪或者自动有效地防止犯罪结果发生的情形。这是两者根本区别。犯罪未遂是犯罪人认为客观存在阻碍犯罪继续进行的障碍而暂时停止犯罪，一旦障碍消失就会恢复犯罪行为，中止必须是犯罪人认识到在客观上能够继续进行犯罪，而自动放弃了犯罪意图。犯罪未遂是"欲而不能"，而犯罪中止是"能而不欲"。

## 典型疑难案件参考

### 袁军荣强奸未遂案

**基本案情**

2009年8月1日11时许，被告人袁军荣因楼顶搭建的出租屋漏水上楼检查，见租房的被害人钟某某躺在床上睡觉，即生淫欲，不顾钟的大声呼救和反抗，强行脱去其内裤，并用手指摸其阴道内，后又脱掉自己的裤子，欲对其实施奸淫，因袁的妻子吴光婧上楼敲门，袁才被迫停止对被害人钟某某的侵害。

**诉辩情况**

检察机关指控称：被告人袁军荣违背妇女意志，采取暴力手段强奸妇女，其行为已构成强奸罪。被告人袁军荣系强奸未遂，提请法院依法判处。

被告人袁军荣对起诉书指控的犯罪事实不持异议，但辩称：其系主动放弃犯罪，是犯罪中止。

其辩护人的辩护意见为：（1）本案被告人袁军荣的犯罪情节较轻，被告人并未殴打被害人，暴力程度较轻，使用暴力的程度并不明显，被害人的反抗并不是很激烈，被害人是在经济补偿商谈未果的情况下才由其朋友报警。（2）被告人袁军荣的行为是犯罪中止，袁军荣虽然听到有人敲门，但是没有确定是谁在敲门，且其妻子敲门时，袁军荣的衣服已经穿好，说明被告人袁军荣是因理智和羞耻感而主动停止了犯罪，故被告人袁军荣的行为应是犯罪中止。（3）被告人袁军荣主动认罪，没有前科，母亲多病，其是家里的主要经济支柱，建议人民法院对被告人袁军荣适用缓刑。

**裁判结果**

湖北省宜昌市西陵区人民法院依照《刑法》第236条第1款、第23条、第72条第1款、第73条第2款、第3款，作出如下判决：袁军荣犯强奸罪，判处有期徒刑2年，缓刑3年。

**裁判理由**

湖北省宜昌市西陵区人民法院经审理认为：被告人袁军荣违背妇女意志，采取暴力手段强奸妇女，其行为已构成强奸罪，检察机关指控的罪名成立。被告人袁军荣已着手实行犯罪，由于意志以外的原因而未得逞，系犯罪未遂，可以比照既遂犯减轻处罚。被告人袁军荣及其辩护人辩称本案系犯罪中止的辩解，与审理查明的事实不符，对其观点法院不予采纳。被告人袁军荣归案后认罪态度较好，有悔罪表现，可以酌情从轻处罚。

## 三、犯罪中止

**114. 犯罪分子虽然成立犯罪中止，危害结果没有发生，但仍然造成了其他损失，应如何处理？**

依据《刑法》第 24 条之规定，对于中止犯，没有造成损害的，应当免除处罚；造成损害的，应当减轻处罚。这里所说的损害是指犯罪结果以外的损害，例如故意杀人的，未造成被害人死亡就中止犯罪，但造成了其他伤害结果，则仍应承担责任。

### 典型疑难案件参考

#### 朱高伟强奸、故意杀人案

**基本案情**

被告人朱高伟与被害人陈某（女，20 岁）系租房邻居。2005 年 8 月 2 日 23 时许，朱高伟路过陈某住处，见陈某独自在房内睡觉，遂产生强奸念头，并准备了老虎钳及袜子各一只。次日凌晨 1 时许，朱高伟用老虎钳将陈某住处防盗窗螺丝拧下，从窗户进入室内，把袜子塞入陈某嘴内，又从室内拿了一根绳子将陈捆绑，并将陈拖至隔壁自己住处内实施了奸淫。后朱高伟又将陈某捆绑，因害怕陈报警，便用手掐、毛巾勒其颈部，意图灭口，因发现陈某面部恐怖，心生恐惧，不忍心下手遂解开被害人手脚上的绳子，逃离现场。

**一审诉辩情况**

安徽省合肥市人民检察院以被告人朱高伟犯强奸罪、故意杀人罪，向合肥市中级人民法院提起公诉。

**一审裁判结果**

合肥市中级人民法院依照《刑法》第 236 条第 1 款、第 232 条、第 24 条、第 69 条之规定，判决如下：被告人朱高伟犯强奸罪，判处有期徒刑 6 年；犯故意杀人罪，判处有期徒刑 3 年，决定执行有期徒刑 8 年。

**一审裁判理由**

合肥市中级人民法院认为：被告人朱高伟夜间闯入他人住处，以堵嘴、捆绑等暴力手段强行与被害人发生性关系，已构成强奸罪。朱高伟实施强奸后，恐罪行暴露，用手掐、勒被害人颈部，又构成故意杀人罪。朱高伟在故意杀人犯罪中，已着手实施，自动放弃犯罪，属犯罪中止，结合朱高伟的犯罪情节及危害程度，应当减轻处罚。朱高伟一人犯数罪，依法应当数罪并罚。

### 二审诉辩情况

一审宣判后，被告人朱高伟提出上诉，理由是：其在强奸过程中虽实施了故意杀人行为，但由于其系自动中止犯罪，故意杀人行为并没有给被害人造成损害，故依法应当对其故意杀人罪免除处罚。

### 二审裁判结果

安徽省高级人民法院依法改判上诉人朱高伟犯强奸罪，判处有期徒刑6年；犯故意杀人罪，免予刑事处罚，决定执行有期徒刑6年。

### 二审裁判理由

安徽省高级人民法院经二审审理认为：朱高伟在着手实施故意杀人犯罪过程中，自动放弃犯罪构成犯罪中止，其故意杀人行为没有给被害人造成实际损害，故对其故意杀人犯罪应当免除处罚。原判认定事实清楚，定罪准确，审判程序合法；但对于朱高伟犯故意杀人罪判处有期徒刑3年属适用法律错误。

## 115. 行为人自动放弃可重复侵害行为是因为外界因素迫使的结果，那么能否认定犯罪中止？

犯罪中止强调行为人放弃犯罪的主动性，但主动性在实践中往往表现为自动停止犯罪，自动停止犯罪行为的原因既有其内心意志为驱动力的，也有受到外界因素影响而被迫停止的，后者不符合犯罪中止的主观条件，不应认定为犯罪中止。

### 典型疑难案件参考

李官容抢劫、故意杀人案

### 基本案情

2008年6月上旬，被告人李官容因急需用钱而预谋对其认识的被害人潘荣秀（女，时年20岁）实施抢劫后杀人灭口。2008年6月19日20时许，李官容在县城租用闽FE0860小轿车，携带作案工具绳子、锄头等，以一同到龙岩玩为由将潘荣秀骗上车。李官容驾车在杭永公路、上杭县城区至旧县乡角龙村公路行驶，伺机寻找抢劫地点。20日凌晨，在上杭县庐丰畲族乡安乡大桥附近，李官容停车，用绳子将潘荣秀绑在座位上，抢走潘荣秀提包内的现金人民币（以下均为人民币）130余元及白色奥克斯859型手机一部（价值990元）、农业银行金穗卡一张，并逼迫潘荣秀说出金穗卡密码。20日4时许，李官容用绳子猛勒潘荣秀的脖子致其昏迷，并用绳子将潘荣秀的手脚捆绑后扔到汽车后备箱。李官容在回上杭县城途中发觉潘荣秀未死遂打开后备箱，先用石头砸潘荣秀的头部，后用随身携带的小剪刀刺潘荣秀的喉部和手臂，致潘荣秀再次昏迷。20日6时许，李官容恐潘荣秀未死，在上杭县临城镇城西村"诚意食杂礼品经营部"购买一把水果刀，并将车开到杭永公路绿蒙牛场旁的汽车训练场准备杀害潘荣秀。苏醒后的潘荣秀挣脱绳索，乘李官容上厕所之机，打开汽车后备箱逃至公路上向过路行人曾庆攀呼救，曾庆攀用手机报警。李官容见状即追赶潘荣秀，并用水果刀捅刺潘荣秀的腹部，因潘荣秀抵挡且衣服较厚致刀柄折断而未能得逞。李官容遂以"你的命真大，这样做都弄不死你，我送你去医院"为由劝潘荣秀上车。潘荣秀上车后李官容又殴打潘荣秀。当车行驶到上杭县紫金公园门口时，李官容开车往老公路方向行驶，潘荣秀在一加油站旁从车上跳下向路人呼救。李官容大声说"孩子没了不要紧，我们还年轻，我带你去医院"以搪塞路人，并再次将潘荣秀劝上车。李官容威胁潘荣秀不能报警否则继续杀她，潘荣秀答应后，李官容遂送潘荣秀去医院。途中，潘荣秀要回了被抢的手机、银行卡等物，并打电话叫朋友赶到医院。20日8时许，李官容将潘荣秀送入上杭县医院治疗，并借钱支付了4000元医疗费。经鉴定，潘荣秀的伤情程度为轻伤。

### 诉辩情况

福建省上杭县人民检察院以被告人李官容犯抢劫、故意杀人罪（未遂）向上杭县人民法院提起公诉。

被告人李官容以下述理由请求法院对其从轻或减轻处罚：其不是无法下手，而是意识到杀人要偿命，才将被害人送往医院的；其归案后如实供述了犯罪事实。其辩护人提出：（1）由于被告人仍然控制着被害人的人身自由，被告人本可将车开往没人的地方继续实施杀人犯罪，但其自动放弃犯罪，并将被害人送入医院治疗，应认定为犯罪中止；（2）被告人为了抢劫而对被害人实施的人身伤害后果应由抢劫罪吸收，被告人的故意杀人行为属于犯罪中止，且没有造成损害后果，请求法院对被告人所犯故意杀人罪免除处罚；（3）被告人所抢财物已归还被害人，被告人系初犯、偶犯，且能自愿认罪，积极缴纳罚金，请求法院对被告人所犯抢劫罪从轻处罚。

### 裁判结果

上杭县人民法院依照《刑法》第263条、第232条、第23条、第69条、第61条、第62条、第45条、第47条、第55条、第56条、第52条、第64条和最高人民法院《关于抢劫过程中故意杀人案件如何定罪问题的批复》的规定，于2008年12月12日判决如下：

一、被告人李官容犯抢劫罪，判处有期徒刑6年，并处罚金人民币2000元；犯故意杀人罪（未遂），判处有期徒刑10年，剥夺政治权利2年，决定执行有期徒刑14年，剥夺政治权利2年，并处罚金人民币2000元。

二、随案移交的作案工具予以没收，备案存查；随案移交的物证拍照随案存查。

### 裁判理由

上杭县人民法院经审理认为：被告人李官容以非法占有为目的，以暴力手段强行劫取他人财物，且实施抢劫后为了灭口，故意非法剥夺他人生命，其行为已构成抢劫罪和故意杀人罪，应依法数罪并罚。李官容在实施故意杀人犯罪的过程中由于意志以外的原因而未得逞，是犯罪未遂，可以比照既遂犯从轻或者减轻处罚。对于被告人的辩解及其辩护人的辩护意见，经查：（1）李官容在主观上并没有自动放弃杀人的故意，而是在客观上已是白天，路上行人多，潘荣秀有反抗能力，李官容担心路人已报警、罪行已败露的情况下，被迫停止犯罪，属于犯罪未遂。（2）李官容因急需钱用预谋对潘荣秀实施抢劫并杀人灭口。李官容在劫取潘荣秀的财物后，怕罪行败露而实施了一系列的杀人灭口行为，虽因其意志以外的原因而未得逞，但已致潘荣秀轻伤，犯罪情节极为恶劣，社会危害极大，因此，不宜减轻或免除处罚。鉴于李官容故意杀人未遂，能送潘荣秀到医院治疗，并交纳了4000元医疗费，可以对李官容从轻处罚。（3）李官容系初犯，缴纳了罚金，认罪态度较好，且将被抢赃物归还被害人，对其所犯抢劫罪亦可酌情从轻处罚。

## 犯罪停止形态办案依据集成

### 刑法条文

**第二十二条【犯罪预备】** 为了犯罪,准备工具、制造条件的,是犯罪预备。

**【预备犯的处罚】** 对于预备犯,可以比照既遂犯从轻、减轻处罚或者免除处罚。

**第二十三条【犯罪未遂】** 已经着手实行犯罪,由于犯罪分子意志以外的原因而未得逞的,是犯罪未遂。

**【未遂犯的处罚】** 对于未遂犯,可以比照既遂犯从轻或者减轻处罚。

**第二十四条【犯罪中止】** 在犯罪过程中,自动放弃犯罪或者自动有效地防止犯罪结果发生的,是犯罪中止。

**【中止犯的处罚】** 对于中止犯,没有造成损害的,应当免除处罚;造成损害的,应当减轻处罚。

# 第四章　共同犯罪

## 一、共同犯罪

**116. 数个行为人具有针对同一个犯罪对象的犯罪故意，但没有意思联络，是否是共同故意？是否构成共同犯罪？**

数个行为人针对同一对象具有犯罪故意，且相互之间无意思联络，则只能认为是同时的故意，而不是共同的故意。实施的犯罪行为属于同时犯，而不是共同犯罪。

### 典型疑难案件参考

#### 乌斯曼江、吐尔逊故意伤害案

**基本案情**

2003年9月6日上午，因同在"喀什餐厅"打工的被害人艾山江酒后拿鸡腿让被告人吐尔逊吃，引起吐尔逊的不满，遂对艾山江拳打脚踢。当晚，被告人乌斯曼江和被害人艾山江在暂住处，因艾山江硬劝乌斯曼江喝酒，引起乌斯曼江的强烈不满，喝醉后遂抓住艾山江的头往墙上撞，并用夹煤用的铁夹子、铁锨等凶器殴打艾山江，铁锨柄断裂后继续殴打艾山江致使其瘫倒在地上被他人抬到床上。次日8时左右，吐尔逊来到暂住处见艾山江未起床，遂向艾身上踹了一脚后离开。后他人发现艾山江死亡并报警。经鉴定，被害人艾山江系在醉酒状态下遭受钝器打击，致创伤性休克引发多器官功能不全死亡，醉酒加速其死亡。案发后，乌斯曼江被公安机关以"目击证人"身份带回接受询问，在前两次的询问中未交代自己伤害艾山江的行为，当晚9时许公安机关将其确定为犯罪嫌疑人后交代了殴打被害人艾山江的基本事实。次日，吐尔逊到公安机关投案。

**诉辩情况**

检察机关指控：2003年9月5日9时许，被告人吐尔逊在艾山江暂住处见其喝醉酒遂对艾山江进行殴打。9月6日晚11时许，被告人乌斯曼江和被害人艾山江在暂住处喝酒。酒后，被告人乌斯曼江因故殴打艾山江。次日8时许，被告人吐尔逊到艾山江暂住处，见艾山江未起床，又用脚踹艾山江胸部，当其离开后不久艾山江死亡。

▶ 裁判结果 ◀

东营市中级人民法院依法以故意伤害罪判处被告人乌斯曼江有期徒刑12年；判处被告人吐尔逊无罪。

▶ 裁判理由 ◀

东营市中级人民法院认为：虽然乌斯曼江和吐尔逊都对艾山江实施了故意伤害行为，但其行为是相互分离的，也没有主观上共同的故意，不能构成共同犯罪，应当对两人分别处理。被告人乌斯曼江故意伤害他人身体，致人死亡，其行为已构成故意伤害罪。鉴于被害人艾山江的醉酒是加速其死亡的原因之一，对被告人乌斯曼江量刑时可以酌情从轻处罚。乌斯曼江是被作为"目击证人"带回公安机关的，非主动到案且未如实供述犯罪事实，其行为不构成自首。本案中，吐尔逊虽然对艾山江实施了伤害行为，但没有证据证明吐尔逊的行为对艾山江的身体造成了实际的伤害以及伤害的程度，因此不能认定吐尔逊的行为构成犯罪。

## 117. 在司法实践中如何正确区分共犯与同时犯？

同时犯与共犯的区别在于，前者没有经过意思联络而产生的共同故意，在共同行为方面，只是表面上共同加功于危害后果，但实质上缺乏内在联系。但从实践角度来看，还应主要从是否存在共同故意方面来判断。

### 典型疑难案件参考

吕卫军、曾鹏龙运输毒品案

▶ 基本案情 ◀

2005年6月5日零时许，被告人吕卫军、曾鹏龙各自随身携带海洛因，从曲靖火车站乘上昆明开往北京西的T62次旅客列车，准备到湖南娄底。当日中午1时许,列车运行到贵阳至凯里区间时,二被告人被该次列车乘警查获,分别从被告人吕卫军所穿的皮鞋内和所系的皮带内缴获了海洛因46.6克,从被告人曾鹏龙所穿的皮鞋内缴获了海洛因41.2克(均由公安机关依法处理)。

### 诉辩情况

长沙铁路运输检察院以被告人吕卫军、曾鹏龙犯运输毒品罪,向长沙铁路运输法院提起公诉。检察机关认为:被告人吕卫军、曾鹏龙系共同犯罪。

二被告人对被指控的罪名无异议,但均辩称:系分别运输毒品,不是共同犯罪。

### 裁判结果

长沙铁路运输法院依照《刑法》第347条第3款、第55条第1款、第56条第1款、第56条、第64条之规定,判决如下:

一、被告人吕卫军犯运输毒品罪,判处有期徒刑10年,剥夺政治权利3年,并处罚金人民币5000元,上缴国库(限判决生效后3个月内缴纳。期满不缴纳的,强制缴纳)。

二、被告人曾鹏龙犯运输毒品罪,判处有期徒刑10年,剥夺政治权利3年,并处罚金人民币5000元,上缴国库(限判决生效后3个月内缴纳。期满不缴纳的,强制缴纳)。

### 裁判理由

长沙铁路运输法院认为:被告人吕卫军、曾鹏龙无视国家法律,明知是毒品而采用携带的方法乘坐旅客列车进行长途运输,其行为已分别构成运输毒品罪。检察机关指控二被告人所犯罪名成立,但关于二被告人系共同犯罪的指控,经查,检察机关提供的证据只能证实二被告人分别携带毒品乘坐旅客列车进行长途运输,在途中被查获的事实,并不能证实二被告人有共同运输毒品的主观故意和客观行为,因此该项指控不能成立。二被告人关于两人系分别运输毒品,不是共同犯罪的辩解意见,经查与本案事实相符,于法有据,予以采纳。

### 118. 共同过失的行为能否成立共同犯罪？

我国《刑法》规定的共同犯罪必须具有共同的故意，因此共同过失犯罪，甚至一人故意与一人过失的，均不以共同犯罪论处。二人以上共同过失犯罪，应当负刑事责任的，按照他们所犯的罪分别定罪处罚。

#### 典型疑难案件参考

蒋勇、李刚过失致人死亡案

**基本案情**

被告人蒋勇、李刚受人雇用驾驶苏B—A2629的农用车于2005年8月13日上午9时许在江苏省无锡市惠山区钱桥镇华新村戴巷桥村道上行驶时，与当地的徐维勤驾驶的农用车对向相遇，双方为了让道问题发生争执并扭打。而后，徐维勤持手机打电话，蒋勇、李刚以为徐维勤纠集人员，即上车调转车头欲驾车离开现场。徐维勤见状，即冲上前拦在苏B—A2629的农用车前方并抓住右侧反光镜，意图阻止蒋勇、李刚离开。蒋勇、李刚将徐维勤拉至车后，由李刚拉住徐维勤，蒋勇上车驾驶该车以约20公里的时速缓慢行驶。后李刚放开徐跳上该车的后车厢。徐维勤见状迅速追赶，双手抓住该车的右侧护栏欲爬上该车。蒋勇在驾车过程中，从驾驶室的后视窗看到徐维勤的一只手抓在右侧护栏上，但未停车。李刚为了阻止徐维勤爬进车厢，将徐维勤的双手沿护栏扳开。徐维勤因双手被扳开而右倾跌地且面朝下，被该车的右后轮当场碾轧致死。该车开出十余米时，李刚拍打驾驶室车顶，将此事告知了蒋勇，并下车先行离开。蒋勇见状将农用车开到厂里后逃离无锡，后被公安机关抓获。同年8月18日，李刚向公安机关投案并如实供述了上述犯罪事实。

**诉辩情况**

江苏省无锡市惠山区人民检察院以被告人蒋勇、李刚犯故意杀人罪向无锡市惠山区人民法院提起公诉。

二被告人及其辩护人均提出"本案系过失致人死亡，被告人认罪态度好，被害人有一定过错"的辩护意见。

**裁判结果**

无锡市惠山区人民法院依照《刑法》第233条、第67条第1款的规定，于2006年3月7日以过失致人死亡罪，分别判处被告人蒋勇有期徒刑4年6个月，被告人李刚有期徒刑3年6个月。

### 裁判理由

无锡市惠山区人民法院认为：被告人蒋勇、李刚因让道问题与被害人徐维勤发生争执并扭打后，为了摆脱徐维勤的纠缠而驾车离开。蒋勇在低速行驶过程中看到徐维勤的手抓住护栏，其应当预见驾车继续行驶可能发生危害结果，因急于摆脱徐维勤的纠缠，疏忽大意而没有预见。李刚在车厢内扳徐维勤抓住护栏的双手时，已经预见到这一行为可能发生危害结果，但基于被告人蒋勇驾车行驶的速度缓慢，轻信低速行驶过程中扳开徐维勤双手的行为能够避免危害结果的发生。综观被告人蒋勇、李刚各自的主客观因素，可以认定蒋勇、李刚共同的主观目的是为了摆脱徐维勤的纠缠，但二人之间并无意思上的沟通。在危害结果可能发生的情况下，蒋勇、李刚分别违反了应有的预见义务和应尽的避免义务，从而导致了徐维勤死亡结果的发生。蒋勇、李刚并无共同的致害故意，只是由于对预见义务和避免义务的违反而造成致害的结果，其行为均符合过失致人死亡罪的基本特征。李刚自动投案，并如实供述犯罪事实，系自首，可以从轻处罚。检察机关指控蒋勇、李刚的行为构成故意杀人罪的定性不准，应予纠正。

## 119. 犯罪嫌疑人用欺骗手段诱使他人产生犯意，并且制造犯罪条件的，是否构成共同犯罪？

欺骗行为导致他人产生错误认识，并因此产生了犯意，与教唆犯教唆他人犯罪有所区别。关键看欺骗行为本身是否具有授意犯罪的内容，具有则是教唆行为，不具有则是其他共犯行为。

### 典型疑难案件参考

焦祥根、焦祥林故意杀人案

### 基本案情

被告人焦祥根、焦祥林系同胞兄弟，与家人共同经营管理并不属其家所有的安徽省黄山市黄山区耿城镇城澜村中棚组"小岭洞"山场。1999年前后，焦祥林与被害人唐邦明炒股时相识。焦祥林为谋取唐邦明的房产，于2007年

11月14日虚构"中林国际集团有限公司",并许诺优厚条件任命唐邦明为该公司财务总监,以骗取唐的信任。2008年3月22日,焦祥林谎称公司要给唐邦明分房及年薪人民币(以下币种均为人民币)10万元,让唐邦明书写收到购房款50万元的收条以便公司会计做账。唐邦明出具收条后,焦祥林私自在收条的空白处添加内容,伪造了房屋买卖协议书,企图找机会凭此协议侵占唐邦明的房产。焦祥林明知焦祥根极力反对村委会将"小岭洞"山场转与他人开发经营,便欲利用焦祥根的心理谋取唐邦明的房产。2008年春节之后,焦祥林多次哄骗焦祥根,称有人要买"小岭洞"山场,焦祥根表示"谁来买山场就干掉谁",焦祥林默认。2008年4月9日,焦祥林再次对焦祥根提及有人要来买山场,焦祥根让焦祥林将要买山场的人带来。次日7时许,焦祥林以"中林国际集团有限公司"要开发"小岭洞"山场为由,约唐邦明下班后到城澜村中棚组看山场。同日16时许,焦祥林告知焦祥根将有一"老板"前来看山场,焦祥根仍表示"谁来买山场就干掉谁",并携带柴刀到"小岭洞"山场等候。同日17时许,焦祥林带唐邦明来到"小岭洞"山场,行至山场一小木棚处时,遇到在此等候的焦祥根,焦祥林故意与唐邦明谈论买山场之事以让焦祥根听到。焦祥根听见后立即上前辱骂并殴打唐邦明,将唐打倒在地,后骑在唐的背上,向后猛勒唐的领带,致唐机械性窒息死亡。其间,焦祥林假意劝阻焦祥根不要殴打唐邦明。焦祥根恐唐邦明未死,用石头又砸击唐的背部数下,并用事先准备的钢丝绳套在唐的颈部扎紧,用唐的皮带捆扎唐的双脚。之后,焦祥根让焦祥林回家取来锄头和铁锹,与焦祥林一起将唐邦明的尸体驮至附近"封门口"山场的一烧炭洞处,用柴刀将唐邦明衣裤割开脱下后烧毁,将尸体放入烧炭洞中掩埋。随后,焦祥根、焦祥林携带从唐邦明身上搜出的手机、钥匙、铂金戒指、水果刀等物品回到家中。

### ▶ 一审诉辩情况

安徽省黄山市人民检察院以被告人焦祥根、焦祥林犯故意杀人罪,向黄山市中级人民法院提起公诉。

被告人焦祥根对检察机关指控的犯罪事实无异议。其辩护人提出:焦祥根故意杀人的犯意系被告人焦祥林诱发,焦祥根是焦祥林杀害被害人唐邦明的工具。

被告人焦祥林辩称:其没有精心策划杀害被害人,被害人系焦祥根所杀害,其行为不构成故意杀人罪。

### ▶ 一审裁判结果

黄山市中级人民法院依照《刑法》第232条、第25条第1款、第48条第

1款、第57条第1款之规定，判决如下：

一、被告人焦祥根犯故意杀人罪，判处死刑，剥夺政治权利终身；

二、被告人焦祥林犯故意杀人罪，判处死刑，缓期2年执行，剥夺政治权利终身。

### 一审裁判理由

黄山市中级人民法院认为：焦祥根故意非法剥夺他人生命，其行为构成故意杀人罪。关于焦祥根的辩护人提出的辩护意见，经查，焦祥根明确提出剥夺他人生命，且积极实施杀人行为，明知故意杀人的法律后果而实施犯罪，故该辩护意见不能成立，不予采纳。被告人焦祥林为达到谋取他人房产的目的，利用被告人焦祥根非法剥夺他人生命，其行为构成故意杀人罪。被害人的死亡是焦祥林精心策划所致，亦是其积极追求的结果，其辩护人提出的辩护意见不能成立，不予采纳。

### 二审诉辩情况

一审宣判后，被告人焦祥林以没有精心策划杀人等理由提出上诉。

### 二审裁判结果

安徽省高级人民法院依据《刑事诉讼法》第189条第1项、第201条、第199条之规定，裁定：驳回上诉，维持原判，并依法报请最高人民法院核准。

### 二审裁判理由

安徽省高级人民法院经二审审理认为：被告人焦祥林为达到谋取他人房产的目的，哄骗被害人到偏僻的山场，利用被告人焦祥根具体实施非法剥夺被害人生命的行为，达到谋财害命的目的，焦祥林和焦祥根的行为均构成故意杀人罪。焦祥根的辩护人所提焦祥根是被人利用，罪行和量刑均应轻于焦祥林的辩护意见，经查，焦祥根在未弄清真相的情况下杀害无辜，犯罪手段特别残忍，应依法惩处，对该辩护意见不予采纳。被害人的死亡是焦祥林精心策划所致，是其积极追求的结果，其杀人时始终在场，并积极协助和参与埋尸，原判认定其行为构成故意杀人罪并无不当。原判认定的事实清楚，证据确实、充分，定罪准确，量刑适当。

### 复核结果

最高人民法院依照《刑事诉讼法》第199条和最高人民法院《关于复核死刑案件若干问题的规定》第2条第1款之规定，裁定：核准安徽省高级人民法院维持第一审以故意杀人罪判处被告人焦祥根死刑，剥夺政治权利终身的刑事裁定。

▶ **复核理由**

最高人民法院经复核认为：被告人焦祥根故意非法剥夺被害人生命，其行为构成故意杀人罪。焦祥根唯恐自家山场被人买走，曾经扬言"谁来买山场就杀谁"，并让焦祥林将被害人带到山场，直接将被害人杀死，在共同犯罪中起主要作用，系主犯，应按照其所参与的全部犯罪处罚。焦祥根用被害人的领带勒死被害人后，唯恐被害人未死，又用石头砸击被害人背部，作案后掩埋尸体，焚烧被害人衣服，藏匿被害人物品，犯罪情节恶劣，手段残忍，后果和罪行极其严重，应依法惩处。第一审判决、第二审裁定认定的事实清楚，证据确实、充分，定罪准确，量刑适当，审判程序合法。

## 120. 共同犯罪中的共同故意在内容方面有什么要求？

共同犯罪中的共同故意一般要求行为人在主观上具备共同的认识因素和意志因素，当然，并不要求行为人在犯罪过程中的认识内容完全相同，但在犯罪构成主观认识因素方面不会出现影响犯罪构成成立的较大差异，在意志方面则都是追求共同犯罪行为所能导致的危害后果。

### 典型疑难案件参考

**王世清票据诈骗、刘耀挪用资金案**

▶ **基本案情**

1996年4月10日，被告人王世清与其弟王汝庆共同出资成立津浦公司，王世清任董事长。津浦公司长期负债经营，截至2003年年底，津浦公司较大的债务有：中国农业银行徐州分行淮西支行（以下简称农行淮西支行）贷款1250万元、商行淮西支行贷款1495万元、江苏舜天汉唐贸易有限公司（以下简称汉唐公司）欠款2000万元、上海能源股份有限公司江苏分公司货款1493万元、徐州国盛物资有限公司欠款1000万元，其中汉唐公司欠款1200万元、农行淮西支行贷款400万元、徐州国盛物资有限公司欠款300万元面临催账。

2003年11月27日，常州华源蕾迪斯有限公司（以下简称蕾迪斯公司）

申请兴业银行南京城北支行开具了收款人为蕾迪斯公司上海分公司的3张银行承兑汇票,金额各为人民币(下同)1000万元,到期日为2004年5月27日。经被告人刘耀联系、操作,蕾迪斯公司与王世清所在的津浦公司通过虚构煤炭购销业务的方法,将该汇票背书转让给津浦公司,津浦公司于2003年12月3日在商行淮西支行申请贴现2928万余元并转付蕾迪斯公司。

2003年12月,汉唐公司向王世清催要津浦公司的1200万元到期欠款。王世清遂与刘耀商议将原在商行淮西支行贴现过的承兑汇票借给津浦公司用于质押贷款,偿还公司到期债务,资金周转后再将承兑汇票赎回归还商行淮西支行,刘耀表示同意。同年12月19日,刘耀以某银行淮东支行被盗,已贴现过的银行承兑汇票放在徐州市工商银行保管更安全为由,骗得共同保管人员李广新的信任。当日下午,在向工商银行转移票据过程中,刘耀利用只有用自己的身份证号码才能打开保险箱的便利,从李广新手中取得存放保险箱的门钥匙单独进去,假装将贴现过的3张银行承兑汇票放入保险箱中,而实际藏于身上带出后将其中2张交给王世清。王世清即安排津浦公司会计到农行淮西支行办理质押贷款1900万元,用于归还汉唐公司等单位欠款及银行到期贷款等。

2003年12月26日,在徐州市商业银行对抵押物品进行检查的过程中,被告人王世清、刘耀感到事情败露且无力偿还贷款而分别逃匿。同月29日,刘耀在亲属的规劝下到南京市瑞金路派出所投案。2004年2月2日,王世清在芜湖市"奥顿"大酒店被公安机关抓获。

### 一审诉辩情况

江苏省徐州市人民检察院以被告人王世清、刘耀犯合同诈骗罪,向徐州市中级人民法院提起公诉。

被告人王世清辩称:津浦公司向农行淮西支行贷款是合法的,其主观上无非法占有的目的,没有给农行淮西支行带来任何损失,其行为不构成合同诈骗罪。

王世清的辩护人提出:起诉书指控王世清的行为构成合同诈骗罪不能成立;津浦公司与商行淮西支行是借用关系,王世清和刘耀没有共谋和策划;在侦查过程中已经查出王世清公司所属的资产价值人民币3404万元,其公司借用商行淮西支行的汇票完全有能力偿还;本案在侦查阶段违反法定程序,剥夺了犯罪嫌疑人依法获得辩护的权利。

被告人刘耀辩称:自己主观上没有非法占有的故意,其行为不构成合同诈骗罪。

刘耀的辩护人提出:公安机关收集证据存在违反法律程序的事实,部分证据不能作为定案的依据；刘耀主观上不具有非法占有的故意和目的，客观上没有虚构事实，采取欺骗方法诈骗单位的财物，其行为不构成合同诈骗罪；刘耀具有投案自首情节，具有从轻、减轻处罚情节；涉案票据的最后背书人是津浦公司，因此津浦公司享有票据权利，应宣告刘耀无罪。

### 一审裁判结果

2004年7月16日，徐州市中级人民法院依照《刑法》第224条第5项、第231条、第272条第1款、第57条第1款、第67条第1款、第64条的规定判决如下：

一、被告人王世清犯合同诈骗罪，判处无期徒刑，剥夺政治权利终身，并处没收个人全部财产。

二、被告人刘耀犯挪用资金罪，判处有期徒刑8年。

三、涉案中的两张银行承兑汇票追缴后发还徐州市商业银行淮西支行，王世清合同诈骗的赃款赃物追缴后发还中国农业银行徐州市分行淮西支行。

### 一审裁判理由

徐州市中级人民法院认为：王世清以非法占有银行贷款为目的，采取隐瞒真相的方法，在不具有偿还能力的情况下，利用已实际贴现过的银行承兑汇票作质押骗取银行贷款，用于偿还单位债务后逃匿，其行为已构成合同诈骗罪，且数额特别巨大。刘耀在担任商行淮西支行业务部主任期间，利用实际具有保管汇票的职务便利，采取欺骗的手段，秘密窃取本单位巨额承兑汇票后以个人名义借给王世清的公司使用，质押贷款后进行营利活动，数额特别巨大，且造成巨额资金至今尚未归还，其行为已构成挪用资金罪。检察机关指控王世清的事实、罪名成立。指控刘耀的犯罪事实清楚，证据充分，但适用法律不当，指控罪名有误，应予纠正。刘耀具有投案自首情节，依法可对其从轻处罚。

### 二审诉辩情况

一审宣判后，王世清、刘耀不服，向江苏省高级人民法院提出上诉。

王世清上诉称：其主观上没有非法占有的故意，未给农行淮西支行带来任何损失，其行为不构成合同诈骗罪。其辩护人除提出与王世清的上诉理由相同的辩护意见外，还提出：津浦公司是票据权利人，在农行淮西支行贷款是合法的。

刘耀上诉称：涉案票据的最后背书人是津浦公司，因此津浦公司享有票据权利，其行为不构成犯罪。其辩护人除提出与刘耀的上诉理由相同的辩护意见外，还提出：即使刘耀的行为构成挪用资金罪，其有自首情节，赃款已追回，原判量刑过重。

▶ 二审裁判结果

江苏省高级人民法院依照《刑法》第194条第1款第3项、第200条、第272条第1款、第64条和《刑事诉讼法》第189条第1、2项之规定，于2005年8月18日判决如下：

一、维持江苏省徐州市中级人民法院刑事判决第二项，即被告人刘耀犯挪用资金罪，判处有期徒刑8年。

二、撤销江苏省徐州市中级人民法院刑事判决第一、三项，即被告人王世清犯合同诈骗罪，判处无期徒刑，剥夺政治权利终身，并处没收个人全部财产；涉案中的两张银行承兑汇票追缴后发还徐州市商业银行淮西支行，被告人王世清合同诈骗的赃款赃物追缴后发还中国农业银行徐州市分行淮西支行。

三、上诉人王世清犯票据诈骗罪，判处无期徒刑，剥夺政治权利终身。

四、本案赃款赃物追缴后发还受害单位徐州市商业银行淮西支行。

▶ 二审裁判理由

江苏省高级人民法院认为：上诉人王世清作为津浦公司的法定代表人，明知其所在的津浦公司长期负债经营，无偿还能力，通过刘耀骗取了商行淮西支行所有的银行承兑汇票两张，后冒用商行淮西支行的汇票骗取银行贷款人民币1900万元，用于归还公司债务后逃匿，津浦公司及王世清的行为均已构成票据诈骗罪，且数额特别巨大。上诉人刘耀利用其担任商行淮西支行业务部主任的职务便利，擅自将本单位的承兑汇票以个人名义借给津浦公司进行质押贷款，至今无法归还，其行为已构成挪用资金罪，且数额巨大。原审法院认定事实清楚，对刘耀的定罪准确，量刑适当，应予维持，但对王世清的定性错误，应予改判。

### 121. 对欠缺犯意联络，或者欠缺协同行为的同时犯罪，如何处理？

首先，缺乏犯意联络就不存在共同犯罪故意，当然不能成立共同犯罪；其次，缺乏协同配合行为，则不能认为是共同的犯罪行为，也不成立共同犯罪。既没有共同犯罪故意也没有协同行为，则当然不构成共同犯罪，对行为人按照各自的行为定罪处罚。

## 典型疑难案件参考

### 刘正波、刘海平强奸案

**基本案情**

2008年9月20日20时许，被告人刘正波、刘海平及黄登科、"小伢子"等人与被害人刘某甲（女）、刘某乙（女）在邵阳市北塔区江北广场"老字号家常馆"吃完饭后，黄登科提议将刘某甲、刘某乙分别带走发生性关系，刘正波、刘海平等人均表示同意。随后，刘正波、黄登科将刘某甲带至大祥区敏州路左岸宾馆278号房间。刘正波威胁并殴打刘某甲，黄登科用手掐住刘某甲的脖子，并和刘正波一起强行脱去刘某甲的衣服。黄登科用手指戳破刘某甲的处女膜后，与刘正波轮流对刘某甲实施了强奸。刘海平、"小伢子"将刘某乙带至大祥区雨溪镇松坡公园一山坡上后，欲强行与刘某乙发生性关系，刘某乙反抗并在用手机接听一个电话后称已经报警，刘海平与"小伢子"被迫放弃强奸刘某乙的计划。

另查明，一审审理过程中，上诉人刘海平的亲属对刘某乙进行了一定的经济补偿，得到刘某乙的谅解，刘某乙出具报告请求对刘海平判处缓刑。

**一审诉辩情况**

湖南省邵阳市大祥区人民检察院以被告人刘正波、刘海平犯强奸罪，向湖南省邵阳市大祥区人民法院提起公诉。

**一审裁判结果**

邵阳市大祥区人民法院依照《刑法》第236条第1款、第3款第4项，第26条第1款、第4款，第27条，第23条之规定，判决如下：

一、被告人刘正波犯强奸罪，判处有期徒刑12年。

二、被告人刘海平犯强奸罪，判处有期徒刑4年。

**一审裁判理由**

邵阳市大祥区人民法院认为：被告人刘海平、刘正波伙同他人违背妇女意志，采取暴力手段强行与被害人发生性关系，其行为构成强奸罪。刘正波参与策划并积极实施殴打、强行与被害人发生性关系，在共同强奸犯罪中起主要作用，系主犯；刘海平参与策划并着手实施犯罪，在共同犯罪中起次要作用，系从犯，应减轻处罚。刘海平在实施强奸犯罪的过程中，因意志以外的原因未能得逞，系犯罪未遂。

### 二审诉辩情况

一审宣判后，二被告人均提出上诉。

被告人刘正波上诉提出：其在共同犯罪中系从犯，原判量刑偏重，请求从轻处罚。

被告人刘海平上诉提出：其与刘正波实施犯罪的时间、地点及对象不同，不能认定二人系共同犯罪；其行为系犯罪中止，原判认定为犯罪未遂错误；原判没有采信被害人对其减轻处罚的请求及谅解书不当，请求判处缓刑或免于刑事处罚。

### 二审裁判结果

邵阳市中级人民法院根据《刑法》第236条第1款、第3款第4项，第23条，第26条第1款、第4款，第72条第1款，第189条第1项、第2项之规定，判决如下：

一、驳回上诉人刘正波的上诉及上诉人刘海平的部分上诉。维持湖南省邵阳市大祥区人民法院〔2010〕大刑初字第1号刑事判决第一项对上诉人刘正波的刑事判决。

二、撤销湖南省邵阳市大祥区人民法院〔2010〕大刑初字第1号刑事判决第二项对上诉人刘海平的刑事判决。

三、上诉人刘海平犯强奸罪，判处有期徒刑3年，缓刑3年。

### 二审裁判理由

邵阳市中级人民法院认为：上诉人刘正波、刘海平分别伙同他人，违背妇女意志，强行与妇女发生性关系，其行为均构成强奸罪。其中，刘正波的行为系二人以上轮奸，刘海平的行为系犯罪未遂。在强奸刘某甲的共同犯罪中，刘正波起主要作用，系主犯。在强奸刘某乙的犯罪中，刘海平起主要作用，系主犯。刘正波与刘海平虽均有与被害人发生性关系的意图，但犯意不明确，且系各自伙同他人分别实施犯罪，犯罪时间、空间及对象均不同，二人无共同强奸刘某乙、刘某甲的犯罪故意和犯罪行为，其行为在主、客观上不符合共同犯罪的构成要件，不构成共同犯罪。刘海平犯罪情节较轻，认罪态度较好，确有悔罪表现，且得到被害人谅解，综合本案实际情况，对刘海平予以从轻处罚，对其适用缓刑确实不致再危害社会，可以对刘海平宣告缓刑。

## 122. 雇凶者与受雇者是否构成共同犯罪？

一般来说雇凶犯罪属于教唆犯罪的一种形式，受雇者在雇用者授意的范围内与雇用者成立共同犯罪。雇凶者与受雇者罪责的大小主要是由各自在共同犯罪中的地位和作用来决定的。

## 123. 雇凶者与受雇者在共同犯罪中的地位与作用应如何确定？

两者的地位和作用，应根据雇凶者雇用他人实施犯罪的目的和动机，以及希望达成的危害结果，是否直接参与实施犯罪，参与实施犯罪的程度，受雇者实施犯罪的手段、情节和造成的危害后果等因素来综合判断。另外，受雇者对自己的过限行为应该单独承担责任。

### 典型疑难案件参考

#### 胡忠、胡学飞、童峰峰故意杀人案

**基本案情**

2005年国庆期间，被告人胡忠因怀疑被害人李光耀在其贩卖毒品时从中作梗，便指使被告人胡学飞教训李光耀一顿，将其打致"住院"，并答应事后给胡学飞好处。随后胡忠带胡学飞到李光耀居住处对李进行了指认，并交给胡学飞人民币1500元。同年10月7日晚，胡学飞纠集了被告人童峰峰一同作案，并购买了两把弹簧刀。当晚8时许，胡学飞、童峰峰看见李光耀出门在路上行走，胡学飞即冲上前持刀朝李光耀背部捅刺。李被刺后挣脱逃跑，童峰峰追上将李抓住，胡学飞赶上后又持刀朝李身上捅刺。李再次挣脱逃走，胡学飞、童峰峰追上将李按倒在地并持刀朝李身上乱刺，造成李光耀因双肺被刺破致急性大失血当场死亡。作案后，胡学飞打电话告知胡忠。胡忠便将人民币3500元交给胡学飞，胡学飞分给童峰峰人民币750元。同月12日，胡忠以"乐辉"的名义开设了个人银行账户存款供胡学飞支取，并将一部手机送给胡学飞，以便相互联系。同月15日、16日，胡忠、胡学飞先后被抓获归案。同月19日，公安机关将准备投案的童峰峰抓获。

### 一审诉辩情况

湖北省武汉市人民检察院以被告人胡忠、胡学飞、童峰峰犯故意杀人罪，向武汉市中级人民法院提起公诉。

被害人李光耀之母提起刑事附带民事诉讼。

### 一审裁判结果

武汉市中级人民法院依照《刑法》第232条、第234条第2款、第48条第1款、第57条第1款、第25条第1款、第65条第1款、第67条第1款、第36条第1款，最高人民法院《关于处理自首和立功具体应用法律若干问题的解释》第1条第1项和《民法通则》第119条，最高人民法院《关于刑事附带民事诉讼范围问题的规定》第4条，最高人民法院《关于审理人身损害赔偿案件适用法律若干问题的解释》第17条第3款、第27条的规定，判决如下：

一、被告人胡忠犯故意伤害罪，判处死刑，缓期2年执行，剥夺政治权利终身。

二、被告人胡学飞犯故意杀人罪，判处死刑，剥夺政治权利终身。

三、被告人童峰峰犯故意杀人罪，判处死刑，缓期2年执行，剥夺政治权利终身。

四、被告人胡忠、胡学飞、童峰峰共同赔偿附带民事诉讼原告人涂杏花经济损失人民币166387元。

### 一审裁判理由

武汉市中级人民法院认为：被告人胡忠指使被告人胡学飞对李光耀实施伤害报复行为，造成一人死亡的严重后果，其行为已构成故意伤害罪。被告人胡学飞受胡忠指使，邀约被告人童峰峰持械共同故意非法剥夺他人生命，其行为均已构成故意杀人罪。犯罪手段特别残忍，情节特别严重，应依法惩处。童峰峰系累犯，依法应当从重处罚。童峰峰在投案途中被抓获归案，可视为自动投案，并如实供述犯罪事实，属自首，依法可从轻处罚。胡忠的亲属愿意代其赔偿部分经济损失，可酌定从轻处罚。

### 二审诉辩情况

一审宣判后，被告人胡忠、胡学飞、童峰峰均以事实不清、证据不足，定性不准，量刑过重为由提出上诉。

### 二审裁判结果

湖北省高级人民法院依法裁定：驳回上诉，全案维持原判。并以故意伤害罪核准上诉人胡忠死刑，缓期2年执行，剥夺政治权利终身；以故意杀人罪核准上诉人童峰峰死刑，缓期2年执行，剥夺政治权利终身；并依法报请最高人民法院核准上诉人胡学飞死刑。

### 二审裁判理由

湖北省高级人民法院经审理认为：原审判决事实清楚，证据确实、充分，定罪准确，量刑适当，审判程序合法。

### 复核结果

最高人民法院依照《刑事诉讼法》第199条、最高人民法院《关于复核死刑案件若干问题的规定》第2条第1款的规定，依法核准湖北省高级人民法院以故意杀人罪判处被告人胡学飞死刑，剥夺政治权利终身的刑事裁定。

### 复核理由

最高人民法院经复核认为：被告人胡学飞邀约他人共同故意非法剥夺他人生命，其行为已构成故意杀人罪，且情节恶劣，后果严重，无法定从轻、减轻处罚情节，应依法惩处。第一审判决、第二审裁定认定的事实清楚，证据确实、充分，定罪准确，量刑适当。审判程序合法。

---

### 124. 司法实践中有哪些常见的间接正犯情形？

利用无责任能力人的犯罪，如利用未成年人或精神病人实施犯罪；利用他人过失或不知情的行为犯罪，利用无意识工具、善意工具、在目的犯中利用无目的而有故意的工具、利用合法行为工具、利用不犯罪的工具、利用有身份而无故意或者无身份而有故意的工具等。

---

### 典型疑难案件参考

徐开雷保险诈骗案

### 基本案情

2002年6月，被告人徐开雷个人购买了一辆凤凰牌重型自卸货车，并挂靠在原无锡市郊区北郊汽车运输队（后更名为无锡市滨湖区北郊汽车运输队，以下简称北郊运输队），牌照号码为苏B17621，并以北郊运输队的名义向中华联合财产保险股份有限公司无锡市锡山支公司办理了盗抢险保险业务。所有上牌、年检、保险的相关费用均由被告人徐开雷个人支出。2005年5月4日，被告人徐开雷将自己购买的上述苏B17621号凤凰牌重型自卸货车出售给他人，次日即向公安机关及保险公司谎报假案，称车辆失窃。2005年9月，被告人徐开雷通过北郊运输队从中华联合财产保险股份有限公司无锡市锡山支公司骗得盗窃险保险金63130.97元。案发后，被告人徐开雷的家属于2007年2月27日代为退出全部赃款，同年3月7日，被告人徐开雷向公安机关投案自首。

### 诉辩情况

江苏省无锡市锡山区人民检察院指控称：被告人徐开雷编造未曾发生的车辆失窃的保险事故，骗取保险金数额巨大，其行为触犯了《刑法》第198条第1款第3项，已构成保险诈骗罪。案发后，被告人徐开雷主动向公安机关投案，依据《刑法》第67条第1款，属自首，依法可以从轻或者减轻处罚。

被告人徐开雷及其辩护人提出：（1）根据被告人徐开雷犯罪事实，不应以保险诈骗罪论处，而应认定为诈骗罪。依据《刑法》第198条的规定，保险诈骗罪为特殊主体，即保险合同的投保人、被保险人、受益人。被告人徐开雷既非被保险人，也非投保人和受益人，不符合保险诈骗罪构成要件的特殊主体要求。（2）被告人徐开雷具有自首、积极退赃、初犯、情节较轻等法定和酌定从宽情节，建议法庭对被告人徐开雷减轻处罚。

### 裁判结果

江苏省无锡市锡山区人民法院依照《刑法》第198条第1款第3项、第67条第1款，最高人民法院《关于处理自首和立功具体应用法律若干问题的解释》第3条，判决如下：被告人徐开雷犯保险诈骗罪，判处有期徒刑2年，并处罚金人民币1万元。

### 裁判理由

无锡市锡山区人民法院认为：被告人徐开雷编造未曾发生的车辆失窃的保险事故，骗取保险金63130.97元，数额巨大，其行为已构成保险诈骗罪，依法应予惩处。无锡市锡山区人民检察院起诉指控被告人徐开雷犯保险诈骗罪，事实清楚，证据确实、充分，指控的罪名成立，予以支持。本案中，向保险公司投保的保险标的实际所有人系被告人徐开雷，保险费等也实际系被告人徐开雷交纳，被告人徐开雷编造保险事故后，利用北郊运输队而间接实施的诈骗保险公司保险金的行为，使保险公司财产受到了损失，故被告人徐开雷构成保险诈骗罪的间接正犯。另被告人徐开雷编造保险事故，骗取保险金，数额巨大，具有较大的社会危害性，故其辩护人提出的被告人徐开雷不符合保险诈骗罪的特殊主体，情节轻微，社会危害性不大，要求判处缓刑的辩护意见，与事实不符，不予采纳。被告人徐开雷犯罪后能主动向公安机关投案，并如实供述犯罪事实，系自首，依法可以从轻或减轻处罚。被告人徐开雷在庭审中能自愿认罪，其家属已代为退出全部赃款，确有悔罪表现，依法可以从轻处罚。故被告人徐开雷的辩护人提出被告人徐开雷系初犯、偶犯，认罪态度好、家属已代为退赃、系自首，要求减轻处罚的辩护意见，与事实和法律相符，予以采纳。根据被告人徐开雷的犯罪性质、情节及悔罪表现，决定对被告人徐开雷予以减轻处罚。

## 125. 不作为是否能够与作为成立共同犯罪？

共同犯罪客观方面要求具有协同配合的共同行为，对行为类型并未限制。不作为者如果与作为者具有共同的犯罪故意，而其行为与作为者相互配合，共同导致犯罪结果，则完全可能成立共同犯罪。

### 典型疑难案件参考

#### 李晓勇等盗窃案

**基本案情**

1. 被告人李晓勇在北京邮政速递局市内分拣科工作期间，于2004年12月18日7时许，趁分拣车间无人之机，将一封由深圳市寄往"北京经济技术开发区东环北路丙1号中汽南方"的特快专递邮件私自开拆，窃取邮件内的机动车钥匙一把及机动车行驶证等物品。同年12月27日19时许，李晓勇按照邮件上写明的邮寄地址，利用所窃取的汽车钥匙，将停放在北京中汽南方华北汽车服务有限公司院内的一辆"陆虎自由人"小型越野客车（车牌号：粤BBA153）开走，后李晓勇将该车藏匿于北京市顺义区天竺宏远物流中心地下停车场07号车位。经鉴定，被盗车辆价值人民币466700元。现该车已被起获并发还被害单位。

2. 被告人李晓勇于2004年10月底的一天，在北京邮政速递局市内分拣科天竺分拣班车间分拣邮件物品时，趁人不备，窃取其分到的装有瑞士产天梭牌手表100块、雷达牌手表94块的两个特快专递邮包，所窃手表共计价值人民币954470元。被告人李晓勇将所盗窃的手表藏匿于该单位女职工更衣室的空调风机通风口内，并送给被告人李征一块天梭牌手表。案发后，起获并收缴天梭牌手表99块、雷达牌手表75块,已发还被害单位。

3. 被告人李晓勇、郭威、刘伟、李征于2004年5月底的一天,在北京邮政速递局市内分拣科天竺分拣班车间上班时,被告人郭威在分拣邮件、向微机输入条形码的过程中,发现多出一个邮件,李晓勇、刘伟、李征均目睹了这一情节。李晓勇当即在郭威的电脑上删除了该邮包的信息,并将该邮包拿走。邮包内装有诺基亚牌移动电话机55部,共计价值人民币70050元。两天后,被告人李晓勇将变卖移动电话机的赃款分给被告人郭威、李征各人民币3000元、分给被告人刘伟人民币2900元。案发后被告人郭威、刘伟、李征分别将所分得的赃款退交给公安机关。

综上,被告人李晓勇单独盗窃两起,共计价值人民币1421170元,已追缴赃物价值人民币1239385元,尚有价值人民币181785元的赃物未追缴;被告人李晓勇、郭威、刘伟、李征共同盗窃一起,价值人民币70050元,公安机关已向郭威、刘伟、李征追缴人民币8900元,在本院审理过程中,被告人郭威的家属主动帮助退赔人民币15000元、刘伟的家属主动帮助退赔人民币14000元、李征的家属主动帮助退赔人民币15000元,尚有赃款人民币17150元未追缴。

被告人李晓勇于2005年1月12日被抓获归案;被告人郭威、刘伟于2005年3月17日到公安机关投案自首;在被告人刘伟的带领下,公安机关于2005年3月18日将被告人李征抓获。

> 诉辩情况

1. 北京市人民检察院第一分院的指控

(1) 被告人李晓勇于2004年12月18日7时许,在北京邮政速递局市内分拣科上班时,将一封由深圳市寄往"北京经济技术开发区东环北路1号中汽南方"的特快专递邮件拆开,盗窃机动车钥匙一把及机动车行驶证等物品,同年12月27日晚上19时许,李晓勇又到北京经济技术开发区东环北路丙1号北京中汽南方华北汽车服务有限公司院内,利用所窃的汽车钥匙盗窃"陆虎"牌机动车一辆(车号:粤BBA153),价值人民币466700元。该车被李晓勇藏匿于本市顺义区天竺宏远物流中心地下停车场07号车位,后被起获。

(2) 被告人李晓勇于2004年11月间,在北京邮政速递局市内分拣科天竺分拣班车间内,分拣邮件物品时,趁人不备,盗窃邮包内的天梭牌手表100块、雷达牌手表94块,共计价值人民币954470元。其中天梭牌手表100块、雷达牌手表75块被李藏匿于该单位女职工更衣室的空调风机通风口内,后被起获。

(3) 被告人李晓勇、郭威、刘伟、李征于2004年6月间,在北京邮政速递局市内分拣科天竺分拣班车间内，盗窃一邮包内诺基亚牌移动电话机55部，共计价值人民币70050元。

被告人李晓勇、李征作案后被查获归案，被告人郭威、刘伟作案后于2005年3月17日到公安机关投案。检察机关认为，被告人李晓勇等犯盗窃罪，应追究刑事责任。

2. 被告人的答辩及辩护人的辩护意见

被告人李晓勇的答辩：手表是其自己买的，不是偷的。被告人李晓勇的辩护人的辩护意见：（1）被告人李晓勇用窃取的汽车钥匙偷开汽车的行为不构成盗窃犯罪，应认定为侵占罪；（2）认定李晓勇盗窃手表的事实不清，证据不足；（3）在盗窃手机的犯罪中，不应认定李晓勇是主犯；（4）李晓勇主观恶性不深，未造成严重后果，具有悔罪表现，依法可以从轻处罚。

被告人郭威的答辩：其有自首情节，请求对其从轻处理。

被告人刘伟的答辩：其事先没有预谋盗窃手机，在整个过程中其没有起到什么作用；已经向公安机关退出了所得的赃款。被告人刘伟的辩护人的辩护意见：刘伟没有实施盗窃手机的行为，没有共同的犯罪故意，其行为不构成盗窃罪。

被告人李征的答辩：认罪服法。被告人李征的辩护人的辩护意见：李征主观上没有犯罪故意，客观上没有犯罪行为，不构成共同犯罪。

### 裁判结果

北京市第一中级人民法院依照《刑法》第253条，第264条，第25条第1款，第26条第1、4款，第27条，第57条第1款，第67条第1款，第68条第1款，第72条，第61条，第64条及最高人民法院《关于处理自首和立功具体应用法律若干问题的解释》第5条的规定，判决如下：

一、被告人李晓勇犯盗窃罪，判处无期徒刑，剥夺政治权利终身，并处没收个人全部财产。

二、被告人郭威犯盗窃罪，判处有期徒刑3年，缓刑4年，罚金人民币3000元。

三、被告人李征犯盗窃罪，判处有期徒刑3年，缓刑4年，罚金人民币3000元。

四、被告人刘伟犯盗窃罪，判处有期徒刑3年，缓刑3年，罚金人民币3000元。

五、在案扣押的人民币52900元发还诺基亚（中国）投资有限公司。

六、继续向被告人李晓勇追缴人民币181785元，发还上海新宇钟表集团股份有限公司；继续向被告人李晓勇、郭威、李征、刘伟追缴人民币17150元，发还诺基亚（中国）投资有限公司。

### 裁判理由

北京市第一中级人民法院认为：李晓勇提出手表是其自己买的，但不能提供买表的时间地点，也不能合理解释为何将所买手表藏于更衣室空调通风口处，并在被羁押后托人秘密传递藏表图。而公安机关依照李晓勇所画的藏表的方位图起获了手表，在起获的装手表的塑料袋内，同时起获了雷达表的增值税发票及批发装箱单，上述物品与报失物品特征相符，李征退缴的李晓勇送给其的天梭牌手表，也正是被害单位丢失的手表中的一块，李晓勇对盗窃手表所做的供述，与在案证据基本吻合。而其关于手表是买的假表的供述，无相关证据佐证，且均与在案证据之间存在矛盾，故其该项辩解及辩护意见无事实及法律依据，法院不予采纳。

李晓勇是利用邮政工作人员的工作便利实施盗窃行为，而不是代为保管他人财物，李晓勇在邮政速递局工作期间，趁无人之机，将分拣车间内的邮件私自开拆，窃取邮件内的汽车钥匙，并用该车钥匙将停放在被害单位院内的汽车开走藏匿的行为，完全符合我国《刑法》关于盗窃罪所规定的罪状要求；在盗窃手机的过程中，是李晓勇提议将多出来的邮包拿走，并将邮包中的手机销赃，也是李晓勇将销赃所得的赃款分给同案三名被告人，可见李晓勇在共同盗窃行为中起主要作用，系主犯；被告人李晓勇多次实施盗窃行为，尚有近20万元的赃款不能退赔，对盗窃手表的事实予以否认，故辩护人的相关辩护意见缺乏事实及法律依据，法院均不予采纳。

被告人李晓勇、郭威、刘伟、李征作为邮政工作人员，在从事邮政速递工作期间，被告人李晓勇在提议拿走这件多出来的邮件，并将该邮件的信息从电脑上删除时，郭威、刘伟、李征均在场，且均对李晓勇的行为表示默许，上述行为，显然是利用了四名被告人共同的工作便利，共同实施盗窃行为并共同分赃，并在主观上已具有非法占有该财物的共同故意，故对辩护人的相关辩护意见，法院不予采纳。

经法庭质证的证据能够证实郭威、刘伟主动到公安机关投案自首，且郭威、刘伟、李征均向公安机关退出了所得的赃款，认罪态度较好，故对上述被告人的辩解，法院予以采纳。

被告人李晓勇、郭威、刘伟、李征身为邮政工作人员，在从事邮政速递快件分拣工作期间，以非法占有为目的，采取秘密窃取的手段，单独或结伙盗窃特快专递邮件内的公私财物，数额特别巨大，其行为均已构成盗窃罪，北京市人民检察院第一分院指控被告人李晓勇、郭威、刘伟、李征犯盗窃罪的事实清楚，证据确实、充分，指控罪名成立，依法均应予从重处罚。被告人李晓勇在共同犯罪中起主要作用，是主犯，且系邮政工作人员私自开拆、隐匿邮件窃取财物，依法应予从重处罚；被告人郭威、刘伟、李征亦属邮政工作人员私自开拆、隐匿邮件窃取财物，本应依法从重处罚；鉴于三被告人在共同犯罪中起次要、辅助作用，系从犯；被告人郭威、刘伟主动到公安机关投案自首；刘伟具有带领公安人员抓捕同案犯的立功表现；被告人郭威、刘伟、李征向公安机关退出了所得的赃款；在本院审理期间，被告人郭威、刘伟、李征的家属主动帮助退赔赃款，一定程度上减少了被害人的经济损失，认罪悔罪，故对李征、郭威、刘伟可分别予以减轻处罚，并可以依法适用缓刑。

### 126. 在共同犯罪情况下，个别共犯是否可以单独成立犯罪中止或者犯罪未遂？

在共同犯罪的情况下，中止犯罪人必须有效阻止其他共同犯罪人的共同犯罪行为，避免共同犯罪结果的发生，如果符合这样的条件，则可能单独成立犯罪中止。如因意志以外的原因未能得逞，则可以成立犯罪未遂。在共同犯罪中，各行为人在共同犯罪中的犯罪形态不是必然一致的。

**典型疑难案件参考**

王元帅等故意杀人、抢劫、盗窃、强制猥亵妇女案

**基本案情**

1. 王元帅主谋纠集原审被告人邵文喜预谋抢劫。2002年6月6日10时许，二人携带事先准备好的橡胶锤、绳子等作案工具，在北京市密云县鼓楼南大街以去怀柔大水峪沙岭为由，骗租杨某某（女，时年29岁）驾驶的松花江牌小型客车（车牌号：京GE 8794），当车行驶至北京市怀柔区大水峪村路段时，王元帅示意邵文喜动手，邵文喜用橡胶锤猛击杨某某头部数下，王元帅用手猛掐杨的颈部，致杨某某昏迷。二人将杨的嘴堵住，并用绳子捆绑杨的双手，抢得杨某某驾驶的汽车及"诺基亚"8210型移动电话机一部、寻呼机一个、身份证、行车执照、存折等物品共计价值人民币42000余元。在抢劫过程中，王元帅还将杨的衣服脱下，用烟头烫杨某某的腹部，并对杨进行猥亵。

为掩盖罪行，王元帅与邵文喜商量杀人灭口，将杨某某扔水沟内或用火焚烧或找坑掩埋，最后确定采用挖坑掩埋的方法杀死杨。杨某某假装昏迷趁王元帅寻作案工具，不在现场之机，哀求邵文喜放其逃走，邵文喜同意保杨一命，掩埋杨时挖浅坑，少埋土，让杨脸朝下。邵文喜未将杨某某已清醒的情况告知王元帅。

王元帅、邵文喜于当日23时许将杨某某运至北京市密云县金巨罗村朱家峪南山的土水渠处。在掩埋过程中，邵文喜挖了一个浅坑，并将杨翻过来脸朝下。掩埋时邵文喜向王元帅称其一人埋就行了，邵文喜将杨掩埋。王元帅、邵文喜离开后，杨某某爬出土坑，向群众求救得以脱险。经鉴定杨某某所受损伤为轻伤（上限）。

2. 王元帅于2002年1月31日15时许，携带玩具仿真手枪、鞋带等作案工具，在北京市密云县医院门口，以去北京市怀柔区大水峪为由，骗租孙雪洁（女、31岁）驾驶的松花江牌面包车（车牌号：京GE5970），当车行至北京市怀柔区大水峪路段的土路时，王元帅用仿真手枪顶住孙的腰部并用手掐孙的脖子、捂嘴，捆绑孙的双手，进行抢劫，后因孙雪洁反抗，王元帅未能抢得财物。孙雪洁逃脱后向公安机关报案。

3. 王元帅于2002年4月6日凌晨2时许，在北京市怀柔区邓各庄村田玉书家牛圈内，盗窃牛2头，价值人民币11000元。

王元帅于2002年5月中旬的一天下午，在北京市密云县溪翁庄镇金巨罗村刘振喜家，盗窃诺基亚3210型移动电话机一部，价值人民币670元。

> 一审诉辩情况

检察机关认为：被告人王元帅、邵文喜以非法占有为目的，抢劫财物，数额巨大，二被告人抢劫后，为杀人灭口，故意杀人；被告人王元帅强制猥亵妇女；被告人王元帅多次盗窃财物，数额巨大。二被告人的行为已分别触犯了《刑法》第263条第4项、第232条、第237条第1款、第264条之规定，被告人王元帅的行为构成抢劫罪、故意杀人罪、强制猥亵妇女罪、盗窃罪；被告人邵文喜的行为构成抢劫罪、故意杀人罪。

被告人王元帅辩称：其没有杀人故意，就想抢钱；其没有盗窃张桂珍10头牛。

王元帅的辩护人的辩护意见是：王元帅犯罪行为的危害性不是特别大，危害程度不是特别严重，请法庭量刑时予以考虑，从轻处罚。

被告人邵文喜辩称：其答应救杨某某的命，并故意将杨面朝下掩埋，其的行为不构成故意杀人罪。

邵文喜的辩护人的辩护意见是：邵文喜在实施抢劫犯罪过程中是起次要和辅助作用，是从犯，且邵文喜认罪态度较好，并检举揭发王元帅盗窃10头牛的犯罪事实，有立功表现，具有从轻或减轻处罚的情节。邵文喜没有将被害人杨某某苏醒的情况告诉王元帅避免了被害人受到进一步加害，在掩埋被害人时完全按照答应给被害人留命的方法去实施，使被害人最终得以逃脱，邵文喜没有杀人的故意，又实施了帮助被害人逃生的行为，起诉书指控邵文喜犯故意杀人罪的事实不成立。

### 一审裁判结果

北京市第二中级人民法院依照《刑法》第232条、第263条第4项、第237条第1款、第264条、第65条第1款、第57条第1款、第56条第1款、第52条、第53条、第25条第1款、第26条第1款、第4款、第23条、第69条、第36条、第64条、第61条及最高人民法院《关于处理自首和立功具体应用法律若干问题的解释》第2条、第3条、第4条及《中华人民共和国民法通则》第119条、第130条之规定，作出如下判决：

一、被告人王元帅犯故意杀人罪，判处死刑，剥夺政治权利终身；犯抢劫罪，判处无期徒刑，剥夺政治权利终身，并处没收个人全部财产；犯盗窃罪，判处有期徒刑3年，并处罚金人民币3000元；犯强制猥亵妇女罪，判处有期徒刑1年；决定执行死刑，剥夺政治权利终身，并处没收个人全部财产。

二、被告人邵文喜犯故意杀人罪，判处无期徒刑，剥夺政治权利终身；犯抢劫罪，判处有期徒刑15年，剥夺政治权利3年，并处罚金人民币30000元；决定执行无期徒刑，剥夺政治权利终身，罚金人民币30000元。

三、被告人王元帅赔偿附带民事诉讼原告人杨某某经济损失人民币7500元，被告人邵文喜赔偿附带民事诉讼原告人杨某某经济损失人民币7500元，二被告人对民事赔偿承担连带责任。

### 一审裁判理由

北京市第二中级人民法院认为：王元帅、邵文喜曾因违法犯罪均被处以刑罚，在刑满释放后不思悔过，又以非法占有为目的，结伙或单独使用暴力抢劫他人财物，二人的行为侵害了公民的人身权利和财产的合法权益，均已构成抢劫罪，抢劫数额巨大，均应依法惩处。二人在结伙使用暴力进行抢劫致人受伤后，为了灭口共同实施了将被害人掩埋的行为，其行为侵犯了公民的生命权利，均已构成故意杀人罪。二人虽然杀人未遂，但王元帅所犯罪行情节严重，社会危害性极大，不足以从轻处罚。考虑到邵文喜在故意杀人过程中的具体作用等情节，对其所犯故意杀人罪酌予从轻处罚。王元帅在抢劫致被害妇女受伤后，又实施了强制猥亵妇女的行为；王元帅还以非法占有为目的，秘密窃取公民数额巨大的财物，王元帅的行为又分别构成盗窃罪、强制猥亵妇女罪，亦应依法惩处。二人均系累犯，应当从重处罚。王元帅虽具有因形迹可疑被公安机关盘查后如实交待了伙同邵文喜抢劫、杀人罪行的行为，但其驾驶的车辆及携带的物品均能证实其有实施犯罪的嫌疑，因而不能认定王元帅抢劫罪有自首行为。王元帅还如实供述了司法机关尚未掌握的其单独抢劫和盗窃的犯罪行为，对王元帅如实供述盗窃犯罪的行为应认定自首，可依法从轻处罚；王元帅如实供述单独抢劫的犯罪行为，属司法机关已掌握其犯有抢劫罪的同种罪行，不足以对其从轻处罚。北京市人民检察院第二分院指控王元帅、邵文喜犯抢劫罪、故意杀人罪，指控王元帅犯强制猥亵妇女罪和部分盗窃罪的事实清楚，证据确实、充分，唯指控王元帅盗窃张桂珍家10头牛的证据不充分，不予认定。

### 二审诉辩情况

上诉人（原审被告人）王元帅上诉称：在原判认定的第一起犯罪中，其与邵文喜作用相当，其没有掐杨某某的颈部，原判量刑过重。

王元帅的辩护人的辩护意见是：原判认定王元帅犯有故意杀人罪的证据不足，王元帅有自首情节，建议对其从轻处罚。

北京市人民检察院意见：原审判决认定王元帅、邵文喜犯罪的事实清楚，证据确实、充分，定性正确，量刑适当，审判程序合法，建议二审法院驳回王元帅的上诉，维持原判。

### 二审裁判结果

北京市高级人民法院依照《刑事诉讼法》第189条第1项、第2项及《刑法》第232条，第263条第4项，第237条第1款，第264条，第65条第1款，第55条第1款，第56条第1款，第57条第1款，第69条，第25条第1款，第26条第1款、第4款，第23条，第24条，第61条，第64条，最高人民法院《关于处理自首和立功具体应用法律若干问题的解释》第2条、第3条、第4条的规定，改判被告人邵文喜犯故意杀人罪，判处有期徒刑7年，剥夺政治权利1年；犯抢劫罪，判处有期徒刑15年，剥夺政治权利3年，并处罚金人民币30000元；决定执行有期徒刑20年，剥夺政治权利4年，并处罚金人民币30000元。

### 二审裁判理由

北京市高级人民法院认为：原判认定王元帅犯有故意杀人罪的证据充分。

公安机关将王元帅抓获后，发现王元帅、邵文喜驾驶的汽车上有血迹，且二人乘机将车内物品丢弃，公安机关据此认为二人有重大犯罪嫌疑，王元帅系在被审查中供述自己抢劫、故意杀人的犯罪事实，依法不构成自首；被害人杨某某指证王元帅掐勒其颈部，王元帅与邵文喜共谋抢劫、杀人，在抢劫后，将被害人用土掩埋，王元帅积极追求被害人死亡结果的发生，主观上具有杀人的故意，且积极实施了杀人的行为，犯罪主观恶性深，证据充分，足以认定。

上诉人王元帅、原审被告人邵文喜均曾因违法犯罪被处以刑罚，不思悔改，以非法占有为目的，结伙或单独使用暴力劫取他人财物，均已构成抢劫罪，且抢劫数额巨大，依法均应惩处。王元帅、邵文喜抢劫后预谋杀人灭口，故意非法剥夺他人生命，均已构成故意杀人罪，依法应予惩处。王元帅虽系故意杀人未遂，但其犯罪主观恶性深，是共同犯罪的主谋，罪行极其严重，不足以对其从轻处罚。王元帅还以非法占有为目的，秘密窃取公民财物，数额巨大，在抢劫过程中强制猥亵妇女，又已分别构成盗窃罪、强制猥亵妇女罪，均应分别依法惩处。王元帅、邵文喜均系累犯，应依法从重处罚。王元帅在被羁押后，如实供述司法机关未掌握的盗窃事实，构成对盗窃犯罪的自首，可依法对其所犯盗窃罪从轻处罚。王元帅的上诉理由不能成立，应予驳回。王元帅的指定辩护人的辩护意见，本院不予采纳。北京市人民检察院建议驳回王元帅的上诉，对其定罪及量刑予以维持的意见正确，应予采纳。邵文喜在实施抢劫后，与王元帅共谋杀人灭口后，因被害人的哀求，邵文喜放弃了原有的杀人灭口的故意，采取挖浅坑，少埋土，让被害人脸朝下等有效方法避免了被害人死亡结果的发生，被害人逃生脱险与邵文喜所采取的措施及邵的主观故意的变化有直接的因果关系，邵文喜的行为构成对故意杀人犯罪的犯罪中止，依法应对其所犯故意杀人罪减轻处罚。原审人民法院根据王元帅、邵文喜犯罪的事实、犯罪的性质、情节及对于社会的危害程度所作的判决，定罪正确，审判程序合法，对王元帅适用法律正确，量刑适当，应予维持；对邵文喜所犯故意杀人罪适用法律错误，量刑不当，应予改判。

### 127. 单位与自然人之间能否构成共同犯罪？

单位和自然人都可以单独构成犯罪，双方如果具有共同的犯罪故意，并实施了共同犯罪行为，则当然可以构成共同犯罪。共同犯罪对犯罪主体没有自然人与单位的限制。

# 典型疑难案件参考

## 马汝方等合同诈骗、违法发放贷款案

**基本案情**

1. 1997年9月，时任中国明华有限公司（以下简称明华公司）法定代表人兼总经理的马汝方，在明知明华公司所属子公司北京硬视兄弟商务有限责任公司（以下简称硬视兄弟公司）、北京硬视多媒体开发制作有限公司（以下简称硬视多媒体公司）不具备高额贷款和提供担保的条件，在无保证还贷能力的情况下，为获取银行高额贷款，指使明华公司财务负责人徐光采取变造、虚构硬视兄弟公司、硬视多媒体公司的营业执照、财务报表等贷款证明文件的手段，将硬视兄弟公司的注册资金由人民币30万元变造为人民币330万元，将硬视多媒体公司的注册资金28万美元变造为128万美元，法定代表人由马汝方变造为张爽，并将两公司的财务报表做大，以硬视兄弟公司为借款人，以硬视多媒体公司为保证人，从中国民生银行北京中关村支行骗取贷款人民币500万元。该贷款中的100万元转至明华公司，其余款项均用于明华公司的债务及其他事务。

1997年11月，时任明华公司法定代表人兼总经理的马汝方，在明知明华公司无高额贷款及担保能力的情况下，为获取高额贷款，指使该公司的财务负责人徐光使用马凤仙提供的北京市西城区明珠制衣厂（以下简称明珠制衣厂）、北京市今捷易通经贸公司（以下简称今捷易通公司）的营业执照进行变造，将明珠制衣厂的注册资金由人民币40万元变造为1000万元，将今捷易通公司的注册资金由人民币20万元变造为1200万元，并对两单位的财务报表等贷款证明文件进行变造，以明珠制衣厂为借款人，以今捷易通公司为保证人，分两次从中国民生银行北京中关村支行骗取贷款人民币共计人民币800万元。该贷款人到马汝方等人以明珠制衣厂的名义在中国民生银行北京中关村支行开设的账户上，其中650万余元转至明华公司账上，其余150万余元用于明华公司的债务及其他事务支出。

1998年1月，时任明华公司法定代表人兼总经理的马汝方，伙同徐光、马凤仙采取变造北京华视通广告公司（以下简称华视通公司）、北京燕智忠经贸有限责任公司（以下简称燕智忠公司）的营业执照、财务报表等贷款证明文件的手段，将华视通公司的注册资金由人民币150万元变造为人民币600万元，法定代表人由马汝方变造为马凤仙，将燕智忠公司的注册资金由50万元变造为人民币1000万元，以华视通公司为借款人，以燕智忠公司为保证人，从中国民生银行北京中关村支行骗取贷款计人民币500万元，该贷款大部分被明华公司使用。

综上，马汝方作为明华公司的负责人，分别指使徐光、马凤仙，先后4次从中国民生银行北京中关村支行骗取贷款共计人民币1800万元。其中，马汝方、徐光参与4次，涉案金额人民币1800万元；马凤仙参与3次，涉案金额人民币1300万元。上述款项均未用于贷款申请书所列项目，到期后未归还。

在办理上述四笔贷款的过程中，身为中国民生银行北京中关村支行副行长的被告人赵兰增，在主管该行信贷业务中，违反法律、行政法规的规定，先后签发批准向硬视兄弟公司等单位发放贷款，致使1800万元贷款被诈骗。

2. 1997年12月，被告人赵兰增利用担任中国民生银行北京中关村支行副行长职务上的便利，伙同被告人马汝方，擅自挪用该银行的客户存款资金人民币2160万元归明华公司用于经营活动。2000年4月，赵兰增归还该挪用的资金。

2000年6月，被告人赵兰增利用担任中国民生银行北京中关村支行行长职务上的便利，采取伪造借款合同、保证合同的手段，挪用该银行向其他单位发放的贷款人民币3000万元归个人使用，至今未退还。

被告人马汝方于2002年4月26日被逮捕。被告人马凤仙于2002年6月21日被逮捕。被告人徐光于2002年4月4日被逮捕。被告人赵兰增于2001年9月1日被逮捕。

### 一审诉辩情况

北京市人民检察院第一分院以被告人马汝方、徐光、马凤仙犯贷款诈骗罪，被告人赵兰增犯违法发放贷款罪，被告人赵兰增单独及伙同被告人马汝方犯挪用资金罪，向北京市第一中级人民法院提起公诉。

检察机关指控：被告人马汝方、徐光、马凤仙以非法占有为目的，诈骗银行贷款，数额特别巨大，三被告人的行为触犯了《刑法》第193条之规定，均已构成贷款诈骗罪；被告人赵兰增身为银行工作人员，违反法律、行政法规的规定，违法发放贷款并造成特别重大损失，其行为触犯了《刑法》第186条第2款之规定，已构成违法发放贷款罪；被告人赵兰增利用职务上的便利，单独或伙同被告人马汝方挪用银行及客户资金，数额特别巨大且未退还，二被告人的行为触犯了《刑法》第185条第1款、第272条第1款之规定，均已构成挪用资金罪，提请法院依法判处。

被告人马汝方辩称：其没有指使他人编造虚假材料去贷款，贷款出了问题是由于个别工作人员没有很好履行手续，其本人也不具备构成挪用资金罪的条件。其辩护人提出：被告人马汝方没有非法占有的目的，明华公司未能按约归还贷款，是客观不能归还；马汝方与赵兰增在挪用资金方面没有共谋。

被告人马凤仙辩称：马汝方从未指使其做过什么，其未参与过贷款的事。其辩护人提出：被告人马凤仙没有参与贷款诈骗的行为，主观上也没有非法占有目的。

被告人徐光对指控事实不持异议。其辩护人提出：被告人徐光是出于无知才走上犯罪道路的，系本案从犯，且有重大立功表现，请求从轻、减轻处罚。

被告人赵兰增对指控其犯挪用资金罪不持异议，同时辩称指控事实与实际情况有出入。其辩护人提出：指控赵兰增犯违法发放贷款罪欠妥；对贷款过程中所造成的损失，赵兰增虽有不可推卸的责任，但银行监管不严也是主要原因，希望对被告人从轻处罚。

### 一审裁判结果

北京市第一中级人民法院依照《刑法》第224条第1项、第231条、第186条第2款、第185条第1款、第272条第1款、第56条第1款、第57条第1款、第25条第1款、第26条第1款、第4款、第69条、第64条之规定，判决如下：

一、被告人马汝方犯合同诈骗罪，判处无期徒刑，剥夺政治权利终身，并处没收个人全部财产；犯挪用资金罪，判处有期徒刑7年，决定执行无期徒刑，剥夺政治权利终身，并处没收个人全部财产。

二、被告人马凤仙犯合同诈骗罪，判处有期徒刑12年，剥夺政治权利3年，并处罚金人民币8万元。

三、被告人徐光犯合同诈骗罪，判处有期徒刑10年，剥夺政治权利2年，并处罚金人民币5万元。

四、被告人赵兰增犯违法发放贷款罪，判处有期徒刑13年，并处罚金人民币20万元；犯挪用资金罪，判处有期徒刑10年，决定执行有期徒刑20年，并处罚金人民币20万元。

五、继续向被告人马汝方、徐光及中国明华有限公司追缴人民币1800万元，被告人马凤仙对其中的人民币1300万元负有退缴责任，应一并追缴，发还中国民生银行北京中关村支行。

六、随案移送赃款人民币3万元、港币1100元、法郎2100元、美元11元，发还中国民生银行北京中关村支行，不足人民币3000万元之部分，继续向被告人赵兰增追缴，发还中国民生银行北京中关村支行。

### 一审裁判理由

北京市第一中级人民法院认为：被告人马汝方、马凤仙、徐光无视国法，以非法占有为目的，冒用他人名义，利用虚假的贷款证明文件签订借款合同，为明华公司的利益而骗取银行贷款，三被告人的行为均已构成合同诈骗罪。被告人马汝方与银行工作人员共谋，利用他人的职务便利，挪用资金予以使用，其行为已构成挪用资金罪。被告人赵兰增身为银行工作人员，违反法律、行政法规规定，向关系人以外的其他人发放贷款，且造成特别重大的损失；赵兰增还利用职务上的便利，挪用本单位资金归个人使用或借给其他单位进行经营活动，且挪用资金数额巨大，其行为已分别构成违法发放贷款罪、挪用资金罪。北京市人民检察院第一分院指控被告人马汝方、马凤仙、徐光、赵兰增犯罪的事实清楚，证据确实、充分，指控被告人赵兰增犯违法发放贷款罪、单独及伙同马汝方犯挪用资金罪的罪名成立。惟指控被告人马汝方、马凤仙、徐光犯贷款诈骗罪，因三被告人系为了单位的利益实施诈骗银行贷款，且犯罪所得主要由单位使用，故应以合同诈骗罪追究该三被告人的刑事责任。被告人马汝方、马凤仙、徐光犯罪数额特别巨大，马汝方是单位犯罪中直接负责的主管人员，马凤仙以个人身份参与犯罪，徐光为单位犯罪中的直接责任人员，三被告人所犯合同诈骗罪均应依法惩处。对马汝方所犯挪用资金罪亦应惩处。鉴于被告人徐光认罪态度较好，对其可酌予从轻处罚。对被告人赵兰增所犯违法发放贷款罪、挪用资金罪应分别予以惩处。被告人赵兰增违法发放贷款，造成特别重大的损失，被告人赵兰增单独及伙同马汝方挪用资金，数额巨大。

### 二审诉辩情况

一审宣判后，被告人马汝方、徐光、马凤仙均不服，分别向北京市高级人民法院提出上诉。

被告人马汝方上诉称：没有指使他人伪造、变造贷款文件诈骗贷款。其辩护人提出：一审判决改变指控罪名，违反程序法的规定；马汝方及其关联企业将贷款主要用于企业经营，且马汝方具有偿贷能力，其行为性质上属于民事欺诈而非合同诈骗。

被告人马凤仙上诉称：一审判决认定的事实与实际不符。其辩护人提出：明华公司未被判决构成单位犯罪，自然不应判处马凤仙刑罚；马凤仙没有参与贷款诈骗行为，主观上对于明华公司的贷款诈骗不具有明知，故不构成合同诈骗罪的共犯。

被告人徐光及其辩护人的上诉、辩护意见称：其有重大立功情节，一审判决量刑过重。

### 二审裁判结果

北京市高级人民法院依照《刑事诉讼法》第189条第1项之规定，裁定：驳回上诉，维持原判。

### 二审裁判理由

北京市高级人民法院经审理认为：被告人马汝方、马凤仙、徐光以非法占有为目的，冒用他人名义，使用虚假的贷款证明文件签订借款合同，为明华公司的利益而骗取银行贷款，三被告人的行为均已构成合同诈骗罪，且犯罪数额特别巨大。马汝方身为单位犯罪中直接负责的主管人员，马凤仙以个人身份参与共同犯罪，徐光身为单位犯罪中的直接责任人员，故对三被告人所犯合同诈骗罪均应依法惩处。马汝方与银行工作人员共谋，利用他人的职务便利，挪用资金予以使用，其行为已构成挪用资金罪，且挪用资金数额巨大，对其应予依法惩处。原审被告人赵兰增身为银行的工作人员，违反法律、行政法规规定，向关系人以外的其他人发放贷款，并造成特别重大的损失；赵兰增利用职务上的便利单独或伙同他人挪用本单位资金归个人使用或借给其他单位进行营利活动，且挪用资金数额巨大，其行为已分别构成违法发放贷款罪、挪用资金罪，亦应依法惩处。一审法院根据马汝方、马凤仙、徐光、赵兰增各自犯罪的事实、性质、情节及对于社会的危害程度，依法所作的判决，事实清楚，证据确实、充分，定罪及适用法律正确，量刑适当，审判程序合法，应予维持。

## 128. 如何认定共同犯罪中帮助犯的条件？

帮助犯属于共犯中的一类，当然首先要符合共同犯罪的基本条件。除此之外，帮助犯的成立还具有其他一些条件：第一是实施了帮助行为；第二是在犯罪前和犯罪后实施的帮助行为。所谓的帮助行为包括物质上的帮助和精神上的帮助，前者主要指为实行犯提供犯罪工具、创造犯罪条件等；后者主要是指对实行犯进行精神支持和激励，提示行为流程和细节，约定犯罪后帮助其逃匿等。

## 典型疑难案件参考

### 马俊、陈小灵等盗窃、隐瞒犯罪所得案

**基本案情**

2006年12月，被告人余大贵欲盗窃广东省潮安县官塘镇南松（潮安）玻璃工艺有限公司（以下简称南松公司）仓库中的工艺玻璃珠出售牟利，遂与被告人马俊共谋实施盗窃。马俊为此纠集了多名其他同案人（均另案处理）共同参与。余、马二人找到在该公司任保安员的被告人陶军，合谋盗窃工艺玻璃珠，并商定由陶军利用值班之机提供该公司人员的情况。其间，余大贵找到原在南松公司任仓库保管员的被告人王伟环，告知其准备盗窃之事，提出盗窃得手后将赃物出售给王伟环。为购进赃物后转手出售牟利，王伟环表示同意购买。之后，余大贵、马俊与王伟环商定到时以现金交易方式按每公斤100元的价格将所盗的工艺玻璃珠销售给王伟环。但余大贵私下与王伟环商定每公斤的实际交易价格为人民币130元，每公斤由余大贵另得30元。因现金不足，王伟环找到此前同在南松公司务工的被告人陈小灵，告知余大贵一伙要盗窃南松公司的工艺玻璃珠出售，问陈小灵是否要购买，陈小灵表示同意收购该批工艺玻璃珠。

2006年12月30日晚，余大贵将其一伙的行动告知王伟环，要王准备现金交易。王伟环为收购赃物做了准备，并联系陈小灵，要陈小灵于当晚前往潮安县铁铺镇交易。次日凌晨，余大贵、马俊伙同事先纠集的其他同案人一起窜到南松公司的仓库，采用撬开仓库排风口的方式，潜入仓库内，合伙将存放于仓库内的成品工艺玻璃珠72箱（共值人民币450625.81元）盗走。

余大贵一伙盗窃得手后，即与王伟环联系，并将赃物运至铁铺镇小溪村。王伟环即联系陈小灵，陈小灵携带人民币40000元赶到该处。王伟环让同案人赖烽等人（另案处理）到该处帮忙。现场清点和看货后，王伟环向余大贵一伙购买了该批工艺玻璃珠72箱后，当场与陈小灵商定以每公斤人民币160元的价格，转手出售给陈小灵，陈小灵即付给王伟环人民币40000元。王伟环收款后，将其中的人民币30000元私下付给余大贵。因王伟环无法当场付清货款，余大贵、马俊一伙遂与王伟环一起离开现场到潮州市区一旅社共同住宿。陈小灵在赖烽等人的帮助下，当夜将全部赃物运往东莞市，并于2006年12月31日下午在东莞市将其中的44箱工艺玻璃珠出售给同案人"陈宗强"（另案处理），后将其中部分赃款人民币150000元交由赖烽带回转交给王伟环，王伟环接到款项后，当场将款项付给余大贵、马俊等人，

余大贵、马俊一伙将赃款瓜分。2007年1月2日，陈小灵将余下货款人民币56000元付给王伟环。破案后，追回赃物工艺玻璃珠28箱及赃款人民币15000元发还受害单位。

### 诉辩情况

广东省潮安县人民检察院以被告人马俊、余大贵、陶军、王伟环、陈小灵犯盗窃罪，向潮安县人民法院提起公诉。

### 裁判结果

潮安县人民法院依照《刑法》第264条、第312条、第68条第1款、第56条第1款、第55条第1款、第52条、第53条、第64条，最高人民法院《关于执行〈中华人民共和国刑事诉讼法〉若干问题的解释》第176条第2项之规定，判决如下：

一、被告人马俊犯盗窃罪，判处有期徒刑13年，剥夺政治权利4年，并处罚金人民币4万元。

二、被告人余大贵犯盗窃罪，判处有期徒刑12年，剥夺政治权利4年，并处罚金人民币4万元。

三、被告人陶军犯盗窃罪，判处有期徒刑8年，并处罚金人民币2万元。

四、被告人王伟环犯盗窃罪，判处有期徒刑8年，并处罚金人民币2万元。

五、被告人陈小灵犯隐瞒犯罪所得罪，判处有期徒刑2年，并处罚金人民币2万元。

### 裁判理由

潮安县人民法院认为：被告人余大贵、马俊、陶军以非法占有为目的，合伙采用秘密手段，窃取他人财物，数额特别巨大，其行为已构成盗窃罪。被告人王伟环为非法牟利，事先与余大贵一伙通谋，事后对余大贵一伙盗窃所得的赃物予以收购，系余大贵一伙盗窃犯罪的共犯，其行为已构成盗窃罪。被告人陈小灵明知是他人犯罪所得赃物，仍为非法牟利而予以收购、销售，其行为已构成隐瞒犯罪所得罪。被告人余大贵、马俊在共同犯罪中均起到主要作用，系主犯，应按其组织、实施的全部犯罪进行处罚；其中，余大贵协助公安机关抓获马俊，有立功情节，依法予以从轻处罚；被告人陶军、王伟环在共同盗窃犯罪中均起辅助作用，系从犯，依法均予以从轻处罚。检察机关指控被告人余大贵、马俊、陶军、王伟环犯盗窃罪的事实清楚，证据确实、充分，罪名成立；但指控被告人陈小灵与余大贵等人事先通谋于事后收购余大贵等人盗窃的赃物的事实缺乏依据，故指控陈小灵是盗窃犯罪的共犯不当，应予纠正。

### 129. 如何处理实行犯过限？

实行犯过限是指实行犯超出了共同犯罪故意而实施的犯罪。原则上，在共同故意的范围内，过限人与其他实行犯成立共同犯罪，而对过限行为单独承担责任，其他实行犯不对过限行为承担责任。

### 130. 在多人参与的违法犯罪活动中，对其他实行犯隐瞒情况而单独实行其他犯罪行为的，是否属于实行犯过限？

在实践中应该结合案情具体分析，关键要确认行为人实施的其他犯罪行为是否完全超出了共同故意的范围，如果超出了共同故意的范围，则可认定实行犯过限。如果其他犯罪行为是共同犯罪行为的一部分或自然延伸行为，且属于共同故意的内容，则不应认定为实行行为过限。

## 典型疑难案件参考

### 杨维清等骗取出境证件案

**基本案情**

被告人杨维清于 2005 年 3 月以挂靠承包形式成立了上海和平国际旅行社有限公司申鑫大厦营业部（以下简称申鑫营业部），该营业部的经营资本由杨维清个人投入，且由杨维清独立自主经营，主要收益归属于杨个人所有。被告人李春利系申鑫营业部聘用的员工。在经营过程中，被告人杨维清为非法牟利，指使下属被告人李春利及徐淑婷（另行处理），自制了俄罗斯联邦"杰特股份有限公司"、"亚太国家协作中心"的邀请函版本，填入相应内容打印后，再由杨维清加盖上私刻的所谓"杰特公司"、"亚太中心"的公章。杨维清还授意李春利模仿俄方人员在邀请函上签名，伪造成俄方邀请函。

2006 年 6 月至 7 月，李春利接到李静娅（另行处理）要求为王重多等 23 名散客办理到俄罗斯旅游的业务。李春利遂对王烨称要做点私活，并且将这些人的护照复印件传真给王烨，再由王烨通过传真件转回申鑫营业部办理出境旅游邀请函。李春利在办理过程中经杨维清同意，采用前述方式，伪造了俄方邀请函，并在发现这些人均系浙江省温州地区农民的情况下，经询问杨维清后，由杨授意在签证申请表上虚构出境人员身份从而为王重多等23人骗取了赴俄罗斯联邦的签证，致使黄建东、朱海申、兰伟红3人在机场偷渡出境时被当场抓获，另有17人偷渡出境后无入境记录。

### 一审诉辩情况

上海市黄浦区人民检察院指控：被告人杨维清，李春利犯有骗取出境证件罪。

被告人杨维清对指控的事实予以否认，辩称：邀请函内容是真的，起诉书指控偷越国境的23人的签证是李春利瞒着她做的私活。被告人杨维清的辩护人认为：杨维清主观上没有犯罪故意。客观上没有证据能证实杨维清将取得的签证交给了组织他人偷越的犯罪分子。杨维清通过制造境外邀请函的方式为客户办理签证，邀请函的内容是真实的，目的只是为了缩短业务操作时间和节省业务成本，并非是用于组织他人偷渡出境。杨维清对本案涉嫌23人偷渡并不知情，是李春利做私活，构成犯罪也是李春利一人之责。

被告人李春利对指控的事实无异议，但辩称：其一切行为都是受杨维清指使的。被告人李春利的辩护人认为：李春利的行为不构成骗取出境证件罪。李春利在办理王重多等23人签证时，填写的邀请函内容是真的，没有直接的犯罪故意。客观上本案没有证据能证实李春利翻译填写的邀请函是给组织偷渡的"蛇头"。申鑫营业部具有合法经营权，李春利作为该单位的职工，是在单位授意下进行的，其行为是职务行为，如果构成犯罪也是单位犯罪。即使李春利有罪，也只有3人是在机场被查获的，应认定偷渡的是3人，不属《刑法》第319条第1款规定的情节严重，李春利案发后认罪态度较好，确有悔罪表现，是从犯，建议法庭能减轻处罚，适用缓刑。

### 一审裁判结果

上海市黄浦区人民法院依照《刑法》第319条、第64条之规定，判决如下：
一、被告人杨维清犯骗取出境证件罪，判处有期徒刑3年6个月。
二、被告人李春利犯骗取出境证件罪，判处有期徒刑3年6个月。
三、犯罪工具"杰特公司"、"亚太中心"印章各一枚应予没收。

### 一审裁判理由

上海市黄浦区人民法院经审理认为：被告人杨维清、李春利以旅游为名弄虚作假，骗取签证，为组织他人偷越国境使用，其行为均已触犯了《刑法》

第319条之规定，构成骗取出境证件罪，应依法追究刑事责任。杨维清、李春利明知出境人员有可能滞留不归或偷渡去第三国，仍共同弄虚作假，骗取签证，给他人使用，根据《刑法》第25条第1款之规定，系共同犯罪。被告人杨维清指使李春利制作假邀请函，虚填出境人身份，并授意李春利模仿俄方人员签名；被告人李春利为了牟取非法利益，利用杨维清设定的骗取签证的操作流程，积极实施骗取出境签证的行为，两人在共同犯罪中作用相当，均应对全部犯罪事实承担刑事责任，检察机关认为李春利在犯罪中起了次要作用，系从犯的意见，不符合法律规定的从犯条件，本院不予采纳。被告人杨维清指使他人自制邀请函版本，加盖私刻的印章，模仿俄方人员签名，无论内容是否属实，其形式都是虚假的，违反了办签证必须提供真实原件的规定，其主观上具有骗取出境证件的故意。客观上杨维清多次向他人提供伪造邀请函骗取的签证，应该知道有人在组织他人偷越出境，仍放任这种结果的发生，杨维清行为构成了骗取出境证件罪。故对杨维清及其辩护人的辩护意见，本院不予采纳。申鑫营业部是一个挂靠承包单位，其出资和利益归属均为杨维清个人，该营业部的行为应视为是杨维清的个人行为，李春利与杨维清的共同犯罪，是自然人之间的共同犯罪，不能认定为单位犯罪。被告人李春利为牟取非法利益，明知王重多等人有偷渡的可能，仍为这些人提供伪造的邀请函并在签证申请表上帮助填写虚假身份，骗取签证，提供给组织者使用，其主观上有骗取出入境证件犯罪的故意。客观上实施了骗限签订的行为并提供给他人使用，造成3名偷渡者在机场扣押，17名偷渡者出境后没有入境记录，其行为已构成骗取出境证件罪，应对犯罪行为造成的后果，承担刑事责任。李春利在共同犯罪中起了积极主要作用，不符合法律规定的从犯条件，不具有减轻处罚的条件，也不具备判处缓刑的条件。故对李春利辩护人提出的辩护意见，本院不予采纳。

### 二审诉辩情况

上诉人杨维清上诉辩称：出国邀请函内容都是真实的，本案偷越国境的23人的签证是李春利瞒着她做的"私活"。上诉人杨维清的辩护人认为：杨维清对本案涉嫌23人偷渡并不知情，杨维清通过制造境外邀请函的方式为客户办理签证，邀请函的内容是真实的，目的只是为了缩短业务操作时间和节省业务成本，并非是用于组织他人偷渡出境。只是杨维清办理签证流程被李春利充分利用，从而引发本案。建议二审对杨维清作出无罪判决。

上诉人李春利上诉认为：其行为是受杨维清指使的职务行为，应认定为从犯。上诉人李春利的辩护人认为：李春利的行为不构成骗取出境证件罪。申鑫营业部具有合法经营权，李春利作为该单位的职工，是在单位授意下进行的，其行为是职务行为，如果构成犯罪也是单位犯罪。退一步说，即使李春利构成犯罪，也应认定为从犯，建议二审对李春利减轻处罚。上海市人民检察院第二分院认为，原审法院认定上诉人杨维清、李春利犯骗取出境证件罪的事实清楚，证据确实充分，且诉讼程序合法有效，建议二审依法作出裁决。

### 二审裁判结果

上海市第二中级人民法院依照《刑事诉讼法》第189条第1项之规定，裁定如下：驳回上诉，维持原判。

### 二审裁判理由

上海市第二中级人民法院认为：原判对杨维清、李春利定罪和适用法律正确，量刑恰当，审判程序合法。上海市人民检察院第二分院意见正确。

---

## 131. 附带民事诉讼原告人是否可以仅与部分共同犯罪被告人达成调解协议？

在司法实践中，共同犯罪人负有连带赔偿的责任，但附带民事诉讼的原告人根据意思自治，有权选择部分共同犯罪人主张调解。另外，部分被告人往往也会为了减轻刑罚而选择调解，这样对附带民事诉讼原告人获得赔偿是有利的。因此，实践中允许附带民事诉讼原告人仅与部分共同犯罪被告人达成调解协议。

在这种情况下，调解应该采取部分撤案的方式结案。

对于未能调解的被告人，应按照其行为定罪量刑，同时也要判处其应当承担的赔偿数额。

---

### 典型疑难案件参考

程文岗等故意伤害案

### 基本案情

2006年4月9日晚21时许，被告人程文岗因琐事与同在上海友南特幕墙装潢有限公司打工的被害人张佰金发生口角，程文岗即纠集同在该公司打工的被告人程晓武（程文岗之弟）与被告人周观章持铁方管等至该公司二楼张佰金的住处，对张佰金及与张同住的高勇等人进行殴打。其间，程晓武用手肘击打张佰金的背部,周观章用铁方管击打张佰金的头部,致张佰金死亡,高勇头部轻微伤。三被告人作案后在逃匿途中被抓获归案。经鉴定,张佰金系被钝器打击头部致特重度颅脑损伤致中枢神经系统功能衰竭而死亡。三被告人的犯罪行为给附带民事诉讼原告人造成的经济损失共计人民币386311元。

### 诉辩情况

上海市人民检察院第一分院以被告人程文岗、周观章、程晓武犯故意伤害罪,向上海市第一中级人民法院提起公诉。

附带民事诉讼原告人彭菊花(被害人之妻)、张代华(被害人之子)、张媛(被害人之女)要求判决三被告人共同赔偿各项经济损失,共计人民币392900元。一审庭审后,附带民事诉讼原告人与被告人周观章的亲属就民事赔偿达成调解协议,由周观章的亲属一次性赔偿人民币6万元,附带民事诉讼原告人自愿撤回对周观章的附带民事起诉,放弃对周观章所承担民事赔偿份额的赔偿请求。

被告人程文岗对起诉指控的事实无异议。其辩护人提出:程文岗未直接造成被害人死亡的后果,且被害人有重大过错,建议对其从轻处罚,并不承担民事赔偿责任。

被告人周观章对起诉指控的事实无异议。其辩护人提出:周观章系被纠集参与犯罪,到案后认罪态度较好,且亲属积极协助赔偿,已与原告人达成调解协议,应从轻处罚。

被告人程晓武对起诉指控的事实无异议。其辩护人提出:程晓武系从犯,未直接造成被害人死亡,且被害人有重大过错,建议对其从轻处罚,并减轻民事赔偿责任。

### 裁判结果

上海市第一中级人民法院依照《刑法》第234条第2款、第25条第1款、第57条第1款、第56条第1款、第64条、第36条第1款,《民法通则》第119条、第130条的规定,判决如下:

一、被告人程文岗犯故意伤害罪,判处无期徒刑,剥夺政治权利终身;

二、被告人周观章犯故意伤害罪,判处有期徒刑15年,剥夺政治权利4年;

三、被告人程晓武犯故意伤害罪,判处有期徒刑15年,剥夺政治权利4年;

四、附带民事诉讼被告人程文岗、程晓武共同赔偿附带民事诉讼原告人彭菊花、张代华、张媛各项经济损失人民币251102元;

五、犯罪工具予以没收。

**裁判理由**

上海市第一中级人民法院认为：被告人程文岗因琐事与他人发生争执后，为报复而纠集被告人程晓武、周观章持械对他人进行殴打，致一人死亡、一人受伤，三被告人的行为均构成故意伤害罪，应依法惩处。三被告人的犯罪行为给附带民事诉讼原告人造成了经济损失，应共同承担赔偿责任。附带民事诉讼原告人要求三被告人赔偿经济损失的诉讼请求，依法应予支持，但对原告人所提丧葬费赔偿数额超出法定标准的部分，不予支持。根据三被告人在共同犯罪中的地位、作用，被告人程文岗、周观章、程晓武分别承担35%、35%和30%的赔偿份额，并均负连带赔偿责任。鉴于附带民事诉讼原告人在诉讼中与被告人周观章亲属达成调解协议，自愿申请撤回对周观章的民事赔偿诉讼，被告人程文岗、程晓武对被告人周观章所负担的赔偿份额不再承担连带赔偿责任。

## 二、主犯、从犯、胁从犯和教唆犯

**132. 司法实践中通常如何划分共同犯罪的类型？**

从犯罪分工的角度，划分为正犯、教唆犯、帮助犯、组织犯；从在犯罪中作用的角度，划分为主犯、从犯、胁从犯。我国采混合划分法，包括主犯、教唆犯、从犯和胁从犯。

**133. 被教唆人的犯罪行为突破了教唆人的教唆范围时，如何认定教唆人的刑事责任？**

这种情况一般被称为被教唆人实行行为过限，一般来说，两人在教唆范围内成立共犯，被教唆人对过限行为单独承担责任。

### 典型疑难案件参考

陈卫国、余建华故意杀人案

**基本案情**

被告人余建华案发前在浙江省温州市瓯海区娄桥镇娄南街某鞋业有限公司务工。2005年9月29日晚，余建华因怀疑同宿舍工友王东义窃取其洗涤用品而与王发生纠纷,遂打电话给亦在温州市务工的被告人陈卫国,要陈前来"教训"王。次日晚上8时许,陈卫国携带尖刀伙同同乡吕裕双(另案处理)来到某鞋业有限公司门口与余建华会合,此时王东义与被害人胡恒旺及武沛刚正从门口经过,经余建华指认,陈卫国即上前责问并殴打胡恒旺,余建华、吕裕双也上前分别与武沛刚、王东义对打。其间,陈卫国持尖刀朝胡恒旺的胸部、大腿等处连刺三刀,致被害人胡恒旺左肺破裂、左股动静脉离断,急性失血性休克死亡。

### 一审诉辩情况

浙江省温州市人民检察院以被告人陈卫国、余建华犯故意杀人罪,向温州市中级人民法院提起公诉。

### 一审裁判结果

温州市中级人民法院依照《刑法》第232条、第25条第1款、第56条第1款、第57条第1款的规定,于2006年3月17日判决如下:

一、被告人陈卫国犯故意杀人罪,判处死刑,剥夺政治权利终身;

二、被告人余建华犯故意杀人罪,判处有期徒刑15年,剥夺政治权利5年。

### 一审裁判理由

温州市中级人民法院认为:被告人陈卫国、余建华因琐事纠纷而共同故意报复杀人,其行为均已构成故意杀人罪。犯罪情节特别严重,社会危害极大,应予依法惩处。

### 二审诉辩情况

宣判后陈卫国、余建华均以没有杀人的故意、定性不准,量刑过重为由提出上诉。

### 二审裁判结果

浙江省高级人民法院依照《刑事诉讼法》第189条第1、2项,《刑法》第232条、第234条、第56条第1款、第57条第1款的规定,于2006年8月1日判决如下:

一、驳回上诉人陈卫国的上诉;

二、撤销原审判决中对上诉人余建华的定罪量刑部分;

三、上诉人余建华犯故意伤害罪,判处有期徒刑15年,剥夺政治权利

5年。

### 二审裁判理由

浙江省高级人民法院经审理认为：上诉人陈卫国事先携带尖刀，在与被害人争吵中，连刺被害人三刀，其中左胸部、左大腿的两处创伤均为致命伤，足以证明陈卫国对被害人的死亡后果持放任心态，原审据此对陈卫国定故意杀人罪并无不当。上诉人余建华、陈卫国均供述余建华仅要求陈卫国前去"教训"被害人，没有要求陈卫国携带凶器；在现场斗殴时，余建华没有与陈卫国作商谋，且没有证据证明其知道陈卫国带着凶器前往；余建华也没有直接协助陈卫国殴打被害人。原判认定余建华有杀人故意的依据不足，应对其以故意伤害罪判处。陈卫国犯罪情节特别严重，社会危害极大，应予依法惩处。审判对陈卫国的定罪和适用法律正确，量刑适当，审判程序合法。对余建华的定罪不当，应予改判。

### 134. 如何划分共同犯罪中的主犯与从犯？

在司法实践中，犯罪分子是起主要作用还是次要、辅助作用，应从主客观方面进行综合判断：一方面考察犯罪分子在共谋中对犯罪故意的形成起何种作用；另一方面要分析犯罪分子具体实施了哪些犯罪行为，实际参与程度及具体行为的样态。首先，分析共犯人在犯意形成阶段所起的作用。参与共谋者在共同犯罪中的作用可根据共谋的内容和性质作具体分析。其次，判断共犯人所实施的具体犯罪行为的作用。当然，对于各共犯人特别是实行犯的情况不相上下、作用相当、难分主从的，则不必勉强划分，可根据各共犯人具体罪行的事实、性质和对社会的危害程度以及其他具体情况，依法判处适当的刑罚。

### 典型疑难案件参考

张龙等人抢劫案

### 基本案情

2008年4月20日零时许，被告人张龙、黎杰、肖锋在汕头市潮南区司马浦镇新都宾馆合谋抢劫。张龙携带单刃尖刀，黎杰携带西瓜刀，乘坐由肖锋驾驶的摩托车一同外出寻找目标。三人在司马浦镇司上居委栅内学校前路段看见被害人廖镇雄正步行路过。肖锋调转车头并在栅内学校附近停车，张龙、黎杰持刀追上廖镇雄，实施抢劫。因廖镇雄反抗，黎杰持西瓜刀向廖镇雄砍去，张龙用尖刀猛刺廖镇雄的臀部及腹股沟附近等处，致廖镇雄倒地，肖锋也赶上前用脚踢廖镇雄。廖镇雄因锐器刺创致右腹股沟下方髂外静脉破裂失血性休克死亡。三人抢走廖镇雄的三星E488型手机（价值700元）后逃离现场。肖锋将抢得的三星手机藏在新都宾馆天台上。同月26日，被告人李小虎按照肖锋的吩咐拿到该手机，在明知是抢劫所得赃物的情况下，仍继续使用该手机。同月29日，李小虎将张龙、肖锋的衣物带到深圳。次日晚，张龙、肖锋、李小虎在深圳市被公安机关抓获。同年8月8日，黎杰被抓获。

### ▶ 一审诉辩情况 ◀

广东省汕头市人民检察院指控：被告人张龙、黎杰、肖锋的行为均触犯了《刑法》第263条之规定，应当以抢劫罪追究刑事责任。被告人李小虎的行为触犯了《刑法》第312条之规定，应当以掩饰、隐瞒犯罪所得罪追究刑事责任。

被告人张龙及其辩护人辩称：张龙仅捅刺了被害人臀部一刀；张龙向公安机关提供黎杰的基本情况并协助公安机关确定黎杰的身份，请求从轻处罚。

被告人黎杰及其辩护人辩称：张龙提议抢劫，黎杰没有参与密谋，黎杰只是用刀背砍被害人，故黎杰在共同犯罪中起次要作用，系从犯。

被告人肖锋及其辩护人辩称：肖锋负责驾车，在抢劫中只是用脚踢踹已倒地的被害人，故起次要作用，系从犯。

### ▶ 一审裁判结果 ◀

广东省汕头市中级人民法院依照《刑法》第263条第5项、第312条、第25条第1款、第26条第1款、第4款、第48条第1款、第55条第1款、第56条第1款、第57条第1款之规定，判决如下：

一、被告人张龙犯抢劫罪，判处死刑，剥夺政治权利终身，并处没收个人全部财产。

二、被告人黎杰犯抢劫罪，判处无期徒刑，剥夺政治权利终身，并处没收个人全部财产。

三、被告人肖锋犯抢劫罪，判处有期徒刑15年，剥夺政治权利5年，并处罚金人民币1万元。

四、被告人李小虎犯掩饰、隐瞒犯罪所得罪，判处有期徒刑1年6个月，并处罚金人民币2000元。

### 一审裁判理由

广东省汕头市中级人民法院经审理认为：被告人张龙关于仅捅刺被害人臀部一刀的辩解与其在侦查阶段的多次供述、被告人黎杰、肖锋的供述、尸体鉴定结论等证据矛盾，不足采信。黎杰、肖锋的辩解均不成立。张龙、黎杰、肖锋以非法占有为目的，结伙持械使用暴力手段当场劫取他人财物，并致人死亡，其行为均已构成抢劫罪。被告人李小虎明知是犯罪所得的赃物，仍予以窝藏、转移，其行为已构成掩饰、隐瞒犯罪所得罪。张龙、黎杰、肖锋均积极参与作案，在共同犯罪中均起主要作用，均系主犯，应当按照其参与的全部犯罪处罚。张龙是致使被害人死亡的直接凶手，其犯罪手段残忍，罪行极其严重，应依法惩处。

### 二审诉辩情况

一审宣判后，被告人张龙、黎杰、肖锋均提出上诉。三人的上诉理由与一审时的辩解基本相同，张龙在二审庭审中还翻供辩称他们作案是受绰号叫"老四"的人指使。

### 二审裁判结果

广东省高级人民法院依照《刑事诉讼法》第189条第1项、第199条之规定，裁定：驳回上诉，维持原判，并依法报请最高人民法院核准。

### 二审裁判理由

广东省高级人民法院经审理认为：原判认定的事实清楚，证据确实、充分，定罪准确，量刑适当，审判程序合法。各上诉人所提的上诉意见，经查均不成立，不予采纳。

### 复核结果

最高人民法院依照《刑事诉讼法》第199条和最高人民法院《关于复核死刑案件若干问题的规定》第2条第1款的规定，裁定如下：核准广东省高级人民法院〔2009〕粤高法刑一终字第360号维持第一审以抢劫罪判处被告人张龙死刑，剥夺政治权利终身，并处没收个人全部财产的刑事裁定。

### 复核理由

最高人民法院经复核认为：被告人张龙以非法占有为目的，伙同他人采用故意杀人等暴力手段劫取财物，其行为已构成抢劫罪。张龙参与预谋，积极实施抢劫，持尖刀捅刺被害人多刀，直接致死被害人，在共同犯罪中起主要作用，系主犯，应当按照其所参与的全部犯罪处罚。张龙伙同他人抢劫致人死亡，犯罪性质恶劣，手段残忍，社会危害大，罪行极其严重，应依法惩处。第一审判决、第二审裁定认定的事实清楚，证据确实、充分，定罪准确，量刑适当。审判程序合法。

### 135. 事前明知，并且事后包庇的行为，是否构成共同犯罪？

从行为角度来看，已经具备了共同犯罪行为，关键是看是否具备共同的犯罪故意。事前通谋，说明存在意思联络，具有共同犯罪故意，进而提供隐藏处所、财物，帮助其逃匿或者作假证明包庇的，应以共同犯罪论处。如果事前并无意思联络，没有形成共同的犯罪故意，则即使存在上述行为，也不能认定为共同犯罪。

### 136. 共同包庇犯罪案件中的共犯可否划分主从犯？

我国《刑法》以各共同犯罪人在犯罪中所起的作用为标准，将共同犯罪人划分为主犯、从犯和胁从犯。在共同窝藏、包庇犯罪案件中，可以根据《刑法》总则关于共同犯罪的规定和具体的案情，按照各被告人在共同犯罪中所起的作用大小对其分别认定为主犯或者从犯。

#### 典型疑难案件参考

冉国成、冉儒超、冉鸿雁故意杀人、包庇案

▶ **基本案情**

2001年4月10日，被告人冉国成与本乡杨家村村民何玉均因赌博纠纷发生斗殴，冉被何打伤，遂对何怀恨在心，伺机报复。案发前，冉国成曾先后3次对其胞兄冉儒超流露"要搞（指报复）何玉均"，但冉儒超对此一直未置可否。

2002年9月11日23时许，冉国成与冉儒超、冉鸿雁在其家中喝酒时，金洞乡政府林业站打来电话，称有人在非法贩运木材，要求冉国成立即前去查处。接完电话后，冉国成突生当晚杀死何玉均的念头。于是，便从家中携带一把砍刀，并邀约冉儒超、冉鸿雁陪同执行查处任务。冉儒超看见冉国成携带的砍刀后，问为何带刀，冉国成含糊搪塞。执行完任务后，三人到乡政府外小吃摊吃夜宵的过程中，冉国成借故离开，潜入在附近居住的被害人何玉均的卧室，持随身携带的砍刀向熟睡中的何玉均猛砍20余刀，致其当即死亡。

与此同时，金洞乡政府干部罗军出来看见冉国成的摩托车后，向冉儒超和冉鸿雁打听冉国成的去向，冉儒超便安排冉鸿雁和罗军在附近寻找冉国成。不一会儿，三人听见从何玉均住房内传出砍杀声。冉儒超当即意识到可能是冉国成在砍杀何玉均，遂叫冉鸿雁和罗军到何玉均的卧室去"看一下"。二人赶到现场时，发现冉国成已将何玉均杀死。随后，冉国成安排冉鸿雁用摩托车将冉儒超和其本人送回家。之后，冉国成指使冉儒超和冉鸿雁将其杀人所用的砍刀等物转移至冉鸿雁的养鸡场内藏匿。到养鸡场后，冉儒超给冉国成打电话，授意冉国成将其作案时所穿的血衣和鞋子等物烧毁。同时，又安排冉鸿雁用乙醇把冉国成杀人所用的砍刀上的血迹烧掉，但冉鸿雁还未来得及行动，公安人员已闻讯赶来抓捕。冉儒超把砍刀藏匿后，逃回家中与冉国成共商对策。冉儒超认为冉国成"是国家干部，还有前途"，决定由自己为其顶罪，并和冉国成订立攻守同盟后外逃。当日，三被告人分别被公安机关抓获。

### 诉辩情况

重庆市人民检察院第四分院以被告人冉国成犯故意杀人罪，被告人冉儒超、冉鸿雁犯包庇罪，向重庆市第四中级人民法院提起公诉。

### 裁判结果

重庆市第四中级人民法院依照《刑法》第232条、第310条第1款、第25条、第26条第3、4款、第27条、第57条第1款、第72条、第73条的规定，判决如下：

一、被告人冉国成犯故意杀人罪，判处死刑，剥夺政治权利终身；

二、被告人冉儒超犯包庇罪，判处有期徒刑4年；

三、被告人冉鸿雁犯包庇罪，判处有期徒刑3年，缓刑3年。

### 裁判理由

重庆市第四中级人民法院审理认为：被告人冉国成因赌博与被害人何玉均发生纠纷，蓄意报复杀人，其行为构成故意杀人罪。被告人冉儒超明知被告人冉国成杀死何玉均后，仍受其指使，与冉鸿雁一起转移、隐藏冉国成的杀人凶器，并与冉国成共谋逃避处罚的对策，故意制造是其本人杀人后畏罪潜逃的假象，转移侦查视线。同时，授意被告人冉鸿雁及冉国成本人毁灭冉国成杀人的罪证，其行为已构成包庇罪。被告人冉鸿雁明知被告人冉国成是犯罪的人而帮助其逃离犯罪现场，并在冉国成的指使下，转移其作案工具，其行为亦构成包庇罪。被告人冉儒超、冉鸿雁是包庇罪行特别严重的犯罪分子，情节严重。在共同包庇犯罪中，被告人冉儒超起主要作用，是主犯；被告人冉鸿雁起次要作用，是从犯，应当从轻处罚。鉴于被告人冉鸿雁在包庇犯罪中系受冉国成及冉儒超的指使、安排，且归案后认罪态度好，有悔罪表现，对其适用缓刑不致再危害社会，决定对其适用缓刑。

### 137. 司法实践中有哪些常见的教唆种类？

常见的有"明确性教唆"、"选择性教唆"和"概然性教唆"。明确性教唆，是指教唆犯明确教唆他人实施特定的犯罪，且通常对犯罪的具体目标、方法、程度等都有比较明确的意思表示。选择性教唆，是指教唆犯的教唆具有让被教唆人在几种犯罪之间进行选择的空间。概然性教唆，是指教唆犯教唆他人犯罪的内容较为概括，不够明确，甚至极不明确。

### 138. 如何处理司法实践中的概然性教唆问题？

在共同犯罪案件中，如果教唆犯的教唆属于概然性教唆，则无论被教唆者接受教唆后实施了何种犯罪，只要没有明显超出教唆范围，都不应视为实行过限。例如授意教训某人一下，则造成轻伤害或重伤害都不应认定为实行过限，但如果窃取了被害人财物则属于实行过限。

**典型疑难案件参考**

薛文勋等故意杀人、爆炸案

**基本案情**

1997年10月，被告人薛文勋由洪洞县城建局局长调整为局级调研员，被害人朱其林接任其担任局长。薛因平时报销药费、旅差费、汽车修理费及县纪委查账等问题，怀疑朱其林有意与其作对，遂产生谋害朱的意图。1998年秋后的一天，被告人薛文勋在乘车途中，授意被告人段鑫贵找人对朱其林实施报复，要求卸掉朱"两件子"（指打断其胳膊、腿），并称如果失了手，要了朱的命也行。1998年冬季的一天，被告人段鑫贵找到芦青顺（另案处理）共谋杀害朱其林，并带芦查看了朱家的住所方位及朱所乘车的车牌号，指认了朱其林。芦青顺提出要10万元酬金，段鑫贵请示薛文勋后，薛表示同意出8万元，并随后以段鑫贵的名字将8万元分三次存入银行。段鑫贵让芦青顺查看了存折，又将存折交给薛文勋保管。后段鑫贵为督促芦青顺实施谋杀行动，支付给芦活动经费3000元。1999年年初的一天，芦青顺找了被告人董加管共谋杀害朱其林。1999年3月，段鑫贵又找了被告人何李俊，让何李俊雇用杀手。1999年10月，薛文勋将8万元现金从银行取出另作他用，但并未放弃报复朱其林，经常督促段鑫贵对朱其林施加谋害。

2000年3月，何李俊、董加管共谋使用爆炸方法杀害朱其林。董加管找人买了10箱炸药、100枚雷管和100米导火线，交给何李俊，并共同进行了爆炸实验。2000年3月中旬的一天，何李俊告诉段鑫贵要使用爆炸方法杀害朱其林，提出要支付购买炸药、雷管的费用，段鑫贵遂将1000元现金交给何李俊。2000年3月31日20时许，何李俊告知段鑫贵爆炸准备工作已经就绪。当晚23时许，段鑫贵骑自行车前往何李俊家督促何当晚行动。何李俊即到董加管住处，共同将10箱炸药（236公斤）分装在6个编织袋内，捆绑在各自的摩托车上，趁夜深人静将炸药运至朱其林房后，于凌晨4时许点燃引爆，导致朱其林家二层楼房以及与之相邻的邮政局值班室倒塌，朱的妻子郑俊英、孙女朱烨和邮政局值班职工宋江红被当场炸死，朱本人、朱母郭玉秀和邮政局值班职工张海霞被炸成轻伤；朱其林家周边相邻房屋财产因爆炸受损，直接经济损失130余万元。案发后，段鑫贵向薛文勋讨要酬金，薛文勋于2000年4月3日付给段鑫贵3万元。段鑫贵将3万元现金交给何李俊，何李俊分给董加管2万元，自己留用1万元。

▶ 一审诉辩情况

山西省临汾市人民检察院以被告人薛文勋、段鑫贵、何李俊、董加管犯有故意杀人罪、爆炸罪，向临汾市中级人民法院提起公诉。

▶ 一审裁判结果

临汾市中级人民法院于2002年2月26日判决：被告人薛文勋、段鑫贵、何李俊、董加管均犯爆炸罪，均判处死刑，剥夺政治权利终身。

### 一审裁判理由

临汾市中级人民法院认为：被告人薛文勋为泄私愤雇用杀手谋害他人，在犯罪过程中，既未明确特定的犯罪手段，也未限定犯罪方法，只求犯罪的目的，致使爆炸结果发生，造成不特定多人伤亡及公私财产的重大损失，严重危害公共安全，其行为已构成爆炸罪。本案系共同犯罪，从薛文勋在共同犯罪中所处的地位及所起的作用来看，显系主犯，应当依法严惩。被告人段鑫贵在薛文勋的授意下，积极寻找杀手，多次策划并勾结他人谋杀被害人朱其林，并指挥他人采用爆炸手段来达到谋杀他人的目的，造成不特定多人伤亡及公私财产重大损失，严重危害公共安全，其行为已构成爆炸罪；段鑫贵在共同犯罪中起到了组织、策划的主要作用，系本案主犯，应当依法严惩。被告人何李俊、董加管接受段鑫贵的指使，共同实施爆炸行为，致不特定多人伤亡及公私财产遭受重大损失，严重危害公共安全，其行为已构成爆炸罪；二被告人是爆炸行为的具体实施者，从其在共同犯罪中所起的作用看，亦均属主犯。

### 二审诉辩情况

一审宣判后，上述四被告人均不服，向山西省高级人民法院提出上诉。

上诉人薛文勋的主要上诉理由是：一审判决事实不清，不构成爆炸罪，判处死刑证据不足；其辩护人亦提出类似辩护意见。

上诉人段鑫贵的主要上诉理由是：爆炸是何李俊所为，自己因发现何李俊办事没有分寸，便让何终止此事；其辩护人的主要辩护意见是：段鑫贵是受薛文勋的胁迫，段在爆炸中没有起到主要作用，应予从轻。

上诉人何李俊的上诉理由是：其是在段鑫贵的多次威胁下才干的，不是主犯，量刑过重；其辩护人亦提出类似辩护意见。

上诉人董加管的上诉理由是：爆炸一事应由何李俊承担责任，与其无关；其辩护人提出：董在爆炸案中所起作用较小，量刑时应有区别。

### 二审裁判结果

山西省高级人民法院于2003年8月6日依法改判上诉人薛文勋犯故意杀人罪（未遂），判处死刑，剥夺政治权利终身；维持一审法院对上诉人段鑫贵、何李俊、董加管的判决，并依法核准薛文勋、段鑫贵、何李俊、董加管死刑。

### 二审裁判理由

山西省高级人民法院经审理认为：原判事实清楚，证据充分，审判程序合法，但对上诉人薛文勋构成爆炸罪的定性不准，依法应予改判。上诉人薛文勋为泄私愤，指使段鑫贵找人报复朱其林，"卸掉朱其林两件子（打断胳膊和腿），如果失手死了也行"，其犯罪故意的内容应属明确，即薛虽没有明确具体的犯罪手段，但其明确限定的侵害对象限制了采用可能伤害他人的大面积爆炸手段，故薛文勋不属于"概然性教唆"。段鑫贵、何李俊、董加管为图谋钱财，采用爆炸手段致三人死亡并造成重大财产损失的行为，超出了薛文勋犯罪故意的范围，属于共同犯罪中的"实行过限"，薛文勋对"实行过限"造成的后果不应承担全部责任。故薛文勋不构成爆炸罪。一审法院以"概然性教唆"理论为依据认定薛文勋构成爆炸罪不妥，薛文勋应构成故意杀人罪（未遂）。关于段鑫贵、何李俊、董加管的上诉理由及其各自辩护人的辩护意见，经查，均与本案事实不符，不能成立。

### 139. 暴力强迫他人犯罪的行为如何认定？

暴力强迫他人实施犯罪行为，属于间接实行犯，应按照实行正犯来处理。

### 140. 被暴力强迫实施犯罪的人应该如何处理？

被暴力强迫实施犯罪的人，在自己生命受到威胁的情况下不得已实施了犯罪行为，认定为紧急避险较为适宜。

### 141. 强迫他人实施数个犯罪行为的，如何认定？

原则上根据具体的犯罪行为而定，属于数罪的对强迫者实行数罪并罚；属于其他竞合，或者牵连犯、吸收犯的，则按照各自的规则进行定罪处罚。

**典型疑难案件参考**

谭荣财、罗进东强奸、抢劫、盗窃案

**基本案情**

2003年5月23日20时许，被告人谭荣财、罗进东与赖洪鹏（另案处理）

在阳春市春城镇东湖烈士碑水库边，持刀对在此谈恋爱的蒙某某、瞿某某（女）实施抢劫，抢得蒙某某230元、瞿某某60元，谭荣财、罗进东各分得80元。抢劫后，谭荣财、罗进东、赖洪鹏用皮带反绑蒙某某双手，用黏胶粘住蒙的手腕，将蒙的上衣脱至手腕处，然后威逼瞿某某脱光衣服、脱去蒙的内裤，强迫二人进行性交给其观看。蒙因害怕，无法进行。谭荣财等人又令瞿某某用口含住蒙的生殖器进行口交。在口交过程中，蒙某某趁谭荣财等人不备，挣脱皮带跳进水库并呼叫救命，方才逃脱。

2003年5月，被告人谭荣财、罗进东伙同他人先后在阳春市春城镇三桥等处先后5次持刀抢劫现金、手机等财物共计价值人民币（以下均同）5879元。2000年9月19日凌晨3时40分，谭荣财在阳春市主岗镇明景游戏室，从屋顶揭瓦入室，将严仕章的一辆价值3705元的轻骑摩托车盗走。

### ▶ 一审诉辩情况

广东省阳春市人民检察院以被告人谭荣财、罗进东等犯抢劫罪、强奸罪，谭荣财犯盗窃罪，向阳春市人民法院提起公诉。

被告人谭荣财辩解：其没有强迫他人性交，不构成强奸罪；不是抢劫案件的主犯。其辩护人提出：谭荣财强迫他人性交的行为既不构成强奸罪，也不构成猥亵妇女罪；其盗窃时未满18周岁，系从犯，请求对谭荣财从轻或减轻处罚。

被告人罗进东辩解：谭荣财等人强迫他人性交时，其离案发现场很远，没有参与该行为；其盗窃时未满18周岁，请求从轻处罚。其辩护人提出：罗进东是从犯，没有参与强迫他人性交的行为，请求对罗进东从轻处罚。

### ▶ 一审裁判结果

阳春市人民法院依照《刑法》第263条第1款、第2款第4项、第236条第1款、第264条、第25条、第26条第1款、第4款、第27条、第17条第1、3款、第55条第1款、第56条、第69条的规定，判决如下：

一、被告人谭荣财犯抢劫罪，判处有期徒刑13年，剥夺政治权利3年，并处罚金人民币3000元；犯强奸罪，判处有期徒刑9年；犯盗窃罪，判处有期徒刑10个月，并处罚金人民币1000元；决定执行有期徒刑20年，剥夺政治权利3年，并处罚金人民币4000元。

二、被告人罗进东犯抢劫罪，判处有期徒刑11年，剥夺政治权利3年，并处罚金人民币3000元；犯强奸罪，判处有期徒刑8年，决定执行有期徒刑18年，剥夺政治权利3年，并处罚金人民币3000元。

### 一审裁判理由

阳春市人民法院认为：被告人谭荣财、罗进东等人以非法占有为目的，使用暴力手段劫取他人财物，其行为已构成抢劫罪；二被告人在抢劫过程中，违背妇女意志，使用暴力胁迫的手段，强迫他人与妇女发生性关系，其行为已构成强奸罪。被告人谭荣财秘密窃取他人财物，数额较大，其行为已构成盗窃罪。被告人谭荣财、罗进东参与抢劫多次，在共同抢劫犯罪中起主要作用，是主犯，应当按照其所参与的全部犯罪处罚。鉴于被告人谭荣财在盗窃犯罪时未满18周岁，被告人罗进东在参与的6次抢劫犯罪中，有4次作案时未满18周岁，依法应当对二被告人未满18周岁时参与的犯罪行为从轻处罚。二被告人犯数罪，依法应当数罪并罚。检察机关指控的事实清楚，证据确实、充分，罪名成立，予以采纳。被告人谭荣财、罗进东的辩解、辩护意见不能成立，不予采纳。

### 二审诉辩情况

一审宣判后，被告人谭荣财、罗进东不服，向广东省阳江市中级人民法院提出上诉。

被告人谭荣财、罗进东上诉称：其强迫蒙某某与瞿某某发生性关系的目的是寻求精神上的刺激，调戏取乐，只是观看，没有强奸的故意和目的，原审法院定强奸罪有误，请求撤销原审法院的定罪量刑。

### 二审裁判结果

阳江市中级人民法院依照《刑事诉讼法》第189条第2项、《刑法》第263条第4项、第264条、第237条第1款、第17条第1款、第3款、第25条、第55条第1款、第56条、第69条的规定，判决如下：

一、撤销阳春市人民法院〔2003〕春法刑初字第108号刑事判决的第一、二项，即被告人谭荣财犯抢劫罪，判处有期徒刑13年，剥夺政治权利3年，并处罚金人民币3000元；犯强奸罪，判处有期徒刑9年；犯盗窃罪，判处有期徒刑10个月，并处罚金人民币1000元，决定执行有期徒刑20年，剥夺政治权利3年，并处罚金人民币4000元。被告人罗进东犯抢劫罪，判处有期徒刑11年，剥夺政治权利3年，并处罚金人民币3000元；犯强奸罪，判处有期徒刑8年，决定执行有期徒刑18年，剥夺政治权利3年，并处罚金人民币3000元。

二、上诉人（原审被告人）谭荣财犯抢劫罪，判处有期徒刑13年，剥夺政治权利3年，并处罚金人民币3000元；犯强制猥亵妇女罪，判处有期徒刑

3年；犯盗窃罪，判处有期徒刑10个月，并处罚金人民币1000元，决定执行有期徒刑15年，剥夺政治权利3年，并处罚金人民币4000元。

三、上诉人（原审被告人）罗进东犯抢劫罪，判处有期徒刑11年，剥夺政治权利3年，并处罚金人民币3000元；犯强制猥亵妇女罪，判处有期徒刑3年，决定执行有期徒刑13年，剥夺政治权利3年，并处罚金人民币3000元。

**二审裁判理由**

阳江市中级人民法院认为：被告人谭荣财、罗进东以非法占有为目的，以暴力胁迫的手段劫取他人财物，其行为已构成抢劫罪；被告人谭荣财采用秘密方法，入室窃取他人财物，数额较大，其行为构成盗窃罪。被告人谭荣财、罗进东持刀胁迫二人脱光衣服，强迫二人性交，后又强迫瞿某某口含蒙某某生殖器再进行性交，其主观上是寻求精神上的刺激，调戏取乐，没有强奸的目的，客观上没有强奸行为，原审法院认定该行为构成强奸罪不当，应以强制猥亵妇女罪论处，故谭荣财、罗进东的该行为均已构成强制猥亵妇女罪。谭荣财、罗进东的该上诉理由成立，应予采纳。被告人谭荣财、罗进东在本案中犯数罪，依法应数罪并罚。原审判决认定事实清楚，证据确实、充分，审判程序合法，但适用法律部分错误，定罪量刑部分不当。

## 142. 在运输毒品的过程中起的作用大小对共犯的认定有何意义？对量刑有何影响？

毒品共同犯罪是指两人以上共同故意实施的走私、贩卖、运输、制造毒品等行为。司法实践中通常将其中引起犯意，出资贩毒运毒制毒、毒品的所有者以及其他起主要作用的人认定为毒品犯罪的主犯，将发挥次要和辅助性作用的人认定为从犯，在量刑时分别按照其在共犯中的地位和作用来确定。

**典型疑难案件参考**

黄德全、韦武全、韦红坚贩卖毒品案

**基本案情**

2002年12月至2003年2月，被告人韦武全、韦红坚先后3次从福建省石狮市乘车到广东省普宁市，在普宁市一家茶馆、兰花大酒店1106号客房，经韦红坚检验海洛因质量后，韦武全以每克人民币150元至200元的价格，共向被告人黄德全购买海洛因570克。二被告人携带购买的海洛因返回石狮市后，韦武全单独或通过他人将购买的海洛因贩卖给吸毒人员。

2003年3月1日，被告人韦武全、韦红坚再次到广东省普宁市，在普宁市兰花大酒店815号客房，由韦红坚检验海洛因质量后，韦武全以每克人民币150元的价格，向被告人黄德全购买海洛因250克。二被告人携带购买的海洛因返回石狮市途中，韦红坚利用自己保管毒品之机，藏匿其中的海洛因63克。回到石狮市后，韦武全到魏良河的租住处，以每克人民币280元的价格，向魏良河、沈洪丰出售海洛因10克。韦红坚将私藏匿的63克海洛因寄存于魏良河处。同年3月2日，公安机关从韦武全的租住处查获尚未贩卖的海洛因共计430克。同年3月4日，被告人韦武全协助公安机关到广东省普宁市抓获被告人黄德全。

▶ 一审诉辩情况 ◀

福建省泉州市人民检察院以被告人黄德全、韦武全、韦红坚犯贩卖毒品罪，向泉州市中级人民法院提起公诉。

▶ 一审裁判结果 ◀

泉州市中级人民法院依法于2004年10月23日判决如下：

一、被告人黄德全犯贩卖毒品罪，判处死刑，剥夺政治权利终身，并处没收个人全部财产；

二、被告人韦红坚犯贩卖、运输毒品罪，判处死刑，剥夺政治权利终身，并处没收个人全部财产；

三、被告人韦武全犯贩卖、运输毒品罪，判处死刑，缓期2年执行，剥夺政治权利终身，并处没收个人全部财产。

▶ 一审裁判理由 ◀

泉州市中级人民法院认为：被告人黄德全贩卖海洛因820克，被告人韦武全、韦红坚贩卖、运输海洛因820克，被告人黄德全的行为构成贩卖毒品罪，被告人韦武全、韦红坚的行为构成贩卖、运输毒品罪。检察机关指控各被告人的犯罪成立，但指控黄德全、韦武全、韦红坚贩卖海洛因共计845克的数量不准确，应予以纠正。被告人韦武全归案后，协助公安机关抓获被告人黄德全，具有重大立功表现。

### 二审诉辩情况

一审宣判后，黄德全不服，以原判认定的事实不清、证据不足为由，向福建省高级人民法院提出上诉；韦红坚不服，以其行为只构成运输毒品罪，在共同犯罪中系从犯为由，亦提出上诉；韦武全服判，不上诉。

### 二审裁判结果

福建省高级人民法院于 2005 年 5 月 26 日裁定如下：驳回上诉，维持原判。

### 二审裁判理由

福建省高级人民法院经二审审理认为：上诉人黄德全、韦红坚，原审被告人韦武全为牟利，明知海洛因是毒品而分别非法买卖或运输，黄德全的行为构成贩卖毒品罪，韦武全、韦红坚的行为构成贩卖、运输毒品罪。原判事实清楚，证据确实、充分，定罪准确，量刑适当。审判程序合法。

### 复核结果

最高人民法院于 2005 年 6 月 17 日依法核准一、二审法院对被告人黄德全的死刑裁判；撤销一、二审法院对被告人韦红坚的死刑裁判，以贩卖、运输毒品罪改判被告人韦红坚死刑，缓期 2 年执行，剥夺政治权利终身，并处没收个人全部财产。

### 复核理由

最高人民法院经复核认为：被告人韦红坚受毒品货主邀约参与贩毒，在共同犯罪中的地位和作用较小，对其判处死刑，可不立即执行。

## 143. 从犯是否需要实施了实行行为？

实行犯并不当然排斥从犯，从犯可以是实行犯，但在实行过程中其作用次于主犯。另外，从犯也可以没有实施实行行为，而只是实施了帮助行为，如给主犯或其他实行犯提供犯罪的便利条件，排除障碍等。

### 144. 审判实践中如何判断行为人是从犯还是不构成犯罪？

有些案件中，行为人并没有直接参与犯罪行为，甚至案发时不在现场，能否据此否定其刑事责任呢？应根据具体案情进行分析，在主观方面看其对犯罪后果的心理态度如何，在客观方面考察其在整个犯罪过程中发挥了何种作用。

#### 典型疑难案件参考

于爱银、戴永阳故意杀人案

**基本案情**

被告人于爱银因与丈夫阚继明关系不睦，2000年外出济南打工，并与被告人戴永阳相识，后二人非法同居。其间，二人商定结婚事宜。于爱银因离婚不成，便产生使用安眠药杀害丈夫的念头，并将此告知了戴永阳。2001年8月，于爱银因母亲有病，同戴永阳一起回到成武县田集家中。8月13日上午，于爱银与其10岁的儿子及戴永阳在田集药店买安眠药未果。下午，三人回到家中，于爱银又以给戴永阳介绍对象为名，到秦淮药店买到6片安眠药后回家，乘其丈夫外出买酒之际将安眠药碾碎，并告诉戴永阳要乘机害死其丈夫阚继明。当晚，于爱银与丈夫阚继明及其儿子和戴永阳一起喝酒、吃饭，待阚继明酒醉后，于爱银乘机将碾碎的安眠药冲兑在水杯中让阚继明喝下。因阚继明呕吐，于爱银怕药物起不到作用，就指使戴永阳将她的儿子带出屋外。于爱银用毛巾紧勒酒醉后躺在床上的丈夫的脖子，用双手掐其脖子，致其机械性窒息死亡。戴永阳见阚继明死亡后，将于爱银勒丈夫用的毛巾带离现场后扔掉。次日凌晨，二被告人被抓获归案。

**一审诉辩情况**

山东省菏泽市人民检察院以被告人于爱银犯故意杀人罪、被告人戴永阳犯包庇罪，向菏泽市中级人民法院提起公诉。

被告人于爱银及其辩护人对指控事实和证据基本没有异议，辩称：其是为了摆脱被害人折磨才杀人。

被告人戴永阳及其辩护人对指控意见无异议。

### 一审裁判结果

菏泽市中级人民法院依照《刑法》第 232 条、第 25 条、第 26 条第 1、4 款、第 27 条、第 57 条之规定于 2002 年 11 月 5 日判决如下：

一、被告人于爱银犯故意杀人罪，判处死刑，剥夺政治权利终身。

二、被告人戴永阳犯故意杀人罪，判处有期徒刑 10 年。

### 一审裁判理由

菏泽市中级人民法院认为：被告人于爱银为达到与戴永阳结婚生活的目的，使用安眠药，又用毛巾勒、手掐压颈部，致其丈夫死亡，其行为构成故意杀人罪，检察机关指控的罪名成立，且动机卑劣、后果特别严重，应依法惩处。被告人戴永阳明知于爱银杀死其丈夫，不但不加阻止，反而听从于爱银的指使，将于爱银的儿子带离现场，以便于爱银顺利实施犯罪；在被害人死亡后，又将作案用的毛巾带走，二人共同逃离现场，毁灭罪证。被告人戴永阳的行为符合共同犯罪的构成要件，其行为已构成故意杀人罪。检察机关指控其犯包庇罪，罪名不当，应予纠正。被告人于爱银及其辩护人的辩护意见经查不实，不予采纳。被告人戴永阳及其辩护人"不知杀人，不在现场，没有将毛巾带走，要求宣告无罪"的辩护意见，与其供述、证人证言等证据矛盾，不予采纳。在犯罪中，被告人戴永阳起辅助作用，属从犯，应予从轻处罚。

### 二审诉辩情况

于爱银上诉提出：不是为与戴永阳结婚才杀人，戴永阳没参与杀人。其辩护人提出：于爱银杀人是为了摆脱其丈夫折磨，不应对故意杀人负全部责任。

戴永阳及其辩护人上诉提出：于爱银杀人时其不知道，一直没进屋，认为无共同犯罪行为，不构成故意杀人罪，也不构成包庇罪。

### 二审裁判结果

山东省高级人民法院根据《刑事诉讼法》第 189 条第 1 项的规定，于 2003 年 4 月 17 日裁定：驳回上诉，维持原判。

### 二审裁判理由

山东省高级人民法院认为：上诉人戴永阳明知于爱银要使用安眠药致死其丈夫，且辅助其实施，其行为构成故意杀人罪。其中，于爱银在共同犯罪中起主要作用，系主犯，应依法惩处；戴永阳在共同犯罪中作用较小，系从犯，原审对其从轻处罚并无不当。二上诉人的上诉理由及其辩护人的辩护意见,与事实证据不符,均不能成立,不予采纳。一审判决认定事实清楚,定罪准确,量刑适当,审判程序合法,应予以维持。

# 第四章 共同犯罪

## 共同犯罪办案依据集成

### 刑法条文

**第二十五条【共同犯罪】** 共同犯罪是指二人以上共同故意犯罪。

二人以上共同过失犯罪，不以共同犯罪论处；应当负刑事责任的，按照他们所犯的罪分别处罚。

**第二十六条【主犯】** 组织、领导犯罪集团进行犯罪活动的或者在共同犯罪中起主要作用的，是主犯。

**【犯罪集团】** 三人以上为共同实施犯罪而组成的较为固定的犯罪组织，是犯罪集团。

**【犯罪集团的主犯的处罚】** 对组织、领导犯罪集团的首要分子，按照集团所犯的全部罪行处罚。

**【犯罪集团其他主犯的处罚】** 对于第三款规定以外的主犯，应当按照其所参与的或者组织、指挥的全部犯罪处罚。

**第二十七条【从犯】** 在共同犯罪中起次要或者辅助作用的，是从犯。

**【从犯的处罚】** 对于从犯，应当从轻、减轻处罚或者免除处罚。

**第二十八条【胁从犯】** 对于被胁迫参加犯罪的，应当按照他的犯罪情节减轻处罚或者免除处罚。

**第二十九条【教唆犯】** 教唆他人犯罪的，应当按照他在共同犯罪中所起的作用处罚。教唆不满十八周岁的人犯罪的，应当从重处罚。

**【教唆犯的从宽处罚】** 如果被教唆的人没有犯被教唆的罪，对于教唆犯，可以从轻或者减轻处罚。

### 其他办案依据

**1. 最高人民法院、最高人民检察院、公安部《关于当前办理集团犯罪案件中具体应用法律的若干问题的解答》**（1984年6月15日 〔1984〕法研字第9号）

一、怎样办理团伙犯罪的案件？

办理团伙犯罪的重大案件，应当在党的方针政策指导下，依照刑法和《全国人民代表大会常务委员会关于严惩严重危害社会治安的犯罪分子的决定》的有关规定执行。鉴于在刑法和全国人大常委会的有关决定中，只有共同犯罪和犯罪集团的规定，在法律文书中，应当统一使用法律规定的提法。即：

办理团伙犯罪案件，凡其中符合刑事犯罪集团基本特征的，应按犯罪集团处理；不符合犯罪集团基本特征的，就按一般共同犯罪处理，并根据其共同犯罪的事实和情节，该重判的重判，该轻判的轻判。

对犯罪团伙既要坚决打击，又必须打准。不要把三人以上共同犯罪，但罪行较轻、危害较小的案件当作犯罪团伙，进而当作"犯罪集团"来严厉打击。

二、在办案实践中怎样认定刑事犯罪集团？

刑事犯罪集团一般应具备下列基本特征：（1）人数较多（三人以上），重要成员固定或基本固定。（2）经常纠集一起进行一种或数种严重的刑事犯罪活动。（3）有明显的首要分子。有的首要分子是在纠集过程中形成的，有的首要分子在纠集开始时就是组织者和领导者。（4）有预谋地实施犯罪活动。（5）不论作案次数多少，对社会造成的危害或其具有的危险性都很严重。

刑事犯罪集团的首要分子，是指在该集团中起组织、策划、指挥作用的犯罪分子。首要分子可以是一名，也可以不只一名。首要分子应对该集团经过预谋、有共同故意的全部罪行负责。集团的其他成员，应按其地位和作用，分别对其参与实施的具体罪行负责。如果某个成员实施了该集团共同故意犯罪范围以外的其他犯罪，则应由他个人负责。

对单一的犯罪集团，应按其所犯的罪定性；对一个犯罪集团犯多种罪的，应按其主罪定性；犯罪集团成员或一般共同犯罪的共犯，犯数罪的，分别按数罪并罚的原则处罚。

三、为什么对共同犯罪的案件必须坚持全案审判？

办理共同犯罪案件特别是集团犯罪案件，除对其中已逃跑的成员可以另案处理外，一定要把全案的事实查清，然后对应当追究刑事责任的同案人，全案起诉，全案判处。切不要全案事实还没有查清，就急于杀掉首要分子或主犯，或者把案件拆散，分开处理。这样做，不仅可能造成定罪不准，量刑失当，而且会造成死无对证，很容易漏掉同案成员的罪行，甚至漏掉罪犯，难以做到依法"从重从快，一网打尽"。

四、办理犯罪集团和一般共同犯罪中的重大案件，怎样执行党的政策，做到区别对待？

办理上述两类案件，应根据犯罪分子在犯罪活动中的地位、作用及危害大小，依照党的政策和刑法、全国人大常委会有关决定的规定，实行区别对待。

对犯罪集团的首要分子和其他主犯，一般共同犯罪中的重大案件的主犯，应依法从重严惩，其中罪行特别严重、不杀不足以平民愤的，应依法判处死刑。

上述两类案件的从犯，应根据其不同的犯罪情节，比照主犯依法从轻、减轻或者免除刑罚。对于胁从犯，应比照从犯依法减轻处罚或免除处罚。犯罪情节轻微，不需要追究刑事责任的，可以免予起诉或由公安部门作其他处理。

对于同犯罪集团成员有一般来往，而无犯罪行为的人，不要株连。

五、有些犯罪分子参加几起共同犯罪活动，应如何办理这些案件？

对这类案件，应分案判处，不能凑合成一案处理。某罪主要参加哪个案件的共同犯罪活动，就列入哪个案件去处理（在该犯参加的其他案件中可注明该犯已另案处理）。

**2. 公安部、最高人民法院、最高人民检察院、司法部《关于办理流窜犯罪案件中一些问题的意见的通知》**（1989年12月13日 公发〔1989〕27号）（节录）

一、关于流窜犯的认定

流窜犯是指跨市、县管辖范围作案的犯罪分子。

凡构成犯罪且符合下列条件之一的，属于流窜犯罪分子：

1. 跨市、县管辖范围连续作案的；
2. 在居住地作案后，逃跑到外省、市、县继续作案的。

有下列情形之一的，不视为流窜犯罪分子：

1. 确属到外市、县旅游、经商、做工等，在当地偶尔犯罪的；
2. 在其居住地与外市、县的交界处边沿结合部进行犯罪的。

二、关于流窜犯罪团伙案件的认定和处理

凡三人以上经常纠结在一起进行流窜犯罪活动的，为流窜犯罪团伙。对流窜犯罪团伙案件，只要符合犯罪集团基本特征的按犯罪集团处理，不符合犯罪集团特征的按共同犯罪处理。对于只抓获了流窜犯罪团伙的一部分案犯，短期内不能将全部案犯抓获归案的案件，可根据已查清的犯罪事实、证据，分清罪责，对已抓获的该逮捕、起诉、判刑的案犯，要先行批捕、起诉、审判。对在逃的案犯，待抓获后再依法另行处理。

三、关于流窜犯罪案件的定案处理

1. 对流窜犯罪事实和证据材料，公安机关要认真调查核实，对其主要犯罪事实应做到证据充分、确凿。在人民检察院批捕、起诉，人民法院审判以及律师辩护过程中，均应考虑到流窜犯罪分子异地作案，查证十分困难的实际情况，只有基本事实清楚和基本证据确凿，应及时批捕、起诉、审判。对抓获的案犯，如有个别犯罪事实一时难以查清的，可暂不认定，就已经查证核实的事实，依法及时作出处理。对于共同犯罪案件，原则上应一案处理。如果有的案犯在短期内不能追捕归案的，可对已抓获的案犯就已查清的犯罪事实依法处理，不能久拖不决。

2. 涉及刑事责任年龄界限的案件，必须查清核实被告人的出生年月日。经调查，确实无法查清的，可先按被告人交代的年龄收审、批捕，但是需要定罪量刑的，必须查证清楚。

3. 流窜犯因盗窃或扒窃被抓获后，赃款赃物虽未查获，但其供述的事实、情节与被害人的陈述（包括报案登记）、同案人的供述相一致的，或者其供述与被害人的陈述（包括报案登记）和其他间接证据相一致的，应予认定。

4. 被查获的流窜犯供述的盗窃或扒窃事实、情节与缴获的赃款赃物、同案人的供述相一致，或者被告人的供述与缴获的赃款赃物和其他间接证据相一致，如果找不到被害人和报案登记的，也应予以认定。

5. 流窜犯在盗窃或扒窃时被当场抓获，除缴获当次作案的赃款赃物外，还从其身上或其临时落脚点搜获的其他数额较大的款物，被告人否认系作案所得，但不能说明其合法来源的，只要这些款物在名称、品种、特征、数量等方面均与被害人的陈述或报案登记、同案人的供述相吻合，亦应认定为赃款赃物。

6. 流窜犯作案虽未被当场抓获，但同案人的供述、被害人的陈述、其他间接证据能相互吻合，确能证实其作案的时间、地点、情节、手段、次数和作案所得的赃款赃物数额的，也应予以认定。

7. 对于需要判处死刑的罪犯，在查证核实时，应当特别慎重，务必把事实和证据搞清、搞准、搞扎实。

四、关于认定流窜犯罪赃款赃物的数额起点

在办理流窜盗窃或者扒窃案件时,既要看其作案所得的数额,又应看其作案的手段、情节及社会危害程度。对那些抓获时作案所得的款物数额虽略低于当地非流窜犯罪的同类案件的数额标准,但情节恶劣、构成犯罪的,也要依法定罪判刑;对多次作案,属惯犯、累犯的,亦应依法从重惩处。

五、关于流窜犯罪案件的管辖范围

根据《中华人民共和国刑事诉讼法》有关规定,对罪该逮捕、判刑的流窜犯罪分子,原则上由抓获地处理。流出地和其他犯罪地公安机关应负责向抓获地公安机关提供有关违法犯罪证据材料。在逃劳改犯、劳教人员流窜多处进行犯罪被抓获后,可由主罪地公安、司法机关处理,处理后原则上仍送回原劳改、劳教单位执行。抓获的在逃未决犯、通缉案犯,已批准逮捕、刑事拘留和收容审查潜逃的案犯,除重新犯罪罪行特别严重者由抓获地处理外,原则上由原办案单位公安机关提回处理。案件管辖不明的,由最先发现的公安机关或上级指定的公安机关办理。

# 第五章 单位犯罪

## 一、单位负刑事责任的范围

> **145.** 以单位名义实施犯罪，但现有证据只能证实少量违法所得用于单位的经营活动，绝大部分违法所得不知去向，那么应该认定为单位犯罪还是自然人犯罪？
>
> 以单位名义实施犯罪，没有证据证实违法所得被实施犯罪的个人占有或者私分的，应当根据有利于被告人的原则，认定为单位犯罪。

### 典型疑难案件参考

王红梅、王宏斌、陈一平走私普通货物、虚开增值税专用发票案

**基本案情**

湖南省银发公司和香港威润科技有限公司于1993年5月10日共同成立了湖南通华电子实业有限公司（以下简称通华公司）。同月15日，湖南省人民政府发给通华公司《中华人民共和国外商投资企业批准证书》。1994年10月31日，湖南省工商行政管理局为通华公司办理了《企业法人营业执照》，唐孝葵任董事长，被告人王红梅任总经理，经营期限自1993年5月19日至2008年5月18日，注册资本60万美元。此后，该公司主要从事电视机、显示器的生产和经营富丽华保龄球馆等活动。

1. 走私普通货物

1995年7月至1998年1月，被告人王红梅先后安排通华公司与长沙市烟草专卖局、湖南省移动通信局（以下简称湖南移动局）、重庆市电信局等单位签订代理进口合同6份，自己或通过他人采用伪报、瞒报等手段，将上述单位购买的设备走私进口，共计偷逃国家税款人民币1.6639923369亿元。具体犯

罪事实如下：

(1) 1995年7月，长沙市烟草专卖局欲向香港粤辉机械工程有限公司（以下简称粤辉公司）购买2台德国产STANDARDHD01—6000锅炉，并谈定外贸价格为27万美元。经被告人王红梅出面商谈并授权被告人王宏斌代表通华公司于同年9月22日与长沙市烟草专卖局签订了该锅炉设备的代理进口合同，合同总价为人民币273.3588万元（外贸合同价上浮18%，包税）。王宏斌将上述锅炉设备从香港运抵长沙后，即找长沙海关申报科关员周雨（已判刑）帮忙逃避海关监管，周雨表示同意，但提出要人民币20万元。经请示王红梅同意后，王宏斌答应了周雨的要求。随后，周雨为获取非法利益，利用管理关封的便利，销毁关封，然后伙同该海关关员杨文志、彭绍辉、袁耀红（均已判刑）等人签字将该批设备从长沙海关监管点放行。之后，周雨又伙同阿尔卡特（中国）控股有限公司的洪洋（已判刑）伪造了长沙海关报关单、税单，并交给了王宏斌。为此，王宏斌送给周雨人民币20万元。长沙市烟草专卖局于1996年4月将人民币273.3588万元付给了通华公司。经长沙海关核实，进口该批锅炉设备共计偷逃关税人民币80.042733万元。

(2) 1996年12月3日，湖南省邮电管理局（以下简称湖南邮电局）下属企业湖南三力通信经贸公司（以下简称三力公司）为买方，摩托罗拉公司为卖方，湖南移动局为最终用户签订了购买GSM蜂窝系统设备的9611SIL/004GSMUS号合同，合同总价为CIP1627.7270423万美元。1997年3月，该合同项下一批发票金额为78.700433万美元的GSM蜂窝系统设备运抵长沙，需在长沙海关报关缴税。在此期间，被告人王红梅通过被告人陈一平出面做工作，于同年3月10日与三力公司代表黄源（已判刑）签订了《代理协议》、《补充代理协议》，约定由通华公司代理报关，免收代理费。之后，王红梅安排被告人王宏斌找到长沙海关关员彭绍辉、杨文志帮忙逃避海关监管，欲直接从长沙海关监管仓库——湖南南华储运有限公司仓库（以下简称南华储运公司）将设备提走，并表示将各送人民币10万元，杨文志、彭绍辉均表示同意。彭绍辉私自开出放行单，杨文志将关封交给王宏斌。之后，王宏斌与通华公司职员持放行单在南华储运公司将设备提出交给三力公司。为取得报关单，王红梅还要王宏斌找中国外运湖南公司（以下简称湖南外运）报关行制作了预录号为019700612、019700613号的两份报关单交给杨文志，并由杨文志私自加盖了"长沙海关验讫章"。为取得海关关税和增值税税单，王红梅又找到长沙海关关员李继峰（已判刑）制作了长沙海关进口关税和长沙海关代征增值税专用缴款书。王宏斌冒充长沙海关税单复核人洪华之名签字并加盖王宏斌伪造的"中华人民共和国长沙海关缴讫专用章"。通华公司将上述报关单、税单交给三力公司。三力公司收到上述设备及单据后,于同年3月21日将人民币179.732211万元付给了通华公司。为感谢杨文志、彭绍辉和李继峰的帮忙,王宏斌分别交给了杨、彭各人民币10万元,王红梅交给了李人民币10万元。此外,王宏斌还送给长沙海关申报科副科长徐劲松(已判刑)人民币10万元,以阻止其追查此事。经长沙海关核实,该批设备共计偷逃关税人民币179.740865万元。

(3) 1997年年初,湖南邮电局决定对全省数字移动通信(简称GSM)进行第三期扩容,并由湖南邮电局招商办(即三力公司)负责购买设备的具体事宜。被告人王红梅获悉该信息后,便与被告人陈一平商定,由陈一平以通华公司董事长的身份出面与三力公司黄源达成由通华公司代理进口DDN设备的意向。同年6月,陈一平代表通华公司为买方,澳门爱达利电讯公司为卖方,湖南省数据通信局为最终用户签订了购买DDN的9706SL006/DDN号外贸合同,合同总价为CIF524.1017万美元。与此同时,陈一平代表通华公司与三力公司签订了9706SL006/DDN—NM号内贸合同,合同总价为人民币5404.7895万元(外贸合同价加应缴税款的70%)。同年6月2日,三力公司与通华公司又签订了9706SL006/DDN—2财务代理协议,约定通华公司以现金方式支付三力公司服务费人民币325万余元。同年6月19日,由湖南邮电局与中国银行湖南省分行签订了信贷金额为471.69153万美元的备用信贷协议,再由通华公司向该行申请开出了同等金额的LC9710093/97号信用证用于对外付汇。同年7月中旬,该合同项下第一批金额为193.6248万美元的设备被运至香港,存放在香港中旅货运有限公司仓库(以下简称中旅公司),王红梅要求其前夫王为际(已判刑)帮忙入境。王为际通过广东李伟雄(未到案)将该批设备运至广州,并提供了一份"广东省机械进出口公司"的报关单。随后,王红梅指派通华公司职员聂志军、彭亚菲将设备从王为际处提回存放于长沙广物大厦仓库。事后,通华公司付给王为际"通关费"人民币25万元。在此期间,中国天龙深圳实业公司(以下简称天龙公司)报关员刘燕俊(在逃)主动与被告人王宏斌联系,自称该公司系军队企业,要求为通华公司包税进口电信设备。王红梅遂指派王宏斌到深圳与刘燕俊商定,通华公司第二批DDN设备由天龙公司以应缴税款的40%包税进口。同年8月,金额为330.4769万美元的第二批设备运抵香港,王红梅即通知刘燕俊接货。之后,刘燕俊将设备走私入境并运至长沙。通华公司将上述两批设备交给三力公司,现已投入安装使用。王宏斌从通华公司开出汇票人民币360余万元在深圳支付给刘燕俊。收货后,通华公司于同年10月7日、11月3日和11月12日分3次从中国银行长沙市分行付给澳门爱达利电讯公司471.69153万美元。通华公司开具人民币

5085.685187万元的增值税专用发票交给三力公司，三力公司于同年分3次付给通华公司人民币共计5085.685187万元。1998年3月，通华公司将代理服务费人民币325万元付给三力公司。经长沙海关核实：第一批DDN设备偷逃税款人民币628.615556万元，第二批DDN设备偷逃税款人民币1072.707749万元，共计偷逃税款人民币1701.323305万元。

（4）湖南邮电局通过考察，决定由通华公司按应缴税款的70%包税代理进口GSM设备。1997年5月31日，被告人陈一平代表买方通华公司与卖方摩托罗拉公司及最终用户湖南移动局签订了购买GSM蜂窝系统设备的9705SL/GSMUS/01号外贸合同，合同总价为FCA3274.752676万美元。因中国银行总行不同意为此开立信用证，而中国银行湖南省分行只能在500万美元的限额内开立信用证。为了能在中国银行湖南省分行开具信用证，三方当事人于同年9月将总合同分解为7个子合同。同年10月，陈一平代表通华公司与湖南移动局签订了购买GSM蜂窝系统设备9706TH/GSMUS/01号内贸合同，合同总价为长沙交货价3899.837758万美元。与此同时，黄源代表三力公司与通华公司签订了补充协议，约定三力公司作为通华公司该次合同的财务代理，通华公司支付三力公司代理服务费49.297869万美元。此后，通华公司在中国银行湖南省分行申请开立了受益人为摩托罗拉公司的7份不可撤销跟单信用证，总金额为2947.277409万美元，用于对外付汇。在此过程中，被告人王红梅指派被告人王宏斌找到刘燕俊，要刘燕俊负责货物进关，通华公司以人民币45万元作支付费用。随后，GSM三期A阶段设备运抵香港中旅公司，刘燕俊以通华公司指定的接货人身份从香港中旅公司将商业发票、装箱单拿走，持天龙公司申报书到深圳海关申请进口军免设备获得批准。同年10月，其中17卡1988.512258万美元的设备被刘燕俊以军免设备报关，通过海关"三免"（免证、免验、免税）通关放行，运抵湖南省华湘公司后，王宏斌到深圳按约定将人民币765万元"通关费"付给刘燕俊，并将铁路运输货票带回长沙与设备一起交给湖南移动局。在此期间，由于该批设备中的支架、天线等设备金额小、体积大，通华公司决定将其中发票金额为430.420444万美元的3卡设备由自己直接报关进口。通华公司将该3卡设备转关至长沙，王红梅、王宏斌安排通华公司员工制作虚假发票降低价格，由王宏斌持假发票于同年9月2日、8日和11月21日分别以湖南省对外贸易实业有限公司（通华公司挂靠单位）和通华公司名义在长沙海关办理报关手续，仅缴纳税款人民币80.08419万元。通华公司将上述合同项下的设备全部交付湖南移动局验收后，向湖南移动局开具裁剪发票325张，金额为人民币32368.653391万元。该款已支付完毕。经长沙海关核实，通华公司10月21日从深圳笋岗海关通关的15卡设备应缴税款人民币2485.995547万元,10月31日通关的2卡设备应缴税款人民币3279.111359万元。在长沙海关自行报关的3卡设备应缴税款人民币1282.153882万元,扣除已缴税款人民币80.08419万元,共计偷逃税款人民币6967.176598万元。

(5) 1997年7月21日,被告人陈一平代表买方通华公司与卖方摩托罗拉公司、最终用户湖南移动局签订了GSM三期B、C阶段的9705SL/GSMUS/02、9705SL/GSMUS/03号外贸合同,合同价格分别为FCAl248.042613万美元和320.440889万美元。同年10月,被告人王红梅代表卖方通华公司与买方湖南移动局签订了GSM三期B、C阶段的9706TH/GSMUS/02、9706TH/GSMUS/03号内贸合同,合同价分别为长沙交货价1461.656905万美元和374.276369万美元。为此,同年12月由湖南邮电局、湖南移动局担保,通华公司在中国建设银行长沙市分行申请开立了受益人为摩托罗拉公司、号码为LC974011、LC974012,金额共计1411.635151万美元的2单远期信用证,用于对外付汇。同年11月27日,通华公司又与三力公司签订《补充协议》,约定由三力公司作为通华公司的财务代理,收取38.2万美元代理服务费。1998年3月,王红梅与广州戎晖公司总经理姚土生(已判刑)商定,由姚土生将上述合同项下设备从香港通关入境并运抵长沙,王红梅支付姚土生人民币350万元"通关费"。1998年3月31日,上述合同首批发票金额为1055.719742万美元的设备1162件被运抵香港中旅公司,王红梅通知姚土生提货。姚叫人提货后偷逃入境并将货物从东莞泰美火车站发运至南华储运公司。因群众举报,长沙市公安局监所管理支队于1998年4月28日将该批设备扣押,并在黄花机场将王红梅抓获,查获人民币350万元的汇票一张。到案发时,湖南移动局已支付三力公司人民币2337.716671万元,三力公司已支付通华公司人民币1301.841304万元,另有人民币1035.875367万元被侦查机关扣缴。设备由湖南邮电局以人民币1400万元从长沙市拍卖行购回。经长沙海关核实:该1162件设备共偷逃税款人民币2557.827469万元。

(6) 1997年7月,重庆市电信局移动通信系统三期扩建工程启动,确定瑞典爱立信公司作为设备供应商。被告人王红梅获悉后,与重庆市电信局谈定按外贸合同总价值15.2%的费用包税代理进口GSM设备,并与重庆渝力通信设备技术有限公司(以下简称渝力公司)约定,由渝力公司出面同重庆市电信局协调关系,负责办理在重庆市内的运输、保险及收款等事项,通华公司按4%支付费用。1997年10月10日,渝力公司吴利权代表买方通华公司与卖方爱立信公司和最终用户重庆市电信局签订了HNTH9709GSM-CQ-01、02号外贸合同。1号合同总价为3526.1348万美元,2号合同总价为1788.7264万美元，两合同价共计为5314.8612万美元。与此同时，通华公司、重庆渝力公司与重庆市电信局签订了相应内贸合同，合同总价为6122.7201万美元。为此，由重庆市电信局担保，通华公司在中国工商银行重庆市分行按合同总额的80%计金额为4224.88896万美元开立了两单不可撤销跟单信用证。随后，王红梅安排被告人王宏斌找刘燕俊帮忙通关。王宏斌再次与刘燕俊约定：由刘燕俊负责将合同项下设备以人民币40万元件的价格通关，并运往重庆。上述合同中发票金额为2126.9574万美元的17卡设备运抵香港中旅公司后，刘燕俊于1998年1月6日将上述设备从中旅公司提出，并于当日经深圳文锦渡海关报关、笋岗海关放行，以军免设备之名将17卡设备进口，从深圳北站运至重庆。此后，王宏斌按约定付给刘燕俊"通关费"人民币1000万余元，渝力公司按约将上述设备交给了重庆市电信局。为此，通华公司支付渝力公司人民币1380万元。随后，通华公司向重庆市电信局开具裁剪发票总额为人民币50818.57683万元。至同年3月30日，重庆市电信局已付给通华公司人民币46158.55326万元，尚有人民币4660.02357万元没有支付。经长沙海关核定，上述17卡设备中的1653件共计偷逃税款人民币5153.812399万元。

案发后，海关追缴税款共计人民币9438.008万元。

2. 虚开增值税专用发票

1997年下半年，通华公司因走私上述设备没有取得海关代征增值税缴款书，无法向税务机关抵扣税款，被告人王红梅遂要陈建新（已判刑）帮忙联系购买增值税专用发票以抵扣税款。陈建新即到广州，找广东宏亚公司的付跃进、张兴兰（已判刑）购买增值税专用发票。通过张兴兰介绍、联系，广东省惠莱县人林小旭（未到案）表示可以提供真实票据。在陈建新应王红梅的要求与张兴兰、付跃进、林小旭到惠莱县税务机关核实了发票的真实性后，王红梅赶到广东与林小旭进行了面谈。为达到掩盖购买增值税专用发票抵扣税款的目的，双方商定，由林小旭提供发票，通华公司按开票价税的1.8%支付费用，并与出票单位签署"购货合同"，由出票单位提供"付款委托书"。

1997年11月，陈建新携带通华公司汇票103.266781万元与张兴兰及其丈夫吴志毅到广东惠莱县找到林小旭。林小旭以惠莱县商粤公司之名从该县国税局领取增值税专用发票后，双方签订了通华公司向商粤公司购买电信设备的虚假合同，林小旭还以商粤公司名义出具了付款委托书，落款时间提前至1997年10月28日。随后，通华公司让林小旭从商粤公司虚开增值税专用发票52份，虚开税款计人民币833.587512万元。陈建新将通华公司的人民币103.266781万元以货款名义支付给了商粤公司。同年12月，被告人王红梅又安排陈建新携带通华公司汇票与张兴兰、付跃进到惠莱县找林小旭购买增值税专用发票。林小旭即找到林少华（已判刑），两人约定，由林少华开具增值税专用发票给通华公司，按开票价税合计金额的0.9%收取费用。林少华同意以自己经营的惠莱县金韩贸易公司签订合同并提供增值税专用发票。之后，通华公司与惠莱县金韩贸易公司签订了虚假的购销合同，并出具了虚假的付款委托书，落款时间提前至1997年10月28日。之后，通华公司让金韩贸易公司虚开增值税专用发票260份，虚开税款计人民币4035.03134万元。陈建新将从通华公司开出的汇票人民币498.376123万元作为开票费付给了金韩贸易公司。1998年2月，陈建新再次接受王红梅安排，从通华公司开出汇票，与张兴兰、付跃进等再次到惠莱县找林小旭开具增值税专用发票，林小旭又找到林少华联系开票事宜。林少华以虚构的惠莱县海联贸易有限公司为通华公司虚开增值税专用发票418份，虚开税款计人民币6950.201764万元。为此，通华公司支付开票费人民币813.1737万元。

综上，通华公司让他人为自己虚开增值税专用发票730份，虚开税款计人民币1.18820616亿元。在通华公司将上述发票提交到湖南省国税局涉外分局用以抵扣税款的过程中，经湖南省国税局调查核实，上述730份增值税专用发票均系虚开，未予抵扣。

### ▶ 一审诉辩情况

湖南省长沙市人民检察院以被告人王红梅、王宏斌、陈一平犯走私普通货物、虚开增值税专用发票、行贿罪，向长沙市中级人民法院提起公诉。

被告人王红梅、王宏斌、陈一平对长沙市人民检察院指控的犯罪事实未提出异议。

王红梅、王宏斌的辩护人认为：本案系通华公司犯罪，而非个人犯罪；走私与虚开增值税专用发票犯罪是牵连犯罪，只能定一罪。

王红梅的辩护人还提出：通华公司依协议付给三力公司的325万元系正常业务往来，不构成对单位行贿罪。

陈一平的辩护人认为：陈一平与王红梅等无共同故意，应宣告无罪。

### ▶ 一审裁判结果

湖南省长沙市中级人民法院依照《刑法》第12条、第153条第1款第1项、第3款、第151条第4款、第205条第1款、第389条、第390条第1款、第25条、第26条第1款、第4款、第27条、第69条、第48条、第57条、第72条和第64条的规定，于2003年11月20日判决如下：

一、被告人王红梅犯走私普通货物罪，判处死刑，缓期2年执行，剥夺政治权利终身,并处没收个人全部财产;犯虚开增值税专用发票罪,判处无期徒刑,剥夺政治权利终身,并处没收个人全部财产;犯行贿罪,判处有期徒刑10年。决定执行死刑,缓期2年执行,剥夺政治权利终身,并处没收个人全部财产。

二、被告人王宏斌犯走私普通货物罪,判处有期徒刑13年,剥夺政治权利3年,并处没收财产100万元;犯行贿罪,判处有期徒刑5年。决定执行有期徒刑16年,剥夺政治权利3年,并处没收财产100万元。

三、被告人陈一平犯走私普通货物罪,判处有期徒刑3年,缓刑3年,并处没收财产60万元。

四、对追缴的赃款赃物予以没收,上缴国库。

### 一审裁判理由

湖南省长沙市中级人民法院认为:被告人王红梅、王宏斌、陈一平以通华公司名义,采取包税方式与湖南邮电局等单位签订设备代理进口合同,而后通过他人或自己采取伪报、瞒报及绕关等手段,将湖南邮电局等单位的设备走私进口,偷逃应缴税额人民币1.6639923369亿元,其行为已构成走私普通货物罪,且情节特别严重。在共同走私普通货物犯罪中,王红梅系主犯,王宏斌、陈一平系从犯。王红梅、王宏斌为进行走私普通货物犯罪,向海关工作人员行贿40万元,其行为又构成行贿罪,且情节严重。在共同行贿犯罪中,王红梅系主犯,王宏斌系从犯。王红梅让他人虚开增值税专用发票730份,虚开税款数额计人民币1.1818820616亿元,其行为还构成虚开增值税专用发票罪,且虚开税款数额巨大。王红梅、王宏斌的辩护人认为,本案系通华公司犯罪而非个人犯罪,经查,所有犯罪都是王红梅组织、指挥、实施的,且该公司的账目资料已不全,无法对其犯罪所得进行全面的司法会计鉴定,对其犯罪所得数额及其去向不能作出准确认定,该点辩护意见不能采纳。王红梅的辩护人认为本案走私普通货物与虚开增值税专用发票犯罪系牵连犯罪,只能以走私犯罪论处。经查,王红梅是在走私普通货物犯罪完成后,又让他人为自己虚开增值税专用发票的,两行为之间既不存在原因与结果,亦不存在手段与目的的关系,不构成牵连犯罪,不能只以走私普通货物犯罪论处。王红梅的辩护人还提出通华公司依协议付给三力公司的人民币325万元系正常业务往来,不构成对单位行贿罪,经查,在湖南邮电局决定通华公司包税代理进口DDN设备后,黄源提出三力公司作了前期工作,王红梅则要求三力公司为其催收货款,双方为此签订了财务代理协议,王红梅依协议付给三力公司的人民币325万元系正常业务往来,不构成对单位行贿罪的辩护意见成立,予以采纳。陈一平的辩护人认为，陈一平与王红梅等无共同故意，应宣告无罪。经查，在走私犯罪过程中，陈一平不仅以通华公司董事长的身份参加了 DDN 和 GSM 设备的签约仪式，还亲自签署了 DDN 和 GSM 的 A 阶段的内、外贸合同，对以 70% 包税进口设备的走私行为是清楚的，因此，应宣告无罪的辩护意见不予采纳。

▶ 二审诉辩情况 ◀

王红梅上诉及其辩护人辩护提出：本案走私、行贿和虚开增值税专用发票犯罪均是单位犯罪，且虚开增值税专用发票未给国家造成损失，请求改判。其辩护人还提出：行贿和虚开增值税专用发票的目的均是为了走私，是牵连犯罪，不应实行数罪并罚。

王宏斌上诉及其辩护人辩护提出：本案属单位犯罪。其辩护人还提出：王宏斌的行贿行为是为了掩盖走私行为，是牵连犯罪，对之只能认定犯走私普通货物罪一罪。

▶ 二审裁判结果 ◀

湖南省高级人民法院依照《刑事诉讼法》第 189 条第 1、2 项和《刑法》第 153 条第 1 款第 1 项、第 2、3 款、第 205 条第 1、3、4 款、第 25 条第 1 款、第 26 条第 1、4 款、第 27 条、第 31 条、第 56 条第 1 款、第 69 条、第 69 条的规定，于 2004 年 12 月 25 日判决如下：

一、驳回王红梅、王宏斌的部分上诉，维持长沙市中级人民法院刑事判决第一、二项对被告人王红梅、王红斌犯走私普通货物罪和被告人王红梅犯虚开增值税专用发票罪的定罪部分及第三项对被告人陈一平犯走私普通货物罪的定罪量刑部分和第四项。

二、撤销长沙市中级人民法院刑事判决第一、二项对被告人王红梅、王宏斌犯走私普通货物罪的量刑部分和犯行贿罪的定罪量刑部分及被告人王红梅犯虚开增值税专用发票罪的量刑部分。

三、上诉人王红梅犯走私普通货物罪，判处有期徒刑 15 年，剥夺政治权利 3 年；犯虚开增值税专用发票罪，判处有期徒刑 15 年，剥夺政治权利 2 年。决定执行有期徒刑 20 年，剥夺政治权利 5 年。

四、上诉人王宏斌犯走私普通货物罪，判处有期徒刑 10 年。

▶ 二审裁判理由 ◀

湖南省高级人民法院经审理认为：一审判决所列举的认定本案事实的证据，均在一审开庭审理时当庭举证并认证，对一审判决认定的证据予以确认。一审判决的事实清楚，证据确实、充分。

上诉人王红梅、王宏斌代表通华公司伙同原审被告人陈一平采取由通华公司包税的方式签订代理进口合同，自己或通过他人逃避海关监管，将设备走私进口，偷逃应缴税额人民币 1.6639923369 亿元，已追补税款 9438.008 万元，尚有税款 7201.915369 万元未予追回。其行为均构成走私普通货物罪，且情节特别严重，对王红梅和王宏斌应分别作为通华公司走私普通货物犯罪中的直接负责的主管人员和直接责任人员依法予以惩处。其中，上诉人王红梅为主实施单位走私普通货物 6 次，偷逃税额 1.6639923369 亿元；王宏斌参与实施单位走私普通货物 5 次，偷逃应缴税额 1.3453480344 亿元；陈一平参与走私普通货物 2 次，偷逃应缴税额 8668.499903 万元。在共同走私普通货物犯罪中，王红梅起主要作用，是主犯；王宏斌、陈一平起次要作用，是从犯，依法应分别从轻、减轻处罚。王红梅还让他人为通华公司虚开增值税专用发票，其行为又构成虚开增值税专用发票罪，且虚开税款数额巨大。王红梅应作为通华公司虚开增值税专用发票犯罪中的直接负责的主管人员依法予以惩处。王红梅、王宏斌上诉及其辩护人辩护均提出"本案系通华公司单位犯罪"的理由，经查，通华公司系依法设立的单位，有固定的人员和场所，并且进行了正常的经营活动。其从事走私、行贿、虚开增值税专用发票犯罪等活动虽系总经理王红梅个人决定，但王红梅是通华公司的主要负责人，且大部分犯罪活动是由通华公司职工完成的。同时，现有证据证实犯罪所得有部分偿还了犯罪之前的通华公司贷款，有部分为通华公司缴纳了税款，且没有证据证明通华公司的犯罪所得归个人所有，故"本案系通华公司单位犯罪"的上诉理由成立，予以采纳。王红梅、王宏斌的辩护人辩护还提出"王红梅、王宏斌行贿目的是为了走私，是牵连犯罪，不应实行数罪并罚"的理由经查，王红梅、王宏斌向海关工作人员行贿 40 万元的行为，是为了让通华公司逃避海关监管，达到通华公司走私的目的，王红梅作为通华公司直接负责的主管人员，王宏斌作为通华公司直接责任人员行贿亦是通华公司单位行贿，是为单位谋取不正当利益进行走私普通货物犯罪而行贿，故王红梅、王宏斌的行为分别构成走私普通货物罪与单位行贿罪的牵连犯，应以走私普通货物罪从重处罚而不应数罪并罚。其辩护人提出的"本案通华公司行贿与走私普通货物犯罪是牵连犯罪"的理由成立，予以采纳。王红梅的辩护人辩护还提出"本案通华公司虚开增值税专用发票犯罪与走私普通货物犯罪亦属牵连犯罪"的理由经查，通华公司虚开增值税专用发票的目的是为了抵扣税款，其走私犯罪活动已经完成，两种犯罪行为不是为了同一目的，两者之间不具有牵连关系，不是牵连犯罪，应分别定罪量刑，实行数罪并罚。原审法院以通华公司没有董事会和账目资料不全、对其犯罪所得尚不能准确认定从而认定本案系自然人犯罪而非单位犯罪的理由不符合最高人民法院《关于审理单位犯罪案件具体应用法律有关问题的解释》的规定，应予纠正；以行贿罪对王红梅、王宏斌定罪量刑不当。原审认定的犯罪事实清楚，证据确实、充分，审判程序合法。

### 146. 审判实践中对单位犯罪的主体条件应如何理解？

依据《刑法》及相关司法解释的规定，单位犯罪是指国有、集体所有的公司、企业、事业单位，依法设立的合资经营、合作经营企业和具有法人资格的独资、私营等公司、企业、事业单位实施的犯罪，特征具体表现为实施犯罪是为单位利益、以单位名义并体现了单位集体意志。

### 147. 以被吊销营业执照的单位的名义实施的犯罪行为是否构成单位犯罪？

作为实施犯罪的主体，在实施犯罪时，必须仍然存在，判定单位是否存在的依据就是在工商行政主管部门是否有合法的登记注册。单位已经被吊销营业执照的，主体资格已经消灭，不能再成为单位犯罪的主体。

## 典型疑难案件参考

### 赵新菊走私普通货物案

**基本案情**

2002年11月至2003年2月间，被告人赵新菊在通过北京中亚富利国际贸易有限公司（以下简称北京中亚公司）为广州市宝狮机电贸易有限公司（广州宝狮公司）代理进口汽车配件的过程中，利用其制作的虚假发票低报货物价格，逃避海关监管，偷逃应缴税额共计人民币91959.96元。

**诉辩情况**

北京市人民检察院第二分院认为：赵新菊的行为已构成走私普通货物罪，提请依照《刑法》第153条之规定对赵新菊判处刑罚。

被告人赵新菊辩称：其是按照真实发票的全额价格制作的发票，且发票经过进货方广州宝狮公司的确认并由北京中亚公司盖章后，其才交给报关行报关。

其辩护人认为：赵新菊并非为偷逃税款而故意犯罪，是其在办理报关业务时，没有采取正当途径办理，造成了偷逃税款的结果；赵新菊悔罪、认罪，主观恶性小，系初犯，且其亲属已全部退缴税款，并缴纳罚金，希望对赵新菊从轻处罚。

### 裁判结果

北京市第二中级人民法院依照《刑法》第153条第1款第3项、第52条、第53条、第61条、第64条及最高人民法院《关于审理走私刑事案件具体应用法律若干问题的解释》第6条第1款、第2款之规定，判决如下：

一、被告人赵新菊犯走私普通货物罪，判处有期徒刑10个月，罚金人民币9.2万元。

二、退缴在案的被告人赵新菊的违法所得人民币91959.96元予以没收，上缴国库。

### 裁判理由

北京市第二中级人民法院认为：被告人赵新菊所提其是按照真实发票的全额价格制作的竖版发票，在经过进货方广州宝狮公司确认并由北京中亚公司盖章后，才交给报关行报关的辩解及其辩护人所提赵新菊并非偷逃税款而故意犯罪，而是在办理报关业务时，没有采取正当途径办理报关业务，造成了偷逃税款的结果的辩护意见，经查，张秦燕的证言和电汇凭单证明，广州宝狮公司按照赵新菊的要求，将预付税款等费用汇至赵在银行开立的北京华欧信投资咨询有限公司账户，并在货物报关前，向赵新菊传真了发票；曹苏平证言及相关书证证明，赵新菊知道北京中亚公司代理进口货物的价值并进行了相关确认，北京中亚公司收到赵新菊提交的正本报关单后，才发现报关单的金额比实际付汇的金额少。中联海报关行出具的《证明》、进账单及阎鲲的证言证明，赵提供包括发票在内的报关材料，并确认和支付了税款。综上，赵新菊系在明知进口货物的真实价格的情况下，依据真实发票制作虚假的发票提供给报关行用于报关，其所提竖版发票价格已得到相关单位确认一节并无证据证明，其具有利用虚假发票低报进口货物价格，偷逃税款的主观故意。故上述辩解及辩护意见缺乏事实依据，不能成立，均不予采纳。

被告人赵新菊的辩护人关于赵新菊悔罪、认罪的辩护意见，由于赵新菊在庭审中否认其制作改变货物真实价格的虚假发票的事实,并未认罪。该辩护意见缺乏事实依据,不能成立,不予采纳。

被告人赵新菊的辩护人关于赵新菊主观恶性小,系初犯,其亲属已退缴全部税款,并缴纳罚金,希望对赵新菊从轻处罚的意见,酌予采纳。

被告人赵新菊违反海关法规,利用低报进口货物价格的方法,逃避海关监管,走私进口普通货物,偷逃应缴税额人民币9万余元,其行为已构成走私普通货物罪,依法应予惩处。北京市人民检察院第二分院指控被告人赵新菊犯走私普通货物罪的事实清楚,证据确实、充分,指控罪名成立。鉴于被告人赵新菊的亲属积极退缴全部赃款,并缴纳罚金,依法对其酌予从轻处罚。

### 148. 一人公司是构成单位犯罪还是个人犯罪,如何处理?

一人公司的行为能否构成单位犯罪的标准同样在于其是否具有独立人格,一人公司的人格因为其股东的单一性而具有不稳定性。因此,判断具体犯罪行为中的一人公司是否具有独立人格,应当根据以下几项标准:第一,是否具有独立的财产利益;第二,是否具有独立的意志;第三,是否具有《公司法》所要求的法人治理结构;第四,是否依照章程规定的宗旨运转;第五,是否依照法定的条件和程序成立。

**典型疑难案件参考**

周敏合同诈骗案

▶ **基本案情**

2008年2月至2009年4月,被告人周敏在担任一人有限责任公司众超公司、一丰镐公司法定代表人并直接负责生产经营期间,先后与上海岷琪针织品有限公司、常州仕高针纺织品有限公司等多家单位发生玩具原材料买卖或加工合同业务,上述单位按约为周敏所在公司供货或完成加工业务,周敏经自己公司再生产加工、通过瑞宝公司等单位予以销售并收取货款后,采用将上述自己公司账户内的资金转入个人账户或以差旅费等名义提取现金等方式转移公司财产,却以尚未收到货款为由拒不支付各被害单位合计价值人民币(以下币种均为人民币)900000余元的原材料货款及加工费等。在被害单位多次催讨后,被告人周敏采用隐匿等手段逃避。案发后，周敏支付部分货款后仍造成被害单位直接经济损失合计890000余元。法院审理期间，周敏积极筹款894000元退赔被害单位的经济损失。

**诉辩情况**

上海市奉贤区人民检察院以被告人周敏犯合同诈骗罪，向上海市奉贤区人民法院提起公诉。

被告人周敏对检察机关指控的事实无异议，但提出其个人无诈骗故意。辩护人提出：周敏的行为出于为单位利益考虑，检察机关指控周敏个人犯合同诈骗罪的事实不清、证据不足。

**裁判结果**

上海市奉贤区人民法院依据《刑法》第224条第4项，第231条，第72条，第73条第2款、第3款，第64条之规定，并综合考虑周敏的犯罪事实、情节、性质、危害后果、认罪悔罪态度、退赔经济损失，判决如下：被告人周敏犯合同诈骗罪，判处有期徒刑3年，宣告缓刑5年，并处罚金46万元；被告人周敏的犯罪所得予以追缴并发还被害单位。

**裁判理由**

上海市奉贤区人民法院认为：被告人周敏身为单位直接负责经营管理的人员，在本单位与被害单位发生货物买卖或加工合同业务并收受被害单位交付的数额巨大的货物后，转移本单位财产并隐匿，其行为已触犯刑律，构成合同诈骗罪。经查，现有证据不足以证明周敏在收取货款后系用于其个人开支，因此，检察机关指控周敏系个人犯罪的证据不足。上海市奉贤区人民法院认为被告人周敏的行为符合单位犯罪的特征，属单位犯罪。

## 149. 在司法实践中如何确定单位犯罪直接负责的主管人员？

可以从两个方面来把握认定的标准：（1）直接负责的主管人员是在单位中实际行使管理职权的负责人员；（2）直接负责的主管人员对单位具体犯罪行为负有主管责任。当同时具备了这两个条件时，可以认定该人员是单位犯罪中直接负责的主管人员。

## 150. 未参与策划、组织、实施单位犯罪行为的单位法定代表人，能否因单位犯罪追究其刑事责任？

> 通常情况下，单位的主管人员包括法定代表人、单位主要负责人和部门负责人等，但当上述人员在单位犯罪中未参与策划、组织、实施单位犯罪行为的，不应将其解释为单位犯罪中"直接负责的主管人员"，不应对其定罪处罚。

### 典型疑难案件参考

#### 北京匡达制药厂偷税案

**基本案情**

北京匡达制药厂（以下简称匡达制药厂）于1997年9月12日注册成立。北京匡达制药厂于1998年2月6日至1998年12月23日间，共生产健骨生丸566600盒。总经理王彦霖指令保管员肖春霞将其中358313盒登记在药厂正式账上，其余208287盒采用不登记入库的方法，另做记录，药厂销售科人员可以打白条形式将药品领走。被告人王璐林在任北京匡达制药厂的法定代表人期间，于1998年1月至1999年1月，为北京针灸骨伤学院坏死性骨病医疗中心共打白条领出5123大盒健骨生丸，销售后的金额人民币4508240元（出厂价每大盒人民币880元），既没有在北京匡达制药厂登记入账，亦未向延庆县国税局申报纳税，致北京匡达制药厂偷逃增值税税款人民币655043.42元，占同期应纳税款额的52.97%。

**一审诉辩情况**

北京市延庆县人民检察院以被告单位北京匡达制药厂、被告人王璐林犯偷税罪向北京市延庆县人民法院提起公诉。认为：被告单位匡达制药厂及被告人王璐林的行为均构成偷税罪，提请法院依据《刑法》第201条、第211条对被告单位匡达制药厂及被告人王璐林定罪处罚。

被告单位匡达制药厂的诉讼代表人及辩护人对起诉书指控的事实未提异议，但提出：偷税行为系被告人王璐林个人利用担任匡达制药厂法定代表人的职务所实施，应当由被告人王璐林个人承担全部责任。

被告人王璐林辩称：自己虽是北京匡达制药厂的法定代表人，但作为企业有明确的权限划分，真正偷税的直接责任人是王彦霖；认定其偷税缺乏事实依据。其辩护人提出：根据匡达制药厂的章程规定及领导分工，王璐林虽然是北京匡达制药厂的法定代表人，但不是偷税的直接责任人员，王璐林在主观方面没有控制匡达制药厂进行偷税的故意，在客观方面亦未实施控制和决定北京匡达制药厂偷税的犯罪行为；王彦霖系主管药厂的生产、库存、销售、申报纳税的直接责任人，匡达制药厂在生产产品中采取一部分不入库，以"打白条"的形式于指定区域内销售，在账簿上不列或者少列收入，偷逃税款，并且在税务机关通知自查后仍拒绝缴纳税款，应由王彦霖承担法律责任，王璐林不构成偷税罪；匡达制药厂的行为是欠税行为，不具有偷税的故意。

### 一审裁判结果

北京市延庆县人民法院依照《刑法》第201条第1款、第211条、第72条第1款、第73条第2、3款和最高人民法院《关于审理偷税抗税刑事案件具体应用法律若干问题的解释》第1条第2项的规定，判决如下：

一、被告单位匡达制药厂犯偷税罪，判处罚金人民币140万元。

二、被告人王璐林犯偷税罪，判处有期徒刑3年，缓刑3年，并判处罚金人民币70万元。

### 一审裁判理由

北京市延庆县人民法院认为：被告单位匡达制药厂及其直接责任人王璐林为企业获取非法利益，违反税收法规，采取生产的产品不入账，用白条出库，收款不入账的手段，通过在"坏死性骨病医疗中心"销售本厂生产的药品，偷逃税款人民币655043.42元，占同期应纳税额52.97%，破坏了税收征管制度，扰乱了社会市场经济秩序，均已构成偷税罪，应予惩处。延庆县人民检察院指控被告北京匡达制药厂、被告人王璐林犯偷税罪的事实清楚，证据充分，指控的罪名成立。在偷税的过程中，任法定代表人兼任坏死性骨病医疗中心主任的王璐林负有直接责任。在追究法人单位的同时应一并追究直接责任人王璐林的刑事责任。

### 二审诉辩情况

一审宣判后，被告单位匡达制药厂及被告人王璐林不服，向北京市第一中级人民法院提出上诉。

被告单位北京匡达制药厂上诉称：虽然单位构成偷税罪，不应对单位判决巨额罚金。

被告人王璐林上诉提出：其行为不构成偷税罪。

▶ **二审裁判结果**

北京市第一中级人民法院依照《刑事诉讼法》第189条第2项、第3项和《刑法》第201条第1款、第211条、第3条及最高人民法院《关于审理偷税抗税刑事案件具体应用法律若干问题的解释》第1条、最高人民法院《关于执行〈中华人民共和国刑事诉讼法〉若干问题的解释》第176条第4项之规定，判决如下：

一、撤销北京市延庆县人民法院〔2002〕延刑初字第176号刑事判决主文，即被告单位匡达制药厂犯偷税罪，判处罚金人民币140万元；被告人王璐林犯偷税罪，判处有期徒刑3年，缓刑3年，并判处罚金人民币70万元。

二、被告单位匡达制药厂犯偷税罪，判处罚金人民币70万元。

三、被告人王璐林无罪。

▶ **二审裁判理由**

北京市第一中级人民法院经审理认为：被告单位匡达制药厂为偷逃税款，故意将生产的部分产品隐匿，销售后收入不入账，偷逃增值税税款人民币655043.42元，占同期应纳税款额的52.97%，其行为已构成偷税罪，依法应予惩处。被告人王璐林虽为匡达制药厂的法定代表人，但经法庭质证确认的证据证明，匡达制药厂由总经理王彦霖负责，将其中358313盒登记在药厂正式账上，其余208287盒采用不登记入库的方法，另做记录，可由药厂销售科人员以打白条形式领走，系王彦霖授意为之，无证据证明王璐林具有决定、批准、授意、指挥企业人员不列或少列收入从而偷税的行为。故认定王璐林系匡达制药厂偷税犯罪直接负责的主管人员，应追究偷税罪的刑事责任证据不足，一审法院判决认定匡达制药厂构成偷税罪的证据确实、充分，审判程序合法，但量刑不当，应予改判。被告单位匡达制药厂及其辩护人所提对单位罚金过重、被告人王璐林及其辩护人所提王璐林的行为不构成偷税罪的上诉理由和辩护意见，本院予以采纳。

**151. 在单位犯罪中应当负刑事责任的人员，又以自然人身份实施了与单位犯罪所触犯的罪名相同的犯罪，应如何处理？**

行为人是单位犯罪中的应负刑事责任的人员，根据单位犯罪的双罚制原则，应该定罪处罚。行为人又以个人身份实施了其他

> 犯罪行为，即使与单位犯罪所触犯的罪名相同，也属于该行为人单独实施的其他犯罪，应与其实施的单位犯罪进行数罪并罚。

## 典型疑难案件参考

### 张俊等走私普通货物案

**基本案情**

1999年10月至2002年7月，被告人张俊、高飞、汪晓平、周伟明、华晖、黄威在进口冻品业务过程中，分别结伙，由张俊、高飞等人确定报关价格，采用制作、利用虚假外贸合同、发票等单证、低价报关的方法，偷逃应缴税额。具体事实如下：

1. 2000年4月至8月，元亨公司代理进口被告人周伟明的14票货，由被告人高飞确定报关价格，周伟明制作并提供虚假报关发票，元亨公司偷逃应缴税额计人民币473607.73元。

2. 2002年2月至6月，元亨公司以江苏苏美达国际技术贸易有限公司的名义代理进口被告人黄威联系的20票货。由被告人高飞确定报关价格，黄威提供虚假的SAMEX公司发票、合同，元亨公司偷逃应缴税额计人民币535012.37元，其中SAMEX公司参与偷逃应缴税额计人民币161827.16元。

3. 2001年8月至2002年7月，元亨公司代理进口林镇荣的27票货，由被告高飞确定报关价格，外商提供虚假的发票、合同，元亨公司偷逃应缴税额计人民币62052.73元。

4. 1999年10月至2000年1月，元亨公司代理进口胡金瑞的25票货，由被告高飞确定报关价格，上海富达公司提供虚假的发票、合同，元亨公司偷逃应缴税额计人民币589963.80元。

5. 2001年12月至2002年1月，元亨公司代理进口林子强的2票货，由被告人高飞确定报关价格，香港友信发展有限公司提供虚假的发票、合同，元亨公司偷逃应缴税额计人民币16314.26元。

6. 2001年1月至12月，被告人张俊、汪晓平在经营金亚联公司期间，以南京市纺织品进出口股份有限公司（以下简称南纺公司）的名义分别代理进口陈尾金、林子铭的70票货，由汪晓平制作虚假的发票、合同，张俊确定报关价格，偷逃应缴税额计人民币2200980.77元。

7. 2002年1月至6月，被告人张俊私自决定以舜天科发公司的名义代理被告人黄威进口 SAMEX 公司的 11 票货，代理被告人高飞、华晖进口林镇荣的 27 票货，进口许少华、林子铭的 42 票货，由张俊确定报关价格，黄威和外商提供虚假发票，张俊将其中 8 票货的虚假发票上的报价改低，偷逃应缴税额计人民币 1435063.93 元，归其个人所有。

8. 2001 年 9 月至 2002 年 6 月，被告人张俊私自决定以南纺公司的名义代理被告人高飞、华晖进口林镇荣的 33 票货，许少华、林子铭的 30 票货，由张俊、高飞确定报关价格，外商据此提供虚假的发票、合同，偷逃应缴税额计人民币 1545224.22 元，归其个人所有。

9. 2000 年 11 月，被告人张俊私自决定以南纺公司的名义代理进口陈尾金的 3 票货，张俊将外商提供的发票上的价格改低，偷逃应缴税额计人民币 45380.39 元。

10. 2000 年 8 月至 2001 年 12 月，被告人张俊私自决定以南纺公司名义代理进口被告人周伟明的 16 票货，由张俊确定报关价格，周伟明制作并提供虚假的发票，偷逃应缴税额计人民币 945075.41 元。

2002 年 7 月 3 日至 22 日，被告人张俊、华晖、黄威、汪晓平、周伟明分别被南京海关抓获归案；同年 7 月 25 日，被告人高飞到南京海关自动投案。

### 一审诉辩情况

江苏省南京市人民检察院以被告人张俊、高飞、汪晓平、周伟明、华晖、黄威犯走私普通货物罪，向南京市中级人民法院提起公诉。

被告人张俊及其辩护人提出：指控被告人张俊与被告人高飞、华晖构成共同犯罪，且系主犯的证据不足；张俊有重大立功，且归案后主动交代犯罪事实，积极退赃，请求对其减轻处罚。

被告人高飞及其辩护人提出：海关关税部门鉴定偷逃应缴税额的计价办法不规范；高飞有自首情节，请求对其从轻、减轻处罚。

被告人汪晓平及其辩护人提出：被告人汪晓平为从犯；归案后有悔罪表现，请求对其从轻处罚。

被告人周伟明及其辩护人提出：指控被告人周伟明个人犯罪的事实不清。

被告人华晖对起诉指控的事实无异议。其辩护人提出的辩护意见为：认定被告人华晖系个人犯罪的定性不当；华晖系从犯，请求对其减轻处罚。

被告人黄威及其辩护人提出：对偷逃税额的计算不准；黄威认罪态度好，请求对其从轻处罚。

### 一审裁判结果

南京市中级人民法院依照《刑法》第153条第1款第1项、第2款、第3款、第25条第1款、第26条第1款、第27条、第30条、第31条、第67条、第69条第1款、第52条、第53条、第72条、第73条第2、3款，最高人民法院《关于处理自首和立功具体应用法律若干问题的解释》第5条之规定，判决如下：

一、被告人张俊犯（单位）走私普通货物罪，判处有期徒刑2年；犯走私普通货物罪判处有期徒刑13年，并处罚金人民币3970743.95元；决定执行有期徒刑14年，并处罚金人民币3970743.95元。

二、被告人高飞犯（单位）走私普通货物罪，判处有期徒刑2年；犯走私普通货物罪判处有期徒刑12年，并处罚金人民币2519887元；决定执行有期徒刑13年，并处罚金人民币2519887元。

三、被告人汪晓平犯（单位）走私普通货物罪，判处有期徒刑3年，缓刑5年。

四、被告人周伟明犯走私普通货物罪判处有期徒刑10年，并处罚金人民币1418683.14元。

五、被告人华晖犯走私普通货物罪判处有期徒刑3年，缓刑5年，并处罚金人民币50万元。

六、被告人黄威犯（单位）走私普通货物罪，判处有期徒刑1年10个月。

### 一审裁判理由

南京市中级人民法院认为：被告人张俊、高飞、周伟明、汪晓平、华晖、黄威为个人和单位牟取非法利益，违反海关法规，采用低价报关的方法，偷逃应缴税额。其中第6起事实系金亚联公司走私，偷逃应缴税额计人民币2200980.77元，情节严重，被告人张俊作为金亚联公司直接负责人已构成走私普通货物罪。此外，第7-10起事实系被告人张俊单独或与其他单位、个人共同走私，偷逃应缴税额计人民币3970743.95元，其行为已构成走私普通货物罪，且系共同犯罪。被告人张俊在与被告人高飞、华晖的共同犯罪中，起主要作用，系主犯。被告人张俊有立功表现，依法可从轻、减轻处罚，其归案后能主动交代犯罪事实，积极退赃，可对其酌情从轻处罚。其中第1-5起事实系元亨公司单独或与其他单位、个人共同走私，偷逃应缴税额计人民币1676950.89元，情节严重，被告人高飞作为元亨公司直接负责的主管人员已构成走私普通货物罪,且系共同犯罪。此外,被告人高飞与被告人张俊、华晖共同走私、偷逃应缴税额计人民币2519887元,其行为已构成走私普通货物罪,且系共同犯罪。其中被告人高飞在共同犯罪中,起主要作用,系主犯。被告人高飞系自首,归案后能主动交代犯罪事实,依法可从轻处罚。金亚联公司走私、偷逃应缴税额计人民币2200980.77元,情节严重,被告人汪晓平作为金亚联公司直接负责人已构成走私普通货物罪。被告人汪晓平归案后,认罪态度较好,协助侦查机关收集本案证据,确有悔罪表现,可对其酌情从轻处罚。被告人周伟明与其他单位或个人共同走私、偷逃应缴税额计人民币1418683.14元,其行为已构成走私普通货物罪,且系共同犯罪。被告人华晖与被告人张俊、高飞共同走私、偷逃应缴税额计人民币2519887元,其行为已构成走私普通货物罪,且系共同犯罪。其中被告人华晖在共同犯罪中,起次要作用,系从犯,依法可减轻处罚。其归案后认罪态度好,确有悔罪表现,可对其酌情从轻处罚。SAMEX公司与其他单位或个人共同走私、偷逃应缴税额计人民币718591.06元,被告人黄威作为SAMEX公司直接负责的主管人员已构成走私普通货物罪,且系共同犯罪。被告人张俊、高飞与其他单位或个人共同实施走私犯罪,应当处以刑罚;其作为单位走私的直接负责人亦应承担相应的刑事责任,故对其应实行数罪并罚。

### 二审诉辩情况

一审判决后,被告人张俊、高飞、周伟明不服,分别提出上诉。

张俊及其辩护人提出:(1)第9、10笔是单位犯罪,不是个人犯罪;(2)张俊有重大立功情节,应减轻处罚。

高飞及其辩护人提出:(1)对其因单位犯走私普通货物罪和个人犯走私普通货物罪被数罪并罚提出异议;(2)有自首情节,原判未予考虑,量刑过重。

周伟明及其辩护人提出:周伟明实施的走私行为应认定余鑫水产公司单位犯罪。

### 二审裁判结果

江苏省高级人民法院依照《刑事诉讼法》第189条第2项、《刑法》第153条第1款第1项、第2款、第3款、第25条第1款、第26条第1款、第27条、第30条、第31条、第67条、第69条第1款、第52条、第53条、第72条、第73条第2、3款,最高人民法院《关于处理自首和立功具体应用法律若干问题的解释》第5条之规定,于2004年6月29日,判决如下:

一、维持江苏省南京市中级人民法院〔2003〕宁刑初字第92号刑事判决对被告人高飞、汪晓平、周伟明、华晖、黄威的判决部分。

二、撤销江苏省南京市中级人民法院〔2003〕宁刑初字第92号刑事判决对被告人张俊的判决部分。

三、上诉人（原审被告人）张俊犯（单位）走私普通货物罪，判处有期徒2年，犯走私普通货物罪判处有期徒刑12年，并处罚金人民币2980288.15元，决定执行有期徒刑13年，并处罚金人民币2980288.15元。

### 二审裁判理由

江苏省高级人民法院经审理认为：有证据证明上诉人张俊上交了部分利润给金亚联公司，但由于张俊既有单位走私犯罪行为，又有个人走私犯罪行为，其为金亚联公司走私犯罪行为与上交金亚联公司的走私所得利润行为不具有及时性，无法一一对应，不能据此认为张俊上交金亚联公司的利润仅是针对原审判决认定第6笔走私所得，因此仅仅凭借其有上交金亚联公司利润的行为不足以判断其行为性质是单位犯罪还是个人犯罪，还应从犯罪行为是否体现了单位意志等方面进行考量。另有证据证明作为金亚联公司负责人的汪晓平对张俊在第9、10事实中的行为予以认可，张俊在这两笔事实中的行为体现了单位意志，故应认定上诉人张俊实施第9、10笔犯罪的性质属金亚联公司单位犯罪，原审判决对该两笔事实的定性有误，应予以纠正；对上诉人高飞、周伟明、原审被告人华晖、黄威、汪晓平的定罪量刑并无不当，应予维持。

> **152. 自然人根据单位的意志实施犯罪行为，但该犯罪行为根据《刑法》规定不构成单位犯罪，那么对该自然人能否定罪处罚？**
>
> 《刑法》第30条仅是为追究单位的刑事责任提供依据，并未为排除自然人的刑事责任提供依据。《刑法》第30条实际上表明：《刑法》没有规定单位可以成为犯罪主体时，只能由自然人作为犯罪主体。因此，对于《刑法》没有规定为单位犯罪的，即使事实上是由所谓单位集体实施，也不能认定为单位犯罪，只能认定为自然人（共同）犯罪。

## 典型疑难案件参考

### 破坏生产经营案

**基本案情**

2003年9月12日，浙江欧亚薄膜材料有限公司（以下简称欧亚公司）与常州综研加热炉有限公司（以下简称常研公司）签订合同，向常研公司定购4台加热炉作为生产线的供热设备。常研公司制造的加热炉中的燃烧器由芬兰"奥林公司"提供，"奥林公司"的燃烧器的控制软件由上海交技发展股份有限公司提供。2005年3月16日，欧亚公司的供热系统发生联苯泄漏事故，欧亚公司与常研公司对事故责任产生争议，常研公司因此担心催收货款会有困难。2005年4月，常研公司负责人姚永芳、负责生产技术的王顺明和被告人庄建新商量决定，在加热炉的燃烧器上设置限时停机程序，逼迫欧亚公司及时付款。此后，王顺明和被告人庄建新打电话与被告人余卫国联系，要求余卫国在燃烧器上设置限时停机程序。被告人余卫国开始不同意，但在被告人庄建新表示设置程序后将会通知欧亚公司和不会实际发生停机事件后表示同意。根据被告人庄建新的通知，被告人赵爱国在欧亚公司的设备调试现场要求被告人卢志航在加热炉的燃烧器上设置限时停机程序。被告人卢志航打电话向被告人余卫国请示，余卫国要求卢志航根据常研公司的要求设置限时停机程序。后被告人卢志航根据被告人赵爱国的要求，在欧亚公司的3号、4号加热炉燃烧器的控制系统中设置了限时停机程序。根据被告人卢志航设置的限时停机程序，2005年10月1日、11月1日，欧亚公司的3号、4号加热炉将分别自动停止工作。由于欧亚公司与常研公司对联苯泄漏事故的损失承担存在意见分歧，欧亚公司一直未支付常研公司正在催讨的货款。2005年9月，被告人庄建新要被告人赵爱国修改限时停机程序，将加热炉自动停止工作的时间分别推迟到2005年11月1日、12月1日。根据被告人赵爱国的电话通知，被告人卢志航于2005年9月28日到欧亚公司，对设置在3号、4号加热炉上的限时停机程序进行了修改。由于被告人卢志航对燃烧器控制软件的时间格式认识错误，误将16进制认为是10进制而按10进制修改了限时停机程序，导致欧亚公司的4号、3号加热炉在2005年10月2日凌晨0时左右先后自动停止工作。当时，欧亚公司的4台加热炉中，1号加热炉在联苯泄漏事故中损坏，正在修理之中；2号、3号、4号加热炉处于2台正常工作、1台热备用状态。4号加热炉停止工作后，欧亚公司职员立即点燃了备用的2号加热炉。3号加热炉停止工作后，欧亚公司职员先后与被告人赵爱国、卢志航联系，卢志航通过电话指导欧亚公司职员采用手动方式点燃了3号炉,点燃时间大约在凌晨2时。被告人赵爱国、卢志航于当天早上赶到欧亚公司,卢志航检查了加热炉停止工作的原因后对限时停机程序的错误设置作了修改,并重新点燃3号、4号加热炉,该2台加热炉于当天早上7时前后恢复正常工作。在被告人赵爱国的要求下,被告人卢志航还对3号、4号加热炉燃烧器上的限时停机程序作了修改,将3号、4号加热炉自动停止工作的时间分别推迟到2006年1月1日、2月1日。3号、4号加热炉自动停止工作至3号加热炉采用手动方式点燃期间,欧亚公司生产线热媒主管供给温度曾低于300度,需要加热的反应釜温度无法调节,导致产出的成品是废品或降等品,给欧亚公司造成的经济损失至少为659980元。

### ▎一审诉辩情况

1. 浙江省绍兴县人民检察院的指控

2004年3月,欧亚公司向常研公司购入4台加热炉。2005年3月16日,欧亚公司发生联苯泄漏事故致使双方发生纠纷。为防止催要尾款困难,被告人庄建新等人经商量,要求常研公司加热炉燃烧器供货商"奥林公司"的项目经理即被告人余卫国同意并指使其公司程序员即被告人卢志航在欧亚公司的加热炉燃烧器上设置限时停机程序。随后,被告人卢志航根据常研公司工程部的被告人赵爱国指示,先后两次在其中2台燃烧器上设置了限时停机密码,导致同年10月2日凌晨,欧亚公司该2台加热炉停机,造成生产瘫痪。此时,尚未达目的的被告人一伙又设置了新的限时停机密码,直至案发。经鉴定,此事故造成欧亚公司损失252万元。

被告人的行为已构成破坏生产经营罪,应依法惩处。

2. 被告人的答辩及其辩护人的辩护意见

被告人庄建新的辩解:(1)欧亚公司停机事故发生前,其并没有要求卢志航设置限时停机密码;停机事故发生后,其亦没有要求设置限时停机密码。(2)即使设置限时停机密码不等于破坏生产经营。(3)因停机事故造成的损失,鉴定机构评估过高。综上,认为其行为不构成破坏生产经营罪。其辩护人的辩护意见为:(1)设置限时停机程序是常研公司与"奥林公司"协商后决定设置,被告人赵爱国、卢志航是根据本公司指派,其行为属于职务行为,故不符合破坏生产经营罪犯罪主体的要求。(2)事实方面,被告人庄建新事先已将设置限时停机密码的事实告诉了欧亚公司的陈林夫。另外,由于备用设备在4号机停机后立即启动,且3号机在随后2个小时内修复,故欧亚公司因加热炉停机产生的损失根本没有达到起诉认定的252万元。（3）被告人庄建新没有破坏生产经营的故意。综上，要求对被告人庄建新宣告无罪。

被告人赵爱国的辩解：（1）其所实施的涉案行为是常研公司指派的工作，其在从中没有个人利益；（2）其只是向被告人卢志航转达常研公司的指令；（3）欧亚公司停机事故发生的原因是卢志航操作失误；（4）欧亚公司的损失没有252万元。其辩护人的辩护意见为：被告人赵爱国的行为不构成破坏生产经营罪。被告人赵爱国不符合破坏生产经营罪犯罪主体的要求，也不具有破坏生产经营的故意和犯罪目的，且没有实施破坏生产经营的行为，因检察机关提供的评估结论书、资产评估报告不能作为证据使用，导致停机事故的损失无证据证明。综上，要求对被告人赵爱国宣告无罪。

被告人卢志航对被指控的事实和罪名均无异议。其辩护人的辩护意见为：（1）被告人卢志航没有破坏生产经营的动机和目的；（2）卢志航在本案中起次要、辅助作用；（3）检察机关提供的证据尚未达到确实充分的程度。宋宝元的证言前后有矛盾，宋宝元、傅官君的证言之间也有矛盾，程扬证言不具有真实性，交接班日记等书证不真实，检察机关依据技术鉴定所作推理不能成立。综上，要求对被告人卢志航宣告无罪。

被告人余卫国对起诉指控其指使被告人卢志航设置限时停机密码无异议，辩称：其在被告人庄建新保证不会发生实际停机事件和常研公司会事先将设置限时停机密码通知欧亚公司的情况下才同意设置限时停机密码。其辩护人的辩护意见为：（1）故意设置限时停机密码并不必然造成损失，涉案停机事故发生的原因是操作失误。对停机事故及由此造成的损失，各被告人主观上的心理态度是过失。（2）本案各被告人的行为属于职务行为而非个人行为。（3）检察机关提供的证据存在重大问题。绝大部分证据属证人证言，且证人均系被害单位员工，证言的真实性值得怀疑。其中的书证对证明本案的主要事实无证明力。欧亚公司损失的评估结论书不能作为本案证据使用。

> 一审裁判结果

浙江省绍兴县人民法院依照《刑法》第276条、第25条第1款、第67条第1款之规定，判决如下：

一、被告人庄建新犯破坏生产经营罪，判处管制2年。

二、被告人赵爱国犯破坏生产经营罪，判处管制1年6个月。

三、被告人卢志航犯破坏生产经营罪，判处管制1年6个月。

四、被告人余卫国犯破坏生产经营罪，判处管制1年。

▶ 一审裁判理由

浙江省绍兴县人民法院认为：被告人庄建新，赵爱国、余卫国、卢志航为解决经济纠纷，实现个人目的，有组织地采用在欧亚公司生产设备上设置限时停机程序的方法破坏该公司的生产经营，其行为均构成破坏生产经营罪，属共同犯罪。检察机关指控的罪名成立，予以支持。

对被告人庄建新及辩护人张峰、宗龙喜、谢佑平、高勇、徐铭关于设置限时停机程序不等于破坏生产经营、并不必然造成损失和相关被告人没有破坏生产经营的犯罪目的的故意的辩解和辩护意见。经查：欧亚公司的生产过程对温度变化极为敏感，对温度有极为严格的要求。因此，其生产线对供热具有严格的要求，供热能力的降低、波动均必然导致生产线产出的成品成为次品或废品，由此造成欧亚公司经济损失。并且，由于欧亚公司的生产属大规模、不间断生产，生产过程中的小波动都会造成欧亚公司较大的经济损失。涉案加热炉是欧亚公司生产线中供热系统的核心部分，专为生产线提供热量，以保证生产过程达到生产工艺所需温度。加热炉一旦停止工作，必然导致无法供热，从而导致生产过程的温度下降。即使在有热备用加热炉可以马上启用的情况下，因为启动热备用加热炉需要一定的成本且热备用加热炉从启动到正常供热也需要一定的时间等原因，必然导致生产线供热能力的下降和波动，从而必然导致生产过程的温度下降或波动并由此造成经济损失。因此，在加热炉上设置限时停机程序，必然导致欧亚公司经济损失，即破坏了欧亚公司的正常生产经营活动，该行为显然属于破坏生产经营行为。四被告人明知其行为会产生破坏欧亚公司正常生产经营的后果，但仍实施了相应的行为，甚至在涉案停机事故发生后继续在欧亚公司的加热炉上设置限时停机程序，希望继续破坏欧亚公司正常生产经营的后果发生，应当认定四被告人主观上具有破坏生产经营的故意。不采纳被告人庄建新及辩护人张峰、宗龙喜、谢佑平、高勇、徐铭的该辩解、辩护意见。

对辩护人张峰、宗龙喜、谢佑平关于四被告人的涉案行为属于职务行为，而非个人行为，由此认为四被告人不符合破坏生产经营罪主体要件的辩护意见。根据刑法理论，行为人的职务行为符合单位法定犯罪构成的，应以单位犯罪定罪处罚。如果行为人的职务行为并不符合单位犯罪法定犯罪构成，但行为人的职务行为本身符合特定法定犯罪构成的，则应以自然人犯罪定罪处罚。行为人的行为属于职务行为并不影响其成为自然人犯罪的犯罪主体，不影响对其以自然人犯罪追究刑事责任。本案中，四被告人的涉案行为确实是履行职务或以履行职务的形式实施，在其行为不符合特定单位犯罪法定犯罪构成的情况下,其仍可以成为自然人犯罪的主体,且其行为已符合破坏生产经营罪的法定犯罪构成,应以破坏生产经营罪追究其刑事责任。不采纳辩护人张峰、宗龙喜、谢佑平的该辩护意见。

对辩护人高勇、徐铭关于被告人卢志航在本案中起次要、辅助作用的辩护意见。经查:虽然被告人卢志航是受他人指使具体实施了设置限时停机程序的行为,但其是涉案共同犯罪的实行犯,且其行为是涉案共同犯罪的核心行为,对涉案共同犯罪的成立起着决定性作用。不采纳辩护人高勇、徐铭的该辩护意见。

### 二审诉辩情况

法院判决后,庄建新、余卫国、徐爱国、卢志航均不服,提出上诉。

上诉人(原审被告人)庄建新提出:(1)一审判决已经认定上诉人的行为系职务行为,但破坏生产经营罪的主体并不包括单位犯罪。因此,在不能认定常研公司犯罪的情况下,将庄建新定罪属主体不当。(2)从一审查明的事实看,其并无"泄愤报复或其他个人目的",主观上也无希望或放任结果发生,停机纯粹是一件意外事件。(3)设置限时停机密码仅是一种自我保护措施,该行为和停机及损失之间无因果关系。(4)没有证据证明停机的确造成了损害后果,原判认定的鉴定结论不能成立。综上,其行为不构成破坏生产经营罪。其辩护人张峰提出:(1)设置限时停机程序不是刑法意义上的破坏行为,该程序也并不必然造成停机进而造成损失。(2)本案没有证据证明停机给欧亚公司造成多少损失,同时原判认定的至少65万余元损失的鉴定结论中,作为鉴定基础资料的其中两份增值税发票已经绍兴市国家税务局稽查分局认定为虚假发票,因此鉴定结论也属不正确。(3)原判认定为共同犯罪,但庄建新与卢志航根本不认识,故也不能认定为共同犯罪。(4)由于生产线上反应釜对于温度的记录是自动的、不可更改的,原判没有这方面的证据予以证明反应釜温度曾降低至300度或更低。(5)本案的证人均是欧亚公司员工,与本案有利害关系,其证言不能作为定案依据。(6)庄建新的行为是职务行为,而破坏生产经营罪没有规定单位犯罪。因此,在不能追究常研公司犯罪的情况下,更不能将庄建新定罪。综上,要求二审宣告庄建新无罪。

上诉人(原审被告人)赵爱国提出:(1)原判已经认定上诉人的行为系职务行为,但破坏生产经营罪的主体并不包括单位犯罪。因此,在不能认定常研公司犯罪的情况下,将其定罪属主体不当。(2)从原判查明的事实来看,其并无"泄愤报复或其他个人目的",主观上也无希望或放任结果发生,停机纯粹是一件意外事件。(3)设置限时停机密码仅是一种自我保护措施,该行为和停机及损失之间无因果关系。(4)没有证据证明案发当天的停机是设定限时停机程序造成以及停机造成的损害后果，原判认定的鉴定结论不能成立。综上，其行为不构成破坏生产经营罪。其辩护人宗龙喜提出：(1)赵爱国的行为是职务行为，而破坏生产经营罪没有规定单位犯罪。因此，在不能追究常研公司犯罪的情况下不能将赵爱国定罪。(2)本案中，赵爱国主观上没有犯罪故意，事件的发生仅是卢志航的错误设置造成，应认定为意外事件。(3)设置限时停机程序不是破坏行为，而是常研公司无奈的救济手段。(4)事实方面，导致3、4号加热炉停机的原因无确实证据证明系卢志航行为，而鉴定结论因采纳的虚假的增值税发票而不能被采纳，相反根据欧亚公司在事故当时的进料单显示，即使事故发生，反应釜仍正常进料，从而证实反应釜温度并未降低，更不可能造成损失。综上，建议对赵爱国宣告无罪。为支持其辩护意见，辩护人宗龙喜当庭提供了绍兴市国家税务局稽查分局的证明。

上诉人（原审被告人）卢志航提出：(1)其没有破坏生产经营的动机和目的，其他被告人也没有告知其停机的目的；(2)其与其他被告人不构成共同犯罪；(3)本案没有证据证明确实的停机原因以及停机最终造成的损失，要求二审宣告其无罪。其辩护人徐铭提出：(1)停机原因是设置限时停机程序只有卢志航的推测，没有其他证据印证，不能认定；(2)鉴定结论不充分，不能被采纳；(3)由于常研公司不构成单位犯罪，因此作为职务行为的各个被告人均不构成该罪；(4)卢志航没有破坏生产经营的动机和目的，其他被告人也没有告知其停机的目的。因此，要求二审宣告卢志航无罪。

上诉人（原审被告人）余卫国提出：(1)设置限时停机密码并不必然造成损失，涉案停机事故发生的原因是操作失误；(2)其与欧亚公司并无结怨，其不具有破坏欧亚公司生产的主观故意；(3)本案既缺乏造成停机原因的证据；也缺乏温度降低的证据，缺乏是否造成损失以及损失大小的证据，因此要求二审宣告其无罪。

浙江省绍兴市人民检察院认为：四上诉人从各自的利益出发，同意设置限时停机程序均是犯罪动机，而非犯罪目的。上诉人庄建新通过设置限时停机程序逼迫欧亚公司付款也是犯罪动机，但该动机在实施过程中破坏了欧亚公司的正常生产经营。因此，可以确定上诉人具有破坏生产经营罪的犯罪目的。另外，从四上诉人多次设置限时停机程序，特别是在发生停机事故后依然设置停机程序，更显示了四上诉人具有直接的主观故意。同时《刑法》虽在本罪中没有规定单位犯罪，但自然人犯罪仍必须追究。因此，四上诉人符合本罪的主体要件。原判认定事实清楚、证据确实充分，建议二审驳回上诉，维持原判。

**二审裁判结果**

浙江省绍兴市中级人民法院依照《刑事诉讼法》第189条第1项之规定，裁定如下：驳回上诉，维持原判。

**二审裁判理由**

浙江省绍兴市中级人民法院认为：原判认定事实清楚，证据确实、充分，定罪和适用法律正确，量刑尚属适当，审判程序合法，应予维持。

### 153. 非法成立的单位可否成为单位犯罪的主体？

一般来说，单位犯罪以单位合法成立和存在为前提，并且严格根据《刑法》规定来判断，即使是合法单位实施了严重危害行为，但如果该犯罪在《刑法》中规定为只能由自然人实施的，则也不能认为是单位犯罪。非法成立的单位一般不能成为单位犯罪主体。

### 154. 以实施犯罪为主要目的而设立单位或者单位设立后以实施犯罪为主要活动的，是否成立单位犯罪？

对于以实施犯罪为主要目的而设立单位或者单位设立后以实施犯罪为主要活动的，即使偶尔经营部分正当业务，一般也不予认定为单位犯罪。单位犯罪还应以《刑法》明文规定为前提，而且单位必须是合法成立的。司法实践中，存在在法律上并未规定为单位犯罪，但却是以单位意志决定而实施犯罪的现象，例如单位实施贷款诈骗罪、盗窃罪等，在这种情况下，则不能以单位犯罪论处，只能追究自然人的刑事责任。

**典型疑难案件参考**

邱进特、邱进生销售假冒注册商标的商品案

**基本案情**

被告人邱进特、邱进生于2009年3月至9月，租用广州市海珠区一处大厦 902、903、1815 室作为上海易才数码技术有限公司、广州特亿网络科技有限公司的办公场所。被告人邱进特担任上海易才数码技术有限公司法定代表人、广州特亿网络科技有限公司总经理，负责全面工作，被告人邱进生担任广州特亿网络科技有限公司法定代表人，负责采购。二被告人以上述二公司的名义，通过互联网招聘网络技术人员和网络销售业务员，在互联网上设立 LV、GUCCI 商品销售网站，通过互联网向外国客户销售假冒注册商标的 LV、GUCCI 商品，并通过易智付科技（北京）有限公司第三方支付平台、西联汇款的方式收取货款，至案发时止销售金额共计 1923825.96 元。同年 9 月 16 日，广州市公安局海珠区分局经济犯罪侦查大队和广州市工商行政管理局海珠分局根据 LV 商标代理人的举报，对上址进行联合执法检查时将被告人邱进特、邱进生抓获，并当场扣押涉案物品一批及假冒 LV 各式皮手袋 92 个、LV 鞋 5 双、LV 各式皮箱 15 个、LV 各式皮带 27 条、LV 各式钱包 52 只、GUCCI 各式手袋 33 个、GUCCI 鞋 4 双、GUCCI 钱包 17 只、GUCCI 各式皮带 13 条，共计商品 258 件（经鉴定，共价值人民币 220096 元）。

▶ 一审诉辩情况

广州市海珠区人民检察院以被告人邱进特、邱进生犯销售假冒注册商标的商品罪，向广州市海珠区人民法院提起公诉。

▶ 一审裁判结果

广州市海珠区人民法院依照《刑法》第 214 条、第 64 条和最高人民法院、最高人民检察院《关于办理侵犯知识产权刑事案件具体应用法律若干问题的解释》第 2 条第 2 款，最高人民法院、最高人民检察院《关于办理侵犯知识产权刑事案件具体应用法律若干问题的解释（二）》第 4 条之规定，判决如下：

一、被告人邱进特犯销售假冒注册商标的商品罪，判处有期徒刑 4 年，并处罚金人民币 20 万元。

二、被告人邱进生犯销售假冒注册商标的商品罪，判处有期徒刑 3 年 6 个月，并处罚金人民币 15 万元。

三、扣押的作案工具、赃款、赃物（略）均予以没收或销毁。

▶ 一审裁判理由

广州市海珠区人民法院审理认为：被告人邱进特、邱进生无视国家法律，销售明知是假冒注册商标的商品，销售金额数额巨大，其行为均已构成销售假冒注册商标的商品罪。

▶ 二审诉辩情况

被告人邱进生上诉提出：（1）其在特亿公司仅有法定代表人之名，并不享有法定代表人的权益，其应被认定为从犯。（2）其是在邱进特从事销售假冒注册商标的商品后一段时间才应邱进特之邀来广州的，故不应以全部销售数额来认定其销售的数量。（3）其能坦白交代全部犯罪事实，认罪态度较好，且是初犯，主观恶性较小。（4）其在进行违法活动的同时也在进行其他合法经营活动，被查扣的账户中的存款并非全部是犯罪所得，不应全部没收。建议二审法院考虑以上情况，要求对其从轻处罚并适用缓刑。

其辩护人提出的辩护意见是：上海易才数码技术有限公司、广州特亿网络科技有限公司销售假冒注册商标的商品行为属于单位犯罪，依法应减轻对上诉人邱进特的处罚，对其适用缓刑。

▶ 二审裁判结果

广州市中级人民法院依照《刑事诉讼法》第189条第1项之规定，裁定：驳回上诉，维持原判。

▶ 二审裁判理由

广州市中级人民法院经二审审理认为：上诉人邱进特、邱进生销售明知是假冒注册商标的商品，销售金额数额巨大，其行为均已构成销售假冒注册商标的商品罪。原判决认定事实和适用法律正确，量刑适当，审判程序合法。上诉人及其辩护人所提的上诉理由经查均不能成立，不予采纳。

## 二、单位犯罪的处罚原则

**155. 被告人未与单位签订劳动合同，能否认定为单位犯罪中的其他直接责任人员？**

在单位犯罪中，被告人未与单位签订劳动合同，但以单位工作人员的身份，具体参与违法经营行为，则应认定其为单位组成人员。

### 156. 如何区分单位犯罪中的主、从犯？

对于单位犯罪中直接负责的主管人员和其他直接责任人员的认定，可根据其在单位犯罪中的地位、作用和犯罪情节区分主、从犯，以做到罪责刑相适应。如果同时存在直接负责的主管人员和其他直接责任人员的，在一般情况下前者比后者的作用大，前者可以认定为主犯，后者可以认定为从犯。但直接负责的主管人员和其他直接责任人员不是当然的主犯与从犯关系。对于主从关系不明显的，可以不予区分。

## 典型疑难案件参考

### 肖赞非法吸收公众存款案

**基本案情**

杨力文（已判刑）系中行亚太公司（原北京中行亚太酒店管理有限公司，以下简称中行亚太公司）法定代表人，被告人肖赞系中行亚太公司销售部经理。2007年5月至8月期间，中行亚太公司以筹集该单位与中国人民解放军总医院第二附属医院（原309医院）合作开发的玉泉山康复保健中心所需项目资金的名义，向朱伟等99人发售带有返利性质的"健益宝"理财产品295份，非法吸收公众存款达人民币1774万元。被告人肖赞在杨力文的安排下，负责上述理财产品的销售工作。2009年6月28日，被告人肖赞被抓获归案。

**一审诉辩情况**

检察机关指控称：为筹集项目资金，杨力文私刻了玉泉山康复保健中心公章，被告人肖赞伙同杨力文、冯利（另案处理）以中行亚太公司和康复保健中心名义，以支付高额利息的手段，非法向社会公众销售健益宝理财产品吸收公众存款，扰乱金融秩序，应当以非法吸收公众存款罪追究其刑事责任。

被告人肖赞辩称：其不知道涉案项目是非法的，不具备犯罪的主观故意。

其辩护人认为：在案证据不能证明被告人肖赞是中行亚太公司员工，被告人肖赞不是单位犯罪的直接责任人员，不具有非法吸收公众存款的犯罪故意，故检察机关指控被告人肖赞犯罪事实不清，证据不足，建议法庭宣告无罪。

**一审裁判结果**

北京市朝阳区人民法院依照《刑法》第176条、第25条第1款、第27

条、第 52 条、第 53 条及第 64 条之规定，判决如下：被告人肖赞犯非法吸收公众存款罪，判处有期徒刑 1 年 6 个月，罚金人民币 5 万元。

### ▶ 一审裁判理由

北京市朝阳区人民法院经审理后认为：被告人肖赞身为单位直接责任人员，为牟取非法利益，违反国家有关规定，伙同他人以公司名义非法向社会公众吸收存款，数额巨大，其行为触犯了《刑法》，已构成非法吸收公众存款罪，依法应予惩处。北京市朝阳区人民检察院指控被告人肖赞犯非法吸收公众存款罪事实清楚，证据确实、充分，罪名成立。关于被告人肖赞所提其不知道涉案项目是非法的，不具备犯罪的主观故意的辩解及其辩护人所提在案证据不能证明被告人肖赞是中行亚太公司员工，被告人肖赞不是单位犯罪的直接责任人员，不具有非法吸收公众存款的犯罪故意的辩护意见，经查：根据我国刑事法律对单位犯罪其他直接责任人员的认定标准，其他直接责任人员系在单位犯罪中具体实施犯罪并起较大作用的人员，既可以是单位的经营管理人员，也可以是单位的职工，包括聘任、雇用的人员。本案中，被告人肖赞受雇担任中行亚太公司销售部经理，在未见公司具备销售理财产品资质的情况下，在杨力文的安排下，负责招聘业务员、组织业务员培训，采用返还高额利息的手段，积极实施非法吸收公众存款的具体行为；作为单位的直接责任人员，被告人肖赞在主观和客观上均符合非法吸收公众存款罪的构成要件。故被告人肖赞的辩解及其辩护人的辩护意见缺乏事实和法律根据，本院不予采纳。在单位共同犯罪中，中行亚太公司、杨力文在共同犯罪中起决定性的策划、领导作用，罪责明显高于肖赞，有必要区分其在共同犯罪中的主从地位，以做到罪责刑相适应。故本院认定被告人肖赞在共同犯罪中是从犯，对其所犯罪行依法予以减轻处罚。

### ▶ 二审诉辩情况

一审宣判后，肖赞不服提起上诉。上诉理由是：其不是中行亚太公司的员工，且按照正常程序销售产品，获得佣金，没有犯罪的主观故意，不构成非法吸收公众存款罪。

其辩护人的辩护意见是：肖赞不是中行亚太公司员工，双方不存在雇佣关系；肖赞不具有犯罪的主观故意，一审事实不清，判决错误，建议二审法院作出公正判决。

### ▶ 二审裁判结果

北京市第二中级人民法院依照《刑事诉讼法》第 189 条第 1 项之规定，

裁定如下：驳回上诉人肖赞的上诉，维持原判。

**二审裁判理由**

二审法院认为：上诉人肖赞作为单位的直接责任人员，违反国家规定，以单位名义非法吸收公众存款，数额巨大，其行为已构成非法吸收公众存款罪。关于肖赞及其辩护人所提肖赞不是中行亚太公司的员工，双方不存在雇佣关系的上诉理由及辩护意见，经查，肖赞在杨力文的指挥下参与公司的销售工作，担任销售部的主要负责人，并以中行亚太公司的名义对外销售理财产品，符合刑罚中共同犯罪的构成要件。关于肖赞所提其按照正常程序销售产品、获得佣金，没有犯罪的主观故意，不构成非法吸收公众存款罪的上诉理由及其辩护人所提肖赞不具备犯罪的主观故意，一审事实不清、判决错误的辩护意见，经查，根据国家法律的规定，销售理财产品必须获得《金融许可证》，中行亚太公司不是金融机构，也没有销售理财产品的许可证，但肖赞等人仍以该公司的名义销售理财产品，其行为严重扰乱了国家金融秩序，且造成巨额损失无法追回，其对自己的行为所造成的危害后果理应明知，故一审法院认定肖赞犯非法吸收公众存款罪的事实清楚，证据充分，肖赞的辩解及其辩护人的辩护意见无事实根据和法律依据，本院均不予采纳。一审法院根据肖赞犯罪的事实、犯罪的性质、情节及对于社会的危害程度所作出的判决，定罪及适用法律正确。鉴于肖赞系从犯，对其减轻处罚的量刑适当，对扣押物品及违法所得的处理亦无不当，审判程序合法，应予维持。

## 157. 在单位犯罪中，主要责任人员的自首情节是否适用于单位？

单位作为一个系统整体而存在，它具有自己的意志能力和行为能力，从而具有自己的犯罪能力和刑事责任能力。但同时，单位是一个由自然人组成的有机整体，单位的运动和活动，是通过作为单位构成要素的自然人的自觉活动实现的。单位主管人员和直接责任人员的意志具有双重性，作为单位整体意志的一部分决定实施犯罪的个人意志，既影响着自身的行为性质，也影响着单位的行为性质。所以在规定有双罚制的单位犯罪中，单位主管人员和直接责任人员的自首行为既应当视为是个人的自首也应当视为是单位的自首，在量刑时予以考虑。

### 典型疑难案件参考

### 昆明展煜科贸有限公司等对单位行贿案

**基本案情**

2002年至2006年期间，昆明展煜科贸有限公司、昆明裕群同科技有限公司（该公司已于2006年9月5日注销）、昆明示好科技有限公司在销售"百利多"、"威克创"心脏起搏器和"强生"冠脉支架、导管过程中，为增加公司销量，以支付"射线补助费"的形式，向昆明医学院第一附属医院心内科、昆明四十三医院心内科、丽江市人民医院心内科、曲靖市第一人民医院心内科、大理州人民医院心内科、昆钢职工医院心内科、曲靖市第二人民医院心内科、红河州第一人民医院心内科、思茅市人民医院心内科共计返还回扣款人民币2241960元。

**诉辩情况**

昆明市盘龙区人民检察院指控：被告单位昆明展煜科贸有限公司、昆明示好科技有限公司、被告人许伟在经济往来中，违反国家规定，给予国有事业单位各种名义的回扣，其行为已触犯《刑法》第391条，应当以对单位行贿罪追究刑事责任。

被告单位及被告人对检察机关指控的事实和罪名没有异议。

许伟的辩护人辩称：被告人许伟有自首情节，建议从轻处罚。

**裁判结果**

昆明市盘龙区人民法院依照《刑法》第391条、第67条第1款、第72条、第73条及最高人民法院《关于处理自首和立功具体应用法律问题的解释》第1条之规定，判决如下：

一、昆明展煜科贸有限公司犯对单位行贿罪，判处罚金人民币20万元。

二、昆明示好科技有限公司犯对单位行贿罪，判处罚金人民币20万元。

三、被告人许伟犯对单位行贿罪，判处有期徒刑1年6个月，缓刑2年。

**裁判理由**

昆明市盘龙区人民法院经审理认为：被告单位昆明展煜科贸有限公司、昆明示好科技有限公司在经济往来中，违反国家规定，给予国有事业单位各种名义的回扣，其行为已触犯《刑法》第391条，构成对单位行贿罪。被告人许伟作为昆明展煜科贸有限公司、昆明示好科技有限公司直接负责的主管人员，其行为亦构成对单位行贿罪。被告人许伟在未被采取强制措施时，如实供述自己的罪行，属自首，依法可以从轻处罚。

> **158. 法人或其他组织的工作人员在执行职务中致人伤害的，应该如何确定民事责任的承担主体？**
>
> 行为人的犯罪行为属于职务行为时，依据侵权理论中的替代责任理论，责任人与侵权人分离，民事赔偿则由责任人代替侵权人履行。因此，法人或其他组织的工作人员在执行职务中致人伤害的，行为人是刑事被告人，而法人或其他组织则是民事责任的承担主体。

### 典型疑难案件参考

高泳故意伤害案

**基本案情**

2002年12月9日下午，潮州市隆裕工艺陶瓷有限公司把在潮安县龙湖镇三英村护堤公路隆裕公司路口一电线杆上的"隆裕"招牌移高。2002年12月10日下午1时许，龙湖电信支局外线工李某通发现在该电线杆上的电话线盒不见了，遂通知时任龙湖电信支局外线组组长的被告人高泳和潮州市隆裕工艺陶瓷有限公司董事长被害人成继松。被告人高泳与被害人成继松先后赶到该处，后两人因此事而发生争吵，并互相推打。在互相推打的过程中，被告人高泳致被害人成继松跌倒在斜坡上，造成腿部受伤。随后成继松之子成某杰等人闻讯赶到现场并与高泳厮打，后被围观群众劝开。

被害人成继松于当天下午被送往潮州市中心医院治疗，经检查系左股骨粗隆间粉碎性骨折，并于2002年12月12日行骨折复位、克氏针钢丝内固定术，住院至2003年5月3日，出院医嘱：积极功能锻炼，定期门诊，二期手术取内固定物。2004年3月2日至10日第二次住院行内固定物取出术，出院医嘱：继续休息治疗3个月。前后共用去医药费人民币96837.35元。

经潮安县公安局法医鉴定：成继松左大腿损伤系钝性物所伤，且致左股骨骨折，左髋关节活动障碍，经治疗后左髋关节运动活动度恢复43.5%，即丧失56.5%，依据《人体重伤鉴定标准》第8条之十一的规定，构成重伤。

经广东省高级人民法院法医伤情重新鉴定和伤残等级评定：成继松的损伤属重伤、九级伤残。

另查明：成继松1999年12月至2002年11月3年日平均工资为137.22元。案发后，被告人高泳通过龙湖派出所预付给被害人成继松医药费人民币85000元。

### ━一审诉辩情况▶

广东省潮安县人民检察院以被告人高泳犯过失致人重伤罪向潮安县人民法院提起公诉，被害人成继松同时提起附带民事诉讼要求赔偿。

### ━一审裁判结果▶

潮安县人民法院依照《刑法》第234条第2款、第72条、第36条、《民法通则》第119条、第131条和最高人民法院《关于审理人身损害赔偿案件适用法律若干问题的解释》第9条的规定，于2005年6月10日判决如下：

一、被告人高泳犯故意伤害罪，判处有期徒刑3年，缓刑4年。

二、附带民事诉讼被告人广东省电信有限公司潮安县分公司龙湖支局应赔偿附带民事诉讼原告人成继松医药费、误工费、护理费、住院伙食补助费、残疾赔偿金5项合计人民币151704.15元。该款已支付了人民币85000元，余款人民币66704.15元，应于本判决发生法律效力之日起10日内支付。

三、被告人高泳应对附带民事诉讼被告人广东省电信有限公司潮安县分公司龙湖支局对附带民事诉讼原告人成继松的赔偿责任承担连带责任。其他诉讼费用人民币3200元，由被告人高泳、附带民事诉讼被告人广东省电信有限公司潮安县分公司龙湖支局承担2560元，由附带民事诉讼原告人成继松承担640元。

### ━一审裁判理由▶

潮安县人民法院认为：被告人高泳因故意伤害他人身体，致人重伤，其行为已构成故意伤害罪，应依法予以惩处。检察机关的指控定性错误，应予纠正。鉴于本案系纠纷引起，被害方也存在一定过错，且高泳系在履行职务之中，主观恶性较小，犯罪情节相对较轻，又能承认其致被害人成继松跌倒受伤的主要犯罪事实，并预交了部分医药费，故对高泳予以从轻处罚，并宣告缓刑。被告人高泳系龙湖电信支局员工，在履行职务过程中，故意伤害他人身体，致人重伤，依法应由其所在单位龙湖电信支局对被害人成继松因此而造成的经济损失承担赔偿责任，同时被告人高泳应对此承担连带赔偿责任。附带民事诉讼原告人成继松请求二被告人赔偿的请求合法有据部分予以支持。

### ━二审诉辩情况▶

一审宣判后，被告人高泳以潮安县公安局和广东省高级人民法院的鉴定结论有疑点,不能采信为证据,被害人成继松的损伤程度不构成重伤为由,提出上诉。

附带民事诉讼原告人成继松以其在本案中没有过错,法院应全部支持其诉讼请求为由,提出上诉。

### 二审裁判结果

潮州市中级人民法院依照《刑事诉讼法》第189条第1、2项和《刑法》第234条第2款、第72条第1款、第73条第2、3款、第36条,《民法通则》第119条、第131条和最高人民法院《关于审理人身损害赔偿案件适用法律若干问题的解释》第8条第1款、第17条第1、2款、第19条、第20条、第21条第1、2款、第23条、第25条、第35条的规定,于2005年9月5日判决如下:

一、维持潮安县人民法院〔2005〕安刑初字第32号刑事附带民事判决的第一项;

二、撤销潮安县人民法院〔2005〕安刑初字第32号刑事附带民事判决的第二、三项;

三、原审附带民事诉讼被告人广东省电信有限公司潮安县分公司龙湖支局应赔偿上诉人成继松医药费、误工费、护理费、住院伙食补助费、残疾赔偿金合计人民币151704.15元,限于本判决发生法律效力之日起10日内支付;

四、本案其他诉讼费用人民币3200元,由原审附带民事诉讼被告人广东省电信有限公司潮安县分公司龙湖支局承担2560元,由上诉人成继松承担640元。

### 二审裁判理由

潮州市中级人民法院经审理后认为:被告人高泳无视国家法律,在执行职务过程中故意伤害他人身体,致人重伤,其行为已构成故意伤害罪,应依法予以惩处。被告人高泳在执行职务中致人损害,依照最高人民法院《关于审理人身损害赔偿案件适用法律若干问题的解释》第8条的规定,由广东省电信有限公司潮安县分公司龙湖支局承担民事赔偿责任。鉴于本案系纠纷引起,被害方也存在一定过错,且高泳系在执行职务之中,主观恶性较小,犯罪情节相对较轻,又能承认其致被害人成继松跌倒受伤的主要犯罪事实,故依法可对高泳酌情从轻处罚。附带民事诉讼原告人成继松要求附带民事诉讼被告人广东省电信有限公司潮安县分公司龙湖支局赔偿其医疗费、护理费、误工费、住院伙食补助费、残疾赔偿金的请求,合法有据部分予以支持,但其他请求经查依法无据或缺乏证据,不予支持。鉴于成继松在本案中存在一定的过错,依法可减轻广东省电信有限公司潮安县分公司龙湖支局应负的赔偿责任,并由成继松承担本案部分诉讼费用。被告人高泳和附带民事诉讼原告人成继松上诉所提的意见经查均据理不足,不予采纳。原审判决认定基本事实清楚,定罪正确,量刑适当,审判程序合法,但适用最高人民法院《关于审理人身损害赔偿案件适用法律若干问题的解释》第9条的规定,判决高泳对广东省电信有限公司潮安县分公司龙湖支局对成继松的赔偿责任承担连带责任并共同承担本案其他诉讼费用2560元不当,应予以纠正。

> **159. 单位与自然人构成共同犯罪的,检察机关只起诉自然人而未起诉单位的,应该如何处理?**
>
> 根据不告不理原则,检察机关只起诉个人的,法院应该只对个人定罪量刑,而不能对单位追究刑事责任。

### 典型疑难案件参考

孟祥国、李桂英、金利杰侵犯著作权案

**基本案情**

1978-1995年,被告人孟祥国在北京市新华印刷厂工作,后辞职从事个体经营。1999年年底,孟祥国发现上海外语教育出版社和高等教育出版社出版的《大学英语》、《高等数学》、《中专英语综合教程》等教材在市场上畅销,遂起意盗印上述图书牟取非法利益。

2000年年初,被告人孟祥国从他人处得知北京市通州区胡各庄乡三元装订厂(以下简称三元装订厂)能够印刷无委印手续书刊,便电话与时任三元装订厂厂长的被告人李桂英取得联系,称自己是书商,想印一些书,并约见面细谈。后李桂英带着本厂业务员被告人金利杰在北京市丰台区六里桥与孟祥国商谈,孟祥国对李、金二人讲,其准备印一些大学教材,但无任何手续,李桂英认为所要印的教材不是"黄色"和"反动"的,即同意印刷。经过协商,双方商定:由孟祥国提供盗版图书的印刷软片及封皮,三元装订厂负责印刷正文和装订图书,并将成品书送到孟祥国所指定的托运站,每个印张0.3元。依据约定,李桂英安排工人从事盗版图书的印刷及装订,金利杰将成品书送到孟祥国指定的托运站。孟祥国接货后通过石家庄科教书店经理王聪南、浙江省三通商业教材发行站四方书店经理徐树、沈阳市文源书店经理夏志国等人将书销往全国各地。

自2000年3月至2001年2月间,被告人孟祥国、李桂英、金利杰为牟取非法利益，在明知无复制、发行等权利的情况下，未经许可复制发行上海外语教育出版社享有专有出版权的《大学英语》系列教材、高等教育出版社享有出版权的《中专英语综合教程》、《高等数学》等教材共计22万余册，非法经营额达人民币272万余元。

### 诉辩情况

2001年3月1日，北京市通州区人民检察院以被告人孟祥国、李桂英、金利杰犯侵犯著作权罪，向北京市通州区人民法院提起公诉。

### 裁判结果

北京市通州区人民法院依照《刑法》第217条第2项、第220条、第25条第1款、第26条第1款、第4款、第27条、第68条第1款，最高人民法院《关于审理非法出版物刑事案件具体应用法律若干问题的解释》第2条和最高人民法院《关于处理自首和立功具体应用法律若干问题的解释》第5条的规定，于2002年6月3日判决如下：

一、被告人孟祥国犯侵犯著作权罪，判处有期徒刑5年，并处罚金人民币5万元；

二、被告人李桂英犯侵犯著作权罪，判处有期徒刑2年6个月，并处罚金人民币3万元；

三、被告人金利杰犯侵犯著作权罪，免予刑事处罚。

### 裁判理由

北京市通州区人民法院认为：被告人孟祥国无视国家法律，以营利为目的，出版上海外语教育出版社、高等教育出版社享有专有出版权的《大学英语》、《高等数学》、《中专英语综合教程》等教材，被告人李桂英身为北京市通州区胡各庄乡三元装订厂的厂长，被告人金利杰身为北京市通州区胡各庄乡三元装订厂的业务人员，在明知无图书印制委托书等相关手续的情况下，为牟取非法利益，未经许可印刷、装订上述教材，非法经营数额达人民币272万余元，被告人李桂英负主管责任，被告人金利杰是直接负责的责任人员，三被告人的行为均侵犯了他人的专有出版权和国家的著作权管理制度，构成侵犯著作权罪。被告人孟祥国犯罪情节特别严重，被告人李桂英、金利杰犯罪情节严重，对三被告人均应依法予以惩处。在共同犯罪中，被告人孟祥国、李桂英起主要作用，系主犯，应当按照二被告人所参与的全部犯罪进行处罚。被告人金利杰系从犯，且在犯罪后协助公安机关抓捕其他犯罪嫌疑人，有立功表现，依法对其从轻、减轻或免除处罚。

## 单位犯罪办案依据集成

### 刑法条文

**第三十条【单位刑事责任的范围】** 公司、企业、事业单位、机关、团体实施的危害社会的行为，法律规定为单位犯罪的，应当负刑事责任。

**第三十一条【单位犯罪的处罚】** 单位犯罪的，对单位判处罚金，并对其直接负责的主管人员和其他直接责任人员判处刑罚。本法分则和其他法律另有规定的，依照规定。

### 司法解释

**1. 最高人民法院《关于审理单位犯罪案件具体应用法律有关问题的解释》**（1999年7月3日 法释〔1999〕14号）

为依法惩治单位犯罪活动，根据刑法的有关规定，现对审理单位犯罪案件具体应用法律的有关问题解释如下：

第一条 刑法第三十条规定的"公司、企业、事业单位"，既包括国有、集体所有的公司、企业、事业单位，也包括依法设立的合资经营、合作经营企业和具有法人资格的独资、私营等公司、企业、事业单位。

第二条 个人为进行违法犯罪活动而设立的公司、企业、事业单位实施犯罪的，或者公司、企业、事业单位设立后，以实施犯罪为主要活动的，不以单位犯罪论处。

第三条 盗用单位名义实施犯罪，违法所得由实施犯罪的个人私分的，依照刑法有关自然人犯罪的规定定罪处罚。

**2. 最高人民法院《关于审理单位犯罪案件对其直接负责的主管人员和其他直接责任人员是否区分主犯、从犯问题的批复》**（2000年10月10日 法释〔2000〕31号）

湖北省高级人民法院：

你院鄂高法〔1999〕374号《关于单位犯信用证诈骗罪案件中对其"直接负责的主管人员"和"其他直接责任人员"是否划分主从犯问题的请示》收悉。经研究，答复如下：

在审理单位故意犯罪案件时，对其直接负责的主管人员和其他直接责任人员，可不区分主犯、从犯，按照其在单位犯罪中所起的作用判处刑罚。

**3. 最高人民检察院《关于涉嫌犯罪单位被撤销、注销、吊销营业执照或者宣告破产的应如何进行追诉问题的批复》**（2002年7月15日 高检发释字〔2002〕4号）

四川省人民检察院：

你院《关于对已注销的单位原犯罪行为是否应当追诉的请示》（川检发研〔2001〕25

号）收悉。经研究，批复如下：

涉嫌犯罪的单位被撤销、注销、吊销营业执照或者宣告破产的，应当根据刑法关于单位犯罪的相关规定，对实施犯罪行为的该单位直接负责的主管人员和其他直接责任人员追究刑事责任，对该单位不再追诉。

### 其他办案依据

**1. 最高人民法院研究室《关于外国公司、企业、事业单位在我国领域内犯罪如何适用法律问题的答复》**（2003年10月15日 法释〔2003〕153号）（节录）

天津市高级人民法院：

符合我国法人资格条件的外国公司、企业、事业单位，在我国领域内实施危害社会的行为，符合我国《刑法》构成犯罪的，应当依照我国《刑法》关于单位犯罪的规定追究刑事责任。

个人在我国领域内进行违法犯罪活动而设立的外国公司、企业、事业单位实施犯罪的，或者外国公司、企业、事业单位设立后在我国领域内以实施违法犯罪为主要活动的，不以单位犯罪论处。

**2. 最高人民法院《全国法院审理金融犯罪案件工作座谈会纪要》**（2001年1月21日）（节录）

（一）关于单位犯罪问题

根据刑法和《最高人民法院关于审理单位犯罪案件具体应用法律有关问题的解释》的规定，以单位名义实施犯罪，违法所得归单位所得的，是单位犯罪。

1. 单位的分支机构或者内设机构、部门实施犯罪行为的处理。以单位的分支机构或者内设机构、部门的名义实施犯罪，违法所得亦归分支机构或者内设机构、部门所有的，应认定为单位犯罪。不能因为单位的分支机构或者内设机构、部门没有可供执行罚金的财产，就不将其认定为单位犯罪，而按照个人犯罪处理。

2. 单位犯罪直接负责的主管人员和其他直接责任人员的认定。直接负责的主管人员，是在单位实施的犯罪中起决定、批准、授意、纵容、指挥等作用的人员，一般是单位的主管负责人，包括法定代表人。其他直接责任人员，是在单位犯罪中具体实施犯罪并起较大作用的人员，既可以是单位的经营管理人员，也可以是单位的职工，包括聘任、雇佣的人员。应当注意的是，在单位犯罪中，对于受单位领导指派或奉命而参与实施了一定犯罪行为的人员，一般不宜作为直接责任人员追究刑事责任。对单位犯罪中的直接负责的主管人员和其他直接责任人员，应根据其在单位犯罪中的地位、作用和犯罪情节，分别处以相应的刑罚，主管人员与直接责任人员，在个案中，不是当然的主、从犯关系，有的案件，主管人员与直接责任人员在实施犯罪行为的主从关系不明显的，可不分主、从犯。但具体案件可以分清主、从犯，且不分清主、从犯，在同一法定刑档次、幅度内量刑无法做到罪刑相适应的，应当分清主、从犯，依法处罚。

3. 对未作为单位犯罪起诉的单位犯罪案件的处理。对于应当认定为单位犯罪的案件，检察机关只作为自然人犯罪案件起诉的,人民法院应及时与检察机关协商,建议检察机关对犯罪单位补充起诉。如检察机关不补充起诉的,人民法院仍应依法审理,对被起诉的自然人根据指控的犯罪事实、证据及庭审查明的事实,依法按单位犯罪中的直接负责的主管人员或者其他直接责任人员追究刑事责任,并应引用刑法分则关于单位犯罪追究直接负责的主管人员和其他直接责任人员刑事责任的有关条款。

4. 单位共同犯罪的处理。两个以上单位以共同故意实施的犯罪,应根据各单位在共同犯罪中的地位、作用大小,确定犯罪单位的主、从犯。

**3. 公安部《关于村民委员会可否构成单位犯罪主体问题的批复》**(2007年3月1日 公复字〔2007〕1号)

内蒙古自治区公安厅:

你厅《关于村支书、村主任以村委会的名义实施犯罪可否构成单位犯罪的请示》(内公字〔2006〕164号)收悉。现批复如下:

根据《刑法》第三十条的规定,单位犯罪主体包括公司、企业、事业单位、机关、团体。按照《村民委员会组织法》第二条的规定,村民委员会是村民自我管理、自我教育、自我服务的基层群众性自治组织,不属于《刑法》第三十条列举的范围。因此,对以村民委员会名义实施犯罪的,不应以单位犯罪论,可以依法追究直接负责的主管人员和其他直接责任人员的刑事责任。

# 第六章 刑　　罚

## 一、死刑适用

### 160. 如何正确理解"审判时怀孕的妇女"？

审判应做广义理解，而不限于诉讼中的审判阶段，这里的审判是指整个刑事诉讼过程，当然包括立案侦查羁押期间。在羁押期间已是孕妇的被告人，无论其怀孕是否属于违反国家计划生育政策，也不论其是否自然流产或者经人工流产以及流产后移送起诉或审判期间的长短，不适用死刑。

### 161. 被告人在羁押期间人工流产后脱逃，多年后被抓获审判的能否适用死刑？

根据我国司法解释的规定，对涉嫌犯罪的在押妇女在人工流产后，仍应视为审判时怀孕的妇女，不适用死刑的规定。

**典型疑难案件参考**

韩雅利贩卖毒品、韩镇平窝藏毒品案

**基本案情**

被告人韩雅利于1993年10月间，先后从犯罪嫌疑人赵红（在逃）、"小六六"处购得大量海洛因，藏匿于被告人韩镇平家中，并贩卖给张某某、曹某某、朱某某等吸毒人员。1993年12月15日，韩雅利在贩卖毒品时被抓获。韩镇平得知韩雅利被抓，便将藏匿在其家中的毒品转移他处。同年12月16日，韩雅利脱逃，韩镇平又将毒品藏匿于杨伟家中。1994年1月6日，公安机关从杨伟家查获海洛因717克。

另查，韩雅利于1993年12月16日因贩卖毒品被抓获后，于当日脱逃，1994年1月被抓获，同月14日第二次脱逃。1994年4月再次被抓获，同年5月做人工流产手术后再次脱逃，被长期通缉，长达8年之久，直至2001年4月17日被抓获。

### 一审诉辩情况

陕西省西安市人民检察院以被告人韩雅利犯贩卖毒品罪，被告人韩镇平犯窝藏毒品罪，向西安市中级人民法院提起公诉。

### 一审裁判结果

西安市中级人民法院依照《刑法》第12条，1979年《刑法》第53条第1款及全国人民代表大会常务委员会《关于禁毒的决定》第2条1项、第4条第1款之规定，于2002年4月28日判决：被告人韩雅利犯贩卖毒品罪，判处死刑，剥夺政治权利终身，并处没收个人全部财产；被告人韩镇平犯窝藏毒品罪，判处有期徒刑4年，并处罚金人民币1万元。

### 一审裁判理由

西安市中级人民法院审理后认为：被告人韩雅利贩卖毒品，其行为已构成贩卖毒品罪；被告人韩镇平明知是毒品而予以转移、窝藏，其行为已构成窝藏毒品罪。韩雅利于1993年12月15日因贩卖毒品第一次被抓获后第二天即脱逃。1994年4月被再次抓获，因怀孕，做人工流产手术后再次脱逃，被长期通缉，长达8年之久，直至2001年4月被抓获。此时，其原本具有的法定的"不适用死刑"的条件早已灭失。韩镇平明知是毒品而予以窝藏，情节严重，本应依法从严惩处，唯其能协助公安机关抓获被告人韩雅利，有立功情节，依法可从轻处罚。

### 二审诉辩情况

韩雅利上诉称：1994年4月其被公安机关收审期间强行作了人工流产。原判以其逃跑为由，认为其原来具有的"不适用死刑"的条件已灭失，对其判处死刑不当。其辩护律师提出：上诉人韩雅利犯罪羁押时怀孕，又因同一事实被起诉交付审判，应视为审判时怀孕的妇女，依法不适用死刑；从其已贩卖的数量、纯度、犯罪的情节、社会危害性来讲，均非特别严重，且系初犯，又能如实交代罪行，有悔罪表现，建议依照事实和法律，准确量刑。

韩镇平上诉称：1994年其与韩雅利在逃跑途中从徐州返回，在新城公安局门口准备投案时被抓获，认罪态度好；且其协助公安机关从上海抓获韩雅利,构成重大立功,请求依法对其减轻处罚。其辩护律师提出:上诉人韩镇平协助公安机关抓获同案犯韩雅利的立功行为,依法应属于"重大立功表现",一审判决仅认定为"有立功情节"不妥,并且本案依法应适用《刑法》而不宜适用全国人民代表大会常务委员会《关于禁毒的决定》,建议减轻对原审被告人韩镇平的刑罚。

### 二审裁判结果

陕西省高级人民法院依照《刑事诉讼法》第189条第2项和《刑法》第12条,1979年《刑法》第171条、第44条、第53条第1款,全国人民代表大会常务委员会《关于禁毒的决定》第2条1项、第4条第1款及最高人民法院《关于处理自首和立功具体应用法律若干问题的解释》第5条、第7条,最高人民法院《关于人民法院审判严重刑事犯罪中具体应用法律的若干问题的答复》第3条之规定,于2002年12月5日判决:撤销西安市中级人民法院〔2002〕西刑一初字第64号对被告人韩雅利、韩镇平刑事判决之处刑部分;上诉人韩雅利犯贩卖毒品罪,判处无期徒刑,剥夺政治权利终身,并处没收个人全部财产;上诉人韩镇平犯窝藏毒品罪,判处有期徒刑2年9个月。

### 二审裁判理由

陕西省高级人民法院认为:上诉人韩雅利为非法获利而贩卖毒品海洛因,其行为已构成贩卖毒品罪,且贩卖毒品数量大。抓捕后多次脱逃,罪行极为严重,依法应予严惩。但韩雅利因涉嫌贩卖毒品被抓获,在做人工流产后脱逃至2001年4月被再次抓获并交付审判,其贩卖毒品的犯罪均系脱逃前的犯罪事实,故对韩雅利仍应适用最高人民法院《关于人民法院审判严重刑事犯罪中具体应用法律若干问题的答复》中,关于对涉嫌犯罪的在押妇女在人工流产后,仍应视为审判时怀孕的妇女,不适用死刑的规定。故对上诉人韩雅利及其辩护人所提对韩雅利不适用死刑的理由和意见应予采纳。上诉人韩镇平为他人窝藏并转移毒品,其行为已构成窝藏毒品罪,依法应予惩处。其上诉和律师辩护所提其具有重大立功的理由和意见,经查属实,予以采纳。原判定罪准确,审判程序合法。惟对二上诉人适用法律不当,依法应予改判。

### 162. 因工作关系、生活关系、邻里关系等引发纠纷而导致的故意杀人行为，在死刑适用上应如何考虑？

由于上述原因一时冲动杀人的，应与严重危害社会治安的行凶杀人案件相区别，在社会危害性上明显低于蓄意谋杀等行为，应该从慎用死刑的基本刑事政策出发，不宜判处死刑立即执行。

#### 典型疑难案件参考

##### 张俊杰故意杀人案

**基本案情**

2006年11月30日晚，被告人张俊杰因琐事与同在乌鲁木齐铁路运输学校参加培训的铁路职工施玉军、蔡文仲发生口角进而厮打，致蔡文仲轻伤。次日，张俊杰被公安机关取保候审。12月8日，公安机关通知保证人李建方让张俊杰去一趟，张俊杰误认为施、蔡二人不放过自己，自己将被追究刑事责任，即产生如施玉军不同意斡旋调解就将其杀死之念。12月10日，张俊杰打听到施玉军正在乌苏火车站值班，即携带菜刀、匕首各一把，以及白酒、食品、饮料等物到乌苏火车站，在信号工区宿舍找到施玉军，拿出白酒和食品向施玉军道歉并请求施玉军在其和蔡文仲之间调解，张俊杰见施玉军拒绝其要求，即抽出匕首向施玉军连续捅刺，致其当场死亡。而后，张俊杰将房门反锁，用菜刀将自己双手腕划开，用毛巾蘸血在墙上书写"害人害己，罪有应得，同归于尽，十分公平"16个字，又用匕首在自己胸腹部扎了两刀。期间，张俊杰给李建方发短信告知其将施玉军杀死并准备自杀。李建方随后通知了张俊杰妻子兰素萍并报警，兰素萍赶到现场亦让同事打电话报警。公安人员到达现场后，张俊杰在房间内持匕首以自杀相威胁不让他人靠近，公安人员经劝诫无效，乘其不备冲入房内将其制服抓获。

**一审诉辩情况**

新疆维吾尔自治区人民检察院乌鲁木齐铁路运输分院以被告人张俊杰犯故意杀人罪向乌鲁木齐铁路运输中级法院提起公诉。

被告人张俊杰对杀死被害人施玉军的犯罪事实供认不讳，但辩称：被害人在起因上有过错，系被害人先挑衅，其被公安机关处理后，被害人又不同意斡旋调解，反而向其勒索5000元。其辩护人的辩护意见为：（1）张俊杰杀死施玉军后告诉李建方，李建方和张俊杰的妻子报案，应属自首；（2）被告人主观动机与其他故意杀人案件不同，具有酌定从轻处罚情节；（3）本案的发生与被告人有偏执性人格障碍有很大关系。

### 一审裁判结果

乌鲁木齐铁路运输中级法院依照《刑法》第232条、第57条第1款的规定，判决如下：被告人张俊杰犯故意杀人罪，判处死刑，剥夺政治权利终身。

### 一审裁判理由

乌鲁木齐铁路运输中级法院认为：被告人张俊杰因琐事与他人发生争执，进而报复杀人的行为构成故意杀人罪。张俊杰辩称对方先挑衅，没有证据证实。辩护人所提"系自首"，与张俊杰没有直接投案，公安人员到达后又以自杀相威胁的事实不符；经鉴定，张俊杰虽有人格障碍，但为有刑事责任能力人，系有预谋的报复杀人，故对辩解和辩护意见均不予采纳。

### 二审诉辩情况

一审宣判后，张俊杰不服，提出上诉，称其受不法侵害在先，有自首情节，可说服家人尽最大可能进行赔偿。

### 二审裁判结果

新疆维吾尔自治区高级人民法院依照《刑事诉讼法》第189条第1项规定，裁定：驳回上诉，维持原判，并依法报请最高人民法院核准。

### 二审裁判理由

新疆维吾尔自治区高级人民法院经审理后认为：被告人张俊杰的行为已构成故意杀人罪。被害人施玉军并无明显过错，被告人张俊杰亦无自首的主观愿望。故对上诉理由不予采纳。原判认定事实清楚，证据确实、充分，定罪准确，量刑适当。审判程序合法。

### 复核结果

最高人民法院依照《刑事诉讼法》第199条和最高人民法院《关于复核死刑案件若干问题的规定》第4条、第8条的规定，裁定如下：

一、不核准新疆维吾尔自治区高级人民法院〔2007〕新刑二终字第139号维持第一审以故意杀人罪判处被告人张俊杰死刑，剥夺政治权利终身的刑事裁定。

二、撤销新疆维吾尔自治区高级人民法院〔2007〕新刑二终字第 139 号维持第一审以故意杀人罪判处被告人张俊杰死刑，剥夺政治权利终身的刑事裁定。

三、发回新疆维吾尔自治区高级人民法院重新审判。

### 复核理由

最高人民法院经复核认为：被告人张俊杰因琐事与他人发生矛盾后持刀行凶，故意非法剥夺他人生命的行为，已构成故意杀人罪。犯罪情节和后果严重，应当依法惩处。第一审判决和第二审裁定认定的事实清楚，证据确实、充分，定罪准确，审判程序合法。鉴于本案系被告人与被害人在培训期间因琐事引发，被告人归案后认罪态度较好，其家属能积极赔偿被害人家属的经济损失，原判对张俊杰判处死刑不当。

### 163. 在死刑案件中，被告人家属积极赔偿，取得被害方谅解，能否作为应当型从轻处罚情节？

最高人民法院《关于贯彻宽严相济刑事政策的若干意见》第 23 条规定："被告人案发后对被害人积极进行赔偿，并认罪、悔罪的，依法可以作为酌定量刑情节予以考虑。因婚姻家庭等民间纠纷激化引发的犯罪，被害人及其家属对被告人表示谅解的，应当作为酌定量刑情节予以考虑。"严重危害社会治安的犯罪，与因婚恋、家庭、邻里矛盾等民间纠纷引发的故意杀人、伤害犯罪存在明显区别，不宜像对待民间纠纷引发的案件那样积极主动进行调解，对于私下达成协议的，要充分考虑被告人是否真诚认罪、悔罪，尤其要注意审查协议的过程和内容是否合法，被害方的谅解意愿是否真实，即便认定具有积极赔偿和被害方谅解的情节，考虑从轻时也应当从严把握。

### 典型疑难案件参考

林明龙强奸案

### 基本案情

2002 年 10 月 25 日零时许，被告人林明龙尾随被害人刘某（女，殁年 16

岁）至温州市鹿城区黄龙住宅区登峰组团11幢2楼至3楼楼梯转弯的平台时，欲与刘某发生性关系，遭拒绝，即采用手臂勒颈等手段，致刘某昏迷。在刘某昏迷期间，林明龙对刘实施了奸淫，且窃取刘某手机1部（价值人民币765元，以下币种均为人民币）和现金300元后逃离现场。案发后，经鉴定，刘某因钝性外力作用致机械性窒息死亡。

### 一审诉辩情况

浙江省温州市人民检察院以被告人林明龙犯强奸罪，向温州市中级人民法院提起公诉。

### 一审裁判结果

温州市中级人民法院依照《刑法》第236条第3款第5项、第65条第1款、第64条、第57条第1款、第36条第1款和《民法通则》第106条第2款、第119条及最高人民法院《关于审理人身损害赔偿案件适用法律若干问题的解释》第17条第3款、第27条、第29条，最高人民法院《关于刑事附带民事诉讼范围问题的规定》第1条之规定，判决如下：

一、被告人林明龙犯强奸罪，判处死刑，剥夺政治权利终身；
二、责令被告人林明龙退赔非法所得手机1部、人民币300元；
三、判令被告人林明龙赔偿附带民事诉讼原告人经济损失共计人民币203057.50元。

### 一审裁判理由

温州市中级人民法院认为：被告人林明龙违背妇女意志，使用暴力手段强行与妇女发生性关系，并致被害人死亡，其行为已构成强奸罪。林明龙的犯罪情节特别恶劣，罪行极其严重，社会危害极大，且在刑满释放后5年内又犯新罪，系累犯，应予严惩。辩护人关于林明龙的亲属已经筹集资金对被害人家属积极赔偿，且林明龙认罪态度好，请求对林明龙从轻处罚的理由不足，不予采纳。林明龙的犯罪行为对被害人家属已造成了一定的经济损失，附带民事诉讼原告人要求赔偿的合理部分予以支持。

### 二审诉辩情况

一审宣判后，被告人林明龙提出上诉。林明龙及其辩护人提出：其系主动供认强奸事实，应认定自首；其系醉酒后的无意识作案，强奸属临时起意，归案后认罪态度好，家属积极赔偿，被害人家属已谅解，请求法院从轻改判为死缓。

▶ 二审裁判结果

浙江省高级人民法院依照《刑事诉讼法》第 189 条第 1 项和《刑法》第 236 条第 3 款第 5 项、第 65 条第 1 款、第 57 条第 1 款之规定，裁定：驳回上诉，维持原判，并依法报请最高人民法院复核。

▶ 二审裁判理由

浙江省高级人民法院经审理认为：被告人林明龙的行为构成强奸罪。林明龙的犯罪情节恶劣，后果严重，社会危害极大，且系多次犯罪的累犯，依法应予严惩。林明龙上诉及其二审辩护人要求从轻改判的理由不足，不予采纳。原判定罪和适用法律正确，量刑适当，审判程序合法。

▶ 复核结果

最高人民法院依照《刑事诉讼法》第 199 条和最高人民法院《关于复核死刑案件若干问题的规定》第 2 条第 1 款之规定，依法核准浙江省高级人民法院维持第一审以强奸罪判处被告人林明龙死刑，剥夺政治权利终身的刑事裁定。

▶ 复核理由

最高人民法院经复核认为：被告人林明龙采用暴力手段强行与被害人发生性关系，致被害人死亡的行为构成强奸罪，其犯罪情节特别恶劣，后果严重，所犯罪行极其严重，且系累犯，应依法从重处罚。第一审判决、第二审裁定认定的事实清楚，证据确实、充分，定罪准确，量刑适当，审判程序合法。

## 164. 死缓考验期间没有故意犯罪是否一定会导致减刑？

并不当然减刑。一般情况下，在死刑缓期执行期间，如果没有故意犯罪，2 年期满以后，减为无期徒刑。但对被判处死刑缓期执行的累犯以及因故意杀人、强奸、抢劫、绑架、放火、爆炸、投放危险物质或者有组织的暴力性犯罪被判处死刑缓期执行的犯罪分子，人民法院根据犯罪情节、人身危险性等情况，可以在作出裁判的同时决定对其限制减刑。

### 165. 如何理解"不是必须立即执行死刑"的条件？

死缓的条件之一是"不是必须立即执行死刑"，这是实质条件，是杀与不杀的界限，法律并没有明确规定。但根据司法实践经验，存在降低其社会危害性和人身危险性评价的事由的，可以作为该实质条件的考量内容。

## 典型疑难案件参考

### 闫新华故意杀人、盗窃案

**基本案情**

1. 2003年10月中旬的一天22时许，被告人闫新华将一妇女带至北京市海淀区北蜂窝路15号院1号楼207号家中留宿。次日凌晨4时许，闫新华趁该妇女熟睡之机，用铁锤猛砸其头部，致其重度颅脑损伤死亡。后闫新华将该妇女的尸体肢解，抛弃于海淀区莲花桥西北角垃圾堆、宣武区广安门桥下护城河等处。

2. 2003年12月4日23时许，被告人闫新华携带铁锤、绳子等凶器到北京市海淀区北京交通大学东路41号院1号楼地下室12号房内，与徐某（女，40岁）同宿。次日凌晨6时许，闫新华趁徐某熟睡之机，用铁锤猛打徐某的头部，并用尼龙绳欲将徐某勒死，因徐某奋力反抗搏斗，闫新华杀人未遂。

3. 2003年10月至11月，被告人闫新华实施盗窃3次，窃得"安利"化妆品等物品，共计价值人民币9406元及户口本、护照等。

4. 2004年1月至2月2日，被告人闫新华先后4次盗窃人民币共计2700余元及移动电话机、充电器等物品，共计价值人民币4340元；

2004年2月18日，被告人闫新华因涉嫌犯盗窃罪被查获归案后，如实供述了司法机关还未掌握的本人两起故意杀人和三起盗窃罪行（即上述第1、2、3项事实）。

**一审诉辩情况**

2004年11月22日，北京市人民检察院第一分院以被告人闫新华犯故意杀人罪、盗窃罪，向北京市第二中级人民法院提起公诉。

辩护人提出：闫新华所犯盗窃罪系自首，且积极退赃并指认犯罪现场，建议对闫新华从轻、减轻处罚。

### 一审裁判结果

北京市第一中级人民法院依照《刑法》第 232 条、第 264 条、第 69 条、第 65 条第 1 款、第 67 条、第 23 条、第 57 条第 1 款、第 55 条第 1 款、第 56 条第 1 款、第 52 条、第 53 条、第 61 条，最高人民法院《关于处理自首和立功具体应用法律若干问题的解释》第 2 条，最高人民法院《关于审理盗窃案件具体应用法律若干问题的解释》第 6 条第 2 项第 4 目之规定，于 2004 年 12 月 17 日以被告人闫新华犯故意杀人罪，判处死刑，剥夺政治权利终身；犯盗窃罪，判处有期徒刑 10 年，剥夺政治权利 2 年，并处罚金人民币 1 万元，决定执行死刑，剥夺政治权利终身，并处罚金人民币 1 万元。

### 一审裁判理由

北京市第一中级人民法院认为：被告人闫新华故意非法剥夺他人生命，致人死亡，其行为已构成故意杀人罪；被告人闫新华以非法占有为目的，秘密窃取公民财物，数额巨大，其行为已构成盗窃罪，且闫新华在刑满释放后 5 年内又犯罪，系累犯，故对其所犯故意杀人罪、盗窃罪依法应予从重处罚。北京市人民检察院第一分院指控被告人闫新华犯故意杀人罪、盗窃罪的事实清楚，证据确凿，指控的罪名成立。对于辩护人提出的闫新华所犯盗窃罪系自首，且积极退赃并指认犯罪现场，建议对闫新华从轻、减轻处罚的辩护意见，经查：被告人闫新华系因涉嫌盗窃被羁押，且公安机关已掌握闫新华有实施盗窃犯罪的嫌疑，故闫新华所犯盗窃罪不属于自首；闫新华退赃及指认犯罪现场的行为经查属实，但对其所犯盗窃罪尚不足以从轻、减轻处罚，故对辩护人的上述辩护意见，不予采纳。对于辩护人提出闫新华所犯故意杀人罪系自首的辩护意见，经查属实，予以认定。闫新华所犯故意杀人罪虽系自首，所犯部分故意杀人罪属于未遂，但闫新华犯罪的性质极为恶劣，手段凶残，情节、后果特别严重，必须依法严惩，故对闫新华所犯故意杀人罪不予从轻处罚。

### 二审诉辩情况

闫新华上诉称：其有自首情节，且配合公安机关指认现场，认罪态度好，一审量刑过重，请求从轻处罚。其辩护人提出，闫新华的故意杀人事实属于自首，应予以从轻或减轻处罚。

北京市人民检察院出庭意见为：原判认定闫新华犯故意杀人罪和盗窃罪的事实清楚，证据确实，定性准确，量刑适当，审判程序合法；闫新华所犯故意杀人罪虽系自首，但其罪行极其严重，不足以对其从轻处罚，建议驳回闫新华的上诉，维持原判。

▶ 二审裁判结果

北京市高级人民法院依照《刑事诉讼法》第 189 条第 1、2 项及《刑法》第 232 条、第 264 条、第 48 条、第 51 条、第 69 条、第 65 条第 1 款、第 67 条、第 23 条、第 57 条第 1 款、第 55 条第 1 款、第 56 条第 1 款、第 52 条、第 53 条、第 61 条，最高人民法院《关于处理自首和立功具体应用法律若干问题的解释》第 2 条、最高人民法院《关于审理盗窃案件具体应用法律若干问题的解释》第 6 条第 3 项第 4 目之规定，于 2005 年 6 月 13 日判决如下：

一、撤销北京市第一中级人民法院的刑事判决。

二、上诉人闫新华犯故意杀人罪，判处死刑，缓期 2 年执行，剥夺政治权利终身；犯盗窃罪，判处有期徒刑 10 年，剥夺政治权利 2 年，并处罚金人民币 1 万元，决定执行死刑，缓期 2 年执行，剥夺政治权利终身，并处罚金人民币 1 万元。

▶ 二审裁判理由

北京市高级人民法院经审理认为：上诉人闫新华故意非法剥夺他人生命，致人死亡，其行为已构成故意杀人罪；以非法占有为目的，秘密窃取公民财物，数额巨大，其行为又已构成盗窃罪，且其在刑满释放后 5 年内又犯罪，系累犯，故对其所犯故意杀人罪、盗窃罪依法应当从重处罚。但鉴于闫新华在因涉嫌犯盗窃罪被羁押期间，如实供述司法机关尚不掌握的二起故意杀人犯罪事实并指认抛尸现场，系自首，其所犯部分故意杀人罪系未遂，故对闫新华所犯故意杀人罪可判处死刑，不立即执行。闫新华及其辩护人所提闫新华故意杀人罪系自首，请求从轻处罚的上诉理由及辩护意见，酌予采纳。

## 166. 死刑缓期执行期间发现漏罪被判决后仍决定执行死刑缓期 2 年执行的，应如何处理？

新作出的死刑缓期 2 年执行的判决的，应报请高级人民法院重新核准。

## 167. 新的死刑缓期执行期间如何计算？

死刑缓期执行的期间应从新的死缓判决确定之日起计算，原来已经执行过的死缓期间不计算在新死缓判决执行期间之内。

## 典型疑难案件参考

### 范昌平抢劫、盗窃案

**基本案情**

1999年夏,被告人范昌平伙同周启仁、顾洪群(同案人,已判刑)共谋盗窃,由顾洪群带路,三人到安徽省颍上县十八里铺乡老庄村村民汪士翠家。顾洪群在院外放风,范昌平、周启仁翻墙入室进行盗窃。在翻找钱物过程中,汪士翠被惊醒,周启仁持刀对汪进行威胁,后抢走现金120元,金项链一条、耳环一副(价值人民币920元),共计人民币1040元。

1999年12月,被告人范昌平、顾洪群分别至颍上县城关镇友谊巷居民白荣阶家、颍河乡下元村刘文义家,盗窃现金4000元、康佳牌25寸彩电1台、VCD机1台、茅台酒4瓶(价值人民币4200元),共计人民币8200元。

**诉辩情况**

被告人范昌平。1991年7月20日因犯抢劫罪、盗窃罪被安徽省颍上县人民法院判处有期徒刑10年,1998年4月23日刑满释放。2003年4月21日,因犯抢劫罪、盗窃罪,被安徽省阜阳市中级人民法院以〔2003〕阜刑初字第68号刑事判决判处死刑,缓期2年执行,剥夺政治权利终身,并处没收个人全部财产。2003年8月18日,安徽省高级人民法院裁定核准阜阳市中级人民法院与〔2003〕阜刑初字第68号刑事判决。

在死缓执行期内,司法机关发现罪犯范昌平在判决前还参与了其他抢劫、盗窃的犯罪事实。2003年12月18日,阜阳市人民检察院以被告人范昌平犯抢劫罪、盗窃罪,向阜阳市中级人民法院提起公诉。

**裁判结果**

2004年6月30日,阜阳市中级人民法院依照《刑法》第263条第1项、第264条、第25条第1款、第69条、第70条、第65条第1款、第12条第1款和1979年《刑法》第61条第1款及最高人民法院《关于处理自首和立功具体应用法律若干问题的解释》第4条的规定,作出〔2004〕阜刑初字第87号刑事判决,判决如下:

被告人范昌平犯抢劫罪,判处有期徒刑12年,并处罚金人民币2000元;犯盗窃罪,判处有期徒刑2年,并处罚金人民币2000元,连同原判死刑缓期2年执行,剥夺政治权利终身,并处没收个人全部财产。决定执行死刑,缓期2年执行,剥夺政治权利终身,并处没收个人全部财产。

**裁判理由**

阜阳市中级人民法院认为：被告人范昌平伙同他人采用暴力手段，入户抢劫，其行为已构成抢劫罪；以非法占有为目的，秘密窃取他人财物，数额较大，其行为已构成盗窃罪。范昌平犯数罪，且该数罪系在原判决宣告以后、刑罚执行完毕以前的漏罪，依法应对漏罪和原判的刑罚数罪并罚。范昌平系累犯，依法应从重处罚。其如实供述犯罪事实，认罪态度较好，可酌情从轻处罚。

**复核情况**

一审宣判后，在法定期限内，范昌平未提出上诉，人民检察院也未提出抗诉。阜阳市中级人民法院依法将此案报请安徽省高级人民法院核准。

**复核结果**

安徽省高级人民法院经复核，作出〔2005〕皖刑复字第63号刑事裁定，核准安徽省阜阳市中级人民法院〔2004〕阜刑初字第87号刑事判决。

---

**168. 对于原判认定事实清楚，量刑适当，但定罪不准的，最高人民法院在复核时应如何处理？**

根据最高人民法院2007年1月22日颁布的《关于复核死刑案件若干问题的规定》第2条第2款的规定，在这种情况下，最高人民法院可以直接改判被告人罪名，并核准其死刑。

---

**典型疑难案件参考**

吕升艺故意杀人案

**基本案情**

2005年8月19日晚19时许，被告人吕升艺在阳江市实验中学路口附近搭乘被害人李良勇的出租车到江城区埠场镇山外西海边。当车行至江城区丹龙村路口时，由于走错路，双方发生争执，吕升艺即持随身携带的一把尖刀朝李良勇胸部捅了两刀。此时，李良勇想用双手抢吕升艺的刀，吕又持刀朝李的腰部连捅三刀。见李不能反抗后，吕对李进行搜身，抢走诺基亚6108手机一部

（价值700元），后搭乘过往的摩托车逃离现场。次日凌晨1时30分，李良勇被村民发现时已死亡。

### ▶一审诉辩情况◀

广东省阳江市人民检察院以被告人吕升艺犯故意伤害罪、抢劫罪，向阳江市中级人民法院提起公诉。

### ▶一审裁判结果◀

阳江市中级人民法院依照《刑法》第234条第2款、第263条、第57条第1款、第69条的规定，判决如下：被告人吕升艺犯故意伤害罪，判处死刑，剥夺政治权利终身；犯抢劫罪，判处其有期徒刑3年，并处罚金人民币1000元；决定执行死刑，剥夺政治权利终身，并处罚金人民币1000元。

### ▶一审裁判理由◀

阳江市中级人民法院认为：被告人吕升艺因小事持械故意伤害他人身体，致人死亡；在作案中又劫取被害人的手机，其行为分别构成故意伤害罪和抢劫罪，应数罪并罚。吕升艺犯罪手段残忍，犯罪后果严重，罪行极其严重。

### ▶二审诉辩情况◀

一审宣判后，被告人吕升艺不服，提出上诉。其上诉称：没有伤害被害人的故意，没有抢被害人的手机，原判定罪不当，量刑过重。其辩护人的辩护意见为：吕升艺在逃跑时顺手拿走了被害人的手机，原判认定被告人犯抢劫罪不当；本案系事出有因，被害人李良勇也有一定的过错；吕升艺是初犯，认罪态度好，原判量刑过重。

检察机关出庭意见为：（1）吕升艺持刀朝被害人要害部位连刺多刀致其死亡，杀人的主观故意明显，其行为构成故意杀人罪；（2）被告人吕升艺在杀害被害人之前没有劫取被害人钱财的故意，其在杀害被害人后拿走被害人手机的行为属于盗窃行为，该行为不构成抢劫罪；（3）本案被害人没有过错，上诉人的犯罪手段残忍，犯罪后果严重，原判量刑适当。综上，建议对吕升艺的行为只认定为故意杀人罪，判处死刑。

### ▶二审裁判结果◀

广东省高级人民法院依照《刑事诉讼法》第189条第1项的规定，于2007年1月29日裁定：驳回上诉，维持原判，并依法报送最高人民法院核准。

**二审裁判理由**

广东省高级人民法院经审理认为：原判认定事实清楚，证据确实、充分，定罪准确，量刑适当，审判程序合法。上诉人及其辩护人的上诉和辩护理由以及二审开庭时检察机关的出庭意见均不能成立。

**复核结果**

最高人民法院依照《刑事诉讼法》第199条，最高人民法院《关于复核死刑案件若干问题的规定》第2条第2款以及《刑法》第232条、第57条的规定，判决如下：

一、撤销广东省高级人民法院〔2006〕粤高法刑一终字第315号刑事裁定和广东省阳江市中级人民法院〔2006〕阳中法刑一初字第5号刑事附带民事判决中认定被告人吕升艺犯故意伤害罪、抢劫罪的定罪量刑部分；

二、被告人吕升艺犯故意杀人罪，判处死刑，剥夺政治权利终身。

**复核理由**

最高人民法院复核认为：吕升艺仅因琐事手持利刃朝被害人的要害部位猛刺数刀，致被害人死亡，其非法剥夺他人生命的故意明显，其行为已构成故意杀人罪。其犯罪手段残忍，后果特别严重，应依法惩处。吕升艺实施故意杀人犯罪行为后，在被害人不知晓的情况下，临时起意拿走他人财物的行为系盗窃行为，尚不构成犯罪。第一审判决、第二审裁定认定的事实清楚，证据确实、充分，判处被告人吕升艺死刑适当，审判程序合法，但定罪不准，应予纠正。

## 二、罚金刑的适用

### 169. 罚金刑的执行有何变通事由？

根据《刑法》第53条的规定，刑事罚金缴纳人如果遭遇不能抗拒的灾祸，缴纳罚金确有困难的，可依法提出申请，经法院审查后，可酌情减少或者免除罚金。

### 170. 司法实践中如何认定罚金减免的条件？

根据最高人民法院《关于适用财产刑若干问题的规定》第6条第1款的规定，《刑法》第53条规定的"由于遭遇不能抗拒的灾祸缴纳确实有困难的"，主要是指因遭受火灾、水灾、地震等灾祸而丧失财产；罪犯因重病、伤残等而丧失劳动能力，或者需要罪犯抚养的近亲属患有重病，需支付巨额医药费等，确实没有财产可供执行的情形。可见，该《规定》对《刑法》所述的减免事由做了具体解释，范围不仅包括天灾，也包括人祸、疾病等情况。

**典型疑难案件参考**

龙金罚金刑案

**基本案情**

龙金，原系四川省安县安昌镇石梯村农民，因抢夺罪被上海市浦东新区法院于2007年5月判处有期徒刑2年，罚金2000元。判决生效后，罪犯龙金移送至上海市白茅岭监狱服刑。该案罚金尚未缴纳，由浦东新区法院刑庭移交执行庭立案执行。执行过程中，被执行人龙金以其家庭在"5·12"地震中受灾严重、无力缴纳罚金，且在服刑过程中能认罪服法、认真改造为由，向浦东新区法院提出免除罚金刑的请求。上海市白茅岭监狱及上海市军天湖农场区人民检察院核查了龙金的服刑改造情况，并通过四川省安县安昌镇政府查明，被执行人龙金家庭4间房屋全部毁损，其妻在地震前因病死亡，家中年迈父母和两个11岁的女儿依靠政府救济。后上海市军天湖农场区检察院依据龙金的申请向浦东新区法院提交了对龙金终结执行罚金刑的检察建议书。

**诉辩情况**

被告人龙金以其家庭在"5·12"地震中受灾严重、无力缴纳罚金，且在服刑过程中能认罪服法、认真改造为由，向浦东新区法院提出免除罚金刑的请求。检察院经过核实后向法院提交了对龙金终结执行罚金刑的检察建议书。

**裁判结果**

上海浦东新区人民法院依照《刑法》第53条，《刑事诉讼法》第219条和最高人民法院《关于适用财产刑若干问题的规定》第6条之规定作出裁定：

对〔2007〕浦刑初字第 775 号刑事判决书判处被执行人龙金的罚金 2000 元终结执行。

> **裁判理由**

上海浦东新区人民法院经审查认为：被执行人龙金确系我国"5·12"汶川大地震灾区籍罪犯，其家庭在地震中受灾严重，所居住房屋全部毁损、现居住于政府救济的过渡房内，无经济收入，已经丧失履行罚金刑的经济能力和客观条件，属于法律规定的"遭遇不能抗拒的灾祸缴纳确实有困难的"情形。

### 三、剥夺政治权利的适用

**171. 罪犯在假释考验期限内犯新罪的，则已经执行的剥夺政治权利期限在实行并罚时是否应予扣除？**

假释是对被判处有期徒刑、无期徒刑的犯罪分子，在执行一定刑期之后，因其遵守监规，接受教育和改造，确有悔改表现，不致再危害社会，而附条件地将其予以提前释放的制度。罪犯在假释考验期限内犯新罪的，应当撤销假释，实行数罪并罚。对于已经执行的剥夺政治权利期限，根据《刑法》第 58 条的规定，附加剥夺政治权利的刑期从徒刑、拘役执行完毕之日或者从假释之日起计算。因此，在数罪并罚时，应当扣除自罪犯被裁定假释之日起至犯新罪被抓获时止实际已经执行的剥夺政治权利期限。

> **典型疑难案件参考**

惠三国非法拘禁案

> **基本案情**

被告人惠三国曾因犯盗窃罪和抢劫罪于 1996 年 8 月 16 日被上海市浦东新区人民法院合并判处有期徒刑 20 年，剥夺政治权利 5 年。2007 年 10 月 31 日被新疆生产建设兵团农一师中级人民法院裁定假释，假释考验期至 2011 年 8 月 23 日止。被告人惠三国的岳父李子将（另案处理）因债务纠纷与祁相忠产生矛盾，遂伙同被告人惠三国等，于 2009 年 8 月 20 日 11 时许，在无锡市惠山大道与 342 省道交叉口向北 500 米处，将祁相忠强行拉上一辆轿车，并带至无锡市广益街道过巷北面的拆迁工地内，对祁相忠进行殴打，索取赔偿金。当日下午，被告人惠三国以及李子将等人在得到15000元赔偿金后，将祁相忠放走。经法医鉴定，祁相忠所受的伤已构成轻伤。2010年3月23日被抓获，因涉嫌犯非法拘禁罪于同月27日被刑事拘留，同月30日被逮捕。

### 一审诉辩情况

无锡市崇安区人民检察院以被告人惠三国犯非法拘禁罪向无锡市崇安区人民法院提起公诉。

### 一审裁判结果

无锡市崇安区人民法院依据《刑法》第218条第1、2款、第86条第1款、第71条、第69条、第56条第1款之规定，作出判决：

一、撤销新疆生产建设兵团农一师中级人民法院〔2007〕农一法刑执字第3885号刑事裁定书对被告人惠三国予以假释的执行部分。

二、被告人惠三国犯非法拘禁罪，判处有期徒刑1年，并与先前所犯盗窃罪、抢劫罪未执行完毕的刑罚实行并罚，决定执行有期徒刑4年6个月，剥夺政治权利5年。

### 一审裁判理由

无锡市崇安区人民法院认为：被告人惠三国伙同他人，为索取债务而非法扣押、拘禁和殴打他人并致人轻伤，其行为已构成非法拘禁罪。被告人惠三国在假释考验期限内犯新罪，应当撤销假释，实行数罪并罚。

### 二审诉辩情况

一审宣判后，无锡市崇安区人民检察院以无锡市崇安区人民法院判决适用法律错误为由提出抗诉，主要理由是：被告人惠三国前罪判处的剥夺政治权利期限已从2007年10月31日假释之日起计算。因此，将新罪判处的刑罚与前罪未执行完毕的刑罚进行并罚时，应当将假释期间已经执行的剥夺政治权利期限予以扣除。一审判决未予扣除，属于适用法律错误。建议二审法院予以改判。

江苏省无锡市人民检察院支持无锡市崇安区人民检察院的抗诉意见。

### 二审裁判结果

江苏将无锡市中级人民法院依据《刑事诉讼法》第189条第2项，《刑法》第238条第1、3款、第89条第1款、第71条、第69条、第56条第1款、第58条第1款之规定，作出判决：

一、维持无锡市崇安区人民法院〔2010〕崇刑初字第222号刑事判决第一项和第二项中认定原审被告人惠三国犯非法拘禁罪，判处有期徒刑1年。连同前罪尚未执行完毕的主刑，决定执行有期徒刑4年6个月。

二、撤销无锡市崇安区人民法院〔2010〕崇刑初字第222号刑事判决第二项中附加剥夺政治权利5年。

三、原审被告人惠三国犯非法拘禁罪，判处有期徒刑1年。连同前罪尚未执行完毕的刑罚，决定执行有期徒刑4年6个月，剥夺政治权利2年7个月8天。

### 二审裁判理由

江苏省无锡市中级人民法院经审理，确认一审法院所查明的事实和证据。江苏省无锡市中级人民法院认为：《刑法》第58条规定，附加剥夺政治权利的刑期从徒刑、拘役执行完毕之日或者从假释之日起计算。原审被告人惠三国于2007年10月31日被裁定假释之日起即开始执行前罪附加剥夺政治权利。原审被告人惠三国在假释期内又犯本罪，在将本罪所判刑罚与前罪尚未执行完毕的刑罚进行并罚时，应当扣除自2007年10月31日被裁定假释之日起至2010年3月23日犯新罪被抓获时止实际已经执行的剥夺政治权利期限。无锡市崇安区人民检察院的抗诉意见成立，应予支持。

> **172. 剥夺政治权利执行期间重新犯罪的，如何计算未执行完毕的剥夺政治权利的刑期？**
>
> 刑罚执行期间再犯新罪的，依据先减后并的原则，将新罪刑罚与前罪未执行的刑罚进行合并执行。

### 典型疑难案件参考

#### 焦军盗窃案

### 基本案情

被告人焦军。1994年5月11日，因犯流氓罪被判处有期徒刑2年，1995年12月刑满释放；1998年3月12日，因犯盗窃罪被判处有期徒刑10年，剥夺政治权利2年，2005年9月1日刑满释放。因涉嫌犯盗窃罪，于2006年6月16日被逮捕。

焦军于2005年10月8日15时许，在北京市顺义区香饼居饭店经理室内，窃走王某的小灵通电话1部，后以人民币100元的价格销售；于2005年11月的一天，到北京市顺义区建新北区45—5—402室刘建平家，撬锁窃得摩托罗拉V290

型移动电话机1部及项链、戒指等物,物品价值人民币789元;于2005年11月的一天9时许,进入北京市顺义区医院305宿舍内,窃得刘竹三星牌X458型移动电话机1部,价值人民币1238元;于2006年2月2日9时许,撬门进入北京市朝阳区花家地小区19—7—201室,窃得黄鹏鹏工商银行卡、存折、居民身份证及人民币100元;于2006年3月的一天,伙同学军、小五(均另案处理)到北京市顺义区西辛南区27—2—502室,盗走周秀英家人民币1500元、银行储蓄卡3张等物品,后3人从邮政储蓄卡内提取人民币1100元;于2006年4月21日14时许,伙同学军、小五到北京市朝阳区新源里东,进入10—5—67室,窃得曾成瑜人民币3900元及惠普牌笔记本电脑1台、移动电话机1部等物,赃款及赃物共计价值人民币12230元。其还坦白交代,于2006年1月、5月,先后到北京市朝阳区左家庄北里4—3—312室,顺义区双兴南区28—1—302室,分别窃走赵秀兰房产本1本、身份证等物、荆玉凤联想计算机1台、三星X199型移动电话机1部(价值人民币240元)。上述赃款均被挥霍,赃物亦未追回。

### ▶ 诉辩情况

北京市顺义区人民检察院以被告人焦军犯盗窃罪,且数额巨大,向北京市顺义区人民法院提起公诉。

被告人焦军对指控的犯罪事实没有异议。

### ▶ 裁判结果

北京市顺义区人民法院依据《刑法》第264条、第65条第1款、第69条第2款、第70条、第64条及最高人民法院《关于处理自首和立功具体应用法律若干问题的解释》第4条,于2006年12月8日判决如下:

一、被告人焦军犯盗窃罪,判处有期徒刑4年零6个月,并处罚金人民币5000元,与原犯盗窃罪未执行完毕的剥夺政治权利1年3个月零19天并罚,决定执行有期徒刑4年6个月,并处罚金人民币5000元,剥夺政治权利1年3个月零19天。

二、被告人焦军的非法所得17297元继续予以追缴,追缴后发还各被害人。

三、起获的赵秀兰户口簿发还被害人赵秀兰;起获的身份证分别发还孙蕾、黄鹏鹏、周秀英、赵祥宝。

四、作案工具改锥1把、铁钩1个、工具10件予以没收。

### ▶ 裁判理由

北京市顺义区人民法院认为:被告人焦军以非法占有为目的,单独或伙同他人,秘密窃取公民财物,数额巨大,其行为已构成盗窃罪,依法应予惩处,应与其原犯盗窃罪未执行完毕的剥夺政治权利并罚。被告人焦军曾因犯罪被判处刑罚，在刑满释放后5年内，又犯应当判处有期徒刑以上刑罚之罪，系累犯，应从重处罚。鉴于其在被抓获后，能主动供述公安机关尚未掌握的部分盗窃事实，系坦白，酌情从轻处罚。

### 四、驱逐出境的适用

#### 173. 判处外国人刑罚是否应当附加驱逐出境？

现存的法律、司法解释及其他规范性文件均未明确规定外国人犯罪应否判处附加驱逐出境。司法实践中，对于外国人犯罪的案件是否应当一概判处附加驱逐出境，应根据实际情况综合考量，应考虑到外国人的实际生活状况，驱逐出境是否具有实际必要和可行性等。

**典型疑难案件参考**

金太日敲诈勒索案

**基本案情**

2006年11月30日至2007年7月25日，被告人金太日在北京市东城区、西城区、崇文区、朝阳区、丰台区、海淀区等地，先后26次故意制造交通事故，其中24次以自己被撞伤为由，分别向杜鹏等人索要赔偿款共计人民币12420元。具体事实如下：

1. 2006年11月30日18时40分，被告人金太日在北京市东城区东四北大街什锦花园胡同东口处，故意制造交通事故，以其腿部被机动车撞伤为由，向该车驾驶员杜鹏索要赔偿款人民币300元。

2. 2006年12月4日18时10分许，被告人金太日在北京市朝阳区北三环辅路福建大厦门前，故意制造交通事故，以其腿部被机动车撞伤为由，向该车驾驶员王大喆索要赔偿款人民币350元。

3. 2006年12月10日21时25分许，被告人金太日在北京市崇文区崇文门外大街花市路口西人行横道处，故意制造交通事故，以其腿部被机动车撞伤为由，向该车驾驶员王绍纯索要赔偿款人民币400元。

4. 2006年12月14日16时40分许，被告人金太日在北京市海淀区知春路银网中心门前，故意制造交通事故，以其被机动车撞伤为由，向该车驾驶员寇春泰索要赔偿款人民币900元。

5. 2007年1月7日17时40分许，被告人金太日在北京市海淀区三环辅路明光家居上坡处，故意制造交通事故，以其被机动车撞伤为由，向该车驾驶员洪吉松索要赔偿款人民币200元。

6. 2007年1月31日16时许，被告人金太日在北京市丰台区西客站南广场，故意制造交通事故，以其腿部被机动车撞伤为由，向该车驾驶员王磊索要赔偿款人民币200元。

7. 2007年2月18日20时30分，被告人金太日在北京市崇文区崇文门外大街新世界一期地下车库出口，故意制造交通事故，以其被机动车撞伤为由，向该车驾驶员乐欢索要赔偿款人民币200元。

8. 2007年3月12日17时30分许，被告人金太日在北京市海淀区中关村北大街老路口，故意制造交通事故，以其腿部被机动车撞伤为由，向该车驾驶员朱金明索要赔偿款人民币500元。

9. 2007年3月19日12时30分许，被告人金太日在北京市西城区西四北大街世纪蓝天门前，故意制造交通事故，以其腿部被机动车撞伤为由，向该车驾驶员张建明索要赔偿款人民币300元。

10. 2007年3月24日17时10分许，被告人金太日在北京市崇文区永东街天坛南门路口，故意制造交通事故，以其腿部被机动车撞伤为由，向该车驾驶员袁成璟索要赔偿款人民币200元。

11. 2007年4月28日15时45分，被告人金太日在北京市朝阳区西坝河中街国展3号门口，故意制造交通事故，以其腿部被机动车撞伤为由，向该车驾驶员陈蒙索要赔偿款人民币300元。

12. 2007年5月4日16时10分许，被告人金太日在北京市崇文区永内东街现代职业学校门前，故意制造交通事故，以其腿部被机动车撞伤为由，向该车驾驶员吴永新索要赔偿款人民币400元。

13. 2007年5月7日20时20分许，被告人金太日在北京市海淀区三环辅路明光家具城门口，故意制造交通事故，以其腿部被机动车撞伤为由，向该车驾驶员闻峰索要赔偿款人民币400元。

14. 2007年5月8日18时40分许，被告人金太日在北京市西城区二环路辅路市发改委出口处，故意制造交通事故，以其腰部被机动车撞伤为由，向该车驾驶员张家森索要赔偿款人民币400元。

15. 2007年5月15日20时许，被告人金太日在北京市朝阳区东三环国贸桥下，故意制造交通事故，以其腿部被机动车撞伤为由，向该车驾驶员郑运朋索要赔偿款人民币500元。

16. 2007年5月30日19时10分许，被告人金太日在北京市朝阳区东三环北路三元桥上高速出口人行横道处，故意制造交通事故，以其被机动车撞伤为由，向该车驾驶员金亮索要赔偿款人民币200元。

17. 2007年6月3日18时30分许，被告人金太日在北京市海淀区当代商场停车场北出口，故意制造交通事故，以其腿部被机动车撞伤为由，向该车驾驶员金大岑索要赔偿款人民币350元。

18. 2007年6月5日19时30分许，被告人金太日在北京市朝阳区东三环路三元桥高速路匝道，故意制造交通事故，声称被机动车撞伤腿部，欲以此为由，向该车驾驶员段斌索要赔偿款，因被段斌识破而未得逞。

19. 2007年6月7日12时30分许，被告人金太日在北京市西城区学院胡同金融街加油站出口处，故意制造交通事故，以其腿部被机动车撞伤为由，向该车驾驶员苏鲲索要赔偿款人民币520元。

20. 2007年6月14日19时10分许，被告人金太日在北京市朝阳区麦子店街西口，故意制造交通事故，以其腿部被机动车撞伤为由，向该车驾驶员应承龙索要赔偿款人民币400元。

21. 2007年6月18日18时许，被告人金太日在北京市海淀区中关村北大街老路口，故意制造交通事故，声称被机动车撞伤，欲以此为由，向该车驾驶员张柘索要钱款，因张柘态度强硬而放弃。

22. 2007年6月19日20时40分许，被告人金太日在北京市西城区太平桥大街2号门前，故意制造交通事故，以其腿部被机动车撞伤为由，向该车驾驶员吴强索要赔偿款人民币500元。

23. 2007年6月23日13时40分许，被告人金太日在北京市丰台区永南路木樨园西南角，故意制造交通事故，以其腿部被机动车撞伤为由，向该车驾驶员刘建辉索要赔偿款人民币400元。

24. 2007年7月5日18时40分许，被告人金太日在北京市朝阳区东三环路三元桥上，故意制造交通事故，以其腿部被机动车撞伤为由，向该车驾驶员王刚索要赔偿款人民币3100元。

25. 2007年7月16日15时许，被告人金太日在北京市海淀区中关村1号桥，故意制造交通事故，以其腿部被机动车撞伤为由，向该车驾驶员李振武及李所在单位赶往现场人员林悦索要赔偿款人民币1200元。

26. 2007年7月25日13时许，被告人金太日在北京市西城区儿童医院东门，故意制造交通事故，以其腿部被机动车撞伤为由，向该车驾驶员侯瑞琦索要赔偿款人民币200元。

### 诉辩情况

北京市人民检察院第二分院认为：被告人金太日无视中华人民共和国法律，以非法占有为目的，敲诈勒索他人钱财，情节严重，其行为触犯了《刑法》第274条之规定，应当以敲诈勒索罪追究其刑事责任。且被告人金太日系累犯，依据《刑法》第65条之规定，应当从重处罚。提请法院依法惩处。

被告人金太日辩称：其在起诉书指控的第8、11、14、19、23-26起事故中未向司机索要钱款，其没有故意制造交通事故。

金太日的辩护人的辩护意见：金太日自始至终否认自己所发生的交通事故是其故意制造的，且金称有多起没有向事主索要钱财；大多数事故司机均未准确表述其所驾驶的车辆是否碰到金太日；交警的责任认定大多为司机全责；交通事故记录及处理信息只能证实交通事故的客观情况，不能证明金太日在事故发生过程中的主观故意情况，故检察机关指控金太日通过故意制造交通事故实施敲诈勒索犯罪的证据不足。

### 裁判结果

北京市第二中级人民法院依照《刑法》第6条第1款、第274条、第23条、第24条、第65条第1款、第71条、第69条、第61条、第64条之规定，判决如下：

一、被告人金太日犯敲诈勒索罪，判处有期徒刑2年6个月，与前罪未执行的罚金人民币1000元并罚，决定执行有期徒刑2年6个月。

二、继续追缴被告人金太日的违法所得，发还各被害人。

### 裁判理由

北京市第二中级人民法院认为：被告人金太日无视中华人民共和国法律，以非法占有为目的，采取故意制造交通事故和自称被撞伤的方法，多次敲诈勒索他人钱财，数额较大，其行为已构成敲诈勒索罪，依法应予惩处。金太日曾因犯罪被判处刑罚，在刑满释放后5年内又犯应当判处有期徒刑以上刑罚之罪，系累犯，依法应从重处罚。金太日部分敲诈勒索犯罪系未遂或中止，本院在量刑时酌予考虑。金太日前次被判处的罚金刑尚未执行，现依法应当合并处罚。北京市人民检察院第二分院指控被告人金太日犯敲诈勒索罪的事实清楚，证据确实、充分，指控罪名成立。对于金太日所提其在起诉书指控的第8、11、14、19、23-26起事故中未向司机索要钱款，其没有故意制造交通事故的辩解，以及辩护人提出金太日自始至终否认自己所发生的交通事故是其故意制造的，且金称有多起没有向事主索要钱财；大多数事故司机均未准确表述其所驾驶的车辆是否碰到金太日；交警的责任认定大多为司机全责；交通事故记录及处理信息只能证实交通事故的客观情况，不能证明金太日在事故发生过程中的主观故意情况，故检察机关指控金太日通过故意制造交通事故实施敲诈勒索犯罪的证据不足的辩护意见，经查，被告人金太日在2006年11月至2007年7月间，连续20余次发生类似交通事故，均声称自己被机动车撞伤，但部分司机的陈述却证明，这部分司机驾驶的机动车并未撞到金太日，由此显见上述20余次交通事故均系金太日故意制造；根据本案被害人的陈述及其他证据，足以认定金太日在起诉书第8、11、14、19、23-26起事故中向司机索要钱款的事实；至于辩护人所提金太日自始至终否认自己所发生的交通事故是其故意制造的，且金称有多起没有向事主索要钱财；大多数事故司机均未准确表述其所驾驶的车辆是否碰到金太日；交警的责任认定大多为司机全责；交通事故记录及处理信息只能证实交通事故的客观情况，不能证明金太日在事故发生过程中的主观故意情况等辩护意见，均不足以否定检察机关对金太日通过故意制造交通事故实施敲诈勒索犯罪的指控。故上述辩解和辩护意见不能成立，本院不予采纳。

### 174. 对于与监护人长期居住在中国的外国未成年人能否适用驱逐出境？

驱逐出境是指强迫犯罪的外国人离开我国国（边）境的刑罚方法。只能适用于犯罪的外国人，包括具有外国国籍的人和无国籍人。外国未成年犯罪人不具备完全民事行为能力，要依靠监护人代为行使权利和履行义务，身心没有发育成熟，易于改造，驱逐出境的效果在客观上会同时及于其监护人。基于这些考虑，对于与监护人长期居住在中国的外国未成年人应尽量不适用驱逐出境。

**典型疑难案件参考**

雷某某等盗窃案

**基本案情**

2008年5月11日2时许，被告人雷某某、麦某某及麦克·雷恩（另行处理）在北京市顺义区天竺镇荣祥广场内闲逛时，经过该广场305—307号店铺北京英龙华辰科技有限公司所属的苹果牌电脑专卖店，遂将该店的双扇外开玻璃门晃开进入店内，窃走该公司的苹果牌笔记本电脑4台、苹果牌播放器4

台、苹果牌 MP3、MP4 各 1 个及 OMIZ 牌蓝牙耳机 1 个。三人离开时，被该广场巡逻的保安员发现并追赶，在中国国际展览中心（新馆）南门南侧路口，将被告人雷某某、麦某某及麦克·雷恩围住，三人分别从各自衣服内拿出所窃物品。中华人民共和国北京市公安局顺义分局天竺派出所民警接报警后赶到现场，将三人抓获归案。经鉴定，上述物品共计价值人民币 53448 元。案发后，赃物已发还被害单位。

### ▶ 诉辩情况

**1. 北京市人民检察院第二分院的指控**

被告人雷某某、麦某某伙同麦克·雷恩（另行处理）于 2008 年 5 月 11 日 1 时许，到北京市顺义区荣祥广场 305—307 号店铺内，盗窃北京英龙华辰科技有限公司的苹果牌笔记本电脑 4 台、音乐播放器 6 台、手机蓝牙耳机 1 个，被窃物品共计价值人民币 53448 元。上述物品已起获并发还。二被告人的行为已构成盗窃罪，但因二被告人作案时不满 18 周岁，建议合议庭减轻处罚。

**2. 被告人的答辩及其辩护人的辩护意见**

被告人雷某某及其法定代理人、被告人麦某某及其法定代理人对检察机关的指控未提出异议，均请求法庭对其从轻处理。

雷某某的辩护人提出的辩护意见为：雷某某主观恶性较小，事前没有盗窃合谋；认罪态度好；所获财物已全部追回并发还失主；雷某某、麦某某作为共同犯罪的被告人，行为上没有明显差异；雷某某作案时未成年，初犯，建议合议庭对其减轻处罚。

麦某某的辩护人提出的辩护意见为：麦某某主观恶性程度不大，未与他人预谋盗窃；物品已发还失主；麦某某作案时未成年，初犯，有悔罪表现，建议合议庭对其减轻处罚。

### ▶ 裁判结果

北京市第二中级人民法院依照《刑法》第 6 条第 1 款、第 3 款，第 264 条，第 25 条第 1 款，第 17 条第 1 款、第 3 款，第 52 条，第 53 条，第 61 条之规定，判决如下：

一、被告人雷某某犯盗窃罪，判处罚金人民币 2 万元。

二、被告人麦某某犯盗窃罪，判处罚金人民币 2 万元。

### ▶ 裁判理由

北京市第二中级人民法院经审理认为：被告人雷某某、麦某某无视中华人民共和国法律，伙同他人采用秘密手段窃取公司财物，且数额巨大，其行为均已构成盗窃罪,应依法惩处。北京市人民检察院第二分院指控被告人雷某某、麦某某犯罪的事实清楚,证据确实、充分,指控罪名成立。被告人雷某某、麦某某均积极实施盗窃行为,在共同犯罪中的作用相当。鉴于二被告人作案时尚未成年,着手实施盗窃前未进行预谋,主观恶性较小,能够如实供述犯罪事实,有悔罪表现,且系初犯,赃物已发还被害单位等情节,本院依法对其所犯盗窃罪均予以减轻处罚。

### 五、赔偿经济损失与民事优先原则

**175. 被告人在被判处财产刑的同时,还负有民事赔偿责任的,应该如何确定缴纳顺序?**

根据《刑法》的规定,承担民事赔偿责任的犯罪分子,同时被判处罚金,其财产不足以全部支付的,或者被判处没收财产的,应当先承担对被害人的民事赔偿责任。这里的缴纳顺序并不是单纯先行给付的意思,而是指当被告人财产不足以支付民事赔偿金和财产刑时,优先向谁给付的顺序,此时履行民事赔偿责任优先于财产刑的执行。

**典型疑难案件参考**

罗伟绑架、强奸案

**基本案情**

被告人罗伟因经营负债,产生绑架他人敲诈钱财的想法。2009年5月28日下午3时许,被害人唐某(女,时年19岁)到罗伟位于威远县文化街的服装店购买衣服时,罗伟产生绑架唐某之念。罗伟趁唐某在试衣间里时,将其服装店卷帘门拉下,持西瓜刀威胁唐,并反绑唐某双手,威胁唐说出其母亲的电话号码,用唐某的手机和自己的手机打电话给唐某的母亲夏群,称唐被其绑架了,要夏准备钱赎人。随后罗伟在试衣间内对唐实施猥亵后欲奸淫唐,因情绪紧张未逞。此后,罗伟将唐装入编织袋捆在摩托车上带至威远县庆卫镇金龙村附近一松树林内,并再次打电话给唐的母亲夏群,要求拿5万元赎人,同时对唐实施了奸淫。罗伟随后打电话给夏群时,认为夏已报警,即生杀人灭口之念。罗伟用唐的外衣衣袖绕唐颈部并用力勒致唐不动,后罗认为唐已死亡,便用西瓜刀挖土掩盖在唐某的身体上。后见唐未死,又用西瓜刀刺、割其腹部和颈部,拿走唐某手机和现金,逃离现场。唐某苏醒后从土堆中爬出到附近的村民家中求救。经法医鉴定，唐某腹部之伤属轻微伤，颈部之伤属轻伤。次日下午，罗伟逃到宜宾市被抓获归案。

### 诉辩情况

四川省内江市人民检察院指控被告人罗伟犯有绑架罪和强奸罪。

### 裁判结果

四川省内江市中级人民法院依照《刑法》第239条第1款、第236条第1款、第48条第1款、第57条第1款、第69条和《民法通则》第119条之规定，判决如下：

一、被告人罗伟犯绑架罪，判处死刑，缓期2年执行，剥夺政治权利终身，并处没收个人全部财产；犯强奸罪，判处有期徒刑6年。决定执行死刑，缓期2年执行，剥夺政治权利终身，并处没收个人全部财产。

二、被告人罗伟赔偿附带民事诉讼原告人唐某经济损失8362元。（判决生效后即付清）

### 裁判理由

四川省内江市中级人民法院审理认为：被告人罗伟以勒索财物为目的，绑架唐某并奸淫，其行为构成了绑架罪和强奸罪。检察机关指控的罪名成立。罗伟手段极其残忍，但尚未造成严重的后果，且案发后认罪态度较好，积极筹款赔偿损失，可酌情从轻处罚，判处死刑可不立即执行。罗伟犯二罪，应数罪并罚。罗伟对其犯罪行为给唐某造成的经济损失依法应予全部赔偿。

### 复核情况

一审宣判后，被告人未上诉，检察院未抗诉，四川省内江市中级人民法院报请四川省高级人民法院核准。

### 复核结果

四川省高级人民法院依照《刑事诉讼法》第201条和《刑法》第239条第1款、第236条第1款、第48条、第57条第1款、第69条的规定，裁定如下：核准四川省内江市中级人民法院〔2009〕内刑初字第46号以绑架罪、强奸罪，数罪并罚，决定执行被告人罗伟死刑，缓期2年执行，剥夺政治权利终身，并处没收个人全部财产的判决。

### 复核理由

四川省高级人民法院经复核认为：被告人罗伟以勒索财物为目的，绑架被害人唐某，在向被害人唐某之母夏群打了勒索电话后，认为夏群已报警，产生杀人灭口之念，进而对唐某实施了勒颈、刀刺割、土埋的杀人行为，其行为已构成绑架罪；在实施绑架犯罪中又以暴力相威胁，强行与唐某发生性行为，其行为又构成强奸罪。其所犯两罪，应予并罚。原判认定事实和适用法律正确，量刑适当，审判程序合法。

### 176. 如何确定刑事附带民事诉讼案件中的赔偿数额？应遵循什么样的原则？

附带民事诉讼赔偿应体现民法中的补偿性原则，即根据被害人的实际损失确定赔偿额度，而不是依据被告人的赔偿能力来确定。因此，在确定刑事附带民事诉讼案件中的赔偿数额时，应遵循全额赔偿的原则，赔偿范围应与侵权行为造成的物质损失范围相吻合。

## 典型疑难案件参考

### 李洪前故意杀人案

**基本案情**

2003年12月30日晚9时许，被告人李洪前、许勇（另案处理）在常州市武进区南夏墅镇恽家村万佳餐饮店前遇见常州好利医药用品公司的女工高娟、杨召云，许勇即对高娟进行调戏，在遭拒绝后，被告人李洪前即上前殴打高娟，当高欲反抗时，李遂持刀刺戳高娟的手臂。随后护送高、杨二人回厂的陆长辉、高磊见状即上前制止，双方发生揪打，期间许勇至万佳餐饮店喊人帮忙，后徐波（另案处理）等人参与打斗。在揪打过程中，李洪前持水果刀朝陆、高二人身上乱捅，致陆长辉心脏破裂急性失血性休克死亡；致高磊肝破裂，经法医鉴定，高磊之伤属重伤。

另查明，被害人陆长辉生前有50岁的父亲、51岁的母亲需赡养。伤者高磊共花去医疗费8376.56元。

**一审诉辩情况**

江苏省常州市人民检察院以被告人李洪前犯故意杀人罪向江苏省常州市中级人民法院提起公诉。

审理过程中，附带民事诉讼原告人陆华凯、韩召娥、高磊向本院提起附带民事诉讼。附带民事诉讼原告人陆华凯、韩召娥要求被告人李洪前、许勇、徐波赔偿经济损失计人民币159876元。附带民事诉讼原告人高磊要求被告人李洪前赔偿经济损失计人民币28611.65元。

### ▶一审裁判结果◀

常州市中级人民法院根据被告人李洪前的犯罪事实、犯罪性质、情节以及对社会的危害程度，依照《刑法》第232条、第57条第1款、第36条第1款，《民法通则》第119条及最高人民法院《关于审理人身损害赔偿案件适用法律若干问题的解释》第17条、第19条、第20条、第21条、第22条、第24条、第27条、第28条、第29条之规定，判决如下：

一、被告人李洪前犯故意杀人罪，判处死刑，剥夺政治权利终身；

二、被告人李洪前赔偿附带民事诉讼原告人陆华凯、韩召娥因陆长辉死亡而遭受的经济损失计人民币148660.50元；

三、被告人李洪前赔偿附带民事诉讼原告人高磊因受伤而遭受的经济损失计人民币20089.06元；

上列赔偿款项于本判决生效之日起1个月内履行完毕；

四、驳回附带民事诉讼原告人陆华凯、韩召娥要求许勇、徐波承担民事赔偿责任的诉讼请求。

### ▶一审裁判理由◀

常州市中级人民法院认为：被告人李洪前目无法纪，持刀刺戳他人胸腹部，故意非法剥夺他人生命，手段特别残忍，并致一人死亡、一人重伤之严重后果，其行为已构成故意杀人罪。检察机关指控被告人李洪前犯故意杀人罪的事实清楚，证据确实、充分，定性准确。被告人李洪前的辩护人提出的被告人李洪前的行为属故意伤害，不是故意杀人的辩护意见，经查，被告人李洪前在揪打过程中，持刀刺戳被害人胸、腹等部位数刀，致被害人身体多处刀刺伤，并造成一人死亡、一人重伤之严重后果，其行为符合故意杀人罪的犯罪特征，故辩护人的该点辩护意见不能成立，本院不予采纳。鉴于被告人李洪前杀人手段特别残忍，后果特别严重，辩护人所提对其从轻处罚的辩护意见，不予采纳。被告人李洪前的犯罪行为给原告人造成的经济损失应当依法赔偿。赔偿的数额和范围，依照法律和法规规定予以确定。其中应当赔偿附带民事诉讼原告人陆华凯、韩召娥因陆长辉死亡的死亡赔偿金84780元、丧葬费7790.50元、被抚养人生活费54080元、交通费960元、住宿费400元、公告费650元；赔偿附带民事诉讼原告人高磊的医疗费8376.56元、误工费8179.50元、护理费1298元、交通费1235元、住宿费500元、营养费500元。附带民事诉讼原告人陆华凯、韩召娥要求许勇、徐波承担民事赔偿责任的诉讼请求，经查，被害人陆长辉的死亡系被告人李洪前持水果刀刺戳所造成，许勇、徐波参与揪打的行为与被害人陆长辉的死亡结果不存在直接的因果关系，故附带民事诉讼原告人陆华凯、韩召娥要求许勇、徐波承担民事赔偿责任的诉讼请求于法无据，不予支持。

### 二审诉辩情况

一审宣判后，被告人李洪前以原判定性不当和量刑不当为由，上诉于江苏省高级人民法院。

### 二审裁判结果

江苏省高级人民法院裁定：驳回上诉，维持原判。

### 177. 审理被害人因犯罪行为致死的附带民事诉讼案件，是否应判处死亡赔偿金？

根据我国现行《刑事诉讼法》的规定，精神损害不属于刑事附带民事诉讼的范围，因此，对死亡赔偿金性质的解释就关系到被害人近亲属能否在附带民事诉讼中提出该项主张。死亡赔偿金不是对被害人近亲属因被害人死亡而遭受到精神损失的补偿，而是对被害人因不法侵害致死必然遭受的财产损失的赔偿。从这个角度来看，在被害人死亡的附带民事诉讼案件中，均应判处死亡赔偿金。

## 典型疑难案件参考

### 宋计划交通肇事案

### 基本案情

2003年3月21日21时左右，被告人宋计划驾驶鲁E/22462号解放大货车沿东营区滨州路由北向南行至南一路交叉路口处时，与沿南一路由东向西行驶的田树亮驾驶的鲁E/81497号夏利车相撞，致乘坐夏利车的张兴华当场死亡，田树亮受轻伤。经东营市公安局交通警察支队直属警察一大队认定，被告人宋计划负事故的主要责任，田树亮负事故的次要责任。

另查，被害人张兴华出生于1953年10月1日，死亡时为49周岁，根据《道路交通事故处理办法》的赔偿标准，其死亡补偿费应为52524元；张兴华与仪银芝系夫妻关系，仪银芝案发时未满55周岁，且未失去劳动能力；张兴华与仪银芝育有长子张涛、女儿张荣、次子张辉，且张涛系聋哑人；被害人张兴华于2003年3月26日火化，花去殡葬费6500元。

被害人田树亮住院治疗42天，花去医疗费6333.66元，并经医院证明需休息90天，用药物继续治疗，花去医疗费85元，且在住院期间需2人陪护；其胸部损伤，右后肋4肋骨折，经鉴定伤残等级为十级，而案发时年满41周岁，根据《道路交通事故处理办法》损害赔偿标准规定，田树亮的残疾生活补助费应为10504.8元；事故中其所驾车被损，后经鉴定车损价值为15856元。

案发时，被告人宋计划所驾肇事车的实际所有人及受益人为其父宋加禄；事故发生后，其在交警部门交款80000元，其中为被害人张兴华亲属支付了6000元赔偿款，并由检察机关向本院移交赔偿款74000元。

### 诉辩情况

山东省东营市东营区人民检察院以被告人宋计划犯交通肇事罪向山东省东营市东营区人民法院提起公诉。

审理过程中，附带民事诉讼原告人仪银芝、张涛、张荣、张辉、田树亮向法院提起附带民事诉讼。附带民事诉讼原告人仪银芝、张涛、张荣、张辉要求被告人宋计划、附带民事诉讼被告人宋加禄、田树亮共同赔偿死亡补偿费52524元，丧葬费6577元，被扶养人生活费28800元，交通费10850元，财产损失费900元，招待费2285元，住宿费500元，精神损失费50000元，共152436元。附带民事诉讼原告人田树亮要求被告人宋计划、附带民事诉讼被告人宋加禄共同赔偿医疗费6418.66元，伤残补助费10504.8元，误工费9240元，鉴定费1120元，车损费15856元，营养费1301元，交通费1081元，住院伙食补助费252元，住宿费1900元，护理费2065.56元，精神损失费3000元，共计52739.02元。

### 裁判结果

东营市东营区人民法院依照《刑法》第133条、第67条第1款、第72条第1款、第36条第1款，《民法通则》第119条之规定，判决如下：

一、被告人宋计划犯交通肇事罪，判处有期徒刑1年缓刑1年（缓刑考验期，自判决确定之日起计算）。

二、被告人宋计划及附带民事诉讼被告人田树亮、宋加禄共同赔偿附带民事诉讼原告人仪银芝、张涛、张荣、张辉死亡补偿费52524元，丧葬费6500元，张涛的生活费7220元〔（60元/月×12月×20年）÷2人〕，住宿费500元，交通费2000元，共计68744元，其中由被告人宋计划及附带民事诉讼被告人宋加禄共同赔偿54995.2元，已支付6000元，余款48995.2元，由附带民事诉讼被告人田树亮赔偿13748.8元，上述赔偿款于本判决生效后10日内一次性付清。

附带民事诉讼原告人田树亮的医疗费6418.66元，伙食补助费252元（42天×6元），误工费5319.6元（40.3元×132天），护理费438.48元（42天×5.22元×2人），财产损失费15856元，交通费390元，伤残补助费10504.8元（5252.4元×20年×10%），鉴定费320元，住宿费1900元，共计41399.54元，应由被告人宋计划及附带民事诉讼被告人宋加禄共同赔偿33119.63元，于本判决生效后10日内一次性付清。

**裁判理由**

东营市东营区人民法院认为：被告人宋计划违反交通管理法规，发生重大交通事故，致1人死亡，1人轻伤，经公安交警部门认定负事故的主要责任，其行为已构成交通肇事罪。检察机关指控的罪名成立。经查证，事故发生后，虽然被告人宋计划弃车离开现场，但在次日上午又前往公安交警部门投案，如实供述了犯罪事实，其行为应认定为自首，量刑时可从轻处罚。被告人宋计划对给附带民事诉讼原告人仪银芝、张涛、张荣、张辉、田树亮造成的经济损失应承担民事赔偿责任，但依据公安交警部门责任认定书认定的宋计划负此事故的主要责任、附带民事诉讼原告人暨附带民事诉讼被告人田树亮负此事故的次要责任，对此宋计划对民事赔偿应承担80%的责任，田树亮应承担20%的责任。另经查证，被告人宋计划所驾肇事车车主为其父宋加禄，宋加禄是该车的实际控制人，对该车所产生的利益享有受益权，因此对所造成的经济损失依法应承担共同赔偿责任。附带民事诉讼原告人仪银芝、张涛、张荣、张辉提出要求赔偿死亡补偿费、丧葬费、交通费、住宿费以及张涛生活费的诉讼请求合法，但提出的交通费赔偿数额，超出赔偿范围，应依规定计算；提出的仪银芝的生活费、饭费、财产损失费、精神损失费的诉讼请求，不予支持。附带民事诉讼原告人田树亮提出要求赔偿医疗费、伤残补助费、误工费、交通费、伙食补助费、住宿费、鉴定费、护理费、财产损失费的诉讼请求合法，但提出的赔偿误工费、交通费、鉴定费、护理费的诉讼请求，超出赔偿范围，应依规定计算；提出的赔偿营养费、精神损失费的诉讼请求，不予支持。经法庭调解，附带民事部分未达成协议，应与刑事部分一并判决。归案后，被告人宋计划能如实供述犯罪事实，认罪态度较好，且积极交纳赔偿款，故在量刑时可酌情予以考虑。

# 刑 罚
## 办案依据集成

### 刑法条文

**第三十二条【刑罚的种类】** 刑罚分为主刑和附加刑。

**第三十三条【主刑的种类】** 主刑的种类如下：

（一）管制；

（二）拘役；

（三）有期徒刑；

（四）无期徒刑；

（五）死刑。

**第三十四条【附加刑的种类】** 附加刑的种类如下：

（一）罚金；

（二）剥夺政治权利；

（三）没收财产。

**【附加刑的适用】** 附加刑也可以独立适用。

**第三十五条【驱逐出境】** 对于犯罪的外国人，可以独立适用或者附加适用驱逐出境。

**第三十六条【赔偿经济损失】** 由于犯罪行为而使被害人遭受经济损失的，对犯罪分子除依法给予刑事处罚外，并应根据情况判处赔偿经济损失。

**【民事赔偿优先】** 承担民事赔偿责任的犯罪分子，同时被判处罚金，其财产不足以全部支付的，或者被判处没收财产的，应当先承担对被害人的民事赔偿责任。

**第三十七条【非刑罚处罚措施】** 对于犯罪情节轻微不需要判处刑罚的，可以免予刑事处罚，但是可以根据案件的不同情况，予以训诫或者责令具结悔过、赔礼道歉、赔偿损失，或者由主管部门予以行政处罚或者行政处分。

**第三十八条【管制的期限】** 管制的期限，为三个月以上二年以下。

**【禁止令的适用】** 判处管制，可以根据犯罪情况，同时禁止犯罪分子在执行期间从事特定活动，进入特定区域、场所，接触特定的人。

**【社区矫正】** 对判处管制的犯罪分子，依法实行社区矫正。

**【治安处罚】** 违反第二款规定的禁止令的，由公安机关依照《中华人民共和国治安管理处罚法》的规定处罚。

**第三十九条【被管制罪犯的义务】** 被判处管制的犯罪分子，在执行期间，应当遵守下列规定：

（一）遵守法律、行政法规，服从监督；

(二) 未经执行机关批准，不得行使言论、出版、集会、结社、游行、示威自由的权利；

(三) 按照执行机关规定报告自己的活动情况；

(四) 遵守执行机关关于会客的规定；

(五) 离开所居住的市、县或者迁居，应当报经执行机关批准。

【被管制罪犯的权利】 对于被判处管制的犯罪分子，在劳动中应当同工同酬。

第四十条【管制的解除】 被判处管制的犯罪分子，管制期满，执行机关应即向本人和其所在单位或者居住地的群众宣布解除管制。

第四十一条【管制的刑期起算及折抵】 管制的刑期，从判决执行之日起计算；判决执行以前先行羁押的，羁押一日折抵刑期二日。

第四十二条【拘役的期限】 拘役的期限，为一个月以上六个月以下。

第四十三条【拘役的执行】 被判处拘役的犯罪分子，由公安机关就近执行。

【拘役犯的权利】 在执行期间，被判处拘役的犯罪分子每月可以回家一天至两天；参加劳动的，可以酌量发给报酬。

第四十四条【拘役的刑期起算及折抵】 拘役的刑期，从判决执行之日起计算；判决执行以前先行羁押的，羁押一日折抵刑期一日。

第四十五条【有期徒刑的期限】 有期徒刑的期限，除本法第五十条、第六十九条规定外，为六个月以上十五年以下。

第四十六条【有期徒刑、无期徒刑的执行】 被判处有期徒刑、无期徒刑的犯罪分子，在监狱或者其他执行场所执行；凡有劳动能力的，都应当参加劳动，接受教育和改造。

第四十七条【有期徒刑的刑期起算及折抵】 有期徒刑的刑期，从判决执行之日起计算；判决执行以前先行羁押的，羁押一日折抵刑期一日。

第四十八条【死刑、死缓的适用】 死刑只适用于罪行极其严重的犯罪分子。对于应当判处死刑的犯罪分子，如果不是必须立即执行的，可以判处死刑同时宣告缓期二年执行。

【死刑、死缓的核准程序】 死刑除依法由最高人民法院判决的以外，都应当报请最高人民法院核准。死刑缓期执行的，可以由高级人民法院判决或者核准。

第四十九条【死刑适用之禁例及特例】 犯罪的时候不满十八周岁的人和审判的时候怀孕的妇女，不适用死刑。

审判的时候已满七十五周岁的人，不适用死刑，但以特别残忍手段致人死亡的除外。

第五十条【死缓的法律后果】 判处死刑缓期执行的，在死刑缓期执行期间，如果没有故意犯罪，二年期满以后，减为无期徒刑；如果确有重大立功表现，二年期满以后，减为二十五年有期徒刑；如果故意犯罪，查证属实的，由最高人民法院核准，执行死刑。

【限制减刑的适用】 对被判处死刑缓期执行的累犯以及因故意杀人、强奸、抢劫、绑架、放火、爆炸、投放危险物质或者有组织的暴力性犯罪被判处死刑缓期执行的犯罪分子，人民法院根据犯罪情节等情况可以同时决定对其限制减刑。

第五十一条【死缓期间及死缓犯减刑的刑期起算】 死刑缓期执行的期间，从判决确定之日起计算。死刑缓期执行减为有期徒刑的刑期,从死刑缓期执行期满之日起计算。

**第五十二条【罚金的适用】** 判处罚金,应当根据犯罪情节决定罚金数额。

**第五十三条【罚金的缴纳】** 罚金在判决指定的期限内一次或者分期缴纳。期满不缴纳的,强制缴纳。对于不能全部缴纳罚金的,人民法院在任何时候发现被执行人有可以执行的财产,应当随时追缴。如果由于遭遇不能抗拒的灾祸缴纳确实有困难的,可以酌情减少或者免除。

**第五十四条【剥夺政治权利的内容】** 剥夺政治权利是剥夺下列权利:

(一) 选举权和被选举权;

(二) 言论、出版、集会、结社、游行、示威自由的权利;

(三) 担任国家机关职务的权利;

(四) 担任国有公司、企业、事业单位和人民团体领导职务的权利。

**第五十五条【剥夺政治权利的期限】** 剥夺政治权利的期限,除本法第五十七条规定外,为一年以上五年以下。

判处管制附加剥夺政治权利的,剥夺政治权利的期限与管制的期限相等,同时执行。

**第五十六条【剥夺政治权利的适用】** 对于危害国家安全的犯罪分子应当附加剥夺政治权利;对于故意杀人、强奸、放火、爆炸、投毒、抢劫等严重破坏社会秩序的犯罪分子,可以附加剥夺政治权利。

独立适用剥夺政治权利的,依照本法分则的规定。

**第五十七条【死刑、无期徒刑罪犯剥夺政治权利的适用】** 对于被判处死刑、无期徒刑的犯罪分子,应当剥夺政治权利终身。

在死刑缓期执行减为有期徒刑或者无期徒刑减为有期徒刑的时候,应当把附加剥夺政治权利的期限改为三年以上十年以下。

**第五十八条【剥夺政治权利的刑期起算及效力】** 附加剥夺政治权利的刑期,从徒刑、拘役执行完毕之日或者从假释之日起计算;剥夺政治权利的效力当然施用于主刑执行期间。

**【被剥夺政治权利罪犯的义务】** 被剥夺政治权利的犯罪分子,在执行期间,应当遵守法律、行政法规和国务院公安部门有关监督管理的规定,服从监督;不得行使本法第五十四条规定的各项权利。

**第五十九条【没收财产的范围】** 没收财产是没收犯罪分子个人所有财产的一部或者全部。没收全部财产的,应当对犯罪分子个人及其扶养的家属保留必需的生活费用。

在判处没收财产的时候,不得没收属于犯罪分子家属所有或者应有的财产。

**第六十条【正当债务的偿还】** 没收财产以前犯罪分子所负的正当债务,需要以没收的财产偿还的,经债权人请求,应当偿还。

▶ 立法解释

## 全国人民代表大会常务委员会《关于被剥夺政治权利的人可否充当辩护人的决定》(1956年5月8日)

全国人民代表大会常务委员会于一九五六年五月八日第三十九次会议讨论了最高人民法院提出的关于被剥夺政治权利的人可否充当辩护人的问题,决定:被剥夺政治权利的人在被剥夺政治权利期间,不得充当辩护人。但是,被剥夺政治权利的人如果是被告人的近亲属或者监护人,可以充当辩护人。

▶ 司法解释

## 1. 最高人民法院、最高人民检察院、公安部、外交部、司法部、财政部《关于强制外国人出境的执行办法的规定》(1992年7月31日)(节录)

一、适用范围

有下列情形之一需要强制出境的外国人,均按本规定执行:

(一)依据我国刑法的规定,由人民法院对犯罪的外国人判处独立适用或者附加适用驱逐出境刑罚的。

二、执行机关

执行和监视强制外国人出境的工作,由公安机关依据有关法律文书或者公文进行:

(一)对判处独立适用驱逐出境刑罚的外国人,人民法院应当自该判决生效之日起15日内,将对该犯的刑事判决书、执行通知书的副本送交所在地省级公安机关,由省级公安机关指定的公安机关执行。

(二)被判处徒刑的外国人,其主刑执行期满后应执行驱逐出境附加刑的,应在主刑刑期届满的1个月前,由原羁押监狱的主管部门将该犯的原判决书、执行通知书副本或者复印本送交所在地省级公安机关,由省级公安机关指定的公安机关执行。

## 2. 最高人民法院《关于刑事附带民事诉讼范围问题的规定》(2000年12月19日 法释〔2000〕47号)

根据刑法第三十六条、第三十七条、第六十四条和刑事诉讼法第七十七条的有关规定,现对刑事附带民事诉讼的范围问题规定如下:

第一条 因人身权利受到犯罪侵犯而遭受物质损失或者财物被犯罪分子毁坏而遭受物质损失的,可以提起附带民事诉讼。

对于被害人因犯罪行为遭受精神损失而提起附带民事诉讼的,人民法院不予受理。

第二条 被害人因犯罪行为遭受的物质损失,是指被害人因犯罪行为已经遭受的实际损失和必然遭受的损失。

第三条 人民法院审理附带民事诉讼案件,依法判决后,查明被告人确实没有财产可供执行的,应当裁定中止或者终结执行。

第四条 被告人已经赔偿被害人物质损失的,人民法院可以作为量刑情节予以考虑。

第五条　犯罪分子非法占有、处置被害人财产而使其遭受物质损失的，人民法院应当依法予以追缴或者责令退赔。被追缴、退赔的情况，人民法院可以作为量刑情节予以考虑。

经过追缴或者退赔仍不能弥补损失，被害人向人民法院民事审判庭另行提起民事诉讼的，人民法院可以受理。

### 3. 最高人民法院《关于审理刑事附带民事诉讼案件有关问题的批复》

（2000年12月9日　法释〔2000〕40号）

吉林省高级人民法院：

你院吉高法〔2000〕46号《关于刑事附带民事诉讼案件中有关问题的请示》收悉。经研究，答复如下：

第二审人民法院审理对附带民事诉讼部分提出上诉的案件，原告一方要求增加赔偿数额，第二审人民法院可以依法进行调解。调解未达成协议或者调解书送达前一方反悔的，第二审人民法院应当依照刑事诉讼法、民事诉讼法的有关规定作出判决或者裁定。

根据最高人民法院《关于执行〈中华人民共和国刑事诉讼法〉若干问题的解释》第一百条的规定，对于附带民事诉讼当事人提出先予执行申请的，人民法院应当依照民事诉讼法的有关规定，裁定先予执行或者驳回申请。

### 4. 最高人民法院《关于人民法院是否受理刑事案件被害人提起精神损害赔偿民事诉讼问题的批复》（2002年7月20日　法释〔2002〕17号）

云南省高级人民法院：

你院云高法〔2001〕176号《关于人民法院是否受理被害人就刑事犯罪行为单独提起的精神损害赔偿民事诉讼的请示》收悉。经研究，答复如下：

根据刑法第三十六条和中华人民共和国刑事诉讼法第七十七条以及我院《关于刑事附带民事诉讼范围问题的规定》第一条第二款的规定，对于刑事案件被害人由于被告人的犯罪行为而遭受精神损失提起的附带民事诉讼，或者在该刑事案件审结以后，被害人另行提起精神损害赔偿民事诉讼的，人民法院不予受理。

### 5. 最高人民法院《关于行政机关工作人员执行职务致人伤亡构成犯罪的赔偿诉讼程序问题的批复》（2002年8月30日　法释〔2002〕28号）

山东省高级人民法院：

你院鲁高法函〔1998〕132号《关于对行政机关工作人员执行职务时致人伤、亡，法院以刑事附带民事判决赔偿损失后，受害人或其亲属能否再提起行政赔偿诉讼的请示》收悉。经研究，答复如下：

一、行政机关工作人员在执行职务中致人伤、亡已构成犯罪，受害人或其亲属提起刑事附带民事赔偿诉讼的，人民法院对民事赔偿诉讼请求不予受理。但应当告知其可以依据《中华人民共和国国家赔偿法》的有关规定向人民法院提起行政赔偿诉讼。

二、本批复公布以前发生的此类案件，人民法院已作刑事附带民事赔偿处理，受害人或其亲属再提起行政赔偿诉讼的，人民法院不予受理。

**6. 最高人民法院《关于审理未成年人刑事案件具体应用法律若干问题的解释》**(2006年1月23日 法释〔2006〕1号)(节录)

第十三条 未成年人犯罪只有罪行极其严重的,才可以适用无期徒刑。对已满十四周岁不满十六周岁的人犯罪一般不判处无期徒刑。

第十四条 除刑法规定"应当"附加剥夺政治权利外,对未成年罪犯一般不判处附加剥夺政治权利。

如果对未成年罪犯判处附加剥夺政治权利的,应当依法从轻判处。

对实施被指控犯罪时未成年、审判时已成年的罪犯判处附加剥夺政治权利,适用前款的规定。

第十五条 对未成年罪犯实施刑法规定的"并处"没收财产或者罚金的犯罪,应当依法判处相应的财产刑;对未成年罪犯实施刑法规定的"可以并处"没收财产或者罚金的犯罪,一般不判处财产刑。

对未成年罪犯判处罚金刑时,应当依法从轻或者减轻判处,并根据犯罪情节,综合考虑其缴纳罚金的能力,确定罚金数额。但罚金的最低数额不得少于五百元人民币。

对被判处罚金刑的未成年罪犯,其监护人或者其他人自愿代为垫付罚金的,人民法院应当允许。

第十七条 未成年罪犯根据其所犯罪行,可能被判处拘役、三年以下有期徒刑,如果悔罪表现好,并具有下列情形之一的,应当依照刑法第三十七条的规定免予刑事处罚:

(一)系又聋又哑的人或者盲人;
(二)防卫过当或者避险过当;
(三)犯罪预备、中止或者未遂;
(四)共同犯罪中从犯、胁从犯;
(五)犯罪后自首或者有立功表现;
(六)其他犯罪情节轻微不需要判处刑罚的。

第十九条 刑事附带民事案件的未成年被告人有个人财产的,应当由本人承担民事赔偿责任,不足部分由监护人予以赔偿,但单位担任监护人的除外。

被告人对被害人物质损失的赔偿情况,可以作为量刑情节予以考虑。

**7. 最高人民法院《关于训诫问题的批复》**(1964年1月18日 〔64〕法研字第8号)

广东省、新疆维吾尔自治区高级人民法院:

你们〔63〕法行字第97号、新院办字第131号来函已收阅。你们对我院1963年5月9日〔63〕法统字第8号函提出的问题,经我们研究后,答复如下:

一、人民法院对于情节轻微的犯罪分子,认为不需要判处刑罚,而应予以训诫的,应当用口头的方式进行训诫。在口头训诫时,应当根据案件的具体情况,一方面严肃地指出被告人的违法犯罪行为,分析其危害性,并责令他努力改正,今后不再重犯;另一方面也要讲明被告人的犯罪情节尚属轻微,可不给予刑事处分。

二、凡用口头训诫处理的轻微刑事案件，因不属于刑罚处理，可不必制作法律文书，但应将处理的情况在案卷中详细记明，并交当事人阅读或者读给当事人听后签名盖章，以备查考。对于当事人要求发给法律文书的，应当耐心地向当事人讲清楚训诫不属于法律处分，法院已将训诫处理的经过记入案卷，有案可查，因而无须制作法律文书。

## 8. 最高人民法院《关于管制犯在管制期间又犯新罪被判处拘役或有期徒刑应如何执行的问题的批复》(1981年7月27日 〔1981〕法研字第18号)

四川、河北省高级人民法院：

你们来文请示关于管制犯在管制期间又犯新罪被判处拘役或有期徒刑应如何执行的问题，经我们研究认为，由于管制和拘役、有期徒刑不属于同一刑种，执行的方法也不同，如何按照数罪并罚的原则决定执行的刑罚，在刑法中尚无具体规定，因此，仍可按照本院1957年2月16日法研字第3540号复函的意见办理，即："对新罪所判处的有期徒刑或者拘役执行完毕后，再执行前罪所没有执行完的管制。"对于管制犯在管制期间因发现判决时没有发现的罪行而被判处拘役或有期徒刑应如何执行的问题，也可按照上述意见办理。

## 9. 最高人民法院《关于〈中华人民共和国刑法修正案（八）〉时间效力问题的解释》(2011年5月1日 法释〔2011〕9号)（节录）

**第一条** 对于2011年4月30日以前犯罪，依法应当判处管制或者宣告缓刑的，人民法院根据犯罪情况，认为确有必要同时禁止犯罪分子在管制期间或者缓刑考验期内从事特定活动，进入特定区域、场所，接触特定人的，适用修正后刑法第三十八条第二款或者第七十二条第二款的规定。

犯罪分子在管制期间或者缓刑考验期内，违反人民法院判决中的禁止令的，适用修正后刑法第三十八条第四款或者第七十七条第二款的规定。

**第二条** 2011年4月30日以前犯罪，判处死刑缓期执行的，适用修正前刑法第五十条的规定。

被告人具有累犯情节，或者所犯之罪是故意杀人、强奸、抢劫、绑架、放火、爆炸、投放危险物质或者有组织的暴力性犯罪，罪行极其严重，根据修正前刑法判处死刑缓期执行不能体现罪刑相适应原则，而根据修正后刑法判处死刑缓期执行同时决定限制减刑可以罚当其罪的，适用修正后刑法第五十条第二款的规定。

## 10. 最高人民法院、最高人民检察院、公安部、司法部《关于对判处管制、宣告缓刑的犯罪分子适用禁止令有关问题的规定（试行）》(2011年5月1日 法发〔2011〕9号)

为正确适用《中华人民共和国刑法修正案（八）》，确保管制和缓刑的执行效果，根据刑法和刑事诉讼法的有关规定，现就判处管制、宣告缓刑的犯罪分子适用禁止令的有关问题规定如下：

**第一条** 对判处管制、宣告缓刑的犯罪分子，人民法院根据犯罪情况，认为从促进犯罪分子教育矫正、有效维护社会秩序的需要出发，确有必要禁止其在管制执行期间、缓刑考验期限内从事特定活动，进入特定区域、场所，接触特定人的，可以根据刑法第三十八条第二款、第七十二条第二款的规定，同时宣告禁止令。

第二条　人民法院宣告禁止令，应当根据犯罪分子的犯罪原因、犯罪性质、犯罪手段、犯罪后的悔罪表现、个人一贯表现等情况，充分考虑与犯罪分子所犯罪行的关联程度，有针对性地决定禁止其在管制执行期间、缓刑考验期限内"从事特定活动，进入特定区域、场所，接触特定的人"的一项或者几项内容。

第三条　人民法院可以根据犯罪情况，禁止判处管制、宣告缓刑的犯罪分子在管制执行期间、缓刑考验期限内从事以下一项或者几项活动：

（一）个人为进行违法犯罪活动而设立公司、企业、事业单位或者在设立公司、企业、事业单位后以实施犯罪为主要活动的，禁止设立公司、企业、事业单位；

（二）实施证券犯罪、贷款犯罪、票据犯罪、信用卡犯罪等金融犯罪的，禁止从事证券交易、申领贷款、使用票据或者申领、使用信用卡等金融活动；

（三）利用从事特定生产经营活动实施犯罪的，禁止从事相关生产经营活动；

（四）附带民事赔偿义务未履行完毕，违法所得未追缴、退赔到位，或者罚金尚未足额缴纳的，禁止从事高消费活动；

（五）其他确有必要禁止从事的活动。

第四条　人民法院可以根据犯罪情况，禁止判处管制、宣告缓刑的犯罪分子在管制执行期间、缓刑考验期限内进入以下一类或者几类区域、场所：

（一）禁止进入夜总会、酒吧、迪厅、网吧等娱乐场所；

（二）未经执行机关批准，禁止进入举办大型群众性活动的场所；

（三）禁止进入中小学校区、幼儿园园区及周边地区，确因本人就学、居住等原因，经执行机关批准的除外；

（四）其他确有必要禁止进入的区域、场所。

第五条　人民法院可以根据犯罪情况，禁止判处管制、宣告缓刑的犯罪分子在管制执行期间、缓刑考验期限内接触以下一类或者几类人员：

（一）未经对方同意，禁止接触被害人及其法定代理人、近亲属；

（二）未经对方同意，禁止接触证人及其法定代理人、近亲属；

（三）未经对方同意，禁止接触控告人、批评人、举报人及其法定代理人、近亲属；

（四）禁止接触同案犯；

（五）禁止接触其他可能遭受其侵害、滋扰的人或者可能诱发其再次危害社会的人。

第六条　禁止令的期限，既可以与管制执行、缓刑考验的期限相同，也可以短于管制执行、缓刑考验的期限，但判处管制的，禁止令的期限不得少于三个月，宣告缓刑的，禁止令的期限不得少于二个月。

判处管制的犯罪分子在判决执行以前先行羁押以致管制执行的期限少于三个月的，禁止令的期限不受前款规定的最短期限的限制。

禁止令的执行期限，从管制、缓刑执行之日起计算。

**第七条** 人民检察院在提起公诉时，对可能判处管制、宣告缓刑的被告人可以提出宣告禁止令的建议。当事人、辩护人、诉讼代理人可以就应否对被告人宣告禁止令提出意见，并说明理由。

公安机关在移送审查起诉时，可以根据犯罪嫌疑人涉嫌犯罪的情况，就应否宣告禁止令及宣告何种禁止令，向人民检察院提出意见。

**第八条** 人民法院对判处管制、宣告缓刑的被告人宣告禁止令的，应当在裁判文书主文部分单独作为一项予以宣告。

**第九条** 禁止令由司法行政机关指导管理的社区矫正机构负责执行。

**第十条** 人民检察院对社区矫正机构执行禁止令的活动实行监督。发现有违反法律规定的情况，应当通知社区矫正机构纠正。

**第十一条** 判处管制的犯罪分子违反禁止令，或者被宣告缓刑的犯罪分子违反禁止令尚不属情节严重的，由负责执行禁止令的社区矫正机构所在地的公安机关依照《中华人民共和国治安管理处罚法》第六十条的规定处罚。

**第十二条** 被宣告缓刑的犯罪分子违反禁止令，情节严重的，应当撤销缓刑，执行原判刑罚。原作出缓刑裁判的人民法院应当自收到当地社区矫正机构提出的撤销缓刑建议书之日起一个月内依法作出裁定。人民法院撤销缓刑的裁定一经作出，立即生效。

违反禁止令，具有下列情形之一的，应当认定为"情节严重"：

（一）三次以上违反禁止令的；
（二）因违反禁止令被治安管理处罚后，再次违反禁止令的；
（三）违反禁止令，发生较为严重危害后果的；
（四）其他情节严重的情形。

**第十三条** 被宣告禁止令的犯罪分子被依法减刑时，禁止令的期限可以相应缩短，由人民法院在减刑裁定中确定新的禁止令期限。

**11. 最高人民法院《关于刑事裁判文书中刑期起止日期如何表述问题的批复》**（2000年3月4日　法释〔2000〕7号）

江西省高级人民法院：

你院赣高法〔1999〕第151号《关于裁判文书中刑期起止时间如何表述的请示》收悉。经研究，答复如下：

根据刑法第四十一条、第四十四条、第四十七条和《法院刑事诉讼文书样式（样本）》的规定，判处管制、拘役、有期徒刑的，应当在刑事裁判文书中写明刑种、刑期和主刑刑期的起止日期及折抵办法。刑期从判决执行之日起计算。判决执行以前先行羁押的，羁押一日折抵刑期一日（判处管制刑的，羁押一日折抵刑期二日），即自××××年××月××日（羁押之日）起至××××年××月××日止。羁押期间取保候审的，刑期的终止日顺延。

**12. 最高人民法院《关于已提出上诉的共同犯罪案件，在第一审判决宣告时其中被判较短有期徒刑或拘役的被告人的刑期已满，是否立即将其解除羁押的批复》**（1990年6月5日　法（研）复〔1990〕6号）

广东省高级人民法院：

你院《关于已提出上诉的共同犯罪案件，在第一审判决宣告时，被判较短有期徒刑或拘役的被告人的刑期已满，是否立即将其解除羁押的请示》收悉。

经研究，我们认为，中华人民共和国刑事诉讼法第一百三十四条第二款明确规定：第一审判决宣判后，共同犯罪的案件只有部分被告人上诉的，第二审人民法院"应当对全案进行审查，一并处理"。你院请示所述案件的第一审判决尚未发生法律效力，部分被告人提出了上诉，该案正在第二审期间，故不应将另一部分被告人解除羁押。但是，为避免有的被告人的羁押期已达到甚至超过第一审判处的刑期还继续被关押，人民法院可视案件具体情况，对这类被告人依法变更强制措施，即改为监视居住或者取保候审，待第二审人民法院对全案进行审查并作出终审裁判之后，再依法处理。

**13. 最高人民法院《关于行政拘留日期应否折抵刑期等问题的批复》**（1957年9月30日）

浙江省高级人民法院：

你院本年9月2日〔57〕浙法研字第2225号关于行政拘留是否可以折抵刑期等问题的请示收悉。兹提出如下意见，供参考。

关于人民检察院或被害人对因违警行为而受过行政拘留处分的人又向人民法院提起公诉或自诉的，如果被告人的行为构成犯罪，应予处刑的，法院应予受理。如果被告人被判处刑罚的犯罪行为和以前受行政拘留处分的行为系同一行为，其被拘留的日期，应予折抵刑期；如果被判处刑罚的是另一犯罪行为，则其被拘留的日期当然不应折抵刑期。

**14. 最高人民法院《关于罪犯在公安机关收容审查期间可否折抵刑期的批复》**（1978年7月11日）

辽宁省高级人民法院：

你院辽法字〔1978〕20号请示已收阅。关于罪犯在公安机关收容审查期间是否可以折抵刑期的问题，我们同意你们的意见，收容审查日期可以折抵刑期。至于折抵办法，应以收容一日折抵刑期一日。

**15. 最高人民法院《关于罪犯在公安机关收容审查期间折抵刑期两个具体问题的批复》**（1979年1月19日　〔1979〕法办研字第3号）

云南省高级人民法院：

你院法司字〔1978〕第50号《关于执行罪犯在公安机关收容审查期间可以折抵刑期几个具体问题的请示报告》已收阅。现答复如下：

一、在我院〔78〕法办研字第14号批复下达以前，已判处的有期徒刑罪犯，收容审查日期没有折抵刑期，现在是否予以折抵的问题，我们同意你们的意见，对这类犯人中仍在服刑的，可予以折抵；已服刑期满的，即不必再作变动。

二、犯人在判决前多次被收容审查，应如何折抵刑期的问题，我们同意你们的意见，应以最后一次收容审查（即与逮捕、起诉相衔接的那次收容审查）的日期折抵刑期。

### 16. 最高人民法院《关于劳动教养日期可否折抵刑期问题的批复》（1981年7月6日）

安徽省高级人民法院：

你院法研字〔81〕第16号请示收悉。关于劳动教养日期可否折抵刑期的问题，经我们研究，并征求了最高人民检察院和公安部的意见，同意你们提出的参照本院1957年9月30日法研字第20358号《关于行政拘留日期应否折抵刑期等问题的批复》办理的意见。即如果被告人被判处刑罚的犯罪行为和被劳动教养的行为系同一行为，其被劳动教养的日期可以折抵刑期；至于折抵办法，应以劳动教养一日折抵有期徒刑或拘役的刑期一日，折抵管制的刑期二日。在本批复下达以前，已判处有期徒刑、拘役和管制的罪犯，劳动教养日期没有折抵刑期，现仍在服刑的，可补行折抵；已服刑期满的，即不必再作变动。

### 17. 最高人民法院《关于依法监视居住期间可否折抵刑期问题的批复》（1984年12月18日 〔1984〕法研字第16号）

河南省高级人民法院：

你院〔84〕豫法办字第15号《关于监视居住是否折抵刑期的请示》已收悉。经研究，并征求了最高人民检察院和公安部的意见，我们认为，依照我国刑事诉讼法第三十八条第二款的规定，"被监视居住的被告人不得离开指定的区域"，这一强制措施只是限定了被告人的活动区域，并对被告人在此活动区域内的行动自由加以监视，而并没有规定完全限制其人身自由。依照我国刑法第三十六条、第三十九条和第四十二条的规定，只有在"判决执行以前"或者"判决以前先行羁押的"，即限制了人身自由的，才予折抵刑期。因此，对于被告人在被拘留或者被逮捕以前，被依法执行监视居住的期间，不予折抵刑期。

### 18. 最高人民法院《关于海关扣留走私罪嫌疑人的时间可否折抵刑期的批复》（1988年2月9日 法（研）复〔1988〕12号）

山东省高级人民法院：

你院鲁法（研）发〔1987〕79号请示报告收悉。现对海关扣留走私罪嫌疑人的时间可否折抵刑期的问题，答复如下：

海关法第四条第（四）项中规定："对走私罪嫌疑人，经关长批准，可以扣留移送司法机关，扣留时间不超过二十四小时，在特殊情况下可以延长至四十八小时。"该条规定的扣留，是限制了人身自由的。我们同意你院意见，人民法院对犯走私罪的被告人作出刑事判决后，原在海关扣留的时间可以折抵刑期，扣留一日折抵刑期一日。

### 19. 最高人民法院《关于如何确定刑满释放日期的批复》（1990年9月27日 法（研）复〔1990〕14号）

浙江省高级人民法院：

你院关于如何确定刑满释放日期的请示收悉。经研究认为，被判处有期徒刑、拘役的犯罪分子的刑满释放日期，应为判决书确定的刑期的终止之日。例如，犯罪分子被判处有期徒刑一年，判决书确定刑期自1990年1月1日起至1990年12月31日止，其刑满释放日期应为1990年12月31日。

**20. 最高人民法院《关于高级人民法院将死刑案件改判为死刑缓期二年执行的判决书表述问题的批复》**（1990年5月30日　法（研）复〔1990〕4号）

广东省高级人民法院：

你院〔89〕粤法刑一文字第12号请示报告收悉。经研究，同意你院的意见，即：根据刑法第四十三条第二款关于"死刑缓期执行的，可以由高级人民法院判决或者核准"的规定，（一）对于中级人民法院判处死刑的第一审案件，被告人不服，提出上诉，高级人民法院第二审时，改判为死刑缓期二年执行的，应在判决书中写明"本判决为终审判决"；（二）对于中级人民法院判处死刑的第一审案件，被告人不上诉，检察院也未抗诉，高级人民法院复核时，认为原判决的死刑不是必须立即执行，提审后直接改判为死刑缓期二年执行的，在判决书中写明"本判决为终审判决"即可。最高人民法院1988年3月24日法（研）复〔1988〕16号批复中规定的"还应在判决书上另起一行写明：'依照刑事诉讼法第一百四十六条的规定，本判决为核准判处×××死刑，缓期二年执行的判决'"，今后不再适用。

**21. 最高人民法院《关于第二审人民法院审理死刑上诉案件，被告人没有委托辩护人的是否应为其指定辩护人问题的批复》**（1997年11月20日　法释〔1997〕7号）

江西省高级人民法院：

你院《关于第二审死刑案件是否需要全部指定辩护人的请示》（赣法刑一请字〔1997〕2号）收悉。经研究，答复如下：

刑事诉讼法第三十四条第三款关于被告人可能被判处死刑而没有委托辩护人的，人民法院应当指定承担法律援助义务的律师为其提供辩护的规定，也应当适用于第二审死刑案件，即第一审人民法院已判处死刑的被告人提出上诉而没有委托辩护人的，第二审人民法院应当为其指定辩护人。

**22. 最高人民法院《关于对在执行死刑前发现重大情况需要改判的案件如何适用程序问题的批复》**（1999年1月19日　法释〔1999〕2号）

甘肃省高级人民法院：

你院甘高法〔1998〕97号《对在执行死刑前发现重大情况需要改判的案件适用何种程序的请示》收悉。经研究，答复如下：

对核准死刑的判决、裁定生效之后，执行死刑前发现有《中华人民共和国刑事诉讼法》第二百一十一条规定的情形，需要改判的案件，应当由有死刑核准权的人民法院适用审判监督程序依法改判或者指令下级人民法院再审。

**23. 最高人民法院《关于统一行使死刑案件核准权有关问题的决定》**（2007年1月1日　法释〔2006〕12号）

第十届全国人民代表大会常务委员会第二十四次会议通过了《关于修改〈中华人民共和国人民法院组织法〉的决定》，将人民法院组织法原第十三条修改为第十二条："死刑除依法由最高人民法院判决的以外，应当报请最高人民法院核准。"修改人民法院组织法的决定自2007年1月1日起施行。根据修改后的人民法院组织法第十二条的规定，现就有关问题决定如下：

（一）自2007年1月1日起，最高人民法院根据全国人民代表大会常务委员会有关决定和人民法院组织法原第十三条的规定发布的关于授权高级人民法院和解放军军事法院核准部分死刑案件的通知（见附件），一律予以废止。

（二）自2007年1月1日起，死刑除依法由最高人民法院判决的以外，各高级人民法院和解放军军事法院依法判处和裁定的，应当报请最高人民法院核准。

（三）2006年12月31日以前，各高级人民法院和解放军军事法院已经核准的死刑立即执行的判决、裁定，依法仍由各高级人民法院、解放军军事法院院长签发执行死刑的命令。

附件

最高人民法院发布的下列关于授权高级人民法院核准部分死刑案件自本通知施行之日起予以废止：

一、《最高人民法院关于对几类现行犯授权高级人民法院核准死刑的若干具体规定的通知》（发布日期：1980年3月18日）

二、《最高人民法院关于执行全国人民代表大会常务委员会〈关于死刑案件核准问题的决定〉的几项通知》（发布日期：1981年6月11日）

三、《最高人民法院关于授权高级人民法院核准部分死刑案件的通知》（发布日期：1983年9月7日）

四、《最高人民法院关于授权云南省高级人民法院核准部分毒品犯罪死刑案件的通知》（发布日期：1991年6月6日）

五、《最高人民法院关于授权广东省高级人民法院核准部分毒品犯罪死刑案件的通知》（发布日期：1993年8月18日）

六、《最高人民法院关于授权广西壮族自治区、四川省、甘肃省高级人民法院核准部分毒品犯罪死刑案件的通知》（发布日期：1996年3月19日）

七、《最高人民法院关于授权贵州省高级人民法院核准部分毒品犯罪死刑案件的通知》（发布日期：1997年6月23日）

八、《最高人民法院关于授权高级人民法院和解放军军事法院核准部分死刑案件的通知》（发布日期：1997年9月26日）

**24. 最高人民法院《关于复核死刑案件若干问题的规定》**（2007年2月28日　法释〔2007〕4号）

为确保死刑案件审判质量，根据《中华人民共和国刑事诉讼法》的有关规定，结合审判实践，现就最高人民法院复核死刑案件的若干问题规定如下：

第一条　最高人民法院复核死刑案件，应当作出核准的裁定、判决，或者作出不予核准的裁定。

第二条　原判认定事实和适用法律正确、量刑适当、诉讼程序合法的，裁定予以核准。

原判判处被告人死刑并无不当，但具体认定的某一事实或者引用的法律条款等不完全准确、规范的，可以在纠正后作出核准死刑的判决或者裁定。

第三条　最高人民法院复核后认为原判认定事实不清、证据不足的，裁定不予核准，并撤销原判，发回重新审判。

第四条　最高人民法院复核后认为原判认定事实正确，但依法不应当判处死刑的，裁定不予核准，并撤销原判，发回重新审判。

第五条　最高人民法院复核后认为原审人民法院违反法定诉讼程序，可能影响公正审判的，裁定不予核准，并撤销原判，发回重新审判。

第六条　数罪并罚案件，一人有两罪以上被判处死刑，最高人民法院复核后，认为其中部分犯罪的死刑裁判认定事实不清、证据不足的，对全案裁定不予核准，并撤销原判，发回重新审判；认为其中部分犯罪的死刑裁判认定事实正确，但依法不应当判处死刑的，可以改判并对其他应当判处死刑的犯罪作出核准死刑的判决。

第七条　一案中两名以上被告人被判处死刑，最高人民法院复核后，认为其中部分被告人的死刑裁判认定事实不清、证据不足的，对全案裁定不予核准，并撤销原判，发回重新审判；认为其中部分被告人的死刑裁判认定事实正确，但依法不应当判处死刑的，可以改判并对其他应当判处死刑的被告人作出核准死刑的判决。

第八条　最高人民法院裁定不予核准死刑的，根据案件具体情形可以发回第二审人民法院或者第一审人民法院重新审判。

高级人民法院依照复核程序审理后报请最高人民法院核准死刑的案件，最高人民法院裁定不予核准死刑，发回高级人民法院重新审判的，高级人民法院可以提审或者发回第一审人民法院重新审判。

第九条　发回第二审人民法院重新审判的案件，第二审人民法院可以直接改判；必须通过开庭审理查清事实、核实证据的，或者必须通过开庭审理纠正原审程序违法的，应当开庭审理。

第十条　发回第一审人民法院重新审判的案件，第一审人民法院应当开庭审理。

第十一条　依照本规定第三条、第五条、第六条、第七条发回重新审判的案件，原审人民法院应当另行组成合议庭进行审理。

第十二条　最高人民法院依照本规定核准或者不予核准死刑的，裁判文书应当引用相关法律和司法解释条文，并说明理由。

第十三条　本规定自发布之日起施行。

本规定发布前的有关司法解释，与本规定不一致的，以本规定为准。

**25. 最高人民法院《关于对被判处死刑的被告人未提出上诉、共同犯罪的部分被告人或者附带民事诉讼原告人提出上诉的案件应适用何种程序审理的批复》**（2010年3月17日　法释〔2010〕6号）

各省、自治区、直辖市高级人民法院，解放军军事法院，新疆维吾尔自治区高级人民法院生产建设兵团分院：

近来，有的高级人民法院请示，对于中级人民法院一审判处死刑的案件，被判处死刑的被告人未提出上诉，但共同犯罪的部分被告人或者附带民事诉讼原告人提出上诉的，应当适用何种程序审理。经研究，批复如下：

根据《中华人民共和国刑事诉讼法》第一百八十六条的规定，中级人民法院一审判处死刑的案件，被判处死刑的被告人未提出上诉，共同犯罪的其他被告人提出上诉的，高级人民法院应当适用第二审程序对全案进行审查，并对涉及死刑之罪的事实和适用法律依法开庭审理，一并处理。

根据《中华人民共和国刑事诉讼法》第二百条第一款的规定，中级人民法院一审判处死刑的案件，被判处死刑的被告人未提出上诉，仅附带民事诉讼原告人提出上诉的，高级人民法院应当适用第二审程序对附带民事诉讼依法审理，并由同一审判组织对未提出上诉的被告人的死刑判决进行复核，作出是否同意判处死刑的裁判。

**26. 最高人民法院《关于对怀孕妇女在羁押期间自然流产审判时是否可以适用死刑问题的批复》**（1998年8月13日　法释〔1998〕18号）

河北省高级人民法院：

你院冀高法〔1998〕40号《关于审判时对怀孕妇女在公安预审羁押期间自然流产，是否适用死刑的请示》收悉。经研究，答复如下：

怀孕妇女因涉嫌犯罪在羁押期间自然流产后，又因同一事实被起诉、交付审判的，应当视为"审判的时候怀孕的妇女"，依法不适用死刑。

**27. 最高人民法院《关于办理减刑、假释案件具体应用法律若干问题的规定》**（1997年11月8日　法释〔1997〕6号）（节录）

**第九条**　根据刑法第五十条的规定，死刑缓期执行罪犯在死刑缓期执行期间，如果没有故意犯罪，二年期满以后，减为无期徒刑；如果确有重大立功表现，二年期满以后，减为十五年以上二十年以下有期徒刑。

对死刑缓期执行罪犯经过一次或几次减刑后，其实际执行的刑期，不得少于十二年（不含死刑缓期执行的二年）。

**28. 最高人民法院《关于死刑缓期执行限制减刑案件审理程序若干问题的规定》**（2011年5月1日　法释〔2011〕8号）

为正确适用《中华人民共和国刑法修正案（八）》关于死刑缓期执行限制减刑的规定，根据刑事诉讼法的有关规定，结合审判实践，现就相关案件审理程序的若干问题规定如下：

**第一条**　根据刑法第五十条第二款的规定，对被判处死刑缓期执行的累犯以及因故意杀人、强奸、抢劫、绑架、放火、爆炸、投放危险物质或者有组织的暴力性犯罪被判处死刑缓期执行的犯罪分子，人民法院根据犯罪情节、人身危险性等情况，可以在作出裁判的同时决定对其限制减刑。

第二条 被告人对第一审人民法院作出的限制减刑判决不服的，可以提出上诉。被告人的辩护人和近亲属，经被告人同意，也可以提出上诉。

第三条 高级人民法院审理或者复核判处死刑缓期执行并限制减刑的案件，认为原判对被告人判处死刑缓期执行适当，但判决限制减刑不当的，应当改判，撤销限制减刑。

第四条 高级人民法院审理判处死刑缓期执行没有限制减刑的上诉案件，认为原判事实清楚、证据充分，但应当限制减刑的，不得直接改判，也不得发回重新审判。确有必要限制减刑的，应当在第二审判决、裁定生效后，按照审判监督程序重新审判。

高级人民法院复核判处死刑缓期执行没有限制减刑的案件，认为应当限制减刑的，不得以提高审级等方式对被告人限制减刑。

第五条 高级人民法院审理判处死刑的第二审案件，对被告人改判死刑缓期执行的，如果符合刑法第五十条第二款的规定，可以同时决定对其限制减刑。

高级人民法院复核判处死刑后没有上诉、抗诉的案件，认为应当改判死刑缓期执行并限制减刑的，可以提审或者发回重新审判。

第六条 最高人民法院复核死刑案件，认为对被告人可以判处死刑缓期执行并限制减刑的，应当裁定不予核准，并撤销原判，发回重新审判。

一案中两名以上被告人被判处死刑，最高人民法院复核后，对其中部分被告人改判死刑缓期执行的，如果符合刑法第五十条第二款的规定，可以同时决定对其限制减刑。

第七条 人民法院对被判处死刑缓期执行的被告人所作的限制减刑决定，应当在判决书主文部分单独作为一项予以宣告。

第八条 死刑缓期执行限制减刑案件审理程序的其他事项，依照刑事诉讼法和有关司法解释的规定执行。

**29. 最高人民法院《关于对判处死刑缓期二年执行期满后，尚未裁定减刑前又犯新罪的罪犯能否执行死刑问题的批复》**（1987年5月12日 法（研）复〔1987〕15号）

山东省、新疆维吾尔自治区高级人民法院：

你们请示的"关于对判处死刑缓期二年执行期满后，尚未裁定减刑前又犯新罪的罪犯能否执行死刑问题"，经我们研究，同意你们的意见，即：依照刑法第四十三条、第四十七条的规定，死刑缓期执行的期间，应自判决确定之日起计算，二年期满。二年缓期执行期间又犯新罪的，当然应视为是在死刑缓期执行期间犯罪。二年期满以后，尚未裁定减刑以前又犯新罪的，不能视为是在死刑缓期执行期间犯罪，对这种罪犯，应依照刑法第四十六条、中华人民共和国刑事诉讼法第一百五十三条的规定予以减刑，然后对其所犯新罪另行起诉、审判，作出判决，并按照刑法第六十六条的规定，决定执行的刑罚。新罪判处死刑的，才能执行死刑。

对死缓犯的减刑，应严格依法办事。在死刑缓期二年执行期满以后，符合法定减刑条件的，应及时依法减刑。今后应切实抓紧关于死缓期满依法减刑的工作，务必避免二年期满后，迟迟不依法裁定减刑的情况发生。

**30.** 最高人民法院《关于死刑缓期执行的期间如何确定问题的批复》
（2002年11月9日　法释〔2002〕34号）

甘肃省高级人民法院：

你院〔2000〕甘刑他字第536号《关于死缓生效日期如何确定的请示》收悉。经研究，答复如下：

根据刑法第五十一条的规定，死刑缓期执行的期间，从判决或者裁定核准死刑缓期二年执行的法律文书宣告或送达之日起计算。

**31.** 最高人民法院《关于适用财产刑若干问题的规定》（2000年12月19日　法释〔2000〕45号）

为正确理解和执行刑法有关财产刑的规定，现就适用财产刑的若干问题规定如下：

**第一条**　刑法规定"并处"没收财产或者罚金的犯罪，人民法院在对犯罪分子判处主刑的同时，必须依法判处相应的财产刑；刑法规定"可以并处"没收财产或者罚金的犯罪，人民法院应当根据案件具体情况及犯罪分子的财产状况，决定是否适用财产刑。

**第二条**　人民法院应当根据犯罪情节，如违法所得数额、造成损失的大小等，并综合考虑犯罪分子缴纳罚金的能力，依法判处罚金。刑法没有明确规定罚金数额标准的，罚金的最低数额不能少于一千元。

对未成年人犯罪应当从轻或者减轻判处罚金，但罚金的最低数额不能少于五百元。

**第三条**　依法对犯罪分子所犯数罪分别判处罚金的，应当实行并罚，将所判处的罚金数额相加，执行总和数额。

一人犯数罪依法同时并处罚金和没收财产的，应当合并执行；但并处没收全部财产的，只执行没收财产刑。

**第四条**　犯罪情节较轻，适用单处罚金不致再危害社会并具有下列情形之一的，可以依法单处罚金：

（一）偶犯或者初犯；

（二）自首或者有立功表现的；

（三）犯罪时不满十八周岁的；

（四）犯罪预备、中止或者未遂的；

（五）被胁迫参加犯罪的；

（六）全部退赃并有悔罪表现的；

（七）其他可以依法单处罚金的情形。

**第五条**　刑法第五十三条规定的"判决指定的期限"应当在判决书中予以确定；"判决指定的期限"应为从判决发生法律效力第二日起最长不超过三个月。

**第六条**　刑法第五十三条规定的"由于遭遇不能抗拒的灾祸缴纳确实有困难的"，主要是指因遭受火灾、水灾、地震等灾祸而丧失财产；罪犯因重病、伤残等而丧失劳动能力，或者需要罪犯抚养的近亲属患有重病，需支付巨额医药费等，确实没有财产可供执行的情形。

具有刑法第五十三条规定"可以酌情减少或者免除"事由的，由罪犯本人、亲属或者犯罪单位向负责执行的人民法院提出书面申请，并提供相应的证明材料。人民法院审查以后，根据实际情况，裁定减少或者免除应当缴纳的罚金数额。

**第七条** 刑法第六十条规定的"没收财产以前犯罪分子所负的正当债务"，是指犯罪分子在判决生效前所负他人的合法债务。

**第八条** 罚金刑的数额应当以人民币为计算单位。

**第九条** 人民法院认为依法应当判处被告人财产刑的，可以在案件审理过程中，决定扣押或者冻结被告人的财产。

**第十条** 财产刑由第一审人民法院执行。

犯罪分子的财产在异地的，第一审人民法院可以委托财产所在地人民法院代为执行。

**第十一条** 自判决指定的期限届满第二日起，人民法院对于没有法定减免事由不缴纳罚金的，应当强制其缴纳。

对于隐藏、转移、变卖、损毁已被扣押、冻结财产情节严重的，依照刑法第三百一十四条的规定追究刑事责任。

## 32. 最高人民法院《关于财产刑执行问题的若干规定》（2010年6月1日 法释〔2010〕4号）

为完善财产刑的执行制度，规范财产刑的执行工作，依照《中华人民共和国刑法》、《中华人民共和国刑事诉讼法》等法律规定，制定本规定。

**第一条** 财产刑由第一审人民法院负责裁判执行的机构执行。

被执行的财产在异地的，第一审人民法院可以委托财产所在地的同级人民法院代为执行。

**第二条** 第一审人民法院应当在本院作出的刑事判决、裁定生效后，或者收到上级人民法院生效的刑事判决、裁定后，对有关财产刑执行的法律文书立案执行。

**第三条** 对罚金的执行，被执行人在判决、裁定确定的期限内未足额缴纳的，人民法院应当在期满后强制缴纳。

对没收财产的执行，人民法院应当立即执行。

**第四条** 人民法院应当依法对被执行人的财产状况进行调查，发现有可供执行的财产，需要查封、扣押、冻结的，应当及时采取查封、扣押、冻结等强制执行措施。

**第五条** 执行财产刑时，案外人对被执行财产提出权属异议的，人民法院应当审查并参照民事诉讼法的有关规定处理。

**第六条** 被判处罚金或者没收财产，同时又承担刑事附带民事诉讼赔偿责任的被执行人，应当先履行对被害人的民事赔偿责任。

判处财产刑之前被执行人所负正当债务，应当偿还的，经债权人请求，先行予以偿还。

**第七条** 执行的财产应当全部上缴国库。

委托执行的，受托人民法院应当将执行情况连同上缴国库凭据送达委托人民法院；不能执行到位的，应当及时告知委托人民法院。

**第八条** 具有下列情形之一的，人民法院应当裁定中止执行；中止执行的原因消除后，恢复执行：

（一）执行标的物系人民法院或者仲裁机构正在审理的案件争议标的物，需等待该案件审理完毕确定权属的；

（二）案外人对执行标的物提出异议确有理由的；

（三）其他应当中止执行的情形。

被执行人没有全部缴纳罚金的，人民法院在任何时候发现被执行人有可供执行的财产，应当随时追缴。

**第九条** 具有下列情形之一的，人民法院应当裁定终结执行：

（一）据以执行的刑事判决、裁定被撤销的；

（二）被执行人死亡或者被执行死刑，且无财产可供执行的；

（三）被判处罚金的单位终止，且无财产可供执行的；

（四）依照刑法第五十三条规定免除罚金的；

（五）其他应当终结执行的情形。

人民法院裁定终结执行后，发现被执行人有隐匿、转移财产情形的，应当追缴。

**第十条** 财产刑全部或者部分被撤销的，已经执行的财产应当全部或者部分返还被执行人；无法返还的，应予赔偿。

**第十一条** 因遭遇不能抗拒的灾祸缴纳罚金确有困难，被执行人向执行法院申请减少或者免除的，执行法院经审查认为符合法定减免条件的，应当在收到申请后一个月内依法作出裁定准予减免；认为不符合法定减免条件的，裁定驳回申请。

**第十二条** 人民法院办理财产刑执行案件，本规定没有规定的，参照适用民事执行的有关规定。

**第十三条** 此前发布的司法解释与本规定不一致的，以本规定为准。

### 33. 最高人民法院《关于对故意伤害、盗窃等严重破坏社会秩序的犯罪分子能否附加剥夺政治权利问题的批复》（1998年1月13日　法释〔1997〕11号）

福建省高级人民法院：

你院《关于对故意伤害、盗窃（重大）等犯罪分子被判处有期徒刑的，能否附加剥夺政治权利的请示》收悉。经研究，答复如下：

根据刑法第五十六条规定，对于故意杀人、强奸、放火、爆炸、投毒、抢劫等严重破坏社会秩序的犯罪分子，可以附加剥夺政治权利。对故意伤害、盗窃等其他严重破坏社会秩序的犯罪，犯罪分子主观恶性较深、犯罪情节恶劣、罪行严重的，也可以依法附加剥夺政治权利。

**34. 最高人民法院《关于在执行附加刑剥夺政治权利期间犯新罪应如何处理的批复》**（2009 年 6 月 10 日 法释〔2009〕10 号）（节录）

二、前罪尚未执行完毕的附加刑剥夺政治权利的刑期从新罪的主刑有期徒刑执行之日起停止计算，并依照刑法第五十八条规定从新罪的主刑有期徒刑执行完毕之日或者假释之日起继续计算；附加刑剥夺政治权利的效力施用于新罪的主刑执行期间。

▎其他办案依据

**1. 公安部《公安机关办理刑事案件程序规定（2007 年修正）》**（1998 年 5 月 14 日 公安部令第 35 号）（节录）

第三百三十六条 对判处独立适用驱逐出境刑罚的外国人，省级公安机关在收到人民法院的刑事判决书、执行通知书的副本后，应当指定罪犯所在地的地（市）级公安机关执行。

被判处徒刑的外国人，其主刑执行期满后应执行驱逐出境附加刑的，省级公安机关在收到原执行监狱的上级主管部门转交的原刑事判决书、执行通知书副本或者复印件后，应当指定罪犯所在地的地（市）级公安机关执行。

我国政府已按照国际条约或《中华人民共和国外交特权与豁免条例》的规定，对实施犯罪，但享有外交或领事特权和豁免的外国人宣布为不受欢迎的人或者不可接受并拒绝承认其外交或领事人员身份，责令限期出境的人，无正当理由逾期不自动出境的，由公安部凭外交部公文指定该外国人所在的省级公安机关负责执行或者监督执行。

**2. 最高人民法院《全国法院维护农村稳定刑事审判工作座谈会纪要》**（1999 年 10 月 27 日 法〔1999〕217 号）（节录）

（四）关于财产刑问题

凡法律规定并处罚金或者没收财产的，均应当依法并处，被告人的执行能力不能作为是否判处财产刑的依据。确实无法执行或不能执行的，可以依法执行终结或者减免。对法律规定主刑有死刑、无期徒刑和有期徒刑，同时并处没收财产或罚金的，如决定判处死刑，只能并处没收财产；判处无期徒刑的，可以并处没收财产，也可以并处罚金；判处有期徒刑的，只能并处罚金。

对于法律规定有罚金刑的犯罪，罚金的具体数额应根据犯罪的情节确定。刑法和司法解释有明确规定的，按规定判处；没有规定的，各地可依照法律规定的原则和具体情况，在总结审判经验的基础上统一规定参照执行的数额标准。

对自由刑与罚金刑均可选择适用的案件，如盗窃罪，在决定刑罚时，既要避免以罚金刑代替自由刑，又要克服机械执法只判处自由刑的倾向。对于可执行财产刑且罪行又不严重的初犯、偶犯、从犯等，可单处罚金刑。对于应当并处罚金刑的犯罪，如被告人能积极缴纳罚金，认罪态度较好，且判处的罚金数量较大，自由刑可适当从轻，或考虑宣告缓刑。这符合罪刑相适应原则，因为罚金刑也是刑罚。

被告人犯数罪的，应避免判处罚金刑的同时，判处没收部分财产。对于判处没收全部财产,同时判处罚金刑的,应决定执行没收全部财产,不再执行罚金刑。

(五) 关于刑事附带民事诉讼问题

人民法院审理附带民事诉讼案件的受案范围,应只限于被害人因人身权利受到犯罪行为侵犯和财物被犯罪行为损毁而遭受的物质损失,不包括因犯罪分子非法占有、处置被害人财产而使其遭受的物质损失。对因犯罪分子非法占有、处置被害人财产而使其遭受的物质损失,应当根据刑法第六十四条的规定处理,即应通过追缴赃款赃物、责令退赔的途径解决。如赃款赃物尚在的,应一律追缴;已被用掉、毁坏或挥霍,应责令退赔。无法退赔的,在决定刑罚时,应作为酌定从重处罚的情节予以考虑。

关于附带民事诉讼的赔偿范围,在没有司法解释规定之前,应注意把握以下原则:一是要充分运用现有法律规定,在法律许可的范围内最大限度地补偿被害人因被告人的犯罪行为而遭受的物质损失。物质损失应包括已造成的损失,也包括将来必然遭受的损失。二是赔偿只限于犯罪行为直接造成的物质损失,不包括精神损失和间接造成的物质损失。三是要适当考虑被告人的赔偿能力。被告人的赔偿能力包括现在的赔偿能力和将来的赔偿能力,对未成年被告人还应考虑到其监护人的赔偿能力,以避免数额过大的空判引起的负面效应,被告人的民事赔偿情况可作为量刑的酌定情节。四是要切实维护被害人的合法权益。附带民事原告人提出起诉的,对于没有构成犯罪的共同致害人,也要追究其民事赔偿责任。未成年致害人由其法定代理人或者监护人承担赔偿责任。但是,在逃的同案犯不应列为附带民事诉讼的被告人。关于赔偿责任的分担:共同致害人应当承担连带赔偿责任;在学校等单位内部发生犯罪造成受害人损失,在管理上有过错责任的学校等单位有赔偿责任,但不承担连带赔偿责任;交通肇事犯罪的车辆所有人(单位)在犯罪分子无赔偿能力的情况下,承担代为赔偿或者垫付的责任。

**3. 最高人民检察院《人民检察院刑事诉讼规则(1999年修正)》**(1999年1月18日)(节录)

第二百八十九条 人民检察院对于犯罪情节轻微,依照刑法规定不需要判处刑罚或者免除刑罚的,经检察委员会讨论决定,可以作出不起诉决定。

第二百九十一条 人民检察院决定不起诉的案件,可以根据案件的不同情况,对被不起诉人予以训诫或者责令具结悔过、赔礼道歉、赔偿损失。

对被不起诉人需要给予行政处罚、行政处分或者需要没收其违法所得的,人民检察院应当提出检察意见,连同不起诉决定书一并移送有关主管机关处理。

**4. 最高人民法院、公安部、司法部《关于宣布管制的一般刑事罪犯有无选举权问题的联合通知》**(1956年10月5日)(节录)

各省、市、自治区高级人民法院、公安、司法厅、局:

最近接到湖北省高级人民法院请示关于由公安机关宣布管制的一般刑事罪犯,在管制期间,有无选举权问题,我们认为,如果未经法院判处剥夺其政治权利的,应认为有选举权。如果公安机关认为其中有不应有选举权的,应当依法起诉后,由人民法院依法判处剥夺政治权利。被依法判处剥夺政治权利的分子,没有选举权。

**5. 公安部《公安机关对被管制、剥夺政治权利、缓刑、假释、保外就医罪犯的监督管理规定》**（1995年2月21日　公安部令第23号）（节录）

第二条　对被管制、剥夺政治权利、缓刑、假释、保外就医罪犯的监督管理，由县（市）公安局、城市公安分局负责组织实施。

第三条　公安机关对被管制、剥夺政治权利、缓刑、假释、保外就医罪犯进行监督管理，必须落实监督管理责任制，依法管理、文明管理。

第四条　公安机关收到人民法院对罪犯作出的管制、剥夺政治权利、缓刑、假释、保外就医的判决、裁定、决定或者监狱管理机关对罪犯批准保外就医的决定后，应当及时组成监督考察小组，建立被监督管理罪犯档案，并制定和落实监督管理的具体措施。

第五条　经公安机关批准，被管制、剥夺政治权利、缓刑、假释、保外就医的罪犯迁居时，原执行的公安机关应当向迁入地负责执行的公安机关介绍罪犯的情况，移送监督考察档案。

第六条　公安机关应当向人民检察院、人民法院和监狱管理机关及时通报被管制、剥夺政治权利、缓刑、假释、保外就医罪犯的监督管理情况。

第七条　公安机关对被管制、剥夺政治权利、缓刑、假释、保外就医罪犯的监督管理工作，接受人民检察院的监督。

第八条　对被判处管制、剥夺政治权利的罪犯，县（市）公安局、城市公安分局应当指定罪犯居住地的公安派出所具体负责监督考察，罪犯居住地街道居民委员会、村民委员会或者原所在单位协助进行监督。

第九条　负责监督考察被管制、剥夺政治权利罪犯的公安机关，应当按照人民法院的判决，向罪犯及其原所在单位或者居住地的群众，宣布其犯罪事实、被管制或者剥夺政治权利的期限，以及罪犯在执行期间必须遵守的规定。

第十条　公安机关应当向被判处管制的罪犯宣布，在服刑期间必须遵守下列规定：

（一）遵守国家法律、法规和公安部制定的有关规定；

（二）积极参加生产劳动或者工作；

（三）定期向监督考察小组报告自己的活动情况；

（四）迁居或者离开所居住区域时必须经公安机关批准；

（五）遵守公安机关制定的具体监督管理措施。

第十一条　被管制的罪犯需要离开所居住区域的，必须经公安机关批准，取得外出证明。到达和离开目的地时，必须向当地公安派出所报告，并由目的地公安派出所在外出证明上注明往返时间及表现情况。返回执行地时，必须立即报告并将证明交回公安机关。

第十二条　公安机关应当向被判处剥夺政治权利的罪犯宣布，在执行期间必须遵守下列规定：

（一）遵守国家法律、法规和公安部制定的有关规定；

（二）不得享有选举权和被选举权；

（三）不得组织或者参加集会、游行、示威、结社活动；

（四）不得接受采访、发表演说；

（五）不得在境内外发表、出版、发行有损国家荣誉、利益或者其他具有社会危害性的言论、书籍、音像制品等；

（六）不得担任国家机关职务；

（七）不得担任企业、事业单位和人民团体领导职务；

（八）遵守公安机关制定的具体监督管理措施。

**第十三条** 对被管制、剥夺政治权利的罪犯违反本规定尚未构成犯罪的，由公安机关依法给予治安管理处罚；构成犯罪的，依法追究刑事责任。

**第十四条** 管制、剥夺政治权利执行期满，公安机关应当通知本人，并向群众公开宣布解除管制或者恢复政治权利。

罪犯在管制、剥夺政治权利期间死亡的，公安机关应当及时通报原判人民法院或者原关押监狱。

解除管制的，应当发给《解除管制通知书》，其中被附加剥夺政治权利的，应当同时宣布恢复政治权利。

### 6. 公安部《公安机关办理刑事案件程序规定（2012年修正）》（2012年12月13日　公安部令第127号）（节录）

**第二百八十七条** 对被依法判处刑罚的罪犯，如果罪犯已被采取强制措施的，公安机关应当依据人民法院生效的判决书、裁定书以及执行通知书，将罪犯交付执行。

对人民法院作出无罪或者免除刑事处罚的判决，如果被告人在押，公安机关在收到相应的法律文书后应当立即办理释放手续；对人民法院建议给予行政处理的，应当依照有关规定处理或者移送有关部门。

**第二百八十八条** 对被判处死刑的罪犯，公安机关应当依据人民法院执行死刑的命令，将罪犯交由人民法院执行。

**第二百八十九条** 公安机关接到人民法院生效的判处死刑缓期二年执行、无期徒刑、有期徒刑的判决书、裁定书以及执行通知书后，应当在一个月以内将罪犯送交监狱执行。

对未成年犯应当送交未成年犯管教所执行刑罚。

**第二百九十条** 对被判处有期徒刑的罪犯，在被交付执行刑罚前，剩余刑期在三个月以下的，由看守所根据人民法院的判决代为执行。

对被判处拘役的罪犯，由看守所执行。

**第二百九十一条** 对被判处管制、宣告缓刑、假释或者暂予监外执行的罪犯，已被羁押的，由看守所将其交付社区矫正机构执行。

对被判处剥夺政治权利的罪犯，由罪犯居住地的派出所负责执行。

**第二百九十二条** 对被判处有期徒刑由看守所代为执行和被判处拘役的罪犯，执行期间如果没有再犯新罪，执行期满，看守所应当发给刑满释放证明书。

**第二百九十三条** 公安机关在执行刑罚中，如果认为判决有错误或者罪犯提出申诉，应当转请人民检察院或者原判人民法院处理。

**7. 公安部《关于被判处管制的罪犯在管制执行期间实施违法行为如何处理有关问题的批复》**(2001年8月11日　公复字〔2001〕15号)

山东省公安厅：

你厅《关于复议申请人在管制期间实施新的违法行为可否审批劳动教养等问题的请示》(鲁公传发〔2001〕1105号)收悉。现批复如下：

一、对被判处管制的罪犯在管制执行期间实施违反法律、行政法规和国务院公安部门有关监督管理规定的行为，尚未构成犯罪的，应当依法予以治安管理处罚，其中，依法予以治安拘留的，应当在治安拘留执行期满后继续执行管制，治安拘留时间不计入管制期限；符合劳动教养条件的，可以依法决定劳动教养，劳动教养执行期满后继续执行管制；构成犯罪的，应当依法追究刑事责任。

二、行政复议机关在审查被劳动教养人员不服劳动教养决定申请行政复议的案件时，认为行政复议申请人的违法行为已构成犯罪，依法应当追究刑事责任的，应当依法撤销劳动教养决定，并退回原办案单位按照刑事诉讼法侦查终结后移送起诉。

**8. 最高人民法院研究室《关于管制刑期能否折抵有期徒刑刑期问题的电话答复》**(1986年10月6日)

内蒙古自治区高级人民法院刑二庭：

你庭《关于管制刑期能否折抵有期徒刑刑期》的电话请示已悉。经研究，答复如下：

1958年我院曾以法研字58号批复答复辽宁、安徽省高级法院："管制的刑期不宜折抵徒刑的刑期"。故该犯已执行的管制刑期，不宜折抵为有期徒刑的刑期。但是，在改判时，考虑到被告人已执行管制一年的实际情况，可适当酌情从轻处罚。

**9. 公安部《关于对被判处拘役的罪犯在执行期间回家问题的批复》**(2001年1月31日)

北京市公安局：

你局《关于加拿大籍罪犯秦典华在拘役期间回家问题的请示》(京公法字〔2001〕24号)收悉。现批复如下：

《刑法》第四十三条第二款规定，"在执行期间，被判处拘役的犯罪分子每月可以回家一至两天"。根据上述规定，是否准许被判处拘役的罪犯回家，应当根据其在服刑期间表现以及准许其回家是否会影响剩余刑期的继续执行等情况综合考虑，由负责执行的拘役所、看守所提出建议，报其所属的县级以上公安机关决定。被判处拘役的外国籍罪犯提出回家申请的，由地市级以上公安机关决定，并由决定机关将有关情况报上级公安机关备案。对于准许回家的，应当发给国家证明，告知其应当按时返回监管场所和不按时返回将要承担的法律责任，并将准许回家的决定送同级人民检察院。被判处拘役的罪犯在决定机关辖区内有固定住处的，可允许其回固定住处，没有固定住处的，可在决定机关为其指定的居所每月与其家人团聚一天至两天。拘役所、看守所根据被判处拘役的罪犯在服刑及回家期间表现，认为不宜继续准许其回家的，应当提出建议，报原决定机关决定。对于被判处拘役的罪犯在回家期间逃跑的，应当按照《刑法》第三百一十六条的规定，以脱逃罪追究其刑事责任。

**10. 最高人民法院研究室《关于人民法院对已羁押的刑事被告人在判处无期徒刑、有期徒刑或拘役的同时可否决定暂予监外执行问题的电话答复》**(1991年12月19日)

湖北省高级人民法院：

你院《关于人民法院对已羁押的刑事被告人，在判处无期徒刑、有期徒刑或拘役的同时，可否决定暂予监外执行的请示》已收悉。经研究认为：对于已被羁押的刑事被告人，经人民法院判决无期徒刑、有期徒刑或者拘役，确实具有中华人民共和国刑事诉讼法第一百五十七条规定情形之一，可以暂予监外执行的，仍应当按照最高人民法院、最高人民检察院、公安部、司法部〔87〕高检会（三）字第4号文件的规定，由看守所提出意见，经主管看守所的县级以上公安机关审查批准，决定暂予监外执行。

**11. 最高人民法院《关于罪犯在逮捕前被"隔离审查"的日期可否折抵刑期的复函》**(1979年4月27日 〔79〕法办研字第14号)

中国人民解放军军事法院：

你院4月16日函收到。关于罪犯在逮捕、判刑前被"行政看管"、"隔离审查"的日期可否折抵刑期和是否需追回在"看管"和"隔离"期间已发工资的问题，我们同意你们的意见。折抵办法以"看管"、"隔离"一日折抵刑期一日。至于已经判处有期徒刑的罪犯，"看管"、"隔离"日期没有折抵刑期的问题，我们意见，现仍在服刑的，可补行折抵，已服刑期满的，即不必再作变动。

**12. 最高人民法院《关于罪犯在判刑前被公安机关收容审查、行政拘留的日期仍应折抵刑期的复函》**(1981年9月17日)

山东、甘肃省高级人民法院：

关于罪犯在判刑前被公安机关收容审查和因同一犯罪行为被行政拘留的日期是否继续折抵刑期的问题，我们同意你们的意见，仍应按照我院1978年7月11日《关于罪犯在公安机关收容审查期间可否折抵刑期的批复》、1979年1月19日《关于罪犯在公安机关收容审查期间折抵刑期两个具体问题的批复》和1957年9月30日《关于行政拘留日期应否折抵刑期等问题的批复》的规定，予以折抵刑期。

**13. 最高人民法院研究室《关于行政拘留日期折抵刑期问题的电话答复》**(1988年2月23日)

湖北省高级人民法院：

你院鄂法研字〔1988〕3号《关于行政拘留日期折抵刑期的请示报告》收悉。经研究，答复如下：

我院1957年法研字第20358号批复规定："如果被告人被判处刑罚的犯罪行为和以前受行政拘留处分的行为系同一行为，其被拘留的日期，应予折抵刑期。"这里所说的"同一行为"，既可以是判决认定同一性质的全部犯罪行为，也可以是同一性质的部分犯罪行为。只要是以前受行政拘留处分的行为，后又作为犯罪事实的全部或者一部加以认定，其行政拘留的日期即应予折抵刑期。

**14. 最高人民法院研究室《关于因同一犯罪事实两次被收容审查应如何折抵刑期问题的答复》**（1990年2月6日）

湖北省高级人民法院：

你院《关于因同一犯罪事实两次被收容审查应如何折抵刑期的请示报告》收悉。经研究，答复如下：

同意你院意见，即因同一犯罪事实两次被收容审查，其第一次和第二次被收容审查的日期均应折抵刑期。

**15. 最高人民法院研究室《关于监外执行的罪犯重新犯罪的时间是否计入服刑期问题的答复》**（1990年3月30日）

广东省高级人民法院：

你院粤法研〔1989〕39号《关于监外执行的罪犯重新犯罪后的时间是否计入服刑期的请示》收悉。经研究，答复如下：

一、关于监外执行的罪犯，擅自离开居住地到外地犯罪的时间能否计入服刑期的问题。1989年8月30日最高人民法院、最高人民检察院、公安部、司法部〔89〕高检会（监）字第7号《关于依法加强对管制、剥夺政治权利、缓刑、假释和暂予监外执行罪犯监督考察工作的通知》第五条规定："经过批准外出的监外罪犯，其被许可外出的期间，应计入执行期，但超过许可的时间不计入执行期；对于未经批准而擅自离开所在地域的监外罪犯，其外出期间，不得计入执行期。"据此，对于监外执行的罪犯擅自离开居住地到外地犯罪的这段时间，不得计入服刑期。

二、关于监外执行的罪犯在居住地犯罪或经批准离开居住地后又犯罪的时间能否计入服刑期的问题。中华人民共和国刑事诉讼法第一百五十七条规定，罪犯暂予监外执行，由有关部门执行和监督。劳动改造条例第六十条规定，经批准监外执行的罪犯，其在监外期间，计入刑期以内。据此，暂予监外执行的罪犯，从其被准予监外执行之日起至犯新罪后新判决执行前这段时间，应视为所服前罪判决的刑期。但是，在此期间，如前罪判决已执行完毕而尚在羁押的，其羁押日期应折抵新判决判处的刑期。

**16. 最高人民法院研究室《关于有期徒刑犯减刑后又改判的原减刑裁定撤销后应如何办理减刑手续问题的电话答复》**（1990年4月5日）

四川省高级人民法院：

你院川法研〔1989〕第35号《关于有期徒刑犯减刑后又改判的原减刑裁定撤销后应当如何办理减刑手续问题的请示》收悉。经研究，答复如下：

被判处有期徒刑的罪犯在服刑期间依法减刑后，原审人民法院发现原判决确有错误，应当按照审判监督程序给予改判，对已执行的刑期在改判后的刑期中予以折抵，并将改判的判决书送达罪犯所在的劳改执行机关和作出原减刑裁定的人民法院，由作出原减刑裁定的人民法院撤销原减刑裁定。然后，由有关的劳改机关和人民法院依照刑法第七十一条的规定，并参照最高人民法院、最高人民检察院、司法部、公安部1980年12月26日《关于罪犯减刑、假释和又犯罪等案件的管辖和处理程序问题的通知》，重新考虑是否减刑及办理有关手续。

**17. 最高人民法院研究室《关于有期徒刑罪犯减刑后又改判应如何确定执行刑期问题的答复》**（1994年6月14日）

浙江省高级人民法院：

你院浙高法〔1994〕40号《关于有期徒刑罪犯减刑后又改判应如何确定执行刑期的请示报告》收悉。经研究，答复如下：

关于有期徒刑罪犯减刑后又改判应如何确定执行刑期的问题，请参照我院1964年2月20日〔64〕法研字第16号《关于劳改犯减刑后又改判应如何确定执行刑期问题的批复》办理。即：对原判有期徒刑的罪犯，已经法院裁定宣布减刑后，原审法院发现原判决确有错误，需要改判的，可将本来打算改判的刑期减去已裁定减刑的刑期，确定为应改判的刑期，并在改判的法律文书中说明改判的刑期已经扣除了改判前裁定减刑的刑期。

**18. 最高人民法院研究室《关于收容审查决定经行政判决撤销后，被收审人又因同一事实被判刑原收审日期应否折抵刑期问题的答复》**（1995年9月13日 法明传〔1995〕382号）

上海市高级人民法院：

你院沪高法〔1995〕6号《关于被告人被收容审查决定经行政判决撤销被收容审查的日期应否折抵刑期的请示》收悉。经研究，答复如下：

公安机关的收容审查决定经人民法院行政判决撤销，被收审人依法获得赔偿后，又因同一事实被人民法院判处刑罚的，其被收容审查的日期不予折抵刑期。

**19. 最高人民法院研究室《关于原判有期徒刑的罪犯被裁定减刑后又经再审改判为无期徒刑应如何确定执行刑期问题的答复》**（1995年12月25日）

宁夏回族自治区高级人民法院：

你院宁法明传〔1995〕84号"关于原判处有期徒刑的罪犯再审改判为无期徒刑后，如何确定执行刑期的请示"收悉。经研究，答复如下：

一、原判处有期徒刑并已被裁定减刑的罪犯经再审改判为无期徒刑，再审法院应当将改判的判决书副本送达作出减刑裁定的人民法院，由该院依法裁定撤销原减刑裁定。如果罪犯在改判后符合无期徒刑减刑条件的，应当重新依法报请减刑。

二、再审改判无期徒刑的执行期间从再审判决确定之日起算。对改判前已执行的刑期，应在对无期徒刑裁定减刑时，折抵为无期徒刑已实际执行的刑期。

**20. 最高人民法院《关于取保候审、监视居住期间是否折抵刑期问题的答复》**（1996年6月7日）

江西省高级人民法院：

你院赣高法〔1996〕58号《关于在押未决犯保外就医期间是否折抵刑期问题的请示》收悉。经研究，答复如下：

保外就医只适用于在押服刑的罪犯。对于被羁押的犯罪嫌疑人、被告人，如果患有严重疾病，可以依法变更强制措施，取保候审或者监视居住。取保候审或者监视居住不予折抵刑期。

### 21. 最高人民法院研究室《关于监视居住期间可否折抵刑期问题的答复》
（2001年11月30日）

福建省高级人民法院：

你院闽高法〔2001〕288号《关于监视居住可否折抵刑期的请示》收悉。经研究，答复如下：

根据刑事诉讼法第五十七条的规定，监视居住并未完全剥夺犯罪嫌疑人、被告人的人身自由，监视居住的期间，不能折抵刑期。

### 22. 最高人民法院研究室《关于对刑罚已执行完毕，由于发现新的证据，又因同一事实被以新的罪名重新起诉的案件，应适用何种程序进行审理等问题的答复》（2002年7月31日）

安徽省高级人民法院：

你院〔2001〕皖刑终字第610号《关于对刑罚已执行完毕的罪犯，又因同一案件被以新的罪名重新起诉，应适用何种程序进行审理及原服完的刑期在新的刑罚中如何计算的请示》（以下简称《请示》）收悉。经研究，答复如下：

你院《请示》中涉及的案件是共同犯罪案件，因此，对于先行判决且刑罚已经执行完毕，由于同案犯归案发现新的证据，又因同一事实被以新的罪名重新起诉的被告人，原判人民法院应当按照审判监督程序撤销原判决、裁定，并将案件移送有管辖权的人民法院，按照第一审程序与其他同案被告人并案审理。

该被告人已经执行完毕的刑罚，由收案的人民法院在对被指控的新罪作出判决时依法折抵，被判处有期徒刑的，原执行完毕的刑期可以折抵刑期。

### 23. 公安部《关于刑事拘留时间可否折抵行政拘留时间问题的批复》
（2004年3月4日）

安徽省公安厅：

你厅《关于刑事拘留时间已超过治安拘留期限不再给予治安拘留处罚有关问题的请示》（公办〔2003〕384号）收悉。经征得全国人民代表大会常务委员会法制工作委员会同意，现批复如下：

如果行为人依法被刑事拘留的行为与依法被行政拘留的行为系同一行为，公安机关在依法对其裁决行政拘留时，应当将其刑事拘留的时间折抵行政拘留时间。如果行为人依法被刑事拘留的时间已超过依法被裁决的行政拘留时间的，则其行政拘留不再执行，但必须将行政拘留裁决书送达被处罚人。

对没有犯罪事实或者没有事实证明有犯罪重大嫌疑的人错误刑事拘留的，应当依法给予国家赔偿。但是，如果因同一行为依法被裁决行政拘留，且刑事拘留时间已经折抵行政拘留时间的，已经折抵的刑事拘留时间不再给予国家赔偿。

自本批复下发之日起,《公安部关于对刑事拘留时间可否折抵治安拘留时间有关问题的批复》(公复字〔1997〕9号)同时废止。

**24. 最高人民法院《关于人民法院审判严重刑事犯罪案件中具体应用法律的若干问题的答复》**(1983年9月20日 〔1983〕法研字第18号)(节录)

三、问:刑法第四十四条规定:"审判的时候怀孕的妇女,不适用死刑。"中华人民共和国刑事诉讼法第一百五十四条规定:执行死刑前,发现罪犯正在怀孕,应当停止执行,并报请核准死刑的上级人民法院依法改判。现在遇到两种情况,应该怎样执行上述规定?第一种情况是,案件起诉到人民法院前,被告人在关押期间,被人工流产的,可否认为已不是怀孕的妇女了。第二种情况是,法院受理案件时,被告人是怀孕的妇女,准备给做人工流产后,判处死刑。我们认为,根据上述法律规定,无论是在关押期间,或者是在法院审判的时候,对怀孕的妇女,都不应当为了要判处死刑,而给进行人工流产;已经人工流产的,仍应视同怀孕的妇女,不适用死刑。(福建、湖南、甘肃、浙江、黑龙江、河南)

答:同意你们的意见。对于这类案件,应当按照刑法第四十四条和刑事诉讼法第一百五十四条的规定办理,即:人民法院对"审判的时候怀孕的妇女,不适用死刑"。如果人民法院在审判时发现,在羁押受审时已是孕妇的,仍应依照上述法律规定,不适用死刑。

四、问:有的人犯杀人罪后,经精神病院鉴定,认为是精神病患者,但从他在羁押中的情况看,似无异常表现。对这样的被告人,可否判处死刑?有的人犯罪时精神正常,犯罪后患精神病,对其罪行应不应当负刑事责任?(江西、河南、北京)

答:经过鉴定,认为患精神病的人,在他不能辨认或者不能控制自己行为的时候造成危害结果的,依照刑法第十五条第一款的规定,不负刑事责任,不应对其判处刑罚,更不能判处死刑。人民法院如果对原鉴定有怀疑,可以按照中华人民共和国刑事诉讼法第一百零九条的规定,再次送请鉴定。经过复验,如果确定此人不是精神病人,或者虽是间歇性的精神病人,但在精神正常的时候犯罪,依照刑法第十五条第一款、第二款的规定,应当负刑事责任的,须按照法律规定判刑;罪该处死的,可以判处死刑。犯罪的时候精神正常,犯罪后患精神病的人,依照法律规定,应当负刑事责任。

九、问:中级人民法院判处死缓的案件,被告人不上诉,人民检察院也未抗诉,高级人民法院在复核时,可否直接改判死刑?(山西、云南、河南、新疆、浙江、铁路)

答:参照中华人民共和国刑事诉讼法第一百四十五条,关于高级人民法院不同意中级人民法院对第一审案件判处死刑的,可以提审或者发回重新审判的规定;并根据中华人民共和国刑事诉讼法第十八条,关于上级人民法院在必要的时候,可以审判下级人民法院管辖的第一审刑事案件的规定;因此,对于中级人民法院判处死缓的案件,被告人不上诉的,高级人民法院复核,认为必须判处死刑立即执行时,应当撤销原判,发回重新审判,或者改变案件管辖级别,由高级人民法院作为第一审重新审判。

**25.** 最高人民法院《关于人民法院审判严重刑事犯罪案件中具体应用法律的若干问题的答复（二）》（1983年12月30日 〔1983〕法研字第27号）（节录）

十九、问：对于审判的时候怀孕的妇女不适用死刑，可否判处死刑缓期二年执行？我们讨论这个问题时，有一种意见认为：死刑缓期二年执行，是死刑中缓期执行的一种制度。对怀孕的妇女不适用死刑，也包括不能判处其死刑缓期二年执行。对犯罪的时候不满十八岁的人，不适用死刑，但对已满十六岁不满十八岁的，如果所犯罪行特别严重，可以判处死刑缓期二年执行，那是刑法上明文规定的，不应适用于怀孕的妇女。（北京）

答：同意你们讨论中对审判的时候怀孕的妇女不能判处死刑缓期二年执行的意见。因为，死刑缓期二年执行是死刑中缓期执行的一种制度，刑法第四十四条规定："审判的时候怀孕的妇女，不适用死刑"，并没有同时规定如果所犯罪行情节特别严重，可以判处死刑缓期二年执行。这不同于该条对已满十六岁不满十八岁的人所犯罪行特别严重的，可以判处死缓的规定。因此，对于审判的时候怀孕的妇女，也不应判处死刑缓期二年执行。

二十二、问：原判死刑缓期二年执行的，在死刑缓期执行期间，如果抗拒改造情节恶劣、查证属实，现准备执行死刑时，应依照什么程序办理？报哪级法院核准？（江苏、安徽）

答：对于判处死刑缓期二年执行的，在死刑缓期执行期间，如果抗拒改造情节恶劣、查证属实，应当执行死刑的，依照刑法第四十六条及中华人民共和国刑事诉讼法第一百五十三条第二款的规定，现在，应由执行机关提出书面意见，报经本省、市、自治区司法厅（局）审核同意，然后由当地高级人民法院根据最高人民法院1983年9月7日《关于授权高级人民法院核准部分死刑案件的通知》中的规定，对属于由最高人民法院核准的，报最高人民法院核准；属于由高级人民法院核准的，即由高级人民法院核准。

**26.** 最高人民法院《关于进一步做好死刑第二审案件开庭审理工作的通知》（2005年12月7日 法〔2005〕214号）

各省、自治区、直辖市高级人民法院，解放军军事法院，新疆维吾尔自治区高级人民法院生产建设兵团分院：

为落实《人民法院第二个五年改革纲要》有关改革和完善死刑案件审判程序的要求，根据刑事诉讼法关于第二审案件开庭审理的规定，现就人民法院依照第二审程序开庭审理死刑案件的有关问题通知如下：

一、充分认识进一步做好死刑案件第二审开庭审理工作的重要性和必要性。死刑案件，人命关天，必须适用极为严格、审慎的审理程序。死刑第二审案件开庭审理是严格执行刑事诉讼法、落实人民法院"二五"改革纲要的重要举措，也是完善死刑案件审判程序、保证死刑案件质量的必然要求，有利于加强司法人权保障，有利于从制度上保证死刑判决的公正和慎重。各高级法院一定要高度重视，统一思想，切实增强责任感和紧迫感，精心组织，周密部署，克服困难，创造条件，把死刑第二审案件开庭审理作为当前的一项重要工作抓紧抓好，确保落实到位。

二、各高级法院在继续坚持对人民检察院抗诉的死刑第二审案件开庭审理的同时，自2006年1月1日起，对案件重要事实和证据问题提出上诉的死刑第二审案件，一律开庭审理，并积极创造条件，在2006年下半年对所有死刑第二审案件实行开庭审理。

三、各高级法院开庭审理死刑上诉、抗诉案件，应当重点审查上诉、抗诉理由以及法院认为需要查证的与定罪量刑有关的其他问题。在此基础上，严格依照刑事诉讼法的规定对第一审判决认定的事实和适用法律进行全面审查。要根据死刑案件第二审开庭的特点，完善第二审程序和开庭审理方式，确保案件质量，提高办案效率。

四、开庭审理死刑第二审案件，下列情形的证人、鉴定人应当出庭：（一）控辩双方对证人证言、鉴定结论有异议，该证言、鉴定结论对定罪量刑有重大影响的；（二）其他法院认为应当出庭作证的。

五、各高级法院要在当地党委的领导下，积极争取政府及有关部门的支持，切实解决开庭审理死刑第二审案件所涉人、财、物保障及相关问题。要加强与检察机关、司法行政部门的协调，争取支持和配合，保证公诉人和律师出庭，确保死刑第二审案件开庭审理工作顺利进行。

以上通知，请遵照执行。执行情况及遇到的问题，请及时报告我院。

**27. 最高人民法院研究室《关于如何理解"审判的时候怀孕的妇女不适用死刑"问题的电话答复》**（1991年3月18日）

广东省高级人民法院：

你院〔1990〕粤法刑一文字第16号《关于如何理解"审判的时候怀孕的妇女不适用死刑"问题的请示》已收悉。经研究，现答复如下：

在羁押期间已是孕妇的被告人，无论其怀孕是否属于违反国家计划生育政策，也不论其是否自然流产或者经人工流产以及流产后移送起诉或审判期间的长短，仍应执行我院〔83〕法研字第18号《关于人民法院审判严重刑事犯罪案件中具体应用法律的若干问题的答复》中对第三个问题的答复："对于这类案件，应当按照刑法第四十四条和中华人民共和国刑事诉讼法第一百五十四条的规定办理，即：人民法院对'审判的时候怀孕的妇女，不适用死刑'。如果人民法院在审判时发现，在羁押受审时已是孕妇的，仍应依照上述法律规定，不适用死刑。"

**28. 最高人民法院《关于审理死刑缓期执行期间故意犯罪的一审案件制作裁判文书的有关问题的通知》**（1999年11月18日）

各省、自治区、直辖市高级人民法院，解放军军事法院，新疆维吾尔自治区高级人民法院生产建设兵团分院：

为进一步规范审理死刑缓期执行期间故意犯罪的一审案件制作裁判文书的问题，根据刑事诉讼法第二百一十条第二款的规定，特作如下规定：

被判处死刑缓期二年执行的罪犯，在缓期执行期间，故意犯罪的，中级人民法院在对新罪作出一审判决时，应当在判决书的尾部交代上诉事项后写明："依据刑法第五十条、刑事诉讼法第二百一十条第二款和最高人民法院《关于执行〈中华人民共和国刑事诉讼法〉若干问题的解释》第三百三十九条第二款的规定，本判决生效以后，经最高人民法院（或者依授权有死刑核准权的高级人民法院和解放军军事法院）核准，对被告人×××应当执行死刑。"

**29. 最高人民法院《关于报送按照审判监督程序改判死刑被告人在死缓考验期内故意犯罪应当执行死刑的复核案件的通知》**（2003 年 11 月 26 日 法〔2003〕177 号）

各省、自治区、直辖市高级人民法院，解放军军事法院：

根据《中华人民共和国刑事诉讼法》第二百零六条、第二百条，《中华人民共和国刑法》第五十条的规定，今后凡是按照审判监督程序改判被告人死刑，被告人在死缓考验期内故意犯罪应当执行死刑的死刑复核案件，一律报送最高人民法院核准。

**30. 最高人民法院、司法部《关于死刑缓期执行期满后减刑的刑期计算问题的联合指示》**（1957 年 8 月 6 日）（节录）

各省、自治区、直辖市高级人民法院、司法厅（局）：

关于死缓减刑的刑期计算问题，过去的意见不甚一致，各地迭有来问，现经共同研究，重新作如下指示：

一、被判处死刑宣告缓期二年执行的罪犯，缓期执行期满后，根据其悔改程度，予以减刑减为有期徒刑者，其减为有期徒刑的刑期，从减刑确定之日起计算；缓期执行期满后至减刑确定前的监管时间，应计算在减为有期徒刑的刑期以内（即予折抵）。但在死刑缓期执行期间的二年监管及死缓判决发生法律效力前的羁押日数则均不予折抵。

二、被判处死刑宣告缓期二年执行的罪犯，缓期执行期满减为无期徒刑者，不发生刑期计算问题。由死缓减为无期徒刑后，根据其劳改表现，如再减为有期徒刑时，其刑期应从原来减为无期徒刑的减刑确定之日起计算；同时，在缓期执行期满后至减为无期徒刑之减刑确定前的监管时间，亦应计算在减为有期徒刑的刑期以内。但在死刑缓期执行期间的二年监管及死缓判决发生法律效力前的羁押日数不予折抵。

**31. 最高人民法院研究室《关于死缓犯执行期起算问题的电话答复》**（1991 年 3 月 14 日）

河北省高级人民法院：

你院《关于死缓犯执行期起算问题的请示》收悉。经研究，答复如下：

刑法第四十七条规定，死刑缓期执行的期间，从判决确定之日起计算。刑事诉讼法第一百五十一条规定，判决和裁定在发生法律效力后执行。高级人民法院核准的死刑缓期二年执行的判决是发生法律效力的判决。根据上述法律规定，我们认为，高级人民法院核准死缓的判决，即为确定的，也就是发生法律效力的判决，应予执行。因此死刑缓期执行的期间，应当从高级人民法院核准死缓判决之日起算。这个日期与核准死缓判决书上的日期是一致的。

**32. 最高人民法院研究室《关于罪犯在死刑缓期执行期间因有漏罪被判决后仍决定死刑缓期执行的是否需要重新核准死缓期间从何时起计算问题的电话答复》**（1992 年 8 月 29 日）

山东省高级人民法院：

你院鲁高法〔1992〕78 号《关于罪犯在死缓执行期间因有漏罪被判决后仍决定死刑缓

期执行是否需要重新核准死缓期间从何时起计算的请示》收悉。经研究，答复如下：

对于被判处死刑缓期二年执行的犯罪分子，在死刑缓期执行期间，发现他在判决宣告以前还有其他罪没有判决的，应当根据刑法第六十五条的规定，对新发现的罪作出判决。判决后，仍决定执行死刑缓期二年执行的，需报高级人民法院再次核准。死刑缓期二年执行的期间，从新判决确定之日起计算，已经执行的死缓期间不应计算在新判决的死刑缓期执行期间以内。

**33. 最高人民法院《关于剥夺选举权利问题的电话答复》**（1963年5月22日）（节录）

宁夏回族自治区高级人民法院：

你院〔64〕法刑字第29号关于适用剥夺政治权利刑罚问题的请示已收阅。现答复如下：

二、关于剥夺选举权是否同时剥夺被选举权的问题。人民法院根据选举法受理的选民资格案件，判决剥夺选举权利的，当然是既剥夺选举权也剥夺被选举权；在判决书中应写明剥夺选举权和被选举权。

三、关于剥夺选举权利是否应当写明剥夺多长时间的问题。人民法院根据选举法受理的选民资格案件，判决剥夺选举权利的，应须定出剥夺的期限。

四、来文中对受理选民资格的案件，判决剥夺选举权利的，提到用裁定书，是不适当的，应当用判决书。

**34. 最高人民法院、最高人民检察院、公安部、劳动人事部《关于被判处管制、剥夺政治权利和宣告缓刑、假释的犯罪分子能否外出经商等问题的通知》**（1986年11月8日 〔86〕高检会（三）字第2号）（节录）

一、对被判处管制、剥夺政治权利和宣告缓刑、假释的犯罪分子，公安机关和有关单位要依法对其实行经常性的监督改造或考察。被管制、假释的犯罪分子，不能外出经商；被剥夺政治权利和宣告缓刑的犯罪分子，按现行规定，属于允许经商范围之内的，如外出经商，需事先经公安机关允许。

二、犯罪分子在被管制、剥夺政治权利、缓刑、假释期间，若原所在单位确有特殊情况不能安排工作的，在不影响对其实行监督考察的情况下，经工商管理部门批准，可以在常住户口所在地自谋生计；家在农村的，亦可就地从事或承包一些农副业生产。

三、犯罪分子在被管制、剥夺政治权利、缓刑、假释期间，不能担任国有或集体企事业单位的领导职务。

**35. 最高人民检察院《关于被判处管制剥夺政治权利和宣告缓刑假释的犯罪分子能否担任中外合资、合作经营企业领导职务问题的答复》**（1991年9月25日 高检研发〔1991〕4号）

四川省人民检察院：

你院川检研〔1991〕18号《关于犯罪分子在被管制、剥夺政治权利、缓刑、假释期间能否担任中外合资经营企业经理、副经理的请示》收悉。经研究，并征求有关部门意见，现答复如下：

最高人民法院、最高人民检察院、公安部、劳动人事部〔86〕高检会（三）字第2号《关于被判处管制、剥夺政治权利和宣告缓刑、假释的犯罪分子能否外出经商等问题的通知》第三条所规定的不能担任领导职务的原则，可适用于中外合资、中外合作企业（包括我方与港、澳、台客商合资、合作企业）。

**36. 公安部《关于实施〈公安机关对被管制、剥夺政治权利、缓刑、假释、保外就医罪犯的监督管理规定〉有关问题的通知》（1995年3月8日）（节录）**

三、关于剥夺政治权利。《规定》第十二条第（四）、（五）项规定的"不得接受采访、发表演说"；"不得在境内外发表、出版、发行有损国家荣誉、利益或者其他具有社会危害性的言论、书籍、音像制品等"中的"其他"主要包括：召开新闻发布会和向境内外发表文章、绘画、诗歌、词句、雕塑、签名信、公开信、宣言、标语、传单等。

**37.《证券交易所管理办法》（2001年12月12日 证券监督管理委员会令第4号）（节录）**

第二十八条 有下列情形之一的，不得招聘为证券交易所从业人员，不得担任证券交易所高级管理人员：

（一）犯有贪污、贿赂、侵占财产、挪用财产罪或者破坏社会经济秩序罪，或者因犯罪被剥夺政治权利；

**38.《企业法人法定代表人登记管理规定（1999年修订）》（1998年4月7日 国家工商行政管理局令第85号）（节录）**

第四条 有下列情形之一的，不得担任法定代表人，企业登记机关不予核准登记：

（四）因犯有贪污贿赂罪、侵犯财产罪或者破坏社会主义市场经济秩序罪，被判处刑罚，执行期满未逾五年的；因犯有其他罪，被判处刑罚，执行期满未逾三年的；或者因犯罪被判处剥夺政治权利，执行期满未逾五年的。

**39. 全国人民代表大会常务委员会法制工作委员会、最高人民法院、最高人民检察院、公安部、司法部、民政部《关于正在服刑的罪犯和被羁押的人的选举权问题的联合通知》（1984年3月24日 法工委联字〔1984〕1号）**

各省、自治区、直辖市高级法院、检察院、公安、司法、民政厅（局）：

全国县、乡两级人民代表大会代表的选举工作，正在逐步展开。在当前严厉打击严重危害社会治安的刑事犯罪活动的情况下，对于过去已判刑、但没有附加剥夺政治权利的严重刑事罪犯和被羁押正在受侦查、起诉、审判的人是否准许行使选举权问题，有些地方提出一些问题和意见，经研究后，现做如下通知，望遵照执行：

一、1983年3月全国人大常委会通过的《关于县级以下人民代表大会代表直接选举的若干规定》，对于已被判刑的罪犯和被羁押正在受侦查、起诉、审判的人的选举权问题已经作了规定。这一规定是根据宪法关于公民的选举权、被选举权的规定的原则确定的，是适当的，在这次县、乡直接选举工作中，仍应贯彻执行。

二、对这次严厉打击严重危害社会治安的刑事犯罪活动中因反革命案或者严重破坏社会秩序案被羁押正在受侦查、起诉、审判的人，应当依照法律规定经人民检察院或者人民法院决定，在被羁押期间停止行使选举权利；其他未经人民检察院或者人民法院决定停止行使选举权利的，应准予行使选举权利。

三、对正在服刑的反革命罪犯和被判处死刑、无期徒刑的其他罪犯，凡是没有附加剥夺政治权利的，应当由人民法院依照审判监督程序，判处附加剥夺政治权利；被判处有期徒刑（包括原判死缓、无期徒刑后减为有期徒刑的）、现正在服刑的故意杀人、强奸、放火、爆炸、投毒、抢劫、流氓、盗窃（重大）等严重破坏社会秩序的罪犯，凡是需要剥夺选举权利的，也可由人民法院依照审判监督程序，判处附加剥夺政治权利。如果原来是第一审生效的案件，应当由上一级人民法院提审；如果原来是第二审生效的案件，应当由第二审人民法院再审。根据中华人民共和国刑事诉讼法第一百五十条的规定，依照上述程序所做的判决、裁定，是终审的判决、裁定，不得上诉。

四、今后对于反革命罪犯和判处死刑、无期徒刑的其他罪犯，各级人民法院在审判时，应当依照刑法第五十二条、第五十三条的规定，一律同时判处附加剥夺政治权利；对于严重破坏社会秩序的罪犯，需要剥夺政治权利的，也应依照刑法第五十二条的规定，同时判处附加剥夺政治权利。

五、对准予行使选举权利的被羁押的人和正在服刑的罪犯，经选举委员会和执行羁押、监禁的机关共同决定，可以在原户口所在地参加选举，也可以在劳改场所参加选举；可以在流动票箱投票，也可以委托有选举权的亲属或者其他选民代为投票。

**40. 最高人民法院研究室《关于对未成年犯能否附加剥夺政治权利问题的电话答复》**（1985年8月16日）（节录）

湖北省高级人民法院：

你院《关于对未成年犯能否附加剥夺政治权利的请示报告》收悉，经研究，答复如下：

刑法第五十二条、第五十三条规定，对反革命分子和被判处死刑、无期徒刑的犯罪分子，应当附加剥夺政治权利。这个规定也适用于未满18岁的反革命分子和被判处死缓、无期徒刑的犯罪分子，即也应该依法附加剥夺政治权利。但在对未满18岁的反革命分子决定剥夺政治权利的期限时，应根据刑法第十四条第三款的规定，从轻或者减轻处罚。除了反革命分子和被判处死刑、无期徒刑的犯罪分子外，对于严重破坏社会秩序的犯罪分子，刑法第五十二条规定，在必要的时候，也可以附加剥夺政治权利。这个规定也适用于不满18岁犯有严重破坏社会秩序的犯罪分子。但是，在决定是否对其附加剥夺政治权利和剥夺的期限时，都要按照刑法第十四条第三款"应当从轻或者减轻"的原则从严掌握，一般可以不附加剥夺政治权利。

**41. 最高人民法院、最高人民检察院《关于办理组织和利用邪教组织犯罪案件具体应用法律若干问题的解答》**（2002年5月20日 法发〔2002〕7号）（节录）

二十七、问：对犯组织、利用邪教组织破坏法律实施罪的，是否可以附加剥夺政治权利?

答:对上述犯罪分子,情节特别严重的,依照刑法第五十六条第一款的规定,可以附加剥夺政治权利。

**法律法规**

**1.《中华人民共和国刑事诉讼法(2012年修正)》**(1980年1月1日)(节录)

第九十九条 被害人由于被告人的犯罪行为而遭受物质损失的,在刑事诉讼过程中,有权提起附带民事诉讼。被害人死亡或者丧失行为能力的,被害人的法定代理人、近亲属有权提起附带民事诉讼。

如果是国家财产、集体财产遭受损失的,人民检察院在提起公诉的时候,可以提起附带民事诉讼。

第一百条 人民法院在必要的时候,可以采取保全措施,查封、扣押或者冻结被告人的财产。附带民事诉讼原告人或者人民检察院可以申请人民法院采取保全措施。人民法院采取保全措施,适用民事诉讼法的有关规定。

第一百零一条 人民法院审理附带民事诉讼案件,可以进行调解,或者根据物质损失情况作出判决、裁定。

第一百零二条 附带民事诉讼应当同刑事案件一并审判,只有为了防止刑事案件审判的过分迟延,才可以在刑事案件审判后,由同一审判组织继续审理附带民事诉讼。

第一百七十三条(第二、三款) 对于犯罪情节轻微,依照刑法规定不需要判处刑罚或者免除刑罚的,人民检察院可以作出不起诉决定。

人民检察院决定不起诉的案件,应当同时对侦查中查封、扣押、冻结的财物解除查封、扣押、冻结。对被不起诉人需要给予行政处罚、行政处分或者需要没收其违法所得的,人民检察应当提出检察意见,移送有关主管机关处理。有关主管机关应当将处理结果及时通知人民检察院。

第二百三十五条 死刑由最高人民法院核准。

第二百三十六条 中级人民法院判处死刑的第一审案件,被告人不上诉的,应当由高级人民法院复核后,报请最高人民法院核准。高级人民法院不同意判处死刑的,可以提审或者发回重新审判。

高级人民法院判处死刑的第一审案件被告人不上诉的,和判处死刑的第二审案件,都应当报请最高人民法院核准。

第二百三十七条 中级人民法院判处死刑缓期二年执行的案件,由高级人民法院核准。

第二百三十八条 最高人民法院复核死刑案件,高级人民法院复核死刑缓期执行的案件,应当由审判员三人组成合议庭进行。

第二百三十九条 最高人民法院复核死刑案件,应当作出核准或者不核准死刑的裁定。对于不核准死刑的，最高人民法院可以发回重新审判或者予以改判。

**第二百四十条** 最高人民法院复核死刑案件，应当讯问被告人，辩护律师提出要求的，应当听取辩护律师的意见。

在复核死刑案件过程中，最高人民检察院可以向最高人民法院提出意见。最高人民法院应当将死刑复核结果通报最高人民检察院。

**第二百五十条** 最高人民法院判处和核准的死刑立即执行的判决，应当由最高人民法院院长签发执行死刑的命令。

被判处死刑缓期二年执行的罪犯，在死刑缓期执行期间，如果没有故意犯罪，死刑缓期执行期满，应当予以减刑，由执行机关提出书面意见，报请高级人民法院裁定；如果故意犯罪，查证属实，应当执行死刑，由高级人民法院报请最高人民法院核准。

**第二百五十一条** 下级人民法院接到最高人民法院执行死刑的命令后，应当在七日以内交付执行。但是发现有下列情形之一的，应当停止执行，并且立即报告最高人民法院，由最高人民法院作出裁定：

（一）在执行前发现判决可能有错误的；

（二）在执行前罪犯揭发重大犯罪事实或者有其他重大立功表现，可能需要改判的；

（三）罪犯正在怀孕。

前款第一项、第二项停止执行的原因消失后，必须报请最高人民法院院长再签发执行死刑的命令才能执行；由于前款第三项原因停止执行的，应当报请最高人民法院依法改判。

**第二百五十二条** 人民法院在交付执行死刑前，应当通知同级人民检察院派员临场监督。

死刑采用枪决或者注射等方法执行。

死刑可以在刑场或者指定的羁押场所内执行。

指挥执行的审判人员，对罪犯应当验明正身，讯问有无遗言、信札，然后交付执行人员执行死刑。在执行前，如果发现可能有错误，应当暂停执行，报请最高人民法院裁定。

执行死刑应当公布，不应示众。

执行死刑后，在场书记员应当写成笔录。交付执行的人民法院应当将执行死刑情况报告最高人民法院。

执行死刑后，交付执行的人民法院应当通知罪犯家属。

**第二百五十三条** 罪犯被交付执行刑罚的时候，应当由交付执行的人民法院在判决生效后十日以内将有关的法律文书送达公安机关、监狱或者其他执行机关。

对被判处死刑缓期二年执行、无期徒刑、有期徒刑的罪犯，由公安机关依法将该罪犯送交监狱执行刑罚。对被判处有期徒刑的罪犯，在被交付执行刑罚前，剩余刑期在三个月以下的，由看守所代为执行。对被判处拘役的罪犯，由公安机关执行。

对未成年犯应当在未成年犯管教所执行刑罚。

执行机关应当将罪犯及时收押，并且通知罪犯家属。

判处有期徒刑、拘役的罪犯，执行期满，应当由执行机关发给释放证明书。

**第二百五十四条** 对被判处有期徒刑或者拘役的罪犯，有下列情形之一的，可以暂予监外执行：

(一) 有严重疾病需要保外就医的；

(二) 怀孕或者正在哺乳自己婴儿的妇女；

(三) 生活不能自理，适用暂予监外执行不致危害社会的。

对被判处无期徒刑的罪犯，有前款第二项规定情形的，可以暂予监外执行。

对适用保外就医可能有社会危险性的罪犯，或者自伤自残的罪犯，不得保外就医。

对罪犯确有严重疾病，必须保外就医的，由省级人民政府指定的医院诊断并开具证明文件。

在交付执行前，暂予监外执行由交付执行的人民法院决定；在交付执行后，暂予监外执行由监狱或者看守所提出书面意见，报省级以上监狱管理机关或者设区的市一级以上公安机关批准。

第二百五十五条 监狱、看守所提出暂予监外执行的书面意见的，应当将书面意见的副本抄送人民检察院。人民检察院可以向决定或者批准机关提出书面意见。

第二百五十六条 决定或者批准暂予监外执行的机关应当将暂予监外执行决定抄送人民检察院。人民检察院认为暂予监外执行不当的，应当自接到通知之日起一个月以内将书面意见送交决定或者批准暂予监外执行的机关，决定或者批准暂予监外执行的机关接到人民检察院的书面意见后，应当立即对该决定进行重新核查。

第二百五十七条 对暂予监外执行的罪犯，有下列情形之一的，应当及时收监：

(一) 发现不符合暂予监外执行条件的；

(二) 严重违反有关暂予监外执行监督管理规定的；

(三) 暂予监外执行的情形消失后，罪犯刑期未满的。

对于人民法院决定暂予监外执行的罪犯应当予以收监的，由人民法院作出决定，将有关的法律文书送达公安机关、监狱或者其他执行机关。

不符合暂予监外执行条件的罪犯通过贿赂等非法手段被暂予监外执行的，在监外执行的期间不计入执行刑期。罪犯在暂予监外执行期间脱逃的，脱逃的期间不计入执行刑期。

罪犯在暂予监外执行期间死亡的，执行机关应当及时通知监狱或者看守所。

第二百五十九条 对被判处剥夺政治权利的罪犯，由公安机关执行。执行期满，应当由执行机关书面通知本人及其所在单位、居住地基层组织。

第二百六十条 被判处罚金的罪犯，期满不缴纳的，人民法院应当强制缴纳；如果由于遭遇不能抗拒的灾祸缴纳确实有困难的，可以裁定减少或者免除。

第二百六十一条 没收财产的判决，无论附加适用或者独立适用，都由人民法院执行；在必要的时候，可以会同公安机关执行。

第二百六十二条 罪犯在服刑期间又犯罪的，或者发现了判决的时候所没有发现的罪行，由执行机关移送人民检察院处理。

被判处管制、拘役、有期徒刑或者无期徒刑的罪犯，在执行期间确有悔改或者立功表现，应当依法予以减刑、假释的时候，由执行机关提出建议书，报请人民法院审核裁定，并将建议书副本抄送人民检察院。人民检察院可以向人民法院提出书面意见。

第二百六十三条　人民检察院认为人民法院减刑、假释的裁定不当，应当在收到裁定书副本后二十日以内，向人民法院提出书面纠正意见。人民法院应当在收到纠正意见后一个月以内重新组成合议庭进行审理，作出最终裁定。

## 2. 《中华人民共和国民法通则（2009年修订）》（1987年1月1日）（节录）

第一百一十七条　侵占国家的、集体的财产或者他人财产的，应当返还财产，不能返还财产的，应当折价赔偿。

损坏国家的、集体的财产或者他人财产的，应当恢复原状或者折价赔偿。

受害人因此遭受其他重大损失的，侵害人并应当赔偿损失。

第一百一十九条　侵害公民身体造成伤害的，应当赔偿医疗费、因误工减少的收入、残废者生活补助费等费用；造成死亡的，并应当支付丧葬费、死者生前扶养的人必要的生活费等费用。

第一百二十条　公民的姓名权、肖像权、名誉权、荣誉权受到侵害的，有权要求停止侵害，恢复名誉，消除影响，赔礼道歉，并可以要求赔偿损失。

法人的名称权、名誉权、荣誉权受到侵害的，适用前款规定。

第一百三十三条　无民事行为能力人、限制民事行为能力人造成他人损害的，由监护人承担民事责任。监护人尽了监护责任的，可以适当减轻他的民事责任。

有财产的无民事行为能力人、限制民事行为能力人造成他人损害的，从本人财产中支付赔偿费用。不足部分，由监护人适当赔偿，但单位担任监护人的除外。

## 3. 《中华人民共和国公司法（2005年修订）》（1994年7月1日）（节录）

第一百四十七条　有下列情形之一的，不得担任公司的董事、监事、高级管理人员：

（二）因贪污、贿赂、侵占财产、挪用财产或者破坏社会主义市场经济秩序，被判处刑罚，执行期满未逾五年，或者因犯罪被剥夺政治权利，执行期满未逾五年。

公司违反前款规定选举、委派董事、监事或者聘任高级管理人员的，该选举、委派或者聘任无效。

第一百四十八条　董事、高级管理人员应当遵守法律、行政法规和公司章程，对公司负有忠实义务和勤勉义务。

第二百一十五条　公司违反本法规定，应当承担民事赔偿责任和缴纳罚款、罚金的，其财产不足以支付时，先承担民事赔偿责任。

## 4. 《中华人民共和国证券法（2005年修订）》（1999年7月1日）（节录）

第一百零八条　有《中华人民共和国公司法》第一百四十七条规定的情形或者下列情形之一的，不得担任证券交易所的负责人：

（一）因违法行为或者违纪行为被解除职务的证券交易所、证券登记结算机构的负责人或者证券公司的董事、监事、高级管理人员，自被解除职务之日起未逾五年；

（二）因违法行为或者违纪行为被撤销资格的律师、注册会计师或者投资咨询机构、财务顾问机构、资信评级机构、资产评估机构、验证机构的专业人员，自被撤销资格之日起未逾五年。

**第一百三十一条（第二款）** 有《中华人民共和国公司法》第一百四十七条规定的情形或者下列情形之一的，不得担任证券公司的董事、监事、高级管理人员：

（一）因违法行为或者违纪行为被解除职务的证券交易所、证券登记结算机构的负责人或者证券公司的董事、监事、高级管理人员，自被解除职务之日起未逾五年；

（二）因违法行为或者违纪行为被撤销资格的律师、注册会计师或者投资咨询机构、财务顾问机构、资信评级机构、资产评估机构、验证机构的专业人员，自被撤销资格之日起未逾五年。

**第二百三十二条** 违反本法规定，应当承担民事赔偿责任和缴纳罚款、罚金，其财产不足以同时支付时，先承担民事赔偿责任。

## 5. 最高人民法院、最高人民检察院、公安部、司法部《社区矫正实施办法》(2012年3月1日)

**第一条** 为依法规范实施社区矫正，将社区矫正人员改造成为守法公民，根据《中华人民共和国刑法》、《中华人民共和国刑事诉讼法》等有关法律规定，结合社区矫正工作实际，制定本办法。

**第二条** 司法行政机关负责指导管理、组织实施社区矫正工作。

人民法院对符合社区矫正适用条件的被告人、罪犯依法作出判决、裁定或者决定。

人民检察院对社区矫正各执法环节依法实行法律监督。

公安机关对违反治安管理规定和重新犯罪的社区矫正人员及时依法处理。

**第三条** 县级司法行政机关社区矫正机构对社区矫正人员进行监督管理和教育帮助。司法所承担社区矫正日常工作。

社会工作者和志愿者在社区矫正机构的组织指导下参与社区矫正工作。

有关部门、村（居）民委员会、社区矫正人员所在单位、就读学校、家庭成员或者监护人、保证人等协助社区矫正机构进行社区矫正。

**第四条** 人民法院、人民检察院、公安机关、监狱对拟适用社区矫正的被告人、罪犯，需要调查其对所居住社区影响的，可以委托县级司法行政机关进行调查评估。

受委托的司法行政机关应当根据委托机关的要求，对被告人或者罪犯的居所情况、家庭和社会关系、一贯表现、犯罪行为的后果和影响、居住地村（居）民委员会和被害人意见、拟禁止的事项等进行调查了解，形成评估意见，及时提交委托机关。

**第五条** 对于适用社区矫正的罪犯，人民法院、公安机关、监狱应当核实其居住地，在向其宣判时或者在其离开监所之前，书面告知其到居住地县级司法行政机关报到的时间期限以及逾期报到的后果，并通知居住地县级司法行政机关；在判决、裁定生效起三个工作日内，送达判决书、裁定书、决定书、执行通知书、假释证明书副本等法律文书，同时抄送其居住地县级人民检察院和公安机关。县级司法行政机关收到法律文书后，应当在三个工作日内送达回执。

**第六条** 社区矫正人员应当自人民法院判决、裁定生效之日或者离开监所之日起十日内到居住地县级司法行政机关报到。县级司法行政机关应当及时为其办理登记接收手续，并告知其三日内到指定的司法所接受社区矫正。发现社区矫正人员未按规定时间报到的，县级司法行政机关应当及时组织查找，并通报决定机关。

暂予监外执行的社区矫正人员，由交付执行的监狱、看守所将其押送至居住地，与县级司法行政机关办理交接手续。罪犯服刑地与居住地不在同一省、自治区、直辖市，需要回居住地暂予监外执行的，服刑地的省级监狱管理机关、公安机关监所管理部门应当书面通知罪犯居住地的同级监狱管理机关、公安机关监所管理部门，指定一所监狱、看守所接收罪犯档案，负责办理罪犯收监、释放等手续。人民法院决定暂予监外执行的，应当通知其居住地县级司法行政机关派员到庭办理交接手续。

第七条 司法所接收社区矫正人员后，应当及时向社区矫正人员宣告判决书、裁定书、决定书、执行通知书等有关法律文书的主要内容；社区矫正期限；社区矫正人员应当遵守的规定、被禁止的事项以及违反规定的法律后果；社区矫正人员依法享有的权利和被限制行使的权利；矫正小组人员组成及职责等有关事项。

宣告由司法所工作人员主持，矫正小组成员及其他相关人员到场，按照规定程序进行。

第八条 司法所应当为社区矫正人员确定专门的矫正小组。矫正小组由司法所工作人员担任组长，由本办法第三条第二、三款所列相关人员组成。社区矫正人员为女性的，矫正小组应当有女性成员。

司法所应当与矫正小组签订矫正责任书，根据小组成员所在单位和身份，明确各自的责任和义务，确保各项矫正措施落实。

第九条 司法所应当为社区矫正人员制定矫正方案，在对社区矫正人员被判处的刑罚种类、犯罪情况、悔罪表现、个性特征和生活环境等情况进行综合评估的基础上，制定有针对性的监管、教育和帮助措施。根据矫正方案的实施效果，适时予以调整。

第十条 县级司法行政机关应当为社区矫正人员建立社区矫正执行档案，包括适用社区矫正的法律文书，以及接收、监管审批、处罚、收监执行、解除矫正等有关社区矫正执行活动的法律文书。

司法所应当建立社区矫正工作档案，包括司法所和矫正小组进行社区矫正的工作记录，社区矫正人员接受社区矫正的相关材料等。同时留存社区矫正执行档案副本。

第十一条 社区矫正人员应当定期向司法所报告遵纪守法、接受监督管理、参加教育学习、社区服务和社会活动的情况。发生居所变化、工作变动、家庭重大变故以及接触对其矫正产生不利影响人员的，社区矫正人员应当及时报告。

保外就医的社区矫正人员还应当每个月向司法所报告本人身体情况，每三个月向司法所提交病情复查情况。

第十二条 对于人民法院禁止令确定需经批准才能进入的特定区域或者场所，社区矫正人员需进入的，应当经县级司法行政机关批准，并告知人民检察院。

第十三条 社区矫正人员未经批准不得离开所居住的市、县（旗）。

社区矫正人员因就医、家庭重大变故等原因，确需离开所居住的市、县（旗），在七日以内的，应当报经司法所批准；超过七日的，应当由司法所签署意见后报经县级司法行政机关批准。返回居住地时,应当立即向司法所报告。社区矫正人员离开所居住市、县(旗)不得超过一个月。

第十四条　社区矫正人员未经批准不得变更居住的县(市、区、旗)。

社区矫正人员因居所变化确需变更居住地的,应当提前一个月提出书面申请,由司法所签署意见后报经县级司法行政机关审批。县级司法行政机关在征求社区矫正人员新居住地县级司法行政机关的意见后作出决定。

经批准变更居住地的,县级司法行政机关应当自作出决定之日起三个工作日内,将有关法律文书和矫正档案移交新居住地县级司法行政机关。有关法律文书应当抄送现居住地及新居住地县级人民检察院和公安机关。社区矫正人员应当自收到决定之日起七日内到新居住地县级司法行政机关报到。

第十五条　社区矫正人员应当参加公共道德、法律常识、时事政策等教育学习活动,增强法制观念、道德素质和悔罪自新意识。社区矫正人员每月参加教育学习时间不少于八小时。

第十六条　有劳动能力的社区矫正人员应当参加社区服务,修复社会关系,培养社会责任感、集体观念和纪律意识。社区矫正人员每月参加社区服务时间不少于八小时。

第十七条　根据社区矫正人员的心理状态、行为特点等具体情况,应当采取有针对性的措施进行个别教育和心理辅导,矫正其违法犯罪心理,提高其适应社会能力。

第十八条　司法行政机关应当根据社区矫正人员的需要,协调有关部门和单位开展职业培训和就业指导,帮助落实社会保障措施。

第十九条　司法所应当根据社区矫正人员个人生活、工作及所处社区的实际情况,有针对性地采取实地检查、通讯联络、信息化核查等措施及时掌握社区矫正人员的活动情况。重点时段、重大活动期间或者遇有特殊情况,司法所应当及时了解掌握社区矫正人员的有关情况,可以根据需要要求社区矫正人员到办公场所报告、说明情况。

社区矫正人员脱离监管的,司法所应当及时报告县级司法行政机关组织追查。

第二十条　司法所应当定期到社区矫正人员的家庭、所在单位、就读学校和居住的社区了解、核实社区矫正人员的思想动态和现实表现等情况。

对保外就医的社区矫正人员,司法所应当定期与其治疗医院沟通联系,及时掌握其身体状况及疾病治疗、复查结果等情况,并根据需要向批准、决定机关或者有关监狱、看守所反馈情况。

第二十一条　司法所应当及时记录社区矫正人员接受监督管理、参加教育学习和社区服务等情况,定期对其接受矫正的表现进行考核,并根据考核结果,对社区矫正人员实施分类管理。

第二十二条　发现社区矫正人员有违反监督管理规定或者人民法院禁止令情形的,司法行政机关应当及时派员调查核实情况,收集有关证明材料,提出处理意见。

第二十三条　社区矫正人员有下列情形之一的,县级司法行政机关应当给予警告,并出具书面决定:

（一）未按规定时间报到的；
（二）违反关于报告、会客、外出、居住地变更规定的；
（三）不按规定参加教育学习、社区服务等活动，经教育仍不改正的；
（四）保外就医的社区矫正人员无正当理由不按时提交病情复查情况，或者未经批准进行就医以外的社会活动且经教育仍不改正的；
（五）违反人民法院禁止令，情节轻微的；
（六）其他违反监督管理规定的。

**第二十四条** 社区矫正人员违反监督管理规定或者人民法院禁止令，依法应予治安管理处罚的，县级司法行政机关应当及时提请同级公安机关依法给予处罚。公安机关应当将处理结果通知县级司法行政机关。

**第二十五条** 缓刑、假释的社区矫正人员有下列情形之一的，由居住地同级司法行政机关向原裁判人民法院提出撤销缓刑、假释建议书并附相关证明材料，人民法院应当自收到之日起一个月内依法作出裁定：
（一）违反人民法院禁止令，情节严重的；
（二）未按规定时间报到或者接受社区矫正期间脱离监管，超过一个月的；
（三）因违反监督管理规定受到治安管理处罚，仍不改正的；
（四）受到司法行政机关三次警告仍不改正的；
（五）其他违反有关法律、行政法规和监督管理规定，情节严重的。

司法行政机关撤销缓刑、假释的建议书和人民法院的裁定书同时抄送社区矫正人员居住地同级人民检察院和公安机关。

**第二十六条** 暂予监外执行的社区矫正人员有下列情形之一的，由居住地县级司法行政机关向批准、决定机关提出收监执行的建议书并附相关证明材料，批准、决定机关应当自收到之日起十五日内依法作出决定：
（一）发现不符合暂予监外执行条件的；
（二）未经司法行政机关批准擅自离开居住的市、县（旗），经警告拒不改正，或者拒不报告行踪，脱离监管的；
（三）因违反监督管理规定受到治安管理处罚，仍不改正的；
（四）受到司法行政机关两次警告，仍不改正的；
（五）保外就医期间不按规定提交病情复查情况，经警告拒不改正的；
（六）暂予监外执行的情形消失后，刑期未满的；
（七）保证人丧失保证条件或者因不履行义务被取消保证人资格，又不能在规定期限内提出新的保证人的；
（八）其他违反有关法律、行政法规和监督管理规定，情节严重的。

司法行政机关的收监执行建议书和决定机关的决定书，应当同时抄送社区矫正人员居住地同级人民检察院和公安机关。

**第二十七条** 人民法院裁定撤销缓刑、假释或者对暂予监外执行罪犯决定收监执行的，居住地县级司法行政机关应当及时将罪犯送交监狱或者看守所，公安机关予以协助。

监狱管理机关对暂予监外执行罪犯决定收监执行的,监狱应当立即赴羁押地将罪犯收监执行。

公安机关对暂予监外执行罪犯决定收监执行的,由罪犯居住地看守所将罪犯收监执行。

第二十八条 社区矫正人员符合法定减刑条件的,由居住地县级司法行政机关提出减刑建议书并附相关证明材料,经地(市)级司法行政机关审核同意后提请社区矫正人员居住地的中级人民法院裁定。人民法院应当自收到之日起一个月内依法裁定;暂予监外执行罪犯的减刑,案情复杂或者情况特殊的,可以延长一个月。司法行政机关减刑建议书和人民法院减刑裁定书副本,应当同时抄送社区矫正人员居住地同级人民检察院和公安机关。

第二十九条 社区矫正期满前,社区矫正人员应当作出个人总结,司法所应当根据其在接受社区矫正期间的表现、考核结果、社区意见等情况作出书面鉴定,并对其安置帮教提出建议。

第三十条 社区矫正人员矫正期满,司法所应当组织解除社区矫正宣告。宣告由司法所工作人员主持,按照规定程序公开进行。

司法所应当针对社区矫正人员不同情况,通知有关部门、村(居)民委员会、群众代表、社区矫正人员所在单位、社区矫正人员的家庭成员或者监护人、保证人参加宣告。

宣告事项应当包括:宣读对社区矫正人员的鉴定意见;宣布社区矫正期限届满,依法解除社区矫正;对判处管制的,宣布执行期满,解除管制;对宣告缓刑的,宣布缓刑考验期满,原判刑罚不再执行;对裁定假释的,宣布考验期满,原判刑罚执行完毕。

县级司法行政机关应当向社区矫正人员发放解除社区矫正证明书,并书面通知决定机关,同时抄送县级人民检察院和公安机关。

暂予监外执行的社区矫正人员刑期届满的,由监狱、看守所依法为其办理刑满释放手续。

第三十一条 社区矫正人员死亡、被决定收监执行或者被判处监禁刑罚的,社区矫正终止。

社区矫正人员在社区矫正期间死亡的,县级司法行政机关应当及时书面通知批准、决定机关,并通报县级人民检察院。

第三十二条 对于被判处剥夺政治权利在社会上服刑的罪犯,司法行政机关配合公安机关,监督其遵守刑法第五十四条的规定,并及时掌握有关信息。被剥夺政治权利的罪犯可以自愿参加司法行政机关组织的心理辅导、职业培训和就业指导活动。

第三十三条 对未成年人实施社区矫正,应当遵循教育、感化、挽救的方针,按照下列规定执行:

(一)对未成年人的社区矫正应当与成年人分开进行;

(二)对未成年社区矫正人员给予身份保护,其矫正宣告不公开进行,其矫正档案应当保密;

(三)未成年社区矫正人员的矫正小组应当有熟悉青少年成长特点的人员参加;

(四)针对未成年人的年龄、心理特点和身心发育需要等特殊情况,采取有益于其身心健康发展的监督管理措施;

（五）采用易为未成年人接受的方式，开展思想、法制、道德教育和心理辅导；

（六）协调有关部门为未成年社区矫正人员就学、就业等提供帮助；

（七）督促未成年社区矫正人员的监护人履行监护职责，承担抚养、管教等义务；

（八）采取其他有利于未成年社区矫正人员改过自新、融入正常社会生活的必要措施。

犯罪的时候不满十八周岁被判处五年有期徒刑以下刑罚的社区矫正人员，适用前款规定。

第三十四条　社区矫正人员社区矫正期满的，司法所应当告知其安置帮教有关规定，与安置帮教工作部门妥善做好交接，并转交有关材料。

第三十五条　司法行政机关应当建立例会、通报、业务培训、信息报送、统计、档案管理以及执法考评、执法公开、监督检查等制度，保障社区矫正工作规范运行。

司法行政机关应当建立突发事件处置机制，发现社区矫正人员非正常死亡、实施犯罪、参与群体性事件的，应当立即与公安机关等有关部门协调联动、妥善处置，并将有关情况及时报告上级司法行政机关和有关部门。

司法行政机关和公安机关、人民检察院、人民法院建立社区矫正人员的信息交换平台，实现社区矫正工作动态数据共享。

第三十六条　社区矫正人员的人身安全、合法财产和辩护、申诉、控告、检举以及其他未依法剥夺或者限制的权利不受侵犯。社区矫正人员在就学、就业和享受社会保障等方面，不受歧视。

司法工作人员应当认真听取和妥善处理社区矫正人员反映的问题，依法维护其合法权益。

第三十七条　人民检察院发现社区矫正执法活动违反法律和本办法规定的，可以区别情况提出口头纠正意见、制发纠正违法通知书或者检察建议书。交付执行机关和执行机关应当及时纠正、整改，并将有关情况告知人民检察院。

第三十八条　在实施社区矫正过程中，司法工作人员有玩忽职守、徇私舞弊、滥用职权等违法违纪行为的，依法给予相应处分；构成犯罪的，依法追究刑事责任。

第三十九条　各级人民法院、人民检察院、公安机关、司法行政机关应当切实加强对社区矫正工作的组织领导，健全工作机制，明确工作机构，配备工作人员，落实工作经费，保障社区矫正工作的顺利开展。

第四十条　本办法自2012年3月1日起施行。最高人民法院、最高人民检察院、公安部、司法部之前发布的有关社区矫正的规定与本办法不一致的，以本办法为准。

### 6.《中华人民共和国监狱法》(1994年12月29日)（节录）

第二条　监狱是国家的刑罚执行机关。

依照刑法和中华人民共和国刑事诉讼法的规定，被判处死刑缓期二年执行、无期徒刑、有期徒刑的罪犯，在监狱内执行刑罚。

第五条　监狱的人民警察依法管理监狱、执行刑罚、对罪犯进行教育改造等活动，受法律保护。

**第六条** 人民检察院对监狱执行刑罚的活动是否合法,依法实行监督。

**第十五条** 人民法院对被判处死刑缓期二年执行、无期徒刑、有期徒刑的罪犯,应当将执行通知书、判决书送达羁押该罪犯的公安机关,公安机关应当自收到执行通知书、判决书之日起一个月内将该罪犯送交监狱执行刑罚。

罪犯在被交付执行刑罚前,剩余刑期在一年以下的,由看守所代为执行。

**第十六条** 罪犯被交付执行刑罚时,交付执行的人民法院应当将人民检察院的起诉书副本、人民法院的判决书、执行通知书、结案登记表同时送达监狱。监狱没有收到上述文件的,不得收监;上述文件不齐全或者记载有误的,作出生效判决的人民法院应当及时补充齐全或者作出更正;对其中可能导致错误收监的,不予收监。

**第十七条** 监狱应当对交付执行刑罚的罪犯进行身体检查。经检查,被判处无期徒刑、有期徒刑的罪犯有下列情形之一的,可以暂不收监:

(一)有严重疾病需要保外就医的;

(二)怀孕或者正在哺乳自己婴儿的妇女。

对前款所列暂不收监的罪犯,应当由交付执行的人民法院决定暂予监外执行。对其中暂予监外执行有社会危险性的,应当收监。暂予监外执行的罪犯,由居住地公安机关执行刑罚。前款所列暂不收监的情形消失后,原判刑期尚未执行完毕的罪犯,由公安机关送交监狱收监。

**第二十五条** 对于被判处无期徒刑、有期徒刑在监内服刑的罪犯,符合中华人民共和国刑事诉讼法规定的监外执行条件的,可以暂予监外执行。

**第二十六条** 暂予监外执行,由监狱提出书面意见,报省、自治区、直辖市监狱管理机关批准。批准机关应当将批准的暂予监外执行决定通知公安机关和原判人民法院,并抄送人民检察院。

人民检察院认为对罪犯适用暂予监外执行不当的,应当自接到通知之日起一个月内将书面意见送交批准暂予监外执行的机关,批准暂予监外执行的机关接到人民检察院的书面意见后,应当立即对该决定进行重新核查。

**第二十七条** 暂予监外执行的罪犯,由居住地公安机关执行。原关押监狱应当及时将罪犯在监内改造情况通报负责执行的公安机关。

**第二十八条** 暂予监外执行的情形消失后,刑期未满的,负责执行的公安机关应当及时通知监狱收监;刑期届满的,由原关押监狱办理释放手续。罪犯在暂予监外执行期间死亡的,公安机关应当及时通知原关押监狱。

**第六十九条** 有劳动能力的罪犯,必须参加劳动。

**第七十四条** 对未成年犯应当在未成年犯管教所执行刑罚。

**第七十五条** 对未成年犯执行刑罚应当以教育改造为主。未成年犯的劳动,应当符合未成年人的特点,以学习文化和生产技能为主。

监狱应当配合国家、社会、学校等教育机构,为未成年犯接受义务教育提供必要的条件。

第七十六条　未成年犯年满十八周岁时，剩余刑期不超过二年的，仍可以留在未成年犯管教所执行剩余刑期。

### 7.《中华人民共和国行政处罚法（2009年修正）》（1996年10月1日）（节录）

第二十八条　违法行为构成犯罪，人民法院判处拘役或者有期徒刑时，行政机关已经给予当事人行政拘留的，应当依法折抵相应刑期。

违法行为构成犯罪，人民法院判处罚金时，行政机关已经给予当事人罚款的，应当折抵相应罚金。

### 8.《全国人民代表大会和地方各级人民代表大会选举法（2010年修正）》（1980年1月1日）（节录）

第三条　中华人民共和国年满十八周岁的公民，不分民族、种族、性别、职业、家庭出身、宗教信仰、教育程度、财产状况和居住期限，都有选举权和被选举权。

依照法律被剥夺政治权利的人没有选举权和被选举权。

### 9.《中华人民共和国兵役法（1998年修正）》（1984年10月1日）（节录）

第三条（第三款）　依照法律被剥夺政治权利的人，不得服兵役。

### 10.《全国人民代表大会和地方各级人民代表大会代表法（2010年修正）》（1992年4月3日）（节录）

第四十八条　代表有下列情形之一的，暂时停止执行代表职务，由代表资格审查委员会向本级人民代表大会常务委员会或者乡、民族乡、镇的人民代表大会报告：

（一）因刑事案件被羁押正在受侦查、起诉、审判的；

（二）被依法判处管制、拘役或者有期徒刑而没有附加剥夺政治权利，正在服刑的。

前款所列情形在代表任期内消失后，恢复其执行代表职务，但代表资格终止者除外。

第四十九条　代表有下列情形之一的，其代表资格终止：

（六）依照法律被剥夺政治权利的；

### 11.《中华人民共和国教师法（2009年修正）》（1994年1月1日）（节录）

第十四条　受到剥夺政治权利或者故意犯罪受到有期徒刑以上刑事处罚的，不能取得教师资格；已经取得教师资格的，丧失教师资格。

### 12.《中华人民共和国注册会计师法》（1994年1月1日）（节录）

第十条　有下列情形之一的，受理申请的注册会计师协会不予注册：

（二）因受刑事处罚，自刑罚执行完毕之日起至申请注册之日止不满五年的。

第十三条（第一款）　已取得注册会计师证书的人员，除本法第十一条第一款规定的情形外，注册后有下列情形之一的，由准予注册的注册会计师协会撤销注册，收回注册会计师证书：

（二）受刑事处罚的。

**13.《中华人民共和国人民警察法》(1995年2月28日)(节录)**

第二十六条（第二款）　有下列情形之一的，不得担任人民警察：

（一）曾因犯罪受过刑事处罚的；

（二）曾被开除公职的。

**14《中华人民共和国商业银行法（2003年修正）》(1995年5月10日)(节录)**

第二十七条　有下列情形之一的，不得担任商业银行的董事、高级管理人员：

（一）因犯有贪污、贿赂、侵占财产、挪用财产罪或者破坏社会经济秩序罪，被判处刑罚，或者因犯罪被剥夺政治权利的。

**15.《中华人民共和国法官法（2001年修正）》(1995年7月1日)(节录)**

第十条　下列人员不得担任法官：

（一）曾因犯罪受过刑事处罚的；

（二）曾被开除公职的。

第十三条　法官有下列情形之一的，应当依法提请免除其职务：

（八）因违纪、违法犯罪不能继续任职的。

**16.《中华人民共和国检察官法（2001年修正）》(1995年7月1日)(节录)**

第十一条　下列人员不得担任检察官：

（一）曾因犯罪受过刑事处罚的；

（二）曾被开除公职的。

第十四条　检察官有下列情形之一的，应当依法提请免除其职务：

（八）因违纪、违法犯罪不能继续任职的。

**17.《中华人民共和国律师法（2007年修订）》(1997年1月1日)(节录)**

第九条　有下列情形之一的，不予颁发律师执业证书：

（二）受过刑事处罚的，但过失犯罪的除外。

**18.《中华人民共和国村民委员会组织法（2010年修订）》(1998年11月4日)(节录)**

第十三条（第一款）　年满十八周岁的村民，不分民族、种族、性别、职业、家庭出身、宗教信仰、教育程度、财产状况、居住期限，都有选举权和被选举权；但是，依照法律被剥夺政治权利的人除外。

**19.《中华人民共和国执业医师法（2009年修正）》(1999年5月1日)(节录)**

第十三条　国家实行医师执业注册制度。

取得医师资格的，可以向所在地县级以上人民政府卫生行政部门申请注册。

除有本法第十五条规定的情形外，受理申请的卫生行政部门应当自收到申请之日起三十日内准予注册，并发给由国务院卫生行政部门统一印制的医师执业证书。

医疗、预防、保健机构可以为本机构中的医师集体办理注册手续。

第十五条（第一款）　有下列情形之一的，不予注册：

（二）因受刑事处罚，自刑罚执行完毕之日起至申请注册之日止不满二年的。

## 20.《军人抚恤优待条例（2011年修订）》（2004年10月1日　国务院、中央军事委员会令第602号）（节录）

第五十条　抚恤优待对象被判处有期徒刑、剥夺政治权利或者被通缉期间，中止其抚恤优待；被判处死刑、无期徒刑的，取消其抚恤优待资格。

## 21.《娱乐场所管理条例》（2006年3月1日　国务院令第458号）（节录）

第五条　有下列情形之一的人员，不得开办娱乐场所或者在娱乐场所内从业：

（一）曾犯有组织、强迫、引诱、容留、介绍卖淫罪，制作、贩卖、传播淫秽物品罪，走私、贩卖、运输、制造毒品罪，强奸罪，强制猥亵、侮辱妇女罪，赌博罪，洗钱罪，组织、领导、参加黑社会性质组织罪的；

（二）因犯罪曾被剥夺政治权利的；

（三）因吸食、注射毒品曾被强制戒毒的；

（四）因卖淫、嫖娼曾被处以行政拘留的。

# 第七章 刑罚的具体运用

## 一、量刑

**178. 审判实践中如何把握"犯罪情节轻微不需要判处刑罚"的标准？**

情节轻微程度的把握标准没有统一规定，实践中可以从犯罪数额、伤害程度、手段、对象、社会影响、退赃、救护等悔罪情况、犯罪时间地点等附随情况以及其他反映主观恶性和人身危险性的情节来加以综合判断。

### 典型疑难案件参考

郝卫东盗窃案（《最高人民法院公报》2011年第5期）

**基本案情**

被告人郝卫东系被害人郝喜厚亲侄孙。2008年4月28日上午11时许，郝卫东到府谷镇阴塔村郝喜厚家院内，见院中无人，想到债主逼债，便产生盗窃还债之念。郝卫东随后在院内找了一根钢筋棍，将窗户玻璃打碎进入室内，又在室内找了把菜刀，将郝喜厚家写字台的抽屉撬坏，盗走该抽屉内放的现金53000元，然后将其中49000元存入银行，剩余4000元还债。当日下午，郝卫东被公安人员抓获。破案后，存入银行的赃款49000元全部追回退还失主，剩余4000元由郝卫东父亲郝建国代其赔偿给失主。

**原审诉辩情况**

陕西省府谷县人民检察院以被告人郝卫东犯盗窃罪，向陕西省府谷县人民法院提起公诉。

检察院认为：郝卫东以非法占有为目的，秘密窃取他人财物，其行为构成盗窃罪，提请依法予以惩处。

被告人郝卫东及其辩护人对检察机关指控的事实和罪名无异议。郝卫东的辩护人认为：应当对郝卫东的盗窃行为判处缓刑，其辩护理由为：首先，郝卫东是被害人郝喜厚的亲侄孙，而且两人在2007年签订过遗赠协议书，可视为近亲属。根据最高人民法院《关于审理盗窃案件具体应用法律若干问题的解释》第1条第4项之规定，可以盗窃近亲属财物对郝卫东减轻处罚。其次，郝卫东案发时刚刚成年，无前科，归案后有悔罪表现，且当庭认罪；此外，赃款全部追回，未给失主造成经济损失，并取得被害人谅解，被害人表示不希望追究郝卫东的刑事责任。综上，建议对郝卫东判处缓刑。

### 原审裁判结果

陕西省府谷县人民法院依照《刑法》第264条、第63条第2款、第64条之规定，于2008年9月25日判决如下：被告人郝卫东犯盗窃罪，判处有期徒刑5年，并处罚金20000元。

### 原审裁判理由

陕西省府谷县人民法院一审认为：被告人郝卫东以非法占有为目的，秘密窃取他人财物，数额特别巨大，其行为构成盗窃罪。本案盗窃数额巨大，按照《刑法》规定应在10年以上量刑。但是在对郝卫东量刑时有以下几点酌定从轻情节考虑：（1）被告人确系被害人郝喜厚的亲侄孙，从小与被害人生活在一起，双方关系密切，感情较好。双方关系虽非《刑事诉讼法》第82条所规定的"近亲属"，但属于五代以内的旁系血亲，属亲属关系。其盗窃自己亲属财物之行为有别于其他盗窃行为，在量刑时也应该区别对待。（2）被告人所盗窃的赃款在案发当天仅隔数小时后即被追回，未给被害人造成任何经济损失。（3）被害人强烈要求法庭对被告人免除处罚，案发后，郝喜厚先后到公、检、法部门反映，要求免除被告人的处罚，称如果因其报案导致被告人受到刑罚处罚，两家的关系难以处理好，且村里人也认为他得理不饶人。（4）郝卫东归案后认罪态度较好，且系初犯。辩护人的相关辩护意见予以采纳。

### 复核情况

一审宣判后，被告人郝卫东没有上诉，检察机关也没有抗诉。因系法定刑以下判刑案件，经逐级层报陕西省榆林市中级人民法院、陕西省高级人民法院复核同意后报请最高人民法院核准。

### 复核结果

最高人民法院依照《刑法》第63条第2款和最高人民法院《关于执行

《中华人民共和国刑事诉讼法》若干问题的解释》第 270 条的规定，于 2009 年 11 月 20 日裁定如下：

一、不核准陕西省府谷县人民法院〔2008〕府刑初字第 103 号对被告人郝卫东以盗窃罪，在法定刑以下判处有期徒刑 5 年，并处罚金人民币 20000 元的刑事判决。

二、撤销陕西省府谷县人民法院〔2008〕府刑初字第 103 号对被告人郝卫东以盗窃罪，在法定刑以下判处有期徒刑 5 年，并处罚金人民币 20000 元的刑事判决。

三、发回陕西省府谷县人民法院重新审判。

### 复核理由

最高人民法院认为：本案虽然盗窃数额特别巨大，但是发生在有共同生活背景的紧密亲属关系之间，被害人郝喜厚表示谅解且不希望追究被告人郝卫东刑事责任，所盗窃财物于案发后随即追回，并未造成被害人实际损失，被告人犯罪时刚刚成年，犯罪主观恶性不深，犯罪实际造成的危害范围和程度有限，根据案件的特殊情况，应当认定为《刑法》第 37 条规定的"情节轻微，不需要判处刑罚"的情形。原判对郝卫东在法定刑以下判处的刑罚量刑仍属过重。

### 重审裁判结果

陕西省府谷县人民法院重审后，依据《刑法》第 264 条、第 37 条、第 64 条之规定，于 2010 年 1 月 14 日判决如下：被告人郝卫东犯盗窃罪，免予刑事处罚。

### 重审裁判理由

陕西省府谷县人民法院经重新审理认为：被告人郝卫东以非法占有为目的，秘密窃取他人财物，且数额特别巨大，其行为已构成盗窃罪，检察机关指控罪名成立，依法应予惩处。依据最高人民法院《关于审理盗窃案件具体应用法律若干问题的解释》第 1 条第 4 项的规定，偷拿自己家的财物或者其近亲属的财物，一般可不按犯罪处理；对确有追究刑事责任必要的，处罚时也应与一般盗窃案件有所区别。本案中，被告人与被害人郝喜厚虽不是法定的近亲属，但被告人系被害人的亲侄孙，属五代以内旁系血亲，且被告人从小就和被害人一起生活，二人亲情深厚，在被告人犯罪后，被害人多次向法庭要求对被告人从宽处理。被告人归案后认罪态度好，悔罪表现明显，且所盗款项大部分被及时追回，不足部分也由其亲属退赔给了失主。综合考虑本案被告人的犯罪情节、危害后果及其悔罪表现，被告人的犯罪行为应属《刑法》第 37 条规定的"犯罪情节轻微，不需要判处刑罚"的情形，故可对被告人免予刑事处罚。

### 179. 尊亲属关系对定罪量刑有何影响？

犯罪人与被害人之间存在尊亲属或其他亲属关系，对定性一般没有影响。但在量刑时可以予以考虑，但具体产生何种影响，要根据亲属关系对行为人社会危害性和人身危险性评价的影响来分析。

### 180. 对尊亲属故意伤害甚至致死的如何量刑？

故意伤害致死尊亲属的案件，在把握死刑适用标准上一定要慎重，既要准确理解法律规定和刑事政策，也要充分考虑个案的情节和各方的因素，力求判决结果达到法律效果和社会效果的有机统一。一般来说，家庭纠纷导致亲属之间发生伤害行为的，可以考虑特殊的情景从轻处罚。

## 典型疑难案件参考

### 索和平故意伤害案

**基本案情**

被告人索和平从小脾气不好，稍不顺心，便打骂父母及妹妹。索和平的母亲病逝，妹妹出嫁后，其对父亲索金秀的打骂逐步升级，索金秀不堪忍受，外出打工不归。2006年，索金秀因工伤左手食、中指被切断，手背皮骨被切碎，回到家中。为此，索和平嫌索金秀不能干活了，非打即骂，甚至有时不给饭吃。对此，村民敢怒而不敢言。

2007年5月30日早上，被告人索和平嫌索金秀摇晃家中大门，便朝其背部踹了十余脚，并追打至村民索大平的小卖部附近，被邻居劝阻后方才停手。随即，索和平回家取来凉馒头给索金秀吃，因索金秀嚼碎的馒头吐出来，索和平再次发火，又朝索金秀身上踹了几脚，致其当场死亡。之后，索和平用三轮车将索金秀的尸体拉到村外坟地，准备掩埋。经村民举报，公安人员将正在挖坑的索和平当场抓获。经鉴定，索金秀系钝性物致伤，腹部闭合性损伤致脾脏破裂引起失血性疼痛休克死亡。

### 一审诉辩情况

山西省忻州市人民检察院以被告人索和平犯故意杀人罪向忻州市中级人民法院提起公诉。

### 一审裁判结果

忻州市中级人民法院依法以故意伤害罪判处被告人索和平死刑，剥夺政治权利终身。

### 一审裁判理由

忻州市中级人民法院认为：检察机关指控被告人索和平的犯罪事实清楚，证据确实、充分，但定性故意杀人罪不准。被告人索和平无端滋事，对父亲多次拳打脚踢，致其当场死亡，其行为构成故意伤害罪，且犯罪手段残忍，情节恶劣，后果特别严重，依法应予严惩。

### 二审诉辩情况

一审宣判后，索和平不服，提出上诉。其上诉理由及其辩护人的辩护意见是：本案系因家庭矛盾引发，其主观上没有伤害故意，且认罪态度较好，请求从轻处罚。

### 二审裁判结果

山西省高级人民法院依照《刑事诉讼法》第189条第1项的规定，裁定：驳回上诉，维持原判，并依法报请最高人民法院核准。

### 二审裁判理由

山西省高级人民法院经审理认为：被告人索和平目无国法，仅因琐事将其父拳打脚踢致死，构成故意伤害罪。被告人及其辩护人所提主观上没有伤害故意的上诉理由和辩护意见与客观事实及当庭查明的事实、证据不符，不予采纳。被告人及其辩护人所提"本案系因家庭矛盾引发，其认罪态度较好"的上诉理由和辩护意见属实，但被告人违背人伦，长期虐待老人，仅因琐事即对父亲多次拳打脚踢，致其当场死亡。其犯罪手段特别残忍，情节特别恶劣，后果特别严重，依法不应从轻处罚。

### 复核结果

最高人民法院依照《刑事诉讼法》第199条和最高人民法院《关于复核

死刑案件若干问题的规定》第2条第1款的规定，裁定：核准山西省高级人民法院维持第一审以故意伤害罪判处被告人索和平死刑，剥夺政治权利终身的刑事裁定。

> **复核理由**

最高人民法院经复核认为：被告人索和平长期虐待父亲索金秀，因生活琐事对其拳打脚踢致死，已构成故意伤害罪。索和平在其父亲出现死亡征兆后，未进行任何救治，而是私自决定掩埋，主观恶性极深，社会影响极其恶劣，依法应予惩处。

## 181. 父母为教育子女将子女殴打致死的行为应当如何量刑？

教子过程中一时冲动，当场使用暴力，失手将孩子打死，其主观上具有伤害故意，客观上实施了伤害致死的行为，故应以故意伤害罪追究被告人的刑事责任，也就是说，父母子女关系并不能对定性产生影响。在教育子女过程中的暴力行为造成犯罪的，量刑时应充分考虑其动机、对象、后果等方面的特殊性。可对二被告人在法定刑幅度内减轻处罚，以体现教育、感化、挽救的刑罚功能，有利于彰显法律的威严和人文关怀，实现法律效果和社会效果的有机统一。

**典型疑难案件参考**

陈玲、程刚故意伤害案

> **基本案情**

被告人程刚、陈玲于2003年开始同居，女儿程泉自2004年7月出生后一直寄养在陈玲的父母家。2007年3月底，陈玲、程刚认为程泉需要接受良好教育，便将程泉接回，并送入幼儿园接受学前教育。其间，陈玲、程刚曾对程泉有打骂行为。

2007年5月27日下午，在陈玲的催促下，程刚用电子拼图教程泉识字，因程泉发音不准，激怒程刚、陈玲，程刚持拖鞋、鞋刷连续多次击打程泉的臀部、后背及下肢，又用巴掌击打程泉的面部；陈玲用巴掌连续多次击打程泉的臀部、面部，致程泉皮下淤血。次日下午，在教程泉识字过程中，因被同样问题激怒，陈玲便持鞋刷、马桶抽子殴打程泉的脚面、胳膊、手背和臀部，使程泉的手背、脚面当即肿胀，在陈玲用热水为程泉洗浴后，程泉出现乏力、嗜睡症状。晚9时许，陈玲、程刚发现程泉有呕吐、发烧症状后，陈玲曾提议将程泉送医院救治，程刚认为尚需观察。次日凌晨4时许，陈玲发现程泉呼吸急促、双眼瞪视，便和程刚一起进行抢救，并拨打"120"求救，待急救医生赶到时，程泉已停止呼吸，送至医院即被确认已死亡。经法医学鉴定，确认程泉系被他人用钝性物体多次打击身体多部位造成广泛性皮下出血致创伤性休克而死。

2007年5月29日凌晨，陈玲在其母陪同下到郑州市东风路派出所投案。

### 诉辩情况

河南省郑州市人民检察院以被告人陈玲、程刚犯故意伤害罪向郑州市中级人民法院提起公诉。

被告人陈玲、程刚对指控的事实均无异议。二被告人的辩护人均认为：二被告人的行为构成虐待罪而非指控的故意伤害罪；二被告人均有自首情节；归案后真诚悔罪，均建议对被告人从轻处罚。

### 裁判结果

郑州市中级人民法院依照《刑法》第234条第2款、第25条第1款、第26条第3款、第27条、第67条第1款的规定，判决如下：

一、被告人陈玲犯故意伤害罪，判处有期徒刑6年。

二、被告人程刚犯故意伤害罪，判处有期徒刑4年。

### 裁判理由

郑州市中级人民法院认为：被告人陈玲、程刚故意非法伤害他人身体，致一人死亡，其行为已构成故意伤害罪。郑州市人民检察院指控被告人陈玲犯罪的事实清楚，证据确实、充分，指控罪名成立。二被告人事前虽然没有明确的犯罪通谋，但从认识因素上看，二人均能概括地预见到其共同行为与共同危害结果之间的因果关系，却分别以其行为同对方形成意思联络，并共同造成程泉死亡的后果，从而构成共犯；在共同犯罪中，被告人陈玲的行为对程泉死亡后果的发生起主要作用，系主犯，被告人程刚起次要作用，系从犯。被告人陈玲主动到案并如实供述自己的罪行，系自首。

> **182. 因恋爱矛盾激化引发的故意杀人案件应如何处理？**
>
> 因恋爱矛盾激化引发的故意杀人案件属于民间矛盾引发的杀人案件，可参照因婚姻家庭矛盾激化引发的故意杀人案件处理。在量刑方面，依据最高人民法院《全国法院维护农村稳定刑事审判工作座谈会纪要》的意见，对于因婚姻家庭、邻里纠纷等民间矛盾激化引发的故意杀人犯罪，适用死刑一定要十分慎重，应当与发生在社会上的严重危害社会治安的其他故意杀人犯罪案件有所区别。对于被害人一方有明显过错或对矛盾激化负有直接责任，或者被告人有法定从轻处罚情节的，一般不应判处死刑立即执行。

## 典型疑难案件参考

### 吴江故意杀人案

**基本案情**

被告人吴江与其女友吴俊因经济等问题致感情上产生隔阂。2006年4月8日20时许，吴江将其驾驶的富康牌轿车（车牌号：京HV9076）停放在北京市朝阳区北京工业大学经济管理学院停车场内后，与车内的吴俊聊天。其间，二人再次发生争吵，吴江遂猛掐吴俊颈部，致吴俊机械性窒息死亡。后吴江将载有吴俊尸体的富康牌轿车弃至北京市东城区东方广场地下停车场内；同月13日，吴江被公安机关抓获归案。

**诉辩情况**

北京市人民检察院第二分院以被告人吴江犯故意杀人罪，向北京市第二中级人民法院提起公诉。

被告人吴江对检察机关指控的犯罪事实无异议。其辩护人的辩护意见是：吴江因一时冲动而杀人，并非蓄意杀人，犯罪主观恶性不深，且平日表现一贯良好，归案后认罪悔罪，应对其酌予从轻处罚。

> **裁判结果**

北京市第二中级人民法院依照《刑法》第232条、第48条、第51条、第57条第1款、第64条、第61条、第36条第1款之规定,判决:被告人吴江犯故意杀人罪,判处死刑,缓期2年执行,剥夺政治权利终身。

> **裁判理由**

北京市第二中级人民法院认为:被告人吴江故意非法剥夺他人生命,致人死亡,其行为已构成故意杀人罪,且罪行极其严重,依法应予惩处。鉴于吴江归案后能够如实供述所犯罪行,认罪悔罪;其父吴德生在案发后主动报案,并能代替吴江赔偿附带民事诉讼原告人的部分经济损失,故对吴江判处死刑,可不立即执行。

> **复核情况**

一审宣判后,被告人吴江没有提出上诉,检察机关没有提出抗诉。北京市第二中级人民法院依法将本案报请北京市高级人民法院核准。

> **复核结果**

北京市高级人民法院依照《刑事诉讼法》第201条的规定,裁定:核准北京市第二中级人民法院以故意杀人罪判处被告人吴江死刑,缓期2年执行,剥夺政治权利终身的刑事判决。

> **复核理由**

北京市高级人民法院经复核后认为:一审判决认定的事实清楚,证据确实、充分,定罪及适用法律准确,量刑及对在案物品处理适当,审判程序合法。

## 183. 前罪刑罚没有执行完毕,又犯新罪的,应如何处理?

前罪刑罚尚未执行完毕以前重新犯罪,根据《刑法》第71条、第69条的规定,应当依法实行数罪并罚。并罚的方法是"先减后并",即对已执行的刑期不计算在新判决决定的刑期以内,而将前罪没有执行的刑罚和后罪所判处的刑罚,依照《刑法》第69条的规定,决定执行的刑罚。

**184. 刑罚尚未执行完毕，又犯新罪的，具体犯罪规定中有关于再犯量刑从重的特别规定能否适用？**

"先减后并"的并罚方法，与一般的并罚方法相比，具有决定执行刑罚的最低期限较高，实际执行的刑罚可以超过一般数罪并罚最高刑的期限，犯罪分子执行刑罚的时间越长而又犯新罪、数罪并罚时决定执行刑罚的最低期限越高的特点，实际上已经体现了从重。数罪并罚后，再依照特殊从重规定，存在双重从重处罚的问题。而对同一情节进行双重评价并进而实行双重从重处罚，与刑法的罪刑相适应原则相悖。若前罪刑罚已经执行完毕，又犯新罪，符合具体犯罪特殊量刑规定的，应按此规定处理。

### 典型疑难案件参考

李靖贩卖、运输毒品案

#### 基本案情

被告人李靖。1988年12月27日因犯盗窃罪被判处有期徒刑14年，1989年3月因病监外执行；1991年11月9日因犯贩卖毒品罪被判处有期徒刑15年，与前罪尚未执行完毕的刑罚并罚，决定执行有期徒刑20年，1995年6月因病监外执行。2004年6月以来，被告人李靖多次从贵州省贵阳市购买海洛因，运输回西安市进行贩卖。2005年3月2日凌晨4时许，当被告人李靖再次携带海洛因从贵阳市返回西安市莲湖区自强西路光学测量仪器厂家属院门口时，被公安人员抓获。当场从其身上查获海洛因175.5克。

#### 一审诉辩情况

陕西省西安市人民检察院以被告人李靖犯贩卖、运输毒品罪向西安市中级人民法院提起公诉。

#### 一审裁判结果

西安市中级人民法院依照《刑法》第347条第2款、第356条、第71条、第69条、第57条第1款之规定，判决如下：被告人李靖犯贩卖、运输毒品罪，判处死刑，剥夺政治权利终身，并处没收个人全部财产；与前罪未执行完的刑期8年零10个月13天合并，决定执行死刑，剥夺政治权利终身，并处没收个人全部财产。

### 一审裁判理由

西安市中级人民法院认为：被告人李靖因贩卖毒品罪判过刑，在前罪刑罚监外执行期间贩卖、运输海洛因175.5克，系毒品犯罪的再犯，应依法从重处罚；李靖又系前罪刑罚执行完毕以前重新犯罪，应当数罪并罚。

### 二审诉辩情况

一审宣判后，李靖不服，提出上诉称：原判量刑过重。其辩护人提出：李靖涉案毒品未流入社会，建议从轻处罚。

### 二审裁判结果

陕西省高级人民法院依照《刑事诉讼法》第189条第1项的规定，裁定：驳回上诉，维持原判。

### 二审裁判理由

陕西省高级人民法院经审理认为：被告人李靖贩卖、运输海洛因的行为，已构成贩卖、运输毒品罪，贩卖、运输毒品数量大，且因犯贩卖毒品罪被判过刑，系毒品犯罪的再犯，罪行极其严重，依法应从重处罚；李靖又系前罪刑罚执行完毕以前重新犯罪，应当数罪并罚。其上诉理由不能成立，辩护人的辩护意见不予采纳。原判认定事实清楚，证据确实、充分，定罪准确，量刑适当。审判程序合法。

### 复核情况

陕西省高级人民法院依法将本案报请最高人民法院核准。

### 复核结果

最高人民法院依照《刑事诉讼法》第199条和最高人民法院《关于执行〈中华人民共和国刑事诉讼法〉若干问题的解释》第285条第3项，《刑法》第347条第2款、第48条第1款、第57条第1款、第71条、第69条、第59条第1款的规定，判决如下：

一、撤销西安市中级人民法院刑事判决和陕西省高级人民法院刑事裁定中对被告人李靖的量刑部分；

二、被告人李靖犯贩卖、运输毒品罪，判处死刑，缓期2年执行，剥夺政治权利终身，并处没收个人全部财产；与前罪未执行完毕的刑罚并罚，决定执行死刑，缓期2年执行，剥夺政治权利终身，并处没收个人全部财产。

**复核理由**

最高人民法院经复核后认为：被告人李靖从贵州省贵阳市购买海洛因运输到陕西省西安市贩卖的行为，已构成贩卖、运输毒品罪。贩卖、运输毒品数量大，应依法惩处。被告人李靖在前罪刑罚执行完毕以前又犯罪，依法应当数罪并罚。一审判决和二审裁定认定的事实清楚，证据确实、充分，定罪准确，审判程序合法。但根据本案的具体情节，对其判处死刑，可不立即执行。

## 185. 行为人醉酒的原因是否对其量刑产生影响？

对于酒后犯罪，审判实践中应当适当考虑生理性醉酒犯罪的原因及状态，如精神状态、在导致醉酒原因上的过错程度等，可以考虑予以从轻处罚。

### 典型疑难案件参考

房国忠故意杀人案

**基本案情**

2006年11月30日，被告人房国忠在卢氏县城关镇北关村被害人白建江的邻居金小军家帮忙修塑料大棚。白建江携带白酒来到塑料大棚，叫金小军喝酒，金小军推脱不喝，白建江就让房国忠和他一起喝。下午16时许，二人喝完两瓶白酒后，白建江又将房国忠带到自己家中喝酒。喝酒时白建江同房国忠发生争吵、厮打，在厮打过程中房国忠用白建江家的菜刀朝白建江头部、颈部连砍数刀，致白建江当场死亡。

**一审诉辩情况**

河南省三门峡市人民检察院以被告人房国忠犯故意杀人罪向三门峡市中级人民法院提起公诉。

被告人房国忠对起诉书指控的犯罪事实不持异议，但辩称自己喝醉了，干了什么都不知道。其辩护人的辩护意见为：被告人和被害人无冤无仇，无纠纷，不是仇杀，也不是图财杀人；被告人在实施杀人以前没有杀人动机，也没有杀人目的，犯意不明确；被告人杀人时失去了理智，头脑不清醒；被告人没有前科，据此建议在量刑时予以考虑。

### 一审裁判结果

三门峡市中级人民法院依照《刑法》第232条、第57条第1款之规定，判决如下：被告人房国忠犯故意杀人罪，判处死刑，剥夺政治权利终身。

### 一审裁判理由

三门峡市中级人民法院认为：被告人房国忠与被害人白建江酒后发生争吵、厮打，遂持刀将被害人当场砍死，其行为已构成故意杀人罪。检察机关指控罪名成立。房国忠犯罪手段残忍，后果严重，依法应予严惩。

### 二审诉辩情况

一审宣判后，房国忠不服，提出上诉。其上诉理由为：（1）其行为是酒后过失杀人；（2）被害人先将其打伤；（3）量刑过重。其辩护人认为：被害人有过错，且房国忠无前科，认罪态度好，建议对其慎用死刑。

### 二审裁判结果

河南省高级人民法院依照《刑事诉讼法》第189条第1项之规定，裁定：驳回上诉，维持原判。并依法报请最高人民法院复核。

### 二审裁判理由

河南省高级人民法院二审认为：原判认定的事实清楚，证据确实、充分，定罪准确，量刑适当。审判程序合法。

### 复核结果

最高人民法院依照《刑事诉讼法》第199条和最高人民法院《关于复核死刑案件若干问题的规定》第4条之规定，裁定：不核准并撤销河南省高级人民法院〔2007〕豫法刑二终字第228号维持第一审以故意杀人罪判处被告人房国忠死刑，剥夺政治权利终身的刑事裁定，发回河南省高级人民法院重新审判。

### 复核理由

最高人民法院经复核认为：被告人房国忠因口角持刀砍击被害人白建江的要害部位，致被害人死亡，其行为构成故意杀人罪。但是考虑到白建江主动邀请房国忠饮酒，二人素无积怨，只是在共同饮用大量白酒后发生争吵和厮打，在厮打中，房国忠杀害白建江。其酒后激情犯罪，主观恶性并非特别深，人身危险性和社会危害性相对较小。因此，对房国忠判处死刑，可不立即执行。第一审判决、第二审裁定认定的事实清楚，证据确实、充分，定罪准确。审判程序合法。但量刑不当。

> **186. 审判实践中，应如何在量刑中考虑醉酒状态的影响？**
>
> 醉酒状态客观上会导致行为人的辨认能力和控制能力降低，如果行为人不是故意陷入醉酒状态的，那么可以适当酌定从轻处罚，当然，同时也要结合行为动机、犯罪背景、认罪态度等具体情景综合分析。如果是故意陷入醉酒状态的，一般不会影响量刑。

## 典型疑难案件参考

### 侯卫春故意杀人案

**基本案情**

2008年3月18日晚，被告人侯卫春邀请被害人侯党振（男，殁年67岁）到其家喝酒至深夜，后送侯党振回家。当行至侯军勇（侯党振之子，侯党振在其家居住）家大门口时，侯卫春对侯党振实施殴打，又迅速从其家拿来菜刀，对躺在地上的侯党振的头部、躯干部一阵乱砍后回家。次日凌晨6时许，侯卫春从家中出来查看侯党振的情况，并用人力三轮车将侯党振送到当地诊所，但侯党振已因钝性外力作用于头部、胸部、会阴部等处，锐器损伤头面部，造成颅脑损伤，胸部肋骨多发性骨折，最终因创伤性休克而死亡。

**一审诉辩情况**

河南省驻马店市人民检察院以被告人侯卫春犯故意杀人罪向驻马店市中级人民法院提起公诉。

被告人侯卫春对起诉书指控的主要犯罪事实未提出异议。其辩护人提出：侯卫春系酒后伤人，且对被害人有施救行为，并能积极配合公安机关调查，认罪态度好，请求法院量刑时予以考虑。

**一审裁判结果**

驻马店市中级人民法院依照《刑法》第232条、第57条第1款、第36条、第64条之规定，判决如下：被告人侯卫春犯故意杀人罪，判处死刑，剥夺政治权利终身。

### 一审裁判理由

驻马店市中级人民法院认为：被告人侯卫春故意非法剥夺他人生命，致人死亡，其行为已构成故意杀人罪。侯卫春酒后无故反复殴打他人，后又持刀朝被害人要害部位反复砍击，致被害人死亡，手段残忍、性质恶劣。侯卫春虽系酒后杀人，但有关司法精神病鉴定结论证实其在实施犯罪时系普通醉酒状态，具有完全刑事责任能力，应对其犯罪行为造成的后果承担责任，依法应予严惩。

### 二审诉辩情况

一审宣判后，侯卫春不服，提出上诉。侯卫春提出：一审量刑过重，其当时系因酒精刺激，在神志不清的情况下作案，没有杀人动机和目的，且对被害人有施救行为，并能积极配合公安人员调查，认罪态度好，请求法院予以从轻或减轻处罚。

### 二审裁判结果

河南省高级人民法院依照《刑事诉讼法》第189条第1项之规定，裁定：驳回上诉，维持原判，并依法报请最高人民法院核准。

### 二审裁判理由

河南省高级人民法院经公开审理认为：原判认定事实清楚，证据确实、充分，定罪准确，量刑适当，审判程序合法。

### 复核结果

最高人民法院依照《刑事诉讼法》第199条和最高人民法院《关于复核死刑案件若干问题的规定》第4条的规定，裁定如下：

一、不核准河南省高级人民法院〔2009〕豫法刑一终字第7号维持第一审以故意杀人罪判处被告人侯卫春死刑，剥夺政治权利终身的刑事裁定。

二、撤销河南省高级人民法院〔2009〕豫法刑一终字第7号维持第一审以故意杀人罪判处被告人侯卫春死刑，剥夺政治权利终身的刑事裁定。

三、发回河南省高级人民法院重新审判。

### 复核理由

最高人民法院经复核认为：被告人侯卫春酒后无故殴打被害人，后又持刀反复砍击被害人要害部位，致被害人死亡，其行为已构成故意杀人罪，且手段残忍，后果严重，应依法惩处。第一审判决、第二审裁定认定的事实清楚，证据确实、充分，定罪准确，审判程序合法。但鉴于侯卫春犯罪时处于醉酒状态，对自己行为的辨认和控制能力有所减弱；其与被害人素无矛盾，案发后对被害人有施救行为，且归案后认罪态度较好，有悔罪表现，对其判处死刑，可不立即执行。

### 187. 什么是前科、劣迹？其对量刑有何影响？

所谓前科，是指曾经因为犯罪受过刑事处罚。所谓劣迹，是指受过一般的行政拘留、罚款等行政处罚。

对于有前科、劣迹的，应综合考虑前科劣迹的性质、时间间隔长短、次数、处罚轻重等情况，一般可以比照基准刑增加10%以内的刑罚量。

**典型疑难案件参考**

朴光花妨害公务案

**基本案情**

被告人朴光花于2010年10月9日22时许，在本市海淀区四季青西冉村148号酒后无故滋事。民警孔建军接警后，带领保安员袁超赶往现场欲将朴光花带回派出所了解情况，但被告人朴光花拒不配合民警工作，并将民警孔建军右手背咬伤，将其右眼打伤；并将保安员袁超的前胸抓伤。经鉴定，民警孔建军身体所受损伤系轻微伤。

另查明，被告人曾因犯盗窃罪于1995年4月26日被北京市中级人民法院判处有期徒刑2年6个月，属于前科。其曾因吸毒，于2003年10月22日被行政拘留10日，于2003年10月28日被强制戒毒6个月，属于劣迹。

**一审诉辩情况**

北京市海淀区人民检察院认为：被告人朴光花的行为已构成妨害公务罪，提请依法对被告人朴光花定罪量刑。被害人孔建军、袁朝经依法传唤，未到庭参加诉讼。

被告人朴光花对起诉书指控其犯有妨害公务罪的事实和罪名无异议。

**一审裁判结果**

北京市海淀区人民法院依据《刑法》第277条第1款之规定，判决：被告人朴光花犯妨害公务罪，判处有期徒刑 10 个月。

**一审裁判理由**

北京市海淀区人民法院经审理认为：被告人朴光花以暴力方法阻碍国家机关工作人员依法履行职务，其行为已构成妨害公务罪，应予惩处。北京市海淀区人民检察院指控被告人朴光花犯有妨害公务罪的事实清楚，根据确实、充分，指控罪名成立。被告人朴光花曾因故意犯罪被判处刑罚，具有一定的社会危害性，可酌予从重处罚。此外，鉴于被告人朴光花在庭审过程中认罪、悔罪态度较好，可酌予从轻处罚。

**二审诉辩情况**

一审宣判后，被告人朴光花提起上诉。北京市第一中级人民法院在审理过程中，上诉人朴光花于 2011 年 6 月 1 日申请撤回上诉。

**二审裁判结果**

北京市第一中级人民法院依据《刑事诉讼法》第 189 条第 1 项，最高人民法院《关于执行〈中华人民共和国刑事诉讼法〉若干问题的解释》第 293 条、第 244 条之规定，裁定：准许被害人朴光花撤回上诉，维持原判。

**二审裁判理由**

北京市第一中级人民法院经审理认为：上诉人朴光花以暴力方法阻碍国家机关工作人员依法履行职务，其行为已构成妨害公务罪，应予惩处。原审人民法院根据朴光花犯罪的事实、犯罪的性质、情节及对于社会的危害程度所作出的判决，定罪、适用法律正确，量刑适当，审判程序合法，应予维持。上诉人朴光花撤回上诉的请求，符合法律规定，应予准许。

## 188. 在存在特情介入因素的情况下，具体应如何考虑量刑？

通常情况下，特情引诱的存在可能会产生从轻处罚的效果，至少不会加重刑罚。例如毒品犯罪这一常见特情引诱的犯罪类型。最高人民法院 2008 年 12 月印发的《全国部分法院审理毒品犯罪案件工作座谈会纪要》对特情引诱问题作了进一步规定，指出对特情介入侦破的毒品案件，要区别不同情形予以分别处理。对已持有毒品待售或者有证据证明已准备实施大宗毒品犯罪者，采取特情贴靠、接洽而破获的案件，不存在犯罪引诱，应当依法处理。对因"犯意引诱"实施毒品犯罪的被告人，根据罪刑相适应原则，应当依法从轻处罚，无论涉案毒品数量多大，都不应判处死刑立即执行。行为人在特情既为其安排上线，又提供下线的双重引诱，即"双套引诱"下实施毒品犯罪的，处刑时可予以更大幅度的从宽处罚或者依法免予刑事处罚。对因"数量引诱"实施毒品犯罪的被告人，应当依法从轻处罚，即使毒品数量超过实际掌握的死刑数量标准，一般也不判处死刑立即执行。对不能排除"犯意引诱"和"数量引诱"的案件，在考虑是否对被告人判处死刑立即执行时，要留有余地。特情因素介入可以作为从轻处罚的考量。

## 典型疑难案件参考

### 王佳友、刘泽敏贩卖毒品案

**基本案情**

2005年3月8日下午，周明鲜和吴安学（均已判刑）到云南省昆明市官渡区前卫镇小街村被告人王佳友、刘泽敏租住房内购买毒品。王佳友以每克150元的价格卖给周、吴二人海洛因180克。随后，周、吴二人将海洛因掺假加工成395克，于3月10日在某旅馆内进行交易时被公安人员抓获。3月下旬，周明鲜为争取立功，在公安人员的监控下用电话与王佳友联系购买毒品，并委托其女友吕某某配合公安人员前往王佳友住处与王进行毒品交易。同年4月1日16时许，吕某某带公安人员到王佳友、刘泽敏的租房内进行交易时，公安人员将王佳友、刘泽敏抓获，并从其租房内搜出海洛因408克。

**一审诉辩情况**

四川省凉山彝族自治州人民检察院以被告人王佳友、刘泽敏犯贩卖毒品罪，向四川省凉山彝族自治州中级人民法院提起公诉。

**一审裁判结果**

凉山彝族自治州中级人民法院依照《刑法》第347条第2款第1项、第25条第1款、第26条第1款、第27条、第56条、第57条之规定，判决如下：

一、被告人王佳友犯贩卖毒品罪，判处死刑，剥夺政治权利终身，并处没收财产人民币2万元；

二、被告人刘泽敏犯贩卖毒品罪，判处有期徒刑10年，剥夺政治权利2年，并处罚金人民币5000元。

### 一审裁判理由

凉山彝族自治州中级人民法院认为：被告人王佳友、刘泽敏明知海洛因是毒品而予以贩卖，其行为已构成贩卖毒品罪。二被告系共同犯罪，王佳友起主要作用，系主犯；刘泽敏系从犯，应当从轻、减轻处罚。

### 二审诉辩情况

一审宣判后，王佳友提出上诉，主要理由是：一审判决没有充分考虑特情引诱的情节。其辩护人提出：本案有特情引诱，不应判处王佳友死刑立即执行。

### 二审裁判结果

四川省高级人民法院依照《刑事诉讼法》第189条第1项之规定，裁定：驳回上诉，维持原判，并依法将本案报请最高人民法院核准。

### 二审裁判理由

四川省高级人民法院经审理认为：被告人王佳友明知海洛因是毒品而贩卖，其行为已构成贩卖毒品罪。关于王佳友及其辩护人所提本案有特情引诱，不应判处死刑的辩解和辩护意见，经查，王佳友贩卖毒品180克时，没有特情介入；因二人曾贩过毒，主观上存在贩毒的故意，通话监控记录又证实王佳友称"货随时都有"，故其被引诱贩卖海洛因408克的辩解和辩护意见，不能成立，不予采纳。

### 复核结果

最高人民法院依照《刑事诉讼法》第199条和最高人民法院《关于复核死刑案件若干问题的规定》第4条的规定，裁定如下：

一、不核准四川省高级人民法院维持第一审对王佳友以贩卖毒品罪判处死刑，剥夺政治权利终身，并处没收财产人民币2万元的刑事裁定；

二、撤销四川省高级人民法院维持第一审对王佳友以贩卖毒品罪判处死刑，剥夺政治权利终身，并处没收财产人民币2万元的刑事裁定；

三、发回四川省高级人民法院重新审判。

### 复核理由

最高人民法院经复核认为：被告人王佳友伙同他人共同贩卖海洛因，两次共计588克，其行为已构成贩卖毒品罪。王佳友贩卖海洛因数量大，且系主犯，应依法惩处。鉴于王佳友第二起贩卖的408克海洛因，因特情介入，犯罪行为处在公安机关的控制之下，毒品也被查获，没有继续流入社会；被告人归案后认罪态度较好，对其可不判处死刑立即执行。

> **189. 特情介入因素的存在是否意味着一定存在数量引诱？**
>
> 在审理毒品案件中，是否存在数量引诱将对行为人量刑产生重大影响，因此，确定是否存在数量引诱非常重要。特情引诱包括多种形式，如特情贴靠、犯意引诱、双套引诱、数量引诱等，并非存在特情介入因素就一定意味着数量引诱的存在。

### 典型疑难案件参考

#### 申时雄、汪宗智贩卖毒品案

### 基本案情

2007年2月底，被告人申时雄在云南省昆明市向陈某某（另案处理）贩卖5.5克海洛因后，告诉陈某某还有3500克海洛因待售，委托陈某某联系买主。同年3月初，陈某某介绍"董哥"向申时雄购买海洛因。3月30日中午，申时雄与"董哥"约定交易价格为每克430元，并于当日下午到"董哥"住处查验购毒款。次日上午，申时雄告诉"董哥"共有6000克左右海洛因可供交易。当日15时40分许，申时雄携带海洛因到昆明市金龙旅馆201房间与"董哥"交易，被公安人员抓获，当场缴获海洛因6030.5克。受申时雄指使在旅馆外望风的汪宗智亦被抓获。经鉴定，海洛因纯度达55%以上。

### 一审诉辩情况

贵州省六盘水市人民检察院以被告人申时雄、汪宗智犯贩卖毒品罪，向六盘水市中级人民法院提起公诉。

### 一审裁判结果

六盘水市中级人民法院依照《刑法》第347条第1款、第2款第1项、第26条第1、4款、第27条、第57条第1款之规定，判决如下：

一、被告人申时雄犯贩卖毒品罪，判处死刑，剥夺政治权利终身，并处没收个人全部财产；

二、被告人汪宗智犯贩卖毒品罪，判处死刑，缓期2年执行，剥夺政治权利终身，并处没收个人全部财产。

### 一审裁判理由

六盘水市中级人民法院认为：被告人申时雄明知海洛因是毒品而予以贩卖，其行为已构成贩卖毒品罪。被告人申时雄在共同犯罪中是毒品所有人，首起犯意，商定价格并进行毒品交易，起主要作用，系主犯，应按其参与的犯罪处罚。被告人汪宗智在共同犯罪中起辅助作用，是从犯，应当从轻处罚。本案不存在犯意引诱和数量引诱。

### 二审诉辩情况

一审宣判后，被告人申时雄以自己不是主犯、本案存在数量引诱为由提出上诉；被告人汪宗智以没有贩毒、量刑过重为由提出上诉。

### 二审裁判结果

贵州省高级人民法院依照《刑事诉讼法》第189条第1项、第2项，《刑法》第347条第1款、第2款第1项、第26条第1、4款、第27条、第57条第1款的规定，判决如下：

一、维持贵州省六盘水市中级人民法院〔2007〕黔六中刑一初字第90号刑事判决主文第一项。即被告人申时雄犯贩卖毒品罪，判处死刑，剥夺政治权利终身，并处没收个人全部财产。

二、撤销贵州省六盘水市中级人民法院〔2007〕黔六中刑一初字第90号刑事判决主文第二项。即被告人汪宗智犯贩卖毒品罪，判处死刑，缓期2年执行，剥夺政治权利终身，并处没收个人全部财产。

三、上诉人汪宗智犯贩卖毒品罪，判处无期徒刑，剥夺政治权利终身，并处没收个人全部财产。

### 二审裁判理由

贵州省高级人民法院经审理后认为：上诉人申时雄、汪宗智的行为均已构成贩卖毒品罪。上诉人申时雄贩卖海洛因数量巨大，且在共同犯罪中起组织、指挥作用，系主犯。上诉人申时雄在与货主进行毒品交易时，其手里不仅有3500克海洛因，且有更大数量的毒品待售，故其所提存在数量引诱的上诉理由不能成立，不予采纳。一审法院根据上诉人申时雄犯罪的性质、情节、危害后果及其在共同犯罪中的地位、作用，依法作出的判决正确。上诉人汪宗智参与贩卖海洛因数量巨大，但其在犯罪中起辅助作用，系从犯。上诉人汪宗智所提量刑过重的上诉理由，予以采纳。一审法院审判程序合法，定罪准确，但对上诉人汪宗智量刑过重。

### 复核情况

贵州省高级人民法院依法将本案报请最高人民法院核准。

### 复核结果

最高人民法院依照《刑事诉讼法》第199条和最高人民法院《关于复核死刑案件若干问题的规定》第2条第1款的规定，裁定如下：核准贵州省高级人民法院〔2008〕黔高刑三终字第33号维持第一审对被告人申时雄以贩卖毒品罪判处死刑，剥夺政治权利终身，并处没收个人全部财产的刑事判决。

### 复核理由

最高人民法院复核后认为：被告人申时雄伙同他人贩卖海洛因，其行为已构成贩卖毒品罪。申时雄主动联系陈某某贩卖海洛因，并为主实施毒品交易，在共同犯罪中起主要作用，是主犯，应当按照其所参与的全部犯罪处罚。申时雄贩卖海洛因数量巨大，社会危害极大，罪行极其严重，应依法惩处。第一审判决、第二审裁定认定的事实清楚，证据确实、充分，定罪准确，量刑适当，审判程序合法。

## 190. 对有重大立功表现但罪行极其严重的犯罪分子，应如何量刑？

最高人民法院2008年12月印发的《全国部分法院审理毒品犯罪案件工作座谈会纪要》指出，关于立功从宽处罚的把握，应以功是否足以抵罪为标准。即应结合被告人罪行的严重程度、立功大小综合考虑。要充分注意毒品共同犯罪人以及上、下家之间的量刑平衡。对于毒枭等严重毒品犯罪分子立功的，从轻或者

> 减轻处罚应当从严掌握。如果其罪行极其严重,只有一般立功表现,功不足以抵罪的,可不予从轻处罚;如果其检举、揭发的是其他犯罪案件中罪行同样极其严重的犯罪分子,或者协助抓获的是同案中的其他首要分子、主犯,功足以抵罪的,原则上可以从轻或者减轻处罚。总之,其原则就是看是否功能抵罪。

## 典型疑难案件参考

### 张树林等走私、贩卖、运输毒品案

**基本案情**

2005年8月,被告人张树林指派魏文华(同案被告人,已判刑)到云南昆明联系毒品。经魏联系,张树林与毒贩李代强(另案处理)通过电话达成贩毒事宜。10月初,张树林指使许学斌(同案被告人,已判刑)给魏文华汇毒资31万元。10月20日左右,李代强将海洛因1300余克交给魏文华,魏伙同喻林(同案被告人,已判刑)乘车将海洛因从昆明运至泸州,交给受张树林指使前去接货的许学斌。经许称量,海洛因净重1280克。

2005年10月底,魏文华指使喻林从云南昆明一旅馆取得海洛因700克,并于当日安排喻林将该海洛因运至泸州交给张树林。经许学斌称量,该海洛因净重667克。在张树林的授意下,许学斌等人往海洛因中掺入精神药品氨酚待因后出售,所获款项全部交给张树林。

2005年10月至11月间,魏文华收到张树林所汇购毒款27.45万元后,交给李代强用于购买毒品。12月12日,喻林从李代强处取得海洛因1500克,并于当日下午乘车准备运回泸州。次日,在昭通市被查获,当场缴获海洛因1246.4克。

2005年11月初,张树林与被告人杨明富密谋后,决定由杨明富负责开辟与云南省耿马县马氏兄弟进行毒品交易的通道。经杨明富联系后,张树林让人给马虎(同案被告人,已判刑)汇去定金3万元和路费6600元。马虎收款后即与其弟马熊(已死亡)商议好贩毒事宜,并于11月13日来到泸州。马虎与张树林达成贩毒协议后,张树林让杨明富、马虎给马熊汇去毒资28万元。马熊找到被告人喻雅见要求帮忙购买海洛因,喻积极组织毒品,使用马熊支付的19万元毒资,自己又垫付10万元,购得海洛因5公斤。同时,马熊又联系他人将10块海洛因藏匿于整车香蕉中运输。11月27日凌晨,当车行至四川泸州渠坝收费站时被查获，当场查获海洛因5015克、甲基苯丙胺270克。

张树林得知马氏兄弟组织的毒品被查获后，随即要求马虎、杨明富再联系一批毒品。2005年12月初，张树林指使他人给马熊汇去毒资30万元。喻雍见在马熊的要求下再次从缅甸购得海洛因5公斤，并将海洛因藏匿于整车香蕉中运输。12月24日凌晨，当车行至云南"待补"收费站时被查获，当场搜出海洛因5012克。

2005年8月，张树林经人介绍与被告人杨兴汉取得联系。9月，张树林给杨兴汉汇去毒资70万元。杨兴汉从缅甸购得冰毒11万粒。同年12月27日，张树林被公安人员抓获后，交代了其已向杨兴汉汇去毒资，杨正与其联系交易11万粒冰毒的事实，表示愿意协助公安机关抓获杨兴汉。此后，张树林与杨兴汉一直保持电话联系。12月底，杨兴汉指使其姐夫王子卫（同案被告人，已判刑）从缅甸取得11万粒冰毒。王于2006年1月12日将毒品带入中国境内，当其携带毒品乘坐出租车行至云南省腾冲县境内时被查获，当场从其行李中搜出甲基苯丙胺11万粒，净重10835克。随后，公安人员将杨兴汉抓获。

### 一审诉辩情况

四川省泸州市人民检察院以被告人张树林、杨兴汉、杨明富、喻雍见等人犯走私、贩卖、运输毒品罪，向泸州市中级人民法院提起公诉。

### 一审裁判结果

四川省泸州市中级人民法院依照《刑法》第347条第1款、第2款第1项、第7款、第25条第1款、第26条第1、4款、第57条第1款、第65条、第68条第1款、最高人民法院《关于处理自首和立功具体应用法律若干问题的解释》第7条之规定，判决如下：

一、被告人张树林犯贩卖毒品罪，判处死刑，剥夺政治权利终身，并处没收个人全部财产；

二、被告人杨兴汉犯走私、贩卖毒品罪，判处死刑，剥夺政治权利终身，并处没收个人全部财产；

三、被告人杨明富犯贩卖毒品罪，判处死刑，剥夺政治权利终身，并处没收个人全部财产；

四、被告人喻雍见犯贩卖、运输毒品罪，判处死刑，剥夺政治权利终身，并处没收个人全部财产。

### 一审裁判理由

四川省泸州市中级人民法院认为：被告人张树林、杨明富的行为构成贩卖毒品罪，被告人喻雍见的行为构成贩卖、运输毒品罪，被告人杨兴汉的行为构成走私、贩卖毒品罪。杨明富系累犯，应从重处罚。张树林协助公安机关抓获杨兴汉、王子卫，具有重大立功表现。张树林起意贩毒，并提供毒资，指使他人从事毒品交易活动，是本案中作用较大的主犯；杨兴汉、杨明富、喻雍见贩卖毒品数量巨大，亦起主要作用，均系主犯。

### 二审诉辩情况

一审宣判后，被告人张树林、杨兴汉、杨明富、喻雍见等人分别向四川省高级人民法院提出上诉。

### 二审裁判结果

四川省高级人民法院依法判决：维持泸州市中级人民法院〔2006〕泸刑初字第64号刑事判决中对被告人张树林、杨兴汉、杨明富、喻雍见的定罪量刑部分，并依法将本案报请最高人民法院核准。

### 二审裁判理由

四川省高级人民法院经二审审理认为：上诉人张树林、杨明富明知是海洛因而贩卖，其行为均构成贩卖毒品罪；上诉人喻雍见明知是海洛因而贩卖、运输，其行为构成贩卖、运输毒品罪；上诉人杨兴汉明知是毒品而贩卖并指使他人从境外运输甲基苯丙胺进入我国境内，其行为构成走私、贩卖毒品罪。各被告人均应依法惩处。杨明富属累犯，应从重处罚。张树林协助公安机关抓获杨兴汉、王子卫，具有重大立功表现；其检举邓恩兵盗窃案五件，涉及金额12808元，经查证属实，具有一般立功表现。在本案中，张树林起意贩毒，提供毒资，指使他人从事毒品交易活动，贩卖毒品数量巨大，是本案中作用最大的主犯。杨兴汉、杨明富、喻雍见积极参与毒品犯罪活动，负责组织毒品，贩卖毒品数量大，在共同犯罪中起主要作用，均是主犯。虽然张树林具有重大立功表现和一般立功表现，但鉴于其在本案中的地位、作用以及贩卖毒品的数量，不足以对其从轻处罚。原判认定事实和定罪正确、审判程序合法，对张树林、杨兴汉、杨明富、喻雍见的量刑适当。

### 复核结果

最高人民法院依照《刑事诉讼法》第199条和最高人民法院《关于复核死刑案件若干问题的规定》第2条第1款的规定，裁定如下：核准四川省高级人民法院〔2007〕川刑终字第34号维持第一审对被告人张树林、杨明富以贩卖毒品罪，对被告人杨兴汉以走私、贩卖毒品罪，对被告人喻雍见以贩卖、运输毒品罪，均判处死刑，剥夺政治权利终身，并处没收个人全部财产的刑事判决。

### 复核理由

最高人民法院经复核认为：第一审、第二审判决认定的事实清楚，证据确实、充分，定罪准确，量刑适当，审判程序合法。

### 191. 案件中被害人具有过错，能否从轻或减轻处罚？

刑事被害人的过错也属于量刑中的酌定情节，一般情况下，存在该事由则可以考虑从轻处罚，但并不必然引起从轻或减轻的量刑效果，具体刑罚应由法官根据实际情况裁量。此外，还应当全面考察案件的来龙去脉、发案背景，具体情况具体分析。

#### 典型疑难案件参考

**刘宝利故意杀人案**

##### 基本案情

被告人刘宝利与被害人张团（殁年16岁）几年前曾共同盗窃，后张团因未获分赃多次带人向刘宝利索要，威胁刘宝利不给钱就将其杀害，并数次拿走刘宝利钱物。为摆脱纠缠，刘宝利产生杀害张团之念。2007年4月21日晚，刘宝利与张团一同回到西安市灞桥区刘宝利的住处。趁张团熟睡之机，刘宝利先后持菜刀、铁棍及单刃尖刀砍刺、击打张团头面部、颈部、腹部及左手腕部，致张团重度颅脑损伤死亡。后刘宝利用独轮车将张团的尸体移至绕城高速路附近一土坑内掩埋。

##### 一审诉辩情况

陕西省西安市人民检察院以被告人刘宝利犯故意杀人罪，向西安市中级人民法院提起公诉。

被告人刘宝利及其辩护人对起诉书指控的主要事实和证据均无异议，但刘宝利辩称：被害人对案件的引发具有过错，其非蓄意谋杀；其辩护人提出刘宝利认罪态度好，有悔罪表现，请求对刘宝利从轻判处的辩护意见。

### 一审裁判结果

西安市中级人民法院依照《刑法》第232条、第57条第1款、第65条第1款之规定，判决如下：被告人刘宝利犯故意杀人罪，判处死刑，剥夺政治权利终身。

### 一审裁判理由

西安市中级人民法院认为：被告人刘宝利为摆脱被害人张团的纠缠，持械杀死他人，其行为已构成故意杀人罪。刘宝利仅因分赃不均，将一未成年人杀害，且犯罪手段残忍，情节恶劣，后果严重，又系累犯，应依法从重判处。

一审宣判后，被告人刘宝利上诉。

### 二审诉辩情况

一审宣判后，被告人刘宝利上诉提出：其系被逼迫进行防卫，并非有计划、有预谋的杀人，原判定性不准；其认罪态度好，请求从轻处罚。其辩护人提出：刘宝利是基于激愤杀死了被害人；刘宝利认罪态度好，犯罪情节较轻，主观恶性小，请求对其酌情从轻处罚。

### 二审裁判结果

陕西省高级人民法院依照《刑事诉讼法》第189条第1项和第199条之规定，裁定：驳回上诉，维持原判，并依法报请最高人民法院核准。

### 二审裁判理由

陕西省高级人民法院经二审审理认为：原判认定被告人刘宝利犯故意杀人罪的事实清楚，证据确实、充分，定罪准确，量刑适当，审判程序合法。关于被告人刘宝利及其辩护人所提上诉意见和辩护理由，经查，被害人张团多次带人找刘宝利索要赃款属实，但张团系未成年人，且本案系因几年前刘宝利教唆张团参与盗窃而引发的纠纷。刘宝利为摆脱张团的纠缠，趁张熟睡之机将其杀死，不存在被迫防卫的前提；刘宝利庭审中不能如实供述，对其翻供又不能作出合理解释，认罪态度不好。故其上述理由不能成立，对其辩护人的辩护意见亦不予采纳。

### 复核结果

最高人民法院依照《刑事诉讼法》第199条和最高人民法院《关于复核死刑案件若干问题的规定》第22条第1款的规定，裁定如下：核准陕西省高级人民法院〔2008〕陕刑一终字第35号维持第一审以故意杀人罪判处被告人刘宝利死刑，剥夺政治权利终身的刑事裁定。

### 复核理由

最高人民法院复核后认为：被告人刘宝利因盗窃分赃不均持械报复行凶非法剥夺他人生命，其行为已构成故意杀人罪。犯罪手段残忍，情节恶劣，后果严重，又系累犯，应依法从重处罚。第一审判决和第二审裁定认定的事实清楚，证据确实、充分，定罪准确，量刑适当，审判程序合法。

### 192. 减轻处罚中应否适用减轻幅度的附加刑？

原则上应适用减轻幅度的附加刑。主刑被依法减轻时，附加刑应当一并减轻。"减轻处罚"应理解为"应当在法定刑以下判处刑罚"，并同时指出"在法定刑以下减轻"处罚，应是指低于法定刑幅度中的最低刑处罚。"减轻处罚"后，所适用的主刑与附加刑均指减轻幅度的主刑与附加刑。

## 典型疑难案件参考

### 徐某等强奸、抢劫案

### 基本案情

2008年5月13日凌晨1时许，被告人徐某、贺某、叶某（已另案处理）经预谋后，采取分工合作的形式，以盗窃或抢劫为目的，由徐某、贺某携刀爬窗进入上海市闵行区浦江镇陈行村一组55号楼内，叶某留在楼外原地望风。当徐某、贺某发现某房间只有钱某一人在睡觉时，遂起强奸犯意，并采取捂嘴、持刀威胁等手段，轮流对钱某实施了奸淫行为。此后，又采取暴力、胁迫等手段，劫取钱某诺基亚手机1部（价值人民币455元）及银行卡1张、身份证1张后逃逸。案发后，被告人徐某、贺某分别于2008年6月18日、8月29日至公安机关投案自首。

### 诉辩情况

上海市人民检察院第一分院以被告人徐某、贺某犯强奸罪、抢劫罪，于2008年11月28日向上海市第一中级人民法院提起公诉。

被告人徐某、贺某对起诉书指控其犯强奸罪、抢劫罪的事实供认不讳。徐某、贺某的辩护人均对检察机关指控的罪名及事实不持异议，但以徐某、贺某具有自首情节，到案后认罪、悔罪态度较好，请求对徐某、贺某减轻处罚。

贺某的辩护人还以贺某系从犯、强奸行为停止在未遂阶段，且没有对被害人造成人身伤害以及所劫财物数额也不大等为由，请求对贺某减轻处罚。

**裁判结果**

上海市第一中级人民法院依法对徐某、贺某作了如下判决：

一、被告人徐某犯强奸罪，判处有期徒刑9年、剥夺政治权利3年；犯抢劫罪，判处有期徒刑9年、剥夺政治权利3年，并处罚金人民币2万元，决定执行有期徒刑16年，剥夺政治权利4年，并处罚金人民币2万元。

二、被告人贺某犯强奸罪，判处有期徒刑8年、剥夺政治权利2年；犯抢劫罪，判处有期徒刑8年、剥夺政治权利2年，并处罚金人民币1万元，决定执行有期徒刑14年，剥夺政治权利3年，并处罚金人民币1万元。

**裁判理由**

上海市第一中级人民法院经审理认为：被告人徐某、贺某与涉案人叶某以实施盗窃或抢劫为目的，由徐、贺进入被害人钱某住所。其间，徐、贺临时起意强奸，采用捂嘴、持刀威胁等手段，轮流对钱实施奸淫，并采用暴力、威胁手段劫取钱某手机1部、银行卡1张，其行为已触犯《刑法》第236条第3款第4项、第263条第1项之规定，构成强奸罪、抢劫罪，依法应当追究刑事责任。检察机关指控的事实清楚，罪名成立。被告人徐某、贺某均具有自首情节，到案后认罪、悔罪态度较好，且未对被害人造成人身伤害，因此可对徐、贺减轻处罚。被告人贺某积极实施了捂嘴、强奸、蒙脸等一系列实行行为，故不应认定为从犯。另外，对于强奸共犯而言，只要其中一人构成既遂，其他共犯均应构成既遂，故对贺某系从犯、强奸未遂的意见不予采纳。

### 193. 实施正当行为时处置不当导致犯罪，但又不构成防卫过当、紧急避险的，如何量刑？

实施正当行为后处置不当导致犯罪的情形并不属于法定从轻、减轻情节，只能作为酌定量刑情节予以考虑，如果行为人具有其他法定减轻处罚的情节，可以考虑从宽认定，以解决个案中出现的量刑偏重问题。

## 典型疑难案件参考

### 于龙等故意伤害案

**基本案情**

被告人于龙、高连龙、吴德超、陈瑞海、张某均系中国建筑第八工程局（北京）第一事业部从北京金镖卫安全防范技术服务中心聘用的安防人员，在本市朝阳区"幸福二村"工地进行安全防卫工作，其中于龙系副队长。王伟（男，时年21岁）系陕西艺林实业有限责任公司民工，在该工地工作。2006年4月1日23时许，值班保安员发现王伟衣服内藏有6块钢板（价值人民币138元），遂将其送到项目经理部办公室，在办公室内王伟与于龙等人发生纠纷，后逃脱。4月2日零时许王伟持菜刀来至本市朝阳区幸福二村B区综合楼工地南门外，于龙指使保安员进行追赶、殴打，高连龙、吴德超、陈瑞海、张某等保安员将王伟围住，王伟手持菜刀不让人靠近，高连龙等人用砖块将王伟打倒后，用橡胶棍、安全帽等进行击打，致王伟重度颅脑损伤死亡，于龙、高连龙、吴德超、陈瑞海、张某后被抓获归案。

本案在审理期间，高连龙之亲属代其赔偿人民币1万元、张某之法定代理人赔偿人民币2000元现在案。

王春才、崔占荣在2006年4月2日本案案发时均不满50周岁，现还有一子王龙，出生于1988年11月11日。

**一审诉辩情况**

1. 北京市朝阳区人民检察院指控称

被告人于龙纠集高连龙、吴德超、陈瑞海、张某等人于2006年4月2日零时许，在本市朝阳区幸福二村B区综合楼工地南门外，持砖头、橡胶棍、安全帽等物对在工地盗窃后逃跑的王伟（男，时年21岁，河北省人）进行殴打，致其重度颅脑损伤死亡，五被告人后被抓获归案。

被告人于龙等犯故意伤害罪，应予追究刑事责任。

2. 附带民事诉讼原告人诉称

由于被告人于龙、高连龙、吴德超、陈瑞海、张某的伤害行为造成其经济损失，要求被告人于龙、高连龙、吴德超、陈瑞海、张某及其法定代理人暨附带民事诉讼被告人张广民、高兰芳，附带民事诉讼被告北京金镖卫安全防范技术服务中心、中国建筑第八工程局共同赔偿医疗费12781.1元、丧葬费25535元、死亡赔偿金180000元、被抚养人生活费240000元、住宿费3980元、精神损失费142532元、交通费4770元、伙食费1000元，共计人民币

609995.1元。

3. 被告人的答辩及其辩护人的辩护意见

被告人于龙当庭辩解：其不是保安队队长，没有纠集其他人，没有殴打被害人，其行为不构成故意伤害罪。

被告人高连龙当庭辩解：其系保安员，抓小偷是其职责，其向小偷扔了石块，但不知是否砸到对方。高连龙辩护人的辩护意见为：本案被害人对于事件的发生存在过错，高连龙的主观恶性小，认罪态度较好，其家属已帮助其赔偿部分经济损失，此次犯罪系初犯、偶犯，故建议对高连龙减轻处罚。

被告人吴德超对起诉书的指控没有异议，其辩护人的辩护意见为：被害人倒地前吴德超采取的行为属于正当防卫，吴德超没有击打被害人的头部，没有充分证据证实吴德超的行为与被害人的死亡之间有直接的因果关系，吴德超系从犯，故建议对吴德超减轻或者免除处罚。

被告人陈瑞海对起诉书的指控没有异议，其辩护人的辩护意见为：陈瑞海的行为属于防卫过当，被害人有严重的过错，陈瑞海在共同犯罪中系从犯，认罪态度好，主观恶性不大，社会危害性较小，故建议对陈瑞海减轻处罚。

被告人张某当庭辩解：案发时其只有16周岁，希望从轻处理；张某辩护人的辩护意见为：张某犯罪时系未成年人，此次犯罪系初犯，被害人存在过错，张某在共同犯罪中作用较小，并未对被害人实施致命伤害行为，认罪态度好，中国建筑第八工程局已赔偿被害人家属部分民事损失，故建议对张某减轻处罚。

对于附带民事诉讼原告人的诉讼请求，五被告人均表示愿意依法赔偿，但现在没有赔偿能力。

4. 附带民事诉讼被告单位意见

北京金镖卫安全防范技术服务中心的诉讼代理人的意见为：附带民事诉状中原告所述事情经过与事实不符，被害人到工地盗窃钢板并拿刀伤人，其公司保安制止被害人的行为没有过错，刑事附带民事诉讼不受理精神损失费，被害人父母不符合赔偿抚养费的条件，交通费、住宿费过高，应核实后依法赔偿，被害人在起因上有很大过错，应承担一半责任，根据其公司与中国建筑第八工程局的合同其公司不应承担赔偿责任，应由中国建筑第八工程局与于龙等被告人承担连带责任，故不同意赔偿。

附带民事诉讼被告中国建筑第八工程局的诉讼代理人的意见为：被害人因偷东西被抓后，已将被害人交其单位陕西艺林实业有限责任公司处理，中国建筑第八工程局在该事件中没有责任，且已垫付被害方医疗费、丧葬费、食宿费用等损失共计人民币6.5万元，故其不同意赔偿。

### 一审裁判结果

北京市朝阳区人民法院依照《刑法》第 334 条第 2 款、第 25 条第 1 款、第 61 条、第 55 条第 1 款、第 56 条第 1 款、第 64 条、第 36 条第 1 款及《民法通则》第 119 条、第 131 条；对被告人张某依照《刑法》第 234 条第 2 款，第 25 条第 1 款，第 17 条第 2、3 款，第 61 条，第 64 条，第 36 条第 1 款及《民法通则》第 119 条、第 131 条、第 133 条；对附带民事诉讼被告北京金镖卫安全防范技术服务中心、中国建筑第八工程局依照《民法通则》第 119 条、第 131 条之规定，判决如下：

一、被告人于龙犯故意伤害罪，判处有期徒刑 11 年，剥夺政治权利 3 年。

二、被告人高连龙犯故意伤害罪，判处有期徒刑 10 年 6 个月，剥夺政治权利 3 年。

三、被告人吴德超犯故意伤害罪，判处有期徒刑 10 年 6 个月，剥夺政治权利 3 年。

四、被告人陈瑞海犯故意伤害罪，判处有期徒刑 10 年，剥夺政治权利 3 年。

五、被告人张某犯故意伤害罪，判处有期徒刑 5 年。

六、在案菜刀 1 把，发还陕西艺林实业有限责任公司；在案裤子 1 条，发还吴德超。

七、被告人于龙、高连龙、吴德超、陈瑞海、张某及附带民事诉讼被告人张广民、高兰芳，附带民事诉讼被告北京金镖卫安全防范技术服务中心、中国建筑第八工程局共同赔偿附带民事诉讼原告人王春才、崔占荣医疗费、丧葬费、死亡赔偿金、被抚养人生活费、住宿费、交通费等经济损失共计人民币 360538.08 元（已交付 2.2 万元，其余部分于本判决生效之日即行给付）。

八、驳回附带民事诉讼原告人王春才、崔占荣的其他诉讼请求。

### 一审裁判理由

北京市朝阳区人民法院认为：被告人于龙、高连龙、吴德超、陈瑞海、张某法制观念淡薄，遇事不能正确处理，故意伤害他人身体并造成 1 人死亡的后果，其行为均已构成故意伤害罪，应予惩处；检察机关指控被告人于龙、高连龙、吴德超、陈瑞海、张某犯故意伤害罪的事实清楚、证据确实，罪名成立；现有多人证言证实于龙系保安队副队长，指使保安员对被害人进行追赶和殴打，其在预审期间亦多次供认，故于龙的当庭辩解不成立；现有证人证言及同案犯供述均证实高连龙向被害人扔砖头并砸中被害人头部，高连龙在预审期间亦供认自己扔砖头砸中被害人，故高连龙的当庭辩解不成立；鉴于被害人王伟在案件起因上有过错，被告人张某犯罪时尚未成年，故对被告人于龙、高连龙、吴德超、陈瑞海所犯故意伤害罪从轻处罚，对张某所犯故意伤害罪减轻处罚；高连龙、吴德超、陈瑞海、张某及其他保安员将王伟围住后，王伟持菜刀比划，不让保安员靠近，而非对保安员实施不法侵害，故被告人吴德超、陈瑞海的辩护人关于吴德超、陈瑞海的行为系正当防卫的辩护意见不予采纳；被告人高连龙的辩护人关于对其减轻处罚的辩护意见没有法律依据，被告人吴德超、陈瑞海、张某的辩护人关于其系从犯的辩护意见没有事实依据，均不予采纳。由于被告人于龙、高连龙、吴德超、陈瑞海、张某的犯罪行为给附带民事诉讼原告人造成的经济损失，依法由五被告人承担民事责任，因在侵害行为发生时张某属于限制民事行为能力人，故其监护人暨附带民事诉讼被告人张广民、高兰芳应当承担民事责任；被告人于龙、高连龙、吴德超、陈瑞海、张某受雇于北京金镖卫安全防范技术服务中心并被派驻到中国建筑第八工程局"幸福二村"工地，执行安全防卫工作，由北京金镖卫安全防范技术服务中心和中国建筑第八工程局共同负责其日常行政管理工作，于龙、高连龙、吴德超、陈瑞海、张某在从事雇佣活动中致被害人死亡，北京金镖卫安全防范技术服务中心及中国建筑第八工程局应当承担连带赔偿责任；中国建筑第八工程局关于已垫付6.5万元的意见，经查，其中主张的5.5万元的依据是借条，属借贷关系，应由借贷双方另行解决；鉴于被害人王伟在案件起因上存在一定过错，应减轻附带民事诉讼被告人的赔偿责任；附带民事诉讼原告人要求赔偿丧葬费、死亡赔偿金、住宿费、交通费的数额过高，应依法判处；附带民事诉讼原告人要求赔偿精神损失费不属刑事附带民事诉讼受案范围，不予受理；在案款物一并处理。

### 二审诉辩情况

上诉人（原审被告人）于龙上诉提出：其没有纠集他人，不是同案人的队长。

上诉人（原审被告人）高连龙上诉提出：原判量刑过重。其辩护人的辩护意见为：高连龙的行为属于正当防卫，即使是防卫过当构成故意伤害罪，也应考虑本案具体情节，对被告人减轻或免除处罚。

上诉人（原审被告人）吴德超上诉提出：原判量刑过重。其辩护人的辩护意见为：吴德超作为保安员追赶盗窃后持刀行凶的王伟，是公司保安应承担的义务，在追赶王伟过程中，王伟将吴德超的警棍夺走，并用刀砍吴德超，将吴德超的裤子砍破，吴德超有正当防卫的权利；原判证据不足以认定吴德超的行为与王伟的死亡具有因果关系,故一审判决认定的事实不清,证据不足,请求二审法院改判。

上诉人(原审被告人)陈瑞海上诉提出:原判量刑过重。其辩护人的辩护意见为:被害人的行为属抗拒抓捕,其拿刀攻击被告人的行为是不法侵害,陈瑞海的行为实属防卫过当。没有确凿证据证明陈瑞海对被害人有伤害行为,陈瑞海在共同犯罪中是从犯;被害人喝酒后先盗窃,后又首先持刀向保安动手,被害人在本案中有严重过错;陈瑞海认罪态度好,请求对其减轻处罚。

上诉人(原审被告人)张某及其法定代理人的上诉理由及辩护意见为:张某只用砖头打被害人胸部,未打头部;张某的作用小,未成年,其行为是执行保安队长的命令,原判量刑过重,民事部分应当由"中建八局"和保安公司承担全部赔偿责任。其指定辩护人的辩护意见为:张某系未成年人犯罪,被害人在案件起因上有一定责任,张某在本案中是受于龙指使才实施犯罪,且张某未殴打被害人的要害部位,系从犯、初犯,认罪态度好,请二审法院在一审量刑基础上再予从轻处罚。

上诉人(原审被告人)北京金镖卫安全防范技术服务中心上诉提出:(1)一审未认定死者王伟先盗窃后持刀报复行凶,从而加重了被告人的刑事责任和附带民事被告的民事责任。保安员制止正在持刀行凶的人,致行凶人死亡系防卫过当。(2)王伟的父母在案发时均不满50周岁,不属于由王伟生前扶养的丧失劳动能力又无其他生活来源的人。(3)王伟在起因上有重大过失,应当承担50%的过错责任,且依据与"中建八局"签订的合同,发生经济方面的责任均由"中建八局"承担的约定,本案民事赔偿责任应由"中建八局"承担。

上诉单位(原附带民事诉讼被告单位)中国建筑第八工程局上诉提出:涉案五保安员与北京金镖卫安全防范技术服务中心存在劳动关系,而与"中建八局"不存在劳动关系;涉案五保安员是"金镖卫"的职工,应由"金镖卫"或五保安员承担民事责任,"中建八局"不应当承担民事责任。一审判决没有规定责任人的内部分担份额,不利于生效判决履行。关于不应赔偿被扶养人生活费及被害人王伟应承担50%的过错责任的意见,与北京金镖卫安全防范技术服务中心的意见相同。

▶ 二审裁判结果

北京市第二中级人民法院依照《刑事诉讼法》第189条第1项、第2项及《刑法》第234条第2款,第25条第1款,第26条第1、4款,第27条,第17条第2、3款,第55条第1款,第56条第1款,第61条,第36条;《民法通则》第119条、第130条、第131条、第133条及最高人民法院《关于审理人身损害赔偿案件适用法律若干问题的解释》第9条，第17条第1、3款，第27条，第28条，第29条之规定，判决如下：

一、驳回于龙的上诉，维持北京市朝阳区人民法院〔2007〕朝刑初字第172号刑事附带民事判决第一、六、八项，即：被告人于龙犯故意伤害罪，判处有期徒刑11年，剥夺政治权利3年；在案菜刀1把，发还陕西艺林实业有限责任公司；在案裤子1条，发还吴德超；驳回附带民事诉讼原告人王春才、崔占荣的其他诉讼请求。

二、撤销北京市朝阳区人民法院〔2007〕朝刑初字第172号刑事附带民事判决第二、三、四、五、七项，即被告人高连龙犯故意伤害罪，判处有期徒刑10年6个月，剥夺政治权利3年；被告人吴德超犯故意伤害罪，判处有期徒刑10年6个月，剥夺政治权利3年；被告人陈瑞海犯故意伤害罪，判处有期徒刑10年，剥夺政治权利3年；被告人张某犯故意伤害罪，判处有期徒刑5年；被告人于龙、高连龙、吴德超、陈瑞海、张某及附带民事诉讼被告人张广民、高兰芳，附带民事诉讼被告北京金镖卫安全防范技术服务中心、中国建筑第八工程局共同赔偿附带民事诉讼原告人王春才、崔占荣医疗费、丧葬费、死亡赔偿金、被抚养人生活费、住宿费、交通费等经济损失共计人民币360538.08元。

三、上诉人高连龙犯故意伤害罪，判处有期徒刑10年，剥夺政治权利2年。

四、上诉人吴德超犯故意伤害罪，判处有期徒刑7年，剥夺政治权利1年。

五、上诉人陈瑞海犯故意伤害罪，判处有期徒刑6年。

六、上诉人张某犯故意伤害罪，判处有期徒刑3年。

七、上诉人于龙、高连龙、吴德超、陈瑞海、张某，北京金镖卫安全防范技术服务中心、中国建筑第八工程局、原审附带民事诉讼被告人张广民、高兰芳连带赔偿原审附带民事诉讼原告人王春才、崔占荣医疗费、丧葬费、死亡赔偿金、被扶养人生活费、住宿费、交通费等经济损失共计人民币20.8538万元（已交付2.2万元）。

▶ 二审裁判理由

北京市第二中级人民法院经二审审理认为：上诉人于龙、高连龙、吴德超、陈瑞海、张某法制观念淡薄，遇事不能正确处理，故意伤害他人身体并造成1人死亡的严重后果，其行为均已构成故意伤害罪，应予惩处。在共同犯罪中，于龙指使保安员追打被害人，高连龙积极实施追打被害人的行为，二人对造成被害人死亡起主要作用，均系主犯；吴德超、陈瑞海、张某参与殴打被害人，对造成被害人死亡结果起次要或辅助作用，系从犯，且张某系未成年人犯罪，对三人可分别减轻处罚。因于龙、高连龙、吴德超、陈瑞海、张某的犯罪行为给原审附带民事诉讼原告人造成的经济损失，应依法合理赔偿。一审法院鉴于被害人王伟在本案中有一定过错，应自行承担部分民事责任；张某犯罪时尚未成年，其法定代理人暨附带民事诉讼被告人亦应承担赔偿责任；于龙、高连龙、吴德超、陈瑞海、张某受雇于北京金镖卫安全防范技术服务中心，在中国建筑第八工程局履行职务，二单位应承担连带责任均无不当。陈瑞海的辩护人所提陈瑞海系从犯的辩护意见、张某及法定代理人、辩护人所提张某未打被害人要害部位、系未成年人、从犯等上诉理由及辩护意见成立，予以采纳；张某的法定代理人关于民事部分应当由"中建八局"和"金镖卫保安公司"承担全部赔偿责任的上诉意见于法无据，不予采纳。北京金镖卫安全防范技术服务中心、中国建筑第八工程局所提王伟的父母在案发时均不满50周岁，不属于由王伟生前扶养的丧失劳动能力又无其他生活来源的人的上诉意见，根据查明的事实酌情予以采纳，但所提由被害人承担50%的过错责任的上诉意见，缺乏充分的事实依据，不予采纳。鉴于一审判决未区分于龙、高连龙、吴德超、陈瑞海、张某在本案中的主次责任，对部分上诉人（原审被告人）量刑失重，且判决赔偿原审附带民事诉讼原告人王春才被扶养人生活费有误，结合查明的王春才、崔占荣还有其他赡养人等具体情节，一并予以改判。

---

**194. 审判实践中如何把握共犯的具体量刑尺度？**

对于主犯，应当按照其所参与的或者组织、指挥的全部犯罪处罚。对于教唆犯，应当按照他在共同犯罪中所起的作用处罚；教唆不满18周岁的人犯罪的，应当从重处罚；如果被教唆的人没有犯被教唆的罪，对于教唆犯，可以从轻或者减轻处罚。对于从犯，应当从轻、减轻处罚或者免除处罚。对于胁从犯，应当按照他的犯罪情节减轻处罚或者免除处罚。

### 195. 在共同犯罪的量刑过程中应注意什么？

量刑过程中，除了需要考虑社会危害性这个最根本因素外，还要考虑对共犯中未成年人从宽处理的问题。另外，对共犯的量刑应体现罪责自负原则，司法机关放弃对部分共犯的求刑权，不能损及其他共犯的合法利益。共犯刑罚总量应得到控制，各共犯的刑罚量应均衡，单位犯罪中单位与责任人员的刑罚量应均衡。

## 典型疑难案件参考

**商江精密机械有限公司、陈光楠走私普通货物案**

### 基本案情

商江精密机械有限公司（以下简称商江公司）系外商独资经营企业，注册资本21万美元，法定代表人为陈信成，总经理为被告人陈光楠。

1. 被告单位商江公司于2003年年底，在向无锡市中联车辆配件有限公司（另案处理）推销台湾地区油机工业股份有限公司产HW-36型数控车床过程中，明知该设备不符合国家免税标准，该单位总经理被告人陈光楠仍与无锡市中联车辆配件有限公司总经理谢建林（另案处理）合谋，修改设备技术参数，将设备的技术参数圆度10um修改成0.5um、圆柱度15um修改成0.2um，并伪报设备品名，修改设备铭牌，将品名HW-36型数控车床修改成HW-36P型精密车床，以达到国家免税标准。无锡市中联车辆配件有限公司于2004年11月至2005年2月间，向台湾地区油机工业股份有限公司购买的6台HW-36型数控车床分别从张家港海关、上海吴淞海关免税进口。

经无锡海关计核：无锡市中联车辆配件有限公司走私进口的6台HW-36型数控车床的完税价格为人民币3550618.5元，偷逃应缴进口环节税款共计人民币811316.33元。

2. 被告单位商江公司于2004年间，在向无锡市捷驰精密机械厂推销日本瓦西诺公司产G05型高精密卧式车床过程中，明知该设备不符合国家免税标准，该单位总经理被告人陈光楠仍与无锡市捷驰精密机械厂投资人陈攀、经理顾坚（均另案处理）合谋，修改设备技术参数，将设备的技术参数圆度0.38um修改成0.3um、圆柱度0.7um修改成0.1um，将表面粗糙度0.8um修改成0.05um，以达到国家免税标准。无锡市捷驰精密机械厂据此骗取了免税证明。无锡市捷驰精密机械厂于2004年5月至2004年12月间，向日本瓦西诺公司购买的 2 台 G05 型高精密卧式车床从南京新生圩海关免税进口。

经无锡海关计核：无锡市捷驰精密机械厂进口的 2 台日本瓦西诺公司产 G05 型高精密卧式车床的完税价格为人民币 1233592.68 元，偷逃应缴进口环节税款共计人民币 349711.19 元。

综上，被告单位商江公司在被告人陈光楠直接负责下，参与走私普通货物偷逃应缴进口环节税款合计人民币 1161027.52 元。

另查明，无锡海关缉私分局在案发后暂扣被告单位商江公司人民币 40 万元。

### 诉辩情况

江苏省无锡市人民检察院指控称：被告单位商江公司、被告人陈光楠犯走私普通货物罪，偷逃应缴税款共计人民币 1161027.52 元。

被告单位的诉讼代表人刘邦成提出的辩解意见是：被告单位商江公司不是本案走私犯罪的主要获利者，请求法庭从轻处罚。

被告人陈光楠辩称：其是由于对政府法令规章的不了解而配合购货单位修改了设备技术参数，主观上没有意识到该行为导致后果的严重性，归案后具有较好的认罪态度，请求法庭能考虑被告单位的经营及其自身的身体状况予以从轻处罚并对其适用缓刑。

### 裁判结果

无锡市中级人民法院依照《刑法》第 153 条、第 72 条、第 64 条及最高人民法院《关于审理走私刑事案件具体应用法律若干问题的解释》第 10 条第 2 款之规定，于 2009 年 1 月 14 日作出判决：被告单位商江公司犯走私普通货物罪，判处罚金人民币 40 万元；被告人陈光楠犯走私普通货物罪，判处有期徒刑 3 年，缓刑 3 年；被告单位商江公司的违法所得予以没收，上缴国库。

### 裁判理由

无锡市中级人民法院认为：被告单位商江公司违反国家法律法规，伙同其他单位采用伪报贸易性质的方式走私普通货物，逃避海关监管，偷逃进口货物的应缴税款，其行为已构成走私普通货物罪，且情节严重。被告人陈光楠系被告单位商江公司走私普通货物犯罪过程中直接负责的主管人员和直接责任人员，对被告人陈光楠也应以走私普通货物罪追究刑事责任。被告单位商江公司与被告人陈光楠在庭审中均自愿认罪，悔罪表现较好，决定对被告单位商江公司、被告人陈光楠予以从轻处罚。根据被告人陈光楠的犯罪情节、认罪态度，具备适用缓刑的条件，对其可以宣告缓刑。

### 196. 在共同犯罪中，对多个主犯如何区别量刑？

同时存在多个主犯时，也应根据其行为、造成的危害结果以及对后果所起的作用来区分出主次。当构成可以判处死刑的罪名时，根据我国少杀慎杀的死刑政策，在同时存在多个主犯的情况下，只对起最主要作用的主犯判处死刑立即执行。

### 197. 在二审期间，上级检察院提出与下级检察院（原公诉方）不同的意见时，审理法院应该如何处理？

此种情况下，应以上级检察院的意见为公诉方的最后意见。

## 典型疑难案件参考

### 王建辉、王小强等故意杀人、抢劫案

**基本案情**

被告人王建辉、王小强、祁明、牛晓龙、尹锟、王宝松、赵宝龙自2000年10月至2003年1月间，分别结伙或单独故意杀人、抢劫他人财物、强奸妇女、故意伤害他人，作案4起。具体是：

2001年1月，被告人王建辉因不满"迷迪"迪厅员工张游刻录迪厅光盘，且怀疑张游偷了祁明的手机，遂告诉祁明、王小强、王宝松、牛晓龙、尹锟等人，在迪厅散场后，由祁明"请吃"夜宵。次日凌晨1时许，王建辉、祁明"邀"张游去吃饭，后伙同牛晓龙、尹锟、王小强、王宝松一同来到梦圆饭店。席间，王小强故意劝酒，并持酒杯砸了张游的头部。在王建辉授意下，牛晓龙拿走张游的背包，后由尹锟将背包交给王建辉，迫使张游一同与其离开梦圆饭店。上述各被告人将张游带至"迷迪"迪厅附近对其进行殴打，致张游昏迷。王建辉唯恐事发，指使王小强、王宝松、牛晓龙、祁明将张游抬进迪厅，又指使在迪厅值班的赵宝龙将迪厅内外的血迹擦掉，后王建辉从张游的背包中翻出人民币2000余元，分给上述各被告人。张游醒后，王建辉又令牛晓龙、王小强、赵宝龙等继续殴打张游，王小强在唆使赵宝龙殴打张游的同时也伙同王宝松、牛晓龙、尹锟、祁明、赵宝龙等人对张游进行殴打，并用啤酒瓶砸张游的头部。王建辉让牛晓龙、尹锟用绳子将张游手脚捆住。王建辉等人唯

恐罪行败露，商议如何处置张游，祁明、王宝松、王小强等人提议将张游烧掉或埋掉或扔到河里。后王建辉决定将张游抬到迪厅后院的小屋里，并打着手电筒指挥其余六被告人将小屋内20余袋各重约50公斤的盐袋全部压在张游身上，致张游窒息死亡。次日凌晨，王建辉与其他被告人密谋后，由王建辉驾驶汽车，伙同被告人王小强、王宝松、牛晓龙、尹锟将张游尸体拉至武清区大黄堡乡小石庄大桥东侧的排污河，凿开冰面，抛入河后逃离现场。案发后，上述王建辉等七被告人先后被公安机关抓获归案。王宝松、王小强归案后，分别协助公安机关将被告人王建辉、尹锟抓获归案。

2001年2月14日晚9时许，被告人王建辉之妻马宏霞在"迷迪"迪厅内与客人孙贵生发生争执，王建辉遂纠集王宝松等四人殴打孙贵生及同伴刘庆杰，致刘庆杰轻微伤（偏重），后抢走刘庆杰人民币3100元及价值人民币6746元的手机等物品。

2000年10月、11月，王建辉在"迷迪"迪厅，以谈工作为名，以暴力相威胁等手段，两次将领舞女青年张某强奸。

2003年1月12日16时许，被告人祁明因制止同室在押犯周喜星在监室内吸烟而发生口角。祁即朝周喜星右面部踢了一脚，致周轻伤（偏重）。

被告人祁明在被羁押期间还揭发了王建辉强奸犯罪事实。

### 一审诉辩情况

天津市人民检察院第一分院以被告人王建辉犯故意杀人罪、抢劫罪、强奸罪，被告人王小强、牛晓龙、赵宝龙犯故意杀人罪，被告人祁明犯故意杀人罪、抢劫罪、故意伤害罪，被告人王宝松、尹锟犯故意杀人罪和抢劫罪，向天津市第一中级人民法院提起公诉。

被告人王建辉辩称：殴打张游并未事先预谋，其未起指挥作用。其辩护人提出：王建辉系初犯，请求法庭对其从轻处罚。

被告人王小强否认参与殴打、杀害张游。其辩护人提出：王小强未参与抢劫，也未纠集他人殴打张游，起诉书将其列为第二被告人缺乏事实依据。

被告人王宝松承认检察机关指控的犯罪事实。其辩护人提出：王宝松系从犯，且有重大立功表现，请求法庭对其从轻处罚。

被告人牛晓龙否认用盐袋压张游。其辩护人提出：牛晓龙系从犯，请求法庭对其从轻处罚。

被告人尹锟承认检察机关指控的犯罪事实。其辩护人提出：尹锟系从犯，认罪态度较好，请求法庭从轻处罚。

被告人祁明承认检察机关指控的犯罪事实。其辩护人提出：祁明系从犯，且能揭发他人犯罪行为，具有立功表现，请求法庭对其从轻处罚。

被告人赵宝龙否认用盐袋压张游。其辩护人提出：赵宝龙系从犯，认罪态度较好，请求对其从轻处罚。

### ▶ 一审裁判结果

2003 年 10 月 21 日，天津市第一中级人民法院依照《刑法》第 232 条、第 263 条、第 236 条第 1 款、234 条第 1 款、第 57 条第 1 款、第 25 条第 1 款、第 26 条第 1、4 款、第 27 条、第 68 条第 1 款、第 48 条第 1 款、第 69 条、第 64 条的规定，判决如下：

一、被告人王建辉犯故意杀人罪，判处死刑，剥夺政治权利终身；犯抢劫罪，判处有期徒刑 9 年，并处罚金人民币 1 万元；犯强奸罪，判处有期徒刑 3 年。决定执行死刑，剥夺政治权利终身，并处罚金人民币 1 万元。

二、被告人王小强犯故意杀人罪，判处死刑缓期 2 年执行，剥夺政治权利终身。

三、被告人祁明犯故意杀人罪，判处死刑缓期 2 年执行，剥夺政治权利终身；犯抢劫罪，判处有期徒刑 8 年，并处罚金人民币 1 万元；犯故意伤害罪，判处有期徒刑 2 年 6 个月。决定执行死刑缓期 2 年执行，剥夺政治权利终身，并处罚金人民币 1 万元。

四、被告人牛晓龙犯故意杀人罪，判处死刑缓期 2 年执行，剥夺政治权利终身。

五、被告人尹锟犯故意杀人罪，判处死刑缓期 2 年执行，剥夺政治权利终身；犯抢劫罪，判处有期徒刑 8 年，并处罚金人民币 1 万元。决定执行死刑缓期 2 年执行，剥夺政治权利终身，并处罚金人民币 1 万元。

六、被告人王宝松犯故意杀人罪，判处无期徒刑，剥夺政治权利终身；犯抢劫罪，判处有期徒刑 8 年，并处罚金人民币 1 万元。决定执行无期徒刑，剥夺政治权利终身，并处罚金人民币 1 万元。

七、被告人赵宝龙犯故意杀人罪，判处有期徒刑 15 年，剥夺政治权利 3 年。

八、犯罪工具绿色三厢夏利汽车一辆（牌照号：津 AK7761）依法予以没收。

### ▶ 一审裁判理由

天津市第一中级人民法院认为：被告人王建辉、王小强、祁明、牛晓龙、尹锟、王宝松、赵宝龙纠合在一起，在被告人王建辉的指使下，行凶杀人，抛尸匿迹，其行为均构成故意杀人罪；被告人王建辉、祁明、尹锟、王宝松施以暴力，劫取他人财物据为己有，其行为均构成抢劫罪；被告人王建辉以暴力等手段强奸妇女，其行为构成强奸罪；被告人祁明在羁押期间故意殴打他人，致他人轻伤（偏重），其行为构成故意伤害罪。被告人王建辉、祁明、尹锟、王宝松均犯数罪，应实行数罪并罚。被告人王建辉、王小强、祁明、牛晓龙、尹锟、王宝松在共同犯罪中系主犯，赵宝龙系从犯。被告人祁明、牛晓龙、尹锟所犯罪行特别严重，但在共同犯罪中不同程度受他人指使。被告人王小强、王宝松归案后协助公安机关抓捕同案犯，具有重大立功表现，应当从轻处罚。被告人祁明揭发他人犯罪经查属实，有立功表现，可以从轻处罚。被告人王建辉所提没有指使他人犯罪，亦未起组织指挥作用的辩解，与庭审查明的事实不符，不予采纳。

### 二审诉辩情况

一审宣判后，王建辉、王小强、牛晓龙不服，以原判量刑过重等为由，向天津市高级人民法院提出上诉。

在二审开庭审理中，天津市人民检察院认为：原审判决认定上诉人王建辉犯强奸罪的事实不清，证据不足，王建辉所犯强奸罪不能成立；原审被告人祁明揭发王建辉犯有强奸罪的行为，不应当认定为具有立功表现。

### 二审裁判结果

天津市高级人民法院依照《刑事诉讼法》第189条第1、3项的规定，于2004年12月20日判决如下：

一、维持天津市第一中级人民法院刑事判决中对被告人王小强、牛晓龙、祁明、尹锟、王宝松、赵宝龙的定罪量刑部分和没收犯罪工具部分；

二、撤销天津市第一中级人民法院刑事判决中对被告人王建辉的定罪量刑；

三、上诉人王建辉犯故意杀人罪，判处死刑，剥夺政治权利终身；犯抢劫罪，判处有期徒刑9年，并处罚金人民币1万元。决定执行死刑，剥夺政治权利终身，并处罚金人民币1万元。

### 二审裁判理由

天津市高级人民法院经审理认为：原审判决认定上诉人王建辉、王小强、牛晓龙及原审被告人祁明、尹锟、王宝松、赵宝龙故意杀人犯罪，上诉人王建辉及原审被告人祁明、尹锟、王宝松抢劫犯罪，原审被告人祁明故意伤害犯罪的事实清楚，证据确实、充分，定罪量刑适当，应当予以维持；认定上诉人王建辉强奸犯罪的事实不清，证据不足，应予改判；一审判决认定原审被告人祁明揭发王建辉犯有强奸罪的行为，不属于有立功表现。

> **198. 共同犯罪中只有部分犯罪人在案，而在逃人员能否归案将决定在案人员在共同犯罪中的地位和作用，在这种情况下应如何处理？**
>
> 因同案犯在逃导致被告人在共同犯罪中的地位、作用不明的，应根据现有证据对在案人员定罪量刑，不应拖延审限。另外，如果涉及死刑判决，而根据现有证据不能确定被告人在共同犯罪中的主犯地位，或者作用大小的，则应慎用死刑或死刑立即执行。

### 典型疑难案件参考

**宋光军运输毒品案**

**基本案情**

被告人宋光军与同案被告人叶红军（已被判处死刑，缓期2年执行）、杨波（在逃）事先预谋运送毒品到福建省。2005年1月20日。三人携带一内藏有4包海洛因的深蓝色长方形行李包（由宋光军随身携带），乘坐客车从四川省出发，1月23日22时许，抵达福建省石狮市。宋光军与叶红军、杨波转乘杨某某驾驶的闽CT1569号出租车欲将毒品运往福州，途经泉州市城东出城登记站接受例行检查时，宋光军和叶红军被公安人员抓获，当场查获海洛因998克。杨波逃脱。

**一审诉辩情况**

福建省泉州市人民检察院以被告人宋光军犯运输毒品罪，向泉州市中级人民法院提起公诉。

被告人宋光军否认指控的事实，辩称：自己是在不知情的情况下，同案被告人杨波、叶红军将毒品放入包内的。

其辩护人提出：本案的主犯应认定为负案在逃的同案犯杨波，被告人宋光军及叶红军均为从犯。

### 一审裁判结果

泉州市中级人民法院依照《刑法》第347条、第25条第1款、第48条第1款、第57条第1款、第65条第1款的规定，判决如下：被告人宋光军犯运输毒品罪，判处死刑，剥夺政治权利终身，并处没收个人全部财产。

### 一审裁判理由

泉州市中级人民法院认为：被告人宋光军违反国家法律，非法运输毒品海洛因998克，其行为已构成运输毒品罪，且数量大。被告人宋光军曾因犯罪被判处有期徒刑，刑满释放5年内再犯本案之罪，系累犯，应从重处罚。被告人宋光军与同案被告人叶红军在共同犯罪中，没有明显的主次之别，不宜区分主从犯，故被告人宋光军的辩护人提出被告人宋光军是从犯的理由，不予采纳。

### 二审诉辩情况

一审宣判后，宋光军不服，提出上诉称：其对所携带的行李包内藏有毒品不明知。其辩护人提出：本案主犯是负案在逃的杨波。被告人宋光军既非毒品的所有者，也不是犯罪的指挥者，他是在杨波设下圈套引诱之下犯罪，根本不知道是谁于何时将毒品藏于他的行李包中。其犯罪主观恶性相对较小，在共同犯罪中所起的作用较小，属于从犯，依法应当从轻、减轻处罚，并且该毒品也没有流入社会，未造成严重后果。

### 二审裁判结果

福建省高级人民法院依照《刑事诉讼法》第189条第1项规定，裁定：驳回上诉，维持原判，并依法报请最高人民法院核准。

### 二审裁判理由

福建省高级人民法院经审理后认为：被告人宋光军运输毒品海洛因998克，其行为已构成运输毒品罪，运输毒品数量大。宋光军曾因犯罪被判处有期徒刑，刑满释放后5年内再犯罪，系累犯，依法应从重处罚。宋光军及其辩护人提出其不知所携带的行李包内藏有海洛因的理由，经查，宋光军、叶红军在公安机关侦查阶段均供述宋光军行李包内藏有海洛因；公安人员例行检查时宋光军、叶红军及杨波即弃包逃离，故其诉辩对于行李包内藏有海洛因不明知的理由不能成立，不予采纳。原判认定事实清楚，证据确凿。定罪准确，量刑适当。审判程序合法。宋光军要求从轻理由不能成立，不予采纳。

> **复核结果**

最高人民法院依照《刑事诉讼法》第 199 条，最高人民法院《关于执行〈中华人民共和国刑事诉讼法〉若干问题的解释》第 285 条第 3 项，《刑法》第 347 条第 2 款、第 48 条第 1 款、第 57 条第 1 款、第 59 条、第 25 条第 1 款、第 65 条第 1 款的规定，判决如下：

一、撤销福建省高级人民法院刑事裁定和福建省泉州市中级人民法院刑事判决中对被告人宋光军的量刑部分；

二、被告人宋光军犯运输毒品罪，判处死刑，缓期 2 年执行，剥夺政治权利终身，并处没收个人全部财产。

> **复核理由**

最高人民法院经复核后认为：被告人宋光军明知是海洛因而非法予以运输，其行为已构成运输毒品罪，且运输毒品数量大，又系累犯，应依法惩处。一审判决和二审裁定认定的事实清楚，证据确实、充分，定罪准确。审判程序合法。但根据现有证据，不能证明被告人宋光军在共同犯罪中的作用大于同案犯叶红军，对被告人宋光军判处死刑，可不立即执行。

---

**199. 共同犯罪中存在不同的停止形态，对量刑有何影响？**

根据共同犯罪的一般理论，共同犯罪中有一人犯罪既遂，那么其他犯罪人即使处于某种犯罪停止状态，也应认为全案既遂。但在量刑方面，应该有所区别，犯罪既遂的行为人量刑应重于其他处于犯罪停止形态的共同犯罪人。

---

> **典型疑难案件参考**

唐胜海、杨勇强奸案

> **基本案情**

2003 年 4 月 28 日凌晨 1 时许，被告人唐胜海、杨勇从该市"太平洋卡拉OK"娱乐场所，将已经处于深度醉酒状态的女青年王某带至该市下关区黄家圩 8 号的江南池浴室，在 111 号包间内，趁王某酒醉无知觉、无反抗能力之机,先后对其实施奸淫。唐胜海在对王某实施奸淫的过程中,由于其饮酒过多未能得逞;杨勇奸淫得逞。案发后,唐胜海协助公安人员抓获同案犯杨勇。

### ▶ 一审诉辩情况

南京市下关区人民检察院以被告人唐胜海、杨勇犯强奸罪向南京市下关区人民法院提起公诉。

唐胜海辩解其与王某发生性关系时,由于自己饮酒过多,未能得逞。其辩护人辩称:认定发生性行为时,王某酒醉无知觉、无反抗能力,证据不足。因此,指控唐胜海违背王某意志,犯强奸罪不能成立。

杨勇及其辩护人辩称:杨与王某发生性关系时,王并没有醉到无知觉的程度。王某平常能喝酒,且对当天自己与唐胜海、杨勇在一起将会发生的事情是明知的。所谓"违背其意志"只有王某一人事后的陈述,没有其他证据印证。因此,指控杨勇犯强奸罪的证据不足。

### ▶ 一审裁判结果

南京市下关区人民法院依照《刑法》第236条第2款第4项、第25条第1款、第23条、第68条第1款之规定,于2003年10月9日判决如下:被告人唐胜海犯强奸罪,判处有期徒刑7年;被告人杨勇犯强奸罪,判处有期徒刑10年。

### ▶ 一审裁判理由

南京市下关区人民法院审理后认为:被告人唐胜海、杨勇违背妇女意志,轮流奸淫妇女,其行为均已构成强奸罪,应依法予以惩处。唐胜海协助公安机关抓获同案犯,有立功表现,同时考虑到其个人奸淫目的未得逞,可以对其减轻处罚。两被告人及其辩护人关于发生性行为时,王某并没有达到酒醉无知觉、无反抗能力程度的辩解和辩护意见,经查与事实不符,不予采纳。

### ▶ 二审诉辩情况

一审宣判后,两被告人不服,上诉于南京市中级人民法院。在二审法院审理过程中,两被告人申请撤诉。

### ▶ 二审裁判结果

二审法院裁定准许。判决已发生法律效力。

## 200. 共同故意伤害致人死亡案件中，被告人如实供认公安机关尚未掌握的其致人死亡的关键情节的，应如何量刑？

被告人虽然具有极高的人身危险性，但在归案后主动配合公安机关的侦查工作，供述自己犯罪的关键性情节，并表现出较好的悔罪态度，这说明人身危险性已经明显降低，对此可作为酌定量刑情节予以考虑。

### 典型疑难案件参考

#### 杜益忠故意伤害致人死亡案

**基本案情**

2000年11月12日凌晨0时许，温州市鹿城区青年叶建敏（在逃）及顾胜连、徐驰、朱一成等人一起在温州市鹿城区民航路"阿武大排档"吃夜宵。在喝酒过程中，叶建敏与顾胜连因琐事发生口角。叶建敏因此怀恨在心而离开，继而纠集了被告人杜益忠及洪波、李曙荣（均系同案被告人，分别于2001年、2002年以故意伤害罪被判处有期徒刑）等人，并分发凶器准备报复顾胜连。当日凌晨1时许，叶建敏伙同杜益忠及洪波、李曙荣分别携带凶器，到达温州市民航路"阿武大排档"。由李曙荣等人持尖刀守住排档门口，叶建敏伙同杜益忠及洪波分别持西瓜刀、尖刀、土制火药枪等凶器，冲入"阿武大排档"内，洪波持土制火药枪威胁在场的徐驰、朱一成等人不许帮忙，叶建敏即持西瓜刀砍击顾胜连的手臂、手掌各一刀，杜益忠持尖刀朝顾胜连左大腿猛刺一刀，逃离现场。经鉴定，被害人顾胜连全身多处刀伤，因左下肢股动、静脉断裂，失血性休克而死亡。

二审审理期间，被告人杜益忠的亲属代其履行了一审判决确定的民事赔偿义务人民币24.8万元。

**一审诉辩情况**

浙江省温州市人民检察院以被告人杜益忠犯故意伤害罪，向温州市中级人民法院提起公诉。附带民事诉讼原告人顾钟鹤、池佩青也对杜益忠提起附带民事诉讼。

### ▶ 一审裁判结果

温州市中级人民法院依照《刑法》第234条第2款、第65条、第57条第1款、第36条第1款及相关民事法律之规定,判决如下:被告人杜益忠犯故意伤害罪,判处死刑,剥夺政治权利终身;判令杜益忠赔偿附带民事诉讼原告人经济损失人民币共计31万元(包括同案犯已赔偿的62000元)。

### ▶ 一审裁判理由

温州市中级人民法院认为:被告人杜益忠结伙持刀伤害他人,并致人死亡,其行为已构成故意伤害罪,检察机关指控的罪名成立。被告人杜益忠系致被害人死亡的直接行为人,又系累犯,应予严惩。

### ▶ 二审诉辩情况

一审宣判后,被告人杜益忠不服,提出上诉。

### ▶ 二审裁判结果

浙江省高级人民法院依照《刑事诉讼法》第189条第2项,《刑法》第234条第2款、第48条、第57条第1款之规定,判决如下:

一、撤销原审判决中对上诉人杜益忠的量刑部分,维持判决的其余部分;

二、上诉人杜益忠犯故意伤害罪,判处死刑,缓期2年执行,剥夺政治权利终身。

### ▶ 二审裁判理由

浙江省高级人民法院审理后认为:被告人杜益忠受人纠集,结伙持刀伤害他人,致人死亡,其行为已构成故意伤害罪。杜益忠系致被害人死亡的直接行为人,又系累犯,应予严惩。原判定罪正确。审判程序合法。鉴于杜益忠主动交代关键犯罪情节,认罪态度好,其亲属在本案二审期间代为赔偿了一审判决确定的全部款项,取得了被害人亲属的谅解,对杜益忠判处其死刑,可不立即执行。

## 201. 实践中如何处理量刑情节的竞合问题?

当案内具有犯罪中止、自首、累犯等多种量刑情节时,要采用同向相加,逆向相减的方法调节基准刑,并要注意调节的层次性。对于具有《刑法》总则规定的未成年人犯罪、限制行为能力的精神病人犯罪、又聋又哑的人或者盲人犯罪、防卫过当、避

> 险过当、犯罪预备、犯罪未遂、犯罪中止、从犯、胁从犯和教唆犯等量刑情节的，应先用该量刑情节对基准刑进行调节，在此基础上，再用其他量刑情节进行调节。在同一层次中，一般先考虑从重情节，根据从重情节对基本刑进行趋重修正，然后再考虑从轻情节，根据从轻情节对经过第一次修正确定的刑罚进行趋轻修正。之所以先考虑从重情节后考虑从轻情节，是因为这样的考量顺序对被告人总体刑罚量有利。

### 典型疑难案件参考

安好利、李伟清敲诈勒索案

**基本案情**

2009年9月，被告人安好利刑满释放后获悉其妻被告人李伟清与房东王某某有两性关系。两名被告人经预谋后于同月28日22时许，由被告人李伟清约请王某某至其位于上海市浦东新区周浦镇周南村211号2室的暂住地，当二人准备发生性关系时，被告人李伟清电话联系被告人安好利，被告人安好利即进入室内用照相机对王某某拍摄裸照，随即对王进行殴打，并在逼迫其写下人民币20万元的字据一张后将其放行。次日2时许，两名被告人自动放弃犯罪，并主动向公安机关投案，如实供述了上述罪行。

**诉辩情况**

上海市浦东新区人民检察院诉安好利、李伟清敲诈勒索罪。

**裁判结果**

上海市浦东新区人民法院判决如下：被告人安好利犯敲诈勒索罪，判处有期徒刑1年6个月。被告人李伟清犯敲诈勒索罪，判处有期徒刑1年，缓刑1年。

**裁判理由**

上海市浦东新区人民法院经审理认为：被告人安好利、李伟清以非法占有为目的，采取暴力威胁方法强行索要公民钱财，数额巨大，依照《刑法》第274条、第25条第1款的规定，均已构成敲诈勒索罪，分别应处2年以上10年以下有期徒刑。检察机关指控被告人安好利、李伟清犯罪的事实清楚，证据确实、充分，罪名成立。被告人安好利曾因故意犯罪被判处有期徒刑，刑罚执行完毕后5年内又故意犯应处有期徒刑之本罪，依照《刑法》第65条第1款的规定，系累犯，应当从重处罚。被告人安好利、李伟清在犯罪过程中自动放弃犯罪，依照《刑法》第24条的规定，是犯罪中止，应当减轻处罚。被告人安好利、李伟清能自动投案，并如实供述罪行，依照《刑法》第67条第1款的规定，是自首，可以从轻处罚。依照《刑法》第72条第1款、第73条第2、3款的规定，对被告人李伟清可宣告缓刑。

### 202. 共同犯罪中的多名被告人具有多种量刑情节时，如何进行量刑？

多个被告人具有多种量刑情节，在量刑过程中，可将多个被告人的量刑情节划分为共同的量刑情节和各自的量刑情节，进行分别考虑；再分别对每个被告人的多种量刑情节，根据各个量刑情节的调节比例，采用同向相加、逆向相减的方法确定全部量刑情节的调节比例，再对基准刑进行调节。要注意区分定罪情节和量刑情节，防止重复评价。

## 典型疑难案件参考

### 陈海峰、温国富盗窃案

**基本案情**

1. 2010年9月14日中午12时许，被告人陈海峰经预谋盗窃后，到本市白云区太和镇谢家庄五队六巷107一楼，盗得居住于此的黎跃辉价值400元的电脑主机1台。

2. 同年9月15日下午4时许，被告人陈海峰、温国富经预谋盗窃后，携带螺丝刀到本市白云区太和镇谢家庄顺景大厦一单元605房，采取撬锁的方式进入房内，盗得居住于此的梁琴价值2799元的长虹牌LT42600塑液晶电视机1台。

另查明，案发后，被告人陈海峰配合公安机关缴回本案赃物，上述赃物已由公安机关发还被害人。2010年9月20日下午3时许，被告人温国富协助公安机关抓获被告人陈海峰。

▶ **诉辩情况**

广州市白云区人民检察院指控：被告人陈海峰和被告人温国富犯盗窃罪。

▶ **裁判结果**

广东省广州市白云区人民法院依照《刑法》第260条、第65条、第68条第1款、第52条、第53条之规定，判决如下：

一、被告人陈海峰犯盗窃罪，判处有期徒刑1年，并处罚金3000元。

二、被告人温国富犯盗窃罪，判处有期徒刑6个月，并处罚金2000元。

▶ **裁判理由**

广东省广州市白云区人民法院认为：被告人陈海峰、温国富无视国家法律，结伙入户盗窃公民财物，数额较大，其行为均已构成盗窃罪。检察机关指控两被告人犯盗窃罪的事实清楚、证据确实、充分，罪名成立。检察机关指控被告人陈海峰是累犯，两次入户盗窃、退回赃物、当庭认罪，被告人温国富有前科劣迹、犯罪后有立功情节、入户盗窃、缴回赃物、当庭认罪等量刑情节，有刑事判决书、劳动教养决定书、扣押及登记物品清单等证据予以认定，辩护人对此也没有异议，本院予以确认。被告人陈海峰是累犯，依法应当从重处罚；采取撬锁手段入户盗窃，依法酌情从重处罚；其协助公安机关缴回赃物并当庭自愿认罪，依法酌情从轻处罚。被告人温国富有前科劣迹且采取撬锁手段入户盗窃，依法酌情从重处罚。被告人温国富犯罪后有立功表现，依法可从轻处罚，当庭自愿认罪且本案赃物已缴回，依法酌情从轻处罚。检察机关、辩护人的量刑建议及量刑意见与两被告人的罪责相适应，本院均予以采纳。但对于辩护人提出的被告人陈海峰、温国富系从犯的辩护意见，经审查，被告人陈海峰、温国富经合谋盗窃后均积极参与，相互分工配合盗走电视机，二人的地位与作用没有明显区分，均不应认定为从犯，辩护人的上述辩护意见，本院不予采纳。

## 203. 家庭成员参与共同犯罪，依法均可判处死刑的，应如何处理？

首先，家庭成员参与共同犯罪，虽然均达到可判处死刑的程度，但仍存在地位和作用上的差异，应该区别量刑；其次，家庭成员参与的共同案件，还涉及社会伦理问题，全部判处死刑立即

> 执行的社会效果不佳，应该根据其实际作用的大小，对其中作用相对较小者不必判处死刑立即执行。

## 典型疑难案件参考

### 练永伟等贩卖毒品案

**基本案情**

2004年3月至10月，被告人练永明先后纠集了被告人吴兵、练永伟、刘宏伟、苏楚文和杨宗明、鲜报、涂强及陈民福（在逃）等人，组成了集购买、运输、储藏、贩卖于一体的贩毒网络。练永明在重庆市负责联系购买毒品海洛因，并安排人员运送至上海市、无锡市进行出售；练永伟在重庆市受练永明的指使取回练永明购买的海洛因，并负责将海洛因交给练永明安排的人员逐批运送，同时购买并提供从重庆市至上海市的火车票；刘宏伟和杨宗明、涂强、陈民福相继在练永明的安排下负责运输海洛因；吴兵在练永明的安排下，在上海市、无锡市负责接收和出售海洛因，并将回笼的赃款通过异地存储或委托运送毒品人员返程时带回等方式交给练永明；苏楚文受吴兵的指使在无锡市负责接收和出售海洛因；鲜报在练永明、吴兵的安排下，在无锡市的租住处储藏、中转海洛因。具体事实如下：

1. 2004年3月，练永明与刘绍波（在逃）联系后，指使练永伟在重庆市沙坪坝区天心桥车站附近从刘绍波处取回购得的海洛因1500克。后练永伟根据练永明的安排，在该区妇幼保健站附近将海洛因连同火车票交给杨宗明，由杨乘火车运送至上海市，转交给吴兵贩卖。

2. 2004年4月，练永明与刘绍波联系后，指使练永伟在重庆市沙坪坝区天心桥车站附近从刘绍波处取回购得的海洛因约2000克。后练永伟根据练永明的安排，于4月8日在该区妇幼保健站附近将海洛因连同火车票交给杨宗明，由杨乘火车将海洛因运送至上海市，准备转交给吴兵贩卖。同月10日，杨宗明到达上海市后，在吴兵租住地上海市共和新路1865弄2号602室附近被公安机关抓获，当场缴获海洛因1959.01克。

3. 2004年7月，练永明与刘绍波联系后，指使练永伟在重庆市沙坪坝区烈士陵园旁的加油站附近从刘绍波处取回购得的海洛因2000克。后吴兵先后3次从练永伟的住处提取海洛因2000克运至无锡市，先储藏于鲜报在无锡市的租住处，后用于贩卖。

4. 2004年9月中旬，练永明与刘绍波联系后，指使练永伟在重庆市沙坪坝区天心桥车站附近从刘绍波处取回购得的海洛因3000克。根据练永明的安排，练永伟于同月14日在都市花园某洗脚馆内将其中的2000克海洛因连同火车票交给刘宏伟，由刘宏伟从重庆市乘火车将海洛因于同月16日运输至无锡市，并根据吴兵的安排，在无锡市金城医院附近将海洛因交给吴兵派去的苏楚文。吴兵接收到海洛因后取走1200克贩卖，将剩余的800克储藏于鲜报在无锡市的租住处，后用于贩卖。

5. 2004年9月下旬，练永明与刘绍波联系后，指使练永伟在重庆市沙坪坝区烈士陵园加油站附近从刘绍波处取回购得的海洛因9000克放于自己家中。同月28日，练永伟根据练永明的安排，在重庆市师范学院门口将其中的2000克海洛因连同火车票交给刘宏伟，由刘宏伟乘火车将海洛因于30日运输至无锡市，在无锡市金城医院附近交给吴兵派去的苏楚文。苏楚文将上述毒品全部储藏在鲜报在无锡市的租住处，后用于贩卖。

6. 2004年9月30日，练永伟根据练永明的安排，在重庆市沙阳路供电局缴费站附近将2000克海洛因连同火车票交给陈民福，由陈乘火车于10月2日将海洛因运送至无锡市，在无锡市金城医院附近交给吴兵。吴兵、苏楚文当即取走部分海洛因贩卖，将剩余的700克海洛因储藏于鲜报在无锡市的租住处，用于日后贩卖。

7. 2004年10月8日，练永伟根据练永明的安排，在重庆市第三中学门口将2000克海洛因连同火车票交给刘宏伟，由刘乘火车于同月10日将海洛因运送至无锡市，在无锡市金城医院附近交给吴兵派去的苏楚文。后吴兵取走100克贩卖，将剩余的1900克海洛因储藏于鲜报在无锡市的租住处，用于日后贩卖。

8. 2004年10月22日，练永伟根据练永明的安排，在重庆市第八中学附近将2000克海洛因连同火车票交给陈民福，由陈乘火车于同月24日将海洛因运送至无锡市，在无锡市的金城医院附近交给吴兵。后吴兵、苏楚文分别取走1200克和100克贩卖，将剩余的700克海洛因储藏于鲜报在无锡市的租住处，用于日后贩卖。

9. 2004年10月24日，练永伟根据练永明的安排，在重庆市第八中学附近将2817克海洛因连同火车票交给刘宏伟、涂强，由刘、涂二人乘火车于同月26日将海洛因运送至无锡市，在无锡市的金城医院附近交给吴兵派去的苏楚文。苏楚文将其中的500克海洛因直接用于贩卖，将其余的2317克海洛因带至鲜报在无锡市的租住处储藏。鲜报将其中的2000克海洛因藏匿于其妹妹鲜小群的住处，准备用于日后贩卖。同月29日，公安机关从鲜报、鲜小群处查获海洛因2317克。

10. 2004年10月27日,练永伟根据练永明的安排,在重庆市沙坪坝区武装部招待所附近将2008克海洛因连同火车票交给刘宏伟,由刘乘火车运送至上海市欲转交给吴兵贩卖。同月29日,刘宏伟在上海市火车站被公安机关抓获,当场缴获其随身携带的海洛因2008克。

此外,被告人练永明自2001年2月起即在无锡市、常州、上海市一带从事贩卖海洛因的犯罪活动。自2001年2月起至2003年1月,练永明单独或指使他人分别向刘兴军、王伟煌、林艺(均已判刑)、邓国富(在逃)贩卖海洛因共8次计902克;2004年7月练永明还伙同被告人练永伟向唐荣龙(已判刑)贩卖海洛因500克。被告人吴兵也曾于2002年7月22日在无锡市兴业招待所向王伟煌贩卖海洛因100克。

综上所述,被告人练永明纠集他人共同贩卖、运输海洛因10次共计20284.10克,此外还单独或伙同他人贩卖海洛因9次计1402克;被告人吴兵直接运输或者安排人员接收海洛因8次计16317克并亲自贩卖或指使苏楚文、杨宗明贩卖,此外还单独贩卖海洛因1次100克;被告人练永伟在练永明指使下参与运输及贩卖海洛因11次计20784.01克;被告人刘宏伟参与运输海洛因5次计10825克;被告人苏楚文受吴兵的指使,4次在无锡市接收海洛因计8817克,并贩卖海洛因1436克。案发后,公安机关共缴获海洛因6381.01克,其余毒品均已流入社会。

### 一审诉辩情况

江苏省无锡市人民检察院以被告人练永明、吴兵、练永伟、杨宗明犯贩卖、运输毒品罪,被告人苏楚文、鲜报犯贩卖毒品罪,被告人刘宏伟、涂强犯运输毒品罪,向江苏省无锡市中级人民法院提起公诉。

### 一审裁判结果

无锡市中级人民法院依照《刑法》第347条第2款第1、2项、第25条第1款、第26条、第27条、第48条第1款、第65条第1款、第356条、第70条、第71条、第57条第1款之规定,于2005年7月8日判决如下:

一、被告人练永明犯贩卖、运输毒品罪,判处死刑,剥夺政治权利终身,并处没收全部财产。

二、被告人吴兵犯贩卖、运输毒品罪,判处死刑,剥夺政治权利终身,并处没收全部财产。

三、被告人练永伟犯贩卖、运输毒品罪,判处死刑,剥夺政治权利终身,并处没收全部财产。

四、被告人刘宏伟犯运输毒品罪，判处死刑，剥夺政治权利终身，并处没收全部财产。

五、被告人苏楚文犯贩卖毒品罪，判处死刑，剥夺政治权利终身，并处没收全部财产。

六、被告人鲜报犯贩卖毒品罪，判处死刑，剥夺政治权利终身，并处没收全部财产。

七、被告人杨宗明犯贩卖、运输毒品罪，判处死刑，剥夺政治权利终身，并处没收全部财产；连同原判刑罚，决定执行死刑，剥夺政治权利终身，并处没收全部财产。

八、被告人涂强犯运输毒品罪，判处死刑，缓期2年执行，剥夺政治权利终身，并处没收财产人民币8万元；连同前罪尚未执行完毕的刑罚，决定执行死刑，缓期2年执行（死刑缓期2年执行的期间，从高级人民法院核准之日起计算），剥夺政治权利终身，并处没收财产人民币8万元。

### 一审裁判理由

无锡市中级人民法院经审理认为：被告人练永明不满足于零星贩卖海洛因而纠集被告人吴兵、练永伟、刘宏伟、苏楚文、鲜报、杨宗明、涂强等人，组成贩卖海洛因的犯罪集团，有组织地贩卖、运输大宗海洛因。被告人练永明、吴兵、练永伟、杨宗明的行为均已构成贩卖、运输毒品罪；被告人苏楚文、鲜报的行为均已构成贩卖毒品罪；被告人刘宏伟、涂强的行为均已构成运输毒品罪。且各被告人贩卖、运输海洛因的数量均达到且明显超过《刑法》第347条第2款第1项的法定标准。在犯罪集团中，被告人练永明系起组织、指挥作用的首要分子，应对集团所犯的全部罪行承担刑事责任；被告人吴兵、练永伟、刘宏伟、苏楚文、鲜报、杨宗明均系积极实施的主犯，均应对各自实施的全部犯罪承担刑事责任；被告人涂强起次要作用，系从犯。被告人练永明、刘宏伟、苏楚文、杨宗明曾因犯贩卖毒品罪均被判过刑，又进行毒品犯罪，依照《刑法》第356条之规定，均应当从重处罚；被告人吴兵、涂强在前罪有期徒刑以上刑罚执行完毕后的5年内又重新故意犯罪，依照《刑法》第65条第1款之规定均系累犯，均应当从重处罚。综合考察被告人练永明、吴兵、练永伟、刘宏伟、苏楚文、鲜报、杨宗明犯罪的主观恶性及造成的社会危害性，均属罪行极其严重，依法均应予以严惩。被告人涂强虽系累犯，但根据其在集团犯罪中所处的地位和所起的作用，对其判处死刑可不立即执行。被告人杨宗明在刑罚执行期间被发现还有其他罪行没有得到判决，应依照《刑法》第70条之规定实行数罪并罚；被告人涂强在前罪主刑执行完毕后的附加剥夺政治权利执行期间又犯新罪，应依照《刑法》第 71 条之规定实行数罪并罚。

### 二审诉辩情况

一审宣判后，被告人练永明、吴兵、涂强服判，未提出上诉，其余被告人均提出上诉。

### 二审裁判结果

江苏省高级人民法院依照《刑事诉讼法》第 189 条第 1、2 项和《刑法》第 347 条第 2 款第 1、2 项、第 25 条第 1 款、第 26 条第 1、3 款、第 27 条、第 48 条第 1 款、第 65 条第 1 款、第 356 条、第 70 条、第 71 条、第 57 条第 1 款之规定，于 2006 年 2 月 17 日判决如下：

一、维持对被告人练永明、吴兵、练永伟、刘宏伟、苏楚文的判决。

二、维持对被告人杨宗明、鲜报、涂强的定罪，撤销对杨宗明、鲜报、涂强的量刑。

三、被告人杨宗明犯贩卖、运输毒品罪，判处死刑，缓期 2 年执行，剥夺政治权利终身，并处没收全部财产；连同原判刑罚，决定执行死刑，缓期 2 年执行，剥夺政治权利终身，并处没收全部财产。

被告人鲜报犯贩卖毒品罪，判处无期徒刑，剥夺政治权利终身，并处没收全部财产。

被告人涂强犯运输毒品罪，判处无期徒刑，剥夺政治权利终身，并处没收财产人民币 8 万元；连同前罪尚未执行完毕的刑罚，决定执行无期徒刑，剥夺政治权利终身，并处没收财产人民币 8 万元。

### 二审裁判理由

江苏省高级人民法院经审理后认为：原审判决认定事实清楚，证据确实、充分，定罪准确，审判程序合法。被告人练永明纠集吴兵、练永伟、刘宏伟、苏楚文、杨宗明、鲜报、涂强，贩卖运输大宗海洛因，系共同犯罪。原审判决认定本案被告人为犯罪集团不当。原审判决对杨宗明、鲜报、涂强量刑不当，应予改判。

### 复核结果

最高人民法院依照《刑事诉讼法》第 199 条和最高人民法院《关于执行〈中华人民共和国刑事诉讼法〉若干问题的解释》第 285 条第 1 项、第 3 项，《刑法》第 347 条第 2 款第 1 项、第 25 条第 1 款、第 26 条第 1 款、第 4 款、

第65条第1款、第356条、第48条第1款、第57条第1款的规定，判决如下：

一、核准江苏省高级人民法院刑事判决维持一审以贩卖、运输毒品罪判处被告人练永明、吴兵死刑，剥夺政治权利终身，并处没收全部财产；以运输毒品罪判处被告人刘宏伟死刑，剥夺政治权利终身，并处没收全部财产；以贩卖毒品罪判处被告人苏楚文死刑，剥夺政治权利终身，并处没收全部财产的部分。

二、撤销江苏省高级人民法院和无锡市中级人民法院刑事判决中对被告人练永伟的量刑部分。

三、被告人练永伟犯贩卖、运输毒品罪，判处死刑，缓期2年执行，剥夺政治权利终身，并处没收全部财产。

**复核理由**

最高人民法院复核认为：被告人练永明纠集被告人吴兵、练永伟、刘宏伟、苏楚文等人，贩卖、运输海洛因数量特别巨大，吴兵积极参与运输、贩卖海洛因，刘宏伟积极参与运输海洛因，苏楚文积极参与贩卖海洛因，练永伟在练永明指使、安排下积极参与运输、贩卖海洛因，练永明、吴兵、练永伟的行为均已构成贩卖、运输毒品罪，刘宏伟的行为构成运输毒品罪，苏楚文的行为构成贩卖毒品罪。练永明、吴兵、刘宏伟、苏楚文均系主犯，应当按照其所参与的全部犯罪处罚。一、二审判决认定的事实清楚，证据确实、充分，定罪准确。审判程序合法。练永明、刘宏伟、苏楚文曾因犯贩卖毒品罪被判刑，又进行毒品犯罪，系毒品再犯；吴兵因犯罪被判处有期徒刑以上刑罚，刑罚执行完毕后5年内又重新故意犯罪，系累犯，均应依法从重处罚。该四被告人犯罪主观恶性深，罪行极其严重，一、二审判决对其量刑适当。练永伟在练永明的指使和安排下，取回和送出练永明购得的海洛因，参与运输、贩卖，其犯罪行为带有一定被动性。根据其在共同犯罪中实际所起的作用，以及主观恶性程度，对其判处死刑，可不立即执行。

## 204. 在具体案件审理过程中，犯罪结果对量刑如何发生影响？

犯罪结果对量刑影响重大，一般情况下，犯罪结果的严重性与量刑的轻重成正比例关系。在审判实践中，一般会对犯罪结果进行量化处理，以便更好地对应刑罚阶梯。犯罪结果包括财产损

> 失和人身损害，财产损失通常以数额计算，人身损害一般考察死亡人数、受伤人数、伤情等级等。审判实践中，应根据被告人的犯罪结果，顺序选择适用的刑罚。

## 典型疑难案件参考

### 古计明、方振华投放危险物质案

**基本案情**

1997年6月28日，以被告人古计明为法定代表人的广州古今科技发展有限公司与广州军区广州总医院合作建立广州军区广州总医院激光医疗中心。在合作经营期间，古计明与广州军区广州总医院负责该中心的整形外科主任刘春利在内部管理和奖金发放、经济效益等问题上产生矛盾，古计明对刘怀恨在心，伺机报复。2002年3月，古计明了解到采用放射性物质照射人体造成伤害的信息，产生采用这一方法伤害刘春利的犯意。

2002年4月下旬，古计明打电话到辽宁省丹东射线仪器集团有限公司核仪器厂，查询了购买铱（放射性同位素）射线工业探伤机的价格和手续。随后，古计明化名为马东宁，伪造了一份宁夏回族自治区泾源地区卫生防疫站为宁夏建邦建筑安装公司购买铱射线工业探伤机的准购证，并自行填写了宁夏建邦建筑安装公司的介绍信。同年5月9日下午，古计明到辽宁省丹东射线仪器集团公司核仪器厂，使用上述伪造的准购证和介绍信，以人民币5.5万元购买了一台铱射线工业探伤机，并于次日携带该探伤机到北京市中国原子能科学研究院反应堆工程研究设计所安装了铱放射源（源强为95居里）。同日，古计明为便于将该机带回广州市，遂打电话通知被告人方振华当晚乘坐飞机到北京市与其会合。在两被告人携带该机乘火车回广州市途中，古计明将该机对人体的危害性以及准备使用该机照射被害人刘春利的情况告知了方振华。同月11日，两被告人携带该机回到广州军区广州总医院激光医疗中心古计明的办公室。随后，古计明叫方振华购买了安装探伤机所需的三角铁架、塑料管等材料、工具，古计明、方振华利用该中心晚上无人上班之机，共同将该机的装源铅罐安装在古计明的办公室内天花板上，将连接主机的前端管道从天花板上拉到刘春利的办公桌上方的天花板上。同年5月15日，古计明为防止探伤机的辐射伤害自己，又到广州市美安健医疗用品有限公司，以人民币5600元的价格购买了X光防护衣一套，存放在其办公室内。

2002年5月中旬至2002年7月19日期间，古计明、方振华多次共同或单独趁被害人刘春利在办公室工作及中午休息之机，在古计明的办公室内的暗室通过驱动探伤机施源器，将铅罐内的铱放射源输送到刘春利的办公室天花板上，使用铱源直接对刘春利的身体进行照射，致使刘春利及在该中心工作的70多名医护人员受到放射源的辐射伤害。经法医鉴定，被害人刘春利的损伤构成重伤；被害人江萨、曾东等13人的损伤构成轻伤；被害人李玉莲等61人的损伤构成轻微伤。被告人古计明、方振华的犯罪行为给被害人及广州军区广州总医院造成一定的经济损失。

### 一审诉辩情况

广州市人民检察院以被告人古计明、方振华犯投放危险物质罪，向广州市中级人民法院提起公诉。

### 一审裁判结果

广州市中级人民法院依照《刑法修正案（三）》第2条和《刑法》第26条第1款、第27条、第48条、第57条第1款、第56条第1款、第64条的规定，于2003年6月25日判决如下：

一、被告人古计明犯投放危险物质罪，判处死刑，缓期2年执行，剥夺政治权利终身。

二、被告人方振华犯投放危险物质罪，判处有期徒刑15年，剥夺政治权利5年。

### 一审裁判理由

广州市中级人民法院认为：被告人古计明、方振华为泄私愤而蓄意报复他人，采用投放放射性物质的方法，致1人重伤，13人轻伤，61人轻微伤，其行为均已构成投放危险物质罪。在共同犯罪中，古计明起策划、指挥作用，是主犯；方振华起次要作用，是从犯，依法应当比照主犯从轻处罚。

### 二审诉辩情况

一审宣判后，多名被害人不服，请求广州市人民检察院提出抗诉，广州市人民检察院以被告人古计明的犯罪行为社会危害性极大，犯罪后果极其严重，依法应当判处其死刑立即执行为由，提起抗诉。

### 二审裁判结果

广东省高级人民法院依照《刑事诉讼法》第189条第1项的规定，于

2005年3月27日裁定：驳回抗诉，维持原判。

### 二审裁判理由

广东省高级人民法院经开庭审理认为：被告人古计明、方振华的犯罪事实清楚，证据确实、充分，一审判决适用法律正确，定罪准确，量刑适当，审判程序合法。

### 205. 犯罪数额对定罪量刑有何影响？

犯罪数额是犯罪概念的数量因素，犯罪数额不仅会影响部分犯罪的成立与否，而且是影响很多犯罪量刑等级的重要参考因素。数额的大小与量刑一般呈正比例关系。数额的显著作用表现在经济类犯罪和财产类犯罪之中，包括违法所得数额、违法经营数额及一些特定数额等。

### 206. 对于行政机关超越职权范围"以罚代刑"处置的非法经营数额，是否应作为未经处理的犯罪数额予以累计计算？

一般来说，对同一个行为的行政处罚与刑事处罚可以同时并存，行政处罚可以折抵部分刑罚，但这应限于行政机关在职权范围内的合法处罚。对于行政机关未超越职权范围予以行政处罚的非法经营数额，不应计入犯罪数额，但是对于行政机关超越职权范围予以行政处罚的非法经营数额，即"以罚代刑"的，应作为未经处理的犯罪数额予以重新计算，累计到原有的犯罪数额中。

### 典型疑难案件参考

郭金元、肖东梅非法经营案

### 基本案情

2002年8月27日，渭南市烟草专卖局稽查大队会同渭南市公安局临渭南分局经侦大队在临渭区二马路杨家寨16号被告人郭金元住处，查获郭金元非法经营烟草专卖品各种卷烟共计26个品种5295条，总价值11.53万元。

2003年4月27日晚，被告人郭金元驾驶柳洲五菱微型面包车（陕D17051）先向临渭区宣化路宣化超市邢刚销售黄"公主"牌卷烟4件，价值2500元；随后到二马路向新康商店刘增年销售5个品种卷烟共计55条，价值1989元；当郭再次准备销烟时被渭南市烟草专卖局稽查大队查扣，当场从车内查获5个品种卷烟155条，价值8550元；当晚又在其家查获各类卷烟13个品牌38条，价值5934元。

2003年4月20日，被告人郭金元在渭南市临渭区固市中学向被告人肖东梅销售"骊山"牌香烟15件、黄"公主"牌香烟9件、兰B"金丝猴"牌香烟8件，销售金额1.76万元。当肖东梅正准备将上述卷烟拉出销售时，被渭南市烟草专卖局稽查大队查扣，并查扣肖东梅非法运输烟草专卖品的"汉江"牌微型面包车一辆（陕AD5347）。肖东梅于当日下午主动到渭南市烟草专卖局接受处理。

2003年4月，被告人肖东梅将其非法经营的烟草专卖品黄"公主"牌卷烟25件、软"猴王"牌卷烟11件、兰B"金丝猴"牌卷烟62件分别销售给渭南市临渭区的陈树兴、祖开育、王运良、李根海、王天社、左安发、贾燕等人，销售金额7.467万元。

### 一审诉辩情况

渭南市人民检察院以被告人郭金元、肖东梅犯非法经营罪，向渭南市中级人民法院提起公诉。

起诉书指控：2001年5月11日，被告人郭金元将其非法经营的172件卷烟，从富平运返渭南时在临渭区大什村被西安市阎良区烟草专卖局查扣，总价值15.432万元；2002年8月29日至9月2日，被告人郭金元在渭南市临渭区先后向刘增年、杨友民、刘全州等20人非法销售卷烟，非法经营额为35.8281万元；2002年8月27日至2003年4月27日，被告人郭金元先后3次非法经营烟草专卖品，非法经营额为15.1873万元。被告人肖东梅在2003年4月先后2次非法经营烟草专卖品，非法经营额为9.227万元。二被告人的行为触犯了《刑法》第225条第1项的规定，已构成非法经营罪。

被告人郭金元及其辩护人认为：指控其于2002年8月29日至9月2日非法经营烟草专卖品35.8251万元和2003年4月20日向肖东梅销售烟草专卖品1.76万元的事实，证据不足，不能认定；指控郭金元于2001年5月11日从富平县烟草专卖局非法购进烟草专卖品15.432万元的事实，已经由有关行政机关作出行政处罚，不应累计计算再作刑事处罚。

被告人肖东梅对指控其非法经营烟草专卖品的事实无异议。其辩护人称：指控肖东梅销售给陈树兴兰B金丝猴烟的数字有误，应为10件而不是25件，且肖东梅有自首情节，请求从轻处罚。

### 一审裁判结果

渭南市中级人民法院依照《刑法》第225条第1项，第67条第1款、第72条第1款、第73条第2、3款、第64条的规定，于2003年11月10日判决如下：

一、被告人郭金元犯非法经营罪，判处有期徒刑5年，并处罚金2万元。

二、被告人肖东梅犯非法经营罪，判处有期徒刑3年，缓刑4年，并处罚金1万元。

三、随案移送作案工具柳洲五菱微型面包车一辆（陕D17051）、汉江微型面包车一辆（陕AD5347）予以没收。

### 一审裁判理由

渭南市中级人民法院认为：被告人郭金元从2002年8月27日至2003年4月27日，先后3次非法经营烟草专卖品，非法经营额为15.1873万元；被告人肖东梅在2003年4月先后2次非法经营烟草专卖品，非法经营额为9.227万元。被告人郭金元、肖东梅未经许可，非法经营《烟草专卖法》规定的烟草专卖品，均已构成非法经营罪。被告人郭金元的行为属于情节特别严重，被告人肖东梅的行为属于情节严重。陕西省渭南市人民检察院指控的罪名成立。

对于起诉书指控被告人郭金元于2002年8月29日先后向刘增年、杨友民、刘全州等20人非法销售价值35.8281万元烟草专卖品的事实，经查，从郭金元住处查扣的计划供货账单看，时间概念不清，未能查清进货来源，虽有证人证言，但证言时间不确切，有的有反复，又无其他实物凭证佐证，显属证据不足，不能认定。

起诉书指控被告人郭金元于2001年5月11日将其非法经营的172件卷烟，从富平运回渭南时在临渭区大什村被西安市阎良区烟草专卖局查扣，总价值15.432万元的事实，经查，此事实已被西安市阎良区烟草专卖局经陕西省烟草专卖局审批，依法作出行政处理，且合法、正确。在累计计算郭金元非法经营烟草价值数额时，不能将该笔数额再累计计算予以刑事处罚，故此笔不应计入被告人郭金元非法经营数额之内。郭金元非法经营情节特别严重，应依法予以惩处。其辩护人的辩护意见部分成立，予以采纳。

被告人肖东梅非法经营情节严重，但案发后，能主动到烟草部门接受处理，应视为投案自首，且认罪态度好，有悔罪表现。故依法对其从轻处罚。其辩护人的辩护意见成立，予以采纳。

### 二审诉辩情况

陕西省人民检察院抗诉提出：原审被告人郭金元于2002年8月29日至9月3日非法经营烟草专卖品价值35.8281万元的事实，有刘增年等20名证人证言、郭金元供述、从郭家中查扣的"计划供烟单"等证据证明，原审判决对此起作案事实不予认定是错误的。原审法院对郭金元于2001年5月11日非法经营卷烟172件（价值15.432万元）的事实，以已被西安市阎良区烟草专卖局行政处罚、作案数额不能累计计算再作刑事处罚为由不予认定，有违最高人民检察院、公安部2001年4月8日公布的《关于经济犯罪案件追诉标准的规定》第70条和1996年10月1日生效实施的《行政处罚法》第7条、第28条的有关规定，于法无据，是适用法律错误。

上诉人郭金元当庭在二审期间提出：抗诉指控其于2002年8月29日至9月3日非法经营35万余元的事实不清，证据不足，不能成立。理由是：查扣的"账单"只是其"计划"供应单，而非已经实施的供货记账单；证人证言是证人被传唤到公安局并在侦查人员出示"账单"后才承认的；其家于8月27日被查抄后，其去了乾县，无作案时间；35万余元的货物不是一个小数目，但侦查机关没有证据证明货物来源，因此不能认定。对抗诉指控其于2001年5月11日非法拉运15万余元卷烟应予追究刑事责任的意见，郭金元辩解其行为当时不属于犯罪行为，行政机关当时作出的行政处理的案件管辖、处罚程序、性质认定均是合法的，因此，行政处罚合法正确，其行为当时属于一般违法行为，检察院在两年后将早已作过处理决定的行为加以指控，缺乏法律依据。原审判决认定其于2003年4月20日给肖东梅供烟1.76万元的事实不能成立；其实际非法经营数额应为13.4273万元，原判量刑过重。

肖东梅在二审期间对于指控其非法经营烟草专卖品的事实供认属实，并辩称：自己不懂法，且有投案自首情节，请求法庭给其一个重新做人的机会。

### 二审裁判结果

陕西省高级人民法院根据《刑事诉讼法》第189条第1、2项，依照《刑法》第225条，第67条第1款、第72条第1款、第73条第2、3款、第64条之规定，判决如下：

一、维持渭南市中级人民法院刑事判决的第二、三项，即被告人肖东梅犯非法经营罪，判处有期徒刑3年，缓刑4年，并处罚金1万元；随案移送作案工具柳洲五菱微型面包车一辆（陕 D17051）、汉江微型面包车一辆（陕 AD5347）予以没收。

二、撤销渭南市中级人民法院刑事判决的第一项，即被告人郭金元犯非法经营罪，判处有期徒刑 5 年，并处罚金 2 万元的部分。

三、上诉人郭金元犯非法经营罪，判处有期徒刑 6 年，并处罚金 4 万元，罚金从其向阎良区烟草专卖局所缴纳的行政处罚款中予以折抵。

### 二审裁判理由

陕西省高级人民法院经审理查明：原审判决认定上诉人郭金元 3 次作案、非法经营数额 15.1873 万元；被告人肖东梅 2 次作案、非法经营数额 9.227 万元的事实是清楚、正确的，依法应予确认。还查明，2001 年 5 月 11 日，上诉人郭金元在富平县烟草专卖局购买磨砂猴王、软猴王、窄板猴等无标卷烟 172 件，价值 15.432 万元，当车行至渭南市临渭区大什村时，被阎良区烟草专卖局查扣。后经陕西省烟草专卖局审批，被西安市阎良区烟草专卖局依法予以行政处罚。另外查明，郭金元因非法运输卷烟分别于 1999 年 6 月 3 日和 2002 年 3 月 14 日被华县烟草专卖局给予行政罚款处罚。据此，陕西省高级人民法院认为，上诉人郭金元、被告人肖东梅违反国家烟草专卖法，未经许可，非法买卖卷烟，情节严重，其行为均已构成非法经营罪。对检察院抗诉指控郭金元于 2002 年 8 月 29 日至 9 月 3 日向刘增年等 20 人非法销售卷烟总计价值 35.8281 万元的事实，经查：（1）2002 年 8 月 27 日有关机关对郭金元的住宅进行搜查，查扣了价值 11.53 万元的卷烟，郭金元在事隔两天后又经营价值高达 35 万元的卷烟，作案的进货来源没有查清。（2）刘增年等 20 名证人虽然证明曾从郭金元处进过货，但是证明的进货时间不确切，有的证明进货是在七八月，有的证明是八九月；证言内容有瑕疵，所有购烟的品种、数量、价格等均是在办案人员出示计划供货单后，证人经回忆才确认的；证人均证明计划供烟单一式两份，但是侦查机关没有提取到一份证人所持的计划供烟单；许多证人均证明是与郭金元的老婆联系购货的，但郭金元妻子的证言没有问到。（3）该宗作案事实，没有其他实物证据能够证明。（4）一、二审开庭审理中，郭金元均供称其当时不在渭南，没有作案时间，没有供货，故证明该宗作案事实的证据不充分，依法不予认定。对郭金元上诉提出其于 2001 年 5 月 11 日非法拉运卷烟价值 15.432 万元已经阎良区烟草专卖局行政处罚过，不应再计入犯罪数额予以追究刑事责任的理由，经查：（1）根据我国《行政处罚法》第 7 条、第 28 条之规定，法律并未禁止对已经行政处罚过的行为予以刑事处罚，所以对已受过行政处罚的行为再予刑事处罚，不违反一事不再罚的原则；（2）根据最高人民检察院、公安部已于2001年4月8日颁布实施的关于经济犯罪的追诉标准，非法经营5万元就要追究刑事责任；国务院2001年7月9日公布的《行政执法机关移送涉嫌犯罪案件的规定》，对行政机关发现犯罪应移交公安机关处理作了具体规定，但阎良区烟草局仍依据国家烟草专卖局的有关行政法规的规定对郭金元作出行政处罚，显属违法，没有法律效力。故对该笔已经行政处罚的非法经营数额应当计入犯罪数额。综上，陕西省人民检察院的部分抗诉意见正确，予以采纳。郭金元的部分上诉理由成立。上诉人郭金元非法经营烟草金额306193元，且在两年内受到二次行政处罚，情节特别严重，应予惩处。被告人肖东梅非法经营数额达9.227万元，情节严重，但肖东梅在案发后能主动到烟草部门接受处理，如实供述自己的犯罪事实，有自首情节，且在一、二审审理中认罪态度好，有悔罪表现，可对其从轻处罚。

**207. 以感情投资的名义多次给予被告人巨额财物，最后被告人接受其请托为其谋利的，应如何计算受贿数额？**

此种情况下，应将多次收受的财物数额累计计算，以受贿罪论处。

**208. 以房产交易形式收受贿赂的，其受贿数额如何认定？**

受贿数额应当按照交易时该房产的市场价格与实际支付价格的差额计算。此处的市场价格包括商品经营者事先设定的不针对特定人的最低优惠价格，如果根据商品经营者事先设定的各种优惠交易条件，以优惠价格购买商品的，不属于受贿。

### 典型疑难案件参考

马平、沈建萍受贿案

▶ 基本案情

1. 被告人马平在担任铜梁县委书记期间，利用其职务之便，多次分别收受熊泽亮贿赂现金共计12.36万元、刘久伦贿赂现金共计5.7万元人民币，在该县干部人事调整中为二人谋取了利益。

（1）2003年年初，原铜梁县委组织部副部长熊泽亮通过他人与马平联系，向马表示希望到较好的部门任职，事成后予以感谢。后马平主持县委书记办公会和县委常委会，讨论通过熊泽亮任财政局党组书记、局长的方案。同年6月，熊泽亮被任命为铜梁县财政局局长。为感谢马平的关照，熊泽亮以铜梁县财政局获得各种奖励为借口，多次送给马平现金共计12.36万元。

（2）原任铜梁县安溪镇镇长的刘久伦想调动到县城工作，为得到马平的支持，于2002年春节至2006年1月间多次送给马平现金共计5.7万元。此后，马平主持县委书记办公会和县委常委会，讨论通过刘久伦任铜梁县畜牧业发展服务中心党组书记、主任的方案。2006年3月，刘久伦调任铜梁县畜牧业发展服务中心党组书记、主任。

2. 1996年前后，时任黔江县副县长的马平及其妻沈建萍与叶显军相识。2000年年初，叶显军被重庆市天龙房地产开发有限公司（以下简称天龙公司）聘为公司副总经理，后经叶显军引见，该公司总经理刘栋华认识了二被告人。马平、沈建萍在与天龙公司的多次房产交易中共同收受天龙公司财物共计折合人民币205.5763万元；在此期间，天龙公司总经理刘栋华等人于2003年年初向马平提出到铜梁县投资水泥项目，马平多次利用其职务之便为天龙公司在铜梁县投资的金江水泥项目的引进、文件审批、用地审批、办理采矿许可证、贷款、道路建设等方面谋取利益。具体收受贿赂的事实如下：

（1）2000年9月23日，马平、沈建萍与天龙公司签订合同，购买其开发的金紫大厦5单元16—1、17—1号住宅，房价29.4273万元，沈建萍当日支付现金15.4273万元，并约定欠款14万元由银行按揭支付。2001年2月，天龙公司向沈建萍出具购房全款发票。2002年3月28日，中国建设银行南坪支行将沈建萍申请的按揭贷款15万元划至天龙公司账上。2002年10月，马平、刘栋华等人约定并将金紫大厦住宅15万元按揭款作为马平、沈建萍另欲购买的天龙公司开发的天龙广场门面款，并约定原欠房款免交。2004年，天龙公司清理财务账时发现账上还挂着沈建萍购买金紫大厦的住宅欠款，刘栋华考虑到天龙公司正在铜梁县进行的金江水泥项目，为取得马平对金江水泥项目的支持，安排财务人员按照约定将该笔欠款从公司账上冲销平账。2005年11月，沈建萍取得金紫大厦住宅房地产权证。至案发，二被告人一直未支付应交的14万元欠款。综上，马平、沈建萍非法收受天龙公司财物14万元。

（2）2001年2月，马平、沈建萍以其女儿马某某的名义签订合同，以每平方米1万元的低价购买天龙公司开发的南坪商业大楼负一楼181、180号商铺，面积为27.5平方米，总价27.5万元。2002年年底，因商铺出现经营困难等原因，天龙公司有意按原价返购已售出商铺，后由于公司资金困难，取消了返购计划。2003年6月左右，刘栋华、叶显军为了争取马平对天龙公司在铜梁县投资的金江水泥项目的支持，决定单独返购二被告人所购商铺，并与其约定返购价为每平方米2万元。同年7月7日，天龙公司支付沈建萍返购款54.68万元。二被告人以此方式非法收受天龙公司财物27.18万元。

（3）2001年下半年，马平、沈建萍得知天龙公司准备开发重庆市南岸区南坪正街的天龙广场项目，便对刘栋华、叶显军提出优惠购买门面，并初步选定现中国银行所处的位置，价格约定为每平方米5000元。2001年12月沈建萍向天龙公司付款25万元。2002年10月7日，马平、沈建萍按照此前与刘栋华、叶显军的约定，将金紫大厦住宅15万元银行按揭贷款作为交纳天龙广场门面的购房款。2002年8月，天龙广场开盘预售后，二被告人发现其原先选定的门面已出售给中国银行，遂对刘栋华、叶显军表示不满。刘栋华、叶显军当即陪同二人另选了99号门面。2003年年初，沈建萍与天龙公司签订天龙广场99号门面购房合同，约定每平方米5000元，总价49.275万元。在此期间，刘栋华和叶显军为了争取马平对金江水泥项目的支持，以补偿99号门面为由，提出将天龙广场101号门面送给马平，二被告人认为送门面不妥，叶显军便提出按每平方米2000元计算，后沈建萍与天龙公司签订天龙广场101号门面购房合同，每平方米2000元，总价12.672万元。沈建萍于2004年7月29日、2005年7月23日分别取得99号、101号门面房产证。重庆康华会计师事务所《房价比较报告》载明：天龙广场99号门面区域平均销售价为每平方米20296.46元、天龙广场101号门面区域平均销售价为每平方米5000元。扣除已付现金，二被告人以低价购房形式非法收受天龙公司财物164.3963万元。

### 一审诉辩情况

重庆市人民检察院第一分院以被告人马平、沈建萍犯受贿罪，向重庆市第一中级人民法院提起公诉。

### 一审裁判结果

重庆市第一中级人民法院根据《刑法》第385条第1款、第386条、第383条第1款第1项、第25条第1款、第27条、第93条第1款、第64条之规定，判决如下：

一、被告人马平犯受贿罪，判处有期徒刑13年；

二、被告人沈建萍犯受贿罪，判处有期徒刑5年；

三、对被告人马平受贿所得赃款人民币 18.06 万元继续予以追缴，对被告人马平、沈建萍共同受贿赃物折合人民币 205.5763 万元继续予以追缴。

### 一审裁判理由

重庆市第一中级人民法院认为：被告人马平身为国家机关工作人员，在担任铜梁县委书记期间，利用职务之便，收受熊泽亮、刘久伦、天龙公司贿赂共计折合人民币 223.6363 万元，并为其谋取利益。被告人沈建萍身为国家机关工作人员，伙同马平收受天龙公司贿赂共计折合人民币 205.5763 万元，其行为均已构成受贿罪。鉴于在共同犯罪中，被告人沈建萍起帮助作用，系从犯，综合其在案件中的地位和作用，对沈建萍可予减轻处罚。

### 二审诉辩情况

被告人马平、沈建萍的上诉理由及其辩护人的辩护意见均认为其二人的行为均不构成受贿罪，其具体意见是：（1）马平、沈建萍均提出原判所采用的二人的有罪供述系受刑讯逼供所作，内容不实，不应采信。（2）马平及其辩护人均提出熊泽亮送给马平的奖金金额应为 2.9 万元，且马平主观上没有收受熊泽亮贿赂的故意，不应认定为受贿。（3）马平提出其从未收受过刘久伦的贿赂，其辩护人认为认定马平收受刘久伦贿赂的证据不足。（4）马平、沈建萍及其辩护人均提出马、沈二人与天龙公司的涉案房产交易均系民事行为，且与天龙公司投资金江水泥项目之间没有内在联系，马平、沈建萍亦未利用职权为天龙公司谋利，二人行为均不构成受贿罪。（5）马平有检举他人犯罪的立功表现。

### 二审裁判结果

重庆市高级人民法院依照《刑事诉讼法》第 189 条第 2 项和《刑法》第 385 条第 1 款、第 93 条第 1 款、第 386 条、第 383 条第 1 款第 1 项、第 25 条第 1 款、第 26 条第 1 款、第 4 款、第 27 条、第 64 条之规定，判决如下：

一、维持重庆市第一中级人民法院〔2006〕渝一中刑初字第 327 号刑事判决第一项、第三项以及第二项中对被告人沈建萍的定罪部分，即被告人马平犯受贿罪，判处有期徒刑 13 年；对被告人马平受贿所得赃款人民币 18.06 万元继续予以追缴，对被告人马平、沈建萍共同受贿赃物折合人民币 205.5763 万元继续予以追缴；被告人沈建萍犯受贿罪。

二、撤销重庆市第一中级人民法院〔2006〕渝一中刑初字第 327 号刑事判决第二项中对被告人沈建萍的量刑部分，即被告人沈建萍因犯受贿罪判处有期徒刑 5 年。

三、上诉人沈建萍犯受贿罪，判处有期徒行3年。

### 二审裁判理由

重庆市高级人民法院经审理认为：上诉人马平身为国家工作人员，在担任铜梁县委书记期间，利用职务之便，在干部人事调整和私人购买商品房过程中，收受熊泽亮、刘久伦、天龙公司贿赂折合人民币共计223.6363万元，并为其谋取利益；上诉人沈建萍身为国家工作人员，伙同马平收受天龙公司贿赂折合人民币205.5763万元，并利用马平的职务之便为天龙公司谋取利益。二上诉人的行为均已构成受贿罪。马平、沈建萍及其辩护人上诉提出的相关无罪的意见均不能成立，不予采纳。马平及其辩护人提出马平有检举他人犯罪的立功表现的意见，与所查证的事实不符，不予采纳。在共同犯罪中，马平起主要作用，系主犯；沈建萍起辅助作用，系从犯，对其可予以减轻处罚。原判决认定事实清楚，证据确实、充分，定罪准确，审判程序合法。原判决对马平的量刑适当。鉴于在共同受贿犯罪中沈建萍并未利用其本身国家工作人员的身份，而是其丈夫马平利用县委书记的身份受贿，沈建萍只是作为家庭成员在共同受贿中办理具体事项等情节，可对沈建萍在原判刑罚的基础上酌情从轻处罚。

## 209. 被告人实际非法占有的犯罪数额与被害人的损失数额不一致的，如何认定犯罪数额？

通常情况下，被告人获利数额与被害人损失数额具有一定的对等关系，但在特殊情况下也可能存在较大差异。根据罪刑均衡原则，宜认定被告人的获利数额为案件的犯罪数额，并据此定罪量刑。如果由于特殊案情导致被告人获利数额与被害人损失数额差异较大，则可将能够认定的被害人损失差额考虑到附带民事赔偿之中。

### 典型疑难案件参考

#### 钱炳良盗窃案

### 基本案情

2001年8月至2002年1月，被告人钱炳良在华泰证券江阴营业部（以下简称华泰营业部）交易大厅，通过偷窥和推测的方法先后获得在该营业部开户的殷阿祥、蒋汝初、叶梅英等16人的股票账户账号及交易密码后，利用电话或在证券公司的交易大厅内进行电脑操作等委托方式，在殷阿祥、蒋汝初、叶梅英等16人的股票账户上高买低卖某一股票，同时通过自己在华泰营业部及国信证券江阴营业部（以下简称国信营业部）开设的股票账户上低买高卖同一股票，从中获利，共给被害人造成37.1万余元的经济损失，钱炳良共获取非法利润14.3万余元。案发后，钱炳良退出人民币23万余元，已发还各被害人。

### 一审诉辩情况

2003年4月1日，江苏省无锡市人民检察院以被告人钱炳良犯盗窃罪，向无锡市中级人民法院提起公诉。

起诉书指控：2001年4月至2002年1月，被告人钱炳良非法获得殷阿祥、蒋汝初、叶梅英等16人的资金账号及交易密码后，以高吃低抛某一股票，同时在自己的资金账号上低吃高抛同一股票的方法，给被害人造成37.1万余元的经济损失，从中非法获利19.8万余元。被告人钱炳良多次盗窃公民财物，数额特别巨大，已触犯《刑法》第264条的规定，应当以盗窃罪追究刑事责任。

被告人钱炳良及其辩护人对指控钱炳良盗用13人账户进行非法交易的事实无异议，但提出：指控钱炳良盗用蒋汝初、叶梅英、曹承玲账户的证据不足；被害人的损失中有部分系协议平仓所致；钱炳良的行为属于操纵证券交易价格，不构成盗窃罪；钱炳良案发后积极退赔被害人的损失，且系初犯，请求从轻处罚。

被告人钱炳良还提出：被害人账户成交时间与其账户成交时间不一致的，不应认定其盗买（卖）成功；检举了他人的违法行为，请求从轻处罚。其辩护人还提出：检察机关对被告人盗买盗卖同一证券的获利存在重复计算情况。

### 一审裁判结果

无锡市中级人民法院根据《刑法》第264条、第56条的规定，于2003年6月20日判决如下：被告人钱炳良犯盗窃罪，判处有期徒刑10年，剥夺政治权利2年，并处罚金人民币3万元。

### 一审裁判理由

无锡市中级人民法院认为：被告人钱炳良以非法占有为目的，秘密窃取他人财产，数额特别巨大，其行为已构成盗窃罪。关于认定钱炳良盗用蒋汝初、叶梅英、曹承玲3位股民账户进行非法交易的证据问题，经查，钱炳良账户及蒋汝初、叶梅英、曹承玲3人账户的证券交易交割单、资金对账单、交割查询报表及历史明细查询表证实，钱炳良账户与蒋汝初、叶梅英、曹承玲3人账户存在对应买卖关系，且钱炳良账户系低买高卖，蒋汝初、叶梅英、曹承玲3人账户系高买低卖；钱炳良账户委托明细，蒋汝初、叶梅英、曹承玲3人账户委托查询报表及钱炳良手机通话单证实，钱炳良拨打华泰营业部、国信营业部证券交易委托电话的事实，与上述对应买卖一致；被害人蒋汝初、叶梅英、曹承玲的证言证实，没有与钱炳良账户进行过股票交易。上述证据足以证明钱炳良盗用蒋汝初、叶梅英、曹承玲3位股民账户进行非法交易的事实，被害人账户多次高买低卖违背常理。被告人及其辩护人的此项辩解及辩护意见不予采纳。关于被害人账户股票价值的计算问题，以案发当日的收盘价计算是合理的，钱炳良恶意侵入盗买盗卖股票的风险不应由被害人承担。关于被害人账户及被告人账户的成交时间有差异的问题，经查，被害人账户及被告人账户的成交时间不一致的，不能确认系对应买卖双方，此部分可不计入钱炳良获利数额，被告人的此项辩解成立，但仍应认定为钱炳良盗买盗卖所致。关于钱炳良的行为是构成操纵证券交易价格罪还是盗窃罪的问题，经查，操纵证券交易价格罪，是指以获取不正当利益或者转嫁风险为目的，利用资金优势、持股优势、信息优势制造市场假象，诱导投资者作出违背其本来意愿的决定，扰乱证券市场秩序、情节严重的行为，而钱炳良以非法占有为目的、盗用他人账号和交易密码，采用在被害人账户上高买低卖某一股票，同时在自己的账户上低买高卖同一股票的方法改变财产的持有状态，将他人财产据为己有，钱炳良的主观故意和行为不符合操纵证券交易价格罪的构成要件，应当构成盗窃罪。被告人及其辩护人的意见不予采纳。钱炳良检举他人的违法行为，不能查实，其行为不构成立功。关于钱炳良及其辩护人提出的"钱炳良案发后积极退赔被害人的损失，系初犯，请求从轻处罚"的辩解辩护意见，经查属实，予以采纳。案发后，钱炳良积极退赃，可以酌情从轻处罚。

### 二审诉辩情况

一审宣判后，钱炳良不服，上诉于江苏省高级人民法院。

钱炳良上诉提出：其行为应构成操纵证券交易价格罪，不构成盗窃罪；一审认定其盗用蒋汝初、叶梅英、曹承玲账户的证据不足；一审判决在计算、认定盗窃数额上存在错误与疏漏；扣押的合法财产应予退还。

### 二审裁判结果

江苏省高级人民法院依据《刑事诉讼法》第189条第1项之规定，于

2003 年 9 月 8 日裁定：驳回上诉，维持原判。

### 二审裁判理由

江苏省高级人民法院经审理认为：上诉人钱炳良以非法占有为目的，盗用他人账号和交易密码，采用在他人账户上高买低卖某一股票，同时在自己的账户上低买高卖同一股票的方法改变财产的持有状态，将他人财产据为己有，其行为符合盗窃罪的构成要件，应当以盗窃罪定罪处罚。一审判决认定钱炳良盗用蒋汝初、叶梅英、曹承玲账户的证据确实、充分，已经形成完整的证据锁链，钱炳良的上诉理由不能成立。关于一审判决在盗窃数额的计算与认定上存在疏漏及错误的上诉理由，经查，原审判决根据本案的事实及证据，对被害人账户与钱炳良账户成交时间不一致的股票买卖，均未确认为对应买卖双方，此部分数额也未计入钱炳良获利数额；对检察机关重复计算的获利数额，一审判决也已予以扣除，故此上诉理由不能成立。关于其合法财产应予退还的上诉理由，经查，上诉人钱炳良盗用他人账户买卖股票，由此给被害人造成 30 余万元的经济损失，公安机关用钱炳良退出的人民币 23 万余元发还被害人，以弥补被害人的损失并无不当，且一审判决已根据钱炳良积极退赃的情节在量刑上酌情从轻处罚。一审判决定罪准确，量刑适当，审判程序合法。

## 210. 如何在司法实践中把握特殊减轻处罚的"特殊情况"？

所谓"特殊情况"，从立法本意看，主要是指案件在政治、外交、国防、宗教、民族和行为人实施犯罪等方面具有特殊性，基于这种特殊性，对行为人在法定以下判处刑罚，不仅有利于国家长远、全局的利益，也利于体现刑罚的公正性。

### 典型疑难案件参考

曹强等非法买卖爆炸物案

### 基本案情

2004 年 9 月，被告人曹强负责阿勒泰市联通公司地下光缆挖掘工程爆破施工，阿勒泰市联通公司购买了 2000 枚雷管供其使用。同年 11 月，曹强将未用完的 200 枚雷管私自放在家中地下室，准备来年工程开工时再用。2004 年

11月，被告人马德仁在可可托海东沟开矿需要雷管，即打电话给原审被告人王红革，让其帮忙找一些雷管。王红革便给曹强打电话，称其采矿没有雷管，让曹强帮忙找一些。曹强开始不愿意。过了几天，王红革再次打电话给曹强，曹强便将放在家中的200枚雷管以1600元卖给王红革。由于担心雷管出售后会查到自己，曹强便将雷管编号刮掉。事后，被告人王红革电话通知曹强到阿勒泰市将200枚雷管交与马德仁带回可可托海用于采矿。案发后，被告人马德仁到公安机关投案自首。

### ▶一审诉辩情况

检察机关指控称：被告人曹强、马德仁、王红革非法买卖爆炸物的行为，均构成了非法买卖爆炸物罪，提请人民法院判处刑罚。

被告人曹强对检察机关指控的犯罪事实无异议。其辩护人的辩护意见是：曹强非法出售雷管因就医急需用钱，确因生活所需。

被告人马德仁对检察机关指控的犯罪事实无异议。

被告人王红革对检察机关指控的事实无异议。其辩护人的意见是：王红革非法买卖雷管是帮忙行为，也未获利，系从犯。

### ▶一审裁判结果

富蕴县人民法院根据《刑法》第125条第1款、第63条第2款、第25条第1款、第27条、第67条第1款、第72条第1款、第64条的规定，作出如下判决：

一、被告人曹强犯非法买卖爆炸物罪，判处有期徒刑5年。

二、被告人马德仁犯非法买卖爆炸物罪，判处有期徒刑3年，缓刑4年。

三、被告人王红革犯非法买卖爆炸物罪，判处有期徒刑3年，缓刑4年。

四、被告人曹强非法所得1600元，予以追缴。

### ▶一审裁判理由

富蕴县人民法院认为：被告人曹强、马德仁、王红革非法买卖雷管的行为已构成非法买卖爆炸物罪。检察机关指控的事实及罪名成立，本院予以支持。三被告人非法买卖爆炸物，情节严重，应依法惩处。但鉴于被告人曹强在向被告人王红革出售雷管时，被告人王红革已明确告知其是采矿用，被告人王红革购得雷管后即交给被告人马德仁带回，而被告人马德仁取回雷管后也确用于采矿生产，应认定三被告人非法买卖雷管确因生产所需，且没有造成严重的社会危害，经教育确有悔改表现，故对三被告人可在法定刑以下判处刑罚。三被告人在庭审中均同意适用普通程序审理被告人认罪案件，自愿认罪，可酌情从轻处罚。在被告人马德仁、王红革共同犯罪中，马德仁起主要作用，系主犯；王红革起次要作用，系从犯。案发后，被告人马德仁主动投案，如实供述犯罪事实，属自首。被告人曹强的辩护人辩称，曹强非法出售雷管是因就医急需用钱，属确因生活所需，与事实不符，本院不予采纳，其提供的相关证据，本院不予认定。被告人王红革的辩护人辩称王红革非法买卖雷管是帮忙行为，也未获利，系从犯，所购雷管用在了马德仁的矿上的辩护意见，本院予以采纳。被告人曹强的辩护人和被告人王红革的辩护人认为应免予处罚的辩护意见，本院不予采纳。

### 二审诉辩情况

上诉人（原审被告人）曹强上诉称：我出售雷管确因看病需要钱，系生活所需，一审量刑偏重。

### 二审裁判结果

阿勒泰地区中级人民法院依照《刑事诉讼法》第189条第1项、《刑法》第63条第2款之规定，作出如下裁定：驳回上诉，维持原判。

### 二审裁判理由

阿勒泰地区中级人民法院认为：上诉人（原审被告人）曹强、原审被告人马德仁、原审被告人王红革非法买卖雷管200枚，其行为构成了非法买卖爆炸物罪。鉴于三被告人买卖雷管确系生产所需，没有造成严重社会危害，且在一审庭审中均自愿认罪，一审对三被告人在法定刑以下判处刑罚，是适当的。上诉人（原审被告人）曹强上诉称他出售雷管是因为看病需要钱，系生活所需，一审判决对其量刑偏重，本院认为，一审判决虽是没有认定曹强出售雷管系生活所需，但一审判决根据王红革从曹强处买雷管时已明确告之是采矿用，该雷管事后也用于采矿，认定曹强买卖雷管系生产所需，在法定刑以下判处刑罚，因此其上诉理由不能成立。原判事实清楚，证据确实、充分，适用法律正确，量刑适当，审判程序合法，应予维持。

### 复核情况

阿勒泰地区中级人民法院作出终审判决后，报请新疆维吾尔自治区高级人民法院审核。新疆维吾尔自治区高级人民法院审核判决后报请最高人民法院核准。

### 复核结果

新疆维吾尔自治区高级人民法院依照《刑法》第 125 条第 1 款、第 63 条、第 25 条第 1 款、第 72 条第 1 款、第 64 条和最高人民法院《关于执行〈中华人民共和国刑事诉讼法〉若干问题的解释》第 268 条第 2 项、第 269 条以及最高人民法院《关于审理非法制造、买卖、运输枪支、弹药、爆炸物等刑事案件具体应用法律若干问题的解释》第 2 条第 1 项,最高人民法院《对执行〈关于审理非法制造、买卖、运输枪支、弹药、爆炸物等刑事案件具体应用法律若干问题的解释〉有关问题的通知》第 2 条之规定,作出如下判决:被告人曹强犯非法买卖爆炸物罪,判处有期徒刑 5 年。

最高人民法院依照《刑法》第 63 条第 2 款、最高人民法院《关于执行〈中华人民共和国刑事诉讼法〉若干问题的解释》第 270 条的规定,作出如下裁定:核准新疆维吾尔自治区阿勒泰地区中级人民法院以〔2005〕阿中刑终字第 44 号维持一审以非法买卖爆炸物罪在法定刑以下判处被告人曹强有期徒刑 5 年的刑事裁定。

### 复核理由

新疆维吾尔自治区高级人民法院认为:被告人曹强、王红革、马德仁无视国法,明知买卖爆炸物系违法行为,被告人曹强仍将 200 枚雷管卖给被告人王红革,王红革又以同样的价格卖给被告人马德仁,其行为均已构成非法买卖爆炸物罪,应依法处罚。鉴于三被告人买卖雷管确系采矿所需,没有造成严重的社会危害,且均同意适用普通程序审理认罪案件,在庭审中自愿认罪,应依法减轻处罚。被告人曹强明知买卖爆炸物系违法行为,仍将 200 枚雷管卖给他人,从中渔利,系本案主犯,在本案中应负主要刑事责任,应依法惩处。根据本案的具体情况并依照最高人民法院《对执行〈关于审理非法制造、买卖、运输枪支、弹药、爆炸物等刑事案件具体应用法律若干问题的解释〉有关问题的通知》的精神,依法对被告人曹强在法定刑以下判处刑罚。被告人马德仁通过他人非法购买 200 枚电雷管用于采矿,是非法买卖爆炸物的犯意提议者,系本案主犯,但案发后能主动投案,有自首情节。被告人王红革在共同犯罪活动中"牵线搭桥",起辅助作用,系本案从犯。鉴于被告人马德仁有自首情节,被告人王红革系从犯,依照法律规定,予以减轻处罚。原一、二审认定事实清楚,定性准确,量刑适当,审判程序合法,但对被告人马德仁、王红革报核在法定刑以下量刑不当,应予纠正,其依法判处的减轻处罚已生效。

最高人民法院经审理认为:被告人曹强违反国家爆炸物品管理规定,未经国家有关部门批准，向他人非法出售雷管的行为，已构成非法买卖爆炸物罪。非法买卖爆炸物品数量大，情节严重，应依法惩处。鉴于被告人非法买卖爆炸物，没有造成严重的社会危害，归案后认罪态度较好，根据本案的特殊情况，可以在法定刑以下判处刑罚。一审判决和二审裁定认定的事实清楚，证据确实、充分，定罪准确，量刑适当，审判程序合法。

### 211. 适用在法定刑以下判处刑罚的"特殊情况"应受到什么具体限制？

特殊减刑须具备法定条件才能适用，而且必须受到严格限制，适用条件从严掌握。如对于武装叛乱、放火、爆炸、投毒、抢劫等严重危害国家安全、公共安全、严重扰乱社会治安、严重侵犯公民人身权利等暴力型犯罪，由于其犯罪性质特别恶劣，社会危害性极大，一般不宜适用本规定。如果一些犯罪中存在表明犯罪人危险性较低的特殊情节，如被害人严重过错、犯罪人由于极度贫苦或严重疾病等特殊困难，法院综合考虑后认为对行为人依法判处法定刑的最低刑仍然过重，必须在法定最低刑以下判处刑罚才能做到罪刑相适应时，可以考虑适用特殊减刑的规定。

## 典型疑难案件参考

### 范军盗窃案

**基本案情**

2003年8月，被告人范军在广东省饶平县三饶镇永丰源陶瓷有限公司（私营企业）财务室担任核算成本会计，因参与"六合彩"赌博欠下赌债，遂萌发利用该公司发放员工工资之机，窃取现金的念头。同月的一天，范军趁财务室主任曾再求不备，将曾保管的财务室壁橱钥匙取出后，私自配制了一把。同月8日中午，范军乘无人之机，潜入公司财务室，用事先准备好的钥匙打开财务室存放工资的壁橱，从壁橱内存放的准备用于发放员工工资的39.1万余元中，盗走174329元。返回宿舍后范军写下留言，写明自己的身份和作案原因，并称会连本带利归还该现金。之后范军携款潜逃至江西老家，途中将部分赃款挥霍。后经家人劝说，范军将其盗窃之事电话告知公司老板刘石丰表示道歉，并于同月21日偿还赃款15.9万元。后通过同乡余毅成偿还2600元。

2005年11月9日，范军被抓获归案后，其家属代为偿还赃款12729元。因范军及其亲友退清全部赃款，永丰源陶瓷有限公司请求对范军予以从轻处理。

### 诉辩情况

广东省饶平县人民检察院以被告人范军犯盗窃罪向饶平县人民法院提起公诉。

被告人范军对检察机关指控的犯罪事实无异议，但辩称：其不是盗窃现金，而是利用职务之便借用，以后连本带利归还，其有投案自首的事实，是初犯，要求从轻处罚。其辩护人的辩护意见是：被告人利用工作上的便利取得工资款的使用权，不是秘密窃取，应以挪用资金罪处罚；被告人归案后认罪态度好，退清全部赃款，且有自首情节，应对其酌予从轻处罚。

### 裁判结果

广东省饶平县人民法院依照《刑法》第264条、第53条、第63条第2款之规定，以盗窃罪判处被告人范军有期徒刑2年，并处罚金人民币3000元。

### 裁判理由

广东省饶平县人民法院认为：被告人范军的行为已构成盗窃罪，盗窃数额特别巨大，按刑法规定应在10年以上有期徒刑量刑，但鉴于其属偶犯，作案手段一般，归案后认罪态度好，案发后有悔罪表现，能及时将绝大部分赃款退还给失主，归案后其家属又代其将余下的小部分赃款退还给失主，失主也出具申请书请求对范军给予从宽处罚，因此如对范军在10年以上量刑，不能体现罪刑相适应的原则，故对范军予以减轻处罚。

### 复核情况

一审宣判后，被告人范军没有上诉，检察机关没有抗诉。广东省饶平县人民法院依法将本案层报最高人民法院核准。

### 复核结果

最高人民法院依照《刑法》第63条第2款和最高人民法院《关于执行〈中华人民共和国刑事诉讼法〉若干问题的解释》第270条的规定，裁定如下：核准广东省饶平县人民法院〔2006〕饶刑初字第24号认定被告人范军犯盗窃罪，在法定刑以下判处有期徒刑2年，并处罚金人民币3000元的刑事判决。

### 复核理由

最高人民法院复核认为：被告人范军采取秘密手段窃取公私财物，其行为已构成盗窃罪，且盗窃数额特别巨大。鉴于被告人范军属偶犯、初犯，积极认罪悔罪，已还清全部赃款并取得被害人的谅解，对社会的危害程度不大，对其可在法定刑以下判处刑罚。饶平县人民法院判决认定的事实清楚，证据确实、充分，定罪准确，量刑适当。审判程序合法。

### 212. 犯罪动机、犯罪结果、认罪态度和悔罪表现等因素对"特殊减刑"有何意义？

犯罪动机、犯罪结果、认罪态度和悔罪表现等并不是必然导致"特殊减刑"的因素，但却是采取"特殊减刑"应该予以考虑的重要情节。

## 典型疑难案件参考

### 徐钦朋非法买卖爆炸物案

### 基本案情

2004年10月，被告人徐钦朋与他人合资经营该村明选石料厂后，在没有办妥工商营业执照和有关证件的情况下，为开采山石，让其外甥任淮北（另案处理）先后两次非法从安徽省萧县任宜权（已死亡）处购买炸药288公斤、雷管700枚、导火索130余米，除开采山石用去部分外，案发后，公安机关从明选石料厂查获炸药219公斤、雷管503枚、导火索30米。

### 诉辩情况

安徽省淮北市杜集区人民检察院以被告人徐钦朋犯非法买卖爆炸物罪，向杜集区人民法院提起公诉。

被告人徐钦朋及其辩护人对指控的事实及罪名均无异议。但其辩护人提出：徐钦朋非法购买炸药是因生产、生活所需，且没有造成任何社会危害，被告人归案后认罪态度好，建议从轻处罚。

### 裁判结果

杜集区人民法院根据《刑法》第125条第1款、第25条第1款、第72条第1款规定，判决如下：被告人徐钦朋犯非法买卖爆炸物罪，判处有期徒刑3年，缓刑4年。

### 裁判理由

杜集区人民法院认为：被告人徐钦朋在申办明选石料厂过程中，尚未取得营业执照的情况下，非法购买爆炸物品，危害公共安全，其行为已构成非法买卖爆炸物罪。鉴于被告人徐钦朋非法购买爆炸物确系用于生产，且没有造成严重社会危害，归案后能够如实供述自己的犯罪事实，认罪态度较好，确有悔罪表现。根据本案特殊情况，可以在法定刑以下减轻处罚，并适用缓刑。

### 复核情况

判决宣告后，被告人徐钦朋没有提出上诉，人民检察院也未提出抗诉，杜集区人民法院依照《刑法》第63条第2款的规定，依法报请蚌埠市中级人民法院复核。

### 复核结果

最高人民法院依照《刑法》第63条第2款、最高人民法院《关于执行〈中华人民共和国刑事诉讼法〉若干问题的解释》第270条的规定，裁定如下：核准安徽省淮北市杜集区人民法院以非法买卖爆炸物罪在法定刑以下判处被告人徐钦朋有期徒刑3年、缓刑4年的刑事判决。

### 复核理由

蚌埠市中级人民法院和安徽省高级人民法院先后经复核均认为：原判认定被告人徐钦朋非法买卖爆炸物的事实清楚，证据确实、充分。被告人徐钦朋指使他人非法购买爆炸物品，危害公共安全，其行为已构成非法买卖爆炸物罪。情节严重，应依法予以惩处。鉴于被告人非法买卖、储存爆炸物确系用于生产，尚未造成严重社会危害，且归案后能够如实供述自己的犯罪事实，确有悔罪表现，不致危害社会。考虑到本案具体情况，可以在法定刑以下判处刑罚并适用缓刑。故均同意原审法院对被告人徐钦朋以非法买卖爆炸物罪，判处有期徒刑3年，缓刑4年的判决。安徽省高级人民法院依法报请最高人民法院核准。

最高人民法院经复核后认为：被告人徐钦朋违反国家关于爆炸物品管理规定，未经国家有关部门批准，私自购买炸药、雷管、导火索，其行为已构成非法买卖爆炸物罪，且情节严重，应依法惩处。鉴于被告人徐钦朋购买爆炸物确因生产所需，未造成严重社会危害，且归案后认罪态度较好，有悔改表现，虽不具有法定减轻处罚情节，但根据本案的具体情况，可以在法定刑以下判处刑罚。原判认定的事实清楚，证据确实、充分，定罪准确，量刑适当。审判程序合法。

### 213. 犯罪行为实施完毕以后，自动放弃可以继续的犯罪状态的，应如何处理？

可以适用特殊减刑。适用特殊减刑一般须具备两个条件：一是案件中出现法定情节之外的特殊情况，需要减轻处罚；二是程序要件，即须逐级报最高人民法院核准。犯罪人既遂以后，能够停止侵害的继续状态，防止损害结果的进一步扩大，说明其人身危险性已经明显降低，而且犯罪行为产生的实际损害也明显减小，可以适用特殊减刑。

**典型疑难案件参考**

俞志刚绑架案

**基本案情**

2007年3月29日7时30分许，被告人俞志刚驾驶面包车途经浙江省桐乡市梧桐街道世纪大道与茅盾路交叉口时，看到被害人魏某（女，8岁）背着书包独自站在路边，因其无法偿还所欠他人债务顿生绑架勒索财物之念。俞志刚以驾车送其上学为由，将魏某诱骗上车，后驾车途经桐乡市下属乡镇及相邻的海宁市等地。期间，俞志刚通过电话，以魏某在其处相要挟，向魏某的父亲以"借"为名索要人民币5万元，并要求将钱汇至自己用假身份证开设的农业银行金穗通宝卡上。当日10时许，俞志刚出于害怕，主动放弃继续犯罪，驾车将魏某送回桐乡市梧桐街道，并出资雇三轮车将魏某安全送回所在学校。

**诉辩情况**

浙江省桐乡市人民检察院以被告人俞志刚犯绑架罪，向桐乡市人民法院提起公诉，鉴于俞志刚没有实施暴力，事后主动放弃继续犯罪、将被害人送回学校，建议对其在法定刑以下量刑。

被告人俞志刚对被指控的犯罪事实无异议。其辩护人的辩护意见为：俞志刚在犯罪过程中主动放弃犯罪，将被害人送回学校，应属犯罪中止；俞志刚在整个过程中没有对被害人实施暴力或威胁，犯罪情节较轻，行为未对被害人造成身体、心理上的伤害，犯罪时间较短，亦未造成严重危害社会的后果；俞志刚系初犯、偶犯，一贯表现较好，认罪态度较好，具有悔罪表现。

### 裁判结果

桐乡市人民法院依照《刑法》第239条和第63条第2款的规定，判决如下：被告人俞志刚犯绑架罪，判处有期徒刑4年，并处罚金人民币3万元。

### 裁判理由

桐乡市人民法院认为：被告人俞志刚以勒索财物为目的，采用拐骗等手段对人质进行控制，其行为已构成绑架罪。俞志刚以勒索财物为目的，在将被害人魏某以拐骗方式实际控制后，其犯罪行为即已既遂，其主动将被害人送回学校，放弃继续犯罪的行为不属于犯罪中止。俞志刚虽不具备法定减轻处罚情节，但其绑架犯罪属临时起意，绑架人质采用诱骗方式，控制人质期间未对被害人实施暴力或威胁，后能及时醒悟，主动将被害人送回，未对被害人造成身体、心理上的伤害，犯罪时间较短，犯罪手段、情节、危害后果较轻，对其在法定刑幅度内量刑明显过重，应予减轻处罚。

### 复核情况

一审宣判后，被告人俞志刚服判，未上诉，检察机关亦未抗诉。桐乡市人民法院依法逐级上报核准。

### 复核结果

嘉兴市中级人民法院和浙江省高级人民法院复核认定的事实和证据与原审判决认定的事实和证据相同，并同意原审对被告人俞志刚犯绑架罪，在法定刑以下量刑的判决。

最高人民法院依照《刑法》第63条第2款和最高人民法院《关于执行〈中华人民共和国刑事诉讼法〉若干问题的解释》第270条的规定，裁定：核准浙江省桐乡市人民法院以绑架罪，在法定刑以下判处被告人俞志刚有期徒刑4年，并处罚金人民币3万元的刑事判决。

### 复核理由

嘉兴市中级人民法院和浙江省高级人民法院复核认定的事实和证据与原审

判决认定的事实和证据相同,并同意原审对被告人俞志刚犯绑架罪,在法定刑以下量刑的判决。

最高人民法院经复核后认为:被告人俞志刚以勒索财物为目的,采用拐骗等手段对儿童进行控制,并向其亲属勒索钱财,其行为已构成绑架罪。鉴于俞志刚拐骗控制儿童时间较短,在控制期间未实施暴力、威胁,且能及时醒悟,不再继续犯罪,作案后认罪态度较好,确有悔罪表现等具体情节,对其可以在法定刑以下判处刑罚。原审判决认定的事实清楚,证据确实、充分,定罪准确,量刑适当,审判程序合法。

### 214. 毒品犯罪是否可以适用"特殊减刑"?

毒品犯罪属于我国法律重点打击的犯罪,原则上不适用"特殊减刑"的规定,但在特殊情况下,如果毒品数量极少,同时还存在一些其他可酌定从轻的情节,则可以考虑减轻处罚,否则一般不能适用特殊减刑。

### 215. 毒品犯罪的数量计算与毒品的纯度有何关系?

一般情况下,毒品犯罪的数量不以纯度折算,即以实际的毒品数量作为定罪依据。在量刑方面可以适当考虑纯度问题,根据2000年《全国法院审理毒品犯罪案件工作座谈会纪要》"对于查获的毒品有证据证明大量掺假,经鉴定查明毒品含量极少,确有大量掺假成分的,在处刑时应酌情考虑"的规定,对被告人可以在法定刑幅度内酌情从轻处罚。

### 典型疑难案件参考

#### 赵廷贵贩卖毒品案

**基本案情**

2007年7月18日23时30分,商雷(另案处理)与被告人赵廷贵电话联系,约定以人民币120元的价格向赵购买5支含有海洛因的针剂。次日0时30分许,赵廷贵驾驶牌号为"皖S13661"的桑塔纳轿车至约定的交易地点上海市大连路周家嘴路路口附近,将5支净重9.35克的海洛因针剂贩卖给商雷。赵驾车离开现场后即被截获,公安人员当场从其车上查获163支、净重共308.65克的海洛因针剂及1支度冷丁针剂。

### ▶一审诉辩情况◀

上海市人民检察院第二分院以被告人赵廷贵犯贩卖毒品罪,向上海市第二中级人民法院提起公诉。

被告人赵廷贵辩称:其只知道贩卖的是度冷丁,不知道是海洛因针剂。其辩护人提出,赵廷贵贩卖的海洛因针剂每支规格为2ml/100mg,即海洛因数量为每支0.1克,实际贩卖5支,随身携带163支,应认定为贩卖海洛因0.5克、非法持有海洛因16.3克;赵廷贵主观恶性小,犯罪未造成严重后果,建议从轻处罚。

### ▶一审裁判结果◀

上海市第二中级人民法院依照《刑法》第347条第1款、第2款第1项、第357条第2款、第55条第1款、第56条第1款、第64条之规定,判决如下:

一、被告人赵廷贵犯贩卖毒品罪,判处有期徒刑15年,剥夺政治权利4年,并处没收财产人民币3万元;

二、查获的毒品予以没收,违法所得予以追缴。

### ▶一审裁判理由◀

上海市第二中级人民法院认为:被告人赵廷贵明知是毒品而贩卖,其行为构成贩卖毒品罪。检察机关指控的罪名成立。被告人赵廷贵到案后即供认其贩卖的是海洛因针剂,与之后作出的毒品鉴定结论相符,对赵廷贵关于其不明知贩卖的是海洛因针剂的辩解,不予采信。《刑法》第357条第2款规定,毒品的数量以查证属实的走私、贩卖、运输、制造、非法持有毒品的数量计算,不以纯度折算,对辩护人提出查获的海洛因应以每支0.1克计算的意见,不予采纳。被告人赵廷贵因贩卖5支海洛因针剂被抓获,公安人员随即从其驾驶的车内又缴获163支海洛因针剂,对此应一并认定为贩卖的数量,对辩护人提出该163支海洛因针剂应认定为非法持有的意见不予采纳。考虑到本案的具体情况,对赵廷贵可酌情从轻处罚。

### ▶二审诉辩情况◀

一审宣判后,被告人赵廷贵以不知是海洛因针剂、原判量刑过重为由提出上诉。

### 二审裁判结果

上海市高级人民法院依照《刑事诉讼法》第189条第1项之规定，裁定：驳回上诉，维持原判。

### 二审裁判理由

上海市高级人民法院经审理认为：原判认定赵廷贵贩卖毒品的犯罪事实清楚，证据确实、充分，适用法律正确，量刑适当，审判程序合法。

> **216. 犯罪动机等一些附随情况如何对量刑产生影响？**
>
> 犯罪动机等附随情况通常可作为酌定量刑情节予以考虑。犯罪动机直接反映行为人主观恶性程度，即人身危险性的大小，可作为酌定量刑情节。

### 典型疑难案件参考

**吴传贵等非法制造、买卖爆炸物案**

### 基本案情

2003年2月，被告人魏远芳和郑安达（在逃）到被告人吴传贵家，得知吴传贵和吴高洋（在逃）在制造炸药，便与吴传贵和吴高洋共谋制造炸药，魏远芳出资2000元购买制造炸药的设备、原料。之后，吴传贵、魏远芳、王碧风及吴高洋在吴传贵家非法制造炸药7件，共计168千克。吴传贵将炸药运到威宁县二塘镇，由郑安达联系将168千克炸药卖给开采煤炭的廖自国（在逃），得款1350元。吴传贵分了300元给郑安达。2003年3月，吴传贵、魏远芳、王碧风与吴高洋在吴传贵家非法制造炸药50件，共1200千克。之后，吴传贵将炸药运到威宁县二塘镇，由被告人魏远芳联系将1200千克炸药卖给开采煤炭的韩建富（另案处理），得款10500元。魏远芳将9500元拿给被告人吴传贵，吴将款带回赫章。2003年3月，被告人吴传贵、魏远芳为便于非法制造炸药，二人共谋后由魏远芳在六盘水市中山区大湾镇新寨租佃了赵贵香家房屋两间。后吴传贵、王碧风邀约吴传玉从赫章将非法制造炸药的设备及原料运到租佃的赵贵香家屋内。被告人魏远芳、王碧风到威宁县二塘镇街上购买制造炸药的硝酸钾、硫磺等原料。吴传贵、魏远芳、王碧风伙同曾和志（在逃）等人在赵贵香家房屋内非法制造炸药60件，共1440千克。由吴传贵运了10件炸药到郑安达家，郑安达将其中5件共120千克炸药卖给大湾镇安乐砖厂，得款1000元；未卖的5件炸药共120千克由吴传贵运回到被告人魏远芳家。后魏远芳与其丈夫曾和志于2003年5月2日晚将5件共120千克炸药以1000元的价格卖给被告人吕吉军，吕先付了600元。当晚，被告人吕吉军将炸药运到威宁县二塘镇中山村二组其姐夫余启学家，同月3日凌晨3时许，炸药发生爆炸，致余启学及其妻吕吉凤，其子余星、其女余亚、余辉5人死亡，并将房屋炸毁。余下的50件共1200千克炸药于2003年5月11日下午5时许在赵贵香家屋内自燃后发生爆炸，致赵贵香、宫崇彬、徐道平、胡才才等的房屋遭到破坏。经法医尸检：余启学为烧伤爆炸死亡；吕吉凤、余星、余亚、余辉为窒息性死亡。经威宁县价格认定中心鉴定：吕吉凤、赵贵香、宫崇彬、徐道平、胡才才等的房屋受损价值为76171元。2003年3月的一天，吕吉军找到被告人王明章，要王明章帮其购买炸药，王明章便非法制造炸药40节6千克。之后，吕吉军拿了50元钱叫吕吉林到王明章处将王明章非法制造的6千克炸药买到吕吉军的煤厂用于开采煤炭，后因炸药无爆炸力而未使用。2003年4月，被告人吕吉军找到在中山区大湾镇安乐园煤矿当工人的被告人涂达云，要涂达云帮其购买雷管。涂达云向他人借了300枚雷管。吕吉军安排吕吉林到涂达云处拿雷管时，涂达云以每枚1元的价格将300枚雷管卖给吕吉林。吕吉林将雷管带到吕吉军的煤窑上使用。

### ▶ 一审诉辩情况

贵州省人民检察院毕节分院以被告人吴传贵、魏远芳、吕吉军、王碧风、吴传玉、王明章、涂达云、吕吉林犯非法制造、买卖爆炸物罪，向贵州省毕节地区中级人民法院提起公诉。

### ▶ 一审裁判结果

毕节地区中级人民法院依照《刑法》第125条第1款、第26条、第27条、第55条、第57条和最高人民法院《关于审理非法制造、买卖、运输枪支、弹药、爆炸物等刑事案件具体应用法律若干问题的解释》第1条、第2条的规定，判决如下：

一、被告人吴传贵犯非法制造、买卖爆炸物罪，判处死刑，缓期2年执行，剥夺政治权利终身；

二、被告人魏远芳犯非法制造、买卖爆炸物罪，判处无期徒刑，剥夺政治权利终身；

三、被告人王明章犯非法制造、买卖爆炸物罪，判处有期徒刑3年；

四、被告人吕吉军犯非法买卖爆炸物罪，判处有期徒刑15年，剥夺政治权利5年；

五、被告人涂达云犯非法买卖爆炸物罪，判处有期徒刑3年，缓刑3年；

六、被告人吕吉林犯非法买卖爆炸物罪，判处有期徒刑3年，缓刑3年；

七、被告人王碧风犯非法制造爆炸物罪，判处有期徒刑6年；

八、被告人吴传玉犯非法制造爆炸物罪，判处有期徒刑4年。

### 一审裁判理由

毕节地区中级人民法院认为：被告人吴传贵等人非法制造、买卖炸药的行为已构成非法制造、买卖爆炸物罪。

### 二审诉辩情况

一审宣判后，各被告人均服判。检察机关以"原审判决对被告人吴传贵、魏远芳、吕吉军的量刑畸轻"为由向贵州省高级人民法院提出抗诉。

### 二审裁判结果

贵州省高级人民法院依照《刑事诉讼法》第189条第1项、第2项、《刑法》第125条第1款、第26条、第27条、第55条、第57条和最高人民法院《关于审理非法制造、买卖、运输枪支、弹药、爆炸物等刑事案件具体应用法律若干问题的解释》第1条、第2条的规定，判决如下：

一、撤销一审判决中对被告人吴传贵的量刑部分。

二、被告人吴传贵犯非法制造、买卖爆炸物罪，判处死刑，剥夺政治权利终身。

### 二审裁判理由

贵州省高级人民法院经二审审理认为：原审法院认定的事实清楚，证据确实、充分，定罪准确，吴传贵首先提出制造炸药的犯意，并研究生产炸药的技术，打听制造炸药的配方、购买制造炸药的原料，其非法制造炸药117件2808千克，并将部分炸药卖给他人，造成5人死亡及他人房屋被损坏的严重后果，系本案主犯，应依法惩处，检察机关提出的一审对吴传贵量刑畸轻的抗诉有理，予以支持，并认为一审对魏远芳、吕吉军和其余被告人的量刑并无不当。

▶ **复核情况**

贵州省高级人民法院维持了对其余各被告人判决部分,并依法报请最高人民法院核准。

▶ **复核结果**

最高人民法院依照《刑事诉讼法》第199条和最高人民法院《关于执行〈中华人民共和国刑事诉讼法〉若干问题的解释》第285条第3项,《刑法》第125条第1款、第26条第1款、第4款、第48条第1款、第57条第1款和最高人民法院《关于审理非法制造、买卖、运输枪支、弹药、爆炸物等刑事案件具体应用法律若干问题的解释》第2条第1项、第4项的规定,判决如下:

一、撤销二审判决中对被告人吴传贵的量刑部分。

二、被告人吴传贵犯非法制造、买卖爆炸物罪,判处死刑,缓期2年执行,剥夺政治权利终身。

▶ **复核理由**

最高人民法院复核认为:被告人吴传贵伙同他人非法制造大量炸药,并将炸药非法卖给他人的行为已构成非法制造、买卖爆炸物罪。且情节严重,又系主犯,应依法惩处。一、二审判决认定的事实清楚,证据确实、充分,定罪准确。审判程序合法。鉴于吴传贵非法制造、买卖的炸药主要用于当地的生产,且炸药是在存储中发生爆炸,对吴传贵判处死刑,可不立即执行。

### 217. 毒品犯罪中纯度对量刑有何影响?

贩卖毒品数量较大,但毒品含量极低,量刑时应酌情考虑,掺假之后毒品数量才达到判处死刑的标准的,一般不判处死刑立即执行。

**典型疑难案件参考**

李惠元贩卖毒品案

▶ **基本案情**

2003年11月至12月间,被告人李惠元先后两次从广东省惠来县购得海洛因50克、100克携带回福建省厦门市后，单独或通过杨沁秋（同案被告人，已判刑）贩卖给陈桂洲（同案被告人，已判刑）。同年12月18日晚7时许，被告人李惠元从广东省惠来县购得海洛因后乘车返回厦门市时，在漳厦高速公路杏林收费站出口处被公安机关抓获，公安机关当场从其随身携带的黑色手提袋内缴获海洛因302.2克。

2003年12月19日晚10时许，陈芳（另案处理，已判刑）将被告人李惠元存放在二人租住的厦门市钱炉灰埕横巷15号房里的海洛因取出贩卖给他人时，被公安机关抓获，当场缴获海洛因146克。

### 一审诉辩情况

福建省厦门市人民检察院以被告人李惠元犯贩卖毒品罪向厦门市中级人民法院提起公诉。

### 一审裁判结果

厦门市中级人民法院依照《刑法》第347条第2款第1项、第356条的规定，判决如下：被告人李惠元犯贩卖毒品罪，判处死刑，剥夺政治权利终身，并处没收个人全部财产。

### 一审裁判理由

厦门市中级人民法院认为：被告人李惠元贩卖海洛因598.2克，其行为已构成贩卖毒品罪。李惠元曾因贩卖毒品被判过刑，应从重处罚。

### 二审诉辩情况

一审宣判后，被告人李惠元不服，提出上诉称：其是应陈桂洲所托而带毒品，从中只获得约定的补贴每克10元，原判认定其从中获利有悖常理；其主观恶性小，毒品没有流入社会造成危害，请求改判。李惠元的辩护人认为：原判认定事实不清，证据不足，请求从轻处罚。

### 二审裁判结果

福建省高级人民法院依照《刑事诉讼法》第189条第1项的规定，裁定如下：驳回上诉，维持原判。

### 二审裁判理由

福建省高级人民法院经审理认为：李惠元为牟取非法利益，明知海洛因是国家禁止的毒品而非法进行贩卖或销售活动，其行为已构成贩卖毒品罪。其贩卖海洛因598.2克，数量大，又系毒品再犯，依法应从重处罚。原判认定的事实清楚，证据确实、充分，定罪准确，量刑适当，审判程序合法。

**复核情况**

福建省高级人民法院依法将本案报请最高人民法院核准。

**复核结果**

最高人民法院依照《刑事诉讼法》第199条和最高人民法院《关于执行〈中华人民共和国刑事诉讼法〉若干问题的解释》第285条第3项、《刑法》第347条第2款第1项、第48条第1款、第57条第1款的规定，判决如下：

一、撤销福建省高级人民法院和厦门市中级人民法院刑事判决中对被告人李惠元的量刑部分；

二、被告人李惠元犯贩卖毒品罪，判处死刑，缓期2年执行，剥夺政治权利终身，并处没收个人全部财产。

**复核理由**

最高人民法院经复核后认为：被告人李惠元贩卖海洛因598.2克的行为，已构成贩卖毒品罪。贩卖毒品数量大，又系毒品再犯，应依法从重处罚。一审判决和二审裁定认定的事实清楚，证据确实、充分，定罪准确。审判程序合法。鉴于李惠元贩卖的毒品含量较低，对其判处死刑，可不立即执行。

## 218. 毒品数量已经接近判处死刑的数量标准，同时具有法定或酌定从重处罚情节的，应如何处理？

在毒品犯罪中，毒品数量是量刑的重要依据，但不是唯一的根据，还应综合考虑其他犯罪情节、危害后果、行为人人身危险性等诸多因素。当毒品数量已经接近判处死刑的数量标准时，其他情节的存在对是否判处死刑立即执行就显得非常重要了。譬如除数量较大以外，被告人还是共同犯罪中的主犯，而且还是毒品再犯的，应判处死刑立即执行。

## 典型疑难案件参考

### 龙从斌贩卖毒品案

**基本案情**

2006年3月,被告人龙从斌打电话给陈永鸿(同案被告人,已判刑)联系购买海洛因。同月12日,陈永鸿打电话通知龙从斌验货。当晚,龙从斌从贵阳市到织金县城陈永鸿的住处检验毒品后,二人约定以每克550元的价格交易海洛因。次日15时许,陈永鸿携带海洛因同龙从斌来到贵阳市五柳街1号C栋3单元11号龙从斌的租住房内进行交易。在交易过程中,王倩(同案被告人,已判刑)准备毒资,何明惠(同案被告人,已判刑)提供称量工具。交易完成后,龙从斌等四人被抓获,当场查获海洛因297克、毒资15.5万元。

**一审诉辩情况**

贵州省贵阳市人民检察院以被告人龙从斌犯贩卖毒品罪,向贵阳市中级人民法院提起公诉。

被告人龙从斌辩称:毒品交易未成功,毒品仍属陈永鸿所有;毒资非公安机关收缴,而是王倩主动上交。其辩护人提出:毒品尚未流入社会,实际危害不大,龙从斌认罪态度好,建议对其从轻处罚。

**一审裁判结果**

贵阳市中级人民法院依照《刑法》第347条第2款第1项、第356条、第25条第1款、第57条第1款、第64条的规定,判决如下:被告人龙从斌犯贩卖毒品罪,判处死刑,剥夺政治权利终身,并处没收个人全部财产。

**一审裁判理由**

贵阳市中级人民法院认为:被告人龙从斌贩卖海洛因297克,其行为已构成贩卖毒品罪。龙从斌贩卖海洛因数量大,在共同犯罪中系主犯,且曾因犯贩卖毒品罪被判刑,应依法严惩。

**二审诉辩情况**

一审宣判后,被告人龙从斌提出上诉。

**二审裁判结果**

贵州省高级人民法院依照《刑事诉讼法》第189条第1项之规定,判决:

驳回龙从斌的上诉,维持原判,并依法将本案报请最高人民法院核准。

▶ 二审裁判理由

贵州省高级人民法院经二审审理认为:上诉人龙从斌贩卖海洛因297克的行为已构成贩卖毒品罪。在共同犯罪中,龙从斌起主要作用,系主犯,且其曾因犯贩卖毒品罪被刑事处罚,系毒品再犯,具有法定从重处罚情节,应依法严惩。原判定性准确,对龙从斌量刑适当,审判程序合法。

▶ 复核结果

最高人民法院依照《刑事诉讼法》第199条和最高人民法院《关于复核死刑案件若干问题的规定》第2条第1款的规定,裁定如下:核准贵州省高级人民法院〔2006〕黔高刑一终字第487号维持第一审以贩卖毒品罪判处被告人龙从斌死刑,剥夺政治权利终身,并处没收个人全部财产的刑事判决。

▶ 复核理由

最高人民法院经复核认为:被告人龙从斌以贩卖为目的非法购买毒品,其行为已构成贩卖毒品罪。龙从斌贩卖海洛因数量大,且在共同犯罪中起主要作用,系主犯,应当按照其所参与的全部犯罪处罚。其曾因犯贩卖毒品罪被判过刑,又犯贩卖毒品罪,系毒品再犯,主观恶性和人身危险性大,应依法从重处罚。龙从斌检举他人犯罪线索,公安机关未查证属实,故不能认定其有立功表现。第一、二审判决认定的事实清楚,证据确实、充分,定罪准确,量刑适当,审判程序合法。

## 219. 对于毒品共同犯罪中罪责相对较小但系毒品再犯的主犯,量刑时如何考虑?

根据2008年12月的《全国部分法院审理毒品犯罪案件工作座谈会纪要》的意见,"对于共同犯罪中有多个主犯或者共同犯罪人的,处罚上也应做到区别对待。应当全面考察各主犯或者共同犯罪人在共同犯罪中实际发挥作用的差别,主观恶性和人身危险性方面的差异,对罪责或者人身危险性更大的主犯或者共同犯罪人依法判处更重的刑罚"。因此,同为毒品共同犯罪中的主犯也应在量刑上予以区别。

## 典型疑难案件参考

### 王会陆、李明等人贩卖、运输毒品案

**基本案情**

被告人王会陆、李明和苏俊（同案被告人，已判刑）预谋贩毒，并商定由王会陆出资、销售、事后主持分赃，李明联系购买，苏俊负责运输。后苏俊又邀约了张正奎（同案被告人，已判刑）参与运输。四人约定，毒品卖出后由王会陆分给李明、苏俊、张正奎各10万元，其余归王所有。2007年3月10日，李明、苏俊、张正奎驾驶东风货车到达云南省瑞丽市。次日，苏俊将自己的1万元连同王会陆给其的26万元一起交给李明，李明单独到边境附近联系卖家，购得海洛因12块，交给苏俊后先行返回昆明。同月12日，苏俊、张正奎将海洛因藏匿在东风货车驾驶室内运往昆明。次日16时许，王会陆接苏俊电话后，驾驶奇瑞QQ轿车，与李明一起到昆明市凉亭东路接取海洛因。当苏俊将海洛因提到王会陆驾驶的轿车上时，四人先后被公安人员抓获，当场查获海洛因4120克。

**一审诉辩情况**

云南省玉溪市人民检察院以被告人王会陆、李明犯贩卖、运输毒品罪，向玉溪市中级人民法院提起公诉。

**一审裁判结果**

玉溪市中级人民法院依照《刑法》第347条第2款第1项、第356条、第25条、第26条、第48条、第57条第1款之规定，判决如下：

一、被告人王会陆犯贩卖毒品罪，判处死刑，剥夺政治权利终身，并处没收个人全部财产；

二、被告人李明犯贩卖毒品罪，判处死刑，剥夺政治权利终身，并处没收个人全部财产。

**一审裁判理由**

玉溪市中级人民法院认为：被告人王会陆、李明贩卖、运输海洛因的行为均构成贩卖毒品罪。在共同犯罪中，李明主动寻找毒品卖主并由其独自将毒品购回交付苏俊、张正奎运输，后又与王会陆到昆明接应毒品；王会陆为主出资并实际操控其他三名被告人实施毒品犯罪，均起主要作用，是主犯。李明因犯贩卖毒品罪被判过刑，又犯贩卖毒品罪，应从重处罚。

### 二审诉辩情况

一审宣判后,被告人王会陆、李明提出上诉。王会陆称:其不是犯意提起者,系从犯,一审量刑过重;李明称:其不是犯意提起者,也不是出资者和分工者,请求从轻处罚。

### 二审裁判结果

云南省高级人民法院依照《刑事诉讼法》第189条第2项,最高人民法院《关于执行〈中华人民共和国刑事诉讼法〉若干问题的解释》第257条第2项和《刑法》第347条第2款第1项、第356条、第25条第1款、第26条第1款、第4款、第48条、第57条第1款之规定,改判:王会陆、李明犯贩卖、运输毒品罪,均判处死刑,剥夺政治权利终身,并处没收个人全部财产,并依法将本案报请最高人民法院核准。

### 二审裁判理由

云南省高级人民法院经二审审理后认为:原判认定的事实清楚,证据确实、充分,审判程序合法,但对李明、王会陆的定罪不准。

### 复核结果

最高人民法院依照《刑事诉讼法》第199条和最高人民法院《关于复核死刑案件若干问题的规定》第2条第1款的规定,裁定如下:核准云南省高级人民法院〔2007〕云高刑终字第1436号对被告人王会陆、李明以贩卖、运输毒品罪均判处死刑,剥夺政治权利终身,并处没收个人全部财产的刑事判决。

### 复核理由

最高人民法院经复核认为:被告人王会陆、李明伙同他人为销售而购买、运输海洛因,其行为均已构成贩卖、运输毒品罪,且毒品数量巨大。在犯罪过程中,王会陆为主出资购买海洛因,李明具体实施购买海洛因的行为,在共同犯罪中均起主要作用,系主犯,应当按照各自所参与的全部犯罪处罚。王会陆系本案毒品的出资者,预谋时约定由其事后负责销售海洛因、主持分赃并分得较多赃款,系共同犯罪中罪行最为严重者,应依法惩处。李明曾因犯贩卖毒品罪被判刑,又犯贩卖、运输毒品罪,系毒品再犯,其不思悔改,主观恶性深,社会危害性大,罪行极其严重,应依法从重处罚。一、二审判决认定的事实清楚,证据确实、充分,审判程序合法。第二审判决定罪准确,量刑适当。

### 220. 如何在司法实践中适用"禁止令"？

禁止令是《刑法修正案（八）》中的一项新规定，是对我国非监禁刑制度的一项制度创新。人民法院为了预防犯罪，可以根据罪犯的犯罪事实，依法要求其在一定期限内必须遵循一定的法律义务。

根据《刑法》第72条之规定，宣告缓刑，可以根据犯罪情况，同时禁止犯罪分子在缓刑考验期限内从事特定活动，进入特定区域、场所，接触特定的人。禁止令与罪犯的已然犯罪要有密切联系，与犯罪行为没有任何关联的禁止令是不允许的。

## 典型疑难案件参考

### 董某、宋某抢劫一案

**基本案情**

2010年7月27日中午11时许，被告人董某、宋某伙同王某（未达到刑事责任年龄）在平顶山市某社区，持刀对被害人张某和王某某实施抢劫，将张某的5元现金及大显E608手机一部抢走。后将所抢手机卖掉，赃款几人用于上网。

**诉辩情况**

平顶山市新华区人民检察院指控被告人董某、宋某犯抢劫罪。

被告人董某、宋某对检察机关指控其犯抢劫罪的事实均无异议。被告人董某、宋某的辩护人辩称：二被告人年龄小，请求对其从轻处罚。

**裁判结果**

依照《刑法》第263条、第25条第1款、第17条第2款、第3款、第72条、第73条第3款、第52条和最高人民法院、最高人民检察院、公安部、司法部《关于对判处管制、宣告缓刑的犯罪分子适用禁止令有关问题的规定（试行）》第1条、第4条、第6条之规定，判决如下：

一、被告人董某犯抢劫罪，判处有期徒刑2年6个月，缓刑3年，并处罚金人民币1000元。缓刑考验期从判决确定之日起计算。

二、被告人宋某犯抢劫罪，判处有期徒刑2年6个月，缓刑3年，并处罚金人民币 1000 元。缓刑考验期从判决确定之日起计算。

三、禁止被告人董某、宋某在 36 个月内进入网吧、游戏机房等娱乐场所。如违反上述"禁止令",情节严重的,将对其撤销缓刑,执行原判刑罚（禁止令期限从判决生效之日起计算）。

**裁判理由**

新华区人民法院审理后认为：被告人董某、宋某以非法占有为目的,持械劫取他人财物,其行为均已构成抢劫罪。鉴于被告人董某、宋某犯罪时不满 18 周岁,均系初犯,能够认罪悔罪,且被告人宋某又系在校学生,符合缓刑条件。经审理发现在本次犯罪中二被告人将所抢财物卖掉,得来的钱用于网吧消费,为促使二被告人在缓刑期间遵纪守法,减少重新犯罪的机会,应禁止二被告人在缓刑考验期内进入网吧、游戏机房等娱乐场所。

## 二、累犯

**221. 关于累犯要件之"再犯应当判处有期徒刑以上刑罚之罪",应作何种理解？是否受到追诉时效的影响？**

累犯中的后罪是指需要确实定罪量刑并追究刑事责任的犯罪,也就是说,如果后罪已过追诉时效,不再追究刑事责任,即使其犯罪事实并不因为时效已过而消失,也不再认为其构成累犯。所谓"再犯应当判处有期徒刑以上刑罚之罪"是指兼具法律评价和刑事追究的累犯要件,而不是单纯的犯罪事实。

**典型疑难案件参考**

南昌洙、南昌男盗窃案

**基本案情**

1998 年 3 月,被告人南昌洙、南昌男在龙井市开山屯镇光新村盗窃一头耕牛,价值人民币 2500 元。销赃后,赃款由二被告人挥霍。

1998 年 9 月,被告人南昌男伙同他人（已死亡）,在龙井市开山屯镇济东村盗窃一头耕牛,价值人民币 1200 元,并将耕牛屠宰后食用。

2003 年 8 月 8 日,被告人南昌洙、南昌男在龙井市东盛涌镇长南村附近盗窃 4 头耕牛,共计价值人民币 6800 元。销赃时被公安人员抓获。

**诉辩情况**

吉林省龙井市人民检察院以被告人南昌洙、南昌男犯盗窃罪，向龙井市人民法院提起公诉。起诉书认为：被告人南昌洙在刑满释放后5年内再犯应判处有期徒刑以上刑罚之罪，系累犯，应从重处罚。

被告人南昌洙、南昌男对指控的罪名和事实均无异议。

**裁判结果**

龙井市人民法院依照《刑法》第264条、第87条第1项、第25条第1款、第52条、第64条以及最高人民法院《关于处理自首和立功具体应用法律若干问题的解释》第4条之规定，判决如下：

一、被告人南昌洙犯盗窃罪，判处有期徒刑2年，并处罚金6000元；

二、被告人南昌男犯盗窃罪，判处有期徒刑3年，并处罚金8000元；

三、追缴非法所得人民币1000元，予以没收，上缴国库。

**裁判理由**

龙井市人民法院认为：被告人南昌洙、南昌男秘密窃取他人财物的行为已构成盗窃罪。被告人南昌洙于1998年3月所实施的盗窃行为，已过追诉期限，依法不予追究；被告人南昌洙在刑满释放5年之后再犯应当判处有期徒刑以上刑罚之罪，依法不构成累犯，检察机关该两项指控不当，应予纠正。被告人南昌男在公安机关抓获后，如实供述公安机关尚未掌握的其他盗窃犯罪事实，可酌情从轻处罚。

## 222. 累犯成立要件中所谓的"刑罚执行完毕"，是指主刑还是附加刑执行完毕？

根据《刑法》总则第65条，累犯所指的"刑罚执行完毕"应理解为主刑执行完毕，根据第71条，累犯所指的"刑罚执行完毕"应理解为主刑和附加刑均执行完毕。但在实践中执行情况非常复杂，有时甚至无限期拖延（如罚金刑），势必影响累犯的认定。此外，我国《刑法》中关于假释期限的规定均是针对主刑刑期设定的，故对于被假释的犯罪分子，法律明确规定累犯的期限从假释期满之日起计算，而不包括附加刑执行期满。因此，累犯成立条件中的"刑罚执行完毕"应是指前罪主刑执行完毕。

## 典型疑难案件参考

### 秋立新盗窃案

**基本案情**

被告人秋立新。曾因犯盗窃罪于1995年6月8日被判处有期徒刑8年，服刑期间因犯脱逃罪判处有期徒刑3年、犯盗窃罪判处有期徒刑1年，与原判刑期残刑6年零14天，剥夺政治权利1年，决定执行有期徒刑9年，剥夺政治权利1年；经减刑于2004年12月6日释放。

被告人秋立新于2005年5月20日9时50分许，在本市朝阳区垡头乡陶庄早市的20号摊位内，趁无人之机，窃得摊主李洪芳（女，20岁，吉林省人）的挎包1个，内有人民币2142元，托普牌ZTC318型移动电话1部、UTS700—U型小灵通电话1部以及"三达牌"烟斗2个（上述物品共计价值人民币630元）。被告人秋立新被当场抓获。赃款、赃物均已被公安机关起获并发还被害人。

**诉辩情况**

北京市朝阳区人民检察院指控称：被告人秋立新以非法占有为目的，采用秘密手段窃取他人财物，数额较大，其行为触犯了《刑法》第264条之规定，应当以盗窃罪追究其刑事责任；被告人秋立新曾因犯盗窃罪被判处有期徒刑以上刑罚，此次在刑罚执行完毕后5年内再次犯应判处有期徒刑以上刑罚之罪，系累犯，依照《刑法》第65条第1款的规定应予从重处罚。

被告人秋立新当庭对检察机关的指控不持异议，表示认罪；其辩护人的辩护意见为：被告人秋立新当庭认罪态度较好，且未给被害人造成财产损失，故建议本院对其予以从轻处罚。

**裁判结果**

北京市朝阳区人民法院依照《刑法》第264条、第69条、第71条、第23条、第65条第1款、第52条、第53条、第61条及最高人民法院《关于审理盗窃案件具体应用法律若干问题的解释》第6条第3项第4目之规定，判决如下：被告人秋立新犯盗窃罪，判处有期徒刑2年，罚金人民币2000元，与前罪未执行完毕的附加刑剥夺政治权利6个月零17天，决定执行有期徒刑2年，剥夺政治权利6个月零17天，罚金人民币2000元。

**裁判理由**

北京市朝阳区人民法院认为：被告人秋立新无视国法，以非法占有为目的，采用秘密手段窃取他人财物，数额较大，其行为触犯了刑律，已构成盗窃罪，应予惩处。检察机关指控被告人秋立新犯盗窃罪的事实清楚，证据确实、充分，罪名成立。被告人秋立新曾因犯盗窃罪被判处有期徒刑以上刑罚，但仍不思悔改，此次刑罚执行完毕后5年内再次犯应判处有期徒刑以上刑罚之罪，系累犯，依法应予从重处罚，根据最高人民法院《关于审理盗窃案件具体应用法律若干问题的解释》第6条第3项第4目之规定属于具有其他严重情节，鉴于其此次犯罪系未遂，且当庭自愿认罪，具有一定悔罪表现，未给被害人造成财产损失，故对其所犯盗窃罪依法予以减轻处罚。被告人秋立新的辩护人的相关辩护意见，本院予以采纳。

### 223. 因故意犯罪被判处有期徒刑缓刑的犯罪分子，缓刑考验期满5年内又犯应判处有期徒刑以上刑罚之故意犯罪的，是否构成累犯？

缓刑是附条件地不执行原判刑罚的制度。缓刑考验期满没有发生法定应当撤销缓刑的情形，原判刑罚即不再执行，而不是已经执行完毕。因此，行为人在缓刑考验期满后故意犯罪的，不构成累犯。

**典型疑难案件参考**

侯飞、谢延海等破坏电力设备、盗窃案

**基本案情**

被告人侯飞，又名侯永福。2001年7月30日因故意毁坏财物罪，被河南省陕县人民法院判处有期徒刑6个月，同年10月13日刑满释放。2003年5月9日因涉嫌破坏电力设备罪，被刑事拘留，同年6月10日被依法逮捕。

被告人李勇、张明国、何世民（略）。

被告人谢延海。2001年8月3日因犯盗窃罪，被河南省渑池县人民法院判处有期徒刑6个月，缓刑1年，并处罚金2000元。2003年5月9日，因涉嫌破坏电力设备罪被刑事拘留，同年6月10日被依法逮捕。

2003年3月至5月，被告人侯飞、李勇、张明国、何世民、谢延海流窜于渑地、义马一带，分别结伙，携带扳手、老虎钳等作案工具将正在使用中的变压器铜芯拆掉，销赃后分赃。其中，被告人侯飞参与7场9台，造成直接经济损失41100元；被告人李勇参与6场8台，造成直接经济损失37200元；被告人张明国参与6场8台，造成直接经济损失37100元；被告人何世民参与4场6台，造成直接经济损失24200元。被告人谢延海参与2场2台，造成直接经济损失7900元。

2003年3月24日晚，被告人侯飞、何世民、张明国、李勇将一石料厂废弃不用的变压器铜芯盗走，销赃后分赃。该变压器价值6000元。

### 诉辩情况

三门峡市人民检察院以被告人侯飞等犯破坏电力设备罪、盗窃罪，向三门峡市中级人民法院提起公诉。

被告人侯飞、李勇辩称没有参与起诉书指控的第3、4场。

被告人何世民辩称没有参与起诉书指控的第2场。

被告人谢延海辩称没有参与起诉书指控的第6、7场。

### 裁判结果

三门峡市中级人民法院依照《刑法》第118条、第119条、第264条、第56条、第69条、第65条之规定，作出如下判决：

一、被告人侯飞犯破坏电力设备罪，判处无期徒刑，剥夺政治权利终身；犯盗窃罪，判处有期徒刑2年，并处罚金3000元。决定执行无期徒刑，剥夺政治权利终身，并处罚金3000元。

二、被告人李勇犯破坏电力设备罪，判处有期徒刑15年，剥夺政治权利3年；犯盗窃罪，判处有期徒刑1年6个月，并处罚金3000元，决定执行有期徒刑16年，剥夺政治权利3年，并处罚金3000元。

三、被告人张明国犯破坏电力设备罪，判处有期徒刑13年，剥夺政治权利2年；犯盗窃罪，判处有期徒刑1年6个月，并处罚金3000元，决定执行有期徒刑14年，剥夺政治权利2年，并处罚金3000元。

四、被告人何世民犯破坏电力设备罪，判处有期徒刑11年，剥夺政治权利1年；犯盗窃罪，判处有期徒刑1年6个月，并处罚金3000元，决定执行有期徒刑12年，剥夺政治权利1年，并处罚金3000元。

五、被告人谢延海犯破坏电力设备罪，判处有期徒刑6年。

### 裁判理由

三门峡市中级人民法院公开审理认为：被告人侯飞、李勇、张明国、何世民、谢延海分别结伙，多次盗拆正在使用的变压器铜芯，其行为已构成破坏电力设备罪。被告人侯飞、何世民、张明国、李勇以非法占有为目的，盗窃他人的一台闲置的变压器铜芯，其行为又构成盗窃罪，应对其数罪并罚。被告人侯飞、李勇辩称没有参与破坏电力设备第3、4场，被告人何世民辩称没有参与破坏电力设备第2场，被告人谢延海辩称没有参与破坏电力设备第6、7场，经查，上述各场次的犯罪事实有同案各被告人的供述相互印证，本院不予支持。被告人侯飞原被判处有期徒刑，在刑罚执行完毕后5年内又犯罪，应判处有期徒刑以上刑罚之罪，系累犯，应当从重处罚。

### 224. 保外就医期间再犯毒品犯罪的是否属于毒品再犯？

所谓毒品再犯，是根据《刑法》第356条的规定而确立的，该条规定："因走私、贩卖、运输、制造、非法持有毒品罪被判过刑，又犯本节规定之罪的，从重处罚。"一般累犯和特殊累犯从广义上讲也是一种再犯，但毒品再犯的规定则不同于累犯，其处罚显然重于一般累犯和特殊累犯，其外延也明显大于累犯的规定。毒品再犯中所谓的"被判过刑"不能被解释为包括刑罚已经执行完毕或赦免及尚未开始执行、已开始执行但尚未执行完毕等判刑后的所有阶段。行为人在缓刑、假释或暂予监外执行（保外就医）期间又实施毒品犯罪的，应适用毒品再犯的规定从重处罚，且与原罪数罪并罚。

**典型疑难案件参考**

贺建军贩卖、运输毒品案

**基本案情**

被告人贺建军、张福友（同案被告人，已判刑）于2007年1月至3月间，多次商议贩卖毒品，并商定由贺建军负责出资购买和贩卖毒品，张福友负责联系购买毒品。同年3月7日和12日，贺建军通过银行分三次向张福友汇款共计人民币110000元，用于购买毒品。同月15日，张福友携带其中的105000元到云南省瑞丽市向杨兴文（在逃）购买毒品。同月21日中午，张福友在云南省大理市客运站从杨兴文处接过藏匿于药酒罐内的毒品后，与女友施学勤一起从大理市乘坐长途汽车到达昆明市,并通知了贺建军。贺建军从南宁市驾驶面包车于同月23日下午到达昆明市与张福友会合,之后与张福友及其女友一同开车返回。次日20时30分许,贺建军、张福友在南宁市坛洛高速公路收费站被公安人员抓获,并当场查获海洛因604.3克。

### 诉辩情况

广西壮族自治区南宁市人民检察院以被告人贺建军犯贩卖、运输毒品罪,向南宁市中级人民法院提起公诉。

### 裁判结果

南宁市中级人民法院依照《刑法》第347条第2款第1项、第25条第1款、第26条第1款、第4款、第57条第1款、第71条、第356条的规定,判决如下:被告人贺建军犯贩卖、运输毒品罪,判处死刑,剥夺政治权利终身,并处没收个人全部财产。与前罪余刑15年1个月25日数罪并罚,决定执行死刑,剥夺政治权利终身,并处没收个人全部财产。

### 裁判理由

南宁市中级人民法院认为:被告人贺建军明知是毒品海洛因而实施贩卖、运输行为,其行为已构成贩卖、运输毒品罪。在贩卖、运输毒品共同犯罪中,贺建军提供资金,并与张福友共同将毒品海洛因从云南运输到南宁,在犯罪中起主要作用,是主犯。被告人贺建军因毒品犯罪被判过刑,又犯贩卖、运输毒品罪,根据《刑法》第356条之规定,应从重处罚。被告人贺建军在服刑期间因病获保外就医暂予监外执行期间又犯罪,根据《刑法》第71条之规定,应数罪并罚。

### 复核结果

广西壮族自治区高级人民法院依照《刑事诉讼法》第189条第1项之规定,裁定:同意原审对被告人贺建军的判决,并依法报送最高人民法院核准。

最高人民法院依照《刑事诉讼法》第199条和最高人民法院《关于复核死刑案件若干问题的规定》第2条第1款的规定,裁定如下:核准广西壮族自治区高级人民法院〔2007〕桂刑二终字第50号同意第一审以贩卖、运输毒品罪判处被告人贺建军死刑,剥夺政治权利终身,并处没收个人全部财产,与前罪余刑有期徒刑15年1个月25日并罚,决定执行死刑,剥夺政治权利终身,并处没收个人全部财产。

**复核理由**

广西壮族自治区高级人民法院经审理认为：原判认定事实清楚、证据充分，定罪准确，量刑适当，审判程序合法。

最高人民法院复核认为：被告人贺建军的行为已构成贩卖、运输毒品罪。贩卖、运输的毒品数量大，在贩卖、运输毒品的共同犯罪中，贺建军提议贩毒、出资购买并运输毒品，系主犯。贺建军曾因犯运输毒品罪被判处死刑，缓期2年执行，在保外就医期间又犯贩卖、运输毒品罪，系再犯，依法应从重处罚，并与前罪没有执行完毕的刑罚实行数罪并罚。第一审判决、第二审裁定认定的事实清楚，证据确实、充分，定罪准确，量刑适当，审判程序合法。

## 三、自首

**225. 犯罪嫌疑人在如实供述自己罪行的同时对其中事实部分的辩解是否影响自首的成立？**

犯罪嫌疑人对犯罪构成的事实如实供述的，对其他有关事实进行辩解但不影响犯罪构成的，应该认定其具备自首成立的要件。

**典型疑难案件参考**

姜方平非法持有枪支、故意伤害案

**基本案情**

1997年6月21日晚6时许，被告人姜方平与叶小明、叶春古（均在逃）在航埠镇姚家村姚水良供销店门口遇到与其有宿怨的姜志清，双方发生争执。姜方平即拔出随身携带的刀朝姜志清左、右腿、腹部等处连刺数刀。经法医鉴定，姜志清所受损伤属轻伤。

2001年7月15日晚，被告人姜方平得知与其有过纠纷的郑水良当日曾持铁棍在航埠镇莫家村姜金木家向其父姜良新挑衅后，便前往郑水良家滋事。因郑水良不在家，姜方平便返回，并从路过的叶小飞家的厨房内取了一把菜刀藏于身后。当姜方平行至该村柳根根门前路上时，郑水良赶至并持铁棍打姜方平，姜方平即持菜刀与郑水良对打，并用菜刀砍郑左手腕关节，姜方平也被随后赶至的郑水良之女郑华仙砍伤。经法医鉴定，郑水良所受损伤属轻伤。2001

年 7 月 17 日，被告人姜方平在医院治疗期间，委托其姐姜素芳代为向公安机关投案。

2001 年 11 月初，被告人姜方平从其朋友处拿了一把自制左轮手枪及改装的子弹 6 发，并将之藏于其借住的衢州市区崔家巷 2 号 305 室的厨房内。同月 11 日夜 11 时许，柯城公安分局下街派出所民警在检查出租私房过程中，将该手枪及房内的大量自制刀具等查获。经鉴定，该枪支系发射弹药的枪支。

▶ 一审诉辩情况 ◀

浙江省衢州市柯城区人民检察院以被告人姜方平犯私藏枪支罪、故意伤害罪，向柯城区人民法院提起公诉。

一审庭审中，被告人姜方平对检察机关指控其私藏枪支和伤害姜志清的事实没有异议，但辩解称：其伤害郑水良是在受到被害人郑水良一家围攻殴打时才拔刀还击的，属正当防卫。

▶ 一审裁判结果 ◀

柯城区人民法院根据《刑法》第 128 条第 1 款、第 234 条第 1 款、第 69 条第 1 款，以及最高人民法院《关于处理自首和立功具体应用法律若干问题的解释》第 1 条第 2 款第 4 项之规定，于 2002 年 4 月 22 日判决：被告人姜方平犯私藏枪支罪，判处有期徒刑 1 年，犯故意伤害罪，判处有期徒刑 2 年 8 个月，决定执行有期徒刑 3 年 6 个月。

▶ 一审裁判理由 ◀

柯城区人民法院认为：被告人姜方平违反枪支管理规定私藏枪支，其行为已构成私藏枪支罪。姜方平故意非法损害他人健康，致两人轻伤，其行为已构成故意伤害罪。检察机关指控成立。因被害人郑水良在本案中亦有较大过错，可相应减轻姜方平的罪责。姜方平虽然在航埠莫家村伤害案件中能投案，并如实供述自己的罪行，但在庭审时翻供，不能认定为自首。姜方平犯有数罪，应数罪并罚。

▶ 二审诉辩情况 ◀

一审宣判后，姜方平不服，向衢州市中级人民法院提出上诉。辩称：原判认定事实有误，其是在被郑水良、郑华仙等人围打时，出于自卫才用菜刀砍郑水良的。辩护人认为：上诉人姜方平是在郑水良先用铁棍打其时，为避免自己遭受进一步伤害才用菜刀砍伤郑水良的，其行为应属正当防卫，且有自首情节。请求对其从轻处罚。

出庭二审的衢州市人民检察院检察员认为：原判认定事实清楚，证据确实、充分，但原判对上诉人姜方平非法持有枪支的犯罪行为的定性有误。建议依法判处。

### 二审裁判结果

衢州市中级人民法院依照《刑事诉讼法》第189条第2项、《刑法》第12条第1款、第234条第1款、第128条第1款、第69条第1款、第67条第1款以及最高人民法院《关于审理非法制造、买卖、运输枪支、弹药、爆炸物等刑事案件具体应用法律若干问题的解释》第5条第1款第1项、第8条第2款，最高人民法院《关于处理自首和立功具体应用法律若干问题的解释》第1条第1款第1项之规定，于2002年7月8日判决如下：

一、维持柯城区人民法院〔2002〕衢柯刑初字第101号刑事判决的第一项中对上诉人姜方平故意伤害罪的定罪部分；

二、撤销柯城区人民法院〔2002〕衢柯刑初字第101号刑事判决的第一项中对上诉人姜方平私藏枪支罪的定罪及量刑，对上诉人姜方平故意伤害罪的量刑以及对上诉人姜方平的决定执行刑罚部分；

三、上诉人姜方平犯故意伤害罪，判处有期徒刑2年6个月；犯非法持有枪支罪，判处有期徒刑1年，决定执行有期徒刑3年。

### 二审裁判理由

衢州市中级人民法院经审理后认为：上诉人姜方平为报复而持械故意伤害他人身体，致两人轻伤，其行为已构成故意伤害罪。辩护人认为上诉人姜方平2001年7月15日的伤害行为属正当防卫，根据本案的事实，上诉人姜方平在得知原与其父有过纠纷的郑水良对其父亲实施挑衅后，即四处寻找郑水良并准备菜刀蓄意报复，其事先就存在斗殴故意，之后亦积极实施伤害行为，故上诉人及辩护人就此所提的辩解、辩护意见与法律规定的正当防卫不符，不予采纳。但被害人郑水良在本案起因上有较大过错，可据此对上诉人姜方平的故意伤害犯罪酌情从轻处罚。上诉人姜方平违反枪支管理法律、法规的规定，擅自持有枪支，其行为又已构成非法持有枪支罪。原判对上诉人姜方平的该犯罪行为定性不当，应予改判。上诉人姜方平犯有数罪，应依法并罚。上诉人姜方平在委托其姐就2001年7月15日的故意伤害事实代为向公安机关投案后，如实供述自己的两次故意伤害犯罪，在一审庭审时，虽对2001年7月15日故意伤害他人的原因有不同供述，但其对实施伤害的时间、地点、手段、后果等犯罪构成要件的事实仍予供认，可认定其系自首。上诉人姜方平及其辩护人关于此的辩解、辩护意见成立,予以采纳。上诉人姜方平在1997年10月1日修订后的《刑法》实行前后分别实施故意伤害犯罪,系连续犯罪,应适用修订后的《刑法》对其一并处罚。原判认定事实清楚。审判程序合法。

### 226. 司法实践中如何把握自动投案的时间?

一般来说,投案时间会影响自动投案能否成立,进而影响自首能否成立。自动投案的时间是犯罪以后归案之前。犯罪以后包括犯罪预备、未遂、中止和既遂以后。犯罪人作案以后,犯罪事实和犯罪人均未被司法机关发觉的,或者犯罪事实已被司法机关发觉但犯罪人尚未被发觉的,或者在侦查过程中已经受到怀疑但未被采取强制措施的,投案后都符合自动投案的时间条件。

### 227. 犯罪嫌疑人在协助抓捕其他罪犯过程中脱逃,此后又再次到司法机关投案的,能否认定为自首?

实践中,不论是侦查人员让犯罪嫌疑人去协助抓获其他犯罪嫌疑人,还是该犯罪嫌疑人脱逃,只要其能够再到司法机关投案,就应认定其具有投案行为,也就是说,符合自动投案条件的,投案前的其他事实并不影响自动投案的性质。如果能够如实供述所犯罪行,就应认定其具有投案自首情节。

### 典型疑难案件参考

#### 梁国雄、周观杰等贩卖毒品案

**基本案情**

2002年11月7日上午,被告人梁国雄为了牟利,根据香港人"阿鼻"(真实姓名不详,未归案)的指示,到深圳市远东大酒店对面的麦当劳餐厅,从一毒贩处接到装有7块海洛因的背包,带回其在深圳市的住处向西村西区85号603室。当日下午2时许,梁国雄接到"阿鼻"关于送两块毒品给接货人的指示后,遂与接取毒品的被告人周观杰取得联系,约定了交接的时间和地点后,梁国雄拿出其中两块海洛因绑在一起,装进一只咖啡色的塑料袋内,和其女友被告人曹美凤一起来到深圳市春风路春风茶餐厅。当周观杰到达该餐厅并从梁国雄手上接过装有海洛因的咖啡色塑料袋并走出门外时,被公安人员人赃俱获。后经鉴定,缴获的海洛因净重1100克,含量为100%。同时,梁国雄也在餐厅内被抓获,曹美凤趁乱逃脱。随即,公安人员在周观杰的住处深圳市翠盈嘉园东座612号房内,搜出咖啡因4包,后经鉴定,净重3500克;海洛因两小包,后经鉴定,净重11.6克;甲基苯丙胺两小包,后经鉴定,净重16.9克,含甲基苯丙胺成分;烟叶状物1包,后经鉴定,净重2克,含四氢大麻酚、大麻酚成分;蓝色药片11粒,后经鉴定,净重2.4克,含米达唑仑成分;电子秤2台。

被告人曹美凤脱逃后,立即联系梁国雄的好友被告人刘育明,并在刘育明住处向西村向贵楼20H室,密谋由刘育明寻找买家,将梁国雄放在住处的其余5块海洛因出卖。刘育明通过他人与黄国柱(香港居民,在逃)取得联系后,于当天晚上11时许,在深圳市中兴路一茶餐厅内,商定以每块8万元港币的价格成交,待黄国柱将海洛因出售后再付款。刘育明将商定的条件告知曹美凤,并获得其同意。然后,黄国柱因担心梁国雄的住处被监视,而叫来被告人赵海祥,让赵为其到梁国雄的住处去取一只黑色背包,并答应事成后给赵海祥人民币1.2万元。刘育明、赵海祥及黄国柱一同来到深圳市向西村西区85号楼下,刘育明将曹美凤交给他的钥匙给了赵海祥,并交待赵海祥黑色背包放在卧室的衣柜内,如房子被查封就不要入内。赵海祥用钥匙开门后进入603室,在卧室的衣柜内寻找黑色背包未果,后在梳妆台旁找到一只黑色背包,打开看见内有几包白色粉末,其中一包写有一个"喱"字,便打电话给黄国柱问是否就是这包东西,黄国柱叫赵海祥拿下来再说。赵海祥遂将这只装有6包咖啡因(净重4900克)的背包拿下来交给刘育明和黄国柱后即离去。刘育明、黄国柱将该背包带回刘育明的住处与曹美凤查看时,发现拿到的只是咖啡因。刘育明、曹美凤、黄国柱又马上回到向西村西区85号楼下,由刘育明在下面望风,曹美凤与黄国柱进入603室,拿到装有5块海洛因的背包后立即逃离。黄国柱将5块海洛因,6包咖啡因全部拿走。同年11月8日晚,公安人员将曹美凤抓获归案。曹美凤归案后协助公安人员将刘育明抓获。刘育明归案后,于次日凌晨带领公安人员将赵海祥抓获归案。

次日凌晨3时许,刘育明为配合公安人员抓获黄国柱及缴回毒品,经公安人员安排,用手提电话与黄国柱取得联系,假称其朋友要买1块海洛因约黄国柱在深圳市黄贝岭牌坊见面。公安人员遂带刘育明到约定地点进行布控。当黄国柱驾车来到约定地点后即让刘育明上车并立即驶离,脱离了公安人员的控制。刘育明与黄国柱见面后,黄国柱将1块海洛因交还给刘育明,刘育明即带海洛因到深圳市刑警支队投案。交回的海洛因经鉴定,净重540克,含量为100%。公安机关根据刘育明提供的黄国柱的手机号和黄的活动情况调查,于同月11日中午,查明了黄国柱的住处,经对其住处进行搜查,查获海洛因4块,经鉴定,净重2710克,含量为100%;咖啡因6包,净重4900克。

### ▶一审诉辩情况◀

广东省深圳市人民检察院于2003年3月20日以被告人梁国雄、周观杰、曹美凤、刘育明、赵海祥犯贩卖毒品罪,向深圳市中级人民法院提起公诉。

### ▶一审裁判结果◀

深圳市中级人民法院依照《刑法》第347条第2款第1项、第349条、第26条第4款、第56条、第57条、第65条、第67条、第68条之规定,作出如下判决:

一、被告人梁国雄犯贩卖毒品罪,判处死刑,剥夺政治权利终身,并处没收个人全部财产。

二、被告人周观杰犯贩卖毒品罪,判处死刑,剥夺政治权利终身,并处没收个人全部财产。

三、被告人曹美凤犯贩卖毒品罪,判处无期徒刑,剥夺政治权利终身,并处没收个人全部财产。

四、被告人刘育明犯贩卖毒品罪,判处有期徒刑10年,剥夺政治权利3年,并处罚金人民币5万元。

五、被告人赵海祥犯转移毒品罪,判处有期徒刑8个月。

### ▶一审裁判理由◀

深圳市中级人民法院认为:被告人梁国雄、周观杰为牟利为贩毒分子交接毒品,被告人刘育明、曹美凤直接将毒品卖给其他贩毒分子,其行为均已构成贩卖毒品罪。被告人赵海祥为牟利,明知是毒品而帮助转移,其行为构成转移毒品罪。深圳市人民检察院指控的事实清楚,证据充分,指控被告人梁国雄、周观杰、刘育明、曹美凤犯贩卖毒品罪罪名成立,但指控被告人赵海祥犯贩卖毒品罪不当。被告人梁国雄、周观杰、刘育明、曹美凤均系主犯,但曹美凤具有协助公安机关抓获同案人刘育明的重大立功表现,依法可以从轻处罚。被告人刘育明具有自首和重大立功表现,依法应减轻处罚。被告人赵海祥受指使帮助转移了毒性较轻的毒品,犯罪情节较轻,但其系累犯,具有从重处罚的情节。

### 二审诉辩情况

一审宣判后,被告人梁国雄、刘育明、赵海祥均服判不上诉。被告人周观杰、曹美凤不服,分别提出上诉。

被告人周观杰及其辩护人提出:一审判决认定其是主犯的证据不足,其仅是为他人交接毒品,是从犯,在其住处查获的毒品是他人的,对这部分毒品应定非法持有毒品罪,请求二审对其从轻处罚。

被告人曹美凤提出:不知梁国雄在住处藏有毒品,也不知梁国雄被抓,是刘育明提出将梁国雄藏在家里的毒品卖掉,刘育明在犯罪中比其作用大。同时,其协助司法机关抓获刘育明,具有重大立功表现,应比照刘育明从轻处罚。

### 二审裁判结果

广东省高级人民法院依照《刑事诉讼法》第189条第1项、第199条、第200条之规定,裁定:驳回上诉,维持原判。并就对被告人梁国雄、周观杰的死刑裁定,依法报请最高人民法院核准。

### 二审裁判理由

广东省高级人民法院经审理认为:被告人梁国雄、周观杰为牟利为贩毒分子交接毒品,被告人曹美凤、刘育明直接将毒品卖给其他贩毒分子,其行为均已构成贩卖毒品罪,且贩卖毒品数量大,应依法惩处。被告人赵海祥为牟利,明知是毒品而帮助转移,其行为构成转移毒品罪。被告人梁国雄、周观杰积极参与犯罪,在犯罪中起主要作用,是主犯。被告人曹美凤、刘育明在共同犯罪中共同提起犯意,事先密谋,刘育明主动联系买方,交接毒品二人均起主要作用,均系主犯。曹美凤归案后,协助公安机关抓获了同案人刘育明,有重大立功表现,依法可以从轻处罚。被告人刘育明归案后,协助公安机关抓获了同案人赵海祥且在公安人员对其失去控制的情况下,带着540克海洛因主动到公安机关投案,并提供了同案人的住处及活动情况,使得公安人员从同案人的住处查缴海洛因2710克,具有自首和重大立功情节,依法应减轻处罚。被告人赵海祥受指使帮助转移毒品,犯罪情节较轻,可以从轻处罚。原审认定事实清楚,证据充分,定罪准确,量刑适当,审判程序合法。上诉人周观杰、曹美凤及其辩护人提出的辩护意见经查均不能成立,不予采纳。

### 复核结果

最高人民法院依法核准广东省高级人民法院维持一审对被告人梁国雄、周观杰以贩卖毒品罪判处死刑，剥夺政治权利终身，并处没收个人全部财产的刑事裁定。

> **复核理由**

最高人民法院经复核认为：被告人梁国雄、周观杰为牟利分别为买卖毒品的双方接取毒品的行为，构成贩卖毒品罪，且二被告人均系独立完成接取毒品的行为，贩卖毒品数量大，应依法惩处。一审判决和二审裁定认定的事实清楚，证据确实、充分，定罪准确，量刑适当。审判程序合法。

### 228. 如何理解自首条件中"自动投案"的自动性？

这是指自首的主观意愿性，犯罪人投案应基于本人意志，是基于本人意愿而选择的结果，而不是迫于某种意志以外的压力。

### 229. 被公安机关口头或者电话传唤到案，能否认定为自动投案？

司法机关传唤并不排斥行为人的意志自由，只要行为人是根据自己意志作出的选择就应认定其为自动投案。

### 230. 犯罪嫌疑人被公安机关传唤到案后，如实供述自己的罪行的，能否认定为自首？

犯罪嫌疑人自动投案后，如实供述自己的罪行，应属于自首。

> **典型疑难案件参考**

王春明盗窃案

> **基本案情**

2004年3月某天晚上10时许，被告人王春明在青州市造纸厂路口西鑫胜配货站门前，盗窃田永忠停放在此处的海陵二轮摩托车1辆，经鉴定该车价值

1960元。同年5月，被告人王春明在得知该车车主是田永忠后，向田永忠索要500元现金后将摩托车退还给了田永忠。同年5月14日，被告人王春明被传唤到公安机关后，主动交代了上述犯罪事实。

### 诉辩情况

山东省青州市人民检察院以被告人王春明犯盗窃罪，向山东省青州市人民法院提起公诉。

被告人王春明对检察机关的指控意见无异议。

### 裁判结果

山东省青州市人民法院依据《刑法》第264条、第67条第1款、第52条之规定，判决如下：被告人王春明犯盗窃罪，单处罚金人民币3000元。

### 裁判理由

山东省青州市人民法院认为：被告人王春明采取秘密手段窃取他人财物，数额较大，其行为已构成盗窃罪，应予刑事处罚。被告人王春明在接到传唤后主动归案，如实供述犯罪事实，系自首，可予以从轻处罚。检察机关指控成立，予以支持。

### 231. 行为人故意犯罪后主动投案的动机和目的是否影响其构成刑法意义上的"自首"？

对于投案的自动性主要是从意志角度进行分析，法律也不要求行为人自首的动机和目的必须如何，只要其还未被采取强制措施就主动、直接向公安机关、人民检察院或者人民法院投案，应认为是自动投案，然后如实供述罪行的均应认定为自首。

### 典型疑难案件参考

董保卫、李志林等盗窃、收购赃物案

### 基本案情

2003年9月1日1时许，被告人董保卫、董曙光等人在被告人李志林的协助下进入位于北京市朝阳区的北京市制动密封材料厂行窃。在将该厂库房大门上的挂锁破坏以后，被告人董保卫、董曙光等人窃走锻钢毛坯 8.8 吨（价值人民币 5.544 万元）。被告人卢启学在明知上述物品系赃物的情况下，仍以人民币 1.1 万元的价格予以收购并转卖。案发后，公安机关追缴被告人李志林分得的赃款人民币 1500 元。

被告人董曙光在犯罪后，因只分得少部分赃款，又听说举报能领奖金，即向被盗单位举报了其与他人盗窃该单位物品的情况，并由被盗单位的人员带至公安机关报案。诉讼过程中，董承认其参与盗窃活动，但辩称其不明知是去实施盗窃。

### ▶ 一审诉辩情况 ◀

北京市朝阳区人民检察院以被告人董保卫、李志林、董曙光犯盗窃罪，被告人卢启学犯收购赃物罪，向北京市朝阳区人民法院提起公诉。

被告人董保卫对起诉书中指控的内容没有提出异议。

被告人李志林辩解称：董保卫等人进入厂区行窃时其不在现场，事后才得知董保卫等人盗窃了本厂财产，且董保卫给其的人民币 1500 元与此次盗窃无关。

被告人董曙光辩称：其主观上不明确知道是共同盗窃。

被告人卢启学对起诉书指控的内容没有提出异议。其辩护人认为：卢启学主观上没有明知是赃物而收购的故意，卢在案发后能客观陈述并当庭认罪伏法，主观恶性不大，建议对卢从轻处罚。

### ▶ 一审裁判结果 ◀

北京市朝阳区人民法院依照《刑法》第 264 条、第 312 条、第 25 条第 1 款、第 26 条第 1 款、第 27 条、第 56 条第 1 款、第 55 条第 1 款、第 52 条、第 53 条、第 64 条的规定，判决如下：

一、被告人董保卫犯盗窃罪，判处有期徒刑 8 年，剥夺政治权利 1 年，罚金人民币 8000 元。

二、被告人李志林犯盗窃罪，判处有期徒刑 8 年，剥夺政治权利 1 年，罚金人民币 8000 元。

三、被告人董曙光犯盗窃罪，判处有期徒刑 5 年，罚金人民币 5000 元。

四、被告人卢启学犯收购赃物罪，判处有期徒刑 1 年，罚金人民币 1000 元。

五、在案的人民币 1500 元，退赔北京市制动密封材料厂。

六、责令被告人董保卫、李志林、董曙光各退赔人民币 17980 元，退还北京市制动密封材料厂。

### 一审裁判理由

北京市朝阳区人民法院认为：被告人董保卫、李志林、董曙光以非法占有为目的，共同秘密窃取国有财产，且所窃物品价值数额巨大，三被告人的行为均已构成盗窃罪，应予惩处。被告人卢启学明知是犯罪所得的赃物而予以收购，其行为已构成收购赃物罪，亦应惩处。检察机关指控被告人董保卫、李志林、董曙光犯盗窃罪，被告人卢启学犯收购赃物罪的罪名成立，但认定赃物数量有误，予以纠正。被告人李志林、董曙光的辩解，均与事实不符，不予采纳。被告人卢启学的辩护人提出的辩护意见自相矛盾，不予支持。被告人董保卫、李志林在共同盗窃犯罪中起主要作用，系主犯。被告人董曙光起次要作用，系从犯，依法予以从轻处罚。在案的人民币1500元，应退赔被盗单位。

### 二审诉辩情况

董保卫上诉称：其曾协助公安人员抓捕同案犯卢启学，有立功表现，原判量刑过重。

李志林上诉称：其协助公安人员抓捕同案犯董曙光，有立功表现，原判量刑过重。其辩护人认为：原判认定李志林犯盗窃罪的事实错误，适用法律不正确，李志林的行为构成受贿罪，建议二审法院依法改判。

董曙光上诉称：其有自首情节，一审未予认定，原判量刑过重。

北京市人民检察院第二分院的审查意见是：原判认定事实清楚，证据充分；董保卫的上诉理由不能成立，李志林属于盗窃共犯，没有立功表现，建议驳回董保卫、李志林的上诉；董曙光虽然开始承认参与盗窃，但其供述不稳定，对犯罪目的予以否认，希望二审法院对董曙光是否构成自首核实证据，作出相应裁判。

### 二审裁判结果

北京市第二中级人民法院依照《刑事诉讼法》第189条第1项、第2项，《刑法》第264条、第312条、第25条第1款、第26条第1款、第4款、第27条、第67条第1款、第56条第1款、第55条第1款、第52条、第53条、第61条、第64条及最高人民法院《关于处理自首和立功具体应用法律若干问题的解释》第1条的规定，判决如下：

一、维持北京市朝阳区人民法院刑事判决的第一项、第二项、第四项、第五项、第六项。

二、撤销北京市朝阳区人民法院刑事判决第三项，即被告人董曙光犯盗窃罪，判处有期徒刑5年，罚金人民币5000元。

三、上诉人（原审被告人）董曙光犯盗窃罪，判处有期徒刑2年，并处罚金人民币2000元。

### 二审裁判理由

北京市第二中级人民法院经审理认为：董保卫、李志林、董曙光以非法占有为目的，伙同他人秘密窃取单位财物，行为均已构成盗窃罪，且盗窃数额巨大，依法应予惩处。卢启学明知是犯罪所得的赃物而予以收购，行为已构成收购赃物罪，依法亦应惩处。董保卫、李志林在共同盗窃中起主要作用，系主犯；董曙光在共同盗窃中起次要作用，系从犯。对于董保卫、李志林分别所提其有协助公安人员抓捕同案犯的立功表现，原判量刑过重的上诉理由，经查，二人所提具有立功情节的上诉理由没有事实和法律依据，不能成立，原判考虑董保卫、李志林在共同犯罪中所起的作用，依法在量刑幅度内分别裁量的刑罚并无不当。故董保卫、李志林的上诉理由均不能成立，不予采纳。对于李志林的辩护人所提原判认定李志林犯盗窃罪的事实错误，适用法律不正确，李志林的行为构成受贿罪的辩护意见，经查，在案证据证实李志林在盗窃现场，参与盗窃活动，原判认定李志林犯盗窃罪的证据充分，李志林的辩护人的辩护意见不能成立，不予采纳。董曙光所提其有自首情节，原判量刑过重的上诉理由，经查，董曙光主动向被盗单位举报了其与他人盗窃该单位物品的情况，并由被盗单位人员带至公安机关报案，按照有关法律规定，董曙光属于自动投案并如实供述自己的罪行，应认定为自首，至于投案的动机和其在一审期间对行为性质的辩解，不影响自首的成立。董曙光的上诉理由予以采纳。原审法院对董保卫、李志林、卢启学定罪及适用法律正确，所判主刑和附加刑适当，对继续追缴赃款的处理亦正确，审判程序合法，应予维持；但原判对董曙光的自首情节未予认定，导致对董曙光量刑失重，应予纠正。鉴于董曙光系共同犯罪中的从犯，且有自首情节，依法应对其减轻处罚。北京市人民检察院第二分院建议驳回董保卫、李志林上诉的审查意见成立，予以采纳。

> **232. 亲属提供线索抓获犯罪嫌疑人的能否认定自首？**
>
> 这里的关键问题是犯罪嫌疑人是否有自动投案的意愿，如果本人有投案意愿，并准备投案或正在投案途中，公安机关根据其亲属提供的线索抓获了犯罪嫌疑人或在途抓获的，均应认为是自动投案。若行为人的亲属向公安机关提供的是或然性线索，经过侦查机关完全落实才确定为确定性线索而将行为人抓获，且事后行为人也并没有积极表现出主动悔罪的状态，一直处于被动抓获的情形，则其亲属提供线索协助公安机关将其抓获不能认定是自首。

### 典型疑难案件参考

田成志集资诈骗案

**基本案情**

2003年1月至2005年5月间，被告人田成志以与他人合作经营为名，采取编造虚假合作项目并签订合作经营合同书等方法，在社会上非法集资，以投资零风险及高额回报为诱饵，共计骗取82名被害人的人民币832.9万元。至案发时，尚有人民币732.09万元未予归还。

公安机关出具的到案经过、工作说明等证明，2005年5月27日上午，公安机关找到田成志的亲属田某，田某向侦查人员反映：田成志可能住在圣德堡饭店405房间；2005年5月21日田某的手机有两个被叫电话，往回打打不通，可能是田成志的电话。侦查人员经过侦查，确认田某提供的两个电话是崇文区圣德堡饭店的电话，并到该饭店查到田成志的住宿登记，遂于2005年5月27日13时30分，在崇文区圣德堡饭店405号房内将田成志抓获。

**一审诉辩情况**

北京市人民检察院第二分院以被告人田成志犯集资诈骗罪向北京市第二中级人民法院提起公诉。

被告人田成志对起诉书指控的事实未提出异议，但辩称：其没有非法占有被害人投资款的目的，其行为应属于非法吸收公众存款性质。其辩护人的辩护意见为：应将被告人已支付的高额利息等费用从损失中扣除；徐玮有与被告人共同诈骗的故意；被告人主观恶性较小，认罪态度较好，还有检举他人犯罪争取立功的表现，请求从轻或减轻处罚。

▶ 一审裁判结果 ◀

北京市第二中级人民法院依照《刑法》第192条、第199条、第57条第1款、第59条、第67条第1款、第64条、第61条及最高人民法院《关于处理自首和立功具体应用法律若干问题的解释》第1条、第3条之规定，以集资诈骗罪判处田成志无期徒刑，剥夺政治权利终身，没收个人全部财产。

▶ 一审裁判理由 ◀

北京市第二中级人民法院认为：被告人田成志的行为已构成集资诈骗罪，犯罪数额特别巨大并且给国家和人民利益造成特别重大损失，依法应予惩处。鉴于被告人田成志的亲属有提供重要线索积极协助公安机关抓获田成志的行为，且田成志被抓获时予以配合，归案后如实供述自己的罪行，可视为具有自首情节，依法应予从轻处罚。

▶ 二审诉辩情况 ◀

被告人田成志上诉称：对原审判决认定的事实和证据没有意见。原审判决量刑过重，定性不公平，应当定非法集资。其辩护人提出：一审法院认定田成志的亲属提供重要线索积极协助公安机关抓获田成志，且田成志被抓获时予以配合，归案后如实供述自己的罪行，具有自首情节，适用法律正确，但仍判处无期徒刑，量刑过重。

北京市人民检察院第二分院抗诉意见为：被告人田成志的亲属向公安机关提供的是或然性线索，该线索经过侦查员侦查落实为确定性线索后将田成志抓获，田成志是被动被抓，且其在案发过程中始终没有主动投案的行为；一审法院将田成志亲属提供线索给侦查员导致田成志被抓的行为视为田成志的自首情节，是扩大了自首的司法解释，并依法予以从轻处罚，属于认定事实错误，适用法律不当。

▶ 二审裁判结果 ◀

北京市高级人民法院依照《刑事诉讼法》第189条第1、2项及《刑法》第192条、第199条、第57条、第64条、第61条的规定，在维持原审量刑的同时，对自首的不当认定依法予以纠正。

**二审裁判理由**

北京市高级人民法院经审理认为：上诉人田成志已经构成集资诈骗罪，且诈骗数额特别巨大并且给国家和人民利益造成特别重大损失，依法应予惩处。鉴于田成志的亲属有提供重要线索积极协助公安机关抓获田成志的行为，且田成志归案后如实供述自己的罪行等具体情节，对田成志可酌予从轻处罚。北京市人民检察院第二分院的抗诉意见正确，本院予以采纳。一审法院根据田成志犯罪的事实、性质、情节及对于社会的危害程度所作的判决，事实清楚，证据确实、充分，定罪准确，审判程序合法；唯对田成志的亲属提供重要线索积极协助公安机关抓捕田成志的行为，认定田成志具有自首的情节不当，适用法律有误。

> **233. 在共同犯罪中，如实供述的罪行范围如何？**
>
> 在共同犯罪中成立自首，不仅应如实供述共同犯罪中本人所实施的犯罪行为，还应供述本人所知的共同犯罪范围内的他人犯罪行为。最高人民法院《关于处理自首和立功具体应用法律若干问题的解释》中也作了类似规定，共同犯罪案件中的犯罪嫌疑人，除如实供述自己的罪行外，还应当供述所知的同案犯，才能认定为自首。

### 典型疑难案件参考

#### 杜祖斌、周起才抢劫案

**基本案情**

2002年3月29日，被告人杜祖斌、周起才共谋到山东省潍坊市抢劫出租车司机。30日晚9时，二被告人携带购买的两把匕首，使用假名住进潍坊市白天鹅宾馆。31日晚8时许，二被告人搭乘潍坊市奎文区樱桃园梨园村刘建光驾驶的红色夏利出租车（车号鲁G-08953），杜祖斌坐在副驾驶员的座位上，周起才坐在后排座位上，谎称去军埠口水库附近找个朋友。当车行至潍城区军埠口镇水库路南首"华鸾酒店"门前时，司机刘建光借故将车停在路边，杜祖斌即掏出匕首威逼刘建光继续往前开。刘见状敞开车门欲脱身时，杜祖斌揪住刘的衣服，周起才抓住刘的头发，将其拽回到车座上，二被告人遂用匕首朝刘建光腹部、背部等处连捅数刀，抢走其爱立信T18手机1部，价值人民币

458元。刘建光因多处创伤、开放性胸腹外伤、血气胸,导致失血性休克与血气胸窒息而死亡。案发后,二被告人逃离现场。

2002年4月1日凌晨3时,被告人杜祖斌在潍坊市坊子老火车站附近一电话亭打"110"报案,并在此等候公安人员将其抓获归案。在公安机关接受讯问时,杜祖斌交代了犯罪经过,但谎称同案犯是一东北青年。

### ▶一审诉辩情况◀

2002年6月11日,山东省潍坊市人民检察院以被告人杜祖斌、周起才犯抢劫罪,向潍坊市中级人民法院提起公诉。

在诉讼过程中,附带民事诉讼原告人刘夕和、张美芳提起附带民事诉讼。

被告人杜祖斌对检察机关指控的犯罪事实无异议,但辩称:其在犯罪当晚就打"110"报了案,并供述了自己的犯罪事实。其辩护人提出:案发当晚,杜祖斌在一电话亭打"110"报案,并等候公安人员将其带走,在公安机关如实供述了自己的犯罪事实,属自首,应减轻处罚;杜祖斌认罪态度好,且刚满18周岁,阅历浅,辨别能力差,建议酌情从轻或者减轻处罚。

被告人周起才对检察机关指控的犯罪事实没有提出辩解意见。其辩护人提出:整个作案过程均由杜祖斌提议策划,周起才处于从犯地位,应从轻或者减轻处罚;周起才年龄小,认罪态度好,建议从轻或者减轻处罚。

### ▶一审裁判结果◀

潍坊市中级人民法院依照《刑法》第263条第5项、第25条、第48条、第57条第1款、第59条、第36条,《民法通则》第119条,最高人民法院《关于刑事附带民事诉讼范围问题的规定》第1条、第2条的规定,于2002年7月10日判决如下:

一、被告人周起才犯抢劫罪,判处死刑,剥夺政治权利终身,并处没收个人全部财产。

二、被告人杜祖斌犯抢劫罪,判处死刑,缓期2年执行,剥夺政治权利终身,并处没收个人全部财产。

三、被告人杜祖斌、周起才赔偿附带民事诉讼原告人刘夕和、张美芳各项经济损失共计人民币98965元。

### ▶一审裁判理由◀

潍坊市中级人民法院认为:被告人杜祖斌、周起才以非法占有为目的,采用暴力手段抢劫他人财物,致人死亡,其行为均已构成抢劫罪。被告人杜祖斌及其辩护人提出的"案发后被告人杜祖斌已主动投案,应认定为自首"的辩护意见，经查，案发当晚被告人杜祖斌打"110"投案后，未能如实供述同案犯周起才，依照最高人民法院《关于处理自首和立功具体应用法律若干问题的解释》，共同犯罪案件中的犯罪嫌疑人，除如实供述自己的罪行，还应当供述所知的同案犯，才能认定为自首，故该辩护意见不能成立。被告人周起才的辩护人提出的"整个作案过程均由杜祖斌提议策划，周起才处于从犯地位，应从轻或者减轻处罚"的辩护意见，经查，被告人周起才与被告人杜祖斌共同预谋，积极参与共同犯罪，不分主从，故其辩护意见不能成立。二被告人的辩护人分别提出的"二被告人年龄小，辨别能力差，认罪态度好，建议从轻或减轻处罚"的辩护意见于法无据，故亦不予支持。被告人杜祖斌、周起才流窜作案，手段特别残忍，后果特别严重，社会危害性极大，均应依法予以严惩。但鉴于被告人杜祖斌作案后能主动投案，有悔罪表现，对其判处死刑，可不立即执行。二被告人的犯罪行为给附带民事诉讼原告人造成的经济损失，依法应予赔偿。其中应当赔偿被害人刘建光父亲刘夕和、母亲张美芳的赡养费96000元，丧葬费2965元。附带民事诉讼原告人的其他诉讼请求，超出了有关附带民事法律规定赔偿的范围及数额，其要求于法无据，不予支持。

### 二审诉辩情况

一审宣判后，被告人杜祖斌服判不上诉。

被告人周起才不服，以"整个作案过程均由杜祖斌提议策划，系从犯；作案时年龄小，阅历浅，系初犯，量刑重"为由，向山东省高级人民法院提出上诉。

### 二审裁判结果

山东省高级人民法院依照《刑事诉讼法》第189条1项之规定，于2002年10月8日裁定：驳回上诉，维持原判。

根据最高人民法院《关于授权高级人民法院和解放军军事法院核准部分死刑案件的通知》的规定，本裁定即为核准以抢劫罪判处被告人周起才死刑，剥夺政治权利终身，并处没收个人全部财产的刑事裁定。

根据《刑事诉讼法》第201条的规定，该裁定即为核准以抢劫罪判处被告人杜祖斌死刑，缓期2年执行，剥夺政治权利终身，并处没收个人全部财产的刑事裁定。

### 二审裁判理由

山东省高级人民法院经审理认为：上诉人周起才、原审被告人杜祖斌以暴力手段结伙抢劫，其行为已构成抢劫罪，且致一人死亡，罪行极其严重，应依法严惩。原审被告人杜祖斌主动投案，有悔罪表现，可以判处死刑同时宣告缓期2年执行。上诉人周起才提出的"整个作案过程均由杜祖斌提议策划，系从犯；作案时年龄小，阅历浅，系初犯，量刑重"的上诉理由，经查，上诉人周起才尽管没有首先提议抢劫，但共同策划，积极参与犯罪，并在抢劫过程中持刀行凶，亦起主要作用，应为主犯；上诉人周起才尽管系初犯，但犯罪时已满18周岁，且犯罪手段特别残忍，后果特别严重，根据上诉人周起才的犯罪事实、情节、性质和社会危害后果等，原审判决罚当其罪。综上，上诉人周起才的上诉理由不能成立，不予采纳。原审判决认定事实清楚，证据确实、充分，定罪准确，量刑适当，审判程序合法。

**234. 一人在犯有数罪的情况下，若要成立自首，其供述的罪行范围应如何把握？**

首先，对数罪均如实供述的，数罪均可成立自首。其次，对于部分罪行如实供述的，应对如实供述的部分认定为自首，其余部分不应认定为自首，而不论是同种数罪还是异种数罪。

**235. 行为人如实供述司法机关尚未掌握的罪行，与司法机关已经掌握的罪行属同种罪行的，能否以自首论？**

行为人如实供述司法机关尚未掌握的罪行，与司法机关已经掌握的罪刑属同种罪行的，依据最高人民法院《关于处理自首和立功具体应用法律若干问题的解释》第4条之规定，被采取强制措施的犯罪嫌疑人、被告人已宣判的罪犯，如实供述司法机关尚未掌握的罪行，与司法机关已掌握的或者判决确定的罪行属同种罪行的，可以酌情从轻处罚；如实供述的同种罪行较重的，一般应当从轻处罚。因此，不应以自首论。

### 典型疑难案件参考

何荣华强奸、盗窃案

▶ 基本案情

1. 强奸部分

1998年10月12日晚8时许，被告人何荣华伙同同村的童冬喜（已判刑），将童冬喜前一天刚结识的女青年胡某某从江山火车站旅社带出，到江山市城南经济开发区游玩，后在王天仙饭店吃夜宵并喝酒，使胡某某喝醉酒。当晚12时许，何荣华与童冬喜将胡某某强行挟持到童冬喜家中，趁胡某某因醉酒躺倒在童冬喜房内地毯上之机，先后对胡某某实施了数次奸淫。

2. 盗窃部分

2004年11月29日至2006年3月下旬，被告人何荣华单独或伙同他人在杭州市余杭区、江山市清湖镇盗窃作案5次，窃得财物价值共计人民币4万余元。

被告人何荣华1998年10月伙同童冬喜强奸作案后即化名"周华才"、"周红伟"潜逃在外。江山市公安局经侦查，查明何荣华涉嫌共同强奸犯罪，遂签发逮捕证对其进行网上通缉，网上通缉资料中附有何荣华的基本情况及照片等详细信息。被告人何荣华外逃期间并伙同其同乡徐以友等人共同盗窃作案，徐以友对何荣华的身份及涉嫌1998年的强奸犯罪等情况均知悉。2006年3月23日，杭州市公安局抓获涉嫌盗窃犯罪的徐以友等人，并通知掌握徐以友伙同"周华才"等盗窃犯罪事实的江山市公安局。江山市公安局在杭州又抓获了"周华才"，在对涉嫌盗窃犯罪的"周华才"审讯时，发现"周华才"无法对其所述的身份情况自圆其说，后"周华才"主动交代其真名为何荣华及于1998年伙同童冬喜实施强奸犯罪的事实。同日，徐以友亦向江山市公安局交代了"周华才"系何荣华的化名及何荣华涉嫌强奸的相关情况。

### 诉辩情况

浙江省衢州市人民检察院以被告人何荣华犯强奸、盗窃罪，于2006年7月25日向衢州市中级人民法院提起公诉。检察机关认为：被告人何荣华的行为已分别构成强奸罪、盗窃罪，被告人何荣华因盗窃被公安机关抓获后，主动向公安人员交代其真实身份及1998年实施强奸的罪行，属自首，提请依法判处。

被告人何荣华对检察机关的指控未表异议。

### 裁判结果

衢州市中级人民法院依照《刑法》第236条第3款第4项、第264条、第25条第1款、第56条第1款、第55条第1款、第52条、第53条、第69条、第64条及最高人民法院《关于处理自首和立功具体应用法律若干问题的解释》第4条之规定，于2006年8月9日判决如下：

一、被告人何荣华犯强奸罪，判处有期徒刑13年6个月，剥夺政治权利

3 年；犯盗窃罪，判处有期徒刑 4 年，并处罚金人民币 3 万元，决定执行有期徒刑 16 年，剥夺政治权利 3 年，并处罚金人民币 3 万元（限判决生效后 1 个月内缴纳完毕）；

二、被告人何荣华盗窃所得的赃款、赃物继续责令退赔，返还给被害人。

### 裁判理由

衢州市中级人民法院认为：被告人何荣华伙同他人共同强奸妇女，其行为已构成强奸罪；单独或伙同他人盗窃数额巨大的公私财物，又构成盗窃罪。检察机关关于被告人何荣华因涉嫌盗窃犯罪被公安机关抓获后，主动交代公安机关尚未掌握的其真实身份及于 1998 年伙同他人共同强奸的犯罪事实，可以自首论的意见，因被告人何荣华先前涉嫌强奸犯罪的事实已被江山市公安局掌握，何荣华也因此被网上通缉，网上所附资料全面、明确，且本案中尚有参与共同盗窃的徐以友知悉何荣华真实身份及何荣华涉嫌强奸的事实，即使何荣华不主动交代，江山市公安局也能查实"周华才"即系 1998 年涉嫌强奸犯罪且已被网上通缉的何荣华，故依法不宜认定被告人何荣华有余罪自首的情节，但被告人何荣华能主动交代其强奸犯罪事实，仍可据此对其所犯强奸罪酌情从轻处罚。

## 236. 行为人在公安机关发现其犯罪证据之后，如实交代了全部罪行，其行为是否构成主动投案或自首？

行为人在公安机关发现其故意杀人的证据之后，如实交代了全部罪行，但是因为其是在公安机关掌握了证据之后才投案的，也就是说罪行已被公安机关所掌握，如实供述已经不能构成自首的条件，因此不构成能自首。

### 典型疑难案件参考

#### 刘兵故意杀人案

**基本案情**

2006 年 5 月 26 日凌晨 1 时许，被告人刘兵在贵阳市花溪区贵筑办事处霞晖路自己经营的"1+1"面食店内与被害人韩某（14 周岁）发生性关系。因韩某处女膜破裂，刘兵所穿白色横条 T 恤和裤子上均沾上韩某的血迹。之后，韩某提出要到贵筑办事处云上村二组杨家山其姐的住处，把刘兵与之发生性关系一事告知其姐,并报告派出所。刘兵担心事情败露,遂产生杀人灭口的念头。当刘兵送韩某走到云上村二组杨家山小路时,刘兵用双手将韩某扼掐致死,并将尸体藏匿于路边菜地刺蓬中后逃离现场。经鉴定,被害人韩某系被他人扼压颈部致窒息死亡。案发后,公安机关根据掌握的情况到刘兵家调查,从洗衣机中查获了带血迹的白色横条T恤,刘兵遂交代了所犯罪行。

### 一审诉辩情况

贵州省贵阳市人民检察院以被告人刘兵犯故意杀人罪,向贵阳市中级人民法院提起公诉。

被告人刘兵对检察机关指控的犯罪事实未提出辩解。其辩护人提出:刘兵有自首情节,系初犯,认罪态度好,建议从轻处罚。

### 一审裁判结果

贵阳市中级人民法院依照《刑法》第232条、第57条第1款之规定,判决如下:被告人刘兵犯故意杀人罪,判处死刑,剥夺政治权利终身。

### 一审裁判理由

贵阳市中级人民法院认为:被告人刘兵与被害人发生性关系后因害怕事情败露而产生杀人灭口之恶念,用手扼掐被害人颈部,非法剥夺他人生命,其行为已构成故意杀人罪。刘兵虽能坦白交代自己的罪行,是初犯,认罪态度好,但其手段残忍,情节特别严重,社会影响极坏。

### 二审诉辩情况

一审宣判后,被告人刘兵以具有自首情节、量刑过重为由,向贵州省高级人民法院提出上诉。

### 二审裁判结果

贵州省高级人民法院依照《刑事诉讼法》第189条第1项的规定,裁定:驳回上诉,维持原判,并依法报请最高人民法院核准。

### 二审裁判理由

贵州省高级人民法院经二审审理认为:上诉人刘兵与未成年被害人韩某发生性关系后因害怕事情败露而产生杀人灭口恶念,用手扼掐被害人颈部并向被害人口中塞入泥土,致被害人死亡,其行为已构成故意杀人罪。其作案动机卑劣,手段残忍,社会影响极坏,应依法严惩。刘兵是在公安机关已掌握了一定线索且从其家中发现犯罪证据后才供认犯罪事实的,其行为不具备投案的自动性,不构成自首。原判定罪准确,量刑适当,审判程序合法。

### 复核结果

最高人民法院依照《刑事诉讼法》第199条和最高人民法院《关于复核死刑案件若干问题的规定》第2条第1款的规定,裁定:核准贵州省高级人民法院〔2006〕黔高刑一终字第589号维持第一审以故意杀人罪判处被告人刘兵死刑,剥夺政治权利终身的刑事裁定。

### 复核理由

最高人民法院经复核认为:被告人刘兵与未成年人发生性关系后,因害怕事情败露而杀人灭口,其行为已构成故意杀人罪,且犯罪手段残忍,后果严重,无法定从轻、减轻处罚情节。一审判决、二审裁定认定的事实清楚,证据确实、充分,定罪准确,量刑适当,审判程序合法。

---

**237. 行为人作案后潜逃,在潜逃途中给在公安机关的亲友打电话,亲友劝其投案自首,行为人未置可否,可否认定其成立自动投案?**

根据最高人民法院《关于处理自首和立功具体应用法律若干问题的解释》第1条第1项的规定,"公安机关通知犯罪嫌疑人的亲友,或者亲友主动报案后,将犯罪嫌疑人送去投案的,也应当视为自动投案"。亲友并未将其送至公安机关投案,行为人亦未明确表示要去投案或等待公安人员到来,不宜认定为自动投案。

---

### 典型疑难案件参考

#### 杨安等故意伤害案

### 基本案情

2002年3月25日中午,被告人杨安、刘波、毛永刚、任建武在安乡县城关镇文化站"乡巴佬"餐馆喝酒吃饭。下午2时许,杨安、刘波欲无票进入文化站"火箭炮影院",与该影院的工作人员发生纠纷。后经他人出面协调,杨安、刘波进入影院，随后毛永刚、任建武亦进入影院。在观看歌舞演出过程中，杨安走上舞台调戏女演员，又强行唱歌，刘波则要某女演员跳脱衣舞。身为文化站副站长的李耀平见状劝杨安等从舞台下来遭拒绝。杨安唱完歌后，又对坐在舞台下的李耀平进行辱骂挑衅，为此，双方发生争吵。杨安即冲下舞台双手抓住李耀平，用膝盖顶击李的身体下部。刘波、毛永刚、任建武见状也冲上前去，共同围住李耀平殴打，其中刘波挥拳对李乱打，毛永刚则扯着李的头发进行殴打，任建武在李的左后侧殴打。杨安在殴打后还朝李耀平腰部猛踹一脚，致李跌倒在地。尔后，杨安、刘波、毛永刚、任建武一同离开现场。约1小时后，几人再次来到"乡巴佬"餐馆，当旁人提出要他们将李送往医院检查时，杨安等人予以拒绝。次日下午5时，李耀平在被送往医院途中死亡。当晚6时许，杨安得知李耀平死亡后，将刘波、毛永刚、任建武叫到其租住处集合后外逃，后被公安机关抓获。经法医鉴定，李耀平因系头部损伤引起硬膜下血肿，脑组织挫裂伤而死亡。

另查明，被告人杨安、刘波、毛永刚、任建武的行为给附带民事诉讼原告人李选家、刘学英、潘云兰、李诩阳造成的经济损失为：丧葬费2970元；李选家、刘学英赡养费8100元；李诩阳抚养费7200元，合计18270元。

### 一审诉辩情况

湖南省常德市人民检察院以被告人杨安、刘波犯寻衅滋事罪、故意伤害罪；毛永刚、任建武犯故意伤害罪，向常德市中级人民法院提起公诉。

被害人李耀平的亲属提起附带民事诉讼，要求上列四被告人赔偿经济损失及死亡补偿费184770元。

杨安的辩护人辩称：杨安仅构成故意伤害罪，不适用数罪并罚；被害人死亡系多因一果，且杨安认罪诚恳，系初犯，主观恶性不大，要求酌定从轻处罚。

刘波的辩护人辩称：对刘波不应适用数罪并罚；刘波无直接加害行为，只构成寻衅滋事罪。

毛永刚的辩护人辩称：毛永刚系从犯，应从轻处罚。任建武的辩护人辩称：任的行为系寻衅滋事中的随意殴打行为，不应对被害人死亡后果负责；有自首情节。

### 一审裁判结果

常德市中级人民法院依照《刑法》第234条第2款、第48条第1款、第57条第1款、第56条第1款、第55条第1款、第26条第1款、第27条、第

36条第1款及《民法通则》第119条之规定，于2002年7月11日判决：被告人杨安犯故意伤害罪，判处死刑，剥夺政治权利终身；被告人刘波犯故意伤害罪，判处死刑，缓期2年执行，剥夺政治权利终身；被告人毛永刚犯故意伤害罪，判处有期徒刑10年，剥夺政治权利1年；被告人任建武犯故意伤害罪，判处有期徒刑8年；被告人杨安、刘波、毛永刚、任建武共同赔偿附带民事诉讼原告人李选家、刘学英、潘云兰、李翊阳经济损失共计18270元，由被告人杨安赔偿6870元，被告人刘波赔偿6000元，被告人毛永刚赔偿3000元，被告人任建武赔偿2400元。

### 一审裁判理由

常德市中级人民法院经审理后认为：被告人杨安、刘波、毛永刚、任建武在公共场所寻衅滋事，共同故意伤害他人身体，致人死亡，其行为均已构成故意伤害罪。且情节特别恶劣，后果特别严重。在共同犯罪中，杨安、刘波起主要作用，系主犯；毛永刚、任建武系从犯。杨安在寻衅滋事中，故意伤害他人身体致被害人死亡，符合故意伤害罪的构成要件。检察机关还指控其犯寻衅滋事罪不当，不予支持；对杨安的辩护人提出的仅构成故意伤害罪，不适用数罪并罚的辩护意见予以采纳。在寻衅滋事中，杨安率先殴打他人，并猛踹被害人一脚致其倒地，其行为与被害人的死亡具有因果关系，因此，应对被害人的死亡后果负主要责任。杨安虽系初犯，且归案后认罪态度较好，但其犯罪动机卑劣，造成的后果极其严重，不宜从轻处罚。对其辩护人提出的从轻处罚的意见不予采纳。在共同寻衅滋事中，刘波积极参与殴打被害人，并共同造成被害人死亡的严重后果，应以故意伤害罪处罚。其辩护人提出的不应数罪并罚的意见成立，但认为刘波只构成寻衅滋事罪的意见不能成立，不予采纳。毛永刚在共同故意伤害他人的过程中，作用次于杨安、刘波，系从犯，可从轻处罚。其辩护人提出的毛永刚系从犯，应予从轻处罚的意见成立，予以采纳。任建武与本案其他被告人共同伤害被害人致其死亡，应当对被害人的死亡后果承担相应的刑事责任。其辩护人关于任建武只是寻衅滋事中的随意殴打行为，不应对被害人死亡负责的意见不能成立。任建武在逃跑途中，曾打电话给其亲属。其亲属劝说其自首，任建武表示回来再说，并无明显的自首意思表示，且无自动投案行为，因此，不构成自首。其辩护人提出的任建武有自首情节的意见，不能成立，不予采纳。任建武在共同伤害犯罪中系从犯，结合本案具体情况，可对其减轻处罚。四被告人的犯罪行为给附带民事诉讼原告人造成的经济损失应依法予以赔偿。附带民事诉讼原告人要求赔偿死亡补偿费无法律依据，其他诉讼请求应按有关标准计算。

### 二审诉辩情况

一审宣判后,被告人杨安、刘波不服。杨安以被害人死亡不是自己的行为所致,原判量刑过重,刘波以没有致死被害人,原判量刑过重为由分别提出上诉。二被告人的辩护人也提出了相同的辩护意见。

### 二审裁判结果

湖南省高级人民法院依照《刑法》第234条第2款、第26条第1、4款、第27条、第57条第1款和《刑事诉讼法》第189条第1项的规定,裁定:驳回上诉,维持原判。根据最高人民法院《关于授权高级人民法院和解放军军事法院核准部分死刑案件的通知》的规定,裁定核准以故意伤害罪判处被告人杨安死刑,剥夺政治权利终身;以故意伤害罪判处被告人刘波死刑,缓期2年执行,剥夺政治权利终身。

### 二审裁判理由

湖南省高级人民法院经二审审理后认为:上诉人杨安、刘波及原审被告人毛永刚、任建武身为国土局干部或职工,在公共场所寻衅滋事,共同采取殴打的暴力手段,故意伤害他人身体,致人死亡,其行为均已构成故意伤害罪,且犯罪情节恶劣,后果特别严重。在共同犯罪中,杨安、刘波起主要作用,系主犯,毛永刚、任建武系从犯。杨安及其辩护人上诉和辩护提出被害人死亡不是其行为所致,原判量刑过重的理由和意见,经查明,杨安殴打被害人李耀平,踢李耀平一脚,致李耀平跌倒在地的事实,有同案人的交代、目击证人的证言及其本人的供述在案佐证,足以认定。杨安等人虽未持凶器伤害他人,但其犯罪情节恶劣,后果严重,依法应从严处罚,其上诉理由和辩护意见不能成立,不予采纳。刘波及其辩护人上诉和辩护提出没有致死被害人,原判量刑过重的理由和意见,经查明,刘波积极参与殴打他人,当被害人倒地后还朝被害人头部踩了两脚,有目击证人及同案犯的交代所证明,应予认定。刘波的行为与被害人死亡有因果关系,其上诉理由和其辩护人的辩护意见与事实不符,不能成立,不予采纳。原审判决认定的犯罪事实清楚,证据确实、充分,定罪准确,量刑适当。审判程序合法。

**238. 行为人涉嫌犯罪被公安机关侦查期间，因违法行为被处以行政拘留期间，行为人交代犯罪事实的行为是否构成刑法意义上的"自首"情节？**

被采取强制措施的犯罪嫌疑人、被告人和正在服刑的罪犯，如实供述司法机关还未掌握的本人其他罪行的，以自首论。行为人已经涉嫌犯罪被公安机关侦查，后因为违法行为，行为人被行政拘留，在被拘留期间，公安机关进一步侦查，行为人交代了犯罪事实。如果交代的犯罪行为正是公安机关正在侦查的犯罪行为，则不能成立自首，因为公安机关已经发觉并掌握了一部分该犯罪事实；如果交代的是其他犯罪事实，则就相关犯罪事实应认定为自首。

## 典型疑难案件参考

### 沈利潮抢劫案

**基本案情**

2006年9月8日，被告人沈利潮得知在浙江省桐乡市同福乡合星村小羔羊集市开废品收购站的周荣富、周阿菊夫妇为收购废品，备有充足资金，遂以卖铜为由，将周荣富骗至桐乡市凤鸣街道红旗村钟介角11号其妹沈利凤闲置的空房内，采用木棍击打头部等手段，致周荣富颅骨骨折并严重颅脑损伤死亡，劫得周荣富的诺基亚6020型手机一部、银行存折一本。接着，沈又诱骗周荣富之妻周阿菊将存折上的存款和废品收购站内的现金取出后，带周阿菊至上述空房内，用木棍击打周阿菊头部，致其颅骨骨折并颅脑损伤死亡，劫得周阿菊所带现金40925元、金耳环一副。而后，沈利潮将两被害人尸体运至凤鸣街道路家园村石皮弄2号东南侧香樟树林挖坑掩埋。

另查明：2006年9月9日，桐乡市同福派出所接周兴民报案称，9月8日上午8时许，在桐乡市同福乡合星村小羔羊集市开废品收购站的姐姐周阿菊、姐夫周荣富二人驾驶摩托车外出看货，上午10时许周阿菊单独回收购站，下午又携带巨额现金外出，后一直无法联系，怀疑被害。警方针对周荣富、周阿菊两人携巨款看货时失踪，分析可能被害，即开展调查。通过技侦手段和对周荣富相关联系人的调查，发现沈利潮与周荣富曾同时在案发现场出现过，认定沈有作案嫌疑，随即通知沈到侦查机关接受询问。沈利潮无法讲清其在9月8日的行踪，也不交代其犯罪行为。在调查中，警方发现沈利潮有赌博的违法行为，即于9月12日对其处以行政拘留10天的处罚。在行政拘留期间，公安机关进一步采取侦查措施，促使沈利潮于9月20日以自首书的形式向警方供称两被害人系其与"两个江苏兴化人"为劫财而共同致死的情况，并提供了亲笔所画的埋尸现场图。当晚，警方在其供述的地点挖掘出两被害人的尸体，并在现场附近提取到沈利潮用于埋尸的铲子、已被烧焦的被害人周阿菊拎包的残留物等。经进一步审讯，沈利潮于9月22日供述该案系其一人所为，劫得的现金4万余元及一副黄金耳环藏匿于其家中卧室书桌右下侧柜中暗箱内。警方随即在沈利潮供述的地点起获了赃款赃物。

### 一审诉辩情况

浙江省嘉兴市人民检察院以被告人沈利潮犯抢劫罪，向嘉兴市中级人民法院提起公诉。

### 一审裁判结果

嘉兴市中级人民法院依照《刑法》第263条第4、5项，第67条第1款、第57条第1款、第36条之规定，判决如下：被告人沈利潮犯抢劫罪，判处死刑，剥夺政治权利终身，并处没收个人全部财产。

### 一审裁判理由

嘉兴市中级人民法院认为：被告人沈利潮以非法占有为目的，采用木棍击打被害人头部的手段杀害两名被害人，劫取被害人财物价值共计43300元，数额巨大，其行为已构成抢劫罪。沈利潮在罪行尚未被侦查机关明确掌握的情况下供述犯罪事实，具有自首情节，但鉴于沈利潮抢劫情节和后果特别严重，社会危害性极大，故不足以对其从轻处罚。

### 二审诉辩情况

一审宣判后，沈利潮不服，提出上诉。

### 二审裁判结果

浙江省高级人民法院依照《刑事诉讼法》第189条第1项、第199条、《刑法》第263条、第57条第1款、第48条之规定，裁定如下：驳回上诉，维持原判，并依法报请最高人民法院核准。

### 二审裁判理由

浙江省高级人民法院经审理认为：被告人沈利潮以非法占有为目的，采用暴力手段劫取他人数额巨大之财物，并致两人死亡，其行为已构成抢劫罪。且犯罪手段残忍，后果严重，社会危害极大。本案案发后，侦查机关通过有关侦查手段确定沈利潮有作案嫌疑而通知沈到侦查机关接受调查，故沈利潮不具备投案的主动性，不符合自首条件，原判认定其有自首情节不当，应予纠正。原判定罪正确，量刑适当，审判程序合法。

▶ 复核结果

最高人民法院依照《刑事诉讼法》第 199 条和最高人民法院《关于复核死刑案件若干问题的规定》第 2 条第 1 款的规定，裁定：核准浙江省高级人民法院〔2007〕浙刑二终字第 43 号维持第一审以抢劫罪判处被告人沈利潮死刑，剥夺政治权利终身，并处没收个人全部财产的刑事裁定。

▶ 复核理由

最高人民法院复核认为：被告人沈利潮以非法占有为目的，采用暴力手段劫取他人财物，其行为已构成抢劫罪。抢劫数额巨大，致二人死亡，情节恶劣，后果严重，社会危害性大，应当依法惩处。沈利潮不具有自首情节。第一审判决、第二审裁定认定的事实清楚，证据确实、充分，定罪准确，量刑适当，审判程序合法。

## 239. 行为人向被害人承认作案的行为是否能够认定为自首？

能否构成自首不能一概而论。如果被害人是告诉才处理案件中的有权告诉人，则可能构成首服而成立自首。但如果是其他案件中的被害人，则一般不能成立自首。

▶ 典型疑难案件参考

周建龙盗窃案

▶ 基本案情

被告人周建龙于 2005 年 8 月间，先后 4 次到江阴市月城镇北兆村后高岸圩 50 号邻居陆金宝家窃得人民币 7000 余元。2005 年 8 月 25 日、26 日，被告人周建龙在被害人陆金宝家中，向被害人沈秀英（陆金宝妻子）承认自己盗窃犯罪的事实,并写了基本内容为"借沈秀英人民币8200元"的借条及承诺以工资还款的保证书。同年8月29日,被害人陆金宝向江阴市月城派出所报案并提供了周建龙向其承认盗窃事实及书写保证书等情况。同年10月23日被告人周建龙向被害人沈秀英支付人民币800元。同年11月19日被告人周建龙被传唤至江阴市月城派出所,经审讯,交代了盗窃犯罪的事实。

### 一审诉辩情况

江苏省江阴市人民检察院以被告人周建龙犯盗窃罪向江苏省江阴市人民法院提起公诉。

被告人周建龙对检察机关的指控未提出异议。

### 一审裁判结果

江苏省江阴市人民法院依照《刑法》第264条、第65条第1款、第64条及最高人民法院《关于审理盗窃案件具体应用法律若干问题的解释》第6条第3款之规定,于2006年2月23日判决如下:

一、被告人周建龙犯盗窃罪,判处有期徒刑3年,并处罚金人民币3000元。

二、向被告人周建龙继续追缴人民币6200元,发还被害人。

### 一审裁判理由

江苏省江阴市人民法院经审理认为:被告人周建龙以非法占有为目的,秘密窃取他人财物,数额较大,其行为已构成盗窃罪。被告人周建龙刑满释放后法定期限内又重新故意犯罪,系累犯,属有其他严重情节。被告人周建龙归案后,认罪态度较好,酌情从轻处罚。

### 二审诉辩情况

一审宣判后,被告人周建龙不服,向江苏省无锡市中级人民法院提起上诉称:案发后其主动向被害人承认自己的盗窃行为,并退还部分赃款,经侦查机关传唤后,能如实供述自己的罪行,应认定为有自首情节并予从轻处罚,一审量刑过重。

### 二审裁判结果

江苏省无锡市中级人民法院依照《刑事诉讼法》第189条第2项,《刑法》第264条、第65条第1款、第64条之规定,于2006年3月31日判决如下:

一、撤销江阴市人民法院〔2006〕澄刑初字第 226 号刑事判决对上诉人周建龙的量刑部分。

二、上诉人周建龙犯盗窃罪，判处有期徒刑 2 年，并处罚金人民币 2000 元。

三、未追缴之赃款人民币 6200 元继续予以追缴，并发还被害人。

### 二审裁判理由

江苏省无锡市中级人民法院认为：上诉人周建龙秘密窃取他人财物，数额较大，其行为已构成盗窃罪。周建龙系累犯，应当从重处罚。周建龙犯罪后向被害人承认自己的犯罪事实，并以借条形式予以确认及制订还款计划，之后向被害人退还部分赃款，经侦查机关传唤后亦能如实供述自己的罪行，其行为对侦查机关侦破该案起了帮助作用，同时也体现了其悔罪的态度并一定程度上弥补了盗窃犯罪对被害人带来的危害，其行为应予肯定并从轻处罚。原审判决认定事实清楚，证据确实、充分，定性正确，诉讼程序合法，但对周建龙犯罪后向被害人承认盗窃事实的情节未充分考虑致量刑过重，应予改判。周建龙仅向被害人承认盗窃事实的情节尚不符合自首的条件，依法不能认定为自首，但可以从轻处罚，其上诉理由部分予以采纳。

## 240. 被告人报警后又继续实施犯罪行为的，是否构成自首？

主动报警，符合投案的自动性和时间性，投案方式属于亲首，投案对象是司法机关，报警后如果留在原地等待公安机关到来，则其行为符合自动投案的特征，如果事后能如实供述自己的罪行则可成立自首。至于报警后继续实施犯罪行为并不排斥主动将自己置于司法机关控制之下，因此也就不影响自首的成立。

### 典型疑难案件参考

翁见武故意杀人案

### 基本案情

2007 年 4 月，被告人翁见武因被害人张焕堂有婚外情，与张协议离婚，但二人仍在一处居住。同年 7 月 15 日凌晨 4 时许，二人因婚姻家庭问题发生争执，翁见武先持铁锤击打张焕堂头部，又持菜刀砍张焕堂头部和上身20余刀，还用铁锤击打其子张勤华致轻微伤，其本人左手腕也受了刀伤。其间，张勤华和翁见武先后拨打电话向"110"报警，但随后翁见武见张焕堂持菜刀再次进入客厅，翁见武又用菜刀对张焕堂进行了砍杀。张焕堂被送往医院后经抢救无效，于当日上午9时许死亡。翁见武随后也被送至医院，并在医院向公安人员叙述了杀害张焕堂的经过。

### 一审诉辩情况

江西省抚州市人民检察院以被告人翁见武犯故意杀人罪，向抚州市中级人民法院提起公诉。

被告人翁见武及其辩护人对主要犯罪事实没有异议，其辩护人提出：被害人有重大过错，且被告人有自首情节的辩护意见。

### 一审裁判结果

抚州市中级人民法院依照《刑法》第232条、第57条第1款、第64条之规定，判决如下：

一、被告人翁见武犯故意杀人罪，判处死刑，剥夺政治权利终身；
二、随案移送犯罪工具菜刀一把，予以没收。

### 一审裁判理由

抚州市中级人民法院认为：被告人翁见武因琐事与被害人张焕堂发生争执后，持铁锤、菜刀将张焕堂杀死，还打伤其子张勤华致轻微伤甲级，其行为已构成故意杀人罪，且犯罪手段凶残，情节特别严重，应依法惩处。被告人及其辩护人提出被害人张焕堂有重大过错、被告人有自首情节的辩解和辩护理由不能成立，不予采纳。被告人虽有初犯、认罪态度好等情节，尚不足以对其从轻处罚。

### 二审诉辩情况

一审宣判后，被告人翁见武不服，以本案是由婚姻家庭纠纷引发的突发性、偶然性案件，其认罪态度好，是初犯，被害人张焕堂有重大过错为由，向江西省高级人民法院提出上诉。其辩护人提出：上诉人翁见武有自首情节，其是在与被害人张焕堂无婚姻关系的情况下，受到张焕堂的性侵犯和持刀威胁时，出于自卫而用铁锤击打张焕堂，具有明显的防卫性质，应对上诉人从轻处罚。

### 二审裁判结果

江西省高级人民法院依照《刑事诉讼法》第189条第1、2项和《刑法》

第 232 条、第 67 条第 1 款、第 48 条第 1 款、第 57 条第 1 款、第 64 条之规定，改判：上诉人翁见武犯故意杀人罪，判处死刑，缓期 2 年执行，剥夺政治权利终身。

### 二审裁判理由

江西省高级人民法院经二审认为：上诉人翁见武因拒绝被害人张焕堂提出的性要求而发生争执后，先后持铁锤、菜刀砸砍张焕堂，致张焕堂死亡，其行为已构成故意杀人罪，且犯罪手段残忍，情节恶劣，后果严重，应依法惩处。鉴于被害人在本案中有明显过错；上诉人系初犯，作案后自动投案，如实供述犯罪事实，有自首情节，依法可以从轻处罚，故对其判处死刑，可不立即执行。原判未认定被害人有过错、上诉人有自首情节不当。上诉人翁见武及其辩护人所提原判量刑过重，要求改判的上诉请求和辩护意见，与事实和法律规定相符，予以采纳；其他上诉理由及辩护意见与事实及法律规定不符，不予采纳。原判认定的基本事实清楚，基本证据充分，定罪准确，审判程序合法，但量刑不当，应予改判。

### 241. 犯罪嫌疑人被抓获后声称正准备去投案自首，如何处理？

根据最高人民法院《关于处理自首和立功具体应用法律若干问题的解释》第 1 条第 1 项规定，自动投案除了典型的犯罪嫌疑人主动、直接向司法机关投案外，还包括"经查实确已准备去投案，或者正在投案途中，被公安机关捕获的"情形。因此，只要能查实被告人确已准备去投案，则可认定为自首。

### 242. 司法实践中如何认定"经查实确已准备去投案"的自首？

根据主客观相统一的原则，如果查实确认犯罪嫌疑人主观上同意投案，客观上配合抓捕，未拒捕的可以认为是"经查实确已准备去投案"的自首。

## 典型疑难案件参考

### 赵春昌故意杀人案

#### 基本案情

2006年1月31日下午3时许，被告人赵春昌酒后到本村李卫东的小卖部去玩，与正在打扑克的李梅菊发生口角，赵春昌遂拿起灶台上的一把菜刀，照李梅菊头部连砍数刀，李梅菊经抢救无效死亡。经法医学鉴定，李梅菊系他人用"菜刀类"锐器多次砍击造成严重颅脑损伤而死亡。

另查明，被告人赵春昌作案后四处躲藏、逃窜。其间，河南警方给赵春昌之妻韩志云做工作，要求韩协助公安机关抓捕赵春昌或者规劝赵春昌投案自首，韩志云允诺并于2006年2月3日赶到其娘家吉林省辽源市。2006年2月8日河南警方根据韩志云提供的地址，到辽源市山湾乡赵春昌的岳母盛秀兰家，要求盛秀兰及其家人协助公安机关抓捕赵春昌或者规劝赵春昌投案自首。2006年2月9日凌晨3时许，赵春昌逃至盛秀兰家，其妻韩志云遂给赵春昌做工作，规劝赵投案自首，赵春昌同意投案，韩志云遂将此情况电话报告给河南警方，河南警方即通知辽源警方。同时，盛秀兰亦安排儿媳李书芳报警，并到村口带领随后赶到的辽源警方来家中将赵春昌抓获归案。

#### 一审诉辩情况

河南省安阳市人民检察院以被告人赵春昌犯故意杀人罪，向安阳市中级人民法院提起公诉。

被告人赵春昌及其辩护人对犯罪事实没有异议，但辩护人提出：被告人有自首情节，应当从轻处罚。

#### 一审裁判结果

安阳市中级人民法院依照《刑法》第232条、第57条第1款、第67条第1款，最高人民法院《关于处理自首和立功具体应用法律若干问题的解释》第1条第1款第1项的规定，判决如下：被告人赵春昌犯故意杀人罪，判处死刑，剥夺政治权利终身。

#### 一审裁判理由

安阳市中级人民法院审理认为：被告人赵春昌与他人发生矛盾后，故意持械杀人，并致人死亡，其行为已构成故意杀人罪。被告人虽有自首情节，但不予从轻处罚。

### 二审诉辩情况

一审宣判后,被告人赵春昌不服,以被害人有过错,其有自首情节,量刑重为由提出上诉。其辩护人提出:本案被害人有一定过错,被告人有自首情节,真诚悔罪,愿意积极赔偿,应从轻处罚。

### 二审裁判结果

河南省高级人民法院依照《刑事诉讼法》第189条第1项之规定,裁定:驳回上诉,维持原判。并依法报请最高人民法院核准。

### 二审裁判理由

河南省高级人民法院经审理认为:被告人赵春昌故意非法剥夺他人生命,其行为已构成故意杀人罪,且其所犯罪行极其严重,应依法惩处。原判认定事实清楚,适用法律正确,定罪准确,量刑适当。审判程序合法。赵春昌的上诉理由及其辩护人的辩护意见均不予采纳。

### 复核结果

最高人民法院依照《刑事诉讼法》第199条和最高人民法院《关于复核死刑案件若干问题的规定》第4条之规定,裁定:不核准并撤销河南省高级人民法院〔2006〕豫法刑二终字第413号维持第一审以故意杀人罪判处被告人赵春昌死刑,剥夺政治权利终身的刑事裁定,发回河南省高级人民法院重新审判。

### 复核理由

最高人民法院经复核认为:被告人赵春昌仅因琐事即公然持菜刀杀死一人,其行为已构成故意杀人罪。其犯罪手段凶狠,情节恶劣,后果严重,应依法惩处。第一审判决、第二审裁定认定的事实清楚,证据确实、充分,定罪准确。审判程序合法。但鉴于被告人赵春昌有自首情节,对其判处死刑,可不立即执行。

### 243. 被告人虽然具备自首条件，但其亲属阻碍抓捕的是否影响被告人自首的成立？

被告人是否成立自首，主要看其是否自动投案并如实供述自己的罪行，即是否符合自首的条件。其他人为因素对被告人是否成立自首没有影响。

## 典型疑难案件参考

### 张东生故意杀人案

**基本案情**

2006年1月15日下午，被告人张东生到河北省保定市兴华路兴华小区1号楼3单元402室找到在此租住的被害人魏慧。被告人张东生以魏慧多次欺骗自己为由与之发生争吵，后张东生持砍刀冲魏慧头部及上肢连砍数刀后逃离现场。魏慧经抢救无效死亡。

河北省高级人民法院经二审审理查明的事实与一审相同。另查明：被告人张东生被公安机关锁定为重大犯罪嫌疑人后，在返回其家的胡同口被公安人员抓捕时称："我是张东生，我要自首。"当其家人不配合公安人员工作时，张东生没有任何劝阻言行。

**一审诉辩情况**

河北省保定市人民检察院以被告人张东生犯故意杀人罪向保定市中级人民法院提起公诉。

被告人张东生对检察机关指控的犯罪事实供认不讳，对附带民事诉讼原告人提出的诉讼请求愿意进行赔偿。其辩护人的辩护意见为：本案被害人在起因上有过错，张东生有自首情节。

**一审裁判结果**

保定市中级人民法院依照《刑法》第232条、第57条第1款、第36条的规定，判决如下：被告人张东生犯故意杀人罪，判处死刑，剥夺政治权利终身。

**一审裁判理由**

保定市中级人民法院认为：被告人张东生持械故意剥夺他人生命，其行为已构成故意杀人罪。情节恶劣、后果严重，应予严惩。根据检察机关当庭所出示的证据，辩护人所提被告人张东生有自首情节及被害人有过错的意见不能成立。

### 二审诉辩情况

一审宣判后，被告人张东生及其辩护人以张东生有投案自首情节等为由提出上诉，请求二审法院从宽处罚。

### 二审裁判结果

河北省高级人民法院依照《刑事诉讼法》第189条第1项、第197条、第199条之规定，裁定：驳回上诉，维持原判，并依法报请最高人民法院核准。

### 二审裁判理由

河北省高级人民法院认为：张东生不能正确处理个人情感问题，持刀行凶，故意非法剥夺他人生命，其行为已构成故意杀人罪，且犯罪手段残忍、后果严重，应依法严惩。张东生及其辩护人所提有自首情节的上诉理由，经查，张东生的行为不符合最高人民法院《关于处理自首和立功具体应用法律若干问题的解释》的有关规定，不具备自首的条件，所诉有自首情节的上诉理由于法无据，不予采信。原判决认定事实和适用法律正确，量刑适当，审判程序合法。

### 复核结果

最高人民法院依照《刑事诉讼法》第199条和最高人民法院《关于复核死刑案件若干问题的规定》第4条的规定，裁定不核准被告人张东生死刑，发回河北省高级人民法院重新审判。

### 复核理由

最高人民法院经复核认为：被告人张东生不能正确处理个人情感问题，持刀行凶，故意非法剥夺他人生命，其行为已构成故意杀人罪，且犯罪手段残忍。但被告人张东生被公安机关锁定为重大犯罪嫌疑人后，在返回其家的胡同口看到前来抓捕的公安人员时称："我是张东生，我要自首。"当其家人不配合公安人员工作时，张东生没有任何劝阻言行。根据《关于处理自首和立功具体应用法律若干问题的解释》的有关规定，被告人张东生的行为应当视为自动投案。被告人张东生投案后能如实交代自己的犯罪事实，具有自首情节，依法可以从轻处罚。对其可以不判处死刑立即执行。第一审判决、第二审裁定量刑不当。

### 244. 司法实践中如何理解和认定现场待捕型的自首？

根据最高法院发布的《关于处理自首和立功若干具体问题的意见》，犯罪嫌疑人明知他人报案而在现场等待，抓捕时无拒捕行为，如实供认犯罪事实的应当视为自动投案。这样的现场待捕说明行为人有意使自己置于司法机关的控制之下，应认定为自首。

一般情况下，明知他人已经报警而主动留在现场待捕，服从司法机关抓捕并彻底供述自己的罪行，可以认定为自首。如果在司法人员赶到之前潜逃，或者司法人员赶到之后又抗拒抓捕的，则不能认为是自首。

### 典型疑难案件参考

熊华君故意伤害案

**基本案情**

2007年6月22日13时，被告人熊华君在位于武汉市武昌区和平大道745号铁道部第四勘察设计院（以下简称铁四院）门口，因安装报警装置与铁四院值班室内午休的保安唐某某发生口角，后相互扭打。其间，被告人熊华君用安装报警装置所用的起子将唐某某的颈部捅伤，致使其左侧颈外动脉破裂急性大失血休克而死亡。案发后，在场的另一名保安送唐某某去医院，同时通知了铁四院公安处。熊华君在现场等待公安人员到来，并供认了上述犯罪事实。经报警，武昌区公安分局杨园街派出所民警至案发单位将熊华君带回派出所接受讯问。

2007年7月5日，被告人熊华君的家属与被害人唐某某的家属针对民事赔偿事宜，自愿达成和解协议，由熊华君家属及熊华君所在单位共同赔偿人民币40万元（已支付），被害人的家属据此向司法机关书面请求减轻对被告人熊华君的刑事处罚。

**诉辩情况**

湖北省武汉市武昌区人民检察院以被告人熊华君犯故意伤害罪，向武汉市武昌区人民法院提起公诉。

**裁判结果**

武昌区人民法院依照《刑法》第234条第2款、第47条、第67条及最高人民法院《关于处理自首和立功具体应用法律若干问题的解释》第1条第1项的规定，于2007年10月19日对被告人熊华君判决如下：被告人熊华君犯故意伤害罪，判处有期徒刑3年。

> **裁判理由**

《刑法》第67第1款规定，犯罪以后自动投案，如实供述自己的罪行的，是自首。对于自首的犯罪分子，可以从轻或者减轻处罚。最高人民法院《关于处理自首和立功具体应用法律若干问题的解释》规定，自动投案，是指犯罪事实或者犯罪嫌疑人未被司法机关发觉，或者虽被发觉，但犯罪嫌疑人尚未受到讯问、未被采取强制措施时，主动、直接向公安机关、人民检察院或者人民法院投案。按照《刑法》相关规定，自首属于法定量刑情节。综上所述，行为人在实施了故意伤害他人的犯罪行为后，自愿将自己置于公安机关的控制之下，并且主动交代犯罪事实，构成自首，可以对行为人在法定量刑基础上减轻刑罚。

---

**245.** 实施犯罪行为后电话报警并留在犯罪现场，但报警内容并未涉及犯罪内容，直到警方讯问后才如实供述主要犯罪事实的，是否成立自首？

自首需要投案的自动性，其如实供述行为可以发生在投案之后。犯罪后报警并留在犯罪现场等待司法机关的处理属于自动投案，归案后也如实供述了犯罪事实，应该认定该被告人的行为是自首。

---

**典型疑难案件参考**

陈国策故意伤害案

> **基本案情**

2004年5月16日凌晨5时许，被告人陈国策驾驶两轮摩托车在泉州市鲤城区浮桥东浦顺济桥头环岛旁公路上与驾驶组装三轮摩托车路经该处的被害人张修宝发生碰撞。被告人陈国策打电话召集唐洪、伍永刚、刘大春、孟清松（同案人，均已判刑）与张亿华、王洲等人来到撞车地点，而张修宝也叫来俞忠华、熊月水等人。双方在理赔过程中，因张亿华以保护现场为由阻止张修宝将肇事三轮摩托车上的豆腐搬上另一部摩托车,而与张修宝发生冲突,张亿华先推张修宝,张修宝即持一把菜刀与其对打,并砍伤张亿华和陈国策手部,致二人轻微伤。陈国策、唐洪、伍永刚、刘大春、孟清松等人便分别持从路边找到的铁棍一起围追张修宝,陈国策喊打并首先持铁棍击中张修宝的头部致其倒地后,又与唐洪、伍永刚、刘大春等人一起持铁棍对倒地的张修宝乱打,致张修宝头部及身体多处受创伤。张修宝经送医院抢救无效于同月18日死亡。经鉴定,张修宝系严重颅脑损伤致神经系统功能衰竭而死亡。

在案发过程中,被告人陈国策先后3次报警称,其摩托车被一无牌机动三轮车撞倒,对方逃离;摩托车受损,报警人受伤;顺济桥头有人拿刀砍人。泉州市浮桥派出所接泉州市公安局指挥中心转来的关于顺济桥浮桥东浦转盘有人打架的报警信息,即派员赶往现场,发现被害人已被送医院抢救,陈国策仍留在现场,公安人员遂将陈国策带到成功医院治疗。经讯问,陈国策对伤害张修宝的犯罪事实供认不讳。

### 一审诉辩情况

福建省泉州市人民检察院以被告人陈国策犯故意伤害罪,向泉州市中级人民法院提起公诉。

被告人陈国策辩称:被害人首先动手,有过错在先;其辩护人提出:被告人陈国策具有自首情节,请求从轻处罚。

### 一审裁判结果

泉州市中级人民法院依照《刑法》第234条第2款、第48条第1款、第57条第1款的规定,于2005年3月19日判决如下:被告人陈国策犯故意伤害罪,判处死刑,缓期2年执行,剥夺政治权利终身。

### 一审裁判理由

泉州市中级人民法院认为:被告人陈国策因琐事与被害人张修宝产生纠纷后,纠集多人与被害方互殴,伙同他人持铁棍围殴张修宝,致张修宝死亡,其行为均已构成故意伤害罪。陈国策虽在案发过程中多次报警,但没有主动向公安机关交代自己的犯罪行为,而是公安机关经了解后,认为陈国策有重大犯罪嫌疑对陈进行审查,陈国策才承认自己的犯罪事实,故陈国策有自首情节的辩护理由不能成立。

### 二审诉辩情况

陈国策上诉称:被害人先持刀砍伤张亿华和自己,对案件的发生有过错;

案发过程中其多次报警,案发后在现场等候警察前来处理,并如实向警方供述犯罪行为,原判未认定自首不当。

> **二审裁判结果**

福建省高级人民法院依照《刑事诉讼法》第189条第2项之规定,于2005年8月15日判决如下:
一、撤销泉州市中级人民法院的刑事判决;
二、上诉人陈国策犯故意伤害罪,判处无期徒刑,剥夺政治权利终身。

> **二审裁判理由**

福建省高级人民法院经审理认为:上诉人陈国策伙同他人持铁管追打被害人并致被害人死亡,其行为均已构成故意伤害罪。陈国策在案件发生过程中先后3次拨打报警电话,案发后留在现场等候警察处理,并能如实供述主要犯罪事实,应认定陈国策具有自首情节,依法可从轻处罚。原判认定的事实清楚,证据确实、充分,定罪正确,审判程序合法,但对陈国策量刑偏重。

## 246. 在被告人意识不清暂时丧失行动能力的情况下,其亲友报案后带领公安人员将其抓获的,被告人是否构成自动投案?

最高人民法院《关于处理自首和立功具体应用法律若干问题的解释》第1条第1项解释为:"自动投案,是指犯罪事实或者犯罪嫌疑人未被司法机关发觉,或者虽被发觉,但犯罪嫌疑人尚未受到讯问、未被采取强制措施时,主动、直接向公安机关、人民检察院或者人民法院投案。"同时还规定:"并非出于犯罪嫌疑人主动,而是经亲友规劝、陪同投案的;公安机关通知犯罪嫌疑人的亲友,或者亲友主动报案后,将犯罪嫌疑人送去投案的,也应当视为自动投案。"为了鼓励揭发犯罪,司法实践中不宜把亲友强制将被告人置于司法机关控制之下排除在"送去投案"的解释范围之外,也就是说即使被告人主观上没有投案的意思表示,但其亲友强制将其送至公安机关也应认定为自动投案。

## 典型疑难案件参考

### 张义洋故意杀人案

**基本案情**

被告人张义洋与被害人管贵忠结婚后,因怀疑管贵忠婚前行为不检点而时常发生争吵。2002年5月22日晚8时许,酒后的张义洋被其父母、姐姐拽回家,服了安定药欲睡觉。在卧室内张义洋又与管贵忠发生口角,管收拾行李欲外出打工,张不同意,发生厮打。厮打过程中,张义洋将管贵忠推倒在床上,用手卡扼管的颈部,致管窒息死亡。张义洋的亲属闻讯后遂向公安机关报案,并对因服了"安定药"而已熟睡的张进行看守以防止其外逃。当公安人员赶到后,张义洋的亲属带领公安人员到张的睡觉处将张抓获。经法医鉴定:死者管贵忠系遭扼颈至机械性窒息而死亡。

**一审诉辩情况**

某市人民检察院以被告人张义洋犯故意杀人罪,向某市中级人民法院提起公诉。

被告人及其辩护人对犯罪事实没有异议,但辩护人提出:被告人有自首情节,应对被告人从轻处罚。

**一审裁判结果**

某市中级人民法院依照《刑法》第232条、第57条第1款的规定判决:被告人张义洋犯故意杀人罪,判处死刑,剥夺政治权利终身。

**一审裁判理由**

某市中级人民法院认为:被告人张义洋故意杀人的犯罪事实清楚,证据确实、充分,且犯罪情节恶劣,应依法惩处。对辩护人提出的被告人有自首情节的意见,经查:案发后,张义洋的姐姐张敏虽然打电话向公安机关报案,张义洋的亲友也在张义洋睡觉的屋外守护,但并未主动将张义洋送去投案,张义洋是在屋内熟睡时被公安人员抓获的,其行为不符合最高人民法院《关于处理自首和立功具体应用法律若干问题的解释》第1条第1项规定的条件,不能视为自动投案,张义洋不符合自首的条件。对辩护人的意见不予采纳。

**二审诉辩情况**

一审宣判后,被告人张义洋不服,以其有自首情节,应对其从轻处罚为主要理由向某省高级人民法院提出上诉。其辩护人的辩护意见与张的上诉理由基本相同。

### 二审裁判结果

某省高级人民法院依照《刑事诉讼法》第189条第2项和《刑法》第232条、第57条第1款、第67条第1款、第48条及最高人民法院《关于处理自首和立功具体应用法律若干问题的解释》第1条第1项之规定，判决：撤销某市中级人民法院一审刑事判决中对被告人张义洋的量刑部分；上诉人张义洋犯故意杀人罪，判处死刑，缓期2年执行，剥夺政治权利终身。

### 二审裁判理由

某省高级人民法院经审理认为：原判认定张义洋故意杀人的犯罪事实清楚，证据确实、充分。定罪准确。审判程序合法。对张义洋及其辩护人提出的上诉理由和辩护意见，经查，张义洋作案后其亲属一面及时报案，一面看守着睡熟的张防其外逃；当公安人员赶到后，其亲属又带公安人员到张睡觉处将其抓获，张归案后亦如实地供述了犯罪事实。故依法可视为自首。对张义洋及其辩护人提出的张具有自首情节，可从轻处罚的上诉理由和辩护意见予以采纳。对张义洋判处死刑，可不立即执行。

## 247. 被告人电话报警的行为是否可以认定为自首？

自首制度的设立可以节约司法成本，也可以鼓励犯罪人归案悔罪。因此，自首要求行为人表现出人身危险性一定程度的降低，自动投案和如实供述就是这种危险性降低的体现。一般来说，以电话方式投案的，至少应简要说明犯罪事实，包括自己的姓名，何时何地实施了何种犯罪行为等，否则不宜认定为自动投案。

### 典型疑难案件参考

王秋明故意伤害案

### 基本案情

被告人王秋明与女友孟令娣因感情问题于2007年9月23日凌晨发生争执，当日3时许，王秋明在北京市门头沟区三家店四局东排1号楼附近，采用拳打脚踢的方式对孟令娣的头面部、躯干部、四肢及会阴部进行殴打，造成孟令娣下腔静脉进入右心房入口处破裂，致心包填塞死亡。王秋明在案发后将被害人送至医院抢救，医生宣布被害人死亡后，其在医院打"110"报警，称在区医院急诊室有一女子死亡。当公安人员赶到医院以及在随后的询问中，王秋明未主动向公安机关交代被害人的伤情是其行为所致，在公安机关经过调查工作对王秋明采取强制措施后，王秋明交代了犯罪事实。

### ▶一审诉辩情况

北京市人民检察院第一分院指控被告人王秋明对被害人孟令娣故意实施伤害行为，造成死亡结果，作案后向公安机关主动投案，其行为构成故意伤害罪，提请北京市第一中级人民法院依法惩处。

被告人王秋明在庭审中对检察机关指控其犯故意伤害罪的事实不持异议。其辩护人的辩护意见为：被告人王秋明此次犯罪系初犯，且是在醉酒状态下犯罪，案发后有自首情节，并积极抢救被害人，认罪态度好，请求法院在对其予以减轻或从轻处罚。

### ▶一审裁判结果

北京市第一中级人民法院依照《刑法》第234条第2款、第57条第1款、第61条判决如下：被告人王秋明犯故意伤害罪，判处无期徒刑，剥夺政治权利终身。

### ▶一审裁判理由

北京市第一中级人民法院认为：被告人王秋明因对女友不满而故意伤害对方身体，致其死亡，其行为已构成故意伤害罪，且犯罪性质恶劣，后果严重，依法应予惩处。鉴于王秋明在案发后有抢救被害人的行为等情节，可对其酌情从轻处罚。对于检察机关认定被告人王秋明具有自动投案以及辩护人关于被告人成立自首的辩护意见，在公安机关对王秋明采取强制措施后，王秋明虽然交代了犯罪事实，但已不是自动投案，故其行为不能认定为自首。检察机关指控被告人王秋明犯故意伤害罪的事实清楚，证据确实、充分，指控的罪名成立。

### ▶二审诉辩情况

一审判决后，被告人王秋明以原判量刑过重为由，提出上诉。

**二审裁判结果**

北京市高级人民法院依照《刑事诉讼法》第189条第1项的规定,裁定如下:驳回王秋明的上诉,维持原判。

**二审裁判理由**

北京市高级人民法院审理后认为:上诉人王秋明因对女友不满而故意伤害对方身体,致人死亡、其行为已构成故意伤害罪,犯罪性质恶劣,后果严重,依法应予惩处。鉴于王秋明在案发后有抢救被害人的行为等情节,财其可酌情从轻处罚。一审法院判决,定罪和适用法律正确,量刑适当,审判程序合法,应予维持。

## 四、立功

### 248. 带领公安人员抓捕同案犯未果后,电话劝说同案犯自首的,能否认定为有立功表现?

带领司法人员抓捕同案犯的行为属于协助司法机关缉捕罪犯,虽抓捕未果但经电话劝说后罪犯自首,则可认为协助缉捕行为取得了相应效果,应该认定为是立功。一般来说,具备立功表现以后,还应产生相应的效果,才能成立立功,但根据最高人民法院《关于处理自首和立功具体应用法律若干问题的解释》的规定,这个条件有所放宽,并不是都要求产生实际效果,有的表现具备行为就可以了,该解释第5条规定:"根据刑法第六十八条第一款的规定,犯罪分子到案后有检举、揭发他人犯罪行为,包括共同犯罪案件中的犯罪分子揭发同案犯共同犯罪以外的其他犯罪,经查证属实;提供侦破其他案件的重要线索,经查证属实;阻止他人犯罪活动;协助司法机关抓捕其他犯罪嫌疑人(包括同案犯);具有其他有利于国家和社会的突出表现的,应当认定为有立功表现。"

## 典型疑难案件参考

### 陆骅、茅顺君、石某抢劫案

**基本案情**

被告人陆骅伙同被告人茅顺君、石某预谋抢劫。2004年11月12日23时许，陆、茅、石三人共同至上海市西藏南路大吉路口，对途经该处的陈晓龙、陈逢华、陶泽林、沈柳捷、王瑛等人进行殴打和威胁，将陈晓龙、陈逢华、沈柳捷、王瑛强行带至本市西林后路100弄8号门口，陶泽林在途中逃走报警。在西林后路100弄8号门口，陆、茅、石又将上述四人逼至附近的公共厕所内，由茅看管、陆殴打、石胁迫等，劫得陈逢华的价值人民币1310元的诺基亚6610型手机一部；陈晓龙的价值人民币1150元的诺基亚6100型手机一部；沈柳捷的现金80余元及公共交通卡2张（内共有24.50元，底卡各价值30元）。后三名被告人逃逸，逃跑途中茅顺君被公安人员抓获，并协助公安机关抓获陆骅。

被告人陆骅到案后于2004年11月12日带领公安人员至石某家抓捕石，因石不在家，陆骅电话告知石某，抢劫案已被公安机关侦破，并叫石至公安机关自首。石某于次日投案自首。

**诉辩情况**

上海市黄浦区人民检察院以被告人陆骅、茅顺君、石某犯抢劫罪，向上海市闸北区人民法院提起公诉。

检察机关认为，被告人陆骅、茅顺君、石某当场使用暴力、胁迫手段劫取他人财物，其行为均已构成抢劫罪。陆骅在共同犯罪中起主要作用，是主犯，茅顺君、石某起次要作用，是从犯；茅顺君有立功表现；石某有自首情节；陆骅、茅顺君犯罪时已满16周岁未满18周岁，石某犯罪时已满14周岁未满16周岁，提请追究被告人陆骅、茅顺君、石某的刑事责任。

被告人陆骅及其法定代理人对指控事实无异议。但辩解：其到案后有带领公安人员至石某家欲带捉石某而未果后，又电话告知石某抢劫案已被公安机关侦破，并叫石至公安机关自首的情节。其辩护人认为：陆骅犯罪时未成年，且有带捉意愿和劝解石某自首的情节，建议认定陆骅为立功，并减轻处罚。

被告人茅顺君及其法定代理人对指控事实无异议。其辩护人认为：茅顺君犯罪时未成年，认罪态度较好，到案后协助公安机关抓获同案犯，系立功，建议减轻处罚。

被告人石某及其法定代理人对指控事实无异议。其辩护人认为：石某犯罪时未满16周岁，且系自首，建议减轻处罚。

> **裁判结果**

上海市闸北区人民法院依照《刑法》第263条、第25条第1款、第26条第1款、第4款、第27条、第67条第1款、第68条第1款、第17条第1款、第2款、第3款和第64条的规定，于2005年4月30日判决如下：

一、被告人陆骅犯抢劫罪，判处有期徒刑6个月，罚金人民币500元。

二、被告人茅顺君犯抢劫罪，判处拘役6个月，罚金人民币500元。

三、被告人石某犯抢劫罪，判处拘役4个月，宣告缓刑4个月，罚金人民币500元。

四、追缴赃款、赃物发还各被害人。

> **裁判理由**

上海市闸北区人民法院认为：被告人陆骅、茅顺君、石某以非法占有为目的，当场使用暴力、胁迫手段劫取他人财物，其行为均已构成抢劫罪，均应依法惩处。检察机关指控的罪名成立。陆骅在共同犯罪中起主要作用，是主犯；茅顺君、石某在共同犯罪中起次要作用，是从犯，依法从轻处罚。茅顺君犯罪时已满16周岁未满18周岁，石某犯罪时已满14周岁未满16周岁，均依法减轻处罚。陆骅到案后协助公安机关抓获了同案犯石某，符合最高人民法院《关于处理自首和立功具体应用法律若干问题的解释》的规定，有立功表现，辩护人提出陆骅有立功表现、应依法从轻处罚的辩护意见予以采纳。茅顺君到案后协助公安机关抓获了同案犯陆骅，有立功表现，依法从轻处罚。石某有自首情节，依法从轻处罚。

## 249. 行为人犯罪归案后，其家属代为立功的，能否据此对行为人从轻处罚？

如果为了减轻犯罪嫌疑人或被告人的刑罚而代为立功，不能说明行为人本人的人身危险性有所降低，因此不能认定行为人本人立功，根据罪责自负原则，当然也不能据此对行为人从轻处罚。

## 典型疑难案件参考

### 田嫣、崔永林等贩卖毒品案

**基本案情**

2005年4月26日11时许,被告人田嫣将毒品甲基苯丙胺4480克交给被告人孔昊贩卖。被告人孔昊在昆明市金龙百货停车场以人民币37万元将该批毒品贩卖给被告人黄径舟、李剑波。被告人黄径舟、李剑波又将该批毒品贩卖给被告人崔永林。被告人崔永林接到毒品后在昆明市汇都国际酒店停车场被公安人员抓获,当场查获崔永林在逃跑时丢弃的毒品甲基苯丙胺4480克。当日下午,被告人田嫣、孔昊携带甲基苯丙胺4500克准备再次贩卖给被告人黄径舟、李剑波。公安人员在昆明市交三桥十字路口分别抓获被告人田嫣和孔昊,并缴获甲基苯丙胺4500克和其收取的毒资人民币37万元。同时,在昆明市金格购物中心抓获被告人黄径舟、李剑波。

**一审诉辩情况**

云南省昆明市人民检察院以被告人田嫣、崔永林、孔昊、黄径舟、李剑波犯贩卖毒品罪,向云南省昆明市中级人民法院提起公诉。

被告人田嫣对检察机关指控的犯罪事实供认不讳,其辩护人提出:被告人田嫣系受他人引诱,归案后认罪态度好,是初犯、偶犯,请求减轻处罚。

被告人崔永林辩称:其未参与贩卖毒品,指控证据不是事实。

被告人孔昊对检察机关指控事实供认不讳,辩称:其仅是居间介绍,曾帮助公安人员抓获其他被告人,有立功表现。

被告人黄径舟否认指控事实存在,辩称:其不知道被利用贩卖毒品,自己也未参与。

被告人李剑波对指控事实供认不讳。

被告人黄径舟、李剑波的辩护人均提出:二被告人在本案中仅居间介绍,是从犯,请求从轻处罚。

**一审裁判结果**

云南省昆明市中级人民法院依照《刑法》第347条第2款第1项、第25条、第26条、第27条、第48条、第57条第1款、第64条之规定,以贩卖毒品罪,判处被告人田嫣死刑,剥夺政治权利终身,并处没收个人全部财产;以贩卖毒品罪,判处被告人崔永林死刑,缓期2年执行,剥夺政治权利终身,并处没收个人全部财产;以贩卖毒品罪,判处被告人黄径舟死刑,缓期2年执行，剥夺政治权利终身，并处没收个人全部财产；以贩卖毒品罪，判处被告人李剑波死刑，缓期2年执行，剥夺政治权利终身，并处没收个人全部财产；以贩卖毒品罪，判处被告人孔昊无期徒刑，剥夺政治权利终身，并处没收个人财产人民币2万元。

### 一审裁判理由

云南省昆明市中级人民法院经审理认为：被告人田嫣、崔永林、孔昊、黄径舟、李剑波贩卖毒品，其行为均已构成贩卖毒品罪。在共同犯罪中，被告人田嫣提供毒品贩卖，是主犯，应依法惩处。被告人崔永林购买毒品的行为，社会危害性相对较小，可酌情从轻处罚。被告人孔昊居间介绍，起次要作用，是从犯，依法应从轻处罚。被告人黄径舟、李剑波居中加价倒卖，社会危害严重，依法应从重处罚。

### 二审诉辩情况

一审宣判后，被告人田嫣、崔永林、孔昊、黄径舟、李剑波分别向云南省高级人民法院提出上诉。

被告人田嫣上诉提出：有亲属代为立功的情节，一审没有体现，归案后能认罪悔罪，原判量刑过重；其辩护人提出：田嫣有悔罪表现，有亲属代为立功的事实，且另外的4500克毒品应认定为犯罪未遂。

被告人孔昊上诉提出：应当考虑其亲属代为立功的情节，予以从轻处罚；其辩护人提出：孔昊亲属有代为立功的事实，有认罪悔罪表现。

被告人黄径舟及其辩护人提出：其在案中起居间介绍作用，系从犯、偶犯，请求从轻处罚。

被告人李剑波上诉提出：其在侦查期间有立功表现，一审没有认定该立功情节，原判量刑过重；其辩护人提出：认定李剑波居中加价倒卖毒品的证据不足，且有立功情节及认罪悔罪表现，请求从轻处罚。

被告人崔永林上诉提出：原判认定事实不清，认定其贩卖毒品的证据不足，应对其宣告无罪；其辩护人提出：现有在案证据不能充分证实崔永林有贩卖毒品的行为，应宣告崔永林无罪。

检察机关出庭意见为：本案五被告人贩卖毒品的犯罪事实清楚，证据确实充分，定罪准确，各被告人均构成贩卖毒品罪，指控罪名成立。关于崔永林的无罪辩解，检察机关认为，本案是现场抓获案件，有现场扣押毒品的物品清单、证人证言等证据证实崔永林贩卖毒品的事实清楚。关于田嫣、孔昊亲属代立功的问题，检察机关认为，亲属立功不是犯罪人本身的立功，对被告人从轻处罚无法律依据。本案中田嫣是毒品卖主，贩卖毒品数量大，是主犯，应承担全部责任；孔昊、黄径舟、李剑波居间介绍，是本案从犯；崔永林是毒品买主，一审量刑适当。建议驳回各被告人的上诉，维持原判。

云南省公安厅禁毒局向二审法院提交了证明：被告人田嫣到案后，其亲属向公安机关提供他人犯罪线索，抓获贩毒嫌疑人一人，缴获毒品海洛因11780克；被告人孔昊到案后，其亲属向公安机关提供他人犯罪线索，抓获贩毒嫌疑人一人，缴获毒品海洛因11060克。

### 二审裁判结果

云南省高级人民法院依照《刑事诉讼法》第189条第1、2项之规定，判决如下：

一、维持昆明市中级人民法院刑事判决对被告人田嫣、崔永林的定罪量刑部分。

二、撤销昆明市中级人民法院刑事判决对被告人黄径舟、李剑波、孔昊的量刑部分。

三、上诉人黄径舟犯贩卖毒品罪，判处无期徒刑，剥夺政治权利终身，并处没收个人全部财产。

四、上诉人李剑波犯贩卖毒品罪，判处无期徒刑，剥夺政治权利终身，并处没收个人全部财产。

五、上诉人孔昊犯贩卖毒品罪，判处有期徒刑15年，并处没收个人财产人民币2万元。

### 二审裁判理由

云南省高级人民法院经审理认为：上诉人田嫣、崔永林、孔昊、黄径舟、李剑波贩卖毒品的事实清楚属实，该事实有二审庭审质证的证据予以证实，其行为均已构成贩卖毒品罪，且贩卖毒品数量大，均应依法予以惩处。上诉人田嫣、孔昊在案中是毒品的卖方，其中田嫣是毒品的货主，提供了本案中用于交易的全部毒品，并决定毒品卖出的价格，指使孔昊为其分批交付毒品、收取毒资，田嫣是本案的主犯，应对全案承担罪责；孔昊负责联系买主并帮助实施毒品交易，起辅助作用，是从犯，应当从轻处罚。上诉人崔永林、黄径舟、李剑波是毒品的买方，其中崔永林是买方，提供购毒款，决定毒品的买入价格，并通过非法交易最终获取了毒品，也是本案主犯，应对自己购买的4480克甲基苯丙胺负责；黄径舟、李剑波替崔永林联系毒品卖主并帮助实施购买，亦属本案从犯，也应当从轻处罚，但二人在帮助贩毒中还向毒品买主高报价格，赚取价差利润，其行为比仅起居间介绍的情节严重。关于控辩双方提出上诉人田嫣、孔昊携带的第二批欲交易的4500克毒品甲基苯丙胺尚未卖出，应属犯罪未遂的观点，不能成立。因为贩卖毒品既包括非法转手倒卖或者自行制造、自行销售毒品的行为，也包括行为人以贩卖为目的，非法获取毒品的行为。案中第二批4500克甲基苯丙胺，上诉人田嫣以贩卖毒品为目的，已经从他人处获取了该批毒品，正在实施贩卖行为的过程中被现场查获，其贩卖毒品的犯罪形态已完成，故一审判决对其犯罪形态的认定并无不当，贩卖4500克毒品属犯罪未遂的观点本院不予采纳。关于上诉人田嫣、孔昊及其二人的辩护人提出"代立功"从轻处罚的问题，因为《刑法》规定的立功主体必须是被告人本人，上诉人田嫣、孔昊归案后并没有提供任何其他案件线索，也没有其他立功表现，以案发数月后他人实施的行为代替自己立功并据此对被告人从轻处罚于法无据，对该上诉理由及辩护意见不予采纳。上诉人黄径舟及其辩护人提出黄径舟系从犯，原判量刑过重的上诉理由和辩护意见，有事实和法律依据，予以采纳。上诉人李剑波及其辩护人提出李剑波归案后有立功情节的事实，经庭审查证属实，本院予以确认，李亦属从犯，依法可以从轻处罚，但其在案中负责联系买主并带买主来进行毒品交易，其作用相对于黄径舟要大，鉴于李剑波有立功情节，处罚结果应与黄径舟相当。上诉人孔昊，根据其在犯罪中的地位、作用，系从犯，归案直至一审宣判后表示认罪悔罪等情节，依法可对其从轻处罚。关于崔永林及其辩护人提出指控崔永林构成贩卖毒品罪的证据不足，应宣告无罪的上诉理由和辩护意见，经庭审当庭举证、质证的证据足以证实崔永林出资购买甲基苯丙胺4480克的事实，崔永林的上诉理由不能成立，宣告无罪的请求不予支持。

综上，上诉人田嫣和崔永林贩卖毒品数量大，是共同犯罪中的主犯，属罪行极其严重的犯罪分子，均应依法从严惩处。但崔永林贩卖毒品数量较田嫣少，罪该判处死刑，可不予立即执行。原判认定的事实清楚，证据确实充分，定罪准确，审判程序合法，但对上诉人孔昊、黄径舟、李剑波量刑偏重。

## 250. 行为人协助司法机关稳住已经被实施了监控的其他犯罪嫌疑人的行为是否属于立功表现？

根据我国司法解释，协助司法机关缉捕其他罪犯的行为可以视为立功。缉捕犯罪嫌疑人能否成功取决于多方因素，行为人实施了协助行为，但未必就一定能够抓捕成功，不能因为司法机关的若干举动就否认行为人协助抓捕的性质。

### 典型疑难案件参考

陈佳嵘等贩卖、运输毒品案

**基本案情**

1. 2004年4月底，被告人陈佳嵘在广东省广州市火车站附近一酒店以每克235元的价格向马军（另案处理）购买海洛因200克，后陈佳嵘将购得的海洛因运输到江苏省南京市，以每克300－380元不等的价格，单独或伙同被告人卜秀芳出售给吴斌、张新生、戴家顺各20克，其中，卜秀芳参与贩卖海洛因30克。

2. 2004年5月27日晚，被告人陈佳嵘在广州市安迅宾馆712房间以16.1万元向赵新文购买海洛因两块。次日，陈佳嵘携带购得的海洛因乘出租车返回南京市时被抓获，公安机关当场从陈佳嵘携带的包内查获海洛因709克。案发后，公安机关在陈佳嵘、卜秀芳的租住房内查获海洛因98.718克，在卜秀芳的提包内查获海洛因20.046克。

3. 2004年6月2日，被告人赵新文在广州华宁酒店601室，向秦玲俊贩卖海洛因3克，获赃款700元。当晚，公安机关在广州市白云区广园西路通通酒店附近将赵新文抓获，当场从其身上缴获海洛因41.651克。

最高人民法院另查明，2004年5月，公安机关接到陈佳嵘贩卖毒品的举报后，即对陈佳嵘进行监控。2004年5月27日晚，陈佳嵘与赵新文在广州安迅宾馆所进行的毒品交易，完全处于公安机关的监控之中。此后，公安机关对赵新文一直进行电话监控。2004年5月29日，陈佳嵘在南京市被抓获后，为了防止赵新文发觉陈佳嵘被抓获而逃匿，先后两次给在广州市的赵新文打电话"报平安"和提出再向其购买1000克海洛因，以此稳住赵新文，配合公安机关顺利抓获了赵新文。

### 一审诉辩情况

江苏省南京市人民检察院以被告人陈佳嵘犯贩卖、运输毒品罪，被告人赵新文、卜秀芳犯贩卖毒品罪，向南京市中级人民法院提起公诉。

被告人陈佳嵘对指控的犯罪事实无异议。其辩护人的辩护意见为：指控陈佳嵘贩卖、运输海洛因709克的事实不清，证据不足；陈佳嵘归案后有立功表现。

被告人赵新文对指控的犯罪事实无异议。其辩护人的辩护意见为：赵新文在共同犯罪中是从犯；从赵新文身上查获的毒品系非法持有毒品；赵新文有检举他人犯罪的立功表现。

被告人卜秀芳辩称未帮助陈佳嵘贩卖毒品。其辩护人的辩护意见为：卜秀芳不知道自己在帮助陈佳嵘贩卖毒品；卜秀芳参与贩卖海洛因的数量应认定为30克；卜秀芳是从犯。

### 一审裁判结果

南京市中级人民法院依照《刑法》第347条第1款、第2款第1项、第3款、第356条、第48条第1款、第57条第1款、第25条第1款、第26条第1款、第27条第1款、第2款的规定，以贩卖、运输毒品罪判处被告人陈佳嵘死刑，剥夺政治权利终身，并处没收个人全部财产；以贩卖毒品罪判处被告人赵新文死刑，剥夺政治权利终身，并处没收个人全部财产；以贩卖毒品罪判处被告人卜秀芳有期徒刑8年，并处罚金人民币10000元。

### 一审裁判理由

南京市中级人民法院认为：被告人陈佳嵘将海洛因909克从广州市运输至南京市进行贩卖，其行为已构成贩卖、运输毒品罪。被告人赵新文贩卖海洛因共计753.651克，被告人卜秀芳参与贩卖海洛因30克，其行为均已构成贩卖毒品罪。被告人陈佳嵘、赵新文的辩护人提出的辩护理由不能成立；被告人卜秀芳及其辩护人提出的辩解和辩护意见也不能成立，均不予采纳。

### 二审诉辩情况

一审宣判后，被告人陈佳嵘、赵新文及卜秀芳提出上诉。

被告人陈佳嵘上诉称：其协助公安机关抓获了"上家"赵新文及"下家"龚延国，并检举了他人犯罪，有重大立功表现；认罪态度好，请求从轻处罚。其辩护人提出：陈佳嵘协助公安机关抓获了赵新文，有重大立功表现。

被告人赵新文及其辩护人提出：在陈佳嵘购买709克海洛因的犯罪中，赵新文只是介绍陈佳嵘与他人买卖毒品，应为从犯；公安机关在赵新文身上查获的40余克毒品是用来自己吸食的，不应计入其贩卖毒品的数量；赵新文认罪态度较好，请求从轻处罚。

被告人卜秀芳称：其主观上没有贩卖毒品的故意，其行为不构成贩卖毒品罪。其辩护人提出：认定卜秀芳参与陈佳嵘和戴家顺之间交易毒品的证据不足。

### 二审裁判结果

江苏省高级人民法院依照《刑事诉讼法》第189条第1项之规定，裁定：驳回上诉，维持原判，并依法报请最高人民法院核准。

### 二审裁判理由

江苏省高级人民法院审理认为：被告人陈佳嵘贩卖、运输海洛因，其行为已构成贩卖、运输毒品罪。被告人赵新文、卜秀芳明知海洛因系毒品而予以贩卖，其行为已构成贩卖毒品罪。陈佳嵘贩卖、运输毒品海洛因为909克，赵新文贩卖毒品海洛因为753.651克，依法应予严惩。在陈佳嵘与卜秀芳共同贩卖毒品的犯罪中，陈佳嵘起主要作用，系主犯，卜秀芳起辅助作用，系从犯。陈佳嵘、赵新文均因贩卖毒品罪被判过刑，为毒品再犯，依法应从重处罚。赵新文系公安机关布控抓获归案，不能认定陈佳嵘有重大立功表现；陈佳嵘虽能配合公安机关抓获龚延国，但龚延国只是毒品吸食人员，不是犯罪嫌疑人，故陈佳嵘亦不构成立功；陈佳嵘检举他人毒品犯罪，经查证不属实。陈佳嵘、赵新文归案后认罪、悔罪态度尚好，但根据其犯罪事实、犯罪性质、情节和对于社会危害程度及均系毒品再犯等情节，尚不足以对其从宽判处。陈佳嵘、赵新文、卜秀芳及辩护人提出的其他的上诉理由、辩护意见不能成立，不予采纳。一审判决认定的犯罪事实清楚，证据充分，定罪准确，量刑适当，审判程序合法。

### 复核结果

最高人民法院依照《刑事诉讼法》第199条，最高人民法院《关于执行〈中华人民共和国刑事诉讼法〉若干问题的解释》第285条第1项、第3项及《刑法》第347条第2款第1项、第356条、第48条第1款、第57条第1款、第68条第1款和最高人民法院《关于处理自首和立功具体应用法律若干问题的解释》第5条的规定，判决：

一、核准江苏省高级人民法院〔2004〕苏刑终字第355号维持一审以贩卖毒品罪判处被告人赵新文死刑，剥夺政治权利终身，并处没收个人全部财产的刑事裁定；

二、撤销江苏省高级人民法院〔2004〕苏刑终字第 355 号刑事裁定和南京市中级人民法院〔2004〕宁刑初字第 124 号刑事判决中对被告人陈佳嵘的量刑部分；

三、被告人陈佳嵘犯贩卖、运输毒品罪，判处死刑，缓期 2 年执行，剥夺政治权利终身，并处没收个人全部财产。

▶ 复核理由 ◀

最高人民法院复核认为：被告人陈佳嵘以贩卖为目的购买、运输海洛因 909 克，并亲自或指使卜秀芳贩卖海洛因，其行为构成贩卖、运输毒品罪。赵新文贩卖海洛因 753.651 克，其行为构成贩卖毒品罪。陈佳嵘、赵新文进行毒品犯罪的数量大，且系再犯，应从重处罚。鉴于陈佳嵘协助公安机关抓获了同案犯赵新文，有重大立功表现，对其判处死刑，可不立即执行。一审判决和二审裁定认定的事实清楚，证据确实、充分，定罪准确，审判程序合法，对赵新文量刑适当，对陈佳嵘量刑不当。

### 251. 被告人提供其他犯罪嫌疑人藏匿地点，但公安机关并未在该地点抓获犯罪嫌疑人的，能否认为被告人成立立功？

对于提供线索的立功表现，要求查证属实才能认定立功。如被告人提供的抓捕线索最终未被证实，则不宜认定为立功。

### 252. 没有根据被告人提供的线索，被告人亲属协助公安机关抓获其他犯罪嫌疑人的，能否认定被告人立功？

应分成两种情况讨论：（1）如果被告人没有提供查获案件的线索，其亲属协助司法机关破获案件，这种代为立功的行为不能认定被告人立功；（2）如果被告人告知了其亲属破案线索，但该线索并不准确，其亲属根据其他线索协助司法机关破获案件的，原则上也不能视为被告人立功，但从刑事政策角度考虑，可以在量刑时对被告人酌定从轻。

## 典型疑难案件参考

### 马良波、魏正芝贩卖毒品案

#### 基本案情

被告人魏正芝于 2006 年 2 月初打电话给被告人马良波联系购买海洛因,并于当月 7 日通过他人的银行卡将人民币 28.5 万元汇到马良波的账户上。同年 3 月 5 日,魏正芝到昭通市鲁甸县大水塘经与马良波联系取到所购毒品,在返回时被抓获,当场从魏的口袋内查获海洛因 1032.3 克。3 月 6 日下午,民警将马良波抓获。

最高人民法院复核期间,马良波供述了贩卖毒品的犯罪事实,又提供了其他案件在逃犯罪嫌疑人的一个藏匿地点,公安机关最终在马良波亲属的协助下在其他地点抓获了该犯罪嫌疑人。此外,马良波还交代了向其贩卖海洛因的"上家",并提供了他人涉嫌故意杀人的线索。

#### 一审诉辩情况

云南省昭通市人民检察院以被告人马良波、魏正芝犯贩卖毒品罪向昭通市中级人民法院提起公诉。

#### 一审裁判结果

昭通市中级人民法院依照《刑法》第 347 条第 2 款第 1 项、第 48 条第 1 款、第 57 条第 1 款之规定,判决如下:

一、被告人马良波犯贩卖毒品罪,判处死刑,剥夺政治权利终身,并处没收个人全部财产;

二、被告人魏正芝犯贩卖毒品罪,判处死刑,剥夺政治权利终身,并处没收个人全部财产。

#### 一审裁判理由

昭通市中级人民法院认为:被告人马良波、魏正芝的行为构成贩卖毒品罪。马良波虽一直否认贩卖毒品的事实,但检察机关提供的手印鉴定、存取款单据及二被告人的通讯记录等证据足以证实二被告人联系、汇款和交易毒品的事实,二被告人分别系毒品买卖双方,不存在主从关系。二被告人贩卖毒品数量大,罪行极其严重,应依法严惩。

#### 二审诉辩情况

一审宣判后,马良波以未参与犯罪为由提出上诉;魏正芝以认罪态度好、量刑过重为由提出上诉。

### 二审裁判结果

云南省高级人民法院依照《刑事诉讼法》第 189 条第 1、2 项，《刑法》第 347 条第 2 款第 1 项、第 48 条第 1 款、第 57 条第 1 款之规定，判决如下：

一、维持昭通市中级人民法院〔2007〕昭中刑一初字第 19 号刑事判决对马良波的定罪量刑部分；

二、撤销昭通市中级人民法院〔2007〕昭中刑一初字第 19 号刑事判决对魏正芝的量刑部分；

三、被告人魏正芝犯贩卖毒品罪，判处死刑，缓期 2 年执行，剥夺政治权利终身，并处没收个人全部财产。

### 二审裁判理由

云南省高级人民法院经审理认为：在案证据证实魏正芝与马良波联系、汇款交易毒品的事实存在，原审对其定罪处罚，理由充分。马良波所提自己未参与贩卖毒品的辩解及其辩护人所提证据不足、有特情引诱犯罪的辩护意见，与查证的事实不符，不予采纳。魏正芝及其辩护人所提魏正芝认罪态度好、有悔罪表现的辩解及辩护意见，经查属实，可酌情从轻处罚。原判定罪准确，审判程序合法，对马良波的量刑适当，对魏正芝的量刑过重。

### 复核情况

宣判后，云南省高级人民法院依法将本案报请最高人民法院核准。

### 复核结果

最高人民法院依照《刑事诉讼法》第 199 条和最高人民法院《关于复核死刑案件若干问题的规定》第 4 条的规定，裁定如下：

一、不核准云南省高级人民法院〔2007〕云高刑终字第 308 号维持第一审对被告人马良波以贩卖毒品罪判处死刑，剥夺政治权利终身，并处没收个人全部财产的刑事判决；

二、撤销云南省高级人民法院〔2007〕云高刑终字第 308 号刑事判决中维持第一审对被告人马良波以贩卖毒品罪判处死刑，剥夺政治权利终身，并处没收个人全部财产的部分；

三、发回云南省高级人民法院重新审判。

### 复核理由

最高人民法院经复核认为：被告人马良波明知是毒品而向他人非法销售，

其行为已构成贩卖毒品罪。马良波贩卖毒品数量大，应依法惩处。第一、二审判决认定的事实清楚，证据确实、充分，定罪准确，审判程序合法。鉴于马良波的亲属协助公安机关抓获了在逃的犯罪嫌疑人，且马良波所交代的向其贩卖海洛因的"上家"及提供他人涉嫌故意杀人的线索尚需继续查证，故对马良波不予核准死刑。

### 253. 由于犯罪嫌疑人担任容易获取破案线索的职务，那么其获得的案件线索是否影响立功的成立？

根据"两高"《关于办理职务犯罪案件认定自首、立功等量刑情节若干问题的意见》规定，本人因原担任的查禁犯罪等职务获取线索的不成立立功，获取的线索来源没有利用其查禁犯罪的职务上的便利或者利用职务形成的便利条件，依法可认定为立功。之所以这样规定，是因为如果提供的线索源自查禁犯罪的职务，那么就不能认为该线索是未被司法机关所掌握的，因此也就不能成立立功。

## 典型疑难案件参考

### 汪光斌受贿案

**基本案情**

2008年11月至2009年3月，被告人汪光斌在担任巫溪县看守所副所长期间，为关押的犯罪嫌疑人谋取利益，先后索取汪明27000元，收受李国语3000元，收受代雪松1500元；并利用其职权和地位形成的便利条件，意欲通过其他国家工作人员的职务行为为犯罪嫌疑人谋取不正当利益，从中收受钟廷荣50000元。汪光斌因涉嫌收受犯罪嫌疑人汪培顺之子汪明给予的好处费27000元被调查后，汪还主动供述本案认定的其他事实，且已退清全部受贿款。

另查明，犯罪嫌疑人李某某伙同他人于2006年12月22日在广东省深圳市抢劫30多万元，立案后李某某被网上追逃。2008年公安机关曾到李某某户籍所在地巫溪县上磺镇抓捕未果。后汪光斌在生活中获知其亲戚李某某在深圳市抢劫作案之事。2009年汪光斌涉嫌本案犯罪被逮捕后，于5月28日检举李某某现藏匿于李某某户籍所在地或其老家，公安机关根据汪光斌的检举，于

2009年6月18日在巫溪县上磺镇将李某某抓获。

### 一审诉辩情况

重庆市人民检察院第二分院以被告人汪光斌犯受贿罪向重庆市第二中级人民法院提起公诉。

### 一审裁判结果

重庆市第二中级人民法院依照《刑法》第385条第1款、第388条、第386条、第383条第1款第2项、第2款、第68条第1款、第61条、第63条第1款、第64条以及最高人民法院《关于处理自首和立功具体应用法律若干问题的解释》第4条、第5条之规定,判决如下:被告人汪光斌犯受贿罪,判处有期徒刑4年6个月。

### 一审裁判理由

重庆市第二中级人民法院认为:被告人汪光斌身为巫溪县看守所副所长,利用职务之便或利用其职权和地位形成的便利条件,为被羁押的犯罪嫌疑人谋取利益或不正当利益,从中收受犯罪嫌疑人及其亲属送给的人民币共计81500元,其行为已构成受贿罪。汪光斌在被羁押期间检举他人犯罪行为,具有立功表现,依法可以从轻、减轻处罚,但不属重大立功表现。鉴于汪光斌如实供述的同种罪行较重,且具有立功表现,根据汪光斌的犯罪情节及对社会的危害程度,决定对其减轻处罚。

### 二审诉辩情况

一审宣判后,被告人汪光斌不服,提出上诉。在二审审理期间,汪光斌提出撤回上诉。

### 二审裁判结果

重庆市高级人民法院经审查,认为汪光斌申请撤回上诉的请求,符合法律规定,遂裁定:准许上诉人汪光斌撤回上诉。

**254. 犯罪嫌疑人协助抓获同案犯，该同案犯却因其他更严重的罪名被判处死缓，犯罪嫌疑人的协助行为能否从立功升级为重大立功？**

立功是犯罪嫌疑人人身危险性降低的表现，根据主客观相一致原则，检举揭发其他犯罪事实的，应与其主观认识基本一致，犯罪嫌疑人应在对其他犯罪人罪行认识的范围内成立立功，而不是随着被举报人罪行的变化而发生改变。虽然由被告人协助抓获的同案犯被判处死缓，但并不是根据被告人举报的案件事实，而是根据其他犯罪事实被判死缓，因此，虽然该同案犯被判处了无期徒刑以上刑罚，但不能认定被告人重大立功。

## 典型疑难案件参考

### 张令、樊业勇抢劫、盗窃案

**基本案情**

1. 抢劫事实

2008年6月18日晚，被告人张令、樊业勇从陈显定处劫取人民币（以下均为人民币）100元、手机一部及价值4480元的大阳牌摩托车一辆；2008年7月3日，张令、樊业勇共谋对陈贤权实施抢劫，樊业勇持刀划破陈贤权的面部，张令则持双刃匕首朝陈贤权的腹部等处捅刺数刀，致陈死亡。两人从陈贤权处劫取现金90元、联想牌手机一部、银钢牌摩托车一辆（两件价值合计5070元）。

2. 盗窃事实

2008年4月1日至7月4日，被告人张令、樊业勇共同盗窃了李美贵价值4760元的钱江牌摩托车、喻发清价值2496元的银钢牌摩托车、宁三青价值4160元的豪鹰牌摩托车、宋永腊价值3000元的劲隆牌摩托车各一辆。张令单独盗窃了王旭升价值1900元的豪达牌摩托车、匡后学价值3800元的鑫源牌摩托车各一辆。

重庆市高级人民法院二审审查查明：2008年7月4日，上诉人张令因实施盗窃被群众抓获移交公安机关后，供述了其伙同樊业勇实施盗窃的事实并协助公安机关抓获了樊业勇。二审期间，张令的亲属交纳了9万元至法院，代为赔偿原审附带民事诉讼原告人的经济损失。

▶ 一审诉辩情况

重庆市人民检察院第二分院以被告人张令、樊业勇犯抢劫罪、盗窃罪,向重庆市第二中级人民法院提起公诉。

被告人张令、樊业勇对起诉书指控的事实、罪名均未提出异议。张令的辩护人以张令协助公安机关抓获同案犯为由请求对张令从轻、减轻处罚。

▶ 一审裁判结果

重庆市第二中级人民法院根据《刑法》第263条第5项、第264条、第69条、第25条第1款、第57条第1款、第48条第1款、第64条之规定,判决如下:

一、被告人张令犯抢劫罪,判处死刑,剥夺政治权利终身,并处没收个人全部财产;犯盗窃罪,判处有期徒刑5年,并处罚金人民币5000元;决定执行死刑,剥夺政治权利终身,并处没收个人全部财产。

二、被告人樊业勇犯抢劫罪,判处死刑,缓期2年执行,剥夺政治权利终身,并处没收个人全部财产;犯盗窃罪,判处有期徒刑4年,并处罚金人民币4000元;决定执行死刑,缓期2年执行,剥夺政治权利终身,并处没收个人全部财产。

三、责令被告人张令、樊业勇退赔人民币100元、摩托车价款4480元及手机一部,发还被害人陈显定;退赔摩托车价款4760元、2496元、4160元、3000元,分别发还失主李美贵、喻发清、宁三青、宋永腊。

▶ 一审裁判理由

重庆市第二中级人民法院认为:被告人张令、樊业勇以非法占有为目的,采取暴力手段劫取他人财物,作案二次,致一人死亡,其行为构成抢劫罪。二人秘密窃取他人财物,数额巨大,其行为构成盗窃罪。对二人应数罪并罚。在共同犯罪中,二人均积极实施犯罪行为,不宜划分主从犯。

▶ 二审诉辩情况

一审宣判后,被告人张令、樊业勇对判决不服,提起上诉。

张令提出:其没有放任被害人陈贤权死亡的故意,该次抢劫系樊业勇提起犯意,原判量刑过重;其辩护人提出:一审判决认定张令刺中被害人陈贤权腹部致其死亡的事实不清,张令协助抓获樊业勇,构成重大立功。

樊业勇提出:其是从犯,主动交代犯罪事实;其辩护人提出:抢劫陈贤权系张令提出犯意,樊业勇对被害人的死亡所起作用不大,且有施救行为,不应对被害人死亡承担刑事责任，另以樊业勇构成自首且认罪态度好为由请求对其从轻处罚。

**二审裁判结果**

重庆市高级人民法院根据《刑事诉讼法》第189条第2项，《刑法》第263条第5项、第264条、第25条第1款、第57条第1款、第48条第1款、第69条、第64条之规定，对被告人张令犯抢劫罪的主刑改判为死刑，缓期2年执行，数罪并罚执行刑罚作出相应变动，其余维持。

**二审裁判理由**

重庆市高级人民法院认为：在谁最先提出抢劫陈贤权的犯意问题上，上诉人张令、樊业勇归案后一直互相推诿，现有证据只能认定二人相互邀约作案；根据二名上诉人的供述及《鉴定文书》等书证，认定被害人陈贤权腹部伤口系张令所致的证据确实、充分。樊业勇在共同犯罪中实施了捆绑、持刀威胁等行为，并划伤被害人面部，虽然其试图救助被害人，但在明知被害人受伤严重的情况下，没有采取实质性的救助行为，弃被害人于偏僻现场而不顾，最终导致被害人因失血性休克死亡，由此可以认定被害人的死亡后果系张令、樊业勇的共同行为造成，二人均应对被害人死亡的后果承担刑事责任；樊业勇供述抢劫犯罪事实时，公安机关已经掌握了该犯罪线索且已确定其为嫌疑人，不能认定为自首。原判认定犯罪事实清楚，证据确实、充分，定罪准确，审判程序合法，鉴于二审中查明张令有立功情节，其亲属积极代为赔偿被害人亲属的经济损失，对其可判处死刑缓期执行。

## 255. 阻止他人犯罪活动，他人因未达刑事责任年龄而未被追究刑事责任的，行为人的阻止行为是否成立立功？

根据2010年实施的最高人民法院《关于处理自首和立功若干具体问题的意见》第6条第5款的规定，被告人检举、揭发或者协助抓获的人的行为构成犯罪，但因法定事由不追究刑事责任、不起诉、终止审理的，不影响对被告人立功表现的认定。可见，立功主要看的是行为人的主观认识和客观行为，行为人以外的因素一般对立功成立与否影响较小。

# 典型疑难案件参考

## 沈同贵受贿案

### 基本案情

2003年5月至2008年春节前,被告人沈同贵利用其负责南京市园林工程管理的职务之便,先后多次收受南京春燕园林实业有限公司万成兴、南京大源园林建设有限公司钟培金、南京锦江园林景观有限公司袁循绳等南京市多家园林工程公司负责人给予的好处费共计折合人民币(以下币种均为人民币)260077.2元。案发后,被告人沈同贵退出赃款21万元。

上述事实,除收受万成兴给予的钱款系纪检监察机关已掌握的事实外,其余事实均系纪检监察机关尚未掌握由被告人沈同贵主动交代的。

二审审理期间,被取保候审的上诉人沈同贵于2010年7月3日10时许,在南京市和燕路红山动物园地铁站路口,将正在盗窃被害人陈燕舞钱包(内有现金9800元)的犯罪嫌疑人阿某(2000年出生)当场抓获,被盗钱包已返还被害人。后因阿某未达到刑事责任年龄,公安机关未刑事立案。

### 一审诉辩情况

南京市玄武区人民检察院以被告人沈同贵犯受贿罪,向南京市玄武区人民法院提起公诉。

### 一审裁判结果

南京市玄武区人民法院依法判决:

一、被告人沈同贵犯受贿罪,判处有期徒刑10年,没收财产人民币10万元。

二、退缴的赃款人民币21万元,予以没收;尚未退缴的赃款,予以追缴。

### 一审裁判理由

南京市玄武区人民法院认为:被告人沈同贵身为国家工作人员,利用职务上的便利,收受他人贿赂,为他人谋取利益,其行为已构成受贿罪。被告人沈同贵归案后,能主动交代纪检监察机关及司法机关尚未掌握的其他同种较重罪行,依法应当从轻处罚。

### 二审诉辩情况

一审宣判后,被告人沈同贵提出上诉,其上诉理由是:(1)与万成兴是顾问关系，收取的只是顾问费；（2）没有收受钟培金的钱；（3）与行贿人有人情往来，也曾给他们钱。

其辩护人提出：（1）二审期间上诉人沈同贵阻止他人犯罪，构成立功；（2）一审庭审中，辩护人向法庭提交了其向王立平等证人所作的调查笔录，一审法院仅以证人没有作出合理解释为由采纳了对上诉人不利的证言，过于牵强；（3）认定的受贿款数额应扣除沈同贵合法的劳务报酬；（4）认定部分受贿款的证据不足；（5）一审期间上诉人沈同贵检举揭发的事实未能查实，在二审期间应继续查证。

南京市人民检察院的审查意见是：建议维持对沈同贵的定罪，同时应认定沈同贵阻止他人犯罪，具有立功情节。

### 二审裁判结果

南京市中级人民法院依照《刑法》第93条第2款、第385条第1款、第386条、第383条第1款第1项、第59条、第64条，最高人民法院《关于处理自首和立功具体应用法律若干问题的解释》第4条、第5条及《刑事诉讼法》第189条第3项的规定，判决如下：

一、维持南京市玄武区人民法院〔2009〕玄刑初字第301号刑事判决的第二项，即退缴的赃款人民币21万元予以没收，尚未退缴的赃款予以追缴；

二、撤销南京市玄武区人民法院〔2009〕玄刑初字第301号刑事判决的第一项，即被告人沈同贵犯受贿罪判处有期徒刑10年，没收财产人民币10万元；

三、上诉人（原审被告人）沈同贵犯受贿罪判处有期徒刑9年，没收财产人民币10万元。

### 二审裁判理由

南京市中级人民法院审理认为：上诉人沈同贵作为国家工作人员，利用职务上的便利，收受他人贿赂，为他人谋取利益，其行为已构成受贿罪。鉴于沈同贵阻止他人犯罪，具有立功表现，依法对其减轻处罚。

### 256. 在揭发型立功中如何理解"他人犯罪行为"？

他人犯罪行为一般分为两种情况：一是与本人犯罪没有关联性的其他犯罪行为，揭发此类犯罪行为成立立功；二是与本人犯罪具有关联性的他人犯罪行为。这需要分别讨论：（1）如果是共同犯罪中的他人犯罪行为，因为与本人犯罪属于同一犯罪构成，因此揭发同案犯的行为不构成立功。（2）在诸如行贿与受贿这类对合犯罪中，如实供述自己的罪行就必然会包括对方的犯罪行为，也就是说这里的他人犯罪行为被涵盖在本人犯罪事实之中，揭发此类犯罪行为等同于供述自己罪行的一部分，也不宜作为立功处理。（3）对于犯罪后的帮助行为（非事前通谋的共同犯罪），构成犯罪的，即所谓的连累犯，被帮助的人属于基本犯。由于基本犯中已经涵盖了连累犯的事实，因此，基本犯揭发连累犯通常不构成立功。

连累犯构成犯罪的，刑法中有两种情况：一是以明知基本犯犯罪行为事实为前提，如洗钱罪等，其犯罪行为已经涵盖了对基本犯犯罪事实的掌握，揭发基本犯的行为也就不再构成立功；二是无须明知基本犯犯罪行为事实，只要具有概括认知即可，如知道是在包庇犯罪分子即可，这种情况下的揭发基本犯行为就可以被认定为立功。

## 典型疑难案件参考

### 吴灵玉等抢劫、盗窃、窝藏案

**基本案情**

被告人吴灵玉、杨代国、张福伟、史雷超预谋抢劫，2005年7月29日13时许，四被告人在北京市丰台区世界公园西墙外发现一辆停在路边的面包车，按照吴灵玉的安排，四被告人对面包车内的被害人任峰、段秀桃进行抢劫。其间，被告人吴灵玉持随身携带的尖刀猛扎任峰胸部、腿部及腕部数刀，造成任峰右肺上叶贯通创，致急性失血性休克死亡。四被告人抢得人民币520元、移动电话2部，所抢钱款已被挥霍。被告人同海潮明知吴灵玉、杨代国、张福伟、史雷超系犯罪后潜逃，为四被告人提供隐藏处所，帮助逃匿。

被告人同海潮于2005年7月20日13时许，在北京市丰台区郑常庄"家世界"超市停车场,盗窃他人电动自行车一辆,该车价值人民币1090元。同海潮于2005年8月5日因涉嫌窝藏赃物被公安机关传唤后,揭发了公安机关不掌握的吴灵玉等人抢劫犯罪的事实。

### 一审诉辩情况

北京市人民检察院第二分院以被告人吴灵玉、杨代国、张福伟、史雷超犯抢劫罪、被告人同海潮犯窝藏罪、盗窃罪,向北京市第二中级人民法院提起公诉。

### 一审裁判结果

北京市第二中级人民法院依法判决:

一、被告人吴灵玉犯抢劫罪,判处死刑,剥夺政治权利终身,并处没收个人全部财产;

二、被告人杨代国犯抢劫罪,判处有期徒刑15年,剥夺政治权利3年,罚金人民币3万元;

三、被告人张福伟犯抢劫罪,判处有期徒刑15年,剥夺政治权利3年,罚金人民币3万元;

四、被告人史雷超犯抢劫罪,判处有期徒刑12年,剥夺政治权利2年,罚金人民币24000元;

五、被告人同海潮犯窝藏罪,判处有期徒刑4年;犯盗窃罪,判处有期徒刑6个月,罚金人民币1000元,决定执行有期徒刑4年,罚金人民币1000元。

### 一审裁判理由

北京市第二中级人民法院认为:被告人吴灵玉、杨代国、张福伟、史雷超以非法占有为目的,采用暴力手段,当场劫取公民财物,其行为均已构成抢劫罪,且致人死亡,犯罪情节、后果特别严重,依法应予惩处。被告人同海潮明知他人犯罪予以窝藏,其行为已构成窝藏罪;其还盗窃他人车辆,数额较大,其行为亦构成盗窃罪,依法均应惩处并合并处罚。被告人吴灵玉、同海潮曾因故意犯罪被判处有期徒刑,在刑满释放后5年内又故意犯应判处有期徒刑以上刑罚之罪,系累犯,依法应从重处罚。鉴于被告人同海潮归案后,如实供述公安机关还不掌握的本人盗窃罪行,具有自首情节,依法对其所犯盗窃罪从轻处罚。

### 二审诉辩情况

一审宣判后,被告人同海潮提出上诉,其上诉理由是:其被抓获后交代了吴灵玉等人抢劫的事实,一审判决未认定其具有立功表现。

北京市人民检察院的出庭意见是：建议维持对吴灵玉、杨代国、张福伟、史雷超的定罪量刑及对同海潮的定罪。对同海潮应认定具有立功情节，建议依法改判。

### 二审裁判结果

北京市高级人民法院依法判决：
一、维持一审刑事附带民事判决主文第一、二、三、四项；
二、上诉人同海潮犯窝藏罪，判处有期徒刑2年；犯盗窃罪，免予刑事处罚。

### 二审裁判理由

北京市高级人民法院审理认为：原审被告人吴灵玉、杨代国、张福伟、史雷超以非法占有为目的，采用暴力手段，当场劫取他人财物，其行为均已构成抢劫罪，且具有抢劫中致人死亡的严重情节，依法应予惩处。上诉人同海潮明知他人犯罪仍予以窝藏，其行为已构成窝藏罪；其还盗窃他人财物，数额较大，亦构成盗窃罪，依法应与其所犯窝藏罪并罚。吴灵玉、同海潮曾因故意犯罪被判处有期徒刑，在刑满释放后5年内又故意犯应判处有期徒刑以上刑罚之罪，系累犯，依法应从重处罚。鉴于同海潮归案后，如实供述公安机关尚未掌握的本人盗窃罪行，具有自首情节，且同海潮揭发他人重大犯罪行为，经查证属实，有重大立功表现，依法对其所犯窝藏罪减轻处罚，对其所犯盗窃罪免予刑事处罚。

## 257. 被告人协助公安机关抓获同案犯是否就一定成立立功？

认定被告人是否构成协助抓捕型的立功，应具备一定的条件，并非所有的协助行为都可以构成立功。通常认为，应当根据被告人在公安机关抓获同案犯中是否确实起了协助作用来加以认定。如经被告人当场指认、辨认抓获了同案犯；带领公安人员抓获了同案犯；被告人提供了不为有关机关掌握或者有关机关按照正常工作程序无法掌握的同案犯藏匿的线索，抓获了同案犯等情况，符合这些情况的，一般可以认定为立功。

### 258. 在协助抓捕型的立功中，被告人需要发挥多大作用才能成立立功？

基本的判断标准就是，如果没有被告人的协助，公安机关难以抓获该罪犯，正是由于有了被告人的协助，才使公安机关得以抓获该罪犯。当被告人在抓捕其他犯罪人的过程中发挥的作用达到这种程度时，就可以认为构成立功。

## 典型疑难案件参考

梁延兵等贩卖、运输毒品案

### 基本案情

2001年7月底，被告人梁延兵与陈光虎、张光奎（均为同案被告人，已判刑）共谋在浙江省绍兴县柯桥镇贩卖毒品，并商定由梁延兵联系购买毒品，陈光虎、张光奎提供购毒资金。随后，梁延兵与陈光虎、张光奎到云南省昭通市购得海洛因200克，运回绍兴县柯桥镇后加价出售给他人。2001年8月中旬，梁延兵、陈光虎、张光奎再次共谋后，由梁延兵、陈光虎携款到云南省昭通市购得海洛因后，在返回途中，陈光虎有事中途下车。梁延兵携带海洛因于同月26日到浙江省桐乡市钱家门旅馆与张光奎、李聪武（同案被告人，已判刑）会合。次日上午，梁延兵与张光奎、李聪武携带海洛因到浙江省平湖市钟埭镇张建平（同案被告人，已判刑）家后，被公安人员抓获，查获海洛因195.1克。

另查明：1999年10月至12月，被告人梁延兵伙同李聪武、张建平在浙江省绍兴县，以每克人民币130元至500元的价格，先后向黄文均（另案处理）出售海洛因30克，向"郭老七"（在逃）出售海洛因40克，向"花儿"（在逃）出售海洛因25克。

案发后，公安机关根据被告人梁延兵提供的线索，在浙江省绍兴县柯桥镇陈光虎的姐姐陈光容的租房内将陈光虎抓获。

上述事实，有查获的海洛因及鉴定结论、证人证言和同案被告人的供述证实。被告人梁延兵亦供认，足以认定。

### 一审诉辩情况

浙江省嘉兴市人民检察院以被告人梁延兵、陈光虎、张光奎、李聪武、李之琼、张建平犯贩卖、运输毒品罪，向嘉兴市中级人民法院提起公诉。

### ▶ 一审裁判结果

嘉兴市中级人民法院依照《刑法》第347条第2款第1项、第25条第1款、第27条、第65条、第68条、第57条第1款、第55条第1款、第56条第1款、第48条第1款以及最高人民法院《关于处理自首和立功具体应用法律若干问题的解释》第5条之规定，判决如下：

一、被告人梁延兵犯贩卖、运输毒品罪，判处死刑，剥夺政治权利终身，并处没收个人全部财产；

二、被告人陈光虎犯贩卖、运输毒品罪，判处死刑，缓期2年执行，剥夺政治权利终身，并处没收个人全部财产；

三、被告人张光奎犯贩卖、运输毒品罪，判处死刑，缓期2年执行，剥夺政治权利终身，并处没收个人全部财产；

四、被告人李聪武犯贩卖、运输毒品罪，判处无期徒刑，剥夺政治权利终身，并处没收个人全部财产；

五、被告人李之琼犯贩卖、运输毒品罪，判处有期徒刑15年，剥夺政治权利5年，并处没收个人财产人民币5万元；

六、被告人张建平犯贩卖、运输毒品罪，判处有期徒刑15年，剥夺政治权利5年，并处没收个人财产人民币5万元。

### ▶ 一审裁判理由

嘉兴市中级人民法院认为：梁延兵、陈光虎、张光奎、李聪武、李之琼、张建平交叉结伙，从云南省昭通市携带海洛因到浙江省绍兴市、平湖市等地进行贩卖。其中，被告人梁延兵参与贩卖、运输海洛因490.10克，被告人陈光虎、张光奎、参与贩卖、运输海洛因395.10克，被告人李聪武参与贩卖、运输海洛因225.10克，被告人李之琼参与贩卖、运输海洛因85克，被告人张建平参与贩卖、运输海洛因65克，上述六被告人的行为均已构成贩卖、运输毒品罪。检察机关指控的罪名成立。在共同犯罪中，被告人梁延兵、陈光虎、张光奎、李之琼事先进行预谋，又分别实施了提供购毒资金、一起去云南省昭通市购买海洛因并携带至贩卖地后进行销售等行为，上述四被告人的地位作用基本相等，不应区分主从犯，故陈光虎、张光奎的辩护人提出的对陈、张二人应当认定为从犯的辩护意见不能成立，不予采纳。被告人李聪武、张建平在所参与的共同犯罪中，既非起意者，也非出资人，实施贩毒行为主要受被告人梁延兵等人的委托指派，起次要作用，系从犯，依法应当从轻处罚。李聪武的辩护人就此所提的辩护意见成立，予以采纳。被告人李聪武案发后有向公安机关提供重要线索抓获同案犯的立功表现，依法可以从轻处罚。其辩护人提出李聪武的行为构成重大立功缺乏依据，不予采纳。被告人张建平曾因犯拐卖人口罪被判处有期徒刑3年，在刑满释放后5年内又犯应当判处有期徒刑以上刑罚之罪，系累犯，依法应当从重处罚。关于被告人梁延兵的辩护人提出的梁有立功表现的问题。经查，梁延兵当庭供称，其与陈光虎在四川筠连县分手时曾约定数日后在绍兴柯桥弥陀碰面，并由陈光虎负责联系毒品买主，故被告人梁延兵在供述中提及的陈光虎可能在绍兴柯桥弥陀的这一情节，属于其共同犯罪过程的必然交代，此行为不属于独立于其本人犯罪行为以外的检举揭发，不能认定为立功表现。此辩护意见不能成立，不予采纳。

### 二审诉辩情况

一审宣判后，被告人梁延兵及其辩护人提出上诉称：原判认定的部分事实不清、证据不足；能主动交代犯罪事实，认罪态度好；有配合公安机关抓获同案犯的重大立功表现；原判量刑过重，要求从轻处罚。

### 二审裁判结果

浙江省高级人民法院依照《刑事诉讼法》第189条第1项的规定，裁定如下：驳回上诉，维持原判。

### 二审裁判理由

浙江省高级人民法院经审理认为：原判认定被告人梁延兵、陈光虎、张光奎、李聪武、李之琼、张建平贩卖、运输毒品的事实，有黄文均、凌大友等人的证言，公安机关提取的部分海洛因及毒化鉴定书等证据证实。各被告人亦均有供认在案，所供可相互印证，并与上述证据反映的情况相符。原判认定的事实清楚，证据确实、充分。故梁延兵及其辩护人就原判认定事实与证据提出的异议不能成立，不予采信。梁延兵未提供同案犯确切的藏身地址，也未带领公安人员前去抓捕，故其称有配合公安机关抓捕同案犯的立功表现的理由不能成立，也不予采信。梁延兵等人从云南等地购买海洛因运输至浙江省绍兴市、嘉兴市出卖，其行为已构成贩卖、运输毒品罪，贩卖、运输毒品数量大，社会危害严重，应依法惩处。梁延兵及其辩护人提出要求从轻的理由不足，不予采纳。原判定罪及使用法律正确，量刑适当，审判程序合法。

> 复核情况

浙江省高级人民法院依法将此案报请最高人民法院核准。

> 复核结果

最高人民法院依照《刑事诉讼法》第 199 条、最高人民法院《关于执行〈中华人民共和国刑事诉讼法〉若干问题的解释》第 285 条第 3 项、《刑法》第 347 条第 2 款第 1 项、第 26 条第 1、4 款、第 57 条第 1 款和最高人民法院《关于处理自首和立功具体应用法律若干问题的解释》第 7 条的规定，判决如下：

一、撤销浙江省高级人民法院〔2002〕浙刑一终字第 234 号刑事裁定和嘉兴市中级人民法院〔2002〕嘉中刑初字第 30 号刑事判决中对被告人梁延兵的量刑部分；

二、被告人梁延兵犯贩卖、运输毒品罪，判处死刑，缓期 2 年执行，剥夺政治权利终身，并处没收个人全部财产。

> 复核理由

最高人民法院认为：被告人梁延兵伙同他人贩卖、运输海洛因的行为，已构成贩卖、运输毒品罪。贩卖、运输毒品数量大，且系主犯，应依法惩处。鉴于被告人梁延兵归案后能够协助公安机关抓获同案犯，有重大立功表现，应从轻处罚。一审判决和二审裁定认定的事实清楚、证据确实、充分，定罪准确，审判程序合法。但量刑不当。

## 259. 存在重大立功的量刑情节，对死刑立即执行判决有何影响？

有重大立功情节的，存在两种处罚原则：一是可以减轻或者免除处罚；二是应当减轻或者免除处罚，第二种情况适用于犯罪以后自首且有重大立功表现的人。立功和重大立功都是犯罪分子的悔罪表现之一，表明其人身危险性有所降低，同时考虑到裁判的社会效果、国家的刑事政策和死刑政策，一般对具有重大立功表现的犯罪人不适用死刑立即执行。

## 典型疑难案件参考

### 刘群、李国才抢劫、诈骗案

**基本案情**

1. 抢劫事实

（1）1996年3月21日晚8时许，被告人刘群与古玉斤（在逃）预谋后，到事先踩好点的内蒙古自治区呼和浩特市地矿局南街7号院金宇集团股份有限公司宿舍楼处，当被害人温彦祯开车返回车库时，刘群、古玉斤用事先准备好的匕首将温杀死，后将其尸体装入温驾驶的奔驰300sel轿车（价值人民币77.43万元）后备箱内，并将该车抢走开到河北省无极县李破角（在逃）家等处藏匿，途中将温的尸体扔至山西省大同市同丰路雁皇岭公路桥下防渗渠内。案发后，轿车被提取发还给呼和浩特市中保财产公司。被害方因寻找、丧葬温彦祯，遭受经济损失人民币29352元。

（2）1997年6月初，被告人刘群、李国才伙同古玉斤、李破角预谋抢劫，并事先在河北省深泽县石油招待所作了抢劫演练。同年6月6日上午，刘群、古玉斤来到安国市欲抢劫汽车，李国才也按约定单独开车到安国市南马村北军警皮鞋厂附近接应，因未找到适当的目标，抢劫未遂。次日下午1时许，刘群、古玉斤骗租薛小年驾驶的桑塔纳出租车（价值人民币8万元）至军警皮鞋厂附近时，刘群、古玉斤用匕首将薛杀死，后将薛拖进附近麦地里，当二人驾驶抢劫的桑塔纳出租车行至深泽县段庄村南公路上时，与一辆小拖拉机相撞，二人弃车逃跑。当日刘群被抓获。被告人李国才于1997年6月8日到公安机关投案。附带民事诉讼原告人薛强支付修车费、其父丧葬费共计人民币16100元。

2. 诈骗事实

（1）1995年8月4日，被告人刘群、李国才伙同古玉斤、张占双、李印奎及赵某（均在逃），使用伪造的进账单，以"二连市北方边贸公司驻呼办事处"的名义，诈骗呼和浩特市医药采购供应站青霉素等六种药品价值人民币152690元，除部分药品留在李国才处外，其余药品卖给无极县药品经销商翟素月，销赃得款人民币4万余元，刘群、李国才各分得部分赃款。

（2）1995年9月16日，被告人刘群、李国才伙同古玉斤、李印奎及赵某，使用伪造的进账单，以"中国国际旅行社黑龙江分社旅游贸易公司驻太原办事处"的名义，诈骗太原市山西纺织印染厂棉纱10吨，价值人民币260130元。后将所骗棉纱卖到高阳县胜利纺织站，销赃得款人民币198700

元,刘群、李国才各分得部分赃款。

(3) 1995年11月25日,被告人李国才伙同张占双、李印奎及李志军(在逃),使用伪造的进账单以"吉林省延吉市边贸公司驻石家庄办事处"的名义,诈骗河北省石家庄市国棉四厂沙卡布47件、平布31件,价值人民币366086.53元,销赃后,李国才分得部分赃款。

(4) 1996年2月7日,被告人刘群、李国才伙同古玉斤及赵某,使用空头转账支票,以"太原市国际旅行社贸易部驻天津办事处"的名义,诈骗天津太平(集团)有限公司第二药品公司康泰克药品34件,总价值人民币62339.68元。销赃后,刘群、李国才各分得部分赃款。同年2月9日,被告人刘群、李国才伙同古玉斤采用同样手段,诈骗上海汽车工业天津开发区汽车销售公司桑塔纳2000型轿车1辆,价值人民币21.6万元,销赃得款人民币15万元,刘群、李国才各分得部分赃款。案发后,该车已提取发还被骗方。

综上,被告人刘群参与抢劫2次,抢劫物品价值人民币85.43万元,抢劫中致2人死亡;参与诈骗4次,诈骗物品总价值人民币691159.68元。被告人李国才参与抢劫(预备)1次;参与诈骗5次,诈骗物品总价值人民币1057246.21元。

3. 盗窃事实

1996年秋天,被告人刘群与古玉斤商量后,由刘群、李破角从呼和浩特市驾驶刘群之母于颖的蓝色福田牌汽车至河北省无极县,送给刘景威。

被告人刘群归案后,先后两次揭发宋全成拐卖妇女多人的犯罪事实,宋全成被判处无期徒刑;刘群被公安机关抓获以后,主动供述了公安机关尚不掌握的诈骗犯罪事实和第一次伙同古玉斤在呼和浩特市抢劫杀人的犯罪事实。李国才向深泽县公安机关投案自首。

### 一审诉辩情况

河北省保定市人民检察院以被告人刘群犯抢劫罪、诈骗罪、盗窃罪,被告人李国才犯抢劫罪(预备)、诈骗罪向保定市中级人民法院提起公诉。

被告人刘群对指控的事实无异议,其辩护人称:刘群将其母的汽车送与他人,依法可不按盗窃犯罪处罚;刘群如实供述司法机关尚未掌握的诈骗事实,有自首情节;如实供述司法机关尚不掌握的第一起抢劫事实,可以从轻处罚;揭发他人犯罪,有重大立功表现,应予从轻、减轻处罚。

被告人李国才否认参与抢劫预谋,对诈骗犯罪事实称其有投案自首情节,且系从犯,应对其从轻、减轻处罚。

### 一审裁判结果

保定市中级人民法院依照《刑法》第 12 条、第 263 条第 4、5 项、第 266 条、第 22 条、第 36 条、第 52 条、第 56 条第 1 款、第 57 条第 1 款、第 67 条、第 68 条、第 69 条及最高人民法院《关于审理盗窃案件具体应用法律若干问题的解释》第 1 条第 4 项,最高人民法院《关于处理自首和立功具体应用法律若干问题的解释》第 1 条第 2 项、第 2 条、第 7 条之规定,判决如下:

一、被告人刘群犯抢劫罪,判处死刑,剥夺政治权利终身,没收个人全部财产;犯诈骗罪,判处有期徒刑 8 年,剥夺政治权利 1 年,罚金人民币 4 万元,决定执行死刑,剥夺政治权利终身,没收个人全部财产。

二、被告人李国才犯诈骗罪,判处有期徒刑 14 年,剥夺政治权利 2 年,罚金人民币 8 万元;犯抢劫罪(预备),判处有期徒刑 3 年,罚金人民币 2000 元,决定执行有期徒刑 16 年,剥夺政治权利 2 年,罚金 82000 元。

三、被告人刘群分别赔偿附带民事诉讼原告人田秀琴经济损失人民币 29352 元;赔偿附带民事诉讼原告人薛强经济损失人民币 16100 元。

### 一审裁判理由

保定市中级人民法院认为:被告人刘群以非法占有为目的,伙同他人采用暴力手段劫取他人财物,其行为构成抢劫罪。被告人李国才与刘群等预谋抢劫,并按约定到指定地点开车接应,因未找到合适的作案对象而抢劫未逞,其行为构成抢劫罪(预备)。被告人刘群、李国才以非法占有为目的,伙同他人采用欺骗手段,骗取他人财物,其行为构成诈骗罪,且诈骗数额特别巨大。被告人刘群将所有权属于其母亲的汽车私自送与他人,依法可不按犯罪处理。被告人刘群因抢劫被采取强制措施后,如实供述司法机关尚未掌握的诈骗罪行;被告人李国才自动投案后,如实供述其所犯诈骗罪事实,二被告人对诈骗部分事实,有自首情节。被告人李国才否认参与抢劫预谋、演练的理由与事实不符。被告人刘群归案以后,主动供述其伙同古玉斤等在呼和浩特市抢劫杀人的事实属实;检举揭发他人重大犯罪行为,经查属实,应认定为有重大立功表现。被告人刘群参与诈骗他人财物,有自首情节,并有重大立功表现,应当减轻处罚。被告人李国才参与诈骗有自首情节,可以从轻处罚。被告人刘群参与抢劫致二人死亡,抢劫数额巨大,情节恶劣,后果严重,虽有重大立功表现,但不足以从轻处罚。被告人李国才系抢劫预备犯,可减轻处罚。由于被告人刘群的犯罪行为,给附带民事诉讼原告人造成了经济损失,依法应由其予以赔偿。

### 二审诉辩情况

一审宣判后,被告人刘群以有自首情节、系从犯、有重大立功表现为由提出上诉;被告人李国才以有自首情节、系从犯为由提出上诉。

### 二审裁判结果

河北省高级人民法院依照《刑事诉讼法》第189条第1、2项、第197条之规定,判决如下:

一、驳回被告人李国才上诉。

二、维持保定市中级人民法院〔2002〕保刑初字第2010号刑事判决第二项和对被告人刘群的定罪部分,即被告人李国才犯诈骗罪,判处有期徒刑14年,剥夺政治权利2年,罚金人民币8万元;犯抢劫罪(预备),判处有期徒刑3年,罚金人民币2000元,决定执行有期徒刑16年,剥夺政治权利2年,罚金人民币82000元;被告人刘群犯抢劫罪、诈骗罪。

三、撤销保定市中级人民法院〔2002〕保刑初字第2010号刑事判决第一项中对被告人刘群的量刑部分,即被告人刘群犯抢劫罪,判处死刑,剥夺政治权利终身,没收个人全部财产;犯诈骗罪,判处有期徒刑8年,剥夺政治权利1年,罚金人民币4万元,决定执行死刑,剥夺政治权利终身,没收个人全部财产。

四、被告人(原审被告人)刘群犯抢劫罪,判处死刑,缓期2年执行,剥夺政治权利终身,没收个人全部财产;犯诈骗罪,判处有期徒刑8年,剥夺政治权利1年,罚金人民币4万元;决定适用死刑,缓期2年执行,剥夺政治权利终身,没收个人全部财产。

### 二审裁判理由

河北省高级人民法院经审理认为:被告人刘群以非法占有为目的,伙同他人采用暴力手段劫取他人财物,其行为构成抢劫罪。刘群抢劫中致二人死亡,抢劫数额特别巨大。被告人李国才与刘群等预谋抢劫,并按约定到指定地点开车接应,因未找到合适的作案对象而抢劫未遂,其行为构成抢劫罪(预备)。被告人刘群、李国才以非法占有为目的,伙同他人采用欺骗手段,骗取他人财物,其行为构成诈骗罪,二人诈骗数额特别巨大。原判决对全案认定事实清楚,定性准确,对李国才量刑适当,全案审判程序合法。被告人刘群所犯抢劫犯罪情节特别恶劣,后果特别严重,依法应当判处死刑,但考虑到刘群有重大立功表现和坦白等应当考虑从轻处罚的情节,可不立即执行。

### 260. 有重大立功表现，是否就要从轻处罚？

一般情况下，立功属于从宽处刑的因素之一，是否能够确实起到从轻处罚的作用，不能一概而论，关键还要看立功是否足以抵罪，如果犯罪人的行为极其恶劣，社会危害性极大，且其具备其他从重处罚的情节的，使其重大立功行为不能抵罪，或者一旦从轻，就会致使罪刑极不均衡，则即使存在重大立功表现，也不能从轻处罚。

**典型疑难案件参考**

吴乃亲贩卖毒品案

**基本案情**

2003年2月初，被告人吴乃亲经事先联系，在广东省东莞市虎门镇向同案被告人刘中全、鲁城东贩卖海洛因400克，刘、鲁二人将海洛因带回泉州市贩卖。同年2月至3月间，经事先电话联系，鲁城东先后两次携带毒资到东莞市虎门镇黄河酒店向吴乃亲购买海洛因800克、500克，并运回泉州市。刘中全、鲁城东在泉州市将上述三批海洛因加工后，转手卖给同案被告人代昌义等人。

2003年8月底，吴乃亲在东莞市虎门镇向代昌义、鲁城东贩卖海洛因2000克及掺杂所用的"底粉"10000克。代、鲁二人将海洛因加工后卖给同案被告人邓稳，邓稳将购得的海洛因加价卖出。

2003年10月25日，刘中全在重庆市区被公安机关抓获后，主动要求协助抓获吴乃亲。同年11月3日至5日，刘中全用电话与吴乃亲联系，并谈妥毒品海洛因交易事宜。同年11月7日中午，刘中全等来到广东省东莞市虎门镇黄河酒店727房间。吴乃亲与其子同案被告人吴增城一同前往该酒店。由吴增城携带装有海洛因的白色塑料袋进入该酒店727房间，在交易时，被守候的公安人员抓获，并当场缴获海洛因3080克。

另，刘中全、代昌义、鲁城东还向其他毒贩购买了大量海洛因卖给同案被告人邓稳等人。

**一审诉辩情况**

福建省泉州市人民检察院以被告人吴乃亲等16人犯贩卖、运输毒品罪向泉州市中级人民法院提起公诉。

被告人吴乃亲对指控的犯罪事实及适用法律基本无异议,但辩称:其没有参与2003年2月至8月间的四起贩毒,要求从轻处罚。其辩护人提出:指控吴乃亲参与2003年2月至8月间的四起贩毒的事实不清,证据不足;吴乃亲于10月25日交易海洛因3080克属犯罪引诱下进行的,请求从轻处罚。

### 一审裁判结果

泉州市中级人民法院依法判决:被告人吴乃亲犯贩卖毒品罪,判处死刑,剥夺政治权利终身,并处没收个人全部财产;对同案被告人代昌义、邓稳亦以贩卖毒品罪、对同案被告人鲁城东以贩卖、运输毒品罪均判处死刑,剥夺政治权利终身,并处没收个人全部财产;被告人刘中全犯贩卖、运输毒品罪,但因协助抓获被告人吴乃亲,有重大立功表现,被判处死刑,缓期2年执行,剥夺政治权利终身,并处没收个人全部财产。

### 一审裁判理由

泉州市中级人民法院认为:被告人吴乃亲明知是毒品海洛因而故意非法买卖,其行为已构成贩卖毒品罪。吴乃亲贩卖毒品数量大,在共同犯罪中系主犯,社会危害性特别严重,依法应予严惩。

### 二审诉辩情况

一审宣判后,被告人吴乃亲等不服,提出上诉,其上诉提出:只参与贩卖3080克海洛因,原判认定其贩卖毒品数量有误;量刑过重,请求从轻处罚。其辩护人认为吴乃亲有重大立功表现,请求从宽处理。

### 二审裁判结果

福建省高级人民法院依法裁定:驳回被告人吴乃亲等上诉,维持原判。并依法报送最高人民法院复核。

### 二审裁判理由

福建省高级人民法院经审理认为:被告人吴乃亲在二审期间检举泉州市胡广顺绑架案和广州市韦凤群贩毒案经查属实,构成立功,但被告人吴乃亲罪行极其严重,虽检举他人犯罪,但不足以从轻处罚。

### 复核结果

最高人民法院依法裁定:核准福建省高级人民法院维持一审以贩卖毒品罪

判处被告人吴乃亲死刑,剥夺政治权利终身,并处没收个人全部财产的刑事判决。

**复核理由**

最高人民法院复核期间,被告人吴乃亲又检举了泉州市代影波持刀抢劫伤人案,泉州市看守所、泉州市公安局乌屿边防派出所分别出具了相关证明材料,经查属实。最高人民法院经复核认为:吴乃亲贩卖毒品的事实清楚,证据确实、充分。吴乃亲作为毒品犯罪网络的上线大毒枭,罪行极其严重,虽有立功但功不足以抵罪。

## 五、数罪并罚

### 261. 审判实践中如何具体运用综合原则来解决数罪并罚问题?

对于判处具有期限和数额的刑罚,一般采取限制加重原则;对于判处数个生命刑、数个无期徒刑,或者数个刑罚中有一个生命刑或无期徒刑的,则采取吸收原则,只宣告一个生命刑或无期徒刑;对于判处主刑与附加刑,且两者可以同时执行的,则采取并科原则。

### 262. 在数罪并罚中如何具体适用限制加重原则?

所谓限制加重原则是指判决宣告以前一人犯数罪的,除判处死刑和无期徒刑的以外,应当在总和刑期以下、数刑中最高刑期以上,酌情决定执行的刑期,但是管制最高不能超过3年,拘役最高不能超过1年,有期徒刑最高不能超过20年。需要注意的是,这里的"以上"和"以下"不应理解为《刑法》第99条规定的包含本数的意思,因为根据《刑法》第99条,如果在数罪并罚中"以上"和"以下"包括本数,那么限制加重原则很可能会被并科原则和吸收原则所取代。

## 典型疑难案件参考

### 李峰、魏国辉抢劫、盗窃案

**基本案情**

被告人李峰、魏国辉伙同胡井伟（在逃），经预谋后于2005年3月16日上午，在本市东城区富华大厦东亚银行停车场，由胡井伟（在逃）及被告人魏国辉接应，被告人李峰使用自配的开锁工具，将停在上述地点的"桑塔纳"牌2000型（车牌号：京ES8550）轿车后备箱打开，盗窃被害人胡同捷的人民币1100元和笔记本电脑1台、移动硬盘1个，物品价值人民币7370元。

被告人李峰还于2004年9月7日、21日及12月8日和2005年1月6日窜至本市海淀区清河毛纺厂附近、二里庄建设银行门前及西城区新壁街2号门前和上海市长宁区1158号贝多芬广场停车场附近，采用自制的开锁工具，将停放在此的"桑塔纳"牌2000型（车牌号：京EW6397、京F39771）、"捷达"牌（车牌号：京GM84：80）、"桑塔纳"牌（车牌号：苏MJ8099）轿车的后备箱打开，共计盗窃被害人袁由龙、陈周坤、安东、陆克斌的人民币156550元、日元5000元和证件、服装等物品。

被告人李峰、魏国辉伙同胡井伟（在逃），于2005年3月16日晚，窜至天津市和平区成都道、气象台路、宜昌路、卫津路，由胡井伟（在逃）及被告人魏国辉望风，被告人李峰使用自配的开锁工具，将停在上述地点的"桑塔纳"牌2000型（车牌号：冀FDD070、津AV9898、豫F01680）、"赛欧"牌（车牌号：津CQ9200）轿车的后备箱打开及砸碎轿车玻璃的方法，共计窃被害人王宏伟、马谐音、于泉、陈丽娜的人民币5300元和笔记本电脑2台、移动电话1部、电动剃须刀1个，赃物价值人民币15000余元。当被告等人携带赃款赃物窜至天津市河东区七委路时，适遇公安民警抓捕，被告人李峰持刀拒捕。后被告人李峰、魏国辉被抓获。赃款赃物已被起获并发还被害人。

**一审诉辩情况**

1. 北京市西城区人民检察院的指控

被告人李峰、魏国辉伙同胡井伟（在逃），经预谋后于2005年3月16日，在本市东城区富华大厦东亚银行停车场，由被告人魏国辉和胡井伟接应，由被告人李峰使用自配的钥匙，将停放在上述地点的桑塔纳2000型（京ES8550）轿车后备箱打开，盗窃被害人胡同捷的人民币1100元和笔记本电脑1台、移动硬盘1个（价值人民币7370元）。

被告人李峰还于2004年9月7日、21日，12月8日及2005年1月6日窜至本市海淀区清河毛纺厂附近、二里庄建设银行门前及西城区新壁街2号门前和上海市长宁区1158号贝多芬广场停车场附近，采用使用自配的钥匙，将停放的桑塔纳2000型（京EW6397、京F39771）、捷达（京GM8480）、桑塔纳（苏MJ8099）轿车的后备箱打开，盗窃被害人袁由龙、陈周坤、安东、陆克斌的人民币156550元、日元5000元和证件、服装等物品。

被告人李峰、魏国辉和胡井伟（在逃），于2005年3月16日20时许，窜至天津市和平区成都道、气象台路、宜昌路、卫津路，由被告人魏国辉放哨，由被告人李峰使用自配的钥匙，将停在上述地点的桑塔纳2000型（冀FDD070、津AV9898、豫F01680）、赛欧（津CQ9200）轿车的后备箱打开，或砸碎玻璃的方法，盗窃被害人王宏伟、马谐音、于泉、陈丽娜的人民币5300元和笔记本电脑2台、移动电话1部等物品，赃物价值人民币15000余元。当被告人一伙携带赃款赃物窜至天津市河东区七委路时，适遇民警对其抓捕，被告人李峰持刀拒捕。后被告人李峰、魏国辉被抓获。赃款赃物均已起获并发还被害人。

2. 被告人的答辩及其辩护人的辩护意见

被告人李峰辩称其没有单独作案；其辩护人的主要辩护意见：起诉书指控被告人犯抢劫罪事实不清、证据不足；起诉书认定被告人盗窃数额不准；被告人无前科劣迹，属初犯，建议法庭对其从轻处罚。

### 一审裁判结果

北京市西城区人民法院依照《刑法》第264条、第263条、第269条、第25条第1款、第69条、第56条第1款、第55条第1款、第52条、第53条、第64条之规定；对被告人魏国辉依照《刑法》第264条、第25条第1款、第77条第1款、第69条、第56条第1款、第55条第1款、第52条、第53条、第64条之规定，判决如下：

一、被告人李峰犯盗窃罪，判处有期徒刑12年，剥夺政治权利2年，并处罚金人民币1.2万元；犯抢劫罪，判处有期徒刑11年，剥夺政治权利2年，并处罚金人民币1.1万元，决定执行有期徒刑20年，剥夺政治权利4年，并处罚金人民币2.3万元。

二、撤销黑龙江省齐齐哈尔农垦法院〔2001〕齐垦刑初字第11号刑事判决书对被告人魏国辉的缓刑；被告人魏国辉犯盗窃罪，判处有期徒刑7年，剥夺政治权利1年，并处罚金人民币7000元，与前罪原判有期徒刑3年并罚，决定执行有期徒刑10年，剥夺政治权利1年，罚金人民币7000元。

三、随案移送电脑包一个发还被害人胡同捷；手机3部、手机充电器1

个、手机电池1块、望远镜1架、CD盘36张、手包1个、钢笔1支、钱包1个予以变卖，变卖款及随案移送赃款人民币3800元按比例发还被害人胡同捷、袁由龙、陈周坤、安东、陆克斌；中华香烟5条、红塔山香烟19盒、玉溪香烟9盒、改锥1把、汽车钥匙2把、汽车遥控器1个、钢制撬车锁工具2把、剑1把、钢挫1套、折刀2把予以没收。

四、尚未追缴之违法所得继续予以追缴，追缴后发还被害人胡同捷、袁由龙、陈周坤、安东、陆克斌。

### 一审裁判理由

北京市西城区人民法院认为：被告人李峰、魏国辉以非法占有为目的，采取秘密窃取的手段，盗窃公民财物的行为，侵犯了公民所有的财产权利，均已构成盗窃罪，其中被告人李峰盗窃数额特别巨大，被告人魏国辉盗窃数额巨大；被告人李峰在盗窃后持刀抗拒抓捕的行为，侵犯了公民的人身权利，已构成抢劫罪，依法均应予以惩处。北京市西城区人民检察院的指控成立。被告人李峰的辩解及其辩护人所提辩护意见，与事实不符，且已被本案证据所否定，故均不予采纳。被告人魏国辉曾于2001年4月因犯故意伤害罪被判处有期徒刑3年，缓刑4年，其系在缓刑考验期内再犯新罪，依法应撤销缓刑，与新犯的罪数罪并罚。

### 二审诉辩情况

上诉人（原审被告人）李峰的辩解及其辩护人和辩护意见均为：原判认定的部分事实不清，指纹鉴定书不能证实其实施盗窃陈周坤、陆克斌等人的人民币15万元、服装等物品，且对其量刑过重；其未抗拒抓捕，持刀行为不构成抢劫罪。

原审被告人魏国辉辩解称：原判对其量刑过重。

### 二审裁判结果

北京市第一中级人民法院依照《刑事诉讼法》第189条第1项，裁定如下：驳回上诉人李峰的上诉，维持原判。

### 二审裁判理由

二审法院经审理认为：上诉人（原审被告人）李峰伙同原审被告人魏国辉以非法占有为目的，秘密窃取他人财物，李峰盗窃数额特别巨大，魏国辉盗窃数额巨大，其行为均已构成盗窃罪，依法应予惩处。上诉人（原审被告人）李峰在天津市和平区实施多次盗窃行为后，为抗拒公安民警的抓捕而当场持刀相威胁，其行为又已构成抢劫罪，且抢劫数额巨大，依法亦应惩处。原审被告人魏国辉曾于2001年4月因犯故意伤害罪被判处有期徒刑3年，缓刑4年，系在缓刑考验期内再犯新罪，依法应撤销缓刑，与所犯新罪数罪并罚。上诉人（原审被告人）李峰及原审被告人魏国辉关于原判对其量刑过重的上诉理由，均缺乏法律依据，不予采纳。

原审人民法院根据李峰、魏国辉犯罪的事实，犯罪的性质、情节及对于社会的危害程度，定罪及适用法律正确，量刑及判处罚金的数额适当，审判程序合法，依法应予维持。

### 263. 保外就医期间又犯新罪的，在进行数罪并罚时如何计算前罪尚未执行的刑罚？

对于保外就医期间重新犯罪的，依照《刑事诉讼法》的相关规定，"发现被保外就医的罪犯不符合保外就医条件的，或者严重违反有关保外就医的规定的，应当及时收监"。对于其刑期的计算，根据《刑法》第71条之规定，应当对新犯的罪作出判决，把前罪没有执行的刑罚和后罪所判处的刑罚，依照《刑法》第69条的规定，决定执行的刑罚。因此，保外就医期间又犯新罪的，应及时收监，根据先减后并的原则决定执行的刑罚。

**典型疑难案件参考**

吴孔成盗窃案

**基本案情**

被告人吴孔成。1992年9月因犯抢劫罪被判处有期徒刑14年（刑期自1992年4月16日起至2006年4月15日止），1993年7月经劳改局批准保外就医。

1995年4月25日凌晨，被告人吴孔成伙同黄真福、王守江、黄东志、陈宏海（另案处理）等人，携带撬棒等工具撬锁进入双龙商场、商业公司、新华建材店、利民浴室，窃得现金1900余元，赃物合计价值人民币5000余元。

当日上午，被告人吴孔成与王守江、黄东志、李代田（另案处理）在其同乡罗吉友经营的金张渚饭店合谋，盗窃张渚镇迎春新村15幢205室秦奋勇家的财物。后被告人吴孔成伙同王守江、黄东志，携带撬棒等工具，撬锁入室，窃得现金 90000 余元，赃物合计价值人民币 6885 元。因涉嫌犯盗窃罪于 2005 年 4 月 29 日被羁押，同年 6 月 3 日被逮捕。

### 一审诉辩情况

江苏省宜兴市人民检察院以被告人吴孔成犯盗窃罪，向宜兴市人民法院提起公诉。

### 一审裁判结果

宜兴市人民法院依照《刑法》第 264 条、第 25 条第 1 款、第 71 条、第 69 条、第 56 条第 1 款、第 64 条的规定，判决：被告人吴孔成犯盗窃罪，判处有期徒刑 12 年，并处罚金人民币 1 万元，剥夺政治权利 3 年；连同前罪尚未执行完毕的有期徒刑 10 年 11 个月 21 天，决定执行有期徒刑 20 年，并处罚金人民币 1 万元，剥夺政治权利 3 年。

### 一审裁判理由

宜兴市人民法院认为：被告人吴孔成以非法占有为目的，合伙盗窃他人财物合计人民币 103000 余元，数额特别巨大，其行为已构成盗窃罪。被告人吴孔成因犯抢劫罪被判处有期徒刑 14 年，1993 年 7 月经批准保外就医，在保外就医期间，被告人吴孔成未经批准擅自外出，参与盗窃犯罪，其擅自外出期间不计入刑罚执行期，故应将前罪没有执行的刑罚和后罪所判处的刑罚实行并罚。

### 二审诉辩情况

一审宣判后，被告人吴孔成不服，向无锡市中级人民法院提起上诉，上诉理由是：原判决认定吴孔成前罪未执行完毕的刑期期限缺乏证据证明，据此数罪并罚缺乏事实与法律依据。

### 二审裁判结果

无锡市中级人民法院依法裁定：驳回上诉，维持原判。

### 二审裁判理由

无锡市中级人民法院经审理认为：原审判决认定事实清楚，证据确实、充分，定罪准确，量刑适当，审判程序合法

### 264. 发现漏罪时如何并罚？

判决宣告以后，刑罚执行完毕以前，发现犯罪分子在判决宣告以前还有其他罪没有判决的，应对漏罪作出判决，然后前后两罪数罪并罚。刑期计算采先并后减的方法，即先按照数罪并罚原则决定执行的刑期，然后将已经执行的刑期从决定执行的刑期中减去。

### 265. 再犯新罪时如何并罚？

判决宣告以后，刑罚执行完毕以前，被判刑的犯罪分子又犯新罪的，应对新罪作出判决，然后按照数罪并罚原则，决定执行的刑罚。刑期计算采先减后并的方法，即先将已经执行的刑期从前罪判决的刑罚中减去，然后再按照数罪并罚原则决定执行的刑期。

### 266. 缓刑考验期内犯新罪的，如何数罪并罚？

缓刑期间不是刑罚执行期间，对宣告缓刑的罪犯来说，其"前罪没有执行的刑罚"就是其判决宣告的刑罚，而不应当将先行羁押的时间混同于已经执行的刑罚予以扣除。对被告人前罪先行羁押的时间予以折抵，应当在数罪并罚执行的刑罚决定后进行。缓刑期间又犯新罪，撤销缓刑，将前后两罪数罪并罚，由于前罪并没有执行，因此不存在先减后并或者先并后减的问题，只要当做宣判前犯两罪的情形来处理即可。

## 典型疑难案件参考

代海业盗窃案

**基本案情**

被告人代海业于2008年8月26日因犯滥伐林木罪被判处有期徒刑1年，缓刑1年，并处罚金人民币（以下所涉币种均为人民币）5000元，2009年5月13日22时许，被告人代海业在信阳市狮河区董家河桥头路口电话亭旁，将王启明的红色三菱125摩托车盗走。经鉴定，该车价值2668元。

### 一审诉辩情况

2009年10月26日,河南省信阳市狮河区人民检察院以被告人代海业犯盗窃罪,向狮河区人民法院提起公诉。

被告人代海业对检察机关指控的罪名和事实均无异议。

### 一审裁判结果

信阳市狮河区人民法院依照《刑法》第264条、第69条、第71条、第77条第1款、第52条、第53条之规定,判决如下:被告人代海业犯盗窃罪,判处有期徒刑7个月,并处罚金人民币2000元;犯滥伐林木罪,判处有期徒刑1年,缓刑1年,并处罚金人民币5000元,现予以撤销缓刑,余刑10个月零3天;数罪并罚,决定执行有期徒刑11个月,并处罚金人民币7000元。

### 一审裁判理由

信阳市狮河区人民法院认为:被告人代海业秘密窃取他人财物的行为已构成盗窃罪。被告人代海业在缓刑考验期内又犯新罪,依法应当撤销缓刑。

### 二审诉辩情况

一审宣判后,狮河区人民检察院以原审判决适用法律错误、量刑不当为由,向信阳市中级人民法院提出抗诉。

### 二审裁判结果

信阳市中级人民法院依照《刑法》第264条、第77条、第69条、《刑事诉讼法》第189条第2项之规定,判决如下:

一、维持狮河区人民法院〔2009〕狮刑初字第327号刑事判决中对原审被告人代海业犯盗窃罪的定罪量刑部分。

二、撤销狮河区人民法院〔2009〕狮刑初字第327号刑事判决中对原审被告人代海业所犯盗窃罪与滥伐林木罪数罪并罚,决定执行的刑期部分。

三、原审被告人代海业犯盗窃罪,判处有期徒刑7个月,并处罚金人民币2000元;犯滥伐林木罪,判处有期徒刑1年,缓刑1年,并处罚金人民币5000元,现予以撤销缓刑;数罪并罚,决定执行有期徒刑1年零4个月,并处罚金人民币7000元。

### 二审裁判理由

信阳市中级人民法院经审理认为:原审被告人代海业秘密窃取他人财物的

行为已构成盗窃罪。原审法院定罪准确,量刑适当,审判程序合法。但与所犯滥伐林木罪数罪并罚,决定执行刑罚时,适用法律错误,致使决定执行的刑期不当。根据《刑法》第77条的规定,原审被告人代海业在缓刑考验期内犯盗窃罪,应当撤销缓刑,对盗窃罪作出判决,把犯滥伐林木罪和盗窃罪所判处的刑罚,依照《刑法》第69条的规定,决定执行的刑罚。对原审被告人代海业应在有期徒刑1年至1年零7个月之间决定执行刑期,原审决定执行有期徒刑11个月确属适用法律错误。检察机关的抗诉理由成立,予以采纳。

> **267. 被裁定减刑后发现原判决宣告之前有漏判之罪的,是与减刑之前原判决所判处的刑罚合并处罚,还是与原判决经减刑之后所确定的刑罚合并处罚?**
>
> 对于漏罪的处理,我国采取先并后减的并罚方法。如果与原判决经减刑之后所确定的刑罚合并处罚,则是采取了先减后并的方法,直接否定了漏罪先并后减的原则。因此,这种情况下,应与减刑之前原判决所判处的刑罚合并处罚。

## 典型疑难案件参考

### 王能苏等合同诈骗案

**基本案情**

被告人王能苏于1996年10月通过他人得知上海供销物资总公司(以下简称物资公司)在工行漕河泾支行存款500万元后,即萌生采取以梦晨公司名义向工行漕河泾支行申请贷款,假冒物资公司名义提供质押担保的欺诈手段,骗取工行漕河泾支行贷款之念,并指使被告人颜思琪、张若伟、丁建明具体负责操作。王能苏首先要求时任工行漕河泾支行信贷员的被告人袁桃林提供物资公司在工行漕河泾支行的《开立银行账户申报表》(该申报表上盖有物资公司及其法定代表人的公章、私章)。袁桃林明知梦晨公司让其提供物资公司的《开立银行账户申报表》是为了私刻物资公司及其法定代表人公章、私章,仍故意向受王能苏指使前来拿取上述《开立银行账户申报表》的丁建明等人提供了物资公司的该《开立银行账户申报表》。嗣后,王能苏指使公司员工李根宝(另行处理)找人按样私刻了物资公司及其法定代表人的公章、私章。同年10月17日,颜思琪、丁建明等人受王能苏指使,持上述私刻的物资公司及其法定代表人的公章、私章至工行漕河泾支行，以借款人梦晨公司名义，并冒用质押担保方物资公司名义，与工行漕河泾支行签订了所谓的梦晨公司向工行漕河泾支行贷款 375 万元，并由物资公司将其存于工行漕河泾支行的 500 万元提供给工行漕河泾支行，作为该笔贷款的质押担保的《质押担保借款合同》。丁建明填写了该借款合同的内容，颜思琪加盖了私刻的物资公司及其法定代表人公章、印章。袁桃林明知梦晨公司假冒物资公司名义，且明知梦晨公司在与工行漕河泾支行签订的《质押担保借款合同》上所盖的物资公司及其法定代表人的公章、私章系梦晨公司私刻，仍故意以工行漕河泾支行名义与梦晨公司签订了上述所谓的《质押担保借款合同》。为应付工行漕河泾支行提出的需对上述借款合同进行公证的要求，梦晨公司在征得工行漕河泾支行同意将公证改为律师见证后，王能苏指使被告人张若伟安排所谓的律师见证事宜。嗣后，张若伟联系了上海新民律师事务所律师黄利民和周劲松，向黄、周二位律师隐瞒真相，据此取得了内容虚假的《见证书》。次日，工行漕河泾支行依据上述《质押担保借款合同》及《见证书》等材料，向梦晨公司发放贷款 375 万元。该 375 万元，部分被用于梦晨公司经营，部分被王能苏用于赌博等个人花用。

同年 12 月，在物资公司对上述《质押担保借款合同》上所盖的物资公司及其法定代表人的公章、私章的真实性提出质疑，且工行漕河泾支行有关领导据此要求袁桃林告知物资公司出具一份物资公司确认上述《质押担保借款合同》真实、有效的证明文件后，袁桃林授意梦晨公司以物资公司名义出具一份具有上述内容的证明文件，企图掩盖梦晨公司骗贷真相。王能苏根据袁桃林的授意，假冒物资公司名义向工行漕河泾出具了一份具有上述虚假内容的确认函。

袁桃林于 1997 年 6 月潜逃。1998 年 7 月 24 日，公安机关根据袁桃林亲属的报告，将袁桃林抓获。袁桃林到案后如实交代了上述犯罪事实。

### 一审诉辩情况

1. 上海市人民检察院第一分院起诉的指控称

1996 年 10 月，梦晨公司王能苏等人通过张伟国得知物资公司有人民币 500 万元（以下币种均为人民币）存入工行漕河泾支行后，即与时任该行信贷员的袁桃林共谋以梦晨公司名义骗贷，并指使颜思琪、张若伟、丁建明负责具体实施。袁桃林将物资公司在工行漕河泾支行的开立银行账户申报表（上有物资公司公章及法定代表人私章样式）提供给梦晨公司。王能苏即指使公司员工李根宝（另行处理）找人按样私刻了物资公司公章和法定代表人私章。同年 10 月 17 日，颜思琪、丁建明、张若伟持上述假章至工行漕河泾支行袁桃林办公室制作了《质押担保借款合同》,并由颜思琪加盖了私刻的物资公司印章。当工行漕河泾支行领导提出对该贷款合同进行律师见证时,张若伟即联系了上海新民律师事务所律师黄利民和周劲松,采用欺诈手法骗得相关《见证书》。次日,工行漕河泾支行依据《质押担保借款合同》及《见证书》等材料向梦晨公司发放贷款 375 万元。同年 12 月,为应付银行检查,袁桃林授意王能苏等人假冒物资公司名义用伪造的印章向工行漕河泾支行出具了内容为上述《质押担保借款合同》真实的《确认函》。上述 375 万元中的大部分被王能苏花用。案发后,袁桃林由其亲属举报而被公安机关抓获。袁到案后交代了上述犯罪事实。

2. 被告人的辩解及其辩护人的辩护意见

被告人王能苏及其辩护人对检察机关指控王能苏犯罪的事实及罪名均不持异议。辩护人建议法庭考虑该案是一起共同犯罪且现无充足证据证实王能苏将梦晨公司骗得的 375 万元用于个人挥霍等,对王能苏予以适当量刑。

被告人袁桃林对检察机关指控其犯罪的基本事实不持异议,但辩解其事先并未与王能苏进行共谋。其辩护人对检察机关指控袁桃林犯罪的事实及罪名不持异议,同时认为袁系从犯,且系自首。

被告人颜思琪及其辩护人对检察机关指控颜思琪犯罪的事实及罪名不持异议。辩护人同时认为:(1)认定颜思琪事先参与预谋、策划的证据不充足;(2)颜思琪不具有其个人非法占有骗贷所得钱款的主观故意;(3)颜思琪具有自首情节。据此,辩护人建议法庭对颜思琪减轻处罚,判处 3 年以下有期徒刑或拘役,并宣告缓刑。

被告人张若伟否认犯罪,辩解其在起诉指控的梦晨公司诈骗工行漕河泾支行贷款 375 万元之中没有实施任何行为。其辩护人认为:认定张若伟犯合同诈骗罪的证据不足。

被告人丁建明及其辩护人对检察机关指控丁建明犯罪的事实及罪名均不持异议。辩护人以丁建明系从犯等为由,建议法庭对丁建明减轻处罚,判处 3 年以下有期徒刑或拘役,并宣告缓刑。

▶ 一审裁判结果 ◀

上海市第一中级人民法院依照《刑法》第 12 条第 1 款,1979 年《刑法》第 152 条,最高人民法院《关于审理诈骗案件具体应用法律的若干问题的解释》第 2 条,《刑法》第 27 条、第 67 条第 1 款,1979 年《刑法》第 52 条、第 60 条、第 64 条、第 65 条之规定,作出如下判决:

一、被告人王能苏犯合同诈骗罪,判处有期徒刑 15 年,剥夺政治权利 4

年，并处没收其个人财产人民币10万元；连同上海市第一中级人民法院于2000年6月8日作出的〔2000〕沪一中刑初字第65号刑事判决，即王能苏犯金融凭证诈骗罪，判处无期徒刑，剥夺政治权利终身，并处没收其个人财产人民币20万元，决定执行无期徒刑，剥夺政治权利终身，并处没收其个人财产人民币30万元。

二、被告人袁桃林犯合同诈骗罪，判处有期徒刑10年，剥夺政治权利3年，并处没收其个人财产人民币5万元。

三、被告人颜思琪犯合同诈骗罪，判处有期徒刑5年。

四、被告人张若伟犯合同诈骗罪，判处有期徒刑4年。

五、被告人丁建明犯合同诈骗罪，判处有期徒刑5年。

六、违法所得予以追缴。

### 一审裁判理由

上海市第一中级人民法院认为：被告人王能苏、颜思琪、张若伟、丁建明、袁桃林的行为均已构成合同诈骗罪，且情节特别严重，依法应予惩处。五名被告人系共同犯罪。其中，王能苏、袁桃林系主犯。颜思琪、张若伟、丁建明系从犯，依法予以减轻处罚。袁桃林系自首，依法予以从轻处罚。王能苏曾因犯金融凭证诈骗罪被判刑。刑罚执行期间又被发现还有本案所涉的合同诈骗犯罪没有判决，应对王能苏所犯合同诈骗罪作出判决后，将其因犯金融凭证诈骗罪和合同诈骗罪被判处的刑罚，依照1979年《刑法》第64条之规定，决定执行的刑罚。袁桃林系由其亲属主动向公安机关报告后被公安机关抓获，到案后又如实交代了上述犯罪事实，应认定其系自首，可以从轻或者减轻处罚。袁桃林的辩护人认为袁桃林系从犯。颜思琪在公安机关向其作第一次讯问时，虽对有关事实作了陈述，但隐瞒了梦晨公司实施骗贷的重要情节，也隐瞒了有关其本人罪责的重要情节，故不应认定其系自首。

### 二审诉辩情况

一审判决后，被告人王能苏不服，向上海市高级人民法院提出上诉。

王能苏上诉称：其因犯金融凭证诈骗罪于2000年6月8日被上海市第一中级人民法院判处无期徒刑，剥夺政治权利终身，并处没收财产人民币20万元。服刑期间，经法院于2002年12月裁定其被减为有期徒刑20年，剥夺政治权利9年。现上海市第一中级人民法院又以合同诈骗罪判处其有期徒刑15年，剥夺政治权利4年，连同此前判决，决定执行无期徒刑，剥夺政治权利终身，并处没收其个人财产人民币30万元。上海市第一中级人民法院并罚时没有将裁定其减刑的刑期计算在内,不当。

**二审裁判结果**

上海市高级人民法院依照《刑事诉讼法》第189条第1项的规定,作出如下裁定:驳回上诉,维持原判。

**二审裁判理由**

上海市高级人民法院认为:原判认定被告人王能苏、袁桃林、颜思琪、张若伟、丁建明合同诈骗的犯罪事实清楚,证据确实、充分,适用法律正确,定罪准确,量刑适当,审判程序合法。无论是依照《刑法》第70条的规定,还是依照1979年《刑法》第65条的规定,都应当对被告人王能苏因本案被判处的刑罚与此前因犯金融凭证诈骗罪被判处的无期徒刑刑罚进行并罚,决定执行刑罚。因此,原判对王能苏数罪并罚决定执行无期徒刑,剥夺政治权利终身,并处没收其个人财产人民币30万元,并无不当。王能苏上诉提出应该将其被裁定减刑的刑期计算在并罚后决定执行的刑期内,于法无据。

## 六、缓刑

**268. 司法实践中如何理解撤销缓刑的法定条件之一"严重违法"?**

撤销缓刑的法定条件之一是"违反法律、行政法规或者国务院公安部门有关缓刑的监督管理规定,情节严重"。在实践中应根据违法的次数、违法的程度、社会影响以及危害后果等因素综合判断其是否情节严重。

**典型疑难案件参考**

陈金平被撤销缓刑案

**基本案情**

罪犯陈金平于2000年1月18日被江苏省镇江市润州区人民法院以盗窃罪判处有期徒刑2年,缓刑3年,缓刑考验期自2000年1月31日起至2003年1月31日止。2002年8月,陈金平先后两次在镇江市运输三站陆东健经营的七里电动工具商店,用事先窃得的钥匙入室行窃,分别窃得人民币100元和200

元。2002年10月，罪犯陈金平明知一辆本田70摩托车来路不正，仍以500元的价格予以收购，该车系被害人曾志伟被窃车辆，价值830元。

### 诉辩情况

江苏省镇江市公安局润州区分局认定：罪犯陈金平于2002年8月盗窃两起，窃得现金300元；于2002年10月，明知一辆本田70摩托车来路不正仍进行购买，其行为已严重违反《治安管理处罚条例》第23条第1项、第24条第1项之规定。建议对罪犯陈金平撤销缓刑，收监执行。

罪犯陈金平对公安机关认定的事实没有异议，未作辩解。

### 裁判结果

江苏省镇江市润州区人民法院依照《刑法》第77条第2款、最高人民法院《关于执行〈中华人民共和国刑事诉讼法〉若干问题的解释》第357条之规定，作出如下裁定：

一、撤销本院〔2000〕润刑初字第24号刑事判决中对罪犯陈金平宣告缓刑3年的执行部分。

二、对罪犯陈金平收监执行原判有期徒刑2年。

### 裁判理由

江苏省镇江市润州区人民法院经审理认为：罪犯陈金平在缓刑考验期限内违反《治安管理处罚条例》第23条第1项、第24条第1项之规定，情节严重，应当撤销缓刑，执行原判刑罚。

**269.** 法院在作出宣判以前，发现被告人先前已经被宣告数个缓刑，而且都处在缓刑考验期内，法院应当如何处理？审理新罪的法院是否有权撤销前两次缓刑？

最高人民法院《关于执行〈中华人民共和国刑事诉讼法〉若干问题的解释》第356条规定："被宣告缓刑、假释的犯罪分子，在缓刑、假释考验期限内再犯新罪或者被发现判决宣告以前还有其他罪没有判决，应当撤销缓刑、假释的，由审判新罪的人民法院在审判新罪时，对原判决、裁定宣告的缓刑、假释予以撤销。"可见，审判新罪的法院有权撤销先前的缓刑裁判。

## 典型疑难案件参考

### 徐通等盗窃案

**基本案情**

2006年12月至2007年3月,被告人徐通、吴栋良、季思亮、殷进华与他人在无锡市锡山区、崇安区、北塘区等地实施盗窃,其中被告人徐通、吴栋良参与盗窃6次,物品价值人民币231129.34元;被告人季思亮、殷进华参与盗窃2次,物品价值人民币224318.34元;被告人李先平明知价值人民币16780元的物品系赃物,仍予以收购。被告人徐通被抓获归案后,如实供述了公安机关尚未掌握的较重的盗窃事实;被告人殷进华被抓获归案后,协助公安机关抓获被告人李先平。

另查明:(1)2005年2月5日被告人殷进华因犯交通肇事罪被大丰市人民法院判处有期徒刑2年6个月,缓刑3年,缓刑考验期自2005年2月至2008年2月。(2)2007年3月28日被告人殷进华因犯盗窃罪被建湖县人民法院判处有期徒刑3年,缓刑4年,缓刑考验期限自2007年4月至2011年4月。

**诉辩情况**

无锡市锡山区人民检察院以被告人徐通、吴栋良、季思亮、殷进华犯盗窃罪,被告人李先平犯掩饰、隐瞒犯罪所得罪向无锡市锡山区人民法院提起公诉。

**裁判结果**

无锡市锡山区人民法院依照《刑法》第264条、第312条、第25条第1款、第68条第1款、第56条第1款、第69条、第77条第1款、第64条及最高人民法院《关于处理自首和立功具体应用法律若干问题的解释》第4条、第5条之规定,判决如下:

一、被告人徐通犯盗窃罪,判处有期徒刑12年,剥夺政治权利3年,罚金人民币1万元。

二、被告人吴栋良犯盗窃罪,判处有期徒刑10年6个月,剥夺政治权利3年,罚金人民币1万元。

三、被告人季思亮犯盗窃罪,判处有期徒刑10年6个月,剥夺政治权利3年,罚金人民币1万元。

四、被告人殷进华犯盗窃罪,判处有期徒刑10年,剥夺政治权利3年,罚金人民币1万元;撤销〔2005〕大刑初字第33号刑事判决书、〔2007〕建刑初字第154号刑事判决书分别对被告人殷进华宣告的缓刑,与原犯交通肇事罪判处的有期徒刑2年6个月、犯盗窃罪判处的有期徒刑3年实行数罪并罚。决定执行有期徒刑13年6个月，剥夺政治权利3年，罚金人民币1万元。

五、被告人李先平犯掩饰、隐瞒犯罪所得罪，判处有期徒刑1年；罚金人民币1000元。

六、本案尚未追缴的赃物继续予以追缴。

### 裁判理由

无锡市锡山区人民法院认为：被告人徐通、吴栋良、季思亮、殷进华以非法占有为目的，秘密窃取公私财物，数额特别巨大，其行为均已构成盗窃罪。被告人李先平明知是他人犯罪所得的赃物仍予以收购，其行为已构成掩饰、隐瞒犯罪所得罪。被告人殷进华归案后能协助公安机关抓获同案犯，属有立功表现，依法可以从轻或者减轻处罚。被告人殷进华在犯交通肇事罪缓刑考验期内犯盗窃罪，应当撤销缓刑，实行数罪并罚；其在犯盗窃罪缓刑考验期内发现判决宣告以前还有其他犯罪没有判决，应当撤销缓刑，实行数罪并罚。被告人徐通归案后如实供述了公安机关尚未掌握的其他较重的盗窃犯罪事实，应予以从轻处罚。被告人吴栋良、季思亮在所参与的共同盗窃犯罪中作用相对较小，可酌情予以从轻处罚。五被告人在庭审中均能自愿认罪，可酌情予以从轻处罚。被告人徐通曾因犯盗窃罪受过刑事处罚，但其不思悔改，再次犯盗窃罪，应酌情予以从重处罚。根据五被告人的犯罪情节及悔罪表现，决定对被告人殷进华依法予以从轻处罚，对被告人徐通、吴栋良、季思亮、李先平分别酌情予以从轻处罚。

## 七、减刑

### 270. 司法实践中具体的减刑标准如何把握？

具有如下情形的，可视为减刑的实质条件已经具备：（1）阻止他人重大犯罪活动的；（2）检举监内外重大犯罪活动，经查证属实的；（3）有发明创造或重大技术革新的；（4）在日常生产、生活中舍己救人的；（5）在抗御自然灾害或者排除重大事故中，有突出表现的；（6）对国家和社会有其他重大贡献的。需要特别注意的是：（1）对未成年的罪犯的减刑在标准上可以比照成年犯依法适当放宽；（2）对罪行严重的危害国家安全的罪犯、犯罪集团的首要分子、主犯和累犯的减刑，应从严把握；（3）对老年犯和非自残性的残疾犯的减刑，应注重悔罪的实际表现。

### 271. 对民间矛盾激化引发的故意杀人案件如何适用死缓限制减刑？

根据最高人民法院《关于死刑缓期执行限制减刑案件审理程序若干问题的规定》的精神，民间矛盾激化引发的故意杀人案件并不能在适用死缓限制减刑方面一概而论。对于该判处死刑立即执行的，要依法判处。即使系民间矛盾激化引发的故意杀人案件，如果犯罪后果极为严重，虽有一定从宽处罚情节，但不足以体现从宽的，仍应当判处死刑立即执行，而不能"降格"判处死刑缓期执行限制减刑。论罪本不应判处死刑立即执行，判处死刑缓期执行符合法律规定精神的，则不应适用限制减刑。对民间矛盾激化引发的故意杀人案犯罪嫌疑人可不立即执行死刑的，遵循罪责刑相适应原则，同时考虑被害人家属意愿，可以适用死缓限制减刑。

**典型疑难案件参考**

李飞故意杀人案

**基本案情**

2006年4月14日，被告人李飞因犯盗窃罪被判处有期徒刑2年，2008年1月2日刑满释放。2006年4月，经人介绍，李飞与被害人徐某（女，殁年26岁）建立恋爱关系。2006年8月，二人因经常吵架而分手。8月24日，派出所到李飞的工作单位给李飞建立重点人员档案时，其单位从而得知李飞曾因犯罪被判刑一事，并以此为由停止了李飞的工作。李飞认为其被停止工作与徐某有关。2006年9月12日21时许，李飞拨打徐的手机，因徐外出，其表妹王某（被害人，时年16岁）接听了电话，并说徐已外出。后李飞又多次拨打徐的手机，均未接通。当日23时许，李飞来到徐经营的"小天使形象设计室"附近，再次拨打徐的手机，与徐在电话中发生争吵。后李飞破门进入徐在该设计室的卧室，持室内的铁锤击打徐的头部20余下，并击打王某的头部、双手等部位数下，后又持铁锤再次击打了徐、王的头部，致徐某当场死亡、王某轻伤。为防止在设计室的学徒工佟某报警，李飞将徐、王及佟某的手机带离现场后抛弃。当月23日22时许，李飞到其姑母家中，委托其姑母转告其母亲梁某送钱。梁某得知此情后，及时将情况报告给公安机关，并于次日晚协助公安机关将前来姑母家取钱的李飞抓获。

### ▶一审诉辩情况◀

黑龙江省哈尔滨市人民检察院以被告人李飞犯故意杀人罪、故意伤害罪,向哈尔滨市中级人民法院提起公诉。

被告人李飞对指控的犯罪事实没有异议,但辩称:两名被害人对本案案发有一定过错。其辩护人提出:被害人徐某有过激言行,对引发本案有一定过错;李飞的母亲梁某协助公安机关抓捕李飞,李飞属投案自首,请求对李飞从轻处罚。

### ▶一审裁判结果◀

哈尔滨市中级人民法院依照《刑法》第232条、第57条第1款之规定,判决如下:被告人李飞犯故意杀人罪,判处死刑,剥夺政治权利终身。

### ▶一审裁判理由◀

哈尔滨市中级人民法院认为:被告人李飞故意剥夺他人生命,致一人死亡、一人轻伤,其行为构成故意杀人罪。检察机关指控李飞犯故意杀人罪的罪名成立,但指控李飞犯故意伤害罪不当。李飞深夜破门闯入被害人徐某的卧室内,系不法行为在先,即使徐某有过激语言,也不能认定徐某有过错。李飞没有与其亲属商量投案之事,而是在去其姑母家取钱时被抓获,其行为不构成自首。李飞杀人手段特别残忍,后果特别严重,又系累犯,其亲属虽能协助公安机关将其抓获,但不足以对其从轻处罚。

### ▶二审诉辩情况◀

宣判后,被告人李飞以原判定罪不准,被害人有过错,其亲属代为投案,可从轻处罚为由,向黑龙江省高级人民法院提出上诉。

### ▶二审裁判结果◀

黑龙江省高级人民法院依照《刑事诉讼法》第189条第1项、第199条之规定,裁定:驳回上诉,维持原判,并依法报请最高人民法院核准。

### ▶二审裁判理由◀

黑龙江省高级人民法院经二审公开审理认为:上诉人李飞持铁锤行凶,致一人死亡、一人轻伤,其行为构成故意杀人罪。李飞虽系在其亲属协助下被抓捕归案,但没有证据证实李飞到其姑母家的目的是投案,李飞亦没有任何投案的意思表示，故对其不能认定为自首。李飞的上诉理由均不能成立。李飞杀人手段特别残忍，后果特别严重，又系累犯，应予严惩。其亲属虽能协助公安机关将其抓获，但不足以对其从轻处罚。一审判决认定的事实清楚，证据确实、充分，定罪准确，量刑适当，审判程序合法。

### 复核结果

最高人民法院依照《刑事诉讼法》第199条和最高人民法院《关于复核死刑案件若干问题的规定》第4条之规定，裁定：不核准并撤销黑龙江省高级人民法院维持第一审以故意杀人罪判处被告人李飞死刑，剥夺政治权利终身的刑事裁定，发回黑龙江省高级人民法院重新审判。

### 复核理由

最高人民法院经复核认为：被告人李飞的行为构成故意杀人罪。李飞作案手段残忍，情节恶劣，且曾因犯盗窃罪被判刑，在刑罚执行完毕之后5年内又犯罪，系累犯，应依法从重处罚。但鉴于本案系民间纠纷引发，李飞的母亲积极协助公安机关将李飞抓获归案，李飞认罪态度较好，对李飞可不判处死刑立即执行。第一审判决、第二审裁定认定的事实清楚，证据确实、充分，定罪准确，审判程序合法。

### 重审裁判结果

黑龙江省高级人民法院依照《刑事诉讼法》第189条第1项、第2项和《刑法》第232条、第48条、第50条第2款、第57条第1款、第65条第1款及最高人民法院《关于〈中华人民共和国刑法修正案（八）〉时间效力问题的解释》第2条，最高人民法院《关于死刑缓期执行限制减刑案件审理程序若干问题的规定》第1条、第5条第1款、第7条之规定，判决如下：

一、维持哈尔滨市中级人民法院〔2009〕哈刑二初字第51号刑事判决中的定罪部分；

二、撤销哈尔滨市中级人民法院〔2009〕哈刑二初字第51号刑事判决中的量刑部分；

三、上诉人（一审被告人）李飞犯故意杀人罪，判处死刑，缓期2年执行，剥夺政治权利终身；

四、对上诉人（一审被告人）李飞限制减刑。

### 重审裁判理由

黑龙江省高级人民法院经重新审理认为：上诉人李飞杀人手段特别残忍，

后果特别严重，又系累犯，应依法从重处罚。但鉴于本案系民间矛盾引发，李飞的母亲积极协助公安机关将李飞抓获归案，李飞的认罪态度较好，对李飞可不判处死刑立即执行。根据李飞的犯罪情节及主观恶性、人身危险性等情况，应依法对其限制减刑。一审判决认定的事实清楚，证据确实、充分，定罪准确，审判程序合法。

### 272. 对判处死刑缓期执行的被告人决定限制减刑，应当遵循哪些原则？

对于一些危险性极大但又不是必须立即执行死刑的犯罪分子，可以判处死缓，对其限制减刑的范围应该是以人身危险性极大为标准的。根据我国《刑法》的规定，适用死缓限制减刑的仅限于累犯；因实施故意杀人、强奸、抢劫、绑架、放火、爆炸、投放危险物质7种具体犯罪而被判处死刑缓期执行；因实施有组织的暴力性犯罪而被判处死缓的。死缓限制减刑制度限于上述范围，但也不是说属于上述范围的就可以当然适用，还要考虑罪责刑相适应原则等刑法基本原则。

### 273. 在共同侵害致人死亡的案件中，如何适用限制减刑制度？

首先，对于共同犯罪的量刑，要根据各个犯罪人在共同犯罪中的作用综合分析。根据最高人民法院《关于贯彻宽严相济刑事政策的若干意见》的规定，即"对于多名被告人共同致死一名被害人的案件，要进一步分清各被告人的作用，准确确定各被告人的罪责，以做到区别对待；不能以分不清主次为由，简单地一律判处重刑"。所谓重刑就是指死刑立即执行，应根据犯罪人的人身危险性确定其是否应当适用限制减刑制度，而不是简单地判处死刑立即执行或死缓。

## 典型疑难案件参考

### 宋江平、平建卫抢劫、盗窃案

**基本案情**

1. 2008年8月,被告人宋江平在河北省承德市结识了被告人平建卫、李雪朋(同案被告人,已判处无期徒刑)后,提出带二人到河北省平泉县平泉镇抢劫客官洗浴中心,平、李二人表示同意。三人到平泉镇后,宋江平又纠集张长海(同案被告人,已判处无期徒刑)参与作案。2008年8月24日晚,宋江平、平建卫等四人到客官洗浴中心附近准备抢劫,因无作案机会而未得逞。8月27日零时许,宋江平等四人再次到客官洗浴中心准备抢劫,因突遇他人又未得逞。随后,张长海提出抢劫附近的天一网吧。当日2时许,在宋江平的组织、指挥下,张长海以还钱为由,骗在该网吧值夜班的路建军(被害人,男,殁年20岁)打开房门,平建卫、李雪朋持刀捅刺路建军胸腹部等处数十刀,致其心肺破裂及开放性血气胸合并失血性休克死亡。而后,宋江平等四人劫走路建军的黄金戒指、紫光牌手机、手包以及网吧内的KEDE牌手表等物品(价值共计3946元)及现金400余元。

2. 2008年8月19日凌晨,被告人宋江平纠集平建卫、李雪朋到河北省承德县上板城镇,跳窗进入孙立伟经营的手机店,盗走手机4部、小灵通1部、手机卡15张、手机电池27块、振华牌928型手机附件1套、复读机1台、手机充电器12个、内存卡3张等物品,共计价值2313元。

3. 2008年8月25日中午,被告人宋江平、平建卫伙同张长海、李雪朋到河北省平泉县平泉镇西城社区顺达胡同林振阁闲置的房屋内,盗走屋内的暖气片4组及暖气管24.5米,销赃后得赃款1150元。

**一审诉辩情况**

河北省承德市人民检察院以被告人宋江平、平建卫犯抢劫罪、盗窃罪,向承德市中级人民法院提起公诉。

被告人宋江平、平建卫对检察机关指控的犯罪事实均无异议。宋江平的辩护人提出:宋江平不是抢劫犯意的提出者,也未持刀直接致死被害人。平建卫的辩护人提出:平建卫认罪态度好,此次犯罪系受他人引诱,主观恶性不深,应认定为从犯,建议对平建卫从宽处罚。

**一审裁判结果**

承德市中级人民法院依照《刑法》第263条第5项,第264条,第26条第 1 款、第 4 款，第 48 条第 1 款，第 57 条第 1 款，第 69 条之规定，判决如下：

一、被告人宋江平犯抢劫罪，判处死刑，剥夺政治权利终身，并处没收个人全部财产；犯盗窃罪，判处有期徒刑 2 年，并处罚金人民币 3000 元；决定执行死刑，剥夺政治权利终身，并处没收个人全部财产。

二、被告人平建卫犯抢劫罪，判处死刑，剥夺政治权利终身，并处没收个人全部财产；犯盗窃罪，判处有期徒刑 1 年 6 个月，并处罚金人民币 2500 元；决定执行死刑，剥夺政治权利终身，并处没收个人全部财产。

### 一审裁判理由

承德市中级人民法院认为：被告人宋江乎、平建卫的行为分别构成抢劫罪、盗窃罪。二被告人伙同他人持刀抢劫，致一人死亡，犯罪情节和后果特别严重。在抢劫共同犯罪中，宋江平提议抢劫，平建卫等人积极参与，均系主犯，应当按照所参与或组织、指挥的全部犯罪处罚。对二被告人所犯抢劫罪、盗窃罪，应当依法并罚。

### 二审诉辩情况

一审宣判后，被告人宋江平、平建卫均提出上诉。

宋江平的上诉理由及其辩护人的辩护意见是：宋江平不是犯意的提出者，没有实施具体的杀人行为，原判对其量刑过重。

平建卫的上诉理由及其辩护人的辩护意见是：平建卫系被胁迫参与犯罪，属从犯，原判对其量刑过重。

### 二审裁判结果

河北省高级人民法院依照《刑事诉讼法》第 189 条第 1 项、第 199 条之规定，裁定：驳回上诉，维持原判，并依法报请最高人民法院核准。

### 二审裁判理由

河北省高级人民法院经二审审理认为：上诉人宋江平、平建卫的行为分别构成抢劫罪、盗窃罪。在抢劫共同犯罪中，宋江平提出犯意，纠集平建卫等人作案，积极策划、组织、指挥，应当按照其所组织、指挥的全部犯罪处罚。平建卫积极参与抢劫，持刀捅刺被害人二十余刀，直接致被害人死亡，亦系主犯，应当按照其所参与的全部犯罪处罚。二上诉人在共同犯罪中作用相当。对二上诉人的上诉理由及辩护人所提辩护意见不予采纳。原判认定的事实清楚，证据确实、充分，定罪准确，量刑适当，审判程序合法。

### 复核结果

最高人民法院依照《刑法》第263条第5项，第264条，第26条第1款、第4款，第48条第1款，第50条第2款，第57条第1款，第69条，《刑事诉讼法》第199条，最高人民法院《关于复核死刑案件若干问题的规定》第7条和最高人民法院《关于死刑缓期执行限制减刑案件审理程序若干问题的规定》第6条第2款的规定，判决如下：

一、核准河北省高级人民法院〔2009〕冀刑四终字第154号刑事裁定中维持第一审对被告人宋江平以抢劫罪判处死刑，剥夺政治权利终身，并处没收个人全部财产；以盗窃罪判处有期徒刑2年，并处罚金人民币3000元，决定执行死刑，剥夺政治权利终身，并处没收个人全部财产的部分。

二、撤销河北省高级人民法院〔2009〕冀刑四终字第154号刑事裁定和承德市中级人民法院〔2009〕承市刑初字第21号刑事附带民事判决中对被告人平建卫以抢劫罪判处死刑，剥夺政治权利终身，并处没收个人全部财产；以盗窃罪判处有期徒刑1年6个月，并处罚金人民币2500元，决定执行死刑，剥夺政治权利终身，并处没收个人全部财产的部分。

三、被告人平建卫犯抢劫罪，判处死刑，缓期2年执行，剥夺政治权利终身，并处没收个人全部财产；犯盗窃罪，判处有期徒刑1年6个月，并处罚金人民币2500元；决定执行死刑，缓期2年执行，剥夺政治权利终身，并处没收个人全部财产。

四、对被告人平建卫限制减刑。

### 复核理由

最高人民法院经复核认为：被告人宋江平、平建卫以非法占有为目的，伙同他人采取暴力手段劫取财物，其行为均构成抢劫罪。宋江平、平建卫以非法占有为目的，伙同他人采取秘密手段窃取公民财物，数额较大，其行为又均构成盗窃罪。对二被告人所犯数罪，应依法并罚。宋江平、平建卫在共同犯罪中均起主要作用，均系主犯，应当按照其所组织、指挥和参与的全部犯罪处罚。在共同抢劫犯罪中，宋江平系组织、策划和指挥者，指使平建卫等人将被害人路建军杀死，罪行极其严重，应依法惩处。平建卫在共同抢劫犯罪中的作用相对小于宋江平，且认罪态度较好，对其判处死刑，可不立即执行；但鉴于平建卫系致死路建军的直接责任者之一，犯罪手段残忍，具有一定人身危险性，应当对其限制减刑。第一审判决、第二审裁定认定的事实清楚，证据确实、充分，定罪准确，审判程序合法，对宋江平的量刑适当。

## 八、时效

### 274. 何种情况下犯罪不受追诉时效的限制？

有两种情况，分别是：（1）在人民检察院、公安机关、国家安全机关立案侦查或者在人民法院受理案件以后，逃避侦查或者审判的；（2）被害人在追诉期限内提出控告，人民法院、人民检察院、公安机关应当立案而不予立案的。

### 275. 如何在具体案件中适用从旧兼从轻原则？

首先考察该行为在新旧法律中是否都是犯罪行为，然后再对比该罪在新旧法律中的法定刑高低，适用不是犯罪或处罚较轻的法律。

**典型疑难案件参考**

邢小良等故意伤害案

**基本案情**

1995年9月17日上午9时左右，被告人邢小良、周忠南伙同邢某（外逃）在嵊州市长乐镇坎一村塑料厂修理一辆三轮摩托车后随带撬杆等工具返回邢小良家，在途经坎一村村口直路时，看见长乐镇太平村的邢小东骑一辆二轮摩托车载着周丽君从对面骑来，因周忠南于1994年4月被邢小东等人用刀戳伤的医药费尚未赔付，周遂上前将邢小东拦下并向其催讨医药费，遭邢小东拒绝而发生争执时，邢小东拔出随身携带的尖刀，被告人邢小良及邢某见邢小东拔出尖刀，加上邢小良在两年前被邢小东等人戳伤过眼部，心中有气，即上前帮周忠南，邢小良用随带的摩托车撬杆（长约1米左右的铁棍）在邢小东身上、脚上打了几下，因其右手腕被邢小东戳伤，邢某上前用铁棍继续对邢小东实施殴打，期间，周忠南因见周丽君上前劝架而强行将周丽君拖开，以方便邢小良、邢某对邢小东进行殴打。后邢小东被他人送至长乐卫生院救治，因脾破裂出血性休克于当天下午2时左右死亡。经法医鉴定，认定邢小东棍棒打击伤至少为14处，其中头部1处、胸部2处、左上肢4处、右上肢1处、左下肢为3处，左腰至左季肋部1处为致命伤，因该伤致脾破裂出血性休克死亡。被告人邢小良、周忠南及同伙邢某在得知被害人死亡的消息后即外逃，1997年11月17日，被告人周忠南向嵊州市公安局长乐派出所投案，并如实供述了上述事实。2002年12月5日，被告人刑小良被嵊州市公安局抓获归案。

另查明：附带民事诉讼原告人邓香娥因被害人邢小东死亡而造成的经济损失有：丧葬费1000元，邓香娥的赡养费1402元，抢救费2000元。虽附带民事诉讼原告人邓香娥及其诉讼代理人未能提交相应证据，但因两被告人当庭表示无异议，故予以认定。综上，共计损失4402元。案发后，被告人邢小良家属已在公安侦查期间赔偿被害人家属人民币10000元。

### 诉辩情况

浙江省嵊州市人民检察院认为：被告人邢小良、周忠南无视国法，故意伤害他人身体，致人死亡，其行为已构成故意伤害罪。鉴于被告人周忠南案发后能自动投案，如实供述自己的罪行，属自首。且被告人邢小良、周忠南之行为实施在《刑法》修订以前，根据《刑法》第12条之规定，故对被告人邢小良、周忠南应分别依照1979年的《刑法》第134条第2款，《刑法》第67条、第25条之规定处罚。

附带民事诉讼原告人邓香娥以伤害赔偿为由诉请判令被告人邢小良、周忠南赔偿抢救费2000元，丧葬费1000元，死亡补偿费40790元，抚养费1402元，合计45192元。

被告人邢小良对起诉书指控的事实、罪名均无异议，对附带民事诉讼原告人提出的赔偿请求，提出愿意赔偿合理的经济损失，要求减轻处罚。其辩护人暨附带民事诉讼代理人提出：（1）邢小东平时表现较差，曾多次携带凶器伤人，为证明上述事实，辩护人提交了邢伯成等人的证明；（2）被害人在本案中存在较大的过错，本案的发生是由于被告人向被害人催讨医药费而被害人在双方发生争执时拔出随身携带的尖刀所致；（3）被告人邢小良系初犯；（4）被告人邢小良认罪态度较好；（5）被告人邢小良已赔偿被害人家属10000元，具有较好的悔罪表现，请求对邢小良最大限度的从轻处罚，并提出由于被害人存在过错，可减轻被告人的赔偿责任，且被告人家庭经济条件较差，为证明该事实，辩护人提交了长乐镇坎一村村委证明等证据，要求酌情予以赔偿。

被告人周忠南对起诉书指控的事实、罪名均无异议，对附带民事诉讼原告人之诉讼请求亦无异议。其辩护人提出：（1）本案的发生与被害人邢小东的过错有关；（2）被告人周忠南在犯罪过程中只起到辅助作用，应认定为从犯；（3）被告人周忠南案发前平时表现较好，系初犯；（4）被告人周忠南具有自首情节、认罪态度较好。请求对被告人周忠南予以最大限度的减轻处罚。

### 裁判结果

浙江省嵊州市人民法院依照1979年《刑法》第134条第2款、第51条第1款、《刑法》第12条第1款、第67条第1款、第25条第1款、第26条第1、4款、第27条、第36条第1款及《民法通则》第119条之规定，判决如下：

一、被告人邢小良犯故意伤害罪，判处有期徒刑14年6个月，剥夺政治权利5年；

二、被告人周忠南犯故意伤害罪，判处有期徒刑6年；

三、被告人邢小良、周忠南共同赔偿附带民事诉讼原告人邓香娥经济损失计人民币4402元。

### 裁判理由

浙江省嵊州市人民法院认为：被告人邢小良伙同被告人周忠南等人故意伤害他人身体致一人死亡，其行为均已构成故意伤害罪，被告人邢小良在共同犯罪中起主要作用，系主犯，应依法惩处。被告人周忠南在共同犯罪中起次要作用，系从犯；且被告人周忠南在犯罪后能自动投案，如实供述自己的罪行，是自首，归案后认罪态度较好等，根据被告人周忠南具有上述法定从轻或减轻、酌情从轻之情节，本院依法对被告人周忠南予以减轻处罚。检察机关指控的罪名成立，应予支持。被告人邢小良的辩护人提出的本案被害人有过错，且被告人邢小良系初犯，案发后已给予被害人亲属一定的经济赔偿，具有悔罪表现等酌情从轻情节与事实和法律相符，本院予以采纳。被告人周忠南的辩护人提出被告人周忠南系从犯，具有自首情节，系初犯，归案后认罪态度较好，请求予以减轻处罚的辩护意见亦与事实和法律相符，本院予以采纳。本案附带民事诉讼原告人邓香娥要求两被告人共同赔偿因被害人邢小东死亡而造成的经济损失丧葬费1000元，赡养费1402元，抢救费2000元合理合法，予以支持。死亡补偿费属于对被害人家属的精神损害赔偿的范畴，不属于刑事附带民事诉讼的赔偿范围，故对附带民事诉讼原告人邓香娥提出的要求两被告人赔偿死亡补偿费40790元之诉请，不予支持。

### 276. 审判实践中如何根据犯罪类型计算追诉时效？

我们把犯罪划分为即成犯、状态犯和继续犯。犯罪行为实施终了时，犯罪结果即时出现的是即成犯，追诉时效从犯罪成立之日起计算，也就是犯罪行为实施终了之日起计算；犯罪行为实施终了后，危害结果继续存在的是状态犯，行为终了，结果出现，虽然结果脱离行为后继续存在，但犯罪既遂是在行为终了结果出现之时达成，此时应是追诉时效的计算起点；犯罪行为与危害结果同时持续地存在是继续犯，对于继续犯，追诉时效从行为与结果同时结束之日起计算。

### 277. 犯罪类型对于刑法溯及力有何影响？

根据我国从旧兼从轻原则，一般跨越新旧《刑法》的犯罪才涉及溯及力的问题，如何判断一个犯罪是否跨越新旧《刑法》呢？主要是看犯罪时间，因此对犯罪时间的理解就十分重要。根据犯罪时间特征的不同我们把犯罪划分为即成犯、状态犯、连续犯、继续犯和惯犯。对于即成犯，犯罪时间就是行为实施时间；对于状态犯，犯罪时间从犯罪结果出现达到法定时间时视为犯罪成立之时；对于继续犯，应以持续状态的结束为犯罪时间；对于连续犯和惯犯，可作为数个行为来看待，以每个行为实施的结束时间为犯罪时间。

## 典型疑难案件参考

### 冒力挪用资金案

**基本案情**

被告人冒力于1997年3月，在担任国营如皋市动力机厂供销员期间，与山东省冠县服务部张祥海订立工矿产品购销合同，约定由如皋市动力机厂向对方销售柴油机420台货款总计人民币680595元。在双方履行合同期间，被告人冒力于同年3月23日、5月23日、6月21日，三次收取山东省冠县农机服务部张祥海支付的货款共计人民币434520元，将其中41730元未缴本厂财务入账，挪作自己家用。案发后，被告人冒力已退出挪用的全部赃款。

> **诉辩情况**

江苏省如皋市人民检察院指控称：被告人冒力于1997年年底至2002年年底，在担任如皋市动力机厂供销员期间，将收取的业务单位山东省冠县农机服务部的货款41730元不缴厂财务入账，挪作自己家用长达5年之久。被告人冒力的行为构成挪用公款罪。提请依法判处。

被告人冒力未提出辩解。其辩护人提出的主要辩护意见是：指控被告人冒力挪用的4万余元公款，不排除是对方让利的可能性；冒力的认罪态度好，建议判处缓刑。

> **裁判结果**

江苏省如皋市人民法院依照《刑法》第12条第1款和全国人民代表大会常务委员会《关于惩治违反公司法的犯罪的决定》第11条及1979年《刑法》第60条、第67条第1款、第68条第1、2款之规定，作出如下判决：

一、被告人冒力犯挪用资金罪，判处拘役3个月，缓刑6个月；

二、追缴的赃款人民币41730元发还如皋市动力机厂。

> **裁判理由**

江苏省如皋市人民法院认为：被告人冒力利用职务上的便利，挪用资金归个人使用，数额较大，超过3个月不还，其行为触犯刑律，构成挪用资金罪。冒力收取货款时以实际数额打收条，不存在双方让利的情况，故辩护人提出指控冒力的挪用款项中不排除对方让利可能性的辩护意见无事实依据，不予采纳。冒力归案后，认罪态度较好，已退出挪用的全部赃款，有悔罪表现，可酌情从轻处罚，故辩护人关于建议适用缓刑的意见予以采纳。被告人冒力挪用资金的行为发生在1997年修订的《刑法》施行之前，应根据从旧兼从轻的原则定罪处罚。

## 278. 在审理刑事附带民事诉讼的案件中，附带民事诉讼部分的时效应当遵从刑事诉讼的诉讼时效还是独立适用民事诉讼的诉讼时效？

根据《刑事诉讼法》第77条第1款的规定，被害人由于被告人的犯罪行为而遭受物质损失的，在刑事诉讼过程中，有权提

> 起附带民事诉讼。被害人提起刑事附带民事诉讼就是因为犯罪行为不但构成犯罪，而且构成民事侵权，被害人因此提起民事损害赔偿之诉其存在是以刑事诉讼的存在为前提的，因此对于刑事附带民事诉讼时效应当遵从刑事诉讼诉讼时效，即使其在审判过程中需援引民事诉讼的有关规定，也是在穷尽刑事诉讼有关规定的前提下进行的。

### 典型疑难案件参考

#### 张勇故意伤害案

**基本案情**

2003年11月9日晚，被告人张勇与老乡孙以斗等人在扬州市西湖镇"老祈"饭店吃饭，张勇与孙以斗为琐事发生争吵，被一同喝酒的其他老乡劝开。后张勇与孙以斗回到宿舍继续发生争吵、打斗，在打斗过程中，张勇持菜刀砍了孙以斗面部三刀，致孙面部受伤，经法医鉴定为轻伤。

另查，2003年12月，附带民事诉讼原告人孙以斗曾与被告人张勇联系协商过赔偿问题，但未达成协议，后直至2005年3月12日向法院提起附带民事诉讼前，孙以斗未再向张勇主张过权利。

**一审诉辩情况**

江苏省扬州市维扬区人民检察院于2005年3月7日以被告人张勇犯故意伤害罪向江苏省扬州市维扬区人民法院提起公诉。

2005年3月12日，附带民事诉讼原告人孙以斗向法院提起附带民事诉讼，要求被告人张勇赔偿经济损失共计人民币28289.2元。

**一审裁判结果**

扬州市维扬区人民法院依据《刑法》第234条第1款、第64条、第72条第1款、第73条第2款、第3款和《民法通则》第136条第1项之规定，判决如下：

一、被告人张勇犯故意伤害罪，判处有期徒刑2年，缓刑2年；
二、作案工具菜刀一把予以没收；
三、驳回附带民事诉讼原告人孙以斗的诉讼请求。

▶ 一审裁判理由

扬州市维扬区人民法院认为：被告人张勇故意伤害他人身体致人轻伤，其行为已构成故意伤害罪。其归案后认罪态度较好，且系初犯，均可酌情从轻处罚。附带民事诉讼原告人孙以斗被伤害后虽曾主张过权利，但在其后的1年诉讼时效期限内未及时起诉，被告人张勇又不同意附带民事诉讼原告人孙以斗的诉讼请求，附带民事诉讼原告人孙以斗已丧失了胜诉权，故对其诉讼请求不予支持。

▶ 二审诉辩情况

一审宣判后，被告人张勇未提出上诉，检察机关亦未提起抗诉。

附带民事诉讼原告人孙以斗就本案附带民事部分向扬州市中级人民法院提出上诉，要求被告人张勇赔偿其经济损失。

▶ 二审裁判结果

经扬州市中级人民法院主持调解，上诉人孙以斗及原审被告人张勇均认为双方应该本着相互谅解的原则解决附带民事赔偿纠纷，为此，双方当事人自愿达成如下协议：

一、原审被告人张勇赔偿上诉人孙以斗各项经济损失共计人民币6000元；

二、上诉人孙以斗自愿放弃对原审被告人张勇的其他诉讼请求。

▶ 二审裁判理由

附带民事诉讼原告人孙以斗就本案附带民事部分向扬州市中级人民法院提出上诉，扬州市中级人民法院经审理查明的本案事实与一审认定的事实无异。对于本案附带民事部分，二审法院认为尚未超过诉讼时效，予以受理。

# 刑罚的具体运用办案依据集成

## 刑法条文

**第六十一条【量刑根据】** 对于犯罪分子决定刑罚的时候,应当根据犯罪的事实、犯罪的性质、情节和对于社会的危害程度,依照本法的有关规定判处。

**第六十二条【从重、从轻处罚】** 犯罪分子具有本法规定的从重处罚、从轻处罚情节的,应当在法定刑的限度以内判处刑罚。

**第六十三条【减轻处罚】** 犯罪分子具有本法规定的减轻处罚情节的,应当在法定刑以下判处刑罚;本法规定有数个量刑幅度的,应当在法定量刑幅度的下一个量刑幅度内判处刑罚。

**【特殊减轻处罚的程序】** 犯罪分子虽然不具有本法规定的减轻处罚情节,但是根据案件的特殊情况,经最高人民法院核准,也可以在法定刑以下判处刑罚。

**第六十四条【犯罪物品的处理】** 犯罪分子违法所得的一切财物,应当予以追缴或者责令退赔;对被害人的合法财产,应当及时返还;违禁品和供犯罪所用的本人财物,应当予以没收。没收的财物和罚金,一律上缴国库,不得挪用和自行处理。

**第六十五条【一般累犯】** 被判处有期徒刑以上刑罚的犯罪分子,刑罚执行完毕或者赦免以后,在五年以内再犯应当判处有期徒刑以上刑罚之罪的,是累犯,应当从重处罚,但是过失犯罪和不满十八周岁的人犯罪的除外。

前款规定的期限,对于被假释的犯罪分子,从假释期满之日起计算。

**第六十六条【特殊累犯】** 危害国家安全犯罪、恐怖活动犯罪、黑社会性质的组织犯罪的犯罪分子,在刑罚执行完毕或者赦免以后,在任何时候再犯上述任一类罪的,都以累犯论处。

**第六十七条【自首】** 犯罪以后自动投案,如实供述自己的罪行的,是自首。对于自首的犯罪分子,可以从轻或者减轻处罚。其中,犯罪较轻的,可以免除处罚。

**【准自首】** 被采取强制措施的犯罪嫌疑人、被告人和正在服刑的罪犯,如实供述司法机关还未掌握的本人其他罪行的,以自首论。

**【坦白从宽】** 犯罪嫌疑人虽不具有前两款规定的自首情节,但是如实供述自己罪行的,可以从轻处罚;因其如实供述自己罪行,避免特别严重后果发生的,可以减轻处罚。

**第六十八条【立功】** 犯罪分子有揭发他人犯罪行为,查证属实的,或者提供重要线索,从而得以侦破其他案件等立功表现的,可以从轻或者减轻处罚;有重大立功表现的,可以减轻或者免除处罚。

**第六十九条【数罪并罚】** 判决宣告以前一人犯数罪的,除判处死刑和无期徒刑的以外,应当在总和刑期以下、数刑中最高刑期以上,酌情决定执行的刑期,但是管制最高不能超过三年，拘役最高不能超过一年，有期徒刑总和刑期不满三十五年的，最高不能超过二十年，总和刑期在三十五年以上的，最高不能超过二十五年。

数罪中有判处附加刑的，附加刑仍须执行，其中附加刑种类相同的，合并执行，种类不同的，分别执行。

**第七十条【宣判后发现漏罪的并罚】** 判决宣告以后，刑罚执行完毕以前，发现被判刑的犯罪分子在判决宣告以前还有其他罪没有判决的，应当对新发现的罪作出判决，把前后两个判决所判处的刑罚，依照本法第六十九条的规定，决定执行的刑罚。已经执行的刑期，应当计算在新判决决定的刑期以内。

**第七十一条【宣判后犯新罪的并罚】** 判决宣告以后，刑罚执行完毕以前，被判刑的犯罪分子又犯罪的，应当对新犯的罪作出判决，把前罪没有执行的刑罚和后罪所判处的刑罚，依照本法第六十九条的规定，决定执行的刑罚。

**第七十二条【缓刑的适用条件】** 对于被判处拘役、三年以下有期徒刑的犯罪分子，同时符合下列条件的，可以宣告缓刑，对其中不满十八周岁的人、怀孕的妇女和已满七十五周岁的人，应当宣告缓刑：

（一）犯罪情节较轻；

（二）有悔罪表现；

（三）没有再犯罪的危险；

（四）宣告缓刑对所居住社区没有重大不良影响。

**【禁止令的适用】** 宣告缓刑，可以根据犯罪情况，同时禁止犯罪分子在缓刑考验期限内从事特定活动，进入特定区域、场所，接触特定的人。

**【附加刑的执行】** 被宣告缓刑的犯罪分子，如果被判处附加刑，附加刑仍须执行。

**第七十三条【缓刑的考验期限】** 拘役的缓刑考验期限为原判刑期以上一年以下，但是不能少于二个月。

有期徒刑的缓刑考验期限为原判刑期以上五年以下，但是不能少于一年。

**【缓刑考验期限的起算】** 缓刑考验期限，从判决确定之日起计算。

**第七十四条【缓刑适用之禁例】** 对于累犯和犯罪集团的首要分子，不适用缓刑。

**第七十五条【缓刑犯的义务】** 被宣告缓刑的犯罪分子，应当遵守下列规定：

（一）遵守法律、行政法规，服从监督；

（二）按照考察机关的规定报告自己的活动情况；

（三）遵守考察机关关于会客的规定；

（四）离开所居住的市、县或者迁居，应当报经考察机关批准。

**第七十六条【缓刑的考验及法律后果】** 对宣告缓刑的犯罪分子，在缓刑考验期限内，依法实行社区矫正，如果没有本法第七十七条规定的情形，缓刑考验期满，原判的刑罚就不再执行，并公开予以宣告。

**第七十七条【缓刑的撤销】** 被宣告缓刑的犯罪分子，在缓刑考验期限内犯新罪或者发现判决宣告以前还有其他罪没有判决的，应当撤销缓刑，对新犯的罪或者新发现的罪作出判决，把前罪和后罪所判处的刑罚，依照本法第六十九条的规定，决定执行的刑罚。

被宣告缓刑的犯罪分子，在缓刑考验期限内，违反法律、行政法规或者国务院有关部门关于缓刑的监督管理规定，或者违反人民法院判决中的禁止令，情节严重的，应当撤销缓刑，执行原判刑罚。

第七十八条【减刑的适用条件】 被判处管制、拘役、有期徒刑、无期徒刑的犯罪分子，在执行期间，如果认真遵守监规，接受教育改造，确有悔改表现的，或者有立功表现的，可以减刑；有下列重大立功表现之一的，应当减刑：

（一）阻止他人重大犯罪活动的；
（二）检举监狱内外重大犯罪活动，经查证属实的；
（三）有发明创造或者重大技术革新的；
（四）在日常生产、生活中舍己救人的；
（五）在抗御自然灾害或者排除重大事故中，有突出表现的；
（六）对国家和社会有其他重大贡献的。

减刑以后实际执行的刑期不能少于下列期限：

（一）判处管制、拘役、有期徒刑的，不能少于原判刑期的二分之一；
（二）判处无期徒刑的，不能少于十三年；
（三）人民法院依照本法第五十条第二款规定限制减刑的死刑缓期执行的犯罪分子，缓期执行期满后依法减为无期徒刑的，不能少于二十五年，缓期执行期满后依法减为二十五年有期徒刑的，不能少于二十年。

第七十九条【减刑的程序】 对于犯罪分子的减刑，由执行机关向中级以上人民法院提出减刑建议书。人民法院应当组成合议庭进行审理，对确有悔改或者立功事实的，裁定予以减刑，非经法定程序不得减刑。

第八十条【无期徒刑减刑后的刑期起算】 无期徒刑减为有期徒刑的刑期，从裁定减刑之日起计算。

第八十一条【假释的适用条件】 被判处有期徒刑的犯罪分子，执行原判刑期二分之一以上，被判处无期徒刑的犯罪分子，实际执行十三年以上，如果认真遵守监规，接受教育改造，确有悔改表现，没有再犯罪的危险的，可以假释。如果有特殊情况，经最高人民法院核准，可以不受上述执行刑期的限制。

【假释适用之禁例】 对累犯以及因故意杀人、强奸、抢劫、绑架、放火、爆炸、投放危险物质或者有组织的暴力性犯罪被判处十年以上有期徒刑、无期徒刑的犯罪分子，不得假释。

【假释考虑的因素】 对犯罪分子决定假释时，应当考虑其假释后对所居住社区的影响。

第八十二条【假释的程序】 对于犯罪分子的假释，依照本法第七十九条规定的程序进行。非经法定程序不得假释。

第八十三条【假释的考验期限】 有期徒刑的假释考验期限，为没有执行完毕的刑期；无期徒刑的假释考验期限为十年。

【假释考验期限的起算】 假释考验期限，从假释之日起计算。

**第八十四条 【假释犯的义务】** 被宣告假释的犯罪分子,应当遵守下列规定:
(一)遵守法律、行政法规,服从监督;
(二)按照监督机关的规定报告自己的活动情况;
(三)遵守监督机关关于会客的规定;
(四)离开所居住的市、县或者迁居,应当报经监督机关批准。

**第八十五条 【假释考验】** 对假释的犯罪分子,在假释考验期限内,依法实行社区矫正,如果没有本法第八十六条规定的情形,假释考验期满,就认为原判刑罚已经执行完毕,并公开予以宣告。

**第八十六条 【假释的撤销】** 被假释的犯罪分子,在假释考验期限内犯新罪,应当撤销假释,依照本法第七十一条的规定实行数罪并罚。

在假释考验期限内,发现被假释的犯罪分子在判决宣告以前还有其他罪没有判决的,应当撤销假释,依照本法第七十条的规定实行数罪并罚。

被假释的犯罪分子,在假释考验期限内,有违反法律、行政法规或者国务院有关部门关于假释的监督管理规定的行为,尚未构成新的犯罪的,应当依照法定程序撤销假释,收监执行未执行完毕的刑罚。

**第八十七条 【追诉时效】** 犯罪经过下列期限不再追诉:
(一)法定最高刑为不满五年有期徒刑的,经过五年;
(二)法定最高刑为五年以上不满十年有期徒刑的,经过十年;
(三)法定最高刑为十年以上有期徒刑的,经过十五年;
(四)法定最高刑为无期徒刑、死刑的,经过二十年。如果二十年以后认为必须追诉的,须报请最高人民检察院核准。

**第八十八条 【时效延长】** 在人民检察院、公安机关、国家安全机关立案侦查或者在人民法院受理案件以后,逃避侦查或者审判的,不受追诉期限的限制。

被害人在追诉期限内提出控告,人民法院、人民检察院、公安机关应当立案而不予立案的,不受追诉期限的限制。

**第八十九条 【追诉期限的起算】** 追诉期限从犯罪之日起计算;犯罪行为有连续或者继续状态的,从犯罪行为终了之日起计算。

**【追诉时效中断】** 在追诉期限以内又犯罪的,前罪追诉的期限从犯后罪之日起计算。

### 司法解释

**1. 最高人民法院《关于审理未成年人刑事案件具体应用法律若干问题的解释》**(2006年1月23日 法释〔2006〕1号)(节录)

**第十一条** 对未成年罪犯适用刑罚,应当充分考虑是否有利于未成年罪犯的教育和矫正。

对未成年罪犯量刑应当依照刑法第六十一条的规定,并充分考虑未成年人实施犯罪行为的动机和目的、犯罪时的年龄、是否初次犯罪、犯罪后的悔罪表现、个人成长经历和一贯表现等因素。对符合管制、缓刑、单处罚金或者免予刑事处罚适用条件的未成年罪犯，应当依法适用管制、缓刑、单处罚金或者免予刑事处罚。

第十六条 对未成年罪犯符合刑法第七十二条第一款规定的，可以宣告缓刑。如果同时具有下列情形之一，对其适用缓刑确实不致再危害社会的，应当宣告缓刑：

（一）初次犯罪；

（二）积极退赃或赔偿被害人经济损失；

（三）具备监护、帮教条件。

第十八条 对未成年罪犯的减刑、假释，在掌握标准上可以比照成年罪犯依法适度放宽。

未成年罪犯能认罪服法，遵守监规，积极参加学习、劳动的，即可视为"确有悔改表现"予以减刑，其减刑的幅度可以适当放宽，间隔的时间可以相应缩短。符合刑法第八十一条第一款规定的，可以假释。

未成年罪犯在服刑期间已经成年的，对其减刑、假释可以适用上述规定。

**2. 最高人民法院《关于被告人亲属主动为被告人退缴赃款应如何处理的批复》**（1987年8月26日 法（研）复〔1987〕32号）

广东省高级人民法院：

你院〔1986〕粤法刑经文字第42号《关于被告人亲属主动为被告人退缴赃款法院应如何处理的请示报告》收悉。经研究，答复如下：

一、被告人是成年人，其违法所得都由自己挥霍，无法追缴的，应责令被告人退赔，其家属没有代为退赔的义务。

被告人在家庭共同财产中有其个人应有部分的，只能在其个人应有部分的范围内，责令被告人退赔。

二、如果被告人的违法所得有一部分用于家庭日常生活，对这部分违法所得，被告人和家属均有退赔义务。

三、如果被告人对责令其本人退赔的违法所得已无实际上的退赔能力，但其亲属应被告人的请求，或者主动提出并征得被告人的同意，自愿代被告人退赔部分或者全部违法所得的，法院也可考虑其具体情况，收下其亲属自愿代被告人退赔的款项，并视为被告人主动退赔的款项。

四、属于以上三种情况，已作了退赔的，均可视为被告人退赃较好，可以依法适当从宽处罚。

五、如果被告人的罪行应当判处死刑，并必须执行，属于以上第一、二两种情况的，法院可以接收退赔的款项；属于以上第三种情况的，其亲属自愿代为退赔的款项，法院不应接收。

**3. 最高人民法院《关于单位负责人被追究刑事责任后单位应否承担返还其预收货款的责任问题的批复》**（1989年1月3日 法（经）复〔1989〕1号）

湖北省高级人民法院：

你院鄂法〔1988〕经字第1号请示收悉。经研究，答复如下：

（一）我院和最高人民检察院《关于当前办理经济犯罪案件中具体应用法律的若干问题的解答（试行）》并没有规定追究单位负责人的刑事责任后，单位可以不承担民事责任。

（二）武汉市径河农工商公司购销经理部（简称购销经理部）与华中轻工贸易公司（简称贸易公司）签订合同后，贸易公司按合同约定将39万元预付货款汇给了购销经理部。购销经理部负责人涂仰善非法占有预付货款并用于潜逃被依法追究刑事责任，并不能代替或者免除购销经理部依法所应承担的民事责任。由于购销经理部已被撤销，所欠贸易公司的货款应由其上级主管部门径河农场成立的清理小组负责返还。

**4. 最高人民检察院《关于检察机关受理后被告人死亡的经济犯罪案件赃款赃物如何处理问题的批复》**（1990年6月12日　高检研发字〔1990〕第5号）

浙江省人民检察院：

你院浙检研字〔1990〕第25号《关于受理后立案前被告人死亡的经济犯罪案件如何追缴赃款赃物问题的请示》收悉。经研究，现答复如下：

人民检察院直接受理侦查的贪污、贿赂等经济犯罪案件，受理后，被告人死亡的，按照中华人民共和国刑事诉讼法第十一条第五项的规定，不予立案，已经立案的，应当撤销案件。但应按照刑法第六十条和全国人大常委会《关于惩治贪污罪贿赂罪的补充规定》第十二条规定，对已经死亡的被告人贪污、挪用的公共财物一律追缴；贿赂财物及其他违法所得一律没收。追缴的贪污、挪用财物，退回原单位；依法不应退回原单位的和没收的财物收入，一律上缴国库，并在不立案或者撤销案件决定书中载明。

**5. 最高人民法院、最高人民检察院、公安部、国家安全部、司法部、全国人大常委会法制工作委员会《关于刑事诉讼法实施中若干问题的规定》**（1998年1月19日）（节录）

十四、赃款赃物

48. 对于赃款赃物，除依法返还被害人的财物以及依法销毁的违禁品外，必须一律上缴国库。任何单位和个人都不得挪用或者私自处理。关于赃款赃物的处理，应当按照中华人民共和国刑事诉讼法第一百九十八条的规定执行，并应当根据不同情况作以下处理：

（一）对作为证据使用的实物，应当依法随案移送。对不宜移送的，应当将其清单、照片或者其他证明文件随案移送，不得以未移送赃款赃物为由，拒绝受理案件。

（二）侦查机关冻结在金融机构的赃款，应当向人民法院随案移送该金融机构出具的证明文件，待人民法院作出生效判决后，由人民法院通知该金融机构上缴国库，该金融机构应当向人民法院送交执行回单。

（三）查封、扣押的赃款赃物，对依法不移送的，应当随案移送证据清单、照片或者其他证明文件，待人民法院作出生效判决后，由人民法院通知查封、扣押机关上缴国库，查封、扣押机关应当向人民法院送交执行回单。

国家安全机关依照法律规定，办理危害国家安全的刑事案件，适用本规定中有关公安机关的规定。

**6.** 最高人民法院、最高人民检察院、公安部、国家工商行政管理局《关于依法查处盗窃、抢劫机动车案件的规定》（1998年5月8日 公通字〔1998〕31号）（节录）

十一、对犯罪分子盗窃、抢劫所得的机动车辆及其变卖价款，应当依照《刑法》第六十四条的规定予以追缴。

**7.** 最高人民法院《关于审理骗购外汇、非法买卖外汇刑事案件具体应用法律若干问题的解释》（1998年9月1日 法释〔1998〕20号）（节录）

第七条 根据刑法第六十四条规定，骗购外汇、非法买卖外汇的，其违法所得予以追缴，用于骗购外汇、非法买卖外汇的资金予以没收，上缴国库。

**8.** 最高人民检察院《人民检察院扣押、冻结涉案款物工作规定》（2010年5月9日）（节录）

第二条 本规定所称扣押、冻结的涉案款物，是指人民检察院在依法行使检察职权过程中扣押、冻结的违法所得、与犯罪有关的款物、作案工具和非法持有的违禁品等。

犯罪嫌疑人、被告人实施违法犯罪行为所取得的财物及其孳息属于违法所得。

第三条 违法所得的一切财物，应当予以追缴或者责令退赔。对被害人的合法财产，应当依法及时返还。违禁品和供犯罪所用的财物，应当予以扣押、冻结，并依法处理。

第四条 人民检察院扣押、冻结、保管、处理涉案款物，必须严格依法进行。严禁以虚假立案或者其他非法方式扣押、冻结款物。对涉案单位私设账外资金但与案件无关的，不得扣押、冻结，可以通知有关主管机关或者其上级单位处理。严禁扣押、冻结与案件无关的合法财产。

第五条 严禁在立案之前扣押、冻结款物。立案之前发现涉嫌犯罪的款物，如果符合立案条件的，应当及时立案，并采取扣押、冻结措施，以保全证据和防止涉案款物转移。

个人或者单位在立案之前向人民检察院自首时携带涉案款物的，人民检察院可以先行接收，并向自首人开具接收凭证，根据立案和侦查情况决定是否扣押、冻结。

人民检察院扣押、冻结涉案款物后，应当对案件及时进行侦查，不得在无法定理由情况下撤销案件或者停止对案件的侦查。

第六条 人民检察院扣押、冻结犯罪嫌疑人、被告人的涉案款物，应当为犯罪嫌疑人、被告人及其所扶养的家属保留必需的生活费用和物品。

扣押、冻结单位的涉案款物，应当尽量不影响该单位正常的办公、生产、经营等活动。

第七条 人民检察院实行扣押、冻结款物与保管款物相分离的原则，账实必须相符。

第八条 人民检察院扣押、冻结、保管、处理涉案款物，实行办案部门和保管部门分工负责、相互制约的原则，并接受侦查监督、公诉、控告申诉、纪检监察等部门的监督。

第九条 人民检察院扣押、冻结、保管、处理涉案款物，应当书面告知当事人或者其近亲属有权按照有关规定进行投诉。

当事人、其他直接利害关系人或者其近亲属认为人民检察院扣押、冻结、保管、处理涉案款物侵犯自身合法权益或者有违法情形的，可以向该人民检察院投诉，也可以直接向其上一级人民检察院投诉。接到投诉的人民检察院应当按照有关规定及时进行审查并作出处理和答复。

刑事诉讼程序终结后，当事人认为人民检察院违法扣押、冻结涉案款物而申请刑事赔偿的，尚未办结的投诉程序应当终止，负责办理投诉的部门应当将相关材料移交刑事赔偿工作部门。

第十条 人民检察院扣押、冻结、保管、处理涉案款物，应当按照有关规定接受人民监督员的监督。

第十一条 人民检察院扣押、冻结、处理涉案款物应当使用最高人民检察院统一制定的法律文书，填写必须规范、完备，文书存根必须完整。

禁止使用"没收决定书"、"罚款决定书"等不符合规定的文书扣押、冻结、处理涉案款物。

第十二条 扣押、冻结、保管、处理涉及国家秘密、商业秘密、个人隐私的款物，应当严格遵守有关保密规定。

第十三条 扣押、冻结涉案款物，应当报经检察长批准，由两名以上检察人员执行。

第十四条 在现场勘查、搜查、拘留、逮捕过程中发现的可用以证明犯罪嫌疑人有罪或者无罪的各种物品，非法持有的违禁品，可能属于违法所得的款项，应当扣押；与案件无关的，不得扣押。不能立即查明是否与案件有关的可疑款物，可以先行扣押并按照本规定第二十一条审查处理。

需要扣押犯罪嫌疑人到案时随身携带的物品的，按照前款规定办理。对于与案件无关的个人用品，逐件登记，随人移交或者退还其家属。

第十五条 需要扣押、冻结的涉案款物不在本辖区的，办理案件的人民检察院应当依照有关法律及本规定，持相关法律文书及简要案情等材料，商请被扣押、冻结款物所在地的人民检察院协助执行，被请求的人民检察院应当协助执行。

被请求协助的人民检察院有异议的，可以向办理案件的人民检察院提出。双方达不成一致意见的，应当逐级报请上级人民检察院进行协商；必要时，报请共同的上级人民检察院决定。

第十六条 对于扣押的款物，检察人员应当会同在场见证人和被扣押款物持有人查点清楚，经拍照或者录像后予以扣押，并当场开列扣押清单一式四份，注明扣押物品的名称、型号、规格、数量、质量、颜色、新旧程度、包装等主要特征，由检察人员、见证人和持有人签名或者盖章。持有人拒绝签名、盖章或者不在场的，应当在清单上注明。

扣押、冻结市场价格波动较大的股票、债券、基金、权证、期货、仓单、黄金等，应当书面告知当事人或者其近亲属有权按照本规定第三十二条第二款的规定申请出售。

第十七条 对于应当扣押但不便提取或者不必提取的不动产、生产设备或者其他财物，应当扣押其权利证书，经拍照或者录像后原地封存，或者交持有人或者其近亲属保管，并开列扣押（原地封存）清单一式四份，注明相关物品的详细地址和相关特征，同时注明已经拍照或者录像以及其权利证书已被扣押，由检察人员、见证人和持有人签名或者盖章。启封时应当有见证人、持有人在场并签名或者盖章。持有人拒绝签名、盖章或者不在场的，应当在清单上注明。

被扣押的财物交持有人或者其近亲属保管的，检察人员应当书面告知保管人对被扣押的财物必须妥善保管，不得转移、变卖、毁损、出租、抵押、赠予等。

**第十八条** 办案部门扣押、冻结下列款物，应当进行相应的处理：

（一）扣押外币、金银珠宝、文物、字画以及其他不易辨别真伪的贵重物品，应当开列清单注明特征经拍照或者录像后当场密封，由检察人员、见证人和被扣押物品持有人在密封材料上签名或者盖章。根据办案需要及时委托具有资质的部门出具鉴定报告。启封时应当有见证人或者持有人在场并签名或者盖章；

（二）对存折、存单、信用卡、股票、债券、基金、权证、期货、其他有价证券以及具有一定特征能够证明案情的现金或者实物，应当注明特征、编号、种类、面值、张数、金额等，经拍照或者录像后作为实物进行封存，由检察人员、见证人和被扣押物品持有人在密封材料上签名或者盖章，并且冻结相应的账户。启封时应当有见证人或者持有人在场并签名或者盖章；

（三）对录音带、录像带、磁盘、光盘、优盘、移动硬盘等磁质、电子存储介质，应当注明案由、内容、规格、类别、应用长度、文件格式、制作或者提取时间、制作人或者提取人等；

（四）对易损毁、灭失、变质以及其他不宜长期保存的物品，应当采取笔录、绘图、拍照、录像等方法加以保全后进行封存；

（五）按照本规定第十七条原地封存或者交持有人或者其近亲属保管的财物，应当将扣押决定书复印件送达当地不动产或者生产设备等财物的登记、管理部门，告知其在解除扣押之前，禁止办理出售、转让、抵押等；

（六）对单位的涉密电子设备、文件等物品，应当在拍照或者录像后当场密封，由检察人员、见证人、单位有关负责人在密封材料上签名或者盖章。启封时应当有见证人、单位有关负责人在场并签名或者盖章。

对于有关人员拒绝按照前款有关规定签名或者盖章的，人民检察院应当在相关文书上注明。

**第十九条** 对犯罪嫌疑人用违法所得与合法收入共同购置的不可分割的财产，可以先行扣押、冻结，并按本规定第二十一条审查处理。对无法分开退还的财产，应当在案件办结后予以拍卖、变卖，对不属于违法所得的部分予以退还。

**第二十条** 犯罪嫌疑人被拘留、逮捕后，其亲友受犯罪嫌疑人委托或者主动代为向检察机关上交或退赔涉案款物的，参照本规定第十六条、第十七条办理，由检察人员、代为上交款物人员、见证人在扣押清单上签名或者盖章。

代为上交款物人员应当在清单上注明系受犯罪嫌疑人委托或者主动代替犯罪嫌疑人上交或者退赔。

**第二十一条** 对扣押、冻结的款物，办案部门应当及时进行审查。经查明确实与案件无关的，应当在三日内作出解除或者退还决定，并通知有关当事人或者其近亲属办理相关手续。

第二十二条　人民检察院侦查监督、公诉部门发现侦查部门有违法扣押、冻结、处理涉案款物情形的，可以依法提出纠正意见。

第二十三条　人民检察院对于扣押、冻结的涉案款物及其孳息，应当如实登记，妥善保管。

第二十四条　人民检察院负责财务装备的部门是扣押款物的管理部门，负责对扣押款物统一管理。法律和有关规定另有规定的除外。

第二十五条　办案部门扣押款物后，应当在三日内移交管理部门，并附扣押清单复印件。由于特殊原因不能按时移交的，经检察长批准，可以由办案部门暂时保管，在原因消除后及时移交。

第二十六条　下列扣押款物可以不移交本院管理部门，由办案部门拍照或者录像后及时按照有关规定处理：

（一）对不便提取或者不必提取的不动产、生产设备或者其他财物，可以按照本规定第十七条的规定交持有人或者其近亲属保管；

（二）对珍贵文物、珍贵动物及其制品、珍稀植物及其制品，按照国家有关规定移送主管机关；

（三）对毒品、淫秽物品等违禁品，及时移送有关主管机关，或者根据办案需要严格封存，不得使用或者扩散；

（四）对爆炸性、易燃性、放射性、毒害性、腐蚀性等危险品，及时移送有关部门或者根据办案需要委托有关主管机关妥善保管；

（五）对易损毁、灭失、变质以及其他不宜长期保存的物品，可以经检察长批准后及时委托有关部门拍卖、变卖；

（六）对单位的涉密电子设备、文件等物品，可以在密封后交被扣押物品的单位保管。

第二十七条　办案部门向管理部门移交扣押的款物时，应当列明物品的名称、规格、特征、质量、数量或者现金的数额等，出具本规定第十八条要求的手续。管理部门应当当场审验，对不符合规定的，应当要求办案部门立即补正；符合规定的，应当在移交清单上签名并向办案部门开具收据。

第二十八条　对扣押款应当逐案设立明细账，并及时存入指定银行的专用账户，严格收付手续。

第二十九条　对扣押的实物应当建账设卡，一案一账，一物一卡。

办案部门对于细小物品，可以根据物品种类分袋、分件、分箱设卡。

第三十条　对扣押物品应当设立符合防火、防盗、防潮、防尘等安全要求的专用保管场所，并配备必要的计量和存储设备。严格封存登记和出入库手续。管理人员应当定期对扣押款物进行检查，防止挪用、丢失、损毁等。

第三十一条　为了核实证据，需要临时调用扣押款物时，应当经检察长批准。加封的款物启封时,办案部门和管理部门应当同时派员在场,并应当有见证人或者持有人在场,当面查验。归还时,应当重新封存,由管理人员清点验收。管理部门应当对调用和归还情况进行登记。

**第三十二条** 扣押、冻结的款物,除依法应当返还被害人或者经查明确实与案件无关的以外,不得在诉讼程序终结之前处理。法律和有关规定另有规定的除外。

权利人申请出售被扣押、冻结的股票、债券、基金、权证、期货、仓单、黄金等,不损害国家利益、被害人利益,不影响诉讼正常进行的,经检察长批准或者检察委员会决定,在案件终结前可以依法出售,所得价款由管理部门保管。

扣押、冻结汇票、本票、支票的,应当在有效期限内作出处理。经检察长批准或者检察委员会决定,在案件终结前依法变现的,所得价款由管理部门保管,并及时书面告知当事人或者其近亲属。

**第三十三条** 处理扣押、冻结的涉案款物,应当由办案部门提出意见,报请检察长决定。负责保管扣押、冻结涉案款物的管理部门会同办案部门办理相关的处理手续。

人民检察院向其他机关移送的案件需要随案移送扣押、冻结的涉案款物的,按照前款的规定办理。

**第三十四条** 决定撤销案件的,侦查部门应当在撤销案件决定书中写明对扣押、冻结的涉案款物的处理结果。扣押的违法所得需要没收的,应当提出检察意见,移送有关主管机关处理。需要返还原主或者被害人的,应当解除扣押、冻结,直接返还。

因犯罪嫌疑人死亡而撤销案件,被冻结的存款、汇款应当依法予以没收或者返还被害人的,可以申请人民法院裁定通知冻结犯罪嫌疑人存款、汇款的金融机构上缴国库或者返还被害人;因其他原因撤销案件的,直接通知冻结机构上缴国库或者返还被害人。需要返还犯罪嫌疑人的,应当解除冻结并返还犯罪嫌疑人或者其合法继承人。

**第三十五条** 侦查部门移送审查起诉时,应当在侦查终结报告、移送审查起诉意见书中提出对扣押、冻结的涉案款物的处理意见,并列明款物去向存入案卷。

公诉部门审查案件时,应当对随案移送的扣押、冻结涉案款物清单、处理意见进行审查。对账实不符的,应当要求侦查部门进行核实、更正。经审查认为不应当扣押、冻结的,公诉部门应当提出处理意见,报检察长批准后解除扣押、冻结,返还原主或者被害人。

**第三十六条** 决定不起诉的案件,公诉部门应当在不起诉决定书中写明对扣押、冻结的涉案款物的处理结果。需要没收被不起诉人违法所得的,应当提出检察意见,连同不起诉决定书一并移送有关主管机关处理。需要返还原主或者被害人的,应当解除扣押、冻结,直接返还。

**第三十七条** 提起公诉的案件,公诉部门应当在起诉书中写明对扣押、冻结的涉案款物的处理情况。对作为证据使用的扣押物品,应当随案移送。对不宜移送的,应当将其清单、照片或者其他证明文件随案移送。

人民检察院冻结的犯罪嫌疑人存在金融机构的款项,应当向人民法院随案移送该金融机构出具的证明文件。

扣押的涉案款物,对依法不移送的,应当待人民法院作出生效判决后,按照人民法院的通知上缴国库。

人民检察院应当严格按照人民法院的生效判决、裁定处理扣押、冻结的款物。对于起诉书中未认定的扣押、冻结款物以及起诉书中已经认定、但人民法院判决、裁定中未认定的扣押、冻结款物,参照本规定第三十六条、第四十条的规定处理。

第三十八条 犯罪嫌疑人在审查起诉中死亡,对其被冻结的存款、汇款应当依法予以没收或者返还被害人的,可以申请人民法院裁定通知冻结犯罪嫌疑人存款、汇款的金融机构上缴国库或者返还被害人。需要返还犯罪嫌疑人的,应当解除冻结并返还其合法继承人。

第三十九条 人民检察院作出撤销案件决定书、不起诉决定书或者收到人民法院生效判决、裁定书后,应当在三十日以内对扣押、冻结的款物依法作出处理,并制作扣押、冻结款物的处理报告,详细列明每一项款物的来源、去向并附有关法律文书复印件,报检察长审核后存入案卷。情况特殊的,经检察长决定,可以延长三十日。

第四十条 扣押、冻结的涉案款物,经审查属于被害人的合法财产,不需要在法庭出示的,人民检察院应当及时返还。诉讼程序终结后,经查明属于犯罪嫌疑人、被不起诉人以及被告人的合法财产的,应当及时返还。领取人应当在返还款物清单上签名或者盖章。返还清单、物品照片应当附入卷宗。

第四十一条 对于应当返还被害人的扣押、冻结款物,无人认领的,应当公告通知。公告满一年无人认领的,依法上缴国库。

无人认领的款物在上缴国库后有人认领,经查证属实的,人民检察院应当向人民政府财政部门申请退库或者返还。原物已经拍卖、变卖的,应当退回价款。

第四十二条 对于贪污、挪用公款犯罪案件中扣押、冻结的涉案款物,除法院判决上缴国库的以外,应当归还原单位。原单位已不存在或者虽然存在但对被贪污、挪用的款项已经作为损失核销的,应当上缴国库。

第四十三条 人民检察院处理扣押、冻结的款物,应当制作扣押、冻结款物处理决定书并送达当事人或者其近亲属,由当事人或者其近亲属在处理清单上签名或者盖章。当事人或者其近亲属不签名的,应当在处理清单上注明。处理扣押、冻结的单位款物,应当由单位有关负责人签名并加盖公章,单位负责人不签名的,应当在处理清单上注明。

第四十四条 扣押、冻结的涉案款物应当依法上缴国库或者返还有关单位和个人的,如果有孳息,应当一并上缴或者返还。

第四十五条 人民检察院纪检监察部门应当会同本院其他有关部门对本院的扣押、冻结、保管、处理涉案款物工作进行定期检查。每年至少检查一次。

人民检察院扣押、冻结、保管、处理涉案款物的相关法律文书送达或者制作完成后,办案部门应当在五日内将法律文书复印件送本院纪检监察部门。纪检监察部门应当及时进行审查,认为违法的,及时提出纠正意见;必要时报请检察长处理或者向上一级人民检察院纪检监察部门报告。

上级人民检察院纪检监察部门应当对下级人民检察院的扣押、冻结、保管、处理涉案款物工作进行监督,并适时会同有关部门进行检查。

**第四十六条** 人民检察院负有扣押、冻结、保管、处理涉案款物权限、职责的人员岗位变动时，其所在部门应当会同本院纪检监察、财务装备等部门对扣押、冻结的有关款物进行检查并办理工作交接手续。

**第四十七条** 人民检察院工作人员在扣押、冻结、保管、处理涉案款物工作中违反本规定的，应当区别情形，按照检察人员纪律处分规定追究责任；构成犯罪的，依法追究刑事责任。

因违反规定导致国家赔偿的，应当依照国家赔偿法的规定向有关责任人员追偿部分或者全部赔偿费用。

**第四十八条** 其他机关随案移送人民检察院的涉案款物的扣押、冻结、保管、处理，依照本规定执行。

**第四十九条** 对扣押、冻结款物的保管、鉴定、估价、公告等支付的费用，列入人民检察院办案经费，不得向当事人收取。

**第五十条** 设立案件管理部门的人民检察院，可以根据有关规定确定案件管理部门、纪检监察部门、财务装备部门在扣押、冻结款物的保管、处理、监督工作中的职责与分工。

**第五十一条** 本规定所称犯罪嫌疑人、被告人、被害人，包括自然人、单位。

**第五十二条** 本规定所称有关主管机关，是指对犯罪嫌疑人违反法律、法规的行为以及对有关违禁品、危险品具有行政管理、行政处罚、行政处分权限的机关和纪检监察部门。

**第五十三条** 本规定由最高人民检察院解释。

**第五十四条** 本规定自发布之日起施行。最高人民检察院 2006 年 3 月 27 日发布的《人民检察院扣押、冻结款物工作规定》同时废止。

## 9. 最高人民法院《关于适用刑法时间效力规定若干问题的解释》（1997 年 10 月 1 日　法释〔1997〕5 号）（节录）

**第三条** 前罪判处的刑罚已经执行完毕或者赦免，在 1997 年 9 月 30 日以前又犯应当判处有期徒刑以上刑罚之罪，是否构成累犯，适用修订前的刑法第六十一条的规定；1997 年 10 月 1 日以后又犯应当判处有期徒刑以上刑罚之罪，是否构成累犯，适用刑法第六十五条的规定。

**第四条** 1997 年 9 月 30 日以前被采取强制措施的犯罪嫌疑人、被告人或者 1997 年 9 月 30 日以前犯罪，1997 年 10 月 1 日以后仍在服刑的罪犯，如实供述司法机关还未掌握的本人其他罪行的，适用刑法第六十七条第二款的规定。

**第五条** 1997 年 9 月 30 日以前犯罪的犯罪分子，有揭发他人犯罪行为，或者提供重要线索，从而得以侦破其他案件等立功表现的，适用刑法第六十八条的规定。

**第六条** 1997 年 9 月 30 日以前犯罪被宣告缓刑的犯罪分子，在 1997 年 10 月 1 日以后的缓刑考验期间又犯新罪、被发现漏罪或者违反法律、行政法规或者国务院公安部门有关缓刑的监督管理规定，情节严重的，适用刑法第七十七条的规定，撤销缓刑。

**第七条** 1997 年 9 月 30 日以前犯罪，1997 年 10 月 1 日以后仍在服刑的犯罪分子，因特殊情况，需要不受执行刑期限制假释的，适用刑法第八十一条第一款的规定，报经最高人民法院核准。

**第八条** 1997年9月30日以前犯罪，1997年10月1日以后仍在服刑的累犯以及因杀人、爆炸、抢劫、强奸、绑架等暴力性犯罪被判处十年以上有期徒刑、无期徒刑的犯罪分子，适用修订前的刑法第七十三条的规定，可以假释。

**第九条** 1997年9月30日以前被假释的犯罪分子，在1997年10月1日以后的假释考验期内，又犯新罪、被发现漏罪或者违反法律、行政法规或者国务院公安部门有关假释的监督管理规定的，适用刑法第八十六条的规定，撤销假释。

## 10. 最高人民法院《关于〈中华人民共和国刑法修正案（八）〉时间效力问题的解释》（2011年5月1日 法释〔2011〕9号）（节录）

**第一条** 对于2011年4月30日以前犯罪，依法应当判处管制或者宣告缓刑的，人民法院根据犯罪情况，认为确有必要同时禁止犯罪分子在管制期间或者缓刑考验期内从事特定活动，进入特定区域、场所，接触特定人的，适用修正后刑法第三十八条第二款或者第七十二条第二款的规定。

犯罪分子在管制期间或者缓刑考验期内，违反人民法院判决中的禁止令的，适用修正后刑法第三十八条第四款或者第七十七条第二款的规定。

**第三条** 被判处有期徒刑以上刑罚，刑罚执行完毕或者赦免以后，在2011年4月30日以前再犯应当判处有期徒刑以上刑罚之罪的，是否构成累犯，适用修正前刑法第六十五条的规定；但是，前罪实施时不满十八周岁的，是否构成累犯，适用修正后刑法第六十五条的规定。

曾犯危害国家安全罪，刑罚执行完毕或者赦免以后，在2011年4月30日以前再犯危害国家安全罪的，是否构成累犯，适用修正前刑法第六十六条的规定。

曾被判处有期徒刑以上刑罚，或者曾犯危害国家安全罪、恐怖活动犯罪、黑社会性质的组织犯罪，在2011年5月1日以后再犯罪的，是否构成累犯，适用修正后刑法第六十五条、第六十六条的规定。

**第四条** 2011年4月30日以前犯罪，虽不具有自首情节，但是如实供述自己罪行的，适用修正后刑法第六十七条第三款的规定。

**第五条** 2011年4月30日以前犯罪，犯罪后自首又有重大立功表现的，适用修正前刑法第六十八条第二款的规定。

**第六条** 2011年4月30日以前一人犯数罪，应当数罪并罚的，适用修正前刑法第六十九条的规定；2011年4月30日前后一人犯数罪，其中一罪发生在2011年5月1日以后的，适用修正后刑法第六十九条的规定。

**第七条** 2011年4月30日以前犯罪，被判处无期徒刑的罪犯，减刑以后或者假释前实际执行的刑期，适用修正前刑法第七十八条第二款、第八十一条第一款的规定。

**第八条** 2011年4月30日以前犯罪，因具有累犯情节或者系故意杀人、强奸、抢劫、绑架、放火、爆炸、投放危险物质或者有组织的暴力性犯罪并被判处十年以上有期徒刑、无期徒刑的犯罪分子，2011年5月1日以后仍在服刑的，能否假释，适用修正前刑法第八十一条第二款的规定；2011年4月30日以前犯罪，因其他暴力性犯罪被判处十年以上有期徒刑、无期徒刑的犯罪分子，2011年5月1日以后仍在服刑的，能否假释，适用修正后刑法第八十一条第二款、第三款的规定。

## 11. 最高人民法院《关于处理自首和立功具体应用法律若干问题的解释》

（1998年5月9日　法释〔1998〕8号）（节录）

**第一条**　根据刑法第六十七条第一款的规定，犯罪以后自动投案，如实供述自己的罪行的，是自首。

（一）自动投案，是指犯罪事实或者犯罪嫌疑人未被司法机关发觉，或者虽被发觉，但犯罪嫌疑人尚未受到讯问、未被采取强制措施时，主动、直接向公安机关、人民检察院或者人民法院投案。

犯罪嫌疑人向其所在单位、城乡基层组织或者其他有关负责人员投案的；犯罪嫌疑人因病、伤或者为了减轻犯罪后果，委托他人先代为投案，或者先以信电投案的；罪行未被司法机关发觉，仅因形迹可疑，被有关组织或司法机关盘问、教育后，主动交代自己的罪行的；犯罪后逃跑，在被通缉、追捕过程中，主动投案的；经查实确已准备去投案，或者正在投案途中，被公安机关捕获的，应当视为自动投案。

并非出于犯罪嫌疑人主动，而是经亲友规劝、陪同投案的；公安机关通知犯罪嫌疑人的亲友，或者亲友主动报案后，将犯罪嫌疑人送去投案的，也应当视为自动投案。

犯罪嫌疑人自动投案后又逃跑的，不能认定为自首。

（二）如实供述自己的罪行，是指犯罪嫌疑人自动投案后，如实交代自己的主要犯罪事实。

犯有数罪的犯罪嫌疑人仅如实供述所犯数罪中部分犯罪的，只对如实供述部分犯罪的行为，认定为自首。

共同犯罪案件中的犯罪嫌疑人，除如实供述自己的罪行，还应当供述所知的同案犯，主犯则应当供述所知其他同案犯的共同犯罪事实，才能认定为自首。

犯罪嫌疑人自动投案并如实供述自己的罪行后又翻供的，不能认定为自首；但在一审判决前又能如实供述的，应当认定为自首。

**第二条**　根据刑法第六十七条第二款的规定，被采取强制措施的犯罪嫌疑人、被告人和已宣判的罪犯，如实供述司法机关尚未掌握的罪行，与司法机关已掌握的或者判决确定的罪行属不同种罪行的，以自首论。

**第三条**　根据刑法第六十七条第一款的规定，对于自首的犯罪分子，可以从轻或者减轻处罚；对于犯罪较轻的，可以免除处罚。具体确定从轻、减轻还是免除处罚，应当根据犯罪轻重，并考虑自首的具体情节。

**第四条**　被采取强制措施的犯罪嫌疑人、被告人和已宣判的罪犯，如实供述司法机关尚未掌握的罪行，与司法机关已掌握的或者判决确定的罪行属同种罪行的，可以酌情从轻处罚；如实供述的同种罪行较重的，一般应当从轻处罚。

第五条 根据刑法第六十八条第一款的规定，犯罪分子到案后有检举、揭发他人犯罪行为，包括共同犯罪案件中的犯罪分子揭发同案犯共同犯罪以外的其他犯罪，经查证属实；提供侦破其他案件的重要线索，经查证属实；阻止他人犯罪活动；协助司法机关抓捕其他犯罪嫌疑人（包括同案犯）；具有其他有利于国家和社会的突出表现的，应当认定为有立功表现。

第六条 共同犯罪案件的犯罪分子到案后，揭发同案犯共同犯罪事实的，可以酌情予以从轻处罚。

第七条 根据刑法第六十八条第一款的规定，犯罪分子有检举、揭发他人重大犯罪行为，经查证属实；提供侦破其他重大案件的重要线索，经查证属实；阻止他人重大犯罪活动；协助司法机关抓捕其他重大犯罪嫌疑人（包括同案犯）；对国家和社会有其他重大贡献等表现的，应当认定为有重大立功表现。

前款所称"重大犯罪"、"重大案件"、"重大犯罪嫌疑人"的标准，一般是指犯罪嫌疑人、被告人可能被判处无期徒刑以上刑罚或者案件在本省、自治区、直辖市或者全国范围内有较大影响等情形。

**12. 最高人民法院《关于被告人对行为性质的辩解是否影响自首成立问题的批复》**（2004年4月1日　法释〔2004〕2号）

广西壮族自治区高级人民法院：

你院2003年6月10日《关于被告人对事实性质的辩解是否影响投案自首的成立的请示》收悉。经研究，答复如下：

根据刑法第六十七条第一款和最高人民法院《关于处理自首和立功具体应用法律若干问题的解释》第一条的规定，犯罪以后自动投案，如实供述自己的罪行的，是自首。被告人对行为性质的辩解不影响自首的成立。

**13. 最高人民法院《关于适用财产刑若干问题的规定》**（2000年12月19日　法释〔2000〕45号）（节录）

第三条 依法对犯罪分子所犯数罪分别判处罚金的，应当实行并罚，将所判处的罚金数额相加，执行总和数额。

一人犯数罪依法同时并处罚金和没收财产的，应当合并执行；但并处没收全部财产的，只执行没收财产刑。

**14. 最高人民法院《关于判决宣告后又发现被判刑的犯罪分子的同种漏罪是否实行数罪并罚问题的批复》**（1993年4月16日　法复〔1993〕3号）

江西省高级人民法院：

你院赣高法〔1992〕39号《关于判决宣告后又发现被判刑的犯罪分子的同种漏罪是否按数罪并罚处理的请示》收悉。经研究，答复如下：

人民法院的判决宣告并已发生法律效力以后，刑罚还没有执行完毕以前，发现被判刑的犯罪分子在判决宣告以前还有其他罪没有判决的，不论新发现的罪与原判决的罪是否属于同种罪，都应当依照刑法第六十五条的规定实行数罪并罚。但如果在第一审人民法院的判决宣告以后，被告人提出上诉或者人民检察院提出抗诉，判决尚未发生法律效力的，第二审人民法院在审理期间，发现原审被告人在第一审判决宣告以前还有同种漏罪没有判决的，第二审人民法院应当依照中华人民共和国刑事诉讼法第一百三十六条第（三）项的规定，裁定撤销原判，发回原审人民法院重新审判，第一审人民法院重新审判时，不适用刑法关于数罪并罚的规定。

**15. 最高人民法院《关于人民法院审判严重刑事犯罪案件中具体应用法律的若干问题的答复（三）》**（1985年8月21日　法（研）发〔1985〕18号）（节录）

三十四、问：对刑满释放后又犯罪的，发现他在前罪判决前，还有其他罪没有处理，在对其新犯的罪判决时，可否实行数罪并罚？（湖南、北京、四川、福建）

答：在处理被告人刑满释放后又犯罪的案件时，发现他在前罪判决宣告以前，或者在前罪判处的刑罚执行期间，犯有其他罪行，未经过处理，并且依照刑法的规定应当追诉的，如果漏罪与新罪分属于不同种的罪，即应对漏罪与刑满释放后又犯的新罪分别定罪量刑，并依照刑法第六十四条的规定，实行数罪并罚；如果漏罪与新罪属于同一种罪，可以判处一罪从重处罚，不必实行数罪并罚。

三十五、问：在缓刑考验期限内，发现犯罪分子有漏罪没有判决的，是撤销缓刑，对前罪和漏罪所判处的刑罚实行数罪并罚，还是按照审判监督程序全部重新审判？（北京、广西、江西）

答：在缓刑考验期限内，发现被宣告缓刑的犯罪分子在缓刑宣告以前还有其他罪没有判决的，应当参照我国刑法第七十条的规定，并依照刑法第六十五条的规定，对漏罪定罪判刑，再对前罪与漏罪实行数罪并罚，决定执行的刑罚。如果必须判处实刑，则应撤销对前罪所宣告的缓刑，已经执行的缓刑考验期，不予折抵刑期；但是，判决执行以前先行羁押的日期应当予以折抵刑期；如果仍符合缓刑条件，仍可宣告缓刑，已经执行的缓刑考验期，应当计算在新决定的缓刑考验期以内。

三十九、问：依照我国刑法第七十六条的规定，确定对犯罪的追诉时效期限时，如何计算法定最高刑？即对刑法第七十六条规定的法定最高刑应如何理解？我们这里有两种意见：一种意见是按条计算，因为案件尚未审判，难于弄准罪行轻重或情节如何，不好确定应适用的款或量刑幅度；另一种意见是按款或相应的量刑幅度计算，因为罪行轻重不同，适用的款或量刑幅度不同，追诉时限长短也就不同，应按照罪行的实际情况确定追诉期限长短，才合理合法。我们倾向于后一种意见。

答：同意你们所倾向的意见。刑法第七十六条按照罪与刑相适应的原则，将追诉期限分别规定为长短不同的四档，因此，根据所犯罪行的轻重，应当分别适用刑法规定的不同条款或相应的量刑幅度，按其法定最高刑来计算追诉期限。如果所犯罪行的刑罚，分别规定有几条几款时，即按其罪行应当适用的条或款的法定最高刑计算；如果是同一条文中，有几个量刑幅度时，即按其罪行应当适用的量刑幅度的法定最高刑计算；如果只有单一的量刑幅度时，即按此条的法定最高刑计算。虽然案件尚未开庭审判，但是，经过认真审查案卷材料和必要的核实案情,在基本事实查清的情况下,已可估量刑期,计算追诉期限。如:盗窃罪,分别规定在刑法第一百五十一条、第一百五十二条和《全国人民代表大会常务委员会关于严惩严重破坏经济的罪犯的决定》第一条中。对盗窃财物数额巨大的,应当适用刑法第一百五十二条关于"盗窃公私财物数额巨大的,处五年以上十年以下有期徒刑"的规定,按法定最高刑十年计算,其追诉期限为十五年。

### 16. 最高人民法院《关于在附加剥夺政治权利执行期间重新犯罪的被告人是否适用数罪并罚问题的批复》(1994年5月16日　法复〔1994〕8号)

上海市高级人民法院:

你院《关于对在附加剥夺政治权利期间重新犯罪的被告人是否适用数罪并罚问题的请示》收悉。经研究,答复如下:

对被judd处有期徒刑的罪犯,主刑已执行完毕,在执行附加刑剥夺政治权利期间又重新犯罪,如果所犯新罪无须判处附加刑剥夺政治权利的,应当按照《中华人民共和国刑法》第六十四条第二款、第六十六条的规定,在对被告人所犯新罪作出判决时,将新罪所判处的刑罚和前罪没有执行完毕的附加刑剥夺政治权利,按照数罪并罚原则,决定执行的刑罚,即在新罪所判处的刑罚执行完毕以后,继续执行前罪没有执行完毕的附加刑剥夺政治权利。

### 17. 最高人民法院《关于在执行附加刑剥夺政治权利期间犯新罪应如何处理的批复》(2009年6月10日　法释〔2009〕10号)

上海市高级人民法院:

你院《关于被告人在执行附加刑剥夺政治权利期间重新犯罪适用法律问题的请示》(沪高法〔2008〕24号)收悉。经研究,批复如下:

一、对判处有期徒刑并处剥夺政治权利的罪犯,主刑已执行完毕,在执行附加刑剥夺政治权利期间又犯新罪,如果所犯新罪无须附加剥夺政治权利的,依照刑法第七十一条的规定数罪并罚。

二、前罪尚未执行完毕的附加刑剥夺政治权利的刑期从新罪的主刑有期徒刑执行之日起停止计算,并依照刑法第五十八条规定从新罪的主刑有期徒刑执行完毕之日或者假释之日起继续计算;附加刑剥夺政治权利的效力施用于新罪的主刑执行期间。

三、对判处有期徒刑的罪犯,主刑已执行完毕,在执行附加刑剥夺政治权利期间又犯新罪,如果所犯新罪也剥夺政治权利的,依照刑法第五十五条、第五十七条、第七十一条的规定并罚。

### 18. 最高人民检察院《关于被判处徒刑宣告缓刑后仍留原单位工作的罪犯在缓刑考验期内能否调动工作的批复》(1997年1月20日　高检发释字〔1997〕2号)

广西壮族自治区人民检察院:

你院〔1996〕桂检监字第21号《关于被判处徒刑宣告缓刑后仍留原单位工作的人员在缓刑考验期内能否调动工作的请示》收悉。经研究,批复如下:

根据刑法第七十条的规定,被宣告缓刑的犯罪分子,在缓刑考验期内,由公安机关交所在单位或者基层组织予以考察。为严肃缓刑的考察执行，被判处徒刑宣告缓刑仍留原单位工作的罪犯，在缓刑考验期内一般不得调动工作。对缓刑考验期已经过二分之一以上，并有认罪、悔罪态度，工作表现良好，确因工作特殊需要调动的，应当由所在单位报经负责执行的公安机关批准后办理调动手续。

**19. 最高人民法院《关于撤销缓刑时罪犯在宣告缓刑前羁押的时间能否折抵刑期问题的批复》**（2002年4月18日　法释〔2002〕11号）

各省、自治区、直辖市高级人民法院，解放军军事法院，新疆维吾尔自治区高级人民法院生产建设兵团分院：

最近，有的法院反映，关于在撤销缓刑时罪犯在宣告缓刑前羁押的时间能否折抵刑期的问题不明确。经研究，批复如下：

根据刑法第七十七条的规定，对被宣告缓刑的犯罪分子撤销缓刑执行原判刑罚的，对其在宣告缓刑前羁押的时间应当折抵刑期。

**20. 最高人民法院《关于办理减刑、假释案件具体应用法律若干问题的规定》**（1997年11月8日　法释〔1997〕6号）（节录）

**第一条**　根据刑法第七十八条第一款的规定，被判处管制、拘役、有期徒刑的犯罪分子，在执行期间，如果认真遵守监规，接受教育改造，确有悔改表现的，或者有立功表现的，可以减刑；有重大立功表现的，应当减刑。

（一）"确有悔改表现"是指同时具备以下四个方面情形：认罪服法；认真遵守监规，接受教育改造；积极参加政治、文化、技术学习；积极参加劳动，完成生产任务。

对罪犯在刑罚执行期间提出申诉的，要依法保护其申诉权利。对罪犯申诉应当具体情况具体分析，不应当一概认为是不认罪服法。

（二）"立功表现"是指具有下列情形之一的：

1. 检举、揭发监内外犯罪活动，或者提供重要的破案线索，经查证属实的；
2. 阻止他人犯罪活动的；
3. 在生产、科研中进行技术革新，成绩突出的；
4. 在抢险救灾或者排除重大事故中表现积极的；
5. 有其他有利于国家和社会的突出事迹的。

（三）"重大立功表现"是指具有刑法第七十八条规定的应当减刑的六种表现之一的情形。

**第二条**　对有期徒刑罪犯在刑罚执行期间，符合减刑条件的减刑幅度为：如果确有悔改表现的，或者有立功表现的，一般一次减刑不超过一年有期徒刑；如果确有悔改表现并有立功表现，或者有重大立功表现的，一般一次减刑不超过两年有期徒刑。被判处十年以上有期徒刑的罪犯，如果悔改表现突出的，或者有立功表现的，一次减刑不得超过两年有期徒刑；如果悔改表现突出并有立功表现，或者有重大立功表现的，一次减刑不得超过三年有期徒刑。

**第三条**　有期徒刑罪犯的减刑起始时间和间隔时间为：被判处五年以上有期徒刑的罪

犯，一般在执行一年半以上方可减刑；两次减刑之间一般应当间隔一年以上。被判处十年以上有期徒刑的罪犯，一次减二年至三年有期徒刑之后，再减刑时，其间隔时间一般不得少于二年。被判处不满五年有期徒刑的罪犯，可以比照上述规定，适当缩短起始和间隔时间。

确有重大立功表现的，可以不受上述减刑起始和间隔时间的限制。

第四条 在有期徒刑罪犯减刑时，对附加剥夺政治权利的刑期可以酌减。酌减后剥夺政治权利的期限，最短不得少于一年。

第五条 对判处拘役或者三年以下有期徒刑、宣告缓刑的犯罪分子，一般不适用减刑。

如果在缓刑考验期间有重大立功表现的，可以参照刑法第七十八条的规定，予以减刑，同时相应的缩减其缓刑考验期限。减刑后实际执行的刑期不能少于原判刑期的二分之一，相应缩减的缓刑考验期限不能低于减刑后实际执行的刑期。判处拘役的缓刑考验期限不能少于两个月，判处有期徒刑的缓刑考验期限不能少于一年。

第六条 无期徒刑罪犯在执行期间，如果确有悔改表现的，或者有立功表现的，服刑二年以后，可以减刑。减刑幅度为：对确有悔改表现的，或者有立功表现的，一般可以减为十八年以上二十年以下有期徒刑；对有重大立功表现的，可以减为十三年以上十八年以下有期徒刑。

第七条 无期徒刑罪犯在刑罚执行期间又犯罪，被判处有期徒刑以下刑罚的，自新罪判决确定之日起一般在两年之内不予减刑；对新罪判处无期徒刑的，减刑的起始时间要适当延长。

第八条 被判处无期徒刑的罪犯减刑后，实际执行的刑期不能少于十年，其起始时间应当自无期徒刑判决确定之日起计算。

第九条 根据刑法第五十条的规定，死刑缓期执行罪犯在死刑缓期执行期间，如果没有故意犯罪，二年期满以后，减为无期徒刑；如果确有重大立功表现，二年期满以后，减为十五年以上二十年以下有期徒刑。

对死刑缓期执行罪犯经过一次或几次减刑后，其实际执行的刑期，不得少于十二年（不含死刑缓期执行的二年）。

第十条 刑法第八十一条第一款规定的"不致再危害社会"，是指罪犯在刑罚执行期间一贯表现好，确已具备本规定第一条第（一）项所列情形，不致违法、重新犯罪的，或者是老年、身体有残疾（不含自伤致残），并丧失作案能力的。

第十一条 刑法第八十一条第一款规定的"特殊情况"，是指有国家政治、国防、外交等方面特殊需要的情况。

第十二条 根据刑法第八十一条第二款的规定，对累犯以及因杀人、爆炸、抢劫、强奸、绑架等暴力性犯罪中的一罪被判处十年以上有期徒刑、无期徒刑的犯罪分子，不得假释。

第十三条 对犯罪时未成年的罪犯的减刑、假释，在掌握标准上可以比照成年罪犯依法适度放宽。未成年罪犯能认罪服法，遵守监规，积极参加学习、劳动的，即可视为确有悔改表现予以减刑，其减刑的幅度可以适当放宽，间隔的时间可以相应缩短。符合刑法第八十一条第一款规定的，可以假释。

**第十四条** 对老年和身体残疾（不含自伤致残）罪犯的减刑、假释，应当主要注重悔罪的实际表现。对除刑法第八十一条第二款规定的情形之外，有悔罪表现，丧失作案能力或者生活不能自理，且假释后生活确有着落的老弱犯，可以依法予以假释。

**第十五条** 对死刑缓期执行罪犯减为无期徒刑或者有期徒刑后，符合刑法第八十一条第一款和本规定第九条第二款规定的，可以假释。

**第十六条** 被假释的罪犯，除有特殊情形，一般不得减刑，其假释考验期也不能缩短。

**第十七条** 罪犯减刑后又假释的间隔时间，一般为一年；对一次减二年或者三年有期徒刑后，又适用假释的，其间隔时间不得少于二年。

**第十八条** 对判处有期徒刑的罪犯减刑、假释，执行原判刑期二分之一以上的起始时间，应当从判决执行之日起计算，判决执行以前先行羁押的，羁押一日折抵刑期一日。

## 21. 最高人民法院《关于刑事案件终审判决和裁定何时发生法律效力问题的批复》（2004年7月29日　法释〔2004〕7号）

各省、自治区、直辖市高级人民法院，解放军军事法院，新疆维吾尔自治区高级人民法院生产建设兵团分院：

近来，有的法院反映，关于刑事案件终审判决和裁定何时发生法律效力问题不明确。经研究，批复如下：

根据《中华人民共和国刑事诉讼法》第一百六十三条、第一百九十五条和第二百零八条规定的精神，终审的判决和裁定自宣告之日起发生法律效力。

## 22. 最高人民法院《关于办理减刑、假释案件具体应用法律若干问题的规定》（2012年7月1日　法释〔2012〕2号）（节录）

**第二条** "确有悔改表现"是指同时具备以下四个方面情形：认罪悔罪；认真遵守法律法规及监规，接受教育改造；积极参加思想、文化、职业技术教育；积极参加劳动，努力完成劳动任务。

对罪犯在刑罚执行期间提出申诉的，要依法保护其申诉权利，对罪犯申诉不应不加分析地认为是不认罪悔罪。

罪犯积极执行财产刑和履行附带民事赔偿义务的，可视为有认罪悔罪表现，在减刑、假释时可以从宽掌握；确有执行、履行能力而不执行、不履行的，在减刑、假释时应当从严掌握。

**第十五条** 办理假释案件，判断"没有再犯罪的危险"，除符合刑法第八十一条规定的情形外，还应根据犯罪的具体情节、原判刑罚情况，在刑罚执行中的一贯表现，罪犯的年龄、身体状况、性格特征，假释后生活来源以及监管条件等因素综合考虑。

第十六条　有期徒刑罪犯假释，执行原判刑期二分之一以上的起始时间，应当从判决执行之日起计算，判决执行以前先行羁押的，羁押一日折抵刑期一日。

第十七条　刑法第八十一条第一款规定的"特殊情况"，是指与国家、社会利益有重要关系的情况。

第十八条　对累犯以及因故意杀人、强奸、抢劫、绑架、放火、爆炸、投放危险物质或者有组织的暴力性犯罪被判处十年以上有期徒刑、无期徒刑的罪犯，不得假释。

因前款情形和犯罪被判处死刑缓期执行的罪犯，被减为无期徒刑、有期徒刑后，也不得假释。

第十九条　未成年罪犯的减刑、假释，可以比照成年罪犯依法适当从宽。

未成年罪犯能认罪悔罪，遵守法律法规及监规，积极参加学习、劳动的，应视为确有悔改表现，减刑的幅度可以适当放宽，起始时间、间隔时间可以相应缩短。符合刑法第八十一条第一款规定的，可以假释。

前两款所称未成年罪犯，是指减刑时不满十八周岁的罪犯。

第二十条　老年、身体残疾（不含自伤致残）、患严重疾病罪犯的减刑、假释，应当主要注重悔罪的实际表现。

基本丧失劳动能力、生活难以自理的老年、身体残疾、患严重疾病的罪犯，能够认真遵守法律法规及监规，接受教育改造，应视为确有悔改表现，减刑的幅度可以适当放宽，起始时间、间隔时间可以相应缩短。假释后生活确有着落的，除法律和本解释规定不得假释的情形外，可以依法假释。

对身体残疾罪犯和患严重疾病罪犯进行减刑、假释，其残疾、疾病程度应由法定鉴定机构依法作出认定。

第二十二条　罪犯减刑后又假释的间隔时间，一般为一年；对一次减去二年有期徒刑后，决定假释的，间隔时间不能少于二年。

罪犯减刑后余刑不足二年，决定假释的，可以适当缩短间隔时间。

第二十三条　人民法院按照审判监督程序重新审理的案件，维持原判决、裁定的，原减刑、假释裁定效力不变；改变原判决、裁定的，应由刑罚执行机关依照再审裁判情况和原减刑、假释情况，提请有管辖权的人民法院重新作出减刑、假释裁定。

第二十四条　人民法院受理减刑、假释案件，应当审查执行机关是否移送下列材料：

（一）减刑或者假释建议书；

（二）终审法院的裁判文书、执行通知书、历次减刑裁定书的复制件；

（三）罪犯确有悔改或者立功、重大立功表现的具体事实的书面证明材料；

（四）罪犯评审鉴定表、奖惩审批表等；

（五）其他根据案件的审理需要移送的材料。

提请假释的，应当附有社区矫正机构关于罪犯假释后对所居住社区影响的调查评估报告。

人民检察院对提请减刑、假释案件提出的检察意见，应当一并移送受理减刑、假释案件的人民法院。

经审查，如果前三款规定的材料齐备的，应当立案；材料不齐备的，应当通知提请减刑、假释的执行机关补送。

**第二十五条** 人民法院审理减刑、假释案件，应当一律予以公示。公示地点为罪犯服刑场所的公共区域。有条件的地方，应面向社会公示，接受社会监督。公示应当包括下列内容：

（一）罪犯的姓名；

（二）原判认定的罪名和刑期；

（三）罪犯历次减刑情况；

（四）执行机关的减刑、假释建议和依据；

（五）公示期限；

（六）意见反馈方式等。

**第二十六条** 人民法院审理减刑、假释案件，可以采用书面审理的方式。但下列案件，应当开庭审理：

（一）因罪犯有重大立功表现提请减刑的；

（二）提请减刑的起始时间、间隔时间或者减刑幅度不符合一般规定的；

（三）在社会上有重大影响或社会关注度高的；

（四）公示期间收到投诉意见的；

（五）人民检察院有异议的；

（六）人民法院认为有开庭审理必要的。

**第二十七条** 在人民法院作出减刑、假释裁定前，执行机关书面提请撤回减刑、假释建议的，是否准许，由人民法院决定。

**第二十八条** 减刑、假释的裁定，应当在裁定作出之日起七日内送达有关执行机关、人民检察院以及罪犯本人。

**第二十九条** 人民法院发现本院或者下级人民法院已经生效的减刑、假释裁定确有错误，应当依法重新组成合议庭进行审理并作出裁定。

## 23. 最高人民法院《关于挪用公款犯罪如何计算追诉期限问题的批复》

（2003年10月10日　法释〔2003〕16号）

天津市高级人民法院：

你院津高法〔2002〕4号《关于挪用公款犯罪如何计算追诉期限问题的请示》收悉。经研究，答复如下：

根据刑法第八十九条、第三百八十四条的规定，挪用公款归个人使用，进行非法活动的，或者挪用公款数额较大、进行营利活动的，犯罪的追诉期限从挪用行为实施完毕之日起计算；挪用公款数额较大、超过三个月未还的，犯罪的追诉期限从挪用公款罪成立之日起计算。挪用公款行为有连续状态的，犯罪的追诉期限应当从最后一次挪用行为实施完毕之日或者犯罪成立之日起计算。

**24. 最高人民检察院《关于对跨越修订刑法施行日期的继续犯罪、连续犯罪以及其他同种数罪应如何具体适用刑法问题的批复》**（1998年12月2日 高检发释字〔1998〕6号）

四川省人民检察院：

你院川检发研〔1998〕10号《关于对连续犯罪、继续犯罪如何具体适用刑法第十二条的有关问题的请示》收悉，经研究，批复如下：

对于开始于1997年9月30日以前，继续或者连续到1997年10月1日以后的行为，以及在1997年10月1日前后分别实施的同种类数罪，如果原刑法和修订刑法都认为是犯罪并且应当追诉，按照下列原则决定如何适用法律：

一、对于开始于1997年9月30日以前，继续到1997年10月1日以后终了的继续犯罪，应当适用修订刑法一并进行追诉。

二、对于开始于1997年9月30日以前，连续到1997年10月1日以后的连续犯罪，或者在1997年10月1日前后分别实施的同种类数罪，其中罪名、构成要件、情节以及法定刑均没有变化的，应当适用修订刑法，一并进行追诉；罪名、构成要件、情节以及法定刑已经变化的，也应当适用修订刑法，一并进行追诉，但是修订刑法比原刑法所规定的构成要件和情节较为严格，或者法定刑较重的，在提起公诉时应当提出酌情从轻处理意见。

### 其他办案依据

**1. 最高人民法院《人民法院量刑指导意见（试行）》**（2010年10月1日 法发〔2010〕36号）（节录）

一、量刑的指导原则

1. 量刑应当以事实为根据，以法律为准绳，根据犯罪的事实、犯罪的性质、情节和对于社会的危害程度，决定判处的刑罚。

2. 量刑既要考虑被告人所犯罪行的轻重，又要考虑被告人应负刑事责任的大小，做到罪责刑相适应，实现惩罚和预防犯罪的目的。

3. 量刑应当贯彻宽严相济的刑事政策，做到该宽则宽，当严则严，宽严相济，罚当其罪，确保裁判法律效果和社会效果的统一。

4. 量刑要客观、全面把握不同时期不同地区的经济社会发展和治安形势的变化，确保刑法任务的实现；对于同一地区同一时期，案情相近或相似的案件，所判处的刑罚应当基本均衡。

二、量刑的基本方法

1. 量刑步骤

（1）根据基本犯罪构成事实在相应的法定刑幅度内确定量刑起点；

（2）根据其他影响犯罪构成的犯罪数额、犯罪次数、犯罪后果等犯罪事实，在量刑起点的基础上增加刑罚量确定基准刑；

（3）根据量刑情节调节基准刑，并综合考虑全案情况，依法确定宣告刑。

2. 量刑情节调节基准刑的方法

(1) 具有单个量刑情节的,根据量刑情节的调节比例直接对基准刑进行调节。

(2) 具有多种量刑情节的,根据各个量刑情节的调节比例,采用同向相加、逆向相减的方法确定全部量刑情节的调节比例,再对基准刑进行调节。

(3) 对于具有刑法总则规定的未成年人犯罪、限制行为能力的精神病人犯罪、又聋又哑的人或者盲人犯罪、防卫过当、避险过当、犯罪预备、犯罪未遂、犯罪中止、从犯、胁从犯和教唆犯等量刑情节的,先用该量刑情节对基准刑进行调节,在此基础上,再用其他量刑情节进行调节。

(4) 被告人犯数罪,同时具有适用各个罪的立功、累犯等量刑情节的,先用各个量刑情节调节个罪的基准刑,确定个罪所应判处的刑罚,再依法实行数罪并罚,决定执行的刑罚。

(5) 对于同一事实涉及不同量刑情节时,不重复评价。

3. 确定宣告刑的方法

(1) 量刑情节对基准刑的调节结果在法定刑幅度内,且罪责刑相适应的,可以直接确定为宣告刑;如果具有应当减轻处罚情节的,依法在法定最低刑以下确定宣告刑。

(2) 量刑情节对基准刑的调节结果在法定最低刑以下,具有减轻处罚情节,且罪责刑相适应的,可以直接确定为宣告刑;只有从轻处罚情节的,可以确定法定最低刑为宣告刑。

(3) 量刑情节对基准刑的调节结果在法定最高刑以上的,可以法定最高刑为宣告刑。

(4) 根据案件的具体情况,独任审判员或合议庭可以在10%的幅度内进行调整,调整后的结果仍然罪责刑不相适应的,提交审判委员会讨论决定宣告刑。

(5) 综合全案犯罪事实和量刑情节,依法应当判处拘役、管制或者单处附加刑,或者无期徒刑以上刑罚的,应当依法适用。

(6) 宣告刑为三年以下有期徒刑、拘役并符合缓刑适用条件的,可以依法宣告缓刑;犯罪情节轻微,不需要判处刑罚的,可以免予刑事处罚。

三、常见量刑情节的适用

量刑时要充分考虑各种法定和酌定量刑情节,根据案件的全部犯罪事实以及量刑情节的不同情形,依法确定量刑情节的适用及其调节比例。对严重暴力犯罪、黑社会性质组织犯罪、毒品犯罪,在确定从宽的幅度时,要从严掌握;对较轻的犯罪要充分体现从宽的政策。对以下常见量刑情节,可以在相应的幅度内确定具体调节比例。本意见尚未规定的其他量刑情节,在量刑时也要予以考虑,并确定适当的调节比例。

1. 对于未成年人犯罪,应当综合考虑未成年人对犯罪的认识能力、实施犯罪行为的动机和目的、犯罪时的年龄、是否初犯、悔罪表现、个人成长经历和一贯表现等情况,予以从宽处罚。

(1) 已满十四周岁不满十六周岁的未成年人犯罪,可以减少基准刑的30%—60%;

(2) 已满十六周岁不满十八周岁的未成年人犯罪,可以减少基准刑的10%—50%。

2. 对于未遂犯,综合考虑犯罪行为的实行程度、造成损害的大小、犯罪未得逞的原因等情况,可以比照既遂犯减少基准刑的50%以下。

3. 对于从犯,应当综合考虑其在共同犯罪中的地位、作用,以及是否实施犯罪实行行为等情况，予以从宽处罚，可以减少基准刑的20%—50%；犯罪较轻的，可以减少基准刑的50%以上或者依法免除处罚。

4. 对于自首情节，综合考虑投案的动机、时间、方式、罪行轻重、如实供述罪行的程度以及悔罪表现等情况，可以减少基准刑的40%以下；犯罪较轻的，可以减少基准刑的40%以上或者依法免除处罚。

5. 对于立功情节，综合考虑立功的大小、次数、内容、来源、效果以及罪行轻重等情况，确定从宽的幅度。

（1）一般立功的，可以减少基准刑的20%以下；

（2）重大立功的，可以减少基准刑的20%—50%；犯罪较轻的，可以减少基准刑的50%以上或者依法免除处罚。

6. 对于被采取强制措施的犯罪嫌疑人、被告人和已宣判的罪犯，如实供述司法机关尚未掌握的罪行，与司法机关已掌握的或者判决确定的罪行属同种罪行的，根据坦白罪行的轻重以及悔罪表现等情况，可以减少基准刑的20%以下。

7. 对于当庭自愿认罪的，根据犯罪的性质、罪行的轻重、认罪程度以及悔罪表现等情况，可以减少基准刑的10%以下，依法认定自首、坦白的除外。

8. 对于退赃、退赔的，综合考虑犯罪性质，退赃、退赔行为对损害结果所能弥补的程度，退赃、退赔的数额及主动程度等情况，可以减少基准刑的30%以下。

9. 对于积极赔偿被害人经济损失的，综合考虑犯罪性质、赔偿数额、赔偿能力等情况，可以减少基准刑的30%以下。

10. 对于取得被害人或其家属谅解的，综合考虑犯罪的性质、罪行轻重、谅解的原因以及认罪悔罪的程度等情况，可以减少基准刑的20%以下。

11. 对于累犯，应当综合考虑前后罪的性质、刑罚执行完毕或赦免以后至再犯罪时间的长短以及前后罪罪行轻重等情况，可以增加基准刑的10%—40%。

12. 对于有前科劣迹的，综合考虑前科劣迹的性质、时间间隔长短、次数、处罚轻重等情况，可以增加基准刑的10%以下。

13. 对于犯罪对象为未成年人、老人、残疾人、孕妇等弱势人员的，综合考虑犯罪的性质、犯罪的严重程度等情况，可以增加基准刑的20%以下。

14. 对于在重大自然灾害、预防、控制突发传染病疫情等灾害期间犯罪的，根据案件的具体情况，可以增加基准刑的20%以下。

五、附则

1. 本意见对常见法定和酌定量刑情节的调节幅度和常见犯罪的量刑作了原则性规定，各省、自治区、直辖市高级人民法院可以结合当地实际，对常见量刑情节及其他尚未规范的量刑情节，以及常见犯罪的量刑起点幅度、增加刑罚量的具体情形和各种量刑情节进行细化，并报最高人民法院备案。

2. 本意见适用于有期徒刑以下的案件。

3. 本意见所称以上、以下，均包括本数。

4. 本意见自2010年10月1日起试行。

**2. 最高人民法院、最高人民检察院、公安部、国家安全部、司法部《关于规范量刑程序若干问题的意见（试行）》**（2010年10月1日　法发〔2010〕35号）

**第一条**　人民法院审理刑事案件，应当保障量刑活动的相对独立性。

**第二条**　侦查机关、人民检察院应当依照法定程序，收集能够证实犯罪嫌疑人、被告人犯罪情节轻重以及其他与量刑有关的各种证据。

人民检察院提起公诉的案件，对于量刑证据材料的移送，依照有关规定进行。

**第三条**　对于公诉案件，人民检察院可以提出量刑建议。量刑建议一般应当具有一定的幅度。

人民检察院提出量刑建议，一般应当制作量刑建议书，与起诉书一并移送人民法院；根据案件的具体情况，人民检察院也可以在公诉意见书中提出量刑建议。对于人民检察院不派员出席法庭的简易程序案件，应当制作量刑建议书，与起诉书一并移送人民法院。

量刑建议书中一般应当载明人民检察院建议对被告人处以刑罚的种类、刑罚幅度、刑罚执行方式及其理由和依据。

**第四条**　在诉讼过程中，当事人和辩护人、诉讼代理人可以提出量刑意见，并说明理由。

**第五条**　人民检察院以量刑建议书方式提出量刑建议的，人民法院在送达起诉书副本时，将量刑建议书一并送达被告人。

**第六条**　对于公诉案件，特别是被告人不认罪或者对量刑建议有争议的案件，被告人因经济困难或者其他原因没有委托辩护人的，人民法院可以通过法律援助机构指派律师为其提供辩护。

**第七条**　适用简易程序审理的案件，在确定被告人对起诉书指控的犯罪事实和罪名没有异议，自愿认罪且知悉认罪的法律后果后，法庭审理可以直接围绕量刑问题进行。

**第八条**　对于适用普通程序审理的被告人认罪案件，在确认被告人了解起诉书指控的犯罪事实和罪名，自愿认罪且知悉认罪的法律后果后，法庭审理主要围绕量刑和其他有争议的问题进行。

**第九条**　对于被告人不认罪或者辩护人做无罪辩护的案件，在法庭调查阶段，应当查明有关的量刑事实。在法庭辩论阶段，审判人员引导控辩双方先辩论定罪问题。在定罪辩论结束后，审判人员告知控辩双方可以围绕量刑问题进行辩论，发表量刑建议或意见，并说明理由和依据。

**第十条**　在法庭调查过程中，人民法院应当查明对被告人适用特定法定刑幅度以及其他从重、从轻、减轻或免除处罚的法定或者酌定量刑情节。

**第十一条**　人民法院、人民检察院、侦查机关或者辩护人委托有关方面制作涉及未成年人的社会调查报告的，调查报告应当在法庭上宣读，并接受质证。

**第十二条**　在法庭审理过程中，审判人员对量刑证据有疑问的，可以宣布休庭，对证据进行调查核实，必要时也可以要求人民检察院补充调查核实。人民检察院应当补充调查核实有关证据，必要时可以要求侦查机关提供协助。

第十三条 当事人和辩护人、诉讼代理人申请人民法院调取在侦查、审查起诉中收集的量刑证据材料，人民法院认为确有必要的，应当依法调取。人民法院认为不需要调取有关量刑证据材料的，应当说明理由。

第十四条 量刑辩论活动按照以下顺序进行：
（一）公诉人、自诉人及其诉讼代理人发表量刑建议或意见；
（二）被害人（或者附带民事诉讼原告人）及其诉讼代理人发表量刑意见；
（三）被告人及其辩护人进行答辩并发表量刑意见。

第十五条 在法庭辩论过程中，出现新的量刑事实，需要进一步调查的，应当恢复法庭调查，待事实查清后继续法庭辩论。

第十六条 人民法院的刑事裁判文书中应当说明量刑理由。量刑理由主要包括：
（一）已经查明的量刑事实及其对量刑的作用；
（二）是否采纳公诉人、当事人和辩护人、诉讼代理人发表的量刑建议、意见的理由；
（三）人民法院量刑的理由和法律依据。

第十七条 对于开庭审理的二审、再审案件的量刑活动，依照有关法律规定进行。法律没有规定的，参照本意见进行。

对于不开庭审理的二审、再审案件，审判人员在阅卷、讯问被告人、听取其他当事人、辩护人、诉讼代理人的意见时，应当注意审查量刑事实和证据。

### 3. 最高人民法院研究室《关于如何理解和掌握"在法定刑以下减轻"处罚问题的电话答复》（1990年4月27日）

广东省高级人民法院：

你院《关于如何理解和掌握"在法定刑以下减轻"处罚问题的请示》收悉。经研究，答复如下：

减轻处罚是指"应当在法定刑以下判处刑罚"。这里所说的"法定刑"，是指根据被告人所犯罪行的轻重，应当分别适用的刑法（包括全国人大常委会的有关"决定"和"补充规定"）规定的不同条款或者相应的量刑幅度。具体来说，如果所犯罪行的刑罚，分别规定有几条或几款时，即以其罪行应当适用的条或款作为"法定刑"；如果是同一条文中，有几个量刑幅度时，即以其罪行应当适用的量刑幅度作为"法定刑"；如果只有单一的量刑幅度，即以此为"法定刑"。除正确理解"法定刑"之外，还应注意，"减轻"与"从轻"是有区别的，在同一法定刑幅度中适用较轻的刑种或者较低的刑期，是"从轻处罚"，不是"减轻处罚"。在法定刑以下减轻处罚，应是指低于法定刑幅度中的最低刑处罚。

### 4. 最高人民法院研究室《关于适用刑法第五十九条第二款减轻处罚能否判处刑法分则条文没有规定的刑罚问题的答复》（1994年2月5日）

上海市高级人民法院：

你院沪高法〔1993〕120号《关于适用刑法第五十九条第二款减轻处罚能否判处刑法分则条文没有规定刑罚的请示》收悉。经研究，答复如下：

同意你院的倾向性意见。根据刑法第五十九条第二款的规定，对于不具有刑法规定的减轻处罚情节的犯罪分子，如果根据案件的具体情况，判处法定刑的最低刑还是过重的，经人民法院审判委员会决定，可以在法定刑以下判处刑罚，包括判处刑法分则条文没有规定的不同刑种的刑罚。如，法定刑最低为三年有期徒刑的，可以判处不满三年有期徒刑、拘役或者管制。但是否判处附加刑，仍应遵守刑法分则的规定。

**5. 最高人民法院、最高人民检察院、公安部、国家计委《关于统一赃物估价工作的通知》**（1994年4月22日　法发〔1994〕9号）（节录）

一、人民法院、人民检察院、公安机关在办理刑事案件过程中，对于价格不明或者价格难以确定的赃物应当估价。案件移送时，应附《赃物估价鉴定结论书》。

二、国家计委及地方各级政府物价管理部门是赃物估价的主管部门，其设立的价格事务所是指定的赃物估价机构。

三、人民法院、人民检察院、公安机关在办案中需要对赃物估价时，应当出具估价委托书，委托案件管辖地的同级物价管理部门设立的价格事务所进行估价。估价委托书一般应当载明赃物的品名、牌号、规格、数量、来源、购置时间以及违法犯罪获得赃物的时间、地点等有关情况。

四、价格事务所应当参照最高人民法院、最高人民检察院1992年12月11日《关于办理盗窃案件具体应用法律的若干问题的解释》第三条的规定估价。价格事务所应当在接受估价委托后七日内作出估价鉴定结论，但另有约定的除外。

五、价格事务所对赃物估价后，应当出具统一制作的《赃物估价鉴定结论书》，由估价工作人员签名并加盖价格事务所印章。

六、委托估价的机关应当对《赃物估价鉴定结论书》进行审查。如果对同级价格事务所出具的《赃物估价鉴定结论书》提出异议，可退回价格事务所重新鉴定或者委托上一级价格事务所复核。经审查，确认无误的赃物估价鉴定结论，才能作为定案的根据。国家计委指定的直属价格事务所是赃物估价的最终复核裁定机构。

**6. 最高人民法院、最高人民检察院、公安部、国家计委《关于印发〈扣押、追缴、没收物品估价管理办法〉的通知》**（1997年4月22日　计办〔1997〕808号）（节录）

第二条　人民法院、人民检察院、公安机关各自管辖的刑事案件，对于价格不明或者价格难以确定的扣押、追缴、没收物品需要估价的，应当委托指定的估价机构估价。案件移送时，应当附有《扣押、追缴、没收物品估价鉴定结论书》。

第三条　公安机关移送人民检察院审查起诉和人民检察院向人民法院提起公诉的案件，对估价结论有异议的，应当由提出异议的机关自行委托估价机构重新估价。

第四条　对于扣押、追缴、没收的珍贵文物，珍贵、濒危动物及其制品，珍稀植物及其制品，毒品，淫秽物品，枪支、弹药等不以价格数额作为定罪量刑标准的，不需要估价。

第五条　国务院及地方人民政府价格部门是扣押、追缴、没收物品估价工作的主管部门，其设立的价格事务所是各级人民法院、人民检察院、公安机关指定的扣押、追缴、没收物品估价机构,其他任何机构或者个人不得对扣押、追缴、没收物品估价。

**第六条** 价格事务所出具的扣押、追缴、没收物品估价鉴定结论,经人民法院、人民检察院、公安机关确认,可以作为办理案件的依据。

**第七条** 各级人民法院、人民检察院、公安机关遇有本办法第二条所列情形时,应当委托同级价格部门设立的价格事务所进行估价。

**第八条** 委托机关在委托估价时,应当送交《扣押、追缴、没收物品估价委托书》。《扣押、追缴、没收物品估价委托书》应当包括以下内容:

(一)估价的理由和要求;

(二)扣押、追缴、没收物品的品名、牌号、规格、种类、数量、来源以及购置、生产、使用时间;

(三)起获扣押、追缴、没收物品时其被使用、损坏程度的记录,重要的扣押、追缴、没收物品,应当附照片;

(四)起获扣押、追缴、没收物品的时间、地点;

(五)其他需要说明的情况。

委托机关送交的《扣押、追缴、没收物品估价委托书》必须加盖单位公章。

**第九条** 价格事务所接到人民法院、人民检察院、公安机关的《扣押、追缴、没收物品估价委托书》时,应当认真审核委托书的各项内容与要求,如委托书所提要求无法做到时,应当立即与委托机关协商。

**第十条** 价格事务所在接受委托后,应当按照《扣押、追缴、没收物品估价委托书》载明的情况对实物进行查验,如发现差异,应立即与委托机关共同确认。

价格事务所一般不留存扣押、追缴、没收物品,如确需留存时,应当征得委托机关同意并严格办理交接手续。

**第十二条** 价格事务所应当在接受估价委托之日起七日内作出扣押、追缴、没收物品估价鉴定结论;另有约定的,在约定期限内作出。

**第十三条** 价格事务所办理的扣押、追缴、没收物品估价鉴定,应当由两名以上估价工作人员共同承办,出具的估价鉴定结论,必须经过内部审议。

价格事务所估价人员,遇有下列情形之一的,应当回避:

(一)与估价事项当事人有亲属关系或与该估价事项有利害关系的;

(二)与估价事项当事人有其他关系,可能影响对扣押、追缴、没收物品公正估价的。

**第十四条** 价格事务所在完成估价后,应当向委托机关出具《扣押、追缴、没收物品估价鉴定结论书》。《扣押、追缴、没收物品估价鉴定结论书》应当包括以下内容:

(一)估价范围和内容;

(二)估价依据;

(三)估价方法和过程要述;

(四)估价结论;

(五)其他需要说明的问题及有关材料;

（六）估价工作人员签名。

价格事务所出具的《扣押、追缴、没收物品估价鉴定结论书》必须加盖单位公章。

第十五条　委托机关对价格事务所出具的《扣押、追缴、没收物品估价鉴定结论书》有异议的，可以向原估价机构要求补充鉴定或者重新鉴定，也可以直接委托上级价格部门设立的价格事务所复核或者重新估价。

第十六条　接受委托的价格事务所认为必要时，在征得委托机关同意后，可以将委托事项转送上级价格部门设立的价格事务所进行估价，并将有关情况书面通知原委托估价机关。

第十七条　国家计划委员会直属价格事务所是扣押、追缴、没收物品估价的最终复核裁定机构。

第十九条　扣押、追缴、没收物品估价的基准日除法律、法规和司法解释另有规定外，应当由委托机关根据案件实际情况确定。

第二十条　价格事务所对委托估价的文物、邮票、字画、贵重金银、珠宝及其制品等特殊物品，应当送有关专业部门作出技术、质量鉴定后，根据其提供的有关依据，作出估价结论。

第二十六条　价格事务所和鉴定人对出具的《扣押、追缴、没收物品估价鉴定结论书》的内容分别承担相应法律责任。

第二十八条　其他涉案物品的估价，以及行政执法机关提请价格部门设立的价格事务所对收缴、罚没、扣押物品的估价，可以参照本办法执行。

## 7. 财政部《罚没财物和追回赃款赃物管理办法》（1987年1月1日〔86〕财预字第228号）（节录）

第二条　依法查处走私贩私、投机倒把、违反物价管理等违法犯罪案件的罚没款和没收物资，称"罚没财物"；依法查处追回贪污盗窃、行贿受贿等违法犯罪案件的财物，称"追回赃款赃物"。

第三条　本办法适用于：

一、海关、工商行政管理、物价管理等行政执法机关依法查处走私贩私、投机倒把、违反物价管理等违法、违章案件的罚没财物；

二、公安机关、人民检察院、人民法院等政法机关（均包括军事、铁道、交通等专门政法机关，下同），依法查处违反治安管理和各类违法案件的罚没财物和追回的赃款、赃物；

三、交通、林业、外汇、渔政、城建、土地管理、标准计量、烟草专营、医药卫生、劳动安全以及其他国家经济管理部门，依照有关法律、法规查处违法、违章案件的罚没财物；

四、国营企业、事业单位、机关团体内部查处的不构成刑事犯罪的贪污、盗窃等案件追回的赃款、赃物。

以上一、二、三款所列各行政执法机关、政法机关和国家经济管理部门统称执法机关。

**第四条** 违反财经纪律、税收法规、业务章程、合同协议的罚款处理，应执行有关的财政财务制度，不适用本办法。

**第五条** 各级执法机关应当加强对罚没财物（包括扣留财物）凭证的管理和会计核算工作。中央级执法机关的凭证，由海关总署、国家外汇管理局、铁道部等主管机关统一制发；地方各级执法机关的凭证，由省或县、市财政机关统一制发；要建立严格的凭证领用缴销制度，罚没财物的验收、保管制度，财物交接制度和结算对账制度。

**第六条** 各种罚没财物以及追回的赃款、赃物，任何部门、单位和个人，都不得挪用、调换、压价私分或变相私分。

**第七条** 执法机关依法追回贪污、盗窃等案件的赃款、赃物，按下列原则处理：

一、原属国营企业、事业单位、机关团体和城乡集体所有制单位的财物，除政法机关判归原单位者外，一律上缴国库。判决原则，由中央政法机关另定。

二、原属个人合法财物，单位的党费、团费、工会经费，以及职工食堂等集体福利事业单位的财物，均发还原主。

三、追回属于受贿、行贿的财物一律上缴国库。

**第八条** 国营企业、事业单位和机关团体内部查处的，不构成刑事犯罪的贪污、盗窃等案件追回的赃款、赃物，原则上报经上级主管部门审查核准后归原单位注销悬账；原单位已作损失核销了的，一律上缴国库。

**第九条** 罚没物资和追回应上缴国库的赃物，根据不同性质和用途，按下列原则处理：

一、属于商业部门经营的商品，由执法机关、财政机关、接收单位会同有关部门按质论价，交由国营商业单位纳入正常销售渠道变价处理。参与作价的部门，不得内部选购。

二、属于专管机关管理或专营企业经营的财物，如金银、外币、有价证券、文物、毒品等，应及时交由专管机关或专营企业收兑或收购。

三、属于政治性、破坏性物品，无偿交由专管机关处理。

四、属于淫秽物品、吸毒用具等违禁品，以及其他无保管价值的物品，由收缴机关按有关规定处理。

**第十条** 收缴机关按规定核准处理的罚没物资和赃物，都要开列清单（必要时拍照），随缴库凭证存档备查。

**第十一条** 执法机关依法收缴的罚没款、赃款和没收物资、赃物的变价款一律作为国家"罚没收入"或"追回赃款和赃物变价款收入"，如数上缴国库。任何机关都不得截留、坐支。对截留、坐支或拖交的，财政机关有权扣发其机关经费或通知银行从其经费存款中扣交。除因错案可予以退还外，财政机关不得办理收入退库。

**第十二条** 海关、工商行政管理机关、物价管理机关和各国家经济管理部门，查处的罚没款和没收物资变价款，由查处机关依法上缴国库。

**第十三条** 公安机关、人民检察院、人民法院直接查处的罚没款和没收物资变价款，追回应上缴国库的赃款和赃物变价款，由查处机关依法上缴国库。

第十四条 国营企业、事业单位和机关团体内部查处追回应上缴国库的赃款和赃物变价款，由发案单位上缴国库；移送政法机关结案的，由政法机关上缴国库。

第十五条 上缴国库的罚没收入，按下列规定分别划归中央财政和地方财政：

一、海关、国家外汇管理局、铁道部等隶属中央的执法机关的罚没收入，50%上交中央财政，50%上交地方财政。

二、工商行政管理机关、公安机关、人民检察院、人民法院，以及隶属地方的国家经济管理部门查处或判处的罚没收入，全部上交地方财政。

第十六条 各政法机关判处和国营企业、事业单位、机关团体内部查处的上缴国库的赃款和赃物变价款，不论发案单位的财务隶属关系，一律上交地方财政。

第二十五条 各级财政机关，应当配备专人负责罚没财物和追回赃款、赃物的预算管理。

## 8. 国务院办公厅《关于公物处理实行公开拍卖的通知》（1992年8月30日 国办发〔1992〕48号）（节录）

一、逐步建立和完善公物处理的公开拍卖制度。处理的公物必须是国家法律、法规允许流通的商品，具体是指执法机关罚没物品、依法不返还的追回赃物，邮政、运输等部门获得的无主货物，国家机关、社会团体和国营企事业单位按有关规定需要处理的物品及其他方面需要变卖的公物。公开拍卖首先要从罚没物品做起，执法机关依法罚没物品，经法律判决裁定生效后可进行拍卖，必须委托当地政府指定的拍卖行通过公开拍卖的方式拍卖，不得交由其他商业渠道作价收购，更不允许执法机关在本系统内部作价处理。其中，大宗商品、重要生产资料以及专营、专卖商品，可采取招标或定向拍卖方式，首先拍卖给有该类商品经营权的企业；粮、油和鲜活商品，应委托当地农副产品批发市场或集贸市场就地拍卖。罚没物品中的违禁品和假冒商品，仍按国家现行规定交由专管部门处理，不得使其流入市场。文物和抵押贷款的抵押物拍卖办法，另行规定。

机场、码头、车站、邮政等单位的无主货物，行政事业单位需要处理的物品，原则上也要按上述规定实行公开拍卖。

## 9. 最高人民法院研究室《关于缓刑考验期满三年内又犯应判处有期徒刑以上刑罚之罪的是否构成累犯问题的电话答复》（1989年10月25日）

宁夏回族自治区高级人民法院：

你院〔89〕法研字第8号《关于判处有期徒刑缓刑考验期满三年内又犯应判处有期徒刑以上刑罚之罪的是否构成累犯的请示报告》收悉。经研究，答复如下：

根据刑法规定，缓刑是在一定考验期限内，暂缓执行原判刑罚的制度。如果犯罪分子在缓刑考验期内没有再犯新罪，实际上并没有执行过原判的有期徒刑刑罚；加之被判处有期徒刑缓刑的犯罪分子，一般犯罪情节较轻和有悔罪表现，因其不致再危害社会才适用缓刑。所以，对被判处有期徒刑缓刑的犯罪分子，在缓刑考验期满三年内又犯应判处有期徒刑以上刑罚之罪的，可不作累犯对待。

**10. 最高人民法院研究室《关于如何理解刑法第六十一条中刑罚执行完毕问题的答复》**（1995年8月3日　法研〔1995〕16号）

北京市高级人民法院：

你院京高法〔1995〕221号《关于刑法第六十一条中"刑罚执行完毕"应如何理解的请示》收悉。经研究，答复如下：

刑法第六十一条中规定的"刑罚执行完毕"，是指所判主刑执行完毕。如果前罪除被判处主刑以外，还被判处附加刑的，在前罪主刑执行完毕以后三年内附加刑继续执行期间，被告人又犯应当判处有期徒刑以上刑罚之罪，符合累犯构成条件的，应当以累犯依法从重处罚。

**11. 最高人民法院研究室《关于如何理解犯罪嫌疑人自动投案的有关问题的答复》**（2003年8月27日　法研〔2003〕132号）

河北省高级人民法院：

根据《刑法》第六十七条第一款和最高人民法院《关于处理自首和立功具体应用法律若干问题的解释》第一条的规定，对于犯罪嫌疑人犯罪以后潜逃至异地，其罪行尚未被异地司法机关发觉，仅因形迹可疑，被异地司法机关盘问、教育后，主动交代自己的罪行的，应当视为自动投案。

**12. 最高人民法院、最高人民检察院《关于办理职务犯罪案件认定自首、立功等量刑情节若干问题的意见》**（2009年3月20日　法发〔2009〕13号）（节录）

为依法惩处贪污贿赂、渎职等职务犯罪，根据刑法和相关司法解释的规定，结合办案工作实际，现就办理职务犯罪案件有关自首、立功等量刑情节的认定和处理问题，提出如下意见：

一、关于自首的认定和处理

根据刑法第六十七条第一款的规定，成立自首需同时具备自动投案和如实供述自己的罪行两个要件。犯罪事实或者犯罪分子未被办案机关掌握，或者虽被掌握，但犯罪分子尚未受到调查谈话、讯问，或者未被宣布采取调查措施或者强制措施时，向办案机关投案的，是自动投案。在此期间如实交代自己的主要犯罪事实的，应当认定为自首。

犯罪分子向所在单位等办案机关以外的单位、组织或者有关负责人员投案的，应当视为自动投案。

没有自动投案，在办案机关调查谈话、讯问、采取调查措施或者强制措施期间，犯罪分子如实交代办案机关掌握的线索所针对的事实的，不能认定为自首。

没有自动投案，但具有以下情形之一的，以自首论：（1）犯罪分子如实交代办案机关未掌握的罪行，与办案机关已掌握的罪行属不同种罪行的；（2）办案机关所掌握线索针对的犯罪事实不成立，在此范围外犯罪分子交代同种罪行的。

单位犯罪案件中，单位集体决定或者单位负责人决定而自动投案，如实交代单位犯罪事实的，或者单位直接负责的主管人员自动投案，如实交代单位犯罪事实的，应当认定为单位自首。单位自首的，直接负责的主管人员和直接责任人员未自动投案，但如实交代自己知道的犯罪事实的，可以视为自首；拒不交代自己知道的犯罪事实或者逃避法律追究的，不应当认定为自首。单位没有自首，直接责任人员自动投案并如实交代自己知道的犯罪事实的，对该直接责任人员应当认定为自首。

对于具有自首情节的犯罪分子，办案机关移送案件时应当予以说明并移交相关证据材料。

对于具有自首情节的犯罪分子，应当根据犯罪的事实、性质、情节和对于社会的危害程度，结合自动投案的动机、阶段、客观环境，交代犯罪事实的完整性、稳定性以及悔罪表现等具体情节，依法决定是否从轻、减轻或者免除处罚以及从轻、减轻处罚的幅度。

二、关于立功的认定和处理

立功必须是犯罪分子本人实施的行为。为使犯罪分子得到从轻处理，犯罪分子的亲友直接向有关机关揭发他人犯罪行为，提供侦破其他案件的重要线索，或者协助司法机关抓捕其他犯罪嫌疑人的，不应当认定为犯罪分子的立功表现。

据以立功的他人罪行材料应当指明具体犯罪事实；据以立功的线索或者协助行为对于侦破案件或者抓捕犯罪嫌疑人要有实际作用。犯罪分子揭发他人犯罪行为时没有指明具体犯罪事实的；揭发的犯罪事实与查实的犯罪事实不具有关联性的；提供的线索或者协助行为对于其他案件的侦破或者其他犯罪嫌疑人的抓捕不具有实际作用的，不能认定为立功表现。

犯罪分子揭发他人犯罪行为，提供侦破其他案件重要线索的，必须经查证属实，才能认定为立功。审查是否构成立功，不仅要审查办案机关的说明材料，还要审查有关事实和证据以及与案件定性处罚相关的法律文书，如立案决定书、逮捕决定书、侦查终结报告、起诉意见书、起诉书或者判决书等。

据以立功的线索、材料来源有下列情形之一的，不能认定为立功：（1）本人通过非法手段或者非法途径获取的；（2）本人因原担任的查禁犯罪等职务获取的；（3）他人违反监管规定向犯罪分子提供的；（4）负有查禁犯罪活动职责的国家机关工作人员或者其他国家工作人员利用职务便利提供的。

犯罪分子检举、揭发的他人犯罪，提供侦破其他案件的重要线索，阻止他人的犯罪活动，或者协助司法机关抓捕的其他犯罪嫌疑人，犯罪嫌疑人、被告人依法可能被判处无期徒刑以上刑罚的，应当认定为有重大立功表现。其中，可能被判处无期徒刑以上刑罚，是指根据犯罪行为的事实、情节可能判处无期徒刑以上刑罚。案件已经判决的，以实际判处的刑罚为准。但是，根据犯罪行为的事实、情节应当判处无期徒刑以上刑罚，因被判刑人有法定情节依法从轻、减轻处罚后判处有期徒刑的，应当认定为重大立功。

对于具有立功情节的犯罪分子，应当根据犯罪的事实、性质、情节和对于社会的危害程度，结合立功表现所起作用的大小、所破获案件的罪行轻重、所抓获犯罪嫌疑人可能判处的法定刑以及立功的时机等具体情节，依法决定是否从轻、减轻或者免除处罚以及从轻、减轻处罚的幅度。

三、关于如实交代犯罪事实的认定和处理

犯罪分子依法不成立自首，但如实交代犯罪事实，有下列情形之一的，可以酌情从轻处罚：(1) 办案机关掌握部分犯罪事实，犯罪分子交代了同种其他犯罪事实的；(2) 办案机关掌握的证据不充分，犯罪分子如实交代有助于收集定案证据的。

犯罪分子如实交代犯罪事实，有下列情形之一的，一般应当从轻处罚：(1) 办案机关仅掌握小部分犯罪事实，犯罪分子交代了大部分未被掌握的同种犯罪事实的；(2) 如实交代对于定案证据的收集有重要作用的。

### 13. 最高人民法院《关于处理自首和立功若干具体问题的意见》（2010年12月22日 法发〔2010〕60号）

为规范司法实践中对自首和立功制度的运用，更好地贯彻落实宽严相济刑事政策，根据刑法、刑事诉讼法和《最高人民法院关于处理自首和立功具体应用法律若干问题的解释》（以下简称《解释》）等规定，对自首和立功若干具体问题提出如下处理意见：

一、关于"自动投案"的具体认定

《解释》第一条第（一）项规定七种应当视为自动投案的情形，体现了犯罪嫌疑人投案的主动性和自愿性。根据《解释》第一条第（一）项的规定，犯罪嫌疑人具有以下情形之一的，也应当视为自动投案：(1) 犯罪后主动报案，虽未表明自己是作案人，但没有逃离现场，在司法机关询问时交代自己罪行的；(2) 明知他人报案而在现场等待，抓捕时无拒捕行为，供认犯罪事实的；(3) 在司法机关未确定犯罪嫌疑人，尚在一般性排查询问时主动交代自己罪行的；(4) 因特定违法行为被采取劳动教养、行政拘留、司法拘留、强制隔离戒毒等行政、司法强制措施期间，主动向执行机关交代尚未被掌握的犯罪行为的；(5) 其他符合立法本意，应当视为自动投案的情形。

罪行未被有关部门、司法机关发觉，仅因形迹可疑被盘问、教育后，主动交代了犯罪事实的，应当视为自动投案，但有关部门、司法机关在其身上、随身携带的物品、驾乘的交通工具等处发现与犯罪有关的物品的，不能认定为自动投案。

交通肇事后保护现场、抢救伤者，并向公安机关报告的，应认定为自动投案，构成自首，因上述行为同时系犯罪嫌疑人的法定义务，对其是否从宽、从宽幅度要适当从严掌握。交通肇事逃逸后自动投案，如实供述自己罪行的，应认定为自首，但应依法以较重法定刑为基准，视情决定对其是否从宽处罚以及从宽处罚的幅度。

犯罪嫌疑人被亲友采用捆绑等手段送到司法机关，或者在亲友带领侦查人员前来抓捕时无拒捕行为，并如实供认犯罪事实的，虽然不能认定为自动投案，但可以参照法律对自首的有关规定酌情从轻处罚。

二、关于"如实供述自己的罪行"的具体认定

《解释》第一条第（二）项规定如实供述自己的罪行，除供述自己的主要犯罪事实外，还应包括姓名、年龄、职业、住址、前科等情况。犯罪嫌疑人供述的身份等情况与真实情况虽有差别，但不影响定罪量刑的，应认定为如实供述自己的罪行。犯罪嫌疑人自动投案后隐瞒自己的真实身份等情况，影响对其定罪量刑的，不能认定为如实供述自己的罪行。

犯罪嫌疑人多次实施同种罪行的，应当综合考虑已交代的犯罪事实与未交代的犯罪事实的危害程度，决定是否认定为如实供述主要犯罪事实。虽然投案后没有交代全部犯罪事实，但如实交代的犯罪情节重于未交代的犯罪情节，或者如实交代的犯罪数额多于未交代

的犯罪数额，一般应认定为如实供述自己的主要犯罪事实。无法区分已交代的与未交代的犯罪情节的严重程度，或者已交代的犯罪数额与未交代的犯罪数额相当，一般不认定为如实供述自己的主要犯罪事实。

犯罪嫌疑人自动投案时虽然没有交代自己的主要犯罪事实，但在司法机关掌握其主要犯罪事实之前主动交代的，应认定为如实供述自己的罪行。

三、关于"司法机关还未掌握的本人其他罪行"和"不同种罪行"的具体认定

犯罪嫌疑人、被告人在被采取强制措施期间，向司法机关主动如实供述本人的其他罪行，该罪行能否认定为司法机关已掌握，应根据不同情形区别对待。如果该罪行已被通缉，一般应以司法机关是否在通缉令发布范围内作出判断，不在通缉令发布范围内的，应认定为还未掌握，在通缉令发布范围内的，应视为已掌握；如果该罪行已录入全国公安信息网络在逃人员信息数据库，应视为已掌握。如果该罪行未被通缉、也未录入全国公安信息网络在逃人员信息数据库，应以该司法机关是否已实际掌握该罪行为标准。

犯罪嫌疑人、被告人在被采取强制措施期间如实供述本人其他罪行，该罪行与司法机关已掌握的罪行属同种罪行还是不同种罪行，一般应以罪名区分。虽然如实供述的其他罪行的罪名与司法机关已掌握犯罪的罪名不同，但如实供述的其他犯罪与司法机关已掌握的犯罪属选择性罪名或者在法律、事实上密切关联，如因受贿被采取强制措施后，又交代因受贿为他人谋取利益行为，构成滥用职权罪的，应认定为同种罪行。

四、关于立功线索来源的具体认定

犯罪分子通过贿买、暴力、胁迫等非法手段，或者被羁押后与律师、亲友会见过程中违反监管规定，获取他人犯罪线索并"检举揭发"的，不能认定为有立功表现。

犯罪分子将本人以往查办犯罪职务活动中掌握的，或者从负有查办犯罪、监管职责的国家工作人员处获取的他人犯罪线索予以检举揭发的，不能认定为有立功表现。

犯罪分子亲友为使犯罪分子"立功"，向司法机关提供他人犯罪线索、协助抓捕犯罪嫌疑人的，不能认定为犯罪分子有立功表现。

五、关于"协助抓捕其他犯罪嫌疑人"的具体认定

犯罪分子具有下列行为之一，使司法机关抓获其他犯罪嫌疑人的，属于《解释》第五条规定的"协助司法机关抓捕其他犯罪嫌疑人"：（1）按照司法机关的安排，以打电话、发信息等方式将其他犯罪嫌疑人（包括同案犯）约至指定地点的；（2）按照司法机关的安排，当场指认、辨认其他犯罪嫌疑人（包括同案犯）的；（3）带领侦查人员抓获其他犯罪嫌疑人（包括同案犯）的；（4）提供司法机关尚未掌握的其他案件犯罪嫌疑人的联络方式、藏匿地址的，等等。

犯罪分子提供同案犯姓名、住址、体貌特征等基本情况，或者提供犯罪前、犯罪中掌握、使用的同案犯联络方式、藏匿地址，司法机关据此抓捕同案犯的，不能认定为协助司法机关抓捕同案犯。

六、关于立功线索的查证程序和具体认定

被告人在一、二审审理期间检举揭发他人犯罪行为或者提供侦破其他案件的重要线索，人民法院经审查认为该线索内容具体、指向明确的，应及时移交有关人民检察院或者公安

机关依法处理。

侦查机关出具材料，表明在三个月内还不能查证并抓获被检举揭发的人，或者不能查实的，人民法院审理案件可不再等待查证结果。

被告人检举揭发他人犯罪行为或者提供侦破其他案件的重要线索经查证不属实，又重复提供同一线索，且没有提出新的证据材料的，可以不再查证。

根据被告人检举揭发破获的他人犯罪案件，如果已有审判结果，应当依据判决确认的事实认定是否查证属实；如果被检举揭发的他人犯罪案件尚未进入审判程序，可以依据侦查机关提供的书面查证情况认定是否查证属实。检举揭发的线索经查确有犯罪发生，或者确定了犯罪嫌疑人，可能构成重大立功，只是未能将犯罪嫌疑人抓获归案的，对可能判处死刑的被告人一般要留有余地，对其他被告人原则上应酌情从轻处罚。

被告人检举揭发或者协助抓获的人的行为构成犯罪，但因法定事由不追究刑事责任、不起诉、终止审理的，不影响对被告人立功表现的认定；被告人检举揭发或者协助抓获的人的行为应判处无期徒刑以上刑罚，但因具有法定、酌定从宽情节，宣告刑为有期徒刑或者更轻刑罚的，不影响对被告人重大立功表现的认定。

七、关于自首、立功证据材料的审查

人民法院审查的自首证据材料，应当包括被告人投案经过、有罪供述以及能够证明其投案情况的其他材料。投案经过的内容一般应包括被告人投案时间、地点、方式等。证据材料应加盖接受被告人投案的单位的印章，并有接受人员签名。

人民法院审查的立功证据材料，一般应包括被告人检举揭发材料及证明其来源的材料、司法机关的调查核实材料、被检举揭发人的供述等。被检举揭发案件已立案、侦破，被检举揭发人被采取强制措施、公诉或者审判的，还应审查相关的法律文书。证据材料应加盖接收被告人检举揭发材料的单位的印章，并有接收人员签名。

人民法院经审查认为证明被告人自首、立功的材料不规范、不全面的，应当由检察机关、侦查机关予以完善或者提供补充材料。

上述证据材料在被告人被指控的犯罪一、二审审理时已形成的，应当经庭审质证。

八、关于对自首、立功的被告人的处罚

对具有自首、立功情节的被告人是否从宽处罚、从宽处罚的幅度，应当考虑其犯罪事实、犯罪性质、犯罪情节、危害后果、社会影响、被告人的主观恶性和人身危险性等。自首的还应考虑投案的主动性、供述的及时性和稳定性等。立功的还应考虑检举揭发罪行的轻重、被检举揭发的人可能或者已经被判处的刑罚、提供的线索对侦破案件或者协助抓捕其他犯罪嫌疑人所起作用的大小等。

具有自首或者立功情节的，一般应依法从轻、减轻处罚；犯罪情节较轻的，可以免除处罚。类似情况下，对具有自首情节的被告人的从宽幅度要适当宽于具有立功情节的被告人。

虽然具有自首或者立功情节，但犯罪情节特别恶劣、犯罪后果特别严重、被告人主观恶性深、人身危险性大，或者在犯罪前即为规避法律、逃避处罚而准备自首、立功的，可以不从宽处罚。

对于被告人具有自首、立功情节，同时又有累犯、毒品再犯等法定从重处罚情节的，既要考虑自首、立功的具体情节，又要考虑被告人的主观恶性、人身危险性等因素，综合分析判断，确定从宽或者从严处罚。累犯的前罪为非暴力犯罪的，一般可以从宽处罚，前罪为暴力犯罪或者前、后罪为同类犯罪的，可以不从宽处罚。

在共同犯罪案件中，对具有自首、立功情节的被告人的处罚，应注意共同犯罪人以及首要分子、主犯、从犯之间的量刑平衡。犯罪集团的首要分子、共同犯罪的主犯检举揭发或者协助司法机关抓捕同案地位、作用较次的犯罪分子的，从宽处罚与否应当从严掌握，如果从轻处罚可能导致全案量刑失衡的，一般不从轻处罚；如果检举揭发或者协助司法机关抓捕的是其他案件中罪行同样严重的犯罪分子，一般应依法从宽处罚。对于犯罪集团的一般成员、共同犯罪的从犯立功的，特别是协助抓捕首要分子、主犯的，应当充分体现政策，依法从宽处罚。

**14.** 最高人民法院《关于对数罪中有判处无期徒刑以上刑罚的案件如何实行数罪并罚的通知》（1987年6月26日　法（刑一）发〔1987〕16号）

全国地方各高级人民法院、中级人民法院，解放军军事法院、各大单位军事法院，各铁路运输中级法院，各海事法院：

对于数罪中有一罪或数罪应当判处无期徒刑或者死刑（含死刑缓期二年执行，下同）的案件，如何实行数罪并罚，各地法院的做法不大一致。有的对各罪分别量刑，再决定应执行的刑罚；有的则列出罪名，不分别量刑，只判处其中最高的刑罚。从审判实践看，对这类案件如果不分别量刑，就看不出对每一个罪是如何量刑的，既可能影响被告人行使上诉权，也会给上级法院审查原判量刑是否适当造成困难。为此，特通知如下：今后对被告人犯数罪，其中有一罪或数罪应当判处无期徒刑或者死刑的，对各罪应当分别量刑，然后决定执行其中最高的刑罚。希各地法院照此执行。

**15.** 最高人民法院研究室《关于一人犯数罪可否分别判处死刑、死缓再决定执行刑罚问题的答复》（1993年8月7日）（节录）

四川省高级人民法院：

你院川高法研〔1992〕13号《关于一人犯数罪的案件能否分别判处死刑、死缓的请示》收悉。经研究，基本同意你院意见。即：被告人犯有两个均应当判处死刑的罪，在一般情况下，不宜将其中一罪判处死刑，立即执行，将另一罪判处死刑，宣告缓期二年执行，而应将两罪分别判处死刑，并罚执行死刑。

**16.** 最高人民法院研究室《关于判处无期徒刑的罪犯在服刑期间又犯新罪是否要再判处刑罚问题的电话答复》（1985年5月8日）

陕西省高级人民法院：

你院陕高法研〔1984〕21号《关于判处无期徒刑的罪犯在服刑期间又犯新罪是否要再判处刑罚的请示报告》收悉。经研究，答复如下：

原判无期徒刑的罪犯在服刑期间又犯新罪的，应对所犯新罪依法作出判决，其处理程序可以根据刑事诉讼法第一百六十二条的规定办理。如果新罪应判处有期徒刑，在判决中除写明刑期外，依照刑法第六十四条和第六十六条的规定，仍决定执行无期徒刑。在宣告判决后,可向该罪犯服刑的劳改单位和负责起诉及监督该劳改单位的检察机关说明,由于刑法和刑诉法的规定,经反映、请示后,目前仍只能如此。但可以请他们考虑:(一)由于该罪犯在无期徒刑服刑期间又犯新罪,在最近期间其他无期徒刑罪犯减刑时,他不能减刑。(二)今后,经过一定的时间,如果该罪犯确实遵守法律、监规,老实劳动改造,并确有悔改或者立功表现,还是可以考虑给予减刑。但在什么时候减刑,减刑减到什么程度,都要把他曾犯新罪的情况考虑进去。

以上意见,请你们结合案件的具体情况,参照执行。

**17. 最高人民法院研究室《关于罪犯在服刑期间又犯罪被服刑地法院以数罪并罚论处的现前罪改判应当由哪一个法院决定执行刑罚问题的电话答复》**(1991年6月18日)

福建省高级人民法院:

你院〔1991〕闽法刑二字第79号《关于罪犯在服刑期间又犯罪被服刑地法院以数罪并罚论处的,现前罪改判应当由哪一个法院决定执行刑罚问题的请示》收悉。经研究,答复如下:

这类问题,我们曾于1989年答复过湖北省高级人民法院,答复意见是:对于再审改判前因犯新罪被加刑的罪犯,在对其前罪再审时,应当将罪犯犯后罪时判决中关于前罪与后罪并罚的内容撤销,并把经再审改判后的前罪没有执行完的刑罚和后罪已判处的刑罚,按照刑法第六十六条的规定实行数罪并罚。关于原前罪与后罪并罚的判决由哪个法院撤销,应当视具体情况确定:如果再审法院是对后罪作出判决的法院的上级法院,或者是对后罪作出判决的同一法院,可以由再审法院撤销,否则,应当由对后罪作出判决的法院撤销。

请你们按照上述意见办理。

**18. 最高人民检察院法律政策研究室《关于对数罪并罚决定执行刑期为三年以下有期徒刑的犯罪分子能否适用缓刑问题的复函》**(1998年9月17日〔1998〕高检研发第16号)

山东省人民检察院研究室:

你院鲁检法研字〔1998〕第10号《关于对数罪并罚决定执行刑期三年以下的犯罪分子能否适用缓刑的请示》收悉。经研究,答复如下:

根据刑法第七十二条的规定,可以适用缓刑的对象是被判处拘役、三年以下有期徒刑的犯罪分子;条件是根据犯罪分子的犯罪情节和悔罪表现,适用缓刑确实不致再危害社会。对于判决宣告以前犯数罪的犯罪分子,只要判决执行的刑罚为拘役、三年以下有期徒刑,且符合根据犯罪分子的犯罪情节和悔罪表现,适用缓刑确实不致再危害社会的案件,依法可以适用缓刑。

**19. 最高人民法院《全国法院维护农村稳定刑事审判工作座谈会纪要》**(1999年10月27日 法〔1999〕217号)(节录)

(二)关于对农民被告人依法判处缓刑、管制、免予刑事处罚问题

对农民被告人适用刑罚,既要严格遵循罪刑相适应的原则,又要充分考虑到农民犯罪

主体的特殊性。要依靠当地党委做好相关部门的工作，依法适当多适用非监禁刑罚。对于已经构成犯罪，但不需要判处刑罚的，或者法律规定有管制刑的，应当依法免予刑事处罚或判处管制刑。对于罪行较轻且认罪态度好，符合宣告缓刑条件的，应当依法适用缓刑。

要努力配合有关部门落实非监禁刑的监管措施。在监管措施落实问题上可以探索多种有效的方式，如在城市应加强与适用缓刑的犯罪人原籍的政府和基层组织联系落实帮教措施；在农村应通过基层组织和被告人亲属、家属、好友做好帮教工作等等。

**20. 公安部《公安机关对被管制、剥夺政治权利、缓刑、假释、保外就医罪犯的监督管理规定》**（1995年2月21日　公安部令第23号）（节录）

**第二条**　对被管制、剥夺政治权利、缓刑、假释、保外就医罪犯的监督管理，由县（市）公安局、城市公安分局负责组织实施。

**第三条**　公安机关对被管制、剥夺政治权利、缓刑、假释、保外就医罪犯进行监督管理，必须落实监督管理责任制，依法管理、文明管理。

**第四条**　公安机关收到人民法院对罪犯作出的管制、剥夺政治权利、缓刑、假释、保外就医的判决、裁定、决定或者监狱管理机关对罪犯批准保外就医的决定后，应当及时组成监督考察小组，建立被监督管理罪犯档案，并制定和落实监督管理的具体措施。

**第五条**　经公安机关批准，被管制、剥夺政治权利、缓刑、假释、保外就医的罪犯迁居时，原执行的公安机关应当向迁入地负责执行的公安机关介绍罪犯的情况，移送监督考察档案。

**第六条**　公安机关应当向人民检察院、人民法院和监狱管理机关及时通报被管制、剥夺政治权利、缓刑、假释、保外就医罪犯的监督管理情况。

**第七条**　公安机关对被管制、剥夺政治权利、缓刑、假释、保外就医罪犯的监督管理工作，接受人民检察院的监督。

**第十条**　公安机关应当向被判处管制的罪犯宣布，在服刑期间必须遵守下列规定：
（一）遵守国家法律、法规和公安部制定的有关规定；
（二）积极参加生产劳动或者工作；
（三）定期向监督考察小组报告自己的活动情况；
（四）迁居或者离开所居住区域时必须经公安机关批准；
（五）遵守公安机关制定的具体监督管理措施。

**第十一条**　被管制的罪犯需要离开所居住区域的，必须经公安机关批准，取得外出证明。到达和离开目的地时，必须向当地公安派出所报告，并由目的地公安派出所在外出证明上注明往返时间及表现情况。返回执行地时，必须立即报告并将证明交回公安机关。

**第十二条**　公安机关应当向被判处剥夺政治权利的罪犯宣布，在执行期间必须遵守下列规定：
（一）遵守国家法律、法规和公安部制定的有关规定；
（二）不得享有选举权和被选举权；
（三）不得组织或者参加集会、游行、示威、结社活动；

（四）不得接受采访、发表演说；

（五）不得在境内外发表、出版、发行有损国家荣誉、利益或者其他具有社会危害性的言论、书籍、音像制品等；

（六）不得担任国家机关职务；

（七）不得担任企业、事业单位和人民团体领导职务；

（八）遵守公安机关制定的具体监督管理措施。

第十三条 对被管制、剥夺政治权利的罪犯违反本规定尚未构成犯罪的，由公安机关依法给予治安管理处罚；构成犯罪的，依法追究刑事责任。

第十四条 管制、剥夺政治权利执行期满，公安机关应当通知本人，并向群众公开宣布解除管制或者恢复政治权利。

罪犯在管制、剥夺政治权利期间死亡的，公安机关应当及时通报原判人民法院或者原关押监狱。

解除管制的，应当发给《解除管制通知书》，其中被附加剥夺政治权利的，应当同时宣布恢复政治权利。

第十五条 对被宣告缓刑、假释的罪犯，在缓刑、假释考验期限内，由县（市）公安局、城市公安分局指定罪犯居住地公安派出所进行监督考察，罪犯居住地街道居民委员会、村民委员会或者原所在单位协助进行监督。

第十六条 负责监督考察被宣告缓刑、假释罪犯的公安机关，应当根据人民法院的判决、裁定，向罪犯原所在单位或者住地的群众，宣布其犯罪事实、考察期限，以及考验期间必须遵守的规定。

第十七条 公安机关应当向被宣告缓刑或者假释的罪犯宣布必须遵守下列规定：

（一）遵守国家法律、法规和公安部制定的有关规定；

（二）定期向执行机关报告自己的活动情况；

（三）迁居或者离开所居住区域必须经公安机关批准；

（四）附加剥夺政治权利的缓刑、假释罪犯必须遵守本规定第十二条的规定；

（五）遵守公安机关制定的具体监督管理措施。

第十八条 对被宣告缓刑、假释的罪犯，公安机关应当定期向罪犯原所在单位或者居住地的街道居民委员会、村民委员会了解其表现情况，建立考察档案。

第十九条 被宣告假释的罪犯在考验期限内有违反本规定的行为，尚未构成新的犯罪有收监必要的，公安机关应当向人民法院提出撤销假释的建议。人民法院裁定撤销假释的，公安机关应当及时将罪犯送交监狱收监执行。

第二十条 对被宣告缓刑、假释的罪犯违反本规定尚未构成犯罪的，由公安机关依法给予治安管理处罚；构成犯罪的，公安机关应当依法报请人民法院撤销缓刑、假释，追究其刑事责任。

第二十一条 缓刑考验期满，被宣告缓刑的罪犯在缓刑考验期间没有再犯新罪的，原判刑罚不再执行，公安机关应当向本人宣布并通报原判决人民法院。

假释考验期满，被宣告假释的罪犯在考验期间没有再犯新罪的，就认为原判刑罚已经执行完毕，公安机关应当向本人宣布并通报原裁定人民法院和罪犯原关押的监狱。

罪犯在缓刑、假释期间死亡的，公安机关应当及时通报原判人民法院和原关押监狱。

## 21. 公安部《公安机关办理刑事案件程序规定（2012年修正）》（2012年12月13日 公安部令第127号）（节录）

### 第九章 执行刑罚

#### 第一节 罪犯的交付

**第二百八十七条** 对被依法判处刑罚的罪犯，如果罪犯已被采取强制措施的，公安机关应当依据人民法院生效的判决书、裁定书以及执行通知书，将罪犯交付执行。

对人民法院作出无罪或者免除刑事处罚的判决，如果被告人在押，公安机关在收到相应的法律文书后应当立即办理释放手续；对人民法院建议给予行政处理的，应当依照有关规定处理或者移送有关部门。

**第二百八十八条** 对被判处死刑的罪犯，公安机关应当依据人民法院执行死刑的命令，将罪犯交由人民法院执行。

**第二百八十九条** 公安机关接到人民法院生效的判处死刑缓期二年执行、无期徒刑、有期徒刑的判决书、裁定书以及执行通知书后，应当在一个月以内将罪犯送交监狱执行。

对未成年犯应当送交未成年犯管教所执行刑罚。

**第二百九十条** 对被判处有期徒刑的罪犯，在被交付执行刑罚前，剩余刑期在三个月以下的，由看守所根据人民法院的判决代为执行。

对被判处拘役的罪犯，由看守所执行。

**第二百九十一条** 对被判处管制、宣告缓刑、假释或者暂予监外执行的罪犯，已被羁押的，由看守所将其交付社区矫正机构执行。

对被判处剥夺政治权利的罪犯，由罪犯居住地的派出所负责执行。

**第二百九十二条** 对被判处有期徒刑由看守所代为执行和被判处拘役的罪犯，执行期间如果没有再犯新罪，执行期满，看守所应当发给刑满释放证明书。

**第二百九十三条** 公安机关在执行刑罚中，如果认为判决有错误或者罪犯提出申诉，应当转请人民检察院或者原判人民法院处理。

#### 第二节 减刑、假释、暂予监外执行

**第二百九十四条** 对依法留看守所执行刑罚的罪犯，符合减刑条件的，由看守所制作减刑建议书，经设区的市一级以上公安机关审查同意后，报请所在地中级以上人民法院审核裁定。

**第二百九十五条** 对依法留看守所执行刑罚的罪犯，符合假释条件的，由看守所制作假释建议书，经设区的市一级以上公安机关审查同意后，报请所在地中级以上人民法院审核裁定。

**第二百九十六条** 对依法留所执行刑罚的罪犯，有下列情形之一的，可以暂予监外执行：

（一）有严重疾病需要保外就医的；
（二）怀孕或者正在哺乳自己婴儿的妇女；
（三）生活不能自理，适用暂予监外执行不致危害社会的。

对罪犯暂予监外执行的，看守所应当提出书面意见，报设区的市一级以上公安机关批准，同时将书面意见抄送同级人民检察院。

对适用保外就医可能有社会危险性的罪犯，或者自伤自残的罪犯，不得保外就医。

对罪犯确有严重疾病，必须保外就医的，由省级人民政府指定的医院诊断并开具证明文件。

**第二百九十七条** 公安机关决定对罪犯暂予监外执行的，应当将暂予监外执行决定书交被暂予监外执行的罪犯和负责监外执行的社区矫正机构，同时抄送同级人民检察院。

**第二百九十八条** 批准暂予监外执行的公安机关接到人民检察院认为暂予监外执行不当的意见后，应当立即对暂予监外执行的决定进行重新核查。

**第二百九十九条** 对暂予监外执行的罪犯，有下列情形之一的，批准暂予监外执行的公安机关应当作出收监执行决定：
（一）发现不符合暂予监外执行条件的；
（二）严重违反有关暂予监外执行监督管理规定的；
（三）暂予监外执行的情形消失后，罪犯刑期未满的。

对暂予监外执行的罪犯决定收监执行的，由暂予监外执行地看守所将罪犯收监执行。

不符合暂予监外执行条件的罪犯通过贿赂等非法手段被暂予监外执行的，或者罪犯在暂予监外执行期间脱逃的，罪犯被收监执行后，所在看守所应当提出不计入执行刑期的建议，经设区的市一级以上公安机关审查同意后，报请所在地中级以上人民法院审核裁定。

### 第三节 剥夺政治权利

**第三百条** 负责执行剥夺政治权利的派出所应当按照人民法院的判决，向罪犯及其所在单位、居住地基层组织宣布其犯罪事实、被剥夺政治权利的期限，以及罪犯在执行期间应当遵守的规定。

**第三百零一条** 被剥夺政治权利的罪犯在执行期间应当遵守下列规定：
（一）遵守国家法律、行政法规和公安部制定的有关规定，服从监督管理；
（二）不得享有选举权和被选举权；
（三）不得组织或者参加集会、游行、示威、结社活动；
（四）不得出版、制作、发行书籍、音像制品；
（五）不得接受采访，发表演说；
（六）不得在境内外发表有损国家荣誉、利益或者其他具有社会危害性的言论；
（七）不得担任国家机关职务；
（八）不得担任国有公司、企业、事业单位和人民团体的领导职务。

**第三百零二条** 被剥夺政治权利的罪犯违反本规定第三百零一条的规定，尚未构成新的犯罪的，公安机关依法可以给予治安管理处罚。

**第三百零三条** 被剥夺政治权利的罪犯，执行期满，公安机关应当书面通知本人及其所在单位、居住地基层组织。

### 第四节 对又犯新罪罪犯的处理

**第三百零四条** 对留看守所执行刑罚的罪犯，在暂予监外执行期间又犯新罪的，由犯罪地公安机关立案侦查，并通知批准机关。批准机关作出收监执行决定后，应当根据侦查、审判需要，由犯罪地看守所或者暂予监外执行地看守所收监执行。

**第三百零五条** 被剥夺政治权利、管制、宣告缓刑和假释的罪犯在执行期间又犯新罪的，由犯罪地公安机关立案侦查。

对留看守所执行刑罚的罪犯，因犯新罪被撤销假释的，应当根据侦查、审判需要，由犯罪地看守所或者原执行看守所收监执行。

## 22. 最高人民法院、最高人民检察院、公安部、劳动人事部《关于被判处管制、剥夺政治权利和宣告缓刑、假释的犯罪分子能否外出经商等问题的通知》（1986年11月8日 〔86〕高检会（三）字第2号）（节录）

一、对被判处管制、剥夺政治权利和宣告缓刑、假释的犯罪分子，公安机关和有关单位要依法对其实行经常性的监督改造或考察。被管制、假释的犯罪分子，不能外出经商；被剥夺政治权利和宣告缓刑的犯罪分子，按现行规定，属于允许经商范围之内的，如外出经商，需事先经公安机关允许。

二、犯罪分子在被管制、剥夺政治权利、缓刑、假释期间，若原所在单位确有特殊情况不能安排工作的，在不影响对其实行监督考察的情况下，经工商管理部门批准，可以在常住户口所在地自谋生计；家在农村的，亦可就地从事或承包一些农副业生产。

三、犯罪分子在被管制、剥夺政治权利、缓刑、假释期间，不能担任国有或集体企事业单位的领导职务。

## 23. 最高人民法院研究室《关于第二审人民法院对上诉案件维持原判刑期撤销缓刑是否违反"上诉不加刑"原则的电话答复》（1989年5月29日）

江苏省高级人民法院：

你院苏法研〔1986〕1号《关于第二审人民法院对上诉案件维持原判刑期撤销缓刑是否违反"上诉不加刑"原则的请示》收悉。经研究，答复如下：

按照刑法第七十条的规定，被宣告缓刑的犯罪分子，在缓刑考验期限内，如果没有再犯新罪，缓刑考验期满，原判的刑罚就不再执行。所以，缓刑是有条件地不执行原判刑罚。对第一审法院判处被告人有期徒刑宣告缓刑，被告人上诉的案件，第二审法院维持原判刑期，撤销缓刑，虽然没有改变刑期，但把原有条件地不执行的刑罚改变为执行的刑罚，这是不符合刑事诉讼法第一百三十七条第一款关于"上诉的案件，不得加重被告人的刑罚"的规定精神的。因此，上诉审不应撤销缓刑而维持原判刑期。如果第二审法院认为原系适用缓刑不当，违背了法律的规定，可以根据具体情况依法采取发回重审，或者在驳回上诉、二审判决发生法律效力后，按审判监督程序予以改正。

## 24. 最高人民法院《关于办理减刑、假释案件具体应用法律若干问题的规定》（2012年7月1日 法释〔2012〕2号）（节录）

**第一条** 根据刑法第七十八条第一款的规定，被判处管制、拘役、有期徒刑、无期徒刑的犯罪分子，在执行期间，认真遵守监规，接受教育改造，确有悔改表现的，或者有立功表现的，可以减刑；有重大立功表现的，应当减刑。

**第二条** "确有悔改表现"是指同时具备以下四个方面情形：认罪悔罪；认真遵守法律法规及监规，接受教育改造；积极参加思想、文化、职业技术教育；积极参加劳动，努力完成劳动任务。

对罪犯在刑罚执行期间提出申诉的，要依法保护其申诉权利，对罪犯申诉不应加分析地认为是不认罪悔罪。

罪犯积极执行财产刑和履行附带民事赔偿义务的，可视为有认罪悔罪表现，在减刑、假释时可以从宽掌握；确有执行、履行能力而不执行、不履行的，在减刑、假释时应当从严掌握。

**第三条** 具有下列情形之一的，应当认定为有"立功表现"：
（一）阻止他人实施犯罪活动的；
（二）检举、揭发监狱内外犯罪活动，或者提供重要的破案线索，经查证属实的；
（三）协助司法机关抓捕其他犯罪嫌疑人（包括同案犯）的；
（四）在生产、科研中进行技术革新，成绩突出的；
（五）在抢险救灾或者排除重大事故中表现突出的；
（六）对国家和社会有其他贡献的。

**第四条** 具有下列情形之一的，应当认定为有"重大立功表现"：
（一）阻止他人实施重大犯罪活动的；
（二）检举监狱内外重大犯罪活动，经查证属实的；
（三）协助司法机关抓捕其他重大犯罪嫌疑人（包括同案犯）的；
（四）有发明创造或者重大技术革新的；
（五）在日常生产、生活中舍己救人的；
（六）在抗御自然灾害或者排除重大事故中，有特别突出表现的；
（七）对国家和社会有其他重大贡献的。

**第五条** 有期徒刑罪犯在刑罚执行期间，符合减刑条件的，减刑幅度为：确有悔改表现，或者有立功表现的，一次减刑一般不超过一年有期徒刑；确有悔改表现并有立功表现，或者有重大立功表现的，一次减刑一般不超过二年有期徒刑。

**第六条** 有期徒刑罪犯的减刑起始时间和间隔时间为：被判处五年以上有期徒刑的罪犯，一般在执行一年六个月以上方可减刑，两次减刑之间一般应当间隔一年以上。被判处不满五年有期徒刑的罪犯，可以比照上述规定，适当缩短起始和间隔时间。

确有重大立功表现的，可以不受上述减刑起始和间隔时间的限制。

有期徒刑的减刑起始时间自判决执行之日起计算。

第七条　无期徒刑罪犯在刑罚执行期间，确有悔改表现，或者有立功表现的，服刑二年以后，可以减刑。减刑幅度为：确有悔改表现，或者有立功表现的，一般可以减为二十年以上二十二年以下有期徒刑；有重大立功表现的，可以减为十五年以上二十年以下有期徒刑。

第八条　无期徒刑罪犯经过一次或几次减刑后，其实际执行的刑期不能少于十三年，起始时间应当自无期徒刑判决确定之日起计算。

第九条　死刑缓期执行罪犯减为无期徒刑后，确有悔改表现，或者有立功表现的，服刑二年以后可以减为二十五年有期徒刑；有重大立功表现的，服刑二年以后可以减为二十三年有期徒刑。

死刑缓期执行罪犯经过一次或几次减刑后，其实际执行的刑期不能少于十五年，死刑缓期执行期间不包括在内。

死刑缓期执行罪犯在缓期执行期间抗拒改造，尚未构成犯罪的，此后减刑时可以适当从严。

第十条　被限制减刑的死刑缓期执行罪犯，缓期执行期满后依法被减为无期徒刑的，或者因有重大立功表现被减为二十五年有期徒刑的，应当比照未被限制减刑的死刑缓期执行罪犯在减刑的起始时间、间隔时间和减刑幅度上从严掌握。

第十一条　判处管制、拘役的罪犯，以及判决生效后剩余刑期不满一年有期徒刑的罪犯，符合减刑条件的，可以酌情减刑，其实际执行的刑期不能少于原判刑期的二分之一。

第十二条　有期徒刑罪犯减刑时，对附加剥夺政治权利的期限可以酌减。酌减后剥夺政治权利的期限，不能少于一年。

第十三条　判处拘役或者三年以下有期徒刑并宣告缓刑的罪犯，一般不适用减刑。

前款规定的罪犯在缓刑考验期限内有重大立功表现的，可以参照刑法第七十八条的规定，予以减刑，同时应依法缩减其缓刑考验期限。拘役的缓刑考验期限不能少于二个月，有期徒刑的缓刑考验期限不能少于一年。

第十四条　被判处十年以上有期徒刑、无期徒刑的罪犯在刑罚执行期间又犯罪，被判处有期徒刑以下刑罚的，自新罪判决确定之日起二年内一般不予减刑；新罪被判处无期徒刑的，自新罪判决确定之日起三年内一般不予减刑。

第十九条　未成年罪犯的减刑、假释，可以比照成年罪犯依法适当从宽。

未成年罪犯能认罪悔罪，遵守法律法规及监规，积极参加学习、劳动的，应视为确有悔改表现，减刑的幅度可以适当放宽，起始时间、间隔时间可以相应缩短。符合刑法第八十一条第一款规定的，可以假释。

前两款所称未成年罪犯，是指减刑时不满十八周岁的罪犯。

第二十条　老年、身体残疾（不含自伤致残）、患严重疾病罪犯的减刑、假释，应当主要注重悔罪的实际表现。

基本丧失劳动能力、生活难以自理的老年、身体残疾、患严重疾病的罪犯，能够认真遵守法律法规及监规，接受教育改造，应视为确有悔改表现，减刑的幅度可以适当放宽，起始时间、间隔时间可以相应缩短。假释后生活确有着落的，除法律和本解释规定不得假释的情形外，可以依法假释。

对身体残疾罪犯和患严重疾病罪犯进行减刑、假释，其残疾、疾病程度应由法定鉴定机构依法作出认定。

**第二十二条** 罪犯减刑后又假释的间隔时间，一般为一年；对一次减去二年有期徒刑后，决定假释的，间隔时间不能少于二年。

罪犯减刑后余刑不足二年，决定假释的，可以适当缩短间隔时间。

**第二十三条** 人民法院按照审判监督程序重新审理的案件，维持原判决、裁定的，原减刑、假释裁定效力不变；改变原判决、裁定的，应由刑罚执行机关依照再审裁判情况和原减刑、假释情况，提请有管辖权的人民法院重新作出减刑、假释裁定。

**第二十四条** 人民法院受理减刑、假释案件，应当审查执行机关是否移送下列材料：

（一）减刑或者假释建议书；

（二）终审法院的裁判文书、执行通知书、历次减刑裁定书的复制件；

（三）罪犯确有悔改或者立功、重大立功表现的具体事实的书面证明材料；

（四）罪犯评审鉴定表、奖惩审批表等；

（五）其他根据案件的审理需要移送的材料。

提请假释的，应当附有社区矫正机构关于罪犯假释后对所居住社区影响的调查评估报告。

人民检察院对提请减刑、假释案件提出的检察意见，应当一并移送受理减刑、假释案件的人民法院。

经审查，如果前三款规定的材料齐备的，应当立案；材料不齐备的，应当通知提请减刑、假释的执行机关补送。

**第二十五条** 人民法院审理减刑、假释案件，应当一律予以公示。公示地点为罪犯服刑场所的公共区域。有条件的地方，应面向社会公示，接受社会监督。公示应当包括下列内容：

（一）罪犯的姓名；

（二）原判认定的罪名和刑期；

（三）罪犯历次减刑情况；

（四）执行机关的减刑、假释建议和依据；

（五）公示期限；

（六）意见反馈方式等。

**第二十六条** 人民法院审理减刑、假释案件，可以采用书面审理的方式。但下列案件，应当开庭审理：

（一）因罪犯有重大立功表现提请减刑的；

（二）提请减刑的起始时间、间隔时间或者减刑幅度不符合一般规定的；

（三）在社会上有重大影响或社会关注度高的；

（四）公示期间收到投诉意见的；

（五）人民检察院有异议的；

（六）人民法院认为有开庭审理必要的。

第二十七条 在人民法院作出减刑、假释裁定前，执行机关书面提请撤回减刑、假释建议的，是否准许，由人民法院决定。

第二十八条 减刑、假释的裁定，应当在裁定作出之日起七日内送达有关执行机关、人民检察院以及罪犯本人。

第二十九条 人民法院发现本院或者下级人民法院已经生效的减刑、假释裁定确有错误，应当依法重新组成合议庭进行审理并作出裁定。

**25. 最高人民法院刑二庭《关于办理减刑假释工作有关问题的电话答复》**（1989年5月29日）（节录）

福建省高级人民法院：

你院1989年5月26日电话请示的有关办理减刑、假释工作的几个问题，经研究，答复如下：

一、关于对本院法办发〔1988〕5号通知第三条规定的对影响较大的几类罪犯的减刑、假释，要将处理意见报告上级人民法院，是指裁定前上报。

三、判处死缓减为无期徒刑后，再报减刑的，应按中华人民共和国刑事诉讼法第一百六十二条办理。

**26. 最高人民法院《印发〈关于办理减刑、假释案件具体应用法律若干问题的规定〉的通知》**（1997年10月29日 法发〔1997〕25号）（节录）

一、死刑缓期执行罪犯的减刑是一种法定的特殊性质的减刑，与刑法第七十八条规定的减刑不同，必须依照刑法及本规定的有关条款的规定办理。

二、对罪行严重的危害国家安全的罪犯，犯罪集团的首要分子、主犯的减刑、假释和对累犯的减刑，应当严格掌握。对确属应当减刑、假释的，主要根据其改造的表现，同时也要考虑原判的情况，作出相应的决定。

**27. 最高人民法院《全国法院减刑、假释工作座谈会纪要》**（1989年2月14日 法（办）发〔1989〕3号）（节录）

（四）关于有期徒刑犯减刑的起始和间隔时间

五年以上有期徒刑犯，一般在执行一年半以上方可减刑；两次减刑之间一般以间隔一年以上为宜。五年以下有期徒刑犯，可以比照上述规定的时间适当缩短。对有立功表现的，可不受上述时间的限制。

（五）关于对几种罪犯的减刑、假释

审理减刑、假释案件，主要是根据罪犯的改造表现，同时也要考虑原判的情况。对罪行严重的反革命分子，犯罪集团的首犯、主犯、累犯、惯犯的减刑、假释，要特别慎重，严格掌握。

**28.**《**监狱提请减刑假释工作程序规定**》（2003 年 5 月 1 日　司法部令第 77 号）（节录）

**第二条**　监狱提请减刑、假释，应当根据法律规定的条件和程序进行，遵循公开、公平、公正的原则，实行集体评议、首长负责的工作制度。

**第三条**　被判处有期徒刑的罪犯的减刑、假释，由监狱提出建议，提请罪犯服刑地的中级人民法院裁定。

**第四条**　被判处死刑缓期二年执行的罪犯的减刑、被判处无期徒刑的罪犯的减刑、假释，由监狱提出建议，经省、自治区、直辖市监狱管理局审核同意后，提请罪犯服刑地的高级人民法院裁定。

**第五条**　监狱成立提请减刑假释评审委员会，由主管副监狱长及刑罚执行、狱政管理、教育改造、生活卫生、狱内侦查、监察等有关部门负责人组成，主管副监狱长任主任。监狱提请减刑假释评审委员会不得少于7人。

**第六条**　监狱提请减刑、假释，应当由分监区集体评议，监区长办公会审核，监狱提请减刑假释评审委员会评审，监狱长办公会决定。

省、自治区、直辖市监狱管理局审核减刑、假释建议，应当由主管副局长召集刑罚执行等有关部门审核，报局长审定，必要时可以召开局长办公会决定。

**第七条**　提请减刑、假释，应当由分监区召开全体警察会议，根据法律规定的条件，结合罪犯服刑表现，集体评议，提出建议，报经监区长办公会审核同意后，报送监狱刑罚执行（狱政管理）部门审查。

直属分监区或者未设分监区的监区，由全体警察集体评议，提出减刑、假释建议，报送监狱刑罚执行（狱政管理）部门审查。

分监区、直属分监区或者未设分监区的监区的集体评议以及监区长办公会议审核情况，应当有书面记录，并由与会人员签名。

**第八条**　监区或者直属分监区提请减刑、假释，应当报送下列材料：

（一）《罪犯减刑（假释）审核表》；

（二）监区长办公会或者直属分监区、监区集体评议的记录；

（三）终审法院的判决书、裁定书、历次减刑裁定书的复印件；

（四）罪犯计分考核明细表、奖惩审批表、罪犯评审鉴定表和其他有关证明材料。

**第九条**　监狱刑罚执行（狱政管理）部门收到对罪犯拟提请减刑、假释的材料后，应当就下列事项进行审查：

（一）需提交的材料是否齐全、完备、规范；

（二）认定罪犯是否确有悔改或者立功、重大立功表现；

（三）拟提请减刑、假释的建议是否适当；

（四）罪犯是否符合法定减刑、假释的条件。

刑罚执行（狱政管理）部门完成审查后，应当出具审查意见，连同监区或者直属分监区报送的材料一并提交监狱提请减刑假释评审委员会评审。

第十条　监狱提请减刑假释评审委员会应当召开会议，对刑罚执行（狱政管理）部门审查提交的减刑、假释建议进行评审。会议应当有书面记录，并由与会人员签名。

第十一条　监狱提请减刑假释评审委员会经评审后，应当将拟提请减刑、假释的罪犯名单以及减刑、假释意见在监狱内公示。公示期限为7个工作日。公示期内，如有警察或者罪犯对公示内容提出异议，监狱提请减刑假释评审委员会应当进行复核，并告知复核结果。

第十二条　监狱提请减刑假释评审委员会完成评审和公示程序后，应当将拟提请减刑、假释的建议和评审报告，报请监狱长办公会审议决定。

第十三条　经监狱长办公会决定提请减刑、假释的，由监狱长在《罪犯减刑（假释）审核表》上签署意见，加盖监狱公章，并由监狱刑罚执行（狱政管理）部门根据法律规定制作《提请减刑建议书》或者《提请假释建议书》，连同有关材料一并提请人民法院裁定。

对本规定第四条所列罪犯决定提请减刑、假释的，监狱应当将《罪犯减刑（假释）审核表》连同有关材料报送省、自治区、直辖市监狱管理局审核。

第十四条　监狱提请人民法院裁定减刑、假释，应当提交下列材料：

（一）《提请减刑建议书》或者《提请假释建议书》；

（二）终审法院判决书、裁定书、历次减刑裁定书的复印件；

（三）罪犯确有悔改或者立功、重大立功表现的具体事实的书面证据材料；

（四）罪犯评审鉴定表、奖惩审批表。

对本规定第四条所列罪犯提请减刑、假释的，应当同时提交省、自治区、直辖市监狱管理局签署意见的《罪犯减刑（假释）审核表》。

第十五条　监狱在向人民法院提请减刑、假释的同时，应当将提请减刑、假释的建议，书面通报派出人民检察院或者派驻检察室。

第十六条　省、自治区、直辖市监狱管理局收到监狱报送的提请减刑、假释建议的材料后，应当由主管副局长召集刑罚执行（狱政管理）等有关部门进行审核。审核中发现监狱报送的材料不齐全或者有疑义的，应当通知监狱补交有关材料或者作出说明。

第十七条　监狱管理局主管副局长主持完成审核后，应当将审核意见报请局长审定；对重大案件或者有其他特殊情况的罪犯的减刑、假释问题，可以建议召开局长办公会审议决定。

监狱管理局审核同意对罪犯提请减刑、假释的，由局长在《罪犯减刑（假释）审批表》上签署意见，加盖监狱管理局公章。

第十八条　对违反法律规定和本规定提请减刑、假释的，视情节给予责任人相应的行政处分；构成犯罪的，依法追究刑事责任。

第十九条　司法部直属监狱提请减刑、假释的程序，按照本规定办理；对本规定第四条所列罪犯提请减刑、假释的，报送司法部监狱管理局审核。

## 29. 最高人民法院《关于办理假释案件几个问题的意见（试行）》（1993年4月10日　法〔1993〕28号）

一、关于对家庭有特殊困难的罪犯的假释问题

对罪犯家庭有特殊困难，确需本人照顾，请求假释的，在司法实践中，须由县级以上

公安机关或者人民政府有关部门提供证明,如果罪犯确有悔改表现,不致再危害社会,当地具备监管条件,可以不受法定执行刑期的限制,适用刑法第七十三条关于特殊情节的规定,予以假释。但对犯罪集团的首犯、主犯、惯犯、累犯和罪行特别严重的罪犯,不予假释。

二、关于未成年罪犯的假释问题

为了进一步贯彻未成年人保护法,执行对未成年罪犯实行教育、感化、挽救的方针,对犯罪时未成年,在刑罚执行中确有悔改表现,不致再危害社会,且假释后具备监管条件的罪犯,可以不受法定执行刑期的限制,适用刑法第七十三条关于特殊情节的规定,予以假释。但对犯罪集团的首犯、主犯、惯犯、累犯和罪行特别严重的罪犯的假释,应从严掌握。

三、关于老、残罪犯的假释问题

对老年和身体有残疾(不含自伤自残)罪犯的假释,应注重悔罪的实际表现。在司法实践中,对于被判处有期徒刑,执行原判刑期二分之一以上,或者被判处无期徒刑,实际执行十年以上,丧失作案能力或者生活不能自理且假释后生活确有着落的老、残罪犯,可依法予以假释。

四、关于执行原判有期徒刑二分之一以上的起始时间的计算问题

根据刑法第四十二条"有期徒刑的刑期,从判决执行之日起计算;判决执行以前先行羁押的,羁押一日折抵刑期一日"的规定,对判处有期徒刑的罪犯适用假释,执行原判刑期二分之一以上的起始时间,应从羁押之日起计算。

五、关于有期徒刑罪犯的假释考验期限问题

对于假释的犯罪分子,应当有适当的考验期限。根据刑法第七十四条的规定:"有期徒刑的假释考验期限,为没有执行完毕的刑期。"在司法实践中,对有期徒刑犯假释考验期限的掌握,一般不少于六个月。

六、关于对在看守所服刑的罪犯的假释问题

根据有关规定,在看守所服刑的必须是判处有期徒刑一年以下和判决生效后经折抵余刑不足一年的罪犯,以及个别余刑一年以上,因特殊需要,经有关部门批准的罪犯。在司法实践中,对判处有期徒刑一年以下和判决生效后经折抵余刑不足一年的罪犯,一般不予假释;对余刑在一年以上的罪犯,符合法定假释条件的,应由关押罪犯的看守所提出书面意见,经主管公安机关审查同意后,报请同级人民法院裁定。

七、关于罪犯减刑后又假释的间隔时间问题

罪犯减刑后又假释的,一般以间隔一年以上为宜;对于一次减二年或者三年有期徒刑后,又适用假释的,其间隔时间一般不得少于二年。

罪犯减刑后,有重大立功表现或者具有特殊情况的,可以不受上述间隔时间的限制。

八、关于罪犯在假释考验期限内实施犯罪行为的处理问题

被假释的犯罪分子在考验期限内犯新罪,是指实施具有一定社会危害性,触犯刑律,应受刑罚处罚的行为,其中包括情节轻微的犯罪行为。假释犯在假释考验期限内实施犯罪行为,原裁定假释的人民法院应依照审判监督程序,撤销假释,如果所犯新罪免除处罚的,收监执行自假释之日起尚未执行完毕的刑期;如果所犯新罪须判处刑罚的,由审判新罪的

人民法院在判决新罪时，将原宣告的假释撤销，依照刑法第七十五条的规定，决定执行的刑罚。

### 30. 最高人民法院研究室《关于被假释的罪犯在考验期内可否缩短其考验期限的电话答复》(1992年1月11日)

广东省高级人民法院：

你院粤法审监文字〔1991〕第18号《关于被假释的罪犯在考验期内可否缩减其考验期限的请示》收悉。关于这个问题，我院1991年10月10日《关于办理减刑、假释案件具体应用法律若干问题的规定》第七条明确规定："除有特殊情况，经假释的罪犯一般不得减刑，其假释考验期也不能缩短"。请你院按此规定执行。

### 31. 最高人民法院、最高人民检察院《关于不再追诉去台人员在中华人民共和国成立前的犯罪行为的公告》(1988年3月14日)

台湾同胞来祖国大陆探亲、旅游的日益增多。这对于促进海峡两岸的"三通"和实现祖国和平统一大业将起到积极的作用。为此，对去台人员在中华人民共和国成立前在大陆犯有罪行的，根据《中华人民共和国刑法》第七十六条关于对犯罪追诉时效的规定的精神，决定对其当时所犯罪行不再追诉。

来祖国大陆的台湾同胞应遵守国家的法律，其探亲、旅游、贸易、投资等正当活动，均受法律保护。

### 32. 最高人民法院、最高人民检察院《关于不再追诉去台人员在中华人民共和国成立后当地人民政权建立前的犯罪行为的公告》(1989年9月7日〔89〕高检会（研）字第12号)

最高人民法院、最高人民检察院1988年3月14日《关于不再追诉去台人员在中华人民共和国成立前的犯罪行为的公告》发布以后，引起各方面的积极反响。为了进一步发展祖国大陆与台湾地区的经济、文化交流和人员往来，促进祖国和平统一大业，现根据《中华人民共和国刑法》的规定，再次公告如下：

一、对去台人员在中华人民共和国成立后、犯罪地地方人民政权建立前所犯罪行，不再追诉。

二、去台人员在中华人民共和国成立后、犯罪地地方人民政权建立前犯有罪行，并连续或继续到当地人民政权建立后的，追诉期限从犯罪行为终了之日起计算。凡符合《中华人民共和国刑法》第七十六条规定的，不再追诉。其中法定最高刑为无期徒刑、死刑的，经过二十年，也不再追诉。如果认为必须追诉的，由最高人民检察院核准。

三、对于去台湾以外其他地区和国家的人员在中华人民共和国成立前，或者在中华人民共和国成立后、犯罪地地方人民政权建立前所犯的罪行，分别按照最高人民法院、最高人民检察院《关于不再追诉去台人员在中华人民共和国成立前的犯罪行为的公告》精神和本公告第一条、第二条的规定办理。

**33. 最高人民法院研究室《关于对被害人在追诉时效期限内一直自诉现超过追诉时效期限的案件能否受理问题的电话答复》**（1990年2月8日）

江苏省高级人民法院：

你院苏法研〔1989〕206号《关于对被害人在追诉时效期限内一直自诉现超过追诉时效期限的案件能否受理的请示》收悉。经研究，答复如下：

如自诉人杨其霞确已向沭阳县法院控告过被告人李珍兰，而李珍兰的行为已构成犯罪，我们同意你院提出的倾向性意见，即法院应对被告人李珍兰的侮辱犯罪行为予以受理。

**34. 公安部《关于刑事追诉期限有关问题的批复》**（2000年10月25日 公复字〔2000〕11号）

陕西省公安厅：

你厅《关于刑事追诉期限有关问题的请示》（陕公法发〔2000〕29号）收悉。现批复如下：

根据从旧兼从轻原则，对1997年9月30日以前实施的犯罪行为，追诉期限问题应当适用1979年刑法第七十七条的规定，即在人民法院、人民检察院、公安机关采取强制措施以后逃避侦查或者审判的，不受追诉期限的限制。

## 法律法规

### 1.《中华人民共和国监狱法》（1994年12月29日）（节录）

**第二十九条** 被判处无期徒刑、有期徒刑的罪犯，在服刑期间确有悔改或者立功表现的，根据监狱考核的结果，可以减刑。有下列重大立功表现之一的，应当减刑：

（一）阻止他人重大犯罪活动的；

（二）检举监狱内外重大犯罪活动，经查证属实的；

（三）有发明创造或者重大技术革新的；

（四）在日常生产、生活中舍己救人的；

（五）在抗御自然灾害或者排除重大事故中，有突出表现的；

（六）对国家和社会有其他重大贡献的。

**第三十条** 减刑建议由监狱向人民法院提出，人民法院应当自收到减刑建议书之日起一个月内予以审核裁定；案情复杂或者情况特殊的，可以延长一个月。减刑裁定的副本应当抄送人民检察院。

**第三十一条** 被判处死刑缓期二年执行的罪犯，在死刑缓期执行期间，符合法律规定的减为无期徒刑、有期徒刑条件的，二年期满时，所在监狱应当及时提出减刑建议，报经省、自治区、直辖市监狱管理机关审核后，提请高级人民法院裁定。

**第三十二条** 被判处无期徒刑、有期徒刑的罪犯，符合法律规定的假释条件的，由监狱根据考核结果向人民法院提出假释建议，人民法院应当自收到假释建议书之日起一个月内予以审核裁定；案情复杂或者情况特殊的，可以延长一个月。假释裁定的副本应当抄送人民检察院。

第三十三条  人民法院裁定假释的，监狱应当按期假释并发给假释证明书。

被假释的罪犯由公安机关予以监督。被假释的罪犯，在假释期间有违反法律、行政法规和国务院公安部门有关假释的监督管理规定的行为，尚未构成新的犯罪的，公安机关可以向人民法院提出撤销假释的建议，人民法院应当自收到撤销假释建议书之日起一个月内予以审核裁定。人民法院裁定撤销假释的，由公安机关将罪犯送交监狱收监。

第三十四条  对不符合法律规定的减刑、假释条件的罪犯，不得以任何理由将其减刑、假释。

人民检察院认为人民法院减刑、假释的裁定不当，应当依照中华人民共和国刑事诉讼法规定的期间提出抗诉，对于人民检察院抗诉的案件，人民法院应当重新审理。

第五十九条  罪犯在服刑期间故意犯罪的，依法从重处罚。

## 2.《中华人民共和国刑事诉讼法（2012年修正）》（1980年1月1日）（节录）

第一百三十九条  在侦查活动中发现的可用以证明犯罪嫌疑人有罪或者无罪的各种财物、文件，应当查封、扣押；与案件无关的财物、文件，不得查封、扣押。

对查封、扣押的物品、文件，要妥善保管或者封存，不得使用、调换或者损毁。

第一百四十条  对查封、扣押的财物、文件，应当会同在场见证人和被查封、扣押财物、文件持有人查点清楚，当场列出清单一式二份，由侦查人员、见证人和持有人签名或者盖章，一份交给持有人，另一份附卷备查。

第一百四十二条  人民检察院、公安机关根据侦查犯罪的需要，可以依照规定查询、冻结犯罪嫌疑人的存款、汇款、债券、股票、基金份额等财产。有关单位和个人应当配合。

犯罪嫌疑人的存款、汇款、债券、股票、基金份额等财产已被冻结的，不得重复冻结。

第一百四十三条  对查封、扣押的财物、文件、邮件、电报或者冻结的存款、汇款、债券、股票、基金份额等财产，经查明确实与案件无关的，应当在三日以内解除查封、扣押、冻结，予以退还。

第二百三十四条  公安机关、人民检察院和人民法院对查封、扣押、冻结的犯罪嫌疑人、被告人的财物及其孳息，应当妥善保管，以供核查，并制作清单，随案移送。任何单位和个人不得挪用或者自行处理。对被害人的合法财产，应当及时返还。对违禁品或者不宜长期保存的物品，应当依照国家有关规定处理。

对作为证据使用的实物应当随案移送，对不宜移送的，应当将其清单、照片或者其他证明文件随案移送。

人民法院作出的判决，应当对查封、扣押、冻结的财物及其孳息作出处理。

人民法院作出的判决生效以后，有关机关应当根据判决对查封、扣押、冻结的财物及其孳息进行处理。对查封、扣押、冻结的赃款赃物及其孳息，除依法返还被害人的以外，一律上缴国库。

司法工作人员贪污、挪用或者私自处理查封、扣押、冻结的财物及其孳息的，依法追究刑事责任；不构成犯罪的，给予处分。

**3.《中华人民共和国海关法（2000年修正）》**（1987年7月1日）（节录）

第九十二条　海关依法扣留的货物、物品、运输工具，在人民法院判决或者海关处罚决定作出之前，不得处理。但是，危险品或者鲜活、易腐、易失效等不宜长期保存的货物、物品以及所有人申请先行变卖的货物、物品、运输工具，经直属海关关长或者其授权的隶属海关关长批准，可以先行依法变卖，变卖所得价款由海关保存，并通知其所有人。

人民法院判决没收或者海关决定没收的走私货物、物品、违法所得、走私运输工具、特制设备，由海关依法统一处理，所得价款和海关决定处以的罚款，全部上缴中央国库。

**4.《中华人民共和国税收征收管理法（2001年修正）》**（1993年1月1日）（节录）

第七十五条　税务机关和司法机关的涉税罚没收入，应当按照税款入库预算级次上缴国库。

**5. 全国人民代表大会常务委员会《关于惩治骗购外汇、逃汇和非法买卖外汇犯罪的决定》**（1998年12月29日）（节录）

八、犯本决定规定之罪，依法被追缴、没收的财物和罚金，一律上缴国库。

**6.《中华人民共和国国家安全法（2009年修正）》**（1993年2月22日）（节录）

第二十四条　犯间谍罪自首或者有立功表现的，可以从轻、减轻或者免除处罚；有重大立功表现的，给予奖励。

**7.《国家安全法实施细则》**（1994年6月4日国务院令第157号）（节录）

第二十三条　下列情形属于《国家安全法》第二十四条所称的"立功表现"：
（一）揭发、检举危害国家安全的其他犯罪分子，情况属实的；
（二）提供重要线索、证据，使危害国家安全的行为得以发现和制止的；
（三）协助国家安全机关、司法机关捕获其他危害国家安全的犯罪分子的；
（四）对协助国家安全机关维护国家安全有重要作用的其他行为。

"重大立功表现"，是指在前款所列立功表现的范围内对国家安全工作有特别重要作用的。

# 第八章 总则其他规定

## 一、公共财产与公民个人财产

> **279. 司法实践中如何判定财产归属？**
>
> 我国《刑法》中把财产划分为公共财产和公民个人财产，作为不同的财产归属，侵犯行为将触及不同的罪名。我国《刑法》中公共财物的概念等同于公共财产，故《刑法》第91条规定的公共财产就是贪污罪的犯罪对象。具体包括：（1）国有财产；（2）劳动群众集体所有的财产；（3）用于扶贫和其他公益事业的社会捐助或者专项基金的财产；（4）在国家机关、国有公司、企业、集体企业和人民团体管理、使用或者运输中的私人财产，以公共财产论。

**典型疑难案件参考**

石镜寰贪污案

**基本案情**

被告人石镜寰于2000年6月间，利用担任北京市第五中学教育处主任的职务便利，在对本校初三年级教育、教学活动进行管理过程中，假借给毕业生购买纪念品的名义，从学校财务部门领取转账支票一张，支取讲义费人民币130200元，后用从某市场摊贩处开出的假发票报销平账，将该款侵吞。同年7月间，被告人石镜寰利用负责退还初三年级毕业生讲义费的职务便利，采取伪造毕业生领款签字等报销凭证的手段，冒领讲义费人民币31372元，予以侵吞。综上，被告人石镜寰共侵吞公款人民币161572元，其中130200元已于2001年4月退还北京市第五中学，另有被告人石镜寰的亲属代为退赔的4万元扣押在案。

### 一审诉辩情况

北京市东城区人民检察院提请依据《刑法》第382条、第383条，以贪污罪对被告人石镜寰判处刑罚。

庭审中，被告人石镜寰对起诉书认定的事实和指控的罪名不持异议，提出以下辩解：自己教书多年，但对法律学习不够，开始以为自己的行为只是犯了错误，没意识到是违法犯罪；自认为涉案的13万余元已于2001年4月退还而自己次年1月才被侦查机关讯问，属于自首；3万余元之事已告诉顾燕萍，自己不可能再贪污，应以自首论；被告人石镜寰表示对自己的犯罪行为非常悔恨，恳请法庭考虑其从事教育工作做出过一些贡献和成绩，予以从轻处罚。

辩护人提出以下辩护意见：（1）石镜寰主动向单位领导投案并退还案款的行为应认定为自首。（2）石镜寰在被采取强制措施后，主动如实交代了自己冒领学生讲义费3万余元的事实（当时石镜寰并不知道检察机关经过查账已经掌握该事实），对其主动坦白贪污这笔讲义费的情节，依照最高人民法院的有关司法解释，可以酌情从轻处罚。（3）涉案款均已退还。（4）石镜寰在北京五中工作多年，业绩突出，此次因法制观念不强，由于一念之差触犯了法律，已后悔莫及。辩护人请求法庭依法对石镜寰减轻处罚。

### 一审裁判结果

东城区人民法院对被告人石镜寰依照《刑法》第271条第2款、第382条、第383条和第64条，判决如下：

一、被告人石镜寰犯贪污罪，判处有期徒刑10年（刑期从判决执行之日起计算。判决执行以前先行羁押的，羁押1日折抵刑期1日，即自2002年1月24日起至2012年1月23日止）。

二、在案扣押被告人石镜寰人民币40000元，其中31372元发还北京市第五中学，余款发还被告人石镜寰。

### 一审裁判理由

北京市东城区人民法院认为：被告人石镜寰身为国有事业单位工作人员，本应奉公守法，恪尽职守，但其却利用职务之便，将本单位管理的讲义费非法占为己有，其行为已侵犯了公共财产的所有权，已构成贪污罪，依法应予刑罚处罚。对于被告人石镜寰及辩护人的辩护意见，本院认为，根据庭审查明的事实，被告人石镜寰虽于司法机关立案前向本校领导承认从财务部门支款、报销而实未购买"学生王子"发给毕业生，后按校长的要求将13万余元退给了学校，但其隐瞒了已兑换现金将该款据为己有的真实情况，谎称货款仍在个体摊贩处暂存，并且指使个体摊贩做假证明以逃避制裁；被告人石镜寰供述侵吞3万余元，则是在人民检察院查账掌握该事实之后。故被告人、辩护人关于对石镜寰应认定为自首的意见，没有事实根据和法律依据，本院不予采纳。唯念被告人石镜寰有悔罪表示，能积极退赔涉案赃款，可酌予从轻处罚。

### 二审诉辩情况

上诉人（原审被告人）诉称：有自首情节，原审判决量刑过重。

辩护人辩称：石镜寰在未被司法机关发觉的情况下，于2001年4月主动将13万余元交给学校，应认定为自首；在被采取强制措施后又交代另一笔3万余元的事实，其认罪态度好，希望对石镜寰减轻处罚。

### 二审裁判结果

北京市第二中级人民法院依照《刑事诉讼法》第189条第1项之规定，裁定如下：驳回石镜寰的上诉，维持原判。

### 二审裁判理由

北京市第二中级人民法院认为：上诉人（原审被告人）石镜寰身为国有事业单位中从事公务的人员，利用职务之便，使用欺骗的方法将本单位管理的学生讲义费非法占为己有，其行为已构成贪污罪，依法应予惩处。石镜寰上诉所提其有自首情节，原判量刑过重的上诉理由及其辩护人所提石镜寰应认定为自首，认罪态度好，希望对其减轻处罚的辩护意见，经查，根据在案证据证实，石镜寰在检察机关立案前曾向本校领导承认从财务部门拿走一张支票，支取学生讲义费人民币13万余元，欲为初三年级学生购买"学生王子"，因供货方的货不够，始终未提货且货款暂放在供货方，故"学生王子"没有发给初三年级毕业生；后石镜寰按校长的要求将支取的该款退给学校，但其隐瞒了支票已兑换现金并将该款据为己有的真实情况；此后，石镜寰让供货方作假证明以规避法律处罚；检察机关接到举报进行调查取证后，依法立案并传唤石镜寰，石镜寰才交代了上述罪行；在侦查过程中，侦查人员还发现石镜寰侵吞学生讲义费人民币3万余元，经讯问，石镜寰供认该事实，依照有关法律规定，石镜寰不属于自首。一审法院考虑石镜寰认罪态度好，积极退赔赃款，依法在量刑幅度内对其从轻处罚，所判刑罚并无不当，故石镜寰的上诉理由及其辩护人的辩护意见均不能成立，本院不予采纳。

### 280. 审判实践中认定财产公共属性的标准是什么？

认定公共财产的关键在于，该财产在犯罪行为发生之时，是处于国家机关、国有公司、企业、集体企业和人民团体等单位占有、持有的状态之下，而不论该财产的最终所有权属关系。

### 281. 非法性的"乱收费"能否成为刑法保护的公共财产？

刑法承担着维护社会秩序的基本机能，其保护的财产范围大于民法与行政法所保护的范围，不论财产本身的合法性与否，只要其具有经济价值，就是刑法保护的对象。因此，非法的收费项目也同样是刑法保护的对象，当其处于国家机关、国有公司、企业、集体企业和人民团体等单位占有、持有的状态之下时，即可认为属于刑法所保护的公共财产。

## 典型疑难案件参考

### 尚荣多等贪污案

**基本案情**

1. 在原四川商业高等专科学校（以下简称商专）2001 年招生工作中，被告人尚荣多和被告人李域明负责招生录取领导小组的工作，学生处处长彭义斌具体负责收取和保管"点招费"。2001 年 10 月招生工作结束后，经尚荣多、李域明、彭义斌三人清点，除用于招生工作的开支，"点招费"余款为 34.2 万元。三人商量后决定，只向学校上缴 14.2 万元。2001 年 11 月 28 日，彭义斌将 20 万元转入以其子名义开设的私人账户。2002 年春节前，尚荣多、李域明和彭义斌共谋将截留的 20 万元私分，议定三人各得 6 万元，给原商专校长张小南 2 万元。后尚荣多单独找到彭义斌商定：李域明仍得 6 万元，尚荣多得 5 万元、彭义斌得 4 万元，张小南得 5 万元。后彭义斌给李域明 6 万元，存入尚荣多个人户头 5 万元，以学生处所留活动费的名义送给张小南 5 万元，但张小南当时退回了该款。

2. 2001 年 12 月，被告人尚荣多要彭义斌从"点招费"14.2 万元中提点钱作为活动费。彭义斌以奖励招生工作人员的名义打报告，经当时负责行政工作的副校长蔡永恒签字同意后，从"点招费"中提出5.7万元。随后，彭义斌按照尚荣多的要求，将其中的7000元用于学生处发奖金，5万元于2001年12月28日存入尚荣多的私人账户。尚荣多于同月31日、2002年1月4日分两次取出此款，用于个人开支。

### 一审诉辩情况

成都市人民检察院以被告人尚荣多、李域明犯贪污罪，向成都市中级人民法院提起公诉。

起诉书指控：在原商专2001年的招生工作中，被告人尚荣多以商专副校长身份和时任商专党委副书记的李域明负责招生小组的工作。二人伙同商专学生处处长彭义斌（另案处理），共谋在此次招生收取的"点招费"中侵吞20万元，其中尚荣多得赃款5万元，李域明得赃款6万元，彭义斌得赃款4万元。招生工作结束后，尚荣多授意彭义斌，从上缴后又全额领回的"点招费"中转入尚荣多私人账户5万元，尚荣多分两次取出此款，用于个人开支。尚荣多、李域明的行为已触犯《刑法》第382条的规定，构成贪污罪。在共同贪污中，尚荣多系主犯，李域明系从犯。李域明认罪态度较好，有悔罪表现，可酌情从轻处罚。请依法追究二人的刑事责任。

被告人尚荣多否认构成贪污罪，辩称：在侦查机关的供述不是事实，招生领导小组有权处置"点招费"，未上交的"点招费"是用于奖励对招生贡献大的人员，其取走的5万元是用于给相关单位的领导拜年。

被告人尚荣多的辩护人认为：尚荣多等三人作为招生工作的主要负责人，根据校委会的奖励政策理应得到重奖，这在商专成人教育部是有先例的；尚荣多等人提取20万元"点招费"，目的是重奖招生办有贡献的人员，这是经校委会授权的职务行为；尚荣多取走的5万元，也是为了招生工作，用于向教委等有关部门有关人员拜年时开支，虽然这些人否认收钱，但他们证言的真实性值得怀疑。总之，尚荣多的行为不构成贪污罪。

被告人李域明辩称："点招费"是按惯例提留，并以贡献大小奖励给个人。自己在整个事情中处于被动地位，不应认定为贪污罪。

被告人李域明的辩护人认为：国家有规定不让收"点招费"，因此"点招费"不能成为国有财产。学校违法叫收"点招费"，并且对"点招费"的使用，还制定了"以招养招"以及由招生领导小组具体掌握奖励的政策。故李域明等人将"点招费"作为奖金分配，没有侵犯国有财产的所有权，而只是侵犯了学生家长的私人财产权，是民事侵权问题。指控李域明犯贪污罪，没有事实和法律依据。鉴于李域明在本案中处于服从者的地位，且在侦查机关介入后就主动退出了自己分得的6万元钱，如果构成犯罪，也应从轻处罚。

### ▶一审裁判结果◀

成都市中级人民法院于2004年4月2日判决：

一、被告人尚荣多犯贪污罪，判处有期徒刑10年。

二、被告人李域明犯贪污罪，减轻判处有期徒刑6年。

三、对被告人尚荣多的违法所得10万元、被告人李域明的违法所得6万元予以追缴，上缴国库。

### ▶一审裁判理由◀

成都市中级人民法院认为：《刑法》第382条规定："国家工作人员利用职务上的便利，侵吞、窃取、骗取或者以其他手段非法占有公共财物的，是贪污罪。"被告人尚荣多、李域明身为教育事业单位中从事公务的国家工作人员，利用负责学校招生工作的职务之便，伙同彭义斌共同侵吞公款20万元，尚荣多个人还侵吞公款5万元，其行为已构成贪污罪。尚荣多参与共同贪污20万元，个人贪污5万元，违法所得10万元。尚荣多是招生工作主要负责人，在共同贪污犯罪中起主要作用，是主犯。李域明参与共同贪污20万元，违法所得6万元。李域明在共同贪污犯罪中起辅助作用，是从犯。依照《刑法》第383条的规定，对尚荣多、李域明均应判处10年以上有期徒刑或者无期徒刑。鉴于尚荣多能够如实供述基本犯罪事实，所得赃款已被追回，量刑时可酌情从轻处罚；李域明是从犯，所得赃款已被追回，认罪态度好，量刑时可以减轻处罚。起诉书指控二被告人的罪名成立。

被告人尚荣多及其辩护人提出，尚荣多等人提取20万元，是用于重奖招生办有贡献的人员，是正常的履行职务行为；被告人李域明的辩护人提出，学校确有奖励政策。经查，本案证据证明，尚荣多、李域明和彭义斌共谋提取20万元的目的，就是要三人私分，而非用于奖励招生工作人员。故尚荣多、李域明及其辩护人的这一辩解和辩护意见与事实不符，不予采纳。

被告人尚荣多及其辩护人提出，尚荣多取走的5万元，是用于给相关单位领导拜年，不构成贪污罪。经查，本案没有证据证明尚荣多是以单位名义将此款送给有关领导，至于其个人如何使用此款，则是对赃款的处分，不影响赃款的性质。尚荣多及其辩护人的这一辩解和辩护意见没有证据支持，不予采纳。

被告人李域明的辩护人请求对李域明从轻处罚，该辩护意见有事实根据和法律依据，应予采纳。

### 二审诉辩情况

尚荣多的上诉意见是：他是依照商专校务会的授权，将 20 万元用于重奖在招生工作中有突出贡献的人员，是正常的履行职务行为；发放完成招生任务奖 5.7 万元，是经学校主管领导批准的，不属于侵占公有财物；其中的 5 万元，他在向有关人员拜年送红包时使用了，只是由于这些人与本案存在着利害关系，故作证否认，但这些否认收红包的证言，证明力不足。他主观上不具有非法占有公共财物的目的，不构成贪污罪。

李域明的上诉意见是："点招费"是国家明令禁止的乱收费项目，是学校的非法收入；将这笔来源于学生家长的非法收入用于重奖有贡献的人员，是商专校务会研究决定的；故将"点招费"作为奖金分配的行为，侵犯的只是学生家长的私人财产所有权，没有侵犯国有财产的所有权，不构成贪污罪。另外，其有自首情节，一审没有考虑。

### 二审裁判结果

四川省高级人民法院于 2004 年 6 月 17 日裁定：驳回上诉，维持原判。

### 二审裁判理由

四川省高级人民法院认为：国家行政主管部门明令禁止学校在招生工作中收取"点招费"。原商专校务会违反这一规定，擅自决定收取"点招费"，并决定将其中一部分用于奖励招生工作人员，情况属实。"点招费"是原商专以学校名义违法收取的费用，在行政主管部门未对学校的乱收费行为进行查处前，这笔费用应当视为由原商专授权学生处管理的公共财产，即公款。被告人尚荣多、李域明等人共谋截留并侵吞该款的行为，侵犯了公共财物的所有权，构成贪污罪。

2001 年 3 月 12 日的商专校务会会议纪要证明，该校校务会在研究 2000 年招生工作奖励办法时，确实形成了同意以"点招费"适当奖励在招生工作中表现突出者的意见。但这个意见不能证明，被告人尚荣多、李域明等人从此获得了隐瞒"点招费"实际收支情况并将其中 20 万元私分的权利。

被告人李域明是在侦查机关已掌握全部案件线索并向其调查询问时，如实供述了全部犯罪事实。依照《刑法》第 67 条的规定，李域明不属于"自动投案"，因此不能被认定为自首。

除以上三点，被告人尚荣多、李域明及其辩护人提出的其他上诉理由和辩护意见，均不能成立，理由在一审判决中已经表述。

综上，原判认定事实正确，量刑适当，审判程序合法。

> **282. 国有单位违法收取的费用是否属于国有资产？**
>
> 国有单位违法收取的费用属于国有资产，在形式上是国家依法取得和认定的国有资产。

## 典型疑难案件参考

### 李祖清等被控贪污案

**基本案情**

1998年12月至2003年5月期间，大悟县教育局人事科利用办理全县教师职称评审、教师年度考核、公务员年度考评、职称聘书、教师资格换证等业务代收费之机，采取抬高收费标准、搭车收费、截留应缴资金的手段，筹集资金，设立小金库。小金库资金除用于科里公务开支外，每年春节前后，由科长李祖清组织科里人员将小金库账目进行对账后，以科室补助、年终福利等名义6次私分给人事科工作人员，并记录入账，私分款总额为120300元，原审被告人李祖清、张杰军、刘玉梅各分得40100元。分述如下：

1998年12月30日，原审被告人李祖清、张杰军、刘玉梅以下乡补助、节假日加班补助的名义，将人事科收取的1998年中、高级职称评审材料费余款9000元予以私分，每人分得3000元。

1999年2月11日，原审被告人李祖清、张杰军、刘玉梅以年终福利的名义，将人事科收取的1997年度公务员考核工本费余款6000元予以私分，每人分得2000元。

2000年1月27日，原审被告人李祖清、张杰军、刘玉梅以年终福利名义，将虚报后进入小金库的档案柜购置款3340元予以私分，每人分得1100元。

2001年1月10日，原审被告人李祖清、张杰军、刘玉梅以春节补助名义，将人事科收取的1999年教师年度考核、教师资格证书费余款51000元予以私分，每人分得17000元。

2002年2月1日，原审被告人李祖清、张杰军、刘玉梅以年终福利名义，将人事科收取的2000年教师考核、2001年教师考核、聘书等费用余款42000元予以私分，每人分得14000元。

2003年5月8日，原审被告人李祖清、张杰军、刘玉梅及雷劫（系借用人员）以福利、补助名义，将人事科教师资格认定费余款12000元予以私分，每人分得3000元。另查明，1998年12月至2003年5月期间，大悟县教育局人事科正式工作人员为李祖清、张杰军、刘玉梅三人。

以上事实有被告人李祖清保留的现金账，被告人李祖清、刘玉梅笔记本记录，各被告人领款签名条，三被告人的供述材料及李少恒、朱江平、谈怀国等证人证言和有关文件证明。

### 一审诉辩情况

大悟县人民检察院以被告人李祖清、张杰军、刘玉梅犯贪污罪向大悟县人民法院提起公诉。

### 一审裁判结果

大悟县人民法院依照《刑法》第382条、第383条、第25条、第26条、第27条、第72条、第73条的规定，作出判决：

一、被告人李祖清犯贪污罪，判处有期徒刑3年；
二、被告人张杰军犯贪污罪，判处有期徒刑3年，缓刑5年；
三、被告人刘玉梅犯贪污罪，判处有期徒刑3年，缓刑5年。

### 一审裁判理由

大悟县人民法院认为：被告人李祖清、张杰军、刘玉梅身为国家工作人员，利用教育局、人事科的职权和职务上的便利，在代收费过程中，每人贪污公款40100元，其行为已构成贪污罪。被告人李祖清作为人事科主要负责人在共同犯罪中居主犯地位，被告人张杰军、刘玉梅居从犯地位。检察机关在起诉书中第1、2、3、4、7、8、12、13笔的指控，因证据不足，不予认定。

### 二审诉辩情况

一审宣判后，被告人李祖清、刘玉梅不服，向孝感市中级人民法院提出上诉，检察机关亦提起抗诉。

大悟县人民检察院抗诉提出：（1）起诉书指控的14笔犯罪事实，除第9笔和第12笔外，其余12笔相互关联，在时间上具有连续性，在构成上上一笔的结余款又进入下一笔，承上启下，环环相扣。（2）本案被告人张杰军、刘玉梅在庭审中，拒不认罪，二被告人的辩护人亦作无罪辩护，不符合适用缓刑的条件，故二审法院对二人适用缓刑不当。

孝感市人民检察院出庭检察员提出：（1）本案事实清楚，证据确实、充分，被告人李祖清、张杰军、刘玉梅的行为构成贪污罪。（2）一审判决片面采信证据，认定事实错误，导致量刑明显不当。

被告人李祖清提出：（1）一审判决认定的事实不清，证据不足。（2）上诉人没有采取贪污的手段，也没有贪污的故意。①人事科在收费过程中确实有超标准收费和搭车收费的情况，但这都是为了完成教育局下达的任务和上级主管部门（如市教育局）和职能部门（如县人事局）的要求，上诉人收费的目的不是为了贪污，虽然采取了超标准收费和搭车收费的方式，但不是为了贪污而采取的手段。②人事科因为人手少，任务重，工作忙，费用大，经常加班加点，科里的部分结余作为加班费、奖金、电话费、下乡补助分发给了个人是事实，但每次分配都是经张、刘提议后充分讨论分发的，在此以前和以后只要是人事科的人都是平均发放，在人事科是公开讨论，公开发放，人人有份，上诉人也认为心安理得。虽然违反了财经纪律，但上诉人在主观上没有贪污的直接故意，在客观上也没有采取任何手段贪污公款。（3）侦查机关程序违法。（4）一审判决认定上诉人属主犯不符合事实，三被告人不存在主、从之分。

其辩护人提出：（1）上诉人李祖清的行为不符合贪污罪的构成要件，一审判决定性错误。①一审判决将涉案财产定性为公共财物没有法律依据。根据《刑法》第91条的规定，本案大悟县教育局人事科在代收费过程中留存的款项显然不是劳动群众集体所有的财产，不是用于扶贫和其他公益事业的社会捐助或者专项基金的财产，也不是在国家机关、国有公司、企业、集体企业和人民团体管理、使用或者运输中的私人财产，根据现有法律规定，该款项不应属于国有财产。②上诉人主观方面没有贪污的故意，客观方面没有实施贪污行为。（2）一审判决上诉人李祖清构成贪污罪事实不清，证据不足。

被告人刘玉梅提出：原审判决认定事实不清，证据不足，案件定性错误。

其辩护人提出：本案事实不清，证据不足，被告人刘玉梅没有贪污的主观故意和客观行为，请求二审法院改判刘玉梅无罪。

被告人张杰军在二审庭审中提出：这些钱有几笔是领的，但属于什么性质，自己不清楚，请合议庭公正判处。

### 二审裁判结果

孝感市中级人民法院依照《刑法》第396条第1款、第25条、第72条和《刑事诉讼法》第189条第3项的规定，判决如下：

一、撤销大悟县人民法院〔2004〕悟刑初字第21号刑事判决；

二、原审被告人李祖清犯私分国有资产罪，判处有期徒刑2年，缓刑2年，并处罚金20000元；

三、原审被告人张杰军犯私分国有资产罪，判处有期徒刑1年，缓刑1年，并处罚金10000元；

四、原审被告人刘玉梅犯私分国有资产罪，判处有期徒刑 1 年，缓刑 1 年，并处罚金 10000 元。

### 二审裁判理由

二审法院查明的事实有被告人李祖清保留的现金账，被告人李祖清、刘玉梅笔记本记录，各被告人领款签名条，三被告人的供述材料及李少恒、朱江平、谈怀国等证人证言和有关文件证明。上述证据经过一、二审开庭质证，原审被告人未提出异议，予以确认。上诉人李祖清、刘玉梅及其辩护人提出原判认定的事实不清，证据不足的上诉理由和辩护意见不能成立，不予采纳。

对于原判没有认定的 7 笔指控事实，检察机关认为证据充分，应当认定，并当庭出示了证据。对此，经审理查明，原起诉指控的第 1、2、3 笔事实的主要证据是原审被告人李祖清的笔记本记载，第 4、7、8、13 笔事实的主要证据是原审被告人李祖清的笔记本记载和原审被告人刘玉梅的笔记本记载，以及原审被告人在侦查机关的供述。从上述证据看，存在记录内容比较模糊，笔记本之间不能相互吻合，口供不稳定、证明力低等问题；没有达到刑事诉讼法规定的"案件事实清楚，证据确实、充分"的定案标准。检察机关的第（1）项抗诉意见不能成立，不予支持。

孝感市中级人民法院认为：原审被告人李祖清、张杰军、刘玉梅主观上不具有贪污的共同故意，客观方面不符合共同贪污的行为特征，不构成贪污罪。原审被告人李祖清作为大悟县教育局人事科的负责人，违反国家规定，擅自决定将单位违规收费的部分资金以单位补助、年终福利等名义私分给个人，数额较大，其行为构成私分国有资产罪。原审被告人张杰军、刘玉梅积极参与私分，起较大作用，属于单位犯罪的直接责任人，其行为亦构成私分国有资产罪，原判对原审三被告人定罪不当，应予纠正。上诉人李祖清、刘玉梅的辩护人提出被告人李祖清、刘玉梅不构成贪污罪的意见成立，但其要求改判被告人李祖清、刘玉梅无罪的意见，不能成立，不予采纳。对于上诉人李祖清及其辩护人提出"侦查机关程序违法"、"起诉书指控 1-5 笔事实超过追诉期限"的意见，经查，均不能成立，不予采纳。鉴于原审三被告人在二审开庭审理时能如实供述自己的犯罪事实，积极配合检察机关查清案件，且退出全部赃款，依法可对其适用缓刑。检察机关的第（2）项抗诉意见，与法律规定不符，不能成立。

## 283. 国债能否成为挪用公款罪的犯罪对象？

国债具有货币的部分特征和功能，属于公款的特殊形式，可以成为挪用公款罪的犯罪对象。我国的国债包括国库券、国家重点建设债券、财政债券和特种国债。根据最高人民检察院《关于挪用国库券如何定性问题的批复》，国家工作人员利用职务上的便利，挪用公有或本单位的国库券的行为以挪用公款论。

### 典型疑难案件参考

郭如鳌、张俊琴、赵茹贪污、挪用公款案

#### 基本案情

1. 贪污

中国经济开发信托投资公司系全民所有制企业，中国经济开发信托投资公司：内蒙古证券营业部系该公司分支机构。1996年下半年，中国经济开发信托投资公司内蒙古证券营业部常务副总经理李耀林（另案处理）召集时任中国经济开发信托投资公司内蒙古证券营业部财务部经理的被告人张俊琴和时任中国经济开发信托投资公司内蒙古证券营业部交易部经理的被告人赵茹，研究决定本单位自营炒股，并商定了自营炒股的资金数额及来源。后被告人赵茹在李耀林的指使下，以转账存款方式虚增账户资金透支代理股民证券交易的资金1952.5万元，又将本单位从内蒙古哲里木盟国债服务部借用的1996年七年期国债1000万元卖出，得款983.40211万元，同时将在本单位开设的金宇集团账户（账号0853）期初结存股票卖出，得款17.49467万元，及黎明账户（账号3601）资金期初余额1241.75元，共计2953.520955万元，先后用在本单位开设的柳书翘账户（账号4262）、丁宇明账户（账号4273）、张香勉账户（账号4290）等14个账户进行自营炒股，共计盈利864万余元。

1997年下半年，时任中国经济开发信托投资公司内蒙古证券营业部总经理的被告人郭如鳌在得知自营炒股获利后，命令停止自营炒股，并指使被告人张俊琴、赵茹将盈利款提出，以个人名义存入银行。1998年4、5月份，被告人郭如鳌、张俊琴、赵茹伙同李耀林在呼和浩特市内蒙古饭店研究决定将其中的500万元盈利款四人私分。其中，被告人郭如鳌分得180万元，李耀林分得120万元，被告人张俊琴、赵茹各分得100万元。

2000年下半年至2001年10月，国家审计署对中国经济开发信托投资公司内蒙古证券营业部进行审计。为掩盖私分自营炒股获利款，被告人郭如鳌指使李耀林及被告人张俊琴、赵茹多次共谋策划，联系炒股大户刘经国，与其订立攻守同盟，让其承担中国经济开发信托投资公司内蒙古证券营业部透支炒股及借哲里木盟1000万元国债炒股的责任，并伪造两份透支协议书，企图逃避法律追究。后刘经国将被告人张俊琴交给的17万元人民币向中国经济开发信托投资公司内蒙古证券营业部交纳了所谓的透支款利息。被告人张俊琴实得赃款83万元。

案发后，检察机关从被告人郭如鳌处追回现金人民币51.14万元及价值人民币15万元的日信集团股票16万股；从被告人张俊琴处扣押其价值人民币24.44万元的金宇集团股票1.3万股及20万元国库券；从被告人赵茹处追回现金人民币69.22万元及美元2.5万元。

2. 挪用公款

1997年11月13日，被告人郭如鳌利用担任内蒙古自治区财政厅国债服务中心主任的职务便利，个人私自决定将本单位1996年三年期国债2000万元借给内蒙古伊利实业集团股份有限公司证券部经理关晓军和上海市无业人员蒋旭用于个人炒股，后二人将1801万元国债卖出，得款2313.341279万元进行炒股。同年11月25日，关晓军、蒋旭将2000万元国债全部归还。

另查明，被告人赵茹因涉嫌犯挪用公款罪归案后，在司法机关尚未掌握其伙同他人贪污犯罪事实的情况下，主动交代了其与被告人郭如鳌、张俊琴共同贪污的犯罪事实。被告人赵茹还于2002年11月，检举被告人郭如鳌在任内蒙古自治区财政厅国债服务中心主任期间，曾于1997年11月，将国债服务中心2000万元国债借给内蒙古伊利实业集团股份有限公司证券部经理关晓军及上海无业人员蒋旭个人炒股使用的事实。

▶ 一审诉辩情况

1. 山东省潍坊市人民检察院以被告人郭如鳌犯贪污罪、挪用公款罪，被告人张俊琴、赵茹犯贪污罪，向潍坊市中级人民法院提起公诉。

起诉书指控：1996年下半年，中国经济开发信托投资公司内蒙古证券营业部常务副总经理李耀林（另案处理），召集被告人赵茹、张俊琴研究决定自营炒股，并商定了自营炒股的资金及来源。后被告人赵茹以转账存款方式虚增账户资金透支代理股民证券交易的资金1952.5万元，又将本单位从内蒙古自治区哲里木盟国债服务部借用的1996年七年期国债1000万元卖出，得款983.40211万元，同时将在本单位开设的金宇集团账户（账号0853）期初结存股票卖出，得款17.49467万元，及黎明账户（账号3601）资金期初余额

1241.75 元，共计 2953.520955 万元，先后用在本单位开设的柳书翘账户（账号 4262）、丁宇明账户（账号 4273）、张香勉账户（账号 4290）等 14 个账户进行自营炒股，共计盈利 864 万余元。1997 年下半年，被告人郭如鳌在得知自营炒股获利后，指使赵茹、张俊琴将盈利款提出，以个人名义存入银行。1998 年 4、5 月份，被告人郭如鳌、赵茹、张俊琴伙同李耀林在呼和浩特市内蒙古饭店研究决定将其中 500 万元盈利款四人私分。被告人郭如鳌分得 180 万元，李耀林分得 120 万元，被告人赵茹、张俊琴各分得 100 万元。事后为掩盖犯罪，被告人郭如鳌指使赵茹、张俊琴、李耀林多次预谋策划，与他人订立攻守同盟，企图逃避法律追究。

1997 年 11 月 13 日，被告人郭如鳌利用担任内蒙古自治区财政厅国债服务中心主任的职务便利，个人私自决定将本单位 1996 年三年期国债 2000 万元挪给内蒙古伊利实业集团股份有限公司证券部经理关晓军和上海市无业人员蒋旭用于炒股，后二人将其中的 1801 万元国债卖出，得款 2313.341279 万元进行炒股。同年 11 月 25 日，关晓军和蒋旭将 2000 万元国债全部归还。

2. 被告人郭如鳌对起诉书指控中国经济开发信托投资公司内蒙古证券营业部自营炒股盈利及其与李耀林、被告人赵茹、张俊琴商量分钱的事实予以供认，但否认分得 180 万元，辩称："自己没有贪污，因在职期间中国经济开发信托投资公司内蒙古证券营业部没少一分钱；对自营炒股的过程不清楚，起诉书中的自营炒股经过是虚构的；认定自己指使他们提款、订立攻守同盟都不符合事实。"对起诉书指控其犯挪用公款罪的事实予以否认，辩称："李耀林提出挪用公款给伊利集团使用时自己同意，是如何操作的、钱给了个人使用，自己不清楚，且关晓军也没给自己任何好处；2000 万元国债是作为客户资金出借的，是单位透支给客户使用，该行为不构成挪用公款罪。"

被告人郭如鳌的辩护人提出：起诉书指控郭如鳌将 180 万元占为己有的证据明显不够充分和确凿；本案即便存在私分盈利款的事实，也不宜定性为贪污罪，因为炒股盈利款根本不具备公共财物的特征；指控其犯挪用公款罪的事实不清、证据不足，且被告人郭如鳌不存在挪用公款归个人使用的主观故意，指控罪名不能成立；在程序上存在着指控犯罪的主要证据的提交时间不符合法律规定、超期羁押、当庭出示的主要证据都是检察机关在审查起诉阶段搜集的。

3. 被告人张俊琴对起诉书指控的犯罪事实予以供认，但辩称：开始不知道自营炒股的事，直到被告人郭如鳌让查账时才知道；尽管也分了钱，但是处于被动接受地位，在整个过程中起次要作用。

被告人张俊琴的辩护人提出：被告人张俊琴不符合贪污罪的主体资格，主观上不具有贪污的故意，客观上没有职务上的便利，在客体上其行为没有侵犯公共财产所有权和国家工作人员职务行为的廉洁性，故其行为不构成贪污罪；被告人张俊琴实际被羁押时间与起诉书载明的时间有差别；2001年国庆节后遵从领导指示将35000美元和17万元现金给刘经国，该款已脱离了被告人张俊琴的实际控制，应当从其得款数额中扣除；被告人张俊琴被采取强制措施后，已退回司法机关55万余元。

4. 被告人赵茹对起诉书指控的犯罪事实供认不讳，但辩称：自己在整个犯罪过程中受被告人郭如鳌指使，只是被动接受，起辅助作用，系从犯。

被告人赵茹的辩护人提出：被告人赵茹事实上被羁押的时间与起诉书载明的时间有11天的误差；被告人赵茹作为证券营业部的临时聘用人员，其所有行为都是被动地执行单位领导的决定，在分配收益时处于从属地位，起次要作用；被告人赵茹接受的100万元与其他员工接受的款项是同一性质；被告人赵茹听从被告人郭如鳌的指示，在2001年国庆节给刘经国的35000美元和10万元国库券不应计算在其所分得的款额内；被告人赵茹被采取强制措施后，积极退赃；虽然客观上被告人赵茹拿走了分配给她的那笔钱，但其不具有国家工作人员的身份，没有对国家工作人员职务行为的廉洁性构成侵犯，也没有侵犯公共财产的所有权，主观上不具有非法占有公共财产并使国家蒙受损失的故意，也没有利用职务上的便利，其行为不构成贪污罪。

### 一审裁判结果

2003年12月1日，潍坊市中级人民法院依照《刑法》第382条第1款、第383条第1款第1项、第384条第1款、第25条第1款、第26条第1、4款、第27条、第67条第2款、第68条第1款、第69条、第57条第1款、第59条、第64条及最高人民法院《关于处理自首和立功具体应用法律若干问题的解释》第2条、第3条、第5条的规定，判决如下：

一、被告人郭如鳌犯贪污罪，判处无期徒刑，剥夺政治权利终身，并处没收个人全部财产；犯挪用公款罪，判处有期徒刑10年。决定执行无期徒刑，剥夺政治权利终身，并处没收个人全部财产。

二、被告人张俊琴犯贪污罪，判处有期徒刑10年。

三、被告人赵茹犯贪污罪，判处有期徒刑6年。

四、对检察机关从被告人郭如鳌、张俊琴、赵茹处追回的赃款现金人民币511400元及价值人民币15万元的日信集团股票16万股；从被告人张俊琴处扣押的价值人民币244400元的金宇集团股票13000股及20万元国库券；从被告人赵茹处追回的赃款现金人民币692200元及美元25000元，依法追缴（现均扣押在检察机关）。

五、继续追缴被告人郭如鳌尚未退回的赃款1138600元、被告人张俊琴尚未退回的赃款385600元、被告人赵茹尚未退回的赃款101050元。

### ▎一审裁判理由

潍坊市中级人民法院认为：被告人郭如鳌、张俊琴、赵茹身为国家工作人员，利用职务上的便利，侵吞公款，数额特别巨大，其行为已侵犯了公共财产所有权和国家工作人员职务行为的廉洁性，均已构成贪污罪，依法应予惩处。被告人郭如鳌挪用公款归个人使用，进行营利活动，数额巨大，其行为已构成挪用公款罪，依法应予惩罚。被告人郭如鳌在共同贪污犯罪中起主要作用，系主犯，对其所犯二罪，依法应予并罚。检察机关指控的罪名及挪用公款罪的全部事实和贪污罪的主要事实成立，本院予以支持。对起诉书指控被告人张俊琴贪污100万元的指控，因在国家审计署对中国经济开发信托投资公司内蒙古证券营业部进行审计时，被告人张俊琴按照领导的要求将17万元交给刘经国，由刘经国以补交利息的名义，交回了中国经济开发信托投资公司内蒙古证券营业部，其本人对该17万元未实际占为己有，应从指控数额中扣除，故其贪污数额应认定为83万元。被告人张俊琴归案后认罪态度较好，且在共同犯罪中起次要作用，系从犯，依法应当从轻处罚；鉴于其赃款大部分被追回等情节，依法可酌情从轻处罚。被告人赵茹归案后认罪态度较好，并能如实供述司法机关尚未掌握的其贪污犯罪事实，系自首；被告人赵茹作为中国经济开发信托投资公司内蒙古证券营业部交易部经理，负责自营炒股，虽然在炒股过程中起主要作用，但对炒股的盈利款不作入账处理、提取现金暂时保存、商定私分盈利款、与刘经国订立攻守同盟等，均是根据被告人郭如鳌及李耀林的指使所为，故认定被告人赵茹在共同贪污犯罪中起次要作用，系从犯；被告人赵茹检举他人犯罪，经查证属实，有立功表现；同时鉴于被告人赵茹的赃款基本被追回等情节，依法应当减轻处罚。被告人张俊琴所提"尽管也分了钱，但是处于被动接受地位，在整个过程中起次要作用"的辩解理由、被告人赵茹所提"自己在整个犯罪过程中受被告人郭如鳌的指使，只是被动接受，起辅助作用，系从犯"的辩解理由及其辩护人所提"被告人赵茹作为证券营业部的聘用人员，其行为是被动地执行单位领导的决定，在分配收益时处于从属地位，起次要作用"的辩护意见，均予以支持。

对被告人郭如鳌所提"自己没有贪污，因在职期间中国经济开发信托投资公司内蒙古证券营业部没少一分钱；对自营炒股的过程不清楚，起诉书中的自营炒股经过是虚构的；认定自己指使他们提款、订立攻守同盟都不符合事实"的辩解理由和其辩护人所提"起诉书指控郭如鳌将180万元占为己有的证据明显不够充分和确凿"的辩护意见。经查,被告人郭如鳌在侦查期间曾有两次供认,其中,在其亲笔供词中所交代的将分得的赃款于晚上到被告人赵茹办公室拿走的供述细节,与被告人赵茹的供述相吻合,同时证实其犯有贪污罪的证据有同案犯张俊琴、赵茹的供述,有被告人郭如鳌在山东省垦利县看守所羁押期间,与其同一监室的犯罪嫌疑人李友民、郑伟东的证言;有证人刘经国证实被告人郭如鳌找其顶替中国经济开发信托投资公司内蒙古证券营业部自营炒股和私分盈利款的事实;有取赃款时用的"卡丹露"牌包等证据证实。上述证据形成一个完整的证据链条。故被告人郭如鳌的上述辩解理由及其辩护人的上述辩护意见均不成立,不予支持。

对于被告人郭如鳌的辩护人所提"因为炒股盈利款根本不具备公共财物的特征,即便存在私分盈利款的事实,也不宜定性为贪污罪"的辩护意见。经查,中国经济开发信托投资公司内蒙古证券营业部自营炒股是根据该部常务副总经理李耀林的指使进行的,且炒股所用资金系股民保证金、营业部自有资金和被告人赵茹以本单位名义借的1000万元国债,该自营炒股行为应认定为单位行为,所盈利的864万元显然应归中国经济开发信托投资公司内蒙古证券营业部,是公共财产。故该辩护意见不能成立,不予采纳。

对被告人郭如鳌所提"李耀林提出挪用公款给伊利集团使用时自己同意,是如何操作的、钱给了个人使用,自己不清楚,且关晓军也没给自己任何好处;2000万元国债是作为客户资金出借的,是单位透支给客户使用,不构成挪用公款罪"及其辩护人所提"指控被告人郭如鳌犯挪用公款罪的事实不清、证据不足,且被告人郭如鳌不存在挪用公款归个人使用的主观故意,指控罪名不能成立"的辩护意见,经查,与本案所查明的事实和证据不符,亦不予采纳。

对于被告人张俊琴的辩护人及被告人赵茹的辩护人所提"被告人张俊琴、赵茹不具有国家工作人员的身份,不符合贪污罪的主体资格"的辩护意见。经查,中国经济开发信托投资公司是全民所有制企业,中国经济开发信托投资公司内蒙古证券营业部系其分支机构;被告人张俊琴、赵茹系被中国经济开发信托投资公司内蒙古证券营业部于1996年11月3日分别正式聘任为财务部和交易部经理的,且其贪污事实发生在1998年4、5月份,依照《刑法》第93条第2款之规定,被告人张俊琴、赵茹的身份应认定为国家工作人员。故上述辩护意见均不成立,不予采纳。

对被告人张俊琴的辩护人所提"被告人张俊琴主观上不具有贪污的故意,其行为不构成贪污罪"及被告人赵茹的辩护人所提"被告人赵茹主观上不具有非法占有公共财产并使国家蒙受损失的故意,其接受的100万元与其他员工接受的款项是同一性质,其行为不构成贪污罪"的辩护意见。经查,被告人郭如鳌、张俊琴、赵茹与李耀林共谋私分炒股盈利款500万元,其占有的主观故意是明显的。虽然同时讨论了给职工分发100万元,但是此决定是在四人确定了分赃数额后才提出的,是基于有的职工知道自营炒股盈利,为掩盖贪污500万元的事实才提出给职工以房补名义发放100万元。且在实际分配中四人将500万元分赃后,又与职工一起以房补名义私分了130万元,故该130万元和给职工发放的100万元是三被告人与李耀林掩饰其贪污500万元的手段,具有私分国有资产的性质。四人私分的500万元是秘密的,不具有公开性和集体性,该行为应认定为构成贪污罪。故上述辩护意见不成立,不予支持。

对于被告人张俊琴的辩护人所提"被告人张俊琴在2001年国庆节后遵从领导指示将3.5万美元给刘经国,该款已脱离了被告人张俊琴的实际控制,应当从其得款数额中扣除"的辩护意见和被告人赵茹的辩护人所提"被告人赵茹听从被告人郭如鳌的指示,在2001年国庆节给刘经国的3.5万美元和10万元国库券不应计算在其所分得的款额内"的辩护意见。经查,上述款项虽然交给了刘经国,但只是交给其保管,该款项的所有权未发生转移,仍属被告人张俊琴和被告人赵茹所有,故不能认定该款已由被告人张俊琴或赵茹退给了单位或未实际得到。故上述辩护意见不成立,不予支持。

对于被告人郭如鳌的辩护人所提"在程序上存在着指控犯罪的主要证据的提交时间不符合法律规定、超期羁押、当庭出示的主要证据都是检察机关在审查起诉阶段搜集的"的辩护意见。经查,检察机关向本院提起公诉时,已将主要证据的复印件及证据目录提交,且当庭出示的证据均系原始证据,并经各被告人及其辩护人质证,均无异议,故本院认为上述证据为有效证据。对上述辩护意见,不予支持。

对于被告人张俊琴的辩护人及被告人赵茹的辩护人所提"被告人张俊琴、赵茹实际被羁押时间与起诉书载明的时间有11天的差别"的辩护意见。经查,被告人张俊琴、赵茹于2002年8月6日被内蒙古自治区人民检察院释放后,山东省人民检察院于当日决定逮捕,同年8月16日执行逮捕,在该11天内,二被告人仍处于被羁押状态,起诉书所载明的时间反映了上述实际情况,并无不当,对该11天时间,仍计算在实际执行的刑期之内。

对于被告人张俊琴的辩护人所提"被告人张俊琴被采取强制措施后,已退回司法机关55万余元"的辩护意见,与本院所查明的事实和证据不符,不予采纳。

### 二审诉辩情况

一审宣判后,潍坊市人民检察院认为判决正确,不抗诉。

被告人郭如鳌、张俊琴、赵茹均不服,被告人郭如鳌以"一审判决认定事实不清,适用法律错误,其行为不构成贪污罪和挪用公款罪,更不是主犯"为由、被告人张俊琴以"定性不准,量刑不当"为由、被告人赵茹以"主观上不具有非法占有公共财产并使国家蒙受损失的故意,客观上没有职务上的便利;给刘经国的10万元国库券及3.5万美元应从贪污数额中扣除;量刑过重"为由,分别提出上诉。

被告人郭如鳌的辩护人提出"认定被告人郭如鳌犯贪污罪的证据不足,不构成挪用公款罪"的辩护意见。三被告人的辩护人均提出"本案属于挪用性质,炒股盈利款系挪用公款进行营利活动的收益,不构成贪污罪"的辩护意见。

### 二审裁判结果

山东省高级人民法院依照《刑事诉讼法》第189条第1项的规定,于2004年3月10日裁定:驳回上诉,维持原判。

### 二审裁判理由

二审法院山东省高级人民法院经审理认为:上诉人郭如鳌、张俊琴、赵茹身为国家工作人员,利用职务之便,侵吞单位公款,数额特别巨大,均构成贪污罪;上诉人郭如鳌利用职务之便,将公款挪用给个人使用,进行营利活动,情节严重,构成挪用公款罪。上诉人郭如鳌在贪污犯罪中系主犯,且犯有挪用公款罪,依法应予数罪并罚。上诉人张俊琴在共同犯罪中系从犯,且赃款大部分被追回,依法应从轻处罚;上诉人赵茹在共同犯罪中系从犯,有自首情节和立功表现,且赃款基本被追回,依法可减轻处罚。对于辩护人提出炒股盈利款系挪用公款进行营利活动收益的辩护意见。经查,上诉人赵茹等所进行的炒股,不是个人的想法,而是根据中国经济开发信托投资公司内蒙古证券营业部常务副总经理李耀林的指示作出的;客观上是以单位名义筹措资金,整个过程均由单位进行,不是一种个人行为,该行为本身不是挪用公款的犯罪行为,辩护人提出炒股系挪用公款进行营利活动的辩护意见与事实不符。对于上诉人郭如鳌及其辩护人提出的构成贪污罪证据不足的上诉理由及辩护意见。经查,上诉人赵茹、张俊琴的供述证实郭如鳌主持分赃的事实,赵茹还证实郭如鳌分得180万元的事实;上诉人郭如鳌对预谋私分盈利款的事实供认,且对得到盈利款的事实有过供述。此外,还有物证、其他证人证言等在案为证。原审判决认定上诉人郭如鳌构成贪污罪的证据确实、充分。对于辩护人提出原审认定郭如鳌在共同犯罪中系主犯错误的辩护意见。经查，上诉人郭如鳌身为中国经济开发信托投资公司内蒙古证券营业部总经理，主持私分单位公款构成犯罪，理应对全部事实负责。辩护人提出的不是主犯的辩护意见不当。对于上诉人郭如鳌及其辩护人提出的不构成挪用公款罪的上诉理由及辩护意见。经查，证人关晓军证实，上诉人郭如鳌同意借给关晓军2000万元国债炒股；客户证券流水对账单、股票对账单等证实2000万元国债的借出、炒卖、归还情况；内蒙古伊利集团股份有限公司出具的材料证实，该集团没有向内蒙古自治区国债中心借用过国债。上述证据足以证实郭如鳌将单位款项挪用给个人使用的事实，上诉人郭如鳌及其辩护人提出不构成挪用公款罪的上诉理由及辩护意见无证据证实。对于上诉人张俊琴、赵茹提出不构成贪污罪、量刑重的上诉理由。经查，原审判决对二人的身份进行了确认，并根据事实、证据对其进行定罪处罚，并无不当之处。上诉人郭如鳌、张俊琴、赵茹的上诉理由及辩护人的辩护意见均不能成立，不予采纳。原审判决定罪准确，量刑适当，审判程序合法。

## 二、虚拟财产

### 284. 对于计算机网络数据信息的财产属性应如何认定？

如果网络数据信息是行为人经过劳动、花费金钱得到的，行为人使用该数据信息从而达到一定的社会目的，那么应该认定其具有使用价值；如果该数据信息在市场上可以进行交易，则又具备了商品属性，具有交换价值。综上应该认定，符合上述条件时，该数据信息具有刑法上的财产属性，应该受到刑法保护。

**典型疑难案件参考**

胡磊、李权破坏计算机信息系统案

**基本案情**

2009年3月27日至3月31日期间，被告人胡磊、李权利用"剑客压力测试"软件控制大量在线"肉机"，连续多次通过其控制的攻击器及其"肉机"以"DDOS拒绝服务"的方式向苏州金游数码科技有限责任公司设置在南京龙江机房的游戏平台服务器实施攻击干扰，致使 IDC 网络严重阻塞，无法为客户提供正常服务，最终造成机房内的服务器瘫痪，造成该公司严重损失，并以此为要挟，勒索该公司游戏币"银子"5 亿两。后两被告人销赃得款人民币 18750 元。

### 诉辩情况

检察机关指控被告人胡磊、李权的行为均已构成破坏计算机信息系统罪。

被告人胡磊、李权对被指控的犯罪事实均不持异议。被告人胡磊的辩护人提出：被告人胡磊无前科劣迹，系初犯、偶犯，此次犯罪主观恶性相对不大；且归案后能如实供述自己所犯罪行，认罪态度较好，确有悔罪表现，取得被害单位的谅解，请求对其从轻处罚。

### 裁判结果

苏州市虎丘区人民法院以破坏计算机信息系统罪，分别对胡磊判处有期徒刑 2 年 6 个月；对李权判处有期徒刑 2 年 4 个月；犯罪工具予以没收，违法所得予以没收并继续追缴。

### 裁判理由

苏州市虎丘区人民法院经审理认为：被告人胡磊、李权违反国家规定，对计算机信息系统功能进行干扰，造成计算机信息系统不能正常运行，后果严重，其行为已构成破坏计算机信息系统罪，应当依法判处 5 年以下有期徒刑。在共同犯罪中，被告人胡磊首先提出犯意，被告人李权购买"肉机"、攻击器等作案工具并由被告人胡磊先后多次对金游数码科技有限责任公司设置在南京龙江机房的游戏平台服务器实施攻击干扰，致使该网络阻塞，服务器瘫痪、无法正常运行，再勒索该公司的游戏币"银子"5 亿两，故两被告人均系积极的实行犯，均为本案的主犯。鉴于被告人胡磊、李权归案后认罪态度较好，当庭自愿认罪，可酌情从轻处罚。检察机关指控被告人胡磊、李权犯破坏计算机信息系统罪的事实清楚，证据确实、充分，罪名成立，法院予以采纳。关于被告人胡磊委托的辩护人所提出"已取得被害单位谅解"的辩护意见，因未提供相关证据证实，与事实不符，不予采信。关于辩护人提出的其他辩护意见，经查属实，法院予以采信并对其酌情从轻处罚。

### 285. 网络游戏中的虚拟装备是否可以解释成"财产"？能否成为刑法保护的对象？能否成为财产类犯罪的犯罪对象？

网络游戏中的虚拟装备是游戏玩家投入了一定的资金、时间和精力所获得的计算机数据信息，是一种劳动所得，该信息可以通过交易平台进行有偿转让，具备了交换价值。因此，虚拟装备也具有了商品属性，可以认定其法律上的财产属性，应该成为刑法保护的对象。从而也能够成为财产类犯罪的犯罪对象。

## 典型疑难案件参考

### 王一辉、金珂、汤明职务侵占案

**基本案情**

被告人王一辉原系盛大公司游戏项目管理中心运维部副经理，主要负责对服务器、游戏软件进行维护和游戏环境内容的更新等。2004年8月底，被告人王一辉与被告人金珂通过网上聊天，预谋利用王一辉在盛大公司工作，有条件接触"热血传奇"游戏软件数据库的便利，复制游戏武器装备予以销售。2004年9月起，被告人王一辉、金珂开始实施上述行为。由金珂首先在"热血传奇"游戏中建立人物角色，然后将游戏角色的相关信息通过聊天记录发送给王一辉，王一辉在盛大公司内利用公司的电脑进入游戏系统，同时打开"热血传奇"服务器6000端口，通过增加、修改数据库Mir.DB文件中的数据，在金珂创建的游戏人物身上增加或修改游戏"武器"及"装备"。然后由金珂将游戏人物身上的武器及装备通过"www.5173.com"网站或私下交易出售给游戏玩家。2005年2月，王一辉又趁回金华老家探亲的机会将此事告诉被告人汤明，汤明表示愿意一起加入，并采用同样的方法与王一辉共同实施，非法复制并销售游戏"武器"及"装备"。一段时间后，由于王一辉认为上述操作方法比较麻烦，就让金珂、汤明从网上下载了"热血传奇"私服游戏服务器端，并生成一个伪造的数据包，王一辉负责打开"热血传奇"游戏服务器6000端口，同时将服务器的IP地址告诉金珂、汤明，由金珂、汤明将每次修改后的数据包发送到服务器，王一辉在收到数据包后，提取数据信息再传送到数据库中，在游戏人物的身上增加或修改游戏"武器"及"装备"。三被告人约定金珂、汤明在出售游戏"武器"及"装备"得款后，分给被告人王一辉 60% 的获利，由金珂、汤明将款项汇入王一辉以其本人及"张存"的名义在中国工商银行上海市分行设立的账户内。至 2005 年 7 月三被告人共计非法获利人民币 202 万余元，其中王一辉非法获利 122 万余元，金珂获利 42 万余元，汤明获利 38 万余元。金珂得款后挥霍 20 余万元，汤明以非法获利 32 万余元购买了房屋一套。案发后公安机关冻结了金珂在工商银行浙师大支行中的银行存款 208454.25 元，查封了汤明用赃款购买的上述房屋。

2006 年 3 月 9 日上海市公安局浦东分局委托上海公信扬知识产权司法鉴定所对被告人发送的软件数据包进行鉴定，司法鉴定所于 2006 年 3 月 13 日委托上海市软件评测中心进行测试，测试结论表明：通过手动修改数据库文件和软件修改数据库文件这两种方式都可导致玩家在游戏中的级别、"武器"、"装备"等属性值完全发生变化。2006 年 7 月 21 日，该司法鉴定所又根据上海市公安局浦东分局的委托，出具了补充说明，内容为：网络游戏软件分为客户端和服务器端两部分，在服务器端软件中包含有游戏数据库文件和玩家数据库文件，前者包括物品"武器"及"装备"、魔法技能、动物怪物三个数据库，后者用于存储与玩家有关的武器装备、级别的信息，这两个数据库都是由游戏作者设计的。本案中的软件修改者修改了某一玩家数据库中的数据，并没有修改游戏软件作者设计并编写的软件，也不会引起该游戏软件中的其他部分的改变，但是可以对玩家运行该游戏软件的结果产生重大变化，改变或增加玩家的"武器装备"级别。

另查明，2001 年 6 月 29 日盛大公司与韩国 Actoz 软件有限责任公司签订软件许可协议，协议约定 Actoz 公司授予盛大公司独家且排他许可使用、促销、分发、市场营销、改编或修改"热血传奇"软件，并将该软件转换为中文版本的权利。2003 年 8 月 18 日，韩国 Actoz 软件有限责任公司和 WeMade 娱乐有限公司取得我国国家版权局就"热血传奇"游戏软件颁发的计算机软件著作权登记证书。2003 年 8 月 19 日双方又签订修正协议，约定软件许可的条款可以延长到 2005 年 9 月 28 日，当且仅当协议双方对于"热血传奇"不存在争议时，上述特许期限期满日应延长到 2006 年 9 月 28 日。

本案审理中，被告人王一辉的家属帮助王一辉退赃 120 万元。被告人金珂表示愿意将被公安机关冻结的银行存款 208454.25 元作为退赃，其余赃款也愿意以工作收入退出。被告人汤明的家属帮助汤明退赃 5 万元，汤明以赃款购买的房屋愿意作为退赃处理，不足部分也愿意以工作收入退出。

### 一审诉辩情况

上海市浦东新区人民检察院以被告人王一辉、金珂、汤明犯侵犯著作权罪向上海市浦东新区人民法院提起公诉。

被告人王一辉对检察机关指控其获利120余万元有异议，对其余事实无异议。其辩护人认为被告人的行为不构成犯罪，理由是：（1）被告人的行为不符合侵犯著作权罪的构成要件。首先，王一辉等人实施的是修改数据的行为，而不是复制计算机软件的行为，且游戏中的虚拟"武器"及"装备"不能认定为软件，因此被告人王一辉的行为不能认定是对软件的复制；其次，被告人的行为不属于发行计算机软件，被告人并未实施销售"热血传奇"游戏软件的行为，其销售的是从属于"热血传奇"游戏软件的"武器"及"装备"；最后，数据并不是我国著作权法保护的范围，"热血传奇"游戏数据库中的数据并不具有独创性，因此被告人对不具有知识产权利益的数据库文件中的数据进行修改，不构成侵犯著作权罪。（2）我国《刑法》对财产权的保护仅限于有形财产和无形财产，不涉及虚拟财产，根据罪刑法定原则，被告人的行为不能以犯罪论处。（3）检察机关以三被告人之间银行卡资金往来的数额认定获利是不科学的，因为不排除银行卡资金往来存在错误的可能性或者存在其他来源和用途的可能性。同时，即便被告人认可了这些数额，没有其他证据印证也不能作为认定的依据，而只有通过"5173"交易网站和找到具体交易的玩家，才能认定获利的金额。（4）被告人王一辉有自首情节。

被告人金珂对检察机关指控的事实无异议。其辩护人认为被告人的行为不构成犯罪，理由是：（1）被告人金珂实施的行为是修改游戏玩家的数据库，与复制、发行有着本质的区别，被告人没有复制软件，也没有向公众提供软件的复制件。刑法对于侵犯著作权所规定的打击范围并不包括修改行为，根据法无明文规定不为罪的原则，被告人的行为不构成侵犯著作权罪。（2）起诉书认定被告人金珂的获利金额没有充分的证据支持，审计结论是在没有银行原始凭证的情况下所作的一种推断，在金珂与王一辉的资金往来中有一部分是合法的借款关系。（3）被告人金珂有自首情节，应从轻或减轻处罚。

被告人汤明对检察机关指控的事实无异议。其辩护人认为被告人的行为不构成犯罪，理由是：（1）修改不同于复制，修改并非著作权犯罪的构成要件。被告人是通过修改数据以实现其获利，玩家游戏数据库的修改并没有改变著作权人编写的计算机软件，故本案不涉及修改、复制计算机软件。（2）"热血传奇"游戏的著作权人是韩国公司而不是盛大公司，软件的复制发行权属于著作权人，而本案中著作权人的利益并未因被告人的行为受到损害，因此不存在社会危害性。（3）我国《刑法》对被告人的行为并无相关的法律规定，因此也不构成其他犯罪。

▶ 一审裁判结果

上海市浦东新区人民法院依照《刑法》第271条、第25条、第26条、第

27条、第64条、第72条、第73条第2款、第3款之规定，判决如下：

一、被告人王一辉犯职务侵占罪，判处有期徒刑5年。

二、被告人金珂犯职务侵占罪，判处有期徒刑3年，缓刑4年。

三、被告人汤明犯职务侵占罪，判处有期徒刑2年6个月，缓刑3年。

四、被告人王一辉退赃款人民币120万元，包括现金420198元和银行存款779802元，被告人汤明退赃款人民币5万元，发还被害单位上海盛大网络发展有限公司；被告人汤明用赃款购买的坐落于浙江省金华市柳湖小区27幢4号401室的房屋变价发还被害单位上海盛大网络发展有限公司。尚未退缴的赃款，待追缴后发还被害单位上海盛大网络发展有限公司。

### 一审裁判理由

上海市浦东新区人民法院针对三被告人及其辩护人对检察机关指控的事实及定性提出的意见，综合查明的事实及认定的证据作如下评判：

1. 关于检察机关指控三被告人犯侵犯著作权罪罪名是否成立。

检察机关认为被告人修改数据生成、销售游戏"武器"及"装备"的行为属于复制、发行计算机软件的行为，因此三被告人构成侵犯著作权罪。法院认为，三被告人的行为不符合侵犯计算机软件著作权罪的构成要件，我国《刑法》第217条第1款第1项规定的侵犯著作权的情形指："未经著作权人许可，复制、发行其文字作品、音乐、电影、电视、录像作品，计算机软件及其他作品的。"复制、发行是构成侵犯著作权罪的两个行为要件。本案中三被告人实施的行为是修改游戏软件数据库中的数据的行为，而修改数据后产生的"武器"及"装备"是软件运行后产生的结果，并不是软件本身。根据《计算机软件保护条例》第6条的规定，对软件著作权的保护不延及开发软件所用的处理过程、操作方法等，故本案涉及的游戏中的"武器"及"装备"不属于计算机软件著作权的保护范围。三被告人通过修改数据而复制武器及装备不构成复制计算机软件，因此对三被告人的行为不应以侵犯计算机软件著作权罪论处。检察机关指控三被告人犯侵犯著作权罪的罪名不成立。

2. 关于三被告人的行为定性。

法院认为，三被告人的行为构成职务侵占罪。被告人王一辉在盛大公司任游戏项目运维部副经理，其有条件对游戏软件中的数据进行修改，其拥有的数据修改权是因其职责而直接赋予的，因此王一辉的行为符合职务侵占罪中"利用职务上的便利"这一构成要件。网络游戏中的"武器"及"装备"是计算机软件运行后生成的结果，是一种虚拟财产，其在虚拟环境中的作用决定了其可以被人占有、使用等，但游戏玩家要取得虚拟财产除了花费时间外，还必须付出一定的费用，如购买游戏点卡的费用、上网费等，同时该虚拟财产通过现实中的交易能转化为货币，因此虚拟财产既有价值，又有使用价值，具有现实财产的属性。盛大公司通过许可取得了"热血传奇"游戏在一定时间内的独家运营权，在此期间，盛大公司对游戏"武器"及"装备"享有所有权和处分权，因此被告人非法侵占的游戏"武器"及"装备"属于盛大公司所有。关于金珂、汤明是否构成职务侵占罪共同犯罪的问题，最高人民法院《关于审理贪污、职务侵占案件如何认定共同犯罪的问题的解释》第2条规定："行为人与公司、企业或者其他单位的人员勾结，利用公司、企业或者其他单位人员的职务便利，共同将单位财物非法占为己有，数额较大的，以职务侵占罪共犯论处。"被告人金珂、汤明虽然不是盛大公司的工作人员，但其与被告人王一辉共同勾结，侵占公司财产，根据上述规定，三被告人属共同犯罪。综上所述，三被告人的行为符合职务侵占罪的构成要件，应以职务侵占罪论处。

3. 关于三被告人获取违法所得的金额。

公信中南会计师事务所调取了三被告人在银行开设的6个账户（其中王一辉在中国工商银行上海市分行有2个账户，金珂在工行金华市分行有1个账户，汤明在工行金华市分行有3个账户），会计师事务所根据银行对账单资金收付日期、金额、交易注释等内容，按照以下原则判断三被告人间因出售游戏"武器"、"装备"后分成而发生的交易金额：（1）资金收付日期均为同一天；（2）资金收付金额相同；（3）资金收付可能由于手续费等因素造成收付金额稍有差异，但差异不大。即如被告人王一辉收进的款项与被告人金珂、汤明在同一天支出的款项相同，或差异极小，且交易注释也一致的，作为三被告人销售"武器"及"装备"获利的金额。会计师事务所的这一审计方法应是合理的，除非三被告人提供证据证明这笔资金往来与其销售"武器"及"装备"的获利无关。庭审中被告人金珂、汤明均称与王一辉有借款关系存在，但三被告人均未提供相应的证据，而从三被告人较为一致的部分陈述判断，借款额也只有3万余元，扣除之后，并不影响检察机关对被告人获利金额的认定，因此会计师事务所的审计报告可予采纳。而从被告人王一辉的获利金额按照四六分成的比例可以推算汤明和金珂的获利金额。

综上所述，法院认为，被告人王一辉利用其在盛大公司担任游戏项目运维部副经理的便利，与被告人金珂、汤明共同合谋通过非法手段获取游戏"武器装备"并销售，数额巨大，其行为已触犯《刑法》第271条之规定，构成职务侵占罪。三被告人系共同犯罪，被告人王一辉在共同犯罪中起主要作用，是主犯。鉴于被告人王一辉认罪态度较好，且其家属能积极帮助退赃，故对被告人王一辉从轻处罚。被告人金珂、汤明在共同犯罪中起次要作用，系从犯，认罪态度较好，并作了退赃的努力，故根据《刑法》第 27 条的规定，对被告人金珂、汤明减轻处罚。鉴于公安机关在接到盛大公司报案后即展开了侦查，在将被告人抓获前已基本掌握了被告人的犯罪事实，其中金珂是经公安机关布控后抓获，被告人到案后能如实交代犯罪行为只能以坦白论处，故被告人王一辉、金珂的辩护人提出王一辉、金珂有自首情节的辩护意见本院不予支持。

### 二审诉辩情况

一审宣判后，被告人王一辉、金珂、汤明不服，提出上诉。

### 二审裁判结果

上海市第一中级人民法院依法裁定：驳回上诉，维持原判。

### 二审裁判理由

上海市第一中级人民法院经二审审理后认为：原审判决认定事实清楚，证据确实、充分，定性正确，量刑适当，审判程序合法。

## 三、国家工作人员

### 286. 如何理解国家工作人员身份？

《刑法》第 93 条所称的国家工作人员，是指国家机关中从事公务的人员。国有公司、企业、事业单位、人民团体中从事公务的人员和国家机关、国有公司、企业、事业单位委派到非国有公司、企业、事业单位、社会团体从事公务的人员，以及其他依照法律从事公务的人员，以国家工作人员论。

**典型疑难案件参考**

曹军受贿案

### 基本案情

1992 年 7 月，中国农业银行南通分行（以下简称南通农行）注册设立了南通市兴隆房地产开发公司（以下简称兴隆公司），性质为集体所有制，公司注册登记材料载明注册资金为人民币 1000 万元。其中，南通农行筹集信用合作资金 900 万元，南通农行工会筹集 100 万元，但注册资金没有到位。南通农行为主管单位，工作人员除个别聘用的外，基本上是南通农行的原工作人员调动而来，工资仍由南通农行发放，差旅费、招待费等在兴隆公司支出。

对于兴隆公司所需资金，南通农行确定了一个原则，就是不用银行的钱，可以动用中国农业银行江苏省信托投资公司南通办事处（以下简称信托公司）管理的信用社资金。自1992年9月至1992年12月，在兴隆公司开发房地产过程中，信托公司陆续为兴隆公司代垫或者向其支付人民币1000万元，信托公司财务账上记为兴隆公司暂付款。1992年12月21日，信托公司将此前分别向如皋市信用联社、海安县信用联社筹集的共同资金各500万元，用于结转暂付款1000万元。1996年9月，南通农行不再管理农村信用社。同年10月，南通农行不再办理信托业务，其信托业务并入南方证券，但原信托公司的债权债务由农行承受。

1996年，因国家政策限制银行兴办企业，对于已经兴办的，要求与银行脱钩。同年3月20日，南通农行与如皋市长江信用社、海安县大公信用社、南通农行工会签订转股协议，将其在兴隆公司的500万元股权转让给如皋市长江信用社、400万元转让给海安县大公信用社、100万元转让给南通农行工会。由于两信用社实际已经有资金1000万元被信托公司投入兴隆公司，故转股协议签订后并未进行相应的资金转移。至此，如皋市长江信用社、海安县大公信用社和南通农行工会为兴隆公司股东，但如皋市长江信用社和海安县大公信用社除在转股协议上签字、推举曹军任兴隆有限公司执行董事兼经理，并在1997年12月获得本息外，没有行使其他股东权利。1997年年底，海安县人公信用社和如皋市长江信用社向南通农行索要原信托公司借款，即后来转为对兴隆有限公司的投资部分。南通农行原来认为兴隆公司已经将信用社的钱还掉，结果得知没有归还，即同意由农行归还，1997年12月31日，南通农行青年西路办事处退如皋市农业银行共同资金及利息550万元、海安县信用联社共同资金及利息590.72万元。南通农行将该笔资金从当年利润中核减，未做其他账。

1993年5月，兴隆公司与外方合资成立中外合资企业——南通兴胜房地产开发有限公司（以下简称兴胜公司）。

1995年3月，南通农行任命被告人曹军为南通农行住房信贷部副主任兼任兴隆公司副总经理，主持兴隆公司的全面工作。同年4月，兴隆公司委派曹军任兴胜公司董事长。

1996年3月27日，兴隆公司股东推举曹军担任兴隆公司执行董事兼经理、法定代表人。同年6月，兴隆公司变更为南通市兴隆房地产开发有限公司（以下简称兴隆有限公司），法定代表人仍为曹军。1997年4月，南通农行聘任曹军为兴隆有限公司经理。

兴隆有限公司主要开发建设了南通农行的南通市农金科技培训中心工程，

即农行大楼。1992年，南通农行决定建农行大楼，筹建工作由办公室负责，在办公室下面设基建办。1996年以后，兴隆公司没有项目，南通农行党组研究决定将基建办与兴隆公司合署办公。建设资金由会计科管理，按进度从会计科拨付到基建账户，由曹军具体负责使用。1996年2月，南通农行与兴隆公司签订《联合建设协议书》和《工程委托承包建设合同》，约定双方共同投资建造南通市农金科技培训中心；南通农行将南通市农金科技培训中心工程全权委托给兴隆公司发包建设，兴隆公司按工程造价的1%收取管理费。在建设大楼过程中，南通农行会计科按照工程进度，适时将工程款拨给兴隆有限公司，资金紧张时兴隆有限公司就以自己的名义向银行贷款，农行资金到位时再归还。

农行大楼竣工后，兴隆有限公司因没有年检，于2002年被工商局吊销营业执照，其工作人员绝大多数回到南通农行，曹军被聘任南通农行金隆物业公司总经理。兴隆有限公司解散后账上赢余81万余元转给管理农行大楼的南通农行金隆物业公司，因兴隆有限公司仍欠银行贷款，其所拥有的兴隆城房地产剥离给长城资产管理公司。

1997年夏至2001年年底，被告人曹军利用担任兴隆有限公司法定代表人的职务便利，在决定南通市农金科技培训中心工程施工单位、供货单位、支付工程款等方面为他人谋取利益，先后收受他人人民币81.98万元、港币1万元、欧米茄手表（价值人民币1.25万元）1块和玉佛1件。

1998年年初，被告人曹军利用担任兴胜公司董事长、负责兴胜大厦建设的职务便利，在决定施工单位、支付工程款等方面为海门三建集团谋取利益，收受该集团梁贻伦人民币1万元。

2003年1月，南通市人民检察院根据群众举报，以涉嫌犯受贿罪决定对被告人曹军立案侦查。曹军在被检察机关第一次讯问后，如实交代了其受贿犯罪的事实。但群众举报曹军收受高某财物的行为，经查不构成受贿犯罪。案发后，侦查机关扣押被告人曹军的家庭财产共计人民币130余万元。

### 一审诉辩情况

江苏省南通市人民检察院以被告人曹军犯受贿罪和企业人员受贿罪，向南通市中级人民法院提起公诉。

起诉书指控：被告人曹军在担任南通农行基建办公室负责人和兴隆公司副总经理、兴隆有限公司经理期间，利用负责南通农行农金科技培训中心基建的职务便利，在决定施工单位、供货单位、支付工程款等方面为他人谋取利益，先后收受施工单位、供货单位人民币99.82万元、港币1万元、欧米茄手表（价值人民币1.25万元）1块和玉观音1件，其行为触犯了《刑法》第385条第 1 款的规定，构成受贿罪；曹军还在担任兴胜公司董事长期间，利用负责兴胜大厦基建的职务便利，在决定施工单位、支付工程款等方面为他人谋取利益，非法收受人民币 1 万元，其行为触犯了《刑法》第 163 条第 1 款的规定，构成企业人员受贿罪。

被告人曹军对检察机关指控其利用职务便利，为他人谋取利益，非法收受他人财物的事实予以供认，但辩称：其系企业工作人员，其职务来源于股东会决议，不属于国家工作人员，其行为不构成受贿罪，而构成公司、企业人员受贿罪。辩护人的辩护意见与曹军相同。

### ▎一审裁判结果

南通市中级人民法院依照《刑法》第 163 条第 1 款、第 67 条第 1 款、第 59 条第 1 款、第 64 条的规定，于 2003 年 11 月 27 日判决如下：

一、被告人曹军犯公司、企业人员受贿罪，判处有期徒刑 7 年，并处没收财产人民币 30 万元。

二、受贿所得予以追缴，上缴国库。

### ▎一审裁判理由

南通市中级人民法院认为：兴隆公司的注册资金系南通农行筹集，属南通农行管理下的集体企业。被告人曹军原系南通农行工作人员，被南通农行任命为兴隆公司副总经理，系受委派从事公务的人员。但 1996 年 6 月兴隆公司改制为股份有限公司，股东变更为如皋市长江信用社、海安县大公信用社和南通农行工会，三家股东一致推举曹军为兴隆有限公司执行董事兼经理、法定代表人，并办理了工商变更登记手续。兴隆公司与南通农行脱钩后，曹军的经理职务来源于股东的推举，南通农行于 1997 年 4 月依照管理习惯任命曹军为兴隆有限公司经理，违背了《公司法》及兴隆有限公司章程有关公司经理产生的程序，不能成为认定曹军受南通农行委派从事公务的依据，曹军不再属于受国有企业委派从事公务的人员。根据南通农行与兴隆公司之间签订的委托建设协议，二者之间形成委托代建关系。虽然南通农行基建办未被撤销，但基建办的职能及职责并未明确，也无相关证据证实曹军被任命为基建办负责人。曹军在基建过程中受贿是利用担任兴隆有限公司经理、法定代表人的职务便利，其主体身份应是公司、企业工作人员。检察机关指控曹军系受委派从事公务人员的证据不足，曹军及其辩护人关于曹军系公司、企业工作人员，不具有国家工作人员主体身份的辩护理由成立，予以采纳。

被告人曹军利用担任兴隆有限公司经理、执行董事的职务便利，为他人谋取利益，收受他人巨额贿赂，其行为构成公司、企业人员受贿罪。曹军在涉嫌受贿犯罪被侦查机关审查时，主动交代司法机关尚未掌握的全部犯罪事实，应视为自首，可从轻处罚。归案后，被告人曹军积极退清赃款，可酌情从轻处罚。

### 二审诉辩情况

一审判决宣判后，曹军不服，提出上诉，南通市人民检察院亦提出抗诉，江苏省人民检察院支持抗诉。

上诉人曹军对原审判决认定的犯罪事实无异议，但提出：其有投案自首情节，又全部退清赃款，应减轻处罚。

曹军的二审辩护人提出：兴隆有限公司是依照公司法成立的，曹军的任职是股东推举的，检察机关认定曹军的任职系南通农行委派没有依据，原审判决定性准确。

南通市人民检察院抗诉提出：除收受梁贻伦的1万元外，原审判决认定被告人曹军为公司、企业工作人员不当，适用法律错误，量刑畸轻。

江苏省人民检察院提出：原审判决认定罪名错误，被告人曹军在兴隆有限公司中的任职应属南通农行委派，应以国家工作人员论，适用受贿罪的法律规定，对曹军应判处10年以上有期徒刑或无期徒刑。

### 二审裁判结果

江苏高院依照《刑事诉讼法》第189条第2项，《刑法》第385条、第386条、第383条第1款第1项、第67条第1款、第69条第1款、第59条第1款、第64条的规定，于2004年12月8日判决如下：

一、撤销江苏省南通市中级人民法院的刑事判决。

二、上诉人曹军犯受贿罪，判处有期徒刑11年，并处没收财产30万元；犯公司人员受贿罪，判处有期徒刑6个月。决定执行有期徒刑11年，并处没收财产30万元。

三、对于上诉人曹军的受贿所得予以追缴，上缴国库。

### 二审裁判理由

江苏高院经审理后认为：南通农行是兴隆有限公司的实际投资人，对该公司进行了全面管理，如皋市长江信用社和海安县大公信用社已经撤回对该公司的投资，只是公司的挂名股东。上诉人曹军属于南通农行委派到非国有公司中从事公务的人员，应当以国家工作人员论，其利用担任兴隆有限公司经理的职务便利，非法收受他人财物，为他人谋取利益，其行为已构成受贿罪；上诉人曹军还利用担任兴胜公司董事长的职务便利，非法收受他人财物,为他人谋取利益,数额较大,构成公司人员受贿罪,应予并罚。原审判决认定曹军非法收受他人贿赂的事实清楚,证据确凿,但认定曹军在兴隆有限公司的任职属于公司工作人员不当,定罪不准,应予纠正。南通市人民检察院及江苏省人民检察院所提抗诉及支持抗诉意见成立,应予支持。曹军辩护人提出曹军系公司、企业工作人员的辩护意见不能成立。曹军在涉嫌受贿犯罪被侦查机关审查时,主动交代司法机关尚未掌握的全部犯罪事实,应视为自首,可从轻处罚;曹军归案后,积极退清赃款,可酌情从轻处罚。

### 287. 如何在司法实践中理解适用贪污贿赂犯罪的客体?

这类犯罪侵犯的共同客体是国家工作人员职务的廉洁性,这将关涉到普通公众对国家工作形象、工作方式和工作效果的认可程度,这样理解可以解释很多涉及国家工作人员形象,但又不具有严格的国家工作人员身份的案件,不能对国家工作人员身份做僵化的理解。

### 288. 对于在国家机关中从事公务的非正式在编人员,能否认定为国家工作人员?

一般来说,只要在国家机关中从事公务,即使是非正式的在编人员,也属于《刑法》第93条第1款规定的国家工作人员。包括中央政府和地方政府,以及政府设立的行使特定管理职能的非常设性机构,亦属于国家行政机关,其在编与不在编的工作人员都应视为国家工作人员。

**典型疑难案件参考**

钱政德受贿案

▶ **基本案情**

上海市轨道交通三号线工程虹口区指挥部、上海市轨道交通明珠线工程虹口区指挥部、上海市轨道交通杨浦线工程虹口区指挥部及上海市北外滩地区动迁工作指挥部均是上海市虹口区人民政府为上述重大市政工程建设而成立的非常设性机构，主要是负责协调、管理相关工程中的具体事项，并受国有建设单位的委托签订部分合同。

被告人钱政德以工人身份，受上海市虹口区人民政府聘用，先后担任上海市轨道交通三号线工程虹口区指挥部、上海市轨道交通明珠线工程虹口区指挥部、上海市轨道交通杨浦线工程虹口区指挥部工作人员及上海市北外滩地区动迁工作指挥部项目管理部副部长，主要负责房屋建筑拆除、垃圾清运等工程项目的处理、管理等工作。

2000年11月至2004年1月，上海市虹口区市容建设公司总经理王红根为了获得各工程中的垃圾清运等业务，先后3次送给被告人钱政德共计人民币33万元。钱政德利用职务上的便利，通过协调操作，帮助上海市虹口区市容建设公司的总经理承揽了一些工程中的垃圾清运业务。

案发后，被告人钱政德已退出全部赃款。

### 诉辩情况

上海市虹口区人民检察院以被告人钱政德犯受贿罪，向上海市虹口区人民法院提起公诉。

检察机关认为：被告人钱政德作为国家工作人员，利用职务之便，非法收受他人人民币33万元，为他人谋取利益，其行为构成受贿罪，有自首情节。

被告人钱政德及辩护人对指控事实均无异议。但钱政德辩称：自己不是国家工作人员。其辩护人提出：钱政德所在的上海市轨道交通三号线等工程虹口区指挥部及上海市北外滩地区动迁工作指挥部是虹口区政府设立的非常设性机构，不具有国家工作人员的身份；指挥部是受总承包建设单位委托签订相关工程项目合同的，钱受指挥部委托签订这些合同，且钱在这些合同项目中没有决定权等权利，从事的是一种民商事行为，收取好处费是朋友之间的馈赠，而非公务，不构成受贿罪。

### 裁判结果

上海市虹口区人民法院依照《刑法》第385条第1款、第386条、第383条第1款第1项、第67条第1款及第64条之规定，2004年12月20日判决如下：

一、被告人钱政德犯受贿罪，判处有期徒刑6年，并处没收财产人民币3万元。

二、退出的赃款予以没收，上缴国库。

### 裁判理由

上海市虹口区人民法院认为：被告人钱政德身为国家工作人员，利用职务上的便利，非法收受他人财物，为他人谋取利益，其行为已构成受贿罪。检察机关指控的罪名成立。被告人钱政德在指挥部领导找其谈话时，能主动如实地供述自己受贿事实，属自首，依法可减轻处罚。

### 289. 国有事业单位聘用的合同制管理人员，即非在编人员是否属于国家工作人员？

根据《刑法》第93条的规定，国有事业单位中从事公务的人员，以国家工作人员论。可见，国有事业单位中的工作人员是否是国家工作人员，与其编制或劳动关系的性质无关，只是看其是否从事公务。因此，国有事业单位聘用的合同制管理人员应认定为国家工作人员。

### 290. 如何区分国家工作人员收受贿赂与收取合理劳务报酬的界限？

如果是利用职务便利为他人谋取利益收受财物的属于收受贿赂，如果是利用自己的业务技能换取报酬的属于收取合理劳务报酬。

**典型疑难案件参考**

方俊受贿案

**基本案情**

慈溪市园林管理处系国有事业单位。2000年12月，被告人方俊被聘任为慈溪市园林管理处副主任，分管绿化建设及绿化养护等工作，对绿化建设、养护等工程的方案、招投标、竣工验收等方面具有一定的决定权。

2000年12月到2002年11月间，慈溪市海逸园林有限公司多次与慈溪市园林管理处签订了绿化养护工程合同，承接了慈溪市园林管理处发包的绿化养护增绿工程。为了方便工程竣工验收，以及在"养护工程邀请招标时予以考虑"，慈溪市海逸园林有限公司经理施建耀与被告人方俊达成口头协议，约定方俊利用休息日及业余时间为施建耀所在公司承建的慈溪市西大门景观绿地建设工程提供技术支持和进行质量监督管理，慈溪市海逸园林有限公司付给方俊12万元报酬。此后，方俊并未实际参与慈溪市海逸园林有限公司的任何工作。2002年12月5日，慈溪市海逸园林有限公司经理施建耀送给方俊面额为人民币12万元的现金支票一张。嗣后，方俊通过委托他人将该支票兑现并将之藏匿于家中。案发后，此款已被侦查机关收缴。

### 一审诉辩情况

浙江省慈溪市人民检察院以被告人方俊犯受贿罪，向慈溪市人民法院提起公诉。

检察机关认为：被告人方俊在担任慈溪市园林管理处副主任期间，利用职务之便，为绿化建设及养护施工单位慈溪市海逸园林有限公司提供方便，于2002年12月5日收受该公司经理施建耀送的人民币12万元，其行为已构成受贿罪。

被告人方俊对其收受施建耀的12万元人民币的事实无异议，但辩称：该款是其付出劳务应得的报酬。其辩护人提出：方俊是事业单位职员，与慈溪市园林管理处签订有聘用合同，并非刑法所规定的国家机关工作人员和受委派从事公务的人员，故方俊不属于受贿罪主体；方俊利用自己的工作和技术能力为慈溪市海逸园林有限公司服务，不存在受贿的故意，并且其基于同施建耀达成的口头聘用合同，利用休息日及业余时间为施建耀所在公司工作，故施建耀依承诺给付的12万元属于方俊的劳动报酬；施建耀所在公司在2001－2002年期间与慈溪市园林管理处之间签订了几份承包合同，但控方没有举证证明在合同签订过程中，方俊利用职务上的便利提供了哪些方便；即使认定方俊有受贿嫌疑，也必须认定本案牵涉的12万元当中包含着劳动报酬的成分，但现在没有法律依据能够区分此类比例的情况下，不能认定被告人有罪。

### 一审裁判结果

慈溪市人民法院依照《刑法》第385条第1款、第386条、第383条第1款第1项、第64条、第55条第1款、第56条第1款之规定，于2003年5月28日判决如下：

一、被告人方俊犯受贿罪，判处有期徒刑10年，剥夺政治权利1年。

二、被告人方俊犯罪所得的赃款12万元，予以追缴。

### 一审裁判理由

慈溪市人民法院认为：被告人方俊身为国家工作人员，利用职务之便，非法收受他人贿赂，为他人谋取利益，其行为已构成受贿罪。检察机关指控罪名成立。被告人方俊受全民事业单位慈溪市园林管理处聘任担任职务，应认定为在国有事业单位中从事公务的人员。国家对事业单位实行聘用合同制改革，并不改变受聘于国有事业单位并担任管理职务的人员属从事公务的性质，且《刑法》第93条第2款对国有事业单位中从事公务的人员，以国家工作人员论，也未有任何其他限制性条件。故辩护人有关被告人方俊的身份不符合受贿罪主体的辩护意见与法相悖，不予采纳。本案没有证据能够证实被告人方俊参加了慈溪市西大门景观绿地建设工程的施工指挥和指导，故被告人方俊与施建耀之间即使曾形成口头聘用合同，也因未实质履行而自不产生权利、义务关系，有关劳务报酬的辩解不能成立。

慈溪市园林管理处具有参与本案所涉及的绿化建设工程验收、养护工程考核、后续绿化养护工程招投标的组织管理等权力，被告人方俊系该单位分管绿化建设、养护工程的副主任。因此，其职权与前述工程具有关联性。被告人方俊正是利用其职务便利，承诺为行贿人谋取利益，至于其是否着手为他人谋取利益，有否为他人谋取了利益，并不影响受贿罪的构成，贿赂双方就行送与收受的意图或认识，彼此是否明示，也不改变行为的贿赂性质。

本案被告人方俊与施建耀之间借支取劳务报酬之名，行贿赂之实，足以认定。被告人方俊及其辩护人的相关辩护意见无事实和法律依据，均不予采纳。

### 二审诉辩情况

方俊上诉提出：2001年11月，慈溪市海逸园林有限公司承接西大门绿化工程时，该公司经理施建耀曾邀请其帮助工作并支付其人民币12万元劳务费，在工程施工过程中其为该公司提供了40余天的技术、管理服务。因此，其于2002年12月收取施建耀的人民币12万元系其提供劳务应得报酬，与其在2002年10月应允施建耀在"养护工程邀请招标时予以考虑"无必然联系，要求二审查明事实，改判其无罪。

方俊的二审辩护人提出：上诉人方俊曾接受西大门绿化工程承建单位慈溪市海逸园林有限公司的邀请任该工程的总指挥，与海逸园林有限公司订立口头聘用合同，且在施工过程中，方俊实质性地履行了口头聘用合同，海逸园林有限公司支付人民币12万元是履约行为；方俊在西大门绿化工程中履约为海逸园林有限公司提供技术、管理服务的行为与其担任园林管理处副主任的职务无关，其以普通技术人员的身份参与工程施工并收取报酬，并无受贿故意；方俊参与施工给海逸园林有限公司增加了约70万元收入，并保证了工程按期保质完成，其收取12万元报酬并无不合理因素。即使认定方俊有受贿嫌疑，也必须认定涉案人民币12万元当中包含劳动报酬的成分，在没有依据区分二者比例的情况下，不能认定上诉人有罪。

▶ 二审裁判结果

宁波市中级人民法院根据《刑事诉讼法》第189条第1项之规定，于2003年7月1日裁定：驳回上诉，维持原判。

▶ 二审裁判理由

宁波市中级人民法院经审理认为：在慈溪市西大门景观绿地建设工程中，慈溪市园林管理处具有绿化建设、养护工程验收、养护工程考核等参与权，后续绿化养护工程的组织管理权，上诉人方俊恰系慈溪市园林管理处分管绿化建设、养护工程的副主任；行贿人施建耀供述称，在慈溪市西大门景观绿地建设工程中，其公司外聘一位资深的项目经理，月薪也不会超过1万元，且辩方提供的证据不能说明方俊具体提供了哪方面的技术和管理服务。因此，即使上诉人方俊在慈溪市西大门景观绿地建设工程中为慈溪市海逸园林有限公司提供了技术、管理服务，根据上诉人方俊的职权，结合上诉人方俊收受的"劳务报酬"的数额，也应当认定上诉人方俊与施建耀之间的"劳务聘用关系"基于上诉人方俊的职务之便所形成，属于以劳务聘用为名，行贿赂之实，应全额认定。故上诉人方俊及其辩护人关于涉案人民币12万元属于方俊付出劳务而应得劳务报酬的上诉理由和辩护意见，均不能成立，不予采纳。

上诉人方俊身为国家工作人员，利用职务上的便利，非法收受他人钱财，为他人谋取利益，其行为已构成受贿罪。原判认定事实清楚，证据确实，适用法律正确，量刑适当，审判程序合法。

**291. 经国家机关的党委研究决定任命为集体所有制企业的经营管理人员能否认定为国家机关委派到非国有企业中从事公务的人员？**

党委研究决定任命管理人员是我国干部管理体制的重要组织原则。党委的决定是代表其所在的国家机关作出的，相当于国家机关作出的任命委派决定，而国家机关委派到非国有企业中从事公务的人员，应当以国家工作人员论。因此，经国家机关的党委研究决定任命为集体所有制企业的经营管理人员属于国家工作人员。

## 典型疑难案件参考

### 李葳受贿案

**基本案情**

位于济南市经十路的济南市汽车修制厂（以下简称汽修厂）系集体所有制企业，是济南市交通局的下属单位。1992年8月，经济南市交通局党委研究决定，被告人李葳任汽修厂厂长。1995年年底，汽修厂搬迁至济南市槐荫区美里湖开发区。汽修厂计划在原厂址与人合作开发房地产，建职工宿舍楼和商业住宅楼。山东房地产集团公司副总经理马某听说汽修厂拟开发房地产后，经人介绍与李葳进行了洽谈。1995年10月31日，汽修厂与山东房地产集团公司签订了一期住宅楼的合作开发合同，约定汽修厂出地皮，并负责施工现场的水电协调，山东房地产集团公司负责出资金进行施工；所建住宅楼双方各得50%；二期工程由双方在前期合作基础上另行协议，山东房地产集团公司保留优先合作开发权。

1997年9月，被告人李葳给山东房地产集团公司副总经理马某打电话称，其弟李菽拟购买山东房地产集团公司开发的位于济南市民生大街66号楼的1套住宅，要求在价格上给予优惠。李葳提出只交5万元购房款。山东房地产集团公司商议后认为，5万元太低，但因担心影响以后的合作，最后商定按10.1万元签订买卖合同，李葳先交5万元，余款能给就给，不给就不要了。同年10月，山东房地产集团公司与李菽签订了10.1万元的房屋买卖合同，并在收到李葳交纳的5万元购房款后，决定将位于民生大街66号楼的403室出售给李菽。但在办理房产证的过程中，济南市房管局认为该住房的出售价格过低，不给办理。于是双方签订了一份价值40.15万元的虚假房屋买卖合同，并于1998年1月为李菽办理了房屋所有权证。经济南市新永基房地产评估交易有限公司鉴定，位于济南市民生大街66号楼403室的住宅价值28.5万元。

**一审诉辩情况**

2003年1月20日，济南市槐荫区人民检察院以被告人李葳犯受贿罪，向济南市槐荫区人民法院提起公诉。

被告人李葳辩解称：其没有低价索要房子，没有房子的所有权和居住权，因此没有受贿。其辩护人提出：李葳是集体企业的厂长，不是国家工作人员，不具备受贿罪的主体要件，不构成受贿罪。

### 一审裁判结果

济南市槐荫区人民法院依照《刑法》第385条第1款、第386条、第383条第1款第1项、第64条的规定，于2003年4月10日判决如下：

一、被告人李葳犯受贿罪，判处有期徒刑12年；

二、检察机关扣押的被告人李葳受贿房产一处由检察机关予以拍卖，所得款项中的5万元发还李葳，余款予以没收，上缴国库。

### 一审裁判理由

济南市槐荫区人民法院认为：被告人李葳身为国家工作人员，利用职务之便，索取他人财物，为他人谋取利益，其行为已构成受贿罪。检察机关指控罪名成立。被告人李葳系受济南市交通局委派到集体企业担任厂长而从事公务的人员，具备了受贿犯罪的主体构成要件，其利用这一职务之便，以明显的低价从合作单位购买房屋给其弟弟居住，显然是一种变相索贿行为。被告人李葳的辩解及其辩护人提出的辩护意见不能成立。

### 二审诉辩情况

李葳上诉称：其是集体企业干部，不具有国家工作人员身份；没有受贿的故意和行为，没有为他人谋取利益，不构成受贿罪；李葳所买房屋的价格是10.1万元，而不是5万元。其辩护人以同样的理由为其提供辩护。

### 二审裁判结果

济南市中级人民法院依照《刑事诉讼法》第189条第1项，《刑法》第93条第2款、第385条第1款、第386条、第383条第1款第1项、第64条的规定，于2003年6月3日裁定：驳回上诉，维持原判。

### 二审裁判理由

济南市中级人民法院经审理认为：上诉人李葳虽然一直在集体企业工作，但该企业属于济南市交通局的下属单位，其担任厂长职务是经济南市交通局任命的，属于国家机关委派到非国有企业中从事公务的人员，应以国家工作人员论；上诉人李葳在担任汽修厂厂长期间，要求与本单位联合开发房地产的山东房地产集团公司为其弟提供低价住房，属于利用职务之便，索取他人财物，为他人谋取利益，虽是为其弟购买房屋，但不影响其个人受贿的构成；购房协议中标明的价格是10.1万元，但房地产公司只收到5万元的购房款，并以此平账，没有打算再向李葳要剩余房款，此后李葳并没有补交余款的想法和行为，认定李葳实际受贿数额应将李葳实际交纳的金额予以扣除，而不应以购房协议中标明的价格予以扣除。上诉人李葳身为国家机关委派到非国有企业从事公务的人员，利用职务之便，索取他人财物，为他人谋取利益，原审法院认定其行为构成受贿罪是正确的。原审法院认定的犯罪事实清楚，证据确实、充分，定罪准确，量刑适当，审判程序合法。

## 292. 国有公司长期聘用人员利用职务便利挪用国有资金归个人使用的如何定性？

国有公司长期聘用的管理人员属于《刑法》第93条第2款规定的国有公司中从事公务的人员，具有国家工作人员身份。其利用职务便利挪用本单位资金归个人使用构成犯罪的，应定性为挪用公款罪。

### 典型疑难案件参考

#### 刘某挪用公款案

**基本案情**

某市烟草公司是国有独资经营企业。1999年9月2日，该公司聘任农民刘某担任分公司副经理并全面主持该分公司工作，可获得相应提成工资。1999年9月2日至2001年2月间，刘某利用职务便利采取每月压款的手段拖欠烟款（用后一月烟款交前一月烟款），将销售香烟得款用于归还个人欠款等，共拖欠该公司烟款60.263万元。在市烟草公司的催要下，刘某于2001年1月8日向市烟草公司出具了欠条，承认上述欠款，并保证在1月19日下午还清，但到时未归还，刘某谎称客户路途远一时难以收回。3月1日，市烟草公司作出决定免去刘某副经理职务，调回市烟草公司负责追款。3月18日，刘某向公司写出还款计划，称4月15日前全部还清，但到期未能归还。

**一审诉辩情况**

人民检察院以被告人刘某犯贪污罪，向人民法院提起公诉。

检察机关认为，被告人刘某身为国有公司委托管理、经营国有财产的人员，利用职务上的便利，侵吞国有财物，数额特别巨大，其行为触犯了《刑法》第382条第2款、第383条第1款第1项之规定，构成贪污罪，提请法院依法惩处。

被告人刘某及其辩护人的辩护意见为：起诉书指控刘某贪污的款项中绝大部分是刘某低价销售香烟造成的亏损，只有6万元用于归还刘某的个人欠款，对低价销售造成的亏损不应认定为贪污。而且刘某还曾向某市烟草公司出具了欠条，制订了还款计划，承诺还款，不具有将公款据为己有的故意，不应认定为贪污。

### 一审裁判结果

一审法院依照《刑法》第384条第1款、第64条之规定，于2002年12月5日判决如下：

一、被告人刘某犯挪用公款罪，判处有期徒刑12年。

二、继续向被告人刘某追缴人民币602630元。发还某市烟草公司。

### 一审裁判理由

一审法院经审理认为：被告人刘某系国有公司中从事公务的人员，利用职务上的便利，挪用国有资金人民币60万余元归个人使用，数额巨大不退还，其行为已构成挪用公款罪，依法应予惩处。人民检察院指控被告人刘某利用职务便利占用公款的事实清楚，证据确实、充分，应予认定，但认定占为己有而非占用的证据尚不充分，且指控罪名有误。

### 二审诉辩情况

一审判决后检察院抗诉，人民检察院抗诉意见为：一审判决确有错误，刘某先后多次截留卷烟销售款60余万元，据为己有。被公司发现后编造虚假理由，欺骗某市烟草公司，掩盖侵吞公款的事实。刘某主观上具有非法占有公共财物的故意，客观上实施了侵吞公共财物的行为，其行为已构成贪污罪。

上级人民检察院出庭支持抗诉的意见为：一审判决对被抗诉人刘某的犯罪事实定性不准，适用法律不当，量刑畸轻，应予依法纠正。被抗诉人刘某所犯贪污罪事实清楚，证据确实、充分，足以认定。建议二审法院对本案依法予以改判。

刘某的辩护人的辩护意见为：检察机关指控刘某犯贪污罪，事实不清、证据不足，指控罪名不成立。刘某挪用销售款的行为应认定为挪用公款罪。刘某挪用6万元销售款的事实清楚，其余50余万元证据不足。刘某系初犯，认罪态度好，主观恶性不大，恳请二审法院从宽处理。

### 二审裁判结果

二审法院依照《刑事诉讼法》第 189 条第 1 项之规定，裁定如下：驳回抗诉，维持原判。

### 二审裁判理由

二审法院经审理认为：对于人民检察院抗诉所提抗诉意见及支持抗诉意见，经查，刘某在受聘担任某市烟草有限公司分公司副经理期间，利用职务便利，以每月压款的手段将销售所得烟款截留归个人使用，并对烟草公司谎称因客户住所远，交通不便，资金一时难以收回，在烟草公司追讨的情况下，刘某承认欠款并向公司写出还款计划，刘某虽有欺骗公司行为，但该行为只能拖延还款期限，且公司财务账未平，现有证据不能证实刘某将公款占为己有，在法院审理期间检察机关亦未提交新的证据，故检察机关所提抗诉意见，法院不予采纳。原审被告人刘某受国有公司长期聘用，在管理、经营国有财产过程中，利用职务上的便利，挪用国有资金归个人使用，且数额巨大不退还，其行为已构成挪用公款罪，依法应予惩处。一审法院根据刘某犯罪的事实、犯罪的性质、情节和对于社会的危害程度依法作出的判决，定罪及适用法律正确，量刑适当，审判程序合法，应予维持。

## 293. 如何理解受委派从事公务中的"受委派"？

根据 2003 年《全国法院审理经济犯罪案件工作座谈会纪要》的内容，所谓委派，即委任、派遣，其形式多种多样，如任命、指派、提名、批准等。不论被委派的人身份如何，只要是接受国家机关、国有公司、企业、事业单位委派，代表国家机关、国有公司、企业、事业单位在非国有公司、企业、事业单位、社会团体中从事组织、领导、监督、管理等工作，都可以认定为国家机关、国有公司、企业、事业单位委派到非国有公司、企业、事业单位、社会团体从事公务的人员。如国家机关、国有公司、企业、事业单位委派在国有控股或者参股的股份有限公司从事组织、领导、监督、管理等工作的人员，应当以国家工作人员论。

### 294. 如何理解受委派从事公务中的"从事公务"?

所谓"从事公务",根据上述《纪要》的意见,是指代表国家机关、国有机关、企业、事业单位、人民团体等履行组织、领导、监督、管理等职责。公务主要表现为与职权相联系的公共事务以及监督、管理国有财产的职务活动。如国家机关工作人员依法履行职责,国有公司的董事、经理、监事、会计、出纳人员等管理、监督国有财产等活动,属于从事公务。

### 295. 本案中被告人由国有公司负责人口头提名,非国有公司聘任的管理人员,是否可以认定为国家工作人员?

根据《全国法院审理经济犯罪案件工作座谈会纪要》的意见,由国有公司负责人口头提名,非国有公司聘任的管理人员,应视为受国家机关委派从事公务的人员,属于国家工作人员。

#### 典型疑难案件参考

**顾荣忠挪用公款、贪污案**

**基本案情**

1997年11月20日至1998年2月25日,被告人顾荣忠利用担任铁实公司(系国有公司)投资管理科科长的职务便利,擅自将铁实公司的10000股江南重工、20000股东风电仪、18500股虹桥机场股票在江苏省租赁有限公司中山北路证券营业部卖出,得款人民币575261.92元。顾荣忠将上述股款用于个人买卖股票,进行营利活动。1998年5月20日至6月1日,顾荣忠又购买上述擅自卖出的同种、同量股票于1998年6月2日归还铁实公司。

1999年9月,被告人顾荣忠经铁实公司董事长张伯端提名,由铁成公司(铁实公司参股的非国有公司)的董事会聘任,时任铁成公司总经理。华勤投资有限公司(以下简称华勤公司)总经理张斌找到顾荣忠,要求将铁成公司持有的"同仁铝业"股票"转仓"给华勤公司。双方约定以股市交易价在上海证券公司交易,但实际按每股人民币18元结算。"同仁铝业"股票的股市交易价与议定的每股18元实际结算价间的差额款由华勤公司另行支付。1999年9月16日，铁成公司将2582821股"同仁铝业"股票通过股市交易转给华勤公司。被告人顾荣忠提供给张斌两个股票账户（A178275159、A13248830），要求张斌将差额款在上述两个股票账户中买入国债和"宁城老窖"股票。1999年9月16日，华勤公司在A178275159股票账户中买入4986240元国债；同年9月22日，华勤公司在A13248830股票账户中买入84000股"宁城老窖"股票，市值计人民币1041512.2元。上述款项被顾荣忠非法占有。

案发后，司法机关扣押被告人顾荣忠赃款及非法所得合计人民币16252144元，西安旅游股票456711股。

### ▶一审诉辩情况

江苏省南京市人民检察院以被告人顾荣忠犯挪用公款罪、受贿罪向南京市中级人民法院提起公诉。

被告人顾荣忠及其辩护人的辩护意见为：（1）铁实公司不是刑法意义上的国有公司，顾荣忠不是国家机关工作人员，也不应以国家工作人员论，不具有挪用公款罪的主体资格；顾荣忠挪用的是股票，不是刑法意义上的公款和特定款物，不符合挪用公款罪的构成要件；挪用的股票在案发前已全部归还，没有给公司造成损失，情节显著轻微。（2）铁成公司不是国有公司，顾荣忠被聘用为总经理，不属于国家工作人员，不具有受贿罪的主体资格；证人证实华勤公司给付的差额款是给铁成公司的，不能认定顾荣忠收受了华勤公司的财物；顾荣忠代表公司卖股票是铁成公司的正常行为，不是擅自行为，没有损害公司利益；顾的行为没有为华勤公司谋取利益；华勤公司给付的差价款不是铁成公司的合法财物。

### ▶一审裁判结果

南京市中级人民法院依照《刑法》第383条第1款第1项、第384条第1款、第57条第1款、第59条、第64条、第67条、第68条第1款、第69条、第93条第2款之规定，作出判决：

一、被告人顾荣忠犯贪污罪，判处无期徒刑，剥夺政治权利终身，没收个人全部财产；犯挪用公款罪，判处有期徒刑7年，决定执行无期徒刑，剥夺政治权利终身，没收个人全部财产。

二、贪污罪赃款人民币6027752.2元予以追缴。非法所得人民币10224391.8元、西安旅游股票456711股予以追缴。

### 一审裁判理由

针对被告人顾荣忠及其辩护人关于挪用公款罪的辩护意见，法院认为：（1）铁实公司系全资国有公司，顾荣忠在该公司任投资管理科科长，属于在国有公司中从事公务的人员，以国家工作人员论，符合挪用公款罪的犯罪主体要件。（2）顾荣忠擅自将公司股票卖出，并将得款用于个人炒股，其挪用的是股票售出后的公款，将该公款用于个人买卖股票的营利活动，并非挪用股票，卖出公司股票的行为是为其后的挪用公款制造条件。顾荣忠的行为符合挪用公款罪的构成要件。故对上述辩护意见，不予采纳。

针对控、辩双方对被告人顾荣忠是否为国家工作人员、其行为是否构成受贿罪的争议焦点，法院认为：（1）关于顾荣忠任非国有公司铁成公司总经理的身份问题。经查，现有证据中虽无书面文件直接证实顾的总经理职务是否为国有公司委派，但证人沈金法、张伯端的证言和铁成公司董事会决议证实，顾荣忠担任总经理是经铁成公司董事长沈金法委托国有公司铁实公司董事长张伯端提名，由董事会聘任的。因此，顾荣忠任铁成公司总经理是受铁实公司的委派，代表国有公司在非国有公司中从事公务，应当以国家工作人员论，其身份符合贪污罪的主体要件。故顾荣忠及其辩护人关于顾不是国家工作人员的辩护意见，不予采纳。（2）检察机关指控顾荣忠将涉案的国债和股票非法占为己有的事实清楚，但认定顾荣忠构成受贿罪定性不当。经查，证人张斌、林斌的证言均可证实差价补偿款是给铁成公司的，且该证言与顾荣忠的当庭辩解相一致，应当认定上述款项是华勤公司支付给铁成公司的差价款。顾荣忠及其辩护人关于差价款是给公司的辩护意见予以采纳。顾荣忠将公司财产非法占为己有，其行为构成贪污罪。

南京市中级人民法院认为：被告人顾荣忠身为国家工作人员，利用职务便利，挪用公款归个人使用，进行营利活动且情节严重；非法侵吞公司财物，其行为已构成挪用公款罪、贪污罪。检察院指控顾荣忠犯挪用公款罪事实清楚，定性准确；指控顾荣忠犯受贿罪，事实清楚，但定性不当，顾荣忠应构成贪污罪。

### 二审诉辩情况

一审宣判后，江苏省南京市人民检察院提出抗诉称：一审判决将价值人民币600余万元的国债、股票的补偿款，认定为是华勤公司给铁成公司的事实有误，被告人顾荣忠构成受贿罪，一审判决认定顾荣忠构成贪污罪，属适用法律不当。

被告人顾荣忠不服，提出上诉。顾荣忠的上诉理由及其辩护人的辩护理由与其一审时提出的辩护意见基本一致。

### 二审裁判结果

江苏省高级人民法院依法裁定：驳回抗诉、上诉，维持原判。

### 二审裁判理由

江苏省高级人民法院经二审审理认为：一审判决适用法律正确，定罪准确，量刑适当，审判程序合法。

---

**296. 租赁国有企业的人员是否属于国家工作人员？**

最高人民检察院1999年9月19日颁布的《关于人民检察院直接受理立案侦查案件立案标准的规定（试行）》中规定，"受委托管理、经营国有财产"是指因承包、租赁、聘用等而管理、经营国有财产。2003年11月13日最高人民法院发布的《全国法院审理经济犯罪案件工作座谈会纪要》中规定，"受委托管理、经营国有财产"是指因承包、租赁、临时聘用等管理、经营国有财产。因此，租赁属于"受委托"的形式之一，租赁国有企业的人员当然属于国家工作人员。

---

**典型疑难案件参考**

朱洪岩贪污案

### 基本案情

2002年年底，被告人朱洪岩与泗阳县食品总公司破产清算组签订租赁经营泗阳县食品总公司肉联厂（国有企业）的合同，租赁期限为2003年1月1日至2003年12月31日。协议签订前后，有韩林业、王士宇等9名股东入股经营，朱洪岩任厂长，韩林业、王士宇任副厂长。由于经营亏损，股东向朱洪岩索要股金。2003年11月，被告人朱洪岩让王士宇通过马庚国联系，与扬州市一名做废旧金属生意的商人蒋某达成协议，将肉联厂一台12V-135型柴油发电机和一台170型制冷机以8万元价格卖给蒋某。2004年1月2日深夜，被告人朱洪岩及韩林业、王士宇等人将蒋某等人及货车带到肉联厂院内,将两台机器及附属设备(价值9.4万余元)拆卸装车运走。被告人朱洪岩及韩林业、王士宇等人将蒋某的货车"护送"出泗阳后,携带蒋某支付的8万元返回泗阳。在王士宇家中,朱洪岩从卖机器款中取3万元给王士宇,让王士宇按股东出资比例予以分配,又取2000元交给韩林业,作为泗阳县食品公司破产清算组的诉讼费用。朱洪岩携带其余4.8万元潜逃。2004年7月,朱洪岩写信给泗阳县反贪局供述自己盗卖机器事实。2004年8月,朱洪岩被抓获归案。案发后,朱洪岩亲属退回赃款计6.5万元。

### 一审诉辩情况

江苏省泗阳县人民检察院以被告人朱洪岩犯贪污罪,向江苏省泗阳县人民法院提起公诉。

被告人朱洪岩及其辩护人主要辩称:朱洪岩不具备贪污罪的主体资格,其行为构成自首,请求从轻处罚。

### 一审裁判结果

江苏省泗阳县人民法院依照《刑法》第382条第2款、第383条第1款第2项、第64条之规定,于2005年1月21日判决如下:被告人朱洪岩犯贪污罪,判处有期徒刑7年,追缴违法所得8万元。

### 一审裁判理由

江苏省泗阳县人民法院认为:被告人朱洪岩作为受委托代为管理、保管国有财产人员,利用职务之便,盗卖国有资产,其行为构成贪污罪。朱洪岩能坦白交代自己罪行,认罪态度较好,酌情从轻处罚。

### 二审诉辩情况

一审宣判后,朱洪岩不服,以不具备贪污罪的主体身份,其行为构成投案自首等为由,向江苏省宿迁市中级人民法院提出上诉。其辩护人提出:朱洪岩不是贪污罪主体,没有非法占有的故意,其行为不构成贪污罪;朱洪岩写信给检察机关的行为构成投案自首;价格鉴定不能作为证据使用。

### 二审裁判结果

江苏省宿迁市中级人民法院依照《刑事诉讼法》第189条第1项之规定,于2005年2月24日裁定:驳回上诉,维持原判。

> **二审裁判理由**

江苏省宿迁市中级人民法院经审理认为：原判决认定的朱洪岩在承租经营国有资产期间盗卖所承租的国有资产的事实，上诉人朱洪岩未提出异议；并得到其以往的供述及相关证人证言、书证、价格鉴定等证据证实。原判决认定事实清楚，证据充分。上诉人朱洪岩在承包租赁属于国有性质的食品厂厂房机器设备期间，即具备"受委托管理、经营国有财产人员"的贪污罪主体身份，此间利用负责经营管理的职务之便利，盗卖所承租的国有资产，其行为构成贪污罪。原判决定性适当。故上诉人及辩护人提出朱洪岩不具备贪污罪主体身份的理由及辩护意见不能成立。朱洪岩的辩护人还提出朱洪岩不具备非法占有公共财物的故意。经查，上诉人朱洪岩为弥补在承租期间的经营亏损，而采取秘密手段将国有资产出卖并进行分配等处置，足以认定其具有非法占有的故意。辩护人还提出价格鉴定不能作为证据使用。经查，原判决所采信的价格鉴定是由法定机关法定人员依法作出，并经一审法庭质证，具备证据效力和证明力。上诉人及辩护人提出朱洪岩写信给检察机关的行为构成投案自首。经查，上诉人朱洪岩没有主动到案，也非因病因伤或为挽回损失暂无法到案而事先以电、信方式投案，故不能认定为投案自首。朱洪岩的上诉理由及其辩护人的辩护意见均不能成立，不予采纳。朱洪岩能主动坦白罪行，认罪态度较好，可酌情从轻处罚。原判决量刑并无不当，审判程序合法。

## 297. 司法实践中如何判定农村基层组织人员是否具有国家工作人员身份？

根据全国人大常委会《关于〈中华人民共和国刑法〉第九十三条第二款的解释》，村民委员会等村基层组织人员协助人民政府从事的下列行政管理工作，属于《刑法》规定的"其他依照法律从事公务"的活动：（1）救灾、抢险、防汛、优抚、扶贫、移民、救济款物的管理；（2）社会捐助村自治事务款物的管理；（3）国有土地的经营和管理；（4）土地征用补偿费用的管理；（5）代征、代缴税款；（6）有关计划生育、户籍、征兵工作；（7）协助人民政府从事的其他行政管理工作。村民委员会成员在从事上述事务期间应认定为具有国家工作人员身份。

> **298. 司法实践中如何认定村民小组长是否属于"其他依照法律从事公务的人员"?**
>
> 根据全国人大常委会《关于〈中华人民共和国刑法〉第九十三条第二款的解释》,村民小组组长如果接受当地政府委托,协助从事本解释中的行政管理工作,也应视为"其他依照法律从事公务的人员",具有国家工作人员身份。

### 典型疑难案件参考

廖常伦贪污、受贿案

**基本案情**

2007年6月13日,金堂县人民政府将"干道2号"项目拆迁工程所涉及的金堂县赵镇十里社区三组的征地拆迁安置工作,委托金堂县赵镇人民政府实施。赵镇人民政府接受委托后,指定该镇城乡建设管理办公室具体组织实施,要求村组干部配合做好拆迁政策的宣传、解释、协调工作,以及被拆迁房屋的核实、丈量、附属物指认等工作,协助人员每人每天领取20元补助。时任金堂县赵镇十里社区三组副组长的被告人廖常伦,在从事具体负责所在组被拆迁户资料收集、统计上报,指认被拆迁房屋及附属物,带领拆迁工作人员丈量、核实被拆迁房屋及附属物等协助工作中,伪造户口不在本组、没有被拆迁房屋的廖某容、廖某玉、廖某美、夏某4人为本组村民的户口及拆迁房屋等资料,虚报多年前在其他项目拆迁安置中已安置的陈某先、谢某菊、周某华为拆迁安置户,为不符合拆迁安置条件的上述7户农户分别申请了一套拆迁安置房。2007年9月20日,廖常伦代签了廖某玉(签名为廖某容)、廖某容(签名为廖某美)、夏某、廖某美(签名为廖某玉)4户的农房拆迁协议,2007年9月22日,廖常伦代陈某先、周某华、谢某菊3户签订了农房拆迁协议;2007年10月17日,廖常伦签字代陈某先、周某华、廖某容、夏某、廖某玉、廖某美、谢某菊等领取了拆迁搬家费、过渡费18840元,据为己有。

2007年9月,在从事上述协助工作过程中,被告人廖常伦应本组村民冯某明为其女儿、本组村民廖某富各申请一套安置房之请,分别收受冯某明、廖某富二人好处费1000元;应本组村民叶某欧之请,在带领拆迁办人员丈量、复查叶某欧被拆迁房屋面积过程中,对叶某欧将他人的房屋指为其自己的房屋未予干涉、事后也未说明情况,致使叶某欧的拆迁房屋被多丈量、登记、赔偿了 100 余平方米。事后，廖常伦收受了叶某欧感谢费 10000 元。案发后，廖常伦的家属向检察机关退出赃款人民币 34480 元。

### ▶ 诉辩情况

1. 四川省金堂县人民检察院的指控

2007 年 9 月至 12 月期间，被告人廖常伦在协助金堂县赵镇人民政府拆迁安置工作过程中，利用职务上的便利，采用虚报拆迁安置户的方法骗取拆迁搬家费、过渡费等共计 18840 元据为己有。2007 年 9 月，被告人廖常伦在协助金堂县赵镇人民政府拆迁安置工作过程中，利用职务上的便利，为他人谋取不正当利益，收受他人好处费 12000 元。被告人廖常伦在协助人民政府从事行政管理工作中，利用职务上的便利，骗取公共财物据为己有，收受他人财物为他人谋取利益，其行为已分别构成贪污罪和受贿罪，应当依照《刑法》第 383 条之规定追究刑事责任。

2. 被告人的答辩及其辩护人的辩护意见

被告人廖常伦对检察机关指控的事实供认不讳，但认为：其在归案后退清了全部赃款，有悔过表现，请求从轻判处并适用缓刑。

其辩护人认为：检察机关指控被告人廖常伦犯贪污罪、受贿罪缺乏法律依据，指控罪名不能成立。被告人廖常伦系村民小组副组长，不是村基层组织人员，不具有国家工作人员身份，不是贪污罪、受贿罪的犯罪主体；被告人廖常伦协助的房屋拆迁安置工作不是赵镇人民政府的工作；被告人廖常伦协助赵镇人民政府拆迁安置工作，每天领取 20 元报酬，该行为不具有职权内容，不属于从事公务的行为，而是一种劳务行为；指控其收受的 12000 元，不是叶某欧的财物，是被告人廖常伦从叶某欧多报拆迁房屋面积多领的拆迁赔偿款分得的，系被告人廖常伦与叶某欧共同故意占有的公共财物。被告人廖常伦主观恶性不深，请求从轻处罚。

### ▶ 裁判结果

四川省金堂县人民法院依照全国人民代表大会常务委员会《关于〈刑法〉第九十三条第二款的解释》、《刑法》93 条第 2 款、第 382 条第 1 款、第 383 条第 1 款第 3 项、第 385 条第 1 款、第 386 条、第 69 条、第 64 条之规定，判决如下：

一、被告人廖常伦犯贪污罪，判处有期徒刑 1 年，犯受贿罪，判处有期徒刑 1 年，决定执行有期徒刑 1 年 3 个月；

二、被告人廖常伦犯罪所得赃款人民币 30840 元，其中受贿所得人民币

12000元予以没收，贪污所得人民币18840元发还被害单位赵镇人民政府。

> **裁判理由**

四川省金堂县人民法院经审理认为：征地拆迁工作是具有国家管理性质的活动。金堂县人民政府将"干道2号"项目拆迁工程，所涉及的金堂县赵镇十里社区三组的征地拆迁安置工作，委托由金堂县赵镇人民政府实施，赵镇人民政府即具有从事这一行政管理工作的职权。被告人廖常伦基于村民小组副组长的特定身份，应赵镇人民政府的要求和村委会的指派，在协助赵镇人民政府征地拆迁安置工作中，具体从事的所在组被拆迁户的资料收集、统计上报，指认被拆迁房屋及附属物，带领拆迁工作人员丈量、核实被拆迁房屋及附属物等协助工作，其协助的工作是征地拆迁安置行政管理活动不可缺少的工作，其协助行为实际上是履行拆迁安置工作职责的行为，并非是一种劳务行为。基于参加协助的村组人员没有固定的工资收入，赵镇人民政府按日发给被告人廖常伦补助20元，并不因此改变其协助行为的性质。征地拆迁安置工作，虽然不在全国人民代表大会常务委员会《关于〈中华人民共和国刑法〉第九十三条第二款的解释》列明的六项具体行政管理工作中，但由于该工作是具有国家管理性质的活动，应当属于全国人民代表大会常务委员会《关于〈中华人民共和国刑法〉第九十三条第二款的解释》第1款第7项所规定的"协助人民政府从事的其他行政管理工作"的范围，被告人廖常伦在从事上述协助工作中，属于《刑法》第93条第2款规定的"其他依照法律从事公务的人员"，应当以国家工作人员论。在从事上述公务活动过程中，被告人廖常伦利用职务上的便利，非法占有公共财物，利用职务上的便利，非法收受他人财物，为他人谋取利益，依其行为应当分别以贪污罪、受贿罪定罪处罚，并应当适用《刑法》第64条关于数罪并罚的规定决定刑罚。检察机关指控其犯贪污罪、受贿罪成立。被告人廖常伦的辩护人认为，指控其收受的10000元，是被告人廖常伦从叶某欧多报拆迁房屋面积多领的拆迁赔偿款中分得的，系被告人廖常伦与叶某欧共同故意占有的公共财物。本院认为，被告人廖常伦应本组村民叶某欧之请，在带领拆迁办人员丈量、复查叶某欧被拆迁房屋面积过程中，放弃自己的职责，对叶某欧将他人的房屋指为其自己的房屋当场未予干涉制止、事后也未说明情况，致使叶某欧的拆迁房屋被多丈量、登记、赔偿了100余平方米，收受叶某欧10000元，主观上，叶某欧的故意是虚构事实多获得被拆迁房屋赔偿款，为达此目的而请求被告人廖常伦放弃自己应履行的协助职责，并无与被告人廖常伦共同骗取拆迁赔偿款的故意，被告人廖常伦的故意是放弃自己的协助职责为他人谋取利益，从而获得感谢费，二人无共同骗取拆迁房屋赔偿款的故意；客观上，叶某欧之所以能够多得被拆迁房屋的赔偿款，主要是因为叶某欧的虚构事实与被告人廖常伦放弃自己的协助职责，并非二人共同虚构事实骗取的结果；叶某欧之所以要送给被告人廖常伦10000元，是基于自己已经实际多获得被拆迁房屋赔偿款后，出于对放弃协助职责而为自己谋取了不当利益的被告人廖常伦的感谢，被告人廖常伦之所以收受叶某欧10000元，是其明知此乃是自己利用协助职务上的便利为叶某欧谋取了不当利益的报答。被告人廖常伦所得的10000元，并非被告人廖常伦与叶某共同故意占有的公共财物。对该辩护意见不予采纳。被告人廖常伦归案后，能够如实供述自己的犯罪事实，自愿认罪，退清了全部赃款，认罪态度较好，可依法酌定予以从轻处罚。对被告人廖常伦及其辩护人请求从轻处罚的意见，予以采纳。被告人廖常伦同时犯贪污罪和受贿罪，依据最高人民法院《关于对贪污、受贿、挪用公款犯罪分子依法正确适用缓刑的若干规定》第3条第4项，关于犯有数罪的贪污、受贿、挪用公款犯罪分子不应适用缓刑的规定，对被告人廖常伦提出适用缓刑的意见，不予采纳。

## 299. 国有媒体的记者是否具有从事公务活动的身份？能否成为受贿罪的主体？

根据2003年的《全国法院审理经济犯罪案件工作座谈会纪要》的规定，从事公务，是指代表国家机关、国有公司、企业、事业单位、人民团体等履行组织、领导、监督、管理等职责。国有新闻媒体属于国家事业单位，代表事业单位从事公共事务的舆论监督职责应属于"从事公务"的行为。

### 典型疑难案件参考

李万、唐自成受贿案

**基本案情**

《经济日报农村版》报社是国有事业单位，《经济日报农村版》报社广西记者站是该报社的派出机构。2005年9月至10月11间，被告人李万、唐自成在分别担任《经济日报农村版》报社广西记者站副站长、工作人员期间，利用职务之便，在采访全区"对农民直接补贴与储备粮订单挂钩试点工作"（以下简称"粮食直补工作"）过程中，利用各粮食系统因粮食直补工作中存在一些问题害怕上报、曝光的心理，共同索取来宾市的象州县、兴宾区粮食局各1万元、贵港市覃塘区粮食局6万元、桂平市粮食局6万元和河池市环江县粮食局8万元，以上共计现金22万元，得款后两人均分，各分得11万元。

### 一审诉辩情况

广西壮族自治区贵港市港南区人民检察院以被告人李万、唐自成犯受贿罪，向贵港市港南区人民法院提起公诉。

### 一审裁判结果

港南区人民法院依照《刑法》第93条、第385条第1款、第386条、第383条第1款第1项、第25条第1款、第26条第1、4款，第67条第1款、第45条、第47条、第59条第1款、第64条的规定，判决如下：

一、被告人李万犯受贿罪，判处有期徒刑3年，并处没收个人财产人民币5万元；

二、被告人唐自成犯受贿罪，判处有期徒刑3年，并处没收个人财产人民币5万元；

三、追缴被告人李万、唐自成违法所得人民币22万元，上缴国库。

### 一审裁判理由

港南区人民法院认为：被告人李万和唐自成是受聘于国有事业单位《经济日报农村版》报社的记者和工作人员，其对广西粮食系统直补工作的采访、报道、进行舆论监督属于履行公务行为，依法应以国家工作人员论。李万、唐自成在采访过程中，利用相关单位工作中存在问题，向相关单位索取钱款，得款后二人平分，其行为构成受贿罪。在共同犯罪中，李万、唐自成共同采访、共同索取钱款并平均分赃，均起主要作用，应按其参与的全部犯罪处罚。李万、唐自成在司法机关未采取强制措施和讯问前，如实供述收到各粮食局人民币22万元的事实，成立自首，依法可以减轻处罚。

### 二审诉辩情况

被告人李万上诉称：一审判决认定其构成受贿罪的事实不清、证据不足，其所收取的22万元是四个粮食局的订报赞助款，其亦就此事向报社领导汇报过，没有将钱据为己有的主观故意，请求二审对其宣告无罪。其辩护人提出：法院采信证据有严重瑕疵，认定事实错误，错误将"赞助费"认定为"索取款"；将媒体记者以国家工作人员论缺乏法律依据。

被告人唐自成上诉称：其不是国家工作人员，不符合受贿罪的主体资格，且22万元是四个单位主动赞助的订报款，请求改判无罪。其辩护人提出：一审法院错误认定唐自成是国家工作人员，且认定唐自成索贿并将收取的22万元分赃占为己有的证据不足，所认定的事实缺乏证据支持。

### 二审裁判结果

贵港市中级人民法院依照《刑事诉讼法》第190条第1款及最高人民法院《关于执行〈中华人民共和国刑事诉讼法〉若干问题的解释》第257条第1款第5项的规定，对原审判决应予维持。依照《刑事诉讼法》第189条第1项的规定，裁定：驳回上诉，维持原判。

### 二审裁判理由

贵港市中级人民法院经审理认为：上诉人李万、唐自成作为国有事业单位《经济日报农村版》报社聘用的记者和工作人员，代表报社对广西粮食系统直补工作进行调查采访，履行社会舆论监督职能，行使对国家公共事务的管理监督权力，属于国有事业单位中从事公务人员，符合《刑法》第93条第2款的规定，应以国家工作人员论。原判认定上诉人李万、唐自成受贿22万元的事实，有证人证言、相关会议记录、现金支出单据、有关聘用文件、被告人供述等证据证实，证据间能相互印证，形成证据链，足以证明本案事实。李万、唐自成的上诉理由及其辩护人的辩护意见不能成立，不予采纳。原判认定事实清楚，证据确实、充分，定罪准确，审判程序合法。但原判认定李万、唐自成有自首情节，与法律规定不符，不予确认。

## 300. 已办理退休手续的国家工作人员仍然在从事公务的，能否继续被认定为国家工作人员？

在司法实践中，当出现已办理完退休手续的国家工作人员尚未交接工作，仍然在从事公务的，应该从实际情况出发，仍然认定其为国家工作人员为宜，亦即应以行为人实际交接工作的时间为准，认定其是否具有国家工作人员相应的职权和应履行相应的职责，确定其是否属于"从事公务"的国家工作人员。

## 典型疑难案件参考

### 王铮贪污、挪用公款案

**基本案情**

1997年12月16日，大连市人民体育场（以下简称体育场）为大连市体育局下属的事业单位，被告人王铮利用担任体育场场长，主管财务的职务便利，擅自以给该场副场长朱可冬购房为由，通过单位会计徐作德套取一张45万元的转账支票，并在该支票根上冒用朱的签名。嗣后将该支票存入大连康泰建筑技术咨询有限公司（以下简称康泰公司）预收款账户。随后，王铮委托他人将该45万元从康泰公司转出并提取现金。1999年5月，被告人王铮将该45万元现金用于注册以其妻子和女儿为股东的个人企业大连广鸿经贸有限公司的验资款，之后被告人又将该45万元作为广鸿公司租赁体育场看台的租金支付给体育场。

2000年上半年，被告人王铮向大连市体育运动委员会（以下简称市体委）主任辛德智及辽宁省体育彩票管理中心（以下简称省体彩中心）主任邢立泉谎称其没有分到福利住房，要求解决住房。2000年7月3日，市体委产业处处长包伟堂根据辛德智的旨意，以"一直没有兑现给王铮奖励一套住房"为由，经市体委给省体彩中心打了"关于奖励王铮、王国胜同志住房的请示"（以下简称请示）报告。同年7月8日，省体彩中心主任邢立泉在该"请示"上批示："同意用应兑现奖金为二位同志解决住房。"王铮将该"请示"出示给辛德智看后自行保存。同年8-11月期间，王铮找到大连凤元装饰有限公司（以下简称凤元公司）的丁学春，让丁以支付大连市体育彩票管理中心（以下简称市体彩中心）装修款的名义，分别开出30万元、18万元的装修款假发票各一张，交给辛德智签名。后王铮以辛批准的省体彩中心奖励购房款的名义，将该发票交给大连体育场改造工程指挥部（以下简称指挥部）出纳员李光怀，从李处领取30万元、18万元转账支票各一张。同年9月20日、11月14日，王铮将这两张转账支票存入其女王红梅的股票资金账户，据为己有。

2002年8月18日，被告人王铮利用其担任大连市体彩中心主任、主管财务的职务之便，采取欺骗手段，借给单位副主任王国胜解决住房之机，以兑现"请示"为名，将本应作为前述第一笔48万元支款根据的"请示"拿出交给财务人员，让出纳员殷淑珍给其开出一张48万元转账支票。后王铮用该款为其女儿王红梅购买个人房产。

2002年3月至2003年1月，被告人王铮利用担任市体彩中心主任、书记主管财务的职务之便，与市体委竞赛中心（以下简称市竞赛中心）主任孙逢孝签订假租房合同，以支付房租费名义，套取市体彩中心应上缴省体彩中心的 313 万元，转存到市竞赛中心在大连商业银行体育场支行开立的支票账户（属账外户）。并先后安排市体彩中心出纳员殷淑珍和大连金海洋装饰设计工程有限公司（以下简称金海洋公司）出纳员沙晶管理该账户，一直控制该支票账户的银行预留印鉴。2003 年 1 月 14 日，王铮利用对该账户的实际控制权，应其朋友于宝军个人入股注册私人公司急需 50 万元的请托，指使殷从该账户给于开出一张 50 万元的转账支票，供于成立金海洋公司验资注册使用。同年 1 月 21 日，于将该款返还。

### ▶一审诉辩情况◀

大连市人民检察院以被告人王铮犯贪污罪、挪用公款罪，向大连市中级人民法院提起公诉。

被告人王铮对检察机关指控的罪名及事实予以否认，认为：其不构成贪污罪和挪用公款罪。其没有冒用朱可冬名义的主观故意，作为无房户没有必要以朱可冬的名义占有房子，而且其住房是应该得到的奖励，经过领导同意的；2002 年 12 月其已退休，返聘在体彩中心协助工作，公款支出时没有任何职权。

其辩护人认为：指控被告人王铮犯贪污罪和挪用公款罪的事实不清，证据不足，王铮取走 45 万元支票是体育场班子研究决定的，王铮在支票存根上先签上自己的名字又划掉写上朱可冬的名字不能认定为冒用；挪用发生时，王铮已退休没有职务身份不具备挪用主体资格。

### ▶一审裁判结果◀

大连市中级人民法院根据《刑法》第 382 条、第 383 条第 1 项、第 384 条、第 69 条、第 64 条之规定，判决如下：

一、被告人王铮犯贪污罪，判处有期徒刑 12 年，犯挪用公款罪判处有期徒刑 5 年，数罪并罚，决定执行有期徒刑 15 年。

二、赃款 93 万元予以追缴，上缴国库。

### ▶一审裁判理由◀

大连市中级人民法院认为：被告人王铮身为国家工作人员，利用职务上的便利，贪污公款 93 万元，挪用公款 50 万元给他人使用，进行营利活动，挪用公款数额巨大，严重地侵犯了国家工作人员职务行为的廉洁性和公款所有权、使用权，其行为已分别构成贪污罪、挪用公款罪。检察机关的指控成立。关于王铮及其辩护人所提无罪的辩护意见,经查,王铮以本单位其他有权分房职工的名义进行购房的行为及利用省体彩中心请示领取两套房款,其中多领的一套房款,均系贪污;王铮从市体彩中心退休后又被返聘,在此期间将市体彩中心存在市竞赛中心账外户上的50万元借给朋友于宝军,作为注册私人公司验资款的行为构成挪用公款罪。故该辩解和辩护意见缺乏事实和法律依据,本院不予采纳。但鉴于被告人王铮挪用公款时间较短,可酌情对其从轻处罚。

### 二审诉辩情况

一审宣判后,王铮向辽宁省高级人民法院提出上诉。王铮上诉提出:45万元是分得的住房款,两个48万元是兑现奖励款,挪用公款时已经退休,不构成犯罪。其辩护人还提出王铮在审理期间有检举立功表现的辩护意见。

### 二审裁判结果

辽宁省高级人民法院根据《刑事诉讼法》第189条第3项和《刑法》第382条、第383条第1项,第384条第1款、第69条、第64条、第68条第1款之规定,判决如下:

一、撤销大连市中级人民法院〔2005〕大刑初字第168号刑事判决第一项、第二项,即撤销被告人王铮犯贪污罪,判处有期徒刑12年;被告人王铮犯挪用公款罪,判处有期徒刑5年;数罪并罚,决定执行有期徒刑15年。赃款93万元予以追缴,上缴国库。

二、上诉人王铮犯贪污罪,判处有期徒刑6年;犯挪用公款罪,判处有期徒刑3年,数罪并罚,决定执行有期徒刑7年;赃款人民币48万元予以追缴,上缴国库。

### 二审裁判理由

辽宁省高级人民法院认为:王铮虽然冒充朱可冬的名义从单位预支了45万元房款,但其在报销时向单位明确,系其本人购房用款。由于王铮所在单位进行住房改革,该笔款项为王铮应得款项。王铮及其辩护人所提此笔报销45万元购房款不构成贪污犯罪的上诉理由和辩护意见,予以采纳。王铮用空军大连房地产处的发票,核销其于2002年8月18日从单位取得人民币48万元的转账支票,系兑现"请示"批准的奖励,不属于贪污。王铮及其辩护人所提此笔48万元不构成贪污罪的上诉理由和辩护意见,予以采纳。但王铮于2000年6月23日和2000年11月8日虚构装修大连市体彩中心工程的事实,分别用人民币30万元、18万元假发票2张在大连市体育场改造工程指挥部报销的行为,既不属于真实、合法支出,又与兑现奖励无关,系利用职务上的便利,骗取公共财物的行为，王铮及其辩护人所提报销该笔装修工程款是兑现"请示"奖励的上诉理由和辩护意见，不予采纳；王铮挪用公款时虽已退休，但其实际上仍然管理、支配着国有财产，具备国家工作人员的身份，其利用职务之便挪用公款给他人，进行营利活动的行为构成挪用公款罪。王铮及其辩护人所提该行为不构成挪用公款罪的上诉理由和辩护意见，不予采纳。鉴于王铮贪污犯罪的事实发生重大变化，且贪污人民币 48 万元的赃款已被追缴；挪用公款时间短，且款项已在案发前返还；其又能检举他人犯罪，经查证属实，构成立功。可对王铮减轻处罚。原判定罪准确，审判程序合法。

### 301. 国有公司的性质前后发生了变化，对其工作人员构成职务犯罪有何影响？

国有公司改制成非国有企业，那么其工作人员的身份也会相应发生变化。如果同一个工作人员改制前后都在该公司任职，则其身份也相应发生变化，改制前是国家工作人员身份，改制后则不具备此身份，反之亦然。具备国家工作人员身份期间当然可以成为贪污罪的主体，丧失身份以后则可能成为职务侵占或挪用资金罪的主体。

### 302. 司法实践中如何确定企业的国有性质？

一般情况下，应该以企业工商登记的产权性质为准，根据"谁投资谁所有"的原则，采实质合理主义的立场。如果企业的产权存在纠纷不明的情况，可以将由该纠纷提起的确权诉讼结果作为依据。

### 303. 如果国有企业的出资存在瑕疵，是否会影响企业的国有性质？

通常情况下，工商登记的产权是以出资到位为标准的，登记以后发现或出现的出资瑕疵、不到位或抽逃的行为，原则上不影响企业的产权性质。

## 典型疑难案件参考

### 王郁青等贪污案

**基本案情**

1. 有关主体身份的事实

南通市人才服务中心（以下简称人才服务中心）与南通市人才资源公司（以下简称人才资源公司）均为南通市人事局下设的全民事业单位。仁达拍卖公司前身为仁达拍卖行。仁达拍卖行系于1996年5月经人才服务中心同意，由人才服务中心下属南通仁达实业公司（以下简称仁达实业公司）以实物投资50万元作为注册资金创办的集体企业。同年8月，仁达实业公司增资58万元，注册资金变更为108万元。同年11月20日，仁达实业公司与人才服务中心签订协议，将仁达拍卖行改由人才服务中心投资，仁达实业公司投入的资本108万元收回，仁达拍卖行的组织形式由集体变更为全民，并于同月22日办理了相应的工商变更登记手续。1999年4月，根据上级部门有关对拍卖行业统一改制为公司的通知精神，由人才资源公司作为新增股东并增资人民币10万元后，仁达拍卖行的企业名称更名为南通仁达拍卖行有限公司，注册资金变更为人民币118万元。

被告人王郁青于1999年1月25日经人才服务中心聘任为仁达拍卖行总经理，聘期两年。此前，其为仁达实业公司聘任的财务负责人（总账会计），人员性质登记为全民聘用干部。同年4月，被告人曹永梅被仁达拍卖行聘用为财务会计，合同聘期为3年。同月5日，仁达拍卖公司两股东人才服务中心和人才资源公司选举王郁青为公司的执行董事、法定代表人，同时聘任王郁青为公司经理。被告人王郁青、曹永梅任职聘期届满后，均未办理续聘手续，但直至2004年改制结束前，王郁青、曹永梅均自然延续行使原有职责。

2004年2月，仁达拍卖公司进行改制，经南通普发会计师事务所评估，仁达拍卖公司净资产评估值为人民币130.71万元，被告人王郁青通过竞拍，以人民币133万元价格买入后，于2004年2月27日作了股权交割。同年3月25日，因涉及仁达拍卖公司当时投资未到位情况，南通市财政局通过南通市人事局将118万元补还给了改制后的仁达拍卖公司。同年4月，被告人王郁青将仁达拍卖公司净资产40%转让给被告人曹永梅，并变更了工商登记。至此，改制后的仁达拍卖公司股东为王郁青和曹永梅，两股东分别占股比例为60%和40%。

另查明：1996年仁达实业公司的初始实物投资50万元未到位，其后增资的58万元在验资后短时间内抽回；1996年11月，人才服务中心按协议转投入的108万元实际也未出资到位；1999年4月，人才资源公司作为新股东投资的10万元在验资后不久也被抽回。2004年改制时因涉及仁达拍卖公司当时投资未到位情况，经改制领导小组研究，按照国有企业进行改制。2004年2月改制结束。同年3月25日，南通市财政局通过南通市人事局将118万元补还给了改制后的仁达拍卖公司。

2. 贪污事实

被告人王郁青、曹永梅分别在担任仁达拍卖公司总经理、会计期间，利用南通市政府有关部门对仁达拍卖公司清产改制的机会相互勾结，为低价竞买仁达拍卖公司，两被告人利用职务上的便利，于2003年3月至2004年2月，在企业改制过程中，先后多次隐瞒国有资产，共同侵吞本单位公款，合计人民币1275410元。

2003年6月28日，仁达拍卖公司对南通资生铸造有限公司破产资产进行拍卖，由竞买人陆志刚竞得该标的，后陆志刚未按规定履行拍卖成交确认书，该公司遂根据拍卖规定将陆志刚缴纳的60万元保证金作为违约赔偿金不予返还。同年7月，经双方交涉，仁达拍卖公司从中返还给陆志刚3万元，余下57万元未予返还。

2003年9月份，被告人王郁青利用其担任仁达拍卖公司经理的职务之便，在公司改制过程中，为达到非法占有公司资产的目的，与被告人曹永梅合谋，采取收入不入账和做假账的方式，将该笔57万元违约金隐匿在账外。直至2004年2月公司改制结束后，两被告人才于2006年12月将其中的27万元作为咨询费支付给拍卖委托单位，余下的人民币30万元作为公司改制后的收入。2007年1月，仁达拍卖公司为该60万元缴纳各项税费合计人民币232590元，实际非法占有67410元。

另查明，2002年8月，中化南通汇丰石化有限责任公司委托仁达拍卖公司对其拥有的汇丰大楼进行拍卖抵债。后中城公司以820万元竞买成功，根据约定，中城公司应缴纳成交总价款4%的佣金给仁达拍卖公司。被告人王郁青想从中城公司处购买汇丰大楼第三层面作为公司办公用房，在与该公司总经理许卫刚洽谈购房事宜过程中，商定将中城公司应当支付给仁达拍卖公司的佣金抵做房产。同年11月，仁达拍卖公司用单位账面其他买受人拍卖价款118万元和公司拍卖佣金32.8万元，以公司名义购买了该南通市跃龙路28号汇丰大楼三楼538.63平方米房产。后被告人王郁青、曹永梅合谋，采取记假账和签订虚假租赁合同的形式隐匿该房产（其中包括拍卖佣金32.8万元的购房款在内）。在公司改制过程中，两被告人为达到非法占有的目的，隐瞒购置汇丰大楼房产的事实，从而将佣金人民币32.8万元非法占有。

2002年10月至2003年年初，仁达拍卖公司在承拍启东市相关单位的拍卖业务过程中，被告人王郁青与被告人曹永梅合谋，先后将相关单位缴纳给仁达拍卖公司的553155元佣金及535040元佣金不入账，由被告人曹永梅经手存放在账外。2004年2月，在仁达拍卖公司改制过程中，两被告人利用职务之便将两笔佣金中的人民币88万元用于购买仁达拍卖公司，该款由两被告人非法占有。

3. 有关量刑情节的事实

2007年3月，中共南通市纪律检查委员会在调查有关人员涉嫌受贿违法违纪问题，找被告人王郁青和曹永梅核证时，王、曹二人主动交代了在仁达拍卖公司改制中隐匿资产的问题，并退出了全部赃款。检察机关在侦查期间，分别暂扣了被告人王郁青、曹永梅人民币15万元和8万元。在法院一审期间，被告人王郁青、曹永梅在亲属的帮助下，分别向一审法院预交了财产刑保证金人民币30万元和20万元。

二审法院补充查明：仁达拍卖行的初始开办单位仁达实业公司系由南通市人事局于1993年11月开办，注册资金来源于南通市人事局下设的全民事业单位人才服务中心全额拨款，经济性质登记为集体所有制。1996年5月，仁达实业公司经人才服务中心、南通市人事局同意，以实物出资50万元设立仁达拍卖行，登记为集体所有制。同年8月，仁达实业公司增加货币出资58万元，经验资注册后不久即被抽走。同年11月，经人才服务中心与仁达实业公司达成协议，仁达拍卖行改由人才服务中心投资，经济性质变更为全民所有制，并进行了企业国有资产产权登记。1999年4月，全民事业单位人才资源公司作为新股东向仁达拍卖行增加货币出资10万元，经验资注册后不久也被抽走。至此，企业更名为仁达拍卖公司，注册资金变更为118万元的国有公司。公司财务账册将实物出资50万元记为存货，将货币出资68万元记为其他应收款。2004年2月，仁达拍卖公司改制，被告人王郁青以人民币133万元竞价受让，并进行了股权交割。同年3月25日，该改制后的仁达拍卖公司收到南通市财政局通过南通市人事局拨付的公司改制前的应收款118万元。

### 一审诉辩情况

1. 江苏省南通市经济技术开发区人民检察院的指控

被告人王郁青在担任仁达拍卖公司总经理期间，利用南通市政府有关部门对该公司清产改制的机会，与该公司会计被告人曹永梅相互勾结，为低价竞买仁达拍卖公司，利用职务上的便利，于2003年3月至2004年2月，在企业改制过程中，先后多次隐瞒国有资产，共同侵吞本单位公款，合计人民币150.8万元。

两被告人身为国家工作人员，利用职务上的便利，非法占有公共财物，其行为均已构成贪污罪。本案系共同犯罪。在共同犯罪中，被告人王郁青起主要作用，是主犯，应当按照其所参与的全部犯罪处罚；被告人曹永梅起次要作用，是从犯，应当从轻或者减轻处罚。被告人王郁青、曹永梅在接受纪检部门调查时，能主动如实交代自己的罪行，视为自首，可以从轻或减轻处罚。

2. 被告人的答辩及其辩护人的辩护意见

被告人王郁青辩称：指控其与曹永梅利用职务之便将两笔佣金中的人民币88万元用于购买南通仁达拍卖公司一节，其并不清楚，不应担责；其所在公司国有投资均没有实际到位，故对认定其为国家工作人员身份持有异议。其辩护人的辩护意见为：（1）王郁青不具有国家工作人员的身份，主要理由是南通仁达拍卖公司的国有投资主体并未实际出资；（2）公司改制后，已将原隐匿的60万元拍卖违约金记入公司营业收入，并缴纳了相应的税费232590元应从指控贪污30万元数额中扣减；（3）购买汇丰大楼的房产中虽使用了32.8万元拍卖佣金，但该房产仍登记在公司名下，属于公司资产，故在公司财产没有转变为股东个人名下时，不应认定为个人侵吞了该拍卖佣金。

被告人曹永梅对指控的犯罪事实没有异议，当庭自愿认罪，仅辩称：其在改制时隐瞒了相关资产，系受被告人王郁青安排。其辩护人的辩护意见为：（1）被告人曹永梅不符合贪污罪主体资格。理由是：①其所在单位的国有投资主体实际均没有投资或投资后短时间内又抽走，该单位的性质系名为国有，实为私营；②其与所在单位签订聘用合同，属劳动合同制工人，且聘期届满后亦未办理续聘手续。（2）用32.8万元拍卖佣金购买汇丰大楼房产，改制后仍在公司名下，属公司占有，而非个人占有。（3）同样，违约金余款30万元在公司账上，被告人并未私分或占为己有，起诉混淆了公司占有和个人占有的性质。

### 一审裁判结果

江苏省南通经济技术开发区人民法院依照《刑法》第382条、第383条第1款第1项、第2款、第91条、第93条第2款、第67条第1款、第25条第1款、第26条第1款、第4款、第27条、第64条，最高人民法院《关于处理自首和立功具体应用法律若干问题的解释》第1条以及最高人民法院、最高人民检察院、司法部《关于适用普通程序审理"被告人认罪案件"的若干意见（试行）》第9条之规定，判决如下：

一、被告人王郁青犯贪污罪，判处有期徒刑7年，并处没收财产人民币30万元；被告人曹永梅犯贪污罪，判处有期徒刑5年6个月，并处没收财产人民币20万元。

二、已追缴被告人王郁青、曹永梅违法所得人民币1275410元，予以没收，上缴国库。

> **一审裁判理由**

江苏省南通经济技术开发区人民法院认为：被告人王郁青、曹永梅系在国有企业中从事公务的人员，以国家工作人员论，两被告人利用职务上的便利，非法占有公共财产，其行为均已构成贪污罪。本案系共同犯罪，被告人王郁青在共同犯罪中起主要作用，是主犯，应当按照其所参与的全部犯罪处罚；被告人曹永梅起次要作用，是从犯。被告人王郁青、曹永梅在接受纪检部门调查有关人员涉及受贿时，能主动如实交代自己的贪污罪行，可视为自首。根据两被告人的犯罪数额、犯罪情节、悔罪表现，两被告人均予以减轻处罚。

综合被告人的辩解及辩护人的辩护意见，评判如下：

1. 关于仁达拍卖公司的企业性质和两被告人的主体资格问题

本院认为：由于仁达拍卖行投资主体前后分别为集体企业和全民企业，设立和变更该拍卖行是集体和全民单位意志，而非个人意志。尽管集体企业或全民企业投资不到位或到位验资后又抽回，但该企业的法定代表人和其他经营者也没有投入，企业生存主要靠自身以及当时政策扶持。由于拍卖行业是一种特许行业，存在特许经营权，资金对开展业务不是最重要的，关键是通过什么途径有什么能力能接到这种业务。当时的背景是相关部门正在加强对拍卖行业的管理，江苏省贸易厅在苏贸发〔1998〕140号文件《关于加强拍卖行业管理有关问题的通知》中明确"开展公物拍卖业务须经当地政府批准，各地主管部门要积极向当地政府提出公物拍卖的指定企业"。为此，通过整顿，南通市贸易局、南通市公安局、南通市工商行政管理局以通贸发〔1998〕134号文确定仁达拍卖行可以继续从事拍卖活动。因此可见，仁达拍卖行的设立、生存主要依托于相关法律和当地政府的政策扶持，尽管企业在设立及演变过程中存有瑕疵，但实质并不受影响，企业的性质依法仍应认定为国有企业。尽管王郁青在1999年企业困难之时，其个人垫资了部分费用，但并不能因此认定该企业为其个人所有。况且，开办单位在仁达拍卖公司改制时也注意到118万元未到位的缺陷，遂进行了补资。据此，应认定仁达拍卖公司为国有企业。被告人王郁青、曹永梅分别作为国有公司的总经理和负责财务工作的会计，其身份均为国家工作人员。

2. 关于两被告人聘期届满后未办续聘手续是否影响两被告人主体身份的问题

本院认为：两被告人聘期届满后，虽均未办理续聘手续，但直至2004年改制结束，王郁青一直是该拍卖行的法定代表人、总经理，曹永梅一直是该拍卖行的财务会计，并无因未办续聘手续而改变其两人的身份和职务，事实上仍在行使原有职责,而聘用单位也始终认可两被告人自然延续行使原有职责。故被告人和辩护人所提出的该辩解和辩护意见不能成立,本院不予采纳。

3. 关于30万元拍卖违约金和32.8万元购房款系公司占有,而非个人占有的问题

本院认为:在公司改制过程中,因公司资产部分被隐瞒,行为人相应少缴了购买款。此后虽转移归改制后的新拍卖公司所有,但分配权利均归作为改制后的公司自然人股东享有。因此,被侵吞的公共财物在形式上仍然属于拍卖公司的固定资产,但由于财产所有权事实上已经发生了转移,财产的公共属性已经受到实质性侵犯。因此,两被告人将部分公共财物通过隐瞒的方式,并最终处置给改制后拍卖公司的行为应当视为其非法占有公共财物后的一种处置方式,不影响对其行为性质的认定。

4. 关于拍卖违约金纳税情况以及扣减的问题

本院认为:被告人虽于改制后将60万元违约金作为新公司的收入入账,但支出其中27万元作为应付委托单位的咨询费,另又缴纳了相关的税款计232590元。从有利于被告人出发,宜将该两笔支出予以剔除,故两被告人的实际犯罪数额为人民币67410元。

5. 关于两被告人合谋将启东拍卖佣金收入置于账外,并将其中88万元用于购买公司证据不足的问题

本院认为:被告人王郁青虽否认清楚曹永梅将承拍启东相关拍卖业务两笔佣金共88万元用于购买公司,但其同时也承认其清楚在启东承拍相关业务的收入也存在账外,只是不知道具体数额。由于其与曹永梅均没有个人出资而占有改制后的公司,其对自己是在实施侵吞公共财物的行为是明知的,且曹永梅亦供认到其将账外88万元拍卖佣金用于购买改制企业,本身就是按与王郁青商议后用账外资金所进行的操作,故对被告人王郁青依法应以共同贪污论处。

### 二审诉辩情况

上诉人(原审被告人)王郁青及其辩护人的上诉理由、辩护意见是:(1)仁达拍卖行、仁达拍卖公司分别是名为集体、国有的企业,实为私营企业,上诉人王郁青并非国家工作人员,其行为不构成贪污罪;(2)上诉人王郁青不清楚仁达拍卖公司承接了启东相关拍卖业务,故一审判决认定上诉人王郁青将仁达拍卖公司承拍启东相关拍卖业务所得88万元佣金用于购买改制企业的证据不足。

上诉人(原审被告人)曹永梅及其辩护人的上诉理由、辩护意见是:因仁达拍卖行、仁达拍卖公司的开办、增资资金实际未到位,原判认定仁达拍卖

公司的性质为国有企业错误，且认定上诉人曹永梅的主体身份为在国有企业中从事公务的人员不当。

### 二审裁判结果

江苏省南通市中级人民法院依照《刑事诉讼法》第189条第1项之规定，裁定如下：驳回上诉，维持原判。

### 二审裁判理由

江苏省南通市中级人民法院认为：关于仁达拍卖公司的企业性质的上诉理由、辩护意见，经查：仁达拍卖公司的开办单位仁达实业公司的注册资金来源于全民事业单位人才服务中心的全额拨款，虽然登记为集体所有制性质，但实为全民单位独资创办的企业，应认定为国有企业。1996年11月，由原仁达实业公司投资设立并进行了增资的仁达拍卖行改由人才服务中心投资，经济性质变更登记为全民所有制，并在同期进行了国有资产产权登记，确认为国有法人股权，实际上是主管部门对企业经济性质的准确核定。另一股东全民事业单位人才资源公司于1999年4月向仁达拍卖行增资的10万元亦为国有资产的投入，已经国有资产变动产权登记确认为国有法人股权。审计报告、银行进账单、记账凭证及附件等证据证实，增资的68万元货币资金均进入仁达拍卖公司实收资本账户，说明国有资产的投资实际到位。虽然国有投资款之后被抽走，但抽走投资并不能改变仁达拍卖公司实由国有资产投资开办的本质。此外，国有投资款虽被抽走，但仁达拍卖公司在财务处理上仍挂账记为其他应收款，且改制后的仁达拍卖公司收到公司改制前的应收款118万元，也说明国有资产的投资是实际到位的。况且，无证据证明还有其他成分的资产（包括上诉人王郁青、曹永梅个人资产）向仁达拍卖行、仁达拍卖公司进行过注资。故仁达拍卖行、仁达拍卖公司的经济性质应认定为国有企业，其在改制前的经营收入应认定为国有资产。上诉人王郁青、曹永梅分别系仁达拍卖公司的经理、会计，具有履行管理、监督国有资产的职责，均为在国有公司中从事公务的人员，均应以国家工作人员论。上诉人王郁青及其辩护人关于此点的上诉理由、辩护意见，上诉人曹永梅及其辩护人的上诉理由、辩护意见均不能成立，本院不予采纳。

关于王郁青不清楚仁达拍卖公司有启东相关拍卖业务、认定王郁青将该相关拍卖业务所得88万元佣金用于购买改制企业证据不足的上诉理由、辩护意见，经查：尽管用存放于公司账外的88万元经营收入作为购买改制企业的资金系由上诉人曹永梅经手操作，但上诉人曹永梅的供述指证此系上诉人王郁青与其共同商议的结果。对此，上诉人王郁青亦有供述，承认其与上诉人曹永梅商议用公司账外资金购买改制企业，并对公司承拍启东相关拍卖业务的收入放于账外一事知情；其亦承认用于购买改制企业的资金，除向他人借款45万元外，其余均来源于仁达公司小金库资金，其个人并无资金。而且，还有书证证明上诉人王郁青参与了部分启东相关拍卖业务佣金的结算。故上诉人王郁青及其辩护人的该上诉理由、辩护意见不能成立，本院不予采纳。

综上，上诉人王郁青、曹永梅系在国有公司中从事公务的人员，应以国家工作人员论。两上诉人利用职务上的便利，共同采取收入不入账的手段，在仁达拍卖公司改制过程中瞒报、隐匿公司经营收入，非法侵吞国有资产合计人民币1275410元，其行为均构成贪污罪。原审判决认定事实清楚，证据确实、充分，定罪正确，量刑适当，审判程序合法，本院予以支持。

### 304. 审判实践中如何确定国有企业改制过程中原企业中的国家工作人员的主体身份？

国有企业改制完毕之前，一般原企业的性质不发生改变，其中的国家工作人员身份也不发生变化。当企业改制完毕以后，如果其性质属于国有控股公司，那么其中受国有单位委派的从事公务的人员应视为国家工作人员；如果改制后的性质为非国有性质，那么企业中的原国家工作人员就不再具备国家工作人员的身份。

#### 典型疑难案件参考

**马平华挪用公款案**

**基本案情**

南通市土地综合开发公司（以下简称土综公司）于1992年成立，系全民所有制事业单位。马平华于1998年2月至2003年间任该公司总经理。2003年7月至12月间该公司进行改制，转让40%的国有股权，其中25%明确向原公司的经营层转让，另15%向社会公开转让。2003年7月，向社会公开出让的15%股权后来由马平华委托李志刚通过竞拍程序购得。同年8月，向原公司经营层转让的另25%国有股权由马平华和严荣华分别购得20%、5%。另60%的国有股权由南通市国有资产管理局授权众和公司经营管理。2003年10月28日，南通市国土资源局与受让方马平华、严荣华、李志刚完成了产权交割手续。2003年11月14日，南通市政府办公室批复同意土综公司改制转企。2003年12月16日，经中共南通市委组织部对改制后土综公司领导班子考察研究后，由众和公司推荐马平华为土综公司董事、董事长，并于12月18日经该公司董事会选举和聘任，马平华担任该公司董事长和总经理。2004年1月13日，经南通市工商行政管理局核准，土综公司完成变更注册。2005年7月，土综公司进行再次改制，公开转让剩余60%的国有股权，由马平华受让53%，严荣华受让7%。原国有性质的土综公司经两次改制后，实际变更为由马平华出资88%、严荣华出资12%的有限责任公司。

2003年9月，马平华为筹集购买国有股权的资金，于当月个人向银行贷款2000万元（期限6个月）。但按银行对个人贷款必须有担保的要求，马平华即与坤园公司（原系土综公司下属企业）董事长杨林建商定，由坤园公司向银行贷款2000万元（期限1年），作为马平华个人2000万元贷款的担保。与此同时，马平华又个人决定坤园公司向银行的2000万元贷款由土综公司担保。两笔2000万元的贷款利息均由马平华个人支付。为此，马平华、坤园公司及银行三方办理了续贷2000万元个人贷款的手续，期限6个月。

2004年3月30日，马平华为了免除由其个人支付的坤园公司向银行贷款的利息，个人决定由土综公司向银行贷款2000万元（贷款利息由土综公司支付），作为土综公司的单位定期存款存到银行，并同意开立该单位定期存款开户证实书交由银行工作人员，于2004年4月8日存放于银行金库，作为马平华个人贷款2000万元的担保，但双方并未办理书面质押担保手续。同日，坤园公司在银行的2000万元保证金提前归还。

2004年9月，马平华个人向银行贷款2500万元（期限1年），其中2000万元为以贷还贷，仍以土综公司的原2000万元单位定期存款作担保，500万元由坤园公司在土综公司担保下（系经该公司董事会集体讨论决定）向银行以等额贷款作担保。同时，马平华承诺以其个人所有财产及权利为担保。2005年8月29日，银行将土综公司的2000万元定期存款转入了保证金专户，后于2005年9月22日用该款归还了土综公司的等额贷款。

### 一审诉辩情况

南通市崇川区人民检察院以被告人马平华犯挪用公款罪，向崇川区人民法院提起公诉。认为：被告人马平华身为国家工作人员，利用担任南通市土地综合开发有限公司董事长兼总经理的职务之便，个人决定将公司2000万元资金存款开户证实书用于为个人贷款提供担保，其行为已构成挪用公款罪，提请法院依法惩处。

被告人马平华及其辩护人对起诉书指控的事实不持异议，但辩称：马平华在公司第一次改制后不属于国家工作人员，其董事长、总经理身份是由董事会选举和聘用，并未接受国有投资主体的委托对国有股行使监督管理权，不构成挪用公款罪。

### 一审裁判结果

崇川区人民法院依照《刑法》第384条第1款、第93条第2款的规定，判决：被告人马平华犯挪用公款罪，判处有期徒刑9年。

### 一审裁判理由

崇川区人民法院认为：被告人马平华身为国有公司委派在国有控股公司从事组织、领导、管理工作的人员，利用担任土综公司董事长兼总经理的职务之便，个人决定将公司2000万元资金存款开户证实书用于为个人贷款提供担保，其行为构成挪用公款罪。

### 二审诉辩情况

一审宣判后，马平华不服，上诉于江苏省南通市中级人民法院。

### 二审裁判结果

南通市中级人民法院依照《刑事诉讼法》第189条第2项和《刑法》第384条第1款、第93条第2款的规定，判决如下：上诉人马平华犯挪用公款罪，判处有期徒刑5年6个月。

### 二审裁判理由

南通市中级人民法院经审理认为：土综公司改制之后，马平华虽是该公司第二大股东，但国有公司众和公司仍处控股地位，中共南通市委组织部对改制后土综公司领导班子的人选进行考察后，仍由众和公司推荐马平华担任董事长，然后通过股东大会选举履行相关手续，再由董事会聘任其为总经理。因此，马平华自土综公司第一次改制后至2005年7月之前，其具备双重身份，即其既是受委派从事管理、经营国有资产的国家工作人员，同时又是土综公司的第二大股东。

马平华2003年9月为其个人银行贷款2000万元所提供的担保，形式上是由坤园公司向银行同时贷款2000万元后转作为马平华个人2000万元贷款的担保，但坤园公司该等额贷款的背后，又是由马平华为了谋取个人利益，决定由土综公司为坤园公司的该2000万元贷款进行担保，马平华已将本单位公款置于风险之中。其行为已符合挪用公款罪的构成要件；2004年3月，马平华为了免除支付由其个人承担的坤园公司2000万元贷款的利息，又个人决定将土综公司向银行贷款2000万元后转为单位存款，然后将单位存款开户证实书放置于银行不动用，其主观目的还是为其个人2000万元贷款进行质押。尽管该开户证实书注明了不能用于质押，不属金融凭证而不具有交换功能，且土综公司也未与银行签订质押合同，但单位定期存款开户证实书是存款人的债权证明，并且是办理单位定期存单质押贷款时必备的证明文件，马平华个人决定将本单位2000万元存款开户证实书放置银行，脱离了本单位的控制，客观上已使本单位对2000万元资金在超过3个月以上的时间内无法行使权利，亦侵犯了本单位资金的使用权，马平华的行为已完全符合挪用公款罪的构成要件，且属犯罪既遂。因马平华先后两次作案是为个人同一笔贷款作保证，且第二次保证时，银行操作不规范，故其挪用公款的数额可以认定为2000万元。鉴于挪用公款行为未造成实际损失，原判对马平华马挪用公款犯罪量刑畸重。

## 四、司法工作人员

### 305. 在定罪方面和量刑方面，司法工作人员是否都可以成为渎职犯罪中适格的犯罪主体？

根据《刑法》第399条关于徇私枉法罪的规定，对明知是无罪的人而使他受追诉、对明知是有罪的人而故意包庇不使他受追诉是徇私枉法的行为。这是指定罪方面。但根据司法工作人员渎职犯罪的立法精神，司法工作人员作为犯罪主体，应不限于定罪方面，还应包括量刑方面，即包括使罪轻的人承受重刑、使罪重的人承受轻刑。最高人民检察院《关于渎职侵权犯罪案件立案标准的规定》也证明了这一点："采取伪造、隐匿、毁灭证据或者其他隐瞒事实、违反法律的手段，故意使罪重的人受较轻的追诉，或者使罪轻的人受较重的追诉的。"

**典型疑难案件参考**

舒伟庆等徇私枉法案

**基本案情**

2002年8月至2003年5、6月间，被告人舒伟庆作为上海市看守所管教民警,利用看押人犯的职务便利,接受因涉嫌犯票据诈骗罪被羁押于上海市看守所的犯罪嫌疑人沈忠宪的亲友苏新梅、蒋剑峰的请托,为沈与其亲属间传递书信及提供手机让沈与其妻通话等,多次接受沈亲友安排的吃请、旅游,以及收受苏新梅送予的3万元人民币(以下涉及的币种均为人民币)及手机等财物;2003年5月,被告人舒伟庆又向沈忠宪的朋友蒋润益索取20万元用于归还购房贷款及花用等。2002年11月及12月,被告人舒伟庆利用看押人犯李镇洪、丁华渝的职务便利,许诺对李、丁在羁押期间予以照顾,并许诺帮助其安排在本市市内监狱服刑,为此收受李的亲友陈德荣送予的2万元及丁妻张慧送予的2万元。2003年7、8月间,被告人舒伟庆利用看押人犯朱光曦的职务便利,接受朱妻庄榕的请托,许诺对朱在羁押期间予以照顾,并收受庄送予的2000元。

此外,被告人舒伟庆伙同时任上海市看守所管教组组长的被告人萧伟明,于2003年3、4月间,利用管教人员负责布置指导和具体落实配合案件侦查的职务便利,在明知被看押人员沈忠宪涉嫌重大经济犯罪的情况下,为帮助沈减轻刑事处罚,共同制作部分内容虚假的《关于在押人员沈忠宪羁押期间的表现》材料发往有关司法机关,舒伟庆为此收受了沈忠宪之妻苏新梅交予的4万元好处费。

被告人舒伟庆在被上海市公安局监察室采取内部禁闭措施期间,主动交代了收受在押人员亲友送予其贿赂的主要事实。

### ▶ 一审诉辩情况

上海市人民检察院第一分院认为:两被告人的行为均已分别构成受贿罪和徇私枉法罪,应依照《刑法》第399条第4款规定的择一重罪处罚原则追究两名被告人的刑事责任。

被告人舒伟庆对起诉指控其向蒋益润索贿20万元持有异议,辩称:该款系蒋主动送给他的,对起诉指控的其余受贿事实及徇私枉法事实没有异议;其辩护人提出:被告人舒伟庆有检举被告人萧伟明徇私枉法犯罪的表现,故应依法认定为立功。

被告人萧伟明否认起诉指控的全部犯罪事实,其辩护人也认为:应对被告人萧伟明宣告无罪。

### ▶ 一审裁判结果

上海市第一中级人民法院依照《刑法》第385条第1款、第399条第1款、以及《刑法修正案(四)》第8条及《刑法》第399条第4款、第386条、第383条第1款第1项、第2款、第67条、第64条的规定,作出如下判决:

一、被告人舒伟庆犯受贿罪,判处有期徒刑 11 年。
二、被告人萧伟明犯徇私枉法罪,判处有期徒刑 1 年 6 个月。
三、对被告人舒伟庆的违法所得予以追缴。

### 一审裁判理由

上海市第一中级人民法院经审理认为:被告人舒伟庆身为司法工作人员,利用看押人犯的职务便利,为他人谋取利益,非法收受、索取被看押人犯亲友送予的财物计价值 27 万余元;被告人萧伟明、舒伟庆作为负有监管职责的司法工作人员,在依法协助侦查机关进行刑事追诉活动的过程中,故意为在押人员出具虚假证明材料,以帮助其减轻刑事处罚,被告人舒伟庆为此还收受该在押人员亲属送予的 4 万元。被告人舒伟庆的行为构成受贿罪,受贿数额为 31 万余元;被告人萧伟明的行为构成徇私枉法罪。被告人舒伟庆具有自首情节,且受贿的赃款已被追缴,依法可从轻处罚。检察机关另指控被告人萧伟明犯受贿罪的证据不足,不予确认。

### 二审诉辩情况

上诉人(原审被告人)萧伟明上诉否认其犯徇私枉法罪,其辩护人为上诉人(原审被告人)萧伟明作了无罪辩护。原审被告人舒伟庆没有提出上诉,但辩称:在押人员沈忠宪之妻苏新梅交予的 4 万元,已由其转交给上诉人(原审被告人)萧伟明,据此认为原判认定其受贿 31 万元的数额过高。

上海市人民检察院认为:上诉人(原审被告人)萧伟明的上诉理由及原审被告人舒伟庆的辩解均缺乏依据,建议二审法院驳回上诉,维持原判。

### 二审裁判结果

上海市高级人民法院依照《刑事诉讼法》第 189 第 1 项之规定,裁定:驳回上诉,维持原判。

### 二审裁判理由

上海市高级人民法院针对上诉人的上诉理由、原审被告人的辩解,以及辩护人的相关辩护意见,认为:

1. 关于上诉人(原审被告人)萧伟明是否实施了向司法机关出具内容虚假的《关于在押人员沈忠宪羁押期间的表现》材料的问题

上诉人(原审被告人)萧伟明上诉否认向司法机关出具内容虚假的《关于在押人员沈忠宪羁押期间的表现》材料;其辩护人亦提出原判认定上诉人(原审被告人)萧伟明向司法机关出具上述材料的证据不足。

上海市高级人民法院经公开审理查明：证人蒋剑峰、沈忠宪、苏新梅、张文杰、赖粤明、陈光焰等人的证言证实，沈忠宪因涉嫌重大经济犯罪被羁押于上海市看守所后，上诉人（原审被告人）萧伟明先后3次接受沈忠宪亲友安排的吃请，将超出规定限额的接济品发放给沈忠宪，还承诺给予沈照顾及立功的机会。

证人黄健、朱荣平的证言，原审被告人舒伟庆的供述节录，以及相关岗位职责、职务证明等书证证实，上诉人（原审被告人）萧伟明作为上海市看守所管教组组长，具有负责配案工作的职责，且事实上，上诉人（原审被告人）萧伟明也具体负责本市普陀区人民检察院侦查的曹开德案的配案工作。黄健及朱荣平作为上海市看守所领导，没有签发过，甚至没有看到过发往检察机关的《关于在押人员沈忠宪羁押期间的表现》材料。

相关羁押调监情况及证人沈忠宪的证言，原审被告人舒伟庆的供述节录证实，沈忠宪从未与曹开德关押在同一监房，沈与曹的配案工作无关。

《关于在押人员沈忠宪羁押期间的表现》打印稿、手写稿及相关鉴定文书，上海市看守所出具的情况说明，上海市人民检察院第二分院的工作情况，证人杨奕的证言及原审被告人舒伟庆的供述节录证实，在上诉人（原审被告人）萧伟明办公室的电脑中存有与被发往上海市人民检察院第二分院的题为《关于在押人员沈忠宪羁押期间的表现》材料完全一致的文档，且一方面，与上诉人（原审被告人）萧伟明合用该电脑的看守所民警杨奕否认输入过上述材料，另一方面，原审被告人舒伟庆供认其制作了相关手写稿交上诉人（原审被告人）萧伟明。同时，承办沈忠宪票据诈骗案的上海市人民检察院第二分院工作人员吴卫军曾就沈是否具有立功表现的问题，与萧、舒进行工作联系，且事后该院亦收到了盖有上海市看守所公章的《关于在押人员沈忠宪羁押期间的表现》材料。

上海市高级人民法院根据上述事实和证据认为，上诉人（原审被告人）萧伟明不仅在主观上具有实施上述行为的动机、目的，客观上具有利用其职务便利，伙同原审被告人舒伟庆共同实施制作虚假证明材料发送至相关司法机关的行为，上诉人（原审被告人）萧伟明的上述辩解及其辩护人的相关辩护意见与事实不符，本院不予采信。

2. 关于上诉人（原审被告人）萧伟明的行为是否符合徇私枉法罪的主、客观要件问题

上诉人（原审被告人）萧伟明的辩护人一方面认为，上诉人（原审被告人）萧伟明仅存在工作上的过失，不具有徇私枉法罪的主观故意；另一方面认为，上诉人（原审被告人）萧伟明没有实施《刑法》第399条第1款列举的徇私枉法罪的三种客观行为，上诉人（原审被告人）萧伟明涉嫌参与向司

法机关出具的《关于在押人员沈忠宪羁押期间的表现》材料，实质上无法起到为沈减轻刑事处罚的结果，沈最终也没有被审判机关认定为具有立功表现，故上诉人（原审被告人）萧伟明的行为不符合徇私枉法罪的主、客观要件。

上海市高级人民法院经公开审理查明：在案的证据证实，上诉人（原审被告人）萧伟明在沈忠宪涉嫌重大经济犯罪被羁押上海市看守所后，多次接受沈亲友的请托，与沈的亲友在饭店吃饭及违规接济沈，并承诺给予沈照顾及立功的机会，据此表明上诉人（原审被告人）萧伟明主观上具有徇私枉法或徇情枉法的故意。

上诉人（原审被告人）萧伟明参与实施的，向司法机关出具内容虚假的《关于在押人员沈忠宪羁押期间的表现》材料的行为，符合"对明知是有罪的人而故意包庇不使他受追诉"的情形，上诉人（原审被告人）萧伟明的行为在实质上能否起到为犯罪嫌疑人减轻刑事处罚的作用，以及被包庇的犯罪嫌疑人是否被审判机关认定为具有立功表现等因素，并不能否定上诉人（原审被告人）萧伟明所实施相关行为的犯罪目的及其行为本身的性质。据此，上诉人（原审被告人）萧伟明的辩护人所提相关辩护意见与本案事实及相关法律规定不符，不能予以采纳。

3. 关于原审被告人舒伟庆是否将在押人员沈忠宪之妻苏新梅交予的4万元转交给上诉人（原审被告人）萧伟明的问题

原审被告人舒伟庆辩称，在押人员沈忠宪之妻苏新梅交予的4万元，已由其转交给上诉人（原审被告人）萧伟明，故原判认定其受贿31万元的数额过高。

上海市高级人民法院经公开审理查明：原审被告人舒伟庆的上述辩解仅有其1人的供述，没有其他相应的证据予以印证。一方面，原审被告人舒伟庆所作的有关该4万元是沈忠宪出于感谢原审被告人萧伟明和原审被告人舒伟庆为其制作了"立功"材料而让苏新梅给予原审被告人舒伟庆，并让原审被告人舒伟庆转交原审被告人萧伟明及其他人员的供述，与沈忠宪所作的证言不符。沈忠宪明确称该4万元与上述事由无关，同时明确该4万元就是给原审被告人舒伟庆的，其并没有向原审被告人舒伟庆讲过该4万元是给原审被告人萧伟明和其他人员的。另一方面，原审被告人萧伟明对沈忠宪亲友通过原审被告人舒伟庆将4万元转交给原审被告人萧伟明的事实始终予以否认。据此，原审被告人舒伟庆的辩解证据不足，不能予以采信。

上海市高级人民法院确认：原判认定被告人舒伟庆犯受贿罪、萧伟明犯徇私枉法罪的事实清楚，证据确实、充分，适用法律正确，审判程序合法。原审被告人舒伟庆共收受或索取贿赂31万余元，鉴于其具有自首情节及涉案赃款已被追缴等因素，原判对其在10年以上有期徒刑或者无期徒刑，可以并处没收财产的量刑幅度内,从轻判处有期徒刑 11 年并无不当。原审被告人萧伟明所犯徇私枉法罪,论罪应当在 5 年以下有期徒刑或者拘役幅度内量刑,原判判处其有期徒刑 1 年 6 个月,应属量刑适当。上诉人(原审被告人)萧伟明、原审被告人舒伟庆及辩护人所提相关意见与本案事实及相关法律规定不符,本院不予采信。上海市人民检察院建议驳回上诉,维持原判的意见正确,应予支持。

> **306. 审判实践中,司法工作人员没有直接利用自己的职权徇私枉法,是否会影响其成为渎职犯罪主体?**
>
> 根据我国《刑法》的规定,司法工作人员,是指有侦查、检察、审判、监管职责的工作人员。具有上述身份的人员,利用职权使有罪变无罪、使无罪变有罪、使罪重变罪轻、使罪轻变罪重等都可能构成司法人员的渎职犯罪。这里的"利用职权"既可以包括直接在自己的公职范围内实施渎职行为,也包括利用职权的便利,例如虽不是自己职权范围内的事务,但因为身居此职而有便利条件接触到有直接管理权限的人,而从中施加影响,实施渎职行为。因此,直接或间接利用职权徇私枉法,都可以构成渎职犯罪。

### 典型疑难案件参考

**毛金和等徇私枉法案**

**基本案情**

2007 年 11 月,犯罪嫌疑人冷洪良因受贿被羁押在丹阳市看守所。被告人毛金和、刘波作为监管人员,违反规定接受冷洪良亲属的吃请、娱乐消费及礼物,被告人毛金和答应帮助冷洪良检举立功。2007 年 12 月,冷洪良向刘波检举了同监室的犯罪嫌疑人裴文浩伙同他人盗窃变压器、电线、电缆的事实,刘波做好材料后交给毛金和。毛金和将材料复印后交给刑警队查证。经查证:冷洪良检举的事实已经处理,裴文浩等人另交代了其他的盗窃事实。为了让冷洪良立功,毛金和指使刘波将裴文浩等人新交代的事实添加于原冷洪良检举材料的第二页,刘波明知系伪造,仍对原材料进行添加并让冷洪良签字后交予毛金和,毛金和用伪造的材料替换下原始材料的第二页,并撕毁。此后,毛金和又将伪造的材料复印,并从刑警队承办人员处将原材料的第二页复印件换回。

案发后，被告人刘波、毛金和分别于 2008 年 3 月 27 日、4 月 4 日主动到丹阳市公安局纪委交代了自己的罪行。

### 诉辩情况

丹阳市人民检察院指控称：2007 年 12 月，被告人毛金和、刘波身为丹阳市看守所的监管人员，为徇私情，共同伪造证据材料，使在押人犯冷洪良获取立功机会，得到较轻刑事处罚。被告人毛金和、刘波的行为已触犯刑律，构成徇私枉法罪，提请法院依法追究其刑事责任，两被告人有自首情节，可以从轻处罚。

被告人毛金和对检察机关的指控无辩解意见。其辩护人认为：毛金和主观恶性低，犯罪情节显著轻微，实际也未造成不良后果，社会危害性小，并且有自首情节，悔罪表现明显，且一贯工作表现突出，建议对其免予刑罚处罚。

被告人刘波辩称，其虽修改证据材料，主观上不是为让冷洪良立功，认为是看守所深挖犯罪的需要。其辩护人认为：刘波的行为不构成徇私枉法罪，主要理由如下：（1）刘波虽是监管人员，但对看守所里的犯罪行为不行使侦查权，不具有本罪的主体身份；（2）刘波的行为没有使冷洪良不受追诉，客观上不符合本罪的构成要件；（3）刘波对冷洪良是否能得到减轻处罚持放任态度，是间接故意，主观上不符合本罪的构成要件；（4）本案的社会危害性较低，尚未达到犯罪的程度；（5）根据罪刑法定的原则，刘波的行为只是违纪。

### 裁判结果

江苏省丹阳市人民法院依照《刑法》第 399 条第 1 款，第 25 条第 1 款，第 67 条第 1 款，第 72 条第 1 款，第 73 条第 1 款、第 3 款以及最高人民法院 1998 年《关于处理自首和立功具体应用法律若干问题的解释》第 1 条之规定，判决如下：

一、被告人毛金和犯徇私枉法罪，判处拘役 5 个月，缓刑 5 个月。
二、被告人刘波犯徇私枉法罪，免予刑事处罚。

### 裁判理由

江苏省丹阳市人民法院认为：被告人毛金和、刘波身为司法工作人员，为徇私情，故意伪造证据，使罪重的人受较轻的追诉，其行为均已构成徇私枉法罪。丹阳市人民检察院指控的罪名成立，本院予以支持。被告人毛金和、刘波在未受到讯问、未被采取强制措施前主动向其所在单位投案，属于自首。被告人毛金和的辩护人以毛金和犯罪情节显著轻微，有自首情节等理由建议对其免予刑事处罚，本院认为：被告人毛金和接受了冷洪良亲属的吃请、娱乐及礼物，为徇私情，明知冷洪良罪行较重，故意指使他人伪造证据，实施了足以使冷洪良受到较轻处罚的行为，严重影响了司法秩序，妨害了司法公正，依法应予刑罚处罚。其有自首情节，依法可以从轻处罚；其有悔罪表现，实际未造成不良后果等情节，可酌情从轻处罚。本院综合上述情节，对辩护人建议对毛金和免予刑罚处罚的意见不予采纳。

## 五、首要分子

### 307. 审判实践中如何正确理解聚众犯罪中的"首要分子"？

根据我国《刑法》的规定，首要分子是指在犯罪集团或者聚众犯罪中起组织、策划、指挥作用的犯罪分子。首要分子在聚众犯罪中的作用主要体现在组织行为上。因此，其组织行为就是其犯罪的实行行为。一般情况下，聚众犯罪的首要分子应对聚众犯罪的后果负全部责任。

### 308. 聚众斗殴犯罪中，如何把握积极参与者的认定标准？

所谓积极参与，一般表现为以下方面：主动要求参加聚众斗殴犯罪活动的；经首要分子要求表示愿意参加，并主动帮助出谋划策的；主动提供斗殴器械的；在聚众斗殴初级阶段，积极帮助首要分子联系纠集斗殴人员，或同对方接洽约定斗殴时间和地点；在斗殴过程中造成严重后果（不包括导致他人重伤或死亡）；主动提供交通工具接送聚众斗殴人员等。

**典型疑难案件参考**

黄某科故意伤害，林某伟等聚众斗殴案

▶ 基本案情

2007年6月9日凌晨4时许，被告人林某伟与其女朋友"丹丹"在潮南区峡山街道华南广场七街网吧上网，在金苑大酒店附近的"传奇"网吧上网的被告人黄某科以QQ方式与"丹丹"语音聊天而与被告人林某伟发生口角，与被告人黄某科一起的被告人黄术滨（在逃）也通过视频与被告人林某伟互相辱骂并提议外出打架，然后叫被告人黄某科将手机号码发给被告人林某伟。被告人林某伟便串招被告人林某滨及同案人林豪鑫、林镜滨（均在逃），通过手机与被告人黄某科等人联系约定到峡山街道环美路良德药店门口斗殴。同案人黄术滨、黄俊光（在逃）到黄术滨的租住屋中各拿1把水果刀后，与被告人黄某科一起到良德药店门口准备与林某伟等人斗殴。被告人林某伟一方到达后见黄术滨持枪状物，被告人林某伟先动手打对方，双方在斗殴过程中，同案人黄俊光用1把水果刀刺伤林某伟左手臂及左肺部等处，林豪鑫也被对方持刀刺伤背部等处。经法医鉴定，林某伟受锐器伤致第4、5肋间断裂，左上肺及左下肺叶裂伤，左侧液气胸，左肘刀刺伤，伴胸闷气促，行剖胸探查创口缝合术，经治疗左上肢及心肺功能未见明显异常，损伤程度构成重伤，伤残程度十级；林豪鑫右侧开放性血气胸，腰背部软组织挫裂伤，损伤程度构成轻伤。2007年6月26日，被告人黄某科被抓获。

### 一审诉辩情况

汕头市潮南区人民检察院认为：被告人林某伟、黄某科、林某滨的行为均构成聚众斗殴罪，三被告人均系未成年人，提请法院依法判处。

各被告人及辩护人对起诉指控的事实没有异议。

### 一审裁判结果

汕头市潮南区人民法院依照《刑法》第292条第1款、第2款，第234条第2款、第17条第1款、第3款，第25条第1款和最高人民法院《关于审理未成年人刑事案件具体应用法律若干问题的解释》第11条之规定，判决如下：

一、被告人林某伟犯聚众斗殴罪，判处有期徒刑1年。
二、被告人黄某科犯故意伤害罪，判处有期徒刑1年。
三、被告人林某滨犯聚众斗殴罪，判处有期徒刑6个月。

### 一审裁判理由

汕头市潮南区人民法院经审理认为：被告人林某伟、林某滨为逞强争霸，积极参与聚众斗殴，破坏社会公共秩序，其行为均已构成聚众斗殴罪。被告人黄某科积极参与同案人聚众斗殴，造成刺伤林某伟致重伤的后果，其行为侵犯公民人身权利，已构成故意伤害罪。检察机关指控被告人林某伟、林某滨的罪名成立，但指控被告人黄某科的罪名不当。鉴于被告人林某伟、黄某科、林某滨犯罪时不满18周岁，依法对被告人林某伟、林某滨予以从轻处罚，对被告人黄某科予以减轻处罚。

### 二审诉辩情况

一审宣判后，汕头市潮南区人民检察院抗诉称：（1）本案中原审被告人黄某科主观上没有伤害的故意，客观上没有对林某伟实施伤害行为，其行为与林某伟的重伤后果不存在刑法意义上的因果关系，原审被告人黄某科只是聚众斗殴的积极参与者，依法不应当对其他同案人超出共同犯意之外的过限行为所造成的后果承担刑事责任。原审判决违背《刑法》关于共同犯罪的规定，对原审被告人黄某科适用法律不当，定性错误。（2）原审判决仅以后果客观归罪，仅因为原审被告人黄某科与致人重伤的黄俊光是聚众斗殴的同一方而被认定为有共同故意伤害犯罪，而根本无须考察其主观上是否有伤害的共同犯罪故意。并且，本案三被告人的法定从轻减轻情节均是犯罪时未满18周岁，原审判决改变原审被告人黄某科的定性以提高其法定刑在前，在三被告人法定情节相同的情况下对原审被告人黄某科减轻处罚在后，对三被告人的处罚自相矛盾。

原审被告人黄某科、林某伟、林某滨及原审被告人林某滨的法定代理人、指定辩护人均对原审判决没有意见。

### 二审裁判结果

汕头市第二中级人民法院依照《刑事诉讼法》第189条第2项、《刑法》第292条、第234条、第17条第1款和第3款、第25条第1款、第27条之规定，判决如下：

一、维持汕头市潮南区人民法院〔2008〕潮南法刑初字第64号刑事判决关于被告人林某伟林某滨的定罪量刑部分以及被告人黄某科的定罪部分。

二、撤销汕头市潮南区人民法院〔2008〕潮南法刑初字第64号刑事判决关于被告人黄某科的量刑部分。

三、被告人黄某科犯故意伤害罪，判处有期徒刑1年2个月。

### 二审裁判理由

汕头市中级人民法院经审理认为：原审被告人黄某科积极参与聚众斗殴，与同案人共同造成刺伤林某伟致重伤的后果，其行为侵犯公民人身权利，已构成故意伤害罪。原审被告人林某伟、林某滨为逞强争霸，积极参与聚众斗殴，扰乱社会公共秩序，其行为均已构成聚众斗殴罪。对于检察机关提出的原审判决对被告人黄某科适用法律不当、定性错误的抗诉意见。经查：原审被告人黄某科在明知同案人持刀参与斗殴的情况下，仍积极参与聚众斗殴，其主观上是一种不确定的概括故意，即对于斗殴造成扰乱公共秩序，还是伤害对方身体，甚至造成周围无辜群众伤亡持希望或放任态度。原审被告人林某伟的重伤是原审被告人黄某科和同案人黄俊光、黄术滨一方共同在与原审被告人林某伟一方斗殴中所造成，故林某伟的重伤应认定为原审被告人黄某科与同案人黄俊光、黄术滨在聚众斗殴中的共同行为所致。因此，对厚审被告人黄某科依法应以故意伤害罪定罪处罚。检察机关的抗诉意见，理由不能成立，不予支持。对于检察机关提出的原审判决对三被告人的量刑相互矛盾的抗诉意见。经查：原审判决对原审被告人林某伟、林某滨予以从轻处罚，而对原审被告人黄某科予以减轻处罚，系根据案件各被告人在本案中的犯罪情节、地位、作用等情况作出，并不矛盾。但是，对原审被告人黄某科量刑1年的刑罚，在充分考虑被告人黄某科犯罪时不满18周岁且系从犯等情节后，仍与其所犯罪行和承担的刑事责任不相适应，原审判决的该处罚有失平衡，应予纠正。

原审判决认定事实清楚，证据确实、充分，定性准确，审判程序合法，但对被告人黄某科量刑1年的处罚失当。原审判决还遗漏认定被告人黄某科系从犯这一情节，也应一并予以纠正。

### 309. 首要分子、积极参与者、一般参与者在行为转化上如何操作？

发生转化的前提是致人重伤或死亡，这里是指聚众斗殴导致的结果。但是，对于没有直接实施致人重伤或死亡行为的参与者，不能按照转化犯来处理，总的原则是，要从行为人的主客观因素来综合判断。在司法实践中，可遵循这样的原则：聚众斗殴行为致人重伤、死亡的，如果某些积极参加者并未直接实施侵害行为，根据罪责自负原则，对这些积极参加者一般不作转化犯认定；如果首要分子没有直接实施侵害行为，而其他积极参加者的行为导致了重伤或死亡的后果，则应分析该危害结果是否超出首要分子的主观故意，如不超出其犯意，则首要分子应该转化，否则不宜转化；如果无法查清致人重伤、死亡的直接责任人，可视为首要分子和其他积极参加者的共同斗殴行为致使他人重伤、死亡，可以作为共同转化犯认定。另外，关于一般参加者，如果其行为直接导致重伤或死亡结果，则其已不是一般参加者，而是积极参加者，按照积极参加者的处理原则处理即可，如未造成上述严重后果，则不是刑法处罚的对象。

## 典型疑难案件参考

### 羊开文等故意伤害、聚众斗殴案

**基本案情**

2008年12月9日晚8时许,洋浦经济开发区公堂下村村民羊开文、羊冠振、羊孟智、羊山、羊功名等人在洋浦港区夜宵城明珠歌厅喝酒时,羊开文因琐事与被害人王恒发生争吵,后洋浦村村民吴振华、林应恒、林志勤路过明珠歌厅门前时,王恒指着羊开文对林应恒讲这个人打我,林应恒便上前质问羊开文,后林应恒等人与羊开文发生厮打,羊冠振、羊孟智、羊山、羊功名等公堂下村人先后从歌厅出来与王恒、吴振华、林应恒、林志勤在歌厅门前打斗,并将王恒这边人打跑,羊开文在打斗中受伤流血。后羊开文持刀、羊孟智持在烧烤摊找到的铁炉板、羊冠振持一棍状物与羊山等人继续追打王恒等人。在追打过程中,王恒在夜森林歌厅附近被羊开文、羊冠振等追上,羊开文持刀、羊冠振持一棍状物殴打王恒。吴振华在夜森林歌厅附近被砍伤其右大腿处,洋浦白沙村村民陈秀良左手手指被砍伤。追打期间,羊功名在明珠歌厅附近发动摩托车,打斗结束后其载着羊冠振等人离开现场。经法医鉴定,被害人王恒背部创伴胸椎11/12脊髓完全性横断并双下肢瘫痪损伤程度已构成重伤,背部创伴右胸部开放性气胸损伤程度已构成轻伤,评定其伤残等级程度为二级伤残;被害人吴振华右大腿刀砍伤损伤程度已构成轻伤。被告人羊山、羊开文、羊孟智、羊冠振、羊功名分别被公安机关抓获。

**诉辩情况**

海南省洋浦经济开发区人民检察院指控羊开文犯故意伤害罪,被告人羊冠振、羊孟智、羊山、羊功名犯聚众斗殴罪。

**裁判结果**

海南省洋浦经济开发区人民法院依照《刑法》第234条第2款、第292条、第17条第3款、第42条、第44条、第45条、第47条,最高人民法院《关于刑事附带民事诉讼范围问题的规定》第4条之规定,判决如下:

一、被告人羊开文犯故意伤害罪,判处有期徒刑3年。
二、被告人羊冠振犯聚众斗殴罪,判处有期徒刑1年。
三、被告人羊孟智犯聚众斗殴罪,判处有期徒刑1年。
四、被告人羊山犯聚众斗殴罪,判处有期徒刑1年。
五、被告人羊功名犯聚众斗殴罪,判处拘役4个月。

六、随案移送的作案工具砍刀、菜刀各1把、铁棍3根予以没收。

### 裁判理由

海南省洋浦经济开发区人民法院认为：被告人羊开文、羊冠振、羊孟智、羊山、羊功名伙同他人在公共场所聚众斗殴，扰乱社会公共秩序，并致多人身体受到损伤，依法应予惩处。被告人羊开文在斗殴过程中对被害人王恒的加害程度明显超出其他加害人共同斗殴故意的范围并直接致王恒重伤，应以故意伤害罪对其定罪处罚。被告人羊冠振、羊孟智、羊山、羊功名的行为均符合《刑法》关于聚众斗殴罪的规定。故检察机关指控被告人羊开文犯故意伤害罪，被告人羊冠振、羊孟智、羊山、羊功名犯聚众斗殴罪的事实清楚，证据确实充分，指控罪名成立，本院予以支持。在本案中，被告人羊开文并非聚众斗殴行为的纠集者，其辩护人提出的羊开文不是首要分子的辩护意见有理，本院予以采纳，但被告人羊开文到案后始终不能如实供述犯罪事实，抱有侥幸心理，有一定的人身危险性，应从重判处。被告人羊冠振积极参与斗殴，其也系被害人王恒的加害人之一，鉴于其加害手段和程度较之羊开文相差悬殊且也不是致王恒重伤的直接责任者，故仍应在聚众斗殴罪的范围内对其定罪处罚。被告人羊孟智持铁炉板参与斗殴，因公安机关未能提取该作案工具，关于羊孟智持铁炉板是否实际打伤他人的情节也没有证据加以证明，故不宜认定被告人羊孟智持械斗殴，被告人羊孟智作为一名残疾青年，应得到社会的同情与帮助，但其在共同犯罪中的表现却超出了身体条件的限制，体现出一定程度上心理的不健康因素。因此，本院希望被告人羊孟智能积极矫正心态，努力改造自己，最终成为一位积极、健康向上的好公民。被告人羊山积极参与斗殴，鉴于认定其持械的事实不清，本院对其持械情节不予确认，被告人羊山到案后能坦白全部犯罪事实，本具有从轻处罚情节，但其在庭审中又无理翻供，体现出认罪心理的不稳定性，故本院不予从轻处罚。被告人羊功名实施犯罪时未满18周岁，依法应从轻、减轻处罚，就其在共同犯罪中的地位和作用来看，情节较为轻微，所起作用亦明显较小，其辩护人提出的被告人羊功名主观恶性不大且系初犯，到案后能坦白认罪，应对其从轻判处的辩护意见有事实依据，本院予以采纳。虽然被告人羊功名在接受审判时又无理翻供，但本院认为，针对其犯罪时思想尚不成熟的特征，应坚持"教育为主，惩罚为辅"的司法原则，并结合其犯罪的事实、性质、情节及其危害程度，依法对其从轻处罚。关于本案中的斗殴行为是否符合《刑法》第292条第1款第2项关于"聚众斗殴人数多，规模大，社会影响恶劣的"和第3项关于"在公共场所或者交通要道聚众斗殴，造成社会秩序严重混乱的"之规定情节，本院认为，本案斗殴行为的发生系双方临时起意所致，不属于有组织、有预谋的大规模械斗事件，且后来的斗殴过程演变为单方聚众斗殴，此外，亦无其他证据证明本案斗殴行为已达到造成社会秩序严重混乱和形成恶劣的社会影响的程度，故被告人羊开文和羊功名的辩护人提出的斗殴行为没有引起社会秩序严重混乱和形成恶劣的社会影响的辩护意见有理，本院予以采纳。本案诉讼过程中，五名被告人的亲属主动与本院联系本案附带民事诉讼的赔偿事宜，并已赔偿被害人经济损失人民币320000元，被害人亲属已表示能对五名被告人的犯罪行为予以谅解，同时被害人一方也对斗殴行为的发生负有一定的过错。因此，综合考虑上述情节及本案附带民事赔偿部分处理不慎有可能引发新的矛盾冲突的特殊背景，从构建和谐社会的大局出发，可酌情减轻五名被告人的刑事责任。

## 总则其他规定办案依据集成

### 刑法条文

**第九十条【刑法的变通适用】** 民族自治地方不能全部适用本法规定的,可以由自治区或者省的人民代表大会根据当地民族的政治、经济、文化的特点和本法规定的基本原则,制定变通或者补充的规定,报请全国人民代表大会常务委员会批准施行。

**第九十一条【公共财产之界定】** 本法所称公共财产,是指下列财产:
(一)国有财产;
(二)劳动群众集体所有的财产;
(三)用于扶贫和其他公益事业的社会捐助或者专项基金的财产。
在国家机关、国有公司、企业、集体企业和人民团体管理、使用或者运输中的私人财产,以公共财产论。

**第九十二条【私有财产之界定】** 本法所称公民私人所有的财产,是指下列财产:
(一)公民的合法收入、储蓄、房屋和其他生活资料;
(二)依法归个人、家庭所有的生产资料;
(三)个体户和私营企业的合法财产;
(四)依法归个人所有的股份、股票、债券和其他财产。

**第九十三条【国家工作人员之界定】** 本法所称国家工作人员,是指国家机关中从事公务的人员。
**【准国家工作人员之界定】** 国有公司、企业、事业单位、人民团体中从事公务的人员和国家机关、国有公司、企业、事业单位委派到非国有公司、企业、事业单位、社会团体从事公务的人员,以及其他依照法律从事公务的人员,以国家工作人员论。

**第九十四条【司法工作人员之界定】** 本法所称司法工作人员,是指有侦查、检察、审判、监管职责的工作人员。

**第九十五条【重伤之界定】** 本法所称重伤,是指有下列情形之一的伤害:
(一)使人肢体残废或者毁人容貌的;
(二)使人丧失听觉、视觉或者其他器官机能的;
(三)其他对于人身健康有重大伤害的。

**第九十六条【违反国家规定之界定】** 本法所称违反国家规定,是指违反全国人民代表大会及其常务委员会制定的法律和决定,国务院制定的行政法规、规定的行政措施、发布的决定和命令。

**第九十七条【首要分子之界定】** 本法所称首要分子,是指在犯罪集团或者聚众犯罪中起组织、策划、指挥作用的犯罪分子。

第九十八条【告诉才处理之界定】 本法所称告诉才处理，是指被害人告诉才处理。如果被害人因受强制、威吓无法告诉的，人民检察院和被害人的近亲属也可以告诉。

第九十九条【以上、以下、以内之界定】 本法所称以上、以下、以内，包括本数。

第一百条【前科报告】 依法受过刑事处罚的人，在入伍、就业的时候，应当如实向有关单位报告自己曾受过刑事处罚，不得隐瞒。

【免除前科报告义务】 犯罪的时候不满十八周岁被判处五年有期徒刑以下刑罚的人，免除前款规定的报告义务。

第一百零一条【总则的适用效力】 本法总则适用于其他有刑罚规定的法律，但是其他法律有特别规定的除外。

### 立法解释

**全国人大常委会《关于〈中华人民共和国刑法〉第九十三条第二款的解释（2009年修正）》（2000年4月29日）**

全国人民代表大会常务委员会讨论了村民委员会等村基层组织人员在从事哪些工作时属于刑法第九十三条第二款规定的"其他依照法律从事公务的人员"，解释如下：

村民委员会等村基层组织人员协助人民政府从事下列行政管理工作，属于刑法第九十三条第二款规定的"其他依照法律从事公务的人员"：

（一）救灾、抢险、防汛、优抚、移民、救济款物的管理；
（二）社会捐助公益事业款物的管理；
（三）国有土地的经营和管理；
（四）土地征收、征用补偿费用的管理；
（五）代征、代缴税款；
（六）有关计划生育、户籍、征兵工作；
（七）协助人民政府从事的其他行政管理工作。

村民委员会等村基层组织人员在从事前款规定的公务，利用职务上的便利，非法占有公共财物、挪用公款、索取他人财物或者非法收受他人财物，构成犯罪的，适用刑法第三百八十二条和第三百八十三条贪污罪、第三百八十四条挪用公款罪、第三百八十五条和第三百八十六条受贿罪的规定。

### 司法解释

**1. 最高人民检察院《关于镇财政所所长是否适用国家机关工作人员的批复》（2000年5月4日 高检发研字〔2000〕9号）**

上海市人民检察院：

你院沪检发〔2000〕30号文收悉。经研究，批复如下：

对于属行政执法事业单位的镇财政所中按国家机关在编干部管理的工作人员，在履行政府行政公务活动中，滥用职权或玩忽职守构成犯罪的，应以国家机关工作人员论。

**2. 最高人民检察院《关于〈全国人民代表大会常务委员会关于《中华人民共和国刑法》第九十三条第二款的解释〉的时间效力的批复》**（2000年6月29日　高检发研字〔2000〕15号）

天津市人民检察院：

你院"关于《全国人民代表大会常务委员会关于〈中华人民共和国刑法〉第九十三条第二款的解释》的实施时间问题的请示"收悉。经研究，批复如下：

《全国人民代表大会常务委员会关于〈中华人民共和国刑法〉第九十三条第二款的解释》是对刑法第九十三条第二款关于"其他依照法律从事公务的人员"规定的进一步明确，并不是对刑法的修改。因此，该《解释》的效力适用于修订刑法的施行日期，其溯及力适用修订刑法第十二条的规定。

▶ 其他办案依据

**1. 最高人民检察院《对〈关于中国证监会主体认定的请示〉的答复函》**（2000年4月30日　高检发法字〔2000〕7号）

北京市人民检察院：

你院京检字〔2000〕41号《关于中国证监会主体认定的请示》收悉，经我院发函向中央机构编制委员会办公室查询核定，中央机构编制委员会办公室已作出正式复函，答复如下："中国证券监督管理委员会为国务院直属事业单位，是全国证券期货市场的主管部门。其主要职责是统一管理证券期货市场，按规定对证券期货监管机构实行垂直领导，所以，它是具有行政职责的事业单位。据此，北京证券监督管理委员会干部应视同为国家机关工作人员。"请你们按中编办答复意见办。

附：中央机构编制委员会办公室《关于中国证券监督管理委员会机构性质问题的复函》（2000年4月14日　中编办函〔2000〕84号）

最高人民检察院：

《关于中国证券监督管理委员会是否属于国家机关的函》（高检发法字〔2000〕5号）收悉，现答复如下：

根据国办发〔1998〕131号文件的规定，中国证券监督管理委员会为国务院直属事业单位，是全国证券期货市场的主管部门。其主要职责是统一管理证券期货市场，按规定对证券期货监管机构实行垂直领导，所以，它是具有行政职责的事业单位。据此，北京证券监督管理委员会干部应视同为国家机关工作人员。

**2. 最高人民检察院《关于贯彻执行〈全国人民代表大会常务委员会关于〈中华人民共和国刑法〉第九十三条第二款的解释〉的通知》**（2000年6月5日　高检发研字〔2000〕12号）（节录）

二、根据《解释》，检察机关对村民委员会等村基层组织人员协助人民政府从事《解释》所规定的行政管理工作中发生的利用职务上的便利，非法占有公共财物，挪用公款，索取他人财物或者非法收受他人财物，构成犯罪的案件，应直接受理，分别适用刑法第三百八十二条、第三百八十三条、第三百八十四条和第三百八十五条、第三百八十六条的规定，以涉嫌贪污罪、挪用公款罪、受贿罪立案侦查。

三、各级检察机关在依法查处村民委员会等村基层组织人员贪污、受贿、挪用公款犯罪案件过程中，要根据《解释》和其他有关法律的规定，严格把握界限，准确认定村民委员会等村基层组织人员的职务活动是否属于协助人民政府从事《解释》所规定的行政管理工作，并正确把握刑法第三百八十二条、第三百八十三条贪污罪、第三百八十四条挪用公款罪和第三百八十五条、第三百八十六条受贿罪的构成要件。对村民委员会等村基层组织人员从事属于村民自治范围的经营、管理活动不能适用《解释》的规定。

**3. 最高人民法院研究室《关于国家工作人员在农村合作基金会兼职从事管理工作如何认定身份问题的答复》（2000年6月29日　法研〔2000〕12号）**

四川省高级人民法院：

国家工作人员自行到农村合作基金会兼职从事管理工作的，因其兼职工作与国家工作人员身份无关，应认定为农村合作基金会一般从业人员；国家机关、国有公司、企业、事业单位委派到农村合作基金会兼职从事管理工作的人员，以国家工作人员论。

**4. 最高人民检察院研究室《关于集体性质的乡镇卫生院院长利用职务之便收受他人财物的行为如何适用法律问题的答复》（2003年4月2日　〔2003〕高检研发第9号）**

山东省人民检察院研究室：

你院《关于工人身份的乡镇卫生院院长利用职务之便收受贿赂如何适用法律问题的请示》（鲁检发研字〔2001〕第10号）收悉。经研究，答复如下：

经过乡镇政府或者主管行政机关任命的乡镇卫生院院长，在依法从事本区域卫生工作的管理与业务技术指导，承担医疗预防保健服务工作等公务活动时，属于刑法第九十三条第二款规定的其他依照法律从事公务的人员。对其利用职务上的便利，索取他人财物的，或者非法收受他人财物，为他人谋取利益的，应当依照刑法第三百八十五条、第三百八十六条的规定，以受贿罪追究刑事责任。

**5. 最高人民检察院法律政策研究室《关于国家机关、国有公司、企业委派到非国有公司、企业从事公务但尚未依照规定程序获取该单位职务的人员是否适用刑法第九十三条第二款问题的答复》（2004年11月3日　〔2004〕高检研发第17号）**

重庆市人民检察院法律政策研究室：

你院《关于受委派的国家工作人员未按法定程序取得非国有公司职务是否适用刑法第九十三条第二款以国家工作人员论的请示》（渝检（研）〔2003〕6号）收悉。经研究，答复如下：

对于国家机关、国有公司、企业委派到非国有公司、企业从事公务但尚未依照规定程序获取该单位职务的人员，涉嫌职务犯罪的，可以依照刑法第九十三条第二款关于"国家机关、国有公司、企业委派到非国有公司、企业、事业单位、社会团体从事公务的人员"，"以国家工作人员论"的规定追究刑事责任。

**6. 最高人民法院、最高人民检察院《关于办理国家出资企业中职务犯罪案件具体应用法律若干问题的意见》**（2010年11月26日 法发〔2010〕49号）（节录）

六、关于国家出资企业中国家工作人员的认定

经国家机关、国有公司、企业、事业单位提名、推荐、任命、批准等，在国有控股、参股公司及其分支机构中从事公务的人员，应当认定为国家工作人员。具体的任命机构和程序，不影响国家工作人员的认定。

经国家出资企业中负有管理、监督国有资产职责的组织批准或者研究决定，代表其在国有控股、参股公司及其分支机构中从事组织、领导、监督、经营、管理工作的人员，应当认定为国家工作人员。

国家出资企业中的国家工作人员，在国家出资企业中持有个人股份或者同时接受非国有股东委托的，不影响其国家工作人员身份的认定。

七、关于国家出资企业的界定

本意见所称"国家出资企业"，包括国家出资的国有独资公司、国有独资企业，以及国有资本控股公司、国有资本参股公司。

是否属于国家出资企业不清楚的，应遵循"谁投资、谁拥有产权"的原则进行界定。企业注册登记中的资金来源与实际出资不符的，应根据实际出资情况确定企业的性质。企业实际出资情况不清楚的，可以综合工商注册、分配形式、经营管理等因素确定企业的性质。

**7. 最高人民法院《全国法院审理经济犯罪案件工作座谈会纪要》**（2003年11月13日 法〔2003〕167号）（节录）

一、关于贪污贿赂犯罪和渎职犯罪的主体

（一）国家机关工作人员的认定

刑法中所称的国家机关工作人员，是指在国家机关中从事公务的人员，包括在各级国家权力机关、行政机关、司法机关和军事机关中从事公务的人员。

根据有关立法解释的规定，在依照法律、法规规定行使国家行政管理职权的组织中从事公务的人员，或者在受国家机关委托代表国家行使职权的组织中从事公务的人员，或者虽未列入国家机关人员编制但在国家机关中从事公务的人员，视为国家机关工作人员。在乡（镇）以上中国共产党机关、人民政协机关中从事公务的人员，司法实践中也应当视为国家机关工作人员。

（二）国家机关、国有公司、企业、事业单位委派到非国有公司、企业、事业单位、社会团体从事公务的人员的认定

所谓委派，即委任、派遣，其形式多种多样，如任命、指派、提名、批准等。不论被委派的人身份如何，只要是接受国家机关、国有公司、企业、事业单位委派，代表国家机关、国有公司、企业、事业单位在非国有公司、企业、事业单位、社会团体中从事组织、

领导、监督、管理等工作，都可以认定为国家机关、国有公司、企业、事业单位委派到非国有公司、企业、事业单位、社会团体从事公务的人员。如国家机关、国有公司、企业、事业单位委派在国有控股或者参股的股份有限公司从事组织、领导、监督、管理等工作的人员，应当以国家工作人员论。国有公司、企业改制为股份有限公司后，原国有公司、企业的工作人员和股份有限公司新任命的人员中，除代表国有投资主体行使监督、管理职权的人外，不以国家工作人员论。

（三）"其他依照法律从事公务的人员"的认定

刑法第九十三条第二款规定的"其他依照法律从事公务的人员"应当具有两个特征：一是在特定条件下行使国家管理职能；二是依照法律规定从事公务。具体包括：（1）依法履行职责的各级人民代表大会代表；（2）依法履行审判职责的人民陪审员；（3）协助乡镇人民政府、街道办事处从事行政管理工作的村民委员会、居民委员会等农村和城市基层组织人员；（4）其他由法律授权从事公务的人员。

（四）关于"从事公务"的理解

从事公务，是指代表国家机关、国有公司、企业、事业单位、人民团体等履行组织、领导、监督、管理等职责。公务主要表现为与职权相联系的公共事务以及监督、管理国有财产的职务活动。如国家机关工作人员依法履行职责，国有公司的董事、经理、监事、会计、出纳人员等管理、监督国有财产等活动，属于从事公务。那些不具备职权内容的劳务活动、技术服务工作，如售货员、售票员等所从事的工作，一般不认为是公务。

**8. 最高人民法院《关于准确理解和适用刑法中"国家规定"的有关问题的通知》（2011年4月8日 法〔2011〕155号）（节录）**

全国地方各级人民法院、各级军事法院、各铁路运输中级法院和基层法院，新疆生产建设兵团各级法院：

日前，国务院法制办就国务院办公厅文件的有关规定是否可以认定为刑法中的"国家规定"予以统一、规范。为切实做好相关刑事案件审判工作，准确把握刑法有关条文规定的"违反国家规定"的认定标准，依法惩治犯罪，统一法律适用，现就有关问题通知如下：

一、根据刑法第九十六条的规定，刑法中的"国家规定"，是指全国人民代表大会及其常务委员会制定的法律和决定，国务院制定的行政法规、规定的行政措施、发布的决定和命令。其中，"国务院规定的行政措施"应当由国务院决定，通常以行政法规或者国务院制发文件的形式加以规定。以国务院办公厅名义制发的文件，符合以下条件的，亦应视为刑法中的"国家规定"：（1）有明确的法律依据或者同相关行政法规不相抵触；（2）经国务院常务会议讨论通过或者经国务院批准；（3）在国务院公报上公开发布。

二、各级人民法院在刑事审判工作中，对有关案件所涉及的"违反国家规定"的认定，要依照相关法律、行政法规及司法解释的规定准确把握。对于规定不明确的，要按照本通知的要求审慎认定。对于违反地方性法规、部门规章的行为，不得认定为"违反国家规定"。对被告人的行为是否"违反国家规定"存在争议的，应当作为法律适用问题，逐级向最高人民法院请示。